Eckhardt-Henn ■ Hoffmann

Dissoziative Bewusstseinsstörungen

Dissoziative Bewusstseinsstörungen

Theorie, Symptomatik, Therapie

Herausgegeben von **Annegret Eckhardt-Henn**
Sven Olaf Hoffmann

Unter Mitarbeit von Romuald Brunner, Gerhard Dammann, Birger Dulz, Peter Fiedler, Ursula Gast, Arne Hofmann, Fritz Hohagen, Kai G. Kahl, Hans-Peter Kapfhammer, Friedhelm Lamprecht, Wolfgang Leuschner, Ellert R.S. Nijenhuis, Franz Resch, Frauke Rodewald, Ulrich Sachsse, Martin Sack, Carl Ernst Scheidt, Martin Schöndienst, Ulrich Schweiger, Valerija Sipos, Carsten Spitzer, Manfred Spitzer, Kathy Steele, Onno van der Hart

Mit 21 Abbildungen und 25 Tabellen

Schattauer Stuttgart New York

Bibliografische Information der Deutschen Bibliothek
Die Deutsche Bibliothek verzeichnet diese Publikation in der Deutschen Nationalbibliografie; detaillierte bibliografische Daten sind im Internet über <http://dnb.ddb.de> abrufbar.

Besonderer Hinweis:
Die Medizin unterliegt einem fortwährenden Entwicklungsprozess, sodass alle Angaben, insbesondere zu diagnostischen und therapeutischen Verfahren, immer nur dem Wissensstand zum Zeitpunkt der Drucklegung des Buches entsprechen können. Hinsichtlich der angegebenen Empfehlungen zur Therapie und der Auswahl sowie Dosierung von Medikamenten wurde die größtmögliche Sorgfalt beachtet. Gleichwohl werden die Benutzer aufgefordert, die Beipackzettel und Fachinformationen der Hersteller zur Kontrolle heranzuziehen und im Zweifelsfall einen Spezialisten zu konsultieren. Fragliche Unstimmigkeiten sollten bitte im allgemeinen Interesse dem Verlag mitgeteilt werden. Der Benutzer selbst bleibt verantwortlich für jede diagnostische oder therapeutische Applikation, Medikation und Dosierung.
In diesem Buch sind eingetragene Warenzeichen (geschützte Warennamen) nicht besonders kenntlich gemacht. Es kann also aus dem Fehlen eines entsprechenden Hinweises nicht geschlossen werden, dass es sich um einen freien Warennamen handelt.
Das Werk mit allen seinen Teilen ist urheberrechtlich geschützt. Jede Verwertung außerhalb der Bestimmungen des Urheberrechtsgesetzes ist ohne schriftliche Zustimmung des Verlages unzulässig und strafbar. Kein Teil des Werkes darf in irgendeiner Form ohne schriftliche Genehmigung des Verlages reproduziert werden. Das gilt insbesondere für Vervielfältigungen, Übersetzungen, Mikroverfilmungen und die Einspeicherung, Nutzung und Verwertung in elektronischen Systemen, dem Intranet und dem Internet.

© 2004 by Schattauer GmbH, Hölderlinstraße 3, 70174 Stuttgart, Germany
E-Mail: info@schattauer.de
Internet: http://www.schattauer.de
Printed in Germany

Lektorat: Volker Drüke, Essen
Umschlagabbildung: Willem Hussem, Untitled 1962–65, © VG Bild-Kunst, Bonn 2004
Satz: Fanslau Communication/EDV, Düsseldorf
Druck und Einband: Mayr Miesbach Druckerei und Verlag GmbH, Miesbach
Gedruckt auf chlor- und säurefrei gebleichtem Papier.

ISBN 3-7945-2203-6

Vorwort

Für die Herausgeber stellen die Dissoziativen Bewusstseinsstörungen seit langem einen Gegenstand ihres Interesses und eine Herausforderung dar: In der Psychiatriegeschichte über 100 Jahre alt und zugleich weithin unbekannt, in der Klinik nicht alltäglich und dennoch hochrelevant, in den Grundkonzepten teilweise erhellend, aber auch oft unklar und widersprüchlich.

Der Begriff der Dissoziation und das Konzept der Dissoziativen Bewusstseinsstörungen werden derzeit inflationär und vor allem widersprüchlich verwendet. Das ist ein Schicksal, das die Dissoziation mit dem Trauma-Konzept teilt, zu dem auch eine besondere Beziehung besteht. Dass die Einführung der Dissoziation in das Verständnis der Folgen anhaltender Traumata (besonders in der Entwicklung) das Verständnis dieser Störungsbilder verbessert, mag man als Fortschritt würdigen. Der Rückschritt liegt dicht daneben: Die Vorstellung, dass solche Störungen therapeutisch »reprozessiert« werden können, verführt in ihrer Schlichtheit nicht selten zu problematischem Handeln und damit – günstigenfalls – zu einem erneuten Missverständnis des Patienten. (Kap. 1 geht in einer Bestandsaufnahme auf Gebrauch und Missbrauch des Konzeptes von der Dissoziation ein.) Viele Anteile der Dissoziationstheorie werden auch falsch rezipiert und interpretiert. Flashbacks sind sicher keine »photographischen Erinnerungen« – das widerspräche allen Kenntnissen, die wir heute von der Organisation des Gedächtnisses als sich ständig neu konstituierenden Erregungsmustern in der Struktur des neuronalen Netzwerkes haben.

An dieser Verwirrung im Umgang mit dem Dissoziationskonzept ist auch die ICD-10 nicht unschuldig, die, gegenüber der restriktiven Bestimmung der Dissoziativen Störungen im DSM-IV, eine erweiterte und inkonsequente Verwendung fördert. Es mag hier offen bleiben, ob das gut oder schlecht ist. Tatsache ist, dass in der Klinik im Konzept der Dissoziation sich Anteile der alten Hysterie, der Borderline-Störung, der schweren Posttraumatischen Belastungsstörungen und weitere überschneiden.

So ergibt sich ein erstes Anliegen dieses Bandes gleichsam von allein: Intendiert ist eine valide Übersicht zum gegenwärtigen Stand von Theorie, Klinik und Therapie der Dissoziativen Bewusstseinsstörungen. Bei uneinheitlichen Ansätzen im Verständnis und im Umgang mit diesen Störungsbildern sind kontrastierende Perspektiven die Folge. Für die Herausgeber bedeutet das, dass sie bemüht waren, diese Unterschiede in der Betrachtung zuzulassen, was natürlich einschließt, dass sie kaum alle hier niedergelegten Ansichten teilen können. Ein Buch mit 27 Autoren muss notwendigerweise in seinen Darstellungen und Auffassungen variieren.

Integrative Verständnisansätze, die zum Teil in neuen Modellen (Kap. 8) entwickelt werden, sind ein weiteres Anliegen der Herausgeber. Mit Integration ist hier allerdings keine weitere Vermischung von Differentem, sondern eine Analyse der Grundinhalte und Vorschläge für deren widerspruchsfreie Verwendung gemeint.

Als Herausgeber sind wir auch stolz, das stringente Therapiekonzept der Arbeitsgruppe um Onno Van der Hart (Kap. 26) hier erstmalig im deutschen Sprachraum vorzulegen. Es hat uns in besonderer Weise durch seine innere Stimmigkeit, Praxisnähe und – obwohl im Grundverständnis behavioural – durch seine Integration weiterer, nicht zuletzt psychodynamischer, Konzepte überzeugt. Ohne weitere Beiträge hervorzuheben, glauben und hoffen wir von nicht wenigen, dass sie die künftige Diskussion bestimmen und, was uns noch wichtiger ist, sich letztlich zum Wohle der Patienten auswirken werden.

Dem Schattauer-Verlag, mit dem den Seniorherausgeber eine bald 25-jährige Zusammenarbeit verbindet, sei für die immer befriedigende Zusammenarbeit und die attraktive Ausstattung des Bandes gedankt.

Mainz, im März 2004

**Annegret Eckhardt-Henn
und Sven Olaf Hoffmann**

Anschriften der Herausgeber und Autoren

Dr. med. Romuald Brunner
Psychiatrische Universitätsklinik, Abteilung
Kinder- und Jugendpsychiatrie
Ruprecht-Karls-Universität Heidelberg
Blumenstraße 8
D-69115 Heidelberg
E-Mail: Romuald_Brunner@med.uni-heidelberg.de

Dr. med. Dipl.-Psych. Gerhard Dammann
Psychiatrische Universitätsklinik Basel,
Psychotherapeutische Abteilung
Wilhelm Klein-Str. 27
CH-4025 Basel
E-Mail: gerhard.dammann@pukbasel.ch

Dr. med. Birger Dulz
Klinikum Nord/Ochsenzoll, IV. Abteilung
für Psychiatrie und Psychotherapie
Langenhorner Chaussee 560
22419 Hamburg
E-Mail: BDulz@t-online.de

Priv.-Doz. Dr. med. Annegret Eckhardt-Henn
Klinik und Poliklinik für Psychosomatische
Medizin und Psychotherapie
der Universität Mainz
Untere Zahlbacher Straße 8
D-55131 Mainz
E-Mail:
eckhardt-henn@psychosomatik.klinik.uni-mainz.de

Prof. Dr. phil. Dipl.-Psych. Peter Fiedler
Psychologisches Institut, Ruprecht-Karls-
Universität Heidelberg
Hauptstraße 47–51
D-69117 Heidelberg
E-Mail: Peter.Fiedler@Psychologie.uni-heidelberg.de

Priv.-Doz. Dr. med. Ursula Gast
Klinik für Psychotherapeutische und
Psychosomatische Medizin
Graf-von-Galen-Str. 58
33619 Bielefeld
E-Mail: ursula-gast@johanneswerk.de

Professor Dr. phil. Onno van der Hart
Department of Clinical Psychology
Utrecht University
Heidelberglaan 1
584 CS Utrecht
E-Mail: onnovdh@wxs.nl

Dr. med. Arne Hofmann
EMDR-Institut Deutschland
Junkersgut 5a
51427 Bergisch-Gladbach
E-Mail: arne.hofmann@uni-koeln.de

**Professor Dr. med. Dipl.-Psych.
Sven Olaf Hoffmann**
Klinik und Poliklinik für Psychosomatische
Medizin und Psychotherapie
der Universität Mainz
Untere Zahlbacher Straße 8
D-55131 Mainz
E-Mail:
hoffmann@psychosomatik.klinik.uni-mainz.de

Professor Dr. med. Fritz Hohagen
Klinik für Psychiatrie und Psychotherapie
Universitätsklinikum Schleswig-Holstein,
Campus Lübeck
Ratzeburger Allee 160
23538 Lübeck
E-Mail: Hohagen.F@psychiatry.uni-luebeck.de

Dr. med. Kai G. Kahl
Klinik für Psychiatrie und Psychotherapie
Universitätsklinikum Schleswig-Holstein,
Campus Lübeck
Ratzeburger Allee 160
23538 Lübeck
E-Mail: Kahl.k@psychiatry.uni-luebeck.de

**Professor Dr. med. Dr. phil. Dipl.-Psych.
Hans-Peter Kapfhammer**
Universitätsklinik für Psychiatrie
Auenbruggerplatz 31
A-8036 Graz
E-Mail: Hans-peter.kapfhammer@klinikum-graz.at

Prof. Dr. med. Friedhelm Lamprecht
Abteilung Psychosomatik und
Psychotherapie
Medizinische Hochschule Hannover
Carl-Neuberg-Straße 1
30625 Hannover
E-Mail: Lamprecht.Friedhelm@mh-hannover.de

Dr. med. Wolfgang Leuschner
Sigmund-Freud-Institut
Myliusstrasse 20
D-60323 Frankfurt/Main
E-Mail: SFI-W.Leuschner@t-online.de

Ellert R.S. Nijenhuis, Ph.D.
Plutostraat 8
9405 PG Assen
The Netherlands
E-Mail: e.nijenhuis@home.nl

Professor Dr. med. Franz Resch
Psychiatrische Universitätsklinik,
Abteilung Kinder- und Jugendpsychiatrie
Ruprecht-Karls-Universität Heidelberg
Blumenstraße 8
D-69115 Heidelberg
E-Mail: Franz_Resch@med.uni-heidelberg.de

Dipl.-Psych. Frauke Rodewald
Mitteldorfstrasse 12
37083 Göttingen

Professor Dr. med. Ulrich Sachsse
Niedersächsisches Landeskrankenhaus
Göttingen
Rosdorfer Weg 70
37081 Göttingen
E-Mail:
Ulrich.Sachsse@nlkh-goettingen.niedersachsen.de

Dr. med. Martin Sack
Abteilung Psychosomatik und
Psychotherapie
Medizinische Hochschule Hannover
Carl-Neuberg-Straße 1
30625 Hannover
E-Mail: sack.martin@mh-hannover.de

Priv.-Doz. Dr. med. Carl Eduard Scheidt
Universitätsklinik für Psychiatrie und
Psychosomatik, Abteilung für Psycho-
somatische Medizin und Psychotherapie
Universitätsklinikum Freiburg
Hauptstraße 8
D-79104 Freiburg
E-Mail: ces@pss1.ukl.uni-freiburg.de

Dr. med. Martin Schöndienst
Epilepsie-Zentrum Bethel
Klinik für Anfallskranke – Mara I
Maraweg 21
D-33617 Bielefeld
E-Mail: msc@mara.de

Dr. med. Carlos Schönfeldt-Lecuona
Abteilung Psychiatrie III
Universitätsklinikum Ulm
Leimgrubenweg 12–14
89075 Ulm
E-Mail: carlos.schoenfeldt@medizin.uni-ulm.de

Dr. med. Ulrich Schweiger
Klinik für Psychiatrie und Psychotherapie
Universitätsklinikum Schleswig-Holstein,
Campus Lübeck
Ratzeburger Allee 160
23538 Lübeck
E-Mail: Schweiger.U@psychiatry.uni-luebeck.de

Dr. phil. Dipl.-Psych. Valerija Sipos
Klinik für Psychiatrie und Psychotherapie
Universitätsklinikum Schleswig-Holstein,
Campus Lübeck
Ratzeburger Allee 160
23538 Lübeck
E-Mail: Sipos.V@psychiatry.uni-luebeck.de

Dr. med. Carsten Spitzer
Klinik und Poliklinik für Psychiatrie und
Psychotherapie der Ernst-Moritz-Arndt-
Universität Greifswald im Klinikum der
Hansestadt Stralsund
Rostocker Chaussee 70
18437 Stralsund
E-Mail: spitzer@mail.uni-greifswald.de

**Prof. Dr. med. Dr. phil. Dipl.-Psych.
Manfred Spitzer**
Abteilung Psychiatrie III
Universitätsklinikum Ulm
Leimgrubenweg 12–14
89075 Ulm
E-Mail: manfred.spitzer@medizin.uni-ulm.de

Kathy Steele, M.N., C.S.
Metropolitain Psychotherapy Associates
1900 Century Place NE
Suite 200
Atlanta, Georgia 30345 USA
E-Mail: katsteele@mindspring.com

Inhalt

A Begriffsgeschichte — 1

1 Die Dissoziation: eine Standortbestimmung — 3
S. O. Hoffmann, A. Eckhardt-Henn

2 Dissoziation und Gedächtnis als Ergebnisse neurobiologisch beschreibbarer Prozesse — 9
H.-P. Kapfhammer

2.1 Einleitung — 9
2.2 Multiple Gedächtnissysteme in ihrer neuroanatomischen Repräsentation — 10
2.3 Neurochemische und molekularbiologische Grundlagen des Gedächtnisses — 14
2.4 Zusammenfassung — 33

3 Neurobiologie von Hypnose, Dissoziation und Konversion — 37
M. Spitzer, C. Schönfeldt-Lecuona

3.1 Einleitung — 37
3.2 Phänomene, Krankheitsbilder und Kriterien — 38
3.3 Pathophysiologie: erste Ansätze — 39
3.4 Neurobiologie der Hypnose: weitere Studien — 41
3.5 Vom Komplex zur Inhibition — 42
3.6 Zusammenfassung — 43

4 Erinnerung, Vergessen und Dissoziation – neuro- und kognitionspsychologische Perspektiven — 46
P. Fiedler

4.1 Einleitung — 46
4.2 Gedächtnis und Erinnerung — 46
4.3 Dissoziative Störungen — 48
4.4 Erinnerung und alltägliches Vergessen — 53
4.5 Intendiertes Vergessen — 55
4.6 Einige therapeutische Konsequenzen — 57

5 Dissoziation, Traum, Reassoziation — 60
W. Leuschner

5.1 Der Traum ist kein Dissoziationsphänomen — 60
5.2 Dissoziation und Traumbildung — 61
5.3 Experimentell sichtbar gemachte Dissoziation — 62
5.4 Reassoziierung — 64
5.5 Endogene oder kohäsive Reassoziierungsfaktoren — 66
5.6 Exogene Reassoziierungsfaktoren — 67
5.7 Zustandsabhängigkeit und Wirkungsbereich des Dissoziierungs-Reassoziierungs-Vorgangs — 68
5.8 Belege und Folgerungen — 70

6 Dissoziative Mechanismen und Persönlichkeitsentwicklung — 74
F. Resch, R. Brunner

6.1 Einleitung — 74
6.2 Entwicklungspsychopathologisches Modell des dissoziativen Symptomenkomplexes — 75
6.3 Entwicklungspsychopathologisches Modell der Selbstregulation — 76
6.4 Traumabezogene Persönlichkeitsveränderungen — 77

6.5	Dissoziation bei Kindern und Jugendlichen — 79		7.14	Gilt die Assoziation von somatoformer Dissoziation mit dissoziativen Störungen und Trauma auch für nichtpsychiatrische Populationen? — 107	
6.6	Neurobiologische Aspekte traumabezogener psychiatrischer Störungen — 81		7.15	Diskussion — 108	
6.7	Zentrale Befunde der Entwicklungstraumatologie — 81		**8**	**Konversion, Dissoziation und Somatisierung: historische Aspekte und Entwurf eines integrativen Modells** — 114 S. O. Hoffmann, A. Eckhardt-Henn, C. E. Scheidt	
6.8	Neurobiologische Aspekte von Stress und Gedächtnisfunktionen — 83				
6.9	Emotionsgedächtnis und interpersonelle Beziehungen — 86				
6.10	Schlussfolgerungen — 88		8.1	Dissoziation und Hysterie — 114	
7	**Somatoforme Dissoziation** — 94 E. R. S. Nijenhuis		8.2	Die phänomenologische Überschneidung des Hysteriekonzepts mit dem der Dissoziation — 116	
7.1	Somatoforme Dissoziation — 94		8.3	Die Dissoziation und der »hysterische Modus« — 117	
7.2	Eine Klassifikation dissoziativer Symptome — 96		8.4	Dissoziation und Konversion — 118	
7.3	Janets Theorie der Dissoziation — 97		8.5	Das Konzept der Somatisierung — 121	
7.4	Die »anscheinend normale Persönlichkeit« (ANP) und die »emotionale Persönlichkeit« (EP) — 98		8.6	Dissoziative Störung, Dissoziative Identitätsstörung, Histrionische Persönlichkeitsstörung, Borderline-Persönlichkeitsstörung und chronische Posttraumatische Belastungsstörung – ein Topf oder viele Störungen? — 122	
7.5	Der Fragebogen zur somatoformen Dissoziation (SDQ-20) — 99				
7.6	Somatoforme und psychoforme Dissoziation — 100				
7.7	Somatoforme Dissoziation in verschiedenen niederländischen und belgischen diagnostischen Populationen — 100		8.7	Konvergierende Modellvorstellungen zu den Konzepten von Dissoziation, Konversion und Somatisierung — 125	
7.8	Besteht eine Kulturabhängigkeit der somatoformen Dissoziation? — 101		**B**	**Klinische Perspektiven** — 131	
7.9	Ist die somatoforme Dissoziation ein eigenständiges Konstrukt? — 101		**9**	**Die Dissoziative Amnesie** — 133 A. Hofmann	
7.10	Ist die somatoforme Dissoziation ein Ergebnis von Suggestion? — 102		9.1	Einleitung — 133	
7.11	Die somatoforme Dissoziation als Screening-Variable für dissoziative Störungen nach dem DSM-IV — 103		9.2	Klassifikation — 133	
			9.3	Klinisches Erscheinungsbild — 134	
			9.4	Empirische Ergebnisse zur Häufigkeit — 136	
7.12	Korreliert die somatoforme Störung mit dem berichteten Trauma? — 104				
7.13	Somatoforme Dissoziation und animalische Abwehrreaktionen — 105		9.5	Häufig verwendete klinische Begriffe — 137	

9.6	Diagnostik — 138		12.5	Differenzialdiagnosen — 165
9.7	Verlauf und Prognose — 139		12.6	Ein Fallbeispiel — 166
9.8	Epidemiologie — 139		12.7	Epidemiologie, Verlauf und Prognose — 168
9.9	Ätiopathogenese — 139		12.8	Ätiopathogenese — 169
9.10	Behandlung — 140		12.9	Sozialpsychologische Erklärungen — 169
9.11	Zusammenfassung — 142		12.10	Neurophysiologische Erklärungen und Epilepsien — 170
10	**Die Dissoziative Fugue — 144** S. O. Hoffmann		12.11	Besessenheit im Zusammenhang mit Intoxikationen und Psychosen — 171
10.1	Historischer Hintergrund — 144		12.12	Psychodynamische Erklärungen — 171
10.2	Einleitung — 144		12.13	Religiöse Erklärungen — 172
10.3	Klinisches Bild und wichtige Beschreibungsdimensionen — 145		12.14	Biopsychosoziales Vulnerabilitätsmodell der Besessenheit — 172
10.4	Verlauf und Prognose — 147		12.15	Behandlung — 172
10.5	Epidemiologie — 147			
10.6	Ätiopathogenese — 147		**13**	**Dissoziative Anfälle — 175** A. Eckhardt-Henn, C. Spitzer
10.7	Behandlungsansätze — 151		13.1	Einleitung — 175
11	**Der Dissoziative Stupor — 153** C. Spitzer		13.2	Klinisches Bild und diagnostische Kriterien — 175
11.1	Einleitung — 153		13.3	Klassifikation — 178
11.2	Klinisches Bild und diagnostische Kriterien — 153		13.4	Differenzialdiagnose — 179
11.3	Klassifikation und Differenzialdiagnosen — 155		13.5	Epidemiologie, Verlauf und Prognose — 182
11.4	Differenzialdiagnose — 157		13.6	Ätiopathogenese — 184
11.5	Epidemiologie, Verlauf und Prognose — 157		13.7	Behandlung — 184
11.6	Ätiopathogenese — 158		**14**	**Das Ganser-Syndrom — 188** G. Dammann
11.7	Behandlung — 159		14.1	Einleitung — 188
12	**Besessenheits- und Trancezustände — 161** G. Dammann		14.2	Klinisches Bild und diagnostische Kriterien — 188
12.1	Einleitung — 161		14.3	Diagnostische Prozesse — 189
12.2	Klinisches Bild und diagnostische Kriterien — 162		14.4	Klinische Diagnostik — 189
12.3	Diagnostische Prozesse und Untergruppen von Besessenheit — 162		14.5	Klassifikation — 190
12.4	Klassifikation — 163		14.6	Differenzialdiagnosen — 190
			14.7	Epidemiologie — 191

14.8	Verlauf und Prognose	191	17.3	Prävalenz und Erhebungsinstrumente	250
14.9	Ätiopathogenese	191	17.4	Jugendalter	251
14.10	Behandlung	192	17.5	Kindesalter	252
			17.6	Kategoriale Erhebungen	253
15	**Die Dissoziative Identitätsstörung** U. Gast	**195**	17.7	Klinische Phänomenologie dissoziativer Bewusstseinsstörungen des Kindes- und Jugendalters	254
15.1	Einleitung	195	17.8	Ätiopathogenese	256
15.2	Der aktuelle Diskurs	196	17.9	Trauma und Dissoziation	257
15.3	Geschichtlicher Rückblick	198	17.10	Neurobiologie dissoziativer Störungen	258
15.4	Entwicklung der Definitionskriterien	202	17.11	Neurobiologie dissoziativer Bewusstseinsstörungen	259
15.5	Ätiologie	205	17.12	Verlauf, Prognose und Komorbidität	260
15.6	Prävalenz Dissoziativer Identitätsstörungen	209			
15.7	Die Phänomenologie der dissoziierten Selbst-Zustände	210	**C**	**Dissoziative Störungen als spezifische Folge schwerer Traumatisierung**	**263**
15.8	Komorbidität und Differenzialdiagnose	216			
15.9	Zusammenfassung	218			
16	**Depersonalisation und Derealisation** A. Eckhardt-Henn, S. O. Hoffmann	**226**	**18**	**Die Trauma-Pathogenese dissoziativer Bewusstseinsstörungen: empirische Befunde** A. Eckhardt-Henn, S. O. Hoffmann	**265**
16.1	Einleitung: Begriffsgeschichte	226	18.1	Dissoziation als Trauma-Folge	265
16.2	Klinisches Bild und diagnostische Kriterien	226	18.2	Prospektive Studien	267
16.3	Epidemiologie, Verlauf und Prognose	229	18.3	Peritraumatische Dissoziation	268
16.4	Differenzialdiagnose und Komorbidität	230	18.4	Dissoziative Identitätsstörung	269
16.5	Ätiopathogenese	234	18.5	Resümee des Kenntnisstandes zur Rolle der peritraumatischen Dissoziation	270
16.6	Psychoanalytische Theorien zum Verständnis der Depersonalisation	238	18.6	Probleme der Forschung	270
16.7	Therapie	244			
			19	**Dissoziation als spezifische Abwehrfunktion schwerer traumatischer Erlebnisse – eine psychoanalytische Perspektive** A. Eckhardt-Henn	**276**
17	**Dissoziative Bewusstseinsstörungen im Kindes- und Jugendalter** R. Brunner, F. Resch	**249**			
17.1	Einleitung	249			
17.2	Definition	249	19.1	Einleitung	276

19.2	Störungen der Affektregulation — 281	22	**Psychometrische Diagnostik dissoziativer Symptome und Störungen** — 311
19.3	Entwicklungs- und selbstpsychologische Perspektiven — 282		C. Spitzer
		22.1	Einleitung — 311
19.4	Die Zerstörung der Wirklichkeit: das Trauma in der Objektbeziehung — 282	22.2	Fremdbeurteilungsverfahren — 311
		22.3	Selbstbeurteilungsinstrumente — 313
19.5	Dissoziation und Bindungsstörungen — 285	22.4	Methodische Probleme bei der Erfassung der dissoziativen Psychopathologie — 316
19.6	Traumatische Introjektion – Trauma in der Objektbeziehung — 288	22.5	Fazit und Ausblick — 318
19.7	Mentalisierungsfähigkeit — 289	23	**Das Strukturierte Klinische Interview für Dissoziative Störungen (SKID-D)** — 321
19.8	Spezifische Übertragungs-Gegenübertragungskonstellationen — 291		U. Gast, F. Rodewald
		23.1	Einleitung — 321
20	**Dissoziation und Posttraumatische Belastungsstörung** — 295	23.2	Besonderheiten bei der Diagnosestellung — 321
	A. Hofmann	23.3	Aufbau des SKID-D — 322
20.1	Einleitung — 295	23.4	Die Auswertung des Interviews — 322
20.2	Exkurs zur diagnostischen Klassifikation — 296	23.5	Wann ist das SKID-D indiziert? — 323
20.3	Die peritraumatische Dissoziation als Prädiktor einer PTBS — 298	23.6	Einsatzbereiche des SKID-D — 323
20.4	Die Störung der zentralen Informationsverarbeitung bei der PTBS — 300	23.7	Durchführung und Anwendung des SKID-D — 324
20.5	Zusammenfassung — 301	**24**	**Zur differenzialdiagnostischen und -therapeutischen Bedeutung diskursiver Stile bei dissoziativen versus epileptischen Patienten – ein klinisch-linguistischer Ansatz** — 328
D	**Diagnostik und Differenzialdiagnostik** — 305		M. Schöndienst
		24.1	Einleitung — 328
21	**Probleme der aktuellen Klassifikation dissoziativer Störungen** — 307	24.2	Risiken des Verwechselns und Möglichkeiten der Unterscheidung epileptischer und dissoziativer Anfälle — 329
	S. O. Hoffmann, A. Eckhardt-Henn		
21.1	Einleitung — 307	24.3	Besonderheiten des Beschreibens psychopathologischer Veränderungen durch Epilepsie- bzw. Dissoziations-Patienten — 335
21.2	Die Kritik an der aktuellen Operationalisierung der dissoziativen Störungen — 308	24.4	Aspekte hirnfunktioneller Substrate epileptischer bzw. dissoziativer Störungen — 337

24.5 Konstellationsmuster epileptischer Störungen mit dissoziativen Störungen —— 338	
24.6 Abschließende therapeutische Überlegungen —— 339	

Anhang: Transkriptionskonventionen —— 341

25 Dissoziative Identitätsstörung – eigene nosologische Entität oder Variante der Borderline-Störung? —— 343
B. Dulz, U. Sachsse

25.1 Einleitung —— 343
25.2 Dissoziative Reaktionen als Teil der Borderline-Persönlichkeitsstörung —— 344
25.3 Die Dissoziative Identitätsstörung als eigenständige Entität —— 345
25.4 DSM und ICD —— 347
25.5 Dissoziation und/oder Spaltung —— 348
25.6 Zur Therapie —— 348
25.7 Schlussbemerkung —— 351

E Therapeutische Ansätze —— 335

26 Phasenorientierte Behandlung komplexer dissoziativer Störungen: die Bewältigung traumabezogener Phobien —— 357
K. Steele, O. Van der Hart, E. R. S. Nijenhuis

26.1 Vorbemerkung —— 357
26.2 Die Theorie der strukturellen Dissoziation —— 359
26.3 Ursprünge der strukturellen Dissoziation —— 362
26.4 Die Aufrechterhaltung der strukturellen Dissoziation der Persönlichkeit —— 364
26.5 Aktuelle diagnostische Kategorien —— 367
26.6 Prognose und Behandlungsverlauf —— 369
26.7 Die phasenorientierte Behandlung der strukturellen Dissoziation —— 370
26.8 Behandlungsprinzipien während der phasenorientierten Therapie —— 371
26.9 Behandlungsphase 1: Stabilisierung und Symptomreduktion —— 372
26.10 Phase 2: die Behandlung der traumatischen Erinnerungen —— 381
26.11 Phase 3: Persönlichkeitsintegration und Rehabilitation —— 387
26.12 Zusammenfassung —— 391

27 Der psychodynamische Ansatz zur Behandlung komplexer dissoziativer Störungen —— 395
U. Gast

27.1 Einleitung —— 395
27.2 Die Behandlungsrichtlinien der ISSD im Überblick —— 396
27.3 Der Rahmen für psychodynamische Psychotherapie – und seine Grenzen —— 400
27.4 Der psychodynamische Ansatz – und seine Erweiterung —— 401
27.5 Phasenorientiertes Vorgehen —— 403
27.6 Allgemein gültige psychodynamische Techniken —— 405
27.7 Störungsspezifische Techniken —— 411
27.8 Grenzen der psychodynamischen Techniken —— 418
27.9 Notfallsituationen —— 418
27.10 Zusammenfassung und Ausblick —— 420

28 Konzepte und Möglichkeiten der kognitiven Verhaltenstherapie bei Dissoziation und dissoziativen Störungen — 423
U. Schweiger, V. Sipos, K. G. Kahl, F. Hohagen

28.1 Dissoziative Störungen und kognitive Verhaltenstherapie — 423

28.2 Theoretische Ansatzpunkte der kognitiven Verhaltenstherapie bei dissoziativen Störungen — 423

28.3 Erkennung dissoziativer Phänomene in der Therapie — 425

28.4 Therapeutisches Vorgehen der kognitiven Verhaltenstherapie bei dissoziativen Symptomen und Störungen — 426

28.5 Studien zu Effekten verhaltenstherapeutischer Therapieverfahren auf dissoziative Symptome — 434

28.6 Zusammenfassung — 434

29 EMDR – ein Verfahren zur Behandlung dissoziativer Störungen in der Folge schwerer Traumatisierungen — 436
M. Sack, F. Lamprecht

29.1 Einleitung — 436

29.2 Allgemeine Therapieprinzipien des EMDR — 437

29.3 Besonderheiten bei der EMDR-Behandlung von Patienten mit dissoziativen Störungen — 439

29.4 Fallbeispiel — 441

29.5 Risiken und Gefahren — 443

29.6 Fazit — 445

30 Die psychopharmakologische Therapie dissoziativer Bewusstseinsstörungen — 447
A. Eckhardt-Henn

30.1 Einleitung — 447

30.2 Opiat-Antagonisten (Naltrexon) — 447

30.3 Atypische Neuroleptika — 448

30.4 Antidepressiva — 449

31 Aktuelle Kontroversen: die False-Memory-Debatte — 453
A. Eckhardt-Henn, S. O. Hoffmann

31.1 Einleitung — 453

31.2 Normales Vergessen und Persistenz von Erinnerungen — 456

31.3 Implizites und explizites Gedächtnis — 457

31.4 Infantile Amnesie und Dissoziative Amnesie — 459

31.5 Suggestibilität — 461

31.6 Historische versus narrative Wahrheit: psychoanalytische Perspektiven — 464

31.7 Abschließende Bemerkung — 466

A Begriffsgeschichte

1 Die Dissoziation: eine Standortbestimmung[1]

S. O. Hoffmann, A. Eckhardt-Henn

Die Dissoziation ist in vieler Munde. Gut 60 Jahre weitgehend vergessen, stand das Konzept 1980 im Rahmen der Beachtung, welche die dritte Auflage des „Diagnostic and Statistical Manual of Mental Disorders" (DSM-III) der American Psychiatric Association fand, aus seinem Dornröschenschlaf auf und geriet – seemännisch gesprochen – rasch in schweres Wetter. Außerhalb der USA wurden die Störungsbilder nicht selten als „typisch amerikanisch", unzureichend validiert und ohne klinische Relevanz angesehen.

Das Konzept der Dissoziation stammt genuin aus der französischen Psychiatrie des 19. Jahrhunderts. Eine wahrscheinlich unmittelbare Vorform wurde 1834 von François Leuret unter dem Namen „l'incohérence" eingeführt (Allen u. Postel 2000). Der eigentliche Begriff selbst taucht erstmalig 1845 bei Jacques Joseph Moreau de Tours (Van der Hart u. Horst 1989) auf. Auch wenn verschiedene andere Psychiater wie Jean Marie Charcot, Gilles de la Tourette oder Frederic Myers (Van der Hart, pers. Mitteilung) zeitgleich mit Pierre Janet (1859–1947) von „dissociation" (Janet 1887) sprachen, ist die nachhaltige Ausarbeitung von Begriff und Konzept eng mit dessen Person verbunden. In seiner Dissertation („L'automatisme psychologique", 1889) hatte Janet zwar noch/wieder von „désagrégation" gesprochen, gab aber diesen Begriff zunehmend auf, ohne ihn je ganz zu verlassen. Janet bewegte sich mit seinem Verständnis von Dissoziation der damaligen Zeit weit voraus, was wohl auch einer der Gründe dafür war, dass das Konzept spätestens nach 1920 wieder weitgehend in Vergessenheit geriet (Van der Hart u. Friedman 1989; Hacking 1995; Van der Hart 1996). Auch hatte Janet wahrscheinlich bewusst darauf verzichtet, eine Gruppe einflussreicher Schüler um sich zu scharen.

Ein weiteres Moment für das Vergessen des Dissoziationskonzepts liegt fraglos in der aufkommenden Bedeutung der Psychoanalyse. Sigmund Freud (1856–1939) hatte das Dissoziationskonzept anfangs nachhaltig rezipiert. In einem zusammen mit J. Breuer verfassten Fragment aus dem Jahre 1892 erklärt er die Annahme einer Dissoziation für „unentbehrlich zur Erklärung hysterischer Phänomene" (Freud u. Breuer 1892, S. 9). Später setzte Freud in seinem Werk die eigenen Konzepte der Abwehr und vor allem den Begriff der Verdrängung an exakt die erklärerische Stelle der Dissoziation und vermied den älteren Begriff auf das peinlichste. Seine Konkurrenz mit Janet ist unübersehbar und wurde von diesem auch so aufgegriffen. Nemiah (1998) macht in einem Vergleich der Dissoziationskonzepte von Janet und Freud deutlich, dass sich beide in ihrem Verständnis erheblich unterschieden. Zu dem gleichen Verständnis kommt auch eine sorgfältige Analyse des Dissoziationskonzepts beider Autoren durch Thoret et al. (1999). Dennoch mutet es fast paradox an, dass es gerade Nemiah (1980) war, der in einer viel zu wenig beachteten Neukonzeption der Hysterischen

---

[1] Frau Prof. S. Herpertz, Rostock, die Prof. P. Kapfhammer, Graz, F. Resch, Heidelberg, und O. Van der Hart, Amsterdam, sowie Dr. C. Spitzer, Stralsund, sahen dieses wichtige Kapitel kritisch durch und gaben zahlreiche Anregungen. Verantwortlich für den Inhalt bleiben natürlich die Verfasser. Prof. Van der Hart half uns zusätzlich bei der Klärung historischer Zusammenhänge mit einer Reihe von E-Mails. Ihnen allen danken die Verfasser herzlich.

Störung (bzw. der Konversionsstörung) die Dissoziation wieder an die Stelle der Verdrängung gestellt hatte – auch wenn sein Dissoziationskonzept sich von dem Janets hinsichtlich der Einbeziehung einer eher psychoanalytisch verstandenen Dynamik unterscheidet. In jedem Fall tritt um 1980 (dem Zeitpunkt der Einführung des DSM-III) Janets Konzept der Dissoziation gegenüber dem freudschen der Verdrängung eindeutig wieder in den Vordergrund (Nemiah 1989).

Mit der Geschichte der Dissoziation ist von Anfang an auch eine Ungeschichte verbunden, die von Sensationslust und Salonkultur bis zur Unterhaltung auf den Jahrmärkten, zum Beispiel mit der Hypnose, reichte. Somnambule wanderten über die Dächer und durch die Séancen, „tout Paris" hatte ein brennendes Interesse am gespaltenen Bewusstsein und den Entfremdeten („aliénés"). Auch das ist wohl einer der Gründe, die es der ernsthaften Forschung schwer machte, das Phänomen angemessen und ohne Anfeindung zu verfolgen.

„Dissociation" ist meist mit dem Begriff der **Bewusstseinsspaltung** ins Deutsche übersetzt worden (Peters 1977), was nicht falsch, aber auch nicht unbedingt richtig ist. Die Definition des DSM-IV lautet folgendermaßen:

> „Wesensmerkmal dissoziativer Störungen ist die Unterbrechung normalerweise integrierter Funktionen des Bewusstseins, des Gedächtnisses, der Identität oder der Wahrnehmung der Umwelt. Die Störung kann plötzlich, in Stufen, vorübergehend oder chronisch verlaufen." (1994, S. 477; Übs.: S. O. Hoffmann)

Dell (2001) kritisiert, dass es sich hierbei nicht um die vom DSM-IV eigentlich beanspruchte Beschreibung, sondern um eine Definition handele. Vielleicht liegt die Wahrheit dazwischen und das DSM lieferte so etwas wie eine Charakterisierung oder Kennzeichnung. Als solche wäre sie u. E. jedoch praktikabel, und es gibt wenige andere Definitionen, die so viel Zustimmung aufweisen könnten. Dieser Konsens hängt sicher mit der „Offenheit" der Beschreibung im DSM zusammen, die von unterschiedlichen theoretischen Strömungen „mit Leben gefüllt" werden kann. Das kann man begründet als eine Stärke dieses Teils des DSM ansehen. Die Schwäche liegt ebenfalls in der Begrifflichkeit bzw. gerade in deren Weite (kritisiert z. B. von Cardena 1994), durch welche die Charakterisierung wieder in die Nähe der „Portemanteau-Konzepte" gerät – das sind begriffliche Garderoben, an die jeder hängen kann, was er will.

Eine Reihe von Gründen berechtigen dazu, mit dem DSM-III und seinen Folgen unzufrieden zu sein. Für die allgemeine Akzeptanz, dass es überhaupt so etwas wie dissoziative Störungen und einen pathogenen Prozess gibt, den man am besten als Dissoziation bezeichnet, ist die Bedeutung dieses Instruments kaum zu überschätzen. Das wird von den (diesbezüglichen) Kritikern des DSM leicht übersehen. Die Veterans Administration allein hätte nie so erfolgreich sein können.

Denn letztlich war es wohl das nationale Trauma der USA, der Vietnam-Krieg, dessen Folgen bei der Reintegration seiner Veteranen ins Zivilleben die Blicke sowohl auf die Posttraumatischen Belastungsstörungen als auch auf die dissoziativen Störungen lenkte. Ein kollektives Trauma war dieser Krieg insofern, als das amerikanische Engagement von 1960 bis 1973 im Zugeständnis militärischer Ohnmacht gegenüber einem weit unterlegenen Gegner geendet und 56000 US-Soldaten das Leben gekostet hatte. Auch wenn bereits im Ersten Weltkrieg dissoziative Phänomene in Massen aufgetreten waren (sog. „shell-shock" oder Fugue; beide fielen militärdisziplinarisch meist unter das „unerlaubte Entfernen von der Truppe" oder die „Feigheit vor dem Feind"), war es erst Myers (1940), der dafür ein ebenfalls wenig beachtetes Verständnis auf dem Boden der Dissoziationstheorie entwickelte (s. dazu Kap. 30 in diesem Band).

Was ist der Stand des Konzepts heute? Eine einfache Antwort ist kaum zu erwarten, aber

1 Die Dissoziation: eine Standortbestimmung

eine Reihe von Teilantworten lässt sich gut geben. Vielleicht ist dies am besten in der Art einer Gegenüberstellung in der Art von Aktiva und Passiva möglich.

Aktiva des Dissoziationsverständnisses sind vor allem die folgenden:
- Innerhalb der Scientific community von Psychiatrie, Psychosomatik, medizinischer und klinischer Psychologie sowie der Psychotherapie ist die Existenz dissoziativer psychischer Vorgänge anerkannt. Sie kann seriöserweise nicht länger bestritten werden.
- Auch eine Anzahl von Krankheitseinheiten/Störungsbildern, die durch dissoziative Prozesse bewirkt werden, ist weitgehend anerkannt und steht außer Diskussion: Es sind dies vor allem die (Dissoziative/n) Amnesie/n, Fugue, Trancezustände, Besessenheitszustände, Stupores und die Dissoziative Identitätsstörung (früher „Multiple Persönlichkeit" genannt).
- Der pathogenetische Zusammenhang dissoziativer Störungsbilder mit traumatischen oder hochkonflikthaften Erlebnissen, die bei einer abgrenzbaren Untergruppe in der Form chronischer bzw. komplexer Traumatisierungen in Kindheit und Jugend stattfanden, ist weitgehend gesichert und kann von niemandem, der wissenschaftlich ernst genommen werden will, weiterhin infrage gestellt werden.
- In der Folge dieser Erkenntnisse erwächst für die Dissoziation das Verständnis eines übergeordneten Anpassungsversuchs, der einerseits die Funktionen des Alltags stützt und sichert so wie er andererseits durch Intrusion in das allgemeine Funktionieren zu Beschwerde und Symptomatik führt („Die Fähigkeit zur Dissoziation gestattet vielen dieser Patienten, Kompetenzen zu entwickeln, die sie in manchen Lebensbereichen ziemlich erfolgreich werden lassen. […] Andererseits führt das Anhalten der Dissoziation über den Zeitpunkt des akuten Traumas hinaus zu einer Interferenz mit den Alltagsfunktionen." [Van der Kolk 1996, S. 192]).
- Eine seriöse Hypnoseforschung, zum Beispiel bei E. Hilgard (1977), nutzte die Möglichkeiten, diese Form gesteuerter und kontrollierter Bewusstseinveränderung experimentell einzusetzen, und trug so zur Aufklärung der Bedingungen für die Entstehung dissoziativer Phänomene bei.
- Es gibt zunehmende Hinweise, vor allem aus der informations- und kognitionspsychologischen Forschungsrichtung, die das Verständnis der Dissoziation als eines psychischen Vorgangs sui generis stützen. Die Annahme eines solchen erklärerischen Prinzips ist in der Lage, eine Reihe von psychopathologischen Zuständen und Phänomenen sehr viel sparsamer (im Sinne des Parsimonialprinzips William von Ockhams) zu erklären, als dies durch konkurrierende Erklärungsmodelle möglich wäre.
- Der nosologische Zusammenhang einer Gruppe bzw. Untergruppe von Störungsbildern mit den dissoziativen Störungen, hier vor allem der (komplexen) Posttraumatischen Belastungsstörungen und der Borderline-Persönlichkeitsstörungen, wird zunehmend wahrscheinlich. Wahrscheinlich ist das gemeinsame Element, dass es sich bei diesen Störungen meist um Folgen der Verarbeitung von extremem Stress (stress related disorders) handelt. Weitere, derzeit noch weniger gut bearbeitete Beziehungen bestehen zu den Abhängigkeiten (teils pathogenetisch, teils hinsichtlich der angestrebten Bewusstseinsveränderung in der Sucht, die Ähnlichkeit mit dissoziativen Zuständen hat) und zu den Selbstverletzungen. Dissoziative Phänomene sind auch bei einer Reihe anderer psychopathologischer Störungen wirksam oder zu beobachten.
- Das anhaltende wissenschaftliche Interesse hat in neuerer Zeit auch im psychobiologischen Forschungsbereich zu eindrucksvollen Ergebnissen geführt, die bis zum Nachweis hirnstruktureller Veränderungen in der

Folge komplexer Traumatisierungen reichen und damit eine gerade erst in Gang kommende Forschungsperspektive eröffnen. Neurochemie, Neurophysiologie, kognitive Wissenschaften und moderne Bildgebung stellen im Rahmen dieser Perspektive Forschungsbahnen dar, deren weitere Befunde mit Spannung zu erwarten sind. Die Dissoziation ist gewissermaßen auf ihrem Irrweg aus den Pariser Salons des 19. Jahrhunderts, wo sie dem Spektakel des Bürgertums diente, in den Labors der Naturwissenschaften angekommen, was zumindest formal für ihren wissenschaftlichen Status einen Fortschritt bedeutet.

- Die Erfolge der Kliniker liegen in ihren beeindruckenden Beiträgen zur Therapie dissoziativer Störungen, die sehr weitgehend eine Psychotherapie ist. Auch wenn nennenswerte Outcome-Studien mit ausreichendem Fallmaterial bisher fehlen, hat die Therapie bei ihren besten Vertretern einen hinreichenden Grad von Konsens und Konsistenz erreicht, der sie vom Verdacht der Beliebigkeit oder Wirkungslosigkeit erst einmal entlastet.

Welche sind die **Passiva** des Dissoziationsmodells?

- Seit seinem Entwurf durch Janet, einem in jeder Hinsicht ernsthaften Wissenschaftler, existierte ein „unseriöses Umfeld", das sich mit Somnambulismus, Hypnose als Unterhaltungsdemonstration, Spiritismus und einer Reihe weiterer Erscheinungen assoziieren ließ. Heute sind es die Kontroversen um die „false (recovered) memory", Berichte über rituellen Missbrauch sowie die Schutzbehauptung des Vorliegens von dissoziativen Störungen in Sensationsprozessen, welche die Wissenschaftlichkeit des Dissoziationskonzepts potenziell beschädigen. Manchmal sieht es sogar fast so aus, als ob derzeit kaum ein Strafprozess, tüchtige Verteidiger einmal vorausgesetzt, ohne die Diskussion dissoziativer Vorgänge auszukommen scheint.

- Unzureichend in den speziellen Anforderungen der Behandlung ausgebildete und unerfahrene Psychotherapeuten, deren Verhalten oft unverantwortlich und nicht selten gefährlich ist, stellen ebenfalls eine Belastung dar. Ihr Handeln trifft in erster Linie natürlich die Patienten, bringt in zweiter Linie aber auch die ernsthafte Kollegenschaft in Gefahr.[2] Hier hat sich eine ganze Therapieszene entwickelt, in der Ärzte oder Psychologen oft eine Minderheit darstellen, in der die Beziehungen zwischen Behandlern und Behandelten wenig professionell gestaltet sind und in der man mit generalisierenden Verdächtigungen nicht zimperlich ist. Zur Klarstellung: Wahrscheinlich gibt es unter Pädophilen tatsächlich Interessengemeinschaften, deren Mitglieder sich gegenseitig zur Strafverhinderung argumentativ unterstützen; in Einzelfällen mögen auch „Seilschaften" von Verfolgern belegt sein – die Schilderungen der alles infiltrierenden „Täternetzwerke" hingegen muten eher wie Konstruktionen an.

- Auch der scheinbar wissenschaftliche Zugang trägt oft unglückliche Züge. Ein Jargon, der mehr die Zugehörigkeit zur Gruppe derer, die Bescheid wissen, als reale Kompetenz signalisiert, wirkt nur nachteilig. Wenn man einen so aufwändigen Sachverhalt wie das Bestehen von autonomen Persönlichkeitszuständen („Each personality state may be eperienced as if it has a distinct personal history, self-image, and identity, including a separate name" [DSM-IV, S. 484]) sprachlich beharrlich auf die Formel „alter" (dt.: der/die/das andere) verkürzt, ist das Misstrauen nicht von der Hand zu weisen.

- Misstrauen entsteht auch, wenn man 100 oder mehr abgrenzbare „alters" bei einer Kranken belegen zu können meint, die zu-

---

[2] Trotz der vereinfachenden männlichen Schreibweise sind stets auch Patientinnen, Therapeutinnen usw. gemeint, wenn hier und im Folgenden von Patienten, Therapeuten usw. die Rede ist.

dem in charakteristischer Weise in immer größerer Anzahl auftreten, je länger die Therapie dauert. Seriöserweise müssten sie ja alle über eine dissoziative Pathogenese zu erklären sein, was schon die einfache Wahrscheinlichkeit gegen sich hat. Wissenschaftlichkeit, die sich auch um Falsifizierbarkeit ihrer Hypothesen bemüht, müsste sich spätestens hier um alternative Erklärungen bemühen (zum Beispiel Suggestibilität, antizipierte Erwartungen der Therapeuten, „mehr des Gleichen", narzisstische Befriedigung, Ausgestaltung der Krankenrolle). Eine so oder ähnlich gestaltete kritische Sicht wird sehr vermisst.
- Eine Ideologiebildung, wie sie Janet eher fremd war, bestimmt nicht wenige Mitglieder der Dissoziations-Szene. Das führt, wie in allen Gruppierungen mit Pionierbewusstsein, zum gewollten oder ungewollten Ausschluss derer, die nicht an die Dissoziation „glauben". Auch der Feminismus hat sich hier fest etabliert, was der vorurteilslosen Aufklärung schwieriger Sachverhalte nicht unbedingt förderlich ist.
- Die Terminologie ist in Teilen uneinheitlich, was auf einen noch unzureichenden Status theoretischer Aufarbeitung hinweist. Wissenschaftliche Eitelkeit schafft bis heute unnötigerweise ständig neue Begriffe, wo die vorhandenen oder ihre geringfügige Adaptation völlig ausreichend wären.
- Es wird zunehmend deutlich, dass die Abbildung der dissoziativen Störungen in den aktuellen klassifikatorischen Manualen (DSM-IV und ICD-10) unzureichend und teilweise irreführend ist. Falsch-negative Zuordnungen führen wahrscheinlich zu einer anhaltenden Unterschätzung der wahren Prävalenz der verschiedenen Formen dissoziativer Störungen. Die Vermengung der Dissoziativen Bewusstseinsstörungen mit den Konversionsstörungen in der ICD-10 verhindert die Erfassung zutreffender Prävalenzraten zusätzlich.
- Durch die „Untugend" der ICD-10, die Dissoziativen Bewusstseinstörungen mit den Konversionsstörungen (dort „dissoziative Störungen der Bewegung" bzw. „der Sensibilität und Empfindung") zusammenzufassen, verschlechtern sich die Möglichkeiten der konzeptuellen Abgrenzung. Wir sind der Ansicht, dass die Belege bisher nicht ausreichen, einen einheitlichen ätiologischen Vorgang für beide Phänomene zu unterstellen, auch wenn das von ernsthaften Autoren auch in diesem Band so gesehen wird (s. beispielsweise Kap. 7).

Bilanziert man diese Aktiva und Passiva, so erweisen sich beide Posten als bedeutsam. Es besteht keine Frage, dass die ältere und neuere Forschung und auch die klinische Seite, vor allem mit ihren Erfolgen in der Therapie, zur Konsolidierung des Konzepts von der Dissoziation erhebliches Kapital im besten Sinne angesammelt haben. Das Schuldkonto aber ist ebenfalls nicht zu übersehen, und der Umgang mit ihm bedarf einer sorgfältigen und gewissenhaften Einstellung künftiger Kliniker und Forscher.

Literatur

Allen DF, Postel J (2000). Des origines françaises de la dissociation à partir des travaux de François Leuret. Évol Psychiat; 65: 55–66.
American Psychiatric Association (1994). Diagnostic and Statistical Manual of Mental Disorders. 4th ed. Washington, DC: American Psychiatric Association.
Cardena E (1994). The domain of dissociation. In: Lynn SJ, Rhue JW (eds). Dissociation. Clinical and theoretical perspectives. New York: Guilford Press; 15–31.
Dell PF (2001a). Why DSM-IV's portrayal of DID is a problem. ISSD News; 19(2): 4–8.
Dell PF (2001b). Why the diagnostic criteria for Dissociative Identity Disorder should be changed. J Trauma Dissoc; 2: 7–37.
Freud S, Breuer J (1892). Zur Theorie des hysterischen Anfalls. Schriften aus dem Nachlass 1892–1939. GW 17. Frankfurt a. M.: Fischer 1966: 7–13.
Hacking J (1995). Rewriting the Soul: Multiple Personality and the science of memory. Princeton, NJ: Princeton University Press.

Herman JL, Perry JC, Van der Kolk BA (1989). Childhood trauma in borderline personality disorder. Am J Psychiatry; 146: 490-5.

Hilgard ER (1977). Divided Consciousness. Multiple controls in human thought and action. New York: Wiley.

Myers CS (1940). Shell Shock in France 1914-18. Cambridge: Cambridge University Press.

Nemiah JC (1980). Dissociative disorders. In: Kaplan HJ, Freedman AM, Sadock BJ (eds). Comprehensive Textbook of Psychiatry. Vol. 2. 3rd ed. Baltimore, London: William & Wilkins; 1544-61.

Nemiah JC (1989). Janet Redivivus - the centenary of l'automatisme-psychologique. Am J Psychiatry; 146: 1527.

Nemiah JC (1998). Early concepts of trauma, dissociation and the unconscious: Their history an current implications. In: Bemner JD, Marmar CR (eds). Trauma, Memory and Dissociation. Washington, DC, London: Am Psychiatric Press; 1-26.

Janet P (1887). L'anesthésie systematisée et la dissociation des phenomènes psychologiques. Rev Philos; 23(1): 449-72.

Janet P (1889). L'automatisme psychologique. Paris: Félix Alcan (Neuauflage: Paris: Société Pierre Janet 1973).

Peters UH (1977). Wörterbuch der Psychiatrie und der medizinischen Psychologie. 2. Aufl. München, Wien, Baltimore: Urban & Schwarzenberg.

Pribor EF, Yutzy SH, Dean JT, Wetzel RD (1993). Briquet's Syndrome, dissociation, and abuse. Am J Psychiatry; 150: 1507-11.

Saxe GN, Chinman G, Berkowitz R, Hall K, Lieberg G, Schwartz J, Kolk BA (1994). Somatization in patients with dissociative disorders. Am J Psychiatry; 151: 1329-35.

Thoret Y, Giraud AC, Ducerf B (1999). La dissociation hystérique dans le textes de Janet et Freud avant 1911. Évol psychiat; 64: 749-64.

Van der Hart O (1996). Ian Hacking on Pierre Janet. A critique with further observations. Dissociation; 9: 80-4.

Van der Hart O, Friedman B (1989). A reader's guide to Pierre Janet on dissociation: A neglected intellectual heritage. Dissociation; 2: 3-16.

Van der Hart O, Horst R (1989). The dissociation theory of Pierre Janet. J Trauma Stress; 2(4): 397-412.

Van der Kolk B (1996). The complexity of adaptation to trauma. Self-regulation, stimulus discrimination, and characterological development. In: Van der Kolk B, McFarlane AC, Weisaeth L (eds). Traumatic Stress. The effects of overwhelming experience on mind, body, and society. New York, London: Guilford Press; 182-213.

2 Dissoziation und Gedächtnis als Ergebnisse neurobiologisch beschreibbarer Prozesse

H.-P. Kapfhammer

2.1 Einleitung

Die Fähigkeit eines Organismus, im Austausch mit der Umwelt neues Wissen zu erwerben, wird als **Lernen** bezeichnet. Dieses Wissen so abzuspeichern, dass es wieder abgerufen werden kann, definiert **Gedächtnis**. Lernen und Gedächtnis verweisen somit stets aufeinander. Sie stellen Abschnitte im Erwerb, in der Speicherung und Erinnerung von Informationen dar. Lernen und Gedächtnis sind wiederum eng mit **Reifung**, einem genetisch programmierten Wachstum, verknüpft. Im Laufe der **Entwicklung**, die sowohl erfahrungsabhängige als auch erfahrungsunabhängige, d. h. reifungsbedingte, Prozesse vereint, nehmen Lernen und Gedächtnis an Differenziertheit und Komplexität zu, wobei ontogenetisch früher erworbene Modi des Lernens und Erinnerns aber beibehalten werden. Hieraus resultieren unterschiedlich strukturierte Lernvorgänge, die eigenständig beschrieben werden können. Ebenso sind verschiedene Gedächtnissysteme je für sich zu betrachten.

Eine **neurobiologische Perspektive** des Gedächtnisses fokussiert zum einen auf das Zusammenspiel distinkter neuroanatomischer Zentren in den einzelnen Gedächtnissystemen. Wichtige Ergebnisse hierzu stammen aus klinischen Fallbeschreibungen und neuropsychologischen Studien an Patienten mit umschriebenen Hirnläsionen und assoziierten typischen Gedächtnisdysfunktionen. Sie behandelt zum anderen auch molekularbiologisch erschlossene zelluläre Vorgänge bei mnestischen Leistungen in der zeitlichen Dimension von Kurz- und Langzeitgedächtnis. Eine wichtige Grunderkenntnis der modernen Neurowissenschaften ist hierbei, dass Befunde, die an einfachen Tiermodellen gewonnen worden sind, weitreichende Aussagen über komplexe Lern- und Gedächtnisprozesse auch beim Menschen erlauben, da sie offenkundig elementare evolutionäre Prinzipien der neuronalen Plastizität abbilden (Kandel 2001).

Dissoziation verweist auf einen psychopathologischen Status. Sie beschreibt den Verlust einer bewussten Erlebens- und Erinnerungseinheit sowie einer umfassenden willentlichen Handlungskontrolle, wie sie unter normalpsychologischen Bedingungen bei einer Person erwartbar sind. Schwerwiegende Realtraumatisierungen werden neben anderen Einflussfaktoren als entscheidende Ausgangsbedingungen für das Auftreten klinisch relevanter dissoziativer Symptome und Störungen angesehen (Kapfhammer 1999). In gedächtnispsychologischer Sicht sind die mnestischen Besonderheiten einer dissoziativen und posttraumatischen Symptombildung bei und nach massiver Stresseinwirkung zu skizzieren. Neurobiologische Korrelate hierzu lassen sich als grundlegende Veränderungen der sensorisch/sensiblen Informationsverarbeitung in neuroanatomischen Zentren und insbesondere als ein Auseinanderdivergieren einzelner Gedächtnissubsysteme, ferner als Dysfunktionen in Neurotransmittersystemen, als Muster der neuroendokrinen Stressantwort in der Hypothalamus-Hypophysen-Nebennierenrinden-Achse (HPA-Achse) beschreiben. Es werden neurobiologische Anpassungsreaktionen erkennbar, die prinzipiell sowohl adaptiv als auch maladaptiv sein können (Kapfhammer 2001).

2.2 Multiple Gedächtnissysteme in ihrer neuroanatomischen Repräsentation

Das Gedächtnis stellt keine einheitliche neuronale Organisation dar. Es besteht vielmehr aus distinkten Subsystemen, die ihre je typischen neuroanatomischen Regelkreise aufweisen (Markowitsch 2000). Eine grundlegende neuropsychologische Einteilung betont die Unterscheidung in ein **explizites** und ein **implizites Gedächtnis**:

- Das **explizite** oder auch **deklarative** Gedächtnis ist abhängig von aktiver Aufmerksamkeit und fokussierter Konzentration. Es setzt einen bewussten Willensakt voraus, seine Inhalte sind verbalisierbar. Diese beziehen sich auf zeitlich und örtlich bestimmbare Situationen, die in einer bedeutsamen Beziehung zur Person des Erinnernden stehen (episodisches Gedächtnis). In einer zeitlichen Einordnung als lebensgeschichtliche Erinnerungen begründen sie das **autobiografische** Gedächtnis. Es werden davon bewusst abrufbare faktische Wissensinhalte und Kenntnisse des **semantischen** Gedächtnisses unterschieden. Diese sind unabhängig von einer zeitlichen und räumlichen Einordnung und auch ohne speziellen Bezug zum Erinnernden.
- Das **implizite** oder auch **prozedurale** Gedächtnis speichert zunächst erlernte Fertigkeiten, automatisierte Gewohnheiten und Handlungen. Die im impliziten Gedächtnis ablaufenden Prozesse bleiben unbewusst, und es ist ebenfalls ohne eine zeitliche, räumliche und personale Organisation. Das Wissen über diese Fertigkeiten ist nicht verbal erklärbar und in seiner Vermittlung auf Sprache auch nicht angewiesen. Es setzt keine höheren kognitiven Funktionen voraus. Neben diesen im engeren Sinne prozeduralen Gedächtnisinhalten wird auch das **Priming** zum impliziten Gedächtnis gezählt. Hierbei fördert eine vorherige Exposition gegenüber Wörtern, Tönen und visuellen Gestalten ein späteres Wiedererkennen, auch wenn das im Testdurchlauf dargebotene Reizmaterial nur fragmentarisch ist. Assoziatives Lernen nach dem klassischen und operanten Konditionierungsparadigma und nichtassoziatives Lernen wie Sensitivierung und Habituation gehören ebenfalls diesem Gedächtnistypus an.

Explizites und implizites Gedächtnis funktionieren unabhängig voneinander und sind jeweils in unterschiedlichen neuroanatomischen Regelkreisen verankert (s. Abb. 2-1). So ist es beispielsweise möglich, dass ein Patient, der infolge einer neurologischen Störung der Hippocampus-Formation eine Amnesie in seinem expliziten Gedächtnis zeigt, trotzdem aber zu korrekten impliziten mnestischen Leistungen fähig ist (Squire u. Zola 1996).

Explizite Wissensinhalte resultieren aus einer komplexen Verarbeitung sensorischer/sensibler Informationen. Im afferenten Zustrom nimmt der **Thalamus**, ein Ensemble von neuronalen Kernen, eine zentrale Stellung ein (s. Abb. 2-2). Er bewerkstelligt eine erste grundlegende Integration der Sinneseindrücke. In seiner Modulator- und Filterfunktion ist er für einen möglichst korrekten Transfer der Informationen verantwortlich. Er erhält Input aus allen Sinnesmodalitäten, wird durch distinkte Kerngebiete des Hirnstamms aktiviert und steht in einem reziproken, direkten und indirekten Austausch mit kortikalen und limbischen Strukturen. So bestehen enge Verbindungen zum frontalen Kortex, der u. a. die Prioritäten in der Wahrnehmung setzt, die Aufmerksamkeit fokussiert und das Arbeitsgedächtnis steuert. Anteriore Anteile des Cingulums sind an diesen Leistungen mit beteiligt. In polymodalen Assoziationskortizes organisierte Informationen gelangen schrittweise über mehrere Schaltstellen in die parahippocampale, perirhinale, entorhinale Formation, in den Gyrus dentatus, den Hippocampus, das Subiculum und wieder zurück in die polymodalen Assoziationsareale des Neokortex (s. Abb. 2-3). Im Hippocampus werden die polymodalen Sinneseindrücke in eine Episode integriert, die dann räumlich und zeitlich strukturiert ist. Die aktuelle Erlebnisszene wird hier also kontextualisiert. Entscheidende Prozesse der Konsolidierung des deklarativen/expliziten Langzeitgedächtnisses spielen sich im Hippocampus ab. Es wird diskutiert, ob Ereignisse des Tages, zunächst vermittelt über thalamische Relaisstationen im Hippocampus zwischengelagert, während des Schlafes aktiviert, an neokortikale Areale transferiert und dann in dem gerade geschilderten kortiko-hippocampalen Loop weiter bearbeitet werden (Singer 1990). Die hippocampale Prozessierung scheint von einer unterschiedlichen neurophysiologischen Aktivität in verschiedenen Zellpopulationen abhängig zu sein: zum einen von so genannten „sharp waves" mit einer Dauer von 40 bis 100 ms und damit verknüpften Netzwerkoszillationen von 200 Hz, zum anderen von Oszillationen im Theta- und Gammawellenbereich. „Sharp waves" treten bevorzugt in Ruhephasen sowie im „slow wave sleep" auf, Theta-Rhythmus (4 bis 10 Hz) und Gamma-Rhythmus (40 bis 100 Hz) hingegen in Zuständen aktiver Exploration und im REM-Schlaf. Buzsáki (1989) vertritt ein 2-Stufen-Modell der Gedächtniskonsolidierung. Bei aktiver Erkundung der Umwelt (Theta-Rhythmus) werden neue Informationen erworben und bewirken über eine Aktivierung von Pyramidenzellen in der CA-3-Region des Hippocampus eine vorläufige Speicherung. In nachfolgenden Ruhe- und definierten Schlafstadien initiieren diese aktivierten CA-3-Pyramidenzellen Salven von Aktionspotenzialen, erzeugen darüber Netzwerkoszillationen in

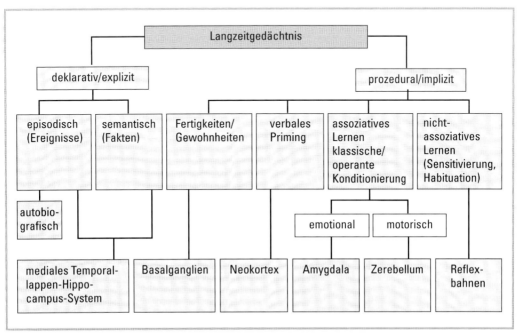

Abb. 2-1: Klassifikation der (Langzeit-)Gedächtnissysteme und deren neuroanatomische Repräsentationen (mod. nach Squire u. Zola 1996 sowie Parkin 1997).

CA-1-Neuronen und synchronisieren schließlich auch Zellverbände des Entorhinalkortex und assoziierter Areale des Neokortex. In diesem Synchronisierungsprozess werden zusammengehörige synaptische Verschaltungen verstärkt.

Endgültig engrammiert aber werden die expliziten Gedächtnisinhalte polymodal in neokortikalen Arealen. Auch semantisches Wissen wird neokortikal verteilt gespeichert. Umschriebene Hirnläsionen führen zu einer Fragmentierung des faktischen Wissens. Inhalte

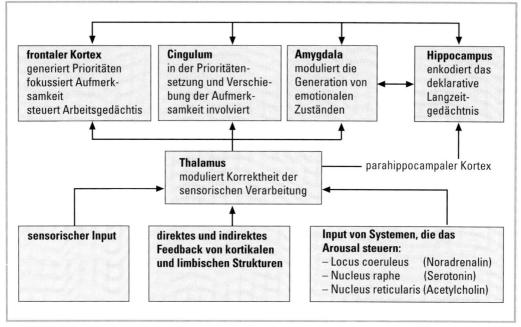

Abb. 2-2: Hierarchische Verarbeitung sensorischer/sensibler Informationen im Zentralnervensystem (mod. nach Krystal et al. 1995).

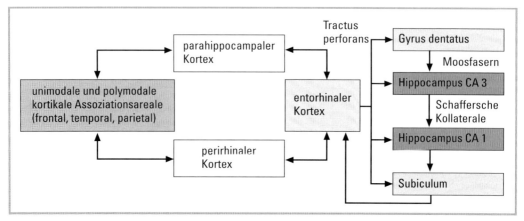

Abb. 2-3: Anatomische Organisation der Input- und Outputpfade der hippocampalen Formation in der Vermittlung expliziter Gedächtnisprozesse (mod. nach Kandel et al. 2000).

des autobiografischen Gedächtnisses sind in Assoziationsarealen des Frontalhirns lokalisiert. Bei spezifischen Läsionen können die zeitlichen und räumlichen Koordinaten der lebensgeschichtlichen Episoden verloren gehen. Es resultiert eine so genannte „Quellenamnesie", bei der eine Person zwar faktische Wissensinhalte reproduzieren kann, ohne aber die näheren Umstände, unter denen sie dieses Wissen erlangt hat, korrekt benennen zu können. Sehr wahrscheinlich ist der Hippocampus bei der letztlichen Speicherung sekundär. Er spielt aber möglicherweise bei einer Wiedererinnerung ganz analog zur initialen Konsolidierung erneut eine wichtige Rolle.

Diese vielschichtigen Stationen der zentralen **expliziten** Informationsverarbeitung garantieren eine exakte Prozessierung von **faktischen** Wissensinhalten und erstellen eine differenzierte kognitive Landkarte. Hierfür beanspruchen sie auch relativ lange Zeitspannen. Daneben existiert ein paralleler Pfad, der rasch und unmittelbar vom Thalamus zur Amygdala führt. Hier erfahren die sensorischen Informationen eine basale emotionale Bewertung. Durch diese affektive Verstärkung ist die Amygdala entscheidend an der im Hippocampus vermittelten Konsolidierung von Gedächtnisinhalten beteiligt. Beide Pfade wirken normalerweise interaktiv zusammen. Sie können aber unter Einwirkung starker Stressoren auseinandertreten, „dissoziieren" (Metcalfe u. Jacobs 1998).

Die Amygdala organisiert wesentlich assoziatives Lernen nach dem klassischen und operanten Konditionieren. Sie ist die zentrale Schaltstelle des **emotionalen Gedächtnisses** (Davis 1997; LeDoux 2000). Die Kopplung von neutralen Reizen (konditionierter Stimulus, CS) an aversive unkonditionierte Reize (unkondi-

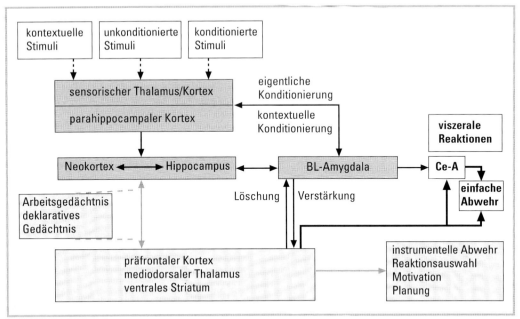

Abb. 2-4: Schematische Darstellung des Abwehrsystems bei klassischer Konditionierung (mod. nach Coupland 2000). Basolaterale Anteile der Amygdala spielen eine zentrale Rolle in der klassischen Konditionierung von aversiven Reizen (dunkelgraue Kästen, normale Pfeile). Viszerale und motorische Reaktionen werden über zentrale Kerne der Amygdala vermittelt (weiße Kästen, fette Schrift/Pfeile). Informationen aus dem präfrontalen Kortex, dem mediodorsalen Thalamus und dem ventralen Striatum vermitteln komplexe Hemm- und Kontrolleinflüsse auf diese konditionierten Reaktionen und sind bewusst (hellgraue Kästen, graue Pfeile).

tionierter Stimulus, UCS) findet in den basolateralen Kernen der Amygdala statt. Einfache motorische, viszerale, neuroendokrine, neurochemische Abwehrreaktionen (unkonditionierte/konditionierte Reaktion, UCR/CR) werden über zentrale Amygdala-Kernkomplexe vermittelt. Diese Prozesse spielen sich primär unbewusst ab, sie gehören dem **impliziten** Gedächtnis an. Im Zusammenspiel mit dem Hippocampus entsteht auch eine Konditionierung an den Kontext der aversiven Situation. Vor allem über präfrontale, daher prinzipiell bewusstseinsfähige Einflüsse des **expliziten** Gedächtnisses können diese automatisierten Konditionierungsreaktionen modifiziert und auch gehemmt werden. Die zugrunde liegende neuronale Basis der Konditionierung wird dabei aber nicht eliminiert (s. Abb. 2-4). In Zuständen sehr hohen Stresses werden die hippocampal gestützten Prozesse des expliziten Gedächtnisses dysfunktional, die des impliziten Gedächtnisses aber sensibilisiert. Besonderheiten peri- und posttraumatischer Dissoziationen sind hierbei zu beachten (s. u.).

2.3 Neurochemische und molekularbiologische Grundlagen des Gedächtnisses

Der Informationsverarbeitungsprozess zwischen Reizaufnahme, Registrierung und Reaktion vollzieht sich nicht nur in einem komplexen Regelkreis zwischen neuroanatomischen Zentren und verweist nicht nur auf eine prinzipiell separierbare Gedächtnisspeicherung in „Emotion" und „kognitives Faktum", sondern macht auch eine vielschichtige Beteiligung unterschiedlichster Neurotransmittersysteme deutlich.

Die primäre sensorische Transmission vollzieht sich im Wesentlichen über zwei grundlegende Neurotransmitter: die **exzitatorische Aminosäure Glutamat** und die **inhibitorische Gamma-Aminobuttersäure** (GABA). Beide Neurotransmitter regulieren in enger, gegenseitig hemmender Interaktion Prozesse des Bewusstseins und Gedächtnisses, indem sie den Strom des sensorischen/sensiblen Inputs organisieren. Glutamat wirkt auf mindestens drei Rezeptor-Subtypen ein, von denen zwei für molekularbiologische Vorgänge des Lernens und Gedächtnisses von besonderer Bedeutung sind: der N-Methyl-D-Aspartat-Rezeptor (NMDA-Rezeptor) und der α-Amino-3-Hydroxy-5-Methyl-4-Isoxazol-Propionsäure-Rezeptor (AMPA-Rezeptor). Der AMPA-Rezeptor spielt eine grundlegende Rolle für perzeptive Vorgänge, die gemeinsame Aktivierung von AMPA- und NMDA-Rezeptoren ist wiederum für die Enkodierung von Gedächtnisinhalten entscheidend (Nutt 2000). Die Tandem-Wirkung von Glutamat und GABA bestimmt in einem Nettobetrag das Ausmaß der neuronalen Erregung auf subkortikalem und kortikalem Niveau. Auch Noradrenalin und Serotonin wirken hierauf ein. Sie modulieren sowohl Prozesse der Wahrnehmung als auch des (vor allem emotionalen) Gedächtnisses. Im Falle einer als Bedrohung eingestuften Situation stoßen sie die Kaskade der Stresshormonreaktionen mit hypothalamischer Freisetzung von Kortikotropin-Releasing-Faktor (CRF) und Arginin-Vasopressin (AVP), des hierüber in der Hypophyse aktivierten ACTH und der sich anschließenden Freisetzung von Kortisol aus der Nebennierenrinde (HPA-Achse) an (s. u.).

Erkenntnisse über Prozesse der Gedächtniskonsolidierung und assoziierte Vorgänge stammen vorrangig aus pharmakologischen Tierexperimenten. Einige für unser Thema wichtige Aspekte sollen kurz skizziert werden.

In einer Stress-Situation antwortet der Organismus typischerweise mit einer Ausschüttung von Adrenalin und mit einer gewissen zeitlichen Verzögerung auch von Kortisol. Adrenalin passiert die Blut-Liquor-Schranke

2 Dissoziation und Gedächtnis als Ergebnisse neurobiologisch beschreibbarer Prozesse

nicht, aktiviert aber peripher gelegene β-adrenerge Rezeptoren der Vagusafferenzen zum Nucleus tractus solitarii im Hirnstamm. Von hier ziehen mehrere noradrenerge Projektionen in andere Hirnregionen, u. a. zur Amygdala. Kortisol hingegen ist leicht hirngängig. Die Amygdala vermittelt zum einen über Noradrenalin die indirekten Effekte von Adrenalin, zum anderen die direkten Effekte des Kortisol auf die Gedächtniskonsolidierung im Hippocampus. Der basolaterale Anteil der Amygdala spielt hierbei eine entscheidende Rolle (McGaugh 2000). Von funktioneller Bedeutung ist, dass Kortisol im Hippocampus auf ein reichhaltiges, aber heterogenes Rezeptorenmuster trifft. Zu den Mineralkortikoid-Rezeptoren (MR) besteht eine 10fach höhere Affinität als zu den Glukokortikoid-Rezeptoren (GR). Die MR sind folglich bereits unter Ruhebedingungen extensiv besetzt, wohingegen die GR erst bei steigenden Kortisolkonzentrationen, z. B. unter Stresseinwirkung, zunehmend aktiviert werden. Während eine Aktivierung von MR die neuronale Erregbarkeit im Hippocampus aufrechterhält, wird sie durch eine GR-Aktivierung eher unterdrückt. MR sind an einer flexiblen Reagibilität des neuroendokrinen Stress-Response-Systems zentral beteiligt, GR vermitteln wiederum eine Eindämmung dieser Stressreaktionen. MR spielen eine wichtige Rolle in der Reaktionsauswahl und der anschließenden Ausführung dieses Verhaltens, GR-induzierte Effekte fördern wiederum die Speicherung von Informationen (de Kloet et al. 1998; 1999). Sowohl Noradrenalin als auch Kortisol bahnen die Gedächtniskonsolidierung in Form einer umgekehrten U-Kurve, d. h. mit Überschreiten einer sehr hohen Erregungsschwelle wird die Gedächtniskonsolidierung zunehmend gestört (Roozendaal et al. 1999). Kortisol scheint neben einer Förderung der Gedächtniskonsolidierung zusätzlich aber auch eine so genannte Retrieval-Störung zu bewirken, d. h. Gedächtnisinhalte sind unter akuter Kortisoleinwirkung für eine Weile schlechter abrufbar (de Quervain et al. 1998; 2000).

Molekularbiologische Prozesse bei der Gedächtniskonsolidierung wurden bisher vor allem für die **Hippocampus-Struktur** studiert und speziell mit dem Phänomen der so genannten Langzeitpotenzierung (LTP, long-term potentiation) assoziiert. LTP meint eine Zunahme neuronaler Interkonnektivität in Abhängigkeit von Veränderungen der exzitatorischen (vor allem glutamatergen) Neurotransmission (Collingridge u. Bliss 1995). Prozesse der Langzeitpotenzierung sind mittlerweile auch als sehr wahrscheinliche molekularbiologische Basis der klassischen Konditionierung von Furcht-/Angstreaktionen in der Amygdala identifiziert worden (Schafe et al. 2001).

An einfachen Tiermodellen gewonnene Erkenntnisse legen nahe, dass nichtassoziatives Lernen wie Sensitivierung, implizite Gedächtnisprozessierung (z. B. bei klassischer Konditionierung) und zelluläre Vorgänge beim Entstehen expliziter Gedächtnisinhalte molekularbiologisch einander sehr ähnlich sind (Kandel 2000; 2001). Erfahrung, d. h. Lernen, verändert offenkundig die neurochemische Effektivität von vorbestehenden neuronalen Verbindungen oder aber induziert eine zusätzliche Interkonnektivität durch strukturellen Umbau. Zu unterscheiden sind in Abhängigkeit von der Stärke und dem Ausmaß einer repetitiven Stimulierung zusammengeschalteter Neuronen jeweils eine **kurzfristige** und eine **langfristige Speicherungsphase**. Während erstere über eine vermehrte Rekrutierung, eine verstärkte Freisetzung von Neurotransmittern an den Synapsen ohne strukturelle Umbauvorgänge vermittelt wird, ist letztere abhängig von Gen-Transkription, Neusynthese von Proteinen und strukturellen Veränderungen an den Synapsen.

- **Sensibilisierung** als einfacher, nichtassoziativer Lernvorgang bedeutet eine verstärkte Reaktion auf eine Reihe von Stimuli, nachdem zuvor ein intensiver oder aversiver Reiz gesetzt worden ist. Sensibilisierung wird zunächst durch eine hochfrequente Stimulierung an präsynaptischen sensorischen Neuronen in Gang gesetzt. Ihr letztliches Resultat, eine verstärkte Freisetzung von Neurotransmittern an die postsynaptische Membran eines nachgeschalteten Motorneurons, kommt über eine Signalkaskade auf der Ebene der „zweiten Botenstoffe" auf der zytoplasmatischen Seite („second messenger", in Unterscheidung zu den „ersten Botenstoffen", den Neurotransmittern, die extrazellulär ansetzen) zustande. Im Modell der Meeresschnecke Aplysia wird diese präsynaptische Verstärkung der Neurotransmission durch Serotonin gefördert. Serotonin aus einem serotoninergen Zwischenneuron bindet an den 5-HT-Rezeptor eines sensorischen Neurons. Es aktiviert G-Protein-vermittelt die Adenylylcyclase. Der Energieträger Adenosin-Triphosphat (ATP) wird durch die Adenylylcyclase in den „second messenger" zyklisches AMP (Adenosin-Monophosphat) konvertiert. Erhöhte intrazelluläre Konzentrationen von zyklischem AMP aktivieren eine cAMP-abhängige Proteinkinase A (PKA). cAMP bindet an PKA. Katalytische Subeinheiten von PKA können hierauf dissoziieren, phosphorylieren membranständige K^+-Kanäle und machen diese dadurch weniger wirksam. Das heißt, im Endeffekt wird die präsynpatische Depolarisierung infolge vermehrten Kalzium-Einstroms verlängert, die präsynaptische Neurotransmitterfreisetzung (z. B. Glutamat) dadurch verstärkt. Das ursprüngliche Signal, das durch die Neurotransmitteranbindung ausgelöst worden ist, wird über eine Kaskade von innerzellulären Reaktionen verstärkt. Diese Effekte einer einmaligen Hochfrequenzstimulierung sind aber nur **kurzfristig**. Um langfristig konsolidiert zu werden, ist aber **eine mehrfache** repetitive Stimulierung notwendig. Die dann ausgelösten intrazellulären Prozesse unterscheiden sich von jenen einer kurzfristigen Speicherung durch die Synthese neuer Proteine. Das heißt, zusätzlich zur Signalverstärkung über enzymatische Reaktionen im Zytoplasma werden auch Prozesse im Zellkern, im Genom, aktiviert. So translozieren nach einer mehrfachen starken Reizung katalytische Subeinheiten von PKA zum Zellkern. Sie rekrutieren eine mitogen-aktivierte Proteinkinase (MAPK). PKA und MAPK phosphorylieren und aktivieren CREB-1 (cAMP-abhängiges Reaktionselement-Bindungsprotein) und deaktivieren CREB-2, einen Inhibitor von CREB-1. Dies hat eine zweifache Konsequenz. Einerseits aktiviert CREB-1 eine Reihe von Sofortreaktionsgenen (immediate response genes). Diese bewirken über eine Synthese eines weiteren Enzyms, Ubiquitin-Hydrolase, eine Daueraktivierung von PKA, indem die regulatorischen Untereinheiten von PKA verstärkt hydrolisiert werden. Hierüber wird eine präsynaptische Depolarisierung anhaltend verstärkt. Andererseits aktiviert CREB-1 auch mehrere weitere Gene, die schließlich über eine Synthese von verschiedenen Wachstumsfaktoren zur Aussprossung neuer synaptischer Verbindungen führen (s. Abb. 2-5).

- Während Sensitivierung letztlich einen nichtassoziativen Lernprozess über bestimmte Qualitäten eines Stimulus beinhaltet, erfasst **assoziatives Lernen** bei einer **Konditionierung** die Beziehung zwischen zwei Stimuli oder aber zwischen einem Stimulus und einem Verhalten. Klassische Konditionierung beruht ebenfalls auf einer Verstärkung der synaptischen Neurotransmission. Diese aber ist abhängig sowohl von der Aktivität der präsynaptischen als auch der postsynaptischen Zelle. Auf einen unkonditionierten aversiven Stimulus (UCS) hin wird ein Prozess initiiert, der praktisch identisch mit dem bei der Sensitivierung ist. Im Paradigma der klassischen Konditionierung ist es aber grundlegend, dass ein zunächst neutraler Stimulus (CS) dem UCS in zeitlich passendem Intervall vorausgeht. Ein CS bewirkt präsynaptisch einen Kalzium-Einstrom bei jedem Aktionspotenzial und aktiviert hierüber das Ca^{2+}-bindende Protein Calmodulin. Aktiviertes Ca^{2+}/Calmodulin bindet an die Adenylylcyclase, das wiederum seine Reaktion auf Serotonin verstärkt und damit zu vermehrter cAMP-Produktion führt. Durch diese beiderseitige Sensibilität, dem Ca^{2+}/Calmodulin gegenüber einerseits, dem Serotonin in seiner G-Protein-Vermittlung gegenüber andererseits, erweist sich die Adenylylcyclase als entscheidender Stimulus-Koinzidenzdetektor. Die dann folgenden zellulären Reaktionen im sensorischen Neuron (präsynaptisch) gleichen sowohl in der Kurz- als auch in der Langzeitspeicherphase jenen bei der Sensitivierung (s. o.). Grundlegend für das Zustandekommen einer klassischen Konditionierung aber ist auch der Aktivitätszustand des nachgeschalteten postsynaptischen motorischen Neurons. Der präsynaptisch vermehrt freigesetzte Neurotransmitter Glutamat wirkt postsynaptisch auf zwei unterschiedliche Glutamat-Rezeptoren ein, nämlich auf den Non-NMDA-Rezeptor AMPA und auf den NMDA-Rezeptor. Beide Rezeptortypen befinden sich in einer engen Nachbarschaft. Während durchschnittlicher niederfrequenter Übertragun-

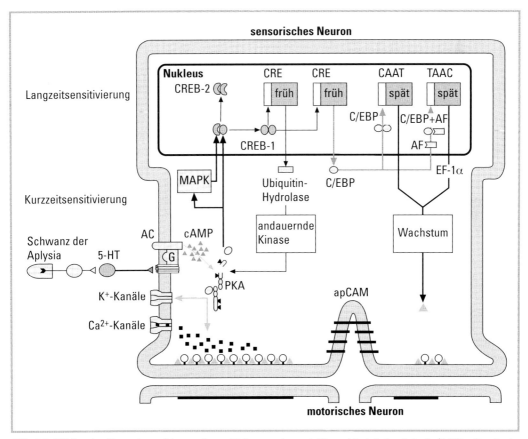

Abb. 2-5: Effekte der Kurzzeit- und Langzeitsensitivierung, dargestellt am Modell der Aplysia (5-HT = Serotonin; AC = Adenylylcyclase; cAMP = zyklisches Adenosin-Monophosphat; G = G-Protein; PKA = Proteinkinase A; MAPK = mitogen-aktivierte Proteinkinase; CREB = cAMP-abhängiges Reaktionselement-Bindungsprotein; CRE = cAMP-abhängiges Reaktionselement; CAAT und TAAC = weitere Transkriptionsfaktoren; C/EBP = CAAT-verstärkendes Bindungsprotein; AF = Aktivierungsfaktor; EF-1α = Elongationsfaktor 1α; apCAM = zelluläres Adhäsionsmolekül an Neuronen der Aplysia) (mod. nach Kandel 2001).

gen bewirkt Glutamat aus präsynaptischen Vesikeln nur eine Aktivierung des AMPA-Rezeptors mit Einstrom von Natrium in die Zelle. Der NMDA-Rezeptorkanal, der normalerweise durch Magnesium verschlossen ist, öffnet sich hierbei nicht, löst also noch keine Depolarisierung aus. Eine hochfrequente Erregung hingegen bewirkt eine starke Depolarisierung an den AMPA-Rezeptoren und beendet gleichzeitig die Magnesiumsblockade am NMDA-Rezeptor. Ein Natrium-, Kalium- und Kalziumstrom wird hierdurch eingeleitet. Der innerzelluläre Kalziumanstieg aktiviert eine Reihe von kalziumabhängigen Kinasen (Ca^{2+}/Calmodulin-Kinase, Proteinkinase C), die eine Langzeitpotenzierung aufbauen. Ein retrograder Botenstoff (CO?, NO?, Arachidonsäure?) wird aus der postsynaptischen Zelle transportiert, der zu einer weiteren verstärkten Freisetzung von Glutamat aus dem präsynaptischen Terminale führt und so die postsynaptische Depolarisierung aufrechterhält. Auch bei der klassischen Konditionierung beruht die Langzeitspeicherung auf molekularbiologischen Mechanismen des schon kurz skizzierten cAMP-PKA-MAPK-CREB-Pfades. Dieser bedeutet zum einen eine verstärkte präsynaptische Neurotransmitterfreisetzung (Glutamat), zum anderen aber Genexpression, Synthese neuer Proteine und Aussprossung von synaptischen Verbindungen.

- Langzeitpotenzierungen mit sowohl prä- als auch postsynaptischen Veränderungen beschreiben im Hippocampus auch die einzelnen Stationen in der **Konsolidierung des expliziten Gedächtnisses**. Die Abbildung 2-6 illustriert die drei afferenten Pfade zum Hippocampus (A). Die Fasern des Tractus perforans aus dem entorhinalen Kortex (vgl. auch Abb. 2-3) bilden exzitatorische Verbindungen mit den Granulatzellen des Gyrus dentatus. Axone dieser Granulatzellen stellen die Moosfasern dar. Hierüber werden mit den Pyramidenzellen der CA-3-Region nichtassoziative (d. h. über Sensitivierung) Langzeitpotenzierungen aufgebaut. Von hier weitergeleitete Verbindungen zu den Pyramidenzellen der CA-1-Region über die Schafferschen Kollaterale vermitteln hingegen assoziative Langzeitpotenzierungen. Die Abbildung 2-6 stellt aber auch ein molekularbiologisches Modell der Langzeitspeicherung im Pfad der Schafferschen Kollaterale dar (B).

Dissoziation als eine Störung der mnestischen Systeme

In subtilen kasuistischen Beobachtungen stellte Janet (1889) bereits vor über 100 Jahren fest, dass Personen unter Einwirkung massiver Stressoren von den ausgelösten Emotionen überwältigt und Erinnerungen an das Trauma nicht mehr in eine kohärente Erzählung, in ein biografisches Narrativ integriert werden könnten. Stattdessen resultiere eine Phobie vor der Wiederkehr dieser traumatischen Erinnerungen. Sie bedinge eine Abspaltung, eine Dissoziation vom Alltagsbewusstsein. Traumatische Erinnerungen blieben in der Form visueller Wahrnehmungen, somatischer Sensationen oder Verhaltens-Reinszenierungen organisiert. Diese frühe klinische Einschätzung Janets nimmt präzise eine moderne Sichtweise auf Trauma, Dissoziation und Gedächtnis vorweg. In einer gedächtnispsychologischen Perspektive kann eine traumainduzierte Dissoziation eine Reihe von typischen Veränderungen in den mnestischen Funktionen bedingen (van der Kolk u. Fisler 1995):

- Desorganisation und Unvollständigkeit der Trauma-Erinnerung
- Flashbacks als repetitive intrusive Wiedererinnerungsform mit starker Visualisierung, ausgeprägter somatischer Mitreaktion, schlechter bis fehlender Verbalisierbarkeit, einem assoziierten Gefühl von aktueller Realerfahrung und gelegentlich mit einer über Jahre persistierenden Unveränderlichkeit

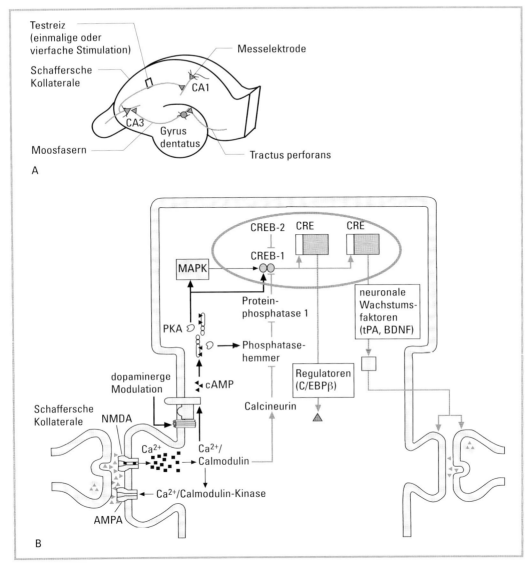

Abb. 2-6: A) Langzeitpotenzierung (LTP) im Hippocampus: drei afferente Hauptpfade zum Hippocampus (Testreiz); B) Modell der Langzeitspeicherung im Pfad der Schafferschen Kollaterale. Eine hochfrequente Stimulierung initiiert eine frühe LTP über eine Aktivierung von NMDA-Rezeptoren, einen Ca^{2+}-Einstrom und freigesetzte Second messenger. Mehrfache hochfrequente Stimulierungen bedingen eine späte LTP und setzen die molekularbiologische Kaskade von cAMP-PKA-MAPK-CREB frei. Dopamin-Signale modulieren diese Schritte. Es existieren auch hemmende Einflüsse: Im Hippocampus ist die Schwelle für die synaptische Plastizität und die Gedächtnisspeicherung ein Ausdruck der Balance zwischen Proteinphosphorylierung (über PKA) und -dephosphorylierung (über Proteinphosphatase). Es existiert hierbei intrazellulär ein fein abgestimmtes negatives Feedback-System. Einerseits werden über Ca^{2+}-abhängige Kinasen Phosphorylierungsschritte gefördert, andererseits wird durch Vermittlung der Ca^{2+}-sensitiven Phosphatase Calcineurin schließlich eine Enthemmung der dephosphorylierenden Proteinphosphatase bewirkt. Die Balance zwischen Phosphorylierung und Dephosphorylierung bestimmt letztlich das Ausmaß der Gedächtniskonsolidierung (B) (mod. nach Kandel 2001).

- typische Kennzeichen einer veränderten Zeitwahrnehmung, einer Unvorhersagbarkeit im Zeitverlauf, eines oft begleitenden Gefühls von Unwirklichkeit

Mögliche Veränderungen in der zerebralen Informationsverarbeitung unter Extremstress

Eine kurze Darstellung markiert grundlegende Störquellen in den unterschiedlichen neuroanatomischen Abschnitten der Reizaufnahme, Gedächtnisspeicherung und Wiedererinnerung unter den Bedingungen massiver Stresseinwirkung. Einige zentrale Aspekte können hervorgehoben werden (s. Abb. 2-7; vgl. Kapfhammer 2001):

- Die Korrektheit des sensorischen Transfers vom Thalamus an nachgeschaltete kortikale Strukturen leidet bei Einwirkung massiver Stressoren, die thalamische Filterfunktion wird beeinträchtigt.
- Die in den neuronalen Schaltkreisen von Thalamus, limbischen Strukturen und Kortex zu lokalisierenden Enkodierungsprozesse werden nachhaltig gestört, sodass eine Diskonnektion von emotionalen, kognitiv-faktischen und autobiografischen Gedächtnissystemen resultieren kann.
- Die infolge einer **Hyperaktivierung der Amygdala** zunächst ebenfalls übererregte Hippocampus-Struktur desintegriert in ihrer Funktionalität, ihre rückwirkende Hemmung auf die via Amygdala und Hirnstamm aktivierte HPA-Achse entfällt. Umgekehrt können aber neuroendokrine Effekte fortlaufend auf den Hippocampus einströmen und bedeutsame funktionelle wie strukturelle Störungen nach sich ziehen.
- Die Speicherung traumatischer Eindrücke erfolgt nicht selten ausschließlich durch eine Enkodierung der affektiven Aspekte von Angst, Panik und Horror über die Amygdala, getrennt von einer kontextuellen Spezifizierung im Hippocampus und einer autobiografischen Einordnung im präfrontalen Kortex. Stattdessen kommt es über eine klassische Konditionierung zu einem **abnormen neuronalen Trauma-Erinnerungsnetz**, das bereits durch sensorische Einzelreize (visuell, akustisch, olfaktorisch, gustatorisch, kinästhetisch), wenn sie mit der ursprünglichen Trauma-Situation in einer

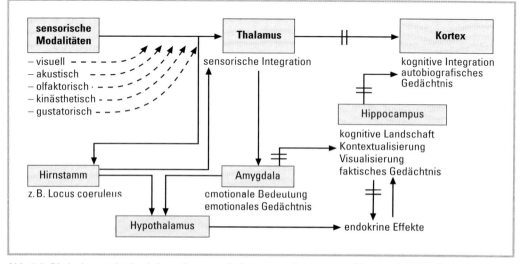

Abb. 2-7: Pfade der zerebralen Informationsverarbeitung unter Extremstress (╪ entspricht Blockade, Störung im Transfer; mod. nach van der Kolk 1996 und Nutt 2000).

(möglicherweise auch nur zufälligen) räumlichen oder zeitlichen Kontingenz standen, in seiner Gesamtheit ausgelöst werden kann.

Betrachtet man die Funktionalität einzelner neuroanatomischer Strukturen unter Extremstress jeweils für sich, dann lassen sich differenzielle Beiträge zur posttraumatischen Verarbeitung im Allgemeinen, zu dissoziativen Prozessen im Besonderen ausmachen (Joseph 1996; Krystal et al. 1995; 1998; Spiegel 1997).

Thalamus

Unter **Extremstress** engt sich das Wahrnehmungsfeld ein. Es wird auf wenige zentrale Aspekte mit besonderer Gefahrenrelevanz fokussiert, periphere Kontextaspekte werden aber ausgeklammert. Bei Persistenz schwerwiegender Stressoren kann das Wahrnehmungsfeld schließlich vollständig desintegrieren.

Dissoziative Symptome der Wahrnehmung wie Veränderungen in Zeit-Erleben, in der visuellen Wahrnehmung (Gestalt, Farbe, Größe), der Kontextwahrnehmung (Nähe, zeitliche Relation), der Propriozeption (Körpergestalt, Haltung) und der Schmerzwahrnehmung (Analgesie) müssen mit diesen funktionellen Störungen des Thalamus in Verbindung gebracht werden.

Auch das Schlafverhalten wird bedeutsam verändert. Während des Tiefschlafes zeigt der Thalamus normalerweise langsame Spindeloszillationen, die eine Transmission sensorischer Informationen an den Kortex und limbische Strukturen unterbinden. Im Wachzustand hingegen wird dieser Transfer durch die thalamische Relaisfunktion gefördert. Im REM-Schlaf, der mit dem Traum asssoziiert ist, besteht aber eine phasische Aktivität der glutamatergen thalamokortikalen Zellen fort, neben weiterhin aktivierten Projektionen von Amygdala und Hippocampus zum Kortex. Es bleiben also im Schlaf assoziative und mnestische Funktionen aufrechterhalten, während die sensorische Prozessierung unterbrochen ist. Diese physiologische Diskonnektion der nächtlichen thalamischen Funktionalität verändert sich unter Extremstress. So kann es in Zuständen eines posttraumatischen **Pavor nocturnus** (night terror) zur Intrusion von stereotypem Wachverhalten in den Schlaf kommen. Der normalerweise im Tiefschlaf (Stadium 4) einsetzende Pavor nocturnus geht mit einer komplexen motorischen Aktivität einher. Somnambulismus, heftige Affektexpressionen und Zeichen eines autonomen Hyperarousal bei verringerter Reagibilität auf sensorische Reize, eine Verwirrtheit bei Erwachen und ein grundlegendes Entfremdungsgefühl können imponieren. Ein anfallartiger Pavor nocturnus trägt zahlreiche formale Merkmale eines Flashbacks und kennzeichnet eine besondere Erinnerungsmodalität nach traumatischem Stress. Auch wenn **Albträume** (nightmare) ebenfalls gehäuft nach Realtraumatisierungen auftreten und Aspekte des traumatischen Erlebens reflektieren können, fehlt ihnen üblicherweise eine motorische Entladung. Auch sind sie an den REM-Schlaf gekoppelt.

Amygdala

Ein **extremes emotionales Arousal** in der Amygdala interferiert negativ mit hippocampalen Funktionen. Erinnerungen werden vorrangig als affektive Zustände in somatischen Sensationen und visuellen Bildern enkodiert. Es kann so ein abnormes Netzwerk eines traumabezogenen impliziten Gedächtnisses entstehen, das im hohen Maße zustandsabhängig („state-dependent") funktioniert. Diese Amygdala-vermittelten emotionalen Erinnerungen beruhen typischerweise nur auf wenig koordinierten Informationsdetails über die externe Realität und sind sehr löschungsresistent. Repetitive Traumatisierungen setzen einen Sensitivierungs-, einen Kindling-Prozess in Gang, sodass schließlich selbst immer geringere Intensitäten von unspezifischen Stressoren oder sensorische Teilkomponenten aus der früheren Trauma-Situation den Gesamtkomplex des Trauma-Netzwerkes auslösen können.

Die zentrale Rolle der Amygdala in der Aktivierung der emotionalen Trauma-Erinnerung und des damit assoziierten automatischen Verhaltensmusters wird verständlicher, wenn man sich die grundlegenden Efferenzen zu neurohumoralen, autonomen und behavioralmotorischen Regulationszentren im Hypothalamus und Hirnstamm vergegenwärtigt.

Dissoziative Symptome der Affektivität wie emotionale Betäubung und motorisches Erstarren einerseits, diffuse Angst, Panik, Horror, sexuelle Erregung und autonomes Hyperarousal andererseits können mit dieser traumainduzierten Funktionalität verknüpft werden, aber auch die typischen Erinnerungsmodalitäten von detailbezogener Hypermnesie, Amnesie und Flashback-Rekollektion.

Hippocampus

Unter **Extremstress** kann es zum Zusammenbruch der hippocampalen Funktionen kommen. Traumatisch angestoßene emotionale Erfahrungen können dann nicht mehr explizit erinnert werden. Im äußersten Fall entsteht eine „hippocampale Amnesie". Eine fortgesetzte neuronale Überregung kann zytotoxische Prozesse einleiten und auch strukturell nachweisbare Läsionen setzen, die z. B. als Atrophiezeichen in MRI-Untersuchungen fassbar werden (s. u.). Durch das Wegfallen eines hemmenden Effektes auf die HPA-Achse kommt es zu einer chronischen neuroendokrinen Dysregulation.

Dissoziative Symptome des Gedächtnisses mit dissoziativer Amnesie und intrusive Rekollektionen im Sinne von Flashbacks, die entweder durch traumaassoziierte Reize getriggert oder schließlich auch spontan auftreten können, der Verlust der Kontextualisierung der emotionalen Erinnerung sowie der Verlust der selbstreflexiven Visualisierung in der Erinnerung sind typische Merkmale der bei exzessiver Erregung auftretenden Dysfunktionalität im Amygdala-Hippocampus-Komplex.

Temporallappen

Zwischen limbischen Strukturen (Amygdala, Hippocampus) und dem lateral angrenzenden Temporallappen besteht eine enge funktionelle Vernetzung. Speziell aus der Klinik von Epilepsien (vor allem im Zusammenhang mit komplex-partiellen Anfällen) existiert ein breites Wissen über sowohl iktal als auch interiktal auftretende dissoziative Phänomene.

Bei Extremstress kann auch der Temporallappen durch den Amygdala-Hippocampus-Komplex mit aktiviert werden und „epileptische" Entladungsmuster aufweisen. Diese müssen keineswegs mit motorischen Symptomen einhergehen. Vielmehr können sie ein psychotisches Erleben mit einer bizarren halluzinatorischen Bilderwelt anstoßen, die sich um die existenziellen Themen von „Religiosität", „Dämonie" und „Sexualität" gruppieren. Das psychotische oder psychoseähnliche Erleben trägt Zeichen eines Hypnoids, einer Trance mit hoher Suggestibilität und überbordender Phantasietätigkeit.

Typische **dissoziative Symptome** bei einer traumainduzierten Dysfunktionalität des Temporallappens sind Zustände von Depersonalisation und Derealisation, aber auch grundlegende Veränderungen des Selbst- und Identitätsgefühls.

Gestörte Informationsverarbeitung traumatischer Erfahrungen in funktionellen Neuroimaging-Studien

Einsichten in die zerebrale Prozessierung von traumatischen Einwirkungen lassen sich durch verschiedene Untersuchungsmethoden des funktionellen Neuroimaging weiter vertiefen. Hervorzuheben sind zunächst differenzielle Lateralisierungsvorgänge zwischen den Hirnhemisphären. **PET-Studien** bei Patienten mit einer Posttraumatischen Belastungsstörung (PTBS-Patienten) deckten eine erhöhte rechtshemisphärale Aktivität (anteriorer ventraler Gyrus cingulatus und rechte Amygdala) auf, während sie lebhaften Trauma-Erzählungen oder einer traumabezogenen visuellen Imagination ausgesetzt waren. Es handelte sich um jene limbischen Strukturen, die am engsten mit der Amygdala verknüpft waren. Diese Aktivierung ging ferner mit einer erhöhten Aktivität des rechtsseitigen visuellen Kortex einher, begleitet vom Auftreten intensiver Flashbacks. Gleichzeitig war aber das linksseitige Broca-Areal deaktiviert, das als verantwortlich für die verbale Enkodierung von Erlebnissen angesehen wird. Der sprachlose Terror, das vorrangige Erleben von intensiven Affekten als somatisierte Zustände bei vielen PTBS-Patienten wurde in diesen PET-Befunden stimmig widergespiegelt (Rauch et al. 1996; Shin et al. 1997).

Diese Lateralisierungsphänomene einer rechtshemisphäralen Emotionalisierung gegenüber einer ungenügenden oder fehlenden Verbalisierung durch die linke Hirnhälfte belegten auch Aktivierungsstudien mittels fMRI. Auch sie zeigten eine bereits angesprochene Dissoziation zwischen dem Amygdala-zentrierten (anterior paralimbisch) emotionalen Gedächtnissystem und dem Hippocampus-zentrierten (posterior paralimbisch) kognitiven Gedächtnissystem (Metcalfe u. Jacobs 1998). Eine ausgeprägte Aktivierung von Amygdala und assoziierten anterioren paralimbischen Strukturen unterstrich die überragende Bedeutung von Vorgängen der klassischen Konditionierung in der Prozessierung von traumatischen Erfahrungen (Pitman et al. 2001). Eine fehlende oder verringerte Aktivierung des anterioren Cingulums und medialer Anteile des präfrontalen Kortex signalisierte wiederum eine ungenügende Hemmung und damit auch eine geringe Chance auf Extinktion dieser Amygdala-vermittelten impliziten Angstreaktionen im weiteren Verlauf (Shin et al. 2001; Villarreal u. King 2001). Eine erstmalig auch nachgewiesene begleitende Unteraktivierung von Thalamus-Strukturen legte nahe, dass wahrscheinlich infolge einer thalamischen Dysfunktion fragmentierte Wahrnehmungsaspekte und nicht ganzheitlich organisierte, kontextualisierte Trauma-Erfahrungen in diese klassischen Konditionierungsprozesse einbezogen werden (Lanius et al. 2001). Die

Tabelle 2-1 fasst die wesentlichen Konsequenzen dieser veränderten zerebralen Informationsverarbeitung unter Extremstress für perzeptive und mnestische Funktionen nochmals zusammen.

Neurotransmitter-Dysfunktionen bei posttraumatischen Reaktionen und Dissoziationen

Mehrere Neurotransmittersysteme regulieren die zwischen den neuroanatomischen Zentren vermittelte Informationsverarbeitung bei traumatisierender Stressoreinwirkung. Dysfunktionen lassen sich zwar isoliert beschreiben, müssen aber stets im dynamischen Zusammenspiel der unterschiedlichen Neurotransmittersysteme verstanden werden (Kapfhammer 2001).

Hinweise für eine (nor-)adrenerge Dysfunktion

Nordrenalin spielt eine zentrale Rolle in der initialen Stressbewältigung. Sezerniert aus dem Locus coeruleus, aktiviert es sowohl neokortikale als auch besonders limbische Strukturen. Es führt zu einer Konsolidierung der Trauma-Erinnerung (McGaugh 2000) und bereitet ein grundlegendes Kampf-Flucht-Verhaltensmuster vor. Noradrenalin triggert auch den Kortikotropin-Releasing-Faktor, der seinerseits das Hypothalamus-Hypophyse-Nebennierenrinden-System (HPA-Achse) mobilisiert. Die zentrale noradrenerge Innervierung wird unterstützt durch eine vermehrte periphere sympathische Aktivität.

Das Locus-coeruleus-System ist offenkundig vulnerabel für eine Dysregulation bei extremem, prolongiertem, vor allem unkontrollierbarem Stress. Eine Noradrenalin-vermittelte Sensitivierung des posttraumatischen Reaktionssystems wird eingeleitet. So zeigt sich in

Tab. 2-1: Charakteristika traumatischer Erinnerungen (mod. nach Krystal et al. 1995).

während Traumatisierung	
Aufmerksamkeit	auf zentrale Informationsaspekte fokussiert, reduzierte Kontextwahrnehmung
Perzeption	kann infolge Dissoziation während der Traumatisierung verzerrt sein
Enkodierung	• nichtverbale Modi der Enkodierung prominent, bevorzugte Speicherung in visuellen Bildern, sensorischen Informationen, emotionalen Reaktionen • lediglich auf Komponenten/Fragmente gestützte Enkodierungsprozesse als Grundlage für Muster des Memorierens (rehearsal) und Wiedererinnerns (retrieval) • hervorstechende Informationen rasch in Langzeitgedächtnis enkodiert • enkodierte Informationen ohne Kontextualisierung infolge verschobener Aufmerksamkeit und dissoziationsbedingter Wahrnehmungsverzerrung
nach Traumatisierung	
Aufmerksamkeit	Aufmerksamkeits-Bias hinsichtlich Prozessierung von traumabezogenen Schlüsselreizen
Memorieren	Erinnerungen können fortlaufend in ihren Inhaltsaspekten und Assoziationen modifiziert werden
Wiedererinnern	• willentlicher Erinnerungszugang kann reduziert sein (psychogene/dissoziative Amnesie) • Wiedererinnern als intrusiv erlebt; jedoch: wenn wiedererinnert, perseverierend wiedererlebt • unwillentliche Wiedererinnerungsmechanismen prominent, vor allem assoziativ, schließen exterozeptive und interozeptive (emotionale, physiologische) Schlüsselreize ein • Zustände eines reduzierten Arousals (Hypnose, Schlaf, Amybarbital) oder beeinträchtigte exekutive Funktionen (Amybarbital, Alkoholintoxikation) können Widerstand gegenüber Wiedererinnern verringern • einige Erinnerungen mit Verlust der zeitlichen Perspektive (Absorption) assoziiert, eher wiedererlebt als wiedererinnert • einmal wiedererinnert, sind Erinnerungen in relativ unflexibler Manier zugängig; dies reflektiert möglicherweise beeinträchtigte Strategien in den Wiederabrufprozessen • Wiedererinnern assoziiert mit heftigen emotionalen Reaktionen und Dissoziation • Erinnerungsqualitäten (Kerninformationen, Lebendigkeit etc.) gegenüber Vergessen sehr resistent

psychophysiologischen Studien (z. B. Paradigma der Schreckreaktion, startle) eine erhöhte Noradrenalin-Response auf Stress im Allgemeinen, auf traumabezogene Stimuli im Besonderen. Überschießende Antworten können aber nur bei aktueller Exposition gefunden werden. Der katecholaminerge Ruhetonus bei PTBS-Patienten hingegen zeigt keine abnormen Auffälligkeiten. Unter einer Yohimbin-Provokation kommt es regelhaft zu einer verstärkten Manifestation fast aller PTBS-Symptome, einschließlich dissoziativer Phänomene und intrusiver Flashback-Erinnerungen. Diese typische Reagibilität auf Yohimbin (α_2-adrenerger Antagonist) reflektiert eine hohe Dichte präsynaptischer (α_2-adrenerger Autorezeptoren in zentralen Strukturen. Hiermit geht eine verringerte Verfügbarkeit von Neuropeptid Y einher, das auf die Freisetzung von Noradrenalin inhibitorisch einwirkt (Southwick et al. 1997).

Eine traumabezogene noradrenerge Hyperaktivierung hat für mnestische Funktionen grundlegende Folgen. Einerseits fördern überreaktionsbereite präsynaptische α_2-adrenerge Autorezeptoren in Amygdala und Hippocampus eine Überkonsolidierung der Gedächtnisspuren. Bei zunehmend ansteigender Erregung nimmt aber die integrative und kontextualisierende Funktion des Hippocampus gemäß einer umgekehrten U-Kurve ab, die Amygdala-zentrierte emotionale Informationsspeicherung überwiegt. Andererseits führt ein hypernoradrenerger Zustand zu einer Einschränkung der Funktionalität präfrontaler kortikaler Strukturen (Birnbaum et al. 1999). Dies bedingt eine verringerte Hemmung von inadäquater Informationsprozessierung. Ein noradrenerges Ungleichgewicht von Amygdala-zentrierter Sensitivierung und eingeschränkter präfrontal-kortikaler Funktionalität ist auch in Wiedererinnerungsphasen bedeutungsvoll. So fördert es ein bevorzugtes Auftreten intrusiver Erinnerungen und Flashbacks in typischer Phänomenologie und beinhaltet gleichzeitig eine kleinere Chance zur Löschung dieser automatisierten Reaktionsmuster. Die Bedeutung des noradrenergen Neurotransmittersystems wird ferner unterstrichen durch medikamentöse Substanzen (Clonidin [α_2-adrenerger Agonist]; Propranolol [Betablocker]; Trizyklika; MAO-Hemmer), die sowohl die Enkodierung traumatischer Erfahrungen unterbinden als auch die intrusiven und autonomen Symptom-Cluster bei posttraumatischen Reaktionen behandeln können (Southwick et al. 1999).

Hinweise für eine serotoninerge Dysfunktion

Serotonin moduliert die noradrenerge Reagibilität und das autonome Arousal. Im Tierexperiment beeinträchtigt ein niedriges Serotonin diese Modulationsfähigkeit, zeigt sich in einer verstärkten Schreckreaktion und geht mit zahlreichen anderen behavioralen Zeichen der Hyperirritabilität, Hypererregtheit und Hypersensitivität auf relativ harmlose Reize einher (Depue u. Spoont 1986). Serotonin besitzt allgemein eine hemmende Wirkung auf die neuronale Aktivität. Eine balancierte serotoninerge Funktionalität zentriert und pointiert die Wahrnehmung, und dies scheint eine entscheidende Voraussetzung für eine flexible Realitätsorientierung und einen situationsadäquaten Einsatz von Reaktionsweisen zu sein.

Bei prolongiertem Stress kommt es relativ rasch zu einem Abfall der Serotoninkonzentrationen. Hieraus resultiert eine inadäquate Informationsverarbeitung; Zustände von Trance, Depersonalisation, Halluzination, Schlafstörung, Depression und Apathie können imponieren. Eine stressinduzierte serotoninerge Dysregulation führt auch zu einer Reihe von Verhaltensproblemen, einschließlich gestörter Impulskontrolle, aggressiver Durchbrüche und zwanghafter Reinszenierungen von traumabezogenen Verhaltensmustern (van der Kolk 2000).

Gerade letztere müssen in ihrer Nähe zu zwanghaften Iterationen und Ruminationen als typische **Aspekte der traumabezogenen Wiedererinnerungsmodalität** verstanden werden. Die Bedeutung des Serotonin-Systems wird ferner unterstrichen, wenn sich selektive Serotonin-Wiederaufnahmehemmer (SSRI) als durchaus effiziente Pharmaka erweisen, die obsessive Beschäftigung mit Trauma-Erinnerungen zu lindern (van der Kolk et al. 1994).

Hinweise für eine Dysregulation des endogenen Opioid-Systems

Eine stressinduzierte Analgesie bei prolongierten unvermeidbaren Stressoren ist tierexperimentell gut belegt. Opiatentzugssymptome können nach Beendigung dieser Stress-Situation auftreten oder aber durch die Gabe des Opiat-Antagonisten Naloxon ausgelöst werden (Pitman et al. 1990). Endogene Opioide hemmen die Schmerzwahrnehmung und reduzieren die vor allem noradrenerg getriggerten Panikaffekte. Die Amygdala ist besonders reich an Opiat-Rezeptoren.

Eine über Opioide vermittelte psychomotorische Erstarrung und affektive Betäubung („freezing/numbing") erlaubt möglicherweise dem Organismus, einen überwältigenden Stress nicht bei klarem Bewusstsein zu überstehen und auch die traumatische Erfahrung nicht exakt zu erinnern. Das heißt: Eine negative Interferenz mit Lern- und Gedächtnisprozessen ist die Folge hoher endogener Opiatkonzentrationen, die ebenfalls zu einer Diskonnektion im Amygdala-Hippocampus-Komplex beitragen. Kurzfristige adaptive Vorteile von opioid mediierten Stressreaktionen müssen aber gegen hinderliche Langzeiteffekte aufgerechnet werden (van der Kolk u. Saporta 1993). Der zustandsabhängige erhöhte Opiatgehalt ist möglicherweise in eine pathogenetische Perspektive zu stellen, wonach Personen mit schweren Traumatisierungen eine verstärkte Tendenz zeigen, Situationen mit einem Retraumatisierungsrisiko aufzusuchen („trauma addiction"), und auch eine signifikant erhöhte psychiatrische Komorbidität mit Missbrauch oder Abhängigkeit von suchtstiftenden Substanzen in der Langzeitentwicklung aufweisen.

Hinweise für eine dopaminerge Dysfunktion

Dopamin spielt physiologisch eine hemmende Rolle in der neokortikalen Informationsverarbeitung, es steuert neben anderem auch die selektive Aufmerksamkeit. Ein prolongierter hochemotionaler Stress erhöht die dopaminerge Aktivität, besonders in der Amygdala (Krystal 1990). Ein Zusammenhang zur **traumainduzierten Freisetzung einer bizarren Bilderwelt** und produktiv-psychotischen Symptomen infolge überaktivierter Temporallappenstrukturen ist zu diskutieren (Joseph 1996). Ein verzerrender Effekt auf Speicherung und Erinnerung von Trauma-Erfahrungen muss hierbei prinzipiell beachtet werden.

Hinweise für eine glutamaterge Dysfunktion

Die grundlegende Rolle der exzitatorischen Aminosäure Glutamat in der Regulation von Bewusstsein und Lernen macht es verständlich, dass dem Glutamat in der Vermittlung posttraumatischer Reaktionen, speziell der dissoziativen Prozesse, eine Sonderstellung zukommt (Chambers et al. 1999; Krystal et al. 1998). Wichtige Erkenntnisse hierzu stammen aus der experimentellen Pharmakologie (s. Tab. 2-2). Yohimbin (noradrenerg) oder m-CPP (serotoninerg) lösen offenkundig nur bei vulnerablen Personen auf indirektem Wege dissoziative Zustände aus, indem sie zuvor starke Angst oder traumatische Erinnerungen triggern. Die neurochemischen Effekte von Laktat sind nach wie vor noch nicht vollständig geklärt. Dissoziative Zustände werden aber sehr wahrscheinlich ebenfalls erst durch zuvor aus-

Tab. 2-2: Zusammenstellung von Pharmaka mit indirekter/direkter Induktion von posttraumatischen dissoziativen Zuständen (PTBS = Posttraumatische Belastungsstörung; m-CPP = Metachlorophenyl-Piperazin; NMDA = N-Methyl-D-Aspartat; − = nicht mit Dissoziation assoziiert; + = mit Dissoziation assoziiert; ? = unklare Beziehung; a = Dissoziation gefördert durch eine gelenkte Erinnerung; b = nicht gezielt bei PTSD-Patienten untersucht; mod. nach Krystal et al. 1998).

Substanz	gesunde Probanden	PTBS-Patienten
Yohimbin (α_2-adrenolytisch)	−	+
m-CPP (5-HT$_2$-Agonist)	−	+
Laktat	−	+
Sedativa-Hypnotika	−	+[a]
Benzodiazepin-Antagonisten	−	−
NMDA-Antagonisten (z. B. Ketamin)	+	+[b]
Cannabinoide (spezifischer G-Protein-Rezeptor)	+	?
serotoninerge Halluzinogene (z. B. LSD)	+	?

gelöste Panikgefühle vermittelt. Die aus klinischen Kontexten bekannten dissoziativen Zustände nach dem Konsum von Cannabinoiden und LSD werden über eine Interaktion mit spezifischen G-Protein-Rezeptoren einerseits und serotoninergen Rezeptoren andererseits pharmakologisch verständlich. Die glutamaterge Sonderstellung in der Bahnung dissoziativen Erlebens kann durch die Effekte des als Kurz-Anästhetikum eingesetzten NMDA-Antagonisten Ketamin illustriert werden. Ketamin induziert selbst bei gesunden Probanden modellhaft ein breites Spektrum dissoziativer Symptome auch ohne eine vorherige intensive Angstreaktion. Mit steigender Dosierung ist eine **negative Interferenz auf perzeptiver, affektiver und kognitiver Ebene** zu beobachten (Krystal et al. 1998). Bedeutsame Langzeiteffekte bei anhaltendem traumatischen Stress auf die Hippocampus-Formation und damit auf das explizite Gedächtnissystem erlangen eine zunehmende Beachtung (Chambers et al. 1999; McEwen 2000).

Traumabezogene Dysregulation der HPA-Stresshormonachse

Biologische Stressmediatoren wie Kortisol üben einen bedeutsamen protektiven Effekt während schwerer Stressbelastungen aus (McEwen 1998). Kortisol erfüllt nach vorausgehender Aktivierung von CRF und ACTH u. a. die Funktion, die initiale katecholaminerge Stressantwort einzudämmen und schließlich zu beenden. Während und unmittelbar nach einer Stressexposition können sowohl die Katecholaminspiegel als auch die Kortisolspiegel stark erhöht sein; dies ist aber nicht regelhaft der Fall. Über eine negative Feedback-Schleife kommt es normalerweise sowohl zu einer allmählichen Mitigierung der katecholaminergen Reaktion als auch zu einer Hemmung der HPA-Kaskade. Bei Patienten mit vor allem chronischem PTBS-Verlauf sind Störungen der HPA-Achse gefunden worden, die sich von dem klassischen Profil einer adrenokortikalen Aktivität wie z. B. bei der

Major Depression typisch abheben (Yehuda 2001).

Im Liquor gemessenes CRF, das allenfalls eine Schätzung der globalen hypothalamischen und extrahypothalamischen CRF-Aktivität erlaubt, zeigte erhöhte Werte, die denen einer Major Depression durchaus entsprachen. Hiermit stimmten auch die Untersuchungen überein, die bei einer exogenen CRF-Stimulation eine verringerte hypophysäre ACTH-Antwort und eine adrenokortikale Kortisolantwort fanden. Charakteristischerweise existierte die **attenuierte ACTH-Reaktion auf CRF** aber im Unterschied zur Major Depression zusammen mit normalen, nicht erhöhten abendlichen Kortisolspiegeln. Ein solcher Befund einer erniedrigten ACTH-Response bei normalem Kortisol ließ sich am ehesten mit Bedingungen einer Hypersensitivität der hypophysären Glukokortikoid-Rezeptoren auf Kortisol erklären. In zahlreichen Untersuchungen fanden sich ferner verringerte Kortisolspiegel im Urin. Kortisolspiegel erschienen bei allerdings größeren Konzentrationsauslenkungen im zirkadianen Rhythmus erniedrigt, und zwar unabhängig vom Typus der Traumatisierung, dem Alter zum Zeitpunkt der Traumatisierung, der Dauer der bestehenden PTBS-Symptome (in Jahren) und dem Alter zum Zeitpunkt der Hormonbestimmung und auch unabhängig davon, ob gleichzeitig mit dem PTBS eine Depression bestand. Hiermit ging der Nachweis einer **erhöhten Anzahl lymphozytärer Glukokortikoid-Rezeptoren** bei PTBS-Patienten im Vergleich zu Patienten mit Major Depression und anderen psychiatrischen Störungen einher. Die erhöhte Anzahl von Glukokortikoid-Rezeptoren beim PTBS ist offenkundig auch mit einer erhöhten Sensitivität verknüpft, wie durch eine verstärkte Down-Regulation nach Dexamethason-Applikation (DST) gezeigt werden konnte. Eine der bekanntesten Manifestationen einer reduzierten Sensitivität der Glukokortikoid-Rezeptoren bei der Major Depression ist durch die verringerte negative Feedback-Hemmung im DST nachweisbar. Im Gegensatz zur häufigen Non-Suppression bei der Major Depression besteht bei der PTBS umgekehrt eine Tendenz zur Hypersuppression, selbst bei niedrigeren Dexamethason-Dosen (0,5 mg versus 1,0 mg als Standarddosis). Stellt man die wichtigsten neuroendokrinen Befunde bei Major Depression und PTBS einander gegenüber, so werden die Unterschiede im Sinne einer progressiven Desensitivierung der HPA-Achse bei der Major Depression versus einer progressiven Sensitivierung bei der PTBS offenkundig:

- Major Depression
  - erhöhtes CRF
  - erhöhte Kortisolspiegel
  - verringerte Glukokortikoid-Rezeptor-Sensitivität
  - schwächere negative Feedback-Hemmung nach der Gabe von Dexamethason
- Posttraumatische Belastungsstörung
  - erhöhtes CRF
  - verringerte Kortisolspiegel
  - erhöhte Glukokortikoid-Rezeptor-Sensitivität
  - stärkere negative Feedback-Hemmung nach der Gabe von Dexamethason

Die psychobiologische Bedeutung dieser neuroendokrinen Aspekte bei PTBS ist noch nicht ganz geklärt. Eine erniedrigte Kortisolreagibilität unmittelbar nach einer Trauma-Exposition könnte einen prädiktiven Wert für die spätere Entwicklung eines PTBS besitzen. Inwieweit diese neuroendokrinen Marker selbst Folge von vorbestehenden Traumatisierungen sind oder aber von wichtigen anderen Faktoren beinflusst werden, bedarf noch einer intensiven Erforschung.

Dies gilt auch für die Bedeutung einer Kortisoleinwirkung auf den **Prozess der Gedächtnisbildung**. Kurze Stressepisoden mit Anstieg von Kortisol scheinen die Gedächtniskonsolidierung zu verstärken, wobei ähnlich dem Noradrenalinwirkprofil eine Abhängigkeit von der Konzentrationshöhe im Sinne einer umgekehrten U-Kurve besteht. Das heißt, ab einer bestimmten Konzentration fördert Kortisol nicht mehr, sondern wirkt sich vielmehr schädlich auf die mnestische Konsolidierung aus (Roozendaal 2000). Neben funktionellen Störungen in der Konsolidierung expliziter Gedächtnisprozesse müssen auch strukturelle Schädigungen bei langfristig einwirkenden Kortisolerhöhungen diskutiert werden. Es ist angesichts der bei posttraumatischen Reaktionen (vor allem bei chronischen PTBS-Verläufen) gefundenen neuroendokrinologischen Befunde aber unwahrscheinlich, dass eine ungebremste Kortisolsekretion alleine die bei PTBS und assoziierten dissoziativen Symptombildungen registrierten Einbußen im expliziten Gedächtnisleistungen bedingt. Aber auch erniedrigte Kortisolspiegel, wie sie für diese klinischen Bedingungen typisch sind, können funktionell hierzu beitragen. Bei einer gleichzeitigen noradrenergen Hyperaktivität besteht nämlich eine bedeutungsvolle Dysbalance in den Stresshormonantworten (McEwen 1998). Eine relative Kortisolinsuffizienz erlaubt keine wirkungsvolle Eindämmung der hypernoradrenergen Effekte speziell auf die Funktionen des expliziten Gedächtnissystems mehr.

Hinweise für einen Sensibilisierungs-(Kindling-)Prozess im limbischen System

Die soeben skizzierten Dysregulationen in den diversen Neurotransmittersystemen sowie im hypothalamisch-hypophysär-adrenokortikalen System müssen bei posttraumatischen Entwicklungen auch auf einen typischen **Sensitivierungs- und Kindling-Prozess** bezogen werden. Eine (exogene) Sensitivierung wird durch extreme, wiederholte und intermittierend auftretende Stressoren eingeleitet und stellt einen distinkten Lern- und Erinnerungsprozess mit hoher Löschungsresistenz dar. Das dopaminerge mesokortikolimbische System trägt bedeutsam zur Initiierung dieses Sensitivierungsprozesses bei, während die noradrenergen und serotoninergen Systeme wichtige Rollen in der Expression der Sensitivierung

spielen. Entscheidend für die Entwicklung einer Posttraumatischen Belastungsstörung ist der Übergang zu einem (endogenen) Kindling, d. h. die initial durch ein externes Trauma gesetzte erhöhte gesamtorganismische Reagibilität fördert ein leichteres Ansprechen auf ähnliche Reize selbst bei milderer Intensitätsausprägung und wird wesentlich auch durch interne Vorgänge, z. B. ein intrusives Wiedererleben von Trauma-Erinnerungen, aufrechterhalten, sodass traumabezogene Rekollektionen im Sinne von Flashbacks usw. schließlich auch spontan auftreten können. Sensitivierungs- und Kindling-Prozesse wurden vor allem für die Amygdala-Struktur sehr wahrscheinlich gemacht (Post et al. 1997; 1998). Einen schematischen Überblick über Konsequenzen dieser neurobiologischen Vorgänge für die klinische Phänomenologie einer Posttraumatischen Belastungsstörung und mögliche sekundäre psychiatrische Komplikationen gibt die Abbildung 2-8.

Strukturelle neuroanatomische Veränderungen unter traumatischem Extremstress

Moderne Techniken des **Neuroimaging** wiesen bei einer Gruppe von PTBS-Patienten ein reduziertes hippocampales Volumen nach (Bremner et al. 1995; 1997; Gurvitz et al. 1996; Stein et al. 1997). Den Anstoß für diese Untersuchungen gaben tierexperimentelle Befunde.

Lang anhaltende Stressexposition oder aber prolongierte Applikation von Glukokortikoiden können zytotoxische Effekte in der Hippocampus-Formation mit negativen Auswirkungen auf mnestische Funktionen auslösen. Unter diesen pathophysiologischen Bedingungen anhaltend erhöhter Kortisolspiegel wird nicht nur die neurochemische Transmission in der Vermittlung zwischen aktivierten Pyramidenzellen der CA-3-Region und jenen der CA-1-Region funktionell gestört und resultiert ein verringerter Gesamtoutput des Hip-

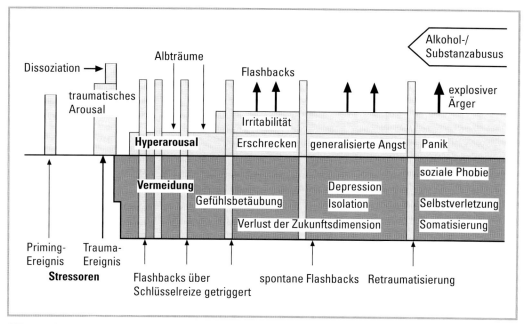

Abb. 2-8: Schematische Darstellung des hypothetischen Sensitivierungs- und Kindling-Prozesses bei der Entwicklung der PTBS und sekundären psychiatrischen Komplikationen (mod. nach Post et al. 1997).

pocampus (de Kloet et al. 1998). Es entsteht schließlich auch eine strukturell nachweisbare Atrophie in den apikalen Dendriten der hippocampalen CA-3-Pyramidenbahnzellen. Nach einer ursprünglich von Sapolsky (1995) favorisierten **„Glukokortikoid-Kaskaden-Hypothese"** führen stressbedingte oder aber exogen zugeführte exzessive Kortisolspiegel zu einer Down-Regulation der GR-Rezeptoren im Hippocampus. Ab einem bestimmten kritischen Schwellenwert interferiert dies negativ mit der hippocampalen Feedback-Hemmung auf die HPA-Achse. Eine weitere Down-Regulation der GR-Rezeptoren sowie eine ungebremste Glukokortikoid-Hypersekretion verursacht schließlich eine zytotoxische Schädigung hippocampaler Neurone.

Eine lineare Extrapolation dieser tierexperimentellen Resultate auf die neuroendokrine Situation bei PTBS-Patienten ist aber angesichts der geschilderten empirischen Datenlage problematisch. Sowohl nach einer Trauma-Exposition als auch im weiteren PTBS-Verlauf sind die Kortisolwerte nämlich häufig eher erniedrigt. Verknüpfte man hypothetisch die unmittelbare Trauma-Einwirkung mit einer hippocampalen Schädigung, so müssten vergleichbare Schweregrade eines Traumas zu analogen Effekten führen. Nun wiesen Personen nach einem definierten Trauma ohne ein späteres PTBS keineswegs verringerte hippocampale Volumina im Vergleich zu normalen Probanden auf (Gurvitz et al. 1996). Eine mögliche Assoziation zu einer erhöhten Glukokortikoid-Rezeptor-Sensitivität hingegen ist zu diskutieren (Stein et al. 1997). Wichtige zusätzliche, hierüber vermittelte neurobiologische Effekte tragen zu einer verstärkten Vulnerabilität des Hippocampus bei. Sowohl eine gestörte zelluläre Kalzium-Homöostase als auch eine veränderte glutamaterge Neurotransmission sind hieran maßgeblich beteiligt (McEwen 2000).

Im Anschluss an die sowohl für die klassische Konditionierung als auch das explizite Gedächtnis bereits kurz skizzierten molekularbiologischen Prozesse kann diskutiert werden: Eine fortgesetzte glutamaterge Hyperaktivität bewirkt bei Überschreiten einer kritischen Schwelle vermutlich durch ein weiteres Ansteigen des intrazelluären Kalziums schließlich auch zytotoxische Effekte, die möglicherweise irreversibel sind und zum Zelltod führen können (Thomas 1995). Der Hippocampus scheint hierfür besonders anfällig zu sein. Die im Kontext einer chronischen PTBS-Entwicklung wiederholt nachgewiesenen Atrophiezeichen im Hippocampus müssen hiermit in Verbindung gebracht werden (Chambers et al. 1999). Diese glutamaterg vermittelte Neurotoxizität wird offenkundig durch Kortisol verstärkt (Stein-Behrens et al. 1994). Die im Hippocampus reichlich vorhandenen, typischerweise hypersensitiven Glukokortikoid-Rezeptoren können möglicherweise auch dann ausreichend stimuliert werden, wenn bei einer PTBS eher erniedrigte Kortisolspiegel vorliegen. Infolge neuronaler Zellverluste im Hippocampus nimmt das inhibitorische Feedback auf die HPA-Achse ab. Der neurotoxische Prozess kann also auch durch eine chronische Dysregulation des HPA-Systems sekundär eskalieren, selbst wenn keine initiale Hypersekretion von Kortisol vorliegt. In der Bewertung der für PTBS-Patienten vorliegenden strukturellen Neuroimaging-Befunde ist zu berücksichtigen, dass das Ausmaß der Atrophie im Hippocampus sehr schwankte, die Daten zur Lateralisierung der Atrophie widersprüchlich waren und selbstverständlich der Zeitpunkt der verantwortlichen pathogenetischen Prozesse hierüber nicht bestimmbar war (Sapolsky 2000; s. Tab. 2-3). Möglicherweise bilden funktionelle Neuroimaging-Methoden, die mittels ^{1}H-MRSI (Proton Magnetic Resonance Spectroscopic Imaging) spezifische neuronale Marker (z. B. N-Acetylaspartat, NAA) im Hippocampus erfassen, einen posttraumatisch induzierten zytotoxischen Prozess sensibler ab. So zeigten Schuff et al. (2001) eine hochsignifikante Abnahme von NAA im Hippocampus bei PTBS-Patienten, die im MRI keine Volumenverluste im Sinne einer Atrophie aufgewiesen hatten.

In der Amygdala wurden bei posttraumatischen Reaktionen und Dissoziationen im Unterschied zum Hippocampus bisher keine Atrophiezeichen nachgewiesen. Funktionell kann aber bei wiederholter starker Aktivierung ein Kindling-Prozess angestoßen werden (Post et al. 1998). Dieser bedingt eine erhöhte Sensibilität gegenüber bestimmten Stimuli sowie eine verstärkte Reagibilität bis hin zu schließlich spontan auftretendem Stressver-

Tab. 2-3: Hinweise auf hirnstrukturelle Veränderungen bei der Posttraumatischen Belastungsstörung (mod. nach Sapolsky 2000).

Ausmaß der Atrophie	5 bis 26%
Lateralisierung der Atrophie	widersprüchliche Daten
anatomische Spezifität	Volumenreduktion im Hippocampus
funktionelle Konsequenzen	ausgeprägte Defizite in Leistungen des deklarativen Gedächtnisses
Auftreten der Atrophie	noch ungeklärt: vor dem Trauma, aus Trauma resultierend, aus PTBS resultierend
wahrscheinlich zugrunde liegender Mechanismus	Zellverlust, Hemmung der Neurogenese
Rolle von Glukokortikoiden (Kortisol)	je nach Auftretenszeit: nein (Atrophie vor dem Trauma)
indirekt (Atrophie aus Trauma resultierend)	widersprüchlich (Atrophie aus PTBS-Verlauf)

halten. Auch für die Amygdala wird eine Induktion von **Langzeitpotenzierung** (LTP) als Grundlage für emotionale Lern- und Gedächtnisprozesse wahrscheinlich gemacht (Davis 1997; Li et al. 1998; Schafe et al. 2001). Während im Hippocampus bereits eine einzige hochfrequente Stimulierung ausreicht, um eine LTP auszulösen, bedarf es im basolateralen Anteil der Amygdala hierfür einer zweiten hochfrequenten Erregung, was eine insgesamt höhere Schwelle für die emotionale Gedächtnisbildung darstellt. Bei Extremstress aber werden in der Amygdala weiterhin emotionale Trauma-Erfahrungen enkodiert und konsolidiert, ein abnormes Trauma-Erinnerungsnetz errichtet, auch wenn die adaptive Funktionalität des Hippocampus bereits zum Erliegen gekommen ist (Joseph 1996).

Neurobiologische Erklärungsbasis für typische Gedächtnisstörungen bei posttraumatischer Verarbeitung und Dissoziation

Die neurobiologische Erforschung des Gedächtnisses belegt unterschiedliche funktionelle und strukturelle Subsysteme. Die Unterteilung in ein explizites und ein implizites Gedächtnis ist hierfür grundlegend. Die molekularbiologischen Prozesse der Kurzzeit- und Langzeitspeicherung von so heterogenen Lernvorgängen wie Sensitivierung, klassische Konditionierung und explizite Erinnerung sind einander sehr ähnlich. Sie beinhalten im ersten Fall eine verstärkte Rekrutierung von verfügbaren Neurotransmittern zwischen synaptisch verschalteten Neuronen und erfordern im zweiten Fall eine zusätzliche Genexpression, die Synthese neuer Proteine und Aussprossung von weiteren synaptischen Verbindungen. Es ist sehr wahrscheinlich, dass diese grundlegenden zellulären Veränderungen auch die Gedächtnisprozesse unter Bedingungen realtraumatischer Erfahrungen und hierdurch angestoßener Dissoziationen bestimmen. Die Besonderheiten der mnestischen Störungen, die in der weiteren Entwicklung nach Traumatisierungen klinisch beobachtet werden können, müssen neurobiologisch folglich als Ergebnis einer beeinträchtigten Integration der aufeinanderfolgenden Stufen in der Informationsverarbeitung beschrieben werden. Die typischen neurochemischen und neuroendokrinologischen Rahmenbedingungen mit ihren kurz- und langfristigen Folgen müssen jeweils eigenständig beachtet werden.

Die Prozessierung und Speicherung von traumatischen Erlebnissen sowie der Modus der Wiedererinnerung bzw. der -erinnerbarkeit verweisen auf einen in Notfallsituationen rasch verfügbaren neuroanatomischen Schaltkreis. Es handelt sich hierbei um das schnelle sensorisch-perzeptiv-affektive Verarbeitungssystem mit direkten Bahnen zwischen Thalamus und Amygdala. Dieses ermöglicht eine grundlegende emotionale Bewertung einer bedrohlichen Situation und initiiert ein motorisches, viszerales und neurohumorales Reaktionsmuster zu Überlebenszwecken. Unter hohem Stress kommt es zu übermäßig starken klassischen Konditionierungen, die in den basolateralen Kernen der Amygdala vermittelt werden. Diese überkonsolidierten Konditionierungen werden aber häufig kognitiv nicht weiterverarbeitet. Dies hat bedeutungsvolle Auswirkungen für eine spätere Erinnerungsleistung an die traumatische Situation (Brewin 2001). Zunächst ist zu beachten, dass schon die sensorischen/sensiblen Afferenzen zur Amygdala dissoziationsbedingt Merkmale einer Fragmentierung der Informationen aus der traumatischen Gesamtszene aufweisen können (Kapfhammer 2001). Das heißt, die Abbildung der externen Realität ist dann notgedrungen geringergradig strukturiert und kann infolge Dissoziation auch polymodal verzerrt sein. Konditioniert werden vorrangig perzeptive Details ohne Würdigung des speziellen Gesamtkontextes. Es dominieren primäre Affektzustände einer höchsten Intensität wie Panik, Horror, Entsetzen mit jeweils angestoßenen somatischen Abwehrreaktionen. Von neuroanatomischer Relevanz ist ferner, dass die Amygdala vielfältige Projektionen zu Arealen der visuellen Informationsverarbeitung besitzt, d. h. es vollzieht sich vorrangig eine Speicherung in optischen Bildern (Amaral et al. 1992). Dann können aber auch Dysfunktionen in nachgeschalteten neuroanatomischen Zentren den prinzipiellen Spielraum einengen, diese Konditionierungsprozesse im weiteren Entwicklungsgang zu modulieren bzw. zu hemmen. Die differenziellen Effekte eines Extremstresses auf Amygdala und Hippocampus führen im äußersten Fall zu einer funktionellen Dissoziation dieses Komplexes mit schließlichem Erliegen der hippocampalen Leistungen. Damit sind die Voraussetzungen eines Transfers der Informationen in das explizite Gedächtnissystem nicht mehr gegeben. Hiermit geht u. a. der Verlust einer wichtigen kognitiven Kontextualisierung der Trauma-Erfahrung, einer selbstreferenziellen Visualisierung in der Wiedererinnerung und der weiteren Einordnung in das autobiografische Gedächtnis einher. Es ist deshalb unter Umständen für einen Patienten sehr erschwert oder gar nicht mehr möglich, sich selbst später in einer aktiven Imagination innerhalb einer bestimmten vergangenen traumatischen Situation wiedererinnernd zu vergegenwärtigen. Für die gesamte Episode kann eine Amnesie vorliegen. Eine begleitende Hemmung des Transfers in die sprachdominante Hirnhemisphäre verhindert ferner eine ausreichende Verbalisierung dieser enkodierten Erfahrungen. Extremstress bedingt aber auch eine Blockade präfrontaler kortikaler Systeme. Das heißt, es fehlen entscheidende funktionelle Voraussetzungen, die subkortikal vermittelten Konditionierungen wirksam modifizieren zu können. Gleichzeitig sind hiermit wichtige Elemente der exekutiven Kontrolle, des Arbeitsgedächtnisses und Selbstsystems, der selbstreflexiven Fähigkeit, sich in einer Zeitdimension wiedererinnernd einreihen zu können, dysfunktional geworden.

2.4 Zusammenfassung

In der Zusammenschau dieser unter Extremstress posttraumatisch und dissoziativ bestimmten Gedächtnisprozessierung wird verständlich, dass Erinnerungen an Traumatisierungen unter Umständen nicht bewusst und willentlich abgerufen werden können. Das heißt, es liegen die klinischen Bedingungen einer dissoziativen Amnesie vor. Aber häufig erfolgen Wiedererinnerungen unwillkürlich intrusiv, automatisch angestoßen, getriggert durch nicht bewusstseinsfähige Schlüsselreize, die in einer (möglicherweise auch nur zufälligen) räumlichen und zeitlichen Kontingenz zur ursprünglichen Traumaszene standen. Gerade die speziellen Qualitäten von Flashbacks signalisieren eine hochperzeptive, nur schwach verbalisierungsfähige Erinnerungsform, die relativ schablonenhaft erfolgt, einen starken Aktualitätscharakter infolge der mit angestoßenen affektiven Beteiligung vermittelt und selbst bei vielfachen Erinnerungsvorgängen inhaltlich kaum modifiziert erscheint. In der Wiederkehr dieser intrusiven Erinnerungen wird in Extremfällen nicht nur eine fehlende Extinktion durch dysfunktionale kortikale Strukturen angezeigt. Es wird sogar eine noch zunehmende Sensitivierung im Sinne eines Kindling-Prozesses sichtbar. Typische intrusive Erinnerungsbilder bedürfen dann nicht mehr notwendigerweise eines externen Reizanstoßes, sondern können auch schon durch assoziierte innere Vorstellungen, Gedanken, Träume ausgelöst werden oder gar spontan auftreten. Die klinischen Auswirkungen dieser traumainduzierten Veränderungen in der zerebralen Informationsverarbeitung sind summarisch festzuhalten:
- ein Nebeneinander von Hypermnesie und Amnesie
- ein Überwiegen des konditionierten emotionalen Gedächtnisses zu Lasten eines narrativen autobiografischen Gedächtnisses
- eine emotionale Bewertung von fragmentarischen sensorischen Informationen noch

vor einer bewussten emotionalen Wahrnehmung und adäquaten Realitätskontrolle
- eine verzögerte Habituation und ein behindertes Neulernen
- vorherrschende impulshafte Handlungen oder starke Rückzugstendenzen
- ein betonter perzeptiv-affektiver Erlebnisstil sowie ein überwiegender sensorimotorischer Reaktionsmodus

In einer klinischen Perspektive imponieren also typischerweise bimodale Reaktionen auf ein überwältigendes, subjektiv als unkontrollierbar erlebtes Trauma: Hypermnesie, Hyperreaktivität und traumatische Rekollektion einerseits, psychische Betäubung, Vermeidung, Amnesie und Anhedonie andererseits.

Neurobiologische Befunde zu Gedächtnisleistungen bei posttraumatischen und dissoziativen Reaktionen können einen wichtigen Beitrag zum Verständnis einer komplexen psychopathologischen Phänomenologie leisten. Wenn sie zusätzlich in eine entwicklungsdynamische Perspektive gestellt werden (Schore 2001), lässt sich auch eine vorurteilsfreie, kritische Analyse jener nach wie vor häufig polemisch diskutierten Themen von „wiedergefundenen Erinnerungen" (recovered memories) einerseits, von „falschen Erinnerungen" (false memories) andererseits vornehmen (Brewin u. Andrews 1998; Zola 1998).

Literatur

Amaral DG, Price JL, Pitkänen A, Carmichael ST (1992). Anatomical organization of the primate amygdaloid complex. In: Aggleton JP (ed). The Amygdala: Neurobiological aspects of emotion, memory, and mental dysfunction. New York: Wiley-Liss; 1–66.

Belanoff JK, Gross K, Yager A, Schatzberg AF (2001). Corticosteroids and cognition. J Psychiatr Res; 35: 127–45.

Birnbaum S, Gobeske KT, Auerbach J, Taylor JR, Arnsten AFT (1999). A role for norepinephrine in stress-induced cognitive deficits: α-1-adrenoreceptor mediation in the prefrontal cortex. Biol Psychiatry; 46: 1266–74.

Bremner JD, Randall P, Scott TM et al. (1995). MRI-based measurement of hippocampal volume in patients with combat-related posttraumatic stress disorder. Am J Psychiatry; 152: 973–81.

Bremner JD, Randall P, Vermetten E et al. (1997). Magnetic resonance imaging-based measurement of hippocampal volume in posttraumatic stress disorder related to childhood physical and sexual abuse: A preliminary report. Biol Psychiatry; 41: 23–32.

Bremner JD, Vermetten E, Southwick SM, Krystal JH, Charney DS (1998). Trauma, memory, and dissociation: An integrative formulation. In: Bremner JD, Marmar CR (eds). Trauma, Memory, and Dissociation. Washington, DC, London: American Psychiatric Press; 365–402.

Brewin CR (2001). A cognitive neuroscience account of posttraumatic stress disorder and its treatment. Behav Res Ther; 39: 373–93.

Brewin CR, Andrews B (1998). Recovered memories of trauma: Phenomenology and cognitive mechanismes. Clin Psychol Rev 1998; 18: 949–70.

Buzsáki G (1989). A two stage model of memory trace formation: A role for „noisy" brain states. Neurosci; 31: 551–70.

Chambers RA, Bremner JD, Moghaddam B, Southwick SM, Charney DS, Krystal JH (1999). Glutamate and post-traumatic stress disorder: Toward a psychobiology of dissociation. Sem Clin Neuropsychiatry; 4: 274–81.

Collingridge GL, Bliss TVP (1995). Memories of NMDA receptors and LTP. Trends Neurosci; 18: 54–6.

Coupland NJ (2000). Brain mechanisms and neurotransmitters. In: Nutt D, Davidson JRT, Zohar J (eds). Post-traumatic stress disorder. Diagnosis, management and treatment. London: M Dunitz; 69–99.

Davis M (1997). Neurobiology of fear responses: The role of amygdala. J Neuropsychiatry Clin Neurosci; 9: 382–402.

Depue RA, Spoont MR (1986). Conceptualizing a serotonin trait: A behavioral dimension of constraint. Ann NY Acad Sci; 487: 47–62.

de Quervain DF, Roozendaal B, McGaugh JL (1998). Stress and glucocorticoids impair retrieval of long-term spatial memory. Nature; 394: 787–90.

de Quervain DF, Roozendaal B, Nitsch RM, McGaugh JL, Hock C (2000). Acute cortisone administration impairs retrieval of long-term spatial memory. Nature Neurosci; 3: 313–4.

Gurvitz TV, Shenton ME, Hokama H et al. (1996). Magnetic resonance imaging study of hippocampal volume in chronic, combat-related posttraumatic stress disorder. Biol Psychiatry; 40: 1091–9.

Janet P (1889). L'automatisme psychologique. Paris: Alcan.

Joseph R (1996). Neuropsychiatry, Neuropsychology, and Clinical Neuroscience. Emotion, evolution, cognition, language, memory, brain damage, and abnormal behavior. 2nd ed. Baltimore, Philadelphia, London: Williams & Wilkins.

Kandel ER (2000). Cellular mechanisms of learning and the biological basis of individuality. In: Kandel ER, Schwartz JH, Jessel TM (eds). Principles of Neural Science. 4th ed. New York: McGraw-Hill; 1247–79.

Kandel ER (2001). The molecular biology of memory starage: A dialogue between genes and synapses. Science; 294: 1030–8.

Kandel ER, Kupfermann I, Iversen S (2000). Learning and memory. In: Kandel ER, Schwartz JH, Jessel TM (eds). Principles of Neural Science. 4th ed. New York: McGraw-Hill; 1227–46.

Kapfhammer HP (1999). Dissoziative Störungen. In: Möller HJ, Laux G, Kapfhammer HP (Hrsg). Psychiatrie und Psychotherapie. Berlin, Heidelberg: Springer; 1273–302.

Kapfhammer HP (2001). Trauma und Dissoziation – eine neurobiologische Perspektive. PTT; 5: S4–S27.

Kloet ER de, Oitzl MS, Joëls M (1999). Stress and cognition: Are corticoids good or bad guys? Trends Neurosci; 22: 422–6.

Kloet ER de, Vreudgdenhil E, Oitzl MS, Joëls M (1998). Brain corticosteroid receptor balance in health and disease. Endocrine Rev; 19: 269–301.

Kolk B van der (1996). The body keeps the score: Approaches to the psychobiology of posttraumatic distress disorder. In: van der Kolk B, McFarlane AC, Weisaeth L (eds). Traumatic Stress. The effects of overwhelming experience on mind, body, and society. New York: Guilford Press; 214–41.

Kolk B van der (2000). Posttraumatic stress disorder and the nature of trauma. Dialogues Clin Neurosci; 2: 7–22

Kolk B van der, Saporta J (1993). Biological response to psychic trauma. In: Wilson JP, Raphael B (eds). International Handbook of Traumatic Stress Syndromes. New York: Plenum; 25–33.

Kolk B van der, Fisler RE (1995). Dissociation and the fragmentary nature of traumatic memories: Overview and exploratory study. J Trauma Stress; 8: 505–25.

Kolk B van der, Dreyfull D, Michaels M et al. (1994). Fluoxetine in posttraumatic stress disorder. J Clin Psychiatry; 55: 517–22.

Krystal JH, Bennett AL, Bremner D, Southwick SM, Charney DS (1995). Toward a cognitive neuroscience of dissociation and altered memory functions in posttraumatic stress disorder. In: Friedman MJ, Charney DS, Deutch AY (eds). Neurobiological and Clinical Consequences of Stress: From normal adaptation to PTSD. Philadelphia: Lippincott-Raven; 239–69.

Krystal JH (1990). Animal models for post traumatic stress disorder. In: Giller ER (ed). Biological Assessment and Treatment of Posttraumatic Stress Disorder. Washington, DC: American Psychiatric Press.

Krystal JH, Bremner JD, Southwick SM, Charney DS (1998). The emerging neurobiology of dissociation: Implications for treatment of posttraumatic stress disorder. In: Bremner JD, Marmar CR (eds). Trauma, Memory, and Dissociation. Washington, DC: American Psychiatric Press 1998; 321–63.

Lanius RA, Williamson PC, Densmore M, Boksman K, Gupta MA, Neufeld RW, Gati JS, Menon RS (2001). Neural correlates of traumatic memories in posttraumatic stress disorder: A functional MRI investigation. Am J Psychiatry; 158: 1920–2.

LeDoux JE (2000). Emotion circuits in the brain. Ann Rev Neurosci; 23: 155–84.

Li H, Weiss SR, Chuang DM, Post RM, Rogawski MA (1998). Bidirectional synaptic plasticity in the rat basolateral amygdala: Characterization of an activity-dependent switch sensitive to presynaptic metabotropic glutamate receptor antagonist 2S-alpha-ethylglutamatic acid. J Neurosci; 18: 1662–70.

Markowitsch HJ (2000). The anatomical bases of memory. In: Gazzaniga MS (ed). The New Cognitive Neurosciences. 2nd ed. Cambridge, Mass: MIT Press; 781–95.

McEwen BS (1998). Protective and damaging effects of stress mediators. N Engl J Med; 338: 171–9.

McEwen BS (2000). The neurobiology of stress: From serendipity to clinical relevance. Brain Res; 886: 172–89.

McGaugh JL (2000). Memory – a century of consolidation. Science; 287: 248–51.

Metcalfe J, Jacobs WJ (1998). Emotional memory: The effects of stress on „cool" and „hot" memory systems. In: Bowers G (ed). The Psychology of Learning and Motivation. Vol. 38. New York: Academic Press; 187–222.

Nutt DJ (2000). The psychobiology of posttraumatic stress disorder. J Clin Psychiatry; 61, Suppl 5: 24–9.

Parkin AJ (1997). Memory and Amnesia: An introduction. Hove: Psychology Press.

Pitman RK, Orr S (1990) Twenty-four hour urinary cortisol and catecholamine excretion in combat-related PTSD. Biol Psychiatry; 27: 245–7.

Pitman RK, Shalev AY, Orr SP (2000). Posttraumatic

stress disorder: Emotion, conditioning, and memory. In: Gazzaniga MS (ed). The New Cognitive Neurosciences. 2nd ed. Cambridge, Mass: MIT Press; 1133-47.

Pitman RK, Shin LM, Rauch SL (2001). Investigating the pathogenesis of posttraumatic stress disorder with neuroimaging. J Clin Psychiatry; 62, Suppl 17: 47-54.

Post RM, Weiss SRB, Smith M et al. (1997). Kindling versus quenching. Implications for the evolution and treatment of posttraumatic stress disorder. In: Yehuda R, McFarlane AC (eds). Psychobiology of Posttraumatic Stress Disorder. Annals New York Acad Sci; 821: 285-95.

Post RM, Weiss SRB, Li H, Smith MA, Zhang LX, Xing G, Osuch EA, McCann DU (1998). Neural Plasticity and Emotional Memory. Dev Psychopathol; 10: 829-55.

Rauch SL, van der Kolk BA, Fisler RE et al. (1996). A symptom provocation study of posttraumatic stress disorder using positron emission tomography and script-driven imagery. Arch Gen Psychiatry 1996; 53: 380-7.

Roozendaal B (2000). 1999 Curt P. Richter award. Glucocorticoids and the regulation of memory consolidation. Psychoneuroendocrinology; 25: 213-38.

Roozendaal B, Nguyen BT, Power AE, McGaugh JL (1999). Basolateral amygdala nor-adrenergic influence enables enhancement of memory consolidation induced by hippocampal glucocorticoid receptor activation. Proc Natl Acad Sci USA; 96: 11642-7.

Sapolsky RM (1995). Why stress is bad for your brain. Science; 273: 749-50.

Sapolsky RM (2000). Glucocorticoids and hippocampal atrophy in neuropsychiatric disorders. Arch Gen Psychiatry; 57: 925-35.

Schafe GE, Nader K, Blair HAT, LeDoux JE (2001). Memory consolidation of Pavlovian fear conditioning: A cellular and molecular perspective. Trends Neurosci: 24: 540-6.

Schore A (2001). The effects of early relational trauma on right brain development, affect regulation, and infant mental health. Inf Ment Health J; 22: 201-69.

Schuff N, Neylan TC, Lenoci MA, Du AT, Weiss DS, Marmar CR, Weiner MW (2001). Decreased hippocampal N-Acetylaspartate in the absence of atrophy in posttraumatic stress disorder. Biol Psychiatry; 50: 952-9.

Shin LM, Kosslyn SM, McNally RJ et al. (1997). Visual imagery and perception in posttraumatic stress disorder: A positron emission tomographic investigation. Arch Gen Psychiatry 1997; 54: 233-41.

Shin LM, Whalen PJ, Pitman RK, Bush G, Macklin ML, Lasko NB, Orr SP, McInerney SC, Rauch SL (2001). An fMRI study of anterior cingulate function in posttraumatic stress disorder. Biol Psychiatry; 50: 932-42.

Singer W (1990). Hirnentwicklung und Umwelt. In: Gehirn und Kognition. Heidelberg: Spektrum; 50-65.

Southwick SM, Bremner JD, Rasmusson A, Morgan CA III, Arnsten A, Charney DS (1999). Role of norepinephrine in the pathophysiology and treatment of posttraumatic stress disorder. Biol Psychiatry; 46: 1192-204.

Southwick SM, Krystal JH, Bremner JD et al. (1997). Noradrenergic and serotonergic function in post-traumatic stress disorder. Arch Gen Psychiatry; 54: 749-58.

Spiegel D (1997). Trauma, dissociation, and memory. In: Yehuda R, McFarlane AC (eds). Psychobiology of Posttraumatic Stress Disorder. Ann New York Acad Sci; 821: 225-37.

Squire LR, Zola SM (1996). Structure and function of declarative and nondeclarative memory systems. Proc Natl Acad Sci USA; 93: 13515-22.

Stein MB, Koverola C, Hanna C et al. (1997). Hippocampal volume in women victimized by childhood sexual abuse. Psychol Med; 27: 951-60.

Stein-Behrens B, Lin W, Sapolsky R (1994). Physiological elevations of glucocorticoids potentiate glutamate accumulation in the hippocampus. J Neurochem; 63: 596-602.

Thomas R (1995). Excitatory amino acids in health and disease. J Am Geriatr Soc; 43: 1279-89.

Villareal G, King CY (2001). Brain imaging in posttraumatic stress disorder. Sem Clin Neuropsychiatry; 6: 131-45.

Yehuda R (2001). Biology of posttraumatic stress disorder. J Clin Psychiatry; 62, Suppl 17: 41-6.

Zola SM (1998). Memory, amnesia, and the issue of recovered memory: Neurobiological aspects. Clin Psychol Rev; 18: 915-32.

3 Neurobiologie von Hypnose, Dissoziation und Konversion

M. Spitzer, C. Schönfeldt-Lecuona

3.1 Einleitung

Die Frage nach den neurobiologischen Grundlagen der Hypnose erscheint auf den ersten Blick paradox, denn seit Charcot sind Hypnose und Dissoziation u. a. dadurch definiert, dass neurologische Korrelate bzw. medizinische Ursachen von Phänomenen aus dem Bereich der Neurologie nicht gefunden werden. „Konversionshysterie", „Konversionsreaktion" oder „hysterische Neurose" waren Bezeichnungen, die traditionell für vermeintlich psychisch bedingte Störungen gebraucht wurden, heute jedoch wegen ihrer Unschärfe nicht weiter verwendet werden.

In der Hypnose konnten dissoziative Zustände durch den Hypnotiseur beim Hypnotisanden induziert werden, sodass bereits damals eine einheitliche, zusammenhängende Betrachtung dieser Zustände erfolgte (Charcot 1889). Diese damalige Sichtweise beinhaltete, dass man das Gehirn, wie es in der Neurologie damals bekannt war, als Ursache der Phänomene ablehnte, jedoch zugleich eine Theorie des „seelischen Apparats" verwendete, um sie zu erklären. Diese Theorie basierte ursprünglich auf einer Theorie der Funktion der damals gerade entdeckten Neuronen (Pribram u. Gill 1976; Sulloway 1979; 1991).

Unsere Sichtweise auf das Gehirn und seine Funktion jedoch hat gerade in den vergangenen Jahren grundlegende Veränderungen erfahren. War Freud (1893; 1900) noch davon ausgegangen, dass der „psychische Apparat" (heute würden wir sagen: die Gesamtheit seelischer Funktionen) im Wesentlichen durch das Weiterleiten und Speichern von Energie gekennzeichnet ist, die abgewehrt, verschoben, verdichtet, sublimiert, von Inhalten getrennt (dissoziiert) oder in etwas anderes verwandelt (konvertiert) werden kann, so wissen wir heute, dass Neuronen Information verarbeiten. Geistige Leistungen und deren Dysfunktionen müssen entsprechend als Funktionen der neuronalen Informationsverarbeitung verstanden werden.

Daher können die Begriffe, mit denen die Phänomene bis heute erklärt werden, nicht mehr sinnvoll im Zusammenhang mit der modernen Neurobiologie angewendet werden. Wer also in den alten Vokabeln von der Neurobiologie der Dissoziation oder Konversion zu sprechen vorgibt, der tut etwa das Gleiche, wie jemand, der zur Chemie des Phlogistons oder zur Teilchenphysik des Äthers Stellung nimmt. Dies ist unmöglich, weil der Fortschritt der Wissenschaft gezeigt hat, dass es weder das Phlogiston noch den Äther gibt. Damit jedoch haben Chemie und Physik weder Feuer noch Licht abgeschafft. Die Phänomene gibt es selbstverständlich! Allerdings sprechen wir heute anders über sie. Das Entsprechende zu tun wäre bei den hier zur Debatte stehenden Phänomenen auch erforderlich, jedoch ist die Neurobiologie höherer geistiger Leistungen heute noch nicht weiter als die Chemie und Physik des 19. Jahrhunderts. In Anbetracht dieser Sachlage erscheint es nicht unwahrscheinlich, dass die in der Literatur zu beobachtenden Unsicherheiten und Vagheiten auch darauf zurückzuführen sind, dass genau dies immer wieder versucht wurde und noch immer versucht wird.

Wenn also hier von der Neurobiologie der Hypnose, Konversion und Dissoziation die Rede ist, dann kann dies nur bedeuten, dass die Phänomene nach wie vor von großem theoretischen Interesse und klinisch bedeutsam sind und dass es sich daher lohnt, sie mit den heute zur Verfügung stehenden Methoden und Modellen der Neurobiologie zu untersuchen.

3.2 Phänomene, Krankheitsbilder und Kriterien

Die klinischen Erscheinungsbilder haben sich bis heute wenig geändert. Hierzu zählen vor allem folgende:
- Lähmungen
- Abasie
- Astasie
- Apraxie
- Akinesie/Dyskinesie
- Tremor
- Aphonie
- Wahrnehmungs- und Koordinationsstörungen

Auch bei hypnotisch induzierter Lähmung sind Patienten zum Beispiel nicht in der Lage, bestimmte Bewegungen auszuführen (Oakley 1999). Durch den Mechanismus der Suggestion lassen sich ferner Wahrnehmungstäuschungen hervorrufen (Spitzer 1988), Erinnerungen evozieren oder beispielsweise Schmerzempfindungen auslöschen (hypnotische Analgesie). Hypnotische Zustände werden seit dem 19. Jahrhundert als Modell für hysterische Paresen herangezogen (Charcot 1889). Die Hypnose bietet die Möglichkeit, motorische Lähmungen experimentell kontrolliert zu beobachten, und eignet sich daher, die biologischen Grundlagen dieser Phänomene zu untersuchen.

Krankheitsbilder mit Funktionseinschränkungen oder Beschwerden im Bereich der Willkürmotorik und/oder Sensorik werden nach DSM-IV als so genannte Konversionsstörung unter die somatoformen Störungen eingeordnet, wenn eine neurologische oder andere medizinische Ursache nicht gefunden werden kann und eine psychische Belastung der Symptomatik vorangeht (American Psychiatric Association 1994). Sie werden nicht bewusst vorgetäuscht oder simuliert (Merskey 1995).

Obwohl die diagnostischen Kriterien nach ICD-10 und DSM-IV gut etabliert sind, wird in vielen Fällen zu Unrecht eine Simulation vermutet. In anderen Fällen wird die Diagnose einer Konversionsstörung zu früh gestellt, wenn eine organische Ursache als Grund für die Funktionsstörung nicht zu identifizieren ist, aber keine besondere psychische Belastung besteht.

Frauen sind häufiger betroffen (2 : 1 bis 10 : 1, s. Tomasson et al. 1991). Die Punktprävalenz der Konversionsstörungen im weitesten Sinne beträgt zwischen 0,001 und 0,3. Einzelne dissoziative Symptome treten jedoch häufiger auf. Etwa 1 bis 3 % der in den Allgemeinkrankenhäusern konsiliarisch-psychiatrisch untersuchten Patienten leiden unter Konversionssymptomen (Marsden 1986); in neurologischen Kliniken ist die Anzahl sogar höher (Binzer u. Kullgren 1998). Sie stellen weniger als 1 % der wegen nichttraumatischer und traumatischer Verletzung neuraler Strukturen aufgenommenen Patienten in Rehabilitationszentren dar (Heruti et al. 2002).

Bei der Diagnosestellung einer Konversionsstörung ist es bis heute unbedingt erforderlich, eine hirnorganische Ursache der Symptome auszuschließen. Dies macht erneut die Paradoxie der vorliegenden Thematik deutlich: Definitionsgemäß gibt es keine organische Ursache; also suchen wir nach ihr! – Es sei aber nicht verschwiegen, dass sich die in der Psychiatrie forschenden Akteure an diese Situation gewöhnt haben, ist sie doch bei den, in alter Terminologie, „endogenen Psychosen" nicht anders.

Differenzialdiagnostisch kommen frühe Stadien degenerativ-progressiver Erkrankungen mit neurologischen Symptomen in Betracht. Schon in den 60er Jahren erregte eine Studie aus England von Slater und Glithero (1965) Aufsehen, die postulierte, dass ein großer Anteil von Personen mit der Diagnose einer „Konversionsstörung" im weiteren Verlauf eine neurologische Erkrankung entwickeln, welche die körperlichen Symptome später erklären konnte [Slater u. Glithero 1965; Watson u. Buranen 1979]. Die Rate von vermeintlichen Fehldiagnosen bei diesen Studien lag bei 25 %. Sie wird in jüngeren Studien als bedeutend niedriger eingeschätzt (Couprie et al. 1995; Crimlisk et al. 2000) und liegt deutlich unter 10 %. Die bemerkenswerte Abnahme von Fehldiagnosen ist einmal auf die Verbesserung der apparativen internistischen und neurologischen Diagnostik zurückzuführen, jedoch auch auf die aktuellen diagnostischen Kriterien, die im Vergleich zu den in den 50er und 60er Jahren existierenden Kriterien zur Diagnose einer „Hysterie" wesentlich einheitlicher sind. Die Konversionsstörungen werden nach der ICD-10-Klassifikation im Kapitel F4 (neurotische, Belastungs- und somatoforme Störungen) unter dem Begriff „dissoziative Störung" eingegliedert, als separate Entität der somatoformen Störungen. Im DSM-IV werden diese als eine Unterform der somatoformen Störungen kategorisiert; bei der DSM-IV-Klassifikation erscheint der Begriff „dissoziativ" nicht im Zusammenhang mit den nichtorganischen Lähmungen, obwohl er der Natur der Störung inhärent ist.

Die Konversionsstörung ist letztlich in der psychiatrischen Differenzialdiagnostik eine Ausschlussdiagnose und muss von anderen Entitäten abgegrenzt werden, wie beispielsweise:
- durch psychotrope Substanzen bedingte Störungen
- Schizophrenien
- affektive Störungen
- Angststörungen
- Posttraumatische Störungen
- Anpassungsstörungen
- Somatisierungsstörungen

Besonderes Augenmerk verdient differenzialdiagnostisch die bewusste Vortäuschung körperlicher Symptome (Simulation), wobei eine Unterscheidung von echter und simulierter Störung sehr schwer ist (Fiedler u. Mund 1997).

Im Hinblick auf den Verlauf und die Prognose von Konversionsstörungen sei angemerkt, dass sie häufig plötzlich beginnen und enden, d. h. häufig nach Wochen oder Monaten spontan remittieren. Es wird allgemein angenommen, dass Patienten mit einer isolierten Konversionsstörung mit rapider Entwicklung der Symptome einen besseren Verlauf haben. Bei diesen sind die Chancen einer schnellen Vollremission am höchsten (Ford u. Folks 1985). Patienten mit lang anhaltenden Symptomen dagegen, insbesondere diejenigen, die häufig mehrere Spezialisten konsultiert haben, haben eine schlechtere Prognose (Mace u. Trimble 1996). Besonders häufig bei dieser Störung ist die Neuentwicklung von Ausfällen nach initialer Vollremission der Symptomatik, was bei einer signifikanten Anzahl der Patienten der Fall ist (Baker u. Silver 1987). Weitere ungünstige Faktoren sind elterliche Zurückweisung und fehlende emotionale Wärme in der Kindheit (Binzer u. Kullgren 1998). Im Gegensatz zu früheren Studien wurde in der erwähnten kein Korrelat zwischen physischem/sexuellem Missbrauch in der Kindheit und der Entwicklung von Konversionsstörungen berichtet. Die Besserungsrate liegt bei den verschiedenen Studien zwischen 15 und 80 % (Heruti et al. 2002; Slater u. Glithero 1965; Maxion et al. 1989; Krull u. Schifferdecker 1990; Moene et al. 2002). Die letzten Studien berichten über Rückbildungsraten von über 60 % (Kent et al. 1995; Binzer et al. 1997). Diese Unterschiede sind u. a. auf die Auswahl der Patienten (rezente/chronische Lähmung), das uneinheitliche therapeutische Setting, die adjuvante Behandlungsstrategie und die erhaltene Medikation zurückzuführen.

3.3 Pathophysiologie: erste Ansätze

Einer der ersten Wissenschaftler, der Überlegungen zur Pathophysiologie der Konversionsstörungen anstellte (Withlock 1967), war der Auffassung, dass hierbei eine kortikofugale Inhibition der somatosensorischen und kognitiven Integration zu einer Störung des bewussten Wahrnehmens von Körperteilen führt. Eine Dysfunktion von automatischen Aufmerksamkeitsprozessen wurde von Ludwig vorgeschlagen (Ludwig 1972), wodurch die Integration somatosensorischer/viszeraler Information zur bewussten Wahrnehmung nicht mehr gelänge. Erst mit den modernen Methoden der kognitiven Neurowissenschaft, insbesondere mithilfe der funktionellen Bildgebung höherer geistiger Leistungen, wurde es möglich, vage Spekulationen durch Daten zu ersetzen (Mayberg et al. 1997).

Funktionell bildgebende Daten zur Durchblutung oder Glukose-Utilisation regionaler Rindenabschnitte bei dissoziativen Lähmungen wurden von Marschall et al. vorgelegt (Marshall et al. 1997). Sie berichten von einer 43-jährigen Frau mit einer dissoziativen Lähmung des linken Beins.

Die Patientin wurde mittels $H_2^{15}O$-PET untersucht, während sie eine mentale Bewegung vorbereitete (preparation-to-move), sowie während des Versuchs, die Bewegung auszuführen (attempting-to-move). Die Bewegung sollte sowohl mit dem linken (gelähmten) als auch mit dem rechten (gesunden) Beins ausgeführt werden. „Preparation-to-move" und „attempting-to-move" des gesunden Beins und „preparation-to-move" des gelähmten Beins aktivierten motorische und prämotorische Kortexareale. Bei dem Versuch, das betroffene Bein zu bewegen, war dagegen keine Aktivierung des rechten Motorkortex zu beobachten. Stattdessen zeigten sie zwei Regionen im frontalen Kortex, rechts orbito-frontal und anteriorer Gyrus cinguli. Die Autoren nahmen an, dass beide Strukturen eine aktive Inhibition auf den Motorkortex bewirken.

Der orbito-frontale Kortex könnte der distale Ursprung der unbewussten Inhibition sein, während der anteriore Gyrus cinguli (ein Mediator zwischen Emotion und Effektororganen) die proximale Instanz für die „Ausschaltung" der Verbindung zwischen prämotorischen/präfrontalen Arealen und primär motorischem Kortex repräsentieren könnte. Die Autoren schlossen eine Aktivierung des anterioren Cingulums als Korrelat einer beim Scheitern der Bewegung hinzugezogenen Vorstellung der Bewegung (Motor-imagery-Prozess) aus. Wenn Motor-imagery eine Rolle spielte, hätte man signifikante Aktivierung auch in anderen Arealen (supplementär motorisches Areal oder weiter lateral gelegene prämotorische Bereiche) beobachtet (Decety et al. 1994; Stephan et al. 1995). Außerdem wurde bisher bei Motor-imagery keine Aktivierung des orbito-frontalen Kortex beschrieben (Crammond 1997).

Die Hypnose bietet die Möglichkeit, motorische Lähmungen experimentell kontrolliert zu beobachten, und eignet sich daher als Modell für die Untersuchung der biologischen Grundlagen dieser Phänomene (Bliss 1984). Anhand der Ergebnisse funktionell bildgebender Studien ergaben sich bisher deutliche Hinweise darauf, dass den hypnotisch-induzierten und dissoziativen Lähmungen ähnliche neuronale Strukturen zugrunde liegen (Oakley 1999). Mittels $H_2^{15}O$-PET (und der oben beschriebenen Versuchsanordnung von Marschall et al. [1997]) untersuchten Halligan et al. (2000) einen 25-jährigen Mann, bei dem eine hypnotische Lähmung induziert worden war. Beim Bewegen des gesunden (rechten) Beins wurden motorische und prämotorische Areale der linken Hemisphäre aktiviert, während beim Versuch, die hypnotisch gelähmte (linke) Extremität zu bewegen, selektiv Areale des rechten orbitofrontalen Kortex (Brodman Area [BA] 10/11) und der rechte anteriore Gyrus cinguli (BA 32) signifikante Aktivierungen zeigten. Die Interpretation der Ergebnisse durch Autoren war der von Marschall et al. (1997) vergleichbar: Die Aktivierung dieser Areale repräsentiert möglicherweise das neuronale Korrelat für die Unterdrückung der

Willkürinnervierung des Beins unter Hypnose. Aufgrund der Kongruenz der Ergebnisse der zitierten Studie mit den Ergebnissen von Marschall et al. (1997) bei einer hysterischen Lähmung schlagen die Autoren ein gemeinsames neuroanatomisches Substrat beider Phänomene vor. Die Ergebnisse beider Untersuchungen sollten jedoch mit Zurückhaltung interpretiert werden, da es sich in beiden Fällen um Einzelfallberichte handelt.

Vuilleumier et al. (2001) untersuchten im Rahmen einer Follow-up-Studie über zwölf Monate sieben Patienten mit einer Konversionsstörung vom motorischen Typ (früher: „hysterische Lähmung") mittels Single-Photon-Emissions-Computertomographie (^{99}Tc-ECD-SPECT). Die Patienten wurden im Ruhezustand im SPECT gemessen (B Scan); ein weiterer Scan erfolgte unter einer 50-Hz-Vibrationsstimulation beider Hände (T1 Scan); ein dritter Scan wurde ebenfalls mit Vibrationsstimulation nach Rückbildung der Symptomatik (T2 Scan) durchgeführt. Bei der Auswertung „T1 > B" (Vergleich von T1 mit B) zeigte sich eine Zunahme des regionalen zerebralen Blutflusses (rCBF) im parietalen somatosensorischen Kortex, prämotorischen Kortex und im dorsolateralen präfrontalen Kortex (DLPFC) bilateral. Von bedeutsamen Hemisphärenunterschiede wurde nichts berichtet. Es fand sich jedoch eine diskrete stärkere Zunahme des rCBF im superioren parietalen Kortex in der kontralateralen Hemisphäre. Bei dem Vergleich T2 mit T1 (T2 > T1) zeigte sich eine Zunahme des rCBF in den Basalganglien (Nucleus caudatus) und im Thalamus kontralateral zur ehemaligen Lähmung. Außerdem wurde berichtet, dass die Prognose umso schlechter ist, je niedriger der rCBF im zur Lähmung kontralateralen Nucleus caudatus bei T1 war. Die Autoren interpretieren diese Ergebnisse als Dysfunktion striato-thalamo-kortikaler Netze, die bei der Integration sensomotorischer Information und Willkürbewegung involviert sind.

Andere Neuroimaging-Untersuchungen versuchten Gemeinsamkeiten und Unterschiede zwischen dissoziativen und simulierten Lähmungen anhand regionaler Hirndurchblutung und Glukose-Utilisation zu identifizieren. Spence (2000) untersuchte im PET zwei Patienten mit einer dissoziativen Lähmung des rechten Arms und verglich die Ergebnisse mit einer Kontrollgruppe von sechs altersangeglichenen Gesunden sowie zwei weiteren Probanden, die eine Lähmung des rechten Arms simulierten. Beim Vergleich der zerebralen Aktivierung der Patienten mit dissoziativen Lähmungen mit der beider Kontrollkollektive während des Bewegens des rechten Arms zeigten die ersteren eine Reduktion des rCBF im linken DLPFC, obwohl diese Region in Ruhezustand einen normalen frontalen Metabolismus aufwies. Die „Simulanten" hingegen aktivierten den rechten anterioren präfrontalen Kortex. Spence postuliert, dass der DLPFC, welcher sehr wahrscheinlich eine Gewichtung bei der Auswahl verhaltensrelevanter Aktionen vornimmt und bekannterweise bei anderen psychiatrischen Krankheitsbildern mit beeinträchtigter Willensbildung dysfunktional arbeitet (Spence 1999; Spence et al. 1998), hier eine zentrale Rolle spielt. Daneben bieten die unterschiedlichen Aktivierungen des DLPFC eine Möglichkeit, anhand funktionell-bildgebender Untersuchungen mentale Zustände auf der funktionell-neuroanatomischen Ebene voneinander zu unterscheiden.

3.4 Neurobiologie der Hypnose: weitere Studien

Jüngere Arbeiten mit dem Ziel, die funktionelle Anatomie des hypnotischen Zustands (HZ) mittels PET und SPECT aufzuklären, erbrachten Hinweise auf regionale Unterschiede bei dem Vergleich des HZ mit normaler Wachheit. Eine Erhöhung des rCBF während des HZ wurde für folgende Regionen berichtet: rechts frontal, orbitofrontal, temporal so-

wie in motorischen und sensomotorischen Arealen (Crawford et al. 1993; Diehl et al. 1989; Halama 1989). Mittels $H_2^{15}O$-PET untersuchten Maquet et al. (1999) den HZ bei Gesunden unter drei Bedingungen:
- im Wachzustand während der Darbietung von Sätzen mit autobiografischen Informationen
- im HZ bei gleichzeitiger Evozierung angenehmer Erfahrungen aus der Vergangenheit
- im HZ bei Induktion farbiger Halluzinationen

Unter Hypnose wurde eine Erhöhung des rCBF in okzipitalen, parietalen, präzentralen, präfrontalen und zingulären Arealen beobachtet. Bei der Kontrollbedingung (Darbietung von Sätzen mit autobiografischen Informationen im Wachzustand) waren anteriore Anteile des Temporallappens beiderseits sowie Regionen links mediotemporal und orbitofrontal aktiviert. Eine weitere Kontrollbedingung (Evozierung angenehmer autobiografischer Informationen im Wachzustand) unterschied sich von Bedingung 2 (HZ bei gleichzeitiger Evozierung angenehmer Erfahrungen aus der Vergangenheit) durch zusätzliche Aktivierung des Praecuneus.

Grond et al. zeigten bei einer FDG-PET-Untersuchung eine Erhöhung des Glukosemetabolismus während des HZ okzipital links deutlicher als rechts, die mit dem Grad der Entspannung bzw. der Abnahme der Wachheit korrelierte (FDG = 18F-fluorodeoxyglucose). Während der Suggestionsphase beobachtete man hingegen eine zunehmende Aktivierung in (linksseitigen) frontalen Regionen, was mit Arbeitsgedächtnisfunktionen und der Re-Interpretation sensorischer Erfahrungen in Zusammenhang gebracht wird. Zusammenfassend interpretiert man, dass während der Hypnose eine Verschiebung des Aufmerksamkeitsfokus weg von externen und hin zu internen Erfahrungen stattfindet (Grond et al. 1995). Weitere PET-Untersuchungen konnten diese Ergebnisse teilweise replizieren (Faymonville et al. 2000; Rainville et al. 1999). Die Untersuchungsergebnisse waren jedoch insgesamt heterogen. Die Vielfalt der Resultate könnte u. a. darauf zurückzuführen sein, dass bei den verschiedenen Studien unterschiedliche Aspekte der Hypnose (hypnotische Analgesie, kataleptische Phänomene) untersucht wurden. Außerdem war die räumliche Auflösung der Untersuchungsmethoden in vielen Fällen unzureichend, um ein ausreichend detailliertes Mapping des HZ zu erzielen (Maquet et al. 1999).

3.5 Vom Komplex zur Inhibition

Die auf der Neurobiologie des ausgehenden 19. Jahrhunderts fußenden pathophysiologischen Überlegungen mit dem Bezugsrahmen von Energie und Komplexbildung werden aus heutiger Sicht durch klinisch pragmatische Gedanken sowie eine sich noch entwickelnde moderne Neurobiologie abgelöst. Bei den Konversionsstörungen wird aus klinischer Beobachtung eine multifaktorielle Genese angenommen. Reaktiv-psychische, behaviorale und soziokulturelle Aspekte spielen in der Entwicklung der Erkrankung sicherlich eine Rolle (Ford u. Folks 1985; Hollender 1972; Binzer u. Kullgren 1996). Der Einfluss psychosozialer Belastungsfaktoren ist gesichert, wohingegen die Vermutung unbewusster, nicht gelöster Konflikte, die sich gemäß der Auffassung vom „psychischen Apparat" zu so genannten Komplexen formieren und seelische Abläufe stören, empirisch nicht bestätigt werden konnte.

Die oben genannten Studien an Menschen sowie ältere tierexperimentelle Arbeiten mit elektrischer Stimulation konnten die Existenz inhibierender motorischer Areale beweisen; d. h. von Arealen, welche die spontanen Bewegungen inhibieren (so genannte „arrest reaction"). Zu diesen Arealen zählen der orbitofrontale Kortex sowie der anteriore Gyrus cinguli (Lüders et al. 1995; Kaada 1960). Darüber hinaus konnten PET-Untersuchung an gesunden Probanden zeigen, dass der anteriore Gyrus cinguli bei der Suppression inadäquater motorischer Antworten eine entscheidende Rolle spielt (Paus et al. 1993). Die inhibitorische Funktionen des Gyrus cinguli anterior und des orbitofrontalen Kortex wurde zuvor bereits in Aktivierungsstudien gefunden, welche die Gehirnaktivierung während eines Stroop-Tests untersuchten.[1] Die Beteiligung dieser Areale bei der Suppression konkurrierender Antworten hinsichtlich Farbe und Name, dargestellt in inkongruenter Form, konnte in verschiedenen bildgebenden Untersuchungen gezeigt werden (Bench et al. 1993; Carter et al. 1995; George et al. 1994).

3.6 Zusammenfassung

Neurobiologie von Hypnose, Dissoziation und Konversion ist seit mehr als 100 Jahren Gegenstand zunächst theoretischer und mittlerweile auch empirischer Forschungsbemühungen. Die klinischen Phänomene sind deskriptiv gut erfassbar, die Begrifflichkeit zu ihrer Beschreibung beruht jedoch auf heute als unzutreffend nachgewiesenen neurobiologischen Vorannahmen. Untersuchungen mittels neuer, vor allem funktionell bildgebender Verfahren erlauben heute die Charakterisierung der an solchen Zuständen beteiligten zentralnervösen Strukturen. Es zeichnet sich ab, dass frontokortikale Hemmprozesse beim Zustandekommen hypnotischer bzw. dissoziativer Phänomene eine Rolle spielen. Die therapeutische Beeinflussbarkeit solcher Phänomene durch Einflussnahme auf kortikale Erregbarkeitsmuster mittels TMS (transkranielle Magnetstimulation) stellt eine mögliche klinische Anwendung des sich abzeichnenden, neuen neurobiologischen Bezugsrahmens dar (Schönfeldt-Lecuona et al. 2001).

Literatur

American Psychiatric Association (1994). Diagnostic and Statistical Manual of Mental Disorders. 4th ed. Washington, DC: American Psychiatric Association.
Baker JH, Silver JR (1987). Hysterical paraplegia. J Neurol Neurosurg Psychiatry; 50: 375-82.
Bench CJ, Friston KJ, Brown RG, Frackowiak RS, Dolan RJ (1993). Regional cerebral blood flow in depression measured by positron emission tomography: the relationship with clinical dimensions. Psychol Med; 23: 579-90.
Binzer M, Kullgren G (1996). Conversion symptoms – what can we learn from previous studies? Nord J Psychiatry; 50: 143-52.
Binzer M, Kullgren G (1998). Motor Conversion Disorder; a prospective 2- to 5-year follow-up study. Psychosomatics; 39: 519-27.
Binzer M, Andersen P, Kullgren G (1997). Clinical characteristics of patients with motor disability due to conversion disorder – a prospective control group study. J Neurol Neurosurg Psychiatry; 63: 83-8.
Bliss EL (1984). Hysteria and hypnosis. J Nerv Ment Dis; 172: 203-6.
Carter CS, Mintun M, Cohen JD (1995). Interference and facilitation effects during selective attention: an $H_2^{15}O$ PET study of Stroop task performance. Neuroimage; 2: 264-72.
Charcot JM (1889). Clinical Lectures on Diseases of the Nervous System. London: New Sydenham Society.
Couprie W, Wijdicks EFM, Rooijmans HGM (1995). Outcome in conversion disorder: a follow-up study. J Neurol Neurosurg Psychiatry; 58: 750-52.
Crammond DJ (1997). Motor imagery: never in your wildest dream. Trends Neurosci; 20: 54-7.
Crawford HJ, Gur RC, Skolnic B, Gur RE, Benson DM (1993). Effects of hypnosis on regional cerebral blood flow during ischemic pain with and without suggested hypnotic analgesia. Int J Psychophysiol; 15: 181-95.
Crimlisk HL, Bhatia KP, Cope H, David AS, Marsden D, Ron MA (2000). Patterns of referral in patients with medically unexplained motor symptoms. J Psychosom Res; 49: 217-9.

---

[1] Hierbei geht es um die Unterdrückung der interferierenden, nahe liegenden Reaktion bei zwei konkurrierenden Reaktionen.

Decety J, Perani D, Jeannerod M, Bettinardi V, Tadary B, Woods R, Mazziotta J C, Fazio F (1994). Mapping motor representations with positron emission tomography. Nature; 371: 600-2.

Diehl BJM, Meyer HK, Ulrich P, Meining G (1989). Mean hemispheric blood perfusion during autogenic training and hypnosis. Psychiatry Res; 29: 317-8.

Faymonville ME, Laureys S, Degueldre C, DelFiore G, Luxen A, Franck G, Lamy M, Maquet P (2000). Neural mechanisms of antinociceptive effects of hypnosis. Anesthesiology; 92: 1257-67.

Fiedler P, Mund C (1997). Dissoziative Störungen, vorgetäuschte Störungen und Störungen der Impulskontrolle. In: Hahlweg K, Ehlers A (Hrsg). Psychische Störungen und ihre Behandlung. Göttingen: Hogrefe; 355-436.

Fishbain DA, Goldberg M, Khalil TM, Asfour SS, Abdel-Moty E, Meagher BR, Santana R, Rosmoff RS, Rosmoff HL (1988). The utility of electromyographic biofeedback in the treatment of conversion paralysis. Am J Psychiatry; 12: 1572-5.

Ford CV, Folks DG (1985). Conversion disorders: an overview. Psychosomatics; 26: 371-83.

Freud S (1893). Quelques considérations pour une étude comparative des paralysies motrices organiques et hystériques. Archives de Neurologie; 26: 29-43.

Freud S (1900). Die Traumdeutung. Reprint der 1. Auflage. Frankfurt a. M.: Fischer.

George MS, Ketter TA, Parekh PI, Rosisky N, Ring H, Casey BJ, Trimble MR, Horwitz B, Herscovitch P, Post RM (1994). Regional brain activity when selecting a response despite interference: An H2[15]O-PET study of the Stroop and an emotional Stroop. Human Brain Mapping; 1: 194-209.

Grond M, Pawlik G, Walter H, Lesch OM, Heiss WD (1995). Hypnotic catalepsy-induced changes of regional cerebral glucose metabolism. Psychiatry Res; 61: 173-9.

Halama P (1989). Die Veränderung der kortikalen Durchblutung vor und in Hypnose. Exp Lin Hypnose; 1: 19-26.

Halligan PW, Athwal BS, Oakley DA, Frackowiak RS (2000). Imaging hypnotic paralysis: implications for conversion hysteria [letter]. Lancet; 355: 986-7.

Heruti RJ, Reznik J, Adunski A, Levy A, Weingarden H, Ohry A (2002). Conversion motor paralysis disorder: analysis of 34 consecutive referrals. Spinal Cord; 40: 335-40.

Hollender MH (1972). Conversion hysteria (a post-Freudian reinterpretation of 19th-century psychosocial data). Arch Gen Psychiatry; 26: 311-4.

Kaada BR (1960). Cingulate, posterior orbital, anterior insular and temporal pole cortex. In: Field J (ed). Handbook of Physiology. Vol. 2. Baltimore: William and Wilkins.

Kent DA, Tomasson K, Coryell W (1995). Course and outcome of conversion and somatization disorder. A four-year follow-up. Psychosomatics; 36: 138-44.

Khalil TM, Abdel-Moty E, Asfour SS, Fishbain DA, Rosomoff RS, Rosomoff HL (1988). Functional electric stimulation in the reversal of conversion disorder paralysis. Arch Phys Med Rehabil; 69: 545-7.

Krull F, Schifferdecker M (1990). Inpatient treatment of conversion disorder: A clinical investigation of outcome. Psychother Psychosom; 53: 161-5.

Lüders HO, Dinner DS, Morris HH, Wyllie E, Comair YG (1995). Cortical electrical stimulation in humans: The negative motor areas. In: Fahn S, Hallet M, Lüders HO, Marsden CD (eds). Negative Motor Phenomena. New York: Lippencott-Raven; 115-29.

Ludwig AM (1972). Hysteria. A neurobiological theory. Arch Gen Psychiatry; 27: 771-7.

Mace CJ, Trimble MR (1996). Ten-year prognosis of conversion disorder. Br J Psychiatry; 169: 282-8.

Maquet P, Faymonville ME, Degueldre C, Delfiore G, Franck G, Luxen A, Lamy M (1999). Functional neuroanatomy of hypnotic state. Biol Psychiatry; 45: 327-33.

Marsden CD (1986). Hysteria: a neurologist's view. Psychol Med; 16: 277-88.

Marshall JC, Halligan PW, Fink GR, Wade DT, Frackowiak RS (1997). The functional anatomy of a hysterical paralysis. Cognition; 64: B1-8.

Maxion H, Fegers S, Pfluger R, Wiegand J (1989). Risikofaktoren klassischer Konversionssyndrome - psychogene Anfälle und Paresen - Beobachtungen einer neurologischen Klinik bei 172 Patienten. Psychother Psychosom Med Psychol; 39: 121-6.

Mayberg HS, Brannan SK, Mahurin RK, Jerabek PA et al (1997). Cingulate function in depression: a potential predictor of treatment response. Neuroreport; 8: 1057-61.

Merskey H (1995). The Analysis of Hysteria. London: Gaskel.

Moene FC, Spinhoven P, Hoogduin KA, van Dyck R (2002). A randomised controlled clinicaltrial on the additional effect of hypnosis in a comprehensive treatment programe for in-patients with conversion disorder of the motor type. Psychother Psychosom; 71: 66-76.

Oakley DA (1999). Hypnosis and conversion hysteria: a unifying model. Cogn Neuropsychiatry; 4: 243-65.

Orne MT (1980). On the construct of hypnosis: How its definition affects research and clinical application. In: Burrows GD, Generstein L (eds). Handbook of Hypnosis and Psychosomatic Medicine. Amsterdam: Elsevier; 29–49.

Pascual-Leone A, Valls-Sole J, Wassermann EM, Hallett M (1994). Responses to rapid-rate transcranial magnetic stimulation of the human motor cortex. Brain; 117: 847–58.

Paus T, Petrides M, Evans AC, Meyer E (1993). Role of the human anterior cingulate cortex in the control of oculomotor, manual, and speech responses: a positron emission tomography study. J Neurophysiol; 70: 453–69.

Pribram KH, Gill MM (1976). Freud's „Project" Reassessed. New York: Basic Books.

Rainville P, Hofbauer RK, Paus T, Duncan GH, Bushnell MC, Price DD (1999). Cerebral mechanisms of hypnotic induction and suggestion. J Cogn Neurosci; 11: 110–25.

Schönfeldt-Lecuona C, Herwig U, Spitzer M (2001). Repetitive transkranielle Magnetstimulation des kontralateralen Motorkortex zur Behandlung einer dissoziativen Armlähmung. DGPPN; P577: 161.

Slater ETO, Glithero E (1965). A follow-up of patients diagnosed as suffering from „hysteria". J Psychosom Res; 9: 9–13.

Spence SA (1999). Hysterical paralysis as disorder of action. Cogn Neuropsychiatry; 4: 203–6.

Spence SA, Hirsch SR, Brooks DJ, Grasby PM (1998). Prefrontal cortex activity in people with schizophrenia and control subjects. Evidence from positron emission tomography for remission of „hypofrontality" with recovery from acute schizophrenia. Br J Psychiatry; 172: 316–23.

Spence SA, Crimlisk HL, Cope H, Ron MA, Grasby PM (2000). Discrete neurophysiological correlates in prefrontal cortex during hysterical and feigned disorder of movement. Lancet; 355: 1243–4.

Spitzer M (1988). Halluzinationen: Ein Beitrag zur allgemeinen und klinischen Psychopathologie. Berlin, Heidelberg: Springer.

Stephan KM, Fink GR, Passingham RE, Silbersweig D, Ceballos-Baumann AO, Frith CD, Frackowiak RS (1995). Functional anatomy of the mental representation of upper extremity movements in healthy subjects. J Neurophysiol; 73: 373–86.

Sulloway FJ (1979). Freud. Biologist of the mind: beyond the psychoanalytic legend. New York: Basic Books Inc.

Sulloway FJ (1991). Reassessing Freud's case histories. The social construction of psychoanalysis. Isis; 82: 245–75.

Tomasson K, Kent D, Coryell W (1991). Somatization and conversion disorders: comorbidity and demographics at presentation. Acta Psychiatr Scand; 84: 288–93.

Vuilleumier P, Chicherio C, Assal F, Schwartz S, Slosman D, Landis T (2001). Functional neuroanatomical correlates of hysterical sensorimotor loss. Brain; 124: 1077–90.

Watson CG, Buranen C (1979). The frequency and identification of false positive conversion reactions. J Nerv Ment Dis; 167: 243–7.

Withlock FA (1967). The aetiology of hysteria. Acta Psychiatr Scand; 43: 144–62.

4 Erinnerung, Vergessen und Dissoziation – neuro- und kognitionspsychologische Perspektiven

P. Fiedler

4.1 Einleitung

In den vergangenen Jahren hat das Wissen über die neuropsychologische Verarbeitung traumatischer Erfahrungen enorm zugenommen (LeDoux 1998; Schacter 1999; Damasio 2000). Die biopsychologischen Aspekte dieser Prozesse werden in diesem Band ausführlicher in Kapitel 2 dargestellt (s. S. 9 ff.) und hier deshalb nur kursorisch einbezogen. Im Mittelpunkt unserer Ausführungen stehen vielmehr Fragen nach kognitionspsychologischen Erklärungen für das Vergessen bzw. für die Wiedererinnerung bereits länger zurückliegender wie aktueller Trauma-Erfahrungen. Dazu werden einige Erklärungen angeboten für die zum Teil hochgradig auffälligen autoregulativen Trauma-Wirkungen, die als **dissoziative Störungen** (auch Konversionssymptome, Depersonalisationserfahrungen oder Identitätswechsel) erhebliche Einflüsse auf die aktuelle Handlungsregulation haben und das allgemeine Wohlbefinden von Menschen deutlich in Mitleidenschaft ziehen können.

4.2 Gedächtnis und Erinnerung

Dem Bewusstsein zugängliche Gedächtnisanteile werden kognitionspsychologisch als **deklaratives** oder auch als **explizites Gedächtnis** bezeichnet. Für die unbewussten Gedächtnisprozesse, die eher verdeckt und häufig unkontrolliert ablaufen, werden die Begriffe **nichtdeklaratives**, **prozedurales** oder **implizites Gedächtnis** benutzt.

Explizites und implizites Gedächtnis

Das **explizite** bzw. **deklarative Gedächtnis** beinhaltet einerseits ein vom Bewusstsein nutzbares Faktenwissen (semantisches Wissen). Andererseits wird dem expliziten Gedächtnis eine erzählbare (narrative) Erinnerung an Ereignisse und Episoden zugesprochen, die man im Leben erlebt hat (so genanntes **episodisches** bzw. **autobiografisches Gedächtnis**). Episodische Erinnerungen erschließen sich uns wesentlich über die Möglichkeit, über diese Abschnitte unseres Lebens „Geschichten" zu erzählen. Die Erzählepisoden selbst werden auch als **Narrative** bezeichnet.

Das nichtdeklarative **implizite Gedächtnis** schließt eine Reihe unterschiedlicher Handlungsaspekte und Erlebenswirkungen ein, die nicht unmittelbar der Erinnerung und bewussten Kontrolle unterliegen. Der Begriff „prozedural" bezieht sich auf automatisch ablaufende Handlungsroutinen und Handlungsgewohnheiten (Skills, Habits, wie zum Beispiel das prozedural-routinierte Autofahren, während man mit dem Beifahrer „explizit" diskutiert). Der Begriff „implizit" ist weiter gefasst, schließt „prozedural" mit ein und beinhaltet vielfältigste, zumeist unbewusst ablaufende Erinnerungswirkungen (Schacter 1987). Dazu gehören zum Beispiel die Priming-Effekte (das sind Stimmungen, Gefühle, sonstige Orientierungsreaktionen bzw. emotionale Auslöser von Handlungen), konditionierte Reaktionen sowie Wirkungen dissoziierter Gedächtnisinhalte (Bilder, ganzheitliche Eindrücke, Geräusche, Gerüche usw.).

Entwicklung

Implizite Informationen oder unbewusst-emotionale Prozesse stehen dem Menschen von den ersten Lebenstagen an zur Verfügung, viele davon vermutlich bereits pränatal. Sie vollziehen sich häufig automatisch und drängen sich der Person ungewollt auf. Sie bedürfen keiner Anstrengung, beinhalten wenig Interferenzen und verlaufen, einmal in Gang gesetzt, schnell und sind kaum mehr zu unterbrechen.

Explizit-bewusste Prozesse und kognitive Gedächtniswirkungen entwickeln sich erst mit der Zunahme des Sprachvermögens. Deshalb kann man sich an früheste Lebensereignisse auch nicht explizit erinnern (Kindheitsamnesie). Kognitive Prozesse sind im Unterschied zu emotional-impliziten Prozessen erheblich störanfälliger und unterliegen zumeist der kontinuierlichen Veränderung. Dies gilt insbesondere für den Erwerb und Aufbau von Wissensbeständen oder Lebenserinnerungen.

Bewusst/unbewusst

In der aktuellen Gedächtnispsychologie bewusster und unbewusster Prozesse gibt es vor allem zwei Konzeptvarianten der Forschung, die sich zugleich mit unterschiedlichen Forschungstraditionen verbinden (s. Abb. 4-1).

Forschungskonzept 1: Emotion versus Kognition

Im ersten Forschungskonzept werden – etwas vereinfacht ausgedrückt – unbewusste mit den implizit-emotionalen Prozessen und bewusste mit explizit-kognitiven Prozessen gleichgesetzt (vgl. Abb. 4-1: oberer Teil). Diese Auffassung wird uns nachfolgend vor allem in den häufiger zitierten Arbeiten von LeDoux (1998) begegnen.

Forschungskonzept 2: Affektiv-kognitive Schemata oder Regelkreise

Die zweite Variante zur Untersuchung bewusster und unbewusster Prozesse ist deutlich breiter konzeptualisiert, und zwar in dem Sinne, dass sowohl emotionale als auch zugleich kognitive Prozesse gemeinsam in neuronale Regelkreise eingebunden sein können. Regelkreise dieser Art werden auch als **affektiv-kognitive Schemata** bezeichnet (vgl. Grawe 1998; vgl. Abb. 4-1: unterer Teil).

Der Unterschied zwischen „implizit" und „explizit" bestimmt sich im zweiten Paradigma vor allem über den **Grad der Bewusstheit**, mit dem diese Regelkreise subjektiv zugänglich sind. Anders ausgedrückt: Dort, wo Aufmerksamkeit und Bewusstheit aktuell nicht hinreichen, liegt das Unbewusste. Da Aufmerksamkeits- und Bewusstheitsgrade wechseln können, kann das, was gerade noch bewusst war, im nächsten Moment für kürzere oder längere Zeitspannen in den Bereich des Unbewussten „verschwinden" – ohne jedoch zwingend an Wirkung auf das aktuelle Erleben und Handeln einzubüßen. Diese Auffassung liegt zum Beispiel jenen Bezügen zugrunde, die wir nachfolgend auf Forschungsarbeiten von Schacter (1999) herstellen werden.

Die Theorien beider Forschungsansätze stehen ausdrücklich in einem Ergänzungsverhältnis zueinander und sind auf spezifische Weise geeignet, jeweils nur bestimmte Phänomene der recht heterogenen Symptomvielfalt dissoziativer oder anderer traumabedingter Störungen zu erhellen.

4.3 Dissoziative Störungen

Die meisten psychologischen Gedächtnistheorien haben die Vorstellung eines einheitlichen Erinnerungssystems aufgegeben.

Vermutlich gibt es sogar je nach Sinnesgebiet weitere unterscheidbare visuelle, akustische, olfaktorische, kinästhetische oder motorische Informationsverarbeitungsprozesse, die wenigstens teilweise modalspezifisch verarbeitet, gespeichert und erinnert werden sowie schließlich (u. a. als Konversionsstörungen sichtbar) dissoziiert oder unbewusst ablaufen können.

Traumabedingte Dissoziation

Das **implizite Gedächtnis** ist und wirkt unbewusst. Die Gedächtnisinhalte dieses Systems werden der objektiven Beobachtung wie der subjektiven Wahrnehmung und damit unserer Bewusstheit vor allem unter drei gut untersuchten Bedingungen zugänglich:
- als **konditionierte Reaktionen**, die zum Beispiel bei Ängsten, Phobien oder Konversionen autoregulativ ausgelöst werden (gut untersucht im Rahmen des ersten Modells in der Abbildung 4-1)

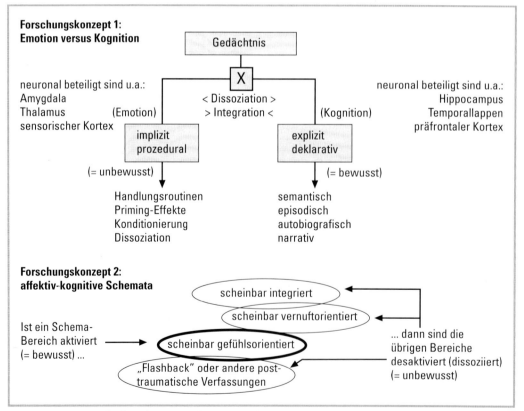

Abb. 4-1: Zwei aktuelle Forschungsparadigmen zur Untersuchung bewusster und unbewusster Gedächtnisprozesse und dissoziativer Erinnerungswirkungen.

- als **intrusives Wiedererleben** traumatischer Erfahrungen: als so genannter „Flashback" von vorbestehendem „Blackout" (ebenfalls gut untersucht mithilfe des ersten Modells in der Abbildung 4-1)
- als **Reaktivierung affektiv-kognitiver Schemata**, die zu komplexen Handlungsfolgen führen können: wie zum Beispiel im nachfolgend beschriebenen Beispiel (gut untersucht im zweiten Forschungsmodell in der Abbildung 4-1)

Die Wirkungen des impliziten Gedächtnisses können so stark sein, dass nicht nur unbewusste Wirkungen auf unser Wissen oder auf unsere Erzählepisoden (Narrative) beobachtbar sind. Sie können als „Trauma-Wiederholung" auf das gesamte Erleben und Handeln erheblich Einfluss nehmen. Geradezu prototypisch für schwere Störungen dieser Art sind die im nachfolgenden Zitat beschriebenen Erfahrungen eines Vietnam-Veteranen mit Posttraumatischer Belastungsstörung (Charney et al. 1993, S. 296):

„Die Erinnerungen gehen mir nicht aus dem Sinn! Immer wieder überfluten mich die Bilder in allen Einzelheiten. Ausgelöst durch Dinge, die nichts damit zu tun haben, zum Beispiel eine zuschlagende Tür oder der Duft von chinesisch gebratenem Schweinefleisch, kommen die Bilder mit größter Klarheit zurück. Gestern abend ging ich zu Bett und schlief zur Abwechslung einmal gut ein. Dann zog am frühen Morgen eine Wetterfront mit Blitz und Donner durch. Ich war sofort wach, starr vor Angst.

Ich bin auf der Stelle wieder in Vietnam, mitten im Monsun, auf Wachposten. Ich bin sicher, dass mich die nächste Salve trifft, und überzeugt, dass ich sterben werde. Meine Hände frieren, obwohl der Schweiß vom ganzen Körper rinnt. Ich spüre, dass sich mir jedes Nackenhaar sträubt. Ich kriege keine Luft, und mein Herz hämmert. Ich rieche feuchten Schwefel. Der nächste Donnerschlag lässt mich dermaßen zusammenfahren, dass ich zu Boden falle."

Solche komplexen Erinnerungswirkungen, die konditionierte Reaktionsfolgen darstellen, verdeutlichen, dass das implizite Gedächtnis (und zwar im biologisch überlebenswichtigen Sinne) „prophylaktisch" an einmal gelernten Überlebensstrategien festzuhalten vermag und diese („sicherheitshalber") auch wiederholt. Dies kann so lange beobachtet werden, bis sich alternative Bewältigungsformen etabliert haben – oder bis wiederholt die Erfahrung gemacht werden konnte, dass keine akute Gefahr mehr besteht. Letzteres macht sich u. a. die Verhaltenstherapie durch die Trauma-Behandlungstechniken der „Exposition" bzw. „Habituation" zunutze (vgl. Kap. 28 in diesem Band).

Von der peritraumatischen zur posttraumatischen Dissoziation

Eines der Gedächtnissysteme, das von Neuropsychologen in den letzten Jahren eng mit der Verarbeitung traumatischer Erfahrungen in einen Zusammenhang gebracht wird, wird als **emotionales Furcht- oder Trauma-Gedächtnissystem** bezeichnet (LeDoux 1998). Für dieses scheinen insbesondere die Amygdala und zahlreiche mit ihr zusammenhängende Bereiche (zum Beispiel sensorischer Thalamus; sensorischer Kortex) zuständig zu sein, während der Hippocampus die kognitive Verarbeitung steuert. Im alltäglichen Leben arbeiten emotionale und kognitive Gedächtnissysteme gleichzeitig, harmonieren miteinander und vermitteln uns ganzheitliche Eindrücke.

In traumatischen Situationen jedoch arbeiten und lernen implizit-emotionale und explizit-kognitive Gedächtnissysteme offensichtlich zunehmend parallel, im Extrem sogar mehr oder weniger unabhängig voneinander. Die Amygdala scheint nun insbesondere für die Auslösung zahlreicher so genannter peritraumatischer Reaktionen verantwortlich zu sein, die bereits während des Trauma-Geschehens ausgelöst werden, zum Beispiel das Hineingleiten in einen Trancezustand: Bei Tieren ist das der „Totstellreflex", beim Menschen wird dies als „Dissoziativer Stupor" (vgl. Kap. 11 in diesem Band) und im Extrembild auch als „Schock" bezeichnet.

Weiter kann es zu komplexen Reaktionsfolgen kommen, wie Weglaufen oder Fluchtverhalten bis hin zur zeitweiligen Übernahme einer neuen Identität in der so genannten Dissoziativen Fugue. Aber auch Angriffsverhalten und Aggressionen sind möglich sowie emotionale Reaktionen wie Panik, Angst oder Ekel. Werden Betroffene später mit Reizen konfrontiert, die während eines Traumas gegeben waren, können alle diese peritraumatischen Reaktionen erneut, weil konditioniert, posttraumatisch und „flashbackartig" wieder ausgelöst werden.

Das Hippocampus-Temporallappen-System (einschließlich präfrontalem Kortex) ermöglicht normalerweise eine narrative Erinnerung des Traumas. Betroffene können berichten, was geschah und wie alles ablief. Durch das Amygdala-Thalamus-System (einschließlich sensorischem Kortex) werden emotionale wie körperliche Reaktionen aktiviert: Angst, Panik, Flucht, Aggression usw. Erlebt der Betroffene einen Gleichklang dieser Erfahrungen, entsteht für ihn auch posttraumatisch der Eindruck eines ganzheitlich integrierten Bewusstseins (wie in dem oben geschilderten Flashback-Erleben des Vietnam-Veteranen).

Quellenamnesie (1): fehlende explizite Erinnerung

Es ist jedoch auch möglich (und das ist für ein angemessenes Verständnis dissoziativer Störungen ein wichtiger Aspekt), dass implizit verarbeitete Reize die Amygdala-Formation posttraumatisch aktivieren, ohne dass sie explizite Erinnerungen wachrufen oder sonstwie im Bewusstsein repräsentiert sind (vgl. das Beispiel im Zitat weiter unten). Dies hängt meistens damit zusammen, dass während traumatischer Erfahrungen die bewusste Aufmerksamkeit durch einzelne Trauma-Aspekte absorbiert wird, während gleichzeitig die Bewusstheit für weitere kontextuelle Bedingungen verloren geht. Implizites Lernen hingegen findet sehr wohl statt, auch wenn man sich später nicht explizit erinnern kann. Dabei handelt es sich um einen Aspekt der so genannten **Quellenamnesie**, auf den wir weiter unten genauer eingehen. Zur vorläufigen Verdeutlichung dieses Aspekts der explizit wirkenden Quellenamnesie ein Zitat des Neuropsychologen LeDoux (1998):

„Es kann (…) zu einer unbewussten Reizverarbeitung kommen, weil entweder der Reiz selbst oder seine Implikationen unbemerkt bleiben. Angenommen, (…) (ein) Unfall habe sich vor langer Zeit ereignet und Ihr explizites Gedächtnissystem habe viele Details vergessen, zum Beispiel den Umstand, dass die Hupe nicht aufhörte zu hupen. Jetzt, viele Jahre später, wird der Hupton vom expliziten Gedächtnis ignoriert. Doch falls das emotionale Gedächtnissystem nicht vergessen hat, wird der Hupton, wenn er die Amygdala erreicht, eine emotionale Reaktion auslösen.

In diesem Fall erleben Sie einen emotionalen Zustand, ohne die Gründe recht zu verstehen. Dieser Zustand, emotional erregt zu sein und nicht genau zu wissen, warum, ist den meisten von uns nur allzu vertraut. (…)

Damit aber die Emotion auf diese Weise erregt wird, muss das implizite Gedächtnissystem weniger vergesslich sein als das explizite Gedächtnissystem. Zwei Umstände lassen vermuten, dass es sich tatsächlich so verhalten könnte. Zum einen ist das explizite Gedächtnis notorisch vergesslich und ungenau. (…) Zum anderen lassen konditionierte Furchtreaktionen mit der Zeit kaum nach. Oft nimmt ihre Stärke im Verlauf der Zeit sogar zu, was als ‚Inkubation der Furcht' bezeichnet wurde." (LeDoux 1998, S. 219)

Die möglichen Gründe für diese Erregungszustände, die man sich selbst nicht mit vergangenen Erfahrungen erklären kann, suchen Betroffene dann zumeist in den gegenwärtigen Kontexten und Interaktionen, in denen diese auftreten. Und sie bemerken vielleicht gar nicht, dass die neue Ursachenzuschreibung völlig inkorrekt sein kann – und dass sie erst dadurch (im Sinne sich selbst erfüllender Prophezeiungen) vielleicht zu neuen Problemen führt: zum Beispiel als Erwartungsängste und phobophobische Erregungssteigerungen in der Panikstörung oder Agoraphobie; oder wenn die Gründe für (traumakonditionierte) Wut- und Ärgergefühle in aktuellen Beziehungen vermutet werden.

Quellenamnesie (2): stressbedingte Erinnerungslücken

Das Unvermögen, sich an ein verursachendes Trauma explizit zu erinnern, kann – wie die Forschung weiter zeigt – zum Beispiel auf einem stressbedingten Versagen der kognitiven Informationsverarbeitung beruhen. Aufgrund eines **traumabedingten Hyperarousals**, ausgelöst durch erhöhte Sekretion endogener Stresshormone (Kortisol), wird offensichtlich das Aufsteigen erzählbarer Erfahrungen in den Neokortex erschwert und damit die kognitive Bewertung der traumatischen Erlebnisse und ihre semantische Repräsentation gestört. Steht das Hippocampus-System unter Dauerstress, ist es – obwohl es auch dafür zuständig scheint – nicht mehr gut in der Lage, die Ausschüttung der Stresshormone mit zu regulieren (vgl. Kap. 2 in diesem Buch).

Üblicherweise wird durch vermehrte Kortisol-Ausschüttung die emotionale und kognitive Verarbeitung von Stress sehr genau den Belastungen angepasst. Hält jedoch der Stress an oder sind die Stresserfahrungen extremer, zum Beispiel lebensbedrohlicher Natur, lässt die Fähigkeit des Hippocampus nach, die Kortisol-Ausschüttung angemessen zu steuern. In besonders gravierenden Ausnahmefällen können hippocampal sogar deutliche Veränderungen eintreten, die zum Teil irreversibel sind (vgl. LeDoux 1998).

Mit diesen Wirkungen extremer oder andauernder Belastung gehen erhebliche Probleme im Aufbau erzählbarer (narrativer) Erinnerungen einher. Unter evolutionärer Perspektive kann man dies auch positiv sehen: Für ein Weiterleben nach einem Extrem-Trauma ist es oft vorteilhafter, wenn man sich nicht genau an Trauma-Erlebnisse erinnern kann.

Bei stressbedingter Hyperregulation des Kortisolspiegels ist also die **Merkfähigkeit** (Enkodierung) gelegentlich erheblich gestört oder – im Extremfall – gar nicht mehr erhalten. Die Betroffenen können sich nur sehr schwer oder gar nicht mehr explizit an das Trauma erinnern, und dies auch nicht, wenn sie sich etwa mit Therapeuten zusammen auf eine akribische Erinnerungssuche begeben. Auf die mögliche Gefahr, dass in solchen Situationen falsche Erinnerungen erzeugt werden können, wird unten eingegangen.

Posttraumatische Dissoziation: Psychologie

Treten nun später ähnliche Reize auf wie jene, die während des Traumas implizit gelernt wurden, so können sie posttraumatisch das emotionale (implizite) Gedächtnissystem – mit phylogenetisch vorbereiteter überlebenswichtiger Funktion – unmittelbar und direkt (weil konditioniert) aktivieren. Konditionierte Angst, Ärger, Wut, Schmerzen, Trancezustände können immer wieder spontan auftreten. Dies kann beispielsweise passieren, wenn Therapeuten mit Patienten beginnen, über deren Trauma-Erfahrungen zu sprechen.

Das implizite Gedächtnis reagiert „vorsichtshalber", weil nicht ganz sicher ist, wie „gefährlich" die aktuelle Situation wirklich ist. Das erfährt es erst im Zuge einer Habituation, also in der Folge gefahrloser Wiederholung gleichartiger Erfahrungen oder – lernpsychologisch gesprochen – bei der „Löschung" im Sinne des klassischen Konditionierungsparadigmas.

Posttraumatische Trauma-Abläufe sind also „aktive Trauma-Bewältigung" – auch wenn sie zunächst dysfunktional oder völlig „unvernünftig" bis „verrückt" anmuten, wie zum Beispiel das spontane Hinknien und um Gnadeflehen eines ehemaligen Folteropfers in der Arztpraxis, als der Arzt versuchte, dem Betroffenen Elektroden anzulegen (Beispiel in Traue et al. 1997). Solange keine Alternativen vorliegen, solange keine Habituation erfolgte, „weiß" der Organismus nicht, ob nicht auch das schlichte therapeutische Sprechen über das Trauma gefahrvolle Momente enthält.

Schon um Patienten nicht Unrecht zu tun, sollte zukünftig eine gewisse kritische Distanz gegenüber einigen psychologischen Spekulationen aufgebaut werden, die früher häufig zur Beschreibung dissoziativer Trauma-Störungen eingeführt und benutzt wurden. Traumakonditionierte Reaktionen, die auch in der Therapiebeziehung auftreten können, sind keine Kennzeichen von „Widerstand". Der Begriff ist falsch, weil zum Beispiel die traumakonditionierte Abwehr oder Ärger oder ein Sich-Verweigern in der Therapie spontan aktiviert werden und als implizite Reaktion zunächst völlig unbeeinflussbar ablaufen – und zwar, ohne dass dem Geschehen auch nur ansatzweise „widerstanden" werden könnte. Sie sind auch keine Kennzeichen von „Regression" oder von „frühkindlicher Fixierung". Patienten mit traumabedingten Erinnerungsstörungen, Depersonalisationen oder Konversionsstörungen „inszenieren" keine innerpsychischen Konflikte. Weder „manipulieren" sie in ihrer Hilflosigkeit die Therapeut-Patient-Beziehung noch benutzen sie Klinik und Krankenhaus „als Bühne für eine Dramatisierung".

Selbst „autoaggressives, selbstverletzendes Verhalten", das ebenfalls sehr häufig mit Begriffen wie „Regression", „Inszenierung" oder „Manipulation der Beziehung" charakterisiert wird, stellt vielmehr eine besondere Möglichkeit der Selbsthilfe dar, um aus unerträglichen, traumabedingten Verfassungen herauszukommen (zum Beispiel aus depressiven oder konditioniert ablaufenden Trancezuständen). Auch in der Therapiebeziehung gezeigte Wut, Aggression oder Ekel, aber auch die spontane Auflehnung gegen therapeutische Hilfe oder das spontane Weglaufen aus dem Therapieraum können traumakonditionierte Verfassungen darstellen. Durch eine Zurückweisung von Patienten, die in solche traumabedingten Zustände geraten, würde sich der Therapeut selbst der Möglichkeit effektiver Hilfestellung berauben.

Demoralisierung

Insbesondere Extrem-Traumatisierung kann noch zu einer weiteren beachtenswerten Desintegration des Identitätsbewusstseins führen. Dieser Prozess wird als **Demoralisierung** bezeichnet und ist fast immer bei Traumata beobachtbar, die Betroffenen durch Menschenhand zugefügt wurden, wie zum Beispiel bei Gewalttaten, Vergewaltigung oder bei Folter (engl.: man-made desaster).

Die Welt ist nach Extrem-Traumatisierung durch Menschenhand nicht mehr „geordnet", nicht mehr „gerecht" und nicht mehr „einschätzbar". Andere Menschen sind nicht mehr prinzipiell „hilfreich" und „gut", und ihr Verhalten nicht mehr „vorhersehbar" oder gar „kontrollierbar". Deshalb ist jede Art von Misstrauen nur zu verständlich, das seitens der Patienten auch gegenüber Therapeuten bestehen kann, solange kein Vertrauen vorhanden ist.

Fällt „vernünftiges Denken" der Demoralisierung anheim, können sich die Betroffenen nur mehr auf ihr „Gefühl" verlassen. Ein Rückgriff auf implizit-emotionale Erfahrungsbestände macht jedoch noch empfindsamer und erhöht das Risiko beträchtlich, dass in allen möglichen Situationen konditionierte Trauma-Reaktionen, Ängste, Panik, Depressivität und andere vermeintliche Verhaltensstörungen ausgelöst werden (zu den Folgen traumabedingter Demoralisierung: Janoff-Bulman 1992).

4.4 Erinnerung und alltägliches Vergessen

Sind Trauma-Erfahrungen nicht erinnerbar, kann und sollte nicht in jedem Fall von Dissoziation, wie bisher besprochen, als dem zugrunde liegenden Mechanismus für Erinnerungslücken bzw. Amnesien ausgegangen werden. Es kann sich schlicht auch um Vergessen handeln – Vergessen, das jeder alltäglich bei sich selbst beobachten kann.

Zustandsabhängiges Lernen

Das Phänomen des zustandsabhängigen Lernens bezeichnet den Umstand, dass Menschen sich leichter an etwas erinnern, wenn die Situation, in der sie sich zum Zeitpunkt der Wiedererinnerung (Dekodierung) befinden, emotional weitgehend der Situation entspricht, in der das Lernen (Enkodierung) erfolgte (so genanntes „emotionales Priming", vgl. Bower 1981). So kann sich eine Erinnerung an eine Trauma-Erfahrung im Sinne der Priming-Hypothese leichter einstellen, wenn bestimmte (Angst-)Gefühle eine assoziative Nähe zum Erleben während traumatischer Ereignisse aufweisen. Deshalb kann auch das Aufsuchen von Örtlichkeiten, an denen das Trauma stattgefunden hat, Erinnerungsprozesse erleichtern.

Besonders deutlich werden Priming-Effekte, wenn sich die Betroffenen beim Lernen und Wiedererinnern in **gleichartiger Stimmung** befinden oder ähnliche Gefühlslagen provoziert werden. In Studien, in denen solche Priming-Effekte untersucht werden, erinnern sich Probanden an Material, das sie in fröhlicher Stimmung gelernt haben, am besten, wenn sie sich zum Zeitpunkt der Dekodierung erneut in fröhlicher Stimmung befinden. Dies wird beispielsweise durch die Entwicklung und den Einsatz spezieller Interviewformen zur Verbesserung der Gedächtnisleistungen von Zeugen nutzbar gemacht. Die einfachen Interviews werden zum Beispiel variiert durch folgende technische Veränderungen, die eine Nähe zum ursprünglichen Wahrnehmungskontext herstellen sollen (Greuel et al. 1998):

- Zurückversetzen in den ursprünglichen Wahrnehmungskontext, sowohl gedanklich als auch emotional
- freie Assoziation, in der möglichst alles berichtet werden soll, was den Betreffenden einfällt; auch solche Details, die sie als nebensächlich erachten
- Wechsel der Erzählreihenfolge, zum Beispiel in umgekehrter zeitlicher Reihenfolge, wodurch ebenfalls weitere Assoziationen aktiviert werden können
- Wechsel der Perspektive, zum Beispiel durch ein Hineinversetzen in die Perspektive anderer Personen, die fiktiv oder tatsächlich ebenfalls an den relevanten Ereignissen teilgenommen haben (könnten)

Andererseits kann es in diagnostischen und therapeutischen Gesprächen immer wieder vorkommen, dass sich Betroffene an frühere Ereignisse (einschließlich traumatischer Erfahrungen) gar nicht erinnern können, weil dies nur dann gelingen könnte, wenn die den kognitiv-affektiven Schemata zugrunde liegenden Erregungszustände recht genau ausgelöst werden.

Autobiografische Erinnerungen

Kontrollierte Studien zum Vergessen und Wiedererinnern von weiter zurückliegenden Erfahrungen haben gezeigt, dass es sinnvoll ist, drei Arten autobiografischen Wissens zu unterscheiden. Diese scheinen die Grundlage für den Aufbau und den Zusammenhalt des autobiografischen Gedächtnisses zu sein (Conway 1996):

- **obere Ebene kognitiver Abstraktionen:** In ihr sind die Lebensabschnitte bzw. Lebensperioden in höherer Abstraktion kognitiv eingeordnet und verankert (zum Beispiel Schulzeit).

- **mittlere Ebene generalisierter Ereignisse und Erfahrungen:** Auf ihr sind allgemeine bzw. generalisierte Merkmale von sich wiederholenden Ereignissen in generalisierter Form erinnerbar (affektiv-kognitive Schemata oder Generalisierungen).
- **untere Ebene konkreter Ereignisse und Erfahrungen:** Von dieser Ebene her sind spezifische Eigenarten und konkrete Erlebnisse erinnerbar.

Alle drei Arten autobiografischen Wissens haben unterschiedliche Funktionen und werden möglicherweise durch unterschiedliche Gehirnsysteme vermittelt. Dabei scheinen insbesondere die verallgemeinerten Merkmale oder generalisierten Ereignisse auf der mittleren Ebene die „natürlichen" Zugangswege zum autobiografischen Gedächtnis darzustellen. Sie sind erste Zugangswege deshalb, weil sie üblicherweise von Wiederholungen profitieren.

Quellenamnesie: narratives Vergessen

So vertreten zum Beispiel Conway und Rubin (1993) die Auffassung, dass im autobiografischen Gedächtnis solche Erlebnisse stets durch die narrative Kombination einzelner Informationen von allen drei beschriebenen Ebenen des autobiografischen Wissens auf der mittleren Ebene zusammengefügt und konstruktiv fortgeschrieben werden.

Quellenamnesie (3): die diskursive Konstruktion fehlerhafter Erinnerungen

Einige Forscher sind inzwischen der Ansicht, dass die kognitiven und gefühlsmäßigen Schemaverbindungen dabei nicht nur zu festen und starren Lebensgeschichten, sondern im Prozess der Bedeutungszuschreibung auch noch zu **persönlichen Mythen** verflochten

werden (McAdams 1993). Bei einigen Menschen kann es dabei sogar zu falschen Erinnerungen kommen. Die Erzeugung fehlerhafter bis falscher Erinnerungen ist inzwischen Gegenstand einer Vielzahl von Studien zum so genannten „False-Memory-Syndrom" geworden, mit deren Ergebnissen sich auch Therapeuten gut vertraut machen sollten (ausführlich: Schacter 1999; Fiedler 2001).

Wie weit nämlich die Konstruktion fehlerhafter oder falscher Erinnerungen gehen kann, kann jeder bei sich selbst beobachten: zum Beispiel in Streitgesprächen, in denen sehr häufig die Ansichten und Erinnerungen anderer kritisiert werden, zumeist zum Zwecke der Durchsetzungen eigener Rekonstruktionen und Erinnerungen als die vermeintlich angemessene Sichtweise – und dies (wohlgemerkt) über gemeinsame Erfahrungen. Ähnliches erleben Therapeuten, die Ehepaare behandeln oder Scheidungspaare als Schlichter begleiten. Sie werden permanent mit völlig auseinandergehenden Sichtweisen der Partner über „gemeinsam erlebte Realität" konfrontiert, selbst wenn die Ereignisse, um die es in Konflikten geht, nur kurze Zeit zurück liegen.

Dieses Phänomen, wie sich im Verlauf solcher Konstruktionsprozesse „Realität" einerseits und bedeutungsvoll „neu konstruierte Betrachtung" andererseits zunehmend mehr auseinander bewegen können, wird heute – quasi spiegelbildlich – ebenfalls als „Quellenamnesie" bezeichnet oder auch als „narratives Vergessen" (zum Beispiel bei Schacter 1999).

Quellenamnesie (4): die Wiederholung von Erfahrungen

Ein weiterer gut untersuchter Wirkaspekt der Quellenamnesie stellt die **Wiederholung von Erfahrung** dar. Bei wiederholten Erfahrungen verdichten sich die spezifischen Erfahrungen offensichtlich ebenfalls zu allgemeinen und bedeutungshaltigen Erfahrungen. Dies ist eine der inzwischen gut untersuchten Kernannahmen des dargestellten Modells von

Conway (1996): Wiederholte Erlebnisse überlagern einander zunehmend auf der mittleren Ebene „generalisierter Ereignisse". Wichtig auch hierbei: Wiederholt sich Erfahrung, gehen konkrete Erinnerungen an spezifische Aspekte einzelner Ereignisse allmählich verloren.

Dies gilt beispielsweise für das wiederholte Miterleben von Traumata, wie sie in dauerhaft gewalttätigen Familienbeziehungen oder in Kriegszeiten vorkommen können. Wiederholte Erfahrungen verdichten sich zunehmend zu allgemeinen Erinnerungen, mit entsprechender Möglichkeit der Erinnerungsverzerrung und des Vergessens – oder, wieder einmal evolutionär als Selbstschutz ausgedeutet: Wiederholt sich ein Trauma, gehen Erinnerungen an konkrete spezifische Erfahrungen zunehmend verloren, sodass diese im alltäglichen Handeln nicht ständig als Erinnerung auftreten.

Quellenamnesie (5): die Suche nach Sinn und Bedeutung

Quellenamnesie findet sich schließlich, wenn Personen damit beginnen, über traumatische Erfahrungen zu berichten oder sich mit der allgemeinen Bedeutung traumatischer Erfahrungen narrativ auseinanderzusetzen. Dies hat erhebliche Bedeutung für die Psychotherapie, in der häufig nach allgemeiner Bedeutung und nach Sinnzusammenhängen gesucht wird. Im Ergebnis kann dies nämlich bedeuten, dass konkrete oder spezifische Erinnerungen zugunsten allgemeiner Bedeutungszusammenhänge verschwimmen – und nicht etwa, dass nach mehrfachen sinnsuchenden Berichten über ein Trauma die Erinnerungen präziser werden! Insbesondere therapeutische Sinnsuche und Perspektivierung führt in sinnvoller Weise zu allmählichem Vergessen (vgl. Schacter 1999).

Quellenamnesie (6): die Entwicklung von „Worst-Fear-Visionen"

Einige Forscher (zum Beispiel Frankel 1994; Cecci 1995) gehen sogar davon aus, dass selbst die spontanen Wiedererinnerungen, inneren Bilder und Erlebensweisen im so genannten „Flashback" nicht ohne Skepsis hinsichtlich des Wahrheitsgehaltes betrachtet werden dürfen. Deshalb wird von Gedächtnisforschern sogar der Begriff „Flashback" kritisiert, weil er das Vorhandensein fotografisch gespeicherter Detailerinnerungen suggeriert.

Untersucht ist dies beispielsweise an „Flashbacks" von Kriegsveteranen. Diese erleben Rückerinnerung häufig so lebendig, als fänden sie gerade statt. In vielen dieser Fälle ist jedoch gesichert, dass sich manchmal reale Erinnerungen mit anderen Elementen vermischen, die sich bei genauem Hinsehen eher als die Verbildlichung subjektiver Befürchtungen oder sogar als „paranoid" anmutende Visionen darstellen, in denen häufig die schlimmsten Ängste zum Leben erwachen (s. Tab. 4-1). Man spricht in der Forschung deshalb auch von so genannten „Worst-Fear-Visionen" (eindrückliche Beispiele bei Schacter 1999 und Fiedler 2001).

Skepsis scheint also selbst gegenüber Flashbacks angezeigt, jedenfalls solange, bis sich die Flashback-Inhalte durch andere Anhaltspunkte erhärten lassen. Gemeint ist damit auf keinen Fall etwa eine Skepsis gegenüber erfahrenen Traumata oder zugefügtem Leid.

4.5 Intendiertes Vergessen

Die Konzepte der Dissoziation, des zustandsabhängigen Lernens sowie der Quellenamnesie sind jedoch noch nicht hinreichend geeignet, die Vielfalt der mit Vergessen und Dissoziation verbundenen Phänomene in ihrer Breite zu erklären. Die Nichterinnerbarkeit früherer (traumatischer) Erfahrung kann

Tab. 4-1: Quellenamnesie: eine Zusammenfassung wichtiger Bedingungen für explizites Vergessen und fehlerhafte Erinnerung.

Fehlende oder fehlerhafte Erinnerungen an traumatische und belastende Ereignisse können sich durch folgende Bedingungen einstellen:
• durch selektive, bewusste (Un-)Aufmerksamkeit während traumatischer Erfahrungen gegenüber Umgebungsreizen, die später unbewusst/autoregulativ konditionierte Ängste und Panik auslösen können
• durch eine biophysiologisch und stresshormonal begründete Erschwernis oder Behinderung, im Arbeitsgedächtnis (hippocampal) explizite Erinnerungen aufzubauen
• bei dem Versuch, eigene Ansichten über die Richtigkeit von Erinnerungen im interaktionellen Streit/Diskurs gegenüber anderen durchzusetzen
• in der Folge wiederholter Erfahrungen, bei der sich jeweils konkrete Detailerinnerungen zunehmend zu allgemeinen Erfahrungen verdichten
• wenn bei der narrativen Suche nach Sinn und Bedeutung konkrete und spezifische Erinnerungen zugunsten allgemeiner Bedeutungszusammenhänge verschwimmen
• beim Nachdenken über traumabedingte Flashbacks/Intrusionen bzw. über bestehende Erinnerungslücken, wenn sich in dieses Nachdenken zunehmend Befürchtungen mischen, was wohl alles an „schrecklichen Dingen" noch passiert ist bzw. hätte passieren können („Worst-Fear-Visionen")

schlicht das Ergebnis intendierten Vergessenwollens sein. Die dazu entwickelten Hypothesen nehmen ihren Ausgangspunkt bei den schon lange bekannten und hochgradig verblüffenden Ähnlichkeiten, die zwischen hypnotischer Amnesie und Dissoziativer Amnesie bestehen (vgl. dazu auch Kap. 3 in diesem Band).

Hypnotische versus Dissoziative Amnesie

Während einer Hypnose kann man Probanden so weit führen, dass sie auf eigenwillige Weise handeln, fühlen und denken, wie sie dies unter gewöhnlichen Umständen niemals tun würden. Die Beeinflussung kann so weit gehen, dass man sensorische Funktionen (ähnlich wie bei Konversionen) außer Kraft setzt, sodass die Betroffenen kurzzeitig blind, taub oder schmerzunempfindlich werden oder am ganzen Körper zittern oder vor Angst erstarren. Dies alles sind Auffälligkeiten, die auch während traumatischer Erlebnisse auftreten können. Gleichermaßen scheint es möglich, dass sich Menschen unter Hypnose an Ereignisse erinnern können, die sie jahrelang vergessen hatten oder gegenüber denen eine Amnesie bestand. Aus diesem Grund wird die Hypnose als eine Möglichkeit der Wiedererinnerung bei Dissoziativen Amnesien eingesetzt.

Fast schon gegenläufig kann hypnotische Instruktion ein **Vergessen** von Tatsachen, autobiografischen Episoden und zeitweilig sogar der persönlichen Identität bewirken. Diese Versuche mit hypnotischer Amnesie zeigen wiederholt, dass das explizite Gedächtnis der Probanden mit hypnotisch suggerierter Amnesie schwer beeinträchtigt ist, und zwar so lange, bis es nach einem Aufhebungssignal wiederhergestellt wird (Coe 1989; Spanos u. Burgess 1994).

Es scheint zudem so zu sein, dass episodische, narrativ-autobiografische Erinnerungen unter hypnotischer Suggestion leichter vergessen werden als semantisch gespeicherte Informationen wie Fakten, Wörter oder Zahlen (Kihlstrom 1980). Sowohl in der hypnotischen Amnesie als auch in der Dissoziativen Amnesie vergessen Menschen eine Zeit lang autobiografisches Material, ohne zu wissen, warum und dass sie es vergessen haben.

Selbsthypnose und Vergessen

Diese Parallelen haben zu der Annahme geführt, dass einige dissoziative Störungen der Hypnose ähnliche Verfassungen sein könnten. Die Menschen geraten entweder autoregulativ („konditioniert") oder auch selbst gewollt in hypnoide, tranceähnliche und damit Aufmerksamkeit absorbierende Zustände. Im letzteren Fall suggerieren sie sich möglicherweise selbst, sich an unangenehme Ereignisse nicht mehr zu erinnern. Auch zumeist posttraumatisch eingesetztes **selbst suggeriertes** Vergessen dient dem intrapsychischen Ausschließen traumatischer Erfahrungen.

Andererseits gibt es deutliche Unterschiede zwischen autosuggeriertem Vergessen und Dissoziativen Amnesien. Laborexperimente lassen nicht erkennen, dass intentionales Vergessen und Selbstsuggestionen so tief greifende Amnesien hervorbringen können, wie dies nach peritraumatischen Dissoziationen beobachtbar ist, an denen vermutlich hormonbedingte Einschränkungen des Hippocampus beteiligt sind (Schacter 1995).

4.6 Einige therapeutische Konsequenzen

Abschließend sollen einige Konsequenzen angedeutet werden, die sich aus dem hier Dargestellten für eine Behandlung dissoziativer Störungen ergeben könnten. Die von uns eingenommene neuropsychologische Forschungsperspektive dissoziativer Trauma-Störungen wirft ein spezifisches Licht auf die Ziele, die psychologische und psychotherapeutische Behandlungsangebote für diese Störungen zwingend beinhalten sollten.

Trauma-Erfahrungen sollten in eine ganzheitliche Sicht der Person selbst reintegriert werden, damit die oder der Betroffene nicht länger von einem spontanen Wiedererleben des Traumas oder von unkontrollierbaren Dissoziationen überrascht, irritiert oder gar überwältigt wird. Insbesondere schwere und unkontrollierbare dissoziative Erfahrungen sowie Posttraumatische Belastungsstörungen erfordern die therapeutisch angeregte Assoziation und Integration von bis dahin als separiert erfahrenen und vor allem deshalb als störend erlebten Bewusstheitsprozessen.

Die Forscher sind sich zunehmend darin einig, dass Dissoziationen gleichermaßen **adaptive Funktionen** in der Trauma-Bewältigung haben und **Risikobedingungen** für die Entwicklung psychischer Störungen sind, wobei dies – das sei hier abschließend ebenfalls hinzugefügt – offensichtlich nicht nur für dissoziative Störungen gilt (vgl. Fiedler 2002). Auch im Kontext anderer psychischer Störungen sind sie möglicherweise nicht nur Symptomatik, sondern funktional ähnlich wie solitäre Dissoziationen zu bewerten und möglicherweise sogar als dissoziative Störungen zusätzlich zu behandeln.

Die praktische psychotherapeutische Literatur über Patienten mit traumatischen und dissoziativen Erfahrungen ist reich an Prinzipien, mit denen Therapeuten ihren Patienten zu helfen versuchen. Meichenbaum (1999) hat die unterschiedlichsten Vorschläge systematisiert und auf zentrale Gemeinsamkeiten hin untersucht. Fast alle implizieren die Notwendigkeit, dass Patienten dazu angeregt werden, von ihren Trauma-Erfahrungen und ihren Belastungserfahrungen wiederholt und dabei auf immer neue Weisen zu erzählen, wenn die Therapie erfolgreich sein soll. Daraus ergab sich für Meichenbaum die Empfehlung zu einer so genannten „Narrativen Psychotherapie", deren Wirksamkeit sich auch mit von uns dargestellten Ergebnissen der Gedächtnis- und Erinnerungsforschung gut in Übereinstimmung bringen lässt.

- Erstens kann die Narrative Therapie als wiederholtes Besprechen traumatischer Erfahrungen zum Beispiel der Exposition und Habituation dienen, wie sie als Ziel in der Verhaltenstherapie angestrebt wird. Im Sprechen wiederholt sich das Trauma-Erleben, und es kann die Funktionalität oder traumabedingte Dysfunktionalität aktuellen Erlebens zunehmend mit der überlebenswichtigen Funktionalität des Erlebens und Handelns im Trauma verglichen und differenziert werden. Dies alles dient dem Aufbau eines expliziten Trauma-Gedächtnisses (vgl. Ehlers 1999).
- Zweitens kommt es im wiederholten Sprechen über das Trauma zunehmend zu einer Integration dissoziierter Erfahrungsbestände, zu einer ganzheitlichen Verarbeitung dissoziiert wirkender Schemata, einer Integration von Vernunft und Gefühl, damit schließlich vielleicht erneut zur Integration personaler Erfahrungen.
- Drittens und als wichtiger weiterer Aspekt sollte – wie dies zumeist in einsichtsorientierten und psychodynamischen Therapien angezielt wird – die narrative Trauma-Bearbeitung zwingend zur Re-Moralisierung demoralisierter Patienten beitragen und auf diese Weise zum Wiederaufbau eines tragfähigen Selbst-Systems führen.
- Viertens wäre damit im Sinne der Quellenamnesie ein allmähliches Vergessen traumatischer Erfahrungen zu erwarten; zumindest könnte im Rahmen perspektivierender narrativer Therapie das Erinnern an Trauma-Details zurückgedrängt werden, und zwar deshalb, weil konkrete Erinnerungen zunehmend verschwimmen, wenn das Trauma in neuem Licht erscheint.

Wichtig scheint es – hier nochmals angedeutet – für Therapeuten aller Therapieschulen zu sein, dass sie sich gut mit dem Phänomen der Erzeugung falscher Erinnerungen vertraut machen, wie dies als Begleitaspekt jedweder Quellenamnesie erwartet werden kann (hierzu ausführlich: Fiedler 2001). In der Therapie dürfte es entscheidend wichtig sein, den Patienten selbst auf die Brüchigkeit und Lückenhaftigkeit persönlicher Erinnerungen hinzuweisen. Narrative und Erinnerungen an zurückliegende Ereignisse sind, das sollte dieser Beitrag verdeutlichen, immer mit dem Bias der Fehleranfälligkeit behaftet.

Andererseits stellt jedoch die nicht ganz realitätsangemessene Rekonstruktion eines Traumas zunächst kein Problem dar. Sie ist sogar Voraussetzung, um zu Trauma-Bewältigung, Identitätsfindung und Integration zu gelangen. Dass dabei im therapeutischen Gespräch Erinnerungslücken auch mit teilweise fiktiven Narrativen und Mythen über das eigene Leben geschlossen werden, muss nicht zwangsläufig schädlich sein. Wahrscheinlich lässt sich dies gar nicht vermeiden. Im Gegenteil: So kann die immer erwartbare Quellenamnesie den Betroffenen zu einem erneuten „ganzheitlichen Erleben" verhelfen und ihm das Gefühl einer integrierten Person zurückgeben.

Probleme ergeben sich jedoch immer dort, wo falsche Erinnerungen therapeutisch generiert werden, die zum Schaden der Betroffenen und ihrer Umwelt gereichen können. Die Frage, wie Letzteres vermieden werden kann, dürfte die Therapieforscher in den kommenden Jahren vor eine herausfordernde Aufgabe stellen.

Literatur

Bower GH (1981). Mood and memory. American Psychologist; 36: 129–48.
Cecci SJ (1995). False beliefs: Some developmental and clinical considerations. In: Schacter DL, Coyle JT, Fischbach GD, Mesulam MM, Sullivan LE (eds). Memory Distortion: How minds, brains, and society reconstruct the past. Cambridge: Harvard University Press; 91–128.

Charney DS, Deutsch AV, Krystal JH, Southwick AM, Davis B (1993). Psychobiological mechanisms of posttraumatic stress disorder. Arch Gen Psychiatry; 50: 295–305.

Coe WC (1989). Posthypnotic amnesia: Theory and research. In: Spanos NP, Chaves JF (eds). Hypnosis: The cognitive-behavioral perspective. Buffalo, NY: Prometheus; 418–36.

Conway MA (1996). Autobiographical knowledge and autobiographical memory. In: Rubin DC (ed). Remembering Our Past. Cambridge: Cambridge University Press; 67–93.

Conway MA, Rubin DC (1993). The structure of autobiographical memory. In: Collins AF, Gathercole SE, Conway MA, Morris PE (eds). Theories of Memory. Hillsdale: Erlbaum; 103–37.

Damasio AR (2000). Ich fühle also bin ich. Die Entschlüsselung des Bewusstseins. München: List-Verlag.

Ehlers A (1999). Posttraumatische Belastungsstörung. Göttingen: Hogrefe.

Fiedler P (2000). Integrative Psychotherapie bei Persönlichkeitsstörungen. Göttingen: Hogrefe.

Fiedler P (2001). Dissoziative Störungen und Konversion. Trauma und Traumabehandlung. 2. Aufl. Weinheim: Beltz-PVU.

Fiedler P (2002). Dissoziative Störungen. Göttingen: Hogrefe.

Frankel FH (1994). The concept of flashbacks in historical perspective. Int J Clin Exper Hypn; 42: 321–36.

Grawe K (1998). Psychologische Therapie. Göttingen: Hogrefe.

Greuel L, Offe S, Fabian A, Wetzels P, Fabian T, Offe H, Stadler M (1998). Glaubhaftigkeit der Zeugenaussage. Theorie und Praxis der forensisch-psychologischen Begutachtung. Weinheim: Psychologie Verlags Union.

Janoff-Bulman R (1992). Shattered Assumptions: Towards a new psychology of trauma. New York: Free Press.

Kihlstrom JF (1980). Posthypnotic amnesia for recently learned material: Interactions between „episodic" and „semantic" memory. Cogn Psychology; 12: 227–51.

LeDoux J (1998). Das Netz der Gefühle. Wie Emotionen entstehen. München: Hanser.

McAdams DP (1993). The Stories We Live By. Personal myths and the making of the self. New York: William Morrow.

Meichenbaum D (1999). Behandlung von Patienten mit posttraumatischen Belastungsstörungen: ein konstruktiv-narrativer Ansatz. Verhaltenstherapie; 9: 186–9.

Schacter DL (1987). Implicit memory: History and current status. J Exper Psychol; 13: 501–18.

Schacter DL (ed) (1995). Memory Distortion: How minds, brains, and societies reconstruct the past. Cambridge, MA: Harvard University Press.

Schacter DL (1999). Wir sind Erinnerung. Gedächtnis und Persönlichkeit. Reinbek: Rowohlt.

Spanos NP, Burgess C (1994). Hypnosis and multiple personality disorder: A sociocognitive perspective. In: Lynn SJ, Rhue JW (eds). Dissociation – Clinical and Theoretical Perspectives. New York: Guilford; 136–55.

Traue HC, Schwarz-Langer G, Gurris N (1997). Extremtraumatisierung durch Folter. Verhaltenstherapie & Verhaltensmedizin; 18: 41–62.

5 Dissoziation, Traum, Reassoziation

W. Leuschner

5.1 Der Traum ist kein Dissoziationsphänomen

Unter „Dissoziation" versteht man einen pathologischen Mechanismus, der zum Zerfall der Einheit bewussten Erlebens, Erinnerns und kontrollierten Handelns führt. Klinisch werden damit psychische Ausnahmezustände bezeichnet, die durch abgespaltene Bewusstseinsinhalte, Teilerinnerungen, Selbst-Fragmente, inadäquate Affekthandlungen charakterisiert werden und für deren Zustandekommen heute vor allem Traumata verantwortlich gemacht werden. Die Kognitionspsychologie erweiterte später den Geltungsbereich dieses Geschehens auch auf nichtpathologische Erscheinungen und bezog normale Vorgänge wie die Aufmerksamkeitsfokussierung oder zustandsabhängiges Behalten in das Spektrum solcher Komponentenbildung mit ein. Damit machte sie die Dissoziation auch für die Gedächtnisforschung und die Sozialpsychologie interessant (vgl. Eckhardt-Henn 2000).

Da es vom Wachbewusstsein sequenziell abgetrennt, separater Natur, selten erinnerbar und auch willentlich nicht beeinflussbar ist, lag es schließlich nahe, auch das Träumen (und andere Schlaferscheinungen wie Schlafwandeln, Somniloquie, Lernen im Schlaf) als Dissoziationssymptom aufzufassen, so Kihlstrom (1984). Aber ist das sinnvoll? Barrett (1994) hat Recht, wenn sie darauf hinweist, dass sich Traum und die Multiple Persönlichkeitsstörung durch zahlreiche gleichartige Eigentümlichkeiten, etwa Amnesie, Hypermnesie, Projektion von Selbst-Anteilen, auszeichnen, für deren Verursachung identische physiologische Mechanismen geltend gemacht werden könnten. Jedoch erscheint die Klassifizierung des Traums als „Alters" (abgespaltene Persönlichkeitsanteile) angesichts dessen, was wir heute über die Funktion von Träumen wissen, nicht plausibel. Wie die Psychoanalyse in der Ära nach Freud und die empirische Traumforschung der letzten 50 Jahre nachgewiesen haben, ist der Traum nicht nur der Hüter des Schlafes. Vielmehr ergänzt und komplettiert das Träumen die Leistungen des Wachlebens in einem geradezu vitalen Sinn. Träumen stellt in umfassendem Sinn die seelische und körperliche Gesundheit sicher, Träume haben eine autotherapeutische Funktion, sie regulieren Gefühle, lösen Probleme und Stress. Sie sind ein operativer Bestandteil eines „signal detecting systems" (Fiss 1993), das parallel zu bewusster Wahrnehmung operiert, diese ergänzt und sichert. Träume „inkubieren" korrektive Urteile und Erfahrungen. Sie dienen der Informationsverarbeitung, der Amplifikation und Konsolidierung von Wissen, sie regulieren Affekte, sichern die psychische Balance, garantieren die psychische Struktur und tragen zur Entwicklung des Zentralnervensystems (ZNS) bei (Kramer u. Moffitt 1993). Hartmann (1998) schließlich hat von einer geradezu antidissoziativen „hyperkonnektiven" (ebd., S. 80) Funktion von Träumen geschrieben. Treten sie im Gefolge von schweren Psychotraumata auf, so haben sie traumatolytische Fähigkeiten. Albträume und Pavor nocturnus, die – im Sinne der Kontinuitätshypothese – Einbrüche des Wacherlebens in das nächtliche Denken darstellen, lösen sich, so Hartmann, durch die Leistungen der nachfolgenden Träume sukzessive wieder auf, indem sie – „by making connections" – angst- und spannungslösende Kontexte erzeugen. Damit ist der Traum in Wahrheit das Gegenteil eines „Alters", die zweite Stimme eines Duetts, die mit dem Wachleben ein konkordantes Ganzes bildet. Anderenfalls spräche nichts dagegen, nun umgekehrt das Bewusstsein zu den Dissoziationsphänomenen zu rechnen.

5.2 Dissoziation und Traumbildung

Mit dieser Absage einer Gleichsetzung des Traums mit klinischen Dissoziationsphänomenen, ist das Thema „Traum und Dissoziation" allerdings nicht erledigt. Bei klinischer Analyse und experimenteller Untersuchung von Traumbildungsprozessen lassen sich nämlich, wie ich im Folgenden zeigen möchte, Zerfallsvorgänge von Trauminhalten beobachten, die als Dissoziation zu bezeichnen sind, ihrer Natur nach aber als allgemeine psychische Tendenz zu betrachten sind, als Mechanismus, der seine wahre Bedeutung erst dadurch gewinnt, dass er als Teilvorgang umfassender dynamischer Gestaltungsprozesse im Unbewussten aktiv wird. Die Rede ist also zunächst von einer anderen Dissoziation.

Wie schon Burdach, Fechner, Strümpell (s. Strümpell 1874) u. a. in der Ära vor Freud festgestellt hatten, sind bei der Traumbildung und Traumanalyse zu beobachtende Zerfallsvorgänge von radikalem Charakter. An den Grenzen der „Subeinheit" Traum machen sie nämlich nicht Halt und lösen nicht nur eine schwache Verbindung zwischen Wachbewusstsein und Traumzustand auf. Weitergehend findet sich hier ein durchgehender Zerfall von (aus dem Tagesleben stammenden) Vorstellungsreihen und Affekten, ein Zerfall, der bis in die kleinsten Einzelheiten des Traums hinein am Werke ist. Im Wachen, so meinte Strümpell, werde Erinnerung deshalb möglich, weil jedem Erinnerungsbild „noch andere geistige Elemente, Gefühle, Schmerz, Freude, Begierden, Leidenschaften, Interessen, Bestrebung, Pläne usw., überhaupt bestimmte psychische Werte anhängen". Und Strümpell ergänzte dann: „In den Traum aber reichen sie nicht hinein. In diesem hat die Seele die Befähigung verloren, sich der in jenen Bedingungen liegenden Stützen zu bedienen." Somit „würden alle jene ehemaligen Wahrnehmungen und Erlebnisse in Erinnerungsbildung und Vorstellungen auseinander fallen" (ebd., S. 22). Halbwachs (1952) griff diese Vorstellung später noch einmal auf. Der Traum sei ein Zerfallsprodukt von Erinnerungen, die im Schlaf ihren Rahmen verloren hätten. Er beruhe dann nur auf sich selbst. „Wenn dieser Rahmen verschwunden ist, so laufen alle daran gebundenen Erinnerungen Gefahr, sich gleichfalls aufzulösen." (S. 143)

Freud (1900) hat diese Zerfallsvorgänge genauestens dargestellt, ohne sie allerdings mit „Dissoziation" oder „Bewusstseinsspaltung" in Verbindung zu bringen. Im Zusammenhang mit der Regression der latent bleibenden Traumgedanken beschrieb er, wie sich deren „Gefüge (…) in sein Rohmaterial" auflöse (ebd., S. 549). Alle „logischen Relationen" der Traumgedanken gingen verloren, ihre Einheit zerbröckele (ebd., S. 673) und der Traum bringe „nur Bruchstücke von Reproduktionen" (ebd., S. 22). Das galt Freud zufolge aber nicht nur für die Traumgedanken. In allen seinen Traumanalysen ist ständig auch vom Zerfall der traumgängigen Tageswahrnehmungen, der Tagesgedanken und der Erinnerungen die Rede. Die Wiederdarstellungen ihrer Bruchstücke im Traum sind bei ihm ein geradezu zentrales Geschehen aller Traumvorgänge. Alle Beispiele aus der „Traumdeutung" lassen das bestens erkennen.

Den manifesten Inhalt seines „Irma-Traums" zum Beispiel bezieht Freud (1900, S. 111) darauf, dass seine Ehefrau am Abend zuvor einen geschenkten Likör aufgemacht hatte, der nach Fusel roch. Für die Gestaltung des Traums jedoch blieb nur ein Fragment dieser Episode, das Element „Fusel" („Amyl") übrig, und daraus machte der Träumer Freud den Tagesrest „Propylen", „Propyläen" und „Trimethylamin" (S. 300). Sein Traum vom „Maistollmütz" und sein „tutelrein"-Traum (S. 302 f.) operieren (verdichtend) sogar nur mit Klängen einzelner Silben. Seinem „Onkel"-Traum (der gelbe Bart) (S. 143) oder seinem Traum vom „Grafen Thun" (das mehrfache Braunviolett als Abkömmling der Farbe eines zuvor gekauften Koffers [S. 221]) liegen Verschiebungen von isolierten Farbeindrücken zugrunde, die wie Mosaiksteinchen als Bruchstücke vorangegangener längerer Tagesereignisse im Traum Verwendung fanden.

5.3 Experimentell sichtbar gemachte Dissoziation

Man kann diese Zerfallsvorgänge noch sehr viel genauer erfassen, wenn man experimentell vorgeht, wenn man Versuchspersonen unterhalb einer bewussten Wahrnehmungsschwelle, also subliminal z. B. Diabilder präsentiert und anschließend nach deren Wiederkehr in den Träumen der Probanden Ausschau hält. In zahlreichen, auch eigenen Studien mit optischen und akustischen Stimuli (Leuschner u. Hau 1992; Leuschner et al. 2000) ließ sich zeigen, wie Wahrnehmungen auf diesem Wege in das Traumbildungsgeschehen eingeschleust und dann weiterprozessiert werden. Die Schritte und Mechanismen der Bearbeitung solcher Perzepte lassen sich auf diese Weise hervorragend beobachten. Die Befunde dieser Forschung sind – wie systematische Vergleiche mit natürlichen Traumgenerierungsprozessen zeigen – weder Artefakte noch methodenabhängig.

Wenn wir im Schlaflabor Probanden auf die genannte Weise mit standardisierten komplexen Reizen stimulierten, so zeigten nachfolgende mündliche Berichte und Zeichnungen von REM-Träumen und Morgenträumen, dass die Stimulusinhalte niemals originalgetreu wieder dargestellt werden. Niemals handelte der Traum allein vom Stimulusmaterial, immer tauchte dies zusammen mit anderen, stimulusfremden Elementen, in neuen Zusammenhängen auf; die Reizinhalte wurden immer in neuen individuellen Kontexten untergebracht. Dabei ließen sich jedoch regelmäßig bei allen Probanden typische Wiederkehrmodi isolieren, die folgendermaßen beschrieben werden können:

- Wiederkehr von stimulusidentischen Bildfragmenten und stimulusidentischen Einzelobjekten unterschiedlicher Größe
- Wiederkehr von Stimulusobjekten, deren ursprüngliche Form verändert und durch eine andere Form ersetzt worden war, während ihr Konzept erhalten blieb („neue Form – bewahrte Bedeutungen")
- Wiederkehr von (bewahrten) Stimulusformen, während sich die inhaltliche Bedeutung änderte („bewahrte Form – neue Konzepte")
- Wiederkehr allein der Farbe
- Darstellungen von Assonanzen an Wortklänge und Klänge von Wortsilben
- Multiplikationen von Stimulusobjekten (Doublettenbildung); „Travelling", d. h. das mehrfache Auftauchen eines bestimmten Stimulusobjektes zu verschiedenen Abrufzeiten

Die Tatsache, dass sich solche Wiederkehrtypen isolieren lassen, bestätigt experimentell die klinischen Befunde, dass die primär zusammenhängenden Stimulus-Bildelemente voneinander getrennt, also dissoziiert worden sein müssen. Denn wenn einfachste Grundkomponenten des Stimulus *isoliert* in den nachfolgenden Träumen wieder auftauchen, dann müssen sie vorher aus ihrem ursprünglichen Zusammenhang herausgelöst worden sein. Der komplexe Bildzusammenhang muss zerfallen sein, und zwar – so zeigen unsere Daten – nicht in größere Bildabschnitte, sondern in kleinere und kleinste Bildeinheiten, Einzelobjekte und spezielle Untereigenschaften von Einzelobjekten: Formen, Konzepte, Wortklänge, Wortsilben und einzelne Farben. Letztere, die einfachsten Bruchstücke, haben wir als

5 Dissoziation, Traum, Reassoziation

„Radikale" bezeichnet, weil sie offenbar die kleinsten Bausteine sind, die als „Tagesreste" in Träumen Verwendung finden und hier wiederentdeckt werden können. Hinsichtlich der Frage der Dissoziation ist also festzuhalten, dass der Zerfall nicht an irgendwelchen Grenzen größerer Komplexe Halt gemacht hat, sondern von „radikalem" Charakter ist und einfachste, für sich genommen sinnlose Bruchstücke erzeugt.

Zur Erläuterung zwei Einzelbeispiele aus unseren Versuchen: Da wurde aus dem Stimulusteil „Haifischflosse" in der Traumzeichnung ein dreieckiger „Wellenbrecher", aus dem Stimulus „Barockschloss" im Traum ein „Opernhaus". Wir bezeichnen solche Verwandlungen üblicherweise als Verschiebung oder, wie Freud es nannte, als „Kontiguitätsassoziation", die er als „Verdrängung mit Ersetzung durch etwas Benachbartes (im örtlichen und zeitlichen Zusammenhange)" (Freud 1899b, S. 537) bezeichnete. Aber bei genauerer Betrachtung finden sich Hinweise auf weitere ergänzende Bearbeitungsschritte. Anzunehmen ist hier, dass der Ersetzung eine Hemmung der ursprünglichen konzisen Bedeutung des fraktionierten Elementes vorausgegangen sein muss. Denn das ersetzte Element wird – und das ist die Regel – im Traum nicht mehr weiter verwendet. (Erst am Morgen nach dem Träumen kann es vom Träumer oder vom Experimentator rekonstruiert werden.) Man kann auch sagen: Bevor das Element zur Verschiebung in den Traum frei wird, wird seine direkte Darstellung unterbunden. Nicht die „Haifischflosse" erscheint, sondern eine Variante: der „Wellenbrecher" (wobei die Variante nicht selten die gleiche Silbenzahl aufweist wie das Original). Freud (1900, S. 303) hat auch diese Tatsache schon beschrieben. Im Zusammenhang mit dem witzigen Charakter von Träumen erklärte er: „Der Traum wird witzig, weil ihm der gerade und nächste Weg zum Ausdruck seiner Gedanken gesperrt ist." Genau dazu passt auch Freuds Kritzelzeichnung im „Entwurf einer Psychologie", mit der er die Blockade des Primärvorgangs als „Kontaktschranke" für die neurotische Symptombildung illustrierte. Auch hier geht es um eine „Sperrung", die die direkte weiterführende Darstellung einer Vorstellung oder eines Affektes abbricht und dann auf Nebengleise lenkt. Die Formulierung, wonach der nächste Weg zum Ausdruck „gesperrt" ist, ist m. E. sehr passend. Sie bezieht sich auf einen Vorgang, der von unseren bisher verwendeten Begriffen allerdings nicht gut erfasst worden ist.

Um im Traum verwendet zu werden, musste zuvor die konzise hauptsächliche Bedeutung des Tagesperzepts an der Wiederdarstellung gehindert werden. Seine Nebenbedeutungen sind dagegen ohne weiteres „traumlöslich", können weiter in den Traum gelangen und hier zum eigentlichen Tagesrest werden. Sie werden am weiteren Processing nicht gehindert, weil sie in die Lage versetzt wurden, die Schranke zwischen Wach- und Traumkognition zu unterlaufen. Denkt man sich diese Wach- und Traumkognition, die man mit den Systemen „Bw" (Bewusstes) und „Vbw" (Vorbewusstes) identifizieren kann, topisch übereinandergeschichtet, so beinhaltet „Sperrung" eine horizontal zu denkende Abtrennung der konzisen Bedeutung des Stimulusbruchstückes. Es ist wie eine „Enthauptung" eines kleinen Fragmentkomplexes, die die weitere Verwendung seiner Hauptbedeutung in topisch tieferen Schichten verhindert. Nun entsteht ein Torso aus Nebenbedeutungen der Hauptbedeutung, ein Fragmentrestkomplex, der jetzt in den Traum gelangen kann. In diesen Sperrungsvorgang eingeschlossen ist, dass die Verbindungen der Glieder dieses Restkomplexes („Arme und Beine des Torsos") durch die „Enthauptung" der ursprünglichen Zentralbedeutung nun auch untereinander gelockert werden – als ob die Hauptbedeutung eines Fragmentes (zum Beispiel „Barockschloss") primär die Nebenbedeutungen („Opernhaus" und andere) fester zusammenzuhalten vermag, die dann im Falle der „Enthauptung" jeweils eigene Wege gehen können (ausführliche Darstellung: s. Leuschner 2000). Der Entdecker der Subliminalisierungsmethode, Otto Pötzl (1917), bezeichnete die daraus folgende sukzessive Wiederdarstellung der Nebenbedeutungen in verschiedenen Träumen oder Traumsequenzen als „Sequenzialisierung". Wegen ihrer spezifischen Aktivität im Falle der Traumbildung sind „Sperrung, Fragmentierung und Sequenzialisierung" als Traumarbeitsmechanismen zu bezeichnen. Zusammen mit der Verschiebung operieren sie gemeinsam in einem einheitlichen, die Zusammenhänge auflösenden Sinne. Das ist Dissoziation.

Dieses Processing könnte man als Operation beschreiben, die zu räumlichen Verlagerungen der Fragmente führt; die Arbeit dieser Mechanismen würde die von ihr erzeugten Fragmente zu psychisch frei flottierenden „Wahrnehmungstrümmern" machen. Die verwendeten Begriffe „Verschiebung", „Fragmentierung", „Sperrung" und „Sequenzialisierung" legen eine solche räumliche Auffassung jedenfalls nahe. Wenn aber die klinisch-therapeutischen Analysen von Träumen regelmäßig zeigen, dass die mit den freien Tagesresteelementen ursprünglich verbundenen Affekt- und Vorstellungselemente vom Vortage mithilfe der freien Einfälle wieder erinnert werden können, dann besteht offenbar eine originäre topische Nähe fort. Es gibt wohl relativ stabile psychische Anordnungen der Repräsentanzen, die die dissoziative Aktivität des Traumlebens (an ihr vorbei) überdauern. Um dennoch ihr freies Spiel erklären zu können, um die freie Beweglichkeit der größeren Fragmente und der Radikale mit einer topischen Anbindung in Einklang zu bringen, könnte man sich Dissoziierung (Fragmentierung, Sperrung, Verschiebung) mit Freud durch temporäre Umverteilung der Besetzungsenergie denken. Verschiebung, zum Beispiel der Wechsel von „Amyl" zu „Propyl" im Irma-Traum oder von einer „Haifischflosse" zu einem „Wellenbrecher", beruhte demnach eben nicht auf örtlicher Verlagerung von Elementen oder Elementkomplexen, sondern wäre Resultat einer Umverteilung von Ladungsquantitäten innerhalb relativ stabiler Strukturen. Die Teile werden nur neu verschaltet, sodass nun Ersatzbildungen „aufleuchten". „Fragmentierung" ließe sich dann dadurch definieren, dass den Verbindungsarmen, die zwischen den Elementen und Komplexen bestehen, die bisherige Besetzung entzogen wird. „Sperrung" beinhaltete, dass der zentralen Einzelrepräsentanz eines Komplexes die Besetzung entzogen wird; das gesperrte zentrale Element, das bis dahin den Komplex wie ein Magnet zusammenhielt, verlöre seine kohäsive Kraft, nur der Restkomplex (die Assoziationen) würden weiter verwendet werden. Gleichzeitig lockerte sich sein innerer Zusammenhang, die Teile könnten nun separat verschoben, d. h. „sequenzialisiert" im Traum dargestellt werden.

5.4 Reassoziierung

Nun träumen wir bekanntermaßen nicht Fragmente, sondern thematisch zusammenhängende Erlebnisabläufe. Damit ein solcher Zusammenhang, der stimmige Ereignisfluss von Träumen, zustande kommt, muss es eine der dargestellten Dissoziation entgegengesetzte Tendenz zur Reassoziierung der Fragmente geben. Betrachten wir dazu ein Beispiel, das an anderer Stelle (vgl. Leuschner 2000) schon ausführlich diskutiert worden ist:

Am Abend vor dem Schlaf war eine Probandin nach der Pötzl-Methode mit einer Collage einer Strandszene am Meer stimuliert worden. Das ganz aus Dreiecken zusammengesetzte Stimulusbild enthält u. a. einen Baum mit vier gelben Dreiecken im Blattwerk, die an Birnen erinnern. Davon hatte sie bei der Präsentation (8 mSek. Dauer) nichts erkannt. Nach dem Wecken aus REM-II berichtete sie von drei aufeinanderfolgenden Traumszenen.

1. Szene: „In den Ferien in der Toskana. Ich sehe, wie ich mit dem Auto durch eine Gegend mit Bergen fahre, Wasser taucht auch

5 Dissoziation, Traum, Reassoziation

auf, irgendwie in der Gegend, vielleicht überlagert es alles. Da war dann so ein Begriff ‚Ananas'." Dazu fertigte die Probandin eine Zeichnung an und schrieb in die Mitte das Wort „Ananas" und kolorierte dann das Geschriebene mit gelber Farbe.

2. Szene: In dieser diskutierte sie mit Freunden über eine andere Reise nach Russland. Während sie diese geträumte Szene zeichnete, fügte sie eine grüne, ganze Ananasfrucht in die Mitte des Blattes, die da irgendwie aufgetaucht sei, und erklärte dazu: „aber die Ananas, was die damit zu tun hat, weiß ich nicht".

3. Szene: Die Probandin berichtete, dass es hier um einen Werbefilm gegangen sei. Es ging um Ananasstücke, die sie im Traum gesehen hatte: „ich …, die Ananasstücke …, gelbe Ananasstücke, wie aus einem Werbefilm, als wenn ich in der Ananas gewesen wäre". Sie malte dann vier gelbe Dreiecke und fügte die schriftliche Bemerkung hinzu: „Stücke gelb, fruchtig, saftig, Werbefilm".

Bei der nachfolgenden Weckung aus REM-III berichtete die Probandin von einem Traum, in dem sie auf den Wortklang von „Ananas" Bezug nahm.

Mit der Zeichnung von der 3. Szene enthüllte die Probandin überzeugend, dass sie einen Stimulusinhalt erkannt hatte. Rückwirkend machte sie sichtbar, dass auch schon die beiden vorherigen Szenen Elemente des Stimulus enthalten hatten, denn hier konnte von einer Wiederdarstellung von Stimulusmaterial zunächst nicht gesprochen werden. Daraus lässt sich folgender Bearbeitungsablauf rekonstruieren: Zuerst hatte die Probandin den optischen Stimulusinhalt „vier gelbe Dreiecke in einem Baum" aus einem Gesamtzusammenhang herausgebrochen, das ist eine „Fragmentierung". Sie muss auch den „Baum" erkannt und mit den Dreiecken verknüpft haben, weil sie ohne diese Pflanze kaum zu einer „Frucht" hätte gelangen können. Von diesem Perzept blockierte sie die direkte optische Darstellung des „Baums". Den „Baum" unterwarf sie einer kompletten, „Frucht" einer partiellen „Sperrung". Dem Torso gab sie nun einen neuen Namen eines Unterbegriffs von Früchten, das Wort „Ananas". In der ersten Traumszene ließ sie dann zunächst nur dieses Wortbegriffs-Radikal erscheinen. In der zweiten Szene brachte sie zu diesem Begriff eine konzeptuell passende realistische Version des natürlichen Gegenstands (s. o.: Punkt 2 der typischen Wiederkehrmodi, s. S. 62), und in der 3. Szene erschienen dann die stimulusgetreue Anzahl, die stimulusgetreue Form und dann die passende Farbe, die überhaupt erst die Identifizierung der Inhalte als Stimulusabkömmlinge erlaubten. (Schließlich erschien in der vierten Szene eine klangliche Assonanz zu dem Wort „Ananas".) Das, was die Probandin vorbewusst erkannt hatte, reproduzierte sie also nicht in Form einer Einheit, sondern verteilte es sukzessiv auf verschiedene Traumsequenzen. Die dissoziierten „Ananas-Elemente" stellte die Träumerin in neuen Zusammenhängen der nachfolgenden Traumszenen dar. Sie reassoziierte die Elemente, indem sie sich „stotternd" dem Original („vier gelbe Dreiecke") näherte und diese gleichzeitig mit der Szene vom „Werbefilm" verknüpfte.

Versucht man nun, die Wirkungsweise der Verknüpfung zu bestimmen, so kommt man nicht umhin, anzunehmen, dass Reassoziationen von zwei verschiedenartigen Tendenzen herbeigeführt werden:
- Das **erste Wirkprinzip** stammt aus den Tagesresten selbst, aus einer ihnen innewohnenden kohäsiven Bindungstendenz.
- Das **zweite Wirkprinzip** entstammt einer äußeren adhäsiven Verklammerungsoperation, einer stimulusfremden Syntax, die die Fragmente unterschiedlicher Herkunft aussucht und ihrer Ordnung gemäß miteinander in Verbindung bringt.

Betrachten wir diese Faktoren genauer.

5.5 Endogene oder kohäsive Reassoziierungsfaktoren

Auf die Annahme von „inneren Reassoziierungskräften" stößt man unweigerlich, wenn man – ausgehend von der klassischen Theorie der Traumbildung – fragt, warum sich im Beispiel des oben dargestellten „Ananas-Traums" die Träumerin nicht mit der ersten oder zweiten Verwandlung (Begriff und/oder reales Konzept) zufrieden gab, denn dies hätte die Bedürfnisse des Traumwunsches ja eigentlich schon stillen können. Warum sollte der Traumwunsch zu seiner Verbildlichung so unbedingt den optischen Originaleindruck, die vier gelben Dreiecke benötigen? Warum reichte ihm nicht die grüne, natürliche Ananas-Darstellung aus der zweiten Sequenz? Meine Antwort: Den dissoziativ wirkenden Kräften offenbar entgegengesetzt, suchen kleine oder kleinste Tagesrest-Abkömmlinge aus sich heraus Anschluss an andere Teile des „Torsos", zum Beispiel die Farbradikale zum Form- und Konzeptradikal des ursprünglichen Stimulusobjektes. Erst aus dieser Rückkehrtendenz zu den alten Ko-Elementen heraus kann man m. E. erklären, warum die Probandin durch das dissoziierte Stimulusmaterial wie von einem „unerledigten Rest" beschäftigt wurde.

Wenn sie zu ihren früheren Ko-Elementen, zu ihren „alten Kumpanen" aus dem Stimulus, schließlich zurückfinden, dann liegt der Grund dafür nicht in einem unspezifischen, „magnetischen" Anziehungsvermögen der Elemente und Radikale. Vielmehr muss in ihnen ja ein Wissen des früheren Zusammenhanges, ein Wissen von den alten Nachbarn, also ein Wissen von früheren Kontexten zumindest latent erhalten geblieben sein.[1] Das sieht so aus, als ob die alte Wahrnehmungs-Identität von ihnen gesucht und schließlich erzwungen wird, als ob sich die visuellen Tageseindrücke als ursprüngliche Einheit eben aus einem inneren Streben heraus reassoziieren müssen. Belege für ein solches Vermögen haben wir auch bei der experimentellen Untersuchung mit akustischen Reizen gefunden (Leuschner et al. 2000). Hier konnten wir beobachten, wie bei hochbeschleunigter Präsentation von Kurzgeschichten der Text in Textfragmente zerlegt wurde. Unsere Befunde sprechen dafür, dass davon nur einzelne Stimuluswörter ins Vorbewusste gelangten, unbewusst identifiziert und verstanden wurden und sich dann – im Sinne der Reassoziation – in größerer Anzahl zu Syntagmen zusammenschlossen. Diese reproduzierten dann aus sich heraus (Anklänge an) die Inhalte des ursprünglichen Generalthemas des Stimulustextes, das dann im Traumtext auftauchte.

Allerdings sind solche endogenen Verbindungsneigungen wohl nicht sehr stark, denn wie in unserem Beispiel deutlich wurde, irrlichtern die Radikale lange Zeit durch die verschiedenen Traumsequenzen, finden nicht selten erst nach vielen Umwegen ihre alten Teileigenschaften (Form, Farbe und Wortklang) wieder und koppeln sich an sie an. Nicht ohne Grund sind diese endogenen Reassoziierungstendenzen auch erst durch das Experiment überzeugend sichtbar zu machen. In anderen Fällen, so auch in Freuds Traumbeispielen sind sie nur schwer oder gar nicht nachweisbar. Das heißt: Hier wirken auf die Tagesrest-Fragmente weitere Verbindungskräfte ein, denen sie im Experimentalfall offenbar in geringerem Maße ausgesetzt sind und hier von ihnen nicht überdeckt werden.

---

[1] Das spricht noch einmal dafür, dass das Gedächtnisnetzwerk im Traumzustand strukturell erhalten bleibt. Diese von den endogenen Eigenschaften der Fragmente erzeugte Reassoziierung ist daher als eine besondere Form des vorbewussten Erinnerns zu bezeichnen.

5.6 Exogene Reassoziierungsfaktoren

Die sich im vorliegenden Fall über mehrere Träume einer Nacht erstreckende gerichtete Zielsuche der Tageswahrnehmung („vier gelbe Dreiecke in einem Baum") lässt sich schlecht allein durch die endogenen Bindungsneigungen erklären. Ohne die Annahme einer weiteren übergeordneten Zusammenfügungstendenz, einer umfassenden synthetischen Verklammerungsleistung, die auf passende Abstimmung der Fragmente und ihre kohärente Einbettung in andere Zusammenhänge, zum Beispiel den „Werbefilm", zielt, kommt man nicht aus. Was exogene Reassoziierungsfaktoren sind und wie sie wirken, ist wohl bis heute das eigentliche Geheimnis der Traumbildung. Experimentell sind sie nicht direkt zu beobachten, sondern nur klinisch zu erschließen.

Ihre Musterbeispiele sind zweifellos der freudsche Traumwunsch und traumatische Erlebnisse. Besonders der Traumwunsch gibt diese Fähigkeit gut zu erkennen: Als „starker" Gedanke bildet er ein Ordnungssystem, das die Tagesrestfragmente anzieht und seiner Erzähllogik und seiner Grammatik entsprechend liest und arrangiert. Wie gerade grammatische Faktoren wirksam sein können und damit auch weniger energiereiche Syntax zu solchen Reassoziationen von Traumelementen befähigt ist, das zeigt der Vorgang der „sekundären Bearbeitung", die bekanntlich aus dem Wachleben stammende Phantasien benutzt, um sie – zur Glättung der Traumfassade – mit den bis dahin erzeugten manifesten Traumgebilden zu verknüpfen. Vor allem aber verfügt der Traumwunsch über eine besondere Gestaltungsenergie, die er von libidinösen Regungen her bezieht und in Traumaffekten gestaltend wirksam werden lässt. Zunächst oftmals von Tagesgedanken dissoziiert, werden sie zu Triebkräften der Traumbildung, indem sie Wünsche aktivieren, die der Traum erfüllen soll. Dabei wird „das Material, an dem sie haften, (…) so lange umgearbeitet, bis es zum Ausdruck der Wunscherfüllung verwendbar ist" (Freud 1900, S. 491). Im Irma-Traum zum Beispiel drängte der Trauminhalt „Trimethylamin" von der Tageswahrnehmung „Fusel" weiter weg (im Sinne einer Gegentendenz zu den endogenen Reassoziationskräften) – mit dem Ziel, unerledigte Themen wie „Sexualität" und „Freund Wilhelm" ins Spiel zu bringen. Ciompi (1997) hat von ganz anderer Seite her diese Gestaltungskraft von Affekten dargestellt und ein „Affektlogik"-Modell beschrieben, wonach die verschiedenen Affekte ihnen eigene logische Modi erzeugen, die dann Denken und Verhalten prägen. Analog gilt das Gesagte für die reassoziative Leistung von Psychotraumata, sie sind sogar in der Lage, spezielle charakteristische Traumtypen, Albträume und Pavor nocturnus zu erzeugen, die in ihrem Gefolge auftreten und zu beobachten sind (Hartmann 1998).

Palombo (1978; 1992) beschrieb solche Reassoziationen ebenfalls, und zwar als Leistung eines „autonomen Mechanismus" adaptiver Ich-Funktionen, dem das integrative Processing von Tagesresten obliegt. Wie in einem Setzkasten werden danach neue Erfahrungen bestimmten Strukturen beigeordnet (die Palombo als „Gedächtnisbaum" bezeichnete), wodurch dann ihre nachfolgende Wiederdarstellung im Traum herbeigeführt und ihre Abfolge festgelegt wird. Von kognitionspsychologischer Seite formulierte Foulkes (1985) das Konzept des „narrativen Sequencings". Allen diesen Beispielen ist gemeinsam, das sie wie eine Matrize oder wie Kodizes wirken, die unabhängiges ungeordnetes Material, die dissoziierten Elemente also, zu einem neuen Erzählstrom zusammenfügen. Hervorzuheben ist allerdings, dass es sich dabei letztlich – wie die psychoanalytisch-klinische Traumforschung unumstößlich zeigt – immer um Chiffrier-Kodizes handelt, sodass selbst im Falle schwerster Psychotraumata deren Wiederdarstellung im Traum entstellt und verschlüsselt erfolgt. Wie im Falle von Tagträumen entstehen am Ende dann immer kleine Handlungssequenzen, die schließlich visualisiert werden.

Zusammenfassend lässt sich nun Folgendes sagen: Dissoziation ist ein natürlicher, durchgängig wirksamer Vorgang bei der Traumbildung. Sie führt zur Zerlegung komplexer Wahrnehmungen, Tagesgedanken und Erinnerungen in größere, kleine und kleinste Fragmente. Ursprüngliche Bedeutungen der Fragmente werden dabei „gesperrt, sequenzialisiert und verschoben". Affekte, die mit jenen Komplexen primär verknüpft waren, werden abgekoppelt. Auf diese Weise entstehen isolierte Bausteine, die für die Konstruktion des Traums verwendet werden können.

Der Dissoziation beigegeben ist ein entgegengesetzt operierendes, vereinheitlichend wirkendes Prinzip, eine Reassoziationstendenz, die in die Ansammlung von Fragmenten Sinn und Stringenz bringt. Bei den reassoziativen Tendenzen müssen zwei Faktoren unterschieden werden:
- den Fragmenten innewohnende **endogene Kräfte**; diese „erinnern" sich an ihre ursprüngliche Anordnung und drängen zu ihr zurück (im Sinne von Kohäsion)
- **exogene Kräfte**, die von außen her neue Abfolgen der Elemente kreieren und dabei (im Sinne einer Adhäsion) deren Verklammerung herbeiführen; zu diesen Faktoren sind Wünsche, Traumata, Erinnerungen und Gedächtnisstrukturen, Wahrnehmungen, Pläne, Motive, Affekte sowie verpönte Impulse zu zählen

Reassoziativ wirksam sind dabei sowohl deren grammatische und semantische als auch deren energetische Eigenschaften. Verbunden ist dies mit einer Verdichtung der Fragmente und einer Chiffrierung der reassoziativen Faktoren, die damit ihren Sinn verhüllt. So entsteht daraus jenes fremdartige Gebilde, das wir dann als manifesten Traum bezeichnen.

Dissoziationstendenzen und die beiden Reassoziationstendenzen sind Antagonisten, die mit jeweils unterschiedlicher Dominanz bei der Konstruktion der Traumszenen zusammenspielen. Deshalb wäre die Frage, ob man die Wirkungen und damit die Bedeutung des reassoziativen Anteils (und zwar vor allem die des exogenen Faktors) grundsätzlich höher einzuschätzen hat als die Wirkungen der Dissoziation oder der endogenen Reassoziationstendenzen, falsch gestellt.

5.7 Zustandsabhängigkeit und Wirkungsbereich des Dissoziierungs-Reassoziierungs-Vorgangs

Das hier skizzierte Dissoziierungs-Reassoziierungs-Geschehen betrifft nun nicht allein die Traumvorgänge. Für diese Erweiterung seines Geltungsbereichs sprechen eigene und zahlreiche andere Untersuchungen mit subliminal induzierten Reizen, die bereits im Wachzustand identische Bearbeitungsschritte beim Prozessieren von Stimulusperzepten in Freien Assoziationen, die unmittelbar nach einer Stimulation erhoben werden, haben erkennen lassen. Fisher (1960; 1988) brachte das auf die Formel, dass die Traumarbeit schon am Tage stattfinde, denn schon hier erfolge eine Unterwerfung der Wahrnehmungen unter dissoziierendes vorbewusstes Processing. Wenn sich die Wiederkehr von Stimulusfragmenten in Träumen von jener in Freien Assoziationen überhaupt unterscheiden lässt, dann dadurch, dass die Wahrnehmungsinhalte in Freien Assoziationen kohärenter, der Realität eher gemäß wieder dargestellt werden als in REM-Träumen und in Morgenträumen.

Wie kommt dieser Unterschied zustande? Ein ingeniöser Versuch von Shevrin und Luborsky (1958) gibt hier einen wichtigen Hinweis. Die Autoren präsentierten subliminal ein Stimulusbild, auf dem ein „pen" und ein „knee" abgebildet waren. Wie nachfolgende Befragungen zeigten, machten die Probanden daraus eine witzige Zusammenziehung zu „penny", allerdings erst dann, wenn sie nachts darüber geschlafen hatten, also eine REM-Phase passiert hatten. Damit eine solche Neubildung möglich wurde, mussten zuvor die Wortklangvorstellungen von den Sachvorstellungen dissoziiert werden. Das vorher schon im semantischen Gedächtnis der Probanden vorhandene Wort „penny" wurde dann die Anleitung (exogener Reassoziationsfaktor) für die Zusammenziehung der beiden Wortklangfragmente.

Damit diese zustande kam, bedurfte es aber außerdem noch einer besonderen Bedingung, nämlich eines veränderten Bewusstseinszustandes, eines „altered state of consciousness". Und damit haben wir unserem Dissoziierungs-Reassoziierungs-Modell schließlich einen vierten Faktor hinzugefügt, der für die Frage, was aus seinen Operationen am Ende „herauskommt", von ebenso großer Bedeutung ist. Die Wirkung dieses Faktors könnte darin bestehen, dass er entweder zu einem radikaleren Zerfall der Fragmente oder zu einer Schwächung der Reassoziierungsleistungen führt. Für die letztere Möglichkeit spricht Folgendes: Wenn man nachts berichtete REM-Träume am nächsten Morgen noch einmal erzählen lässt, so zeigt sich, dass die Wiederdarstellungen derselben Träume am nächsten Morgen vermehrt jene Kohärenz und Realitätsnähe erkennen lassen, wie man sie im Falle von Darstellungen freier Imaginationen beobachten kann. Das spricht dafür, dass der „altered state of consciousness" in REM-Phasen eher das Reassoziationsvermögen beeinträchtigt und nicht die dissoziative Seite der Gleichung. Für diese Ansicht spricht auch das Auftreten von Bizarrerien: Im „altered state" des Schlafes gelingt es nicht, die nicht zusammenpassenden Anteile kohärent zu verbinden.

Fishers Formel von der „Traumarbeit am Tage" ist also richtig, was die Dissoziation betrifft, und falsch, was das Reassoziationsvermögen betrifft. Klar ist aber, dass Wirkungsbereich und Wirkungsweise des Dissoziierungs-Reassoziierungs-Vorgangs über die Traumgenerierungsvorgänge hinausreichen und weitaus umfassender sind, als es zunächst erscheinen mag. Er ist eine Arbeitsweise des Unbewussten insgesamt und lässt sich mit der gegenläufigen Tendenz von Primär- und Sekundärvorgängen in Beziehung bringen.[2] Es liegt nahe, dieses Geschehen auch auf Erinnerungsvorgänge anzuwenden (Leuschner 2000). Wenn nämlich die „Dissoziation" als eine universelle, tendenziell unaufhaltsame und radikale Zerlegungsoperation des Unbewussten konzipiert ist, so ist spekulativ nicht auszuschließen, dass auf diese Weise alles, was jemals registriert worden ist, zeitlebens im Unbewussten erhalten bleibt, allerdings in Form von Radikalen. Nicht die Wahrnehmungen selbst, aber ihre Fragmente gingen dann letztlich niemals verloren. Finden sie passende exogene Gegenspieler ihrer Dissoziation, dann wird die bewusste Erinnerung möglich. Hier entsteht dann normalerweise die Anfälligkeit für Entstellungen. Ist die Verknüpfungsleistung des exogenen Reassoziationsfaktors originalgetreu, entstehen Hypermnesien.

Bei allen unseren Untersuchungen mit subliminaler Traumstimulation ließen wir die Träume und Freien Assoziationen immer auch zeichnen. Auffallend und charakteristisch für diese Darstellungen war nun, dass die Stimulusfragmente dabei nicht bewusst, sondern unwillentlich und unwillkürlich in die Szenen eingezeichnet wurden. Die Malenden erlebten ihre Darstellungen von Fragmenten oftmals sogar als unpassend und störend; sie schienen gerade deren Darstellung erklären und rationalisieren zu müssen, was an die Verhaltensweisen bei posthypnotischen Aufträgen erinnerte. Wir nannten diesen Darstellungsmodus in Anlehnung an die von dem Surrealisten André Masson entwickelte Malweise „peinture

---

[2] Der von Freud lediglich für die Operationen des Vorbewussten in Anspruch genommen Sach-Wortvorstellungs-Komplex stellt sich in dieser Perspektive nun als ein Teilmechanismus des Dissoziierungs-Reassoziierungs-Vorgangs dar.

automatique". Sie stellte vor allem Radikale und solche Einzelobjekte dar, die für sich allein genommen, anders als viele Tagesreste, offenbar keinerlei Vermögen besitzen, bewusst zu werden, und bloß motorisch/gestisch erinnert werden können.[3] Ihre unwillkürliche Wiederdarstellung in Zeichnungen stellt einen speziellen prozeduralen Reassoziierungstyp dar.

5.8 Belege und Folgerungen

Für die Existenz und Aktivität von reassoziativen Faktoren als Gegenspieler der Dissoziation kann man in der Literatur immer wieder gewisse Belege finden. Kihlstrom (1984) etwa ging bei seiner kognitionspsychologischen Erklärung dissoziativer Störungen davon aus, dass Verbindungen zwischen beobachtbaren psychischen Subsystemen „aktiv geschmiedet" werden müssen:

„Without such linkages certain aspects of mental life are dissociated from awareness, and are not accompanied by the experience of consciousness." (Kihlstrom 1987, S. 1451)

Neisser (1974) beschrieb für den Fall des Erkennens von Sprech- oder Schreibmustern sogar die hier dargelegte Annahme von exogenen und endogenen reassoziativen Faktoren.[4] Noch weitergehende Übereinstimmungen ergeben sich mit Dissoziationskonzepten verschiedener Gedächtnisnetzwerk-Theorien, etwa mit jenen von Yates und Nasby (1993). Die in deren Modellen postulierten Netze bestehen bekanntlich aus Knoten, die durch Verbindungen („links") zu zusammenhängenden Erinnerungsnetzen verknüpft, aber auch wieder disassoziiert werden können. Auch wenn die kleinsten Einheiten ihrer Netze, nicht wie im Falle des Traumes, aus kleinsten und letztlich bedeutungslosen Radikalen bestehen, sondern aus semantisch noch sinnvollen Teilen (Wissens- und Emotionseinheiten), so sind sie jedoch als Fragmente konzipiert, die wegen ihrer geringen Größe nur als Bausteine größerer Subsysteme (im Falle klinischer Störungen, der „Alters") Verwendung finden. Zudem ist in diesen Theorien die Dissoziation der Assoziation ebenfalls antagonistisch gegenübergestellt, zustande gebracht durch ein tendenziell dynamisch gedachtes Zusammenspiel von Hemmung und Aktivierung der Verbindungen zwischen den Knoten. Wenn wir schließlich im Falle der Verbindungsvorgänge zwischen endogenen und exogenen Reassoziationskräften unterschieden haben, so lässt sich eine solche Unterscheidung in drei Faktoren (dissoziative, endogen-reassoziative und exogen-reassoziative) andeutungsweise auch bei den „Konnektionisten" finden, etwa bezüglich der Rolle der Affekte bei der Organisation von Erinnerungen.

Vonseiten der empirischen Traumforschung versuchte Hartmann (1998), Annahmen der Assoziativen Netzwerktheorie mit Traumgenerierungsvorgängen zu verbinden. Um das zu erreichen, modifizierte er die Modelle allerdings in entscheidenden Punkten. Er ließ die dissoziativen Eigenschaften solcher Netze im Falle der Traumbildung unberücksichtigt und rückte ausdrücklich ihre reassoziativen Leistungen in den Vordergrund. (Mit dieser Sichtweise schlägt er sich gewissermaßen auf die andere Seite der Dissoziierungs-Reassoziierungs-Gleichung.) Das Wesen der Träume erklärte er dann, wie oben erwähnt, durch einen Hyperkonnektionismus, der durch die Arbeitsweise der neuralen Netze in REM-

---

[3] Obwohl dabei auch erkennbar wird, wie in der geschilderten Widerwilligkeit ein latentes Wissen zum Ausdruck kommt. Die Kognitionspsychologen würden sagen, dass sich hier der „hidden observer" zu Wort meldet, dessen Wissen eben nicht komplett verdrängt ist.
[4] Neisser (1974) verglich die endogenen Reassoziationstendenzen mit der Rekonstruktion der Dinosauriergestalt durch Paläontologen anhand von Knochenfragmenten, die – wie die Wahrnehmungsfragmente bei unseren Versuchen – in sich ein „Wissen" der ursprünglichen Kohäsion enthalten.

Phasen zustande gebracht wird. Im Wachleben erfolge die Erregungsausbreitung in einer eher direkten und linearen Weise, und dies führe dann zu spezifischen Bildern und/oder motorischem Ausdruck. Dagegen erfolge die Erregungsausbreitung bei der Traumbildung weniger spezifisch, weniger fokussiert. Im Sinne eines „lateral spread" (ebd., S. 81) bewirke sie die Aktivierung generischer Bilder und lasse eine Tendenz zur Verdichtung dieser Bilder wirksam werden. Während sich das Netzwerk im Wachleben also in einer Art zielstrebigem „Feed-forward-Zustand" befinde, entwickle sich im Traumzustand ein Netztyp, den Hartmann als „autoassoziativ" (S. 85) bezeichnet. Durch diese veränderte Funktionsweise – im Sinne unserer Überlegungen eine „Reassoziation" – bringe dieser Netztyp die spezifischen Merkmale des Traums hervor. Mit der Beschreibung „lateral spread" formuliert Hartmann in der Sprache des Konnektionismus das, was Freud (1899b, S. 537) als „Kontiguitätsassoziation" beschrieben und als „Verdrängung mit Ersetzung durch etwas Benachbartes (im örtlichen und zeitlichen Zusammenhange)" definiert hat – eine Ersetzung dies, die durch Sperrung zustande kommt. Indem Hartmann die Traumbildung damit erklärte, dass die motorische Abfuhrbahn nachts blockiert ist und Denken und Fühlen dann einem anderen Assoziationstyp ausgesetzt ist, brachte er zudem von der Assoziativen Netzwerktheorie abgeleitete Konzepte mit zentralen Postulaten der freudschen Traumtheorie in Übereinstimmung.

Gelangt man also auf verschiedensten Wegen immer wieder zu Bestätigungen der freudschen Traumtheorie, so kommt man in Bezug auf eine zentrale Frage Freuds schließlich zu einer anderen Erkenntnis, nämlich zu der, dass der Dissoziierungs-Reassoziierungs-Vorgang kein Erzeugnis von Abwehrmotiven ist, sondern im Sinne der Ich-Psychologie als primär autonomes Geschehen betrachtet werden muss. Als Regulationsmechanismus ist er ein funktioneller Bestandteil des psychischen Apparates. Wie die anderen Mechanismen der Traumarbeit, die man als seine Teiloperationen betrachten muss, kann er dann sekundär zur Konstruktion von Trauminhalten und Imaginationen, in den Dienst von Motiven genommen werden, die von unbewussten Triebimpulsen und aktuellen Anforderungen abstammen. Auf diese Weise, also erst mittelbar, wird er ein Instrument der Abwehr, der Zensur, der Verhüllung des Traumwunsches oder, wie oben im Sinne Freuds formuliert worden ist, Mittel zur Chiffrierung verpönter oder unerträglicher Impulse. Wie die Traumforschung zeigt, ist er dann aber auch Mechanismus der Realisierung reifer Ich-Motive. Er ermöglicht zum Beispiel die Behütung des Schlafs, Problemlösungen, Traumatolyse, Kreativität, Konsolidierung von Wissen usw. So wie Hoffmann und Eckhardt-Henn (2001) zu Recht die Dissoziation als „fundamentale und universale Komponente menschlicher psychischer Vorgänge" (ebd., S. 29) beschrieben haben, ist dies dann auch für den Dissoziierungs-Reassoziierungs-Vorgang zu behaupten.

Auf den ersten Blick erscheint es wenig überzeugend, das hier vorgestellte Modell auf klinische Störungen anzuwenden. Durchgängig findet man in der Literatur die Annahme, dass „Alters" aus vergleichsweise großen, in sich geschlossenen, mehr oder weniger autonomen Subsystemen bestehen. Normalerweise miteinander verbunden, bilden sie das gesunde Ganze.[5] In letzter Zeit wurden sie zudem neurobiologisch begründet und mit jeweils eigenständigen anatomischen, endokrinen und physiologischen Teilstrukturen identifiziert (Kapfhammer 2001). Daher läge es nahe, auf die Annahme einer sekundären Verklammerung durch den exogenen Reassoziierungs-Mechanismus zu verzichten und

---

5 Genau genommen dürfte man also gar nicht von „Dissoziation" sprechen, sondern mit Janet von „Disaggregation", weil nur der Begriff „Aggregat" eine aus selbstständigen Teilen zusammengesetzte Masse oder Apparategruppe beinhaltet, während unter „Dissoziation" Auflösung und Trennung von undefinierten Teilen eines Ganzen, also auch allein bedeutungslosen Fragmenten, verstanden wird.

den festen Zusammenhalt solcher Teilaggregate gemäß dem üblichen Verständnis nur durch endogene Verbindungen („links") zu erklären.

Nun fällt aber auf, dass eine dem Traumgeschehen analoge Beschreibung klinischer Bilder vor allem dann misslingt, wenn diese allein durch den „Zustand", den „altered state", in Bezug zum Bewusstsein definiert werden. Sobald wir jedoch beginnen, uns mit den Inhalten solcher Teilaggregate und ihrem Processing zu befassen, stoßen wir immer wieder auf Zerlegung und Verklammerung, zum Beispiel infolge von Angst oder Vermeidung der Erinnerungen an ein Trauma (s. Hoffmann u. Eckhardt-Henn 2001). Auf welche Weise sie dann die Symptombildung herbeiführen, kann der von der Traumanalyse abgeleitete Dissoziierungs-Reassoziierungs-Vorgang modellhaft erklären. Er ermöglicht es besser als bisher, die verschiedenen Mechanismen des Unbewussten in ihrem Zusammenspiel zu beschreiben, wenn es darum geht, bedeutungsvolle Erinnerungen, unbewusste und bewusste Motive als Abkömmlinge von Triebimpulsen und sozialen Forderungen in bewusstseinsfähige Kompromisse zu verwandeln.

Literatur

Barrett DL (1994). Dreaming as a normal model for Multiple Personality Disorder. In: Lynn SJ, Rhue JW (eds). Dissociation – clinical and theoretical perspectives. New York: Guilford Press; 123–35.

Ciompi L (1997). Die emotionalen Grundlagen des Denkens – Entwurf einer fraktalen Affektlogik. Göttingen: Vandenhoeck & Ruprecht.

Eckhardt-Henn A (2000). Dissoziation. In: Mertens W, Waldvogel B (Hrsg). Handbuch psychoanalytischer Grundbegriffe. Stuttgart: Kohlhammer; 141–5.

Fisher C (1960). Introduction: Preconscious stimulation in dreams, associations, and images. Classical studies. Psychol Issues; 2: 2–40.

Fisher C (1988). Further observations on the Poetzl Phenomenon. Psychoanal Contemp Thought; 11: 3–56.

Fiss H (1993). The „royal road" to the unconscious revisited: A signal detection model of dream function. In: Kramer M, Moffitt A (eds). The Functions of Dreaming. New York: Sunny Press; 381–417.

Freud S (1899a). Die Abwehr-Neuropsychosen. GW I. Frankfurt a. M.: Fischer; 57–74.

Freud S (1899b). Über Deckerinnerungen. GW I. Frankfurt a. M.: Fischer; 531–54.

Freud S (1900). Die Traumdeutung. GW II/III. Frankfurt a. M.: Fischer.

Foulkes D (1985). Dreaming: A cognitive-psychological analysis. Hillsdale, NJ: Erlbaum.

Halbwachs M (1952). Das Gedächtnis und seine sozialen Bedingungen. Berlin, Neuwied: Luchterhand 1966.

Hartmann E (1998). Dreams and Nightmares. The new theory on the origin and meaning of dreams. New York, London: Plenum Trade.

Hoffmann SO, Eckhardt-Henn A (2001). Angst und Dissoziation – zum Stand der wechselseitigen Beziehung der beiden psychischen Bedingungen. Persönlichkeitsstörungen; 5, Suppl: 28–39.

Kapfhammer HP (2001). Trauma und Dissoziation – eine neurobiologische Perspektive. Persönlichkeitsstörungen; 5, Suppl: 4–27.

Kihlstrom JF (1984). Conscious, subconscious, unconscious: A cognitive perspective. In: Bowers K, Meichenbaum D (eds). The Unconscious Reconsidered. New York: Wiley.

Kihlstrom JF (1987). The cognitive unconscious. Science; 237: 1445–52.

Kramer M, Moffitt A (1993). The Functions of Dreaming. New York: Sunny Press.

Leuschner W (2000). Traumarbeit und Erinnern im Lichte von Dissoziierungs- und Reassoziierungs-Operationen des Vorbewussten. Psyche – Z Psychoanal; 54: 699–720.

Leuschner W, Hau S (1992). Zum Processing künstlich induzierter Tagesreste. Materialien aus dem Sigmund-Freud-Institut; 12.

Leuschner W, Hau S, Fischmann T (1999). Ich-Funktionen im Schlaf. In: Bareuther H, Brede K (Hrsg). Traum, Affekt und Selbst. Tübingen: edition diskord; 181–212.

Leuschner W, Hau S, Fischmann T (2000). Die akustische Beeinflussbarkeit von Träumen. Tübingen: edition diskord.

Neisser U (1974). Kognitive Psychologie. Stuttgart: Klett.

Palombo SR (1978). Dreaming and Memory. New York: Basic Books.

Palombo SR (1992). Connectivity and condensation in dreaming. J Am Psychoanal Assoc; 40: 1139–59.

Pötzl O (1917). Experimentell erregte Traumbilder in

ihren Beziehungen zum indirekten Sehen. Z Neurol; 37: 278-349.

Shevrin H, Luborsky L (1958). The measurement of preconscious perception in dreams and images: An investigation of the Poetzl phenomenon. J Abnorm Soc Psychol; 56(3): 285-94.

Strümpell L (1874). Die Natur und Entstehung der Träume. Leipzig: Veit & Comp.

Yates JL, Nasby W (1993). Dissociation, affect, and network. Models of memory: An integrative proposal. J Trauma Stress; 3: 305-26.

6 Dissoziative Mechanismen und Persönlichkeitsentwicklung

F. Resch, R. Brunner

6.1 Einleitung

Dissoziative Erlebens- und Verhaltensmuster und ihre Beziehung zur Selbst-Entwicklung und Persönlichkeitsentwicklung werden im Folgenden unter einer entwicklungspsychopathologischen Perspektive beschrieben. Die Auswirkungen pathologischer Dissoziation auf die Entwicklung einer vulnerablen Persönlichkeit – mit einer Störung der affektiven und behavioralen Regulation sowie einer Somatisierungs- und Dissoziationsneigung – sind in heuristischen Verständnismodellen (Putnam 1997; Resch et al. 1998) beschrieben worden, die zunehmend eine empirische Verifizierung erfahren.

Der Kern dissoziativer Störungen besteht in einer Störung der integrativen Funktionen der Identität, des Gedächtnisses und des Bewusstseins sowie der unmittelbaren Empfindungen und Kontrolle von Körperbewegungen (Dilling et al. 1993). Vielfältige empirische Untersuchungen (Putnam 1997) zeigen einen engen Zusammenhang zwischen dem Auftreten dissoziativer Reaktionen und einem erhöhten Ausmaß an allgemeinen psychopathologischen Auffälligkeiten, veränderten neurophysiologischen Reaktionen auf Stress, Störungen des Gedächtnisses und der Kognitionen, Störungen der Impulskontrolle sowie Problemen bei der Regulierung von Affekten und Emotionen. In diesem Zusammenhang sind auch Störungen in der Entwicklung und Konsolidierung eines einheitlichen Ich-Gefühls postuliert worden, die nicht nur für die dissoziativen Störungen selbst, sondern auch bei der Ausbildung anderweitiger belastungsreaktiver psychiatrischer Erkrankungen bedeutsam scheinen (Ogawa et al. 1997; Putnam 1995; Resch 1999). Die unterschiedlichen dissoziativen Störungen sind insbesondere durch Störungen in der Selbstwahrnehmung bzw. -organisation gekennzeichnet. Als zentrale dissoziative Mechanismen werden die Automatisierung des Verhaltens, die Kompartimentalisierung der Information und des Affektes sowie Identitätsalterationen und eine Entfremdung vom Selbst beschrieben, die sich in umschriebenen Syndromen niederschlagen.

Bei der Dissoziativen Amnesie bestehen retrograde Erinnerungsdefizite an wichtige biografische Ereignisse, bei der Dissoziativen Identitätsstörung alternierende Persönlichkeitsdimensionen, und Depersonalisations- und Derealisationserfahrungen stellen Entfremdungserlebnisse im Hinblick auf die Selbst-, Körper- und Umweltwahrnehmung dar. Während bei den dissoziativen Bewusstseinsstörungen die gestörte Selbstwahrnehmung und das gestörte Identitätsbewusstsein im Vordergrund stehen, sind bei den dissoziativen Störungen vom körpersymptomatischen Typus insbesondere Störungen der Selbststeuerung vorherrschend, die sich zum Beispiel in einem Kontrollverlust über Körperbewegungen und einer eingeschränkten Willensbildung manifestieren. Die wissenschaftliche Beschäftigung mit den dissoziativen Störungen führt zu fundamentalen Fragen über Konzepte des Selbst, der Identität und der Rolle des Bewusstseins sowie der Gedächtnisfunktionen in der Entwicklung und Konsolidierung der Persönlichkeit (vgl. Kihlstrom et al. 1994).

6.2 Entwicklungspsychopathologisches Modell des dissoziativen Symptomenkomplexes

Im entwicklungspsychopathologischen Paradigma nach Resch (1999) führen vor dem Hintergrund diathetischer Belastungen soziale Entwicklungseinflüsse zu einer spezifischen Fragilität der kindlichen Persönlichkeit (s. Abb. 6-1). Durch wiederholte Traumata und das Fehlen von protektiven Faktoren und sozialer Unterstützung erlebt das Kind Symptome einer posttraumatischen Stressverarbeitung. Bei anhaltender Traumatisierung entwickelt sich ein dissoziatives Muster mit Amnesien, tranceartigen Zuständen, schnellem Wechsel von Stimmungen und Verhaltensweisen, Störungen der Affektregulation, Aufmerksamkeits- und Gedächtnisbeeinträchtigungen als ein Abwehr- und Bewältigungsstil. Anhaltende Konflikte und Traumata führen schließlich zur Ausbildung einer vulnerablen Persönlichkeit mit den von Steinberg (1995) als externale Dimensionen der Dissoziation bezeichneten Phänomenen:

- erhöhte Dissoziationsbereitschaft
- amnestische Episoden
- depressive Stimmungen
- Depersonalisations- und Derealisationsphänomene
- Somatisierungstendenzen
- Neigung zu Selbstverletzungen
- suizidale Impulse
- Suchtmittelmissbrauch

Bei weiteren Traumatisierungen oder auch nur unspezifischen Belastungen bereits geringfügiger Art kann es zur Dekompensation und zur Eskalation der genannten psychopathologischen Phänomene kommen. Insgesamt wird hier ein Symptomkomplex erkenntlich, der insbesondere bei der Persönlichkeitsstörung vom Borderline-Typus einen Großteil der beschriebenen Phänomene in sich vereint (vgl. Resch 1999). Beeinträchtigungen der Selbstregulation im Zusammenhang der Impulskontrolle und Affektsteuerung stehen nach zahlreichen Untersuchungen (u. a. Van der Kolk u. Fisler 1994) aus dem Bereich der Trauma-Forschung in einer zentralen Beziehung zum Er-

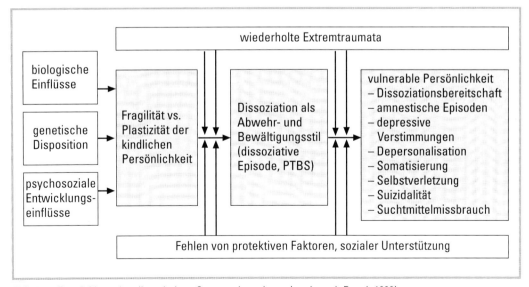

Abb. 6-1: Entwicklung des dissoziativen Symptomkomplexes (mod. nach Resch 1999).

leben von chronischer Misshandlung und Vernachlässigung bei betroffenen Personen. Die eingeschränkte Fähigkeit, Emotionen und Affekte zu modulieren, steht wiederum in einem engen Zusammenhang zu Verhaltensmustern, die als Versuche zur Selbstregulation gelten:
- aggressive Verhaltensweisen
- autodestruktives Verhalten
- Ess-Störungen
- Substanzmissbrauch

Die Unfähigkeit, internale Spannungen zu regulieren, berührt sowohl die Selbstdefinition als auch die soziale Wahrnehmung (vgl. Putnam 1997; Resch 1999).

Pathologische Dissoziation kann nach Ogawa et al. (1997) als ein störender Faktor in der Entwicklung des Selbst, aber auch als eine Konsequenz einer gestörten Selbst-Entwicklung angesehen werden. Wenn das Selbst als subjektive Instanz mit der Fähigkeit zur Integration und Organisation von Erfahrungen angesehen wird, kann Dissoziation als Störung der Integration von Erfahrungen definiert werden (vgl. Ogawa et al. 1997). Der Prozess der Dissoziation, der als protektiver Mechanismus für die Aufrechterhaltung der Integrität des Selbst in einer Bedrohungssituation beginnt, kann in der weiteren Konfrontation mit traumatischen Lebensumständen zu einer weitreichenden komplexen psychischen Symptomatik mit sozialen Funktionseinschränkungen führen, wenn sich der dissoziative Mechanismus zur Routineantwort auf jede geringfügige Belastung entwickelt hat (ebd.).

6.3 Entwicklungspsychopathologisches Modell der Selbstregulation

Unter Rückgriff auf Stern (1985) beschreibt Putnam (1995), wie chronisch dissoziative Mechanismen mit der Ontogenese des Selbst interferieren. Nach Stern (1985) wird das Selbst in vier Hauptkonstrukte operationalisiert:
- Selbst-Aktivität
- Selbst-Kohärenz
- Selbst-Affektivität
- Selbst-Permanenz

Dissoziative Mechanismen interferieren mit den einzelnen vier Hauptelementen in folgender Weise (Putnam 1995):
- Die **Selbst-Aktivität** wird auf verschiedenen Ebenen durch dissoziative Zustände beeinträchtigt. Dissoziative Erlebens- und Verhaltensmuster erschweren die Ausbildung der Fähigkeit zur Perspektivenübernahme. Interferenzerlebnisse unterbrechen die Wahrnehmung und die Fähigkeit eines willentlich generierten Verhaltens. Nichtkontrollierbare Selbstschädigungsimpulse und -handlungen unterminieren weiter das Gefühl der eigenen Urheberschaft intendierten Handelns. Die Wahrnehmung von konstanten Ursache- und Wirkungsbeziehungen wird durch Dissoziative Amnesien und das schnell wechselnde Verhalten (switching behavior) gestört. Kinder wie auch Erwachsene mit dissoziativen Störungen haben Schwierigkeiten, aus Neuerfahrungen zu lernen, da ihnen die Erfahrung kontingenten Lernens fehlt. Erlebte Konsequenzen aus nichterinnerbaren Handlungen führen nicht zu der Einsicht, dass sie Folgen eigenen Verhaltens waren.
- **Selbst-Kohärenz** umfasst die Zusammenhänge zwischen zeitlich chronologischen Erfahrungen und der Stabilität in Wahrnehmung, Kognition und Identität. Der Verlust des Zeitgefühls ist ein zentraler Aspekt dissoziativen Erlebens. Depersonalisationsgefühle und passive Beeinflussungserlebnisse unterminieren weiter den „locus of control", also die Fähigkeit, die eigenen Lebensumstände aktiv willentlich zu gestalten.
- Die **Selbst-Affektivität** beschreibt die Stabilität und Gleichartigkeit internaler Selbst-Zustände, die mit spezifischen emotionalen Qualitäten verbunden sind. Eine konstante

Kopplung zwischen spezifischen Emotionen und deren internalen Erlebnissen wird bei dissoziativen Patienten vereitelt. Diese zeigen beispielsweise unterschiedliche affektive Antworten auf die gleichen Stimuli oder können auf ihr Repertoire von Affekten nicht zugreifen.
- Zur Schwächung der **Selbst-Kontinuität** tragen alle drei genannten Faktoren bei, jedoch belasten insbesondere die dissoziativen Beeinträchtigungen des Gedächtnisses die Selbst-Kontinuität sehr wesentlich. Wenn wichtige Erfahrungen aufgrund von Amnesien unbewertet, unerkannt oder vergessen sind, trägt dies zu einer Inkohärenz der Selbst-Struktur bei. Bedeutungsvolle Verbindungen zwischen unterschiedlichen Erfahrungen können nicht hergestellt werden, und die Lücken im autobiografischen Gedächtnis belasten die Integrität des Selbst.

So wird auch in Bezug auf Main und Morgan (1996) davon ausgegangen, dass dissoziative Verhaltensmuster Ausdruck zumindest zweier inkompatibler Modelle vom Selbst und anderen sind, die sich als Konsequenzen eines konträren elterlichen Bindungsverhaltens entwickeln. Nach Liotti (1992) führen die inkompatiblen Modelle zu plötzlich wechselnden Verhaltensmustern in der Konfrontation mit belastenden Erfahrungen – meistens in Bezug auf die elterlichen Beziehungspersonen. Der Weg in die dissoziative Störung beginnt mit pathologischen Interaktionen, die dann zu einem überdauernden desorganisierten Bindungsverhalten führen.

6.4 Traumabezogene Persönlichkeitsveränderungen

Dissoziative Symptome gelten als Kernsymptome akuter oder protrahierter Belastungsreaktionen (akute Belastungsreaktion, Posttraumatische Belastungsstörung [PTBS]) und finden sich insbesondere im Spektrum der Persönlichkeitsstörungen vom Borderline-Typ. Überdauernde Störungen der Persönlichkeitsentwicklung wurden insbesondere bei Patienten mit extremen Traumatisierungen (Folteropfer, Kriegsopfer, Holocaustopfer) oder – in jüngerer Zeit – im Zusammenhang mit chronisch-intrafamiliären Traumatisierungen diskutiert. Während zwischenzeitlich das DSM eine vorübergehende Störung der Persönlichkeit unter Extrembelastung klassifiziert hatte, hat die ICD-10 an deren Klassifikation (andauernde Persönlichkeitsänderung nach Extrembelastung, F62.0) festgehalten (Dilling et al. 1993). Nach Van der Kolk et al. (1996) erscheint jedoch eine Interpretation mit der Symptomtrias Intrusion, Vermeidungsverhalten und Hypervigilanz nicht ausreichend, um die komplexen Folgen schwerer Traumatisierungen angemessen beschreiben zu können. Insbesondere könnten schwere und chronifizierte Traumatisierungen, die bereits in der Kindheit stattfanden, zu komplexen adaptativen Anstrengungen mit Auswirkungen auf die Persönlichkeitsentwicklung führen. Häufig sind diese mit einer gestörten Fähigkeit zur Regulation eines affektiven Arousals, einer herabgesetzten Fähigkeit zur Integration von Erfahrungen sowie einer Beeinträchtigung der Reizdiskriminierung verbunden, die sich auch als Missinterpretation somatischer Sensationen äußern kann. Van der Kolk et al. (1996) betrachten die komplexe Symptomatik als eine regelhaft auftretende Adaptation an biografische traumatische Ereignisse und haben sie in einer eigenständigen nosologischen Kategorie als „Disorders of Extreme Stress" mit folgenden Symptom-Clustern zusammengefasst:
- Störung in der Regulation von Affekt und Arousal
- Dissoziation und Amnesie
- Somatisierung
- Störung der Selbstwahrnehmung, einschließlich Schuldgefühlen, Selbsthass, Ge-

fühlen der Ineffektivität und Veränderungen in der Beziehungsfähigkeit zu anderen (Unfähigkeit zum Aufbau und zur Aufrechterhaltung vertrauensvoller Beziehungen)
- mangelnde Kontrolle über Verzweiflungs- und Hoffnungslosigkeitsgefühle

Zu Beginn der modernen Trauma-Forschung wurden keine expliziten Beziehungen zwischen der Stressreaktion, Somatisierung, Dissoziation und Affektregulation hergestellt (Van der Kolk 1996). Eingang gefunden hat diese komplexe Symptomatik jedoch dann in die Diagnosekriterien bei den verschiedenen überwiegend als belastungsreaktiv angesehenen psychiatrischen Störungen – einschließlich der Borderline-Persönlichkeitsstörung. Die Borderline-Persönlichkeitsstörung zeigt nicht nur eine hohe Assoziation mit dissoziativen und somatoformen Symptomen, sondern auch eine Störung der Affektregulation, die sich als unmodulierte Wut, selbstdestruktives Verhalten und chronische Suizidalität äußern kann. Die Kombination von chronischer Dissoziationsneigung, somatoformen Beschwerden und einem Verlust von adäquaten Selbstregulationsprozessen übt nach Van der Kolk et al. (1996) einen erheblichen Einfluss auf die Persönlichkeitsentwicklung aus. Störungen des Selbstgefühls und des Körperbildes, Hilflosigkeitsgefühle, Ineffektivität und Schwierigkeiten im Umgang mit Vertrauen, Intimität und Selbstwertschätzung können die Folge sein. Wie eine Dimension des PTBS-Dissoziations-Somatisierungs-Affektregulations-Komplexes jeweils die andere beeinflusst und wie therapeutische Einflussnahmen aussehen könnten, stellen wichtige Fragen dar (Van der Kolk et al. 1996).

Eine empirische Untersuchung von Wildgoose et al. (2000) konnte belegen, dass Patienten mit einer Borderline-Persönlichkeitsstörung sich von Patienten mit anderweitigen Persönlichkeitsstörungen durch ein höheres Ausmaß an dissoziativer Symptomatik und Selbst-Fragmentation unterschieden. Auch war das Ausmaß an psychiatrischer Komorbidität in der Borderline-Gruppe deutlich erhöht. Den wichtigsten Mediator für die komplexe psychiatrische Komorbidität der Borderline-Störung stellte die dissoziative Symptomatik dar. Die Autoren schließen daraus, dass eine Reduktion der Dissoziationsneigung ein primäres therapeutisches Ziel wäre, um insbesondere der komplexen psychiatrischen Komorbidität der Borderline-Störung begegnen zu können.

Van der Kolk et al. (1996) postulieren aus den Ergebnissen ihrer Feldstudie zur Prävalenz der PTBS, dass die posttraumatische Symptomatik – wie die Dissoziation, Somatisierung und Affektdysregulation – als eine komplexe Adaptation an traumatische Lebenserfahrungen angesehen werden muss. Die Komorbidität der einzelnen psychiatrischen Symptome aus dem Gesamtspektrum der Störung könnten über den Verlauf variieren oder isoliert in Erscheinung treten, auch wenn sie häufig gemeinsam auftreten. Im Vergleich zwischen behandlungssuchenden Patienten mit traumatischen Lebenserfahrungen und Personen mit ähnlichen Erlebnissen, die jedoch keine Behandlung in Anspruch nahmen, zeigte sich, dass Personen mit der Diagnose einer PTBS im späteren Verlauf ihres Lebens zum Zeitpunkt der Untersuchung deutlich ausgeprägtere Symptome zeigten als Personen, die niemals eine PTBS entwickelt hatten. Personen, die im Erwachsenenalter als Folge interpersoneller Traumata eine PTBS entwickelten, waren symptomärmer als diejenigen, die bereits im Kindesalter traumatische Erfahrungen erlitten hatten. Auch nach Rückgang der komplexen PTBS-Symptomatik zeigten viele der Untersuchten eine anhaltende unspezifische Symptombelastung. Personen, die vor ihrem 14. Lebensjahr mit interpersonellen Traumata belastet waren, zeigten deutlich mehr dissoziative Symptome sowie eine unmodulierte Wut, selbstbeschädigendes Verhalten und suizidale Impulse als Personen, die in späteren Lebensjahren von interpersonellen Traumata oder Katastrophen betroffen gewesen waren.

Nach einer Studie von Famularo et al. (1991) erfüllte ein Drittel der jugendlichen Patienten mit einer Borderline-Persönlichkeitsstörung auch die Kriterien einer chronischen Posttraumatischen Belastungsstörung. Ein signifikanter Zusammenhang von dissoziativen Symptomen, somatoformen Beschwerden und einer Trauma-Vorgeschichte bei Borderline-Persönlichkeitsstörungen konnte analog den Studien im Erwachsenenalter (u. a. Herman et al. 1989; Shearer 1994) auch im Jugendalter belegt werden (Brunner et al. 2001). Obwohl das sexuelle und/oder körperliche Trauma als alleiniger Ätiologiefaktor in der Genese der Borderline-Störung weder spezifisch noch ausreichend ist (Brunner et al. 2000; Goldmann et al. 1992; Zanarini et al. 1997), könnte insbesondere jene Subgruppe mit einer ausgeprägten chronischen PTBS den beschriebenen Zusammenhang zwischen Kindheitstraumata und Persönlichkeitsstörung reflektieren (vgl. Kapfhammer 2001). Eine posttraumatische Symptomatik wird nicht regelhaft bei traumatisierten Kindern gefunden. Nach Van der Kolk et al. (1996) erscheint die PTBS-Kriteriumbildung nur für Erwachsene angemessen; Kinder entwickeln eine andere Reaktion: Chronisches Stresserleben und Traumatisierungen gehen bei Kindern eher mit pervasiven Effekten auf die psychologischen und biologischen Regulationsprozesse einher, als dass sie umschriebene Störungen aus dem PTBS-Cluster zeigen (Van der Kolk 1994).

6.5 Dissoziation bei Kindern und Jugendlichen

In einer prospektiven Longitudinalstudie wurde die Bedeutung dissoziativer Lebens- und Verhaltensmuster für die Entwicklung des Selbst und der Selbst-Organisation bei einer Hochrisikogruppe von Kindern untersucht (Ogawa et al. 1997). Als Risiko für eine erschwerte Entwicklung wurden Lebensumstände in materieller Armut zum Zeitpunkt der Geburt definiert. Die Kohorte wurde zu fünf verschiedenen Zeitpunkten zwischen dem 1. und 19. Lebensjahr unter der Fragestellung untersucht, ob traumatische Lebenserfahrungen, die Entwicklung des Selbstgefühls, die Qualität der frühen Mutter-Kind-Beziehung, das Temperament und die Intelligenz das Ausmaß an dissoziativer Symptomatologie vorhersagen konnten. Die zentralen Ergebnisse der Studie waren: Als stärkste Prädiktoren für die Ausbildung eines pathologischen Ausmaßes an dissoziativen Symptomen erwiesen sich das Alter bei Beginn, die Chronizität und Schwere der traumatischen Ereignisse sowie ein vermeidender und desorganisierter Bindungsstil. Weiter schienen sich dissoziative Phänomene in der Kindheit mehr als normative Reaktionen auf Trennung und Stresserfahrungen zu zeigen, während eine dissoziative Symptomatologie in der Adoleszenz und im jungen Erwachsenenalter eher als Ausdruck einer manifestierten Psychopathologie imponierte. Diejenige Untersuchungsgruppe, in denen sich Personen befanden, die bereits in der frühen Kindheit mit Traumatisierungen konfrontiert worden waren, zeigte über alle Untersuchungszeitpunkte hinweg insgesamt ein erhöhtes Ausmaß an dissoziativen Symptomen. Jedoch war diese Gruppe gleichzeitig durch häufigere und schwerere Traumatisierungen betroffen als die anderen untersuchten Probanden. Spätere im weiteren Entwicklungsverlauf eintretende traumatische Belastungen schienen einen geringeren Einfluss auf die Ausbildung einer dissoziativen Symptomatik auszuüben.

Aus entwicklungspsychopathologischer Sicht erscheint interessant, dass junge Kinder eher ein dissoziatives Verhalten als Reaktion auf traumatische Ereignisse zeigen und die Tendenz aufweisen, Konflikte mit dissoziativen Mechanismen (Phantasien, Größenideen etc.) abzuwehren. Später einsetzende Stressoren üben in deutlicher Abhängigkeit von einer zuvor bestehenden dissoziativen Vulnerabilität ihren pathogenen Einfluss aus. Die Indikatorfunktion dissoziativer Erlebens- und Verhaltensmuster für weitere psychopathologische Auffälligkeiten scheint mit zunehmendem Alter größer zu werden. Die Entwicklung eines dissoziativen Abwehrmechanismus scheint beim fragilen Selbst häufiger aufzutreten, während das gesunde Selbst eine größere Kapazität zur Integration belastender Erfahrungen besitzt. Ein gestörtes Bindungsverhalten erwies sich als ein ausgeprägter Prädiktor für ein klinisch bedeutsames Ausmaß an psychopathologischen Auffälligkeiten in der Adoleszenz, sodass die Bindungsfähigkeit als ein sehr wesentlicher Faktor für die Kompensation von Stress und traumatischen Erfahrungen in der Adoleszenz angesehen werden kann (Ogawa et al. 1997).

Liottis (1992) theoretische Konzeptualisierung, dass ein spezifisches desorganisiertes Bindungsmuster (Typ D) die Vulnerabilität zur Ausbildung einer dissoziativen Symptomatik erhöht, konnte Carlson (1998) in ihrer prospektiven Longitudinalstudie bestätigen. Main und Morgan (1996) belegten auch, dass eine ausgeprägte dissoziative Symptomatik der Mutter die Entwicklung eines desorganisierten Bindungsverhaltens bei ihren Kindern induzieren kann. Der desorganisierte Bindungstyp ist gekennzeichnet durch widersprüchliche Verhaltensmuster sowie Desorientierung und Fluktuation im Bindungsverhalten. Hinzu kommen häufig Perioden plötzlicher Erstarrung mit tranceartigen Zuständen oder Benommenheit. Bis zu 80 % misshandelter Kinder und Kleinkinder zeigen ein Bindungsverhalten vom desorganisierten Typus (Cicchetti u. Walker 2001). Nach Putnam (1997) zeigt das Eltern-Kind-Interaktionsverhalten einen starken Einfluss auf die Entwicklung pathologischer Dissoziation. Nach dem DBS-Modell (Discret Behavioral States Model) von Putnam (1997) entwickeln Kinder komplementäre Verhaltenszustände (behavioral states), die Adaptationsversuche an die elterlichen (sprunghaften) Verhaltensmuster darstellen. Aufgrund des nichtkontingenten Verhaltens elterlicher Bezugspersonen wird die Fähigkeit der Kinder, eine Kontrolle über ihre unterschiedlichen affektiven und kognitiven Zustände zu entwickeln, unterminiert. Elterliche Bezugspersonen benutzen normalerweise eine Reihe von Techniken, um die behavioralen und affektiven Zustände bei ihren Kindern zu modulieren. Die Modulation affektiver Verhaltenszustände ist nicht nur ein wesentlicher Entwicklungsfaktor der Emotionsregulierung, sondern gleichzeitig eine Voraussetzung sozialen Verhaltens (Putnam 1997). Nach mehreren Untersuchungen (u. a. Gralinski et al. 1995) besteht ein bedeutsamer Zusammenhang zwischen einer beeinträchtigten Regulationsfähigkeit der Emotionen und Verhaltensproblemen über alle Altersstufen vom Kindes- bis zum Erwachsenenalter hinweg. Mit zunehmendem Entwicklungsalter ist das Kind mit der Bewältigung von Entwicklungsaufgaben konfrontiert, die den differenzierten Einsatz eines Verhaltensrepertoires erforderlich macht (Putnam 1997).

Das Auftreten pathologisch dissoziativer Mechanismen aufgrund traumatischer Lebenserfahrungen wurde auch in einer empirischen Studie von Macfie et al. (2001) bereits im Vorschulalter bestätigt. Aufgrund der Schwierigkeit, in diesem Altersbereich jenseits von dissoziativen Verhaltensmustern (gemessen mit der Child Dissociative Checklist) valide Informationen durch einen Selbstbericht zu erheben, wurde die so genannte narrative Geschichtsstammergänzung verwandt (Bretherton et al. 1990). Diese Methode erlaubt die Erhebung von Störungen des Gedächtnisses, der Wahrnehmung, der Identität, eines inkonsistenten Elternverhaltens und Coping-Verhaltens bei Verlusterlebnissen. Während Kinder ohne Misshandlungserlebnisse eine kohärente Selbst-Entwicklung zeigten, fielen Kinder mit Misshandlungserfahrungen bei zunehmendem Alter durch eine fragmentierte Selbst-Entwicklung und ein erhöhtes Ausmaß an dissoziativen Symptomen auf. Die Studie weist auf sensitive Perioden in der Identitätsentwicklung hin, wobei dem Vorschulalter eine besondere Bedeutung zukommt. Die meisten misshandelten Kinder zeigen ein desorganisiertes Bindungsverhalten nicht nur gegenüber Eltern, sondern auch gegenüber anderen Personen, bedingt durch die korrespondierend internalisierten inkompatiblen Repräsentanzen des Selbst in Beziehung zu anderen (Liotti 1992; Main u. Morgan 1996) – ein Phänomen, das als „Übertragung" schon in der Frühzeit der Psychoanalyse beobachtet wurde.

Resch et al. (1998) konnten in einer Studie an jugendpsychiatrischen Patienten einen signifikanten Zusammenhang zwischen dem Ausmaß an dissoziativer Symptomatik und einem negativen Selbstkonzept belegen. Je ausgeprägter die Jugendlichen von dissoziativen Erlebnissen berichteten, desto negativer schienen die Selbstkonzepte. Die stärksten Zusammenhänge zeigten sich in folgenden Selbstkonzeptdimensionen:
- allgemeine Problembewältigung
- Gefühle und Beziehung zu anderen
- allgemeine Selbstwertschätzung
- Irritierbarkeit durch andere

Die Selbstkonzeptbelastung schien dabei jedoch nur sehr eingeschränkt auf das Ausmaß traumatischer Lebensereignisse zurückführbar, so schienen Gewalt- und Vernachlässigungserfahrungen keinen isolierten Effekt auf das Selbstkonzept auszuüben. Nur eine Vorgeschichte an sexueller Missbrauchserfahrung stellte per se eine das Selbstkonzept negativ beeinflussende Lebenserfahrung dar (Resch et al. 1998).

6.6 Neurobiologische Aspekte traumabezogener psychiatrischer Störungen

Um die Rolle dissoziativer Mechanismen und traumatischer Lebenserfahrungen für die Persönlichkeitsentwicklung näher beschreiben zu können, ist eine Einbeziehung jüngster Forschungsergebnisse aus den modernen Wissenschaftsdomänen der affektiven und kognitiven Neurowissenschaften sowie der Entwicklungstraumatologie erforderlich. Insbesondere sind folgende Forschungsschwerpunkte aus den genannten Domänen zu berücksichtigen:
- Stress und Gedächtnisfunktionen
- Störungen der exekutiven Funktionen
- Störungen der Affektregulation
- Emotionsgedächtnis und interpersonelle Beziehungen

6.7 Zentrale Befunde der Entwicklungstraumatologie

Die Entwicklungstraumatologie ist definiert als eine systematische Untersuchung psychischer und psychobiologischer Auswirkungen überwältigender und chronischer Traumatisierungen auf das sich entwickelnde Kind (De Bellis 2001). Neue Forschungsergebnisse (De Bellis 2001; Glaser 2000) zeigen, dass schwerwiegende psychische Traumatisierungen in der Kindheit mit einer Veränderung der biologischen Stess-Systeme und mit ungünstigen Einflüssen auf die Gehirnentwicklung einhergehen. So beschrieb Glaser in ihrer Übersichtsarbeit (2000) die Relevanz sensitiver Perioden der Hirnreifung, in denen sich unter Einfluss eines pathogenen Bindungsverhaltens oder traumatisierender Erfahrungen strukturelle präfrontale Asymmetrien ausbilden: Die Synaptogenese wird gestört und bewirkt eine Störung der Entwicklung der exekutiven Funktionen, eine verminderte Expression und die Selbstregulation von Emotionen. Häufig ist dieses Entwicklungsmuster durch aggressive Tendenzen und Hypervigilanz gekennzeichnet. Ebenso führen ein gestörtes Bindungsverhalten und Traumatisierungen zu einer

Störung der biogenen aminergen Systeme, was zu einer Dysregulierung höherer Gehirnzentren Anlass geben kann. Traumatische Erlebnisse in der Kindheit scheinen sich wegen der im Gegensatz zum Erwachsenenalter vielfältigen Interaktionen zwischen Trauma-Folgen und neuronaler Entwicklung gravierender auszuwirken.

Nach Davidson und Sutton (1995) bestehen gravierende individuelle Unterschiede in der Reaktion auf lebensnahe herausfordernde Ereignisse, und diese Differenzen stellen möglicherweise die Basis für die Entwicklung von unterschiedlicher Vulnerabilität dar. Untersuchungen (Pollack et al. 1998) ergaben Hinweise, dass Kinder mit frühen traumatischen Lebenserfahrungen Schwierigkeiten in der emotionalen Entwicklung zeigen und kognitive Bewältigungsprozesse eine entscheidende Verbindung zwischen emotionaler Entwicklung und psychopathologischen Auffälligkeiten darstellen. Die Verknüpfung affektiver Auslöser mit traumatischen Erfahrungen und Erinnerungen verändert selektiv die Bedeutung von Emotionen bei von Misshandlung betroffenen Kindern. Um eine beeinträchtigte Verhaltenssteuerung bei misshandelten Kindern verstehen zu können, ist es erforderlich, die Beeinträchtigungen der Fähigkeit, emotionale Zustände zu erkennen, auszudrücken und zu regulieren, zu berücksichtigen (ebd.; Resch 1999). Die affektiven und kognitiven Prozesse von Kindern, die mit traumatischen Erlebnissen konfrontiert waren, erkennen zu können, führt zum Verständnis der Entwicklung maladaptiver Bewältigungsmechanismen (Pollack et al. 1998).

Im Umgang mit nichttraumatisierenden Erwachsenen und Gleichaltrigen fühlen sich traumatisierte Kinder unangemessen bedroht, was zum Ausgangspunkt interpersoneller Schwierigkeiten und missverständlicher sozialer Interaktionen führen kann (ebd.). Misshandelte Kinder waren auch weniger in der Lage, emotionsbezogene Wörter zu benutzen, die insbesondere mit ihren körperlichen Reaktionen und negativen Affekten im Zusammenhang standen. Unangemessene Affekte wie Wut, Angst und Aggression werden häufig von ehemals misshandelten Kindern im Kontakt mit Gleichaltrigen gezeigt.

Mehrere Untersuchungen haben Kindheitstraumata mit einer Beeinträchtigung der strukturellen Hirnreifung in Verbindung gebracht (De Bellis et al. 1999; Glaser 2000). Die chronische Mobilisierung der biologischen Stressantwortsysteme kann auch zu einer überdauernden neuronalen Schädigung führen. Auch wenn bei Kindern kein morphologisches Substrat der Schädigung des Hippocampus nachgewiesen werden konnte (im Gegensatz zu Erwachsenen), bleibt die Frage, ob der entwicklungsmäßige normative Zuwachs an kognitiven Kapazitäten, insbesondere im Bereich der Aufmerksamkeits- und Gedächtnisleistungen, durch chronische Stressoren beeinträchtigt werden kann. Untersuchungen (Shipman et al. 2000) zeigen, dass von Misshandlung betroffene Kinder bereits Muster von affektiver und behavioraler Dysregulation entwickeln, die dem Erwachsenenalters sehr ähnlich scheinen. Die emotionale Bedeutungsgebung und Emotionsregulierung waren nachweislich gestört und interferierten negativ mit der gesamten emotionalen Entwicklung. Misshandelte Kinder zeigten eine erschwerte emotionale Bedeutungsbeschreibung und größere Schwierigkeiten, negative Gefühle zu verarbeiten. Alternative Emotionsregulierungsstrategien setzten die Kinder einem Risiko für weiterführende Anpassungsprobleme in ihrer Entwicklung aus. Schwierigkeiten in der behavorialen und emotionalen Selbstregulationsfähigkeit können sowohl zu einer externalisierten (ausagierendes Verhalten, explosive Wut, Suizidversuche) als auch zu einer internalisierten (zum Beispiel depressive Verstimmungen, suizidale Ideen) Symptomatik in ein und demselben Individuum führen (De Bellis 2001).

6.8 Neurobiologische Aspekte von Stress und Gedächtnisfunktionen

Der Einfluss biologischer Stress-Systeme (insbesondere des stressaktivierenden hormonellen Systems) auf die Gedächtniskonsolidierung und Regulation von Gedächtnisfunktionen ist umfangreich belegt (Roozendaal et al. 1997; Sapolsky 1996). Störungen der Gedächtnisfunktionen spielen eine wichtige Rolle in den klinischen Erscheinungsformen bei Patienten mit stressbezogener Psychopathologie (Bremner 1999). Patienten mit dissoziativen Phänomenen, beispielsweise bei einer PTBS, zeigen eine Bandbreite an Gedächtnisstörungen, einschließlich der Defizite in deklarativen Gedächtnisleistungen, im autobiografischen Gedächtnis sowie der Störungen im Bereich des nondeklarativen Gedächtnisses (Bremner et al. 1998; Prohl et al. 2001).

Die bei Patienten mit einer PTBS regelhaft zu beobachtende Übererregbarkeit steht im Zusammenhang mit einer stressbedingten Fehlregulation von Katecholaminen, die wiederum über eine direkte Affektion des präfrontalen Kortex die Informationsverarbeitung beeinflussen (Sapolsky 2000). So können beispielsweise bei PTBS-Patienten auch durch unspezifische Stressoren – über einen Katecholamin-Anstieg vermittelt – Erinnerungen, Flashbacks, Amnesien oder Hypermnesien an biografisch bedeutsame Ereignisse wachgerufen werden (Van der Kolk u. Fisler 1994). Auch im Bereich impliziter Gedächtnisfunktionen können traumabezogene Stimuli über ein aktiviertes Priming intrusive Gedanken besonders leicht auslösen (LeDoux u. Muller 1997). Veränderungen im präfrontalen Kortex scheinen die zur Extinktion benötigte neokortikale und orbitofrontale Inhibition der Amygdalafunktion zu stören und damit die Chronizität der posttraumatischen Symptome zu fördern (Spiegel 1997). Die kortikale Kontrolle und Differenzierung von internalen und externalen Hinweisreizen scheint unter Stressbelastungen erheblich erschwert. Die durch stressbezogene Veränderungen von Neurotransmittern herabgesetzte kortikale Kontrolle über subkortikale Gebiete scheint für die Störung der Stimulusdiskrimination mit verantwortlich zu sein. Durch Alkohol, Schlafentzug oder stressbedingt verminderte behaviorale Inhibierung können nicht nur affektive Ausnahmezustände, körperliche Sensationen oder intrusive Bilder ausgelöst werden, sondern nicht selten im Zusammenhang mit einer gelockerten Impulskontrolle auch selbstschädigende Verhaltensweisen. Die Spaltung und Isolation von Wahrnehmung, Affekt und Erinnerung kann durch eine Inhibierung der sprachlichen Verarbeitung perpetuiert werden (Rauch et al. 1996), sodass Dissoziation als „Wissen ohne Bewusstsein" interpretierbar wird (Spiegel 1997). Traumatische Erfahrungen wirken dabei als unbewusste Handlungsbereitschaften weiter.

Dissoziation und Störungen der exekutiven Funktionen

Die neurobiologisch ausgerichtete Forschung hilft auch, die gestörten Beziehungs- und Verhaltensmuster bei traumatisierten Kindern, Jugendlichen und Erwachsenen zu verstehen. Während früher vorrangig intrapersonelle Probleme als Konsequenz traumatisierender Entwicklungsbedingungen diskutiert wurden, wurden jüngst auch die interpersonellen Folgen vor dem Hintergrund neuerer Erkenntnisse der Stressforschung berücksichtigt (Arnstein 1999; Glaser 2000; Siegel 2001). So werden Störungen der Selbstregulationsfähigkeit in einem engen Zusammenhang mit einer Störung der exekutiven Funktionen gesehen – auf der Basis funktioneller oder struktureller Störungen im Bereich des präfrontalen Kortex. Stressbedingte neurochemische Veränderungen im präfrontalen Kortex können gerade die

Hirnregionen beeinträchtigen, deren Funktionsausfall die Verhaltenssteuerung massiv erschwert. Menschen mit präfrontalen Läsionen zeigen eine herabgesetzte Aufmerksamkeitssteuerung, desorganisiertes und impulsives Verhalten sowie eine Hyperaktivität. Neuere Studien konnten jedoch zeigen, dass eine stressinduzierte Katecholamin-Ausschüttung über eine funktionelle „Läsion" ähnliche Symptome wie bei strukturellen Schädigungen hervorruft (Arnstein 1997). Die Verhaltenssteuerung ist eng an eine optimale Rezeptoraktivierung (D 1) gekoppelt; eine Über- oder Unterstimulierung führt zu erschwerten oder beeinträchtigten Funktionen der Informationsverarbeitung. Reduzierte Arbeitsgedächtnisleistungen und Probleme der Aufmerksamkeitssteuerung korrelieren hoch mit Problemen der Verhaltenssteuerung (Yang u. Seamans 1996). Unter dem Begriff der exekutiven Funktion werden heute überwiegend folgende Aktivitäten erfasst (Barkley 2000):
- Willensbildung, Planen; zielorientiertes, intentionales Handeln
- Inhibition und Resistenz gegenüber Ablenkung
- Problemlösen und Konzeptentwicklung; Selektion; Sequenzierung
- Flexibilität, Veränderungen von Routinen
- Persistenz in der Zielorientierung
- Selbstaufmerksamkeit über die Zeit

Viele Forscher sehen eine substanzielle Überlappung der exekutiven Funktionen mit der Fähigkeit zur Selbstregulation (Barkley 1997a). Als zentraler Bestandteil der exekutiven Funktionen wird das Arbeitsgedächtnis angesehen. Die Kapazität, eine mentale Repräsentation im Gedächtnis evident zu halten, sei entscheidend für die Verhaltenssteuerung eines Menschen (Barkley 2000). Dysfunktionen des Arbeitsgedächtnisses und ihre Beziehung zur Pathogenese unterschiedlicher (neuro-psychiatrischer) Krankheitsbilder nehmen in der neurobiologischen Forschung der vergangenen Jahre einen zentralen Stellenwert ein (Goldman-Rakic 1999; Jonides u. Smith 1997; Smith u. Jonides 1999). Der präfrontale Kortex als Sitz der exekutiven Funktionen umfasst ca. 30 % des gesamten Kortex und entwickelt sich bis in das frühe Jugendalter hinein. Störungen im präfrontalen Bereich, die die exekutiven Funktionen betreffen, sind häufig mit massiven psychosozialen Funktionseinschränkungen verbunden. Auffällig erweisen sich die Betroffenen insbesondere im Hinblick auf eine Störung im Problemlöseverhalten und in der eingeschränkten Fähigkeit, allgemein gängige soziale Situationen zu bewältigen (Grafman u. Litvan 1999). Die Entwicklung exekutiver Funktionen wird als fundamentaler Reifungsschritt im Übergang vom Kindes- ins Erwachsenenalter angesehen (Denckla 1996; Posner u. Rothbart 2000). Willkürlich gesteuerte Aufmerksamkeitsprozesse und individuelle Unterschiede in den exekutiven Funktionen haben wichtige Implikationen für die frühe Entwicklung von behavioraler und emotionaler Kontrolle (vgl. Rothbart u. Bates 1998).

Nach dem Konzept von Barkley (1997b) werden mögliche Dysfunktionen der exekutiven Funktionen mit biologischen Temperamentsdimensionen nach dem Persönlichkeitsmodell von McCrae (1991) und Cloninger et al. (1993) in Verbindung gebracht. So steht beispielsweise eine gestörte (verminderte) behaviorale Inhibition im Zusammenhang mit einer ausgeprägten hohen Sensibilität gegenüber Reizsignalen, einer niedrigen Stimulusmodulation sowie einer verminderten Habituationsfähigkeit, die im psychopathologischen Sinne als affektive Instabilität mit Störungen der Impulskontrolle imponieren kann (Winkler u. Rossi 2001). Auch die Borderline-Persönlichkeitsstörung ist durch eine komplexe Verhaltensstörung charakterisiert, insbesondere zeigt sich eine Kombination affektiver, impulsiver und kognitiver Regulationsstörungen, die im Zusammenhang mit Defiziten im präfrontalen Kortex interpretiert wurden (Zelkowitz et al. 2001). Neuropsychologische Untersuchungen bei Borderline-Patienten hatten vorrangig Defizite in den exekutiven Funktionen erhoben, die sich unabhängig von einer Vorgeschichte an traumatischen Erfahrungen als Risikofaktor erwiesen. Eine Vorgeschichte an psychischen Traumata trug jedoch noch über die neuropsychologischen Faktoren hinaus zu einer weiteren Varianzaufklärung bei (ebd.). Diese Befunde sprechen dafür, dass neben den Umwelteinflüssen eine neurobiologische Vulnerabilität in der Ätiopathogenese der Borderline-Erkrankung angenommen werden muss. Unter dem Gesichtspunkt der neuronalen Plastizität erscheint es jedoch nicht verwunderlich, dass hirnmorphologische Auffälligkeiten, gestörte Neurotransmittersysteme sowie neuropsychologische Defizite für stressbezogene psychiatrische Erkrankungen charakteristisch sind. Die häufig berichteten pathologischen Beziehungs- und Bindungserfahrungen können zu substanziellen neurobiologischen Substraten geführt haben (Driessen et al. 2000; Paris 2000; Zanarini u. Frankenburg 1997).

Störungen auf der Basis funktioneller oder struktureller Hirnschädigungen könnten in einem ursächlichen Zusammenhang mit der bei der Borderline-Störung beschriebenen affektiven und behavioralen Dysregulation stehen und den Kern der sozialen Interaktionsstörungen darstellen. Bei den dissoziativen Störungen im engeren Sinne könnten stressbedingte Beeinträchtigungen der exekutiven Funktionen in einem Zusammenhang mit einer gestörten intentionalen Handlungsplanung zu sehen sein und sich im Bereich der motorischen Funktionen zum Beispiel als dissoziative Bewegungsstörung und im Bereich des Bewusstseins bzw. der Identität als Dissoziative Fugue äußern.

Neurobiologische Aspekte von Stress und Affektregulation

Trotz einer Vielzahl unterschiedlicher Definitionen des emotionalen Systems besteht heute Konsens darüber, dass die Regulation von Affekten eine wichtige Rolle für eine flexible Auseinandersetzung mit der Umwelt spielt (Cicchetti u. Toth 1995). Die Vielgestaltigkeit der Regulationsprozesse zeigt das Modell von Thompson (1994), dem zufolge sich verschiedene Ebenen der Emotionsregulation unterscheiden lassen:
- zentralnervöse Erregungs- und Hemmungsprozesse
- Aufmerksamkeitsprozesse
- Deutung emotionaler Anlässe
- Dekodierung internaler Emotionsindikatoren
- Zugang zu externen Bewältigungsressourcen
- emotionale Belastungen im Umfeld
- Auswahl geeigneter Reaktionsalternativen

Störungen der Affektregulation werden mit über der Hälfte der Achse-I-Störungen und mit allen der Achse-I-Störungen des DSM-IV in Verbindung gebracht (Gross u. Levenson 1997; Saß et al. 1996). Bei Erwachsenen ist die Affektdysregulation neben dem Bereich der Persönlichkeitsstörungen (insbesondere der Borderline-Persönlichkeitsstörung) vor allem mit Ess-Störungen, Substanzmissbrauch, depressiven Störungen und Angststörungen verbunden. Bei Kindern stellt eine Dysregulation von Affekten einen Risikofaktor für internalisierende und externalisierende Störungen dar (Gross 1998). Die Entwicklung der Affektregulation ist zum einen von Temperamentsmerkmalen des Kindes, zum anderen von der externen Regulation durch Bezugspersonen (Bindungserfahrungen) abhängig (Friedlmeier 1999). Störungen der Affektregulation scheinen auch in einem engen Zusammenhang mit traumatischen Erfahrungen (Misshandlung, Vernachlässigung) in der Kindheit zu stehen (Cicchetti u. Toth 1995; Van der Kolk u. Fisler 1994), doch erweist sich diese Verbindung weder als hinreichend noch spezifisch. Beeinträchtigung der Selbstregulation bei der Impulskontrolle und Affektsteuerung treten häufig mit dissoziativen Symptomen auf, insbesondere wenn sich traumatische Erfahrungen wie chronische Misshandlung oder Vernachlässigung in der Kindheit finden lassen (Van der Kolk u. Fisler 1994).

Die Bedeutung des emotionalen Systems für die Selbstregulation ist unter entwicklungspsychopathologischen Gesichtspunkten explizit hervorgehoben worden (Resch 1999; Resch u. Parzer 2000).

6.9 Emotionsgedächtnis und interpersonelle Beziehungen

Die PTBS ist ein paradigmatisches Beispiel für das pathologische Emotionsgedächtnis – wie alle Prozesse des Lernens gehen auch emotionale Erfahrungen in das Gedächtnis ein und können über die gesamte Lebensspanne hinweg wirksam bleiben (Post et al. 1998). Nach Post et al. sind folgende Mechanismen an der Ausbildung eines pathologischen Emotionsgedächtnisses beteiligt: Eine Kaskade von psychologischen und neurobiologischen Reaktionen wird in der Begegnung mit emotionalen Stressoren in Gang gesetzt. Regulationsstörungen können – durch internale und externale Reize ausgelöste – emotionale Erinnerungen wachrufen, die sich in einer autonomen Form verselbstständigen, sodass der gesamte Lebensprozess beeinträchtigt werden kann. Je häufiger die Wiederholungen, desto höher scheint das Risiko, eine Behandlungsresistenz durch Kindling- und Stress-Sensitivierungsprozesse zu entwickeln. Eine übergreifende „Kreuz-Sensitivierung" kann sich auch als Reaktion auf andere als Stressorreize wahrgenommene Signale entwickeln. Repetitive Stresserfahrungen führen eher zu einer behavioralen Sensitivierung als zur Entwicklung einer Toleranz. Auch wenn Stressoren beim initialen Krankheitsverlauf depressiver Störungen eine wesentliche Rolle spielen, scheinen sich spätere Episoden häufig stressunabhängig, „autonom" zu entwickeln (vgl. Kendler 1998). Der Zeitpunkt, die Schwere sowie qualitative Aspekte von traumatischen Lebenserfahrungen prädisponieren zu unterschiedlichen Symptom-Clustern belastungsreaktiver Störungen (Post et al. 1998). Aus dem Tiermodell ist bekannt, dass auch mütterliche Deprivation profunde Auswirkungen auf die neurale Entwicklung der Jungen besitzt und Folgen für die kognitive, emotionale und behaviorale Entwicklung zeitigt (vgl. Wiener 2000). Umwelteinflüsse spezifischer Qualität und Quantität, insbesondere wenn sie in eine bedeutsame Entwicklungsphase fallen, üben tief greifende Effekte auf die neuronale Organisation aus (Cicchetti u. Tucker 1994). Nach dem Befund von Davidson und Sutter (1995) scheint es erfahrungsabhängige Perioden der Plastizität zu geben, in denen aus der Konfrontation des Kindes mit bestimmten affektiven Interaktionen präfrontale asymmetrische strukturelle Änderungen des Gehirns resultieren – mit bedeutsamen Konsequenzen für das spätere Affekterleben und Verhalten. Die Entwicklung der Selbstregulation von Affekten und Aufmerksamkeitssteuerung scheint deutlich abhängig von Bindungserfahrungen, die wiederum mit sensitiven Perioden der Hirnreifung im Zusammenhang stehen.

Neue Forschungsergebnisse (s. Kempermann et al. 1997) zur Plastizität von Nerven und ihren synaptischen Verbindungen im Erwachsenenalter ermöglichen eine Vorstellung darüber, wie sich traumatische Erfahrungen auch noch im fortgeschrittenen Lebensalter beim Zusammenspiel von Lernen, Gedächtnis und neurobiologischen Reaktionen auswirken könnten. Wiederholte emotionale Traumatisierungen, wie sie bei den Kindlings- und den Sensitivierungsmodellen der PTBS diskutiert werden, führen zur Akkumulation und Intensivierung vielfältiger neurobiologischer Veränderungen auf neurostruktureller, synaptischer und molekularer Ebene (Post et al. 1998). So wie die neuronalen Repräsentationen von Erfahrungen über den Hippocampus gespeichert werden, besteht wohl auch eine ähnliche neuronale Plastizität bei der Konstruktion emotionaler Umweltschemata (ebd.). Nicht nur die grundlegenden menschlichen Bedürfnisse, sondern auch komplexere subtile Aspekte von Belohnung im Zusammenhang mit sozialen Interaktionen oder Erfahrungen mit Stresserlebnissen sind neuronal verankert. Es wird angenommen, dass sich die Größe, Art, Komplexität und interaktionelle Matrix dieser Repräsentationen in Abhängigkeit von den Entwicklungsstufen verändern, ähnlich, wie sie von Freud oder Erickson in ihren heuristischen Modellen beschrieben wurden (vgl. Post et al. 1998). Die gleichen Umwelteinflüsse üben im späteren Leben einen andersartigen Einfluss aus, da das ZNS reifer ist. Es scheint wahrscheinlicher, dass durch negative Umwelteinflüsse eher funktionelle Störungen statt größerer anatomischer und biochemischer Störungen resultieren (Manly et al. 1994, zit. nach Post et al. 1998).

LeDoux (1998) hat mithilfe von Konditionierungsstudien ein Modell entworfen, wie Interaktionen zwischen Emotionen, Gedächtnis und neuralen Mechanismen grundlegend für die Genese affektiver Störungen (depressive Störungen und Angststörungen) anzusehen sind. So könnte eine depressive Symptomatik von aversiven Erfahrungen herrühren, die in Gedächtnisregionen gespeichert sind und später durch spezifische Reize reaktiviert werden. Eine bewusste Einsicht in diesen Zusammenhang kann zur Entlastung führen, eine unbewusste Triggerung der Symptomatik die Behandlung erschweren. Hieraus leitet Andreasen (1997) ein Trait-State-Modell psychiatrischer Erkrankungen ab: So können beispielsweise schmerzhafte Erfahrungen in Hirnregionen wie der Amygdala und dem präfrontalen Kortex ruhen (Trait) und zur Entwicklung einer klinischen Symptomatik (State) prädisponieren, wenn zusätzliche Faktoren einwirken. Die psychologische Rolle der Amygdala ist jedoch nicht nur auf die Angstkonditionierung beschränkt, sondern übt (nach Tiermodellen) in der Konfrontation mit psychologischen Stressoren einen weitreichenden Einfluss auf das Verhalten aus – vor dem Hintergrund komplexer neuroendokriner und präfrontaler monoaminerger Reaktionen (LeDoux 1998). Untersuchungen an amnestischen Patienten konnten zeigen, dass das Erlernen von konditionierten emotionalen Reaktionen auf spezifische Reize gelingt, und zwar unabhängig von der Fähigkeit, sich an den Ursprung der emotionalen Information bewusst erinnern zu können (Weiskrantz u. Warrington 1979). Die Trennung von kognitivem faktischen (expliziten) Wissen und emotionalem (impliziten) Wissen sowie die Relevanz der Trennung bzw. Unterscheidung von expliziten und impliziten Gedächtnisfunktionen für das Verständnis spezifischer psychopathologischer Symptome und Syndrome haben im Rahmen der modernen Gedächtnisforschung eine besondere Bedeutung erfahren (Fiedler 1999). Die Erkenntnis, wie frühere Erfahrungen das implizite Gedächtnis beeinflusst haben, kann helfen, verschiedene Aspekte zwischenmenschlicher Beziehungen zu erfassen (Siegel 2001). Wiederholte Erfahrungen von Terror und Angst können nachhaltig durch Lernprozesse, vermittelt in bestimmten Hirnregionen (Sensitivierung, Angstkonditionierung, Extinktionsprobleme), eine Vulnerabilität geschaffen haben, die auch den Umgang mit der normalen sozialen Umgebung implizit beeinflusst. Die Informationsverarbeitung kann trotz intakter neuraler Strukturen funktionell beeinträchtigt sein – wie bekannterweise unter posttraumatischen Bedingungen. Ungelöste traumatische Erinnerungen können an einer Verschlechterung des kortikalen Konsolidierungsprozesses beteiligt sein und damit Erinnerungen an diese Ereignisse aufgrund nur unzureichender Speicherung durch das explizite Gedächtnis vereiteln. Diese unbewältigten „states of mind" haben nach Siegel (2001) wichtige Implikationen für menschliche Funktionen, insbesondere in interpersonellen Beziehungen. Einige Individuen können von intrusiven impliziten Erinnerungen überschwemmt werden, bei denen sie die selbststeuernden Aspekte des expliziten Gedächtnisses verlieren und sich nicht so fühlen, als ob sie sich an frühere Ereignisse erinnern, sondern so, als wären sie unmittelbar vom Ereignis betroffen. Affektive Zustände, die isoliert und losgelöst von den normalen integrativen Funktionen des Individuums im Gedächtnis haften bleiben, können die Entwicklung eines kohärenten Gefühls des Selbst behindern (ebd.).

6.10 Schlussfolgerungen

Das eingangs beschriebene heuristische Modell zum Zusammenhang von dissoziativen Mechanismen und Persönlichkeitsentwicklung erfährt unter Einbeziehung der beschriebenen aktuellen Befunde aus der Entwicklungstraumatologie und den Neurowissenschaften eine weitere Ausdifferenzierung (s. Abb. 6-2). Dabei nehmen grundlagenwissenschaftliche Erkenntnisse zum Einfluss von Stress auf die Informationsverarbeitung und Affektregulation einen besonderen Stellenwert ein.

Psychobiologische Stressantwortsysteme (zum Beispiel bedingt durch Überproduktion von Neurotransmittern und Stresshormonen) führen zu funktionellen und/oder strukturellen Beeinträchtigungen der Informationsverarbeitung (Gedächtnisfunktionen einschließlich der exekutiven Funktionen) und Affektregulation (beinflusst durch individuelle Temperamentsdifferenzen) und sind direkt an der Exazerbation der posttraumatischen und dissoziativen Symptomatik beteiligt. Die Störungen der Informationsverarbeitung und der Affektregulation stehen zudem in einer wechselseitigen Beziehung und generieren – über den posttraumatischen dissoziativen Symptomenkomplex hinaus – die häufig assoziierte psychopathologische Begleitsymptomatik. Das Erleben der Psychopathologie stellt selbst einen Stressor dar, der die Selbstregulationsfähigkeit weiter unterminiert und im Sinne eines Circulus vitiosus auf die Persönlichkeitsentwicklung einen schädigenden Einfluss ausübt. Dieses Zurückwirken wird am Beispiel der angstinduzierenden Qualität von Depersonalisationserfahrungen verstehbar (Hoffmann u. Eckhardt-Henn 2001). Auch erscheint in diesem Zusammenhang das Konzept der Aggravierung einer bestehenden psychiatrischen Erkrankung durch Sensitivierungsprozesse im Sinne eines sich selbst verstärkenden Mechanismus plausibel. Jedoch scheinen sich nicht nur die externalen Dimensionen der Dissoziation, sondern bereits die internalen Dimensionen auf die Persönlichkeitsentwicklung schädigend auszuwirken. Die empirischen Befunde zum Zusammenhang von Bindungserfahrungen, Störung der Selbst-Entwicklung und Entwicklung dissoziativer Reaktionsmuster bestärken diese Hypothese.

Die auf die Persönlichkeitsentwicklung zurückwirkende Belastung durch die umschriebenen psychiatrischen Störungen oder auch Symptomenkomplexe verdient nach neueren

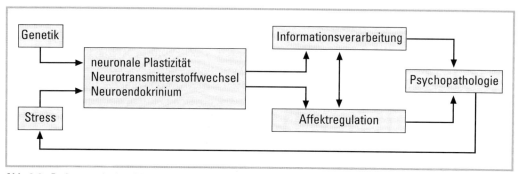

Abb. 6-2: Pathogenetisches Modell stressbezogener Psychopathologie (Brunner u. Resch 2003).

Studien (Kasen et al. 1999) eine besondere Beachtung: Klinische Syndrome der Achse I, wie zum Beispiel Verhaltensstörungen, Angststörungen und depressive Störungen in der Adoleszenz, erhöhen die Wahrscheinlichkeit zur Ausbildung einer Persönlichkeitsstörung im Erwachsenenalter, unabhängig von der bereits vorliegenden Persönlichkeitsstörung in der Adoleszenz. Kasen et al. (1999) folgern, dass die Achse-I-Störungen eine Kette von maladaptiven Verhaltens- und Umweltreaktionen nach sich ziehen, die eine persistierende Psychopathologie begünstigen, wobei dann aus einer Anpassungsstörung eine Persönlichkeitsstörung resultiert. Jugendliche Persönlichkeitsstörungen und Achse-I-Störungen stellten nach der Studie von Kasen et al. voneinander unabhängige Risiken zur Ausbildung einer Persönlichkeitsstörung im Erwachsenenalter dar. Das heißt, dass sie sich folgerichtig auch in späteren Entwicklungsphasen entwickeln können und nicht immer ihren Ursprung in sehr frühen Phasen haben müssen, womit das Primat der frühen gestörten Erlebens-, Verhaltens- und Bindungsmuster für die Genese einer Persönlichkeitsstörung bzw. maladaptiver Persönlichkeitsmuster nur eine eingeschränkte Gültigkeit besitzt.

Vor dem Hintergrund dieser Befunde entsteht ein Modell, das die wechselseitige Beeinflussung zwischen gestörten Persönlichkeitsfunktionen und psychiatrischer Symptomatik im Sinne einer Achse-I-Störung erklärt. Auch wird die Ausweitung von maladaptiven Persönlichkeitsmustern, also von einem „State" bzw. einer anhaltenden psychischen Störung, zu einem „Trait" vor dem Hintergrund des entwicklungspsychopathologischen Paradigmas verständlich. Die aufgrund von Umwelterfahrungen biologisch verankerte Beeinträchtigung der Informationsverarbeitung und Affektregulationsfähigkeit kann als „Trait" die Matrix bilden, auf der die Exazerbation der psychopathologischen Phänomene bei erneut einsetzendem emotionalen (inter- oder intrapersonellen) Stress erfolgt. Dieser Mechanismus könnte eine wesentliche Grundlage für die ausgeprägte Fluktuation dissoziativer Störungen oder der affektiven und behavioralen Dysregulationen bei der Borderline-Persönlichkeitsstörung darstellen. Chronifizierte Belastungsstörungen unterscheiden sich gegenüber den Achse-I-Störungen insbesondere durch die chronifizierten oder episodisch einsetzenden Dysregulationen der biologischen Stressantwortsysteme, die das intra- und interpersonelle Verhalten und Erleben dauerhaft und nachhaltig beeinflussen. Es erfolgt eben keine durchgreifende Entlastung, wie bei einer Remission umschriebener psychiatrischer Störungen.

Die neurobiologische Forschung ist weit vorangeschritten, Mechanismen zu spezifizieren, wie Individuen ihre Gefühle und Gedanken regulieren, und aufzuklären, wie automatische oder unbewusste Impulse und unbewusste Prozesse bei der Verhaltenskontrolle beteiligt sind (Posner u. Rothbart 2000). Das topographische Selbst-Konzept von Freud, das dem Ich die Aufgabe zuschreibt, unbewusste motivationale Systeme zu steuern, erhält unter der modernen Forschung zum Zusammenhang von Bewusstheit, Aufmerksamkeit und Fähigkeit zur Selbstregulation eine neue Bedeutung (vgl. Posner u. Rothbart 2000). Kandel (1998) vertritt die Ansicht, dass mithilfe neurobiologischer Forschungsmethodik psychoanalytische Konzepte gestärkt werden könnten, und er betont die Rolle von unbewussten frühen Erfahrungen, die die Gehirnentwicklung so beeinflussen, dass sie das Verhalten im Erwachsenenalter kontrollieren (vgl. Posner u. Rothbart 2000). Frühe Bindungserfahrungen werden internalisiert und als prozessuale Erinnerungen gespeichert (Amini et al. 1996), sodass Übertragungsprozesse, wie sie im psychoanalytischen Setting beschrieben wurden, durch prozedurale Erinnerungsprozesse ausgelöst werden (Gabbard 2000).

Als Ziele der therapeutischen Beeinflussung mit psychotherapeutischen und psychopharmakologischen Interventionen gelten vor den dargestellten Erkenntnissen nicht nur die psychiatrische Oberflächensymptomatik, sondern eben auch die zugrunde liegende neurobiologische Vulnerabilität. Weiteres Ziel der therapeutischen Beeinflussung – neben einer primären und sekundären Prävention von Stress – könnte in Zukunft auch die Reversibilität der pathologisch veränderten biologischen Stress-Systeme bis hin zur Neurogenese sein (Gabbard 2000; Goodyer et al. 2001).

Die neurobiologischen Befunde führen zu einem erweiterten Verständnismodell, wie Hyperarousal, aggressives Verhalten, dissoziative Reaktionen, Störungen der exekutiven Funktionen und entwicklungsbezogene Beeinträchtigungen bei traumatisierten Kindern, Jugendlichen und Erwachsenen besser verstanden werden können (vgl. Glaser 2000). Es scheint erforderlich, psychologische und biologische Konsequenzen von Stresserfahrungen über den gesamten Entwicklungsverlauf zu betrachten (Cicchetti u. Walker 2001). Es bestehen multiple konvergierende Wegstrecken zur Psychopathologie, die jedoch nicht nur auf durch psychologische oder körperliche Stressoren veränderten neuralen Schaltkreisen beruhen, sondern ebenso durch genetische Faktoren, frühe Erfahrungen und weiter anhaltende Life-Events beeinflusst werden, die alle insgesamt auch die neuralen Reaktionen auf unterschiedliche Stressoren bestimmen (McEwen u. Sapolsky 1995). Neurobiologische Aspekte der Stressantwort stellen bei diesem Modell das entscheidende Erklärungsmuster dar, aber es sollte Vorsicht gelten, die neurobiologischen Befunde zur Stressreaktion übersimplifizierend auf die Genese auch anderweitiger psychiatrischer Erkrankungen zu übertragen. Das grundlegende Konzept der Multifinalität und Äquifinalität bei der – vor allem auf umweltbedingten Risikofaktoren beruhenden – Ätiologie psychiatrischer Störungen bleibt davon unberührt (Cicchetti u. Toth 1995; de Haan et al. 1994).

Literatur

Amini F, Lewis T, Lannon R (1996). Affect, attachment, memory: contribution towards psychobiologic integration. Psychiatry; 59: 213-39.

Andreasen NC (1997). Linking mind and brain in the study of mental illnesses: a project for a scientific psychopathology. Science; 275: 1586-93.

Arnstein AFT (1997). Catecholamine regulation of prefrontal cortex. J Psychopharmacol; 11: 151-62.

Arnstein AFT (1999). Development of the cerebral cortex: XIV. Stress impairs prefrontal cortical function. J Am Acad Child Adolesc Psychiatry; 38: 220-2.

Barkley RA (1997a). Attention-deficit/hyperactivity disorder, self-regulation, and time: toward a more comprehensive theory. J Dev Behav Pediatr; 18: 271-9.

Barkley RA (1997b). Behavioral inhibition, sustained attention, and executive functions: constructing a unifying theory of ADHD. Psychol Bull; 121: 65-94.

Barkley RA (2000). Genetics of childhood disorders: XVII. ADHD, Part 1: The executive functions and ADHD. J Am Acad Child Adolesc Psychiatry; 39: 1064-8.

Bremner JD (1999). Does stress damage the brain? Biol Psychiatry; 45: 797-805.

Bremner JD, Vermetten E, Southwick SM, Krystal JH, Charney DS (1998). Trauma, memory, and dissociation: An integrative formulation. In: Bremner JD, Marmar CR (eds). Trauma, Memory, and Dissociation. Washington, DC: American Psychiatric Press; 365-402.

Bretherton I, Oppenheim D, Buchsbaum H, Emde RN (1990). MacArthur Story Stem Battery (MSSB). Unpublished manuscript.

Brunner R, Resch F (2003). Dissoziative und somatoforme Störungen. In: Herpertz-Dahlmann B, Resch F, Schulte-Markwort M, Warnke A (Hrsg). Entwicklungspsychiatrie. Biopsychologische Grundlagen und die Entwicklung psychischer Störungen. Stuttgart, New York: Schattauer; 727-53.

Brunner R, Parzer P, Schuld V, Resch F (2000). Dissociative symptomatology and traumatogenic factors in adolescent psychiatric patients. J Nerv Ment Dis; 188: 71-7.

Brunner R, Parzer P, Resch F (2001). Dissoziative Symptome und traumatische Lebensereignisse bei Jugendlichen mit einer Borderline-Störung. Persönlichkeitsstörungen; 5: 4-12.

Carlson EA (1998). A prospective longitudinal study of attachment disorganization/disorientation. Child Dev; 69: 1107-28.

Cicchetti D, Tucker D (1994). Development and self-regulatory structures of the mind. Dev Psychopathol; 6: 533-49.

Cicchetti D, Toth SL (1995). A developmental psychopathology perspective on child abuse and neglect. J Am Acad Child Adolesc Psychiatry; 34: 541-65.

Cicchetti D, Walker EF (2001). Stress and development: Biological and psychological consequences. Dev Psychopathol; 13: 413-8.

Cloninger CR, Svrakic DM, Przybeck TR (1993). A psychobiological model of temperament and character. Arch Gen Psychiatry; 50: 975-90.

Davidson RJ, Sutton SK (1995). Affective neuroscience: the emergence of a discipline. Curr Opin Neurobiol; 5: 217-24.

De Bellis MD (2001). Developmental traumatology: the psychobiological development of maltreated children and its implications for research, treatment, and policy. Dev Psychopathol; 13: 539-64.

De Bellis MD, Keshavan MS, Clark DB, Casey BJ, Giedd JN, Boring AM, Frustaci K, Ryan ND (1999). Developmental traumatology part II: brain development. Biol Psychiatry; 45: 1271-84.

de Haan M, Luciana M, Malone S, Matheny L, Richards L (1994). Development, plasticity, and risk: Commentary on Huttenlocher, Pollitt and Gorman, and Gottesmann and Goldsmith. In: Nelson CA (ed). Threats to Optimal Development: Integrating biological, psychological and social risk factors. Hillsdale, NJ: Lawrence Erlbaum; 161-78.

Denckla MB (1996). A theory and model of executive function: A neuropsychological perspective. In: Lyon GR, Krasnegor NA (eds). Attention, Memory and Executive Function. Baltimore: Brookes P. H.; 263-676.

Dilling H, Mombour W, Schmidt MH (Hrsg) (1993). Internationale Klassifikation psychischer Störungen: ICD-10, Kapitel V (F). Klinisch-diagnostische Leitlinien der WHO. 2., korr. Aufl. Bern: Huber.

Driessen M, Herrmann J, Stahl K, Zwaan M, Meier S, Hill A, Osterheider M, Petersen D (2000). Magnetic resonance imaging volumes of the hippocampus and the amygdala in women with borderline personality disorder and early traumatization. Arch Gen Psychiatry; 57: 1115-22.

Famularo R, Kinscherff R, Fenton T (1991). Posttraumatic stress disorder among children clinically diagnosed as borderline personality disorder. J Nerv Ment Dis; 179: 428-31.

Fiedler P (1999). Dissoziative Störungen und Konversion. Weinheim: Psychologie Verlags Union.

Friedlmeier W (1999). Emotionsregulierung in der Kindheit. In: Holodynski M, Friedlmeier W (Hrsg). Emotionale Entwicklung. Heidelberg: Spektrum Akademischer Verlag; 197-218.

Gabbard GO (2000). A neurobiologically informed perspective on psychotherapy. Br J Psychiatry; 177: 117-22.

Glaser D (2000). Child abuse and neglect and the brain: A review. J Child Psychol Psychiatry; 41: 97-116.

Goldmann SJ, D'Angelo EJ, DeMaso DR, Mezzacappa E (1992). Physical and sexual abuse histories among children with borderline personality disorder. Am J Psychiatry; 149: 1723-6.

Goldman-Rakic PS (1999). The physiological approach: functional architecture of working memory and disordered cognition in schizophrenia. Biol Psychiatry; 46: 650-61.

Goodyer IM, Park RJ, Netherton CM, Herbert J (2001). Possible role of cortisol and dehydroepiandrosterone in human development and psychopathology. Br J Psychiatry; 179: 243-9.

Grafman J, Litvan I (1999). Importance of deficits in executive functions. Lancet; 354: 1921-3.

Gralinski JH, Safyer AW, Hauser ST, Allen JP (1995). Self-cognitions and expressed negative emotions during midadolescence: Contributions to young adult psychological adjustment. Dev Psychopathol; 7: 193-216.

Gross JJ (1998). The emerging field of emotion regulation: An integrative review. Rev Gen Psychol; 2: 271-99.

Gross JJ, Levenson RW (1997). Hiding feelings: The acute effects of inhibiting positive and negative emotions. J Abnorm Psychol; 106: 95-103.

Herman JL, Perry JC, van der Kolk BA (1989). Childhood trauma in borderline personality disorder. Am J Psychiatry; 146: 490-5.

Hoffmann SO, Eckhardt-Henn A (2001). Angst und Dissoziation – zum Stand der wechselseitigen Beziehung der beiden psychischen Bedingungen. Persönlichkeitsstörungen; 5: 28-39.

Jonides J, Smith EE (1997). The architecture of working memory. In: Rugg MD (eds). Cognitive Neuroscience. Cambridge, MA: The MIT Press; 243-76.

Kandel ER (1998). A new intellectual framework for psychiatry. Am J Psychiatry; 155: 457-69.

Kapfhammer H-P (2001). Trauma und Dissoziation – eine neurobiologische Perspektive. Persönlichkeitsstörungen; 5: 4-27.

Kasen S, Cohen P, Skodol AE, Johnson JG, Brook JS

(1999). Influence of child and adolescent psychiatric disorders on young adult personality disorder. Am J Psychiatry; 156: 1529-35.

Kempermann G, Kuhn HG, Gage FH (1997). More hippocampal neurons in adult mice living in an enriched environment. Nature; 386: 493-5.

Kendler KS (1998). Major depression and the environment: a psychiatric genetic perspective. Pharmacopsychiatry; 31: 5-9.

Kihlstrom JF, Glisky ML, Angiulo MJ (1994). Dissociative tendencies and dissociative disorders. J Abnorm Psychol; 103: 117-24.

LeDoux JE (1998). Fear and the brain: Where have we been, and where are we going? Biol Psychiatry; 44: 1229-38.

LeDoux JE, Muller J (1997). Emotional memory and psychopathology. Philos Trans R Soc Lond B Biol Sci; 352: 1719-26.

Liotti G (1992). Disorganized/disoriented attachment in the etiology of the dissociative disorders. Dissociation; 4: 196-204.

Macfie J, Cicchetti D, Toth SL (2001). The development of dissociation in maltreated preschool-aged children. Dev Psychopathol; 13: 233-54.

Main M, Morgan H (1996). Disorganization and disorientation in infant strange situation behavior: Phenotypic resemblance to dissociative states. In: Michaelson LK, Ray WJ (eds). Handbook of Dissociation: Theoretical, empirical, and clinical perspectives. New York: Plenum Press; 107-38.

Manly JT, Cicchetti D, Barnett D (1994). The impact of maltreatment on child outcome: An exploration of dimensions within maltreatment. Dev Psychopathol; 6: 121-43.

McCrae RR (1991). The five-factor model and its assessment in clinical settings. J Pers Assess; 57: 399-414.

McEwen BS, Sapolsky RM (1995). Stress and cognitive function. Curr Opin Neurobiol; 5: 205-16.

Ogawa JR, Sroufe LA, Weinfeld NS, Carlson EA, Egeland B (1997). Development and the fragmented self: Longitudinal study of dissociative symptomatology in a nonclinical sample. Dev Psychopathol; 9: 855-79.

Paris J (2000). Kindheitstrauma und Borderline-Persönlichkeitsstörung. In: Kernberg OF, Dulz B, Sachsse U (Hrsg). Handbuch der Borderline-Störungen. Stuttgart, New York: Schattauer; 159-66.

Pollack S, Cicchetti D, Klorman R (1998). Stress, memory, and emotion: Developmental considerations from the study of child maltreatment. Dev Psychopathol; 10: 811-28.

Posner MI, Rothbart MK (2000). Developing mechanism of self-regulation. Dev Psychopathol; 12: 427-41.

Post RM, Weiss SRB, Li H, Smith MA, Zhang LX, Xing G, Osuch EA, McCann UD (1998). Neural plasticity and emotional memory. Dev Psychopathol; 10: 829-55.

Prohl J, Resch F, Parzer P, Brunner R (2001). The relationship between dissociative symptomatology and declarative and procedural memory in adolescent psychiatric patients. J Nerv Ment Dis; 189: 602-7.

Putnam FW (1995). Development of dissociative disorders. In: Cicchetti D, Cohen DJ (eds). Developmental Psychopathology. Vol. 2. New York: John Wiley & Sons; 581-608.

Putnam FW (1997). Dissociation in Children and Adolescents. A developmental perspective. New York, London: Guilford Press.

Rauch SL, Van der Kolk BA, Fisler RE, Alpert NM, Orr SP, Savage CR, Fischmann AJ, Jenike MA, Pitman RK (1996). A symptom provocation study of posttraumatic stress disorder using positron emission tomography and script-driven imagery. Arch Gen Psychiatry; 53: 380-7.

Resch F (1999). Entwicklungspsychopathologie des Kindes- und Jugendalters. 2. Aufl. Weinheim: Psychologie Verlags Union.

Resch F, Parzer P (2000). Entwicklungspsychopathologie: Therapierelevante Beiträge der klinischen Emotionsforschung. In: Sulz S, Lenz G (Hrsg). Von der Kognition zur Emotion. München: CIP-Medien; 111-36.

Resch F, Brunner R, Parzer P (1998). Dissoziative Mechanismen und Persönlichkeitsentwicklung. In: Klosterkötter J (Hrsg). Frühdiagnostik und Frühbehandlung psychischer Störungen. Berlin, Heidelberg: Springer; 125-40.

Roozendaal B, Quirarte GL, McGaugh JL (1997). Stress-activated hormonal systems and the regulation of memory storage. In: Yehuda R, McFarlane AC (eds). Psychobiology of Posttraumatic Stress Disorder. Vol. 821. Annals of the New York Academy of Science. New York: The New York Academy of Science; 238-46.

Rothbart MK, Bates JE (1998). Temperament. In: Damon W, Eisenberg N (eds). Handbook of Child Psychology. Vol. 3: Social, emotional and personality development. 5th ed. New York: Wiley; 105-76.

Sapolsky RM (1996). Why stress is bad for your brain. Science; 273: 749-50.

Sapolsky RM (2000). Glucocorticoids and hippocampal atrophy in neuropsychiatric disorders. Arch Gen Psychiatry; 57: 925-36.

Saß H, Wittchen H-U, Zaudig M (Hrsg) (1996). Diagnostisches und Statistisches Manual Psychischer Störungen DSM-IV. Dt. Bearbeitung des Diagnostic and Statistical Manual of Mental Disorders der American Psychiatric Association. Göttingen: Hogrefe.

Shearer SL (1994). Dissociative phenomena in women with borderline personality disorder. Am J Psychiatry; 151: 1324-8.

Shipman K, Zeman J, Penza S, Champion K (2000). Emotion management skills in sexually maltreated and nonmaltreated girls: A developmental psychopathology perspective. Dev Psychopathol; 12: 47-62.

Siegel DJ (2001). Memory: an overview, with emphasis on developmental, interpersonal, and neurobiological aspects. J Am Acad Child Adolesc Psychiatry; 40: 997-1011.

Smith EE, Jonides J (1999). Storage and executive processes in the frontal lobes. Science; 283: 1657-61.

Spiegel D (1997). Trauma, dissociation, and memory. In: Yehuda R, McFarlane AC (eds). Psychobiology of Posttraumatic Stress Disorder. Vol. 821. Annals of the New York Academy of Science. New York: The New York Academy of Science; 225-37.

Steinberg M (1995). Handbook for the Assessment of Dissociation: A clinical guide. Washington, DC: American Psychiatric Press.

Stern DN (1985). The Interpersonal World of the Infant. New York: Basic Books.

Thompson RA (1994). Emotion regulation: a theme in search of definition. In: Fox NA (ed). The Development of Emotion Regulation: Biological and behavioral considerations. Monographs of the Society for Research in Child Development; 59: 25-52.

Van der Kolk BA (1994). The body keeps the score: memory and the evolving psychobiology of posttraumatic stress. Harv Rev Psychiatry; 1: 253-6.

Van der Kolk BA (1996). The complexity of adaptation to trauma. Self-regulation, stimulus discrimination, and characterological development. In: Van der Kolk BA, McFarlane AC, Weisaeth L (eds). Traumatic Stress. The effects of overwhelming experience on mind, body, and society. New York: Guilford; 182-213.

Van der Kolk BA, Fisler RE (1994). Childhood abuse and neglect and loss of self-regulation. Bull Menninger Clin; 58: 145-68.

Van der Kolk BA, Pelcovitz D, Roth S, Mandel FS, McFarlane A, Herman JL (1996). Dissociation, somatization, and affect dysregulation: the complexity of adaption to trauma. Am J Psychiatry; 153: 83-93.

Weiskrantz L, Warrington EK (1979). Conditioning in amnesic patients. Neuropsychologia; 17: 187-94.

Wiener JM (2000). Integration of nature and nurture: a new paradigm for psychiatry (editorial). Am J Psychiatry; 157: 1193-4.

Wildgoose A, Waller G, Clarke S, Reid A (2000). Psychiatric symptomatology in borderline and other personality disorders. J Nerv Ment Dis; 188: 757-63.

Winkler M, Rossi P (2001). Borderline-Persönlichkeitsstörung und Aufmerksamkeitsdefizit-/Hyperaktivitätsstörung bei Erwachsenen. Persönlichkeitsstörungen; 5: 39-48.

Yang CR, Seamans JK (1996). Dopamine D1 receptor actions in layers V-VI rat prefrontal cortex in vitro: modulation of dendritic-somatic signal integration. J Neurosci; 16: 1922-35.

Zanarini MC, Frankenburg FR (1997). Pathways to the development of borderline personality disorder. J Personal Disord; 11: 93-104.

Zanarini MC, Williams AA, Lewis RE, Reich RB, Soledad CV, Marino MF, Levin A, Young L, Frankenburg FR (1997). Reported pathological childhood experiences associated with the development of borderline personality disorder. Am J Psychiatry; 154: 1101-6.

Zelkowitz P, Paris J, Guzder J, Feldman R (2001). Diatheses and stressors in borderline pathology of childhood: The role of neuropsychological risk and trauma. J Am Acad Child Adolesc Psychiatry; 40: 100-5.

7 Somatoforme Dissoziation[1]

E. R. S. Nijenhuis

7.1 Somatoforme Dissoziation

Was sind die Leitsymptome der dissoziativen Störungen? Nach der 4. Auflage des Diagnostic and Statistical Manual for Mental Disorders (DSM-IV, American Psychiatric Association 1994) liegt der wesentliche Zug der Dissoziation in einer Unterbrechung der normalen integrativen Funktionen des Bewusstseins, des Gedächtnisses, der Identität und der Wahrnehmung der Umwelt. Das gegenwärtige Standardinstrument für die Einschätzung dissoziativer Störungen, das Structural Clinical Interview for DSM-IV Dissociative Disorders (SCID-D, Steinberg 1994; dt. Fassung: Gast et al. 2000) bezieht sich daher auf vier Symptom-Cluster:
- Dissoziative Amnesie
- Depersonalisation
- Derealisation
- Identitätsverwirrung/Identitätsfragmentierung

Verbreitete Fragebögen auf der Basis von Selbstauskünften für die Schwere der Dissoziation wie die Dissociative Experiences Scale (DES, Bernstein u. Putnam 1986; dt. Fassung: Freyberger et al. 1999) und der Dissociation Questionnaire (DIS-Q, Vanderlinden 1993) beziehen sich überwiegend auf ähnliche, empirisch abgeleitete Faktoren. Die Cluster und Faktoren beinhalten Manifestationen der Dissoziation innerhalb psychischer Variablen (Dissoziative Amnesie, Depersonalisation, Derealisation, Identitätsverwirrung und Identitätsfragmentierung). Wir haben deswegen vorgeschlagen, dieses Phänomen als **psychische Dissoziation** (psychological dissociation, Nijenhuis et al. 1996) oder **psychoforme Dissoziation** (Van der Hart et al. 2000) zu bezeichnen. Dieser letztere Begriff soll in diesem Kapitel angewendet werden.[2]

Sind mit diesem Symptom-Cluster nun alle wesentlichen Symptome dissoziativer Störungen erfasst? Bezieht sich die Dissoziation tatsächlich nur auf psychische Variablen und lässt den Körper dabei unberührt? Bezieht man sich nur auf die o.g. Definitionen und Dimensionen der Instrumente zur Messung von Dissoziation und dissoziativen Störungen, so scheint dies der Fall zu sein. Dieser Eindruck wird noch verstärkt, wenn man sich die DSM-IV-Kriterien der dissoziativen Störungen näher ansieht. Hier findet sich das einzige diagnostische Kriterium mit Bezug auf den Körper bei der Depersonalisationsstörung; es wird dort festgehalten, dass sich das Individuum vom Körper losgelöst fühlen kann, als ob man den eigenen Körper oder Teile des Körpers von außen beobachte. Weiter wird festgehalten, dass dissoziative Störungen eine Unterbrechung der normalerweise integrierten Funktion der Wahrnehmung der äußeren Umwelt beinhalten können und dass zu der Depersonalisationsstörung auch verschiedenste

---

[1] Die Übersetzung aus dem Englischen erfolgte durch Sven Olaf Hoffmann. Zu den allgemeinen Problemen der Übersetzung und deren Behandlung s. auch die Fußnote in Kap. 26 in diesem Band (S. 357).

[2] Dieser Vorschlag unterscheidet sich von der Terminologie der Herausgeber dieses Bandes: Was Nijenhuis „psychische Dissoziation" oder „psychoforme Dissoziation" nennt, entspricht inhaltlich dem, was wir „dissoziative Bewusstseinsstörung" nennen (Anm. d. Übs.).

Typen sensorischer Anästhesie gehören. Tatsächlich aber berichten Patienten mit dissoziativen Störungen auch zahlreiche somatoforme Störungen, und viele erfüllen die DSM-IV-Kriterien einer Somatisierungsstörung oder einer Konversionsstörung (Pribor et al. 1993; Ross et al. 1989; Saxe et al. 1994). Andererseits berichten Patienten mit Somatisierungsstörungen oft über Amnesien (Othmer u. De Souza 1985). Obwohl die somatoformen Störungen im DSM-IV nicht als dissoziative Störungen konzipiert sind, weist die enge Beziehung von dissoziativen Störungen und somatoformen Störungen (s. auch Darves-Bornoz 1997) darauf hin, dass Dissoziation und die so genannten Konversionssymptome (vgl. Kap. 22 in diesem Band), vor allem aber Symptome der Somatisierung als Manifestationen eines einzigen zugrunde liegenden Prinzips verstanden werden können.

Die Hauptsymptome der Hysterie, bei denen es sich sowohl um körperliche als auch um psychische Symptome handelt – dieses Störungsbild umfasste vor allem die aktuellen dissoziativen Störungen –, sind ein weiterer Hinweis auf die Existenz **somatoformer Dissoziationen**, ein Konzept, das aus der französischen Psychiatrie des 19. Jahrhunderts stammt. In jener Zeit hoben viele Autoren ausschließlich oder überwiegend auf die somatoformen Äußerungen der Hysterie ab (zum Beispiel Briquet 1859). Wie Van der Hart et al. (2000) deutlich gemacht haben, betrafen somatoforme Dissoziationen auch viele traumatisierte Soldaten des Ersten Weltkriegs. Die Autoren retteten diese wichtige historische Tatsache vor dem schon drohenden Vergessen. Auch aktuelle klinische Beobachtungen weisen darauf hin, dass sich Dissoziationen auf somatoformen Wegen manifestieren können (Cardena 1994; Kihlstrom 1994; Nemiah 1991; Van der Hart u. Op den Velde 1995). Darüber hinaus fasst die ICD-10 (WHO 1992) die somatoforme Dissoziation mit den dissoziativen Störungen der Bewegung und Sinnesempfindung zusammen – eine Kategorie, die im DSM-IV als „Konversionsstörung" aufgelistet wird.

Innerhalb beider klassifikatorischen Systeme besteht weitere Verwirrung. Während die ICD-10 beispielsweise die diagnostische Kategorie der dissoziativen Anästhesie enthält, rubrizieren sowohl die ICD-10 als auch das DSM-IV anästhetische Symptome – unter vielen weiteren – als Somatisierungsstörung. Schmerzsymptome und sexuelle Dysfunktionen werden nicht als Konversionssymptome oder dissoziative Symptome erfasst, obwohl sie in der klinischen Beobachtung entscheidende dissoziative Phänomene darstellen können. Örtlich begrenzte Schmerzen beispielsweise können auf die Reaktivierung traumatischer Erinnerungen eines dissoziierten Persönlichkeitsanteils zurückgehen, die mit physischem Schmerz in einem bestimmten Teil des Körpers zusammenhängen. Tatsächlich verhält es sich so, dass traumatische Erinnerungen vorrangig eine große Breite sensomotorischer Reaktionen einschließen (Nijenhuis et al. 2001; Van der Hart et al. 2000; Van der Kolk u. Fisler 1995).

Um Verwirrung zu vermeiden, ist es wichtig zu betonen, dass die Begriffe „psychoforme Dissoziation" und „somatoforme Dissoziation" nicht nur besagen, dass die psychoforme Dissoziation psychischer Natur sei. Beide Adjektive beziehen sich vielmehr auf Wege, auf denen sich dissoziative Symptome zeigen, und nicht auf eine angenommene Ursache. Somatoforme Dissoziation umreißt dissoziative Symptome, die sich phänomenologisch auf den Körper beziehen, psychoforme dissoziative Symptome beziehen sich demgegenüber auf phänomenologisch psychische Variablen. Das Adjektiv „somatoform" zeigt an, dass das körperliche Symptom anscheinend auf eine medizinische Bedingung oder die direkte Auswirkung einer Substanz zurückgeht, tatsächlich aber nicht durch eine solche erklärt werden kann.[3] Das „Konzept der Dissoziation"

---
[3] Der Begriff „somatoform", ein hybrider Neologismus aus dem griechischen soma und dem lateinischen forma, der aus dem DSM-III stammt, meint somit wörtlich „körpergestaltig". (Als korrekte Wortbildung müsste er „somatomorph" heißen – von griech. morphe, die Gestalt.) (Anm. d. Übs.)

bezieht sich entweder auf einen unterstellten psychischen Prozess oder auf das Ergebnis dieses Prozesses oder auf einen unterstellten Abwehrmechanismus (Cardena 1994; Nijenhuis et al. 2003). Innerhalb des Begriffs der „somatoformen Dissoziation" beschreibt das Konzept „Dissoziation" die Existenz einer Unterbrechung der normalen integrativen psychischen Funktionen. Daher bezeichnet „somatoforme Dissoziation" Phänomene, die auf einem Mangel an Integration somatoformer Erfahrungen, Reaktionen und Funktionen beruhen.

In diesem Kapitel werden zeitgenössische empirische Studien zur somatoformen Dissoziation vorgestellt. Diese Studien untersuchen das Ausmaß,

- in welchem die somatoforme Dissoziation zu den Hauptsymptomen dissoziativer Störungen gehört,
- in dem zwischen unterschiedlichen diagnostischen Kategorien unterschieden wird,
- in dem die Dissoziation mit einem (berichteten) Trauma assoziiert ist,
- in welchem sie sich auf animalische abwehrähnliche Reaktionen bezieht,
- in dem sie auf der umgebenden Kultur und Suggestion beruht.

Die Übersicht über diese Studien wird durch eine kurze Beschreibung von Janets Sicht der Hysterie und Myers' (1940) Sicht des „shell shock", das sind Traumatisierungen innerhalb von Kriegsereignissen, eingeleitet. Janets Konzeptualisierung der Hysterie wird aus zwei Gründen betont: Erstens ist Janets Analyse der Hysterie in der Reihe von Klinikern des 19. Jahrhunderts, die die Hysterie am sorgfältigsten untersucht haben (zum Beispiel Breuer u. Freud 1955, Originalveröffentlichung: 1893/1895; Briquet 1859; Charcot 1887; LeGrand du Saulle 1891), die gründlichste. Zweitens – und bedeutsamer – erhellen die zeitgenössischen empirischen Daten, die hier diskutiert werden, dass die Position Janets so aktuell wie je ist. Myers' Beschreibung der strukturellen Dissoziation der Persönlichkeit in eine „anscheinend normale Persönlichkeit" (apparently normal part of the personality, ANP) und eine „emotionale Persönlichkeit" (emotional part of the personality, EP) wird eingeführt, weil sie ebenfalls zum Verständnis der somatoformen dissoziativen Phänomene beiträgt (weiterführende Darstellungen finden sich bei Nijenhuis et al. 2003 sowie bei Van der Hart et al. 2000).

7.2 Eine Klassifikation dissoziativer Symptome

Janets klinische Beobachtungen (1889; 1893; 1901) unterstellen, dass die Hysterie sowohl psychische als auch somatoforme Funktionen und Reaktionen zeigt. In seiner Sicht sind Körper und Psyche nicht trennbar, und daher enthält seine Klassifikation der Symptome der Hysterie auch keine Unterscheidung von Körper und Seele. Janet ging davon aus, dass neben den durchgängigen Symptomen – „psychische Stigmata" genannt –, die sämtliche Fälle von Hysterie betreffen, in jedem Einzelfall individuelle Symptome hinzukommen. Diese intermettierenden und variablen Symptome bezeichnete Janet als „psychische Zufälle"[4] (accidents; Van der Hart u. Friedman 1989).

Die **psychischen Stigmata** beinhalten in Janets Beobachtung funktionelle Ausfälle, zum Beispiel mehr oder weniger kompletten Ausfall des Gedächtnisses (Amnesie), Ausfall von Empfindungen (verschiedene Formen der Anästhesie, Verlust von taktilen Empfindungen, Kinästhesien, Geruch, Tastsinn, Gehör, Sicht, Schmerzempfindung [Analgesie]) und Ausfall der motorischen Kontrolle (Verlust der Fähigkeit, sich zu bewegen oder zu sprechen).

---

[4] Janet verwendet den Begriff im sehr wörtlichen Sinne des Lateinischen: accidens heißt „das Hinzufallende" (Anm. d. Übs.).

Wir selbst haben die psychischen Stigmata als „Ausfälle" (losses) oder „negative Symptome" bezeichnet (Nijenhuis u. Van der Hart 1999).

Janet definierte die **psychischen Zufälle** als hinzukommende Symptome, d. h. Symptome, die von Fall zu Fall variieren (und oft eher von vorübergehender Natur sind). In unserem Verständnis stellen psychische Zufälle Intrusionen oder positive Symptome dar, weil sie Beimischungen (additions) enthalten. Damit sind psychische Phänomene gemeint, die eigentlich in die Persönlichkeit hätten integriert sein sollen, wegen eines Versagens der Integration aber zu dissoziiertem Material werden, das beizeiten in das Bewusstsein eindringt. Beispiele dafür sind das Wiedererleben mehr oder weniger vollständiger traumatischer Erinnerungen oder die Manifestation dissoziierter Teilpersönlichkeiten. Nach Janet stellen die „ideés fixes" (fixe Ideen) die einfachste Form psychischer Zufälle dar; sie hängen mit dem Eindringen von dissoziierten Emotionen, Gedanken, sensorischen Empfindungen oder Bewegungen zusammen. Diese Intrusionen in oder die Unterbrechung der Persönlichkeit kann auch innerhalb der „hysterischen Anfälle" stattfinden, die heute als reaktivierte traumatische Phantasien verstanden werden. Janet beobachtete, dass einige dissoziative Patienten den „Somnambulismus" zeigen, was heute als Reaktivierung von „dissoziativen Identitäten" bezeichnet weden würde. Da diese psychischen Strukturen weit mehr als nur ein abweichendes Selbstgefühl beinhalten, sollten sie nach unserer Ansicht besser als „dissoziative Persönlichkeiten" bezeichnet werden (Nijenhuis et al. 2003). Verlieren die Patienten während dissoziativer Episoden den Realitätskontakt, so spricht man von einem „Wahn", das ist eine reaktive dissoziative Psychose (Van der Hart et al. 1993). Janet (1889; 1893; 1901; 1907) brachte zahlreiche klinische Beispiele, aus denen deutlich wird, dass dissoziative psychische Strukturen, jenseits von dissoziierten Emotionen und Kenntnissen, dissoziierte sensorische, motorische und andere körperliche Reaktionen und Funktionen umfassen können. Die Symptome können innerhalb jeder psychischen Struktur variieren. Beispielsweise kann der Patient innerhalb einer dissoziativen Teilpersönlichkeit unsensibel gegenüber Schmerz (analgetisch) oder Berührung (taktile Anästhesie) sein, aber in einer anderen können diese psychischen Stigmata fehlen oder gegen psychische Zufälle, wie umschriebener Schmerz, ausgetauscht sein. Was auch immer in der einen dissoziativen Teilpersönlichkeit an Nichtwissen, Nichtfühlen, Nichtwahrnehmen unintegriert blieb, steht bei einer anderen oft im Vordergrund – wie eine bestimmte Erinnerung, ein Gedanke, ein körperliches Gefühl oder ein Komplex von Empfindungen, motorischen Reaktionen oder Erlebnisbestandteilen, die sich in „hysterischen Anfällen" manifestieren können.

7.3 Janets Theorie der Dissoziation

Janets Theorie der Dissoziation (1889; 1893; 1901; 1911) unterstellt, dass sowohl somatoforme als auch psychische Bestandteile der Erfahrung, Reaktionen und Funktionen in psychische Subsysteme enkodiert werden können, die der Integration in die Gesamtpersönlichkeit entgehen. Janet benutzte das Konstrukt „Persönlichkeit", um das extrem komplexe, aber weitgehend integrierte psychische System, das Bewusstsein, Gedächtnis und Identität umfasst, zu umreißen. Janet beobachtete auch, dass dissoziative psychische Systeme durch einen eingeengten Bewusstseinshorizont ausgezeichnet sind; damit wird auf die reduzierte Anzahl psychischer Phänomene abgehoben, die gleichzeitig in ein und demselben psychischen System integriert sein können.

In Janets Konzeptualisierung stellen psychische Zufälle Inhalte dar, die in dissoziativen „Systemen von Vorstellungen und Funktionen" enkodiert und gespeichert wurden. Infolge anhaltender Dissoziation und geistiger Bilder (imagery) können sich diese Systeme emanzipieren, also weitere Empfindungen, Gefühle, Emotionen, Gedanken und Verhaltensweisen synthetisieren und assimilieren. Als Ergebnis schließlich können diese Systeme mit einer Bandbreite von Erfahrungen, einem Namen, einem Alter oder anderen persönlichkeitsähnlichen Eigenschaften verbunden werden. Solche emanzipierten Systeme werden heute als mehr oder weniger **komplexe dissoziative Persönlichkeiten** beschrieben, deren persönlichkeitsähnliche Anteile Ergebnis sekundärer Entwicklungen sein können (Nijenhuis et al. 1998). Solche Entwicklungen werden wahrscheinlich begünstigt durch hypnoseähnliche Vorstellungen, einen eingeengten Bewusstseinshorizont und Bedürfnisse, die mit den dissoziierten psychischen Systemen assoziiert sind. An diesen Prozessen können auch sekundäre Gestaltungen der dissoziativen psychischen Systeme durch soziokulturelle Einflüsse in einem bisher unbekannten Ausmaß beteiligt sein.

7.4 Die „anscheinend normale Persönlichkeit" (ANP) und die „emotionale Persönlichkeit" (EP)

Viele Fälle dissoziativer Störungen halten sich überwiegend in einem Zustand, der als „anscheinend normale Persönlichkeit" (ANP) beschrieben wurde (Myers 1940; Nijenhuis u. Van der Hart 1999; Van der Hart et al. 1998; 2000). Als ANP erscheint der Patient bei oberflächlicher Betrachtung mehr oder minder unauffällig. Bei genauerer Beobachtung jedoch lässt sich bei ihm oder ihr eine ganze Reihe von negativen Symptomen nachweisen (Nijenhuis u. Van der Hart 1999). Beispiele dieser negativen Symptome sind partielle oder komplette Amnesie und Anästhesie. Die ANP, die bei der Dissoziativen Identitätsstörung in eine oder mehrere Teilpersönlichkeiten fragmentiert sein kann, ist strukturell von den mehr oder weniger emotionalen Persönlichkeiten dissoziiert (Nijenhuis et al. 2003; Van der Hart 2000; Van der Hart et al. 2000). In unserem Verständnis gilt für dissoziative psychische Systeme, die EP umfassen – von den janetschen fixen Ideen bis zum Somnambulismus –, dass sie oft traumatische Erinnerungen, Teile von solchen oder Abwehrreaktionen auf schwere Bedrohung umfassen (Nijenhuis et al. 1998). Daher stellt die EP, was auch immer der Grad ihrer Komplexität oder Emanzipation ist, ein positives Symptom dar. Bezüglich ihres Inhalts jedoch können EP negative oder positive Symptome oder beides enthalten. Negative Symptome von EP beinhalten Analgesie oder motorische Hemmungen, die Ausdruck einer Abwehr-Erstarrung sind. Beispiele für positive Symptome sind bestimmte traumabezogene Bewegungen oder Schmerz. Da die dissoziativen Grenzen nicht absolut sind, können EP auch die ANP beeinflussen, was in gleicher Weise für den umgekehrten Fall gilt. Wechsel zwischen beiden Typen von Teilpersönlichkeiten treten bei verschiedenen psychischen Störungen von der Posttraumatischen Stress-Störung bzw. Belastungsstörung (PTBS) bis zur Dissoziativen Identitätsstörung (DIS) auf (Nijenhuis u. Van der Hart 1999).

Die Tabelle 7-1 fasst die klinisch beobachtbaren dissoziativen Symptome anhand zweier Unterscheidungen zusammen. Die eine Dichotomie bezieht sich auf psychische Stigmata/negative Symptome und psychische Zufälle/positive Symptome, die andere auf psychoforme und somatoforme Manifestationen eines gemeinsamen dissoziativen Prozesses.

Tab. 7-1: Vereinfachende phänomenologische Kategorisierung von dissoziativen Symptomen.

	dissoziative Bewusstseinsstörung; psychoforme Dissoziation	somatoforme Dissoziation
psychische Stigmata (Janet); negative dissoziative Symptome (Ausfälle)	• Amnesie • Abulie (Willensverlust) • Charakterveränderungen (Verlust von Charakterzügen, vor allem von Affekten), Suggestibilität	• Anästhesie (alle sensorischen Modalitäten) • Analgesie • Verlust der motorischen Kontrolle (Bewegung, Stimme, Schlucken usw.)
psychische Zufälle (Janet); positive dissoziative Symptome	• unterbewusste Handlungen (Janet), hysterische Zufälle, fixe Ideen • hysterische Anfälle • Somnambulismus • Wahnphänomene (dissoziative Psychose)	• unterbewusste Handlungen (Janet), hysterische Zufälle, fixe Ideen: einmalige intrusive somatoforme Symptome • hysterische Anfälle: komplexe somatoforme Symptome mit Einfluss auf den gewohnten Zustand • Somnambulismus: Zustandsveränderungen mit komplexen somatoformen Veränderungen • Wahnphänomene: Zustandsveränderungen mit grotesken somatoformen Veränderungen und anhaltendem Realitätsverlust

7.5 Der Fragebogen zur somatoformen Dissoziation (SDQ-20)

Die Schwere der somatoformen Dissoziation kann mit dem Somatoform Dissociation Questionnaire (SDQ-20), einem Fragebogeninstrument mit ausgezeichneten psychometrischen Qualitäten, erfasst werden (Nijenhuis et al. 1996; 1998c; 1999b). Die Items des SDQ-20 beziehen sich sowohl auf negative als auch auf positive Symptome und konvergieren mit den Hauptsymptomen der Hysterie, wie sie von Janet vor einem Jahrhundert formuliert wurden. Beispiele für Empfindungsverlust sind:

• die Analgesie („Manchmal ist mein Körper oder ein Teil meines Körpers gefühllos für Schmerzen")
• die kinästhetische Anästhesie („Manchmal habe ich das Gefühl, als ob mein Körper oder ein Teil meines Körpers verschwunden ist")
• motorische Hemmungen („Manchmal bin ich für eine Zeit lang gelähmt"; „Manchmal kann ich nicht sprechen und nur noch flüstern")

Die Anästhesie reicht von der visuellen Wahrnehmung („Manchmal kann ich für eine ganze Weile nichts sehen") bis zur auditiven Wahrnehmung („Manchmal höre ich Töne aus der Nähe so, als ob sie von weit weg kämen"). Positive Symptome beinhalten Erlebnisse wie „Manchmal habe ich Schmerzen beim Wasserlassen" oder „Manchmal fühle ich Schmerzen in meinen Genitalien" (außerhalb des Geschlechtsverkehrs).

In 7 bis heute durchgeführten Studien war die somatoforme Dissoziation, wie sie der SDQ-20 misst, unabhängig von Alter und Geschlecht. In einer Population psychiatrischer Poliklinikpatienten (n = 153) hatten jedoch Frauen leicht höhere Scores als Männer (Nijenhuis et al. 2002), und in der Türkei fand sich eine schwache, aber statistisch signifikante Korrelation mit dem Alter (Sar et al. 2000b).

7.6 Somatoforme und psychoforme Dissoziation

In allen bisher durchgeführten Studien – mit einer Ausnahme – bestand eine hohe Assoziation von somatoformer Dissoziation auf der einen Seite mit der psychoformen Dissoziation auf der anderen. In DES und DIS-Q lagen die Werte zwischen 0,62 (Nijenhuis et al., in Vorb.) und 0,85 (Nijenhuis et al. 1999b). Waller et al. (2000) fanden eine geringere Korrelation bei psychiatrischen Poliklinikpatienten in Großbritannien (0,51). Diese Befunde machen deutlich, dass die somatoforme und die psychische Dissoziation zwar Manifestationen des gemeinsamen zugrunde liegenden Prozesses darstellen, dass sie sich aber nicht vollständig überschneiden. In Übereinstimmung mit diesen Ergebnissen bei bestehender Dissoziation fand sich auch eine Korrelation mit dem Ausmaß der peritraumatischen Dissoziation, also der somatoformen oder psychoformen Dissoziation während des oder unmittelbar nach dem traumatischen Ereignis (Nijenhuis et al. 2000).

7.7 Somatoforme Dissoziation in verschiedenen niederländischen und belgischen diagnostischen Populationen

Eine Anzahl aktueller Untersuchungen hat verdeutlicht, dass die somatoforme Dissoziation ein einheitliches Konstrukt und ein hervorstechender Zug der dissoziativen Störungen ist (Nijenhuis et al. 1996; 1998c; 1999b). Patienten mit dissoziativen Störungen im Sinne des DSM-IV hatten signifikant höhere SDQ-20-Scores als psychiatrische Poliklinikpatienten mit anderen DSM-IV-Diagnosen, und Patienten mit einer Dissoziativen Identitätsstörung (DIS) hatten höhere Scores als Patienten mit nicht anders spezifizierten dissoziativen Störungen (DDNOS) oder einer Depersonalisationsstörung (Nijenhuis et al. 1996; 1998c).

In niederländischen Stichproben diskriminierte der SDQ-20 zwischen den verschiedensten diagnostischen Kategorien (Nijenhuis et al. 1999b). Verglichen mit DDNOS oder Depersonalisationsstörungen hatten Patienten mit einer DIS signifikant höhere Scores. Patienten mit einer DDNOS hatten statistisch signifikant höhere Scores als Patienten mit einer somatoformen Störung oder mit einer Ess-Störung, und diese beiden diagnostischen Kategorien wiederum hatten signifikant höhere Scores als Patienten mit Angststörungen, Depressionen, Anpassungsstörungen oder bipolarer Störung (s. Tab. 7-2). Besonders bei den bipolaren Störungen fiel auf, dass sie extrem niedrige Grade von somatoformer Dissoziation aufwiesen (s. auch Nijenhuis et al. 1997a). Im Gegensatz zum SDQ-20 diskriminiert die DES nicht zwischen bipolaren Störungen und somatoformen Störungen. In einer Stichprobe, die vor allem Patienten mit einer Konversionsstörung und einer Schmerzstörung im

Sinne des DSM-IV beinhaltete – und keine Fälle von Hypochondrie –, weisen die Ergebnisse darauf hin, dass diese umschriebenen somatoformen Störungen eine signifikante somatoforme Dissoziation, aber weniger psychoforme Dissoziationen implizieren.

7.8 Besteht eine Kulturabhängigkeit der somatoformen Dissoziation?

Unsere durchgängigen Befunde, dass somatoforme Dissoziationen sehr charakteristisch für die dissoziativen Störungen des DSM-IV sind – dies gilt besonders für die Dissoziative Identitätsstörung (DIS) –, wurden durch Befunde in anderen Ländern und Kulturen bestätigt (s. Tab. 7-2). In den USA fand Chapperon (pers. Mitteilung) eine hohe somatoforme Dissoziation bei DIS-Patienten, und Dell et al. (1997) berichteten, dass ihre DIS-Patienten in den betreffenden Scores signifikant höher lagen als solche mit einer DDNOS, Ess-Störungen und Schmerzstörungen. Für die Türkei werden innerhalb mehrerer diagnostischer Kategorien Ergebnisse berichtet, die den unseren bemerkenswert gleichen (Sar et al. 1998; 2000b): Die somatoforme Dissoziation lag sehr hoch bei den dissoziativen Störungen nach DSM-IV, mäßig bei den Angststörungen, der Major Depression sowie der Schizophrenie und niedrig bei den bipolaren Störungen. Ebenfalls in Übereinstimmung mit unseren Daten fanden sowohl Dell et al. (1997) als auch Sar et al. (1998; 2000b) eine hohe Interkorrelation zwischen dem SDQ-20 und den DES-Scores. Auch die Ergebnisse von Van Duyl (pers. Mitteilung) für die somatoforme Dissoziation bei den Dissoziativen Störungen in Uganda decken sich mit unseren niederländischen/flämischen Befunden. Schließlich fanden sich somatoforme dissoziative Symptome und Störungen auch bei gefolterten Flüchtlingen aus Butan, vorzugsweise bei solchen mit einer PTBS (Van Ommeren et al. 2002). Zusammenfassend ergibt sich aus diesen internationalen Befunden, dass die somatoforme Dissoziation für die dissoziativen Störungen hochcharakteristisch ist, dass die somatoforme und die „psychoforme" Dissoziation eng verwandte Konstrukte darstellen und dass die Schwere der somatoformen Dissoziation bei den Patienten mit einer dissoziativen Störung in den genannten Kulturen vergleichbar ist.

7.9 Ist die somatoforme Dissoziation ein eigenständiges Konstrukt?

Angesichts der mäßigen bis hohen Korrelation zwischen der allgemeinen Psychopathologie und den dissoziativen Bewusstseinsstörungen (psychoforme Dissoziation, Nash et al. 1993; Norton et al. 1990) wurde von einigen Autoren der Verdacht ausgedrückt, dass Dissoziationsskalen eher ein Maß für die allgemeine Psychopathologie als für die Dissoziation darstellen (Tillman et al. 1994). Im Prinzip könnten diese Autoren Recht haben, aber über die Korrelation kann sich gleichermaßen auch die breite Komorbidität ausdrücken, die die komplexen dissoziativen Störungen allgemein kennzeichnen. Um diese Frage zu klären, bereinigten Nijenhuis et al. (1999b) statistisch die Scores für somatoforme Dissoziationen in Bezug auf den Einfluss der allgemeinen Psychopathologie, wie sie sich in der Symptomcheckliste (SCL-90-R, Derogatis 1977) niederschlägt. Die bereinigten Scores unterschieden zwischen DIS, DDNOS, somatoformen Störungen, bipolaren Störungen, Ess-Störungen und gemischten psychiatrischen Störungen (Nijenhuis et al. 1999b). Daraus schlossen wir, dass die somatoforme Dissoziation ein eigenständiges Konstrukt ohne Bezug auf das Niveau allgemeiner Psychopathologie darstellt.

Tab. 7-2: Somatoforme Dissoziation in verschiedenen diagnostischen Gruppen.

	niederländische Stichproben		türkische Stichproben		nordamerikanische Stichproben	
	n	mittlere SD	n	mittlere SD	n	mittlere SD
DIS	27 15 23	51,8 12,6 57,3 14,9 55,1 13,5	25	58,7 17,9	11	50,7 10,7 Dell et al.: DIS > DDNOS, Ess-Störung, Schmerzstörung
DDNOS und Depersonalisationsstörung	23 16 21	43,8 7,1 44,6 11,9 43 12	25	46,3 16,2		
somatoforme Störungen einschließlich Konversionsstörung (n = 32), Schmerzstörung (n = 7), Konversions- und Schmerzstörung (n = 5), Somatisierungsstörung (n = 4)	47	31,9 9,4				
Pseudo-Epilepsie	27	29,8 7,5				
Epilepsie	74	24,8 6,9				
Temporallappen-Epilepsie	49	24,3 6,8				
Ess-Störung	50	27,7 8,8				
Angststörung, majore depressive Episode, Anpassungsstörung	45	22,9 3,9				
Angststörung			26	26,8 6,4		
majore depressive Episode			23	28,7 8,3		
bipolare Störung	51	22,9 3,7	22	22,7 3,5		
chronischer Beckenschmerz (Pelipathie)	52	25,6 9,3				

7.10 Ist die somatoforme Dissoziation ein Ergebnis von Suggestion?

Ein anderer Verdacht bezog sich auf die Möglichkeit, dass Suggestion die Dissoziations-Scores beeinflussen könnte. Merskey (1992; 1997) betonte beispielsweise, dass Patienten mit dissoziativen Störungen sehr suggestibel seien und daher leicht Gegenstand der Indoktrination ihrer Therapeuten würden, die die Symptome einer bipolaren Störung als „dissoziative" Symptome verkennten. Diese Unterstellung wird empirisch nicht gestützt. Die Korrelation zwischen der Hypnotisierbarkeit (das ist eine bestimmte Form der Suggestibilität) und der Bereitschaft zur Dissoziation ist bemerkenswert niedrig, und zwar sowohl für die Normalbevölkerung als auch für traumatisierte Individuen (Putnam u. Carlson 1998). Überhaupt boten in den meisten Untersuchungen Patienten mit einer Trauma-Vorgeschichte keine höhere Hypnotisierbarkeit als solche ohne eine entsprechende Vorgeschichte (ebd.). In einigen Studien ergab sich, dass Patienten mit einer PTBS eine größere Hypnotisierbarkeit als psychiatrische Patienten mit anderen Störungen, gesunde Kontrollpersonen (Spiegel et al. 1988) oder Veteranen mit Kampferfahrung, aber ohne PTBS (Stutman u. Bliss 1985), aufwiesen. Demgegenüber ist festzuhalten, dass Patienten mit Angststörungen, Impulskontrollstörungen und Persönlichkeitsstörungen ebenfalls höhere Scores für Hypnotisierbarkeit aufwiesen (Maldonado u. Spiegel 1998), was darauf hinweist, dass eine hohe Hypnotisierbarkeit nicht spezifisch für traumatisierte Individuen ist. Patienten mit dissoziativen Störungen wiesen eine erhöhte hypnotische Suggestionsbereitschaft auf, aber ihre Mittelwerte blieben im Skalenbereich (Putnam u. Carlson 1998). Wenn dissoziative Symptome das Ergebnis von (hypnotischer) Suggestibilität wären, müsste man extrem hohe Suggestibilitätswerte für dissoziative Patienten erwarten. Darüber hinaus weisen die aktuellen Daten in die Richtung, dass eine Traumatisierung bei den meisten Individuen keinen Anstieg der Suggestibilität bewirkt, und selbst in einer Teilstichprobe von sexuell missbrauchten Mädchen wies nur eine Untergruppe hohe Werte für hypnotische Suggestibilität und Dissoziation auf (Putnam et al. 1995). In einer Einzelfallstudie mit funktioneller Bildgebung (Positronenemissionstomographie, PET) aktivierte die hypnotische Lähmung die gleichen Hirnareale wie bei einer Konversionsstörung. Das könnte darauf hinweisen, dass hypnotische und somatoforme Dissoziationen über gemeinsame neurophysiologische Mechanismen ablaufen (Halligan et al. 2000). Natürlich erfordert dieser Fall eine Replikation mit größeren Zahlen von Patienten mit somatoformen dissoziativen Störungen, und die beobachtete Beziehung stellt wohl auch keine kausale dar.

Es gibt also sinnvolle Gründe für die Annahme, dass Suggestion und Indoktrination die somatoforme Dissoziation nicht erklären. Patienten, die den SDQ-20 in der diagnostischen Phase und vor dem SCID-D-Interview durchführten, hatten höhere Scores als dissoziative Patienten, die das Instrument im Verlaufe ihrer Therapie bearbeiteten (Nijenhuis 1998e; Nijenhuis et al. 1999b). Darüber hinaus waren vor unseren eigenen Studien die durch den SDQ-20 betonten Symptome bei Diagnostikern und Therapeuten keineswegs als Hauptsymptome von dissoziativen Störungen bekannt, und die Patienten wurden mit diesen ziemlich allein gelassen. Dissoziative Patienten, die vom Autor selbst behandelt wurden, überschritten auch nicht die SDQ-20-Scores von dissoziativen Patienten in Behandlung anderer Therapeuten. Geht man von der theoretischen Orientierung und den speziellen Erwartungen des Autors aus, dann müsste ja gerade er den Patienten somatoforme dissoziative Symptome suggerieren (Nijenhuis et al. 1998a). Insofern sprechen die verfügbaren empirischen Daten gegen die Unterstellung, dass die somatoforme Dissoziation ein Ergebnis von Suggestion sei.

7.11 Die somatoforme Dissoziation als Screening-Variable für dissoziative Störungen nach dem DSM-IV

Die bisher vorgestellten Daten machen deutlich, dass die somatoforme Dissoziation sehr charakteristisch für Patienten mit einer DD-NOS oder DIS ist. Dennoch bleibt die Frage offen, ob die somatoforme Dissoziation in gleicher Weise für diese Störungen bezeichnend ist, wie es für die dissoziative Bewusstseinsstörung (psychoforme Dissoziation) gilt. Voraussetzung zur Entscheidung dieser Frage ist eine Überprüfung der relativen Fähigkeit der diagnostischen Instrumente (für somatoforme und psychoforme Dissoziation) zwischen Patienten mit einer dissoziativen Störung im Sinne des DSM-IV und denen ohne eine solche zu unterscheiden. Das SDQ-5 wurde als Screening-Instrument für dissoziative Störungen nach DSM-IV entworfen (Nijenhuis et al. 1997b; 1998c). Die Sensitivität (das ist der Anteil der zutreffend positiven Selektion durch den Test) des SDQ-5 für Patienten mit dissoziativen Störungen – diagnostiziert über das SCID-D-Interview – in verschiedenen niederländischen und flämischen Stichproben (n = 50, n = 33, n = 31) lag zwischen 82 und 94 %. Die Spezifität (das ist der Anteil von zutreffend identifizierten Patienten der Kontrollgruppe) des SDQ-5 lag zwischen 93 und 98 % (bei n = 50, n = 42 und n = 45). Der positive Vorhersagewert (das ist der Anteil von zutreffend positiven Fällen oberhalb des festgelegten Cut-off-Punktes) rangierte zwischen 90 und 98 % und der negative Vorhersagewert (das ist der Anteil von zutreffend negativen Fällen unter dem definierten Cut-off) zwischen 87 und 96 %. Die entsprechenden Werte auf dem SDQ-20 waren etwas niedriger (Nijenhuis et al. 1997b).

Nun implizieren eine hohe Sensitivität und Spezifität eines Testes nicht automatisch einen hohen prädiktiven Wert, wenn die Prävalenz der infrage stehenden Störung in der infrage stehenden Population vergleichsweise niedrig ist (Rey et al. 1992). Für psychiatrische Patienten wurde die Prävalenz von dissoziativen Störungen auf 8 bis 15 % eingeschätzt (Friedl u. Draijer 2000; Horen et al. 1995; Sar et al. 2000a; Saxe et al. 1993). Wenn man daher für eine Prävalenzrate von 10 % korrigiert, dann lagen die positiven Vorhersagewerte bei den infrage stehenden Stichproben zwischen 57 und 84 % und die negativen zwischen 98 und 99 %. Über alle 3 Stichproben gemittelt, lag der positive prädiktive Wert des SDQ-5 bei 66 %. Das erlaubt den Schluss, dass für niederländische/flämische Stichproben 2 von 3 Patienten mit einem SDQ-5-Score über dem Cut-off-Punkt tatsächlich eine dissoziative Störung im Sinne des DSM-IV haben. Für niederländische Patienten mit einer dissoziativen Störung und psychiatrische Vergleichspatienten fanden Draijer and Boon (1993) eine Sensitivität des DES von 93 % und eine Spezifität von 86 %; der korrigierte positive Vorhersagewert lag bei 42 % und der korrigierte negative bei 99 %. Das legt die Annahme nahe, dass die somatoforme Dissoziation ein mindestens gleich kennzeichnendes Maß für die komplexe dissoziative Störung darstellt wie die dissoziative Bewusstseinsstörung. Dies gilt zunächst einmal nur für niederländische Stichproben.

7.12 Korreliert die somatoforme Störung mit dem berichteten Trauma?

Um die unterstellte Assoziation zwischen dem (berichteten) Trauma und der somatoformen Dissoziation zu klären, wurde die Prävalenz und Schwere der von Patienten mit dissoziativen Störungen berichteten traumatischen Erlebnisse mit der bei anderen psychiatrischen Diagnosen nach dem DSM-IV verglichen (Nijenhuis et al. 1998b). Darüber hinaus erfolgte eine Analyse des Vorhersagewertes von emotionalen, physischen und sexuellen Traumata für die somatoforme Dissoziation und die dissoziative Bewusstseinsstörung. Im Gegensatz zur Kontrollgruppe (n = 43) berichteten die Patienten mit dissoziativen Störungen (n = 45) sowohl von schweren als auch von vielgestaltigen Traumatisierungen auf der Traumatic Experiences Checklist (TEC, Nijenhuis et al. 2002). Unter den verschiedenen Trauma-Formen sagte die körperliche Misshandlung, mit einem unabhängigen Beitrag des sexuellen Missbrauchs, am besten die somatoforme Dissoziation voraus. Das sexuelle Trauma allein prädizierte am besten die dissoziative Bewusstseinsstörung (psychoforme Dissoziation). Folgt man den Berichten der Patienten mit dissoziativen Störungen, so fand dieser Missbrauch regelhaft in einem emotional vernachlässigenden und missbrauchenden sozialen Milieu statt. Sowohl die somatoforme Dissoziation als auch die dissoziative Bewusstseinsstörung wurden am besten durch den frühen Beginn von schweren chronischen und multiplen Traumatisierungen vorhergesagt. Bei weiterer Analyse dieser Studiendaten erklärte der Gesamt-TEC-Wert 48 % der Varianz für die somatoforme Dissoziation; dieser Wert liegt oberhalb der Varianz, die durch den berichteten physischen und sexuellen Missbrauch erklärt wird (Nijenhuis 1999). Diese zusätzlichen Ergebnisse legen nahe, dass zwischen der somatoformen Dissoziation und den berichteten multiplen Typen eines Traumas eine enge Assoziation besteht. Dieser Befund deckt sich auch mit den Forschungsergebnissen über das Vorkommen gesicherter multipler und chronischer Traumatisierungen bei Patienten mit Dissoziativer Identitätsstörung (DIS, Coons 1994; Hornstein u. Putnam 1992; Kluft 1995; Lewis et al. 1997).

Bei der Untersuchung von ambulanten psychiatrischen Patienten fanden sowohl Waller et al. (2000) als auch Nijenhuis et al. (in Vorb.), dass unter den verschiedensten möglichen Formen von Traumata die somatoforme Dissoziation statistisch am besten durch physische Misshandlung und eine vitale Bedrohung durch eine andere Person vorhergesagt wurde. Vorläufige nordamerikanische Ergebnisse (Jamerson et al. 1997) weisen mäßige bis starke statistisch signifikante Korrelationen zwischen der somatoformen Dissoziation und dem berichteten sexuellen Missbrauch (r = 0,51), der sexuellen Belästigung (r = 0,49), der körperlichen Misshandlung (r = 0,49) sowie geringere Korrelationen mit der emotionalen Vernachlässigung (r = 0,25) und dem emotionalen Missbrauch (r = 0,31) auf. Berichte über einen frühen Beginn der Traumatisierungen waren stärker mit somatoformer Dissoziation assoziiert als die Erinnerung an Traumata in späteren Entwicklungsabschnitten. Die stärkste Korrelation aller Variablen mit der somatoformen Dissoziation wies der Gesamttrauma-Score auf (r = 0,63). Diese Befunde stimmen hochgradig mit unseren eigenen überein und legen die Annahme nahe, dass die somatoforme Dissoziation vor allem mit der Bedrohung der körperlichen Integrität und der Bedrohung des Lebens einer Person assoziiert ist.

Auch die Studien, in denen sich Assoziationen zwischen Somatisierungssymptomen, somatoformen Störungen und (berichteten) Traumata fanden, legen eine Verbindung zwischen der somatoformen Dissoziation und dem traumatischen Ereignis nahe. So fanden sich undifferenzierte somatoforme Störungen unter den Achse-I-Diagnosen nach dem DSM-IV bei Golfkriegsveteranen mit körperlichen und psychiatrischen Syndromen (Labbate et al. 1998). Noch spezifischer waren die hohen Korrelationen von Berichten über traumatische Ereignisse sowohl mit der Diagnose einer PTBS als auch mit der einer somatoformen Störung; schließlich hatten Veteranen, die mit Leichen zu tun hatten, ein dreifach erhöhtes Risiko, eine somatoforme Diagnose zu erhalten. Darüber hinaus fanden sich in einer Reihe von Studien Assoziationen zwischen (berichteten) Traumata, psychoformer Dissoziation und Somatisierungssymptomen oder somatoformen Störungen (zum Beispiel Atlas et al. 1995; Darves-Bornoz 1997; Van der Kolk et al. 1996).

7.13 Somatoforme Dissoziation und animalische Abwehrreaktionen

Patienten mit einer DIS oder verwandten Typen der DDNOS verharren in alternierenden dissoziativen Persönlichkeiten (wechselnden Komplexitätsgrades); diese sind relativ diskret, diskontinuierlich und entziehen sich der Integration. Nach unserem Verständnis repräsentieren sie vor allem ANP und EP (Nijenhuis u. Van der Hart 1999) und sind mit umschriebenen somatoformen dissoziativen Symptomen verbunden. Nijenhuis et al. (1998d) zogen zur Erklärung der Herkunft dieser dissoziativen psychischen Systeme und Symptome eine Parallele zwischen tierischen Zuständen von Abwehr und Erholung, wie sie angesichts unterschiedlicher Bedrohung durch Beutegreifer entstehen, und charakteristischen somatoformen dissoziativen Reaktionen von Patienten mit dissoziativen Störungen, die von einem Trauma berichten. Die Übersicht der Autoren über die Forschung an Tieren und Menschen und klinische Beobachtungen legen nahe, dass Ähnlichkeiten zu den Störungen von normalen Essmustern und anderen normalen Verhaltensmustern angesichts des Auftretens von diffuser Bedrohung bestehen.

Das Absterben von Lautäußerungen und die Erstarrung treten unmittelbar angesichts der Bedrohung auf, Analgesie und Anästhesie gehen dem konkreten Angriff voraus, und akuter Schmerz wird wahrgenommen, wenn die Bedrohung abgeklungen ist und sich Handlungen anschließen, die zur Erholung führen. Die EP zeigen in diesem Sinne Abwehräußerungen, die denen von Tieren gleichen, während die ANP eine Reihe von psychischen Reaktionen und Verhaltensreaktionen aufwiesen, mit dem Ziel, die EP zu vermeiden oder ihr zu entkommen. Nach unserem Verständnis drücken sich die psychischen Vermeidungs- und Fluchtreaktionen u. a. in (negativen) somatoformen dissoziativen Symptomen und dissoziativen Bewusstseinsstörungen aus, zum Beispiel in Amnesien oder emotionalen und sensorischen Anästhesien.

In Übereinstimmung mit diesem Modell legen verschiedene Studien nahe, dass eine Bedrohung des Lebens, unabhängig davon, ob sie naturhaft oder von Menschen verursacht ist, Analgesie und Betäubung hervorrufen kann (Cardena et al. 1998; Cardena u. Spiegel 1993; Pitman et al. 1990; Van der Kolk et al. 1989). Zur Testung der Hypothese von einer Ähnlichkeit zwischen animalischen Abwehrreaktionen und bestimmten dissoziativen somatoformen Symptomen bei traumatisierten Patienten mit dissoziativen Störungen führten Nijenhuis et al. (1998d) folgende Untersuchungen durch: Die Autoren konstruierten 12 somatoforme Symptom-Cluster auf der Basis von klinisch beobachteten somatoformen dissoziativen Phänomenen. Alle Cluster diskriminierten zwischen Patienten mit dissoziativen Störungen und Patienten mit anderen psychiatrischen Diagnosen. Die Cluster, die die unterstellte Ähnlichkeit ausdrückten (Erstarrung, Anästhesie/Analgesie, gestörtes Essverhalten), gehörten zu den 5 charakteristischsten Symptomen bei Patienten mit dissoziativen Störungen. Die Cluster mit Anästhesie/Analgesie, urogenitalen Schmerzen und Erstarrungssymptomen trugen unabhängig zur vorhergesagten Fallzugehörigkeit zu den dissoziativen Störungen bei. Bei Verwendung einer unabhängigen Stichprobe und Kontrolle der Symptomschwere sagten Anästhesie/Analgesie am besten die Zugehörigkeit zur Fallgruppe der dissoziativen Störungen voraus. Die genannten Cluster klassifizierten 94% der Fälle der Originalstichprobe und 96% der unabhängigen zweiten Stichprobe korrekt den dissoziativen Störungen zu. Die Autoren interpretieren diese Ergebnisse im Sinne einer weiten Übereinstimmung mit der von ihnen vorgebrachten Ähnlichkeits-Hypothese.

Die Anästhesie-Symptome charakterisieren die EP, können aber auch Anteile von ANP darstellen. In unserem Verständnis sind die ANP phobisch für traumatische Gedächtnisinhalte und phobisch für die mit diesen assoziierten EP (Nijenhuis u. Van der Hart 1999; Nijenhuis et al. 2003). Diese Phobie drückt sich in zwei hauptsächlich negativen dissoziativen Symptomen aus, nämlich der Amnesie und der sensorischen wie auch emotionalen Anästhesie. Neuere Ergebnisse aus psychobiologischen Untersuchungen mit beiden Typen von emotionalen Persönlichkeiten stützen diese Interpretation (Nijenhuis et al. 1999a; Van Honk et al. 1999).

In einer eigenen Untersuchung an einer Stichprobe psychiatrischer Patienten (n = 153) fanden wir, dass sich ein (berichtetes) Trauma durch somatoforme Dissoziation, gemessen mit dem SDQ, vorausgesagt wurde – dies vor und über dem Einfluss von Geschlecht, dissoziativer Bewusstseinsstörung und posttraumatischen Stress-Symptomen (Nijenhuis et al. 2002). In dieser Studie ließ sich die somatoforme Dissoziation aus verschiedenen möglichen Trauma-Bereichen am besten durch die körperliche Bedrohung und die emotionale Vernachlässigung voraussagen. Wir folgern daraus, dass eine physische Bedrohung anhaltende, dem tierischen Abwehrverhalten ähnliche Reaktionen von psychobiologischen Systemen hervorrufen kann – dies gilt vor allem, wenn die Bedrohung sich wiederholt und innerhalb eines Kontexts von emotionaler Vernachlässigung auftritt.

7.14 Gilt die Assoziation von somatoformer Dissoziation mit dissoziativen Störungen und Trauma auch für nichtpsychiatrische Populationen?

Um zu klären, ob die starken Assoziationen zwischen somatoformer Dissoziation, dissoziativen Störungen und berichtetem Trauma bei psychiatrischen Patienten generalisierbar sind, wurden diese Beziehungen auch in einer nichtpsychiatrischen Population untersucht (Nijenhuis et al. 1999c). Nach der Literatur sind es vor allem chronische Beckenschmerzen (chronic pelvic pain, CPP)[5], für die – zumindest in einer Untergruppe von gynäkologischen Patienten – eine Beziehung zu einem berichteten Trauma (zum Beispiel Walling et al. 1994; Walker et al. 1995) und Dissoziation (Walker et al. 1992) berichtet wird. Geht man von der Annahme aus, dass Patienten, die medizinische Dienste aufsuchen, eher von somatischen als von psychischen Symptomen berichten, dann kann man unterstellen, dass eher die somatoforme Dissoziation als die dissoziativen Bewusstseinsstörungen Hinweise auf dissoziative Störungen unter CPP-Patientinnen darstellen. Gleichfalls wurde hypostasiert, dass besonders CPP-Patientinnen, die von einem Trauma berichten, eine somatoforme Dissoziation aufweisen und dass insgesamt die somatoforme Dissoziation innerhalb dieser diagnostischen Kategorie das Trauma besser als die dissoziative Bewusstseinsstörung (psychoforme Dissoziation) voraussagt. Innerhalb dieser Stichprobe (n = 52) bestand eine signifikante Assoziation von dissoziativen Bewusstseinsstörungen und somatoformer Dissoziation mit einer Diagnose dissoziativer Störungen im Sinne des DSM-IV (gemessen über das SCID-D). Der Gesamt-Score des SCID-D sagt am besten Angst, Depression und dissoziative Bewusstseinsstörungen voraus, während die somatoforme Dissoziation am besten die Amnesie prognostiziert. Angst/Depression sowie somatoforme Dissoziation sagten am besten eine Identitätsstörung voraus. Diese Ergebnisse widersprechen teilweise der bereits weiter oben beleuchteten Hypothese, dass bei CPP-Patientinnen die somatoforme Dissoziation stärker als die dissoziativen Bewusstseinsstörungen eine dissoziative Störung voraussagen würde. Die Sensitivität für dissoziative Störungen bei den eingesetzten Screening-Instrumenten auf somatoforme Dissoziation und dissoziative Bewusstseinsstörungen lag bei 100%. Die Spezifität erreichte 90,2% (SDQ-5) und 94,1% (DES). Wurden Scores am empfohlenen Cut-off-Punkt oder leicht oberhalb desselben verwandt, kam es zu einer Übervoraussage von dissoziativen Störungen in 5 (SDQ-5) bzw. 3 (DES) Fällen. Höhere Sco-

---

5 Im deutschen Sprachraum werden diese Zustände meist als Pelipathie oder Chronische Pelipathie bezeichnet (Anm. d. Übs.).

res sagten jedoch korrekt eine dissoziative Symptomatologie oder eine dissoziative Störung voraus. Die somatoforme Dissoziation war mit dem Bericht eines Traumas stark assoziiert und wurde von diesem am besten vorausgesagt. Physische Misshandlung, Lebensbedrohung durch eine andere Person, sexuelles Trauma und starke Schmerzen prognostizierten innerhalb der verschiedenen Typen möglicher Traumata die somatoforme Dissoziation am besten. Wurde der Einfluss von Angst, Depression und starken Schmerzen kontrolliert, so blieben körperliche Misshandlung/Lebensbedrohung durch eine Person die besten Prädiktoren für die somatoforme Dissoziation (Nijenhuis et al. 1999c).

Zusammenfassend belegt diese Studie eine starke Assoziation zwischen somatoformer Dissoziation und berichtetem Trauma in einer nichtpsychiatrischen Population. In gleicher Weise gilt dies auch für eine starke Assoziation zwischen der somatoformen Dissoziation und Zügen von dissoziativen Störungen. Diese Ergebnisse sind konsistent mit unseren Befunden an psychiatrischen Patienten und stützen daher unsere These, dass die somatoforme Dissoziation (oder Züge von ihr), die dissoziative Störung und ein berichtetes Trauma stark interkorrelierte Phänomene sind.

7.15 Diskussion

Die Items des SDQ beinhalten Symptome für die Hysterie, wie sie Janet (1893; 1907) beschrieb. Die Übersicht über die empirischen Daten macht deutlich, dass die Symptome, die im 19. Jahrhundert der Hysterie zugeordnet wurden, sehr charakteristisch für die dissoziativen Störungen des 20. Jahrhunderts sind. Sie bestätigen, dass diese Symptome eine Kombination von psychischen Stigmata (die negativen Symptome der Anästhesie, Analgesie und motorischen Hemmungen) und psychischen Zufällen (accidents; die positiven Symptome von umschriebenem Schmerz und Veränderung von Geschmacks- und Geruchspräferenzen/Aversionen). Ich stehe auch zu der janetschen Position, dass Körper und Seele untrennbar sind, und ich betone die Wichtigkeit der phänomenologischen Unterscheidung zwischen den Bewusstseinsmanifestationen und den somatoformen Manifestationen der Dissoziation, durch welche die weitgehend vergessene oder missachtete klinische Beobachtung, dass die Dissoziation sich auch auf den Körper erstreckt, beleuchtet wird. Dieser Befund ist jetzt auch empirisch gesichert. Keine Hinweise fanden sich für die Annahmen, dass diese Symptome eine Manifestation allgemeiner Psychopathologie oder eine Folge von Suggestion seien. Natürlich bedeutet dies in keiner Weise, dass Patienten mit dissoziativen Störungen nicht anfällig für Suggestion wären oder keine Fälle von vorgetäuschten dissoziativen Störungen bestünden (Draijer u. Boon 1999). Wir halten andererseits aber für gesichert, dass Suggestion nicht die Ergebnisse unserer Studien zur somatoformen Dissoziation erklären kann.

Die somatoforme Dissoziation gehört zu den Hauptsymptomen der dissoziativen Störungen im Sinne des DSM-IV, sie charakterisiert aber auch eine Reihe von Fällen somatoformer Störungen nach dem DSM-IV und eine Untergruppe von Patienten mit Ess-Störungen. Wie die dissoziativen Störungen geht auch die Somatisierungsstörung (Briquet-Syndrom) auf die Hysterie zurück: Die bahnbrechenden Studien von Briquet hatten offengelegt, dass viele Patienten mit einer Hysterie eine Amnesie hatten und zusätzlich viele somatoforme Symptome. Die zeitgenössische Forschung zeigt auch, dass dissoziative Bewusstseinsstörungen und Somatisierung verwandte Phänomene sind. Saxe et al. (1994) fanden bei zwei Drittel ihrer Patienten mit dissoziativen Störungen auch eine Bestätigung der DSM-IV-Kriterien für die Somatisierungsstörung. Die Somatisierung ist allerdings wahrscheinlich weder eine konkrete klinische Einheit noch das Ergebnis eines singulären pathologischen Prozesses

(Kellner 1995). Es sieht so aus, als ob die somatoforme Dissoziation zu einer Untergruppe von somatoformen Symptomen gehört, die medizinisch gar nicht oder nur schwierig zu erklären sind.

Insgesamt passen die Ergebnisse unserer Studien besser zur Systematik der ICD-10 (WHO 1992), in der die dissoziativen Störungen der Bewegung und Sinnesempfindung mit den dissoziativen Bewusstseinsstörungen zusammengefasst sind, als zum DSM-IV, das die Dissoziation auf die Bewusstseinsstörungen eingrenzt und die somatoformen Manifestationen der Dissoziation als „Konversionsstörungen" klassifiziert. Wie auch immer: In den Niederlanden war der SDQ-5 und in der Türkei der SDQ-20 im Screening für dissoziative Störungen (im Sinne des DSM-IV) mindestens so effektiv wie die DES. Und unsere Befunde, dass die dissoziativen Bewusstseinsstörungen und die somatoforme Dissoziation hoch assoziiert sind, legen nahe, dass beide Phänomene die Manifestation eines gemeinsamen (pathologischen) Prozesses sind. Darüber hinaus hat sich gezeigt, dass die somatoforme Dissoziation charakteristisch für die Konversionsstörung des DSM-IV ist (Kuyk et al. 1999), und die somatoforme Dissoziation – mehr als die dissoziative Bewusstseinsstörung – war auch charakteristisch für Patienten mit pseudoepileptischen Anfällen (ebd.). Dissoziative Bewusstseinsstörungen bestanden auch bei Patienten mit Konversionsstörungen (Spitzer et al. 1999).

Für uns ergibt sich zusammenfassend die Notwendigkeit, die Konversion in „somatoforme Dissoziation" umzubenennen und die DSM-IV-Kategorie „Konversionsstörungen" als „dissoziative Störungen" zu klassifizieren.[6] Das Gleiche gilt für die Somatisierungsstörung, wenn sie überwiegend als somatoforme Dissoziation auftritt. Diese Ergebnisse würden eine Wiedereinführung der 19. Jahrhundert-Kategorie „Hysterie" unter dem allgemeinen Etikett der dissoziativen Störungen begünstigen: Dazu gehörten dann die aktuellen dissoziativen Störungen, die Konversionsstörungen (das entspricht der ICD-10-Kategorie „dissoziative Störungen der Bewegung und Sinnesempfindung") und die Somatisierungsstörung. Auf der anderen Seite muss daran gedacht werden, dass die Abklärung der somatoformen Dissoziation bei der Somatisierungsstörung nach dem DSM-IV auch die Möglichkeit der Entdeckung verschiedener Untergruppen eröffnen kann. Es könnte sich so verhalten, dass eine Untergruppe von Patienten mit einer Somatisierungsstörung eine schwere somatoforme Dissoziation aufweist, während eine andere Untergruppe nur auf geringe oder mäßige Scores im Sinne der somatoformen Dissoziation käme. Es ist beispielsweise auch mehr als fraglich, dass sich die Konversionsstörung und die Hypochondrie auf eine ähnliche Pathologie beziehen. Daraus ergibt sich, dass weitere Forschung zur Abklärung der somatoformen Dissoziation bei den verschiedenen somatoformen Störungen nach dem DSM-IV erforderlich ist.

Die unterstellte Abhängigkeit der somatoformen Dissoziation von einer dissoziativen Persönlichkeit kann nicht durch die einfache Anwendung des SDQ-20 oder des SDQ-5 untersucht werden; hier müssen andere Methoden zum Einsatz kommen. Denkbar ist etwa, diese Instrumente bei DIS-Patienten zur Anwendung zu bringen, während sie in ANP- und EP-Zuständen verharren, und bei Kontrollpersonen, die jeweils eine ANP- und EP-Teilpersönlichkeit simulieren. Wichtiger für das Studium der somatoformen dissoziativen Symptome scheint jedoch der Einsatz aktueller psychophysiologischer und endokrinologischer Methoden, während die DIS-Patienten und die Kontrollgruppe in diesen authentischen bzw. simulierten Teilpersönlichkeiten befangen sind. Die experimentelle Induktion dieser Zustände erfolgt jeweils über die Exposition gegenüber Trauma-Erinnerungen (Nijen-

---

[6] Zu diesem sehr dezidierten Schluss eröffnet sich durch die Ausführungen von Hoffmann und Eckhardt-Henn in Kapitel 21 dieses Buchs eine interessante Kontroverse.

huis et al. 1999a; Reinders et al., im Druck) oder verdeckte Bedrohungsreize (Van Honk et al. 1999).

Literatur

American Psychiatric Association (1994). Diagnostic and Statistical Manual of Mental Disorders. 4th ed. (DSM-IV). Washington, DC: American Psychiatric Association.

Atlas JA, Wolfson MA, Lipschitz DS (1995). Dissociation and somatization in adolescent inpatients. Psychol Reports; 76: 1101-2.

Bernstein E, Putnam FW (1986). Development, reliability, and validity of a dissociation scale. J Nerv Ment Dis; 102: 280-6.

Breuer J, Freud S (1955). On the psychical mechanism of hysterical phenomena. In: Strachey J, Strachey A (eds). Standard Edition of the Complete Psychological Works of Sigmund Freud. London: Hogarth; 1-181.

Briquet P (1859). Traité clinique et thérapeutique de l'hystérie. 2 vols. Paris: J.-P. Baillière et Fils.

Cardena E (1994). The domain of dissociation. In: Lynn SJ, Rhue JW (eds). Dissociation: Clinical and theoretical perspectives. New York: Guilford; 15-31.

Cardena E, Holen A, McFarlane A, Solomon Z, Wilkinson C, Spiegel D (1998). A multisite study of acute stress reaction to a disaster. In: American Psychiatric Association (ed). Sourcebook for the DSM-IV, Vol. IV. Washington, DC: American Psychiatric Association.

Cardena E, Spiegel D (1993). Dissociative reactions to the San Francisco Bay area earthquake of 1989. Am J Psychiatry; 150: 474-8.

Charcot J-M (1887). Leçons sur les maladies du système nerveux faites à la Salpêtrière, Tome III. Paris: Progrès Médical en A. Delahaye u. E. Lecrosnie.

Coons PM (1994). Confirmation of childhood abuse in child and adolescent cases of multiple personality disorder and dissociative disorder not otherwise specified. J Nerv Ment Dis; 182: 461-4.

Darves-Bornoz J-M (1997). Rape-related psychotraumatic syndromes. Eur J Obstetr Gynecol; 71: 59-65.

Dell PF, Newfield N, Ford M (1997). Somatoform dissociation in DID, DDNOS, chronic pain, and eating disorders in a North American sample. Proceedings of the 14th International Conference of the International Society for the Study of Dissociation, November 8-11; 130.

Derogatis LR (1977). SCL-90: Administration, scoring, and procedures manual-I for the R(evised) version and other instruments of the psychopathology rating scale series. Baltimore: Clinical Psychometric Research Unit, Johns Hopkins University School of Medicine.

Draijer N, Boon S (1993). Trauma, dissociation, and dissociative disorders. In: Boon S, Draijer N (eds). Multiple Personality Disorder in the Netherlands: A study on reliability and validity of the diagnosis. Amsterdam/Lisse: Swets u. Zeitlinger; 177-93.

Draijer N, Boon S (1999). The imitation of dissociative identity disorder: patients at risk; therapists at risk. J Psychiatry Law; 27: 423-58.

Friedl MC, Draijer N (2000). Dissociative disorders in Dutch psychiatric inpatients. Am J Psychiatry; 157: 1012-3.

Freyberger HJ, Spitzer C, Stieglitz R-D (1999). Fragebogen zu Dissoziativen Symptomen (FDS). Bern: Huber.

Gast U, Oswald T, Zündorf F, Hofmann A (2000). Strukturiertes Klinisches Interview für DSM-IV Dissoziative Störungen (SKID-D). Göttingen: Hogrefe.

Gleaves DH (1996). The sociocognitive model of dissociative identity disorder: a reexamination of the evidence. Psychol Bull; 120: 42-59.

Halligan PW, Athwal BS, Oakley DA, Frackowiak RS (2000). Imaging hypnotic paralysis: implications for conversion hysteria (letter). Lancet; 355: 986-7.

Horen SA, Leichner PP, Lawson JS (1995). Prevalence of dissociative symptoms and disorders in an adult psychiatric inpatient population in Canada. Can J Psychiatry; 40: 185-91.

Hornstein NL, Putnam FW (1992). Clinical phenomenology of child and adolescent disorders. J Am Acad Child Adolesc Psychiatry; 31: 1077-85.

Jamerson MD, Fair G, Dell PF (1997). Somatoform dissociation and reported trauma in DID and DDNOS. Proceedings of the 14th International Conference of the International Society for the Study of Dissociation, November 8-11; 130.

Janet P (1889). L'Automatisme psychologique. Paris: Félix Alcan (Reprint: Paris: Société Pierre Janet 1973).

Janet P (1893). L'Etat mental des hystériques: Les stigmates mentaux. Paris: Rueff et Cie.

Janet P (1901). The Mental State of Hystericals. New York: Putnam & Sons (Reprint: Washington, DC: University Publications of America 1977).

Janet P (1907). Major Symptoms of Hysteria. London: Macmillan (Reprint: New York: Hafner 1965).

Janet P (1911). L'Etat mental des hystériques. Paris: Félix Alcan. 2ème ed. (Reprint: Marseille: Lafitte Reprints 1983).

Janet P (1929). L'Evolution psychologique de la personnalité. Paris: Chahine (Reprint: Paris: Société Pierre Janet 1984).

Kellner R (1995). Psychosomatic syndromes, somatization, and somatoform disorders. Psychother Psychosom; 61: 4-24.

Kihlstrom JF (1994). One hundred years of hysteria. In: Lynn SJ, Rhue JW (eds). Dissociation: Clinical and theoretical perspectives. New York: Guilford; 365-95.

Kluft RP (1995). The confirmation and disconfirmation of memories of abuse in DID patients: a naturalistic clinical study. Dissociation; 8: 251-8.

Kuyk J, Spinhoven P, Van Emde Boas MD, Van Dyck R (1999). Dissociation in temporal lobe epilepsy and pseudo-epileptic seizure patients. J Nerv Ment Dis; 187: 713-20.

Labbate LA, Cardena E, Dimitreva J, Roy MJ, Engel C (1998). Psychiatric syndromes in Persian Gulf War veterans: an association of handling dead bodies with somatoform disorders. Psychother Psychosom; 67: 275-9.

Laria AJ, Lewis-Fernández R (2001). The professional fragmentation of experience in the study of dissociation, somatization, and culture. J Trauma Diss; 2: 17-47.

LeGrand du Saulle (1891). Les hystériques: État physique et état mental. Paris: J.-B. Baillière.

Lewis DO, Yeager CA, Swica Y, Pincus JH, Lewis M (1997). Objective documentation of child abuse and dissociation in 12 murderers with dissociative identity disorder. Am J Psychiatry; 154: 1703-10.

Maldonado JR, Spiegel D (1998). Trauma, dissociation, and hypnotizability. In: Bremner JD, Marmar CA (eds). Trauma, Memory, and Dissociation. Washington, DC: American Psychiatric Press; 57-106.

Merskey H (1992). The manufacture of personalities: the production of multiple personality disorder. Br J Psychiatry; 160: 327-40.

Merskey H (1997). Tests of „dissociation" and mood disorder (letter). Br J Psychiatry; 171: 487.

Myers CS (1940). Shell shock in France 1914-18. Cambridge: Cambridge Unversity Press.

Nash MR, Hulsey TL, Sexton MC, Harralson TL, Lambert W (1993). Long-term sequelae of childhood sexual abuse: Perceived family environment, psychopathology, and dissociation. J Consul Clin Psychol; 61: 276-83.

Nemiah JC (1991). Dissociation, conversion, and somatization. In: Tasman A, Goldfinger SM (eds). American Psychiatric Press Annual Review of Psychiatry. Vol. 10. Washington, DC: American Psychiatric Press; 248-60.

Nijenhuis ERS (1999). Somatoform Dissociation: Phenomena, measurement, and theoretical issues. Assen, the Netherlands: Van Gorcum.

Nijenhuis ERS, Van der Hart O (1999). Somatoform dissociative phenomena: A Janetian Perspective. In: Goodwin JM, Attias R (eds). Splintered Reflections: Images of the body in trauma. New York: Basic Books; 89-127.

Nijenhuis ERS, Spinhoven P, Van Dyck R, Van der Hart O, Vanderlinden J (1996). The development and the psychometric characteristics of the Somatoform Dissociation Questionnaire (SDQ-20). J Nerv Ment Dis; 184: 688-94.

Nijenhuis ERS, Spinhoven P, Van Dyck R, Van der Hart O, De Graaf AMJ, Knoppert EAM (1997a). Dissociative pathology discriminates between bipolar mood disorder and dissociative disorder. Br J Psychiatry; 170: 581.

Nijenhuis ERS, Spinhoven P, Van Dyck R, Van der Hart O, Vanderlinden J (1997b). The development of the Somatoform Dissociation Questionnaire (SDQ-5) as a screening instrument for dissociative disorders. Acta Psychiatr Scand; 96: 311-8.

Nijenhuis ERS, Spinhoven P, Vanderlinden J, Van Dyck R, Van der Hart O (1998a). Somatoform dissociative symptoms as related to animal defensive reactions to predatory threat and injury. J Abnorm Psychol; 107: 63-73.

Nijenhuis ERS, Spinhoven P, Van Dyck R, Van der Hart O, Vanderlinden J (1998b). Degree of somatoform and psychological dissociation in dissociative disorders is correlated with reported trauma. J Trauma Stress; 11: 711-30.

Nijenhuis ERS, Spinhoven P, Van Dyck R, Van der Hart O, Vanderlinden J (1998c). Psychometric characteristics of the Somatoform Dissociation Questionnaire: a replication study. Psychother Psychosom; 67: 17-23.

Nijenhuis ERS, Vanderlinden J, Spinhoven P (1998d). Animal defensive reactions as a model for trauma-induced dissociative reactions. J Trauma Stress; 11: 243-60.

Nijenhuis ERS, Van Dyck R, Van der Hart O, Spinhoven P (1998e). Somatoform dissociation is unlikely to be a result of indoctrination by therapists (letter). Br J Psychiatry; 172: 452.

Nijenhuis ERS, Quak J, Reinders S, Korf J, Vos H, Marinkelle AB (1999a). Identity-dependent processing of traumatic memories in dissociative identity disorder: Converging regional blood flow, physiological and psychological evidence. Proceedings of the 6th European Conference on Traumatic Stress: Psychotraumatology, clinical practice, and human rights. Istanbul, Turkey, June 5-8: 23.

Nijenhuis ERS, Van Dyck R, Spinhoven P, Van der Hart O, Chatrou M, Vanderlinden J, Moene F (1999b). Somatoform dissociation discriminates among diagnostic categories over and above general psychopathology. Austr N Zeal J Psychiatry; 33: 512-20.

Nijenhuis ERS, Van Dyck R, Ter Kuile M, Mourits M, Spinhoven P, Van der Hart O (1999c). Evidence for associations between somatoform dissociation, psychological dissociation, and reported trauma in chronic pelvic pain patients. In: Nijenhuis ERS (ed). Somatoform Dissociation: Phenomena, measurement, and theoretical issues. Assen, the Netherlands: Van Gorcum; 146-60.

Nijenhuis ERS, Van Engen A, Kusters I, Van der Hart O (2001). Peritraumatic somatoform and psychological dissociation in relation to recall of childhood sexual abuse. J Trauma Diss; 2: 49-68.

Nijenhuis ERS, Van der Hart O, Kruger K (2002). The psychometric characteristics of the Traumatic Experiences Checklist (TEC): First findings among psychiatric outpatients. Clin Psychol Psychother; 93: 200-10.

Nijenhuis ERS, Van der Hart O, Steele K (2003). Strukturelle Dissoziation der Persönlichkeitsstruktur, traumatischer Ursprung, phobische Residuen. In: Reddemann L, Hofmann A, Gast U (Hrsg). Lindauer Psychotherapie-Module: Dissoziative Störungen. Stuttgart: Thieme.

Nijenhuis ERS, Van der Hart O, Kruger K, Steele K (in Vorb.). Somatoform dissociation, reported abuse, and animal defense-like reactions.

Norton GR, Ross CA, Novotny MF (1990). Factors that predict scores on the Dissociative Experiences Scale. J Clin Scale; 46: 273-7.

Othmer E, DeSouza C (1985). A screening test for somatization disorder (hysteria). Am J Psychiatry; 142: 1146-9.

Pitman RK, Van der Kolk BA, Orr SP, Greenberg MS (1990). Naloxone reversible stress induced analgesia in post traumatic stress disorder. Arch Gen Psychiatry; 47: 541-7.

Pribor EF, Yutzy SH, Dean JT, Wetzel RD (1993). Briquet's syndrome, dissociation and abuse. Am J Psychiatry; 150: 1507-11.

Putnam FW, Carlson EB (1998). Hypnosis, dissociation, and trauma: Myths, metaphors, and mechanisms. In: Bremner JD, Marmar CA (eds). Trauma, Memory, and Dissociation. Washington, DC: American Psychiatric Press; 27-56.

Putnam FW, Helmers K, Horowitz LA, Trickett PK (1995). Hypnotizability and dissociativity in sexually abused girls. Child Abuse Neglect; 19: 645-55.

Reinders AATS, Nijenhuis ERS, Paans AMJ, Korf J, Willemsen ATM, Den Boer JA (im Druck). One brain, two selves. NeuroImage.

Rey JM, Morris-Yates A, Stanislaw H (1992). Measuring the accuracy of diagnostic tests using Receiver Operating Characteristics (ROC) analysis. Int J Meth Psychiatr Res; 2: 39-50.

Ross CA, Heber S, Norton GR, Anderson G (1989). Somatic symptoms in multiple personality disorder. Psychosom; 30: 154-60.

Sar V, Kundakci T, Kiziltan E, Bahadir B, Aydiner O (1998). Reliability and validity of the Turkish version of the Somatoform Dissociation Questionnaire (SDQ-20). Proceeding of the International Society of Dissociation 15th International Fall Conference. Seattle, November 14-17.

Sar V, Kundakci T, Kiziltan E, Bakim B, Bozkurt O (2000a). Differentiating dissociative disorders from other diagnostic groups through somatoform dissociation in Turkey. J Trauma Diss; 1: 67-80.

Sar V, Tutkun H, Alanyak B, Bakim B, Baral I (2000b). Frequency of dissociative disorders among psychiatric outpatients in Turkey. Compr Psychiatry; 41: 216-22.

Saxe GN, Chinman G, Berkowitz MD, Hall K, Lieberg G, Schwartz J, Van der Kolk BA (1994). Somatization in patients with dissociative disorders. Am J Psychiatry; 151: 1329-34.

Saxe GN, Van der Kolk BA, Berkowitz R, Chinman G, Hall K, Lieberg G (1993). Dissociative disorders in psychiatric inpatients. Am J Psychiatry; 150: 1037-42.

Spiegel D, Hunt T, Dondershine HE (1988). Dissociation and hypnotizability in posttraumatic stress disorder. Am J Psychiatry; 145: 301-5.

Spitzer C, Spelsberg B, Grabe H-J, Mundt B, Freiberger H (1999). Dissociative experiences and psychopathology in conversion disorders. J Psychosom Res; 46: 291-4.

Steinberg M (1994). Interviewer's Guide to the Structured Clinical Interview for DSM-IV Dissociative Disorders. Rev. ed. Washington, DC: American Psychiatric Press.

Stutman RK, Bliss EL (1985). Posttraumatic stress disorder, hypnotizability, and imagery. Am J Psychiatry; 142: 741-3.

Tillman JG, Nash MR, Lerner PM (1994). Does trauma cause dissociative pathology? In: Lynn SJ, Rhue JW (eds). Dissociation: Clinical and theoretical perspectives. New York: Guilford; 395-415.

Van der Hart O (2000). Dissociation: Toward a resolution of 150 years of confusion. Keynote address International Society for the Study of Dissociation 17th International Fall Conference. San Antonio, Texas, November 12-14.

Van der Hart O, Friedman B (1989). A reader's guide to Pierre Janet on dissociation: a neglected intellectual heritage. Dissociation; 2: 3-16.

Van der Hart O, Witztum E, Friedman B (1993). From hysterical psychosis to reactive dissociative psychosis. J Trauma Stress; 6: 43-64.

Van der Hart O, Op den Velde W (1995). Traumatische herinneringen (Traumatic memories). In: Van der Hart (ed). Trauma, dissociatie en hypnose (Trauma, Dissociation and Hypnosis). 3rd ed. Lisse, The Netherlands: Swets u. Zeitlinger; 79-101.

Van der Hart O, Van der Kolk BA, Boon S (1998). Treatment of dissociative disorders. In: Bremner JD, Marmar CR (eds). Trauma, Memory, and Dissociation. Washington, DC: American Psychiatric Press; 253-83.

Van der Hart O, Van Dijke A, Van Son MJM, Steele K (2000). Somatoform dissociation in traumatized World War I combat soldiers: a neglected clinical heritage. J Trauma Diss; 1; 33-66.

Van der Kolk BA, Fisler R (1995). Dissociation and the fragmentary nature of traumatic memories: overview and exploratory study. J Trauma Stress; 8: 505-25.

Van der Kolk BA, Greenberg MS, Orr SP, Pitman RK (1989). Endogenous opioids, stress induced analgesia, and posttraumatic stress disorder. Psychopharmacol Bull; 25: 417-22.

Van der Kolk BA, Pelcovitz D, Roth S, Mandel FC, McFarlane AC, Herman JL (1996). Dissociation, somatization, and affect dysregulation: the complexity of adaptation to trauma. Am J Psychiatry; 153, Suppl: 83-93.

Van Honk J, Nijenhuis ERS, Hermans E, Jongen A, Van der Hart O (1999). State-dependent emotional responses to masked threatening stimuli in dissociative identity disorder. Proceedings of the 16th International Fall Conference of the International Society for the Study of Dissociation, Miami, November 11-13.

Vanderlinden J (1993). Dissociative Experiences, Trauma, and Hypnosis: Research findings and clinical applications in eating disorders. Delft: Eburon.

Van Ommeren M, Sharma B, Sharma GK, de Jong JTVM, Komproe I, Cardena E (2002). The relationship between somatic and PTSD symptoms among Bhutanese refugee torture survivors: Examination of comorbidity with anxiety and depression. J Trauma Stress; 15: 415-22.

Walker EA, Katon WJ, Neraas K, Jemelka RP, Massoth D (1992). Dissociation in women with chronic pelvic pain. Am J Psychiatry; 149: 534-7.

Walker EA, Katon WJ, Hansom J, Harrpo-Griffith J, Holm L, Jones ML, Hickok LR, Russo J (1995). Psychiatric diagnoses and sexual victimization in women with chronic pelvic pain. Psychosomatics; 36: 531-40.

Waller G, Hamilton K, Elliott P, Lewendon J, Stopa L, Waters A, Kennedy F, Chalkley JF, Lee G, Pearson D, Kennerley H, Hargreaves I, Bashford V (2000). Somatoform dissociation, psychological dissociation and specific forms of trauma. J Trauma Diss; 1: 81-98.

Walling EA, Reiter RC, O'Hara MW, Milburn AK, Lilly G, Vincent SD (1994). Abuse history and chronic pain in women. I. Prevalences of sexual and physical abuse. Obstetr Gynecol; 84: 193-9.

World Health Organization (1992). The ICD-10 Classification of Mental and Behavioral Disorders. Clinical description and diagnostic guidelines. Geneva: World Health Organization.

8 Konversion, Dissoziation und Somatisierung: historische Aspekte und Entwurf eines integrativen Modells

S. O. Hoffmann, A. Eckhardt-Henn, C. E. Scheidt

8.1 Dissoziation und Hysterie

Die Hysterie und die Dissoziation sind Krankheits- bzw. Störungskonzepte, die eine zeitgleiche Entstehung in der französischen Psychiatrie am Ende des 19. Jahrhunderts gemein haben. Auch ihre „Blüte" und ihr Veralten im frühen 20. Jahrhundert lassen sich über die gleichen Zeiträume bestimmen. Unterschiede bestanden dahingehend, dass die Ausarbeitung des Dissoziationskonzepts vor allem mit der Person von Pierre Janet (1859–1947) und die des Hysteriekonzepts mehr mit Jean Martin Charcot (1825–1893) verbunden war (Hacking 1995; Van der Hart 1996). Als der aus heutiger Sicht entscheidende historische Unterschied ist allerdings die Renaissance der Dissoziation im DSM-III (1980) anzusehen, während der wohl irreversible Schiffbruch der Hysterie zu verschiedenen neuen und jetzt anders bezeichneten Krankheitsbildern führte (Hoffmann 1996b).

Wie erwähnt, legte Pierre Janet etwa zeitgleich mit Freud eine Theorie der Hysterie vor, in der er den Begriff der **Dissoziation** (désagrégation) in den Mittelpunkt stellte. Dissoziation heißt wörtlich Spaltung, hier Spaltung des Bewusstseins (Hoffmann 1994). Janet ging ebenso wie Freud von der Bedeutung nichtbewusster psychischer Vorgänge für die Entstehung hysterischer Symptome aus, verstand diese nichtbewussten Prozesse jedoch nicht dynamisch – Unbewusstes als Resultat von Verdrängung –, sondern im Sinne seelischer „Automatismen", die in der Folge von Traumatisierung abgespalten wurden. Janet benutzte den Begriff „Dissoziation" beschreibend für „nichtintegrierte Erfahrung" (Cardena 1994). Der Dissens zwischen Freud und Janet entzündete sich vor allem am Konzept der Verdrängung sowie an den mit dem dynamischen Unbewussten verbundenen Vorstellungen der epigenetischen Wurzeln von mit dem Bewusstsein unvereinbaren Triebimpulsen. In der Theorie Janets gingen die mit dem Bewusstsein unvereinbaren Erfahrungsinhalte vor allem auf traumatische Einwirkungen zurück. Mit der Rezeption der Psychoanalyse und der Theorie des dynamischen Unbewussten geriet das Dissoziationskonzept vorübergehend in Vergessenheit. Hilgard (1987) berichtet, dass das Stichwort „Dissoziation" zwischen den 30er und den 60er Jahren insgesamt nicht mehr als 13-mal in den Psychological Abstracts auftauchte. Dies änderte sich schlagartig ab dem Beginn der 80er Jahre. Das wachsende Interesse an der Diagnose der Posttraumatischen Belastungsstörung und der Multiplen Persönlichkeit, aber auch die Untersuchung der Zusammenhänge zwischen dissoziativen Störungen und frühkindlicher Traumatisierung führten ab diesem Zeitpunkt zu einer Renaissance des Dissoziationskonzeptes und seiner impliziten Aufnahme in das DSM-III. Neben den spezifischen klinischen Phänomenen, auf die sich das Konzept bezieht, spielte wohl auch die Weichenstellung der psychiatrischen Klassifikation in Richtung auf eine atheoretische, beschreibende Klassifika-

8 Konversion, Dissoziation und Somatisierung

tion eine Rolle. Im Gegensatz zur Konversion, die eng mit dem psychoanalytischen Konzept der Abwehr und der Annahme unbewusster Prozesse verknüpft ist, erschien der Begriff der Dissoziation vielen Autoren beobachtungsnäher und theoretisch „neutraler" (z. B. Spiegel u. Cardena 1991).

Schwieriger abzugrenzen sind die konzeptuellen Überschneidungen von Hysterie und Dissoziation. Diese lassen sich am besten im für den Hysteriebegriff so folgenreichen Werk Sigmund Freuds (1856–1939) aufzeigen. In einem zusammen mit J. Breuer verfassten Fragment aus dem Jahre 1892 heißt es, dass die Autoren „die Annahme einer Dissoziation – einer Spaltung des Bewusstseinsinhaltes – für unentbehrlich zur Erklärung hysterischer Phänomene erachten" (Freud 1940, S. 9). In dieser zu Lebzeiten unpublizierten Mitteilung wird im frühen Konzept Freuds deutlich, dass die Dissoziation eine erklärerische Untereinheit im Verständnis der Hysterie darstellt. Später hat Freud klargestellt, dass er in diesem Verständnis Janet direkt gefolgt ist (Freud 1909). Letztmalig taucht bei Freud der Begriff – immer im Sinne von Bewusstseinsspaltung – in den „Studien zur Hysterie" („wie es der Neigung der Hysterie zur Dissoziation des Bewusstseins entspricht" [Freud 1895, S. 10]) auf. Danach vermeidet Freud den Begriff der Dissoziation auf das peinlichste und spricht, wo es denn unvermeidlich ist, von „Aufsplitterung des Ich" („indem sich die einzelnen Identifizierungen durch Widerstände gegeneinander abschließen" [Freud 1923, S. 258 f.]) oder von Bewusstseinsspaltung, was sich teilweise sehr gequält liest („Auf diese Abwehr habe ich die Spaltung – oder wie man damals sagte: die Bewusstseinsspaltung – der Hysterie zurückgeführt" [Freud 1906, S. 155]).

Drei unterschiedliche Gründe sind für diese Unterdrückung des Dissoziationsbegriffs bei Freud wahrscheinlich:

- Inhaltlich passte das eher undynamische Spaltungsverständnis (was bei genauerer Rezeption so undynamisch dann gar nicht ist; Van der Hart u. Friedman 1989) im janetschen Begriff der Dissoziation nicht mehr zu seinem dynamischen Verständnis der Bewusstseinsspaltung bei der Hysterie, die nicht Folge einer primären Schwäche des Zusammenhalts (wie bei Janet), sondern das Ergebnis eines Konflikts konkurrierender Vorstellungen und Affekte war. Freud führt dies z. B. 1906 ausführlich aus.
- Darüber hinaus hatte Freud den bewusstseinsspaltenden Aspekt der Dissoziation stillschweigend in sein neues Konzept der Verdrängung integriert, das zum leitenden Abwehrmechanismus der Hysterie wurde. Nach der Einführung dieses Begriffs (Freud 1896; das Verb „verdrängen" und vor allem das Konzept der „Abwehr" treten schon früher auf) entfällt bei ihm die Dissoziation in der beschriebenen Weise. Verdrängung beinhaltet über die zwingende Amnesie immer ein Mitwirken dissoziativer, d. h. bewusstseinsspaltender Prozesse.
- Schließlich lag Freud erheblich am Primat von Konzepten. So meinte er z. B. die „Schizophrenie" E. Bleulers, für die ebenfalls die „Spaltung" (frz. dissociation) ein zentrales Konzept darstellte, in „Paraphrenie" umbenennen zu müssen. Freuds Rivalität mit Pierre Janet ist unübersehbar, und es spricht viel dafür, dass es nicht nur die inhaltlichen Gründe waren, die ihn, der sich immer als Schüler von Charcot verstand, von den Begriffen des schon seinerzeit bedeutendsten (und gleichaltrigen) Schülers des fernen Pariser Meisters abrücken ließ (s. auch Kap. 1 in diesem Band).

Neben den konzeptuellen Überschneidungen von Hysterie und Dissoziation gibt es auch zahlreiche phänomenologische, die im Anschluss ausgeführt werden sollen.

8.2 Die phänomenologische Überschneidung des Hysteriekonzepts mit dem der Dissoziation

Hoben die geschichtlichen Ausführungen im Wesentlichen auf die Unterscheidung eines dynamischen (Freud) und eines eher statischen (Janet) Hysteriekonzeptes ab, so sind bereits auf der rein deskriptiven, der phänomenologischen Ebene zahlreiche Überschneidungen auszumachen.

Dissoziation, so wie der Begriff derzeit im Konzept der dissoziativen Störungen verwandt wird, beinhaltet bei näherer Analyse folgende Teilkonzepte:
- zentrale Definitionselemente
  - mnestische Störungen, vor allem in der Form von Amnesien
  - Bewusstseinsstörungen im engeren Sinne, vor allem in der Form von Bewusstseinsveränderungen, wie sie bei Trancen, Dämmerzuständen u. a. auftreten
  - Identitätsstörungen, die ein Spektrum vom gestörten, aber erhaltenen Personerleben bei der Depersonalisation bis hin zum Auftreten unterschiedlicher, wechselseitig füreinander amnestischer Anteile der personalen Identität bei der Dissoziativen Persönlichkeitsstörung
- periphere Definitionselemente
  - dysfunktionale Affektzustände
  - Somatisierungsstörungen

Alle diese Phänomene (und weitere) sind auch in den letzten gründlichen Bearbeitungen des Hysteriekonzeptes (Hoffmann 1979; 1996c; Mentzos 1980) – die nicht zufällig bereits über 20 Jahre alt sind – für die **Hysterie** festgehalten worden:
- körperliche Störungen, vor allem als motorische Dysfunktionen und Ausfälle
- pseudoepileptische Anfälle verschiedenster Ausprägung, in der Mehrzahl entweder durch eine paroxysmale Hypermotorik („Bewegungssturm") oder durch stuporöse Ruhe („Totstellreflex") gekennzeichnet
- Störungen der Wahrnehmung und Sinnesempfindung, vor allem sensible/perzeptive Dysfunktionen und Ausfälle bis hin massiven Perzeptionsstörungen wie Pseudohalluzinationen
- Amnesien unterschiedlichen Ausmaßes
- Bewusstseinsstörungen, vor allem Dämmerzustände, Trancen, Ohnmachten
- Störungen der Identität und der Ich-Wahrnehmung im Sinne hysterischer Ich-Spaltungen, „falschem Selbst", „Als-ob-Persönlichkeit", profuser Suggestibilität u. a.
- emotionale Dysfunktionen, die als Hyper-Emotionalität, Emotionalisierung, Affektualisierung konzeptualisiert wurden und ihren Ausdruck in Dramatisierung, Theatralik, „hysterischen Szenen", „Nervenzusammenbrüchen" u.Ä. finden

Jedem Unbefangenen können diese gleichsam ins Auge springenden Überscheidungen nur auffallen. Sie sind natürlich nicht zufällig, und das traditionelle Hysteriekonzept vereinigte explizit die dissoziativen psychischen und die konversiven somatischen Symptome unter einem übergeordneten nosologischen Dach. Die ICD-10 folgt dieser Logik noch immanent (vgl. Kap. 21 in diesem Buch), indem sie dissoziative und konversive Symptomatik unter dem neu definierten Oberbegriff „dissoziative Störung" zusammenfasst bzw. im Sinne der Tradition zusammen belässt. Anders ist die Lösung des DSM-III bzw. DSM-IV, in dem den dissoziativen Bewusstseinsstörungen eine eigene und von den somatoformen Störungen abgegrenzte Gültigkeit zugewiesen wird. Im DSM-IV wird dazu als Begründung ausgeführt, dass man die pseudoneurologischen Konversionsstörungen von den dissoziativen Störungen abgrenzen müsse, um die Wichtigkeit der differenzialdiagnostischen Abgrenzung neurologischer Krankheitsbilder zu betonen. Dieses Argument erweist sich bei näherer Betrachtung als sehr schwach, da für die dissoziativen Bewusstseinsstörungen die neurologischen Krankheitsbilder ebenfalls das wichtigste Differenzialdiagnostikum darstellen. So stellte eigentlich nur für das DSM-IV die Überschneidung der Definitionen von dissoziativer und hysterischer Symptomatik ein Problem dar – wenn nicht gerade in diesem Manual das Hysteriekonzept noch viel konsequenter als in der ICD-10 unterdrückt worden wäre.

8.3 Die Dissoziation und der „hysterische Modus"

Der amerikanische Psychosomatiker J. Nemiah (1980) unterstellte in einer wenig beachteten exemplarischen Veröffentlichung bei allen hysterischen Abläufen und Konversionsabläufen eine basale Beteiligung von dissoziativen Vorgängen (wobei er noch gar nicht die Verwirrung ahnen konnte, die 17 Jahre später mit der ICD-10 durch die nomenklatorische Gleichsetzung konversiver und dissoziativer Phänomene ausgelöst wurde). Den Vorgang der Dissoziation verstand er als einen **integrierenden und basalen Mechanismus** bei allen hysterischen Erscheinungsbildern, einschließlich der Konversionsstörungen.

Van der Kolk et al. (1996) zitieren auch aus einer unveröffentlichten Arbeit von Nemiah, in der dieser die nachhaltige Sorge äußert, dass die oberflächliche und symptombezogene Klassifizierungsstruktur des DSM-III bzw. DSM-IV, die zudem noch vorgebe, atheoretisch zu sein, eine Unabhängigkeit klinischer Syndrome voneinander vortäusche, die tatsächlich dynamisch eng verbunden seien. Nemiah verdeutlicht dies an der Posttraumatischen Belastungsstörung, der dissoziativen Störung und der Konversionsstörung: Klinisch seien sie durch den zugrunde liegenden Prozess der Dissoziation eng verbunden, im DSM würden sie aus prinzipiellen Gründen als voneinander unabhängig klassifiziert, auch wenn aus psychodynamischer Sicht und Forschungsüberlegungen ausreichende Berechtigung bestünde, sie „unter einem gemeinsamen Schirm" zusammenzufassen. Mit dieser Auffassung liegt Nemiah auf einer ähnlichen Linie wie die referierte Arbeit von Van der Kolk et al. – allerdings mit dem Unterschied, dass diese Autoren die Dissoziation als ein Phänomen neben anderen in der Folge früher traumatischer Belastungen sehen, während Nemiah der Dissoziation eine integrierende und basale dynamische Rolle für die auch von Van der Kolk genannten Störungsbilder zuweist.

1980, zum Zeitpunkt von Nemiahs Veröffentlichung, war zwar schon erhebliche Kritik an einem einheitlichen Hysteriekonzept geäußert worden, das DSM-III, im gleichen Jahr erschienen, hatte aber noch nicht seine eigentliche Wirkung im Sinne der nosologischen Auflösung der Hysterie erreicht. In Deutschland hatte Mentzos (1980) nach früheren Vorarbeiten dafür plädiert, einen dynamischen Modus der Lösung innerer Konflikte konkret zu beschreiben, der dann sekundär zu der als hysterisch charakterisierten Symptomatik führt. 1982 weitete Mentzos das Konzept der **neurotischen Modi** auch auf andere neurotische Störungen aus. Angesichts viel konzeptueller Verwirrung in der Psychoanalyse, in der seit Freud vergeblich versucht worden war, die hysterische Symptomatik direkt aus der Fehlverarbeitung des Ödipuskomplexes abzuleiten, stellte dieser Schritt eine erhebliche Verbesserung dar. Mentzos definiert den hysterischen Modus dahingehend, dass es über eine situative Inszenierung zu einer Veränderung des Selbstbildes kommt, die den Patienten nach außen anders erscheinen lässt, als er selbst sich wahrnimmt. Während er sich selbst als hilflos, schwach, unfähig zum Gehen, Stehen oder Arbeiten, als blind, taub, nichts fühlend, gelähmt usw. fühlt und darstellt, wird nicht diese körpersprachliche Botschaft von außen wahrgenommen, sondern eine Übertreibung, etwas „Aufgesetztes", „Unechtes", „Inszeniertes", „Gespieltes" usw.

Der **Dissoziation** kommt in diesem Zusammenhang keine spezifische, sondern eine begünstigende Funktion zu (Mentzos 1982). Hoffmann (1979; 1996c) hatte sich zeitgleich dem Konzept des hysterischen Modus von Mentzos angeschlossen, diesen aber etwas abweichend zu definieren versucht, auch wenn beide Konzepte viel Übereinstimmung zeigen. Man kann die Auffassung vom dynamischen Modus bei Nemiah und Mentzos im Prinzip durchaus gleichsetzen, allerdings besteht über das eigentlich dynamische Agens eine unterschiedliche Auffassung; für Nemiah manifestiert es sich in der Dissoziation. Heute, zwei Jahrzehnte nach dieser Einführung und einer sehr viel besseren Kenntnis der dissoziativen Störungsbilder – ohne Frage eine Folge der Einführung des DSM-III – spricht zunehmend mehr dafür, dass Nemiah mit seiner Einschätzung richtig liegt. Der Zeitgeist ist für eine Rezeption dieses Verständnisses allerdings nicht besonders günstig.

8.4 Dissoziation und Konversion

Als **Konversion** wird nach Sigmund Freud die Umwandlung seelischer Energie (eines „Affektbetrages") in eine somatische Innervation unter gleichzeitiger Verdrängung der zugehörigen konflikthaften unbewussten Vorstellungsinhalte bezeichnet. Freud führte den Begriff der Konversion in den „Studien über Hysterie" (1895) ein, in der Annahme, damit einen Modus der Symptombildung zu beschreiben, der spezifisch für die bei der Hysterie auftretenden psychogenen körperlichen Symptome sei. Zugleich war für Freud das Konzept der Konversion mit dem des dynamischen Unbewussten verbunden: Konversionssymptome sind ein Resultat der Verdrängung und der in der Körpersymptomatik zu bewältigen versuchten unbewussten Konflikte. Auf die aktuellste Bearbeitung des Konversionskonzepts durch Kößler und Scheidt (1997) und einen Versuch der Operationalisierung von Hoffmann (1996a) wird hier nur verwiesen.

Mehrere Gründe sprechen dafür, Konversion und Dissoziation heute nicht mehr als alternative, sondern als **komplementäre Konzepte** anzusehen. (Wir kommen am Ende dieses Kapitels auf diesen für uns entscheidenden Punkt zurück.) Der wichtigste Grund ist ohne Zweifel der, dass Konversion und Dissoziation in der Entstehung einer Reihe von klinischen Phänomenen eng miteinander verwoben sind. Am deutlichsten erkennbar ist diese Verflechtung am Beispiel der psychogenen Anfälle: Die Verdrängung und körpersprachlich-szenische Erinnerung unbewusster Konflikte ist hier fast regelhaft auf das Engste mit dissoziativen Störungen des Bewusstseins und der Erinnerung verknüpft. Das wird am nachstehenden Fallbeispiel in charakteristischer Weise deutlich.

Frau B. ist eine 23-jährige Studentin. Sie hat einen Freund, mit dem sie zusammenziehen möchte. Einige Tage vor dem geplanten Umzug wacht sie morgens aus Albträumen mit sich steigernder Angst auf. Sie wird immer unruhiger und fängt an, Arme und Beine wild zu bewegen, woraufhin sie von den Eltern sofort ins Krankenhaus gebracht wird. Bei der neurologischen Untersuchung ist sie psychomotorisch erregt und zeigt bizarr anmutende Bewegungen, vor allem der oberen Extremitäten, sowie heftige Bewegungen von Lippen und Zunge. Im EEG finden sich keine epilepsietypischen Potenziale. Nach einer Diazepam-Injektion klingt die gesamte Symptomatik rasch ab und sie kann am Folgetag in anscheinend gutem Allgemeinzustand wieder entlassen werden. Diagnostisch vermutet man einen psychomotorischen Erregungszustand im Rahmen einer akuten, bislang einmaligen Panikattacke. Therapeutische Empfehlungen werden nicht gegeben. Wiederum einen Tag später gerät Frau B. in einen Streit mit ihrem Vater, der wenig von ihren Zukunftsplänen gelten lässt. Sie will sich wehren, verspürt einen Kloß im Hals und kann nicht mehr sprechen. Sie wird immer unruhiger, beginnt rechtsbetont tonisch-klonisch zu zucken und macht Schmatzbewegungen. Der Anfall als solcher kann vom Vater beobachtet und beschrieben werden. Frau B. erinnert sich später, dass sie – kurz bevor sich ihr Bewusstsein einschränkte bzw. die Amnesie einsetzte – den Wunschgedanken hatte, der Vater möge sie doch wenigstens jetzt einmal in den Arm nehmen. Im weiteren Verlauf des Anfalls beschimpft sie den Vater, woran sie sich nicht mehr erinnern kann und was sie sich – ihren eigenen Worten nach – im Wachzustand nie erlauben würde. Die erneute Klinikaufnahme führt nach EEG-Ableitung im Anfall und vertiefter Anamnese zur Diagnose „psychogene Anfälle" und zur Empfehlung einer psychotherapeutischen Behandlung.

Auch bei anderen schweren Konversionsstörungen sind dissoziative Phänomene nicht selten. Dies gilt dann umso mehr, wenn die Konversionsstörung in einem Zusammenhang mit traumatischen Erfahrungen steht (Scheidt u. Hoffmann 2000). Umgekehrt, wenn vielleicht bisher auch weniger beachtet, sind dissoziative Phänomene ein nicht seltenes Begleitsymptom der Histrionischen/Hysterischen Persönlichkeitsstörung. Versucht man diese Zusammenhänge auf die zugrunde liegenden psychischen Prozesse zurückzuführen, so kann man wohl beide Vorgänge, Konversion wie Dissoziation, als **Ausdruck einer Störung der integrierenden Funktion des Bewusstseins** verstehen. Jede Verdrängung enthält – so gesehen – ein Stück Dissoziation, so wie umgekehrt jede Dissoziation die Abfuhr und Umwandlung seelischer Prozesse in körperliche Innervationen bahnen kann. Zumindest in psychodynamischer Betrachtung, in der das Konzept der Konversion immer ein zentrales blieb, gibt es also einen eindeutigen **Überschneidungsbereich** zwischen den beiden Konstrukten. Gibt es auch Unterschiede, die jenseits historischer Divergenzen heute noch eine Begründung haben?

In der Klassifikation des DSM-IV ist vorgegeben, den Begriff der Dissoziation auf die psychogenen Störungen des Bewusstseins und des Gedächtnisses und – in Abgrenzung hierzu – das Konzept der Konversion auf die psychogenen Störungen der Sensibilität und der Motorik anzuwenden. Diese Abgrenzung erscheint uns sinnvoll, und sie steht nicht im Widerspruch zu der Tatsache, dass die zugrunde liegenden Prozesse der Symptombildung einander überlappen können. Auch die Tatsache, dass dissoziative Störungen des Bewusstseins und konversive Störungen von Wahrnehmung und Motorik gehäuft zusammen vorkommen (worauf auch das DSM-IV hinweist), spricht aus unserer Sicht erst einmal nicht gegen die abgegrenzte Betrachtung beider Prozesse. Darüber hinaus zeichnet sich die Tendenz ab, den Begriff der Dissoziation stärker mit Formen der Psychopathologie in Verbindung zu bringen, denen Ich-strukturelle Störungen und Störungen der Persönlichkeitsentwicklung zugrunde liegen, und den Begriff der Konversion eher für Symptombildungen zu reservieren, die im neurotischen Spektrum angesiedelt sind (z. B. Mentzos neigt zu dieser Ansicht). Dem liegt die Vorstellung der Konversion als eines hoch strukturierten Abwehrvorganges zugrunde, der entsprechend eher eine Symbolisierungsleistung als ein Defizit an Ich-Funktionen anzeigt. In der Geschichte des Konversionskonzeptes nach Freud ist zwar eine Tendenz erkennbar, die ursprüngliche Verbindung der Konversion mit der Abwehr ödipaler Konfliktinhalte zu erweitern. Abraham sprach bereits 1921 in seinem Beitrag über den Tic von einem „Konversionssymptom auf der analsadistischen Stufe" (Abraham 1921). Fenichel prägte wenig später – in dieselbe Richtung einer Ausweitung des Konversionskonzeptes argumentierend – den Begriff der „prägenitalen Konversion" (Fenichel 1945). Trotz dieser Ausweitungen des Konzeptes auf epigenetisch frühere Konfliktinhalte dürfte heute weitgehend Übereinstimmung darüber herrschen, dass es sich bei der **Konversion** um einen eher hoch strukturierten Abwehrprozess unbewusster Impulse handelt, an dem unterschiedliche, jedoch überwiegend „reife" Abwehrmechanismen wie Verdrängung, Verleugnung, Verschiebung und Identifizierung beteiligt sind. Wir verweisen hier auf die Abbildung 8-4 (s. S. 126), bei der versucht wird, die hierarchische Beziehung der unterschiedlichen Konzepte anhand des Ausmaßes der Strukturiertheit darzustellen.

Bei der **Dissoziation** handelt es sich dagegen – unseren Erfahrungen nach – um einen Prozess, der oft mit schweren Ich-strukturellen Störungen verbunden ist. Diese Sichtweise der Dissoziation widerspricht zunächst scheinbar der **Kontinuum-Hypothese**, der zufolge sich dissoziative Phänomene interindividuell auf einem Kontinuum zwischen „Normalität" und „Störung" anordnen lassen (Fiedler 1999). Tatsächlich ist in Felduntersuchungen (Ross et al. 1990) eine hohe Häufigkeit dissoziativer Phänomene in der Bevölkerung ermittelt worden. Über 5 % der Bevölkerung erreichen in der Studie von Ross et al., in der über 1000 Probanden in Kanada befragt wurden, auf der Dissociative Experience Scale Werte, die eine klinisch relevante dissoziative Störung markieren. Dies belegt, dass es im Bereich des „normalen" Erlebens (d. h. bei nichtklinischen Stichproben) relativ häufig Wechsel der integrativen Funktionen des Bewusstseins gibt. Phänomene dieser Art können sich bei unterschiedlicher Wachheit, infolge eines Substanzgebrauches, durch gezielte Steuerung der Aufmerksamkeit etc. induzieren lassen oder aber unter bestimmten emotionalen Belastungen auftreten. Trotzdem scheint das Konzept der Dissoziation aufgrund der Häufigkeit dissoziativer Phänomene bei schweren Persönlichkeitsstörungen und wegen der Beziehungen der Dissoziation zu den Posttraumatischen Störungen heute (zumindest von psychodynamisch orientierten Autoren) eher als Ausdruck eines Ich-strukturellen Defizits bewertet zu werden. Inwieweit sich diese Zuordnung der Begriffe

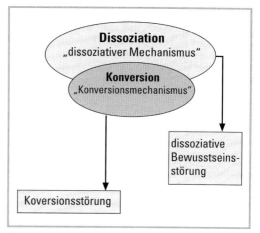

Abb. 8-1: Ein integratives Modell der Entstehung dissoziativer Bewusstseins- und Konversionsstörungen: Das Modell versucht den wahrscheinlichen Hintergrundmechanismus „Dissoziation" mit dem Vordergrundmechanismus „Konversion" zu verbinden. Das generellere Geschehen läge bei der Dissoziation, das speziellere bei der Konversion. So wäre eine pathogenetische Abgrenzung der „somatoformen dissoziativen Störung" (Nijenhuis) von der Konversionsstörung möglich, was uns erforderlich scheint, denn multiforme Somatisierungserscheinungen sind keine Konversionssymptome. Die Bewusstseinsstörungen hingegen, mit Konversionsphänomenen kombiniert oder allein auftretend, sind nach unserem Verständnis fast ausschließlich durch den „dissoziativen Mechanismus" bedingt.

„Konversion" und „Dissoziation" zu unterschiedlichen Ebenen des psychischen Strukturniveaus durchsetzen wird, bleibt abzuwarten. Zum psychodynamischen Konzept des Strukturniveaus sei auf die exzellente Monografie von Rudolf et al. (2002) verwiesen.

Die Entstehungsbedingungen von Konversion und Dissoziation wurden angesichts der unterschiedlichen theoretischen Kontexte, aus denen die Konzepte stammen, ebenfalls unterschiedlich gesehen. In neuerer Zeit wird die Dissoziation zunehmend in den Zusammenhang neurobiologischer Theorien (s. Kap. 2 in diesem Buch) und der Gedächtnistheorien eingeordnet: Unter extremen emotionalen Belastungen können implizite und explizite Gedächtnissysteme parallel, also unabhängig voneinander lernen. Die jeweils abgespeicherten Informationen bleiben in den beiden Gedächtnissystemen des impliziten und des expliziten Gedächtnis unverbunden und können später auch getrennt voneinander reaktiviert werden. So kann beispielweise die Erinnerung an ein Trauma im episodischen Gedächtnis repräsentiert sein, ohne dass die zugehörigen Emotionen und physiologischen Reaktionen durch integrierte Bewusstseinsprozesse zugänglich (und steuerbar) sind. Umgekehrt können später einzelne Wahrnehmungsfragmente, die Ähnlichkeit mit der traumatischen Situation aufweisen, quasi automatisch (unbewusst) Prozesse des prozeduralen Gedächtnisses und der mit diesem verkoppelten physiologischen Reaktionen in Gang setzen. Diese Zusammenhänge wurden insbesondere am Beispiel der psychischen Reaktionen auf Traumatisierung untersucht. Sie weisen der Dissoziation eine spezifische Rolle bei der Speicherung von Gedächtnisinhalten traumatischer Erfahrungen zu (s. Abb. 8-1).

8.5 Das Konzept der Somatisierung

Der Begriff der Somatisierung oder Somatisation entstammt ohne Frage dem psychodynamischen Umfeld. Erstmals und ohne weitergehenden Anspruch benutzt S. Kroll 1932 in der Zeitschrift „Psychoanalytische Praxis" den Begriff, wobei er einem körperlichen Symptom eine unbewusste Todesproblematik unterstellt. Diese Zeitschrift, das Organ der „aktiven Psychoanalyse", erlebte nur zwei Jahrgänge, aber noch im gleichen Band veröffentlichte W. Stekel (1932) ebenfalls eine Kasuistik zur Somatisation, und fast erscheint dies wie eine Illustration der von Stekels Kollegen an ihm monierten Kritiklosigkeit und Neigung zur raschen „Nostrifizierung" der Entdeckungen anderer. Stekel (1908) hatte allerdings schon früher den Begriff der Organsprache eingeführt, womit er die Symbolik psychisch determinierter körperlicher Symptome meinte. Noch ein Jahr früher hatte A. Adler (1907) bereits von Organjargon geredet, und die beiden stritten sich fleißig um die Priorität. Auch die Verwendung des Begriffs durch W. C. Menninger (1947) in einer Arbeit über „somatization reactions" bleibt eindeutig dynamisch.

Von großem Einfluss für die weitere Verwendung des Somatisierungskonzepts war das Erscheinen des Lehrbuchs der Psychosomatischen Medizin von F. Alexander (1950). Auch wenn Alexander selbst auf die Verwendung dieses Begriffs verzichtete, bürgerte es sich in der Folge ein, die Fehlinnervation vegetativ versorgter Organe (bei Alexander werden die so entstehenden Krankheitsbilder „vegetative Neurosen" genannt) als Somatisierung zu bezeichnen. Dies geschah sicher eher auf der Ebene des klinischen Jargons („der Patient somatisiert"), als dass es sich um ein Ergebnis weitergehender Reflexion handelte.

Die ausführlichste psychoanalytische Studie zur Somatisation stammt dann von M. Schur (1955) und versucht, die Somatisation metapsychologisch als einen komplexen Abwehrvorgang zu umreißen. (Die stringenten Konzepte der „Desomatisierung" und „Resomatisierung", die viel zitiert wurden, haben wohl ihrerseits auch zur Popularisierung des Begriffs der Somatisierung selbst beigetragen.) Im gleichen Jahr verwendet der sonst nicht näher bekannte Bhaskaran (1955) den Begriff im Zusammenhang von „somatization patterns" reaktiver Depressionen. Unseres Wissens ist dies das erste Mal in der Literatur, dass der eigentlich dynamische Begriff auch und überwiegend deskriptiv verwandt wird, was der heute gängig gewordenen Praxis entspricht. Diese Praxis ist so allgegenwärtig, dass man sie nicht weiter durch Beispiele aus der Literatur belegen muss. Stellvertretend genannt seien die bekannt gewordene Arbeit von Lipowski (1988) über die Somatisierung, das entsprechende Konzept und seine klinische Anwendung. Gegenüber der Lipowski noch

bekannten dynamischen Konzeption definiert er selbst die Somatisierung als „eine Tendenz, körperliche Beschwerden und Symptome, die nicht durch pathologische Befunde erklärt werden, zu erleben und auszudrücken, sie körperlichen Krankheiten zuzuschreiben und medizinische Hilfe für sie in Anspruch zu nehmen" (S. 1359, Übs.: S. O. Hoffmann). Reste eines dynamischen Verständnisses finden sich bei Lipowski und damit in der gegenwärtigen Verwendung des Somatisierungs-Begriffs in der Betonung eines gesicherten Zusammenhangs zu den Affekten von Angst und Depression. Dabei entfällt natürlich die Vorstellung einer spezifischen Affektverdrängung. Die Variation der Somatisierungsphänomene beschreibt Lipowski in seiner weiterhin sehr lesenswerten Übersicht über vier Dimensionen:
- die Dauer
- das Ausmaß begleitender Hypochondrie
- das Ausmaß von Emotionalität in Bezug auf den körperlichen Befund
- das Ausmaß der Fähigkeit, Gefühle und Phantasien zu beschreiben

8.6 Dissoziative Störung, Dissoziative Identitätsstörung, Histrionische Persönlichkeitsstörung, Borderline-Persönlichkeitsstörung und chronische Posttraumatische Belastungsstörung – ein Topf oder viele Störungen?

Wenn biografische Traumatisierungen so etwas wie eine **intervenierende Variable** für verschiedene mit der Dissoziation mehr oder minder eng verbundene Störungsbilder darstellen, dann stellt sich die Frage, wo aus klinischer Sicht die zu unterstellenden Überschneidungen am ehesten zu erwarten sind. Dies scheint vor allem im Bereich der Persönlichkeitsstörungen der Fall zu sein.

Wahrscheinlich, um Überschneidungen gerade zu vermeiden, hat das DSM-IV die **Histrionische Persönlichkeitsstörung** auf einen einfachen Persönlichkeitstyp mit extravertiertem, egozentrischem und aufmerksamkeitsheischendem Verhalten reduziert. Das ist alles. Um die Abbildungsschärfe zu erhöhen, macht diese Strategie natürlich Sinn. Für eine bessere Konstruktvalidität hingegen spräche nachhaltig die Einbeziehung der „vergessenen Alternativen: kognitiver Stil, Emotionalität als Abwehr, Identitätsstörung, Dissoziation und das negative Selbst" (Hoffmann u. Eckhardt-Henn 2000). Insbesondere das Konzept der neurotischen Stile (Shapiro 1991) und die weiteren von Hoffmann und Eckhardt-Henn ausgeführten Punkte führten auch zu sozial weniger abwertenden Bestimmungskriterien, als dies im DSM-IV der Fall ist. Der Preis wäre die schlechtere Trennschärfe gegenüber den dissoziativen Störungen gewesen. Indem z. B. amnestische Störungen nurmehr ausschließlich als Symptom dissoziativer Störungen klassifiziert werden können – und nicht als Teilelement eines spezifischen Verarbeitungsstils im Rahmen einer Persönlichkeitsstörung –, entfallen alle noch so sinnvollen Alternativen zur Erklärung eines motivierten Vergessens: ein später Sieg von Janet über Freud bzw. der klassifikatorischen Reliabilität über die konstruktgerechte Validität (s. dazu auch Nemiah 1989).

Die ICD-10, die hier dem DSM folgt, hat immerhin zusätzlich die dysfunktionale Affektivität und die Suggestibilität aufgenommen. Des Weiteren drängt sich der Eindruck auf, dass die überzeugtesten Verfechter des Konzepts der Dissoziativen Identitätsstörung die möglicherweise sehr viel häufiger gleichzeitig erforderliche Diagnose einer Histrionischen Persönlichkeitsstörung als Komorbidität oder Achse-II-Störung nachhaltig vermeiden. Zu er-

8 Konversion, Dissoziation und Somatisierung

innern ist daran, dass ohnehin gute Argumente dafür sprechen, die Dissoziative Identitätsstörung als Persönlichkeitsstörung (früher „Multiple Persönlichkeit") und nicht als Symptomstörung einzustufen.

Man kann das Problem auch von der Pathogenese her angehen. In einer wegweisenden Arbeit haben Van der Kolk et al. (1996; s. auch Kap. 18 in diesem Buch) durch einen sorgfältigen Vergleich der die Diagnosen begründenden Symptom-Cluster versucht, Somatisierungsstörungen, chronische Belastungsstörungen und dissoziative Störungen über den Gesichtspunkt der Pathogenese neu zu ordnen. Aus ihrer Sicht stellen die genannten Störungen „ein Spektrum von Anpassungen an Traumen" dar, wobei die Dysregulation der Affekte (definiert als Probleme der Modulation, Ärger, Autodestruktivität, Suizidverhalten und unkontrolliertes Sexualverhalten) so etwas wie ein genus proximum darzustellen scheint. Das Konzept der Komorbidität könne der Komplexität der adaptiven Prozesse an traumatische Ereignisse in keiner Weise gerecht werden. Erst über die Einführung eines pathogenetischen Konzepts ergebe sich eine klinisch und wissenschaftlich befriedigende Alternativklassifikation. Bezieht man sich auf Begriffe, die in anderem Zusammenhang eingeführt wurden, dann schlagen die Autoren vor, die unterscheidbaren Störungsbilder (zumindest wird in den Glossaren behauptet, sie seien unterscheidbar) als **differente Endstrecken einer für alle geltenden biografischen Traumatisierung** anzusehen. Das neue Konzept der DESNOS (Disorders of Extreme Stress Not Otherwise Specified), das bereits sehr weit ausgearbeitet ist und in das DSM-V (vermutlich 2010/2011) aufgenommen werden soll, würde diese sehr unterschiedlichen „Ausgänge" von komplexen Traumatisierungen endlich über die einheitliche Genese zusammenfassen (s. Abb. 8-2 und Kap. 21).

Die **Somatisierungsstörung** hat ihrerseits eine enge Beziehung zur alten Hysterie. Die Vorgeschichte des Konzepts lässt sich vergleichsweise gut aufzeigen, auch wenn die Be-

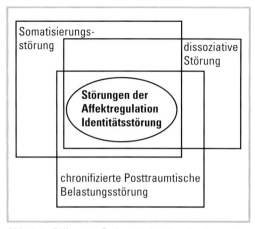

Abb. 8-2: Differente Endzustände übereinstimmender Trauma-Ätiologie: Affektstörungen und Identitätsprobleme werden in diesem Modell als „Generalnenner" verschiedener Störungsbilder angesehen, an deren Entstehung traumatische Erlebnisse in unterschiedlichem Ausmaß beteiligt sind. Das Modell folgt einem Entwurf von Van der Kolk et al. (1996), auf den im Text näher eingegangen wird. Die nähere Bestimmung der Störungen über die Phänomene „Identitätsstörung" und „affektive Dysregulation" entstammt einem Diskussionsvorschlag von Paul Mullen (2001), der auch noch die Borderline-Persönlichkeitsstörung einbezog.

griffe wechselten. 1962 erschien im „New England Journal of Medicine" eine Arbeit von Perley und Guze, die einen Symptomkatalog für die polysymptomatische Hysterie vorlegte, der seinerseits wiederum auf den Arbeiten des Pariser Klinikers Briquet aus dem Jahre 1859, also 30 bis 40 Jahre vor Charcot, fußte. Der Symptomkatalog von Perley und Guze war in zehn Gruppen gegliedert und beschrieb ein weites Feld von Konversionssymptomen an zentralnervös und vegetativ versorgten Organen sowie Störungen des Allgemeinbefindens. Auch eine erste Operationalisierung war bei Perley und Guze vorgegeben: Die Diagnose „Hysterie" (so hieß es damals noch) durfte nur gestellt werden, wenn

- der Patient eine traumatische oder komplizierte medizinische Vorgeschichte, die vor dem Alter von 35 Jahren begonnen hatte, aufwies;

- 25 Symptome in 9 der 10 Symptomfelder nachweisbar waren;
- keine andere Diagnose gestellt werden konnte, die die Symptome hinreichend erklärte.

Auf der Linie dieser Definitionen folgten weitere Studien von Woodruff (1968) und Woodruff et al. (1971), in denen das Bild einer polysymptomatischen Störung, die „Hysteria" genannt wurde, Kontur annahm. Es handelte sich um ein Krankheitsbild, das ganz überwiegend junge Frauen vor dem 35. Lebensjahr und nur selten Männer betraf. In weiteren Beiträgen setzten sich dann Guze et al. (1972) und Guze (1975) energisch für das empirisch gut belegbare polysymptomatische Syndrom ein, welches weiter als „Hysteria" oder jetzt auch „Briquet-Syndrom" bezeichnet wurde. Die Autoren plädierten sogar für die Bezeichnung „Briquet-Syndrom", um den Namen aus dem historischen Kontext der Hysterie und damit aus seinem Kontext von Abwertung und Nosologie herauszulösen. Es ist diese Beschreibungskategorie des Briquet-Syndroms bzw. der „Hysteria", die ab 1980 im DSM-III mit der dann neuen Bezeichnung **Somatisierungsstörung** (somatization disorder) auftaucht. Die Somatisierungsstörung im Sinne Lipowskis entspricht der Definition des Krankheitsbildes im DSM-III, also des polysymptomatischen funktionellen Beschwerdebildes junger Frauen mit eher ungünstiger Prognose.

Die Somatisierungsstörung und auch die Definition von Hysterie, wie sie Guze fast 15 Jahre propagiert hatte, sind tatsächlich nur Teile des hysterischen Syndroms, nämlich der polysymptomatische Untertyp. Die ganze Masse hysterischer Phänomene, die den „Schiffbruch des Hysteriekonzepts" (Lipowski) überlebte, findet sich unter dem 1980 urplötzlich und ohne Vorläufer auftretenden neuen Begriff der **somatoformen Störungen** (s. auch Hyler u. Spitzer 1978). Gleichzeitig muss diese Aussage von der Restmasse der Hysterie aber auch eingeschränkt werden, weil im DSM-IV die dissoziativen Störungen, wie wiederholt ausgeführt, eine den somatoformen Störungen gleich gestellte Kategorie bilden – und diese gehörten ja nun ganz fraglos in den Bereich klassischer hysterischer Symptome.

Somatisierungssymptome korrelieren hoch mit dissoziativen Bewusstseinsstörungen, wie es auch vom DSM-IV zumindest für die Konversionssymptome attestiert wird und wie es E. Nijenhuis (s. Kap. 7 in diesem Buch) stringent in mehreren Studien belegt hat. Dabei spielt hier keine Rolle, dass dieser Autor mit seiner eigenen Terminologie Somatisierungserscheinungen, somatoforme Symptome und Konversionssymptome zur „somatoformen Dissoziation" bündelt. In der Untersuchung von Pribor et al. (1993) fand sich – als weiterer Beleg – eine hohe und direkte Korrelation von Somatisierung, Dissoziation und gesicherter Traumatisierung: Die Anzahl der Somatisierungssymptome war dabei direkt proportional dem DES-Score (s. Kap. 22). Und in der Studie von Saxe et al. (1994) bestanden bei 64 % der Patienten mit dissoziativen Symptomen auch die Kriterien für eine Somatisierungsstörung. Im DSM-IV, das ja gerade die (psychischen) dissoziativen Symptome von den (körperlichen) Konversionssymptomen abgrenzt, heißt es lapidar: „Wenn Konversionssymptome und dissoziative Symptome gemeinsam beim gleichen Individuum auftreten, was häufig der Fall ist, sollten beide Diagnosen gestellt werden." (S. 456, Übs.: S. O. Hoffmann)

Der enge Zusammenhang, der hier zwischen Somatisierungsstörungen und Persönlichkeitsstörungen hergestellt wird, mag überraschen. Tatsächlich gibt es eine scharfsinnige Argumentation von Bass und Murphy (1995), die dafür plädieren, Somatisierungsstörungen, da sie dem in der ICD-10 für die Persönlichkeitsstörungen geforderten Kriterium „Entwicklungsbedingungen" entsprächen, konsequent auch als solche zu klassifizieren.

„Geht man von der engen Assoziation aus, die für somatoforme (Störungen) und Persönlichkeitsstörungen auf rein deskriptiver Ebene besteht, und berücksichtigt man das offensichtliche Bestehen bestimmter Kindheitserfahrungen, wie das Erleben elterlichen Versagens im Zusammenhang emotionaler Vernachlässigung, so ergibt sich unser Vorschlag, somatoforme Störungen am besten als ‚Entwicklungsbedingungen' anzusehen." (Bass u. Murphy 1995, S. 424, Übs.: S. O. Hoffmann)

Für Van der Kolk et al. (1996) ist klar, dass die besondere und gesicherte Neigung des Körpers, traumatisierende Stresserlebnisse zu „speichern" („The body keeps the score"), den Zusammenhang zwischen aversiven infantilen Erfahrungen und Somatisierung ausreichend belegt.

Die **Borderline-Persönlichkeitsstörung** überschneidet sich in der Phänomenologie ebenfalls breit mit den dissoziativen Störungen, insbesondere mit der Dissoziativen Identitätsstörung (Oldham et al. 2001 [Leitlinien der APA zur Behandlung der Borderline-Persönlichkeitsstörung]). Zahlreiche dissoziative Phänomene, vor allem Depersonalisationsstörungen, Identitätsstörungen, Realitätsverlust u. a., treten auch bei der Borderline-Persönlichkeitsstörung auf. Bei einem Drittel der Patienten mit einer Dissoziativen Identitätsstörung kann auch die Diagnose einer Borderline-Persönlichkeitsstörung im Sinne der Komorbidität gestellt werden. Vorausgehende infantile Traumatisierung sind nach dieser Quellenübersicht (Oldham et al. 2001) bei der Borderline-Persönlichkeitsstörung eine häufige, aber keine notwendige Bestimmung. Die Studie von Herman et al. (1989) war zu vergleichbaren Ergebnissen gekommen, allerdings lässt Van der Kolk (1996) keinen Zweifel daran, dass er infantile Traumatisierungen bei der Borderline-Persönlichkeitsstörung für die Regelbedingung hält.

Der Zusammenhang zwischen der Dissoziation als Prozess und der Dissoziation als Symptom, d. h. den dissoziativen Bewusstseinsstörungen und den **Posttraumatischen Belastungsstörungen** (nach ICD-10- und DSM-Nomenklatur), ist offensichtlich. Die Dissoziation als Prozess bzw. auch als Ausdruck spezifischer, durch schwere Traumatisierung bedingter Erinnerungsstörungen, welche ein neurobiologisches Korrelat haben, aber auch psychodynamisch verstanden werden können (vgl. Kap. 2, 4 und 20 in diesem Buch), ist ein wesentlicher Mechanismus der spezifischen klinischen Symptomatik posttraumatischer Störungen.

Dissoziative Störungen, insbesondere dissoziative Amnesien, aber auch der dissoziative Stupor, sind zentrale Symptome der Posttraumatischen Belastungsstörungen. Auch Flashbacks, intrusive Bilder und Albträume, wie sie für diese Störungsbilder pathognomonisch sind, haben dissoziativen Charakter. Bei leichteren posttraumatischen Störungen wie der **akuten Belastungsreaktion** (ICD-10: F43.0) treten häufig Depersonalisationszustände, Zustände von Detachment (vgl. Kap. 16) oder auch dissoziative stuporöse Zustände auf.

Für die dissoziativen Bewusstseinsstörungen ist mittlerweile empirisch vielfach belegt worden, dass wiederholte schwere traumatische Erlebnisse für die Pathogenese eine zentrale Bedeutung haben. Umgekehrt gibt es Hinweise dafür, dass das Ausmaß des Auftretens dissoziativer Symptome während eines traumatischen Erlebnisses (peritraumatische Dissoziation) ein Prädiktor für das spätere Auftreten einer Posttraumatischen Belastungsstörung darstellt. Allerdings gibt es hier auch widersprüchliche Befunde (vgl. Kap. 18 und 20).

8.7 Konvergierende Modellvorstellungen zu den Konzepten von Dissoziation, Konversion und Somatisierung

In der vorangehenden Übersicht war vielfach von Überschneidungen sowohl hinsichtlich der **Modellvorstellungen** als auch hinsichtlich der **klinischen Phänomene** die Rede.

Beides legt den Verdacht nahe, dass es sich bei den Konzepten von Dissoziation, Konversion und Somatisierung um mehr oder weniger dicht beieinander liegende handelt. Auf der Basis des aktuell gesicherten Wissens und der gesicherten „Schnittmengen" zwischen den drei Konzepten soll der Versuch unternommen werden, ein übergeordnetes Modell zu entwickeln.

- Vergleicht man die drei Konzepte Dissoziation, Konversion und Somatisierung auf der Dimension psychischer (kognitiver) versus somatischer Prozesse, so ergibt sich eine Hierarchie, die von der Dissoziation als einer Störung der Bewusstseinsfunktionen über die Konversion (Störung von Bewusstseinsfunktionen und körperlichen Funktionen) bis zur Somatisierung als einer Störung ausschließlich körperlicher Funktionen reicht (s. Abb. 8-3). Nähe zum Bewusstsein und Nähe zum Körper sind hier als Endpunkte einer dimensional verstandenen Beziehung von Geist und Körper, Psyche und Soma gemeint.
- Legt man an die gleichen Vorgänge die Skala „Grad der psychischen Strukturiertheit" an, dann steht die Konversion als hoch strukturierter Abwehrprozess über der Dissoziation. Das Ende dieser Hierarchie bildete die Somatisierung (s. Abb. 8-4). Psychische Strukturiertheit wird dabei als Dimension verstanden, welche die Differenziertheit des psychischen Funktionsniveaus (einschließlich der Fähigkeit zur Symbolisierung) beschreibt.
- Der bisher bestbegründete Vorschlag geht vom Vorliegen eines dissoziativen Vorgangs sui generis aus. Diese Annahme wird z. T. durch neuroanatomische, neurophysiologische und (im weiteren Sinne) psychobiologische Befunde gedeckt (s. Kap. 2), auch wenn die biologische Validierung des Konzepts noch erheblich weniger weit gediehen ist, als manche optimistischen Äußerungen nahe zu legen scheinen.
- Von diesem dissoziativen Mechanismus abzugrenzen sind **dissoziative Zustände** – eben die dissoziativen Phänomene und Störungsbilder –, die als Folge des Wirksamwerdens eines dissoziativen Prozesses entstehen. Es ist also grundsätzlich zu unterscheiden zwischen Dissoziation als Zustand und Dissoziation als Prozess. Beides wird ständig vermengt.
- **Dissoziative Störungen des Bewusstseins** haben eine hohe Komorbidität mit den Konversionssymptomen (und den Symptomen der alten Hysterie). Störungen des Bewusstsein stellen somit einen integrierenden Faktor von in ihrer jeweiligen Symptomatik unterschiedlichen Störungsbildern dar.
- Die Pathodynamik dissoziativer Bewusstseinsstörungen ist am sparsamsten („entia

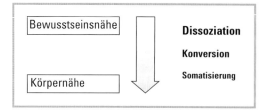

Abb. 8-3: Ein hierarchisches Modell der Vorgänge von Dissoziation, Konversion und Somatisierung hinsichtlich ihrer Beziehung zu psychischen und somatischen Vorgängen: Das Modell versucht, die Vorgänge von Dissoziation, Konversion und Somatisierung hinsichtlich ihrer Bewusstseinsnähe und ihrer Körpernähe in eine hierarchische Funktion zu bringen.

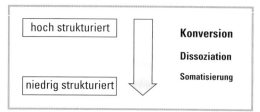

Abb. 8-4: Ein hierarchisches Modell der Vorgänge von Dissoziation, Konversion und Somatisierung hinsichtlich des Niveaus ihrer Strukturiertheit: Das Modell versucht, die Vorgänge von Dissoziation, Konversion und Somatisierung hinsichtlich des Niveaus ihrer Strukturiertheit in eine hierarchische Funktion zu bringen.

8 Konversion, Dissoziation und Somatisierung

non sunt multiplicanda praeter necessitatem", W. von Ockham) mit der Annahme des gleichen zugrunde liegenden Mechanismus zu erklären. Dieser stellt einen Hintergrundprozess für eine Reihe von unterschiedlichen Störungen dar. Von hier aus ergeben sich zwei Konzeptionslinien des basalen dissoziativen Vorgangs: eine stärker psychodynamische (Freud) und eine stärker deskriptive (Janet).

- Die Konzeption der **Dissoziation im Sinne Janets** stellt – stark verkürzt – so etwas wie einen peri- und/oder posttraumatischen Automatismus dar. Es ist fraglos das einfachere und damit leichter generalisierbare Modell. Die so orientierten therapeutischen Ansätze zielen in erster Linie auf die Aufhebung der Dissoziation, in zweiter Linie auf die Überwindung der die Dissoziation aufrechterhaltenden Phobie (s. Kap. 26).
- Dem zur Seite steht das **psychodynamische Konzept** (s. Kap. 3), das in der Dissoziation einen spezifischen und eher komplexen Abwehrvorgang sieht, der die gleiche Schutzfunktion intendiert, die auch im janetschen Konzept eine Rolle spielt. Die so orientierten therapeutischen Ansätze zielen (nicht nur) auf die Aufhebung der Dissoziation, sondern versuchen zugleich, den Konfliktzusammenhang, innerhalb dessen die Dissoziation funktionalisiert wird, aufzulösen. Mit anderen Worten: Auch nach Aufhebung der Dissoziation besteht mehrheitlich immer noch eine Neurotisierung. Das kann therapeutisch ein kleines, aber auch ein sehr großes Feld darstellen.
- Beide **Ansätze** betrachten wir als legitime Perspektiven, die nicht als konträre, sondern als **komplementäre** betrachtet werden sollen. Was das janetsche Verständnis durch Rudimentierung komplexer Zusammenhänge verliert, verliert das freudsche durch Komplizierung einfacher. Umgekehrt ließe sich der jeweilige Gewinn definieren. Die „Wahrheit" liegt irgendwo in der Mitte.
- Daraus ergibt sich auch die Konsequenz, dass die verbreiteten, ausschließlich auf die Aufhebung der Dissoziation und den erinnernden, kathartischen Zugang zum („verursachenden") Trauma zentrierten Therapieansätze zu kurz greifen. Ob man es behavioral oder psychodynamisch betrachtet: Die infrage stehenden schweren Störungsbilder (s. die folgenden Aufzählungspunkte) bedürfen anspruchsvollerer Therapieformen (vgl. Kap. 31).
- Das Bündel der über die Dissoziation integrierbaren **Störungsbilder** (Konversionssymptome, dissoziative Symptome bis zur Dissoziativen Identitätsstörung) ist durch die Einbeziehung einer einheitlichen Genese im Sinne der Trauma-Ätiologie um eine Reihe weiterer Störungen zu erweitern.
- Dabei handelt es sich – neben den dissoziativen Störungen – vor allem um die Posttraumatischen Belastungsstörungen, die komplexe Posttraumatische Belastungsstörung, die Borderline-Persönlichkeitsstörung und die Somatisierungsstörung.
- Die unterschiedlichen Störungsbilder (trauma related disorders) stellen dabei so etwas wie eine **phänomenologisch differente Endstrecke** unterschiedlicher, über eine gemeinsame Ätiologie entstandener nosologischer Untereinheiten dar, bei denen das Ausmaß des traumatischen Anteils allerdings variiert.
- Wichtig erscheint festzuhalten, dass die Annahme einer Trauma-Ätiologie sehr viel weniger Generalität beanspruchen kann als die Annahme eines dissoziativen Hintergrundmechanismus. Die der Annahme vom Vorliegen eines dissoziativen Vorgangs sui generis innewohnende Logik (s. o.) erlaubt es, alle dissoziativen Bewusstseinsstörungen über den Dissoziationsmechanismus entstanden zu erklären, aber nicht alle über eine traumatische Ätiologie. Die Klinik macht deutlich, dass es am Rande der Normalphänomene zahlreiche dissoziative Erscheinungen ohne Trauma gibt.

- Bei einem Zusammenvorkommen könnte die zu den dissoziativen Phänomenen hinzukommende Trauma-Genese diagnostisch eine differentia specifica für die schwereren Störungen darstellen, während die dissoziativen Bewusstseinsstörungen an sich so etwas wie ein genus proximum darstellten.
- Konversionsstörungen und dissoziative Störungen – im Hysteriekonzept undifferenziert miteinander verknüpft – ließen sich so entweder als separate oder als einfach miteinander vorkommende (komorbide) oder als über eine gemeinsame Trauma-Ätiologie eng miteinander verbundene Störungen (mit sehr unterschiedlicher Prognose) konzipieren.
- Ähnlich wären die Somatisierungsstörungen zu betrachten: Sie können von dissoziativen Erscheinungen unabhängig auftreten – was wohl meistens der Fall sein wird – oder *neben* ihnen bestehen – wahrscheinlich wohl eher die Ausnahme –, oder sie sind mit dissoziativen Phänomenen über eine gemeinsame Trauma-Ätiologie eng verbunden – wahrscheinlich eine nicht zu vernachlässigende Untergruppe.

Das in der Abbildung 8-5 zu sehende Modell versucht, die möglichen Überschneidungen zwischen Störungen mit und ohne Bewusstseinsstörungen und solchen mit und ohne Trauma-Ätiologie zu erfassen. So betrachtet, werden dissoziative Erscheinungen nicht automatisch zu Belegen einer Trauma-Genese, wie eine gesicherte Trauma-Ätiologie nicht selbstverständlich eine dissoziative Bewusstseinsstörung nach sich ziehen muss. Beides kann hinzukommen, kommt oft hinzu und oft zusammen hinzu, stellt aber pathogenetisch eine intervenierende Variable dar und keine sich unmittelbar ableitende Konsequenz. Die „Bündelung" einer Reihe von Störungen als **Trauma Related Disorders** ist sinnvoll und berechtigt, zugleich gilt aber, dass einzelne von ihnen – wie vor allem die Somatisierungsstörung – regelhaft auch traumaunabhängig vorkommen können. Und auch für alle dissoziativen Störungen gilt, dass die leichteren Formen – z. B. die Dissoziativen Amnesien – traumaunabhängig vorkommen können und in der Mehrzahl der Fälle wohl auch so vorkommen. Die chronische Posttraumatische Belastungsstörung schließlich ist per definitionem natürlich traumabedingt, und hier weisen definitionsgemäß alle Fälle dissoziative Phänomene auf. Kommen Trauma-Ätiologie und dissoziative Symptomatik in dieser Form zusammen, so handelt es sich ausnahmslos um schwere psychische Störungen.

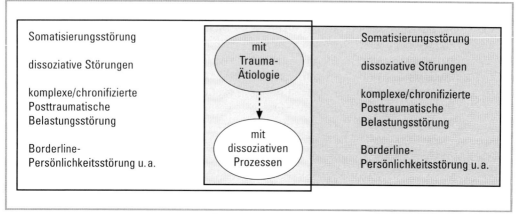

Abb. 8-5: Dissoziative Prozesse und Trauma-Ätiologie als intervenierende Variable bei schweren psychischen Störungen.

Literatur

Abraham K (1921). Beitrag zur Tic-Diskussion. GW Bd. I. Frankfurt a. M.: Fischer; 344–8.

Adler A (1907). Studie über Minderwertigkeit von Organen. München: Bergmann 1927.

Ainsworth MDS, Blehar M, Waters E, Wall S (1978). Patterns of Attachment. Hillsdale: Lawrence Erlbaum Associates.

Alexander F (1950). Psychosomatische Medizin. Berlin, New York: De Gruyter 1971.

Allen DF, Postel J (2000). Des origines françaises de la dissociation a partir des travaux de Francois Leuret. Évol Psychiat; 65: 55–66.

American Psychiatric Association (ed) (1994). Diagnostic and Statistical Manual of Mental Disorders. 4th ed. Washington, DC: American Psychiatric Association.

Bass C, Murphy MC (1995). Review. Somatoform and personality disorders: syndromal comorbidity and overlapping developmental pathways. J Psychosom Res; 39: 403–28.

Bhaskaran K (1955). Some somatization patterns in reactive depression. A preliminary report. J Nerv Ment Dis; 121: 444–51.

Cardena E (1994). The domain of dissociation. In: Lynn SJ, Rhue JW (eds). Dissociation. Clinical and theoretical perspectives. New York, London: Guilford Press; 15–31.

Erdelyi M (1985). Freuds Cognitive Psychology. New York: Freeman.

Erdelyi M (1990). Repression, reconstruction and defense: History and integration of psychoanalytic experimental frameworks. In: Singer J (ed). Repression and Dissociation. Chicago: University of Chicago Press; 1–31.

Fenichel O (1945). The Psychoanalytic Theory of Neurosis. New York: W. W. Norton Company, Inc. (Psychoanalytische Neurosenlehre. Olten: Walter Verlag AG 1975).

Fiedler P (1999). Dissoziative Störungen und Konversion. Weinheim: Beltz Verlag.

Freud S (1895). Studien über Hysterie. GW I. Frankfurt a. M.: Fischer 1969.

Freud S (1896). Weitere Bemerkungen über die Abwehr-Neuropsychosen. GW I. Frankfurt a. M.: Fischer 1969; 379–403.

Freud S (1906). Meine Ansichten über die Rolle der Sexualität in der Ätiologie der Neurosen. GW V. Frankfurt a. M.: Fischer 1961; 147–59.

Freud S (1909). Über Psychoanalyse. GW VIII. Frankfurt a. M.: Fischer 1969.

Freud S (1923). Das Ich und das Es. GW XIII. Frankfurt a. M.: Fischer 1967; 235–89.

Freud S, Breuer J (1892). Zur Theorie des hysterischen Anfalls. Schriften aus dem Nachlaß 1892–1939. GW 17. Frankfurt a. M.: Fischer 1966; 7–13.

Guze SB (1975). The validity and significance of the clinical diagnosis of hysteria (Briquet Syndrome). Am J Psychiatry; 132: 138–41.

Guze SB, Woodruff RA, Clayton PJ (1972). Sex, age, and the diagnosis of hysteria (Briquet-Syndrome). Am J Psychiatry; 129: 745–8.

Hacking J (1995). Rewriting the Soul: Multiple Personality and the science of memory. Princeton, NJ: Princeton University Press.

Herman JL, Perry JC, Van der Kolk BA (1989). Childhood trauma in borderline personality disorder. Am J Psychiatry; 146: 490–5.

Hilgard ER (1987). Psychology in America: A historical survey. San Diego, CA: Harcourt Brace Jovanovich.

Hoffmann SO (1979). Charakter und Neurose. Ansätze zu einer psychoanalytischen Charakterologie. Frankfurt a. M.: Suhrkamp.

Hoffmann SO (1994). Die Dissoziation. Neue Aktualität für ein altes klinisches Konzept. In: Kockott G, Möller HS (Hrsg). Sichtweisen der Psychiatrie. München, Bern, Wien, New York: Zuckschwerdt; 16–24.

Hoffmann SO (1996a). Der Konversionsmechanismus. Vorschlag zur operationalen Definition eines für die Psychosomatische Medizin grundlegenden Konzepts. Psychotherapeut; 41: 88–94.

Hoffmann SO (1996b). Die alte Hysterie in den neuen diagnostischen Glossaren. In: Seidler GH (Hrsg). Hysterie heute. Stuttgart: Enke; 1–9.

Hoffmann SO (1996c). Charakter und Neurose. Ansätze zu einer psychoanalytischen Charakterologie. Frankfurt a. M.: Suhrkamp.

Hoffmann SO, Eckhardt-Henn A (2000). Von der Hysterie zur Histrionischen Persönlichkeitsstörung: ein historischer und konzeptueller Überblick. Persönlichkeitsstörungen; 3: 128–37.

Hyler SE, Spitzer RL (1978). Hysteria split asunder. Am J Psychiatry; 135: 1500–4.

Kößler M, Scheidt CE (1997). Konversionsstörungen. Diagnose, Klassifikation, Therapie. Stuttgart, New York: Schattauer.

Kroll S (1932). Eine ungewöhnliche Somatisation. Eine geheime Todesklausel. Psychoanal Praxis; 2: 53.

Lipowski ZJ (1988). Somatization: the concept and its clinical application. Am J Psychiatry; 145: 1358–68.

Ludwig AM (1983). The psychobiological functions of dissociation. Am J Clin Hypnosis; 26: 9.

Main M, Hesse E (1990). Parent's unresolved traumatic experiences are related to infant disorganized attachment status: Is frightened and/or frightening parental behavior the linking mechanism? In: Greenberg MT, Cicchetti D, Cummings EM (eds). Attachment in the Preschool Years. Chicago: University of Chicago Press; 161-82.

Menninger WC (1947). Psychosomatic medicine: somatization reactions. Psychosom Med; 9: 92-7.

Mentzos S (1980). Hysterie. Zur Psychodynamik unbewusster Inszenierungen. München: Kindler.

Mentzos S (1982). Neurotische Konfliktverarbeitung. München: Kindler.

Mullen P (2001). Diskussionsbemerkung auf der Internationalen Konferenz „Adverse Childhood Experiences and Adult Health" am 20./21.10.2001 in Mainz.

Nemiah JC (1980). Dissociative disorders. In: Kaplan HJ, Freedman AM, Sadock BJ (eds). Comprehensive Textbook of Psychiatry. Vol. 2. 3rd ed. Baltimore, London: William & Wilkins; 1544-61.

Nemiah JC (1989). Janet Redivivus - the centenary of l'automatisme-psychologique. Am J Psychiatry; 146: 1527.

Oldham JM, Phillips KA, Gabbard GO, Goin MK, Gunderson J, Soloff P, Spiegel D, Stone M (Wo.G.o.B.PD.) (2001). APA: Practice Guideline for the Treatment of Patients With Borderline Personality Disorder. Am J Psychiatry, Suppl 158: 1-52.

Perley MJ, Guze SB (1962). Hysteria - the stability and usefullness of clinical criteria. N Engl J Med; 266: 421-6.

Pribor EF, Yutzky SH, Dean JT et al. (1993). Briquet's syndrome, dissociation, and abuse. Am J Psychiatry; 150: 1507-11.

Ross CA, Joshi S, Currie R (1990). Dissociative experience in the general population. Am J Psychiatry; 147: 1547-52.

Roth G (1991). Neuronale Grundlagen des Lernens und des Gedächtnisses. In: Schmidt SJ (Hrsg). Gedächtnis. Frankfurt a. M.: Suhrkamp.

Rudolf G, Grande T, Henningsen P (Hrsg) (2002). Die Struktur der Persönlichkeit. Stuttgart, New York: Schattauer.

Saxe GN, Chinman G, Berkowitz R et al. (1994). Somatization in patients with dissociative disorders. Am J Psychiatry; 151: 1329-34.

Scheidt CE, Hoffmann SO (2000). Konversionsstörungen. In: Egle UT, Hoffmann SO, Joraschky P (Hrsg). Sexueller Mißbrauch, Mißhandlung, Vernachlässigung. Erkennung und Therapie psychischer und psychosomatischer Folgen früher Traumatisierung. 2. Aufl. Stuttgart, New York: Schattauer; 213-24.

Scheidt CE, Waller E (1999). Bindungsrepräsentation, Affektregulation und psychophysiologische Reaktionsbereitschaft. Anmerkungen zur Bedeutung neuerer Ergebnisse der Bindungsforschung für die Psychosomatik. Z Psychosom Med; 45: 313-32.

Schuengel C, Bakermans-Kranenburg MJ, Van IJzendoorn MH (1999). Frightening maternal behavior linking unresolved loss and disorganized infant attachment. J Consult Clin Psychol; 67: 54-65.

Schur M (1955). Comments on the metapsychology of somatization. Psychoanal Study Child; 10: 119-64.

Shapiro D (1991). Neurotische Stile. Göttingen: Vandenhoeck & Ruprecht.

Spiegel D, Cardena E (1991). Disintegrated experience: the dissociative disorders revisited. J Abnorm Psychol; 100(3): 366-78.

Stekel W (1908). Nervöse Angstzustände und ihre Behandlung. 4. Aufl. Wien, Berlin: Urban & Schwarzenberg.

Stekel W (1932). Eine interessante Somatisation. Ein peinliches Versprechen. Psychoanal Praxis; 2: 148.

Van der Hart O (1996). Ian Hacking on Pierre Janet. A critique with further observations. Dissociation; 9: 80-4.

Van der Hart O, Friedman B (1989). A reader's guide to Pierre Janet on dissociation: a neglected intellectual heritage. Dissociation; 2: 3-16.

Van der Kolk BA (1996). The body keeps the score. Approaches to the psychobiology of Post Traumatic Stress Disorder. In: Van der Kolk BA, McFarlane AC, Weisaeth L (eds). Traumatic Stress. The effects of overwhelming experience on mind, body, and society. New York, London: Guilford; 214-41.

Van der Kolk BA, Pelcovitz D, Roth S, Mandel FS, McFarlane A, Herman JL (1996). Dissociation, somatization, and affect dysregulation: the complexity of adaptation to trauma. Am J Psychiatry; 153, Suppl: 83-93.

Woodruff RA (1968). Hysteria. An evaluation of objective diagnostic criteria by the study of women with chronic medical illness. Br J Psychiatry; 114: 115-9.

Woodruff RA, Clayton PJ, Guze SB (1971). Hysteria. Studies of diagnosis, outcome, and prevalence. JAMA; 215: 425-8.

B Klinische Perspektiven

9 Die Dissoziative Amnesie

A. Hofmann

9.1 Einleitung

Mit dem Begriff der Dissoziativen Amnesie werden autobiografische Erinnerungslücken beschrieben, die im Zusammenhang mit belastenden oder traumatischen Ereignissen auftreten und über das Maß der „normalen Vergesslichkeit" hinausgehen. Wenn die Dissoziative Amnesie ein nennenswertes Leiden und/oder Beeinträchtigungen im Alltag der Betroffenen auslöst, erfüllt sie die Kriterien einer psychischen Störung im Sinne der internationalen Krankheitsklassifikationen (vgl. Tab. 9-1 und 9-2).

Klinisch handelt es sich bei der Dissoziativen Amnesie meist um eine oder mehrere rückblickend berichtete Lücken in der Erinnerung an bestimmte Ereignisse oder Ereignisfolgen der persönlichen Lebensgeschichte. Die Zeitspanne der Erinnerungslücke kann dabei Minuten, aber auch einige Jahre umfassen. Die Störung kann in jedem Alter auftreten. Eine große Anzahl von Menschen mit Erinnerungslücken erlebt sich jedoch in klinisch nur erstaunlich geringem Maße beeinträchtigt.

Das Konzept der Dissoziativen Amnesie im Zusammenhang mit belastenden oder traumatischen Erlebnissen wurde bereits von Janet vor über 100 Jahren beschrieben (Janet 1889). Der Begriff der Dissoziativen Amnesie selbst wurde erst 1991 in der internationalen Klassifikation der Krankheiten, der ICD-10 (WHO 1991), eingeführt. 1994 wurde die bis dahin als „psychogen" klassifizierte Amnesie ebenfalls in der amerikanischen Klassifikation der psychischen Störungen, dem DSM-IV (APA 1994) in eine „Dissoziative Amnesie" umgewandelt. Die Umbenennung in beiden Klassifikationssystemen kam im Wesentlichen durch zunehmende Kenntnisse im Bereich der traumabedingten Störungen sowie der dissoziativen Mechanismen und Symptome zustande.

9.2 Klassifikation

Diagnostisch wird die Dissoziative Amnesie weltweit nach zwei verschiedenen Klassifikationssystemen diagnostiziert: dem aus den Vereinigten Staaten stammenden Diagnostisch Statistischen Manual (DSM, derzeit in der 4. Ausgabe) und der International Classification of Diseases (ICD, derzeit in der 10. Auflage) (s. Tab. 9-1 und 9-2).

Ein wesentlicher Unterschied zwischen dem DSM und der ICD zeigt sich vor allem darin, dass in der amerikanischen Klassifikation andere durch psychische Traumata ausgelöste Krankheitsbilder (wie zum Beispiel eine Posttraumatische Belastungsstörung), bei denen die Dissoziative Amnesie ein diagnostisches Kriterium ist, vorrangig vor einer Dissoziativen Amnesie diagnostiziert werden müssen. Die eigenständige Diagnose einer Dissoziativen Amnesie kann in einem solchen Fall nicht gestellt werden. Diese klare Trennung der Dissoziativen Amnesie als einerseits isoliertem Störungsbild von andererseits Symptomen posttraumatischer Störungsbilder hat durch eine Reihe von empirischen Studien zur weiteren Klärung des Störungsbildes der Dissoziativen Amnesie beigetragen.

Beim Auftreten einer Dissoziativen Amnesie sollte klinisch eine entsprechende Ausschlussdiagnostik bezüglich anderer traumabezogener Störungsbilder (vor allem posttraumatischer

Tab. 9-1: Diagnostische Kriterien der Dissoziativen Amnesie nach ICD-10: F44.0 (WHO 1994).

A Die allgemeinen Kriterien für eine dissoziative Störung müssen erfüllt sein:
- G1: kein Nachweis einer körperlichen Krankheit, welche die für diese Störung charakteristischen Symptome erklären könnte
- G2: überzeugender zeitlicher Zusammenhang zwischen den dissoziativen Symptomen und belastenden Ereignissen, Problemen oder Bedürfnissen

B entweder eine teilweise oder vollständige Amnesie für vergangene Ereignisse oder Probleme, die traumatisch oder belastend waren oder noch sind

C Die Amnesie ist zu ausgeprägt und zu lang anhaltend, um mit einer normalen Vergesslichkeit oder durch eine gewollte Simulation erklärt werden zu können (die Schwere und das Ausmaß der Amnesie können allerdings von einer Untersuchung zur anderen wechseln).

Tab. 9-2: Diagnostische Kriterien der Dissoziativen Amnesie nach DSM-IV: 300.12 (APA 1994).

A Das vorherrschende Störungsbild zeigt sich in einer oder mehreren Episoden, in denen eine Unfähigkeit besteht, sich an wichtige persönliche Informationen zu erinnern, die zumeist traumatischer oder belastender Natur sind; diese ist zu umfassend, um durch gewöhnliche Vergesslichkeit erklärt zu werden.

B Die Störung tritt nicht ausschließlich im Verlauf einer Dissoziativen Identitätsstörung, Dissoziativen Fugue, Posttraumatischen Belastungsstörung oder akuter Belastungsstörungen auf und geht nicht zurück auf die direkte Wirkung einer Substanz (zum Beispiel Droge, Medikament) oder eines neurologischen oder anderen medizinischen Krankheitsfaktors (zum Beispiel eine amnestische Störung aufgrund eines Schädel-Hirn-Traumas).

C Die Symptome verursachen in klinisch bedeutsamer Weise Leiden oder Beeinträchtigungen in sozialen, beruflichen oder anderen wichtigen Funktionsbereichen.

und dissoziativer Störungen) durchgeführt werden, um eine dissoziative Erinnerungslücke, die lediglich als ein Symptom im Rahmen eines komplexeren Störungsbildes auftritt, von einer Dissoziativen Amnesie, die als eigenständige Störung im Sinne einer isolierten Dissoziativen Amnesie auftritt, unterscheiden zu können. Die Unterscheidung hat für einen großen Teil der betroffenen Patienten nicht unerhebliche Konsequenzen (Gast 2001; Fiedler 1999).

9.3 Klinisches Erscheinungsbild

Klinisch scheinen die zwei im Folgenden beschriebenen Pole im Spektrum der Erscheinungsbilder der Dissoziativen Amnesie zu bestehen.

Die akute („klassische") Form der Dissoziativen Amnesie

Bei dieser Form ist die autobiografische Erinnerungslücke offensichtlich und umfasst meist große Bereiche der autobiografischen Erinnerung, teilweise auch die Erinnerung an die eigene Identität. Da bei vielen dieser Patienten die Alltagsfunktionen erheblich beeinträchtigt sind und sie teilweise auch in der Öffentlichkeit auffällig werden, kann es zu dramatischen und eindrucksvollen Verläufen kommen. Paradigmatisch für die klassische Form einer Dissoziativen Amnesie ist der Fall eines Patienten, der ohne Erinnerung an seine Lebensgeschichte aufgefunden und zur stationären Abklärung in die Notfallaufnahme eingeliefert wird. (Ein Thema, das auch in einer Reihe von Spielfilmen aufgegriffen wurde.) Die differenzialdiagnostische Abgrenzung zur Dissoziativen Fugue (s. Kap. 10 in diesem Band) ist in einigen Fällen nicht einfach. Auch wenn aus der Vielzahl von Einzelberichten dieser Form der Dissoziativen Amnesie kein einheitliches Persönlichkeitsprofil erkennbar ist, scheinen doch viele (nicht unbedingt alle) dieser Patienten Vorbelastungen in der persönlichen Geschichte oder in der Familienvorgeschichte aufzuweisen. In einigen Fällen aus der älteren Literatur (in der die strenge Ausschlussdiagnostik anderer Störungen noch nicht für die Diagnose erforderlich war), kann nachträglich eine komplexere Trauma-Störung (zum Beispiel eine Posttraumatische Belastungsstörung, Dissoziative Identitätsstörung) vermutet werden (Loewenstein 1993). Größere Studien, in denen posttraumatische oder andere Krankheitssymptome bei primär durch eine Dissoziative Amnesie auffälligen Patienten systematisch erfasst wurden, existieren jedoch derzeit leider nicht. Die meisten Kenntnisse über diese Verlaufsform der Dissoziativen Amnesie stammen aus Einzelfallserien, bei denen in neuerer Zeit glücklicherweise auch systematisch komplexe neurophysiologische Diagnostik (u. a. mit bildgebenden Verfahren) durchgeführt wird (Markowitsch et al. 2000).

Ein bekannter klinischer Fall einer akuten Amnesie ist der Patient AMN, über den Hans Markowitsch berichtet:

Ein 23-jähriger Patient wurde nach einem offenen Brand dadurch auffällig, dass er sich an alle autobiografischen Ereignisse der letzten sechs Lebensjahre nicht mehr erinnern konnte (retrograde Amnesie) und sich darüber hinaus auch keine neuen Informationen mehr einprägen konnte (anterograde Amnesie). Der Zustand hielt im Prinzip auch nach einem Jahr noch so stark an, dass der Patient weiterhin unfähig war, seinem früheren Beruf nach zu gehen. Aus der Vorgeschichte konnte erhoben werden, dass der Patient als 4-Jähriger gesehen hatte, wie ein Mann in einem Auto verbrannte. (Ein Zusammenhang zwischen den beiden Ereignissen, zum Beispiel dass der Patient aus der Erfahrung des vierten Lebensjahres Feuer als „lebensgefährlich" erlebte und das aktuelle Feuer diese Erinnerung und die dazugehörige [Todes-]Angst auslöste, kann vermutet werden.)

Auch wenn der Patient nach einem Jahr noch nicht seinem Beruf nachgehen konnte, zeigten sich doch erste Verbesserungen seiner kognitiven Leistungen nach ca. acht Monaten. Auch zeigte eine nach einem Jahr durchgeführte zweite Untersuchung seines Hirnstoffwechsels mittels radioaktiver Glukose eine Rückkehr in den gedächtnisrelevanten Hirnstrukturen reduzierten Glukoseverbrauchs zu normalen Werten.

Die chronische („nicht-klassische") Form der Dissoziativen Amnesie

In diesen Fällen ist die Störung meist nicht offensichtlich, sondern häufig verdeckt. Häufig scheint auch der Beginn der Amnesie nicht akut einzusetzen, sondern den Betroffenen scheint erst durch einen äußeren Anlass oder eine direkte Befragung die bereits vorher bestehende Erinnerungslücke bewusst zu werden (Gast 2001). Da der Leidensdruck bei vielen Patienten mit dieser Form der Dissoziativen Amnesie nicht sehr groß ist, sind die Übergänge zu klinisch unauffälligen dissoziativen Erinnerungslücken fließend.

Dissoziative Amnesien können sich auf einzelne Lebenssituationen beziehen oder ganze Lebensabschnitte umfassen. Sie können sich dramatisch äußern (wie im Falle einer akuten Amnesie, wenn eine Person ohne Erinnerung aufgefunden wird) oder – sehr viel häufiger – eher versteckt vorkommen, zum Beispiel als ein Symptom in der Anamnese – so bei Patienten mit einer Posttraumatischen Störung – erhoben werden. Der Übergang zu den eher unscharf abgegrenzten Erinnerungslücken kann fließend sein. Ebenso ist der Übergang zwischen organisch (zum Beispiel nach Verkehrsunfällen) und psychisch verursachten Amnesien fließend. Einige Arbeiten legen eine zumindest teilweise Ähnlichkeit der zugrunde liegenden Mechanismen nahe (s. Markowitsch 1996). Häufig werden – meist chronische – Dissoziative Amnesien vom Betroffenen selbst nicht wahrgenommen (so genannte „Amnesie für die Amnesie").

9.4 Empirische Ergebnisse zur Häufigkeit

In einer Untersuchung an 100 Studenten, die eine Woche und vier Wochen nach dem Erdbeben von 1989 in San Francisco befragt worden waren, zeigten einige Gedächtnisprobleme. Der Anteil der Studenten, der Teilamnesien oder Amnesien bezüglich der Ereignisse des Erdbebens angab, lag bei 3 bis 8 % (Cardena u. Spiegel 1993).

Von 469 Feuerwehrleuten, die 1983 bei einer großen Buschfeuerkatastrophe in Australien zu Löscharbeiten eingesetzt worden waren, hatten 3,6 % elf Monate nach den Ereignissen die Erinnerung an ihre eigenen Verletzungen verloren, obwohl sie von diesen Verletzungen noch vier Monate nach dem Buschfeuer selbst berichtet hatten. Interessanterweise wurden diese Erinnerungslücken vor allem von einer Gruppe von Feuerwehrleuten angegeben, die keine Posttraumatische Belastungsstörung entwickelt hatten (McFarlane 1988).

Elliott und Briere untersuchten 466 Personen aus der amerikanischen Allgemeinbevölkerung und befragten sie nach verschiedenen traumatischen Ereignissen. Von den Personen, die über Verkehrsunfälle berichteten, gaben 4 % an, eine Zeit lang überhaupt keine Erinnerung an den Verkehrsunfall gehabt zu haben, weitere 4 % hatten eine Teilamnesie. Von den Personen, die eine Vergewaltigung erlebt hatten, berichteten 13 % über eine zeitweise vollständige Amnesie, 10 % über eine Teilamnesie. Kriegsveteranen berichteten in 16 % über eine volle Amnesie, in 23 % über eine Teilamnesie. Von den Befragten, die über physische Gewalt in der Kindheit berichtet hatten, gaben 10 % an, eine vollständige Amnesie, 15 % eine teilweise Amnesie gehabt zu haben (Elliott u. Briere 1995).

In einer prospektiven Studie über 20 Jahre wurden 110 Betroffene, die in der Kindheit und Jugend gerichtlich dokumentierte physische Gewalt erlebt hatten, konnten 40 % der Betroffenen die Gewalterfahrung 20 Jahre nach den Ereignissen (in ausführlichen strukturierten Interviews) nicht mehr berichten. Auffällig war auch eine signifikante positive Beziehung zwischen der dokumentierten physischen Gewalt in der Kindheit und dem späteren Auftreten aggressiver Verhaltensweisen der Befragten im Erwachsenenalter (Widom u. Shepard 1996).

Deutlich höhere Raten von Dissoziativer Amnesie im Falle sich wiederholender traumatischer Ereignisse in der Kindheit zeigte sich auch in der repräsentativen Befragung von Elliot und Briere (1995) bei Befragten, die berichteten, Opfer eines sexuellen Missbrauchs in der Kindheit geworden zu sein: 20 % der Befragten berichteten über eine Zeit, in der sie überhaupt keine Erinnerungen an den Missbrauch gehabt hatten, und 22 % berichteten über eine zumindest zeitweilige Amnesie für Teile der Erinnerungen.

In einer Studie an 129 Frauen, die einen sexuellen Missbrauch zur Anzeige gebracht hatten und die direkt nach den Vorfällen in der Kindheit untersucht worden waren, wurde 17 Jahre nach der ersten Untersuchung, die zum Zeitpunkt der Anzeige wegen sexuellen Missbrauchs durchgeführt worden war, eine erneute Befragung der Opfer durchgeführt. Dabei zeigte sich, dass 38 % der Frauen in einem detaillierten Interview nicht über die Ereignisse in ihrer Kindheit berichteten, die damals zur Aufnahme geführt hatten. 32 % der Betroffenen gaben auf Nachfragen an, überhaupt keine Erinnerung an einen sexuellen Missbrauch zu haben. 16 % der Frauen, die sich an einen sexuellen Übergriff erinnerten, gaben an, vor der Zeit des Interviews eine Zeit lang gar keine Erinnerung an die Übergriffe gehabt zu haben. Bei der Untersuchung zeigte sich, dass ein jüngeres Alter zum Zeitpunkt des Missbrauchs eher mit einem späteren Wiedererinnern als mit einer durchgehenden Erinnerung an die Ereignisse assoziiert war (Williams 1994).

In einer Übersichtsarbeit über medizinische und psychologische Folgen von Folter berichten Goldfeld et al. (1988) davon, dass die Prozentsätze von Dissoziativen Amnesien bei Folteropfern in den Studien zwischen 29 % und 45 % variieren. Obwohl in dieser Studie strenge diagnostische Kriterien der Dissoziativen Amnesie fehlten und die sicher auch nicht seltenen organischen Folgestörungen der Folter nur eingeschränkt erfasst wurden, scheint diese Analyse die Häufigkeit von Dissoziativen Amnesien bei Folteropfern, auch im Lichte neuerer klinischer Erfahrung, durchaus adäquat wiederzugeben.

Zwei mögliche Beziehungen zwischen Trauma und Dissoziativer Amnesie sind wahrscheinlich (Van der Kolk 1996):

- Zwischen dem Auftreten (und wahrscheinlich auch der Länge) einer Dissoziativen Amnesie scheint es in vielen Fällen eine Beziehung zur „Dosis" (Häufigkeit und Schwere) der auslösenden Traumatisierung zu geben.
- Traumatisierungen in der Kindheit scheinen eher zu Dissoziativen Amnesien zu führen als Traumatisierungen im Erwachsenenalter.

Beides, die Quantität eines Traumas und das Alter zum Zeitpunkt der Traumatisierung, kann als eine Art „Risikofaktor" für das Auftreten einer Dissoziativen Amnesie angesehen werden. Als weitere Risikofaktoren werden Intoxikationen, Schädel-Hirn-Verletzungen, frühere psychische Traumatisierungen, ein überdurchschnittliches Intelligenzniveau sowie eine enge (familiäre) Beziehung zwischen dem Opfer und dem Täter diskutiert (Brown et al. 1998; Van der Kolk et al. 1996).

9.5 Häufig verwendete klinische Begriffe

Häufig verwendete klinische Begriffe im Zusammenhang mit Dissoziativen Amnesien sind:
- **retrograde Amnesie:** Diese häufigste Form der Amnesie betrifft meist autobiografische Erinnerungen, selten auch Informationen aus dem allgemeinen (Wissens-)Gedächtnis, die nicht erinnert werden können.
- **anterograde Amnesie:** Von einem gewissen Zeitpunkt an können für einen bestimmten Zeitraum keine neuen Informationen mehr aufgenommen und erinnert werden. Die Ausprägung anterograder Amnesien scheint bei der chronischen Form eher selten und meist gering ausgeprägt zu sein.

- **lokalisierte Amnesie:** Es besteht eine Unfähigkeit, zeitlich umschriebene Ereignisse (zum Beispiel ein Erdbeben) zu erinnern.
- **Teilamnesie:** Bei dieser Form der Amnesie können bestimmte Teile eines Ereignisses nicht erinnert werden, während andere Teile des Ereignisses erinnert werden können.
- **selektive Amnesie:** Hierbei handelt es sich um Erinnerungslücken, die einige, aber nicht alle Ereignisse in einem umschriebenen Zeitraum betreffen.
- **systematische Amnesie:** Hierbei können bestimmte Kategorien von Erinnerungen, wie Erinnerungen an die Familie oder eine bestimmte Person, nicht erinnert werden.
- **transiente globale Amnesie (TGA):** Diese meist dramatische Form der Erinnerungslücke wird nicht als Störung im Sinne der Dissoziativen Amnesie klassifiziert. Die TGA tritt meist im späten Erwachsenenalter im zeitlichen Zusammenhang mit physischen oder psychischen Belastungen auf. Die Amnesie ist überwiegend anterograd, aber ebenfalls retrograd und hat meist eine kurze Dauer (weniger als 24 Stunden) (Markowitsch 1990; 2000a).

9.6 Diagnostik

Da Dissoziative Amnesien, besonders chronische Formen, subjektiv häufig nicht wahrgenommen werden, ist die freie Erhebung der biografischen Anamnese oder das direkte Erfragen von Erinnerungslücken meist wenig effektiv (Fähndrich u. Stieglitz 1998; AMDP 2000). Ursache dafür ist die „Amnesie für die Amnesie", die auch in einem kurzen Beobachtungszeitraum, wie ihn eine klinische Untersuchung darstellt, nicht einfach zu erfassen ist. Das belastende Ereignis, das im zeitlichen Zusammenhang mit der Dissoziativen Amnesie steht, kann in manchen Fällen zum Beispiel durch eine Fremdanamnese festzustellen sein.

Bei entsprechendem Verdacht sollten zusätzlich zur üblichen Diagnostik (AMDP 2000) Erinnerungslücken von den Patienten selbst daher aktiv (zum Beispiel im Rahmen der biografischen Anamnese) erfragt werden. Hierbei können Erinnerungen für relevante Lebensbereiche aus verschiedenen Zeitabschnitten erhoben werden (zum Beispiel: „Erinnern sie sich an ihre Schule, die Wohnungen, in denen Sie lebten, Weihnachten in der Familie?"). Bei bekannten belastenden Ereignissen kann – bei entsprechender psychischer Stabilität der Patienten – direkt nach der Vollständigkeit der Erinnerung an das belastende Ereignis gefragt werden.

Amnesien können bei Betroffenen, die sie selbst wahrnehmen, systematisch mit Hilfe des Fragebogens für Dissoziative Symptome (FDS) erfasst werden (deutsche Version: Freyberger et al. 1999; Bernstein u. Putnam 1986).

Bei klinisch auffälligen Dissoziativen Amnesien sollte eine umfassende psychotherapeutische/psychiatrische Diagnostik erfolgen, um weitergehende psychische Störungen, zum Beispiel zugrunde liegende dissoziative bzw. posttraumatische Störungsbilder zu erfassen (Gast et al. 1999; Spitzer u. Williams 1986).

Bei der nicht geringen Prävalenz Dissoziativer Amnesien sollte eine ausführliche medizinische Diagnostik lediglich bei klinisch stark auffälligen oder einschränkenden, vor allem bei akuten Amnesien nach hirnorganischen Läsionen oder bei Verdacht auf eine organische Ursache der Erinnerungsstörung durchgeführt werden. Diese Störungen stellen auch die wichtigsten differenzialdiagnostischen Diagnosen zur Dissoziativen Amnesie dar, wobei es gerade bei organischen Störungsbildern zu Überschneidungen mit dem Störungsbild einer Dissoziativen Amnesie kommen kann.

Einen differenzialdiagnostischen Sonderfall stellen die **globalen Amnesien** dar: Hierbei besteht eine häufig akut auftretende, globale Erinnerungslücke, die sowohl anterograde als auch retrograde Abschnitte umfassen kann. Das Allgemeinwissen (semantisches Wissen) ist von der Erinnerungslücke nicht betroffen.

Aufmerksamkeit, Wahrnehmung, Sprache und motorische Fähigkeiten sind ebenfalls nicht betroffen. Globale Amnesien sind meist organisch (mit) bedingt. Dieser Typ der Amnesie ist fast immer mit einer beidseitigen Schädigung des limbischen Systems assoziiert. Die **transiente globale Amnesie** (TGA) ist ein meist zügig rückläufiger Sonderfall der globalen Amnesie, der durch viele Faktoren bedingt sein kann. Die TGA weist jedoch in vielen Fällen auch eine der Störung vorausgehende psychische Belastung auf (Markowitsch 1990).

9.7 Verlauf und Prognose

Die Dissoziativen Amnesien sind zum größten Teil – in einigen Fällen auch zügig – reversibel. In vielen Fällen tritt spontanes Wiedererinnern (memory recovery) ein. Trotz dieser günstigen Prognose können in manchen Fällen residuale Erinnerungsstörungen verbleiben. Es gibt gute Hinweise darauf, dass sich auch die chronische Form der Dissoziativen Amnesie unter günstigen Umständen spontan zurückbildet. Die Phase der Wiedererinnerung kann für die Betroffenen über einige Zeit seelisch belastend sein, die Belastung klingt jedoch ebenfalls meist spontan ab. In einer Reihe von Studien zeigte sich, dass die meisten, wenn auch nicht alle dieser spontan nach einer Dissoziativen Amnesie „wieder auftauchenden Erinnerungen" in der Mehrzahl der Fälle den wesentlichen dokumentierten bzw. durch andere Quellen bestätigbaren Ereignissen entsprechen (Chu et al. 1999; Kluft 1997; Brown et al. 1998).

9.8 Epidemiologie

Die Lebenszeitprävalenz von Dissoziativen Amnesien ist kaum systematisch untersucht worden. In einer amerikanischen Studie an der Allgemeinbevölkerung berichten über 10 % der Befragten über eine vollständige Dissoziative Amnesie nach traumatischen Ereignissen. Die große Mehrzahl der Betroffenen war nicht in einer therapeutischer Behandlung (Elliott u. Briere 1995). An Untersuchungen wie dieser zeigen sich der schmale Grat zwischen einer klinischen unauffälligen und einer klinisch auffälligen Dissoziativen Amnesie (nach den Kriterien der ICD-10 oder dem DSM-IV). In fast allen oben genannten Fällen dürfte es sich, sofern die Erinnerungslücke als Störung einzustufen war, dem Erscheinungsbild nach um die chronische Form der Dissoziativen Amnesie gehandelt haben.

Das Auftreten der akuten („klassischen") Form der Dissoziativen Amnesie ist zwar klinisch eindrucksvoll, von der Häufigkeit her aber sehr selten.

Insgesamt ist daher im Sinne der DSM-IV-Definition der Dissoziativen Amnesie, in der andere dissoziative Störungen oder eine Posttraumatische Belastungsstörung die Diagnose einer Dissoziativen Amnesie ausschließen, die Prävalenz der (klinisch relevanten) Dissoziativen Amnesie wahrscheinlich deutlich niedriger als in der oben zitierten Studie einzuschätzen.

9.9 Ätiopathogenese

Die hohe Assoziation mit vorangegangenen belastenden (traumatischen) Lebensereignissen ist bei der Dissoziativen Amnesie so gut belegt, dass sie sogar Teil der operationalen Definition anderer belastungsbedingter Störungen wurde, zum Beispiel der Posttraumatischen Belastungsstörung (Janet 1889; 1925; WHO 1991; Van der Kolk 1994; Van der Kolk et al. 1996).

In neuerer Zeit wird in einer zunehmenden Anzahl von Studien über den Zusammenhang zwischen Funktionsstörungen verschiedener Bereiche des Gedächtnisses und auffälligen Befunden in bildgebenden Verfahren berichtet.

Grundlage dieser Untersuchungen war in den meisten Fällen eine konzeptionelle Unterteilung der Gedächtnisinhalte und ihre Beziehung zu bestimmten Hirnarealen und neurobiologischen Befunden (Tulving 1972; Markowitsch 2000b). Relevant scheinen dabei bezüglich der Dissoziativen Amnesie besonders zwei Gedächtnissysteme: das semantische Gedächtnis (Wissenssystem) und das episodische Gedächtnis (das auch das autobiografische Gedächtnis enthält). Andere Gedächtnissysteme wie das prozedurale Gedächtnis oder das Priming-Gedächtnis werden nicht von Dissoziativen Amnesien betroffen und sollen hier daher an nur am Rande erwähnt werden.

Von diesen Systemen ist das episodische Gedächtnis vermutlich das einzige, das rein dem Menschen vorbehalten ist und direkt an unser Bewusstsein geknüpft zu sein scheint (Tulving 1972; Tulving u. Markowitsch 1998). Während das semantische Gedächtnis (Wissenssystem) im Wesentlichen nur gering affektiv getönte Informationen speichert, sind für das episodische Gedächtnis emotional getönte Wahrnehmungen von zentraler Wichtigkeit. Das Wissenssystem bezieht sich dabei auf Fakten, also das Welt-, Schul- oder Allgemeinwissen. Das episodische Gedächtnis enthält bewusst reflektierte, „auf die eigene Person bezogene" Informationen, die kontextgebunden sind. Kontextgebunden heißt hierbei, dass zu der Information in der Regel auch Zeit und Ort des erinnerten Ereignisses verfügbar sind (Tulving u. Markowitsch 1998).

Information ist im Gehirn in weit verzweigten, modular strukturierten Netzwerken organisiert (Szentágothai 1983; Abeles 1992) Die Informationsspeicher des Gehirns scheinen dabei über große Mengen von Informationen zu verfügen, von denen nur ein geringer Anteil ständig „auf bestimmte Auslöser hin" zugänglich ist (Markowitsch 2000b).

Bei der Speicherung und dem Abruf von episodischen Erinnerungen spielen Emotionen und die sie verarbeitenden Areale des limbischen Systems eine zentrale Rolle. So wird beim Abruf affektiv belastender Information der rechte frontale Temporallappen (in dem auch das Kerngebiet der Amygdala, des Mandelkerns, liegt) verstärkt aktiviert (Davidson u. Sutton 1995; Shin et al. 1997). Dieser vorwiegend rechtshemisphärische Aktivierungsnachweis beim Abruf emotional belastender Informationen ist zumindest bei einem Teil der Patienten mit einer Dissoziativen Amnesie nicht mehr nachweisbar (Fink et al. 1996).

Neben den Arealen des limbischen Systems scheinen beim Abruf episodischer Erinnerungen vor allem Gebiete des präfrontalen Kortex eine wesentliche Rolle zu spielen (vor allem die über den Fasciculus uncinatus verbundenen Gebiete des temporopolaren und inferioren lateralen präfrontalen Kortex). Hierbei scheint (bei Rechtshändern) eine hemisphärenspezifische Aufteilung zu existieren: So scheint der temporofrontale Bereich der rechten Hemisphäre stärker beim Abrufen autobiografischer Erinnerung aktiviert zu werden, der temporofrontale Bereich der linken Hemisphäre eher beim Abrufen von Informationen des Wissenssystems.

9.10 Behandlung

Die leichteren Formen Dissoziativer Amnesien (chronisch oder akut) sind meist selbstlimitiert und/oder nicht von wesentlicher klinischer Konsequenz. In Fällen mit entsprechenden Beschwerden sollte aber in jedem Fall eine vermeintlich zugrunde liegende organische Störung ausgeschlossen werden.

Im Falle von schweren akuten („klassischen") Dissoziativen Amnesien kann jedoch aufgrund der häufig stark reduzierten Belastungsfähigkeit der Patienten eine stationäre Aufnahme notwendig werden. Die Behandlung ist hier vor allem eine unterstützende, bei der zusätzlich zum Abwarten mit der häufig begründeten Hoffnung auf Remission keine spezifische Behandlung in ihrer Effektivität belegt wurde.

Eine spezielle Gruppe bilden die nach ICD-10 diagnostizierten Dissoziativen Amnesien, bei denen gleichzeitig eine komorbide andere dissoziative Bewusstseinsstörung und/oder eine komorbide Posttraumatische Belastungsstörung besteht. In derartigen Fällen sollte die komorbide Störung im Vordergrund der Behandlung stehen. Meist sind dies Posttraumatische Belastungsstörungen oder schwere dissoziative Bewusstseinsstörungen (wie u. a. die Dissoziative Identitätsstörung, s. Kap. 10, 15 und 16 in diesem Band).

Abgesehen von diesen Fällen, braucht die umschriebene (chronische) Dissoziative Amnesie nur selten eine direkte Behandlung. Psychisch scheint die Dissoziative Amnesie in vielen Fällen nicht selten auch einen gewissen Schutz vor der emotionalen Belastung bzw. der Erinnerung an derartige Belastungen zu bewirken. Eine direkte Beseitigung von derartigen Amnesiebarrieren mithilfe therapeutischer Interventionen (hypnotherapeutische Interventionen oder eine Narkolepsie) ist in der Regel nicht indiziert.

Erfahrungsgemäß klingt eine Dissoziative Amnesie im Laufe einer allgemeinen psychischen Stabilisierung spontan ab. Im Verlauf von Behandlungen, die auf eine angemessene Auseinandersetzung mit dem auslösenden traumatischen Erlebnis zentrieren, klingt sie zusammen mit den möglicherweise vorhandenen anderen Symptomen belastungsbedingter Störungsbilder ab, ohne direkt in den Behandlungsfokus gekommen zu sein. Die Verfahren, die sich bei posttraumatischen und dissoziativen Störungen bewährt haben, spielen auch in der Behandlung der Dissoziativen Amnesie eine Rolle. Grundsätzlich sind das psychodynamische Verständnis der belastenden Situation und der entsprechende Umgang mit dem Patienten wesentlich für die Gestaltung der Behandlung (s. Kap. 26 und 27 in diesem Band). Zusätzlich sind dies vor allem die nach einer Phase der Stabilisierung und des Beziehungsaufbaus eingesetzten Methoden der kognitiven-behaviorale Behandlungsansätze, das EMDR (Eye Movement Desensitization and Reprocessing) sowie vorsichtig eingesetzte imaginativ-hypnotherapeutische Interventionen (Van der Kolk et al. 1996; Flatten et al. 2001; Galley u. Hofmann 1999; s. auch Kap. 29 in diesem Band). Im Gegensatz zur Posttraumatischen Belastungsstörung liegen für diese Verfahren im Bereich Dissoziativer Amnesien aber noch keine kontrollierten, prospektiven Studien vor. Neben der Aufklärung des Patienten über die Ursache und den Verlauf der Dissoziativen Amnesie steht daher in der Regel die Behandlung der auslösenden belastenden Erinnerungen (eventuell auch der Konflikte) im Mittelpunkt der Behandlung. Häufiger Ansatzpunkt sind dabei die manchmal erst im Verlauf der Behandlung wiederkehrenden Erinnerungen und auftretenden Symptome einer Posttraumatischen Belastungsstörung. Hier können die in diesem Bereich bewährten Behandlungsverfahren in den meisten Fällen für viele der betroffenen Patienten entlastend wirken.

Auch wenn der folgende Fall sicher nicht als Beispiel für eine Regelbehandlung für schwere depressive Episoden verstanden werden sollte und EMDR sicher keine Methode zum „Suchen von Erinnerungen" ist, zeigt er doch einen möglichen Zusammenhang zwischen Dissoziativen Amnesien und der Behandlung psychischer Traumatisierungen bei derartigen Patienten.

Eine Patientin, Mitte dreißig, wurde nach wiederholten schweren depressiven Episoden mit schwerer Suizidalität (die zum Teil unter deutlichen Trancezuständen auftraten) wieder auffällig. Auch unter längerer Behandlung mit mehrfachem Wechsel der Medikation war klinisch keine Besserung zu erreichen. Da sie einige belastende Erinnerungen hatte (sie war als 10-Jährige einer belastenden medizinischen Behandlung unterzogen worden) und ein Faktor depressiver Komorbidität einer Posttraumatischen Störung nicht ausgeschlossen werden konnte, wurde eine zusätzlich traumaspezifische Behandlung versucht. Im Rahmen einer der ersten Behandlungssitzungen (mit der EMDR-Methode) wurde der Patient – unter heftigen Affekten – eine bislang nicht bekannte Erinnerung bewusst. Sie sah vor sich das Bild, wie ihr Vater sie als kleines Kind sexuell stimulierte. Nach der Sitzung war die Patientin verwirrt, aber auch spürbar entlastet. In einer folgenden längeren Reihe von Behandlungssitzungen, bei denen noch mehr belastende Situationen erinnert und bearbeitet wurden, konnte die Patientin sich deutlich stabilisieren. Nach einigen Wochen sprach auch die medikamentöse Behandlung deutlich besser an, und die Patientin konnte nicht lange danach ambulant weiter behandelt werden. In der folgenden Zeit kam es zu einer weiteren Besserung, und die Patientin konnte im Rahmen ihrer familiären Kontakte weitere Hinweise auf die von ihr erinnerten Ereignisse finden. In den Jahren seit dieser Behandlung ist es zu keiner erneuten schweren depressiven Episode mehr gekommen.

9.11 Zusammenfassung

Insgesamt treten Dissoziative Amnesien nicht selten im Kontext von posttraumatischen Erkrankungen auf. Diagnostisch sollte daher auf das komorbide Auftreten anderer Trauma-Folgestörungen (zum Beispiel Posttraumatische Belastungsstörungen, andere dissoziative Störungen, vor allem Dissoziative Identitätsstörungen) geachtet werden. Falls sie diagnostiziert werden, stehen diese komorbiden Störungen primär im Mittelpunkt der weiteren Behandlung. Bei diesen Fällen ist spontanes Wiedererinnern an die belastenden auslösenden Ereignisse häufig, auch wenn die Erinnerung in einigen Fällen teilweise oder gar nicht mehr wiederkehrt.

Davon abzugrenzen sind die seltenen, schweren, zum Teil dramatisch verlaufenden Fälle von Patienten mit akut auftretenden schweren Erinnerungslücken und zum Teil erheblichen Problemen in der Alltagsbewältigung. Hier sind meist eine initiale stationäre Aufnahme und eine intensive neurologische und bildgebende Diagnostik indiziert. Ähnlich wie die Mehrzahl der Dissoziativen Amnesien weisen aber auch diese Fälle meist ein gutes Potenzial zur klinischen Besserung auf, auch wenn sie verstärkter klinischer Unterstützung bedürfen und in einigen Fällen mit Residuen beschrieben sind (Markowitsch et al. 2000; Van der Kolk 1996).

Befunde mit bildgebenden Untersuchungsverfahren an dieser Patientengruppe weisen auf eine Unterbrechung der Informationsverarbeitung, wahrscheinlich durch die auslösenden belastenden Ereignisse, hin. Behandlungsansätze, die eher die Gesamtsituation des Patienten berücksichtigen, die Wiedergewinnung von Alltagsfähigkeiten und das spontane Wiedererinnern und die Bearbeitung belastender Erinnerungen unterstützen, scheinen zur Behandlung dieser Form der Dissoziativen Amnesie geeignet.

Literatur

Abeles M (1992). Corticonics. Cambridge: Cambridge University Press.
AMDP (Arbeitsgemeinschaft für Methodik und Dokumentation in der Psychiatrie) (2000). Das AMDP-System. Göttingen, Bern, Toronto, Seattle: Hogrefe.
APA (American Psychiatric Association) (1994). Diagnostic and Statistical Manual of Mental Disorders – DSM IV. Washington, DC: American Psychiatric Association.
Bernstein E, Putnam F (1986). Development, reliability and validity of a dissociation scale. J Nerv Ment Dis; 174: 727-35.
Brown D, Schefflin AW et al. (1998). Memory, Trauma Treatment and the Law. New York, London: Norton.
Cardena E, Spiegel D (1993). Dissociative reactions to the San Francisco Bay area earthquake of 1989. Am J Psychiatry; 150: 474-8.
Chu JA, Frey LM et al. (1999). Memories of childhood abuse: dissociation, amnesia, and corroboration. Am J Psychiatry; 156(5): 749-55.
Davidson RJ, Sutton SK (1995). Affective neuroscience:

the emergence of a discipline. Curr Opinion Neurobiol; 6: 217-24.
Elliott DM, Briere J (1995). Posttraumatic stress associated with delayed recall of sexual abuse: a general population study. J Trauma Stress; 8: 629-47.
Fähndrich E, Stieglitz RD (1998). Leitfaden zur Erfassung des psychopathologischen Befundes. Göttingen: Hogrefe.
Fiedler P (1999). Dissoziative Störungen und Konversion. Weinheim: Beltz Psychologie Verlags Union.
Fink GR, Markowitsch HJ et al. (1996). A PET-study of autobiographical memory and recognition. J Neurosci; 16: 4275-82.
Flatten G, Hofmann A, Liebermann P, Wöller W, Siol T, Petzold E (2001). Posttraumatische Belastungsstörung. Leitlinie und Quellentext. Stuttgart, New York: Schattauer.
Freyberger HJ, Spitzer C et al. (1999). Der Fragebogen zu Dissoziativen Symptomen (FDS). Deutsche Adaptation, Reliabilität und Validität der amerikanischen Dissociative Experience Scale (DES). Göttingen: Hogrefe.
Galley N, Hofmann A (1999). Eye Movement Desensitization and Reprocessing als Behandlungsmethode bei posttraumatischen Hyper- und Amnesien. Gedächtnis und Gedächtnisstörungen – klinisch-neuropsychologische Aspekte aus Forschung und Praxis. Lengerich: Pabst.
Gast U (2001). Diagnostik und Therapie Dissoziativer (Identitäts-)Störungen. Psychotherapeut; 46: 289-300.
Gast U, Zürndorf F et al. (1999). Manual zum Strukturierten Klinischen Interview für DSM-IV – Dissoziative Störungen (SCID-D). Göttingen: Hogrefe.
Goldfeld AE, Mollica RF et al. (1988). The physical and psychological sequelae of torture: Symptomatology and diagnosis. J Am Medcal Assoc; 259: 2725-9.
Janet P (1889). L'automatisme psychologique. Paris: Felix Alcan.
Janet P (1925). Psychological Healing. New York: Macmillan.
Kluft RP (1997). The argument for the reality of the delayed recall of trauma. In: Applebaum PS, Uyehara LA, Elin M (eds). Trauma and Memory: Clinical and legal controversies. New York: Oxford University Press; 25-57.
Loewenstein RJ (1993). Psychogenic Amnesia and psychogenic fugue: a comprehensive review. In: Spiegel D (ed). Dissociative Disorders. Lutherville: Sidran Press; 45-77.
Markowitsch HJ (ed) (1990). Transient Global Amnesia and Related Disorders. Toronto: Hogrefe & Huber.
Markowitsch HJ (1996). Organic and psychogenic retrograde amnesia: two sides of the same coin? Neurocase; 2: 557-8.
Markowitsch HJ (2000a). Memory and amnesia. In: Mesulam MM (ed). Principles of Behavioral and Cognitive Neurology. Oxford: Oxford University Press; 257-93.
Markowitsch HJ (2000b). Anatomical bases of memory. In: Gazzania MS (ed). The New Cognitive Neurosciences. Cambridge, MA, London: MIT Press; 781-95.
Markowitsch HJ, Kessler J et al. (2000). Neuroimaging and behavioral correlates of recovery from mnestic block syndrome and other cognitive deteriorations. Neuropsychiatry Neuropsychol Behav Neurol; 13(1): 60-6.
McFarlane A (1988). The phenomenology of posttraumatic stress disorder following a natural disaster. J Nerv Ment Dis; 176: 22-9.
Shin LM, Kosslyn SM et al. (1997). Visual imagery and perception in posttraumatic stress disorder. Arch Gen Psychiatry; 54: 233-41.
Spitzer RL, Williams JBW (1986). Structured Clinical Interview for DSM. New York: State Psychiatric Institute.
Szentágothai J (1983). The modular architectonical principle of neuronal centers. Rev Physiol; 98: 11-61.
Tulving E (1972). Episodic and semantic memory. In: Tulving E, Donaldson W (eds). Organisation of Memory. New York: Academic Press; 381-403.
Tulving E, Markowitsch HJ (1998). Episodic and declarative memory: role of the hippocampus. Hippocampus; 8: 198-204.
Van der Kolk BA (1994). The body keeps the score: memory and the evolving psychobiology of post-traumatic stress. Harvard Rev Psychiatry; 1: 253-65.
Van der Kolk BA (1996). Trauma and memory. In: Van der Kolk BA, McFarlane A, Weisaeth L (eds). Traumatic Stress. London, New York: Guilford; 279-302.
Van der Kolk BA, McFarlane A, Weisaeth L (eds) (1996). Traumatic Stress. London, New York: Guilford.
WHO (World Health Organisation) (1991). Internationale Klassifikation psychischer Störungen. ICD-10 Kapitel V (F). Klinisch Diagnostische Leitlinien. Bern: Huber.
WHO (World Health Organisation) (1994). Internationale Klassifikation psychischer Störungen. ICD-10 Kapitel F. Forschungskriterien. Bern: Huber.
Widom CS, Shepard RL (1996). Acuracy of adult recollections of childhood victimisation: part 1. Childhood physical abuse. Psychol Assessm; 9: 34-46.
Williams LM (1994). Recall of childhood trauma: a prospective study of women's memories of child sexual abuse. J Consult Clin Psychol; 62: 1167-76.

10 Die Dissoziative Fugue

S. O. Hoffmann

10.1 Historischer Hintergrund

Wie die Geschichte der anderen dissoziativen Störungen beginnt auch die der Dissoziativen Fugue (DF) in der französischen Psychiatrie des 19. Jahrhunderts. Ian Hacking (1996) hat diese Geschichte vorzüglich recherchiert, und ich folge nachstehend seiner Darstellung. 1887 wurde an der Medizinischen Fakultät der Universität von Bordeaux eine Dissertation von Tissié angenommen, in der dieser unter dem Titel „Les aliénés voyageurs" die bis dahin bestehende Literatur zu einer merkwürdigen Störung zusammenfasst. Abweichend von dem Titel spricht er im Text durchgehend von Fugue. Leitsymptomatik waren unmotivierte Ortsveränderungen mit unterschiedlicher Gestörtheit des personalen Bewusstseins. Charcot griff das Konzept auf, bezeichnete 1888 das Störungsbild als „Automatisme ambulatoire" und hielt es für eine epileptoide Krankheit. In Frankreich klang der Gebrauch dieser Diagnose, ähnlich wie der der Hysterie, im frühen 20. Jahrhundert rasch ab, hatte sich aber zuvor von hier aus in andere europäische Länder unter Ausschluss der englischsprachigen verbreitet. Auch dort verschwand er rasch nach dem Ersten Weltkrieg. In der Militärpsychiatrie hatte die Diagnose insofern eine Aktualität gewonnen, als mit ihr Soldaten, die sich unter Schockeinwirkung von der Truppe entfernt hatten, von „einfachen" Fahnenflüchtigen abgegrenzt werden konnten. Die Wiederbelebung der Diagnose der DF im DSM-III (1980) stellt daher einen Rückgriff auf eine überwiegend französische Konzeption dar. Insofern ist der französische Name der Störung („fugue"), der das Ausreißen (heute in der Alltagssprache nur noch von Kindern oder Jugendlichen) meint, berechtigt.

10.2 Einleitung

Der Begriff der Dissoziativen Fugue (DF) ersetzt die älteren der psychogenen oder der hysterischen Fugue.

„Die Dissoziative Fugue ist eine der seltensten und mit Sicherheit die am wenigsten untersuchte der dissoziativen Störungen des Bewusstseins." (Coons 1999)

Eine klassische **Definition** bestimmt die Fugue als dissoziative Störung, bei der eine Bewusstseinsveränderung durch ein variables Ausmaß von Amnesie und motorischer Aktivität begleitet wird (Akhtar u. Brenner 1979). Das DSM-IV betont in seiner Definition die Lokomotion: Eine Fugue ist demnach ein plötzliches, unerwartetes Sich-Entfernen vom eigenen Wohnsitz oder dem Arbeitsplatz, mit einer Unfähigkeit, Teile der oder die gesamte individuelle Vergangenheit zu erinnern. Wesentlich handelt es sich sich bei der Fugue also um eine **Kombination von Reiseaktivität und Amnesie**.

Die Definition der ICD-10 hält sich dicht an diese Bestimmungen: Danach ist die Dissoziative Fugue „eine zielgerichtete Ortsveränderung von zu Hause oder vom Arbeitsplatz fort, wobei die betreffende Person sich äußerlich geordnet verhält. Zusätzlich liegen alle Kennzeichen einer Dissoziativen Amnesie vor." An weiteren Kriterien wird die mit erstaunlicher Konsequenz betriebene, aber nicht zwingende Annahme einer neuen Identität beschrieben;

regelhaft sind die Betroffenen zur Durchführung alltäglicher Handlungen in der Lage und wirken gegenüber der Umwelt unauffällig („völlig normal").

Es gibt wegen der geringen Inzidenz keine systematischen Studien zum Störungsbild. Die meisten Erkenntnisse stammen aus Einzelfallstudien. Coons (1999) publizierte z. B. fünf nach Kriterien des DSM-III diagnostizierte und genau untersuchte Fälle, was bereits eine relativ große Zahl ist. Ihm wie auch anderen Autoren fiel die hohe Koinzidenz mit kriminellen Ereignissen auf.

10.3 Klinisches Bild und wichtige Beschreibungsdimensionen

- Die Qualitäten Reiseaktivität und Amnesie bestimmen das klinische Bild.
- Das zuerst auffallende Charakteristikum der DF ist die **Lokomotion**. Bei einer Fugue besteht ein plötzliches, unerwartetes Sich-Entfernen vom eigenen Wohnsitz oder dem Arbeitsplatz. Dabei handelt es sich um eine zielgerichtete Ortsveränderung von zu Hause oder vom Arbeitsplatz fort, wobei die betreffende Person sich äußerlich geordnet verhält.
- Zusätzlich liegen alle Kennzeichen einer Dissoziativen **Amnesie** vor. Die Person leidet an einer Unfähigkeit, Teile der oder die gesamte individuelle Vergangenheit zu erinnern.
- An weiteren Kriterien wird die mit teilweise erstaunlicher Konsequenz betriebene, aber nicht zwingende Annahme einer **neuen Identität** beschrieben.
- Regelhaft sind die Betroffenen zur Durchführung alltäglicher Handlungen in der Lage und wirken gegenüber der Umwelt **unauffällig**. Erst wenn sie selbst ihre autobiografischen Defizite mitteilen oder in eine Situation geraten, in der sie mit komplexen Handlungsanforderungen konfrontiert werden, wird die Psychopathologie überhaupt diagnostizierbar.

Von erfahrenen Forschern (Rice u. Fisher 1976) werden vier Subtypen der DF angenommen, die auf einem Kontinuum der Schwere liegen:
- die einfache DF von variabler Dauer, die sich durch einen Gedächtnisverlust für ein zurück liegendes Ereignis auszeichnet: Dies soll der unkomplizierteste und häufigste Typ sein. Er wird oft durch eine Intoxikation ausgelöst, nicht verursacht.
- DF mit retrograder Amnesie: Hier besteht weder das Gefühl des Verlusts der eigenen Identität noch die Annahme einer fremden. Im Wesentlichen handelt es sich um eine Regression auf einen früheren Lebensabschnitt, an den mit einer Amnesie für die (von hier aus gesehen) nachfolgenden Zeiten angeknüpft wird.
- DF mit einem Wechsel der persönlichen Identität: Der Kranke nimmt einen falschen Namen an.
- DF mit bewusst erlebtem Verlust der persönlichen Identität: Dieser Zustand wird als die schwerste und komplexeste Form angenommen.

Klinische Diagnostik

Im Vordergrund der klinischen Diagnostik stehen folgende Instrumente:
- **Fragebogen zu Dissoziativen Symptomen** (FDS) von Freyberger et al. (1998, deutsche Version der Dissociative Experience Scale [DES] von Bernstein u. Putnam 1986)
- **Strukturiertes Klinisches Interview für DSM-IV Dissoziative Störungen** (SKID-D) von Gast et al. (2000, deutsche Version des Structured Clinical Interview for DSM-IV Dissociative Disorders von Steinberg 1994)

In Testbatterien fiel bei Dissoziativen Amnesien der Kontrast von unauffälligen Befunden bei Allgemeinbezug und Störungen bei allen Untersuchungen mit autobiografischem Bezug auf (Kopelman et al. 1994). Eine spezielle Testuntersuchung (Public Events Scale) zur Abgrenzung des organisch verursachten vom dissoziativen Amnesietyp wurde vorgeschlagen (Kapur 1991). Diesem Instrument wurde aber auch widersprochen (Phaterpekar 1991).

Differenzialdiagnostik

Die Differenzialdiagnose der Fugue entspricht der von Störungsbildern, bei denen eine Amnesie wesentlich die Symptomatik bestimmt. Fugue-Phänomene können bei einer großen Anzahl von somatischen Ursachen auftreten (Akhtar u. Brenner 1979; Keller u. Shaywitz 1986; Good 1993; Loewenstein 1996):

- Die wichtigste differenzialdiagnostische Abklärung gilt dem Ausschluss eines fokalen oder generalisierten **Anfallsleidens**. Vor allem ist an die Temporallappenepilepsie, die Petit-mal-Epilepsie (Absenzen) und an postiktale Zustände zu denken (Rowan u. Rosenbaum 1991).
- Danach folgen wahrscheinlich die Störungen durch **psychotrope Subtanzen** (Alkohol; LSD; Haschisch; Phenylcyclidin; Scopolamin und weitere Anticholinergika; Barbiturate; Benzodiazepine; subnarkotische Dosen von Narkotika; Antikonvulsiva; Betablocker; Steroide u. a.).
- Ausgeprägte amnestische Phänomene können auch durch eine **toxisch-metabolische Entgleisung** (Urämie, Hypoglykämie u. a.) oder **Krankheiten des Hirns** wie ein Hirn-Trauma, eine transitorische ischämische Attacke (TIA), einen Schlaganfall, eine Enzephalitis, einen Abszess (des Temporallappens), eine Vaskulitis (z. B. bei Kollagenose) oder Tumoren des ZNS (Temporallappen, Gegend des 3. Ventrikels) verursacht sein.
- Weiter müssen eine **Demenz** vom Alzheimer-Typ, vom Pick-Typ, eine Huntington-Chorea und die Creutzfeld-Jakob-Krankheit ausgeschlossen werden.
- **Psychische Störungen** (vor allem Schizophrenie, Depression, artifizielle Störungen, Simulation) müssen ebenfalls frühzeitig in die Differenzialdiagnose einbezogen werden.
- Schließlich ist auch an die **transitorische globale Amnesie** und die **Migräne** zu denken.
- Die Differenzialdiagnose des „**Organischen Dissoziativen Syndroms**" (ICD-10) von idiopathischen dissoziativen Störungen ist dringlich, wenn auch nicht immer einfach (Good 1993). Allgemein zeichnet sich die organische Amnesie durch ihren retrograden Charakter aus. Eine Amnesie mit dieser Ätiologie erholt sich nur langsam.
- Die erhöhte Reiseaktivität bei sehr seltenen zwangsneurotischen Erscheinungen (compulsive border crosser, Babineau 1972) sowie bei abhängigen Glücksspielern (Blaszczynski u. Silove 1996) können kurzfristig Anlass zu Verwechslungen geben.
- Sowohl die echte DF als auch die einfache Simulation einer DF treten oft im Zusammenhang mit gerichtskundigen Vorgängen auf. Straftaten können aber auch während einer DF begangen werden (Coons 1998; Tang et al. 1996).
- Diagnostisch ist zu beachten, dass Fugue-Zustände im Rahmen anderer dissoziativer Störungsbilder vorkommen können, vor allem der Dissoziativen Identitätsstörung (DIS); in solchen Fällen ordnet sich die Diagnose der DF jener der DIS unter. Es gibt auch Fugue-Zustände, die innerhalb eines engen kulturellen Rahmens lokalisiert und dort vermutlich auch eher sozial toleriert sind.

10.4 Verlauf und Prognose

Die DF dauert gewöhnlich wenige Stunden bis Tage an und klingt dann meist spontan ab, wobei sich die Amnesie in Schritten zurückbildet. Manchmal endet die Störung auch abrupt. Durch die Rückkehr der Erinnerung sind die Betroffenen dann oft sehr irritiert.

Die Rückbildungszeit selbst kann Tage bis Wochen dauern. Eine Dauer der eigentlichen DF bis zu einem Jahr oder länger wurde beschrieben, ist aber von größter Seltenheit.

Die zurückgelegten Distanzen im Rahmen der Reiseaktivität liegen zwischen wenigen und vielen hundert Kilometern. Reisen über Kontinente sind sehr selten. Es kommt vor, dass die Betroffenen sich nach Beendigung der Reise bei öffentlichen Institutionen (Polizei, Krankenhaus) melden und über einen Verlust des autobiografischen Gedächtnisses klagen (Coons 1998; 1999). Rezidivierende Verläufe sind beschrieben worden (Loewenstein 1991).

10.5 Epidemiologie

- Die DF ist ein sehr seltenes Störungsbild. Schätzungen der Lebenszeitprävalenz aufgrund verschiedener Studien liegen bei maximal 1%, wahrscheinlich aber unter 0,3% der amerikanisch-kanadischen Bevölkerung (Loewenstein 1996; Coons 1998). In einer auf dissoziative Störungen spezialisierten Klinik machte die DF nur 1,6% der Fälle aus (Coons 1999).
- Sie tritt am wahrscheinlichsten im 2. bis 4. Lebensjahrzehnt auf. Auch ein Auftreten bei Kindern unter 15 Jahren wurde beschrieben, scheint aber die Ausnahme. Möglicherweise verbirgt sich in der diagnostischen Kategorie „jugendliche Ausreißer" eine unerkannte Anzahl von Fugue-Fällen.
- In Friedenszeiten scheint die Erkrankungsrate von Männern und Frauen eher gleich verteilt. Während allgemeiner hoch belastender Lebensereignisse wie etwa Kriegen steigt die Inzidenz der DF an (Putnam 1985), wobei wahrscheinlich die Männer überwiegen. Am Ende des 19. und Anfang des 20. Jahrhunderts war die DF in der ärztlichen Meinung ausschließlich eine Sache von Männern (im Militärdienst) und die Dissoziative Identitätsstörung ein typisches „Frauenleiden" wie die Hysterie (Hacking 1996).
- Für Einzelfälle ist eine familiäre Häufung beschrieben (McKinney u. Lange 1982).
- „Fälle von Fugue werden wahrscheinlich weiterhin selten, nicht voraussagbar und im höchsten Maße individuell bleiben", schreibt Venn (1984, S. 435).

10.6 Ätiopathogenese

Die Pathogenese der DF wurde fast ausnahmslos auf einer motivationalen Ebene angenommen. Dabei besteht ein Dissens darüber, ob eine sozialpsychologische Erklärung die Phänomene ausreichend begründen kann oder ob es dazu weitergehender psychodynamischer Annahmen bedarf. Kirschner (1973) etwa meint, mit dem Verständnis der DF als zeitliche soziale Anpassung an eine sich verändernde Umwelt auszukommen. Auf dieser Erklärungsebene ist fraglos eine Reihe formaler Faktoren zu sichern, z. B. warum die Störung überhaupt und warum sie zu diesem Zeitpunkt auftrat; es bleibt jedoch völlig unerklärt, warum sich gerade eine DF entwickelte oder warum eine bestimmte Identität angenommen oder ein bestimmter Ort aufgesucht wurde. Schon 1945 hatte Fisher in seiner Analyse von DF-Ereignissen während des Krieges auf eine auffallende Übereinstimmung von unbewussten Phantasien der Patienten und ihren in der DF angenommenen Identitäten und unternommenen Reiseaktivitäten hingewiesen. Luparello (1970) versucht anhand des von ihm psychoanalytisch behandelten Falls zu generalisierenden Aussagen zu kommen. Er interpretiert die DF als eine weitgehende Regression auf eine frühe Phase der Mutter-Kind-Beziehung mit massiven Trennungsängsten sowie einer auto- und heteroaggressiven Psychodynamik. Die generelle Gültigkeit solcher Aussagen ist naturgemäß sehr beschränkt. Bei Coons (1998, S. 639) deutet sich ein Kompromiss zwischen den Alternativen an: „In den meisten Fällen ist die Dissoziative Fugue ein symbolisches Weglaufen vor einer belastenden Situation."

In seiner sorgfältigen Analyse der beeindruckenden DF bei einem 15-jährigen Mädchen arbeitet Venn (1984) das Nebeneinander von sozialpsychologischen Determinanten, hier im Sinne einer Familienpathologie, unbewussten Konflikten und Motiven sowie einer familiären Tradition von dissoziativen Phänomenen heraus. Wegen der sehr kompletten Erfassung des gesamten Bedingungsgefüges soll dieser Fall hier in verkürzter Form referiert werden.

Falldarstellung (Venn 1984)[1]

Das amerikanische Kind Louise L. war die Tochter einer Mutter mit deutschen und Irokesen-Vorfahren, ihr Vater war französischstämmig, und sie trug seinen charakteristischen französischen Familiennamen. Als sie 13 Jahre alt war, ließen sich ihre Eltern scheiden, und sie verblieb mit der Schwester bei der Mutter. Die Mutter nahm eine Arbeit in einem Vollstreckungsbüro an, und L. erlebte real, dass eines Abends mit einer Pistole in ihr Küchenfenster geschossen wurde. Schon während des Scheidungsprozesses hatte L. kurz dauernde halluzinatorische Einbrüche gehabt, in denen sie ihre Mutter niedergeschossen in einer Lache voller Blut auf dem Boden liegen sah. Ein Jahr danach heiratete die Mutter wieder. Der Stiefvater war Berufssoldat, mit 31 Jahren sechs Jahre jünger als die Mutter, war nie verheiratet gewesen und fand auch kein Verhältnis zu den Kindern. Louise hatte mit ihm bald erhebliche Schwierigkeiten. Nach Umzügen innerhalb von Ohio wurde der Stiefvater noch während des ersten Ehejahres nach Übersee an einen sozial ziemlich isolierten Stationierungsort versetzt. Beide Mädchen reagierten mit massiven Verhaltensstörungen. Die jüngere Schwester fing an, die Schule zu schwänzen, Louise selbst hatte mehrere Ohnmachtsanfälle mit Taubheitsgefühlen und Paresen beider Beine. Wiederholte klinische neurologische Abklärungen erbrachten keine pathologischen Befunde.

Bei einem Wohltätigkeitsfest an der Schule erlebte L. eine heftige Enttäuschung, als sie von ihren Schulfreundinnen, entgegen allen vorausgehenden Versprechungen, an ihrem Stand allein gelassen wurde. Sie fühlte sich sehr im Stich gelassen und isoliert. Am Tag darauf nahm die Familie an einem Picknick teil, die Freundinnen verschwanden erneut, die jüngere Schwester verdrückte sich mit einem Jungen in den Park, Louise, aufgefordert, sie zu suchen, fand sie, wollte sie aber mit dem Jungen nicht stören und kletterte auf einen Baum. Diesen konnte sie wegen eines plötzlich einsetzenden Stupors nicht mehr verlassen, man musste ihr herunterhelfen und sie nach Hause bringen. Ab diesem Zeitpunkt erkannte sie ihre Familie nicht mehr. Sie sprach nur noch Französisch oder Englisch mit einem starken französischen Akzent. Sie behauptete, Jeanne Marie Thérèse Le Grand Ducourtieux zu heißen, 17 Jahre alt zu sein und aus Marietta in Ohio zu stammen. Marietta war 1788 als ein wichtiger Grenzposten gegründet worden. Jeanne bot eine komplette neue Familiengeschichte an, nach der sie das Kind von Franzosen sei, die von Nizza nach Montreal ausgewandert seien. Mit ihrem Mann und ihrem Kind, Dori

---

[1] Übersetzung und Raffung der Kasuistik: S. O. Hoffmann

10 Die Dissoziative Fugue

Marie, sei sie von Indianern in ihrer Hütte überfallen worden, wobei das Kind getötet worden sei. Ihr Bruder habe sie noch aus der brennenden Hütte ziehen können, aber als sie wieder zu sich gekommen sei, seien um sie herum lauter fremde Leute gewesen, die sie nicht kenne. Jeanne drängte heftig darauf, nach Marietta zu reisen, um ihren Mann zu treffen, was von Louises Eltern verhindert wurde. (In dieser Kasuistik wurde die Lokomotion als Charakteristikum der Fugue gewissermaßen artifiziell verhindert.)

Am Tag darauf hielten die Symptome an, und Louise wurde zuerst zum Pfarrer und dann zum berichtenden Psychiater gebracht. Der Autor war mehr als skeptisch, hielt das Ganze für eine vorgetäuschte Psychose und suchte nach Ungereimtheiten, um Jeanne zu überführen. Der psychiatrische Status war unauffällig, mit der entscheidenden Ausnahme der neuen Identitätsüberzeugung. Obwohl sie eigentlich in Marietta am Beginn des 19. Jahrhunderts hätte sein sollen, war sie zu Zeit und Ort orientiert. Der Affekt war bland, bis auf kurze wütende Durchbrüche gegenüber den Eltern. Diese immerhin beruhigten den Vater etwas, der darin „meine alte Louise" wiedererkannte. Die Gedächtnisinhalte für Louise fehlten, aber die für Jeanne waren sehr vollständig und erstaunlich konsistent. Die amerikanischen Präsidenten kannte sie nur bis Jefferson, und vom Staat Westvirginia hatte sie noch nie etwas gehört. Das irritierte den Untersucher angesichts ihrer sonst guten geografischen Kenntnisse, bis ihm einfiel, dass dieser Staat erst nach dem angenommenen Zeitpunkt von Jeannes Existenz sich von Virginia abgespalten hatte. Jeannes Gedächtnisinhalte entsprachen der einer Person zur Regierungszeit von Jefferson 1791–1809. Weil keine Selbstgefährdung vorlag, wurde Jeanne nicht stationär aufgenommen, sondern mit den Eltern nach Hause geschickt. Sie erhielt ambulante Termine und wurde auch in ihre Schule gebracht, wo sie in einem Gespräch mit dem Direktor konsequent bei ihrer neuen Identität blieb. Die Verdachtsdiagnose zu diesem Zeitpunkt war die einer psychogenen Fugue.

In den folgenden Tagen änderte sich nichts an Louises neuer Identität. Im Gegenteil unterschied sich Jeanne in vielerlei Hinsicht erheblich von dem schwierigen Mädchen, das Louise hieß. Sie aß Dinge, die Louise nie angerührt hätte, fing an, für die Familie zu kochen, zu sorgen und Verantwortung zu übernehmen, was Louise nicht eingefallen wäre. Aus dem sorgfältig geschminkten Mädchen mit offenen Haaren in Blue Jeans wurde ein sittsames, eher prüdes Wesen, das sich selbst ein langes Kleid und einen altmodischen Sommerhut schneiderte, ihre Kleidung bis zum obersten Knopf zuknöpfte und noch mit einer Brosche sicherte. Von ihren Nähkünsten hatte niemand in der Familie je etwas wahrgenommen, und ihre Mutter schwor, dass Louise sich nicht einmal einen Knopf annähen konnte.

Obwohl sie in der Wohnung beim Reinigen helfen wollte, hatte sie Angst vor dem Staubsauger, genauso wie vor Autos, Lastwagen und Flugzeugen. Immerhin ließ sie sich im Auto zu den Besuchen in der Klinik fahren. Die Allerweltsdinge unserer Zeit schien sie nicht zu kennen und versuchte, ihren Hut mit Kartoffelsaft zu stärken. Jeanne sprach nur, wenn sie angesprochen wurde, und hatte im Wesen kaum etwas mit dem vorlauten Teenager Louise gemein.

In den folgenden Tagen wurden zunehmend Inkonsistenzen und Lücken in der Identität von Jeanne deutlich: Sie konnte nicht erklären, wo sie Englisch gelernt hatte oder wieso sie das Kettchen von Louise trug, sie kannte auch nicht ihr Geburtsdatum, und es stellte sich über einen Französischlehrer heraus, dass sie ein eher hartes Nordfranzösisch sprach, wie sie es in der Schule gelernt hatte, und nicht den südfranzösischen Akzent, den sie von ihrer behaupteten Herkunft her hätte sprechen müssen. Mit solchen Inhalten konfrontiert, wirkte Jeanne ratlos, verwirrt und versuchte nicht einmal eine Erklärung.

Nach drei Tagen schwenkte die Mutter emotional um, fing an, sich mit Jeanne gegen die skeptischen und aufklärerischen Psychiater zu verbünden und bot ihr an, mit ihr nach Marietta zu reisen, wenn Jeanne ihr helfe, ihre Tochter wieder zu finden. Mit anderen Worten gab sie den Widerstand gegen die Fugue-Identität auf und fing an, sich mit dieser anzufreunden. Das führte zu einer unübersehbaren Entspannung von Jeanne, die daraufhin sehr viel freundlicher und redseliger wurde. Die Mutter idealisierte diesen erstaunlichen Persönlichkeitswandel zu einem bescheidenen, verantwortlichen und reflektierenden jungen Mädchen geradezu und bewunderte offen ihre Kreativität und Schönheit. Der Stiefvater hingegen lehnte die Veränderung anhaltend ab, zog sich von der Familie zurück und verbrachte seine Tage im Dienst oder allein vor dem Fernseher. Wenn er nach Hause kam, zog sich Jeanne mit Kopfschmerzen in ihr Zimmer zurück.

Nach sechs Tagen erzählte Jeanne der Mutter einen Traum, der eng mit der auslösenden Situation verbunden schien. Im Traum klettert ein Mädchen, das von seinen Freundinnen im Stich gelassen wurde, auf einen Baum. Sie äußert: „Ich werde von hier weg gehen. Ich weiß nicht, warum, aber ich werde es tun. Zurückkommen werde ich erst, wenn die Verletzung geheilt ist und die anderen merken, dass ich auch Gefühle habe. Ich bin keine Marionette auf einer Bühne." Der Ärger des Mädchens im Traum wuchs noch, und sie wurde benommen und verwirrt. Das Mädchen erinnerte sich dann an einen früheren Traum von einer brennenden Hütte mit einer Frau darin, und sie sagte zu der Frau: „Nimm du meine Stelle ein und lass mich eine Zeit lang verschwinden, bis die alles verstehen. Du kannst ihnen helfen zu verstehen. Du kannst mir helfen. Bitte lass uns tauschen!" Das Mädchen fühlte plötzlich die Hitze des Feuers und Leute, die dabei waren, sie herauszuziehen. Kryptisch äußerte Jeanne nach diesem Bericht: „Noch so ein Traum und Louise wird wiederkehren."

Die Rückbildung der Fugue trat noch am gleichen Tage ein: Eine Freundin schlug vor, dass ihre Schwester sie zu dem gleichen Baum zurückbringen solle, auf dem die Fugue begonnen hatte. Unter dem Baum sitzend, geriet Jeanne in einen stuporösen Dämmerzustand, aus dem sie mit der Persönlichkeit von Louise erwachte. Sie äußerte ein Entsetzen über die unmögliche Kleidung, die sie trug, und meinte, die anderen hätten ihr einen üblen Streich gespielt. Umgehend rannte sie nach Hause, um sich umzuziehen.

Für die sechs Tage des Andauerns der Fugue war L. komplett amnestisch; sie datierte den Tag auf den zurückliegenden Samstag, an dem die Ereignisse begonnen hatten. Ihre Mutter war eher enttäuscht über die Rückkehr von Louise, weil sie zunehmend an Jeanne Gefallen gefunden hatte. Den behandelnden Psychiater erkannte L. beim nächsten Termin nicht wieder. Sie wusste nicht, wer er war und was er wollte. Dass sie selbst die sie befremdende Kleidung geschneidert haben sollte, hielt sie für unglaubwürdig, da sie nicht die geringste Ahnung vom Nähen hätte. L. wurde noch längere Zeit zu stützenden Gesprächen gesehen, und in hypnotischen Sitzungen, die zur Ich-Stützung angesetzt wurden, erwies sie sich als bemerkenswert hypnotisierbar. Auf eine hypnotische Wiederbelebung der Fugue wurde dezidiert verzichtet, weil Louise die ganze Angelegenheit nicht mehr berühren wollte. Hiervon unterschied sich das Verhalten ihrer Mutter in auffälliger Weise. Diese konnte gar nicht genug davon kriegen, über die Inhalte der Fugue lang und breit zu sprechen, und sie erwies sich als völlig unsensibel für die schwere Familienpathologie, durch die diese ausgelöst worden war, was der Autor als „belle indifférence" interpretiert. Drei Wochen später hatte Louise noch einmal einen Ohnmachtsanfall, der sie aber nicht mehr – wie früher – in die Klinik führte.

Das MMPI (Minnesota Multiphasic Inventory) war für Mutter und Tochter in erstaunlicher Weise ähnlich. Beide hatten vor allem auf der Skala 3 (Hysterie) massiv erhöhte Werte, während die anderen Familienmitglieder unauffällige Testergebnisse boten. Auf der Stanford Hypnotic Clinical Scale erreichte die Patientin Maximalwerte, was für eine ungewöhnliche Suggestibilität sprach. Die Details der Interpretation des Falls durch den Autor können hier nicht berichtet werden. Er geht von einer massiven Familienpathologie aus, die das entsprechend disponierte Mädchen verleitet, über eine sehr komplexe Dissoziation die Aufmerksamkeit der Mutter zu erreichen und den Vater zu neutralisieren. Als die Mutter sie in ihrer Pathologie so eindrücklich akzeptiert, löst die Patientin mit der ihr angebotenen „gesichtswahrenden" Rückkehr zur Normalität ihr Problem auf paradoxe Weise und lässt die Doppelgängerin in der Amnesie verschwinden. Nur die Mutter trauert der Verlorenen nach und klagt die Ärzte, denen sie zunehmend kritisch gegenüberstand, in ihrem Tagebuch an: „Warum hat niemand ernsthaft versucht, Jeanne wirklich kennen zu lernen?!" In diesem Sinne, meint Venn, hätte die Fugue für Louises Bedürfnisse „zu gut" gewirkt, indem sie nämlich die Zuwendung der Mutter mehr auf die fiktive Jeanne als auf die reale Louise lenkte.

Die **auslösende Situation** scheint ausnahmslos eine subjektiv exzessive Stressbelastung zu sein. Dabei kann diese genauso aus einem pausenlosen Artilleriebeschuss – Bremner et al. (1996) fanden bei Vietnam-Veteranen mit Kampfexposition signifikant mehr dissoziative Phänomene als bei solchen ohne entsprechende Erfahrungen – wie aus einem „das Fass zum Überlaufen bringenden" Satz in einer ehelichen Auseinandersetzung bestehen. Soziale, räumliche (Umzüge!) und materielle Veränderungen in der Umwelt, die als psychische Destabilisierungen erlebt werden, sind gehäuft zu beobachten. Ob eine Vorgeschichte von traumatischen Erlebnissen die Auftretenswahrscheinlichkeit einer DF begünstigt, ist nicht gesichert; angesichts des in der Forschung breit anerkannten Zusammenhangs von anderen dissoziativen Symptomen und gesicherter infantiler Traumatisierung (s. Kap. 18 in diesem Band) bleibt dies zu vermuten. Die sozialen Verhältnisse der meisten Kasuistiken weisen auf ein sozial eher problematisches Umfeld hin.

10.7 Behandlungsansätze

Im Vordergrund der Behandlung steht die psychotherapeutische Arbeit an den Auslösern der Störung. Als Zielvorstellung geht es vor allem um die Rückbildung der Amnesie. An keiner Stelle wurden Therapie-Empfehlungen publiziert, die über die mit Einzelfällen gewonnene Erfahrung wesentlich hinausgehen. Durchgängig ist die Vorgehensweise, dass mit den Patienten ausführliche psychotherapeutische Gespräche geführt werden, um ihnen vor allem bei der Auflösung ihrer Amnesie zu helfen und die Motive, die zur DF führten, zu integrieren. Die verwendete Gesprächstechnik wird kaum dargelegt – sie scheint im Wesentlichen den Methoden zu entsprechen, in denen die Ärzte zufällig ausgebildet sind. Gespräche mit den Angehörigen, die sowohl zur Diagnostik als auch zur Restabilisierung der Patienten beitragen, werden offenbar routinemäßig eingesetzt.

Spezielle Verfahren, die in Einzelfällen eingesetzt wurden, sind mit eigenen Problemen behaftet und können derzeit nicht generell empfohlen werden. Es handelt sich vor allem um die Hypnose (MacHovec 1981) und die Narkolyse mit Amytal (Ruedrich et al. 1985; Kopelman et al. 1994), deren sowohl diagnostischer wie auch therapeutischer Einsatz beschrieben wurde. Darüber hinaus gibt es kaum spezielle Empfehlungen für die DF. Zur Rückfallprophylaxe wurde bei einem Patienten mit Rezidiven ein ständig am Körper zu tragender Sender (locator beacon) eingesetzt, wodurch die Ereignisse, die sonst viele Wochen dauerten, auf 1 bis 2 Tage reduziert wurden (MacLeod 1999).²

Literatur

Akhtar S, Brenner I (1979). Differential diagnosis of fugue-like states. J Clin Psychiatry; 40: 381–5.

American Psychiatric Association (1994). Diagnostic and Statistical Manual of Mental Disorders. 4th ed. Washington, DC: American Psychiatric Association.

Babineau GR (1972). The compulsive border crosser. Psychiatry; 35: 281–90.

Blaszczynski A, Silove D (1996). Pathological gambling: formsic issues. Austr New Zeal J Psychiatry; 30: 358–69.

Bremner JD, Southwick SM, Darnell A, Charney DS (1996). Chronic PTSD in Vietnam Combat Veterans: Course of illness and substance abuse. Am J Psychiatry; 153: 369–75.

Coons PM (1998). The dissociative disorders. Rarely considered and underdiagnosed. Psychiat. Clin North Am; 21: 637–48.

Coons PM (1999). Psychogenic or dissociative fugue: A clinical investigation of five cases. Psychol Rep; 84: 881–6.

Fisher C (1945). Amnestic states in war neuroses: The psychogenesis of fugues. Psychoanal Q; 14: 437–68.

Freyberger HJ, Spitzer C, Stieglitz RD, Kuhn G, Magdeburg N, Bernstein-Carlson E (1998). Fragebogen zu Dissoziativen Symptomen (FDS). Psychother Psychosom Med Psychol; 48: 223–9.

Freyberger HJ, Spitzer C, Stieglitz RD (1999). Fragebogen zu Dissoziativen Symptomen (FDS). Bern: Huber.

Gast U, Oswald T, Zündorf F, Hofmann A (2000). Strukturiertes Klinisches Interview für DSM-IV Dissoziative Störungen (SKID-D). Göttingen: Hogrefe.

Good MI (1993). The concept of an organic dissociative syndrome – what is the evidence. Harvard Rev Psychiatry; 1: 145–57.

Hacking I (1996). Les alienes voyageurs: How fugue became a medical entity. History of Psychiatry; 7: 425–49.

Kapur N (1991). Amnesia in relation to fugue states-distinguishing a neurological from a psychogenic basis. Br J Psychiatry; 159: 872–7.

Keller R, Shaywitz BA (1986). Amnesia or fugue state: A diagnostic dilemma. J Dev Behav Pediatrics; 7: 131–2.

Kirschner LA (1973). Dissociative reaction: An historical review and clinical study. Acta Psychiatr Scand; 49: 698–711.

Kopelman MD, Christensen H, Puffett A, Stanhope N (1994). The great escape: A neuropsychological study of psychogenic amnesia. Neuropsychologia; 32(6): 675–91.

Loewenstein RJ (1991). Psychogenic amnesia and psychogenic fugue: A comprehensive review. In: Tasman A, Goldfinger S (eds). American Psychiatric Press Review of Psychiatry; 10: 189–222.

Loewenstein RJ (1995). Dissociative amnesia and dissociative fugue. In: Gabbard GD (ed). Treatment of Psychiatric Disorders. Washington, DC: American Psychiatric Press; 1569–97.

Loewenstein RJ (1996). Dissociative amnesia and dissociative fugue. In: Michelson LK, Ray WJ (eds). Handbook of Dissociation: Theoretical, empirical, and clinical perspectives. New York: Plenum Press; 307–36.

Luparello TJ (1970). Features of fugue: A uniford hypotesis of regression. J Am Psychoanal Assoc; 18: 379–98.

MacHovec FJ (1981). Hypnosis to facilitate recall in psychogenic amnesia and fugue states: treatment variables. Am J Clin Hypn; 24: 7–13.

Macleod AD (1999). Posttraumatic stress disorder, dissociative fugue and a locator beacon. Austr N Zeal J Psychiatry; 33: 102–4.

McKinney KA, Lange MM (1982). Familial fugue – a case report. Can J Psychiatry; 28: 654–6.

Phaterpekar H (1992). Amnesia in fugue states – neurological or psychogenic basis? Br J Psychiatry; 161: 133.

Putnam FW (1985). Dissociation as a response to Extrem-Trauma. In: Kluft RP (ed). Childhood Antecedents of Multiple Personality. Washington, DC: American Psychiatric Press; 65–97.

Rice E, Fisher C (1976). Fugue states in sleep and wakefullness: a psychophysiological study. J Nerv Ment Dis; 163: 79–87.

Rowan AJ, Rosenbaum DH (1991). Ictal amnesia and fugue states. Adv Neurol; 55: 357–67.

Ruedrich SL, Chu C, Wadle CV (1985). The amytal interview to the treatment of psychogenic amnesia. Hosp Comm Psychiatry; 36: 1045–6.

Tang CP, Pang AH, Ungvari GS (1996). Shoplifting and robbery in a fugue state. Med Sci Law; 36: 265–8.

Venn J (1984). Family etiology and remission in a case of psychogenic fugue. Fam Process; 23: 429–35.

World Health Organization (1992). International Classification of Diseases. Chapter F. 10th ed. Genf: World Health Organization (dt. Ausgabe: Internationale Klassifikation psychischer Störungen. Bern: Huber 1993).

---

2 Zu den allgemeinen Kriterien der Behandlung dissoziativer Störungen verweise ich auf den Abschnitt E in diesem Band.

11 Der Dissoziative Stupor

C. Spitzer

11.1 Einleitung

Der Stupor ist ein vernachlässigtes Syndrom (Berrios 1981) – dies gilt insbesondere für den Dissoziativen Stupor. Dieser Begriff bezeichnet ein klinisches Bild, welches durch eine (fast) vollständige Bewegungslosigkeit der (meist) mutistischen Betroffenen und eine damit assoziierte Einschränkung der Reizaufnahme und Reaktionen bei wachem Bewusstsein charakterisiert ist. Traditionell wurde dieser Zustand **hysterischer** oder **psychogener Stupor** genannt. Andere, früher synonym verwandte Termini lauten **funktioneller** oder **sekundärer Stupor**, wobei die beschriebene klinische Symptomatik nur teilweise dem entspricht, was den Dissoziativen Stupor kennzeichnet (Berrios 1981).

Zusätzliche semantische Verwirrung entsteht dadurch, dass in der neurologischen Literatur nicht immer klar zwischen den Begriffen des Stupors und des Sopors als einer Vigilanzminderung differenziert wird. Insbesondere im angloamerikanischen Sprachgebrauch wird der Stupor als ein „tiefer Schlaf oder ein schlafähnlicher Zustand mit fehlender Reaktion" definiert. In diesem Verständnis stellt der Stupor quasi eine Vorstufe zum Koma dar und wird damit als eine quantitative Bewusstseinsstörung gesehen (Berrios 1981). Im Gegensatz dazu siedelt die europäische Psychopathologie den Stupor im Bereich der Antriebsstörungen und psychomotorischen Störungen an und fordert für die Diagnose ein quantitativ ungestörtes Bewusstsein.

Während bei der Beurteilung anderer psychopathologischer Syndrome das Erleben des Patienten eine Rolle spielt, wird ein stuporöser Zustand ausschließlich durch den Untersucher festgestellt. Über die Erfahrungen des Betroffenen kann im Rahmen der Querschnittsdiagnostik nichts ausgesagt werden, diese können allenfalls retrospektiv rekonstruiert werden. Die endgültige Diagnose wird in der Regel erst im Verlauf der Störung gestellt.

Wegen der geringen Prävalenz liegen keine systematischen Studien zum Dissoziativen Stupor vor. Vielmehr leiten sich die Erkenntnisse aus Einzelfalldarstellungen ab, die überwiegend vor der Einführung operationalisierter Klassifikationssysteme veröffentlicht wurden. Erschwerend kommt hinzu, dass der Dissoziative Stupor als eigenständige diagnostische Kategorie nur in der ICD-10 und nicht im DSM-IV aufgeführt wird. Die begrifflichen Unsicherheiten und die divergierenden Klassifikationen spiegeln letztlich wider, dass nur wenig systematisiertes Wissen über den Dissoziativen Stupor existiert.

11.2 Klinisches Bild und diagnostische Kriterien

Das Charakteristikum des Stupors besteht in einer deutlichen Verringerung bis hin zum Fehlen der willkürlichen Bewegungen und Aktivitäten, kombiniert mit einer Sprachverarmung bis hin zum Mutismus. Der Betroffene liegt oder sitzt lange Zeit überwiegend bewegungslos. Trotz Anzeichen für eine Bewusstseinsstörung verraten Muskeltonus, Haltung, Atmung und koordinierte Augenbewegungen, dass er weder schläft noch bewusstlos ist. Er reagiert nur geringfügig oder gar nicht auf Umgebungsreize wie eine Berührung, Geräusche, Licht oder Schmerz. Die Vitalfunktionen der Atmung und des Kreislaufs sind erhalten. Hingegen besteht in schweren Fällen Harninkontinenz. Manche Patienten nehmen weder Flüssigkeit noch Nahrung zu sich. Nach Remission des Stupors bieten die meisten Betroffenen eine partielle oder komplette Amnesie für die Erkrankungsepisode bzw. die Auslösesituation (Johnson 1984; Weber et al. 1996; Meyers et al. 1999); einige schildern oneiroides Erleben (Gomez 1980).

Aufgrund des allenfalls rudimentären Kontaktes und der Kommunikationsprobleme erschöpft sich die Erhebung der Anamnese indes rasch. Daher sind die Verhaltensbeobachtung, die Fremdanamnese und eine gründliche körperliche Untersuchung umso wichtiger. Der Nachweis des erhaltenen Wachbewusstseins kann sich schwer gestalten, wenn der Patient die Augen geschlossen hat. Dadurch entstehen insbesondere in der Notfall- und Intensivmedizin differenzialdiagnostische Abgrenzungsschwierigkeiten zum Koma (Weber et al. 1996; Hintze et al. 1998; Meyers et al. 1999). Hier kann ein Elektroenzephalogramm (EEG) hilfreich sein, welches im Fall eines Dissoziativen Stupors unauffällig ist, d. h. einem Wach-EEG entspricht. Hingegen können sich bei komatösen Patienten Hinweise auf zerebrale Funktionsstörungen finden, z. B. eine Verlangsamung des Grundrhythmus; allerdings schließt umgekehrt ein unauffälliges EEG keineswegs ein organisch bedingtes Koma aus.

Die internistisch-neurologische Untersuchung liefert bei einem dissoziativ stuporösen Patienten keine pathologischen Befunde. Ein normaler Muskeltonus und eine aufrechte Haltung sind hin-, aber keineswegs beweisende Merkmale für die Zuordnung zu den dissoziativen Störungen. Falldarstellungen betonen die diagnostische Bedeutung einer koordinierten Blickdeviation vom Untersucher weg (Henry u. Woodruff 1978; Dhadphale 1980), die möglicherweise dazu dient, den direkten Blickkontakt zu vermeiden (Maddock et al. 1999). Andere Autoren empfehlen, den Arm des Patienten über seinen Kopf zu heben und ihn dann fallen zu lassen – im Falle eines Dissoziativen Stupors gleitet der Arm fast immer am Kopf vorbei (Hintze et al. 1998).

Eventuell müssen über eine körperliche Untersuchung hinaus weitere diagnostische Maßnahmen veranlasst werden, um mögliche organische Krankheiten auszuschließen (Serologie inklusive Toxikologie, Elektroenzephalogramm, strukturelle und/oder funktionelle Bildgebung sowie Liquordiagnostik einschließlich mikrobiologischer Untersuchungen). Im angloamerikanischen Raum wird die diagnostische und therapeutische Hilfe eines Interviews unmittelbar nach intravenöser Barbituratapplikation bei dissoziativ-stuporösen Patienten betont (Perry u. Jacobs 1982; Johnson 1984). Unter subnarkotischen Barbituratdosen beginnen die Betroffenen, wieder zu reagieren, Kontakt aufzunehmen und zu sprechen. In diesem Zustand können sie sich auch häufig an psychosoziale Belastungsfaktoren im Vorfeld des Stupors erinnern, die ihnen im „normalen" Wachzustand nicht zugänglich sind. Nach Abklingen der Barbituratwirkung bleibt die Erinnerung an die berichteten Erlebnisse in der Regel erhalten, und hier kann dann eine psychotherapeutische Behandlung einsetzen (Perry u. Jacobs 1982). In Einzelfällen kommt es nach der Barbituratanwendung auch zu vollständigen Remissionen der stuporösen Symptomatik (ebd.). Obwohl diese Diagnose- und Behandlungsmethode eine umfangreiche Tradition hat, blieb sie aus vielfältigen Gründen nicht unwidersprochen und spielt in der heutigen klinischen und wissenschaftlichen Praxis keine relevante Rolle (Patrick u. Howells 1990).

Neben dem Ausschluss organischer Erkrankungen wird der Nachweis einer psychosozialen Belastung in Form eines kurz vorhergegangenen belastenden Ereignisses, interpersoneller Probleme oder intrapsychischer Konflikte gefordert. Diese sind vielfältig und letztlich inhaltlich unspezifisch. Falldarstellungen legen jedoch nahe, dass medizinische Interventionen wie Dialyse oder Operationen häufige Auslöser darstellen (Gomez 1980; Weber et al. 1996;

Meyers et al. 1999). Typischerweise beginnt der Dissoziative Stupor plötzlich und fluktuiert in seiner Ausprägung. Wie auch bei anderen dissoziativen Störungen besteht eine hohe Komorbidität mit weiteren dissoziativen und affektiven Störungen sowie mit Sucht- und Persönlichkeitsstörungen (Joyston-Bechal 1966; Spitzer et al. 1994). Identifikationsmechanismen bzw. Modellfunktionen relevanter Dritter spielen für die Symptomwahl ebenfalls eine wichtige Rolle (Joyston-Bechal 1966). Bei der endgültigen Diagnosestellung sollte immer ein psychodynamisch oder lerntheoretisch begründeter Zusammenhang zwischen der Biografie, den aktuellen Lebensumständen, den auslösenden Ereignissen und der stuporösen Symptomatik herzustellen sein. Die Tabelle 11-1 vermittelt einen zusammenfassenden Überblick über diagnostische Merkmale, die auf einen Dissoziativen Stupor hinweisen.

11.3 Klassifikation und Differenzialdiagnosen

Der Dissoziative Stupor wird in der ICD-10 im Kapitel V (F) unter F44.2 verschlüsselt. Im Gegensatz dazu führt das DSM-IV diese Störung nicht als eigene diagnostische Kategorie auf, sondern verschlüsselt sie unter den nicht näher bezeichneten dissoziativen Störungen (dissociative disorders not otherwise specified; DDNOS). Problematisch ist dabei allerdings, dass diese Kategorie in der angloamerikanischen Literatur nur selten differenziert in ihrer Symptomatik dargestellt wird, sodass fast immer unklar bleibt, welche klinischen Erscheinungsbilder sich hinter diesem diagnostischen Label verbergen (Coons 1992).

Tab. 11-1: Diagnostische Kriterien und klinische Merkmale des Dissoziativen Stupors.

diagnostische Kriterien nach der ICD-10

A. Die allgemeinen Kriterien für eine dissoziative Störung müssen erfüllt sein.

B. eine beträchtliche Verringerung oder das Fehlen willkürlicher Bewegungen und der Sprache sowie der normalen Reaktion auf Licht, Geräusche und Berührung

C. Der normale Muskeltonus, die aufrechte Haltung und die Atmung sind erhalten (indes häufig eingeschränkte Koordination der Augenbewegungen).

(fremd-)anamnestische Hinweise und klinische Merkmale

- plötzlicher Beginn der Symptomatik mit anschließend fluktuierendem Verlauf

- Auftreten des Stupors nach einem traumatischen Ereignis oder im Zusammenhang mit einer schweren Krise bzw. einem Konflikt

- frühere dissoziative Phänomene, insbesondere stuporöse Episoden

- andere psychische Erkrankungen; Selbstverletzungen; Suizidalität

- relevante Dritte mit einem Stupor in der Anamnese (Identifikation, Modell-Lernen)

- leere somatische, vor allem neurologische Vorgeschichte

- regelrechter internistischer und neurologischer Status bis auf fehlende Reaktionen auf Schmerzreize; gegebenenfalls Blickdeviation (um Blickkontakt zu vermeiden)

- Die Zusatzdiagnostik liefert unauffällige Befunde.

Unzufriedenheit über die Klassifikation der dissoziativen Störungen wurde von verschiedenen Seiten geäußert. So konnte in einer nordamerikanischen Studie mit über 11000 allgemeinpsychiatrischen Patienten bei 57 % der Fälle mit einer dissoziativen Störung keine genauere Einordnung erfolgen, sodass diese als „atypisch" klassifiziert wurden (Mezzich et al. 1989). Ähnliche Klassifikationsprobleme wurden aus Indien berichtet. 90 % der ambulanten Patienten mit einer dissoziativen Störung wurden einer nicht näher bezeichneten Form zugeordnet (Saxena u. Prasad 1989). Von diesen zeigt etwa die Hälfte kurze stuporöse Bilder (Alexander et al. 1997). Deshalb wurde die Kategorie eines „kurzen Dissoziativen Stupors", der zwischen wenigen Minuten und maximal einer Stunde anhält, vorgeschlagen.

Dieser Vorschlag verweist darauf, dass in der ICD-10 und im DSM-IV offen bleibt, welche Merkmale vorhanden sein müssen, damit stuporöse Zustände als Störung angesehen werden. Somit ist es dem Kliniker überlassen, ab welchem Schweregrad, welcher Dauer oder anderer assoziierter Symptome er diese Diagnose stellt. Es empfiehlt sich, einen Dissoziativen Stupor dann zu diagnostizieren, wenn
- die Symptomatik eine nennenswerte Beeinträchtigung der sozialen Fähigkeiten (Beziehungs- und Arbeitsfähigkeit) verursacht,
- der Zustand länger als 30 Minuten anhält,
- wiederholte, gegebenenfalls auch kürzere stuporöse Zustände innerhalb von Tagen oder wenigen Wochen auftreten.

Diese Präzisierung erlaubt eine verbesserte Abbildung der Komorbidität des Dissoziativen Stupors mit anderen psychischen Störungen wie etwa der Borderline-Persönlichkeitsstörung oder der akuten Belastungsreaktion (Spiegel et al. 1996). Letztlich bleibt jedoch die Diagnosestellung eine klinische Entscheidung, bei der immer die Schwere, die Dauer, die psychosoziale Beeinträchtigung und die assoziierte Psychopathologie zu berücksichtigen sind.

Treten stuporöse Zustände im Rahmen der Dissoziativen Identitätsstörung (DIS, vgl. Kap. 15 in diesem Buch) oder im Anschluss an einen dissoziativen Krampfanfall auf, sollte nur die klinisch im Vordergrund stehende Störung diagnostiziert werden. Die früher so genannten psychogenen Dämmerzustände (Heim 1989) können klinisch verschieden imponieren, zwar auch als Dissoziativer Stupor, meist jedoch als Trance (s. Kap. 12).

Bei einigen kulturell gebundenen Störungen, insbesondere dem Amok, können im Verlauf stuporöse Bilder vorkommen. Amok bezeichnet ursprünglich ein aus dem malaiischen Raum stammendes kulturspezifisches Syndrom, welches durch einen typischen Phasenablauf charakterisiert ist: Einem Vorstadium des dumpfen Brütens folgt der eigentliche Amoklauf mit meist tödlichen Attacken gegen zufällig Anwesende, welchem ein Nachstadium mit Terminalschlaf oder Stupor und anschließender Amnesie folgt (Knecht 1999). Das DSM-IV erwähnt Amok sowohl unter den dissoziativen Störungen (Fugue) als auch unter den Störungen der Impulskontrolle. Die ICD-10 hingegen führt Amok lediglich im Anhang II der Forschungskriterien auf und schlägt als mögliche Kodierung „sonstige näher bezeichnete Persönlichkeits- und Verhaltensstörung" (F68.8) vor. Diese klassifikatorische Unsicherheit spiegelt auch wider, dass kaum ein systematisches Wissen über die Epidemiologie und Prognose des Amok existiert. Obwohl die Beschreibungen des Amok aus dem malaiischen Kulturkreis stammen, finden sich ähnliche Phänomene auch in anderen Ethnien, wo sie meist lokale Bezeichnungen tragen (Knecht 1999). Das gehäufte Vorkommen gerade in westlichen Ländern hat dazu geführt, dass die Kulturgebundenheit der Störung infrage gestellt wurde (Hempel et al. 2000).

11.4 Differenzialdiagnose

Die Differenzialdiagnosen stuporöser Zustände sind vielfältig (Berrios 1981; Altshuler et al. 1986). Sie können bei einer Vielzahl psychiatrischer, neurologischer und internistischer Erkrankungen auftreten. Eine Übersicht ist nachfolgend dargestellt.
- psychische Störungen
  - affektive Erkrankungen, insbesondere depressive Störungen (depressiver, aber auch manischer Stupor)
  - schizophrene Störungen (katatoner Stupor)
  - hirnorganische katatone Störung (z. B. im Rahmen einer Demenz)
  - artifizielle Störung
- neurologische Erkrankungen
  - vaskuläre Verursachung, insbesondere bei intrazerebralen Blutungen
  - Entzündungen (z. B. Meningoenzephalitis)
  - Epilepsien (nonkonvulsiver Status; postiktaler Dämmerzustand)
  - intrakranielle Raumforderungen (z. B. Gliome oder Metastasen)
- internistische Erkrankungen
  - diabetische Ketoazidose
  - Porphyrie
  - Addison-Krankheit
  - hepatische und renale Enzephalopathie
- pharmakogene bzw. toxikologische Verursachungen
  - malignes neuroleptisches Syndrom
  - Drogen- oder Alkoholintoxikationen
  - Glukokortikoide

Diese Übersicht macht deutlich, dass ein **Stupor bei Erstmanifestation** und bis zur endgültigen diagnostischen Zuordnung **immer eine Notfallsituation** darstellt, zumal die meisten der infrage kommenden Differenzialdiagnosen lebensbedrohlich sind und eine schnelle Behandlung erfordern.

11.5 Epidemiologie, Verlauf und Prognose

Epidemiologische Studien zu dem Dissoziativen Stupor liegen nicht vor. Die meisten Autoren (Joyston-Bechal 1966; Gomez 1980; Berrios 1981; Johnson 1984) gehen davon aus, dass es sich um eine eher seltene psychische Störung handelt.

In einer retrospektiven Untersuchung zu stuporösen Zuständen, die einen Zeitraum von 14 Jahren berücksichtigte, konnte bei insgesamt 250 Patienten einer englischen Nervenklinik ein Stupor diagnostiziert werden. Bezogen auf alle Diagnosen entsprach dies einer Häufigkeit von 1,6%. Von dieser Serie wurden 100 Fälle willkürlich ausgewählt und gründlich analysiert. Bei 10% würde man nach heutigen Kriterien einen Dissoziativen Stupor diagnostizieren (Joyston-Bechal 1966). Eine jüngere Studie berichtet über 25 Patienten mit Stupores, die im Laufe von 15 Jahren in einem psychiatrischen Lehrkrankenhaus aufgenommen wurden (Johnson 1984). Nur bei einem Patient wurde ein psychogenes Bild angenommen. Aufgrund dieser Zahlen lässt sich schätzen, dass der Dissoziative Stupor in klinischen Populationen Mitteleuropas mit einer Häufigkeit zwischen 0,05 und 0,2% vorkommt. In anderen Kulturkreisen scheinen psychogen bedingte stuporöse Bilder häufiger zu sein. So wurde in einer psychiatrischen Klinik in Indien bei 2,5% aller stationären Aufnahmen ein Dissoziativer Stupor diagnostiziert (Alexander et al. 1997).

Der **Altersgipfel** der Erkrankung liegt zwischen dem 15. und 30. Lebensjahr (Johnson 1984). Kasuistisch wurde über ein Auftreten bei Kindern im 10. Lebensjahr (Alexander et al. 1997) ebenso berichtet wie über eine Erstmanifestation um das 50. Lebensjahr (Weber et al. 1996).

Die **Geschlechterverteilung** in den Studien mit Fallserien verweist auf einen höheren Frauenanteil zwischen 70 und 78% (Joyston-Bechal 1966; Alexander et al. 1997). Ob es familiäre Häufungen gibt, ist nicht bekannt.

Es ist unklar, ob der Dissoziative Stupor mit charakteristischen sozioökonomischen Bedingungen assoziiert ist; Einzelfalldarstellungen deuten auf ein sozial eher problematisches Umfeld hin (Gomez 1980; Hintze et al. 1998).

In der Mehrzahl der Kasuistiken schwankt die **Dauer** zwischen wenigen Stunden und zwei Tagen (Gomez 1980; Johnson 1984; Hintze et al. 1998). In Einzelfällen dauert der Zustand jedoch bis zu mehreren Wochen (Joyston-Bechal 1966; Adams u. Goroszeniuk 1991). Er kann jedoch auch nur wenige Minuten anhalten (Alexander et al. 1997).

Der Dissoziative Stupor sistiert entweder spontan (Maddock et al. 1999; Meyers et al. 1999) oder nach einmaliger Pharmakotherapie mit Benzodiazepinen (Dhadphale 1980; Meyers et al. 1999) sowie Barbituraten (Saunders 1970; Gomez 1980; Perry u. Jacobs 1982). Es wurde auch berichtet, dass in Einzelfällen die Ankündigung diagnostischer Interventionen, die für den Patienten vermutlich aversiv besetzt sind, wie etwa eine Lumbalpunktion, zur „schlagartigen" Remission führte (Hintze et al. 1998); dabei ist die differenzialdiagnostische Abgrenzung zur Simulation zu erwägen und oft nicht sicher zu leisten.

Rezidivierende Verläufe sind sowohl in den verschiedenen Kasuistiken als auch in den Fallserien dargestellt worden und kommen in 30 % der Fälle vor (Joyston-Bechal 1966). Kurzfristig erfolgt eine Restitutio ad integrum; allerdings liegen keine längerfristigen Katamnesen vor.

11.6 Ätiopathogenese

Der Dissoziative Stupor unterliegt keiner einheitlichen Ätiopathogenese; vielmehr ist er mehrfach determiniert. Sowohl die Fallserien als auch die Einzelfalldarstellungen weisen darauf hin, dass vielfältige Belastungsfaktoren die stuporöse Symptomatik auslösen können. Dazu gehören Unfälle (Hintze et al. 1998), Operationen (Weber et al. 1996; Meyers et al. 1999; Maddock et al. 1999), Dialysebehandlung und die damit verbundene psychosoziale Desintegration (Gomez 1980), Schulschwierigkeiten (Dhadphale 1980), aber auch Traumata im engeren Sinne wie sexueller Missbrauch (Johnson 1984). Die Vorgeschichte eines Traumas begünstigt möglicherweise die Auftretenswahrscheinlichkeit (Meyers et al. 1999). Andere Autoren deuten an, dass eine „unreife" Persönlichkeit bzw. eine unterdurchschnittliche Intelligenz potenzielle Risikofaktoren sind (Joyston-Bechal 1966; Dhadphale 1980).

Die auffällige Häufung organischer Erkrankungen als Auslöser der dissoziativen Symptomatik wurde als somatisches Entgegenkommen im Sinne einer erhöhten Anfälligkeit für „hysterische" Reaktionen gewertet (Gomez 1980). In einzelnen Fällen konnte ein Zusammenhang zwischen den aktuellen körperlichen Beschwerden (Dyspnoe durch eine Tracheastenose) und früheren traumatischen Erfahrungen (die Patientin wurde während des sexuellen Missbrauchs mit einem Kissen am Schreien gehindert, was zu massiver Luftnot führte) hergestellt werden (Meyers et al. 1999).

Bereits zu Beginn des 20. Jahrhunderts wurde auf die phänomenologische Ähnlichkeit des Stupors mit dem Totstellreflex mancher Tiere hingewiesen (Berrios 1981). Diese Beobachtung wurde in jüngster Zeit wieder aufgegriffen und die phylogenetische Parallele zwischen dissoziativen Phänomenen und dem Verteidigungsverhalten von Tieren herausgearbeitet (Nijenhuis et al. 1998a). Während einer Traumatisierung treten bei vielen Opfern Bewegungslosigkeit, Analgesie und Reaktionslosigkeit auf externe Stimuli auf (ebd.). Bei der Dissoziativen Identitätsstörung (DIS) und der Borderline-Störung, die beide als Folgestörungen komplexer Traumatisierungen aufgefasst werden können, wurden Bewegungslosigkeit („freezing") und Anästhesie/Analgesie signifikant häufiger gefunden als bei nichttraumatisierten psychiatrischen Patienten (Nijenhuis et al. 1998b; Bohus et al. 1999). Obwohl dieses Verhalten bisher lediglich auf der Symptomebene beschrieben und nicht explizit als stuporöses Syndrom gewertet wurde, sind die phänomenologischen Gemeinsamkeiten augenfällig. Ob diese Modellvorstellung allerdings auf den Dissoziativen Stupor übertragbar ist, muss die zukünftige Forschung zeigen.

Ein Zusammenhang zwischen einer Bedrohung, dem Tod und dem Dissoziativen Stupor wurde kasuistisch dargestellt: Von zwei stuporösen, später voll remittierten Patienten, die in einer Situation der hilflosen Abhängigkeit (Dialyse) waren, suizidierte sich der eine, während der andere am Entlassungstag an einem Herzversagen verstarb. Die Stupores wurden als eine „Generalprobe für den Tod", der letztlich der einzige Ausweg aus den unerträglichen Abhängigkeiten darstellte, interpretiert. Dieser hypothetische Zusammenhang ist seitdem nicht mehr beschrieben worden, er verweist jedoch auch auf die Analogie des Stupors zum tierischen Totstellreflex und seiner Funktion, die Überlebenschancen zu erhöhen bzw. einen schnellen und schmerzlosen Tod herbeizuführen (Nijenhuis et al. 1998a).

11.7 Behandlung

Eindeutige, empirisch begründete Behandlungsrichtlinien lassen sich nicht formulieren. In der Mehrzahl der beschriebenen Fälle kommt es zu einer Spontanremission (Hintze et al. 1998; Maddock et al. 1999; Meyers et al. 1999). Psychopharmakologische Interventionen umfassen die Gabe von Benzodiazepinen (Dhadphale 1980; Meyers et al. 1999) oder Barbituraten (Saunders 1970; Gomez 1980). Bei Erstmanifestation und bei wiederholtem Auftreten ist eine stationäre Aufnahme unvermeidlich.

Im unmittelbaren Kontakt mit den Patienten gelten die gleichen Vorgehensrichtlinien wie bei allen stuporösen Patienten (d. h. wie auch bei organisch bedingten Stupores). Dazu gehören die Wahrung eines angemessenen Abstands, die Vermeidung von Reizüberflutung, Abschirmung sowie die ausdrückliche Ankündigung und Erklärung aller geplanten diagnostischen und therapeutischen Interventionen. Reaktionen sollten nicht mit Gewalt erzwungen werden, obgleich dies in Einzelfällen als hilfreich beschrieben wurde (Maddock et al. 1999). Zwang wird vom Patienten vermutlich als sehr belastend, möglicherweise sogar retraumatisierend erlebt und gefährdet die therapeutische Beziehung. Zudem ist davon auszugehen, dass der Dissoziative Stupor ein funktioneller Prozess ist, dessen erzwungene Auflösung zu einer Symptomverschiebung führen kann.

Angesichts der häufigen Spontanremissionen kann bei gesicherter Diagnose zunächst der Verlauf abgewartet werden. Alternativ kann eine Pharmakotherapie mit einem kurz wirksamen anxiolytischen Benzodiazepin in üblicher Dosierung versucht werden. Bei fehlender Wirkung empfiehlt sich eine Wiederholung. Patienten mit schweren und anhaltenden stuporösen Zuständen sollten medizinisch und pflegerisch versorgt werden, um sekundäre körperliche Komplikationen wie Thrombose, Pneumonie und Dekubitalulzera zu vermeiden. Die Ernährung über eine Magensonde bzw. parenteral kann ebenso wie die Anlage eines Blasenkatheters aufgrund einer Harninkontinenz erforderlich werden (Saunders 1970; Gomez 1980; Weber et al. 1996; Meyers et al. 1999).

Nach Abklingen des stuporösen Zustandes ist eine weiterführende psychiatrisch-psychotherapeutische Diagnostik notwendig, um spezifische Auslösebedingungen und Konfliktkonstellationen herauszuarbeiten. Auf dieser Grundlage sind dann weitere Therapieschritte zu indizieren, wobei auch das persönlichkeitsstrukturelle Niveau und die psychiatrische Komorbidität zu berücksichtigen sind. Bei der Behandlungsplanung gelten dann die allgemeinen Richtlinien der Psychiatrie und Psychotherapie (vgl. Kap. 26 bis 31).

Literatur

Adams AP, Goroszeniuk T (1991). Hysteria: a cause of failure to recover after anaesthesia. Anaesthesia; 46: 932-4.

Alexander PJ, Joseph S, Das A (1997). Limited utility of ICD-10 and DSM-IV classification of dissociative and conversion disorders in India. Acta Psychiatr Scand; 95: 177-82.

Altshuler LL, Cummings JL, Mills MJ (1986). Mutism: review, differential diagnosis and report of 22 cases. Am J Psychiatry; 143: 1409-14.

Berrios GE (1981). Stupor revisited. Compr Psychiatry; 22: 466-78.

Bohus MJ, Landwehrmeyer GB, Stiglmayr CE, Limberger MF, Böhme R, Schmahl CG (1999). Naltrexone in the treatment of dissociative symptoms in patients with borderline personality disorder: an open-label trial. J Clin Psychiatry; 60: 598-603.

Coons PM (1992). Dissociative disorders not otherwise specified: A clinical investigation of 50 cases with suggestions for typology and treatment. Dissociation; 5: 187-95.

Dhadphale M (1980). Eye gaze diagnostic sign in hysterical stupor. Lancet; 16(2): 374-5.

Gomez J (1980). Hysterical stupor and death. Br J Psychiatry; 136: 105-6.

Heim E (1989). Psychogener Dämmerzustand. Schweiz Rundschau Med; 78: 812-5.

Hempel AG, Levine RE, Meloy JR, Westermeyer J (2000). A cross-cultural review of sudden mass assault by a single individual in the oriental and occidental cultures. J Forensic Sci; 45: 582-8.

Henry JA, Woodruff GHA (1978). A diagnostic sign in states of apparent unconsciousness. Lancet; 28(2): 920-1.

Hintze U, Runge U, Hachenberg T, Wendt M (1998). Dissoziativer Stupor – Differentialdiagnose des Komas nach Verletzung. Anasthesiol Intensivmed Notfallmed Schmerzther; 33: 753-5.

Johnson J (1984). Stupor: a review of 25 cases. Acta Psychiatr Scand; 70: 370-7.

Joyston-Bechal MP (1966). The clinical features and outcome of stupor. Br J Psychiatry; 112: 967-81.

Knecht T (1999). Amok und Pseudo-Amok. Schweiz Arch Neurol Psychiatr; 150: 142-8.

Maddock H, Carley S, McCluskey A (1999). An unusual case of hysterical postoperative coma. Anaesthesia; 54: 717-8.

Meyers TJ, Jafek BW, Meyers AD (1999). Recurrent psychogenic coma following tracheal stenosis repair. Arch Otolaryngol Head Neck Surg; 125: 1267-9.

Mezzich JE, Fabrega H, Coffmann GA, Haley R (1989). DSM-III disorders in a large sample of psychiatric patients: frequency and specifity of diagnoses. Am J Psychiatry; 146: 212-9.

Nijenhuis ERS, Vanderlinden J, Spinhoven P (1998a). Animal defensive reactions as a model for dissociative reactions. J Trauma Stress; 11: 243-60.

Nijenhuis ERS, Spinhoven P, Vanderlinden J, Van Dyck R, Van der Hart O (1998b). Somatoform dissociative symptoms as related to animal defensive reactions to predatory imminence and injury. J Abnorm Psychol; 107: 63-73.

Patrick M, Howells R (1990). Barbiturate-assisted interview in modern clinical practice. Psychol Med; 20: 763-5.

Perry JC, Jacobs D (1982). Overview: Clinical applications of the Amytal interview in psychiatric emergency settings. Am J Psychiatry; 139: 552-9.

Saunders WA (1970). Organic or psychogenic stupor. Br Med J; 7(1): 367.

Saxena S, Prasad K (1989). DSM-III subclassification of dissociative disorders applied to psychiatric outpatients in India. Am J Psychiatry; 146: 261-2.

Spiegel D, Koopman C, Cardena E, Classen C (1996). Dissociative symptoms in the diagnosis of acute stress disorder. In: Michelson LK, Ray WJ (eds). Handbook of Dissociation. New York: Plenum Press; 367-80.

Spitzer C, Freyberger HJ, Kessler C, Kömpf D (1994). Psychiatrische Komorbidität dissoziativer Störungen in der Neurologie. Nervenarzt; 65: 680-8.

Weber JG, Cunnien AJ, Hinni ML, Caviness JN (1996). Psychogenic coma after use of general anesthesia for ethmoidectomy. May Clin Proc; 71: 797-800.

12 Besessenheits- und Trancezustände

G. Dammann

12.1 Einleitung

Der Humanist Johann Weier wandte sich in seinem 1586 in deutscher Sprache erschienenen Buch „De Praestigiis Daemonum" (Über das Blendwerk der Dämonen) gegen den Dämonenglauben. Von Roback (1968) wird er wegen der klaren Beschreibung zahlreicher Geistesstörungen als „Vater der modernen Psychiatrie" bezeichnet.

Die Vorstellung, dass Menschen besessen sein können, kommt in praktisch allen Kulturen vor. Es existieren zahlreiche spezifische, kulturgebundene Besessenheitszustände: Zhar (Äthiopien), Spell (USA), Sin-byung (Korea), Porobleno (Südukraine), Dybbuk (Galizien, Israel), Kitsune-tsuki (Westjapan), Windigo (bestimmte Indianerstämme Nordkanadas), Espiritismo (Puerto Rico), El duende (Kolumbien). Diese einzelnen ethnopsychiatrisch definierten Subtypen der „Besessenheit" weisen auch typische (narrative) Muster auf.

Die oft geäußerte Vorstellung, dass „Besessenheit" eine primitive oder historische Form der Attribuierung von eigentlichen Geisteskrankheiten (zum Beispiel Schizophrenien) sei, ist mehrfach widerlegt worden. Sowohl traditionale Kulturen mit häufigem Vorkommen von Besessenen als auch die europäischen Epochen des Mittelalters oder der frühen Neuzeit unterschieden und unterscheiden sehr genau zwischen eigentlicher Geisteskrankheit und „Besessenheit". Freed und Freed (1990a) beschreiben dies am Beispiel eines nordindischen Dorfes, wo die Dorfbewohner von einer Frau berichteten, dass sie „früher von einem Geist besessen war". Nun sei sie aber verrückt geworden („but now she is mad").

Nach der heute praktisch nur noch psychiatriehistorisch relevanten Debatte zwischen den Vertretern der tatsächlichen (d. h. realen!) versus der natürlich erklärbaren (damals auch „Pseudo-Besessenheit" genannten) Besessenheit ist heute der Diskurs um die Besessenheit von der Polarität zwischen Vertretern eines mehr soziokulturellen und der eines stärker medizinischen Erklärungsmodells geprägt.

Psychiatriegeschichtlich kann die vermehrte Beschäftigung mit der Besessenheit und der Trance als psychiatrische Störungen seit 1960 (damals erschien die Arbeit von Yap) und deren Aufnahme in die psychiatrischen Klassifikationssysteme zum einen mit den ethnopsychiatrischen Forschungen im 20. Jahrhundert und zum anderen mit dem Paradigma der „altered states of consciousness" (qualitativ veränderte oder erweiterte Bewusstseinszustände) der 60er und 70er Jahre in Verbindung gebracht werden. Die klinische Psychologie und Psychiatrie tut sich jedoch bis heute schwer mit dieser Störungsgruppe. Zum einen, weil bereits der Name „Besessenheit" etwas Magisches oder Religiöses evoziert, zum anderen aber, weil sich die Psychiatrie geschichtlich gerade aus der Emanzipation vom Besessenheitskonzept entwickelt hat. So gibt es bis heute nur wenige systematische psychologische oder psychiatrische Studien (weiterführende Bibliografien zu klinischen Aspekten der Besessenheit finden sich bei Boddy 1994 oder Dammann 1996). Das Subsumieren der Trance- und insbesondere der Besessenheitszustände unter die dissoziativen Störungen erscheint vorläufig.

12.2 Klinisches Bild und diagnostische Kriterien

Trance und Besessenheit sind zwei voneinander verschiedene, in zahlreichen Kulturen der Welt anzutreffende veränderte Bewusstseinszustände, die beträchtliche transkulturelle Variationen aufweisen.

Bei den Trance- und Besessenheitszuständen handelt es sich um Störungen, bei denen eine zeitweilige Veränderung der persönlichen Identität und der vollständigen Wahrnehmung der Umgebung auftritt.

In den Fällen, bei denen von **Besessenheitszuständen** gesprochen werden kann, verhält sich ein Mensch so, als ob er von einer anderen Persönlichkeit, einem Geist, einer Gottheit oder einer „Kraft" beherrscht wird. Es sollten nur dann Überzeugungen, von einer personalen Kraft besessen zu sein, als „Besessenheitszustand" im Sinne einer dissoziativen Störung gewertet werden, wenn es sich nicht nur um reine (z. B. auch wahnhafte) kognitive Überzeugungen handelt, sondern um Ich-Zustände („ego states"), in denen sich der „Inkubus" in Form eines veränderten Bewusstseinszustandes (für den Betroffenen und/oder die Umwelt sichtbar) auch „manifestiert".

Trance ist ein hypnoid veränderter Bewusstseinszustand, bei dem der Verlust der gewohnten Identität nicht mit der Annahme oder dem Auftauchen einer anderen Identität verbunden ist. Trance geht mit einer Wahrnehmungseinengung und selektiven Fokussierung auf die Umgebung und deren unmittelbare Reize einher. Handlungsweisen während des Trancezustandes wie konvulsive Zuckungen, Laufen, Fallen etc. sind meist einfach strukturiert und elementar und werden von der Person als außerhalb der eigenen Kontrolle erlebt. Hypnose, psychogene Dämmerzustände oder Ekstase können unter den Trance-Begriff fallen. Es findet sich meist keine vollständige Amnesie.

12.3 Diagnostische Prozesse und Untergruppen von Besessenheit

Besessenheitstrance ohne Krankheitswert wird als Inbesitznahme durch Geister verstanden und findet sich in vielen Kulturen. Sie ist gekennzeichnet durch eine episodische Veränderung des Bewusstseinszustandes, während dessen eine oder nacheinander mehrere Identitäten durch „Geister" an die Stelle der gewohnten Identität treten. Die Geister bedienen sich dabei eines Mediums, das eine partielle oder vollständige Amnesie aufweist, um durch es sprechen und handeln zu können. Die Gegenwart der Geister wird wegen ihres Wissens, ihrer Kraft etc. von der sozialen Gemeinschaft als erwünscht angesehen. Die Kulthandlungen dienen oft zur Einstellung von Veränderungen (Beschwörungen) oder werden zur Heilung Kranker eingesetzt.

Besessenheitszustände mit Krankheitswert sind dagegen dadurch gekennzeichnet, dass sie keine Akzeptanz als normaler Bestandteil der allgemeinen kulturellen oder religiösen Riten finden. Sie sind auch nicht durch ritualisierte Praktiken der betreffenden Kultur ausgelöst bzw. in diese integriert, sondern treten unwillkürlich auf. Die Betroffenen selbst leiden darunter.

Bourguignon (1976) unterscheidet in einer Dreiteilung – diese wurde etwas abgewandelt und auch im DSM-III-R-Casebook verwendet – zwischen „Trance", „Besessenheit" und „Besessenheitstrance". Ihrer Meinung nach beinhaltet „Besessenheit" keine „Trance" oder einen anderen veränderten Bewusstseinszustand, sondern eine Krankheit, die im Allgemeinen durch eine „Introjektion" gekennzeichnet ist.

In den Klassifikationssystemen bleibt offen, welche Merkmale vorhanden sein müssen, damit tranceartige Zustände als Störung gewertet werden sollen oder können. Wir empfehlen nur dann von einem klinisch relevanten Tran-

ce- oder Besessenheitszustand auszugehen, falls:
- kein (zum Beispiel intendiertes) Alltagsphänomen (etwa bei so genannten charismatischen Pfingstgemeinden) vorliegt;
- ein veränderter Bewusstseinszustand im Sinne einer qualitativen Bewusstseinsveränderung vorliegt;
- dieser von der Person nicht gesteuert werden kann oder die nicht wahnhafte Vorstellung besteht, von einer personalen, gut abgegrenzten Macht „besessen" zu sein;
- die Zustände mehrere Stunden dauern oder sehr häufig sind;
- eine nennenswerte Beeinträchtigung der sozialen Fähigkeiten, der Beziehungs- und Arbeitsfähigkeit und Leidensdruck vorliegt;
- dieser nicht durch eine andere, umfassendere psychische (zum Beispiel andere dissoziative) Störung erklärbar ist.

Darüber hinaus gibt es weitere Merkmale, die für einen dissoziativen Besessenheitszustand sprechen können:
- Der Zustand ist eingebunden in kulturelle Zusammenhänge.
- Die Betroffenen stammen meist aus dem nichteuropäischen oder nicht angloamerikanischen Kulturkreis.
- Die Identität selbst bleibt ungestört.
- Formales Denken bleibt während des Zustandes geordnet, Affektlage histrionisch (theatralisch, dabei aber eigentlich angstfrei bis indifferent).
- Es sind ein plötzlicher Beginn und ein abruptes Ende der Episoden zu beobachten.
- Weitere dissoziative oder konversionsneurotische Symptomatik (Analgesien, Amnesien, psychogene Anfälle etc.) tritt auf.
- Zusammenhang mit Konflikten (etwa sexueller oder aggressiver Art) erscheint evident.

Neben den Klassifikationsansätzen in der ICD und im DSM existieren darüber hinaus zahlreiche Versuche, Untergruppen der Besessenheit zu klassifizieren: Traugott Konstantin Oesterreichs (1921) in seiner heute noch wichtigen Monografie getroffene Unterteilung der Besessenheit in zwei Subtypen blieb lange Zeit als Ordnungskriterium einflussreich und wurde zum Beispiel auch von Yap, dessen 1960 erschienene Arbeit das Interesse an der Besessenheit in der Psychiatrie neu einleitete, aufgegriffen:
- Den einen Haupttyp nennt er „somnambulisch" (schlafwandlerisch) – normalerweise episodisch mit beeinträchtigtem Bewusstsein und folgender Amnesie.
- Der andere Haupttyp wird „luzide" genannt, der bei voller Aufmerksamkeit über längere Zeit persistiert.

Die von Yap (1960) in Hong Kong untersuchten 66 besessenen Patienten fielen – für den Autor – alle in die somnambule Gruppe. Er gab seinen Patienten folgende psychiatrische Diagnosen: 32 Hysterien, 16 Schizophrenien, 8 Depressionen mit hysterischen Zügen, 4 Manien und 6 organische Bilder.

Suwanlert (1976) unterteilt die Besessenheitszustände (ausgehend von Untersuchungen in Thailand) in drei Gruppen. Obschon er einen ethnopsychiatrischen Ansatz vertritt, verneint er, dass alle Besessenheitsformen allein als kulturelle Muster aufgefasst werden können. Die drei Gruppen sind die folgenden:
- einmaliges Auftreten nach „situationalen Krisen" ohne Wiederkehr
- periodisch im Rahmen einer histrionischen Persönlichkeit (von ihm „possession neurosis" genannt)
- Fälle, bei denen akute psychotische Symptome manifest sind und die eine gute Prognose haben

12.4 Klassifikation

Während Pereira et al. noch 1995 schrieben, dass „Besessenheitszustände nur wenig zufrieden stellend in den westlichen psychiatrischen Klassifikationssystemen situiert sind", kann diese Aussage in jüngster Zeit etwas relativiert werden.

Die Störung kann nach den gegenwärtig gebräuchlichen Klassifikationsinstrumenten, unter Berücksichtigung der Ausschlussdiagnosen, wie folgt diagnostiziert und kodiert werden. In der ICD-10 ist unter F44.3 in Bezug auf Trance und Besessenheitszustände zu lesen:

„Störungen, bei denen ein zeitweiliger Verlust der persönlichen Identität und der vollständigen Wahrnehmung der Umgebung auftritt; in einigen Fällen verhält sich ein Mensch so, als ob er von einer anderen Persönlichkeit, einem Geist, einer Gottheit oder einer ‚Kraft' beherrscht wird. Aufmerksamkeit und Bewusstsein können auf nur ein oder zwei Aspekte der unmittelbaren Umgebung begrenzt und konzentriert sein, und häufig findet sich eine eingeschränkte, aber wiederholte Folge von Bewegungen, Stellungen und Äußerungen. Hier sollen nur Trancezustände einbezogen werden, die unfreiwillig oder ungewollt sind und sich innerhalb täglicher Aktivitäten abspielen, die also außerhalb religiöser oder anderer in diesem Sinn kulturell akzeptierter Situationen auftreten oder höchstens im Anschluss an diese."

Im DSM-IV heißt es unter der Ziffer 300.15 (nicht näher bezeichnete dissoziative Störung):

„Diese Kategorie ist für Störungen gedacht, bei denen das vorherrschende Merkmal ein dissoziatives Symptom ist (d. h. eine Unterbrechung von integrativen Funktionen des Bewusstseins, des Gedächtnisses, der Identität oder der Wahrnehmung der Umgebung), das nicht die Kriterien für irgendeine spezifische dissoziative Störung erfüllt.

Beispiele sind u. a.:
Dissoziative Trance-Störung: einzelne oder wiederkehrende Störungen des Bewusstseins, der Identität oder des Gedächtnisses, die in bestimmten Gebieten oder Kulturen verbreitet sind. Dissoziative Trance beinhaltet eine eingeschränkte Bewusstheit von unmittelbaren Umgebungsbedingungen oder stereotypes Verhalten oder Bewegungen, die erfahren werden, als seien sie außerhalb der eigenen Kontrolle. Besessenheitstrance beinhaltet das Ersetzen der normalen Erfahrung persönlicher Identität durch eine neue Identität, die auf den Einfluss eines Geistes, einer Macht, einer Gottheit oder einer anderen Person zurückgeführt wird und mit stereotypen ‚unwillkürlichen' Bewegungen oder Amnesie verbunden ist. Beispiele sind Amok (Indonesien), Bebainan (Indonesien), Latah (Malaysia), Pibloktoq (Arktis), Ataque de nervios (Lateinamerika) und Besessenheit (Indien). Die dissoziative oder Trance-Störung ist kein normaler Teil akzeptierter kollektiver, kultureller oder religiöser Praktiken."

Nach der DSM-Diagnostik werden Personen mit Besessenheitssymptomen zumeist als DDNOS (Dissociative Disorder Not Otherwise Specified) klassifiziert werden können. Neben dem offiziellen Manual finden sich weitere, zum Teil ausführlichere und hier verwendete Studienkategorien im DSM-IV Options Book (1991) und im DSM-III-R-Casebook (1989).

Das DSM-IV Options Book unterscheidet folgende Formen:
- „possession" als „Besessenheitszustand", wobei ein Individuum von einem Geist, einer Macht, einer Gottheit oder einer anderen Person in Besitz genommen wurde; eine Erfahrung, die durch deutliches Leiden und/oder Beeinträchtigung im Sozialen oder Arbeitsbereich begleitet wird
- die Multiple Persönlichkeitsstörung
- „possession" als „Besessenheitsform", die als normaler Teil einer kollektiven kulturellen oder religiösen Praktik betrachtet wird

Die beiden ersten Formen gehören zu den dissoziativen Störungen, die zuletzt genannte nicht. Im DSM-III-R-Casebook argumentieren Spitzer et al. (1989), dass man „besessenen Personen" die Diagnose „nicht näher bezeichnete dissoziative Störung" (DDNOS, Dissociative Disorder Not Otherwise Specified) geben sollte.

Hinweise zur kulturellen Einschätzung von Besessenheitszuständen (nach DSM-IV)

Das und Saxena (1991) halten die ICD-10-Klassifikation der DSM-III-R-Klassifikation gegenüber für überlegen, um dissoziative Phänomene in der indischen Gesellschaft zu klassifizieren. Am Beispiel von 42 Patienten, die überwiegend unter dissoziativen Zuständen (Besessenheitszustände) litten, zeigten sie, dass 40 (95,2 %) dieser Patienten im DSM-III-R die Diagnose „Dissociative Disorder Not Otherwise Specified" erhielten, während es mit ICD-10 gelang, 36 Patienten (85,5 %) den entsprechenden Subkategorien von F44 (dissoziative Störungen) zuzuordnen, die aber, so fordern die Autoren, trotzdem noch expliziter definiert und beschrieben werden sollten.

12.5 Differenzialdiagnosen

Hale und Pinninti (1994) betonen, dass multiethnische psychiatrische Dienste, wie Polikliniken, die es nicht nur in England vermehrt gibt, „wachsam bezüglich der wechselnden Ausdrucksformen, die Besessenheitszustände und ihre zugrunde liegenden Störungen annehmen können, sein sollten". Die Differenzialdiagnose kann schwierig sein und umfasst eine Reihe von Störungsbildern, von denen die wichtigsten im Folgenden diskutiert werden sollen. Darüber hinaus können sich aber auch zu den Angststörungen (etwa solche mit ausgeprägten Derealisationserlebnissen) und zu den Persönlichkeitsstörungen (etwa mit Borderline-typischen oder schizotypen Zügen) Abgrenzungsschwierigkeiten ergeben.

Organische Störungen

- Intoxikationen mit psychoaktiven Substanzen
- Epilepsien
- Kopfverletzungen oder ZNS-Malformationen

Schizophrene und wahnhafte Störungen

In jüngster Zeit wurde von Vollmoeller (1994) den so genannten „mediumistischen Psychosen" wieder vermehrt Aufmerksamkeit gezollt. Der Autor versteht darunter „psychische Störungen infolge okkulter Erlebnis- und Verhaltensweisen oder spiritistischer Einflüsse auf psychiatrische Patienten". Bender (1959) dagegen sah in der „mediumistischen Psychose" – zurückgreifend auf Gruhles Unterscheidung von schizophrenen und hysterischen Ich-Störungen – ein typisches psychogenes Zustandsbild, das als „hysterische Ich-Störung" insbesondere durch Ich-Schwäche, Desintegration (Dissoziation) der Persönlichkeit und Bildung autonomer Komplexe der Psyche (Geister, Halluzinationen etc.) gekennzeichnet erscheint. Es entständen dabei immer nur vorübergehende, funktionell verstehbare „Teilpsychen"; auffallend ist hier die Nähe zum Konzept der „multiplen Persönlichkeit".

Kurz dauernde reaktive Psychosen

Quekelberghe (1991) hat in seiner Übersicht über die kulturgebundenen psychogenen Psychosen einige zentrale Merkmale dieser Störungen, die selbst in den europäischen Psychiatrien sehr unterschiedlich gehandhabt werden (in Frankreich und Skandinavien vergleichsweise relativ häufig diagnostiziert), zusammengestellt.

Die psychogenen Psychosen sind gekennzeichnet durch folgende Merkmale:
- Die Psychose beginnt plötzlich und dramatisch nach einem tief beunruhigenden Ereignis.
- Es tauchen intensive Halluzinationen und Wahnvorstellungen, Depersonalisation und unübliches Verhalten auf.
- Es findet sich eine Häufung des weiblichen Geschlechts.
- Denkstörungen sind – wenn vorhanden – klar eingrenzbar und vorübergehend bzw. dauern nur ein paar Wochen.
- Die Affektivität ist leicht beeinflussbar bzw. stark labil.
- Häufig liegen „hysterische" Persönlichkeitsmerkmale vor.
- Die Patienten sind manchmal von ihren Wahnvorstellungen mehr fasziniert als beunruhigt.
- Die Episode endet meist nach kurzer Zeit (Tage bis wenige Wochen).

Floru (1974) schlug die Kurzbezeichnung „abnorme Erlebnisreaktion mit Wahnbildung" vor, um das Zentrale dieser „Psychosen" zu kennzeichnen.

Andere dissoziative Störungen

Im Gegensatz zur Dissoziativen Identitätsstörung (DIS) im engeren Sinn erscheint die „Persönlichkeit" oder „Identität" der betroffenen Personen selbst meist nicht fragmentiert oder gestört zu sein.

Castillo (1994) hat in einer Arbeit anhand der Geisterbesessenheit in Südostasien dargelegt, dass die zeitgenössische Psychiatrie, deren Konzept der psychischen Störungen ohne die erfahrungsgebundene Einbeziehung von kulturspezifischen Kategorien auskommt, ebenso problematisch für transkulturelle psychiatrische Studien erscheint wie die Psychoanalyse, die die ethnopsychiatrische Forschung (Ethnopsychoanalyse) lange beherrschte. Castillo schlägt stattdessen, im Rückgriff auf das Beispiel der multiplen Persönlichkeit in Nordamerika vor, stärker auf das Dissoziationsparadigma zurückzugreifen. Castillo vertritt die These, dass die Geisterbesessenheit in Südostasien eine ähnliche Ätiologie wie die Multiple Persönlichkeitsstörung in Nordamerika habe, welche „durch spontane Trancereaktionen auf extreme Situationen in der Umgebung, insbesondere Kindesmissbrauch bedingt sei". Der Autor hat früher publizierte Fälle von Besessenheit unter dem Aspekt von Dissoziation und Trauma neu gesichtet.

Besondere Schwierigkeiten bei der genauen Klärung des klinischen Begriffs der Besessenheit stellen sich von zwei Seiten:
- Zum einen finden sich bei zahlreichen anderen psychischen Störungen Ich-Zustände („ego states") mit personalen Aspekten (zum Beispiel bei einer Borderline-Patientin, die berichtet, dass es „seit ihrer Kindheit in ihrem Kopf zwei Freunde gibt", die bestimmte Merkmale aufweisen etc.).
- Zum anderen erscheint die Abgrenzung von echten wahnhaften Formen oder bizarren Glaubensvorstellungen über sich selbst nicht immer einfach zu sein (schizotype Störung).

Auch die Abgrenzung der Trancezustände zu der Kategorie der „psychogenen Dämmerzuständen" (ICD-10, F44.88) scheint unzureichend definiert.

Besessenheitszustände sollten ein gut verstandener Teil unserer psychiatrisch-psychotherapeutischen Differenzialdiagnosen sein, wie Whitwell und Barker bereits 1980 forderten.

12.6 Ein Fallbeispiel

Im Folgenden soll zur besseren Illustration des Themas „Besessenheit" und auch zur Erläuterung für die spätere Darstellung und Überlegungen zu Ätiologie und Therapie dieses

12 Besessenheits- und Trancezustände

Störungsbildes ein etwas ausführlicheres Beispiel dargestellt werden. Das Beispiel, das von Prokop (1974) veröffentlicht wurde, ist aus verschiedenen Gründen besonders geeignet:

- Es ist eines der wenigen minutiös dargestellten Beispiele.
- Es handelt sich um den Fall eines westlichen Besessenheitszustands.
- Der Fall ist kirchlich als Besessenheit „autorisiert".
- Es sind Aufzeichnungen eines psychopathologisch Geschulten.
- Es ist kein passageres Phänomen, da die Patientin bereits zuvor mehrfach erfolglos den exorzistischen Gebeten unterzogen worden war.

Der Fall E. M. ist einigermaßen „typisch": Die Frau ist 32 Jahre alt, ledig, das jüngste von fünf Kindern; sie ist in ländlicher, religiöser Umgebung aufgewachsen, hat seit der Kindheit häufige, als Petit-mal-Absencen gedeutete Anfälle und zeigt neurologische und elektrophysiologische Auffälligkeiten, allerdings ohne sicheren pathologischen Befund; mit 24 Jahren wurde sie schließlich berentet.

E. M. legt sich bereitwillig auf das Untersuchungsbett. Neben ihr nimmt der geistliche Herr Platz. E. M. schließt die Augen und bleibt etwa 1 bis 2 Minuten ruhig liegen. Dann setzt ganz unvermittelt – der geistliche Herr bezeichnet die nun folgenden Reaktionen als „Stufe 1 der Dämonie" – eine höchst aggressive, von lautstarken, gebrüllten Äußerungen begleitete Verhaltensweise ein. Die Besessene verzerrt ihr Gesicht, so wie man etwa bei Volksbühnen „den Teufel" darzustellen pflegt. Sie fletscht mit spitzem Kinn und etwas geöffnetem Mund die Zähne, zeigt ein höhnisches, spöttisches Lachen, knurrt wie ein gereizter Köter und beschimpft mit unflätigsten Ausdrücken, die in süddeutscher Mundart gehalten sind, den geistlichen Herrn. (So) schreit sie auch: „Du schiacher, alter Lotter du, a Jüngerer war ma liaba." Aus ihr spricht nun „Pluto", so nennt sich nämlich der in ihr zum Vorschein kommende „Satan". Sie spuckt dem Geistlichen ins Gesicht, packt ihn brutal bei seinen weißen Haaren, reißt daran, schlägt mit großer Kraft mit den Fäusten zu, tritt mit den Beinen um sich und kann nur mit Mühe gebändigt werden. Diese „Stufe 1 der Dämonie" dauert knappe fünf Minuten. Dann legt sich die Patientin hin, wendet mehrmals mit leichten, ruckartigen Bewegungen, begleitet von einigen leisen, unartikulierten Lauten, den Kopf nach links, öffnet dann die Augen und sagt: „Weg is." Der geistliche Herr sagt: „Nun will ich Ihnen die ‚Stufe 2 der Dämonie' demonstrieren." Die Patientin legt sich bereitwillig wieder hin. Nach kurzer, kaum einminütiger Pause öffnet sie wieder die Augen und spricht nun mit pathetischer (...) Stimme. Im Gegensatz zum ersten „Besessenheitsanfall", bei dem die Mundart obwaltete, verwendet E. M. nunmehr ein gepflegtes, getragenes Hochdeutsch. Die Sätze, die E. M. ausspricht, erinnern an das 4. Kapitel im Matthäus-Evangelium. Diesmal fehlt jede aggressive Vorgangsweise. Zum Geistlichen gewendet spricht sie: „Ich gebe Dir alle Macht auf dieser Erde, Geld, Ansehen, Ruhm, wenn Du mir untertan bist." Diese ziemlich monotonen Äußerungen werden in sinngemäß ähnlicher Weise mehrmals wiederholt. Wie auch bei der ersten „Besessenheitsstufe" folgt dann wieder der Vorgang des Exorzismus. Der Geistliche bläst die Patientin an, die begleitende Frau legt E. M. das Kreuz auf die Stirn. E. M. begibt sich in hockende Stellung, hält nun die Hände zur Abwehr gegen den Priester hoch, „knurrt wieder wie ein verfolgter Teufel, über den Weihwasser geschüttet wird", sieht ängstlich mit raschen Kopfbewegungen um sich und zeigt wieder bleckend die Zähne. Nun setzt wieder die Kopfwendung nach links ein, begleitet von einem unartikulierten „e, e, e". Dann schlägt E. M. wieder die Augen auf und sagt: „Weg is." Der Geistliche versucht nun die „3. Stufe der Dämonie" zu provozieren. E. M. legt sich wieder hin. Die Stufe will aber diesmal nicht funktionieren. Nach Schilderung des Geistlichen zeigt sich diese „ausgeprägteste Form der Besessenheit" darin, dass E. M. nun die Arme über der Brust kreuzt und die Gestalt des „Buddha" annimmt, der nun aus ihr spricht. Zu „Lehrzwecken" wurden übrigens von diesem seltenen „Besessenheitsfall" Tonbandaufnahmen und einige Filme gedreht. E. M. habe sich für diese Aufnahmen jeweils „ganz widerspruchslos und bereitwillig" zur Verfügung gestellt.

Folgende Muster fallen auf:
- Die Frau scheint durch die Anwesenheit von Fremdpersonen oder Kameras nicht irritierbar zu sein (aus der Hypnoseforschung ist bekannt, dass die die Suggestibilität mit der Anzahl der Zuschauer steigt).
- Die Patientin zeigt bei dem ganzen Geschehen selbst nur wenig emotionale Betroffenheit, sodass man fast von einer „belle indifférence" sprechen möchte, wie sie für die Hysterie in der Vergangenheit beschrieben wurde.
- Auffallend ist ferner die deutliche Einflussnahme des Priesters, der sich zwar an den Haaren ziehen lässt, aber auch „Regieanweisungen" gibt.
- Die unterschwellige Bedeutung von Sexualität scheint greifbar zu sein.
- Es hat den Anschein, dass die Frau jeweils veränderte Bewusstseinszustände anzunehmen scheint, die abrupt beginnen und aufhören („Weg is").

Klinisch fanden sich bei der Patientin ferner, noch vor der Besessenheit, psychogene Anfälle und Dämmerzustände (so will sie unmittelbar neben ihren Angehörigen vom Balkon springen), sie spricht auch ungemein heftig auf die Gabe von Plazebos an. Für den Gutachter des Falls Prokop handelte es sich diagnostisch hier um eine „Hysteroepilepsie".

Es scheinen einige Hinweise auf das Vorliegen einer Dissoziativen Identitätsstörung gegeben zu sein:

„Typische psychogene Ausnahmezustände, wie bei E. M., lassen sich provozieren, steuern, ja förmlich züchten. Oft treten unterdrückte Eigenschaften in Form von ‚Teilpersönlichkeiten' zutage. Diese ‚Teilpersönlichkeit' führt schließlich bei den so genannten ‚alternierenden Persönlichkeiten' scheinbar oft ein Eigenleben." (Prokop 1974)

12.7 Epidemiologie, Verlauf und Prognose

Es liegen keine empirisch gesicherten Befunde über Verlauf und Prognose dieser Störungen vor. Allerdings scheint die Prognose klinisch zumeist günstig zu sein.

Es finden sich in der Literatur Übersichten zur Prävalenz und Geschlechtsverteilung (insbesondere der Besessenheitsphänomene). Die Prävalenz liegt je nach Untersuchung zwischen 0,06 und 3,5 %. Etwa 500 Fälle – vor allem in Indien, wo die Besessenheit am besten untersucht ist – wurden in großen Studien-Samples identifiziert. Das Geschlechterverhältnis wird allgemein mit mindestens ca. 2 bis 3 zu 1 (zugunsten der Frauen) angegeben (Akhtar 1988; Lewis 1971).

Nicht vergessen werden sollte jedoch, dass auch in unserem Kulturkreis in so genannten Pfingst- oder charismatischen Glaubensgemeinschaften Besessenheitsvorstellungen noch immer weit verbreitet sind oder sogar wieder zunehmen (Kemp u. Williams 1987). Allgemein verbreitet ist die Auffassung, dass Besessenheit ein Phänomen ist, dass vor allem in so genannten „primitiven Gesellschaften" vorkomme (McCormick u. Goff 1992). Diese Vorstellung ist jedoch nur mit großen Einschränkungen richtig. Wie Quekelberghe (1991) ausführt, üben der allgemeine kulturelle Kontext sowie die einzelnen Rituale bei der zeremoniellen Besessenheit einen wesentlichen Einfluss auf die Produktion und Interpretation von Besessenheitssymptomen aus.

Wie der Autor schreibt, kann man bereits bei leichten tranceinduzierenden Drogen wie „Peyote" erhebliche – zum Teil sogar diametral entgegengesetzte – physiologische Wirkungsunterschiede feststellen.

Pereira et al. (1995) schreiben, dass Besessenheit eine häufige Erscheinung bei Bedrängnis und Not in einer zunehmend multikulturellen Gesellschaft darstellt, und fordern klinische Richtlinien für eine kulturgerechte Vorgehensweise. Besessenheitsüberzeugungen werden nach einer Aufstellung von Ward (1980) in über 90 % aller Weltpopulationen akzeptiert. In einer Prävalenz-Metaanalyse für Indien und Puerto Rico (Lewis-Fernandez 1998) finden sich Werte zwischen 0,09 und 5,4 % bei Frauen und 0,04 und 2 % bei Männern. Sie kommen offensichtlich in den allermeisten Kulturen in abgewandelten Erscheinungsformen vor (Yap 1960; Mischel u. Mischel 1958; Wittkower 1970).

12.8 Ätiopathogenese

Die Besessenheit und die Trancezustände sind vorwiegend stark kulturell geprägte Zustandsbilder (zum Beispiel in religiöse Rituale oder Zeremonien eingebettet), die auch toxisch oder durch pathophysiologische Praktiken (Tänze, Atemübungen u. ä.) hervorgerufen werden, aber auch (besonders in der westlichen Zivilisation) sporadisch auftreten können. In den meisten Fällen handelt es sich eher um leichtere dissoziative Zustände, die kaum Krankheitswert erlangen und zum Teil auch intentional herbeigeführt werden können. In den meisten untersuchten Ethnien verhalten sich Personen in Trance oder mit Besessenheit auf eine Art und Weise, die letztlich kulturell akzeptiert, wenn nicht sogar erwartet wird. Es wurde von ethnopsychiatrischen Forschern darauf aufmerksam gemacht, dass die meisten Personen lediglich höchstens „leicht neurotisch" waren. Wo psychotische Patienten bei solchen kultischen Ritualen mitmachten, „funktionierten" diese schlecht.

Bei den typischen, sorgfältig diagnostizierten Fällen pathologischer Trance- oder Besessenheitszustände kann von einem pathogenetisch relevanten dissoziativen Mechanismus ausgegangen werden. Im Gegensatz zu anderen dissoziativen Störungen gibt es jedoch weniger Hinweise auf Traumatisierungen in der Vorgeschichte.

Eine gegenwärtig wichtige pathogenetische Diskussion in diesem Bereich (wie bei der Dissoziativen Identitätsstörung auch) betrifft die Frage der Bedeutung der Mediation von soziokulturellen Faktoren auf psychologische und sogar psychophysiologische Mechanismen. In einem biopsychosozialen **Vulnerabilitätsmodell** der Besessenheit könnten demnach folgende Faktoren eine Rolle spielen:

- Dissoziativität und/oder Hypnotisierbarkeit
- sozialer und kultureller Kontext
- religiöse Vorstellungen und Praktiken
- iatrogenes „Enactment" (Hypnose, Exorzismen)
- pathologische Persönlichkeit
- neuropsychologische Prozesse (Brugger u. Graves 1997)
- aufrechterhaltende psychische Faktoren (Konfliktvermeidung, positive Verstärker etc.)

Hall et al. (1982) weisen auch auf das Dilemma hin, dass manche Symptome der Besessenheit erst durch den Exorzismus zur Exazerbation gebracht werden können und dann nicht klar ist, was Ursache und was Folge ist.

12.9 Sozialpsychologische Erklärungen

Von einigen Autoren wird Besessenheit als eine Form der Kommunikation angesehen, bei der sich unterdrückte Gruppen, die nicht in der Lage sind, sich anders auszudrücken, Gehör verschaffen. In vielen Gesellschaften seien daher vor allem die Frauen und die Armen davon betroffen. Auch Chandrashekar (1989) erklärt so den weit größeren Anteil an betroffenen Frauen. Diese hätten eine nur geringe Einflussmöglichkeit auf ihr Schicksal und nur geringe Aussichten, einen höheren sozialen Status zu erlangen. Diese Konflikte und Probleme werden dann durch Besessenheit ausgedrückt, und es wird ein seelisches Gleichgewicht gesucht.

Bourguignon (1989) schlägt ein Modell vor, bei dem Besessenheit und Exorzismus dann zusammen zunehmen, wenn die sozialen Strukturen von Unterdrückung und Vertrauensverlust in die Institutionen gekennzeichnet sind, wo also Protest gefährlich ist und keine Aussicht besteht, soziale Konflikte zu lösen.

Einige Autoren (Kiev 1968) haben ein soziogenetisches Modell formuliert: Besessenheit sei ein kulturell höchst sanktioniertes und dadurch stark institutionalisiertes Phänomen, von dem Kinder schon in frühen Jahren Kenntnis erlangen, mit der Erwartung, dass sie selbst später unter bestimmten Umständen so reagieren könnten. Wilson (1967) sieht die Besessenheitszustände stärker als Ausdruck einer allgemeinen, soziologisch zu verstehenden „Statusambiguität" („status ambiguity").

Obwohl feststeht, dass Besessenheitszustände stark kulturgebunden sind, wird andererseits so argumentiert (etwa Wittkower 1970 oder Lhermitte 1948), dass sich lediglich das äußere Erscheinungsbild je nach Kultur verändere, die zugrunde liegende Dynamik aber immer die gleiche sei.

Der Zusammenhang von Medieneinfluss und psychogenen, „okkult" anmutenden psychischen Störungen wurde in den Vereinigten Staaten besonders nach der Ausstrahlung des wegen seiner suggestiven Wirkung damals heftig diskutierten Kinofilms „Der Exorzist" näher untersucht (Greenson 1974; Hamilton 1975). Es wurden einige Fälle bekannt, bei denen (ähnlich dem Werther-Effekt beim Suizid) Symptomatiken nach Ansehen des Films zutage traten, was Bozzuto (1975) als „cinematic neurosis" bezeichnet hat.

12.10 Neurophysiologische Erklärungen und Epilepsien

Einige weltweit vorhandene Grundmuster im Zusammenhang mit Besessenheitszuständen lassen sich aufzeigen, die sich so im Übrigen bei den Multiplen Persönlichkeiten (heute: Dissoziative Identitätsstörung) nicht finden und die Hinweise für eine eventuelle psychophysiologische Untersuchbarkeit liefern:
- Induktion durch gleichförmige, schnelle Musik (etwa Trommeln)
- Induktion nach einer Phase des Hyperventilierens oder der Hypoglykämie
- vor dem Einsetzen häufig kurzer Schwindel oder Kollaps-Phase
- häufig ein gleichmäßiger Tremor an Händen und Kopf während der Besessenheitszustände; mit der motorischen Überaktivität geht eine sensorische Unteraktivität einher
- Rückkehr in den Normalzustand häufig mit einer Phase des Schlafs und der Erschöpfung verbunden; danach folgt manchmal Euphorie

Von Schenk und Bear (1981) oder Mesulam (1981) wurden in den 80er Jahren eine zwar kleine, aber in Bezug auf die Symptomähnlichkeit beeindruckende Zahl von Patienten mit vorwiegend Temporallappen-Epilepsie dargestellt, die zunächst als Patienten mit Multipler Persönlichkeitsstörung behandelt wurden. Mesulam beschrieb (1981) zwölf Fälle von Patienten, die Symptome von Multipler Persönlichkeit, aber insbesondere von Besessenheit zeigten und die sowohl klinisch als auch im EEG Zeichen einer Temporallappen-Epilepsie aufwiesen.

Bei verschiedenen Epilepsieformen, besonders aber bei der Temporallappen-Epilepsie können sich schizophrenieähnliche Psychosen finden, mit akustischen, olfaktorischen oder optischen Halluzinationen oder wahnhaften Symptomen (s. zu den schizophrenieähnlichen Psychosen: Slater et al. 1963; Bear 1986; Stevens 1986; Sindrup 1986). Ein Beispiel aus dem Bereich der Epilepsie, das direkt einer Besessenheitsbeschreibung entnommen sein könnte, geben Slater et al. (1963):

„Phänomene, die wie körperliche Halluzinationen wirken, sind nicht selten; vaginale Sensationen (bei zwei von 83 Patienten der Stichprobe), ein inneres Gefühl, als sei die Blase voll, als würden die Organe berührt oder als hätte der Teufel mit einem Geschlechtsverkehr." (Übs. d. A.)

12.11 Besessenheit im Zusammenhang mit Intoxikationen und Psychosen

Besessenheitssymptome wurden mehrfach mit Intoxikationen in Verbindung gebracht. Berühmt wurde etwa die Arbeit von Caporael (1976). Die Autorin versuchte durch subtile geografische und meteorologische Beweisführungen nachzuweisen, dass die Hexenepidemie in dem Neuengland-Städtchen Salem auf eine Massenintoxikation durch das Mutterkornalkaloid zurückgeführt werden kann, da die „Hexen" in Windrichtung vom Getreidefeld wohnten. Bezüglich der zahlreichen Arbeiten zu psychoaktiven Drogen empfiehlt sich das Sonderheft des „Journal of Psychoactive Drugs" (1989).

Noch anlässlich einer abschließenden rechtsmedizinischen Beurteilung des berühmten „Falls" Anneliese Michel (Goodman 1981; Mischo u. Niemann 1983) – einer 23-jährigen Studentin aus Klingenberg, die trotz höchstgradiger anorektischer Symptomatik über Monate von zwei Exorzisten behandelt wurde – schreibt der Gutachter (Schulz 1979): „Die medizinische Diagnose der ‚Besessenheit' lautete zusammengefasst: Paranoid-halluzinatorische Psychose bei Epilepsie auf dem Hintergrund besonderer psychosozialer Faktoren, wobei eine psychogene Identifizierung krankhafter Art mit der Rolle einer ‚Besessenen' gegeben war."

12.12 Psychodynamische Erklärungen

Freed und Freed (1990b) erklären Besessenheit tiefenpsychologisch als Wiederkehr von verdrängten Konflikten oder Wünschen, wo Es-Wünsche das Ich in einem Zustand der Dissoziation überwältigen. Der primäre Krankheitsgewinn ist nach diesem Modell die Abnahme der intrapsychischen Spannung, der sekundäre die Aufmerksamkeit und Fürsorge, die einem entgegengebracht wird.

Ward und Beaubrun (1980) schreiben in ihrer psychodynamischen Untersuchung von Besessenen auf Trinidad, dass zwar kein einheitliches klinisch-psychopathologisches Bild vorherrscht, abgesehen von vielleicht einer Tendenz zu hysterischer Ausgestaltung und neurotischer Depression, dass in allen Fällen jedoch die Besessenheit zwei Vorteile für das Individuum mit sich bringt, nämlich „direkte Flucht aus einer Konfliktsituation und Verminderung von Schuld durch Projektion der Schuld auf den eindringenden Geist".

Marmer (1980) sieht in den Alternativpersönlichkeiten der Patienten mit einer Dissoziativen Identitätsstörung (man könnte dies auch auf den Inkubus des Besessenen anwenden) die Möglichkeit, sich angemessene Übergangsobjekte (nach Winnicott) zu schaffen, die bis dahin nicht vorhanden waren.

12.13 Religiöse Erklärungen

Zu den psychiatrischen Arbeiten, die religiöse Kriterien verwenden, gehören die von Lhermitte (1948; 1963), Jackson und Wilson (beide zit. in Montgomery 1976) oder die von McAll (1971).

12.14 Biopsychosoziales Vulnerabilitätsmodell der Besessenheit

Insgesamt wird heute von den klinischen Theoretikern, die sich mit Besessenheit befasst haben, etwa Ludwig (1968) oder Chandrashekar (1989), das in der Psychologie und Psychiatrie auch für viele andere psychische Störungen postulierte integrative biopsychosoziale Modell vertreten.

„Die gegenwärtige Forschung zeigt, dass Besessenheit nur verstanden werden kann, wenn diverse Perspektiven einbezogen werden, etwa biologische, anthropologische, soziologische, psychopathologische und erfahrungsgeleitete." (Pereira et al. 1995, Übs. d. A.)

12.15 Behandlung

Es gibt keine systematischen Studien zu Behandlungsstrategien. Möglicherweise empfehlen sich psychodynamische, konfliktzentrierte Therapien, die situativ stabilisierende, beziehungsorientierte und konfrontative Elemente aufweisen. Bei der Behandlung müssen kulturelle Aspekte berücksichtigt werden.

Um einen dissoziativen Trance- oder Besessenheitszustand, in dem sich eine Person akut befindet, zu behandeln bzw. zu unterbrechen, sollten evtl. hypnosetherapeutische oder imaginationsfokussierte Interventionsstrategien gewählt werden. In den meisten Fällen verschwindet die Störung von allein.

Religiöse Besessenheitsbehandlungen (Exorzismen) weisen interessanterweise selbst Merkmale von „proto-psychotherapeutischen" Interventionen auf (s. dazu Dammann 1996). Hale und Pinninti (1994) schreiben bezüglich der Unterscheidung von psychotischen und „echten" Besessenheitszuständen, dass traditionelle Heiler psychopathologische Symptome in der Regel erkennen und dann an den Psychiater verweisen.

Figge schreibt (1971):

„Wohl das wesentlichste therapeutische Element der ‚Besessenheit' liegt in der Möglichkeit, seine eigene Persönlichkeit mit allen Fehlern und Defekten, sein Schicksal mit allen Rückschlägen und Fehlentwicklungen, alle Sorgen und Verpflichtungen für eine kurze Zeitspanne, aber regelmäßig ablegen zu können wie – sagen wir – ein zu enges Hemd. (...) Es ist daher auch absolut undenkbar, dass das Verhalten, das eine Geistrolle zeigt, einem Medium in irgendeiner Weise angelastet werden könnte. (...) Zu dieser Möglichkeit, eine andere Persönlichkeit nicht nur zu spielen, sondern mit allen Konsequenzen zu sein, bietet die Umbanda nun die fünf Rollenkategorien, die die im Alltag (...) am wenigsten zu befriedigenden Verhaltens- und Erlebenstendenzen umfassen."

Eine interessante, beinahe verhaltenstherapeutische Intervention durch Verstärkerentzug beschreibt Prokop (1974) für die Fallbeschreibung der Patientin E. M. (s. o.):

„Für die weitere Krankheitsentwicklung von E. M. möge nur so viel bemerkt werden, dass der für die Behandlung wichtigste Rat, die ‚Besessenheitszustande' nicht zu beachten, auf fruchtbaren Boden fiel. Das Pflegepersonal, voran der geistliche Herr, hielt sich an diese Anweisung. Der zur Darstellung der psychogenen Zustände notwendige Publikumseffekt fiel damit weg. Die Anfälle sistierten."

Literatur

Akhtar S (1988). Four culture-bound psychiatric syndromes in India. Int J Soc Psychiatry; 34: 70–4.

American Psychiatric Association (1991). DSM-IV Options Book: Work in progress. Washington, DC: American Psychiatric Association.

Bear DM (1986). Beahvioural changes in temporal lobe epilepsy: conflict, confusion, challenge. In: Trimble MR, Bolwig TG (eds). Aspects of Epilepsy and Psychiatry. Chichester: Wiley; 19–29.

Bender H (1959). Mediumistische Psychosen. Ein Beitrag zur Pathologie spiritistischer Praktiken. Zeitschrift für Parapsychologie und Grenzgebiete der Psychologie; 2: 173–201.

Boddy J (1994). Spirit possession revisited: beyond instrumentality. Ann Rev Anthropol; 23: 407–34.

Bourguignon E (1976). Possession. San Francisco: Chandler & Sharp.

Bourguignon E (1989). Trance and shamanism: what's in a name. J Psychoactive Drugs; 9–15.

Bozzuto JC (1975). Cinematic neurosis following „The Exorcist": report of four cases. J Nerv Ment Dis; 161: 43–8.

Brugger P, Graves RE (1997). Right hemispatial inattention and magical ideation. Eur Arch Psychiatry Clin Neurosci; 247: 55–7.

Caporael LR (1976). Ergotism: the satan losed in Salem? Convulsive ergotism may have been a phyiological basis for the Salem witchcraft crisis in 1692. Science; 192: 21–6.

Castillo RJ (1994). Spirit possession in South Asia, dissociation or hysteria? Culture, Medicine and Psychiatry; 18: 1–21, 141–62.

Chandrashekar CR (1989). Possession syndrome in India. In: Ward CA (ed). Altered states of consciousness and mental health: a cross-cultural perspective. London: Sage; 79–95.

Crapanzano V, Garrison V (eds) (1977). Case Studies in Spirit Possession. New York: Wiley.

Dammann G (1996). Besessenheitszustände (ICD-10, Nr. F44.3) als Dissoziative Identitätsstörungen: Neuere klinisch-psychologische und psychiatrische Theoriediskussionen in den Bereichen Psychotraumatologie, „Multiple Persönlichkeit", Dissoziations- und Aufmerksamkeitsforschung sowie Erstellung einer Übersichtsbibliographie. Psychologische Diplomarbeit, Tübingen.

Dammann G, Overkamp B (2003). Diagnose, Differentialdiagnose und Komorbidität bei Dissoziativen Störungen. In: Reddemann L, Hofmann A, Gast U (Hrsg). Psychotherapie der Dissoziativen Störungen. Stuttgart, New York: Thieme; 3–25.

Das PS, Saxena S (1991). Classification of dissociative states in DSM-III-R and ICD-10: a study of Indian outpatients. Br J Psychiatry; 159: 425–7.

Figge HH (1971). „Besessenheit" als Therapie. Zur Wirkung der „Geisterbeschwörung" auf „Inkorporationsmedien" in der Umbanda. Z Parapsychol Gr Psychol; 12: 207–25.

Floru L (1974). Reaktive, psychogene und schizophrenie-ähnliche Psychosen. Ein Überblick des Problems. Schweiz Arch Neurol Neurochir Psychiatrie; 114: 107–23.

Freed RS, Freed SA (1990a). Ghost illness of children in North India. Med Anthropol; 12: 401–7.

Freed RS, Freed SA (1990b). Ghost illness in a North Indian village. Soc Sci Med; 30: 617–23.

Goodman FD (1981). The Exorcism of Anneliese Michel. Garden City: Doubleday.

Greenson R (1974). A psychoanalyst's indictment of „The Exorcist". Saturday Review-World; 120: 41–3.

Hale AS, Pinninti NR (1994). Exorcism-resistant possession treated with clopenthixol. Br J Psychiatry; 165: 386–8.

Hall RC, LeCann AF, Gardner ER (1982). Demonic possession: a therapist's dilemma. J Psychiatr Treatm Eval; 4: 517–23.

Hamilton J (1975). „The Exorcist": A psychoanalytic perspective. Paper American Psychoanalytic Association 1975. J Psychoactive Drugs 1989; 21: 1–112.

Kemp S, Williams K (1987). Demonic possession and mental disorder in medieval and early modern Europe. Psychol Med; 17: 21–9.

Kiev A (1968). The psychotherapeutic value of spirit-possession in Haiti. In: Prince R (ed). Trance and Possessional States. Montreal: Bucke Memorial Society; 143–8.

Krippner S (1994). Cross-cultural treatment perspectives on dissociative disorders. In: Lynn SJ, Rhue JW (eds). Dissociation: Clinical and theoretical perspectives. New York: Guilford.

Lewis IM (1971). Ecstatic Religion: An anthropological study of spirit possession and shamanism. Baltimore: Penguin.

Lewis-Fernández R (1998). A cultural critique of the DSM-IV Dissociative Disorders section. Transcultural Psychiatry; 35: 387–400.

Lhermitte J (1948). Les pseudo-possessions diaboliques. Études Carmélitaines; 27: 272–92.

Lhermitte J (1963). Diabolic Possession, true and false. London: Burns & Oates.

Ludwig AM (1968). Altered states of consciousness. In: Prince R (ed). Trance and Possession States. Montreal: Bucke Memorial Society; 69–96.

Marmer SS (1980). Psychoanalysis of multiple personality. Int J Psychoanal; 61: 439–59.

McAll RK (1971). Demonosis or the possession syndrome. Int J Soc Psychiatry; 17: 150–8.

McCormick S, Goff D (1992). Possession states: approaches to clinical evaluation and classification. Behav Neurol; 5: 161–7.

Mesulam MM (1981). Dissociative states with abnormal temporal lobe EEG. Multiple personality and the illusion of possession. Arch Neurol; 38: 176–81.

Mischel W, Mischel F (1958). Psychological aspects of spirit possession. Am Anthropol; 60: 249–60.

Mischo J, Niemann UJ (1983). Die Besessenheit der Anneliese Michel (Klingenberg) in interdisziplinärer Sicht. Z Parapsychol Gr Psychol; 25: 129–93.

Montgomery JW (ed) (1976). Demon Possession. Minneapolis: Bethany Fellowship.

Oesterreich TK (1921). Die Besessenheit. Langensalza: Wendt & Klauwell.

Pereira S, Bhui K, Dein S (1995). Making sense of „possession states": psychopathology and differential diagnosis. Br J Hosp Med; 53: 582–6.

Piper A (1994). „Multiple personality disorder". Br J Psychiatry; 164: 600–12.

Prince R (1968). Can the EEG be used in the study of possession states? In: Prince R (ed). Trance and Possession States. Montreal: Bucke Memorial Society; 121–37.

Prokop H (1974). Beitrag zur Psychopathologie von „Besessenheit und Exorzismus". Kriminalistik und forensische Wissenschaften; 16: 187–207.

Quekelberghe R v (1991). Besessenheit, Schamanismus und Psychotherapie. In: Klinische Ethnopsychologie. Heidelberg: Asanger; 175–203.

Roback AA (1968). Weltgeschichte der Psychologie und Psychiatrie. Freiburg: Alber.

Schenk L, Bear D (1981). Multiple Personality and related dissociative phenomena with temporal lobe epilepsy. Am J Psychiatry; 138: 10.

Schulz E (1979). „Besessenheit" und Exorzismus im Jahr 1976. Z Rechtsmed; 82: 313–21.

Sindrup E (1986). Epilepsy and psychosis: electrophysiological aspects. In: Trimble MR, Bolwig TG (eds). Aspects of Epilepsy and Psychiatry. Chichester: Wiley; 163–76.

Slater E, Beard AW, Glithero E (1963). The schizophrenia-like psychoses of epilepsy. Br J Psychiatry; 109: 95–105.

Spitzer RL, Gibbon M, Skodol A, Williams J, First M (1989). DSM-III-R Casebook. Washington, DC: American Psychiatric Association.

Stevens JR (1986). Epilepsy and psychosis: neuropathological studies of six cases. In: Trimble MR, Bolwig TG (eds). Aspects of Epilepsy and Psychiatry. Chichester: Wiley; 117–46.

Suwanlert S (1976). Neurotic and psychotic states attributed to Thai „Phii Pob" spirit possession. Austr N Zeal J Psychiatry; 10: 119–23.

Vollmoeller W (1994). Zur Problematik „mediumistischer Psychosen". Nervenarzt; 65: 57–61.

Ward CA (1980). Spirit possession and mental health: a psycho-anthropological perspective. Human Relations; 33: 149–63.

Ward CA, Beaubrun MH (1980). The psychodynamics of possession. J Sci Study Religion; 19: 201–7.

Whitwell FD, Barker MG (1980). „Possession" in psychiatric patients in Britain. Br J Med Psychol; 53: 287–95.

Wilson P (1967). Status ambiguity and spirit possession. Man; 2: 366–78.

Wittkower ED (1970). Trance and possession states. Int J Soc Psychiatry; 16: 153–60.

Yap PM (1960). The possession syndrome: a comparison of Hong Kong and French findings. J Ment Sci; 106: 114–37.

13 Dissoziative Anfälle[1]

A. Eckhardt-Henn, C. Spitzer

13.1 Einleitung

Das Phänomen der pseudoepileptischen oder psychogenen Anfälle hat eine lange Geschichte in der medizinischen und psychiatrischen Literatur. In früheren Jahrhunderten zählten solche Patienten zu den „Besessenen". Der psychogene oder auch hysterische Anfall ist eng mit dem Krankheitsbild der Hysterie verbunden und hat daher eine enge Beziehung zum Begriff der Dissoziation (zur Begriffsgeschichte vgl. Kap. 8 in diesem Buch). Liske und Forster (1964) führten den Begriff „pseudoepileptischer Anfall" als Ersatz für den Begriff „hysterischer Anfall" ein. Damit sollte die „automatische" Verbindung zur Hysterie aufgegeben werden, weil nichtepileptische Anfälle auch bei Patienten vorkommen, die keine hysterische Persönlichkeit und auch keine anderen Konversionsstörungen haben. Die **pseudoepileptischen Anfälle** vereinen gewissermaßen sowohl Konversionssymptome im eigentlichen Sinn (motorische Störungen, Sensibilitätsstörungen) und dissoziative Bewusstseinsstörungen (Amnesien, Fugue-Zustände u. a.) und können als eine Schnittstelle konversiver und dissoziativer Prozesse der Symptombildung angesehen werden (Scheidt u. Hoffmann 2000).

Mit dem aktuellen Terminus **dissoziative Krampfanfälle** (vgl. ICD-10) werden Zustandsbilder bezeichnet, die früher und in anderen Nosologie- bzw. Klassifikationszusammenhängen als psychogene, funktionelle, hysterische, konversionsneurotische und pseudoepileptische Anfälle bezeichnet wurden bzw. werden. Die Bezeichnung „dissoziative Krampfanfälle" charakterisiert auf der einen Seite die psychogene Bedingtheit bei fehlenden spezifischen organischen Ursachen und auf der anderen Seite die begleitende Bewusstseinsstörung.

13.2 Klinisches Bild und diagnostische Kriterien

Definition

Ein **pseudoepileptischer Anfall** (PEA) kann nach Kuyk et al. (1999) als „ein paroxysmales, unfreiwilliges Verhaltensmuster, das epileptische Anfälle nachahmt und durch eine plötzliche zeitlich begrenzte Störung der Kontrolle motorischer, sensorischer, autonomer, kognitiver, emotionaler und Verhaltensfunktionen charakterisiert ist und durch psychische Faktoren vermittelt wird", definiert werden. Ganz unterschiedliche Verhaltensmuster und Bewusstseinsstörungen können bei PE-Anfällen vorkommen.

Die klinische Phänomenologie dissoziativer Anfälle ist – ebenso wie die der epileptischen Anfälle – sehr vielgestaltig.

Häufig beschreiben die Patienten prodromale Wahrnehmungen bzw. Auren. Sie werden indessen – anders als die Auren von Epilepsie-Patienten – von den Patienten so beschrieben,

---

[1] Wir danken Herrn Martin Schöndienst für die kritische Durchsicht des Manuskripts und wertvolle ergänzende Anmerkungen.

dass der Eindruck eher undeutlich und verwirrend bleibt. Von den Patienten genannte Phänomene sind beispielsweise ein Zuschnüren des Halses, ein Druckgefühl im Epigastrium, Erstickungsgefühle, Geruchsempfindungen, Schwindelgefühle und Ohrensausen, Herzklopfen, diffuse Angst oder Missempfindungen etc. Nicht selten ergibt sich später innerhalb der psychotherapeutischen Arbeit, dass solche scheinbar bedeutungslosen körperlichen Sensationen einer genauen, allerdings fragmentierten Erinnerung innerhalb traumatisierender Erfahrungen entsprechen.

Der eigentliche Anfall, der dann folgt, kann sehr verschieden aussehen. Aufgrund dieser großen phänomenologischen Variabilität hat es mehrfach Klassifikationsversuche gegeben (Betts u. Boden 1992; Ramchandani u. Schindler 1993; Gröppel et al. 2000; 2001).

Eine mögliche Einteilung typischer dissoziativer Krampfanfälle ist im Folgenden dargestellt (vgl. Betts u. Boden 1992):
- **Ohnmachtsanfälle** („swoons"): Die Betroffenen sinken mit geschlossenen Augen langsam zu Boden, wo sie ohne Konvulsionen, aber mit auffälligem Lidflattern liegen bleiben; sie sind nicht eigentlich bewusstlos, sondern befinden sich in trance- oder stuporartigen Bewusstseinszuständen.
- **Wutanfälle** („tantrums"): Die Anfälle beginnen häufig mit einem Initialschrei, die Patienten fallen zu Boden, schreien, schlagen, kratzen oder beißen und vermitteln dem Beobachter den Eindruck, dass sie mit sich oder anderen kämpfen; wenn man sie festhält, steigert sich der Anfall.
- **symbolische Anfälle oder Abreaktionsanfälle** („abreactive attack"): Bei dieser Form können die Betroffenen hinfallen, oder aber die Anfälle beginnen in liegender Haltung: Dann kommt es entweder zu einem Verhalt der Atmung oder einem Keuchen und zu rhythmischen Bewegungen, die als Koitusäquivalente interpretiert wurden (zum Beispiel „arc de cercle"); gelegentlich finden sich dabei relativ milde Selbstverletzungen in Form von Schlagen, Kratzen oder Beißen.

Ein „pseudoepileptischer Status", der selten auftreten kann, führt sehr oft zur Fehldiagnose eines epileptischen Status; in der Folge kommt es gelegentlich zu invasiven Maßnahmen wie zum Beispiel zur Intubation. Rechlin et al. (1997) fanden bei einer Subgruppe von Patienten mit „pseudoepileptischem Status" eine hohe psychiatrische Komorbidität mit Persönlichkeitsstörungen, depressiven Störungen, Ess-Störungen und Suizidalität.

Klinische Diagnostik

Die **klinisch-neurologische Untersuchung** sollte möglichst während des Anfalls oder unmittelbar danach erfolgen. Dabei sprechen folgende Befunde für einen dissoziativen Anfall (sind aber keineswegs beweisend):
- Die Augen sind meist geschlossen; bei dem Versuch des Untersuchers, diese zu öffnen, wird Widerstand deutlich.
- Die Pupillen sind nicht lichtstarr, es besteht eher selten eine Blickdeviation und der Kornealreflex ist erhalten. Dies ist kein sicheres Unterscheidungskriterium, weil auch bei vielen epileptischen Anfällen die Pupillen nicht lichtstarr sind und der Kornealreflex auch erhalten sein kann.
- Es fehlen oft ausgeprägte vegetative Dysregulationen (zum Beispiel Blutdruckspitzen, Zyanose oder Hypersalivation). Cave: Patienten mit dissoziativen Anfällen können auch Zyanosen aufweisen; nicht selten treten auch bei ihnen regulatorische Störungen wie Tachykardien und/oder Blutdrucksteigerungen auf; manche Patienten bringen auch Speichel hervor, wobei oft nahezu ununterscheidbar bleibt, ob es sich hier um eine Hypersekretion oder um ein Herausdrücken unzureichend geschluckten Speichels handelt.
- Zungenbisse, Einnässen oder -koten sind eher selten zu beobachten.
- Verletzungen infolge eines Sturzes kommen nur gelegentlich vor.

- Die Bewegungen im dissoziativen Anfall sind häufig dysrhythmisch und bizarr; anstatt der Zuckungen finden sich überwiegend Schleuder- oder Strampelbewegungen, Schütteln und Zittern sowie Bewegungen, die an einen Sexualakt erinnern.
- Dissoziative Anfälle treten selten aus dem echten Schlaf heraus auf und eher selten, wenn die Betroffenen alleine sind. Allerdings ist schwer zu unterscheiden, ob es sich um echte Schlafzustände handelt; hierbei wäre ein 24-EEG hilfreich.

Bei der **Anamneseerhebung** ist auf folgende Punkte zu achten:
- Liegen erhebliche psychosoziale Belastungen oder Konflikte (aktuell oder biografisch) vor?
- Finden sich insbesondere Hinweise auf aktuelle Traumatisierungen oder solche in Kindheit oder Jugend (Vernachlässigung, Misshandlung oder sexueller Missbrauch)?
- Wann traten die Anfälle erstmals auf? Welchen Verlauf haben sie seitdem genommen? Gab es jemals Verletzungen, Einnässen oder -koten?
- Gibt es spezifische Auslöser für die Anfallsereignisse?
- Welche Befunde haben bisherige diagnostische Maßnahmen ergeben?
- Wie sieht die Familienanamnese aus? Gibt es relevante Dritte mit epileptischen oder dissoziativen Anfällen („Modelle")?
- Liegen andere dissoziative Störungen vor?
- Welche anderen psychischen Erkrankungen sind bekannt (aktuell oder früher)?
- Ist die somatische, insbesondere neurologische Krankengeschichte leer? (Cave: Das Vorkommen „echter" epileptischer Anfälle schließt das Auftreten dissoziativer Anfälle nicht aus!)
- Finden sich Hinweise auf einen sekundären Krankheitsgewinn?
- Handelt es sich um chronifizierte Verläufe? Haben die Anfälle eine regulierende Funktion im interpersonalen Kontext gewonnen?

Neben der Anamnese und der klinischen Untersuchung sind weitere diagnostische Maßnahmen indiziert. Besonderen Stellenwert hat dabei das EEG; iktale Ableitungen sind sehr aussagekräftig, aber auch interiktale Untersuchungen (dann gegebenenfalls mit Provokationsmanövern) sind wichtig. Große Bedeutung erfährt die EEG-Video-Doppelbildableitung[2], die eine synchrone Beurteilung von klinischem Anfall und entsprechenden EEG-Veränderungen ermöglicht. Ein Teil der gesichert organischen Anfälle zeigt allerdings ein unauffälliges iktales EEG, während sich bei Patienten mit dissoziativen Anfällen in 19 bis 53% unspezifische EEG-Veränderungen finden! Die Diagnose einer Epilepsie ist viel einfacher als die Diagnose „Nicht-Epilepsie". Kuyk et al. (1995; 1999) haben einen Hypnose-Recall-Test entwickelt: Wenn sich Patienten im hypnotischen Zustand an den Anfall erinnern können, dann spricht das für einen PEA, und wenn der Test negativ ist, für einen epileptischen Anfall (EA). Der Test sei in 100% spezifisch und liefere zusätzliche wichtige diagnostische Hinweise in schwierigen Fällen, schreiben die Autoren.

Die Induktion von Anfällen durch Provokationsmethoden (zum Beispiel Kochsalz-Injektionen, Photostimulation, Hyperventilation etc.) misslingt in 10 bis 25% der Patienten mit pseudoepileptischen Anfällen und kann in seltenen Fällen bei Patienten mit Epilepsien Anfälle auslösen (Cohen u. Suter 1982; Slater et al. 1995).

Serologische Parameter (insbesondere Prolaktin, Kreatininkinase und neuronenspezifische Enolase) besitzen nur eine begrenzte Aussagekraft hinsichtlich differenzialdiagnostischer Überlegungen. Unmittelbar postiktal auf mindestens das 4fache des Normal-Prolaktin-Spiegels ansteigende und dann binnen 1 bis 2 Stunden auf einen Normalwert zurück-

---

[2] Hier handelt es sich allerdings um ein sehr kostenintensives Verfahren, worauf auch M. Schöndienst in seinem Beitrag hinweist (s. Kap. 24 in diesem Buch). Falls sich die dort beschriebenen diagnostisch-linguistischen Verfahren als zuverlässig erweisen, wären sie hierzu vielleicht eine Alternative.

gehende Werte sprechen für einen epileptischen Anfall; das Fehlen solcher Anstiege schließt aber einen epileptischen Anfall nicht aus. Erhöhte Prolaktin-Spiegel wurden auch bei synkopalen Anfällen beschrieben. Bei wiederholten epileptischen Anfällen kann es zudem zu einer Verminderung der ausgeschütteten Prolaktinmenge pro Anfallsereignis kommen (Malkowicz et al. 1995). Diese Methode ist daher nur dann nützlich, wenn klare positive Befunde (unmittelbar postiktal über 400 % des Basalwertes) nachgewiesen werden. Bei negativen Befunden kann ein abgelaufener epileptischer Anfall keineswegs ausgeschlossen werden.

Das Ansprechen auf Antikonvulsiva schließt einen pseudoepileptischen Anfall keinesfalls sicher aus. Nach einer Untersuchung von Bowman (1998) sprachen 435 der Patienten, die nur pseudoepileptische Anfälle hatten auf eine Antikonvulsiva-Therapie an. Zum einen geht es hier um den bekannten Plazebo-Effekt, zum anderen sind Patienten mit Konversionsstörungen und hysterischen Persönlichkeitszügen besonders suggestibel, d. h. hier wäre ein deutlich höherer Plazebo-Effekt zu erwarten. Des Weiteren haben viele Antikonvulsiva auch eine sedierende und anxiolytische Wirkung, was dieses Phänomen ebenfalls erklären könnte.

Weitere diagnostische Prozeduren zum Ausschluss anderer, insbesondere neurologischer und internistischer Erkrankungen umfassen: EKG, Langzeit- und Belastungs-EKG, Langzeitblutdruckmessung, Kipptischuntersuchung, Liquoranalysen, strukturelle Bildgebung (CCT oder MRT), neuropsychologische Testdiagnostik und gegebenenfalls funktionelle Bildgebung. Pathologische Befunde bei diesen Untersuchungen schließen dissoziative Krampfanfälle jedoch nicht aus!

Besondere differenzialdiagnostische Probleme bereitet die **Koexistenz** von „echten" epileptischen und dissoziativen Krampfanfällen, wobei die Zuordnung des einzelnen Anfalls sehr schwierig sein kann. Meist treten die dissoziativen Anfälle auf dem Boden einer Epilepsie auf, häufig nach medikamentös oder epilepsiechirurgisch erzielter Anfallsfreiheit.

10 bis 66 % der Patienten mit pseudoepileptischen Anfällen haben zusätzlich epileptische Anfälle (Bowman 1998). Die Diagnose eines pseudoepileptischen Anfalls wird bei Patienten mit bereits bekannter Epilepsie oft erst verzögert gestellt, weil diese Anfälle zunächst als veränderte epileptische Anfälle angesehen werden.

Insbesondere die Abgrenzung gegenüber Temporallappenepilepsien ist in einigen Fällen ausgesprochen schwierig. Black-outs, das Gefühl des Zeitverlusts, Fugue-Zustände, Depersonalisation und Derealisation, Déjà-vu- und Jamais-vu-Erlebnisse, traumartige Zustände, Angst- und Panikanfälle, forciertes Denken, akustische und olfaktorische Halluzinationen kommen in beiden Fällen vor. Eine vorübergehende Amnesie ist manchmal die einzige Manifestation eines Temporallappen-Anfalls (Zeman et al. 1998).

Patienten, die an pseudoepileptischen Anfällen leiden, berichten in der Regel nicht spontan von belastenden und konflikthaften Ereignissen und Situationen; auch schwierige biografische Entwicklungen werden selten spontan berichtet. Dies liegt zum einen in der spezifischen Abwehrstruktur begründet, zum anderen hat das auch gesellschaftliche Gründe: Organische Erkrankungen werden eher toleriert und führen für den Patienten zu einer innerpsychischen und oft auch interpersonellen Entlastung. Unbewusste Ängste vor den zugrunde liegenden Konflikten und bedrohlich erlebten Affekten stehen natürlich im Vordergrund.

13.3 Klassifikation

Dissoziative Krampfanfälle werden in der ICD-10 im Kapitel V (F) unter F44.5 verschlüsselt (s. Tab. 13-1). Nach der ICD-10 fehlt in der Regel ein Bewusstseinsverlust, stattdessen fin-

Tab. 13-1: Definition und diagnostische Kriterien nach ICD-10: F44.5

Definition: Dissoziative Krampfanfälle können epileptischen Anfällen bezüglich ihrer Bewegungen sehr stark ähneln. Bei dissoziativen Anfällen sind jedoch Zungenbiss, Verletzungen beim Sturz oder Urininkontinenz selten. Ein Bewusstseinsverlust fehlt, oder es findet sich stattdessen ein stupor- oder tranceähnlicher Zustand. Keine lichtstarren Pupillen.

A Die allgemeinen Kriterien für eine dissoziative Störung (F44 – siehe allgemeiner Teil) müssen erfüllt sein.

B Plötzliche und unerwartete krampfartige Bewegungen, die sehr an verschiedene Formen epileptischer Anfälle erinnern, aber nicht mit einem Bewusstseinsverlust einhergehen.

C Kriterium B geht nicht einher mit Zungenbiss, schweren Hämatomen oder Verletzungen aufgrund eines Sturzes oder mit Urininkontinenz.

den sich trance- oder stuporähnliche Bewusstseinszustände. Das Kriterium des fehlenden Bewusstseinsverlustes deckt sich nicht mit den klinischen Erfahrungen (vgl. die Ausführungen zu den Ohnmachtsanfällen [S. 176]) und muss nach unserer Auffassung revidiert werden. Im Gegensatz zur ICD-10 werden dissoziative Anfälle im DSM-IV nicht zu den dissoziativen Störungen, sondern zu den Konversionsstörungen gezählt, die als Untergruppe den somatoformen Störungen zugeordnet werden. Dieser Dissens in der Klassifikation der dissoziativen Anfälle ist darauf zurückzuführen, dass das konversive Element (Krampf) mit dem dissoziativen Element (Bewusstseinsstörung) gerade bei den dissoziativen Anfällen kombiniert vorkommt. Es gibt eine Reihe nordamerikanischer Autoren, die eine Neueinteilung fordern und aufgrund empirischer Befunde vorschlagen, die dissoziativen Anfälle als dissoziative Störungen zu konzeptualisieren.

13.4 Differenzialdiagnose

Bis heute gilt die Differenzialdiagnose von epileptischen und pseudoepileptischen Anfällen als schwierig. Häufige Fehldiagnosen führen bei einem hohen Anteil der Patienten zur Chronifizierung. Die mittlere Dauer bis zur Stellung der richtigen Diagnose beträgt bei Patienten spezialisierter Epilepsiekliniken 3 bis 10 Jahre! Dies führt meist zur eigentlich nicht indizierten langfristigen Therapie mit Antikonvulsiva mit allen ihren für den Patienten und das Krankenkassensystem schädigenden Folgen.

Neben dem Ausschluss epileptischer Anfälle müssen synkopale Anfälle, kardiologische Erkrankungen (insbesondere Herzrythmusstörungen), endokrinologische Erkrankungen, toxische Zustände (Drogen, Medikamente, Alkohol), Narkolepsien, komplizierte Migräne-Erkrankungen, Gilles-de-la-Tourette-Syndrom ausgeschlossen werden.

Greig und Betts (1992) weisen darauf hin, dass auch bei Patienten mit einer gesicherten Epilepsie die Häufigkeit der epileptischen Anfälle durch psychische Belastungssituationen zunehmen können und dass es hier eine Subgruppe von Patienten gibt, bei denen Misshandlungserlebnisse in der Vorgeschichte gehäuft vorkommen und eine Bedeutung bei der Auslösung und Häufung von Anfällen haben können. Die Autoren warnen davor, vorschnell die Diagnose „pseudoepileptische Anfälle" zu stellen.

An psychiatrischen Störungen müssen atypische Angsterkrankungen, Hyperventilationszustände, andere dissoziative Bewusstseinsstörungen (Trance, Stupor, Amnesien, Dissoziative Identitätsstörung, Fugue), artifizielle Störungen und die Simulation ausgeschlossen werden.

Dissoziative oder „pseudoepileptische" Anfälle gehen mit Bewusstseinsstörungen einher, die anderen dissoziativen Bewusstseinsstörungen ähneln: Es bestehen meist Amnesien in Bezug auf das Anfallsereignis, es können Fugue-Zustände während des Anfallsereignisses auftreten, ebenso kommen stupor- und tranceartige Zustände vor.

Gleichzeitig kann die Symptomatik aber auch Konversionscharakter haben: In den Anfällen kann es zum Beispiel zu bestimmten motorischen Entäußerungen kommen, die einen direkten Bezug zu einer zugrunde liegenden unbewussten Konfliktsituation erkennen lassen.

Zur Illustration sei das folgende Fallbeispiel dargestellt:

> Frau M., eine 42-jährige Patientin, wird in die Klinik eingewiesen, weil es unter einer psychotherapeutischen Behandlung, die sie ursprünglich wegen einer depressiven Symptomatik begonnen hatte, plötzlich zu „pseudoepileptischen" Anfällen gekommen war, die im Verlauf zunahmen und die Patientin massiv beeinträchtigten.
>
> Die Anfälle traten plötzlich, scheinbar ohne erkennbaren äußeren Anlass auf; sie stürzte oder sank dann zu Boden, war nicht ansprechbar, hyperventilierte, zeigte Zuckungen und „tonisch-klonische" Krämpfe. Insbesondere hielt sie sich den Unterleib, als ob sie heftige Schmerzen hätte; sie zog die Beine an und wimmerte auch dabei. Diese Anfälle dauerten zwischen 5 und 30 Minuten. Anschließend bestand eine Amnesie für diese Zustände; im Verlauf der weiteren Therapie wurde deutlich, dass die Patientin über viele Jahre einem intrafamiliären sexuellen Missbrauch ausgesetzt war. Sie wurde von flashbackartigen Erinnerungen und Phantasien sexuellen Inhalts bedrängt, die mit heftigen vegetativen Symptomen und Panikzuständen einhergingen. Daneben kam es zu kurzen, wenige Sekunden bis Minuten anhaltenden absenceartigen Zuständen, die während der Therapiegespräche auftreten konnten. Sie starrte dann plötzlich ins Leere, reagierte nicht mehr, um nach der entsprechenden Zeit „aufzuwachen", wusste dann nicht mehr, worum es zuvor gegangen war, und konnte sich an diese kurzen Absencen nicht erinnern.

Bei dieser Patientin waren zwei Anfallstypen zu unterscheiden, außerdem waren Konversionssymptome vorhanden, zum Beispiel die krampfartigen Unterbauchschmerzen, die mit den Missbrauchserlebnissen in Zusammenhang standen. Bei diesen Symptomen kann man allerdings diskutieren, ob es sich hier um Konversionssymptome nach klassischer Definition oder um „direkte Körpererinnerungen" (vgl. Kap. 7 und 8) handelte, d. h. um körperliche Symptome, die eine direkte (nicht symbolisch zu verstehende) Verbindung mit den Missbrauchserlebnissen darstellen und aufgrund der spezifischen Gedächtnisstörungen (vgl. Kap. 2) dem impliziten Erinnerungssystem zuzuordnen wären, also nicht in Form von Sprachbildern weiterverarbeitet werden konnten.

An diesem Fall wird zum einen deutlich, dass unterschiedliche Anfallstypen bei einer Patientin auftreten können und dass es unter Umständen nicht so einfach ist, zu unterscheiden, ob es sich hier eher um eine dissoziative Bewusstseinsstörung oder um eine Konversionssymptomatik handelt (vgl. Kap. 8).

Folgende Befunde sprechen dafür, „pseudoepileptische" Anfälle eher den dissoziativen Bewusstseinsstörungen zuzurechnen:
- Es gibt einige empirische Studien, die erhöhte Dissoziations-Scores und dissoziative Symptome bei Patienten mit PE-Anfällen nachgewiesen haben.
- Umgekehrt zeigen Patienten mit dissoziativen Bewusstseinsstörungen nicht selten auch PE-Anfälle.
- Dissoziative Bewusstseinsstörungen teilen

viele Symptome mit Epilepsien, insbesondere mit Temporallappen-Epilepsien. Eine Amnesie kann zum Beispiel manchmal die einzige Manifestation eines Temporallappenanfalls sein (Zeman et al. 1998).
- Fugue-Zustände, Depersonalisations- und Derealisationszustände, Amnesien, Déjà-vu-Erlebnisse, Dämmerzustände, Angst- und Paniksymptome, körperliche Missempfindungen teilweise bizarren zönästhetischen Charakters, auditorische, visuelle und olfaktorische Halluzinationen kommen bei dissoziativen Bewusstseinszuständen, insbesondere bei den schweren dissoziativen Störungen (Dissoziative Identitätsstörung [DIS] und DDNOS), und bei Epilepsien vor.
- Umgekehrt haben einige Patienten, die an einer DIS leiden, Epilepsien und auch PE-Anfälle (Bowman u. Coons 2000).

Es existieren mittlerweile einige empirische Untersuchungen, die zeigen konnten, dass Patienten mit PEA und auch solche mit Temporallappen-Epilepsie und komplex-partiellen Anfällen häufiger unter dissoziativen Symptomen leiden als Patienten mit generalisierten Anfällen.

Die Dissoziative Identitätsstörung (DIS) und die „nicht näher bezeichnete dissoziative Störung" (NNBDS) (vgl. Kap. 19) sind komplexe dissoziative Störungen und gehören zu den Hauptdifferenzialdiagnosen, wenn dissoziative Störungen bei Anfallspatienten auftreten. Die Amnesie und ein Wechsel der Identität gehören zu den wesentlichen Symptomen beider Störungen. Bei den Anfallspatienten ist die Identitätsstörung jedoch eher vorübergehend und häuft sich im Zusammenhang mit den akuten Anfällen.

EEG-Veränderungen und Anfälle bei Patienten mit Dissoziativer Identitätsstörung

Guroff et al. (1986) haben bei 100 DIS-Patienten in 11% anfallsartige Episoden gefunden, davon waren 8% zuvor als komplex-partielle Anfälle diagnostiziert worden; bei 6% war eine Grand-mal-Epilepsie diagnostiziert worden. Coons et al. (1988) fanden bei 10% von 50 DIS-Patienten Anfallspotenziale im EEG; 14% der Patienten hatten PE-Anfälle in der Vorgeschichte.

Unspezifische EEG-Veränderungen zwischen verschiedenen Persönlichkeitszuständen („Alters") bei DIS-Patienten wurden wiederholt beschrieben. Allerdings wurden diese eher als durch unterschiedliche Konzentrationsintensität, Stimmungsveränderungen, Aufmerksamkeitsgrad, Grad der Muskelspannung und andere Faktoren bedingt angesehen. Hughes et al. (1990) untersuchten eine Patientin mit zehn verschiedenen Persönlichkeitszuständen und fanden im EEG mit Brain-Mapping angeblich Unterschiede, die sich auch in einem Gegenrating bestätigen ließen.

Insgesamt scheint eine Minderheit von etwa 10% der Patienten mit DIS und DDNOS an Epilepsien zu leiden, und 25 bis 30% scheinen andere Anfälle bzw. Auffälligkeiten im EEG zu haben (Coons 1992); bezüglich der Inzidenz von epileptischen Anfällen bei dieser Störungsgruppe kann aber bislang nur wenig gesagt werden. Kontrollierte Studien an größeren Patientenkollektiven fehlen bislang. Diese werden schwer durchführbar sein, weil man den Grad der Aufmerksamkeit, der Konzentration etc. (s. o.) bei Normalpersonen in unterschiedlichen Persönlichkeitszuständen messen und diese wiederum klar definieren müsste.

Dissoziative Symptome bei Patienten mit Epilsepsie

Mesulam (1981) hat über einen Zusammenhang von dissoziativen Zuständen und auffälligen Temporallappen-EEGs berichtet. Veränderte Persönlichkeitszustände bei Patienten mit epileptischen Anfällen, die teilweise längere Zeit anhielten und vor den Anfällen (Benson et al. 1986) oder nach den Anfällen (Ahern et al. 1993) auftraten und veränderten Persönlichkeitszuständen bei DIS-Patienten ähnelten, wurden wiederholt beschrieben.

Fugue-Zustände kommen in einem hohen Prozentsatz – Ackner (1954) beschrieb sie bei 78 % der Patienten – im Zusammenhang mit epileptischen Anfällen vor. Aber das Ausmaß dissoziativer Bewusstseinsstörungen bei diesen Patienten überschreitet nicht das Ausmaß bei der Normalbevölkerung. Eine Komorbidität zwischen Anfällen und Dissoziativer Identitätsstörung ist beschrieben, aber eine ätiologische Beziehung ist nicht gesichert.

Komorbidität mit anderen dissoziativen Bewusstseinsstörungen

Patienten mit pseudoepileptischen Anfällen zeigen im Vergleich zur Normalpopulation und zur Population der Patienten mit Epilepsien in psychometrischen Untersuchungen häufiger erhöhte Dissoziations-Scores und gehäuft andere dissoziative Symptome.

Die größte Studie wurde von Bowman und Markand (1996) an 45 Patienten mit PE-Anfällen durchgeführt. Bei 91 % wurden dissoziative Bewusstseinsstörungen nachgewiesen. Bezogen auf die Lebenszeitprävalenz hatten 36 % Fugue-Zustände, 56 % Derealisationszustände, 87 % Depersonalisationszustände, 73 % auf die Kindheit bezogene Amnesien und 82 % auf das Erwachsenenalter bezogene Amnesien – unabhängig von den Anfällen.

Nach einer neueren Untersuchung von Bowman und Coons (2000) – an allerdings nur jeweils 15 Patienten mit PEA und EA – hatten Patienten mit PEA in der Strukturierten Diagnostik (SKID-D, vgl. Kap. 23) signifikant höhere Dissoziations-Scores; hingegen war es nicht möglich, die Patienten aufgrund der Ergebnisse der Dissociative Experiences Scale (DES) zuverlässig zu unterscheiden (vgl. auch Alper et al. 1997 und Kap. 23).

Auch Schöndienst (vgl. Kap. 24) weist darauf hin, dass Patienten mit EA ebenfalls häufig dissoziative Symptome aufweisen, insbesondere wenn die epileptischen Anfälle traumatisierenden Charakter für die Betroffenen haben.

Damit wird deutlich, dass die Differenzialdiagnose zwischen PEA und EA gelegentlich sehr schwierig ist, und insbesondere berücksichtigt werden muss, dass Patienten mit EA gehäuft komorbide dissoziative Bewusstseinsstörungen aufweisen. Eine sorgfältige interdisziplinäre Diagnostik sollte in entsprechenden Fällen erfolgen und zu einer differenzierten interdisziplinären Behandlung führen.

Zwei Drittel der Patienten haben komorbide psychiatrische Störungen, insbesondere depressive Störungen (Lempert u. Schmidt 1990; Spitzer et al. 1994).

13.5 Epidemiologie, Verlauf und Prognose

Epidemiologie

Es gibt wenig empirisches Wissen über die Epidemiologie dissoziativer Anfälle. Für die US-amerikanische Allgemeinbevölkerung gehen Schätzungen von einer Prävalenz zwischen 2 und 33 auf 100000 aus (Benbadis et al. 2000). Retrospektive Untersuchungen bezifferten die Inzidenz dissoziativer Anfälle zwischen 1,4 und 4,3 auf 100000 pro Jahr

(Sigurdardottir et al. 1998; Szaflarski et al. 2000).

In Epilepsie-Zentren machen erwachsene Patienten mit dissoziativen Anfällen zwischen 10 und 58 % aller Überweisungen aus (Sirven u. Glosser 1998). Die Mehrheit der Autoren schätzt, dass etwa 20 bis 30 % aller therapieresistenten Epilepsien auf dissoziative Anfälle zurückzuführen sind (Schultz-Venrath 1995; Betts 1990; Lelliott u. Fenwick 1991; Krumholz 1999).

Ein besonderes Problem stellen Patienten mit „echten" epileptischen und dissoziativen Anfällen dar. Insbesondere nach erfolgreichen „epilepsiechirurgischen" Eingriffen, d. h. nach solchen, die zur Anfallsfreiheit führen, entwickeln Patienten dissoziative Anfälle (Ney et al. 1998; Parra et al. 1998), wobei erste Untersuchungen (Ney et al. 1998) derartige Verläufe mit 5 % beziffern. Der Beginn der Anfälle nach dem epilepsiechirurgischen Eingriff variiert stark und kann zwischen wenigen Monaten und vier Jahren schwanken (Parra et al. 1998). Der Altersgipfel der Störung liegt bei Erwachsenen zwischen dem 18. und 45. Lebensjahr (Sigurdardottir et al. 1998; Ettinger et al. 1999; Szaflarski et al. 2000); eine Erstmanifestation im Pubertätsalter ist jedoch häufig. Auch bei älteren Menschen über dem 65. Lebensjahr wurden kasuistisch Erstmanifestationen beschrieben (Fakhoury et al. 1993). Frauen sind etwa dreimal so häufig betroffen wie Männer (Rosenbaum 2000); in klinischen Populationen schwankt der Anteil der Frauen zwischen 64 und 95 % (Lempert u. Schmidt 1990; Ettinger et al. 1999; Lancman et al. 1993; Drake et al. 1992).

Verlauf und Prognose

Die klinische Erfahrung zeigt, dass der einzelne PEA in der Regel länger dauert als ein „echter" epileptischer Anfall (oft über vier Minuten), wobei der Beginn meist allmählich ist und die Symptomatik undulierend verlaufen kann; die längere Anfallsdauer des PEA gegenüber dem „echten" wurde empirisch gesichert (Jedrzejcak et al. 1999). Gelegentlich kommt es zur Ausbildung eines Status pseudoepilepticus (Reuber et al. 2000; Rechlin et al. 1997; Ney et al. 1997). Die durchschnittliche Anfallsfrequenz bei Patienten mit PEA wird auf zwölf pro Woche beziffert, wobei diese sehr stark variiert. 60 % der Betroffenen haben jedoch mindestens einmal wöchentlich einen PEA (Lempert u. Schmidt 1990). Die durchschnittlich längste Anfallsfreiheit betrug in einer katamnestischen Untersuchung zwei Monate (Bowman et al. 1996). Über die Dauer der Erkrankung ist wenig bekannt, jedoch vergehen durchschnittlich acht Jahre bis zur Diagnosestellung (ebd.).

Patienten mit PEA sind zwar schwierig zu behandeln; etwa zwei Drittel zeigen allenfalls eine Teilremission, Stagnation oder sogar eine Verschlechterung des Krankheitsverlaufs. Etwa 25 bis 35 % waren in katamnestischen Zeiträumen anfallsfrei (Lempert u. Schmidt 1990; Lancman et al. 1993; Walczak et al. 1995; Jongsma et al. 1999). Nur etwa die Hälfte der Betroffenen, denen eine psychosomatische Konsultation empfohlen wurde, befolgt diesen Rat (Krahn et al. 1997). Von jenen Patienten, die eine Psychotherapie beginnen, zeigt etwa die Hälfte eine Voll- bzw. Teilremission der Anfälle (Aboukasm et al. 1998; Jongsma et al. 1999). Patienten, bei denen die Diagnose im Rahmen eines strukturierten Epilepsie-Programms gestellt wurde und die von dem betreuenden Psychotherapeuten über ihre Diagnose aufgeklärt (inklusive Videodemonstration) und anschließend weiterbehandelt wurden, hatten in 70 % eine Voll- bzw. Teilremission (Aboukasm et al. 1998). Als günstige prognostische Faktoren gelten (Selwa et al. 2000; Krahn et al. 1997; Kanner et al. 1999):

- kurze Dauer der Anfälle (< 1 Jahr)
- klinische Semiologie („katatone" Gruppe: bessere Prognose)
- geringe psychiatrische Komorbidität
- kein oder nur ein geringer sekundärer Krankheitsgewinn

Dies sind keine spezifischen Faktoren; sie legen jedoch eine günstige Prognose nahe.

13.6 Ätiopathogenese

Die Pathogenese dissoziativer Anfälle ist mehrfach determiniert. Dissoziative Anfälle gelten ganz allgemein als Ausdruck intrapsychischer und interpersoneller Konflikte; sie können durch externe Belastungsfaktoren, insbesondere Traumatisierungen, ausgelöst werden.

Spezifische Persönlichkeitsmerkmale ließen sich nicht überzeugend empirisch belegen (Kalogjera-Sackellares u. Sackellares 1997). Neben der hohen psychiatrischen Komorbidität zeigen Patienten mit dissoziativen Anfällen auch höhere Dissoziationswerte als Epileptiker (Spitzer et al. 1994; Goldstein et al. 2000). Dabei ist umstritten, ob es sich hier um State- oder Trait-Variablen handelt.

Zusammenhänge mit traumatischen Erlebnissen

Die Relevanz von traumatischen Belastungen im engeren Sinne ist umstritten (Tojek et al. 2000; Rosenberg et al. 2000). Eine Vielzahl von Kasuistiken betont die Bedeutung sexueller Traumatisierungen; empirische Ergebnisse zeigen, dass 33 bis 88% der Patienten traumatische Erlebnisse in der Vorgeschichte hatten (Arnold u. Privitera 1996; Betts u. Boden 1992; Bowman 1993; Bowman u. Markand 1996; Coons et al. 1988; Kuyk et al. 1999; Putnam et al. 1986; Snyder et al. 1994; Van Merode et al. 1997; LaBarbera u. Dozier 1980; Rosenberg et al. 2000), was insgesamt für die Gruppe der Patienten mit dissoziativen Bewusstseinsstörungen gilt (vgl. Kap. 19). Aber es gibt auch widersprüchliche Befunde; nicht immer ließen sich traumatische Erlebnisse in der Vorgeschichte dieser Patienten nachweisen (Jedrzejczak et al. 1999; Rosenberg et al. 2000; Arnold et al. 1996).

Von 24 Patienten mit sexuellem Missbrauch hatten 21 eine DIS oder veränderte Persönlichkeitszustände, die im Zusammenhang mit dem Auftreten der Anfälle standen; andere Auslöser für pseudoepileptische Anfälle waren Ereignisse, die mit den Traumata im Zusammenhang standen. Nach Kuyk et al. (1999) ist die Präsenz sexueller Traumata in der Vorgeschichte, verglichen mit anderen Variablen, der stärkste Prädiktor für die Präsenz der PEA (bezogen auf die Differenzialdiagnose zu Epilepsien).

Familiendynamische Probleme wurden in einigen Studien nachgewiesen (Moore et al. 1994; Griffith et al. 1998; Wood et al. 1998; Krawetz et al. 2001). Klinisch überraschen diese Ergebnisse nicht, versteht man den dissoziativen Anfall als Ausdruck zugrunde liegender intrapsychischer und auch zwischenmenschlicher Konflikte. Auf die Psychodynamik dissoziativer Mechanismen wird in verschiedenen Kapiteln dieses Bandes eingegangen, und daher begrenzen wir uns hier auf den Verweis auf diese Kapitel (Kap. 6, 8, 19, 24, 26).

Tierexperimentell konnte gezeigt werden, dass sich bei Ratten mit einer induzierten limbischen Epilepsie zusätzlich Anfallsäquivalente durch spezifische, d. h. kontextabhängige Stimuli konditionieren lassen (Persinger et al. 2001). Dieser Befund verweist auf die Bedeutung von Lernvorgängen bei der Entwicklung von dissoziativen Anfällen bei Epileptikern (Schultz-Venrath 1995). Aus einer psychodynamischen Perspektive spielen hierbei Abwehrmechanismen, zum Beispiel identifikatorische Prozesse, ebenso eine Rolle wie der sekundäre Krankheitsgewinn.

13.7 Behandlung

Bezüglich der spezifischen psychotherapeutischen Behandlung sei auf die Kapitel 26 bis 29 in diesem Band verwiesen. Leider werden häufig aufgrund diagnostischer Unsicherheiten antikonvulsive Medikamente verordnet. Lempert und Schmidt (1990) untersuchten 50 Patienten mit PEA nach zwei Jahren: Obwohl bei nur 8 % der Patienten eine komorbide Epilepsie gesichert war und bei 14 % als möglich erachtet worden war, nahmen 50 % regelmäßig antikonvulsive Medikamente ein. Die Gabe von Antikonvulsiva bei gesicherten PEA sollte in jedem Fall vermieden und im Verlauf immer wieder überprüft werden. Neben den organischen Nebenwirkungen dieser Medikamente werden die Patienten durch die „doppelte Botschaft", einerseits an einer dissoziativen, also psychisch verursachten Störung zu leiden, andererseits aber solche Medikamente verordnet zu bekommen, völlig verunsichert und iatrogen auf eine somatische Ursache fixiert. Letzteres vermindert die Motivation zu einer konsequenten psychiatrisch-psychotherapeutischen Behandlung.

Literatur

Aboukasm A, Mahr G, Gahry BR, Thomas A, Barkley GL (1998). Retrospective analysis of the effects of psychotherapeutical interventions on outcomes of psychogenic nonepileptic seizures. Epilepsia; 39: 470-3.

Ackner B (1954). Depersonalization: II. Clinical syndromes. J Ment Sci; 100: 854-72.

Ahern GL, Herring AM, Tackenberg J, Seeger JF, Oommen KJ, Labiner DM, Weinand ME (1993). The association of multiple personality and temporolimbic epilepsy. Intracarotid amobarbital test observations. Arch Neurol; 50: 1020-5.

Alper K, Devinsky O, Perrine K, Luciano D, Vasques B, Pacia S, Rhee E (1997). Dissociation in epilepsy and conversion nonepileptic seizures. Epilepsia; 38: 991-7.

Arnold LM, Privitera MD (1996). Psychopathology and trauma in epileptic and psychogenic seizure patients. Psychosomatics; 37: 438-43.

Benbadis SR, Tatum WO 4th, Murtagh FR, Vale FL (2000). MRI evidence of mesial temporal sclerosis in patients with psychogenic nonepileptic seizures. Neurology; 55: 1061-2.

Benson DF, Miller BL, Signer SF (1986). Dual personality associated with epilepsy. Arch Neurol; 43: 471-4.

Betts T (1990). Pseudoseizures: seizures that are not epilepsy. Lancet; 336: 163-4.

Betts T, Boden S (1992). Diagnosis, management and prognosis of a group of 128 patients with nonepileptic attack disorder. Part 1 + 2. Seizure; 1: 19-32.

Bowman ES (1993). Etiology and clinical course of pseudoseizures. Relationship to trauma, depression and dissociation. Psychosomatics; 34: 333-42.

Bowman ES (1998). Pseudoseizures. Psychiatr Clin N Am; 21: 649-57, vii.

Bowman ES, Markand ON (1996). Psychodynamics and psychiatric diagnosis of pseudoseizure subjects. Am J Psychiatry; 153: 57-63.

Bowman ES, Coons PM (2000). The differential diagnosis of epilepsy, pseudoseizures, dissociative identity disorder and dissociative disorder not otherwise specified. Bull Menninger Clin; 64: 164-80.

Cohen JR, Suter C (1982). Hysterical seizures: suggestion as a provocative EEG test. Ann Neurol; 11: 391-5.

Coons PM (1992). The use of carbamazepine for episodic violence in multiple personality disorder and dissociative disorder not otherwise specified: two additional cases. Biol Psychiatry; 32: 717-20.

Coons PM, Bowman ES, Milstein V (1988). Multiple personality disorder. A clinical investigation of 50 cases. J Nerv Ment Dis; 176: 519-27.

Drake ME jr, Pakalnis A, Phillips BB (1992). Neuropsychological and psychiatric correlates on intractable pseudoseizures. Seizure; 1: 11-3.

Ettinger AB, Devinsky O, Weisbrot DM, Goyal A, Shashikumar S (1999). Headaches and other pain symptoms among patients with psychogenic and nonepileptic seizures. Seizure; 8: 424-6.

Fakhoury T, Abou-Khalil B, Newman K (1993). Psychogenic seizures in old age: a case report. Epilepsia; 34: 1049-51.

Goldstein LH, Drew C, Mellers J, Mitchell-O'Malley S, Oakley DA (2000). Dissociation, hypnotizability, coping styles and health locus of control: characteristics of pseudoseizure patients. Seizure; 9: 314-22.

Greig E, Betts T (1992). Epileptic seizures induced by sexual abuse. Pathogenic and pathoplastic factors. Seizure; 1: 269-74.

Griffith JL, Polles A, Griffith ME (1998). Pseudoseizures, families and unspeakable dilemmas. Psychosomatics; 39: 144-53.

Gröppel G, Kapitany T, Baumgartner C (2000). Cluster analysis of clinical seizure semiology of psychogenic nonepileptic seizures. Epilepsia; 41: 610-6.

Gröppel G, Glauninger G, Kapitany T, Stefan H, Baumgartner C (2001). Clusteranalyse bei dissoziativen Anfällen. Z Epileptol; 14: 135-6.

Guroff JJ, Putnam FW, Silbermann EK, Barban L, Post RM (1986). The clinical phenomenology of multiple personality disorder: review of 100 recent cases. J Clin Psychiatry; 47: 285-93.

Hughes JR, Kuhlman DT, Fichtner CG, Gruenfeld MJ (1990). Brain mapping in a case of multiple personality. Clin Electroencephalogr; 21: 200-9.

Jedrzejczak J, Owczarek K, Majkowski J (1999). Psychogenic pseudoepileptic seizures: clinical and electroencephalogram (EEG) video-tape recordings. Eur J Neurol; 6: 473-9.

Jongsma MJ, Momers JM, Renier WO, Meinardi H (1999). Follow-up of psychogenic, non-epileptic seizures: a pilot-study-experience in a Dutch special centre for epilepsy. Seizure; 8: 146-8.

Kalogjera-Sackellares D, Sackellares JC (1997). Analysis of MMPI patterns in patients with psychogenic seizures. Seizure; 6: 419-27.

Kanner AM, Parra J, Frey M, Stebbins G, Pierre-Louis S, Iriarte J (1999). Psychiatric and neurologic predictors of psychogenic pseudoseizure outcome. Neurology; 53: 933-8.

Krahn E, Reese MM, Rummans TA, Peterson GC, Suman VJ, Sharbrough FW, Cascino GD (1997). Health care utilization of patients with psychogenic nonepileptic seizures. Psychosomatics; 38: 335-42.

Krawetz P, Fleisher W, Pillay N, Staley D, Arnett J, Maher J (2001). Family functioning in subjects with pseudoseizures and epilepsy. J Nerv Ment Dis; 189: 38-43.

Krumholz A (1999). Nonepileptic seizures: diagnosis and management. Neurology; 53: 76-83.

Kuyk J, Jacobs LD, Aldenkamp AP, Meinardi H, Spinhoven P, van Dyck R (1995). Pseudoepileptic seizures: hypnosis as a diagnostic tool. Seizure; 4: 123-8.

Kuyk J, Spinhoven P, van Emde Boas W, van Dyck R (1999). Dissociation in temporal lobe epilepsy and pseudoepileptic seizure patients. J Nerv Ment Dis; 187: 713-20.

LaBarbera JD, Dozier JE (1980). Hysterical seizures: the role of sexual exploitation. Psychosomatics; 21: 897-903.

Lancman ME, Brotherton TA, Asconape JJ, Penry JK (1993). Psychogenic seizures in adults: a longitudinal analysis Seizure; 2: 281-6.

Lelliott PT, Fenwick P (1991). Cerebral pathology in pseudoseizures. Acta Neurol Scand; 83: 129-32.

Lempert T, Schmidt D (1990). Natural history and outcome of psychogenic seizures: a clinical study in 50 patients. J Neurol; 237: 35-8.

Malkowicz DE, Legido A, Jackel RA, Sussman NM, Eskin BA, Harner RN (1995). Prolactin secretion following repetive seizures. Neurology; 45: 448-52.

Mesulam MM (1981). Dissociative states with abnormal temporal lobe EEG. Multiple personality and the illusion of possession. Arch Neurol; 38: 176-81.

Moore PM, Baker GA, McDade G, Chadwick D, Brown S (1994). Epilepsy, pseudoseizures and percieved family characteristics: a controlled study. Epilepsy Res; 18: 75-83.

Ney GC, Barr WB, Napolitano C, Decker R, Schaul N (1998). New onset psychogenic seizures after surgery for epilepsy. Arch Neurol; 55: 726-30.

Parra J, Iriarte J, Kanner AM, Bergen DC (1998). De novo psychogenic nonepileptic seizures after epilepsy surgery. Epilepsia; 39: 474-7.

Persinger MA, Desjardins D, Parker G, Cook LL (2001). Agonistic behaviour in groups of limbic epileptic male rats: pattern of brain damage and moderating effects from normal rats. Brain Res; 905: 26-33.

Putnam FW, Guroff JJ, Silberman EK, Barban L, Post RM (1986). The clinical phenomenology of multiple personality disorder: review of 100 recent cases. J Clin Psychiatry; 47: 285-93.

Ramchandani D, Schindler B (1993). Evaluation of pseudoseizures. A Psychiatric perspective. Psychosomatics; 34: 70-9.

Rechlin T, Loew TH, Joraschky P (1997). Pseudoseizure „status". J Psychosom Res; 42: 495-8.

Reuber M, Enright SM, Goulding PJ (2000). Postoperative pseudostatus: not everything that shakes is epilepsy. Anaesthesia; 55: 74-8.

Rosenbaum M (2000). Psychogenic seizures – why woman? Psychosomatics; 41: 147-9.

Rosenberg HJ, Rosenberg SD, Williamson PD, Wolford GL 2nd (2000). A comparative study of trauma and posttraumatic stress. Disorder prevalence in epilepsy patients and psychogenic nonepileptic seizure patients. Epilepsia; 41: 447-52.

Scheidt CE, Hoffmann SO (2000). Konversionsstörungen. In: Egle UT, Hoffmann SO, Joraschky P (Hrsg). Sexueller Missbrauch, Misshandlung, Vernachlässigung. 2. Aufl. Stuttgart, New York: Schattauer; 213-24.

Schultz-Venrath U (1995). Psychogene und nichtepileptische Anfälle. In: Ahrens S, Hasenbring M, Schultz-Venrath U, Strenge H (Hrsg). Psychosomatik in der Neurologie. Stuttgart, New York: Schattauer; 107-21.

Selwa LM, Geyer J, Nikakhtar N, Brown MB, Schuh LA, Drury I (2000). Nonepileptic seizure outcome varies by type of spell and duration of illness. Epilepsia; 41: 1330-4.

Sigurdardottir KR, Olafsson E (1998). Incidence of psychogenic seizures in adultes: a population-based study in Iceland. Epilepsia; 39: 749-52.

Sirven JI, Glosser DS (1998). Psychogenic nonepileptic seizures: theoretical and clinical considerations. Neuropsychiatry Neuropsychol Behav Neurol; 11: 225-35.

Slater JD, Brown MC, Jacobs W, Ramsay RE (1995). Induction of pseudoseizures with intravenous saline placebo. Epilepsia; 36: 580-5.

Snyder SL, Rosenbaum DH, Rowan AJ, Strain JJ (1994). SCID diagnosis of panic disorder in psychogenic seizure patients. J Neuropsychiatry Clin Neurosci; 6: 261-6.

Spitzer C, Freyberger HJ, Kessler C, Kömpf D (1994). Psychiatrische Komorbidität dissoziativer Störungen in der Neurologie. Nervenarzt; 65: 680-8.

Szarflarski JP, Ficker DM, Cahill WT, Privitera MD (2000). Four-year incidence of psychogenic nonepileptic seizures in adults in Hamilton County, OH. Neurology; 55: 1561-3.

Tojek TM, Lurnley M, Barkley G, Mahr G, Thomas A (2000). Stress and other psychosocial characteristics of patients with psychogenic nonepileptic seizures. Psychosomatics; 41: 221-6.

Van Merode T, de Krom MC, Knotterus JA (1997). Gender-related differences in nonepileptic attacks: a study of patients cases in the literature. Seizure; 6: 311-6.

Walczak TS, Papacostas S, Williams DT, Scheuer ML, Lebowitz N, Notarfrancesco A (1995). Outcome after diagnosis of psychogenic nonepileptic seizures. Epilepsia; 36: 1131-7.

Wood BL, McDaniel S, Burchfield K, Erba G (1998). Factors distinguishing families of patients with psychogenic seizures from families with epilepsy. Epilepsia; 39: 432-7.

Zeman AZ, Boniface SJ, Hodges JR (1998). Transient epileptic amnesia: a description of the clinical and neuropsychological features in 10 cases and a review of the literature. J Neurol Psychiatry; 64: 435-43.

14 Das Ganser-Syndrom

G. Dammann

14.1 Einleitung

Beim Ganser-Syndrom handelt es sich um ein seltenes, von Ganser 1897 (Ganser 1898; 1904) beschriebenes Störungbild, das in erster Linie durch „haarscharfes" Vorbeiantworten oder Vorbeihandeln gekennzeichnet ist. Selbst einfachste Fragen werden von den Patienten falsch beantwortet (zum Beispiel: „Wie viel ist 2 und 2?" Antwort: „5" oder „Was ist heute für ein Tag?" Antwort: „Winter"). Typischerweise finden sich trotz dieser umschriebenen und dramatisch erscheinenden Symptomatik kaum andere schwerwiegende (etwa kognitive) psychopathologische Symptome, wie man sie beispielsweise beim Delir, beim psychoorganischen Durchgangssyndrom oder anderen schweren Bewusstseins- und Orientierungsstörungen findet.

Ganser beschrieb – zunächst bei Strafgefangenen nach psychischer Belastung – ein symptomatologisches Bild von meist kurzer Dauer mit Vorbeiantworten, Bewusstseinseintrübung, somatischer Konversion, Halluzinationen und anschließender Amnesie.

Das Ganser-Syndrom gehört in eine Reihe psychogener Verwirrtheitszustände und Amnesien, die insbesondere um die Jahrhundertwende beschrieben wurden (Übersichten bei Levin et al. 1983; Berrios 1985). Es hat sich aber als nosologisch einheitliches Störungsbild erhalten, obwohl nur wenig zur weiteren Klärung beigetragen wurde. Obwohl die Störung sehr selten ist, findet sich eine relativ breite Literatur dazu (eine ausführlich diskutierte Bibliografie etwa in Cocores u. Cohen 1996).

14.2 Klinisches Bild und diagnostische Kriterien

Ganser (1897) beschrieb zunächst an drei inhaftierten Personen ein Syndrom, das durch folgende Symptome gekennzeichnet war:
- Vorbeiantworten
- fluktuierende Bewusstseinstrübung
- pseudoneurologische Phänomene
- visuelle oder akustische Pseudohalluzinationen

Auslöser ist in der Regel eine psychische Belastung. Die Symptomatik ist meist von kurzer Dauer; anschließend besteht eine Amnesie für die Symptomatik.

Das Leitsymptom ist das Vorbeiantworten und Vorbeireden. Daneben kommen weitere Symptome hinzu: qualitative Störungen des Bewusstseins, Unruhe, Gedächtnislücken bis zu einer späteren retrograden Amnesie für die Ganser-Episode. Allerdings ist das Auftreten der Amnesie nicht konsistent. Auch dissoziative Fugue-Zustände (vgl. Kap. 10 in diesem Band sowie Goldin u. MacDonald 1955) und pseudoneurologische Symptome (Analgesien, Lähmungen etc.) kommen vor (Weiner u. Braiman 1955). 20% der bis 1984 ca. 43 beschriebenen Fälle wiesen pseudoepileptische Anfälle auf. Die Symptomatik wurde auch als „Pseudodemenz" beschrieben (Kiloh 1961; Hampel et al. 1996). Die Affektlage der Patienten ist häufig kindisch bis läppisch, kann aber zum Teil einer schweren Depression ähneln (Grieger u. Clayton 1990; Haddad 1993). Es wurden im Zusammenhang mit dem Ganser-Syndrom „psychotische" oder pseudopsychotische Phänomene (Nyiroe u. Iranyi

1965) wie auch neuropsychologische Phänomene und perzeptive Probleme beschrieben, etwa Prosopagnosien, d. h. eine physiognomische Agnosie, bei der ein Gesicht zwar als Gesicht, aber nicht als dasjenige einer bestimmten Person erkannt werden kann (Heron et al. 1991; Feinstein u. Hattersley 1988; Mahadevappa 1990), Sehfeldeinschränkungen (Burd u. Kerbeshian 1985) oder Echopraxien, d. h. Nachahmen vorgezeigter Bewegungen (Epstein 1991).

14.3 Diagnostische Prozesse

Die Diagnose des Ganser-Syndroms erfolgt auf der Basis des klinischen Eindrucks, der Ausschlussdiagnosen und der situativen Umstände. Selbstverständlich muss gegebenenfalls auch eine internistische, neurologische, neuroradiologische und suchtmedizinische Abklärung erfolgen.

Fremdanamnestische Angaben sind während des Zustandes von großer Wichtigkeit:
- Handelt es sich um ein plötzliches Auftreten?
- Steht der Beginn mit belastenden Lebensereignissen in Verbindung (Gefängnisaufenthalt u. Ä.)?
- Sind bei der Person bereits früher dissoziative oder hysterische Phänomene beobachtet worden?

Es wurde vorgeschlagen (Fiedler 1999; Prins 1990), dass nur dann von einem Ganser-Syndrom gesprochen werden sollte, wenn mehrere Symptome einer dissoziativen Störung (d. h. nicht nur das charakteristische Vorbeireden) vorhanden sind. Allerdings stellt sich dabei folgendes Problem: Nach den Richtlinien des DSM-IV (American Psychiatric Association 1994) kann nur ein Ganser-Syndrom diagnostiziert werden, wenn nicht eine andere bezeichnete dissoziative Störung vorliegt (s. u.).

14.4 Klinische Diagnostik

Ein Ganser-Syndrom kann dann diagnostisch erwogen werden, wenn sich bei einem Patienten ein schwerwiegendes, intendiert wirkendes Vorbeiantworten auch auf einfachste Fragen findet, ohne dass sich parallel dazu klinische Hinweise auf ein anderes psychiatrisches oder neurologisches Krankheitsbild finden ließen. Das „Vorbeiantworten" ist typischerweise dadurch gekennzeichnet, dass es sich entweder um ein systematisches knappes Verfehlen der Antwort handelt, in der Antwortintention jedoch der richtige Kern demonstriert wird, oder aber um völlig unsinnige Antworten.

Nach Enoch und Trethowan (1979) sind die vier zentralen diagnostischen Elemente folgende:
- das ungefähre Antworten
- qualitative Bewusstseinstrübung
- Konversionssymptome
- visuelle und/oder akustische Pseudohalluzinationen

Zentral scheinen für die Diagnose neben der Symptomatik und dem Verlauf folgende Elemente zu sein:
- häufigeres Auftreten bei Männern
- plötzlicher Beginn und plötzliches Ende
- kurze Dauer
- kein Nachweis einer bewussten Täuschung
- häufig Schädel-Hirn-Trauma in der Vorgeschichte
- keine schizophrene Psychose in der Vorgeschichte
- meist Auftreten einer retrograden Amnesie nach der Episode
- bevorzugtes Auftreten unter Haftbedingungen

Insbesondere das – zum Teil als pathognomonisch gewertete – „Vorbeireden" scheint nicht immer vorzukommen und ist auch allein unzureichend für die Diagnose (Whitlock 1967). Ein Grund dafür, warum die Ganser-Störung heute seltener diagnostiziert wird, könnte darin liegen, dass sich die Symptomatik der Störung verändert haben könnte, wie Cocores und Cohen (1996) vermuten.

Gegenwärtig ist nicht zu entscheiden, ob es sich bei der Störung um eine phänomenologische Einheit oder um ein zufälliges Zusammentreffen von dissoziativen Phänomenen in einer umschriebenen Kombination handelt.

14.5 Klassifikation

Die Störung wird in den gegenwärtig gebräuchlichen Klassifikationsinstrumenten DSM-IV (American Psychiatric Press 1994) und ICD-10 (WHO 1991) unterschiedlich beschrieben und kodiert (s. Tab. 14-1).

Spezifische diagnostische Selbstbeurteilungs- oder Fremdbeurteilungsinstrumente für dieses Störungsbild existieren bislang nicht. Es ist ungeklärt, inwieweit operationalisierte Instrumente (etwas strukturierte Interviews für andere dissoziative Störungen) oder Screening-Instrumente, die das Ausmaß an Dissoziativität messen, das Ganser-Syndrom erfassen können.

14.6 Differenzialdiagnosen

In der vorhandenen Literatur wurden bereits früh zahlreiche „falsch-positive" Fälle diskutiert (Goldin u. MacDonald 1955). Auch das charakteristische Ganser-Symptom des „Vorbeiantwortens" findet sich bei zahlreichen anderen psychiatrischen Störungen (etwa bei Schizophrenien). Die Unterscheidung zwischen dem Ganser-Syndrom, der neurologisch gewerteten transienten globalen Amnesie (TGA), Dissoziativen Amnesien und bewusster Vorteilsnahme (Simulation) kann u. U. schwierig sein. In Anlehnung an Markowitsch (1992) werden u. a. folgende Unterscheidungsmerkmale empfohlen: Das Verhalten ist bei den Dissoziativen Amnesien (vgl. Kap. 10 in diesem Band) intentional und realitätsorientiert, der Zusammenhang zu einem belastenden emotionalen Auslöser ist klar, die Zustände dauern

Tab. 14-1: Diagnose nach ICD-10 und DSM-IV.

ICD-10, F44.80: Ganser-Syndrom (unter „andere dissoziative Störungen" kodiert)	DSM-IV/300.15: nicht näher bezeichnete dissoziative Störung
Hier wird eine komplexe Störung kodiert, die von Ganser beschrieben wurde und durch „Vorbeiantworten" gekennzeichnet ist, die gewöhnlich begleitet ist von mehreren anderen dissoziativen Symptomen und die oft unter Umständen auftritt, welche eine psychogene Ätiologie nahe legen.	Diese Kategorie ist für Störungen gedacht, bei denen das vorherrschende Merkmal ein dissoziatives Symptom ist (d. h. eine Unterbrechung von integrativen Funktionen des Bewusstseins, des Gedächtnisses, der Identität oder der Wahrnehmung der Umgebung), das nicht die Kriterien für irgendeine spezifische dissoziative Störung erfüllt. Bsp. 6 Ganser-Syndrom: das Geben von annäherungsweise richtigen Antworten auf Fragen (z. B. „2 plus 2 ist 5"), wenn dies nicht mit einer Dissoziativen Amnesie oder Dissoziativen Fugue einhergeht.

oft länger als einen Tag. Bei der transienten globalen Amnesie (TGA) finden sich im Unterschied zum Ganser-Syndrom in der Regel keine Bewusstseinseinschränkungen oder „Halluzinationen", der Affekt der Patienten mit TGA ist durch starke Beunruhigung gekennzeichnet.

Differenzialdiagnostisch müssen natürlich u. a. hirnorganische oder schizophreniforme Erkrankungen ausgeschlossen werden; diese sind jedoch meist durch einen anderen zeitlichen Verlauf gekennzeichnet.

14.7 Epidemiologie

Die Störung ist sehr selten. Es liegen keine systematischen epidemiologischen Studien vor, die die Frage von Prävalenzen und Inzidenzen klar beantworten könnten. Die Literatur besteht aus Kasuistiken (ca. 43 ausführlich beschriebene Fälle bis 1984). Seitdem ist eine größere Fallsammlung dazugekommen, die 15 Fälle beschreibt (Sigal et al. 1992). Eine große (beispielsweise prospektive) Studie in Gefängnissen fehlt. Die Störung kommt vermutlich in verschiedenen Kulturen vor und weist dabei eine sehr ähnliche Erscheinungsform auf (Tsoi 1973; Singh 1977; Jiang u. Feng 1988).

Die einzige größere epidemiologische Untersuchung scheint die von Tsoi (1973) gewesen zu sein, der 1200 sukzessive in ein psychiatrisches Krankenhaus aufgenommene Patienten der zwei Millionen Einwohner von Singapur analysierte. Er fand dabei 21 fragliche und 10 typische Fälle des Ganser-Syndroms. Die Patienten kamen aus ganz unterschiedlichen Ethnien. (Tsoi selbst vermutete ätiologisch das Vortäuschen psychotischer Symptomatik.)

Es gibt Hinweise dafür, dass die Störung häufiger bei Männern (dieser Befund ist aber wegen der schlechten Forschungslage nicht konsistent) und häufiger in Gefangenschaftssituationen (Haft, Geiselnahme etc.) mit der dort herrschenden Überrepräsentation von ethnischen Minderheiten auftritt (Sigal et al. 1992). Die Störung wird auch bei Kindern (Adler u. Touyz 1989; Miller et al. 1997) und Adoleszenten (Apter et al. 1993) beschrieben und ist nicht auf Gefangene beschränkt (Whitlock 1967).

14.8 Verlauf und Prognose

Die Störung ist gekennzeichnet durch einen meist plötzlichen Beginn und ein plötzliches Ende sowie durch eine kurze Dauer der Episoden (Stunden bis – selten – wenige Tage). Es ist unklar, ob es rezidivierende Verläufe gibt.

14.9 Ätiopathogenese

Die Ganser-Episoden werden in der Literatur entweder als histrionische, dissoziative, psychotische, organische oder (heimlich) vorgetäuschte Phänomene gewertet.

Der Zusammenhang mit akut traumatischen oder zumindest stark psychisch belastenden Auslösebedingungen (zumeist Haft) kann als belegt gelten, was neben der Symptomatologie in Richtung eines dissoziativen Mechanismus weist. In der psychiatrischen Literatur werden die Episoden gegenwärtig überwiegend als dissoziative Störungen bewertet. Bereits früh und auch vom Erstbeschreiber Ganser selbst („eigentümliche hysterische Störung") wurde ein Zusammenhang mit der Hysterie vermutet (Dabholkar 1987).

Die Ganser-Episoden wurden auch in Zusammenhang mit einer hirnorganischen Störung gebracht, wofür die hohe Zahl von altanamnestisch berichteten Schädel-Hirn-Traumata dieser Patienten sprechen könnte (Sigal et al. 1992). Gegen diese Hypothese spricht die weitgehend unauffällige Elektrophysiologie (EEG), die allerdings nur in wenigen Studien überprüft wurde (s. zum Beispiel Cocores et al. 1986).

Es könnte auch (aufgrund der Bewusstseinsstörung, den Halluzinationen und den zum Teil wahnhaft anmutenden Symptomen) an eine „vorübergehende akute psychotische Störung" (ICD-10: F23) gedacht werden.

Der Zusammenhang mit traumatischen oder zumindest stark psychisch belastenden Situationen (zumeist Haft) kann als belegt gelten (Feinstein u. Hattersley 1988; Peszke u. Levin 1987). Bereits Ganser diskutierte die Möglichkeit von bewusster Täuschung. Gegen die Täuschungshypothese wurden allerdings (Ingraham u. Moriarty 1967) das gleichförmig läppische Verhalten und die Amnesie angeführt.

Die gegenwärtig wichtigste Diskussion über den pathogenetischen Mechanismus des Ganser-Syndroms scheint die Frage zu sein, ob es zu den „artifiziell induzierten dissoziativen Störungen" (Fiedler 1999) gerechnet werden kann, was die alte Dichotomie von unbewusst und vorgetäuscht-intentional brüchig erscheinen lässt. Möglicherweise könnte dann von einem (im Vergleich zu den anderen dissoziativen Störungen) zwar bewusstseinsnäheren und zum Teil sogar von intentionalen Elementen mit geleiteten, aber partiell dissoziativen (oder hysterischen) Dämmerzustand ausgegangen werden.

„Das Vorbeiantworten kann nicht nur ‚uneingestanden' oder ‚unbewusst' oder (besser:) dissoziativ ablaufen. Es kann gelegentlich durchaus ‚intendiert' und ‚sinnvoll' als ‚Überlebensstrategie' eingesetzt werden – und zwar nicht nur in Gefahrensituationen (Geiselnahme oder Folter), sondern auch in zwischenmenschlichen und sozialen Konfliktsituationen." (Fiedler 1999, S. 307)

Cocores et al. (1984) bringen die Störung mit der Dissoziativen Identitätsstörung in Verbindung. Dagegen spricht, dass die Identität selbst meist nicht gestört ist; allerdings findet sich manchmal eine Art „veränderter Bewusstseinszustand".

Unklar ist auch, ob es eine Beziehung zwischen dem Ganser-Syndrom und der transienten globalen Amnesie gibt.

Nach gewichteter Evidenz der in der Literatur vorgeschlagenen ätiopathogenetischen Mechanismen lassen sich unter den als „Ganser-Syndrom" gewerteten Erscheinungsbildern drei Gruppen unterscheiden (vgl. auch Cocores et al. 1984):
- atypische dissoziative Zustände, den Dissoziativen Amnesien entsprechend, die nach psychischen Belastungen auftauchen
- bewusst vorgetäuschte (simulierte) oder heimlich vorgetäuschte („artifizielle") Störungen bei vorwiegend antisozialen und/oder histrionischen Persönlichkeiten mit komorbiden unterschiedlichen hirnorganischen Störungen
- Mischformen der ersten beiden Gruppen: Dementsprechend könnten die Ganser-Syndrome dann zu den „artifiziell induzierten dissoziativen Störungen" (Fiedler 1999) gerechnet werden.

Zusammenfassend muss festgestellt werden, dass der ätiopathogenetische Mechanismus und die Frage, ob es sich um eine eigene diagnostische Kategorie handelt, ungeklärt sind.

14.10 Behandlung

Die Patienten sollten stationär behandelt werden, um während der Phase beruhigt, geschützt und orientiert zu werden. Während des akuten Zustandes ist zumeist keine eigentliche psychotherapeutische Intervention möglich. Es empfiehlt sich allerdings, nach Abklingen des Störungsbildes mit dem Patienten sehr sorgfältig Auslösebedingungen, Konfliktsituationen etc. herauszuarbeiten. Es ist, bei eindeutiger Diagnose, zumeist keine weiterführende psychopharmakologische oder psychotherapeutische Behandlung notwendig, da die Störung passager bleibt (Carney et al. 1987). Bei begleitenden Angstzuständen können etwa anxiolytisch wirksame Benzodiazepine gegeben werden (zum Beispiel Alprazolam).

Literatur

Adler R, Touyz S (1989). Ganser syndrome in a 10 year old boy - an 8 year follow up. Austr N Zeal J Psychiatry; 23: 124-6.

American Psychiatric Association (1994). Diagnostic and Statistical Manual of Mental Disorders. 4th ed. Washington, DC: American Psychiatric Association.

Apter A, Ratzoni G, Iancu I, Weizman R, Tyano S (1993). The Ganser syndrome in two adolescent brothers. J Am Acad Child Adolesc Psychiatry; 32: 582-4.

Berrios GE (1985). „Depressive pseudodementia" or „melancholic dementia": a 19th century view. J Neurol Neurosurg Psychiatry; 48: 393-400.

Burd L, Kerbeshian J (1985). Tourette syndrome, atypical pervasive developmental disorder and Ganser syndrome in a 15-year-old, visually, mentally retarded boy. Can J Psychiatry; 30: 74-6.

Carney MWP, Chary TKN, Robotis P (1987). Ganser syndrome and its management. Br J Psychiatry; 151: 697-700.

Cocores J, Cohen RS (1996). Ganser's syndrome, prison psychosis, and rare dissociative states. In: Schlesinger LB (ed). Explorations in Criminal Psychopathology. Springfield, ILL: Charles C. Thomas; 238-53.

Cocores JA, Santa WG, Patel MD (1984). The Ganser syndrome: evidence suggesting its classification as a dissociative disorder. Int J Psychiatry Med; 14: 47-56.

Cocores JA, Schlesinger LB, Gold MS (1986). A review of the EEG literature on Ganser's syndrome. Int J Psychiatry Med; 16: 59-65.

Dabholkar PD (1987). Ganser syndrome. A case report and discussion. Br J Psychiatry; 151: 256-8.

Enoch MD, Trethowan WH (1979). Uncommon Psychiatric Syndromes. London: John Wright and Sons.

Epstein RE (1991). Ganser syndrome, trance logic and the question of malingering. Psychiatr Ann; 21: 238.

Feinstein A, Hattersley A (1988). Ganser symptoms, dissociation and dysprosody. J Nerv Ment Dis; 170: 692-3.

Fiedler P (1999). Dissoziative Störungen und Konversion. Weinheim: Psychologie Verlags Union.

Ganser SJM (1898). Ein eigentümlicher hysterischer Zustand. Archiv für Psychiatrie und Nervenkrankheiten; 30: 633-41.

Ganser SJM (1904). Zur Lehre vom hysterischen Dämmerzustand. Archiv für Psychiatrie und Nervenkrankheiten; 38: 34-6.

Goldin S, MacDonald JE (1955). The Ganser State. J Ment Sci; 101: 267.

Grieger TA, Clayton AH (1990). A possible association of Ganser's syndrome and major depression. J Clin Psychiatry; 51: 437.

Haddad PM (1993). Ganser syndrome followed by major depressive episode. Br J Psychiatry; 162: 251-3.

Hampel H, Berger C, Mueller N (1996). A case of Ganser's state presenting as a dementia syndrome. Psychopathology; 29: 236-41.

Heron EA, Kritchevsky M, Delis DC (1991). Neuropsychological presentation of Ganser symptoms. J Clin Exper Neuropsychol; 13: 652-66.

Ingraham MR, Moriarty DM (1967). A contribution to the understanding of the Ganser syndrome. Comprehensive Psychiatry; 8: 35-44.

Jiang HK, Feng Y (1988). Ganser syndrome - an unusual case report and literature review. Chinese Med J; 41: 85-8.

Kiloh LG (1961). Pseudo-Dementia. Acta Psychiatr Scand; 37: 336-51.

Levin HS, Peters BH, Hulkonen DA (1983). Early concepts of anterograde and retrograde amnesia. Cortex; 19: 427-40.

Mahadevappa H (1990). Ganser syndrome: a case report. J Clin Psychiatry; 51: 167.

Markowitsch HJ (1992). Amnestische Episoden. In: Markowitsch HJ (Hrsg). Neuropsychologie des Gedächtnisses. Göttingen: Hogrefe; 110-25.

Miller P, Bramble D, Buxton N (1997). Case study: Ganser syndrome in children and adolescents. J Am Acad Child Adolescent Psychiatry; 36: 112-5.

Nyiroe J, Iranyi C (1965). A contribution to the interpretation of Ganser symptoms. Psychiatria et Neurologia; 150: 65-73.

Peszke MA, Levin GA (1987). The Ganser syndrome: a diagnostic and etiological enigma. Connecticut Med; 51: 79-83.

Prins H (1990). Bizarre Behaviours. Boundaries of psychiatric disorders. London, New York: Tavistock/Routledge.

Sigal M, Altmark D, Alfici S, Gelkopf M (1992). Ganser syndrome: a review of 15 cases. Compr Psychiatry; 33: 134-8.

Singh R (1977). Experimental analysis of Ganser syndrome. Ind J Clin Psychology; 4: 19.

Tsoi WF (1973). The Ganser syndrome in Singapore: a case report on ten cases. Br J Psychiatry; 123: 567-72.

Turner SM, Jacob RG, Morrison R (1984). Somatoform and factitious disorders. In: Adams HE, Slutker PB (eds). Comprehensive Handbook of Psychopathology. New York: Plenum Press; 307-45.

Weiner H, Braiman A (1955). The Ganser syndrome. Am J Psychiatry; 111: 676.

Whitlock FA (1967). The Ganser syndrome. Br J Psychiatry; 113: 19-29.

World Health Organization (1991). Tenth revision of the International Classification of Diseases, Chapter V (F): Mental and Behavioural Disorders. Clinical descriptions and diagnostic guidelines. Geneva: World Health Organization.

15 Die Dissoziative Identitätsstörung

U. Gast

„Seht ihr den Mond dort stehen? –
Er ist nur halb zu sehen,
Und ist doch rund und schön!
So sind wohl manche Sachen
Die wir getrost belachen
Weil unsre Augen sie nicht sehn."
(Matthias Claudius 1779)

„Wenn Philosophen eine Schwierigkeit darin finden, an die Existenz eines unbewussten Gedankens zu glauben, so scheint mir die Existenz eines unbewussten Bewusstseins noch angreifbarer."
(Sigmund Freud 1912)

„The ordinary response to atrocities is to banish them from consciousness.
Certain violations of the social compact are too terrible to utter aloud: this is the meaning of the word unspeakable.
Atrocities, however, refuse to be buried."
(Judith L. Herman 1992a)

15.1 Einleitung

Die Dissoziative Identitätsstörung (DIS), auch Multiple Persönlichkeitsstörung (MPS) genannt, gilt als eine der ungewöhnlichsten und erstaunlichsten aller psychischen Strukturveränderungen (Putnam 1989). Die Existenz von offensichtlich getrennt und selbstständig agierenden Persönlichkeitszuständen ruft einerseits Faszination, andererseits Protest und Unglauben hervor. Das Vorhandensein einer solchen Entität stellt grundsätzliche Annahmen des modernen Menschenbildes – die Vorstellung einer einheitlichen, in sich geschlossenen Persönlichkeit sowie die einer zentralen Struktur des Bewusstseins – infrage. Damit bedeutet die DIS nicht nur für die Psychiatrie und Psychotherapie, sondern auch für die Philosophie im Hinblick auf die Natur des Menschen eine besondere Herausforderung (ebd.).

Das Krankheitsbild der DIS kann daher kaum angemessen dargestellt werden, ohne auf die derzeit bestehende professionelle Skepsis gegenüber der Störung einzugehen. In diesem Beitrag wird daher zunächst der aktuelle Diskurs anhand der Beschreibungen in den verschiedenen psychiatrischen Manualen skizziert, und es werden Faktoren dargestellt, die zur kritischen Haltung gegenüber dem Krankheitskonzept beitragen. Es wird dann ein geschichtlicher Rückblick zur Entstehung des Konzeptes sowie eine Darstellung der Entwicklung der Definitionskriterien gegeben. Hierbei findet auch der für das geplante DSM-V diskutierte, neue Kriterienkatalog (Dell 2001a) Berücksichtigung. Anschließend wird ein Überblick über den Forschungsstand der DIS hinsichtlich der Ätiologie, Prävalenz, Phänomenologie der Selbstzustände sowie der Abgrenzung zu anderen Krankheitsbildern gegeben. Zur Diagnostik und Behandlung der Störung wird auf die Kapitel 23 und 27 verwiesen.

15.2 Der aktuelle Diskurs

Beschreibung des Krankheitsbildes

Die DIS ist die schwerste Erkrankung aus dem Syndrom-Spektrum der dissoziativen Störungen und wurde besonders intensiv erforscht (Gleaves et al. 2001). Nach dem diagnostischen und statistischen Manual psychischer Störungen (DSM-IV) der American Psychiatric Association (APA 1994) ist die Störung durch ein durchgehendes Muster dissoziativen Funktionierens gekennzeichnet, das sich in einer mangelnden Integrationsfähigkeit des Bewusstseins in den Bereichen des Gedächtnisses, der Wahrnehmung und der Identität äußert. Es können alle Symptome der anderen dissoziativen Störungen auftreten, insbesondere psychogene Amnesien, Fugue-Episoden sowie Depersonalisations- und Derealisationserleben. Darüber hinaus findet sich das Hauptmerkmal der DIS, nämlich das Vorhandensein von mindestens zwei unterscheidbaren Persönlichkeitszuständen oder Selbst-Zuständen[1], die wechselweise Kontrolle über das Verhalten der Person übernehmen, verbunden mit dem Auftreten Dissoziativer Amnesien. Bei den Persönlichkeitszuständen handelt es sich um dissoziierte Aspekte der Gesamtpersönlichkeit, die sich in Alter, Geschlecht, Sprache, speziellen Fähigkeiten, Wissen oder im vorherrschenden Affekt unterscheiden können. Die alternativen Persönlichkeitszustände werden von den Betroffenen als nicht zur eigenen Persönlichkeit gehörend wahrgenommen, sondern wie eine andere Person und übernehmen auf innere oder äußere Auslösereize hin die Kontrolle über das Erleben und Verhalten.

Häufig besteht eine teilweise oder vollständige Amnesie für das Vorhandensein bzw. die Handlungen der anderen Persönlichkeitszustände (APA 1994).[2]

Der DIS nahe verwandt und von ihr diagnostisch häufig schwer abgrenzbar ist die „nicht näher bezeichnete dissoziative Störung, Typ I" (NNBDS, Typ I). Es handelt sich hierbei um eine inkomplette, hinsichtlich der dissoziativen Symptomatik weniger schwerwiegende Form der dissoziativen Störung. Hier liegen ebenfalls verschiedene Persönlichkeitszustände vor, doch werden diese nicht als völlig getrennt von der eigenen Person erlebt, und es liegen weniger schwere Amnesien vor. Ansonsten weisen beide Erkrankungen (DIS und NNBDS, Typ I) eine sehr ähnliche Phänomenologie auf (DSM-IV) und können im Krankheitsverlauf ineinander übergehen (Kluft 1985a).

Die neueren empirischen Forschungsergebnisse zeigen, dass schwere kindliche Traumatisierungen und Vernachlässigungen bei der Entstehung der DIS eine entscheidende Rolle spielen (s. Kap. 18 in diesem Band). Danach wird die DIS als komplexes posttraumatisches Störungsbild angesehen, das durch überwältigende traumatische Erfahrungen während der Kindheit geprägt wurde, häufig in Form von schwerem (sexuellem) Missbrauch. Die Ausbildung von alternierenden, autonom agierenden Persönlichkeitszuständen (oder Selbst-Zuständen) als dissoziierte Aspekte der Gesamtpersönlichkeit wird als Überlebensstrategie angesehen, die dem Individuum hilft, mit den überwältigenden Erfahrungen fertig zu werden. (Gleaves 1996; Kluft 1985b; Putnam 1989; Spiegel 1984).

Kritik am Konzept der DIS

Seit Beginn der empirischen Forschungsaktivitäten lässt sich eine wissenschaftliche Pola-

---

[1] Im DSM-IV „identities" oder „personality states" genannt, im DSM-V-Vorschlag von Dell (2001a) wird der Begriff „self-states" benutzt, der von der Autorin als „Selbst-Zustände" übernommen und synonym für „Persönlichkeitszustände" verwendet wird.

[2] Wegen der aktuelleren und schlüssigeren Fassung wird hier die DSM-IV-Klassifikation der ICD-10 vorgezogen.

risierung beobachten, die sich um die Konzeptualisierung der DIS entzündete. Kritiker stellten sowohl die Validität der Diagnose als auch die Trauma-Ätiologie der Erkrankung infrage.

Bei dem ersten Kritikpunkt wird bezweifelt, dass es sich bei der DIS um eine valide, d. h. umschriebene und eigenständige psychiatrische Erkrankung handelt (Fahy 1988). In diesem Zusammenhang wird vor allem diskutiert, ob es sich hierbei nicht um die Variante anderer psychiatrischer Erkrankungen handeln könnte (zum Beispiel Borderline-Persönlichkeitsstörung, Hysterie oder Schizophrenie), zumal die DIS ein sehr breites Spektrum an Symptomen aufweist (North et al. 1993). Eine Überprüfung anhand von vorliegenden Validitätskriterien, insbesondere der von Spitzer und Williams (1985) und von Blashfield et al. (1990), zeigt jedoch, dass die DIS alle Kriterien einschließlich der Unterscheidbarkeit zu anderen Störungen sicher erfüllt, um in das DSM-IV aufgenommen zu werden (Gleaves et al. 2001; s. auch Gast 2002b; 2003a).

Bei dem zweiten Kritikpunkt wird das posttraumatische Modell der Erkrankung infrage gestellt. Stattdessen werden Einflüsse durch Medien oder iatrogene Artefakte durch unsachgemäße Psychotherapie vermutet (Aldridge-Morris 1989; Chodoff 1987; McHugh 1993; Merskey 1992; Simpson 1988; Spanos 1994; Spanos et al. 1985). Sowohl die Phänomenologie der alternierenden Persönlichkeitszustände als auch die Erinnerungen an schwere Traumatisierungen wurden als Ergebnisse suggestiver Therapietechniken angesehen (Brenneis 1996; Frankel 1993; Ganaway 1989; 1994; Hacking 1995; Piper 1994; Simpson 1995), insbesondere durch unsachgemäß durchgeführte Hypnose.

Obwohl sich die Vermutung einer primär iatrogenen Genese der Erkrankung empirisch nicht belegen lässt (Gast 2001b; Gleaves 1996; Kluft 1998), ist diese Argumentation immer noch in der aktuellen Ausgabe der Internationalen Klassifikation der Krankheiten (ICD-10) der Weltgesundheitsorganisation (WHO 1991) zu finden. Hier wird die Multiple Persönlichkeitsstörung folgendermaßen kommentiert: „Diese Störung ist selten, und es wird kontrovers diskutiert, in welchem Ausmaß sie iatrogen oder kulturspezifisch ist." (Dilling et al. 1993, S. 182) Diese Einschätzung der WHO muss inzwischen jedoch als überholt angesehen werden.

Die aktuellere Beschreibung des DSM-IV (APA 1994) benennt dagegen das relativ häufige Vorkommen der Erkrankung sowie die hohen Prävalenzangaben von schweren Traumatisierungen in der Kindheit. Auch erwähnt das DSM-IV, dass bei der derzeitigen Diskussion um den Wahrheitsgehalt der erinnerten Traumatisierungen nicht nur eine mögliche Suggestibilität der betroffenen DIS-Patientinnen und -Patienten in Betracht gezogen werden muss. Vielmehr muss auch die Tatsache berücksichtigt werden, dass „diejenigen, die für die physischen und sexuellen Misshandlungen verantwortlich sind, dazu neigen mögen, ihr Verhalten zu leugnen oder zu beschönigen" (APA 1994, S. 485 [Übs. d. A.]). Damit ist ein möglicher Interessenkonflikt benannt, der bei der Erforschung und Wissensvermittlung über die DIS einen ernst zu nehmenden und erschwerenden Faktor darstellt.

Es stehen sich also in den derzeit aktuellen Versionen der beiden gängigen Manuale zwei konträre Aussagen gegenüber, die zur Verwirrung über das Krankheitsbild beitragen. Diese unklare Situation fördert eine ohnehin bestehende polarisierende Dynamik, die für das Krankheitsbild der DIS charakteristisch ist: Es gehört zum Wesen der Erkrankung unmittelbar dazu, dass die betroffenen Patientinnen und Patienten Schattenseiten von sich und ihrer Lebensgeschichte nicht oder nicht vollständig wahrnehmen können. Ebenso werden die dadurch bedingten dissoziativen Symptome vor den Mitmenschen und vor sich selbst verheimlicht. So ist die Dynamik der Erkrankung durch ein Nicht-sehen-Können und ein Nicht-glauben-Können gekennzeichnet. Damit korrespondiert eine gesellschaftliche Abwehr, wie sie für alle posttraumatischen Störungsbilder (zum Beispiel bei der Borderline-Persönlichkeitsstörung, s. Gast 1997 sowie Herman 1992a) charakteristisch ist, sich am Krankheitsbild der DIS mit den schwersten Traumatisierungen aber besonders ausgeprägt zeigt. Ross (1995) spricht in diesem Zusammenhang von der Gefahr der professionellen negativen Gegenübertragung schwer traumatisierten Patienten gegenüber.

Eine dem Zeitgeist zuwiderlaufende psychische Konstellation, widersprüchliche Informationen über das Krankheitsbild in den psychiatrischen Manualen, mögliche Einflussnahme durch Interessensgruppen sowie eine auf die Trauma-Genese zurückzuführende individuelle und kollektive Neigung zu Abwehr und Verleugnung stellen wichtige Faktoren dar, die zur mangelnden Akzeptanz der DIS beitragen und die objektive Meinungsbildung über das Krankheitsbild erschweren. Hinzu kommt der von den Dissoziationsforschern „hausgemachte" Faktor der unzureichenden Diagnosekriterien, worauf unten ausführlich eingegangen wird (s. die Abschnitte „Kritik an den DSM-IV-Kriterien" und „Das Konzept der komplexen dissoziativen Störung").

15.3 Geschichtlicher Rückblick

Dissoziative Phänomene bis zur Zeit der Aufklärung

Es ist das Verdienst Ellenbergers (1996), die Bedeutung dissoziativer Phänomene fast durch die gesamte Menschheitsgeschichte hindurch bis zu ihrer oft übersehenen Bedeutung in der Jetztzeit historisch belegt zu haben. In seiner gründlichen Studie zur Entwicklung und Entstehung der dynamischen Psychiatrie schenkt er dem Modell der Dissoziation sowie der DIS eingehende Beachtung und sieht es als wichtiges historisches Thema in der Psychiatrie an. So zeigt er, dass das Thema eines fragmentierten Selbst sowie die Veränderung von Bewusstsein und Identitätserleben (in Form von Trance und Besessenheit) sich bis in die primitiven Heilkünste der Schamanen zurückverfolgen lassen und dass das Konzept der dämonischen Besessenheit über viele Jahrhunderte das westliche Denken dominierte. Zudem arbeitet Ellenberger heraus, dass mit einer schwindenden Akzeptanz der Besessenheit als Erklärung für störendes Verhalten im Rahmen der Aufklärung die ersten Fälle der DIS diagnostiziert wurden. Nur wenig später als das oben zitierte Gedicht von Matthias Claudius lassen sich die Aufzeichnungen von Gmelin (1791) datieren, in der dieser von einer Patientin mit „ausgetauschter Persönlichkeit" berichtete. Es handelte sich um eine 20-jährige Frau, die plötzlich wie ausgewechselt in ihrem Persönlichkeitsverhalten wirkte, perfekt Französisch sprach und wie eine Aristokratin auftrat. Als „deutsche Persönlichkeit" war sie amnestisch für das, was sie in ihrem „französischen Zustand" erlebt hatte. Somit taucht die Multiple Persönlichkeit als eine der ersten psychischen Störungen auf, die während der Aufklärung erkannt werden (Ellenberger 1996, S. 187).[4] Weitere Beispiele sind die Fälle von Estelle (Despine 1840) und Mary Reynolds (Plumer 1860).

Erste Hochphase der Dissoziationsforschung

Von 1880 bis 1920 fand das Interesse an der Multiplen Persönlichkeit einen vorläufigen Höhepunkt (Ellenberger 1996; Tailer u. Martin 1944; Sutcliff u. Jones 1962). Dissoziation und Multiple Persönlichkeit waren zu den von Psy-

---

4 Nach Bliss (1980) soll bereits Paracelsus 1646 den ersten Fall einer Multiplen Persönlichkeit beschrieben haben.

chiatern und Philosophen am häufigsten diskutierten Themen geworden. Es entstanden umfangreiche Fallbeschreibungen, insbesondere in Frankreich und in Amerika, ebenso experimentelle Untersuchungen und Versuche einer ersten Klassifikation (Ellenberger 1996). Eine Patientin mit Multipler Persönlichkeitsstörung, Felida X., wurde während eines Zeitraums von über 35 Jahren beobachtet und ihre Krankengeschichte mit einem Vorwort von Charcot veröffentlicht (Azam 1887). Janet (1889) berichtete über drei verschiedene Fälle von Multipler Persönlichkeit, mit denen er zum Teil sehr intensiv therapeutisch arbeitete (vgl. Putnam 1989).

Einer der berühmtesten Fälle von Multipler Persönlichkeit war die Patientin Christine Beauchamp (Prince 1906), die 1898 als 22-jährige Studentin wegen Kopfschmerzen, Erschöpfung und „Willenshemmung" (inhibition of will) therapeutische Hilfe suchte. Die Kindheit von Mrs. Beauchamp wird als sehr schwierig beschrieben: Ihre Mutter starb, als sie 13 Jahre alt war, und das gespannte Verhältnis zu ihrem alkoholkranken Vater veranlasste sie dazu, von zu Hause wegzulaufen. Der behandelnde Psychiater, Morton Prince, versuchte zunächst mit Hypnose ihre Beschwerden zu lindern und entdeckte dabei nach und nach vier weitere Persönlichkeitszustände, darunter einen, der sich selbst als Sally bezeichnete und sich wie ein Kind benahm. Prince arbeitete in einer intensiven Therapie auf eine Synthese der verschiedenen Anteile hin und versuchte, Sally durch Hypnose zum Verschwinden zu bringen.

Die geheilte Mrs. Beauchamp wurde später als Mrs. Clara Norton Fauler identifiziert, die einen Assistenten von Prince heiratete (Putnam 1989). Prince beschrieb einen zweiten sehr ausführlichen Fall, den er BCA nannte (Prince 1924). Die kasuistischen Darstellungen von Prince dienten Hugo von Hofmannsthal (2000) als Vorlage für die geheimnisvolle Figur der Maria/Mariquita in seinem leider nur Fragment gebliebenen Entwicklungsroman „Andreas".[5]

Ein weiterer klassischer Fall wurde von Walter Franklin Prince (1916) in einer umfangreichen und minutiösen Darstellung als „Doris Case" beschrieben. Doris hatte eine deprivierte Kindheit und wurde von ihrem Vater misshandelt. W. F. Prince brachte die ursprüngliche Aufspaltung in zwei Persönlichkeitszustände mit dem traumatischen Ereignis in Verbindung, dass Doris von ihrem Vater während eines Gewaltausbruches auf den Boden geschleudert wurde. W. F. Prince beschrieb eine Reihe von Phänomenen, die für Patienten mit Multipler Persönlichkeit charakteristisch sind. Hierzu gehören:
- kindliche Persönlichkeitszustände
- akustische und visuelle Pseudohalluzinationen
- Abreaktionen traumatischer Erinnerungen
- eine übermäßige Schreckhaftigkeit, die sich durch Zusammenzucken bei befürchteten Schlägen äußerte

Auch werden sensorische Störungen in Form von unterschiedlichen Schmerzempfindungen der verschiedenen Persönlichkeitszustände beschrieben, ebenso die charakteristische Phänomenologie eines Wechsels von einer „Person" in die andere, der mit heftigen und schmerzlichen Emotionen verbunden sein kann. Im Laufe der Therapie beobachtete W. F. Prince, dass verschiedene Persönlichkeitszustände (zum Beispiel „sick Doris") in einen anderen absorbiert oder integriert wurden und weitere „Persönlichkeiten" schließlich gar nicht mehr in Erscheinung traten (Prince 1916).

Sowohl Janet als auch M. Prince und W. F. Prince beschrieben Zusammenhänge zwischen frühen traumatischen Erfahrungen und dissoziativen Persönlichkeitszuständen. M. Prince führte im Rahmen seiner Fallschilderung (1906) den Störungsbegriff der multiplen bzw. alternierenden Persönlichkeit ein und

---

[5] Herrn Prof. Dr. Dr. H. M. Emrich danke ich für diesen interessanten Hinweis.

schlug vor, die Begriffe „Unterbewusstsein" und „Unbewusstes" aufzugeben und zur genaueren Bezeichnung der mentalen Zusammenhänge innerhalb verschiedener „Identitäten" die Bezeichnung „Ko-Bewusstsein" vorzuziehen (Prince 1906). Auf dem Boden dieser Fallbeschreibungen extremer Dissoziation entstanden eine Reihe von Überlegungen und Gedankengebäude, welche die Basis sowohl für Janets als auch für Freuds Theorien bildeten.

Konkurrierende Modelle

Freud kannte die damals publizierten Fälle von Multipler Persönlichkeit, war jedoch gegen die Theorie eines geteilten Bewusstseins:

„Wir haben kein Recht, den Sinn dieses Wortes (,bewusst') so weit auszudehnen, dass damit auch ein Bewusstsein bezeichnet werden kann, von dem sein Besitzer nichts weiß. Wenn Philosophen eine Schwierigkeit darin finden, an die Existenz eines unbewussten Gedankens zu glauben, so scheint mir die Existenz eines unbewussten Bewusstseins noch angreifbarer. Die Fälle, die man als Teilung des Bewusstseins beschreibt, wie der des Dr. Azam (mit dem oben beschriebenen Fall von Felida X., Ergänzung d. A.), können besser als wanderndes Bewusstsein angesehen werden, wobei diese Funktion – oder was immer es sein mag – zwischen zwei verschiedenen psychischen Komplexen hin- und herschwankt, die abwechselnd bewusst und unbewusst werden." (Freud 1912, S. 32)

Mit dem Aufschwung der Psychoanalyse entstand gleichzeitig eine Welle der Gegenreaktion gegenüber dem Konstrukt der DIS. Forscher von Despine bis Prince sahen sich dem Vorwurf ausgesetzt, sie hätten sich von ihren Patienten täuschen lassen und unwillkürlich selbst jene psychische Manifestation geformt, die sie beobachteten. Diese Kritik fand 1942 ihren Höhepunkt durch einen im (ehemals von M. Prince gegründeten) „Journal of Abnormal and Social Psychology" erschienenen Beitrag zum „Experimentellen Erzeugen von einigen mit der Multiplen Persönlichkeit einhergehenden Phänomenen" (Harriman 1942). Der im ironischen Duktus geschriebene Artikel attestierte Prince „zu viel Aufwand" um die Erkrankung und enthielt eine Art Gebrauchsanweisung zum Hervorbringen von „Persönlichkeiten" durch Hypnose. Zudem erschienen zwei Übersichtsartikel (Taylor u. Martin 1944; Sutcliff u. Jones 1962), die ebenfalls das skeptische Klima hinsichtlich der Erkrankung in dieser Periode zum Ausdruck brachten. Obwohl beide Artikel die Multiple Persönlichkeit als klinische Entität unmissverständlich anerkannten und die bis zu der Zeit insgesamt 76 publizierten Fälle würdigten, waren sie doch von einer skeptischen Grundhaltung gegenüber dem Konzept geprägt, die viele spätere Autoren übernahmen, um ihre Glaubwürdigkeit nicht aufs Spiel zu setzen (s. Putnam 1989). So beschäftigten sich die meisten nachfolgenden Artikel mehr mit der Frage, ob es die Multiple Persönlichkeit wirklich gibt, als dass sie neue klinische Aspekte hervorbringen. Damit gerieten Vertreter einer der ältesten beschriebenen psychiatrischen Erkrankungen unter einen starken Rechtfertigungsdruck, der bis heute anhält (s. o.).

Es gibt eine Reihe von Faktoren, die das Konzept der Dissoziation in Vergessenheit geraten ließen: An erster Stelle ist der Aufschwung der Psychoanalyse mit ihrem konkurrierenden Modell der Verdrängung zu nennen (Ellenberger 1996). Auch die Arbeiten von Bleuler (1927) über die Schizophrenie veränderten vermutlich den Fokus der Aufmerksamkeit bei der Diagnosestellung und bewirkten seit 1927 einen starken Anstieg der berichteten Fälle von Schizophrenie, während die Anzahl der Publikationen über Multiple Persönlichkeiten abnahm (Rosenbaum 1980; s. auch Ross 1996). Möglicherweise wurden seither wiederholt Fälle von Multipler Persönlichkeit als Schizophrenie fehldiagnostiziert, wie dies eine Reihe von Studien nahe legt (Ellason et al. 1996; Putnam et al. 1986; Bliss 1980; 1983; Bliss u. Jepsen 1988). Letztlich trugen der Wechsel vom psychoanalytischen zum biologisch-medizinischen Paradigma sowie das Aufkommen der Verhaltenstherapie und der Psychopharmakologie mit zu dem schwindenden Interesse am Konzept der Multiplen Persönlichkeitsstörung bei (Putnam 1989; Hilgard 1987; Ross 1996). Der mit diesem Paradigmenwechsel einhergehende veränderte und zeitlich begrenztere Kontakt in der Patienten-Therapeuten-Interaktion erschwerte nach Putnam (1989) zudem die Diagnosestellung einer DIS, zumal hierfür in der Regel eine längere vertrauensvolle psychotherapeutische Begegnung erforderlich ist, in der Patienten ihre dissoziativen Erfahrungen offenbaren können.

Die Wiederentdeckung des Dissoziationskonzeptes

Nicht zuletzt ist es auch der von Herman (1992a) beschriebene fehlende gesellschaftliche Resonanzboden, der lange Zeit eine breite gesellschaftliche Anerkennung des Dissoziationskonzeptes verhinderte. Es bedurfte erst zweier gesellschaftlicher Strömungen, der Bürgerrechts- und der Frauenbewegung, um die Öffentlichkeit für die gesundheitlichen Folgen von politischer, aber auch von familiärer und sexueller Gewalt zu sensibilisieren. Hierdurch wurde in den 70er Jahren der Weg für neue wissenschaftliche Erkenntnisse auf dem Gebiet der Psychotraumatologie geebnet (Herman 1992b; Ross 1996).

Die Falldarstellung von Sybil (Schreiber 1974) informierte weit über die psychiatrische Fachwelt hinaus die Öffentlichkeit über das Syndrom der Multiplen Persönlichkeit. Zwar hatte bereits 1957 der Fall von Eve (Thigpen u. Cleckley 1954) als Bestseller und Film mit dem Titel „The three faces of Eve" große Popularität erfahren, doch zeichnete er ein eher verzerrtes Bild über diese Störung. Die Beschreibung von Sybil dagegen vermittelte ein treffendes und klinisch stimmiges Beispiel, mit dem andere Patienten verglichen und besser verstanden werden konnten. Die Therapeutin C. Wilbur hatte Sibyl in einer langen Psychoanalyse – unterstützt durch Hypnose und andere therapeutische Interventionen – behandelt. Die Publikation des Falls wurde von medizinischen Journalen abgelehnt (Putnam 1989) und erfolgte schließlich in der oben erwähnten populär-wissenschaftlichen Darstellung. Sie kann bis heute als anschauliche Lektüre zum Verständnis des Krankheitserlebens von betroffenen Patienten empfohlen werden (ebd.; Ross 1996).

Die Etablierung der Diagnose

Vor diesem Hintergrund arbeitete eine Pioniergruppe von Klinikern, unter ihnen C. Wilbur und R. Kluft, an der Re-Etablierung der Multiplen Persönlichkeit als offizielle klinische Diagnose. Diese Bemühungen fanden 1980 mit der Aufnahme der Störung in das DSM-III ihren Niederschlag, womit die DIS (damals noch unter dem Namen „Multiple Persönlichkeit") ihre offizielle Anerkennung erfuhr. Danach kam es zu einem starken Anstieg der dokumentierten Fälle. 1984 wurde in Chicago die International Society for the Study of Multiple Personality and Dissociation gegründet, die sich 1994 in International Society for the Study of Dissociation (ISSD) umbenannte. Die jährlichen Tagungen inspirierten zu umfangreichen Forschungsaktivitäten, die zu einem beachtlichen Aufschwung von Publikationen in verschiedenen etablierten psychiatrischen Zeitschriften führten. Seither hat sich die Erforschung der dissoziativen Störungen zu einem wichtigen Thema in der Psychiatrie entwickelt, wobei die DIS mit Abstand die solideste empirische Datenlage aufzuweisen hat (Gleaves et al. 2001). Die meisten Forschungsaktivitäten lagen bisher in Nordamerika, doch ist auch in Europa mit einer Verzögerung von fast 20 Jahren eine zunehmende Rückbesinnung auf das wissenschaftliche Erbe Janets zu verzeichnen.

15.4 Entwicklung der Definitionskriterien

Definition der Dissoziativen Identitätsstörung

Bei der offiziellen Aufnahme in das **DSM-III** im Jahre 1980 wurde die Definition der DIS (damals noch „Multiple Persönlichkeit" genannt) zunächst relativ eng gefasst: Neben dem Vorhandensein verschiedener Persönlichkeitsanteile („personalities", Kriterium A) und wechselnder Kontrolle über das Verhalten des Individuums (Kriterium B) wurde gefordert, dass jeder Persönlichkeitsanteil komplex und mit eigenem Verhalten und sozialen Beziehungen ausgestattet sein musste (APA 1980). Diese Definition wurde allerdings als zu eng (Putnam 1989) und zu sehr an prototypischen, klassischen Fallschilderungen orientiert angesehen (Frischholz 1985), da sie nicht der Tatsache Rechnung trug, dass es bei vielen Patienten auch dissoziierte Persönlichkeitszustände gibt, die kaum nach außen in Erscheinung treten oder nur sehr begrenzte Funktionen und Emotionen haben und zudem aufgrund einer häufig auftretenden Sozialphobie nicht über eigene soziale Beziehungen verfügen. Daher wurde im **DSM-III-R** dieses letzte Kriterium weggelassen, um die Diagnose auch auf die Patienten zu erweitern, welche die DSM-III-Kriterien nicht vollständig erfüllten, wohl aber von dem spezifischen Behandlungsansatz für diese Störung profitieren konnten. Zudem wurde parallel zum Begriff „personality" auch der Terminus „personality states" benutzt und die Störung von „Multipler Persönlichkeit" zu „Multiple Persönlichkeitsstörung" umbenannt.

Während die DSM-III-Kriterien wegen ihrer Tendenz zu falsch-negativen Diagnosen revidiert wurden, erfuhren die neuen DSM-III-R-Richtlinien jetzt die gegenteilige Kritik: Die formulierten Kriterien wurden als zu weich mit der Gefahr einer zu niedrigschwelligen Diagnosestellung und falsch-positiven Zuweisungen angesehen (s. Kluft 1996a). Die Erarbeitung der **DSM-IV-Kriterien** fand in einer polarisierten und kontrovers geführten Debatte statt (Cardena u. Spiegel 1996; Kluft 1996a). Als Ergebnis wurde schließlich das Kriterium C der Amnesie eingeführt und erneut eine Umbenennung vorgenommen, da der Name „Multiple Persönlichkeitsstörung" als missverständlich erlebt wurde: Es sollte deutlich gemacht werden, dass es sich bei dem Krankheitsbild nicht um eine Persönlichkeitsstörung (im Sinne einer Achse-II-Diagnose des DSM) handelt, auch wenn es aufgrund der früh erfahrenen Traumatisierungen durchaus zu Störungen in der strukturellen Entwicklung der Persönlichkeit kommen kann. Zudem wurde betont, dass es sich bei den verschiedenen Persönlichkeitszuständen um **psychische Strukturen**, nicht um „viele Personen" in einem Körper handelt, auch wenn sich die Betroffenen so erleben. Diese Überlegungen fanden im neuen Begriff der „Dissoziativen Identitätsstörung" ihren Niederschlag. So lautet die derzeitig gültige Definition (s. Tab. 15-1).

Kritik an den DSM-IV-Kriterien

In letzter Zeit wurde verschiedentlich umfassende Kritik an den bisherigen Definitionskriterien geäußert (Dell 2000; 2001a; Gleaves et al. 2001). Insbesondere wird kritisiert, dass bereits vorliegende wissenschaftliche Ergebnisse hinsichtlich weiterer Kernphänomene des dissoziativen Funktionierens, wie zum Beispiel Depersonalisation, Derealisation, Stimmenhören etc. (Putnam et al. 1986; Coons et al. 1988; Ross et al. 1989a; 1990a; 1990b; Boon u. Draijer 1993), als Diagnosekriterien nicht ausdrücklich benannt werden (Dell 2001a). Dell bemängelt zudem die Neigung zu sehr strengen Definitionskriterien und die einseitige Fixierung auf die Merkmalsbeschreibung der Persönlichkeitszustände, ohne für deren Ma-

Tab. 15-1: Diagnostische Kriterien für eine Dissoziative Identitätsstörung nach DSM-IV (mod. nach APA 1994).

- die Anwesenheit von zwei oder mehr unterscheidbaren Identitäten oder Persönlichkeitszuständen (jeweils mit einem eigenen, relativ überdauernden Muster der Wahrnehmung von, der Beziehung zur und dem Denken über die Umgebung und das Selbst)
- Mindestens zwei dieser Identitäten oder Persönlichkeitszustände übernehmen wiederholt die Kontrolle über das Verhalten der Person.
- eine Unfähigkeit, sich an wichtige persönliche Informationen zu erinnern, die zu umfassend ist, um durch gewöhnliche Vergesslichkeit erklärt zu werden.
- Die Störung geht nicht auf direkte körperliche Wirkung einer Substanz (z. B. Black-outs oder ungeordnetes Verhalten während einer Alkoholintoxikation) oder eines medizinischen Krankheitsfaktors zurück (z. B. komplex-partielle Anfälle).

Beachte: Bei Kindern sind die Symptome nicht durch imaginierte Spielkameraden oder andere Phantasiespiele zu erklären.

nifestationen entsprechende klinisch relevante und operationalisierte Kriterien anzubieten. In seiner pointiert vorgetragenen Kritik bezeichnet er die bisherigen Kriterien als reduktionistisch, abstrakt und unvollständig und sieht hierin ein gravierendes Problem in der Akzeptanz des Störungsbildes, da hilfreiche Merkmale zur Diagnosestellung nicht angeboten würden. Dieses Versäumnis mache es dem durchschnittlich ausgebildeten Therapeuten schwer, die sehr abstrakt beschriebene Erkrankung in seinem klinischen Alltag wiederzufinden, und trage dadurch zu einer unnötigen Mystifizierung der Diagnose und zu einer Ideologisierung des wissenschaftlichen Diskurses bei (ebd.).

Als unbefriedigend wird auch die heterogene Zusammensetzung der DSM-IV-Sammelkategorie der „nicht näher bezeichneten dissoziativen Störungen" (NNBDS, in der englischsprachigen Fassung als „Dissociative disorders not otherwise specified" benannt [DDNOS] empfunden (Cardena u. Spiegel 1996; Dell 2000; 2001a). Diese umfasst eine Reihe von dissoziativen Störungsbildern, die nicht die Kriterien einer der im DSM-IV beschriebenen dissoziativen Störungen erfüllen. Obwohl die NNBDS eigentlich diejenige dissoziative Störungsgruppe darstellt, die am häufigsten zu diagnostizieren wäre (s. Mezzich et al. 1989; Saxe et al. 1993), besteht bislang nur wenig diagnostische Klarheit über diese Gruppe.

Das Konzept der komplexen dissoziativen Störung

Zur Behebung der beschriebenen Nachteile wurde von Dell (2001a) eine umfassende Neukonzeptualisierung der Diagnosekategorien entworfen. Er schlägt eine taxometrische[6] Diagnosestellung anhand eines Kriterienkataloges vor, wie dies bei anderen psychiatrischen Erkrankungen ebenfalls üblich ist (zum Beispiel bei der Depression, der Borderline-

---

6 Die taxometrische Forschung stellt einen wichtigen Ansatz dar, um diagnostische Validität zu überprüfen und somit Klassifikationsprobleme in der Psychopathologie zu lösen. Die taxometrische Vorgehensweise (Meehl 1995; Waller u. Meehl 1997) wird benutzt, um zwischen psychologischen Typen und Variationen eines Kontinuums zu unterscheiden. Wenn ein Konstrukt typologischer Natur ist und somit also ein qualitativer Unterschied vorliegt, lässt sich ein bestimmter Satz an Indikatoren für dieses Taxon identifizieren (Waller u. Ross 1997; s. auch Gleaves et al. 2001; Gast 2002b).

Tab. 15-2: Komplexe dissoziative Störungen (mod. nach Dell 2001b; 2002; zit. nach Gast 2003a).

Durchgängiges Muster von mangelnder Integrationsfähigkeit des Bewusstseins in den Bereichen des Gedächtnisses, der Wahrnehmung und der Identität, letzteres mit folgenden Ausprägungen:
- teilweise abgespaltene Selbst-Zustände (bisher: nicht näher bezeichnete dissoziative Störung, Typ Ia)
- voll abgespaltene Selbst-Zustände (bisher: Dissoziative Identitätsstörung oder Multiple Persönlichkeitsstörung)

Kriterien

A: für ein durchgehendes Muster dissoziativen Funktionierens
- Gedächtnisprobleme, z. T. schwere Amnesien für autobiografisches Material
- Depersonalisation
- Derealisation
- Flashback-Erleben, Alters-Regression
- somatoforme Dissoziation (somatoforme bzw. pseudoneurologische Symptome)
- Trancezustände

B: für subjektiv erlebte Manifestation teilweise abgespaltener Selbst-Zustände
- Hören von Kinderstimmen im Kopf
- interne Dialoge oder Streitereien
- die Person quälende innere Stimmen
- teilweise dissoziierte (zeitweise als nicht zu sich gehörig erlebte) Sprache
- teildissoziierte Gedanken
- teildissoziierte Gefühle
- teilweise dissoziiertes Verhalten
- zeitweise nicht zu sich gehörig erlebte Fertigkeiten oder Fähigkeiten
- irritierende Erfahrungen von verändertem Ich-Erleben
- Verunsicherung über das eigenes Ich
- nicht zu sich gehörig erlebte, aber erinnerbare teilweise abgespaltene Selbst-Zustände, mit denen der Therapeut in Kontakt tritt

C: für objektive und subjektive Manifestationen vollständig abgespaltener Selbst-Zustände
- krasse Diskontinuität im Zeiterleben (Zeit verlieren, „Herauskommen", Fugue-Episoden)
- nicht erinnerbares Verhalten
- von anderen beobachtetes Verhalten, an das man sich nicht erinnern kann
- Finden von Sachen in seinem Besitz, an deren Erwerb man sich nicht erinnern kann
- Finden von (Auf-)Zeichnungen, an deren Anfertigung man sich nicht erinnern kann
- evidente Anzeichen für kürzliches Verhalten, an das man sich nicht erinnern kann
- Entdecken von Selbstverletzungen oder Suizidversuchen, an die man sich nicht erinnern kann

Persönlichkeitsstörung oder der Posttraumatischen Belastungsstörung). Der Katalog enthält einen Satz von Diagnosekriterien zur Identifizierung einer „komplexen dissoziativen Störung" („Major Dissociative Disorder"), welche die bisherigen Diagnosen der DIS und der NNBDS, Typ I, als Subtypen beinhaltet. Darüber hinaus enthält der Entwurf auch eine übersichtliche Neuordnung der „einfachen dissoziativen Störungen" einschließlich der übrigen NNBDS-Typen (s. hierzu Dell 2001a und 2001b).

In dem Kriterienkatalog sind alle in der Literatur als charakteristische Symptomatik beschriebenen Merkmale der DIS zusammengefasst (Bliss 1986; Boon u. Draijer 1991; 1993; Coons et al. 1988; Ellason u. Ross 1995; Kluft 1985b; 1987; Nijenhuis 1999; Nijenhuis et al. 1996; Putnam et al. 1986; Ross et al. 1989; 1990a; 1990b; 1992; Sar et al. 1996; Schultz et al. 1989; Steinberg et al. 1990; s. auch Dell 2002) und drei übergeordneten Kriterien zugewiesen (Dell 2001a; 2001b; s. auch Tab. 15-2). Unter den Kriterien A werden die dissoziativen Symptome subsumiert, die das Gedächtnis und die Wahrnehmung betreffen und auch bei den einfachen dissoziativen Störungen zu finden sind, nämlich Gedächtnisprobleme, Depersonalisation, Derealisation, Flashback-Erleben, Trancezustände sowie somatoforme Dissoziation. Unter den Kriterien B und C werden Merkmale aufgeführt, die darauf schließen lassen, dass verschiedene Persönlichkeitszustände bzw. Selbst-Zustände mit entsprechendem Selbsterleben vorliegen. Hierbei werden unterschiedlich schwere Ausprägungen der Dissoziation in Form von entweder teilweise abgespaltenen oder voll abgespaltenen Selbst-Zuständen unterschieden. Anzeichen für die Manifestationen von teilweise abgespaltenen Selbst-Zuständen, zum Beispiel in Form von nicht zu sich gehörig erlebtem Denken, Sprechen, Fühlen, Handeln oder pseudohalluzinatorischem Erleben, werden unter den B-Kriterien zusammengefasst. Anzeichen für die Manifestation von voll abgespaltenen Zuständen, zum Beispiel in Form von evidenten Hinweisen für kürzliches Verhalten, an das man sich nicht mehr erinnern kann, werden unter dem Kriterium C aufgeführt.

Sind jeweils mindestens vier A-Kriterien, sechs B-Kriterien und zwei C-Kriterien erfüllt, liegt das Vollbild einer schweren dissoziativen Störung im Sinne der bisherigen DIS vor. Werden zwar die A- und B-Kriterien in der entsprechenden Anzahl erfüllt, jedoch weniger als zwei C-Kriterien, handelt es sich um ein Teilbild mit weniger schwerer Ausprägung, das nach den bisher geltenden Kriterien als „nicht näher bezeichnete dissoziative Störung, Typ I" diagnostiziert werden würde[7]. Ein entsprechender Entwurf der International Society for the Study of Dissociation unter der Federführung von P. Dell wird zurzeit für die Dissociative Disorders Section der DSM-V vorbereitet, in dem neben einer umfassenden Erweiterung des Kriterienkataloges zudem für eine erneute Umbenennung der DIS in „Dissociated Self Disorder" plädiert wird (Dell, persönl. Mitteilung).

Die Vorteile dieser neuen Klassifikation liegen darin, dass die Diagnosestellung für den Kliniker transparent, praktikabel und nachvollziehbar wird. Das Konzept der komplexen dissoziativen Störung könnte den Diskurs über die DIS versachlichen und somit zur Entmystifizierung und besseren klinischen Akzeptanz der Erkrankung beitragen.

15.5 Ätiologie

Zum Zusammenhang von Trauma und Dissoziation

Wie bereits oben erwähnt, tauchten schon in den frühen Fallbeschreibungen der DIS immer wieder Schilderungen von traumatischen Erfahrungen der Betroffenen auf (Janet 1889; M. Prince 1906; 1924; W. F. Prince 1916). In den letzten 20 Jahren konnte der Zusammenhang zwischen Trauma und Dissoziation empirisch belegt werden. Hierzu liegen eine Reihe von

---

[7] Auf der Basis dieses neuen Konzepts wurde zudem von Dell ein neues Messinstrument entworfen, das „Multidimensional Inventory of Dissociation" (MID, Dell 2000; 2002; Dell et al. 2001). Die deutsche Fassung dieses Instruments wird zurzeit von der Autorin im Rahmen eines DFG-Projektes validiert (s. Gast 2002b).

Korrelationsstudien bzw. von quasi-experimentellen Gruppenvergleichen vor, die übereinstimmend auf einen Zusammenhang zwischen dem Vorliegen von Kindheitstraumatisierungen und dem Ausmaß an dissoziativen Symptomen hinweisen. Eine Übersicht über diese Studien findet sich in Kapitel 23 (s. S. 321). Eine **Meta-Analyse** von über 38 Studien zeigte einen positiven Zusammenhang zwischen sexuellen Gewalterfahrungen in der Kindheit und späteren Symptomen in den Bereichen Angst, Wut, Depression, Retraumatisierung, Selbstverletzung, sexuelle Probleme, Zwanghaftigkeit, Dissoziativität, posttraumatischen Reaktionen und Somatisierung (Neumann et al. 1996). Alle Studien geben als retrospektive Zusammenhangs-Analysen Hinweise im Sinne von Indizien auf eine kausale Verbindung zwischen Kindheitstraumata und einer späteren dissoziativen Störung. Ein ursächlicher Zusammenhang kann zudem mit den inzwischen ebenfalls vorliegenden Studien mit Längsschnittansatz bzw. prospektivem Ansatz bewiesen werden.

Es handelt sich hierbei um drei Studien, die den Zusammenhang von Trauma und Dissoziation in einem prospektiven Design untersuchten, sonst aber sehr unterschiedlich aufgebaut sind: In der ersten Studie (Darves-Bornos et al. 1999) wurden Vergewaltigungsopfer hinsichtlich der Entwicklung von Folgeschäden befragt. Die Befunde weisen darauf hin, dass eine inzestuöse Vergewaltigung durch ihre zusätzliche Beziehungstraumatisierung hinsichtlich der Entwicklung dissoziativer Symptome als besonders schwerwiegend einzuschätzen ist.

Die zweite, methodisch sehr aufwändige Studie von McFie (1999) untersucht das Ausmaß dissoziativer Symptome bei missbrauchten versus nichtmissbrauchten Vorschulkindern (n = 199) über einen längeren Zeitraum. Traumatisierte Kinder zeigten sowohl zu Beginn der Messung als auch bei dem zweiten Messpunkt nach einem Jahr mehr dissoziative Prozesse als nichttraumatisierte Kinder. Zudem stieg der Grad an Dissoziation bei traumatisierten Kindern zwischen den Messpunkten 1 und 2 an, während er bei nichttraumatisierten Kindern zurückging. Die Ergebnisse wurden von den Autoren dahingehend interpretiert, dass mit zunehmendem Alter der Kinder die Dissoziation durch physiologische Reifung abnimmt, während traumatisierte Kinder dissoziative Mechanismen offensichtlich als Coping-Strategie „brauchten".

Bei der dritten Studie handelt es sich um eine prospektive Longitudinalstudie mit einer Stichprobe von 130 Kindern und einem Langzeitverlauf von 19 Jahren, in der das Bindungsverhalten und der Zusammenhang zu dissoziativem Verhalten und psychopathologischen Auffälligkeiten in der Adoleszenz untersucht wurden (Carlson 1998). Als Stichprobe diente die Minnesota-poverty-sample-Studie (Ogawa et al. 1997). Desorganisiertes Bindungsverhalten, das als Indikator für traumatische Erfahrungen gilt, erwies sich als signifikanter Prädiktor für späteres dissoziatives Verhalten. Außerdem fand sich ein signifikanter Zusammenhang zwischen diesem Bindungsstil und psychopathologischen Auffälligkeiten. Aus der Stichprobe konnten drei Jugendliche mit dissoziativen Störungen identifiziert werden, alle drei hatten als Kind eine desorganisierte Bindung mit der Mutter gezeigt.

Prävalenz traumatischer Erfahrungen bei DIS

Angesichts der bisher beschriebenen empirischen Ergebnisse zum Zusammenhang zwischen Trauma und Dissoziation ist es nahe liegend, dass in einer Gruppe von hochdissoziativen Patientinnen und Patienten die Prävalenz von traumatischen Erfahrungen besonders hoch sein muss. So wurde in einer Reihe von Studien aus Nordamerika und Europa übereinstimmend über lang andauernde schwere frühkindliche Traumatisierungen berichtet, meist in Form von sexueller Ge-

Tab. 15-3: Kindheitstraumatisierungen bei Patienten mit Dissoziativer Identitätsstörung (mod. nach Gast 2003b; Angaben in %).

Studie	n	sexueller Missbrauch	körperliche Misshandlung	sexueller Missbrauch oder körperliche Misshandlung	kein Trauma
Putnam et al. 1986	100	83,0	75,0	k.A.	3,0
Coons et al. 1988	50	68,0	60,0	96,0	k.A.
Ross et al. 1989b	236	79,2	74,9	88,5	k.A.
Ross et al. 1990a	102	90,2	82,4	95,1	k.A.
Schultz et al. 1989	355	86,0	82,0	k.A.	2,0
Boon u. Draijer 1993	71	77,5	80,3	94,4	k.A.

walt, häufig verbunden mit körperlicher und emotionaler Misshandlung sowie extremer Vernachlässigung. Entsprechende Vorerfahrungen wurden regelmäßig von über 90 % der befragten Patienten angegeben (Boon u. Draijer 1993; Coons u. Milstein 1988; Putnam et al. 1986; Ross et al. 1989; 1990a; Schultz et al. 1989; s. Tab. 15-3). Mit Ausnahme der Studie von Schultz et al. wurden standardisierte Messinstrumente benutzt und die Dissociative Experiences Scale (DES, Putnam u. Bernstein 1986) zusammen mit einem Trauma-Fragebogen und/oder Trauma-Interview eingesetzt.

Eine Reihe von Autoren konnte in bis zu 100 % der Fälle für die Berichte ihrer Patienten über Traumatisierungen während der Kindheit Belege durch offizielle Aufzeichnungen (zum Beispiel Kranken- oder Gerichtsakten, Jugendamt etc.) vorweisen (Bliss 1984; Coons 1994; Coons u. Milstein 1986; Hornstein u. Putnam 1992; s. auch Kluft 1995; 1996a; 1998).

Außerdem weisen viele DIS-Patienten zusätzlich die Symptomatik einer Posttraumatischen Belastungsstörung auf. Boon und Draijer (1993) fanden diese zusätzliche Diagnose in 89 % der 49 untersuchten Fälle. Auch Ellason et al. (1996) berichten über eine hohe Komorbidität von PTBS (79,2 %) bei den von ihnen untersuchten 107 DIS-Patienten. Als weitaus häufigste komorbide Achse-II-Erkrankung wird in derselben Studie in ca. 56 % der Fälle eine Borderline-Persönlichkeitsstörung gefunden. Bei dieser wird bekanntlich ebenfalls eine relativ hohe Prävalenz traumatischer Erfahrungen gefunden (s. Gast 1997). Auch in anderen Studien wurde eine große Überlappung der beiden Störungsbilder festgestellt (Coons u. Sterne 1986; Horevitz u. Braun 1984; s. auch Gleaves et al. 2001).

Art der Traumatisierungen

Die verschiedenen Ausprägungen der Traumatisierungen, die von den untersuchten DIS-Patientinnen und -Patienten berichtet wurden, haben Putnam et al. (1986) am differenziertesten untersucht. Sexuelle Gewalt ist die häufigste Art der Traumatisierung (auch in den anderen Studien, s. Tab. 15-3), meist in Form von Inzest. Oft handelt es sich um Vater-Tochter- oder Stiefvater-Stieftochter-Inzest, es kommen aber auch Mutter-Tochter-, Mutter-Sohn- oder

Geschwister-Inzest sowie inzestuöse Beteiligung mehrerer Familienmitglieder vor. Neben den Angaben von oralen, genitalen und analen sexuellen Kontakten wird auch regelmäßig über ungewöhnliche „Hygienepraktiken" berichtet, die in sexuell und körperlich missbräuchlicher Form bei den Patientinnen durchgeführt wurden (Putnam et al. 1986). Vergleicht man den von DIS-Patientinnen angegebenen sexuellen Missbrauch mit den Berichten von anderen Missbrauchsopfern, so fällt bei ersteren die äußerst sadistische Qualität auf. Extreme Gewaltanwendung in Form von Fesselungen, Penetration von Vagina, Mund und Anus mit Instrumenten sowie verschiedene Formen von physischer und sexueller Folter werden berichtet. Viele Patientinnen mit DIS geben an, von verschiedenen Tätern oder Tätergruppen sexuell missbraucht oder zur Kinderprostitution gezwungen worden zu sein (ebd.). Über körperliche Gewalt wird zusätzlich von 60 bis über 80 % aller DIS-Patientinnen in verschiedenen Studien berichtet (s. Tab. 15-3). Nach Putnam et al. (1986) werden Misshandlungen durch Faustschläge sowie bizarre körperliche Misshandlungen oder Folter angegeben. Bei vielen Patientinnen wurden diese in ritualisierter Form von den Missbrauchern praktiziert. Einige Patientinnen berichten zudem von Misshandlungen im Kontext von satanischen Ritualen und Kult-Ritualen (ebd.). In der Studie von Putnam wurde zudem in 62 % der Fälle extreme Vernachlässigung und in 38 % emotionaler Missbrauch gefunden. Hierbei wird von folgenden Erfahrungen berichtet:
- systematische Beschämung, Beschimpfung, Entwertung und Schuldzuweisung
- Einschüchterungen und Androhungen von schwerer Strafe und Gewalt
- Isolierung von anderen Kindern
- Behinderung in der schulischen Entwicklung oder bei der Inanspruchnahme medizinischer Hilfe

In den wenigen Fällen, in denen weder Missbrauch noch Misshandlung in der Kindheit gefunden wurden, spielten zumeist andere schwere Traumatisierungen eine Rolle, zum Beispiel extreme Armut oder Zeuge werden von Kriegshandlungen, bei denen eigene Angehörige ums Leben kamen. Auch Traumatisierungen durch langwierige medizinische Eingriffe, verbunden mit Deprivation, wurden bei einigen Patientinnen gefunden (ebd.).

Es wurden zudem einzelne Fälle identifiziert, in denen sich keine schwerwiegenden Belastungssituationen in der Lebensgeschichte der Patientinnen finden ließen (in ca. 2 bis 3 % der Fälle, s. Putnam et al. 1986 und Schultz et al. 1989). Hierbei muss die Frage offen bleiben, ob traumatische Erfahrungen nicht mehr erinnert wurden oder ob möglicherweise durch transgenerationelle Weitergabe von Erfahrungen traumatisierter Eltern eine derart schwere dissoziative Entwicklung angestoßen werden kann (s. hierzu Gast 2002b; Main u. Hesse 1990; 1992).

Eigene Untersuchungen

Für den deutschsprachigen Raum liegen eine erste Fallsammlung von 21 Patienten mit komplexen dissoziativen Störungen vor, die in der psychiatrischen Poliklinik der Medizinischen Hochschule Hannover diagnostiziert wurden (Gast 2002b), sowie eine erste Pilotstudie mit operationalisierten Messinstrumenten, in der weitere 20 Patientinnen mit komplexen dissoziativen Störungen diagnostiziert und mit einer Stichprobe von 100 allgemeinpsychiatrischen Patienten verglichen wurden (Gast et al. 2001c; Gast 2002b). Beide Studien bestätigen den Zusammenhang von Trauma und Dissoziation (s. hierzu auch Gast et al. 2001a; 2002) sowie die hohe Prävalenz traumatischer Erfahrungen bei DIS und NNBDS.

Bei der ersten Studie (Gast 2002c) handelt es sich um 21 Patienten (19 Frauen, 2 Männer), bei denen in 13 Fällen die Diagnose einer DIS und in 8 Fällen die einer NNBDS Typ I gestellt wurde. Obwohl bei dieser Fallsammlung noch keine systematische Trauma-Anamnese erhoben wurde, berichteten 18 der 21 Patientinnen in der klinischen Untersuchung spontan über Traumatisierungen in der Kindheit, oder es waren entsprechende Angaben bereits in den Vorbefunden dokumentiert. Die Art der berichteten Traumatisierungen waren ungewöhnlich schwer und ähnelten denen, die in der Studie von Putnam et al. (1986) beschrieben worden waren. In 3 Fällen wurden keine Traumatisierungen berichtet, wobei 2 Patientinnen kaum Angaben zur Kindheit machen konnten, da schwere, weit in die Schulzeit hineinreichende Amnesien bestanden. Bei einer Patientin mit NNBDS Typ I ließen sich auch im Laufe einer ambulanten tiefenpsychologisch fundierten Langzeittherapie keine schweren Traumatisierungen evaluieren, die eine derart tief greifende dissoziative Symptomatik schlüssig erklärt hätten. Es stellte sich aber heraus, dass beide Eltern schwerst traumatisierte Holocaust-Opfer waren. Möglicherweise handelt es sich hierbei also um einen der seltenen Fälle, in denen sich keine Traumata in der Kindheit nachweisen lassen und sich die dissoziative Störung durch Störungen im Bindungsverhalten im Sinne eines transgenerationalen Traumas erklären lässt (Main u. Hesse 1990; 1992).

In der zweiten Studie (Gast et al. 2001c; 2002) wurden bei weiteren 20 überwiegend stationären Patientinnen mit dissoziativen Störungen in 14 Fällen die Diagnose einer DIS und 6 Fällen die einer NNBDS, Typ I entweder klinisch oder mit dem SKID-D diagnostiziert. Diese Stichprobe wurde mit einer gemischtgeschlechtlichen Vergleichsgruppe von 100 allgemeinpsychiatrischen stationären Patienten hinsichtlich dissoziativer Symptome und traumatischer Kindheitserfahrungen verglichen. Es kamen der Fragebogen für dissoziative Störungen (FDS, Freyberger et al. 1998 [deutsche Fassung der Dissociative Experiences Scale, DES, von Bernstein u. Putnam 1986]), das Multidimensionale Inventar dissoziativer Symptome (MID-d, deutsche Fassung des Multidimensional Inventory of Dissociation [MID] von Dell 2000; 2002; Dell et al. 2001) sowie der Childhood Trauma Questionnaire (CTQ, Bernstein u. Fink 1998) in eigener deutscher Bearbeitung zum Einsatz. In der Stichprobe mit dissoziativen Störungen wurden signifikant schwerere Traumatisierungen berichtet als in der Stichprobe mit nichtdissoziativen Störungen. Zudem korrelierte das Ausmaß an Kindheitstraumatisierungen mit der Schwere dissoziativer Symptome im Erwachsenenalter. Insbesondere zeigte sich ein enger Zusammenhang zwischen emotionaler und sexueller Gewalterfahrung und dem Ausmaß an dissoziativen Symptomen (Gast et al. 2001c; 2002).

15.6 Prävalenz Dissoziativer Identitätsstörungen

Prävalenzstudien liegen sowohl für die Allgemeinbevölkerung (Akyüz et al. 1999; Ferdinand et al. 1995; Murphy 1994; Ross 1991; Ross et al. 1991a; Sar et al. 1999; Vanderlinden et al. 1991; 1993; 1995; Waller u. Ross 1997) als auch für stationäre psychiatrische Patienten (Friedl u. Draijer 2000; Horen et al. 1995; Knudsen et al. 1995; Modestin et al. 1996; Rifkin et al. 1998; Ross et al. 1991b; Saxe et al. 1992; Tutkun et al. 1998) und bestimmte Risikogruppen (Atchinson u. McFarlane 1994; Steinberg 1996) vor. Die teilweise erheblichen Schwankungen lassen sich durch methodische Unterschiede in den Studien erklären, also durch die Auswahl der Messinstrumente, die Zusammensetzung der Stichproben und Effekte der Selbstselektion (s. Rodewald u. Gast 2000). Auch die bisherigen Diagnosekriterien tragen zur großen Streubreite der Prävalenzangaben bei, während eine taxometrische Diagnosestellung vermutlich zu konsistenteren Ergebnissen führen würde (Waller u. Ross 1997). Eine Konzentration der Ergebnisse für Prävalenzzahlen in der Allgemeinbevölkerung finden sich in einem Bereich von 2 bis 7% für alle dissoziative

Störungen, bei bis zu 1% für die DIS. Für allgemeinpsychiatrische Populationen liegen die Werte naturgemäß höher (s. auch Gast et al. 2001b; 2002). Insgesamt erscheint ein Bereich von 5 bis 15% für dissoziative Störungen und von 1 bis zu 5% für die DIS bei stationären psychiatrischen Patienten realistisch. Eine eigene Studie bestätigt diese Größenordnung auch für Deutschland (Gast et al. 2001a).

In speziellen Risikogruppen (zum Beispiel Patienten mit positiver Trauma-Anamnese, mit Suchterkrankungen, Angststörungen, affektiven Störungen, Borderline-Persönlichkeitsstörung, Posttraumatischen oder akuten Belastungsstörungen und Ess-Störungen) können die Prävalenzzahlen deutlich höher liegen (Atchinson u. McFarlane 1994; Steinberg 1996). Erste Forschungsergebnisse weisen zudem darauf hin, dass der Anteil dissoziativ gestörter Personen in forensischen Populationen überproportional hoch ist (v. Braunsberg 1993; Snow et al. 1996; Liß 2001).

15.7 Die Phänomenologie der dissoziierten Selbst-Zustände

Definition der Selbst-Zustände

In einer Reihe von Arbeitsgruppen der American Psychiatric Association (s. Putnam 1989) wurden von Braun und Kluft folgende Definitionen für die Selbst-Zustände unter dem Begriff der „Alter-Persönlichkeit" erarbeitet.

Die **Alter-Persönlichkeit** ist eine „eigenständige Existenz eines Bewusstseinszustandes mit einem sicheren, überdauernden und gut gegründeten Selbstempfinden und einem charakteristischen und überdauernden Muster von Verhalten und Gefühlen als Antwort auf bestimmte Stimuli. Eine Alter-Persönlichkeit hat eine Reihe von Funktionen, von gefühlsmäßigen Antworten und eine bestimmte Lebensgeschichte über ihre eigene Existenz." (Kluft 1984, Übs. d. A.)

Kluft (1988b) formulierte einige Jahre später eine weitere Definition, bei der er sich mit dem verwendeten Begriff der „self-states" (Selbst-Zustände) an der psychoanalytischen Terminologie von Kohut (1977) orientierte. Kluft umgeht dabei die bisher bestehenden definitorischen Probleme der Begriffe „Identität", „Persönlichkeit" oder „Persönlichkeitszustände", zumal es hierbei zu Unschärfen und Vermischungen mit sonst üblichen Definitionen im Kontext der psychiatrischen und psychologischen Literatur kommen kann (Kluft 1996a; 2003). Nach Kohuts Definition (1977) wird das Selbst als das Zentrum von Initiative und Erfahrungen angesehen und repräsentiert damit treffender das Konzept oder die Struktur der beschriebenen Phänomenologie der DIS-Patienten. In Anlehnung an dieses Konzept stellt Kluft die Komplexität des Phänomens als Selbst-Zustand folgendermaßen dar:

„Ein abgegrenzter (unverbundener) **Selbst-Zustand** (im Sinne von Persönlichkeitszustand) ist die mentale Adresse eines relativ stabilen und überdauernden Musters der selektiven Mobilisierung mentaler Inhalte und Funktionen. Diese Inhalte und Funktionen können sich auf der Verhaltensebene in einer augenscheinlichen Rollenübernahme oder einem Rollenspiel ausdrücken, und sie können auf intrapsychische und interpersonelle Stimuli sowie Umweltreize ansprechen. Der Selbst-Zustand ist in einem relativ stabilen (jedoch von Reiz und Reaktion abhängigen) Muster neuropsychophysiologischer

Aktivation organisiert (und damit assoziiert) und hat spezifische psychodynamische Inhalte. Der Selbst-Zustand funktioniert sowohl als Empfänger und Prozessor als auch als Speicherort für Wahrnehmungen, Erfahrungen und ihrer Verarbeitung in Verbindung mit früheren Ereignissen und Gedanken und/oder aktuellen und erwarteten Ereignissen und Gedanken. Jeder Selbst-Zustand hat ein Gefühl der eigenen Identität, Vorstellungen von sich selbst sowie die Fähigkeit, Gedankenprozessen und Handlungen aufzunehmen." (Kluft 1988, S. 51; Übs. d. A.)

Überlegungen zur Entstehung verschiedener Selbst-Zustände

Eine wichtige Grundlage zum Verständnis der Ausbildung unterschiedlicher Selbst-Zustände (oder Alter-Persönlichkeiten) stellen nach Putnam (1989) die Ergebnisse der Säuglingsbeobachtung dar, wonach sich das Verhalten des Säuglings in einer Serie von charakteristischen „states" organisiert (Wolf 1987), die von angeborenen motivationalen Systemen gesteuert werden (Lichtenberg 1988). Mit zunehmender Reifung und bei hinreichend guter Pflege durch die Beziehungspersonen lernt der Säugling, sein zustandsabhängiges Verhalten zu modulieren und die Übergänge zwischen den Zuständen („states") weicher und fließender zu gestalten, sodass diese Wechsel nicht mehr so klar erkennbar sind (Emde et al. 1976). Damit einhergehend entwickelt sich mit zunehmender Reifung ein zustandsübergreifendes Selbst-Bewusstsein („sense of self") mit entsprechend integrativen Fähigkeiten der verschiedensten Wahrnehmungen und Erfahrungen (Stern 1985). Ein seine eigene Geschichte und seine eigenen Erfahrungen immer wieder integrierendes Selbst-Bewusstsein ist die Voraussetzung für die spätere Entwicklung einer einheitlichen Identität und Persönlichkeit.

Traumatisierte Kinder entwickeln sich nach Putnam (1989) in eine andere Richtung: Anstelle eines integrierenden, zustandsübergreifenden Bewusstseins entwickeln sich zustandsabhängige, unterschiedliche Bewusstseinszentren, durch die sich im Laufe der weiteren Entwicklung die verschiedenen, dissoziierten „states" mit den damit verbundenen Gefühlen, Erfahrungen und Erinnerungen zu eigenständigen Persönlichkeitsanteilen oder Selbst-Zuständen ausbauen. Daher ähnelt der Wechsel von einem Persönlichkeitszustand in den anderen („switch") phänomenologisch dem unmodulierten Wechsel von einem „state" in den anderen, wie ihn die Säuglingsforscher in der frühen Entwicklungszeit des Kindes beobachten (Putnam 1989). Häufige traumainduzierte Trancezustände unterstützen den Prozess der sich divergierend entwickelnden Selbst-Zustände und erschweren eine adäquate Integration. Die individuelle Phantasiefähigkeit und Vorstellungskraft des Kindes, insbesondere die Schaffung von Projektionsfiguren, zum Beispiel in Form von bedrohlichen Ungeheuern, imaginären Spielkameraden und hilfreichen Beschützern, sowie die intensive Identifikation mit externen Heldenfiguren geben den Persönlichkeitszuständen schließlich ihr individuelles Gepräge (ebd.). Der beschriebene Prozess wird zudem bei Kindern mit innerfamiliären Traumatisierungen, insbesondere bei inzestuösem sexuellen Missbrauch, noch verstärkt, da das extrem inkonsistente und widersprüchliche Verhalten der Beziehungspersonen und deren Verleugnung der vom Kind erlittenen Traumatisierungen die dissoziative Bewältigungsstrategie zusätzlich fördern (Herman 1992a).

Vermutete neurobiologische Korrelate

Aus der neurobiologischen Perspektive vermutet Putnam (1994) die Herausbildung besonders starrer und enger Verbindungen oder Schemata zwischen emotionalem Befinden (implizites Gedächtnis) und den sich in der frühkindlichen Entwicklung erst später entwickelnden expliziten Gedächtnisstrukturen. In diese Schemata eingebundene Gedanken, Erinnerungen und Handlungsmuster sind im Extremfall ausschließlich an bestimmte Erregungszustände geknüpft. Betroffene erinnern sich dann an frühere Ereignisse unter Umständen nur dann, wenn bei ihnen ein dem entsprechenden Schema zugrunde liegender Erregungszustand erneut in sehr ähnlicher Ausprägung ausgelöst wird (s. auch Fiedler 1999). Nach dem Modell der affektiv-kognitiven Schemata lässt sich der Wechsel von einem Persönlichkeitszustand in den anderen damit erklären, dass unterschiedliche Erregungsniveaus entsprechend unterschiedliche „Schaltkreise" oder starre kognitiv-emotionale Schemata zwischen impliziten emotionalen Zuständen und expliziten Erinnerungen, Gedanken und Fertigkeiten hervorrufen. Wenn sich die Erregung verändert (verstärkt oder vermindert), können relativ abrupt andere Schemata von Erinnerungen und Fertigkeiten angesprochen werden, die dann als alternierender Selbst-Zustand imponieren (Fiedler 1999; Putnam 1994).

Erste psychobiologische und neurophysiologische Untersuchungen stützen die These eines zustandsabhängigen Funktionierens der verschiedenen Selbst-Zustände bei der DIS. So zeigt eine Untersuchung von Van Honk et al. (in Vorb.; zit. nach Nijenhuis u. Van der Hart 2000) an sechs Patienten mit Dissoziativer Identitätsstörung und komorbider Posttraumatischer Störung zustandsabhängige posttraumatische Symptome, einschließlich signifikanter Unterschiede in der Kortisol-Ausschüttung. Das Phänomen, dass posttraumatische Symptome regelrecht „abgeschaltet" werden können und dies auch in neuroendokrinologischen Befunden zu sehen ist, zeigten Patienten mit alleiniger Posttraumatischer Störung nicht.

Dieselbe Arbeitsgruppe um Van Honk untersuchte zudem Reaktionen auf die Darbietung visueller Reize unterhalb der bewussten Wahrnehmungsschwelle bei DIS-Patienten und fand zustandsabhängige Darbietungszeiten zur Identifizierung bestimmter Stimuli. Die Autoren interpretieren ihre Ergebnisse dahingehend, dass der Alltags-Selbst-Zustand unbewusst und unter der üblichen Wahrnehmungsschwelle externe (und vermutlich auch interne) bedrohliche Stimuli erkennt und vermeidet. Sie vermuten, dass dieser Vermeidungsmechanismus die typische „Gefühlsphobie" der „Alltags-Persönlichkeit" unterhält, ebenso die „Phobie", mit den anderen Persönlichkeitsanteilen und ihren bedrohlichen Erfahrungen in Kontakt zu treten.

Eine erste Einzelfall-Studie (Tsai et al. 1999) versucht, die neurophysiologischen Prozesse des Wechsels von einem Selbst-Zustand in den anderen zu erhellen. In dieser Studie wurde eine Patientin mit Dissoziativer Identitätsstörung und Posttraumatischer Belastungsstörung, die kontrolliert von dem Alltags-Selbst-Zustand zu einem anderen Selbst-Zustand wechseln konnte, mittels funktionalem Magnetresonanz-Imaging (fMRI) untersucht. Bei dem Wechsel wurden verschiedene neuronale Strukturen aktiviert, die sowohl dem deklarativen Gedächtnis (Hippocampus sowie mit ihm assoziierte Areale des medial-temporalen Kortex) als auch dem assoziativen Gedächtnissystem (nondeklarative Erinnerung, System des Nigrostriatums) zugeschrieben werden. Die Befunde legen nach Interpretation der Autoren die Vermutung nahe, dass bei dem Wechsel der Selbst-Zustände ein durch den Hippocampus vermittelter Prozess eine zentrale Rolle spielt und je nach Selbst-Zustand verschiedene umschriebene kognitiv-affektive Schemata aktiviert werden.

Es sei schließlich noch die Studie von Sar et

al. (2001) erwähnt, in der die regionale zerebrale Durchblutung bei 15 Patienten mit Dissoziativer Identitätsstörung im Vergleich zu Gesunden mittels SPECT-Aufnahmen untersucht wurde. Sar et al. fanden eine herabgesetzte zerebrale Durchblutung in der orbitofrontalen Region bilateral und einen Anstieg in der linken (dominanten) Hemisphäre in der lateralen Temporalregion. Sar et al. interpretieren ihre Befunde als ein Korrelat dafür, dass erwartungsgemäß abnorme Werte in demjenigen Gebiet des Zentralnervensystems gefunden werden, welches bei der Integration von laufenden und ständigen Erfahrungen involviert ist. Die Befunde sind mit der klinischen Erfahrung in Einklang zu bringen, dass Patienten mit Dissoziativer Identitätsstörung eine selektive Unfähigkeit aufweisen, Erinnerungen von ihrer Vergangenheit als auch aktuelle Alltagserfahrungen abzurufen.

Insgesamt befindet sich die neurologische Erforschung der DIS noch in den Anfängen. Dennoch weisen die beschriebenen Studien darauf hin, dass es sich bei der DIS im Wesentlichen um eine traumatisch bedingte, mentale Erkrankung handelt, für deren Fehlfunktionen sich neurobiologische und hirnphysiologische Korrelate finden lassen (s. auch Kap. 2 in diesem Band). Wie sich diese Fehlfunktionen im subjektiven Erleben der Betroffenen niederschlagen, soll im Folgenden ausführlicher geschildert werden.

Charakteristische Systeme von Selbst-Zuständen

Von verschiedenen Untersuchern wurde das System der Persönlichkeitszustände insbesondere hinsichtlich der Anzahl und ihrer charakteristischen Ausprägung systematisch untersucht (Bliss 1980; Boon u. Draijer 1993; Coons u. Milstein 1886; Coons et al. 1988; Putnam et al. 1986; Ross et al. 1989b). In den untersuchten Fallserien berichteten die meisten Patienten über 8 bis 10 verschiedene „Persönlichkeiten" (s. auch DSM-IV). In ca. 20 % der beschriebenen Fälle wurden sehr komplexe Aufspaltungen mit 20 und mehr Persönlichkeitszuständen gefunden (s. auch Kluft 1988).

Im subjektiven Erleben haben die verschiedenen Selbst-Zustände unterschiedliche Selbst-Konzepte, Körpervorstellungen sowie Fähigkeiten und Wertvorstellungen. Sie erleben sich mit unterschiedlichem Lebensalter, und ihr Verhalten entspricht dem jeweiligen lebensalterbedingten Entwicklungsstand. Sie können sich mit unterschiedlichem Geschlecht oder mit verschiedenen sexuellen Orientierungen erleben. Sie pflegen Beziehungen zu unterschiedlichen wichtigen Beziehungspersonen, was so weit gehen kann, dass in einem anderen Persönlichkeitszustand der eigene Partner oder die eigenen Kinder nicht als solche anerkannt werden (Putnam et al. 1986). Mit dem unterschiedlichen subjektiven Erleben korrespondieren beobachtbare Unterschiede in Mimik, Gestik, Stimmintonation, Wortwahl, Sprachmuster, Handschrift etc. (Kluft 1996a). Die Persönlichkeitszustände unterscheiden sich in dem Grad der Wahrnehmung untereinander. Die dissoziativen Barrieren, welche die Persönlichkeitszustände voneinander trennen, sind also mehr oder weniger durchlässig, wobei emotional neutrale Informationen eher ausgetauscht werden können als hochaffektiv besetzte, wie zum Beispiel traumatisches Material (Putnam 1989). Auch kann der Informationsfluss nur in einer Richtung verlaufen, sodass ein Zustand B vom anderen Zustand A weiß, nicht aber umgekehrt A von B.

Obwohl jedes Persönlichkeitssystem seine eigene, individuelle Ausgestaltung aufweist, lässt sich bei vielen Patienten folgende charakteristische Aufspaltung finden: In der Regel gibt es eine an die täglichen Anforderungen angepassten **„Alltags-Persönlichkeit"** („host"), die aktuell für die meiste Zeit die ausführende Kontrolle über das Individuum übernimmt (Kluft 1984). Sie ist diejenige, die sich um Therapie bemüht und hier als erste in Erscheinung tritt. Kluft charakterisiert die typische „Alltags-Persönlichkeit" pointiert als „depressiv, ängstlich, freudlos, rigide, frigide, zwanghaft gut, skrupulös und masochistisch" (ebd.; s. auch Nijenhuis 1999 und APA 1994). Da bereits geringe interne und externe Stimuli überwältigende und traumatische Gefühle (und einen damit verbundenen Wechsel zu einem anderen Persönlichkeitszustand) triggern können, werden von der „Alltags-Persönlichkeit" Gefühle jeder Art vermieden. In der Regel ist die „Alltags-Persönlichkeit" amnestisch für die Existenz der anderen Persönlichkeitszustände und „verliert Zeit", wenn die anderen Zustände aktiv werden (Putnam et al. 1986).

In fast jedem Persönlichkeitssystem lassen sich eine oder mehrere Selbst-Zustände finden, die sich als **„Kinder"** erleben. In diesen Selbst-Zuständen können traumatische Erinnerungen und die begleitenden Affekte gespeichert sein, teilweise in nahezu unverarbeiteter Form, ohne jegliche sprachliche und symbolische Enkodierung. Wenn solche Selbst-Zustände aktiviert werden und im subjektiven Erleben ein traumatisiertes „Kind herauskommt", können sich sehr dramatische Abreaktionen von traumatischem Material zeigen. Patientinnen und Patienten zeigen dann ein von ihrem sonstigen psychischen Befund ausgestanztes, völlig verändertes und situationsinadäquates Verhalten, indem sie sich zum Beispiel zu verstecken versuchen, die erlebten traumatischen Erfahrungen szenisch vorführen, den Kopf gegen die Wand werfen oder Ähnliches. In diesen Selbst-Zuständen können sich die „Kinder" wie im „Dort und Damals" der traumatischen Situation erleben. Das kann so weit gehen, dass sie im Therapeuten bzw. in der Therapeutin ihren ehemaligen Missbraucher zu erkennen meinen und sich diesem bzw. dieser gegenüber entsprechend panisch geängstigt verhalten (Putnam 1989; s. auch das Fallbeispiel in Kap. 27 dieses Bandes, S. 405 ff.).

In anderen Selbst-Zuständen wiederum können (bei ein und demselben Individuum) solche Erfahrungen gespeichert sein, die dem kindlichen Bedürfnis nach Bindung entsprechen. Diese inneren „Kinder" verhalten sich völlig gegensätzlich zu den verschreckten und missbrauchten „Kindern": Sie wirken zutraulich und anhänglich und neigen zur Idealisierung anderer Personen, einschließlich des ehemaligen Missbrauchers. Diese Selbst-Zustände dienen der Aufrechterhaltung der Bindungsfähigkeit trotz extremer Beziehungstraumatisierung (Kluft 1991; 1996a). Sie können allerdings aufgrund ihres vertrauensseligen Verhaltens im späteren Leben zu erheblichen Problemen führen, weil sie in ihrer Urteilskraft hinsichtlich gefährlicher Situationen beeinträchtigt sind. Dies ist einer der Gründe für das hohe Risiko von DIS-Patientinnen und -Patienten für Retraumatisierungen im Erwachsenenalter (Putnam et al. 1986).

Entsprechend den erlebten Beziehungserfahrungen bilden sich in den Selbst-Zuständen auch internalisierte Täter-Introjekte ab, die als „interne Verfolger" die erlittenen Traumatisierungen durch einen sadomasochistischen Umgang mit sich selbst bei den Betroffenen perpetuieren. Diese „internen Verfolger" sind häufig für Episoden von Selbstverletzungen oder Suizidversuchen verantwortlich. Das Ausmaß an Getrenntheitsgefühl kann so groß sein, dass ein Persönlichkeitsanteil der festen Überzeugung ist, einen anderen Anteil, meist die „Alltags-Persönlichkeit", töten zu können, ohne selbst Schaden zu nehmen (Kluft 1984; s. auch die Fallvignette in Kap. 27).

Auch ehemals konstruktive aggressive Selbst-Zustände, die zum Beispiel in der traumatischen Situation als reaktive Wut mit der Intention „entstanden", um das traumatisierte Kind zu schützen, können sich vom ehemals „internen Helfer" später zum **„internen Verfolger"** herausbilden. In der Regel sind diese Anteile hochmisstrauisch, zeigen dem Therapeuten gegenüber eine verächtliche Haltung und versuchen aktiv, die Therapie zu unterlaufen, um sich und die anderen Selbst-Zustände vor erneuten Beziehungstraumatisierungen zu schützen (Putnam et al. 1986). Diese Selbst-Zustände wehren ihre eigenen Ängste und ihr Misstrauen vor erneuter Unterwerfung und Demütigung dadurch ab, dass sie sich in Beziehungen pseudoautonom, kontrollierend und entwertend verhalten. Im analytischen Sinne verbirgt sich in dem Selbst-Zustand des internen Verfolgers die „personifizierte" Abwehr gegenüber jeglichen regressiven Übertragungswünschen (s. auch Kap. 27). Entsprechend müssen diese therapeutisch frühzeitig beim Aufbau einer vertrauensvollen Beziehung berücksichtigt und aktiv angesprochen werden. Es ist wichtig, die „Verfolger-Persönlichkeiten" zur Kooperation in der Therapie zu gewinnen, da ihr aggressives Potenzial viel Energie und Kraft enthält, die die Patienten in konstruktiver Form bei ihrem Heilungsprozess dringend benötigen.

Das Identitätsgefühl eines Selbst-Zustands kristallisiert sich häufig an der **Namensgebung**. Viele „Persönlichkeiten" haben einen Namen, der ein Abkömmling des ursprünglichen Namens der Patienten sein kann. So werden zum Beispiel aus Anneliese Johannsen die Vornamen Anna, Eli, Lisa sowie männliche Persönlichkeitszustände in Form eines kleinen Jungen namens Hannes sowie ein Mann namens Jonny. Die „Persönlichkeiten" können auch nach ihren externen und internen Funktionen benannt werden, so zum Beispiel der Wächter, die Botin, die Chronistin. Auch können die Namen vom vorherrschenden Affekt bestimmt sein (die Traurige, die Stille, Ira, Leo etc.). So kann die mögliche Bedeutung des Namens wichtige Informationen über den Persönlichkeitszustand enthalten. Für die Therapeutin/den Therapeuten ist es wichtig, alle Namen der „Persönlichkeiten" zu kennen und sie in der Arbeit mit den Patienten auch zu benutzen (Putnam et al. 1986).

Der **Wechsel** von einer Alter-Persönlichkeit zur anderen wird als „Switch" bezeichnet und stellt ein Kernphänomen im Verhalten der DIS-Patienten dar. Der Wechsel kann kontrolliert oder (vor allem zu Beginn der Behandlung sehr viel häufiger) unkontrolliert erfolgen. Er kann sich dramatisch vollziehen, wobei die Patienten körperlich gequält, schwer geängstigt oder durch kurze Trancen beeinträchtigt wirken. Er kann aber auch sehr unauffällig und diskret mit nur kleinen abrupten Veränderungen im Verhalten einhergehen. Die Wechsel werden durch Umgebungsreize oder interne Konflikte ausgelöst. In der Regel werden sie von den Patienten als etwas außerhalb der eigenen Kontrolle erlebt, insbesondere für die „Alltags-Persönlichkeit". Im fortgeschrittenen Stadium der Behandlung lernen die Patienten durch die therapeutische Arbeit an den Auslösesituationen und eine verbesserte Affekttoleranz, Kontrolle über das Wechseln zu erhalten.

Therapeutische Implikationen

Ein empathisches Verständnis für das subjektive Erleben der Betroffenen, aus verschiedenen Personen zu bestehen, ist eine wichtige Voraussetzung für den Umgang mit DIS-Patientinnen und -Patienten. Das subjektive Erleben, „viele" zu sein, ist für die Betroffenen oft mit einem überwältigenden Evidenzerleben verbunden, das für den Außenstehenden verblüffend und befremdlich, plakativ, theatralisch oder eigentümlich konkretistisch wirken kann, gleichzeitig aber auch als faszinierend erlebt wird. Dabei darf jedoch nicht in Vergessenheit geraten, dass es sich hierbei um Manifestationen von sehr drastischen Abwehr- und Bewältigungsmechanismen handelt. Es muss im Auge behalten werden, dass der ursprüngliche Sinn der Aufspaltung in verschiedene Selbst-Zustände darin bestand, eine innere Wirklichkeit zu schaffen, in der ein emotionales Überleben in einer traumatisierenden Situation gewährleistet werden konnte. Einmal als Bewältigungsstrategie gebahnt, um schreckliche Erfahrungen innerlich ungeschehen zu machen, wird sie als mögliche Verarbeitungsform auch bei weniger schwerwiegenden Erfahrungen ständig wiederholt und wird zunehmend dysfunktional (Kluft 1996a).

15.8 Komorbidität und Differenzialdiagnose

Bei der DIS handelt es sich um eine polysymptomatische Störung. Neben den vielfältigen dissoziativen Symptomen überlagern häufig komorbide Störungen das Erscheinungsbild. Eine systematische Untersuchung der Komorbidität liegt von Ellason et al. (1996) vor. Sie fanden bei 107 DIS-Patientinnen eine Lebenszeit-Prävalenz von durchschnittlich 7,3 Achse-I-Störungen und 3,6 Achse-II-Störungen. Als häufigste Komorbiditäten auf der Achse I wurden folgende Störungen gefunden (ebd.; s. auch Cardena u. Spiegel 1996; Kluft 1991; 1996a; Ross 1997):
- Depressionen
- psychotische Störungen
- Posttraumatische Belastungsstörungen
- Angststörungen
- Substanzmissbrauch
- somatoforme Störungen
- Ess-Störungen

Auf der Achse II fanden sich am häufigsten:
- Borderline-Persönlichkeitsstörung
- Ängstlich-vermeidende Persönlichkeitsstörung
- selbstentwertende Persönlichkeitsstörungen

Histrionische Störungen spielten eine eher geringe Rolle (Ellason et al. 1996; s. auch Coons et al. 1988; Dell 1998; Horevitz u. Braun 1984; Ross et al. 1989b). Neben den komorbiden Symptomen ist die Diagnostik auch dadurch erschwert, dass die dissoziativen Symptome in der Regel nicht offen präsentiert werden, sondern gezielt erfragt werden müssen. Aufgrund der zahlreichen Vor-, Fehl- oder Nebendiagnosen sowie der diskreten Kernsymptomatik vergehen oft 6 bis 8 oder mehr Jahre nach dem ersten psychiatrischen Kontakt, bevor die richtige Diagnose gestellt wird (Boon u. Draijer 1993; Loewenstein 1994; Putnam et al. 1986; Ross u. Dua 1993; Ross et al. 1989b). Daher ist es wichtig, sich die unspezifischen und spezifischen Hinweise sowie den oben vorgestellten Kriterienkatalog zu vergegenwärtigen, um die Diagnose stellen zu können und gegebenenfalls operationalisierte Diagnoseinstrumente hinzuzuziehen (s. Kap. 23).

Grundsätzlich müssen alle häufigen komorbiden Störungen differenzialdiagnostisch in Erwägung gezogen werden, ebenso die im forensischen Kontext wichtige vorgetäuschte DIS (Steinberg et al. 2003; Thomas 2001). An organischen Diagnosen spielen die Temporallappen-Epilepsie (Loewenstein u. Putnam 1988; Kuyk et al. 1999) sowie eine medikamenten- und drogeninduzierte dissoziative Symptomatik (Wenzel et al. 1996) eine wichtige differenzialdiagnostische Rolle. Selbstverständlich müssen auch andere dissoziative Störungen, insbesondere die bereits oben erwähnte NNBDS, Typ I, in Erwägung gezogen werden. Im Folgenden werden wichtige differenzialdiagnostische Aspekte zu den wichtigsten genannten Störungsbildern vorgestellt.

Borderline-Persönlichkeitsstörung

Unter der oberflächlichen Symptompräsentation einer Borderline-Persönlichkeitsstörung kann sich das Vorhandensein von unterschiedlichen Persönlichkeitszuständen verbergen (Dulz u. Lanzoni 1996; Dulz u. Schneider 1999). Charakteristisch ist in diesem Fall eine schnelle Beruhigung der Borderline-Symptomatik bei stabilisierenden therapeutischen Interventionen (transiente „Borderline"-Symptomatik durch Wechsel der Selbst-Zustände, s. Kluft 1996a). Bei einem großen Teil der DIS-Patienten findet sich aber auch eine Komorbidität mit einer Borderline-Persönlichkeitsstörung. In diesen Fällen sollten beide Störungen diagnostiziert werden. Obwohl beide Störungsbilder in der Regel klinisch und mit operationalisierten Messinstrumenten sicher voneinander unterschieden werden können (Armstrong 1991; Fink u. Golinkoff 1990; Boon u. Draijer 1993), kann die genaue Abgrenzung im Einzelfall schwierig sein (Marmer u. Fink 1994; Shearer 1994).

Depressive Symptome

Die von DIS-Patienten mit Abstand am häufigsten präsentierte Achse-I-Symptomatik sind depressive Störungen (Ellason et al. 1996: 98 %; Putnam et al. 1986: 88 %). Zusätzlich zu der gedrückten Stimmung werden häufig auch andere Symptome berichtet, die oberflächlich die Diagnose einer Depression stützen können. So berichten Patienten über Stimmungsschwankungen oder über einen plötzlichen Wechsel in ihrer Befindlichkeit oder ihrem Verhalten (Coons 1984; Putnam et al. 1986). Regelhaft werden auch Suizidversuche oder -handlungen in der Vorgeschichte angegeben, ebenso Suizidideen oder selbstverletzendes Verhalten (Bliss 1980; Coons 1984; Putnam et al. 1986).

Die typische „Alltags-Persönlichkeit" präsentiert sich anfänglich in der Therapie häufig mit einem sehr niedrigen Selbstwertgefühl, fühlt sich überfordert und antriebslos und bringt eine negative Lebensperspektive zum Ausdruck. Viele Patienten berichten über Konzentrationsstörungen, Erschöpfung, sexuelle Schwierigkeiten oder Weinkrämpfe (Putnam et al. 1986). Schlafprobleme sind ebenfalls sehr häufig (ebd.), unterscheiden sich differenzialdiagnostisch jedoch deutlich von Schlafstörungen im Zusammenhang mit Depressionen oder Angststörungen, bei denen von Einschlafschwierigkeiten oder morgendlichem Früherwachen berichtet wird. Für Patienten mit Dissoziativer Identitätsstörung sind stattdessen wiederholte Albträume, Flashbacks oder beunruhigende hypnoide Phänomene während des Einschlafens charakteristisch. Ähnliche Symptome werden auch bei anderen posttraumatischen Störungsbildern gefunden (Chu et al. 2000).

Ein weiterer wichtiger Aspekt für die differenzialdiagnostische Abgrenzung sind die häufig auftretenden Stimmungswechsel, die – anders als bei der phasenhaft verlaufenden Depression – eine viel höhere Frequenz haben und häufig mit mehreren Stimmungsumschwüngen an einem Tag einhergehen (Wills u. Goodwin 1996)[8]. Manchmal kann die Fremdanamnese hilfreich sein, zum Beispiel durch Berichte von Familienmitgliedern, dass der Patient oder die Patientin an manchen Tagen „wie eine völlig andere Person" wirke (Putnam 1989).

Angst- und Panikstörungen

Das anfängliche klinische Bild der DIS ist häufig durch Angstsymptome geprägt. Es findet sich das ganze Spektrum von Angst- und Panikstörungen, die in einer Reihe von Studien (vgl. zum Beispiel Ellason et al. 1996; Putnam et al. 1986; Ross 1997) als zweithäufigste komorbide Störung einer DIS angegeben werden. Auch hier kann die Dynamik, die diese Symptomatik unterhält, auf zugrunde liegende dissoziative oder posttraumatische Phänomene zurückzuführen sein. Durch verschiedenste Reize können Angstattacken der „Alltags-Persönlichkeit" und damit ein Wechsel in einen anderen traumatisierten Persönlichkeitszustand oder zu einem Flashback-Erleben getriggert werden. Häufig werden Trigger-Situationen vermieden, und die Patienten zeigen ein ausgeprägtes phobisches Verhalten (s. das Fallbeispiel in Abschnitt 27.7, S. 413 ff.).

---

8 Dies führt gelegentlich zu der Fehldiagnose einer Depression vom Typ der „rapid cyclers", die ebenfalls ein relativ schnelles Hin- und Herwechseln zwischen Depression und hypomanischen Zuständen aufweist, jedoch mit einer charakteristischen Frequenz von ca. 14 Tagen.

Pseudopsychotische Symptome

Die Mehrzahl der Patienten mit Dissoziativer Identitätsstörung hören Stimmen oder haben optische Pseudohalluzinationen, über die sie jedoch nur selten bereits zu Beginn der Therapie berichten. Nach Ellason et al. (1996) erhielten 74% der untersuchten DIS-Patienten die Vordiagnose einer psychotischen Erkrankung. Akustische Pseudohalluzinationen beinhalten typischerweise:
- herabsetzende und beschimpfende Stimmen (gewöhnlich an die „Alltags-Persönlichkeit" gerichtet)
- imperative Stimmen, sich selbst zu bestrafen
- kommentierende oder streitende Stimmen

Auch Weinen oder Schreien kann wahrgenommen werden, typischerweise wie von einem Kind, das in Not ist. Fast alle Patienten beschreiben die Stimmen als „in ihrem Kopf" oder „wie laute Gedanken". In der Regel werden sie klar und deutlich gehört, während halluzinatorische Stimmen bei der Schizophrenie meist als von außen kommend, von einer anderen Person oder weniger klar erlebt werden (s. auch Kluft 1987). Das sicherste differenzialdiagnostische Kriterium besteht darin, dass sich die dissoziierten Stimmen im weiteren Therapieverlauf den anderen Selbst-Zuständen zuordnen lassen.

Optische Pseudohalluzinationen beinhalten häufig eine Veränderung in der Körpervorstellung der Patientinnen und Patienten. Sie berichten häufig, dass sie sich selbst als verschiedene Personen sehen, wenn sie in den Spiegel blicken. Sie können sich zum Beispiel mit anderer Größe, Frisur und Haarfarbe oder anderem Habitus wahrnehmen. Auch kann sich eine Frau als Mann sehen oder umgekehrt. Diese Veränderung der Selbstwahrnehmung kann so beunruhigend sein, dass Spiegel phobisch gemieden werden. Manche sehen ihre anderen Persönlichkeitszustände in pseudohalluzinatorischer Qualität als von sich getrennten Menschen, der außerhalb ihres Körpers existiert. Viele zunächst wahnhaft anmutende Erfahrungen können sich in einer Therapie als dissoziatives Erleben herausstellen, wenn der Therapeut oder die Therapeutin das gesamte System der verschiedenen Persönlichkeitszustände kennen gelernt hat. Dies gilt auch für die Wahrnehmungen passiver Beeinflussung (zum Beispiel Gedankeneingebungen oder -entzug), die ihre Grundlage in dem Vorhandensein von alternierenden Persönlichkeitszuständen haben können. Eine Doppeldiagnose (im Sinne einer echten Komorbidität) sollte nur sehr selten gestellt werden (Kluft 1987; Putnam 1989).

15.9 Zusammenfassung

Die DIS ist ein traditionelles psychiatrisches Krankheitsbild, das in den letzten 20 Jahren intensiv erforscht wurde. Es handelt sich um ein komplexes posttraumatisches Störungsbild mit einer charakteristischen Phänomenologie, die durch wechselnd aktivierte Selbst-Zustände bedingt ist und sich im subjektiven Erleben der Betroffenen durch gravierende Amnesien und dem Empfinden niederschlägt, aus vielen Persönlichkeiten zu bestehen. Obwohl das Konzept der DIS als gut validiert gelten kann und die posttraumatische Genese eine ausgezeichnete empirische Datenlage aufweist, findet das Krankheitsbild bislang eine geringe Akzeptanz, sodass die Diagnose der DIS bisher selten gestellt wird. Sie ist jedoch in einer versorgungsrelevanten Größenordnung bei psychiatrischen und psychotherapeutischen Patienten regelhaft zu finden. Durch Symptomüberlappungen mit Depressionen, Angsterkrankungen und psychotischen Symptomen sowie mit Persönlichkeitsstörungen kommt es häufig zu entsprechenden Fehldiagnosen. Eine frühzeitige Diagnostik und Bereitstellung einer entsprechenden Psychotherapie kann die Prognose der sonst chronisch verlaufenden Erkrankung jedoch erheblich verbessern, wie in den Kapiteln 23 und 27 gezeigt wird.

Literatur

Akyüz G, Dogan O, Sar V, Yargic LI, Tutkun H (1999). Frequency of dissociative identity disorder in the general population in Turkey. Compr Psychiatry; 40: 151-9.

Aldridge-Morris R (1989). An Exercise in Deception. Hillsdale, NJ: Erlbaum.

American Psychiatric Association (1980). Diagnostic and Statistical Manual of Mental Disorders. 3rd ed. DSM-III. Washington, DC: American Psychiatric Association.

American Psychiatric Association (1994). Diagnostic and Statistical Manual of Mental Disorders. 4th ed. DSM-IV. Washington, DC: American Psychiatric Association (dt. Bearbeitung und Einführung: Saß H, Wittchen HU, Zaudig M. Diagnostisches und statistisches Manual psychischer Störungen. Göttingen, Bern, Toronto, Seattle: Hogrefe 1996).

Armstrong JG (1991). The psychological organization of multiple personality disordered patients as revealed in psychological testing. Psychiatr Clin N Am; 14: 533-46.

Atchinson M, McFarlane AC (1994). A review of dissociation and dissociative disorders. Austr N Zeal J Psychiatry; 28: 591-9.

Azam EE (1887). Hypnotisme, double conscience et altération de la personalité (Préface de J. M. Charcot). Paris: Bailliere.

Bernstein DP, Fink LA (1998). CTQ: Childhood Trauma Questionnaire. A retrospective self-report. San Antonio: The Psychological Corporation.

Bernstein EM, Putnam FW (1986). Development, reliability, and validity of a dissociation scale. J Nerv Ment Dis; 174: 727-35.

Blashfield RK, Sprock L, Fuller AK (1990). Suggested guidelines for including or excluding categories in the DSM-IV. Compr Psychiatry; 31:15-9.

Bleuler E (1927). Lehrbuch der Psychiatrie. 1. Aufl. Berlin: Springer.

Bliss EL (1980). Multiple personalities. A report of 14 cases with implications for schizophrenia. Arch Gen Psychiatry; 37: 1388-97.

Bliss EL (1983). Multiple personality, related disorders, and hypnosis. Am J Clin Hypn; 26: 114-23.

Bliss EL (1984). Spontaneous self-hypnosis in multiple personality disorder. Psychiatr Clin N Am; 7: 135-48.

Bliss EL (1986). Multiple Personalities, Allied Disorders, and Hypnosis. New York: Oxford University Press.

Bliss EL, Jepsen EA (1988). Prevalence of multiple personality among inpatients and outpatients. Am J Psychiatry; 145: 250-1.

Boon S, Draijer N (1991). Diagnosing dissociative disorders in the Netherlands: A pilot study with the Structured Clinical Interview for DSM-III-R Dissociative Disorders. Am J Psychiatry; 148: 458-62.

Boon S, Draijer N (1993). Multiple Personality Disorder in the Netherlands. Amsterdam: Zwets u. Zeitlinger.

Brenneis CB (1996). Multiple personality: Fantasy proneness, demand characteristics, and indirect communication. Psychoanal Psychol; 13: 367-87.

Cardena E, Spiegel D (1996). Diagnostic issues, criteria, and comorbidity of dissociative disorders. In: Michelson LK, Ray WJ (eds). Handbook of Dissociation: Theoretical, empirical, and clinical perspectives. New York: Plenum Press; 227-50.

Carlson EA (1998). A prospective longitudinal study of attachment disorganization/disorientation. Child Develop; 69: 1107-28.

Chodoff P (1987). More on multiple personality disorder (letter to the editor). Am J Psychiatry; 144: 124.

Chu JA, Dill DL, Murphy DE (2000). Depressive symptoms and sleep disturbances in adults with histories of child abuse. J Trauma Dissociation; 1: 87-107.

Claudius M (1779). Abendlied. In: Conrady KO (Hrsg). Der neue Conrady. Das große deutsche Gedichtbuch. Düsseldorf, Zürich: Artemis und Winkler 2000; 244.

Coons PM (1984). The differential diagnosis of multiple personality. Psychiatr Clin N Am; 7: 51-67.

Coons PM, Milstein V (1986). Psychosexual disturbances in multiple personality, characteristics, etiology, and treatment. J Clin Psychiatry; 47: 106-10.

Coons PM, Sterne AL (1986). Initial and follow-up testing on a group of patients with multiple personality disorder. Psychol Rep; 58: 43-9.

Coons PM, Bowman ES, Milstein V (1988). Multiple personality disorder: A clinical investigation of 50 cases. J Nerv Ment Dis; 176: 518-27.

Darves-Bornoz JM, Degiovanni A, Gaillard P (1995). Why is dissociative identity disorder infrequent in France? Am J Psychiatry; 152: 1530-1.

Dell PF (1998). Axis II pathology in outpatients with dissociative identity disorder. J Nerv Ment Dis; 186: 352-6.

Dell PF (2000). The Multidimensional Assessement of Dissociation (MAD): A new measurement of dissociation. Paper presented at the 17th annual fall conference of the International Society for the Study of Dissociation. San Antonio, Texas, November 12-14, 2000.

Dell PF (2001a). Why the diagnostic criteria for dissociative identity disorder should be changed. J Trauma Dissociation; 2: 7-37.

Dell PF (2001b). Should the dissociative disorder field choose its own diagnostic criteria for dissociative identity disorder? Reply to Cardena, Coons, Spiegel and Steinberg. J Trauma Dissociation; 2: 65-72.

Dell PF (2002). Dissociative phenomenology of dissociative identity disorder. J Nerv Ment Dis; 190: 10-5.

Dell PF, Somer E, Gast U, Cooper MA, Lauterbach D (2001). International research with the multidimensional inventory of dissociation (MID). Symposium. Papers presented at the 18th annual fall conference of the International Society for the Study of Dissociation. New Orleans, Louisiana, December 2-4, 2001.

Despine P (1840). De l'emploi du magnetisme animal et des eaux minerales dans le traitment des maladies nerveuses, suivi d'une observation très curieuse de guerisonde nevropathie. Paris: Germer, Bailliere.

Dilling H, Mombour W, Schmidt MH (1993). Internationale Klassifikation psychischer Störungen. ICD-10. 2., korr. Aufl. Bern: Huber.

Dulz B, Lanzoni N (1996). Die multiple Persönlichkeit als dissoziative Reaktion bei Borderlinestörungen. Psychotherapeut; 41: 17-24.

Dulz B, Schneider A (1999). Borderline-Störungen. Theorie und Therapie. 2. Aufl. Stuttgart, New York: Schattauer.

Ellason JW, Ross CA (1995). Positive and negative symptoms in dissociative identity disorder and schizophrenia: A comparative analysis. J Nerv Ment Dis; 183: 236-41.

Ellason JW, Ross CA, Fuchs DL (1996). Lifetime axis I and II comorbidity and childhood trauma history in dissociative identity disorder. Psychiatry; 59: 255-66.

Ellenberger HF (1996). Dic Entdeckung des Unbewußten. Bern: Huber.

Emde RN, Gaensbauer TJ, Harmon RJ (1976). Emotional Expression in Infancy: A biobehavioural study. Psychological issues, Monograph 37, Vol. 10. New York: International Universities Press.

Fahy T (1988). The diagnosis of multiple personality disorder: a critical review. Br J Psychiatry; 153: 597-606.

Ferdinand RF, Van der Reijden M, Verhulst FC, Nijenhuis FJ, Giel R (1995). Assessment of the prevalence of psychiatric disorder in young adults. Br J Psychiatry; 166: 480-8.

Fiedler P (1999). Dissoziative Störungen und Konversion. Weinheim: Beltz.

Fink LA, Bernstein D, Handelsman L, Foote J (1995). Initial reliability and validity of the Childhood Trauma Interview: A new multidimensional measure of childhood interpersonal trauma. Am J Psychiatry; 152: 1329-35.

Frankel FH (1993). Adult reconstruction of childhood events in the multiple personality disorder. Am J Psychiatry; 150: 954-8.

Freud S (1912). Einige Bemerkungen über den Begriff des Unbewußten in der Psychoanalyse. In: Freud S. Studienausgabe. Bd. III: Psychologie des Unbewußten. Frankfurt a. M.: Fischer 1975.

Freyberger HJ, Spitzer C, Stieglitz RD, Kuhn G, Magdeburg N, Bernstein-Carlson E (1998). Fragebogen zu dissoziativen Symptomen (FDS). Deutsche Adaption, Reliabilität und Validität der deutschen Dissociative Experiences Scale (DES). Psychother Psychosom Med Psychol; 48: 223-9.

Friedl MC, Draijer N (2000). Dissociative disorders in Dutch psychiatric inpatients. Am J Psychiatry; 157: 1012-3.

Frischholz MA (1985). The relationship among dissociation, hypnosis, and child abuse in the development of multiple personality disorder. In: Kluft RP (ed). Childhood Antecedents of Multiple Disorder. Washington, DC: American Psychiatric Press; 99-126.

Ganaway GK (1989). History versus narrative truth: Clarifying the role of exogenous trauma in the etiology of MPD and its variants. Dissociation; 2: 205-20.

Ganaway GK (1994). Transference and countertransference shaping influences on dissociative syndromes. In: Lynn SJ, Rhue JW (eds). Dissociation: Clinical and Theoretical Perspectives. New York: Guilford; 317-37.

Gast U (1997). Borderline-Persönlichkeitsstörungen. In: Egle UT, Hoffmann SO, Joraschky P (Hrsg). Sexueller Missbrauch, Misshandlung, Vernachlassigung. Erkennung und Behandlung psychischer und psychosomatischer Folgen früher Traumatisierungen. Stuttgart, New York: Schattauer; 271-91.

Gast U (2002a). Dissoziative Identitätsstörung im Gesundheitswesen: Zwischen struktureller Retraumatisierung und strukturierender Hilfe zur Genesung. In: Özkan I, Streeck-Fischer A, Sachsse U (Hrsg). Trauma und Gesellschaft. Göttingen: Vandenhoeck & Ruprecht; 127-38.

Gast U (2002b). Komplexe Dissoziative Störungen. Konzeptionelle Untersuchungen zur Diagnostik und Behandlung der Dissoziativen Identitätsstörung und ähnlicher Erkrankungen. Habilitationsschrift. Medizinische Hochschule Hannover. Unveröff. Manuskript.

Gast U (2003a). Die Dissoziative Identitätsstörung. Valides und dennoch reformbedürftiges Konzept. In: Reddemann L, Hofmann A, Gast U (Hrsg). Lindauer Psychotherapie-Module: Psychotherapie der dissoziativen Störungen. Stuttgart: Thieme; 26-36.

Gast U (2003b). Zusammenhang von Trauma und Dissoziation. In: Seidler G, Lazig P, Micka R, Nolting B (Hrsg). Aktuelle Entwicklungen in der Psychotraumatologie. Gießen: Psychosozial-Verlag; 79-102.

Gast U, Rodewald F, Nickel V, Emrich HM (2001a). Prevalence of Dissociative Disorder among psychiatric inpatients in a German university clinic. J Nerv Ment Dis; 189: 249-57.

Gast U, Rodewald F, Kersting A, Emrich HM (2001b). Diagnostik und Therapie Dissoziativer (Identitäts-) Störungen. Psychotherapeut; 46: 289-300.

Gast U, Dell PF, Rodewald F, Müller M, Benecke H-H, Emrich HM (2001c). Multidimensional inventory of dissociation (MID) – German version: Validation of the instrument and first results of a prevalence study. Paper presented at the 18th annual fall conference of the International Society for the Study of Dissociation. New Orleans, Louisiana, December 2-4, 2001.

Gast U, Rodewald F, Kersting A, Emrich HM (2002). Stellungnahme zum Leserbrief von Wölk W zu Gast et al. (Psychotherapeut 2001; 46: 289-300). Psychotherapeut; 47: 129-31.

Gleaves DH (1996). The sociocognitive model of dissociative identity disorder: a reexamination of the evidence. Psychol Bull; 120: 42-59.

Gleaves DH, May CM, Cardena C (2001). An examination of the diagnostic validity of dissociative identity disorder. Clin Psychol Rev; 21: 577-608.

Gmelin E (1791). Materialien für die Anthropologie; 1: 3-89. Tübingen: Cotta.

Hacking I (1995). Rewriting the Soul: Multiple personality and the sciences of memory. Princeton, NJ: Princeton University Press.

Harriman PL (1942). The experimental production of some phenomena related to multiple personality. J Abnorm Soc Psychol; 37: 244-55.

Herman JL (1992a). Trauma and Recovery. New York: Basic Books.

Herman JL (1992b). Complex PTSD: A syndrome of prolonged and repeated trauma. J Trauma Stress; 5: 377-91.

Hilgard ER (1987). Psychology in America: A historical survey. San Diego: Harcourt Brace Javanivich.

Hofmannsthal H v (2000). Andreas. Bibliographisch erg. Ausgabe, hrsg. v. Mathias Meyer. Stuttgart: Reclam.

Horen SA, Leichner PP, Lawson JS (1995). Prevalence of dissociative symptoms and disorders in an adult psychiatric inpatient population in Canada. Can J Psychiatry; 40: 185-91.

Horevitz RP, Braun BG (1984). Are Multiple Personalities Borderline? An analysis of 33 cases. Psychiatr Clin N Am; 7: 69-83.

Hornstein NL, Putnam FW (1992). Clinical phenomenology of child and adolescent multiple personality disorder. J Am Acad Child and Adol Psychiatry; 31: 1055-77.

Janet P (1889). L'automatisme psychologique. Paris: Félix Alcan. Reprint: Société Pierre Janet, Paris 1973.

Kluft RP (1984). An introduction to multiple personality disorder. Psychiatr Ann; 14: 19-24.

Kluft RP (ed) (1985a). Childhood Antecedents of Multiple Personality. Washington, DC: American Psychiatric Press.

Kluft RP (1985b). The natural history of multiple personality disorder. In: Kluft RP (ed). Childhood Antecedents of Multiple Personality. Washington, DC: American Psychiatric Press; 197-238.

Kluft RP (1987). First-rank symptoms as a diagnostic clue to Multiple Personality Disorder. Am J Psychiatry; 144: 293-8.

Kluft RP (1988). The phenomenology and treatment of extremely complex multiple personality disorder. Dissociation; 1: 47-58.

Kluft RP (1991). Multiple personality disorder. In: Tasman A, Goldfinger SM (eds). American Psychiatric Press Review of Psychiatry, Vol. 10. Washington, DC: American Psychiatric Press; 161-88.

Kluft RP (1995). Suicide in dissociative identity disorder patients: a study of six cases. Dissociation; 8: 104-11.

Kluft RP (1996a). Dissociative Identity Disorder. In: Michelson LK, Ray WJ (eds). Handbook of Dissociation. Theoretical, Empirical, and Clinical Perspectives. New York: Plenum Press; 337-66.

Kluft RP (1996b). Treating the traumatic memories of patients with dissociative identity disorder. Am J Psychiatry; 153: 103-10.

Kluft RP (1998). Reflecting of the traumatic memories of dissociative identity disorder patients. In: Lynn SJ, McConkey KM (eds). Truth in Memory. New York, London: Guilford; 304-22.

Kluft RP (2003). Die Behandlung der Dissoziativen Identitätsstörung aus psychodynamischer Sicht. In: Reddemann L, Hofmann A, Gast U (Hrsg). Lindauer Psychotherapie-Module: Psychotherapie der dissoziativen Störungen. Stuttgart: Thieme; 73-99

Knudsen K, Draijer N, Haselrud J, Boe T, Boon S (1995). Dissociative disorders in Norwegian psychiatric inpatients. Paper presented at the Spring meeting of the International Society of the Study of Dissociation. Amsterdam, Netherlands.

Kohut H (1977). The Restoration of the Self. New York: International Universities Press.

Kuyk J, Spinhoven P, Van Emde Boas W, Van Dyck R (1999). Dissociation in temporal lobe epilepsy and pseudo-epileptic seizure patients. J Nerv Ment Dis; 187: 713-20.

Lichtenberg J (1988). Motivational-funktionale Systeme als psychische Strukturen. Forum Psychoanal; 7: 85-97.

Liß H (2001). Dissoziation bei forensischen Patienten. Berlin: Mensch und Buch.

Loewenstein RJ (1994). Diagnosis, epidemiology, clinical course, treatment and costeffectiveness of treatment for dissociative disorders and MPD: Report submitted to the Clinton-Administration Task Force on Health Care Financing Reform. Dissociation; 7: 10-25.

Loewenstein RJ, Putnam FW (1988). A comparative study of dissociative symptoms in patients with complex partial seizure, multiple personality disorder an posttraumatic stress disorder. Dissociation; 1: 17-23.

Main M, Hesse E (1990). Parent's unresolved traumatic experiences are related to infant disorganized attachment status: Is frightened and/or frightening parental behavior the linking mechanism? In: Greenberg MT, Cicchetti D, Cummings EM (eds). Attachment in the Preschool Years: Theory, research, and intervention. Chicago: University of Chicago Press; 161-82.

Main M, Hesse E (1992). Disorganized/disoriented infant behavior in the Strange Situation, lapses in the monitoring of reasoning and discourse during the parent's Adult Attachment Interview, and dissociative states. In: Ammaniti M, Stern D (eds). Attachment and Psychoanalysis. Rome: Gius, Laterza, and Figli; 86-140.

Marmer SS, Fink D (1994). Rethinking the comparison of borderline personality disorder and multiple personality disorder. Psychiatr Clin N Am; 17: 743-71.

McFie JA (1999). The development of dissociation in maltreated preschoolers (child maltreatment, dissociative disorders, narratives). Dissertation Abstracts Int: Sec B; 60(4-B): 1861.

McHugh P (1993). Multiple personality disorder. Harvard Med School Ment Health Letter; 10: 4-6.

Meehl PE (1995). Bootstraps taxometrics: solving the classification problem in psychopathology. Am Psychologist; 50: 266-75.

Merskey H (1992). The manufacture of personalities: The production of multiple personality disorder. Br J Psychiatry; 160: 327-40.

Mezzich JE, Fabrega H jr, Coffmann GA, Haley R (1989). DSM-III disorders in a large sample of psychiatric patients: Frequency and specifity of diagnoses. Am J Psychiatry; 146: 212-9.

Modestin J, Ebner G, Junghan M, Erni T (1996). Dissociative experiences and dissociative disorders in acute psychiatric in-patients. Compr Psychiatry; 37: 355-61.

Murphy PW (1994). Dissociative experiences and dissociative symptoms in a non-clinical university student group. Dissociation; 7: 28-34.

Neumann D, Houskamp BM, Pollock VE, Briere J (1996). The long-term sequelae of childhood sexual abuse in women: A meta-analytic review. Child Maltreatment; 1: 6-16.

Nijenhuis ERS (1999). Somatoform Dissociation: Phenomena, measurement, and theoretical issues. Assen: Van Gorcum & Company.

Nijenhuis ERS, Van der Hart O (2000). The traumatic origins and phobic maintenance of the „emotional" and „apparently normal" personality in patients with trauma-related disorders. Vortrag, gehalten auf der Tagung: Determinanten menschlichen Verhaltens: Seele und Gehirn, Februar 2000, Delmenhorst (Arbeitsbericht der Tagung. Hrsg.: Hanse-Wissenschaftskolleg, Hanse Institute for Advanced Study; 75-102).

Nijenhuis ERS, Spinhoven P, Van Dyck R, Van der Hart O, Vanderlinden J (1996). The development and psychometric characteristics of the Somatoform Dissociation Questionnaire (SDQ-20). J Nerv Ment Dis; 184: 688-94.

North CS, Ryall JM, Ricci DA, Wetzel RD (1993). Multiple Personalities Multiple Disorders: Psychiatric classification and media influence. New York: Oxford University Press.

Ofshe R, Watters E (1993). Making monsters. Sociol; 30: 4-16.

Ogawa JR, Sroufe LA, Weinfield NS, Carlson EA, Egeland B (1997). Development and the fragmented self:

Longitudinal study of dissociative symptomatology in a nonclinical sample. Develop Psychopathol; 9: 855-79.

Piper A jr (1994). Multiple personality disorder: A critical review. Br J Psychiatry; 164: 600-12.

Plumer WS (1859/1860). Mary Reynolds: A case of double consciousness. Harper's New Monthly Magazin; 20: 807-12.

Prince M (1906). Dissociation of Personality. New York: Longman, Green.

Prince M (1924). The psychogenesis of Multiple Personality. The case of BCA. In: The Unconscious. The fundamentals of human personality normal and abnormal. New York: The Macimillan Company; 545-633.

Prince WF (1916). The Doris Case of quintuple personality. J Abnorm Psychol; 11: 73-122.

Putnam FW (1989). Diagnosis and treatment of Multiple Personality Disorder. New York: Guilford (Dt. Ausgabe: Diagnose und Behandlung der Dissoziativen Identitätsstörung. Paderborn: Junfermann 2003).

Putnam FW (1994). The switch process in multiple personality disorder and other state change disorders. In: Klein RM, Doane BK (eds). Psychological Concepts and Dissociative Disorders. Hillsdale, NJ: Erlbaum Press; 283-304.

Putnam FW, Guroff JJ, Silberman EK, Barban L, Post RM (1986). The clinical phenomenology of multiple personality disorder. A review of 100 recent cases. J Clin Psychiatry; 47: 285-93.

Rifkin A, Ghisalbert D, Dimatou S, Jin C, Sethi M (1998). Dissociative identity disorder in psychiatric inpatients. Am J Psychiatry; 155: 844-5.

Rodewald F, Gast U (2000). Zur Prävalenz Dissoziativer Störungen - ein Überblick. In: Lamprecht F, Schmidt-Ott G, Künsebeck H-W (Hrsg). Neue Betätigungsfelder der Psychosomatik und Psychotherapie. Frankfurt a. M.: Verlag für Akademische Schriften.

Rosenbaum M (1980). The role of the term schizophrenia in the decline of diagnoses of multiple personality. Arch Gen Psychiatry; 37: 1383-5.

Ross CA (1991). Epidemiology of multiple personality disorder and dissociation. Psychiatr Clin N Am; 14: 503-17.

Ross CA (1995). The validity and reability of Dissociative Identity Disorder. In: Cohen L, Berzoff J, Elin M (eds). Dissociative Identity Disorder. New Jersey: Jason Aronson; 65-84.

Ross CA (1996). History, phenomenology, and epidemiology of dissociation. In: Michelson LK, Ray WJ (eds). Handbook of Dissociation. Theoretical, empirical, and clinical perspectives. New York: Plenum Press; 107-38.

Ross CA (1997). Dissociative Identity Disorder: Diagnosis, clinical features, and treatment of multiple personalities. 2nd ed. New York: Wiley.

Ross CA, Dua V (1993). Psychiatric health care costs of multiple personality disorder. Am J Psychother; 47: 103-12.

Ross CA, Heber S, Norton GR, Anderson G (1989a). Differences between multiple personality disorder and other diagnostic groups on structured interview. J Nerv Ment Dis; 179: 487-91.

Ross CA, Norton GR, Wozney K (1989b). Multiple personality disorder: An analysis of 236 cases. Can J Psychiatry; 34: 413-8.

Ross CA, Miller SD, Bjornson L, Reagor P, Fraser GA, Anderson G (1990a). Structured interview data on 102 cases of Multiple Personality Disorder from four centers. Am J Psychiatry; 147: 596-601.

Ross CA, Miller SD, Bjornson L, Reagor P, Fraser GA, Anderson G (1990b). Schneiderian symptoms in multiple personality disorder and schizophrenia. Compr Psychiatry; 31: 111-8.

Ross CA, Joshi S, Currie R (1991a). Dissociative experiences in the general population. Am J Psychiatry; 147: 1547-52.

Ross CA, Anderson G, Fleisher WP, Norton GR (1991b). Dissociative experiences among psychiatric inpatients. Gen Hosp Psychiatry; 14: 350-4.

Ross CA, Kronson J, Koensgen S, Barkman K (1992). Dissociative comorbidity in 100 chemically dependent patients. Hosp Comm Psychiatry; 43: 840-2.

Sar V, Yargic LI, Tutkun H (1996). Structured interview data on 35 cases of Dissociative Identity Disorder in Turkey. Am J Psychiatry; 153: 1329-33.

Sar V, Akyüz G, Kundakci T, Dogan O (1999). Childhood trauma, dissociation, and trauma-related disorders: An epidemiological study in Turkey. In: European Society for Traumatic Stress Studies (ed). Abstract Book der 6th European Conference of Traumatic Stress - Psychotraumatology, clinical practice and human rights. Istanbul, 5.6.-8.6.1999; 114.

Sar VS, Unal SN, Kiziltan E, Kundakei T, Ozturk E (2001). HMPAO SPECT Study of regional cerebral blood flow in Dissociative Identity Disorder. J Trauma Dissociation; 2: 5-25.

Saxe GN, Vasile RG, Hill TC, Bloomingsdale K, Van der Kolk BA (1992). SPECT imaging and multiple personality disorder. J Nerv Ment Dis; 180: 662-3.

Schreiber FR (1974). Sybil. Chicago: Henry Regnery.

Schultz R, Braun BG, Kluft RP (1989). Multiple personality disorder: Phenomenology of selected variables in comparison to major depression. Dissociation; 2: 45-51.

Shearer SL (1994). Dissociative phenomena in women with Borderline Personality Disorder. Am J Psychiatry; 151: 1324-8.

Simpson MA (1988). Multiple personality disorder (letter to the editor). J Nerv Ment Dis; 176: 535.

Simpson MA (1994). Gullible's travels, or the importance of being multiple. In: Cohen LM, Berzoff JN, Elin M (eds). Dissociative Identity Disorder: Theoretical and treatment controversies. New Jersey: Jason Aronson; 65-84.

Snow MS, Beckman D, Brack G (1996). Results of the Dissociative Experiences Scale in a jail population. Dissociation; 9: 98-103.

Spanos NP (1994). Multiple identity enactments and multiple personality disorder. A sociocognitive perspective. Psychol Bull; 116: 143-65.

Spanos NP, Weekes JR, Bertrand LD (1985). Multiple personality: A social psychological perspective. J Abnorm Psychol; 94: 362-76.

Spiegel D (1984). Multiple personality as a post-traumatic stress disorder. Psychiatr Clin N Am; 7: 101-10.

Spitzer RL, Williams JBW (1985). Classification in psychiatry. In: Kaplan HI, Sadock BJ (eds). Comprehensive Textbook of Psychiatry. 4th ed. Baltimore: Wiliams & Wilkins; 591-612.

Steinberg M (1996). The psychological assessment of dissociation. In: Michelson LK, Ray WJ (eds). Handbook of Dissociation. Theoretical, empirical, and clinical perspectives. New York: Plenum Press; 251-67.

Steinberg M, Rounsaville B, Cicchetti D (1990). The Structured Clinical Interview for DSM-III-R Dissociative Disorders: A preliminary report of a new diagnostic instrument. Am J Psychiatry; 147: 76-82.

Steinberg M, Cicchetti D, Buchanan J, Hall P, Rounsaville B (1993). Clinical assessment of dissociative symptoms and disorders: The Structured Clinical Interview for DSM-IV Dissociative Disorders (SCID-D). Dissociation; 6: 3-15.

Steinberg M, Hall P, Lareau C, Cicchetti D (2003). Validitätsprüfung dissoziativer Symptome und Störungen mit Hilfe des Strukturierten Klinischen Interviews für Dissozative Störungen (SKID-D): Richtlinien für klinische und forensische Untersuchungen. In: Reddemann L, Hofmann A, Gast U (Hrsg). Psychotherapie der dissoziativen Störungen. Reihe Lindauer Psychotherapie-Module. Stuttgart: Thieme; 151-167.

Stern DN (1985). The Interpersonal World of the Infant. New York: Basic Books (Dt. Ausgabe: Die Lebenserfahrung des Säuglings. Stuttgart: Klett-Cotta 1992).

Sutcliffe JP, Jones J (1962). Personal identity, multiple personality, and hypnosis. Int J Clin Exp Hypn; 10: 231-69.

Taylor WS, Martin MF (1944). Multiple personality. J Abnorm Soc Psychol; 39: 281-300.

Thigpen CH, Cleckley H (1957). The Three Faces of Eye. New York: McGraw-Hill.

Thomas A (2001). Factitious and malingered dissociative identity disorder: clinical features observed in 18 cases. J Trauma Dissociation; 2: 59-77.

Tsai GE, Condie D, Wu MT, Chang IW (1999). Functional magnetic resonance imaging of personality switches in a woman with dissociative identity disorder. Harvard Rev Psychiatry; 7: 119-22.

Tutkun H, Sar V, Yargic LI, Ozpulat T, Yanik M, Kiziltan E (1998). Frequency of dissociative disorders among psychiatric inpatients in a Turkish University Clinic. Am J Psychiatry; 155: 800-5.

Van Honk J, Nijenhuis ERS, Van der Hart O, Huntjens R (in Vorb.). Diverging cortisol levels of „emotional" personalities and „apparently normal" personalities in dissociative identity disorder.

Vanderlinden F, Van Dyck R, Vandereycken W, Vertommen T (1991). Dissociative experiences in the general population in the Netherlands and Belgium: A study with the Dissociative Questionnaire (DIS-Q). Dissociation; 4: 180-4.

Vanderlinden F, Van Dyck R, Vandereycken W, Vertommen T, Verkes RJ (1993). Trauma and psychological dysfunction in the general population of the Netherlands. Hosp Comm Psychiatry; 44: 786-8.

Vanderlinden J, Varga K, Peuskens J, Pieters G (1995). Dissociative symptoms in a population sample of Hungary. Dissociation; 8: 205-8.

Von Braunsberg MJ (1993). Multiple personality disorder: An investigation of prevalence in three populations. Doctoral dissertation, Syracuse University. Dissertation Abstracts International (University Microfilms Nr. ADG94-08430, 1994).

Waller NG, Meehl PE (1997). Multivariante Taxometric Procedures: Distinguishing types from continua. Newbury Park: Sage.

Waller NG, Ross CA (1997). The prevalence and biometric structure of pathological dissociation in the general population: taxometric and behavior genetic findings. J Abnorm Psychol; 106: 499-510.

Wenzel K, Bernstein DP, Handelsman L, Rinaldi P, Ruggiero J, Higgins B (1996). Levels of dissociation in detoxified substance abusers and their relationship to chronicity of alcohol and drug use. J Nerv Ment Dis; 184: 220-7.

Wills SM, Goodwin JM (1996). Recognizing bipolar illness in patients with dissociative identity disorder. Dissociation; 9: 104-9.

Wolff PH (1987). The Development of Behavioral States and the Expression of Emotions in Early Infancy. Chicago: University of Chicago Press.

16 Depersonalisation und Derealisation

A. Eckhardt-Henn, S. O. Hoffmann

16.1 Einleitung: Begriffsgeschichte

Die Bezeichnung „Depersonalisation" wurde 1898 von Dugas eingeführt. Synonym werden auch die Begriffe – insbesondere in der früheren psychiatrischen Literatur – „Entfremdungserlebnis" oder „Unwirklichkeitsgefühl" verwendet. Schilder (1914) definierte die **Depersonalisation** als einen „Zustand, in dem das Individuum sich im Vergleich mit seinem früheren Zustand durchgehend verändert fühlt. Diese Veränderung erstreckt sich sowohl auf das Ich als auch auf die Außenwelt und führt dazu, dass das Individuum sich als Persönlichkeit nicht anerkennt. Seine Handlungen erscheinen ihm automatisch. Er beobachtet als Zuschauer sein Handeln und Tun. Die Außenwelt erscheint fremd und neu und hat ihren Realitätscharakter verloren."

In seiner klassischen Arbeit „On Depersonalization" (1935) wies Mayer-Gross bereits auf die Diskrepanz zwischen der Häufigkeit dieses Syndroms und der sehr geringen wissenschaftlichen Literatur zu dieser Thematik hin.[1] Er schlägt vor, für das von Schilder unter dem Depersonalisationsbegriff subsumierte Phänomen der **Entfremdung der Umgebung** den Begriff „Derealisation"[2] einzuführen; an 26 Patienten hatte er während seiner Tätigkeit am Maudsely Hospital in London beobachtet, dass die Derealisation in einigen Fällen in Kombination mit der Depersonalisation oder alleine auftritt; beides sind unterschiedliche Phänomene; einmal sei die Objekt- und einmal die Subjekt-Störung stärker betont.

Weitere wichtige klinische Arbeiten mit Fallbeschreibungen lieferten Shorvon (1946) und Ackner (1954). 1959 wies Roth in seiner Arbeit „The phobic-anxiety depersonalization syndrome" auf den Zusammenhang zwischen Angst und Depersonalisation hin; Jacobson (1959) und andere Autoren (Noyes 1977; Noyes et al. 1977 u. a.) machten darauf aufmerksam, dass Depersonalisationszustände mit traumatischen Erlebnissen im Zusammenhang stehen. Torch publizierte 1987 eine wichtige Arbeit zur Psychotherapie der Depersonalisation, und Hollander et al. beschäftigten sich 1990 mit der pharmakologischen Behandlung der Depersonalisation. Empirische Arbeiten an größeren Patientenkollektiven fehlen weitgehend.

16.2 Klinisches Bild und diagnostische Kriterien

Im Zustand der **Depersonalisation** wird das eigene Selbst als „verändert" wahrgenommen. Seelische Vorgänge, Wahrnehmungen, Gedanken, Gefühle, Handlungen werden nicht mehr als zum Ich bzw. zum Selbst gehörig, sondern als fremd, sonderbar, verändert erlebt. Das eigene Handeln erscheint abgespalten, mechanisch, automatenhaft. Häufig ist der Körper in besonderer Weise einbezogen. Der ganze Körper oder Körperteile werden als unwirklich, als nicht mehr zum Körper-Selbst gehörig er-

---

[1] Er zitierte u. a. Arbeiten von Taine, Ribot, William James und Pierre Janet.
[2] Der Begriff „Derealisation" stammte von einem dortigen ärztlichen Kollegen, Dr. Mapother.

lebt. Einzelne Körperteile erscheinen verändert, viel größer/kleiner, viel dünner/dicker, wie taub, wie tot, wie abgestorben. Die Sinneswahrnehmungen, wie das Hören, das Sehen, das Tast- und Berührungsempfinden, können gestört sein, ebenso wie allgemeine Körpergefühle, Appetit, Hunger und Durst. Es handelt sich bei der Depersonalisation aber nicht um eine Bewusstseinsstörung.

Bei der **Derealisation** wird die Außenwelt (äußere Objekte) als fremd, verändert, wie hinter einer Glaswand wahrgenommen. Depersonalisations- und Derealisationserlebnisse treten in 50 % der Fälle gemeinsam auf. Die Depersonalisation tritt etwa doppelt so häufig isoliert auf wie die Derealisation. Einige Autoren bestreiten den Sinn einer solchen Differenzierung, da eine veränderte Wahrnehmung des eigenen Selbst immer eine Veränderung der Wahrnehmung der Außenwelt mit einschließe; es handele sich um zwei Phasen eines Prozesses (Schilder 1950; Nunberg 1924; Meyer 1968; Hunter 1966).

Jacobs und Bovasso (1992) unterscheiden fünf Subtypen der Depersonalisation:
- die Inauthentizität oder der Verlust der Wahrhaftigkeit/Wirklichkeit in der Erfahrung des Selbst
- die Derealisation
- Verwischung der Grenze zwischen Objekt und Selbst („self-objectification")
- die Selbst-Negation („involves denial that one is performing certain actions or that one is witnessing certain events occurring in the environment")
- Losgelöstsein vom eigenen Körper („body-detachment")

Gegenwärtig werden die Depersonalisation und die Derealisation den dissoziativen Störungen zugeordnet. Der wesentliche Unterschied gegenüber anderen dissoziativen Bewusstseinsstörungen liegt darin, dass bei der Depersonalisation/Derealisation das Realitätsgefühl gestört ist, aber die Realitätsprüfung erhalten bleibt. Es besteht keine Amnesie für den Depersonalisations-/Derealisationszustand, sondern dieser wird bewusst wahrgenommen. Es handelt sich nicht um einen Verlust basaler mentaler Fähigkeiten, sondern um eine Veränderung der Qualität der Wahrnehmung dieser Funktionen.

Das DSM-IV (1996) grenzt ein eigenständiges Krankheitsbild, die **Depersonalisationsstörung bzw. -neurose**, von dem eigentlichen **Depersonalisationssymptom** ab: Bei der Depersonalisationsneurose stehen schwere rezidivierende Depersonalisationszustände, die das Allgemeinbefinden stark beeinträchtigen, im Vordergrund der Symptomatik. Derealisationszustände, Schwindelattacken, depressive Verstimmungen, zwanghaftes Grübeln, vielfältige körperliche Beschwerden, Angst und Störungen des Zeitgefühls können damit einhergehen. Während Patienten, die unter Depersonalisationssymptomen leiden, in den meisten Fällen weiter ihrer Arbeit nachgehen können, sind Patienten, die an einer Depersonalisationsstörung leiden, oft arbeitsunfähig.

Die Depersonalisation/Derealisation kann in folgenden Formen bzw. Symptomen auftreten:
- als eigenständiges psychopathologisches Krankheitsbild (Depersonalisations-/Derealisationssyndrom, ICD-10: F48.1 [s. Tab. 16-1]; Depersonalisationsstörung/-neurose, DSM-IV) (primäre Depersonalisation)
- als psychopathologisches Symptom im Zusammenhang mit anderen zugrunde liegenden Störungen (Angststörungen und phobische Störungen; depressive Störungen, akute und Posttraumatische Belastungsstörungen; affektive und psychotische Störungen; andere dissoziative Störungen; Persönlichkeitsstörungen, insbesondere bei Borderline-Störungen)
- als „physiologische" Reaktion bei sensorischer Deprivation, nach Hyperventilationszuständen und bei Erschöpfungs- und Übermüdungszuständen
- als „exogen-toxisch" verursachtes Symptom (Medikamente; Drogen, Alkohol)
- als Symptom einer zugrunde liegenden hirnorganischen Erkrankung, zum Beispiel

Tab. 16-1: ICD-10-Kriterien: F48.1 Depersonalisations-/Derealisationssyndrom.

1. Depersonalisationssymptome, d. h. der Betroffene empfindet seine eigenen Gefühle und Erfahrungen als losgelöst, fern, nicht als seine eigenen, verloren usw.
2. Derealisationssymptome, d. h. Objekte, Menschen oder die Umgebung erscheinen unwirklich und fern, künstlich, farblos, leblos usw.
3. Der Betreffende akzeptiert, dass hier ein subjektiver und spontaner Wechsel eingetreten ist, der nicht von äußeren Kriterien oder anderen Personen verursacht ist (d. h. es besteht Krankheitseinsicht).
4. klares Bewusstsein und Fehlen eines toxischen Verwirrtheitszustandes oder Epilepsie

Für eine eindeutige Diagnose müssen zumindest eines der Kriterien 1 oder 2 sowie die Kriterien 3 und 4 erfüllt sein.

bei Anfallsleiden (s. auch Kap. 13 in diesem Band), Hirntumoren, entzündlichen sowie degenerativen Prozessen
- als „intendiertes" Symptom bei meditativen Übungen und Ritualen

Wenn Depersonalisation und Derealisation als Symptom anderer dissoziativer Störungen wie der Dissoziativen Identitätsstörung oder der nicht näher bezeichneten dissoziativen Störung vorkommen, sind sie dieser jeweiligen Diagnose unterzuordnen.

Die folgenden Kriterien (modifiziert nach Ackner 1954) bestimmen das klinische Bild:
- subjektives Gefühl einer internen oder externen Veränderung, wahrgenommen als Gefühl von Fremdheit und Unwirklichkeit
- Störung der Aufmerksamkeit; stark erhöhte Selbstbeobachtung, aber keine Bewusstseinsstörung
- Ich-Dystonie: der Zustand wird als sehr belastend, teils bedrohlich erlebt
- die Introspektionsfähigkeit bleibt erhalten; Fehlen einer wahnhaften Qualität
- keine Verhaltensänderung nach außen
- Minderung des affektiven Erlebens, der affektiven Antwortfähigkeit
- häufig Veränderung allgemeiner Körpergefühle wie Appetit, Durst, Hunger und der sensorischen Qualitäten, vorwiegend der visuellen, akustischen, taktilen und haptiven Sinneswahrnehmungen
- häufig Störungen des Zeitgefühls und der Raumwahrnehmung (alles erscheint weit weg)
- Auftreten von Angst bis Panik

Die einzelnen Qualitäten können von den Patienten in unterschiedlicher Ausprägung wahrgenommen werden.

Verschiedene Sinnesqualitäten können betroffen sein. Häufig ist die **visuelle Wahrnehmung** verändert: Alles sieht aus wie im Nebel oder wie hinter einer Milchglasscheibe; Gegenstände wirken unwirklich, als sei ihre Größe oder Form verändert; die Bewegung erscheint langsamer oder schneller, anstatt dreidimensional wird zweidimensional wahrgenommen, Entfernungen werden anders eingeschätzt, lebendige Objekte werden als leblos empfunden, vertraute Umgebung oder Menschen plötzlich als fremd ermpfunden; Jamais-vu-Erlebnisse kommen vor. Auch die **akustische Wahrnehmung** kann verändert sein: Alles hört sich an wie unter Wasser oder weit weg; Geräusche etc. werden überlaut oder leiser empfunden; das **taktile Erleben** kann verändert sein, wie taub oder (selten) überempfindlich; unangenehme **Geruchseindrücke** können auftreten. Die **Körperwahrnehmung** kann gestört sein: Körperteile erscheinen dünner oder länger/kürzer oder verformt oder wie tot. All dies kann als außerordentlich quälend und beängstigend empfunden werden.

Fehldiagnosen sind häufig. Manchmal werden Depersonalisationssyndrome erst nach Jahren diagnostiziert. Die Betroffenen sind meist sehr entlastet, wenn jemand ihre Symptomatik benennt und sie versteht, dem Unausdrückbaren Worte verleiht.

Im Depersonalisationszustand kommt es neben einer Spaltung des Ich in einen erlebenden und beobachtenden Teil zu einer Affektisolierung, die nach Lower (1972/73) die Voraussetzung für die regressiv veränderte Wahrnehmung des Selbst im Depersonalisationszustand ist. In den meisten Fällen gehen Depersonalisationszustände mit Angst einher. Hierbei muss zwischen einer **reaktiven** Angst („Angst, verrückt zu werden"), die durch den Zustand der Depersonalisation, welchen die Patienten als unerträglich erleben, verursacht wird, und einer **primären** Angst, welche der Depersonalisation vorangeht, unterschieden werden.

Quantität der Symptomatik

Vereinzelte Episoden, länger anhaltende Phasen oder chronische, über Wochen anhaltende Symptome kommen vor. Vegetative Begleitsymptome können auftreten. Komorbide Störungen wie Angstsymptome u. a. müssen abgegrenzt werden (s. u.).

Hyperventilationszustände können Depersonalisations- und Derealisationszustände auslösen, und umgekehrt können Depersonalisations- und Derealisationszustände auch zu Angstreaktionen und in der Folge zu Hyperventilationszuständen führen.

16.3 Epidemiologie, Verlauf und Prognose

Epidemiologie

Bezüglich der **Epidemiologie** müssen so genannte „physiologische" Depersonalisationszustände, die im Rahmen von emotionalem oder physiologischem Stress (zum Beispiel Schlafmangel, sensorische Deprivation, Einfluss von Medikamenten und Drogen, lebensbedrohliche Situationen etc.) bei gesunden Menschen auftreten können, von pathologischen Depersonalisationssymptomen und -zuständen unterschieden werden. Die Lebenszeit-Prävalenz für „physiologische" Depersonalisations- und Derealisationssymptome beträgt 34 bis 70 % (Sedman 1972; Trueman 1984b).

Pathologische Depersonalisationsstörungen scheinen hingegen eher selten zu sein; hierzu existieren bislang keine empirischen Studien an größeren Patientenkollektiven. Nach klinischen Studien erkranken eher jüngere Menschen (unter 40 Jahren), und Frauen sind etwa doppelt so häufig betroffen wie Männer (Nemiah 1995). Retrospektiv geben viele Betroffene erste Depersonalisationszustände bereits zwischen dem 5. und 10. Lebensjahr an (Fast et al. 1976). In der Psychiatrie rangiert die Depersonalisation nach der Depression und der Angst an dritthäufigster Stelle klinischer Symptome (Brauer et al. 1970; Noyes et al. 1977; Coons 1996).

Verlauf und Prognose

Depersonalisations- und Derealisationszustände beginnen oft abrupt – meist zwischen dem 15. und 30. Lebensjahr; aber auch bei Kindern unter 10 Jahren wurden solche Symptome beobachtet (s. auch Kap. 17 in diesem Buch); Erstmanifestationen nach dem 30. Lebensjahr sind sehr selten, so auch das Auftreten in höheren Lebensdekaden. In mehr als 50 % der Fälle ist der Verlauf chronisch. Die Intensität schwankt bei chronischen Verläufen; selten gibt es fluktuierende Verläufe mit Attacken und symptomfreien Intervallen.

Komplikationen

Viele Menschen reagieren auf diese Symptome mit Angst, zum Beispiel der Angst, verrückt zu werden, aus der Realität herauszurutschen, und mit Schamgefühlen; sie trauen sich oft nicht, über die Symptome zu sprechen, weil sie befürchten, für verrückt gehalten oder aber gar nicht verstanden zu werden; oft können sie die Symptome nur unbestimmt beschreiben, zum Beispiel als „Benommenheitsgefühl", „Glockengefühl", „Dumpfheit", „Schwebegefühl".

Nicht selten kommt es zu Selbstmedikationen oder zum Alkoholgebrauch, der die Symptomatik mildern oder gar beenden kann – obwohl umgekehrt durch Alkohol Depersonalisations- und Derealisationszustände auch ausgelöst werden können. Selbstverletzende Verhaltensweisen stehen oft in engem Zusammenhang mit Depersonalisations- und Derealisationszuständen; sie werden eingesetzt, um diese Zustände zu beenden, was auch oft zumindest vorübergehend gelingt.

16.4 Differenzialdiagnose und Komorbidität

Depersonalisation und Angststörungen

Roth (1959; 1960) beschrieb das Syndrom der „phobischen Angstdepersonalisation". Er beobachtete, dass der Depersonalisation starke körperliche und/oder seelische Belastungen vorausgingen. Die phobische Komponente besteht nach Roth in einer starken Angst, durch die beschriebenen emotionalen Überlastungen in eine hilflose Situation zu geraten. Die Erkrankung kann einen stufenweisen Verlauf nehmen, der – ähnlich wie bei einer Angstneurose – mit vegetativen Symptomen (Schwindel, Schweißausbrüchen, Schlafstörungen u. a.) und einer erhöhten Spannung beginnt, schließlich zu Panikattacken bis hin zu Ohnmachtsanfällen führt und dann in einen Zustand, der von Depersonalisation und phobischer Angst geprägt ist, übergeht. Nach Auffassung Roths sind die Patienten durch die Depersonalisation in der Lage, adäquat zu reagieren, ohne von den beschriebenen emotionalen Belastungen und den damit verbundenen Ängsten überwältigt zu werden. Gemeint ist hier wohl, dass eine weitere bedrohliche Fragmentation des Selbst vermieden werden kann.

Die Angaben der Häufigkeit von Depersonalisationssymptomen bei Panikstörungen schwanken zwischen 7,7 und 69 %. Möglicherweise spielen kulturelle Faktoren eine Rolle; in angelsächsischen Ländern werden in etwa 50 % Depersonalisationssymptome bei Patienten mit Angststörungen beschrieben, in Japan nur etwa bei 10 % (Segui et al. 2000; Wolfradt u. Meyer 1998; Hoffmann u. Eckhardt-Henn 2001).

Aufgrund einiger Studien gibt es Hinweise dafür, dass es bei den Angststörungen eine klinische Subgruppe von Patienten gibt, die primär an Depersonalisationssymptomen leiden und klinisch insgesamt stärker belastet sind: Das Ausmaß der Angst korreliert positiv mit dem Ausmaß der Depersonalisations- und Derealisationssymptome (Trueman 1984a).

Cassano et al. (1989) untersuchten 150 Patienten mit Panikstörungen und Agoraphobie. 34,7 % hatten Depersonalisations- und Derealisationssymptome; diese Subgruppe war insgesamt jünger, die Erkrankung hatte früher begonnen, die Patienten zeigten ein höheres Ausmaß an Vermeidungsverhalten und hatten vermehrt Angst, verrückt zu werden, die Kon-

16 Depersonalisation und Derealisation

trolle zu verlieren oder zu sterben. Die psychiatrische Komorbidität war höher, insbesondere für die generalisierte Angststörung, Zwangsstörungen und depressive Störungen. Außerdem hatten sie in der Vorgeschichte in einem höheren Prozentsatz an einer Schulphobie gelitten. Das Ausmaß des agoraphoben Vermeidungsverhaltens scheint durch die Depersonalisations-Derealisations-Symptomatik (D-D-S) spezifisch negativ beeinflusst zu werden; die Autoren postulieren, dass es sich hier um eine Subgruppe handelt, die insgesamt kränker ist und daher besonderer Beachtung bedarf. Diese Befunde bestätigen Segui et al. (2000) in ihrer Studie an 274 Patienten mit Panikstörungen.

Hollander et al. (1989; 1990) berichten von einer Patientin, die an Paniksymptomen und Depersonalisationszuständen litt; unter der Behandlung mit Alprazolam und Imipramin ging die Angst zwar gut zurück, die Depersonalisation blieb aber unbeeinflusst. Letztere ging dann durch die Einnahme von 60 mg Fluoxetin/die deutlich zurück. Die Autoren geben zu bedenken, dass es sich hier um zwei unterschiedliche Phänomene mit verschiedenen zugrunde liegenden Mechanismen handelt und daher das im DSM vorgegebene Kriterium, dass eine Depersonalisationsstörung nicht zu diagnostizieren sei, wenn eine Angst-, Panik- oder Zwangsstörung vorhanden sei, kritisch zu bewerten ist.

Toni et al. (1994) verglichen Patienten mit komplex partiellen Anfällen und Patienten mit Panikstörungen und Depersonalisations- und Derealisationssymptomen und fanden Ähnlichkeiten; sie nahmen an, dass hier möglicherweise ein gemeinsames neurophysiologisches Substrat vorhanden sein könnte; bei Patienten mit Panikstörungen und D-D-Symptomen sollte differenzialdiagnostisch auch eine Epilepsie ausgeschlossen werden (vgl. auch Kap. 13).

Depersonalisation und Depression

Depressive Patienten schildern oft Symptome, die der Depersonalisation sehr ähnlich sind: Gefühle innerer Leere, des Verlustes des Bezuges zur Welt, verschiedene körperliche Entfremdungsgefühle, Anhedonie etc. Es ist manchmal schwierig, diese Symptome von Depersonalisationszuständen abzugrenzen. Petrilowitsch (1956) beschrieb die so genannte „Entfremdungsdepression", Leonhard (1995) die „teilnahmslose Depression". Dabei steht die Depersonalisation im Vordergrund, und die eigentliche depressive Verstimmung verläuft eher „flach". Bestimmte affektive Störungen, die bei depressiven Patienten vorkommen, wie die Anhedonie (Störung des Erlebens von Freude und Wohlgefühl, subjektives Erleben von Affektarmut und -starre) oder das Gefühl der Gefühllosigkeit (Reduktion allen affektiven Erlebens, Gefühlsleere), sind den Symptomen, die von Patienten mit Depersonalisationsstörungen beschrieben werden, ähnlich.

Patienten schließlich, die an chronischen schweren Depersonalisationszuständen leiden, entwickeln nicht selten eine reaktive Depression und geraten in suizidale Krisen, weil sie den Depersonalisationszustand als unerträglich empfinden; alle Lebensqualität scheint ihnen genommen (Paulig et al. 1998).

Depersonalisation und Zwang

Auf den Zusammenhang zwischen Zwang und Depersonalisation wies insbesondere Meyer (1957; 1959) hin. Beide Erkrankungen sind durch eine Störung der Ich-Außenwelt-Beziehung charakterisiert. Diese Störung ist beim Zwang sowie bei der Phobie gegensätzlich zur Störung bei der Depersonalisation: Der Zwangskranke hat die „natürliche Distanz zur Welt verloren"; er muss ständig gegen die andrängende Umwelt ankämpfen und befindet sich in einer dauernden, überwachen, angespannten Aufmerksamkeit. Der Depersonalisierte fühlt sich hingegen von der Welt abgeschieden und sehnt sich nach Berührung mit ihr. Hierzu eine Patientin von K. Schneider (1949):

„Liegt nicht ein großer Widersinn darin, zu empfinden, wie Lebendiges und Totes gewaltsam über mich hinströmt, und zur gleichen Zeit zu sehen, wie unermesslich fern mir alles gerückt ist? Wie soll ich's nur ausdrücken: Ich bin mitten im Wasser und werde nicht nass."

Als gemeinsame Züge von Zwang und Depersonalisation hob Meyer zum einen die Krankheitseinsicht, also die Ich-Dystonie, zum anderen die Selbstunsicherheit hervor. Es gibt auch Patienten, die zunächst Zwangssymptome – teils sogar langjährige Zwangskrankheiten – aufweisen und im weiteren Verlauf schwere Depersonalisationszustände entwickeln; dies bezeichnet er als „anankastische Form der Depersonalisation". Schilder (1950) weist auf die zwanghafte Tendenz zur Selbstbeobachtung bei depersonalisierten Patienten hin. Shorvon (1946) fand in einer Studie bei 88 % und Roth (1968) bei 75 % der Patienten mit Depersonalisationssymptomen zwanghafte Symptome.

Als weitere Krankheitsbilder müssen **hypochondrische Störungen** und **Zönästhesien**, insbesondere bei Depersonalisationszuständen, die sich vorwiegend in Form von Störungen des Körpererlebens ausdrücken, abgegrenzt werden. Dies kann gelegentlich recht schwierig sein, da Depersonalisationszustände nicht selten hypochondrische Störungen auslösen. Schilder erörterte schon 1925 (und auch 1950) die Wechselbeziehung beider Störungsbilder.

Bei Patienten mit **Ess-Störungen** werden Depersonalisationszustände beschrieben. Die Körperbildstörungen bei Essgestörten könnten u. a. hierin begründet sein.

Selbst induzierte Depersonalisation

Depersonalisations- und Derealisationszustände, insbesondere das „Detachment" (Gefühl des Losgelöstseins vom eigenen Körper, s. o.) und Trance- und Dämmerzustände (vgl. Kap. 12), treten häufig im Zusammenhang mit meditativen Übungen oder rituellen Tänzen auf und sind dann meist beabsichtigt bzw. werden bewusst in Kauf genommen. In Einzelfällen können sie aber, insbesondere wenn eine Ich-strukturelle Störung zugrunde liegt, zu ausgeprägten (dann pathologischen) Depersonalisations-/Derealisationssymptomen bzw. -syndromen und – damit verbunden – zu Angst- und Panikreaktionen führen. Es gibt Menschen, die Depersonalisationszustände als angenehm empfinden und versuchen, sie zum Beispiel durch meditative Übungen oder durch die Einnahme von Drogen zu provozieren. Diese Zustände werden im Gegensatz zu pathologischen Depersonalisations- und Derealisationszuständen als Ich-synton erlebt (Kennedy 1976).

Grenzphänomene: „Detachment" und „todesnahe Erlebnisse" („near-death experiences")

Losgelöstsein vom eigenen Körper („Detachment")

Als „Detachment" wird ein Gefühl der Losgelöstheit von den eigenen Erfahrungen, dem eigenen Körper beschrieben. Solche Gefühle können während einer traumatischen Erfahrung, aber auch in späteren Depersonalisations-/Derealisationszuständen auftreten. Es handelt sich dabei um eine Spannbreite von subjektiv fremdartig wirkenden Erlebnissen (zum Beispiel Nichterleben von Schmerzen;

Dumpfheit oder Benommenheitsgefühl), die nicht so ausgeprägt sind wie beim Vollbild eines Depersonalisationszustandes.

Todesnahe Erlebnisse ("near-death experiences")

1892 beobachtete Albert Heim an 30 Überlebenden eines Unfalls in den Alpen, die dem Tod knapp entgangen waren, folgende Phänomene:

„Es gab keine Angst, keine Spur von Verzweiflung, keinen Schmerz; stattdessen aber eine ruhige Ernsthaftigkeit, eine profunde Akzeptanz und eine dominierende mentale Schnelligkeit/Schärfe des Verstandes und ein Gefühl von Gewissheit. Die mentale Aktivität wurde enorm und erreichte hundertfache Schnelligkeit und Intensität. Die Beziehungen von Ereignissen und ihre möglichen Konsequenzen wurden mit objektiver Klarheit überblickt. Keinerlei Konfusion kam auf. Das Zeitempfinden war sehr erweitert. (…) In vielen Fällen folgte ein plötzlicher Rückblick auf die gesamte persönliche Vergangenheit; und schließlich hörte die stürzende Person wunderbare Musik und fiel in einen blauen Himmel der rosa Wölkchen enthielt." (zit. nach Noyes u. Kletti 1976)

Noyes und Kletti (1976; 1977) bzw. Noyes et al. (1977) veröffentlichten einige Arbeiten, die sich mit so genannten „todesnahen Erlebnissen" befassten. Sie untersuchten – allerdings retrospektiv nach durchschnittlich neun Jahren – 104 Personen im Alter von durchschnittlich 24 und 33 Jahren (1976), die dem Tod nur knapp entgangen waren.[3] Diejenigen, die glaubten, in Kürze sterben zu müssen, beschrieben – ähnlich wie bereits von Heim (s. o.) beobachtet – Folgendes:

- eine veränderte Wahrnehmung der Zeit
- ungewöhnlich lebhafte Gedanken
- eine erhöhte Geschwindigkeit des Denkens
- ein Gefühl des Losgelöstseins vom eigenen Körper (detachment)
- Unwirklichkeitsgefühle
- automatisierte Bewegungen
- den Verlust der Wahrnehmung von Emotionen
- eine Verschärfung visueller und akustischer Eindrücke
- das plötzliche Erinnern lang vergessener Ereignisse („Panoramaerinnerung")
- ein Gefühl tiefen Verstehens, Farb- oder andere visuelle Wahrnehmungen (Halluzinationen)
- ein Gefühl von Harmonie, Einheit oder Kontrolle durch eine externe Macht
- lebhafte mentale Bilder und akustische Halluzinationen

Noyes und Kletti weisen auf die Nähe zu Depersonalisationsphänomenen (bzw. setzen dies gleich) hin und interpretieren diese Phänomene als eine adaptive, vielleicht lebensrettende Antwort auf vielfältige Ereignisse. Allerdings liege der Unterschied in einer Erhöhung der Aufmerksamkeit/Wachheit; in Depersonalisationszuständen werde hingegen ein allgemeines Gefühl von Taubheit und Dumpfheit der Wahrnehmung und der mentalen Bildsprache beschrieben. Durch eine extreme Gefahrensituation werde der Aufmerksamkeitsfokus scharf eingeengt. Innerhalb dieses eingeengten Fokus intensivierten sich mentale Prozesse sogar bis zu dem Extrem, dass sie als Wahrnehmungen empfunden werden. Einige Sensationen und Wahrnehmungen, die normalerweise eher peripher von der aktuellen Aufmerksamkeit her wahrgenommen werden, werden ganz von der Wahrnehmung/Aufmerksamkeit ausgeschlossen (Noyes u. Kletti 1976, S. 26). Viele ähnliche Erlebnisse erfreuen sich einer großen Faszination in der populärwissenschaftlichen Literatur.

Ehrenwald (1974) sah in so genannten

---

[3] Die entsprechenden Vorfälle waren: Stürze (47), Beinah-Ertrinken (16), Autounfälle (14), schwere Krankheiten (10), Explosionsunfälle im Krieg (6), Herzstillstände (5), allergische Schockreaktionen (4) und gemischte Unfälle (12).

„out-of-the-body experiences" eine Art psychische Abwehrfunktion: den Wunsch nach Unsterblichkeit und den Versuch, den Tod zu verleugnen, welche auf primitive animistische Auffassungen zurückgingen, dass die Seele den Körper während des Schlafes und im Moment des Todes verlassen könne (zum Beispiel Meditationsrituale, Fastenrituale, religiöse Rituale).

16.5 Ätiopathogenese

Die folgenden ätiopathogenetischen Modelle sind gegenwärtig zu berücksichtigen und werden im Weiteren ausgeführt:
- neurobiologische Modelle (ursachenphysiologische oder anatomische Läsionen)
  - metabolische Störungen, Intoxikationen, entzündliche Hirnerkrankungen
  - „physiologische", präformierte zerebrale Reaktionsweise auf belastende psychische Ereignisse
  - „physiologische", präformierte zerebrale Reaktionsweise auf Stress und Überlastung (Übermüdung etc.)
  - präformierte zerebrale Reaktionsweise in der Folge schwerer traumatischer Erlebnisse
- psychoanalytische-psychodynamische Modelle
  - intrapsychische Abwehr bedrohlicher oder beschämender konflikthafter Affekte
  - Ausdruck einer Ich-strukturellen Störung
  - intrapsychische Abwehr drohender Selbstfragmentation
  - abwehrbedingte Spaltung zwischen beobachtenden und erlebenden Ich-Funktionen mit einer distanzierten Sicht auf das Selbst
  - spezifische Abwehrfunktion in der Folge schwerer traumatischer Erlebnisse
- Sozialisationsbedingungen, die in der Entwicklung eines Kindes elementare Erlebnisaspekte zurückweisen
- kulturell bedingte Depersonalisationszustände (u. a. dissoziative Zustände zum Beispiel Trance etc.), die rituelle und ähnliche Bedeutungen/Funktionen haben
- selbst induzierte, intendierte Depersonalisationszustände/Detachmentzustände zum Beispiel im Rahmen meditativer Übungen

Neurobiologische Modelle zur Genese der Depersonalisation

Bereits Schilder (1914) war der Meinung, dass der Depersonalisation eine organisch begründbare Körperschemastörung zugrunde liegt. Vereinzelte Beobachtungen von Depersonalisationszuständen bei hirnorganisch Kranken und die Tatsache, dass sich die Depersonalisation an keine nosologischen Grenzen hält, ließen Mayer-Gross (1957) die Hypothese formulieren, dass es sich bei der Depersonalisation um eine „präformierte funktionelle Antwort des Gehirns" handele – ähnlich wie bei anderen unspezifischen Mechanismen, zum Beispiel Krampfanfällen, deliranten Zuständen u. Ä. Bei organischen Erkrankungen, wie Enzephalitiden (Heuyer u. Dublineau 1932), zerebrovaskulären Erkrankungen (Frank 1934), Migräne (Shorvon 1946; Comfort 1982), hormonellen Störungen, zerebralen Anfallsleiden (insbesondere bei der Temporallappen-Epilepsie, s. Roth u. Harper 1962; Devinsky et al. 1989b; Locatelli et al. 1993), leichten Schädel-Hirn-Traumata (Paulig et al. 1998), sowie bei Hyperventilationszuständen wurden Depersonalisationszustände beobachtet. Dabei handelt es sich aber in der Regel um Einzelfallbeobachtungen. In den 60er Jahren wurde vermutet, dass Depersonalisationssymptome auf hirnorganische Veränderungen in der Temporalregion (so genannte „Temporallappen-Hypothese") zurückzuführen seien. Gegenwärtig muss aufgrund unterschiedlicher Befunde (Tc99SPECT u. a.) angenommen werden, dass auch in anderen Hirnregionen, zum Beispiel in den Regionen des Nucleus caudatus und der posterioren Frontalhirnregion (Hollander et al. 1992), Veränderungen bei Patienten mit Depersonalisationszuständen nachzuweisen sind. Vereinzelt wurde von einer Auslösung von Depersonalisationszuständen durch Elektrostimulation der amygdalahippocampalen Region berichtet (Faber et al. 1991; Locatelli et al. 1993).

Das Auftreten von Depersonalisationszustände nach hirnorganischen Störungen/traumatischen Störungen wurde von einigen Autoren als das Ergebnis des „Zusammenwirkens von neurologischen und erlebnisreaktiven, allgemeinpsychologischen Faktoren" (Paulig et al. 1998, S. 1104) interpretiert.

Exogen-toxisch induzierte Depersonalisation

Die Hypothese, dass organische Faktoren bei der Entstehung von Depersonalisationszuständen eine Rolle spielen, wird auch durch die Beobachtung unterstützt, dass sich Depersonalisationszustände in vereinzelten Fällen durch eine medikamentöse Behandlung mit Psychopharmaka (s. u.) bessern, aber auch ausgelöst oder verschlimmert werden.

Durch Alkohol und Koffein (Stein u. Uhde 1989) können Depersonalisationszustände hervorgerufen werden; Raimo et al. (1999) beschrieben einen 24-jährigen Mann, bei dem es jeweils nach Alkoholgebrauch und nach einer Appendektomie zu mehrtägigen bis mehrwöchigen Depersonalisationszuständen gekommen war. Es konnten EEG-Veränderungen nachgewiesen werden, die nach Meinung der Autoren als Ausdruck einer „metabolischen Enzephalopathie" interpretiert werden könnten. Simeon et al. (1995b) konnten bei Personen durch die Gabe von dem partiellen Serotonin-Agonisten Meta-Chlorophenyl-Piperazin (m-CPP) passagere Depersonalisationszustände induzieren; bei Patienten mit Borderline-Störungen kam es in einem höheren Prozentsatz zu Depersonalisationszuständen als bei Patienten mit Angststörungen; und bei letzteren wiederum in höherem Prozentsatz als bei gesunden Personen. Bestimmte Personen sind offenbar vulnerabler als andere, und diese Vulnerabilität könnte durch eine akute Erhöhung der Serotonin-Stimulation noch verstärkt werden.

Ein **neurobiologisches Modell der Depersonalisation** wurde von Sierra und Berrios (1998) entwickelt: Die Amygdala, das anteriore Cingulum und der mediale präfrontale Kortex sind wichtige Komponenten eines Netzwerks, welches emotionale Antworten integriert und an der Überwachung und Modulation von Emotionen beteiligt ist (LeDoux 1994, vgl. auch Kap. 2 in diesem Band). Die Amygdala hat wahrscheinlich auch eine wichtige Funktion in der Bearbeitung von Furcht-Antworten (Bechara et al. 1995). Der mediale präfrontale Kortex vermittelt die inhibitorische Komponente der Depersonalisation. Wenn eine bestimmte Angstschwelle erreicht ist, hemmt der präfrontale mediale Kortex die weitere emotionale Verarbeitung im Bereich der Amygdala und verbundener Strukturen und führt zu einer Dämpfung des sympathischen Outputs; damit wird die Intensität emotionalen Erlebens vermindert. Wahrscheinlich übt der mediale präfrontale Kortex eine hemmende Funktion auf das emotionale limbische System aus. Diese Mechanismen führen zu einem Zustand der Hypoemotionalität und zu einer Hemmung des Mechanismus, durch den Kognitionen und Wahrnehmungen eine emotionale Färbung bekommen; in der Folge verändert sich die Qualität des Erlebens von Wahrnehmung und Kognition; diese Veränderung wird von den Patienten als „Unwirklichkeitsgefühl" (oder „wie abgetrennt sein") empfunden; das heißt, dass die emotionale Färbung von Kognitionen und anderen Wahrnehmungen unterbrochen, abgetrennt ist. Die Depersonalisation wird oft von einem Zustand der Überwachheit/erhöhten Aufmerksamkeit und erhöhter sensorischer Verarbeitung begleitet. Möglicherweise ist der präfrontale Hemmungsmechanismus auf die Amygdala selektiv wirksam. Neben der Bedeutung für die Emotionen spielt die Amygdala eine wichtige Rolle in der Regulation von Aufmerksamkeit und Informationsverarbeitung. Bei der Depersonalisation könnte die erhöhte Aufmerksamkeit den Effekt haben, einen Zustand vigilanter Achtsamkeit und der damit verbundenen Erfahrung der geistigen Leere und Schmerzindifferenz zu erzeugen. Letztere soll durch eine Aktivierung des rechten präfrontalen Kortex und der reziproken Hemmung des anterioren Cingulum bedingt sein. Dieses Antwortmuster hat im Zusammenhang mit dem Umgang mit lebensbedrohlichen Situationen eine hochadaptive Funktion, weil sich hier dysfunktionale emotionale Antworten störend auswirken und eine erhöhte Vigilanz simultanes multisensorisches Scanning relevanter Information ermöglicht. Sierra und Berrios sprechen von „kortikolimbischen Diskonnektions-Syndromen".

Häufig kommen Störungen im Bereich der visuellen Wahrnehmungen vor: Dinge, die sonst als etwas Schönes und Vertrautes wahrgenommen wurden und entsprechend positive Gefühle auslösten, erscheinen plötzlich fremd, unwirklich, „wie Plastik, weder schön noch hässlich". Die Umgebung wird wie durch eine Milchglasscheibe oder wie im Nebel wahrgenommen, vertraute Menschen erscheinen fremd, belebte Objekte erscheinen leblos; das eigene Gesicht wird im Spiegel als unwirklich empfunden. Visuolimbische Diskonnektionen, rechtsseitige oder bilaterale okzipito-temporale Läsionen können zu einer Unfähigkeit führen, auf visuelle Stimuli mit der Wahrnehmung von Gefühlen zu reagieren. Wahrscheinlich kommt es zu einer Unterbrechung zwischen dem visuellen Assoziationskortex und temporal-limbischen Strukturen. Patienten mit solchen hirnorganischen Störungen berichten ähnliche Erlebnisse wie Patienten mit Depersonalisationszuständen (vgl. auch Capgras-Syndrom).

Im Depersonalisationszustand ist das Schmerzempfinden meist verändert; die Schmerzschwelle ist erniedrigt. In diesem Zusammenhang kann es zu Selbstverletzungen kommen, die dann den Depersonalisationszustand oft zumindest vorübergehend beenden können. Das ist ein weiterer Hinweis für neurophysiologische Veränderungen; außer der Hypothese, dass bestimmte Störungen der Neurotransmitter beteiligt sein können, ist dieses Phänomen noch relativ ungeklärt.

In bedrohlichen Zuständen kann die Verminderung des Schmerzempfindens eine adaptive Funktion haben; weil der Schmerz gewissermaßen „ausgeblendet" werden kann, bleibt die Handlungsfähigkeit in der bedrohlichen Situation erhalten. In einer nicht bedrohlichen Situation bedeutet diese Reaktion (Depersonalisation) aber eine intensive verunsichernde/irritierende Erfahrung, nämlich den plötzlichen Verlust emotionaler Wahrnehmung, das plötzliche Gefühl emotionaler Leere („wie tot"), ein reduziertes Empfinden körperlicher Wahrnehmungen, zum Beispiel auch ein vermindertes Schmerzempfinden, das oft zu einem Gefühl, plötzlich wie tot, abgestorben zu sein, und in der Folge zu heftiger Angst führen kann. Im Weiteren kann eine erhöhte hypochondrisch anmutende, ängstliche Selbstbeobachtung resultieren.

Simeon et al. (2000) untersuchten acht Patienten mit Depersonalisationssyndromen (Kontrollgruppe: 24 Normalpersonen) mit PET – mit dem Ziel, funktionelle Auffälligkeiten zu suchen und die „Temporallappen-Hypothese", die „frontolimbische Entkoppelungs-Hypothese" zu überprüfen. Sie fanden eine erniedrigte metabolische Aktivität in der rechten Brodmann-Region 22 und 21 des superioren und mittleren Temporalgyrus und eine höhere metabolische Aktivität in der parietalen Brodmann-Region 7B und 39 und der links-okzipitalen Brodmann-Region 19. Die Dissoziationswerte (DES-Scores) korrelierten signifikant positiv mit der metabolischen Aktivität in der Region 7B. Die Depersonalisation scheint mit funktionellen Auffälligkeiten entlang sequenzieller hierarchischer Gebiete (secondary and cross-modal) des sensorischen Kortex (visuell, auditorisch und somatosensorisch) und der Regionen, die für ein integriertes Körperschema verantwortlich sind, einherzugehen. Die Autoren kommen zu dem Schluss, dass ihre Ergebnisse die Priorität der Temporallappen-Phänomene nicht unterstützen, sondern eher **extensive assoziationale Hirnnetzwerke** beteiligt sein müssen, wobei den parietalen und okzipitalen Regionen eine wichtige Bedeutung zukommt.

Guralnik et al. (2000) untersuchten 15 Patienten mit Depersonalisationsstörungen und 15 Kontrollpersonen mit einer neuropsychologischen Testbatterie. Es fanden sich keine Unterschiede der Intelligenz, aber solche zwischen verbalem IQ und Handlungs-IQ im Gegensatz zur Kontrollgruppe. Es zeigte sich kein Unterschied der allgemeinen kognitiven Funktionen, wie es oft bei Patienten mit schizophrenen oder schweren depressiven Störungen beschrieben wird. Es fanden sich auch keine Unterschiede bezüglich der auf die Zeit bezogenen Aufmerksamkeitskontinuität oder der Reaktionszeit; aber die Patienten zeigten Schwächen im Bereich visueller Raumorientierungsaufgaben (Visual-spatial tasks); es müssen Defizite in der visuellen Wahrnehmung und im visuell-räumlichen Denken mit zwei- und dreidimensionalen Stimuli vorhanden sein. Bestimmte Erinnerungsstörungen konnten nachgewiesen werden, die möglicherweise die subjektiv empfundene Fremdheit gegenüber eigentlich Vertrautem erklären; Störungen der Fähigkeit der Wiedererkennung könnten hier vorhanden sein. Bei bestimmten Aufgaben zeigten sich die Patienten insbesondere durch Lärmreize leicht ablenkbar, und sie merkten sich bestimmte emotional bedeutsame Wörter besser; das könnte aber bedeuten, dass sie für solche, emotional bedeutsamen Reize empfindlicher sind und diese schlechter ausblenden können, was dann zu entsprechenden kognitiven Beeinträchtigungen führen könnte.

Die Autoren entwickeln hieraus die Hypothese, dass dissoziative Symptome eher als ein Mangel in der Fähigkeit der Verdrängung denn als eine Abwehrfunktion angesehen werden müssen. Unserer Meinung nach ist dieses Ergebnis jedoch keinesfalls widersprüchlich zu der Auffassung, dass die Dissoziation als eine bestimmte Abwehrfunktion, die sich häufig im Zusammenhang mit wiederholten schweren traumatischen Erlebnissen entwickelt, verstanden werden kann. Viele Faktoren müssen hier berücksichtigt werden, zum Beispiel die Persönlichkeitsstruktur, die Qualität der Ich-Funktionen bzw. die Ausprägung einer Ich-strukturellen Störung; und diese wiederum sind wahrscheinlich Folge nicht nur traumatischer Erlebnisse, sondern der damit in der Regel verbundenen Störung der Eltern-Kind-Beziehung, mangelnder Objektbeziehungen, die bei der psychischen Bewältigung solcher Erlebnisse dringend notwendig wären etc. Außerdem wird die Verdrängung als ein reiferer Abwehrmechanismus angesehen: Es könnte also durchaus sein, dass diese Menschen über eine geringere Fähigkeit der Verdrängung verfügen als andere, diese gar nicht hinreichend ausbilden konnten, daher für bestimmte emotional bedrohliche Reize empfindlicher sind und deshalb auf „primitivere" Abwehrfunktionen wie die der Depersonalisation/Dissoziation „zurückgreifen" müssen. Dies führt zu einer weiteren Schwächung des Ich, weil die Depersonalisation wie die Dissoziation ein misslungenes, fragmenthaftes, unreifes Abwehrmanöver ist; sie kann als eine „letzte Bastion" angesehen werden. Es ist sehr gut vorstellbar, dass diese Ich-Schwäche wiederum zu den beschriebenen kognitiven Defiziten führt. Dies zeigt, wie wesentlich interdisziplinäre Denkansätze für das tiefere Verständnis dieser Prozesse sind. Zweifelsohne sind neurobiologische, kognitive und psychoanalytische Verständniszugänge/Modelle wichtig, um diese komplexen Phänomene auf einer tieferen Ebene zu verstehen.

Depersonalisation als präformierte zerebrale Reaktionsweise in der Folge schwerer traumatischer Erlebnisse

Es kann mittlerweile durch vielfache empirische Befunde als gesichert gelten, dass wiederholte, schwere traumatische Erlebnisse eine wichtige ätiologische Bedeutung für die Entwicklung dissoziativer Störungen, also auch Depersonalisationsstörungen haben. Sowohl spezifische neurobiologische als auch spezifische psychodynamische Störungen sind die Folge (vgl. Kap. 2, 18 und 19 in diesem Band).

16.6 Psychoanalytische Theorien zum Verständnis der Depersonalisation

Die meisten neueren psychoanalytisch orientierten Autoren sind der Auffassung, dass große Angst primär durch unbewusste/vorbewusste konflikthafte Inhalte, welche das Ich mit bedrohlichen Affekten überschwemmen könnten, ausgelöst wird und die Depersonalisation als eine Abwehr dagegen eingesetzt wird, wenn andere Abwehrmechanismen versagen. Dies wird insbesondere an Patienten mit selbstverletzenden Verhaltensweisen deutlich.

Innerhalb der psychoanalytischen Theorieansätze (vgl. Eckhardt u. Hoffmann 1993) zentrieren sich die Diskussionen um das Konzept, dass die Depersonalisation als eine **übergeordnete Abwehrfunktion des Ich** angesehen werden muss. Entsprechend der unterschiedlichen Theorien vermischen sich triebtheoretische, objektpsychologische und selbstpsychologische bzw. Ich-psychologische sowie strukturtheoretische Ansätze.

- aus triebtheoretischer/neurosenpsychologischer Sicht:
  - Depersonalisation dient der Triebkontrolle und stellt eine Kompromissbildung dar, die sowohl Abwehr als auch Trieb enthält.
  - Verleugnete Schuld- und Schamaffekte spielen als Auslöser von Depersonalisationszuständen eine wesentliche Rolle.
  - Masochistische Triebbedürfnisse sind bei der Depersonalisation von zentraler Bedeutung.
- aus strukturtheoretischer/objekt-, selbstpsychologischer Sicht:
  - Ein psychodynamischer/psychopathologischer Hintergrund im Sinne einer Störung des Selbstbildes, der Selbst-Struktur muss als Basis für Depersonalisationsphänomene angenommen werden.
  - Die Depersonalisation (und dies gilt auch für die Dissoziation) dient der Abwehr gefürchteter Selbstfragmentation.
  - Gleichzeitig stellt sie eine weitere Bedrohung des Selbstgefühls dar und führt ihrerseits zu weiterer Angst (vgl. Kap. 19 in diesem Buch).

Diese Modelle werden im Folgenden näher ausgeführt.

Triebtheoretische/neurosenpsychologische Ansätze

Depersonalisation als Triebkontrolle und Kompromissbildung, die sowohl Abwehr als auch Trieb enthält

Psychogen bedingte Depersonalisation stellt eine Abwehrfunktion dar, die bei bestimmten psychischen Störungen auftritt, wenn andere Abwehrmechanismen versagen, oder auch bei so genannten gesunden Normalpersonen, wenn diese in bestimmte emotionale Stress-Situationen geraten. Dieses Verständnis deckt sich mit dem dynamischen Verständnis von Dissoziationszuständen als Abwehr unerträglicher, körperlich und psychisch traumatischer Situationen. Freud (1936) hatte Depersonalisationsphänomene als Abwehrphänomene verstanden und berichtete von einem selbst erlebten Depersonalisationszustand auf der Akropolis in Athen, den er selbstanalytisch als Abwehr gegen Gefühle des Triumphes und der Schuld gegenüber seinem Vater deutete.

Ich-psychologische Ansätze (Störungen der Ich-Funktion)

In seiner Arbeit „Hemmung, Symptom und Angst" (1926) wies Freud darauf hin, dass das Ich im Zustand der Depersonalisation auf einen Teil seiner Funktionen verzichte. Eine Störung der Ich-Funktionen, die mit einer Änderung der Qualität der Wahrnehmungen verbunden sei, betont Glauber (1964): Insbesondere sei die synthetische Funktion des Ich gestört, und es komme durch die Verfremdung des Selbsterlebens zu einer Störung des Selbstsinns, des Selbstgefühls und damit auch des Realitätssinns.

Arlow (1964) weist auf eine Disharmonie zwischen Realitätssinn und Realitätsprüfung hin. Der Realitätssinn, welcher als emotionale Weise des Erlebens der Realität verstanden wird, sei gestört, die Realitätsprüfung – als kognitive Funktion – ist jedoch erhalten (vgl. auch Wöller 1993).

In Anlehnung an Freuds zweite Angsttheorie, in der er vertritt, dass das Ich auf eine innere Gefahr, die durch mobilisierte Triebimpulse entsteht, so reagiert wie auf eine äußere Gefahr, vor der es sich durch die Vermeidung schützen kann (Freud 1926), kann man annehmen, dass neben der Angst Schuld- und Schamaffekte als Signalaffekte einen Depersonalisationszustand auslösen. Vorbewusste Gedanken und Phantasien sollen an der Bewusstwerdung gehindert werden, damit das Ich nicht von bedrohlichen Affekten überflutet wird. Auch in Situationen, wo es bereits zum Auftreten bedrohlicher Affekte gekommen ist, kann sich die Depersonalisation einstellen, um eine weitere Bedrohung bzw. den völligen Zusammenbruch des Ich zu verhindern.

Die Depersonalisation stellt eine Abwehr gegen massive Triebimpulse und Affekte, die in realistischer oder neurotischer Weise als existenziell bedrohlich erlebt werden, dar. Wie alle Symptome ist sie ein Kompromiss und schafft eine neue weitere Bedrohung, die in der Gefahr der Zerstörung des Ich durch die Verletzung seiner Integrität besteht. Hierzu bemerkt Schilder (1914), „dass diese Flucht den Kranken nicht das verschafft, was sie sich eigentlich wünschen, denn der eigentliche Zustand der Depersonalisation ist den Kranken (...) unendlich viel peinlicher als der tiefste Schmerz". In einer späteren Arbeit (1939) beschrieb er die Depersonalisation als einen Zustand der Spaltung im Ich in einen teilnehmenden und einen beobachtenden Teil, und 1950 sah er die Depersonalisation als Ausdruck einer Störung des Körperbildes (body image), bei der es zu einem Rückzug der Libido aus dem Körperschema komme.

Verleugnete Scham- und Schuldaffekte als Auslöser von Depersonalisationszuständen und selbstbeschädigenden Handlungen/Artefakthandlungen

Fenichel (1945) sieht die Depersonalisation als eine Abwehrfunktion gegen Affekte. Verleugnete Scham- und Schuldaffekte seien bei der Auslösung der Depersonalisationszustände aber von wesentlicher Bedeutung. Diese Beobachtung wird durch die Auffassung Wurmsers (1990) bestätigt. Die besondere Angstsituation, nämlich das Erlebnis eines gefürchteten Verlustes nach erfolgter Bloßstellung, liegt fast immer schweren, chronischen, voll entwickelten Depersonalisationszuständen als bestimmende und auslösende Ursache zugrunde. Wurmser weist daraufhin, dass die „perzeptiven Prozesse als solche wegen ihrer verschlingenden und erregenden Qualität durch Schamangst abgewehrt und durch Entfremdung zugedeckt werden". Dabei stellt die Depersonalisation eine Kompromissbildung dar, die sowohl Abwehr als auch Trieb enthält (Wurmser 1990, S. 353 f.).

Masochistische Triebbedürfnisse als unbewusste Grundlage von Depersonalisation und Selbstbeschädigung/Artefakthandlung

Der Körper wird in der Depersonalisation in masochistischer Weise aufgegeben. In dieser sadomasochistischen Negation des eigenen Körpers kommt die triebhafte Seite zum Ausdruck (vgl. Schilder 1950; Sarlin 1962).

Nach Lower (1972) spiegeln Depersonalisationszustände eine unbewusste sadomasochistische Phantasie wider. Die Depersonalisation sei vergleichbar mit dem Ich-Zustand des Kindes in seiner passiv-masochistischen Beziehung zu dem sadistischen Elternteil. Die Depersonalisation ist der „Prototyp der negativistischen Antwort auf Strafe und Erniedrigung in der Kindheit"; eine Art defensiver Regression vor einer sadomasochistischen ödipalen Gefahr. Sie kann eintreten, wenn masochistische ödipale Wünsche aktiviert werden, zum Beispiel auch in der Therapie, und dann durch eine weitere Regression auf eine negativistische Haltung – die Depersonalisation – abgewehrt werden.

Jacobson (1959) beschrieb in ihren eindrücklichen Schilderungen, dass Depersonalisationssymptome bei weiblichen KZ-Gefangenen als Ausdruck der unbewussten Abwehr sadomasochistischer Phantasien dienten, wenn unter den extrem traumatisierenden Folterbedingungen stark infantil-abhängige Beziehungen zu den Folterern entstanden (vgl. auch Ehlert-Balzer 1996).

Strukturtheoretische/ objekt- und selbstpsychologische Ansätze

Eine Störung der Selbst-Struktur als Basis für Depersonalisationszustände und Artefakthandlungen/ selbstverletzende Handlungen

Bei Patienten, die sich selbst verletzen (offen und heimlich), liegt keine einheitliche psychopathologische Störung zugrunde. Das Spektrum reicht von neurotischen Störungen bei den leichteren Formen bis hin zu schweren Persönlichkeitsstörungen vom narzisstischen Typ oder Borderline-Typ bei den schwereren Formen. Die meisten Patienten weisen in ihrer Kindheit ein hohes Maß an real traumatisierenden Erlebnissen, wie körperliche, sexuelle und seelische Misshandlungen, auf. Die Entwicklung eines stabilen Selbst und Körper-Selbst wurde nachhaltig gestört. Aufgrund dieser Störung der Selbst-Struktur und der damit verbundenen instabilen Abwehrmechanismen besteht bei selbstbeschädigenden Patienten eine erhöhte Bereitschaft, in psychisch bedrohlichen Situationen in Depersonalisationszustände zu geraten.

Auch bei Patienten, die an chronischen bzw. schweren rezidivierenden Depersonalisationszuständen leiden und sich nicht selbst beschädigen, liegt meist eine Störung der Selbst-Struktur vor; häufig liegen Persönlichkeitsstörungen vom Borderline-Typ oder Narzisstische Persönlichkeitsstörungen zugrunde. Frances und Gale (1975) entwickeln zwei komplementäre Modelle der Depersonalisation:
- Depersonalisation als Abwehr des Ich gegen schmerzhafte Reize, die aus dem Selbst kommen

- Depersonalisation als Signalaffekt, der eine drohende Spaltung der Selbst-Konstanz aufzeigt

Selbst-Konstanz wird hier verstanden als diejenige Ich-Funktion, die an der Ausbildung einer relativen Festigkeit und Stabilität der vollständigen Konstellation der Selbstrepräsentanzen beteiligt ist und somit zu einem „durchschnittlich einschätzbaren Selbst" führt, das sowohl kognitiv wahrgenommen als auch affektiv gefühlt wird als „Ich-Sein". Diese Selbst-Konstanz kann durch zwei psychische Vorgänge bedroht werden:
- durch Fixierungen oder regressive Prozesse, die die Ich-Funktionen, welche an der Bildung einer differenzierten und integrierten Selbst-Struktur beteiligt sind, einschränken
- durch plötzliche Veränderungen innerhalb der Selbstrepräsentanzen, welche nur schwer in das „durchschnittlich einschätzbare Selbst" zu integrieren sind

Letzteres kann auch im Rahmen der psychotherapeutischen Behandlung der Fall sein, wenn verdeckte frühere Selbst-Anteile/Selbstrepräsentanzen ins Bewusstsein gelangen, die noch nicht in das „Equilibrium der Selbst-Struktur" integriert werden können.

Nach Frances und Gale sind Menschen mit narzisstischer Persönlichkeitsstruktur besonders empfindlich gegenüber Depersonalisationsphänomenen – insbesondere dann, wenn es zu Unterbrechungen narzisstischer Objektbeziehungen kommt, die aufgebaut wurden, um Defizite innerhalb der psychischen Struktur zu kitten. Unterbrechungen dieser Beziehungen können zu intensiven Wut- und Schamreaktionen führen, weil das Objekt als Selbst-Anteil erlebt wird. Dies geschieht häufig auch im Rahmen einer Therapie: Der Therapeut wird zum Selbst-Objekt des Patienten, das dieser braucht, um ein sicheres Selbstgefühl aufrechterhalten zu können. Dies wird auch durch die Beobachtung von Fast und Chetik (1976) aus Therapien mit Kindern, die an Depersonalisationszuständen leiden, bestätigt. Hier trat die Depersonalisation, die von den Kindern auch als „Geist-Gefühl" beschrieben wurde, im Zusammenhang mit Objektverlusten auf. Die Kinder erlebten diese nicht als Trennung von einer geliebten Person, sondern als Verlust eines inneren Bildes des anderen. Dies wurde an einem narzisstischen Gefühl innerer Leere deutlich. Die Kinder versuchten diese zum Teil durch eine „Verstärkung des Narzissmus" zu bekämpfen, z. B. durch Tagträume, in denen es um die eigene Grandiosität ging, oder auch durch verstärkte motorische Aktivität. Die Autoren führen die Depersonalisation auf eine Störung innerhalb der Periode, die der primär-narzisstischen Periode folgt, zurück. Die Entwicklung muss bereits so weit vorangeschritten sein, dass sich das Kind der Realität seiner Erfahrungen selbstständig vergewissern konnte, da die Ich-Funktion der Realitätsprüfung ja vorhanden ist. Viele dieser Kinder haben auch eine auffallende Angst vor dem Spiegel. Sie haben Angst, in den Spiegel zu schauen und niemanden zu sehen (vgl. Schilder 1950). Dies deutet auf das Gefühl der eigenen Nicht-Existenz hin und auf ein mögliches Fehlen der Spiegel-Funktion durch die Mutter in der frühen Objektbeziehung. Diese Angst äußerte auch die beschriebene Patientin: Sie mied, wenn sie sich in einem Depersonalisationszustand befand, fast panikartig alle Spiegel. Sie gab an, dass sie ihr Gesicht in diesen Zuständen entweder als „verzerrte fremde Fratze" oder gar nicht im Spiegel sehen könne.

In diesem Zusammenhang sind auch Ergebnisse aus der neueren Säuglingsforschung interessant: An 2-jährigen Kindern konnte beobachtet werden, dass sie ein sehr lustvolles Interesse an ihrem Spiegelbild aufweisen. Wenn die Oberfläche des Spiegels verändert wird, sodass sich ein verzerrtes Spiegelbild ergibt, schlägt dieses Interesse sehr schnell in Misstrauen und starke Beunruhigung um.

„Es ist so, als ob sich das konkrete, scharf gefasste Abbild des Selbst, eine Vorstellung, an deren Festigung sie so hart gearbeitet haben, vor ihren Augen aufgelöst hätte." (Lichtenberg 1991, S. 98)

Jacobson (1959) untersuchte Depersonalisationsphänomene an mitgefangenen KZ-Häftlingen. Sie versteht die Depersonalisation als einen unreifen Abwehrmechanismus, der bei einem Versagen der reiferen Abwehrmechanismen, wie z. B. der Verdrängung, zum Tragen kommt. Durch die schweren traumatischen Erlebnisse der Haft kam es u. a. zu einer totalen Überforderung aller Abwehrmechanismen, und die Depersonalisation wurde als eine Art Überlebensstrategie eingesetzt. Das Selbst bzw. die Selbstrepräsentanz wird in der Depersonalisation in zwei entgegengesetzte Selbstrepräsentanzen aufgespalten. Hierin spiegelt sich nach Jacobson die Spaltung zweier, sich abwechselnder Ich-Zustände wider:

„So gesehen erscheint die Depersonalisation als pathologisches Erlebnis eines Konflikts, der sich innerhalb des Ich abspielt, und zwar zwischen dem Teil des Ich, der die Identifizierung mit einer entwürdigten Objektimago akzeptiert hat, und einem anderen Teil des Ich, der diese Identifizierung ungeschehen zu machen versucht." (Jacobson 1959)

Ein „narzisstischer Schock" (z. B. KZ-Haft) führt zur Auslösung eines kurzen regressiven Geschehens, das mit einer Triebentmischung einhergeht und Angst, aber auch Feindseligkeit auslöst. Dies geschieht in einem solchen Ausmaß, dass die Verdrängung versagt und eine einschneidendere, aber unreifere Abwehrmaßnahme, die Depersonalisation, nötig wird. Es handelt sich um den Versuch des Ich, einen narzisstischen Konflikt zu bewältigen, der aus einem Kampf innerhalb des Ich mit einander widersprechenden Identifizierungen und Selbst-Imagines entsteht. Die Häftlinge wurden durch die Depersonalisation in die Lage versetzt, sich kaltblütig und distanziert mit der Realität auseinanderzusetzen.

„Diese Distanziertheit führte dazu, dass die Gefangenen sich fühlten, als hätten sie keinen Körper, keine Gefühle mehr, sondern nur noch ein eiskalt kämpfendes Gehirn." (ebd.)

Jacobson betont, dass das Über-Ich bei der Entstehung des entsprechenden Konflikts eine wichtige Rolle spielt, wenngleich sich der Konflikt innerhalb des Ich abspielt. Anstelle des Über-Ich, dass das wertlose Selbst straft und anklagt, findet sich bei der Depersonalisation „ein unversehrter distanzierter Ich-Anteil, der den anderen, unannehmbaren, gefühlsmäßig oder körperlich toten Ich-Anteil beobachtet".

Als auslösende Ursache der Depersonalisation nehmen viele Autoren ein narzisstisches Trauma an. Federn (1968) vertrat die Auffassung, dass es nach einem solchen narzisstischen Trauma zu einem Rückzug von libidinöser Energie vom Ich-Kern oder von der Ich-Grenze komme. Die Depersonalisation ist gewissermaßen die Folge eines Rückzugs von psychischer Energie, von Interessenbesetzung der Ich-Grenzen. Die „Abgegrenztheit" des Individuums nimmt ab. Fast gegensätzlich verstand Fenichel (1945) die Depersonalisation als eine Art Gegenbesetzung gegen die eigenen, als unangenehm erlebten Gefühle – eine Gegenbesetzung, welche in Form erhöhter Selbstbeobachtung in Erscheinung tritt.

Auch Sarlin (1962) versteht die Depersonalisation als eine symptomatische Abwehrstörung der Ich-Funktionen. Er formuliert die Hypothese, dass Depersonalisationsphänomene besonders dann auftreten, wenn keiner der Elternteile für das Kind in Bezug auf seine Idealisierungswünsche ein passendes Identifikationsobjekt darstellte. Die Selbst- und Objektrepräsentanzen innerhalb des Ich sind durch frühere Identifizierungen mit den Primärobjekten bestimmt. Eine realistische Konzeption des Selbst und ein angemessenes Objektbild innerhalb des Ich können sich nur entwickeln, wenn sowohl Identifizierungen mit dem geliebten, aber auch frustrierenden Objekt als auch mit dem befriedigenden Objekt stattgefunden haben. Wenn die Identifizierungsmodelle (z. B. die Elternfiguren) selbst auf prägenitale Stufen der Libido fixiert oder regrediert waren, werden regressive Identifizierungsformen auf Kosten realistisch determinierter Selbst- und Objektrepräsentanzen begünstigt. Wenn kein Elternteil vom Kind idealisiert werden konnte, sind die notwendigen vorangegangenen Identifizierungen auf Zwang und Hass begründet. Nach Anna Freud (1959) handelt es sich hier um den Abwehrmechanismus der „Identifizierung mit dem Angreifer". Dabei kann der Konflikt, der ursprünglich zwischen den Elternfiguren bestand, im Ich des Kindes internalisiert werden. Sarlin verdeutlicht das am Beispiel eines Patienten, dessen Grundkonflikt in einem Kampf zwischen zwei gleichermaßen nicht akzeptablen Identifizierungen bestand und dessen Grundangst es war, völlig fallengelassen zu werden. Der Patient begegnete dieser Angst mit einem „aktiven Fallenlassen seines Selbst" im Rahmen der Depersonalisation.

Es handelt sich also bei der **Depersonalisation** zum einen um eine **Ich-Schwäche**, zum anderen um eine **adaptive Ich-Leistung**: Ein Teil wird anstelle des Ganzen geopfert („Totstellreflex"). Die Ich-Funktion des Realitätsgefühls ist gestört, während die Ich-Funktion der Realitätsprüfung erhalten bleibt. Es handelt sich bei der Depersonalisation um einen Verlust der inneren Realität, welcher autoplastisch verarbeitet wird, indem es zur Abspaltung eines inneren, als fremd wahrgenommenen Selbst-Anteils kommt. Bei der Psychose wird dieser Realitätsverlust alloplastisch verarbeitet, d. h. er wird nach außen verlagert und durch eine psychotische Realität ersetzt (Neun u. Dümpelmann 1989). Hier ist die Ich-Funktion der Realitätsprüfung aber ebenfalls gestört.

Die Spaltung spielt eine zentrale Rolle. Das Ich bzw. das Selbst wird aufgespalten in einen partizipierenden und einen beobachtenden Anteil. Dahinter steckt der Wunsch bzw. die Phantasie: „Das bin gar nicht ich, dem das geschieht. Ich bin gar nicht wirklich da."

Die Depersonalisation muss den genannten und anderen Autoren zufolge als ein komplexer Abwehrvorgang angesehen werden, nicht als ein einzelner Abwehrmechanismus.

Um den Preis einer partiellen Veränderung der Wirklichkeit kann der vollständige Verlust der Realität, der vollständige Bruch des Kontaktes zur Außenwelt verhindert werden. In diesem Zusammenhang wird auch das Auftreten von Depersonalisationszuständen im Zusammenhang mit lebensbedrohlichen Situationen verständlich.

Auch in unbewusst existenziell bedrohlichen Situationen, z. B. einem drohenden Identitätsverlust aufgrund massiver Verschmelzungswünsche, kann die Depersonalisation Abwehrfunktion übernehmen: Durch die Aufspaltung des Selbst in einen beobachtenden und einen partizipierenden Anteil versichert sich der Patient, dass er seine Identität nicht völlig verlieren kann, weil der abgespaltene Selbst-Anteil ja weiterhin beobachtet werden kann. Dieser Teil ist sicher vorhanden und kann so im Erleben des Patienten durch das „Abgespalten-Sein" nicht aufgesogen werden (vgl. Roshco 1967).

Zusammenfassend wird in all diesen Theorien die Depersonalisation als eine Art primitive Abwehrfunktion des Ich verstanden, die auftritt, wenn die normalen reiferen Abwehrmechanismen nicht mehr funktionieren. Dies ist der Fall bei Patienten, die an partiellen Störungen der Ich-Struktur leiden. Die Depersonalisation bedeutet einen partiellen Rückzug aus der Realität, der aber eingesetzt wird, um den völligen drohenden Bruch mit der Realität, den psychotischen Zusammenbruch, zu verhindern. Indem äußere Objekte in der Derealisation und innere Anteile in der Depersonalisation als verändert/fremd wahrgenommen werden, ist es dem Individuum möglich, den Kontakt mit der Außenwelt auch dann aufrechtzuerhalten, wenn diese Gefühle in ihm erzeugt, die es als existenziell bedrohlich erlebt.

Die Depersonalisation nimmt eine Zwischenstellung zwischen den reiferen Abwehrmechanismen und den unreiferen Abwehrmechanismen, die bei Psychosen und Borderline-Strukturen auftreten, ein.

Depersonalisationssyndrome und -symptome müssen immer auf dem Hintergrund der zugrunde liegenden Persönlichkeitsstruktur und Selbst-Struktur verstanden und untersucht werden (Stolorow 1975; Frances et al. 1977 u. a.). Sie halten sich an keine nosologischen Grenzen und können unter bestimmten Bedingungen als Reaktion auf Überlastung, Traumatisierung, Autosuggestion und Suggestion auch bei gesunden Menschen vorkommen und wären dann als eine Art physiologische Abwehrreaktion zu verstehen; genetische bzw. konstitutionelle Faktoren müssen neben psychodynamischen ursächlich angenommen werden. Als psychopathologisches Phänomen kommen sie in unterschiedlichen Schweregraden bei verschiedenen zugrunde liegenden Störungen vor und führen in der Folge zu unterschiedlichen Verarbeitungsmechanismen, teilweise zu Folgesymptomen und Komplikationen.

Depersonalisations- und Derealisationszustände gehören zu grundsätzlichen psychischen Reaktionsmöglichkeiten, wie zum Beispiel Angst oder Depression, und können insofern auch – wie bereits von Mayer-Gross (1935) formuliert – als „eine präformierte Antwortmöglichkeit des Gehirns" angesehen werden; dies schließt nach gegenwärtigen, moderneren Sichtweisen (s. auch Kandel u. Pittenger 1999; Kandel 2001) selbstverständlich nicht aus, dass die Depersonalisation ebenso wie zum Beispiel die Angst eine psychodynamische Funktion hat und also psychodynamisch verstanden werden kann, ebenso wie kognitive Mechanismen eine Rolle spielen.

Letztlich wird die Depersonalisation als Entität oder Symptom gesehen, als Abwehrmechanismus (Jacobson 1959), als Vorläufer psychotischer Zustände, als pathologischer Ich-Zustand (Federn 1952), als zerebrale Dysfunktion (Mayer-Gross 1935), als veränderter Aufmerksamkeitszustand (Silverman 1968, nach Munich 1977). Bis zum gegenwärtigen Zeitpunkt bleiben noch viele Fragen ungeklärt.

16.7 Therapie

Bezüglich pharmakologischer Therapie gibt es unterschiedliche und teilweise widersprüchliche Befunde. Größere kontrollierte prospektive empirische Studien existieren bislang nicht.

Vereinzelte Erfolge wurden mit Serotonin-Wiederaufnahmehemmern erzielt, zum Beispiel mit Fluoxetin oder Fluvoxamin (5 bis 80 mg), allerdings teilweise in höheren Dosen (zum Beispiel 80 mg Fluoxetin per die über 2 Monate, s. Hollander et al. 1990), Sertralin oder Paroxetin (40 mg über 4 Monate, s. Ströhle et al. 2000); aber auch von erfolgreichen Behandlungen mit Clomipramin (200 mg), Imipramin (400 mg), Risperidon, Clozapin und Clonazepam (1 bis 8 mg) wurde berichtet (Nuller 1982; Ratliff u. Kerski 1995; Lambert et al. 2000; Stein u. Uhde 1989) sowie von der erfolgreichen Kombination von Fluoxetin und Buspiron bei bislang therapierefraktärer Depersonalisation (Abbas et al. 1995). Vereinzelt wurde auch über den erfolgreichen Einsatz von Opiat-Antagonisten berichtet – insbesondere bei Patienten, die neben Depersonalisationszuständen an selbstverletzenden Handlungen litten (Winchel u. Stanley 1991; Bohus et al. 1999; Schmahl et al. 1999; vgl. auch Kap. 21 in diesem Band). Manche Medikamente können aber auch Depersonalisationszustände auslösen: Dies wurde zum Beispiel in Bezug auf trizyklische Antidepressiva und Mirtazepin beschrieben (Lambert et al. 2000). Häufig wurden von den Patienten bereits unterschiedlichste Psychopharmaka eingenommen.

Literatur

Abbas S, Chandra PS, Srivasta M (1995). The use of fluoxetine and buspirone for treatment-refractory depersonalization disorder (letter). J Clin Psychiatry; 56: 484.

Ackner B (1954). Depersonalization. J Ment Sci; 100: 838–72.

Ambrosino SV (1973). Phobic anxiety-depersonalization syndrome. New York State J Med; 419-25.

Ambrosino SV (1976). Depersonalization: A review and rethinking of a nuclear problem. Am J Psychoanal; 36: 105-18.

American Psychiatric Association (1996). Diagnostisches und Statistisches Manual psychischer Störungen DSM-IV. Göttingen: Hogrefe.

Arlow JA (1966). Depersonalization and Derealization. In: Loewenstein RM (ed). Psychoanalysis-Essays in Honor of Heinz Hartmann. A general psychology. New York: Universities Press Inc.; 456-78.

Asch SS (1971). Wrist scratching as a symptom of anhedonia: A predepressive state. Psychoanal Q; 40: 603-17.

Ballard CG (1992). Chronic depersonalisation neurosis au Shorvon - a successful intervention. Br J Psychiatry; 160: 123-5.

Bergler E, Eidelberg L (1935). Der Mechanismus der Depersonalisation. Int Z Psychoanal; 21: 258-85.

Black DW, Wojeieszek (1991). Depersonalization syndrome induced by fluoxetine. Psychosomatics; 32: 468-9.

Blank HR (1954). Depression, hypomania and depersonalization. Psychoanal Q; 23: 20-37.

Blos P (1983). Adoleszenz. Eine psychoanalytische Interpretation. Stuttgart: Klett-Cotta.

Bohus MJ, Landwehrmeyer B, Stiglmayr CE, Limberger MF, Böhme R, Schmahl CG (1999). Naltrexone in the treatment of dissociative symptoms in patients with Borderline Personality Disorder: an open-label trial. J Clin Psychiatry; 60: 598-603.

Bradlow PA (1973). Depersonalization, ego splitting, non-human fantasy and shame. Int J Psychoanal; 54: 487-92.

Brauer R, Harrow M, Tucker GJ (1970). Depersonalization phenomena in psychiatric patients. Br J Psychiatry; 117: 509-15.

Cassano GB, Petracca A, Perugi G, Toni C, Tundo A, Roth M (1989). Derealization and panic attacks: A clinical evaluation on 150 patients with panic disorder/agoraphobia. Compr Psychiatry; 30: 5-12.

Chee KT, Wong KE (1990). Depersonalization synsdrome - A report of 9 cases. Singapore Med J; 31: 331-4.

Comfort (1982). Migraine und Depersonalisation. Am J Psychiatry (letter); 139: 1379-80.

Coons PM (1996). Depersonalization and derealization. In: Micheslon LK, Ray WJ (eds). Handbook of Dissociation. New York: Plenum Press; 291-305.

Counts RM (1990). The concept of dissociation. J Am Acad Psychoanal; 18(3): 460-79.

Devinsky O, Feldmann E, Burrowes K, Bromfield E (1989a). Autoscopic phenomena with seizures. Arch Neurol; 46: 1080-8.

Devinsky O, Putnam F, Grafman J, Bromfield E, Theodore WH (1989b). Dissociative states and epilepsy. Neurology; 39: 835-40.

Dilling H, Mombour W, Schmidt MH (Hrsg) (1991). Internationale Klassifikation psychischer Störungen. ICD-10. Bern: Huber.

Dixon JC (1963). Depersonalization phenomena in a sample population of college students. Br J Psychiatry; 109: 371-5.

Eckhardt A (1989). Das Münchhausen-Syndrom - Formen der selbstmanipulierten Krankheit. München: Urban & Schwarzenberg.

Eckhardt A, Hoffmann SO (1993). Depersonalisation und Selbstbeschädigung. Z Psychosom Med Psychoanal; 3; 284-306.

Edwards JG, Angus JWS (1972). Depersonalization-correspondence. Br J Psychiatry; 120: 245-58.

Eggers C (1979). Entfremdungserlebnisse im Kindesalter. Prax Kinderpsychol Kinderpsychiatrie; 7: 231-6.

Ehrenwald J (1974). Out-of-the-body experiences and the denial of death. J Nerv Ment Dis; 4: 227-33.

Faber J, Vladyka V, Subrt O (1991). Consciousness and the electroencephalogram. Sb-Lck; 93: 239-48.

Fast I, Chetik M, Arbor A (1976). Depersonalization and derealization in children. Int Rev Psycho-Anal; 3: 483-90.

Federn P (1956). Die Depersonalisation. In: Ich-Psychologie und Psychosen. Frankfurt a. M.: Suhrkamp.

Feigenbaum D (1937). Depersonalization as a defense mechanism. Psychoanal Q; 6: 4-11.

Fenichel O (1946). The Psychoanalytic Theory of Neurosis. New York: Norton.

Fleiss JL, Gurland BJ, Goldberg K (1975). Independence of depersonalization-derealization. J Consult Clin Psychol; 43(1): 110-1.

Frances A, Sacks M, Aronoff MS (1977). Depersonalization: A self-relations perspective. Int J Psycho-Anal; 58: 325-31.

Frank DB (1934). Depersonalisationserscheinungen bei Hirnerkrankungen. Z ges Neurol Psychiatrie; CXLIX: 563.

Freeman AM, Melges FT (1978). Temporal disorganization, depersonalization, and persecutory ideation in acute mental illness. Am J Psychiatry; 135: 123-4.

Freud A (1984). Das Ich und die Abwehrmechanismen. Frankfurt a. M.: Fischer.

Freud S (1926). Hemmung, Symptom und Angst. GW XIV. Frankfurt a. M.: Fischer; 111-205.

Freud S (1936). Brief an Romain Rolland. GW XVI. London: Imago Publ. Co. Ltd. 1950; 250-7.

Gebsattel EV v (1935). Zur Frage der Depersonalisation. In: Prolegomena einer medizinischen Anthropologie. Heidelberg: Springer 1954.

Guntrip H (1969). Schizoid Phenomena, Object Relations and the Self. New York: International Universities Press.

Guralnik O, Schmeidler J, Simeon D (2000). Feeling unreal: Cognitive processes in depersonalization. Am J Psychiatry; 157: 103-9.

Henyer G, Dublineau J (1932). Syndrome de depersonalisation chez un encéphalitique. Ann méd-psychol; 1: 204.

Hoffmann SO, Eckhardt-Henn A (2001). Angst und Dissoziation - zum Stand der wechselseitigen Beziehung der beiden psychischen Bedingungen. Persönlichkeitsstörungen; 5, Sonderband; 28-39.

Hollander E, Fairbanks J, Decaria C, Liebowitz MR (1989). Pharmacological dissection of panic and depersonalization. Am J Psychiatry; 146(3): 402.

Hollander E Liebowitz MR, DeCaria CM et al. (1990). Treatment of depersonalization with serotonin reuptake blockers. J Clin Psychopharmacol; 10: 200-3.

Hollander E, Carrasco JL, Mullen LS, Trungold S, DeCaria CM, Towey J (1992). Left hemispheric activation in depersonalization disorder: A case report. Biol Psychiatry; 31: 1157-62.

Hunter RCA (1966). The analysis of episodes of depersonalization in a borderline patient. Int J Psychoanal; 47: 32-41.

Hurvich M (1972). Zum Begriff der Realitätsprüfung. Psyche; 11: 853-79.

Jacobs JR, Bovasso GB (1992). Toward the clarification of the construct of depersonalization and ist association with affective and cognitive symptoms. J Personal Assess; 59: 352-65.

Jacobson E (1959). Depersonalization. J Am Psychoanal Ass; 7: 581-610.

Jacobson E (1973). Das Selbst und die Welt der Objekte. Frankfurt a. M.: Suhrkamp.

Jokusch U, Giedke H (1984). Depersonalisationssyndrom bei lipodystrophischer Körperveränderung. Nervenarzt; 55: 271-4.

Joraschky P (1983). Das Körperschema und das Körper-Selbst als Regulationsprinzipien der Organismus-Umwelt-Interaktion. München: Minerva Publ.

Kandel ER (2001). The molecular biology of memory storage: a dialogue between genes and synapses. Science; 294: 1030-8.

Kandel ER, Pittenger C (1999). The past, the future and the biology of memory storage. Philos Trans R Soc Lond B Biol Sci; 354: 2057-52.

Kennedy RB (1976). Self-induced depersonalization syndrome. Am J Psychiatry; 133: 1326-8.

Kernberg OF (1983). Borderline-Störungen und pathologischer Narzißmus. Frankfurt a. M.: Suhrkamp.

Lambert MV, Senior C, Phillips ML, David AS (2000). Depersonalization in Cyberspace. J Nerv Ment Dis; 188: 764-71.

Lauffer M, Lauffer E (1989). Adoleszenz und Entwicklungskrise. Stuttgart: Klett-Cotta.

Lehmann LS (1974). Depersonalization. Am J Psychiatry; 131: 1221-4.

Leonard KN, Telch MJ, Harrington PJ (1999). Dissociation in the laboratory: a comparison of strategies. Behav Res Ther; 37: 49-61.

Leonhard K (1995). Aufteilung der endogenen Psychosen und ihre differenzierte Ätiologie. 7. Aufl. Stuttgart, New York: Thieme.

Levitan HJ (1969). The depersonalizing process - the sense of reality and of unreality. Psychoanal Q; 38: 97-109.

Levitan HJ (1970). The depersonalizing process. Psychoanal Q; 39: 449-70.

Levy JS, Wachtel PL (1978). Depersonalization: An effort of clarification. Am J Psychoanal; 38: 291-300.

Locatelli M, Bellodi L, Perna G, Scarone S (1993). EEG power modification in panic disorder during a temporolimbic activationn task: relationships with temporal lobe clinical symptomatology. J Neuropsychiatry Clin Neurosci; 5: 409-14.

Loewald HW (1982). Das Ich und die Realität. Psyche; 9: 769-87.

Lower RB (1971). Depersonalization and the masochistic wish. Psychoanal Q; 40: 584-602.

Lower RB (1972/73). Affect changes in depersonalization. Psychoanal Rev; 59(4): 565-77.

Mann DW, Havens LL (1987). Discussion of Dr. Torch's paper: Depersonalization and the pathology of the self. Hillside J Clin Psychiatry; 9(2): 144-51.

Mayer-Gross W (1935). On depersonalization. Br J Med Psychol; 15: 103-22.

Meares R, Grose D (1978). On depersonalization in adolescence: A consideration from the viewpoints of habituation and „identity". Br J Med Psychol; 51: 335-42.

Meyer JE (1957). Depersonalisation und Zwang als polare Störungen der Ich-Außenwelt-Beziehung. In: Depersonalisation. Darmstadt: Wissenschaftliche Buchgesellschaft 1968; 300-19.

16 Depersonalisation und Derealisation

Meyer JE (1968). Depersonalisation. Darmstadt: Wissenschaftliche Buchgesellschaft.

Meyer JE (1959). Die Entfremdungserlebnisse. Stuttgart: Thieme.

Miller F, Bashkin EA (1974). Depersonalization and self-mutilation. Psychoanal Q; 43: 638-49.

Müller-Braunschweig H (1970). Zur Genese der Ich-Störungen. Psyche; 9: 657-77.

Munich RL (1977). Depersonalization in a female adolescent. Int J Psychoanal Psychother; 6: 187-97.

Musa MN, Wollcott P (1982). Depersonalization as a side effect of fluphenazine. Res Comm Psychol Psychiatry Behav; 7: 477-80.

Myers WA (1976). Imaginary companions, fantasy twins, mirror dreams and depersonalization. Int J Psychoanal Psychother; 45(4): 503-24.

Myers WA (1977). Impotence, frigidity and depersonalization. Int J Psychoanal Psychother; 6: 199-226.

Myers DH, Grant G (1972). A Study of depersonalization in students. Br J Psychiatry; 121: 59-65.

Nemiah JC (1995). Dissociative Disorders. In: Kaplan HJ, Sadock BJ (eds). Comprehensive Textbook of Psychiatry/VI. Vol. 1. 6th ed. Baltimore: Williams & Wilkins; 1281-94.

Neun H, Dümpelmann M (1989). Depersonalisation. In: Hirsch M (Hrsg). Der eigene Körper als Objekt. Heidelberg: Springer; 33-76.

Noyes R, Kletti R (1976). Depersonalization in the face of life-threatening danger. A description. Psychiatry; 39: 19-27.

Noyes R, Kletti R (1977). Depersonalization in response to life-threatening danger. Compr Psychiatry; 18: 375-84.

Noyes R, Hoenk PR, Kuperman S, Slymen DJ (1977). Depersonalization in accident victims and psychiatric patients. J Nerv Ment Dis; 164: 401-7.

Nuller YL (1982). Depersonalization - symptoms, meaning, therapy. Acta Psychiatr Scand; 66: 451-8.

Nunberg H (1924). Über Depersonalisationszustände im Lichte der Libidotheorie. Int Z Psychoanal; 10: 17-33.

Oberndorf CP (1939). On retaining the sense of reality in states of depersonalization. Int J Psychoanal; 20: 137-47.

Oberst U (1983). Einige theoretische Ansätze zur depersonalisation. Nervenarzt; 54: 17-22.

Parikh MD, Sheth AS, Apte JS (1981). Depersonalization - a phenomenological study in psychiatric patients. J Postgrad Med; 27(4): 226-30.

Paulig M, Böttger S, Sommer M, Prosiegel M (1998). Depersonalisationssyndrom nach erworbener Hirnschädigung. Nervenarzt; 69: 1100-6.

Petrilowitsch N (1956). Zur Psychopathologie und Klinik der Entfremdungsdepression. Arch Psychiatrie Z Neurol; 194: 289-301.

Polster S (1983). Ego boundary as process: a systemic contextual approach. Psychiatry; 46: 247-58.

Raimo EB, Daeppen JB, Smith TL et al. (1999). Clinical characteristics of alcoholism in alcohol-dependent subjects with and without a history of alcohol treatment. Alcohol Clin Exp Res; 23: 1605-13.

Ratcliff NB, Kerski D (1995). Depersonalisation treated with fluoxetine. Am J Psychiatry; 152(11): 1689-99.

Renik O (1978). The role of attention in depersonalization. Psychoanal Q; 47: 588-605.

Rohde-Dachser C (1986). Ringen um Empathie. Ein Interpretationsversuch masochistischer Inszenierungen. Forum Psychoanal; 2: 44-58.

Rohde-Dachser C (1989). Das Borderline-Syndrom. 4. Aufl. Bern: Huber.

Roshco M (1967). Perception, denial and depersonalization. J Am Psychoanal Assoc; 15(2): 243-60.

Roth M (1959). The phobic-anxiety depersonalization syndrome. Proc R Soc Med; 52: 587-95.

Roth M (1960). The phobic-anxiety depersonalization syndrome and some general aetiological problems in psychiatry. J Neuropsychiatry; 1: 293-306.

Roth M, Harper M (1962). Temporal lobe epilepsy and the phobic-anxiety syndrome. Compr Psychiatry; 3: 215-26.

Rudolf G (1977). Krankheiten im Grenzbereich von Neurose und Psychose. Göttingen: Vandenhoeck & Ruprecht.

Sarlin CN (1962). Depersonalization and derealization. J Am Psychoanal Ass; 10: 784-804.

Schilder P (1914). Selbstbewußtsein und Persönlichkeitsbewußtsein. Monographien aus dem Gesamtgebiet der Neurologie und Psychiatrie, H 9. Berlin.

Schilder P (1925). Entwurf zu einer Psychiatrie auf psychoanalytischer Grundlage. Internationale Psychoanalytische Bibliothek, Nr. XVII. Leipzig, Wien, Zürich: Internationaler Psychoanalytischer Verlag.

Schilder P (1950). The Image and Appearance of the Human Body. New York: International Universities Press Inc.

Schmahl C, Stiglmayr C, Bohme R et al. (1999). Treatment of dissociative symptoms in borderline patients with naltrexone. Nervenarzt; 70(3): 262-4.

Schneider K (1949). Notiz über Ichstörungen und Entfremdungen. Fortschr Neurol Psychiatrie; 17(8): 343-7.

Schossberger JA (1971). Depersonalization and estrangement: individual or social processes? Br J Psychiatry; 118: 141-54.

Schwarz JI, Moura R (1983). Severe depersonalization and anxiety associated with indomethacin. South Med J; 76: 679-80.

Sedman G (1972). An investigation of certain factors concerning the aetiology of depersonalization. Acta Psychiatr Scand; 48: 191-219.

Segui J, Márquez M, Garcia L, Canet J, Salvador-Carulla L, Ortiz M (2000). Depersonalization in panic disorder: a clinical study. Compr Psychiatry; 41: 142-78.

Shapiro SH (1978). Depersonalization and daydreaming. Bull Menn Clin; 42(4): 307-20.

Shorvon HJ (1946). The depersonalization syndrome. Proc R Soc Med; 39: 779-85.

Sierra M, Berrios GE (1998). Depersonalization: neurobiological perspectives. Biol Psychiatry; 44: 898-908.

Simeon D, Stein DJ, Hollander E (1995a). Depersonalization disorder and self-injurious behavior. J Clin Psychiatry; 56, Suppl 4: 36-9.

Simeon D, Hollander E, Stein DJ, DeCaria C, Cohen LJ, Saoud JB, Islam N, Hwang M (1995b). Induction of depersonalization by the serotonin agonist metachlorophenylpiperazine. Psychiatry Res; 58: 201-5.

Simeon D, Guralnik O, Hazlett EA, Spegel-Cohen J, Hollander E, Buchsbaum MS (2000). Feeling unreal: a PET study of depersonalization disorder. Am J Psychiatry; 157: 1782-8.

Singer MA (1987). A phenomenology of the self: apersonalization, a subcategory of borderline pathology. Psychoanal Inq; 7(1): 121-37.

Siomopoulos V (1972). Derealization and deja vu: formal mechanisms. Am J Psychother; 26(1): 84-9.

Sookman D, Solyom L (1978). Severe depersonalization treated by behavior therapy. Am J Psychiatry; 135: 1543-5.

Stein MB, Uhde TW (1989). Depersonalization disorder: effects of caffeine and response to pharmacotherapy. Biol Psychiatry; 26: 315-20.

Steinberg M (1991). The spectrum of depersonalization: Assessment and treatment. In: Tasman A, Goldfinger SM (eds). Review of Psychiatry. Vol. 10. Washington, DC: American Psychiatric Press; 223-47.

Stamm JL (1962). Altered ego states allied to depersonalization. J Am Psychoanal Ass; 10; 762-83.

Stolorow RD (1979). Defensive and arrested developmental aspects of death anxiety, hypochondriasis and depersonalization. Int J Psychoanal; 60: 201-13.

Takacs L, Varga L (1967). Angaben zur Rolle der Depersonalisationserscheinungen. Nervenarzt; 1: 24-9.

Takeuchi T, Koizumi J, Kotsuki H, Shimazaki M, Miyamoto M, Sumazaki K (1986). A clinical study of 30 wrist cutters. Jap J Psychiatry Neurol; 40(4): 571-81.

Toni C, Cassano GB, Perugi G, Murri L, Mancino M, Petracca A, Akiskal H, Roth SM (1996). Psychosensorial and related phenomena in panic disorder and in temporal lobe epilepsy. Compr Psychiatry; 37: 125-33.

Torch EM (1978). Review of the relationship between obsession and depersonalization. Acta Psychiatr Scand; 58: 191-8.

Torch EM (1981). Depersonalization syndrome: an overview. Psychiatr Q; 53(4): 249-58.

Torch EM (1987). The psychotherapeutic treatment of depersonalization disorder. Hillside J Clin Psychiatry; 9(2): 133-43.

Trueman D (1984a). Anxiety and depersonalization and derealisation experiences. Psychol Rep; 54(1): 91-6.

Trueman D (1984b). Depersonalization in a nonclinical population. J Psychol; 116: 107-12.

Tucker GJ, Harrow M, Quinlan D (1973). Depersonalization, dysphoria, and thought disturbance. Am J Psychiatry; 130(6): 702-6.

Vernon JA, McGill TE (1960). Utilization of visual stimulation during sensory deprivation. Percept Motor Skills; 11: 214.

Winchel RM, Stanley M (1991). Self-injurious behaviour: a review of the behaviour and biology of self-mutilation. Am J Psychiatry; 148: 306-17.

Wurmser L (1987). Flucht vor dem Gewissen. Analyse von Über-Ich und Abwehr bei schweren Neurosen. Heidelberg: Springer.

Wolf ES, Ornstein A, Ornstein P, Lichtenberg JD, Kutter P (1989). Selbstpsychologie. München: Verlag Internationale Psychoanalyse.

Wolfradt U, Meyer T (1998). Interrogative suggestibility, anxiety and dissociation among patients and normal controls. Personal Indiv Diff; 25: 425-32.

17 Dissoziative Bewusstseinsstörungen im Kindes- und Jugendalter

R. Brunner, F. Resch

17.1 Einleitung

Systematische Untersuchungen über dissoziative Bewusstseinsstörungen im Kindes- und Jugendalter wurden – im Gegensatz zu Untersuchungen zu den körpersymptomatischen dissoziativen Störungen – erst in jüngster Zeit vorgelegt. Forschungen über die vielfältigen psychischen Folgen von Kindesmissbrauch und -misshandlung und ihre Rolle in der Genese der belastungsreaktiven Störungen sowie die Entwicklung reliabler Untersuchungsinstrumente zur Diagnostik dissoziativer Störungen bei Erwachsenen hatten auch zur Durchführung klinischer und grundlagenwissenschaftlicher Untersuchungen im Kindes- und Jugendalter geführt. Die Komplexität der klinischen Phänomenologie und ihre altersspezifischen Variationen erschweren bis zum heutigen Tag eine exakte Definition und nosologische Zuordnung. Dieser Beitrag fokussiert auf die diagnostischen und ätiologischen Aspekte dissoziativer Bewusstseinsstörungen im Kindes- und Jugendalter.

17.2 Definition

Die Gruppe der dissoziativen Syndrome ist gekennzeichnet durch eine Störung der integrativen Funktionen des Bewusstseins, des Gedächtnisses und der personalen Identität. Die Störung äußert sich in einem überraschenden Wechsel im Zugang zu Erinnerungen an die Vergangenheit, Störungen der Selbstwahrnehmung und der Wahrnehmung der Umwelt, tranceartige Zustände, stuporöse Zustände, Sensibilitäts- und Empfindungsstörungen und Verlust der Kontrolle über die Körperbewegungen, die sich in Form von Anfällen oder Lähmungen äußern können (Dilling et al. 1993).

Das Gesamtspektrum der dissoziativen Syndrome erfasst folgende Störungen:
- Dissoziative Amnesie
- Dissoziative Fugue
- Dissoziativer Stupor
- Trance und Besessenheitszustände
- dissoziative Bewegungsstörungen
- dissoziative Krampfanfälle
- dissoziative Sensibilitäts- und Empfindungsstörungen
- Ganser-Syndrom
- Dissoziative Identitätsstörung
- Depersonalisations-/Derealisationsstörung

Mit Ausnahme der Depersonalisations-/Derealisationsstörung gruppiert die ICD-10 sämtliche Störungen unter die Rubrik der dissoziativen Störungen, während das DSM-IV ausschließlich die als dissoziative „Bewusstseinsstörungen" bezeichneten Erkrankungen unter die dissoziativen Störungen fasst und die klassischen konversionsneurotischen Störungen unter die Kategorie der somatoformen Störungen gruppiert. Dissoziative Symptome treten häufig im Kontext traumatischer Belastungen auf und sind Bestandteil des Symptom-Clusters akuter oder Posttraumatischer Belastungsstörungen. Die Symptome scheinen der Aufrechterhaltung eines emotionalen Gleichgewichtes in der Konfrontation mit akuten oder chronischen Stressoren zu dienen und führen selbst zu einem erneuten Stresserleben, verbunden mit psychosozialen Funktionseinschränkungen (Maldonado et al. 1998).

Bis zum Beginn der neuzeitlichen Trauma-Forschung, die sich in den vergangenen 20 Jahren unter Rückgriff auf Janets Dissoziationskonzept und Forschungen auf dem Gebiet der Posttraumatischen Belastungsstörung zu einem psychobiologischen Ätiologiemodell dissoziativer Störungen entwickelt hat, stand ein psychoanalytisches Verständnismodell im Vordergrund (Kapfhammer 2000). Freud sah die (hysterischen) Störungen vor allem im Zusammenhang motorischer, sensorischer und/oder charakterlicher Symptome und fokussierte auf sein Konversionskonzept, in dem die Umkehrung eines seelischen Konfliktes in ein körperliches Symptom im Mittelpunkt stand. Während Freud die hysterischen Störungen vorrangig als das psychodynamische Ergebnis aktiver mentaler Verdrängungsprozesse ansah, waren für Janet dissoziative Störungen Ausdruck einer autoregulativen, passiven Verarbeitung. Der zentrale Pathomechanismus für Janet war die Abspaltung bestimmter Erlebnisse aus dem Bewusstsein. Dieser dissoziative Prozess stellte für Janet ein Abwehrverhalten dar, mit dem der menschliche Organismus auf eine das alltägliche Ausmaß übersteigende Belastung reagiert. Janet (1889) sprach von einem psychologischen Automatismus, der als Trauma-Folge dissoziative Zustände wachruft und unterhält. In Anlehnung an die Konzeption der Hysterie von Charcot (1886) sah Janet jedoch nicht nur äußere traumatogene Einflüsse in der Genese dissoziativer Störungen, sondern auch prämorbide konstitutionelle Faktoren („degenerescence"), die jedoch im Einzelnen unerklärt blieben. Hiermit wurde ein Diathese-Stress-Modell postuliert, das derzeit durch die Fortschritte der psychobiologisch ausgerichteten Stressforschung erhellt wird (Bremner et al. 1998; Kapfhammer 2001). Die klinische und wissenschaftliche Anerkennung der dissoziativen Störungen ist bis zum heutigen Tag erschwert durch die in den Diagnosekriterien verankerte Forderung des Vorliegens eines ausreichend starken psychologischen Stressors und des schwierig zu verifizierenden Kriteriums, dass die Symptomatik unwillentlich hervorgerufen sein muss (Dilling et al. 1994). Frühere Hypothesen (McHugh 1995), die die Symptomatik als Ausdruck eines rein sekundären Krankheitsgewinns – oder vom Kliniker iatrogen induziert – betrachteten, konnten im Zuge der klinischen Forschung und der Grundlagenforschung, vor allem im Bereich der körpersymptomatischen dissoziativen Störungen, in jüngster Zeit endgültig verworfen werden (Vuilleumier et al. 2001). Die Kernsymptomatik der dissoziativen Störungen erscheint im höchsten Maße valide (Ron 2001).

17.3 Prävalenz und Erhebungsinstrumente

Die Inzidenz und Prävalenz des gesamten Spektrums dissoziativer Störungen ist aufgrund unzureichender Studien bisher nicht hinreichend bekannt (Maldonado et al. 1998). Während die Prävalenz dimensional erfasster dissoziativer Symptome auf den Einsatz von Screening-Fragebögen (insbesondere der Dissociative Experiences Scale, vgl. Kap. 22 in diesem Band) in umfangreichen klinischen und nichtklinischen Stichproben bestimmt wurde, ist die kategoriale Erhebung nach den Diagnosekriterien der einzelnen Klassifikationsschemata bisher weitgehend auf die Untersuchung bei klinischen Stichproben begrenzt geblieben. Mit der Entwicklung reliabler Untersuchungsinstrumente in den vergangenen 15 Jahren sind die Erkenntnisse zur Häufigkeit dissoziativer Symptome und Syndrome in der Allgemeinbevölkerung und in klinischen Populationen gewachsen. Bei den wichtigsten Instrumenten zur dimensionalen Erfassung dissoziativer Symptome handelt es sich um die von der Arbeitsgruppe von Putnam (1997) entwickelten Skala für Erwachsene (Dissociative Experiences Scale [DES], Bernstein u. Putnam 1986), Jugendliche (Adolescent Dissociative Experiences Scale [A-DES], Armstrong et al. 1997) und Kinder (Child Dissociative Checklist [CDC], Putnam et al. 1993). Eine deutschsprachige und um Fragen zu den körpersymptomatischen dissoziativen Störungen ergänzte Bearbeitung der Dissociative Experiences Scale wurde von Freyberger et al. (1999) vorgelegt. Das von der Heidelberger Arbeitsgruppe entwickelte Inventar (Brunner et al. 1999) beinhaltet neben der deutschsprachigen Bearbeitung der Erwachsenenversion (DES-II) und Jugendlichenversion (A-DES) ein eigens entwickeltes strukturiertes klinisches Interview zur kategorialen Zuordnung dissoziativer Phänomene nach den Diagnosekriterien der ICD-10 (Dilling et al. 1994) und/oder DSM-IV (American Psychiatric Association 1994). Zur kategorialen Zuordnung disoziativer Störungen nach dem DSM-IV-Konzept liegt die deutschsprachige Bearbeitung (SKID-D, Gast et al. 2000) des von Steinberg (1994) entwickelten Strukturierten Klinischen Interview für Dissoziative Störungen vor. Prävalenzerhebungen bei Kindern und Jugendlichen sind im Folgenden getrennt nach dimensionalen und kategorialen Erhebungsmethoden beschrieben.

17.4 Jugendalter

Der Screening-Fragebogen für Jugendliche zum Einsatz im Alter von 13 bis 19 Jahren (A-DES) wurde auf der Basis der Erwachsenenversion (DES) entwickelt und bildet nach dem Verständnis der Arbeitsgruppe von Putnam (1997) das Gesamtkonstrukt dissoziativer Erlebens- und Verhaltensmuster auf verschiedenen Subskalen ab. Folgende wesentliche Konstrukte werden unterschieden:

- **Amnesien** lassen sich als Lücken im Gedächtnis eines Menschen beschreiben, die Minuten oder auch Jahre beinhalten können und sich überwiegend auf die Erinnerung wichtiger Erlebensereignisse beziehen.
- **Depersonalisation** hinterlässt bei den Betroffenen ein Gefühl, von ihrem eigenen Selbst entfernt zu sein; sie fühlen sich fremd oder irreal („autopsychische Depersonalisation"). Häufig wird auch ein Gefühl der physischen Trennung von Teilen des eigenen Körpers oder eine Entfremdung von Emotionen berichtet, was zu roboterhaftem Empfinden führen kann („somatopsychische Depersonalisation").
- **Derealisation** bedeutet eine Entfremdung von der Umwelt, die als fremd oder irreal wahrgenommen wird. Häufig werden wichtige Bezugspersonen und die eigene alltägliche Umgebung als fremd erlebt.
- **Identitätskonfusion** ist das subjektive Gefühl von Unsicherheiten und Konflikten hinsichtlich der eigenen Person. Betroffene beschreiben einen ständigen inneren Kampf um die eigene innere Ordnung und andere intrusive Gedanken oder Vorstellungen von unkontrollierter Wut, von Konflikten oder Gewalt.
- **Identitätsalteration** ist der Wechsel der Rolle oder Identität einer Person, der auch von außen daran sichtbar wird, dass sich das Verhalten der betroffenen Personen häufig plötzlich verändert.
- **Absorption und imaginative Involviertheit** beschreibt die Erfahrung, im Spiel bzw. in der Phantasietätigkeit so aufgesogen zu sein, dass die Realitätsprüfung leidet und sich eine Konfusion zwischen Phantasie und Realität entwickelt.
- **Passive Beeinflussungserlebnisse/Interferenzerfahrungen** beschreiben den Verlust bzw. die Einschränkung der willent-

lichen Kontrolle über die eigenen Gefühle, Gedanken, Impulse und Handlungen. Diese Erfahrungen sind von Gefühlen begleitet, als ob die Kontrolle von einer außerhalb der Person stehenden Quelle entzogen wird.

Die Konzeption der Skala wie auch die der Erwachsenenversion (DES) folgt dem von Putnam (1995) postulierten Kontinuumsmodell, das von einem Spektrum zwischen normaler und pathologischer Ausbildungsgrade dissoziativer Erlebens- und Verhaltensmuster ausgeht. Untersuchungen in klinischen Stichproben haben jedoch zur Diskussion eines typologischen Modells geführt, das die Existenz von zwei oder mehreren unterschiedlichen Dissoziationstypen postuliert (Waller et al. 1996). Diese Befunde korrespondieren mit Janets Vorstellung, dass ein Großteil dissoziativer Erlebniszustände nur von einer umschriebenen Personengruppe berichtet wird, jedoch nicht mehrheitlich von der Allgemeinbevölkerung (Putnam 1997). So schien beispielsweise das Ausmaß an Absorption nicht mit psychopathologischen Auffälligkeiten assoziiert zu sein, jedoch das Ausmaß an Amnesien und Depersonalisationserfahrungen (Waller et al. 1996). Auch schien nach den Untersuchungen der Heidelberger Arbeitsgruppe das Ausmaß an Absorptionserfahrungen die klinische (n = 250) nicht von einer nichtklinischen (n = 643) Stichprobe zu trennen, jedoch konnte das erhöhte Ausmaß von Depersonalisationserfahrungen die klinische von der nichtklinischen Kontrollgruppe signifikant unterscheiden. Ein klinisch bedeutsames Ausmaß an dissoziativen Erlebnissen (Gesamtscore: > 2,8) berichteten 15 % der 13- bis 18-jährigen Jugendlichen aus der Allgemeinbevölkerung (Brunner et al. 1999).

Das Ausmaß an dissoziativem Erleben war in Übereinstimmung mit mehreren Studien unter Verwendung der DES (Merckelbach u. Muris 2001) und A-DES (Armstrong et al. 1997; Brunner et al. 2000b) mit einer Prävalenz biografischer traumatischer Erfahrungen und dem Vorhandensein einer psychiatrischen Störung per se erhöht (Mulder et al. 1998; Prohl et al. 2001). Auch wenn ein erhöhtes Ausmaß an dissoziativen Erlebens- und Verhaltensmustern diagnoseübergreifend auftrat (Resch et al. 1998), erschien ein deutlicher Zusammenhang zu der Gruppe der dissoziativen Störungen und psychotischen Erkrankungen (Putnam 1997) sowie Borderline-Störungen und affektiven Störungen (Brunner et al. 1999) vorzuliegen. Ein erhöhtes Ausmaß von dissoziativen Erlebnissen in der Gruppe der psychotischen Patienten – gemessen nach einer Vollremission der produktiven Symptomatik – konnte in der Heidelberger Untersuchung nicht erhoben werden, sondern stellte einen differenzialdiagnostischen Marker in Abgrenzung zur Borderline-Störung dar (Brunner et al. 2000a). In Übereinstimmung mit den Untersuchungen von Armstrong (1997) konnten keine geschlechts-, alters- oder bildungsabhängigen Einflüsse auf die Verteilung des Dissoziations-Scores in der Gruppe der Jugendlichen aus der Allgemeinbevölkerung (n = 634, 12 bis 19 Jahre) erhoben werden. Diese Befunde konnten in der klinischen Stichprobe mit Ausnahme eines Auftretens eines Geschlechtseffektes im Sinne eines erhöhten Scores bei den Mädchen, der auf die erhöhte Trauma-Prävalenz in der Gruppe der weiblichen Patienten zurückzuführen war, ebenso bestätigt werden (Brunner et al. 1999).

17.5 Kindesalter

Dissoziative Erlebens- und Verhaltensmuster aus dem Selbstbericht von Kindern unter einem Alter von elf Jahren zu erhalten, erscheint analog zu der Erhebung bei anderweitigen psychopathologischen Auffälligkeiten schwierig. In dieser Altersspanne werden Selbstbeurteilungsinstrumente häufig durch Fremdbeurteilungsinstrumente abgelöst, die eine psychometrische Messung beobachtbarer

Symptome und Verhaltensweisen ermöglichen. Die von Putnam et al. (1993) entwickelte **Child Dissociative Checklist** (CDC) operationalisiert sechs Domänen dissoziativer Symptom-Cluster:
- Dissoziative Amnesie
- schneller Wechsel des Verhaltens, erlernten Wissens und Fähigkeiten sowie deren Altersangemessenheit
- spontane Trancezustände
- halluzinatorische Erlebnisse
- Identitätsalterationen
- sexuelles und aggressives Verhalten

Erfragt werden mithilfe dieser Skala bei Bezugspersonen (Lehrer, Eltern etc.) neben den primären dissoziativen Symptomen vor allem die assoziierte Sekundär- und Tertiärsymptomatik, die einer Beobachtung eher zugänglich ist. Der Ausprägungsgrad des CDC-Scores scheint mit zunehmendem Alter unabhängig vom Geschlecht sowohl in klinischen als auch in nichtklinischen Stichproben abzunehmen; jedoch zeigen Kinder mit einer Misshandlungsvorgeschichte über den gleichen Altersrang hinweg einen konstant hohen Score (Putnam 1997). Kinder ohne traumatische Lebenserfahrungen, auch in sehr jungen Jahren, weisen ausgesprochen niedrige Scores auf. Studien (vgl. Putnam 1997) konnten zeigen, dass die CDC Kinder mit dissoziativen Störungen von missbrauchten und nicht missbrauchten Kindern ohne dissoziative Störungen diskriminieren konnte. Systematische Studien in umfangreichen klinischen und nichtklinischen Stichproben liegen bislang jedoch nicht vor. Bei einer Untersuchung an acht und neun Jahre alten Grundschülern (n = 165, Beurteilung durch Lehrer) mithilfe der deutschsprachigen Version (Brunner u. Tiffin-Richards 1993) konnte gezeigt werden, dass ca. 10% der Kinder einen klinisch bedeutsamen Score (> 5,0) aufwiesen, während die übrigen Kinder einen sehr niedrigen Score (Mittelwert: 1,2) zeigten.

17.6 Kategoriale Erhebungen

Kategoriale Erhebungen mithilfe strukturierter klinischer Interviews, die sich in ihrem Aufbau an den Diagnosekriterien der Klassifikationsschemata orientieren, erlauben im Unterschied zur dimensionalen Erhebung mithilfe der Selbstbeurteilungsinstrumente, die nur eine Symptomhäufigkeit bzw. dissoziative Tendenz erfassen können, eine syndromale Zuordnung. Mithilfe einer nach den DSM-IV-Kriterien modifizierten Fassung (M-CIDI, Wittchen et al. 1998) des Composite Diagnostic Interview (CIDI, WHO 1992) wurde anhand einer bevölkerungsrepräsentativen Stichprobe die Häufigkeit somatoformer Störungen untersucht, und zwar einschließlich der Konversionsstörungen und dissoziativen Störungen bei Jugendlichen und jungen Erwachsenen (Lieb et al. 1998). Eine dissoziative Störung vom konversionsneurotischen Typus wiesen 0,35 % in der Gesamtgruppe der 14- bis 24-Jährigen auf, weitere 0,28 % eine dissoziative Störung, wobei hier ausschließlich nach Schwindel, Ohnmachtsanfällen, Bewusstlosigkeit und Amnesien gefragt wurde. In der Gesamtpopulation waren 2,7 % dieser Altersgruppe einmal in ihrem Leben von einer somatoformen Störung betroffen (Lifetime-Prävalenz). Unterschwellige Störungsbilder lagen zu etwa 11 % vor. Das Auftreten der Konversionssymptome und der dissoziativen Symptome zeigte einen signifikanten Geschlechtseffekt zugunsten eines vermehrten Auftretens bei weiblichen Jugendlichen und jungen Erwachsenen. Nach dieser Untersuchung zeigten die Konversionsstörung und die nicht näher bezeichneten dissoziativen Störungen erst ab dem 16./17. Lebensjahr einen bemerkenswerten Anstieg. Beide Störungen zeigten im Vergleich zu den anderen somatoformen Störungen die höchste Komorbiditätsrate, insbesondere schienen beide Störungen von einer affektiven Störung und/oder Ess-Störung begleitet zu sein (Lieb et al. 1998).

Prävalenzraten innerhalb stationärer erwachsenenpsychiatrischer Inanspruchnahmepopulationen lagen zwischen 5 und 8 % (Friedl u. Draijer 2000; Gast et al. 2001). Die überwiegenden Studien wurden mit dem Strukturierten Klinischen Interview für Dissoziative Störungen SCID-D (Steinberg 1994) durchgeführt. Das SCID-D erfasst – dem DSM-IV-Konzept folgend – fünf dissoziative Symptom-Cluster:
- Amnesien
- Depersonalisation
- Derealisation
- Identitätskonfusion
- Identitätsalteration

Das Interview wurde auch bei Adoleszenten ab einem Alter von 14 Jahren eingesetzt, jedoch nur in Fallstudien (Steinberg 1995). Das von der Heidelberger Arbeitsgruppe entwickelte Strukturierte Klinische Interview aus dem Heidelberger Dissoziationsinventar (HDI) wurde zum Einsatz bei Jugendlichen und Erwachsenen konzipiert und erfasst neben den Bewusstseinsstörungen auch die körpersymptomatischen dissoziativen Störungen (Brunner et al. 1999). Neben einer kategorialen Zuordnung kann auch eine dimensionale Symptombelastung erhoben werden, differenziert nach einem Auftreten in einem oder keinem zeitlichen Zusammenhang einer Belastung. In einer systematischen Untersuchung an 49 stationär behandelten jugendpsychiatrischen Patienten im Alter von 13 bis 18 Jahren ergab sich ein nicht unerhebliches Ausmaß an einer die unterschiedlichen Diagnosekategorien übergreifenden Symptombelastung. Jedoch zeigte sich in der Gruppe der Patienten mit einer affektiven Störung oder einer Borderline-Persönlichkeitsstörung eine überdurchschnittlich hohe Dissoziationsneigung. Insgesamt wiesen von den 49 Patienten zusätzlich 6 Patienten (12,2 %) eine dissoziative Symptomatik vom Diagnoserang (ICD-10) auf. Dissoziative Symptome, die (dem ICD-10-Kriterium entsprechend) nur im zeitlichen Zusammenhang einer Belastungssituation auftraten, schienen deutlich weniger häufig vorzukommen, was dafür sprechen könnte, dass viele dissoziative Symptome weniger situationsspezifisch sind. Sie stellen vielmehr zeitüberdauernde „Lifetime-Phänomene" im Sinne einer Dissoziationsneigung dar.

17.7 Klinische Phänomenologie dissoziativer Bewusstseinsstörungen des Kindes- und Jugendalters

Es ist schwierig, dissoziative Symptome und Verhaltensmuster bei Kindern und Jugendlichen in der Bandbreite zwischen einer normalen und pathologischen Symptomatik entsprechend dem Kontinuumsmodell einzuordnen. Entwicklungsbedingte Phänomene wie imaginäre Spielgefährten und exzessive Phantasietätigkeiten werden als physiologische nichtpathologische dissoziative Phänomene betrachtet (Putnam 1996). Diese Phänomene würden jedoch beim Erwachsenen als Hinweis auf einen Realitätsverlust und als abnormale Symptomatik gelten. So besteht die Gefahr, dass eine Vielzahl dissoziativer Phänomene als Entwicklungsphänomene pathologisch kategorisiert werden könnten, die jedoch als normale entwicklungsbezogene Aspekte der Identitätsentwicklung zu gelten haben (Putnam 1997). Aber imaginäre Spielgefährten und exzessive Tagträume können auch im Kindesalter eine pathologische Bedeutsamkeit erlangen, wenn sie mit psychosozialen Funktionseinschränkungen und einer gestörten Realitätsprüfung einhergehen. Unter anhaltenden, häufig kumulierenden Belastungen können diese Mechanismen als Selbst-

Tab. 17-1: Symptome und Verhaltensweisen bei Jugendlichen mit pathologischer Dissoziation (mod. nach Putnam 1997).

primäre dissoziative Symptome

Amnesien und Gedächtnissymptome
- Amnesien und Black-outs
- überraschender Wechsel in Fähigkeiten, Gewohnheiten und Wissen
- Fugue-Episoden
- fragmentarische autobiografische Erinnerungen
- dissoziative Flashbacks

dissoziative Prozess-Symptome
- Depersonalisation, Derealisation
- passive Beeinflussung/Interferenzerfahrungen
- tranceartige Zustände
- wechselhaftes Verhalten („switching behaviors")
- Identitätskonfusionen, -alterationen

assoziierte posttraumatische Symptome
- Wiedererleben traumatischer Ereignisse
- Vermeidungsverhalten mit emotionalem und sozialem Rückzug
- vegetative Übererregtheit

sekundäre Symptome
- Depression, Angst, Affektlabilität
- somatoforme Beschwerden
- geringer Selbstwert

tertiäre Symptome
- suizidale Impulse oder Suizidversuche, selbstverletzendes Verhalten
- sexualisierte Verhaltensweisen, Drogenmissbrauch

schutz verstärkt eingesetzt werden und so zu einer pathologischen Ausweitung und Persistenz von ursprünglich physiologischen Vorgängen führen (Resch 1999). Imaginäre Begleiter treten bei Kindern sehr häufig auf, insbesondere in der Altersperiode von 5 bis 6 Jahren. 30 bis 60 % aller normaler Kinder berichten dies, wobei der Anteil der Mädchen den der Jungen übersteigt (Sanders 1992). Tranceartige Zustände, exzessives Aufgesogensein in einem Spiel oder bei anderweitigen Beschäftigungen, ein Vor-sich-hin-Starren und zum Teil lebhafte systematisierte exzessive Tagträume und Phantasietätigkeiten fallen ebenso in das normale Spektrum kindlicher und jugendlicher Verhaltensweisen. Auch gelten vorübergehende Depersonalisationserfahrungen als normale Phänomene des Jugendalters. Das vermehrte Auftreten von Depersonalisationserfahrungen im Jugendlichenalter wird im Zusammenhang mit der forcierten Selbstentwicklung und Identitätsentwicklung in der Adoleszenz gesehen (Putnam 1997). Auch wenn die Depersonalisationserfahrung ein entwicklungstypisches Phänomen darstellt, ist dies im Ausmaß und seiner pathogenetischen

Tab. 17-2: Differenzialdiagnosen bei Jugendlichen mit pathologischer Dissoziation (mod. nach Putnam 1997).

- Aufmerksamkeits-/Hyperaktivitätsstörung
- Störung des Sozialverhaltens
- Rapid Cycling bei bipolaren Störungen
- schizophrene und andere psychotische Störungen
- Borderline-Persönlichkeitsstörung
- Anfallserkrankungen

Bedeutung von genetischen, biologischen und psychosozialen Risikokonstellationen abhängig (Koch et al. 2001). Vermehrte Selbstbeobachtung mit dem Versuch der Erklärung und Integration von wesentlichen Selbstaspekten im Zusammenhang mit der Bewältigung von Entwicklungsaufgaben kann zu einer Vulnerabilität führen, die auch Identitätskonfusionen einschließt (Harter 1986; Resch 1999). Auch wird das Auftreten von Entfremdungserlebnissen in einem deutlichen Zusammenhang mit kognitiven Entwicklungsvoraussetzungen und der Fähigkeit zur Perspektivenübernahme gesehen (Habermas 1989). Bei der Dissoziativen Identitätsstörung stehen die Identitätskonfusionen und -alterationen im Vordergrund. Das nach dem früheren Konzept der „Multiplen Persönlichkeit" geforderte Vorhandensein mehrerer distinkter alternierender Persönlichkeiten ist heute abgeschwächt zugunsten eines „switching behaviors" zwischen Persönlichkeitsanteilen, wobei jedoch die Kernidentität erhalten bleibt (Putnam 1997). Die exakte Definition und Prävalenz der Störung ist nach wie vor umstritten (vgl. Kap. 15 in diesem Band).

Studien (s. Putnam 1997) zeigten keinen Geschlechtsunterschied bezüglich der dissoziativen Kernsymptomatik, jedoch der häufig assoziierten Symptomatik: Angstzustände, posttraumatische Symptome, Schlafstörungen, sexuelle Verhaltensprobleme und somatoforme Beschwerden wurden überwiegend bei Mädchen beobachtet, während bei Jungen eher ein komorbides Auftreten von Störungen des Sozialverhaltens beobachtet wurde. Innerhalb der Altersspanne von 12 bis 18 Jahren konnte kein signifikanter Unterschied, jedoch ein Trend zu einem vermehrten Auftreten von Dissoziationserlebnissen in der Frühadoleszenz festgestellt werden (ebd.). Die Tabelle 17-1 fasst die dissoziative Kernsymptomatik und die mit ihr häufig assoziierten psychopathologischen Auffälligkeiten zusammen. Die pathogenetischen Überlegungen zum Zusammenhang zwischen der dissoziativen Symptomatik und der Ausbildung einer vulnerablen Persönlichkeit mit den externalen Dimensionen der Dissoziation (Steinberg 1995) werden im Kapitel 6 dieses Buchs dargelegt (s. S. 74 ff.). Charakteristisch für Jugendliche mit dissoziativen Störungen ist eine signifikante Häufung psychiatrischer Komorbiditäten, prolongierter Behandlungsverläufe und multipler vorangegangener psychiatrischer, neurologischer oder anderweitiger medizinischer Diagnosen (Putnam 1997). Eine Anamnese von multiplen Diagnosen, die insbesondere die für dissoziative Störungen im Jugendalter zu erwägenden Differenzialdiagnosen (s. Tab. 17-2) beinhaltet, sollten als klinisches Verdachtsmoment für das möglicherweise Vorliegen einer dissoziativen Störung gewertet werden.

17.8 Ätiopathogenese

Neben dem Einfluss traumatischer Lebensereignisse sind entwicklungspsychologische Faktoren im Zusammenhang von Alter, Geschlecht und kognitiver Entwicklung unzureichend untersucht, ebenso mögliche Faktoren wie die der Genetik, der kulturellen Einflüsse und des familiären Kontextes (Putnam 1997). Neuere Untersuchungen zur Bedeutung familiärer Variablen (zum Beispiel der Bindungsmuster) konnten den Einfluss der Eltern-Kind-Interaktion in der Entwicklung pathologischer dissoziativer Mechanismen bestätigen (ebd.). Kinder mit dem Bindungstyp D (desorganisierter Bindungstyp) wuchsen gehäuft bei Müttern auf, die selbst dissoziative Erlebens- und Verhaltensmuster aufwiesen. Die dissoziativen Muster der Eltern – unabhängig davon, ob das Kind zusätzlich von Misshandlungserfahrungen betroffen war – schienen das Kind mit sprunghaften und unberechenbaren Handlungen und affektiven Zuständen zu konfrontieren, in deren Folge ein erlebnisbezogenes Lernen aus kontingenten Interaktionen mit den Eltern erschwert war. Anpassungsmechanismen an das Verhalten der Eltern führen dann zu einer Beeinträchtigung metakognitiver integrativer Funktionen, was wiederum die entwicklungsmäßige Konsolidierung des Selbst und des Verhaltens beeinträchtigt (Resch 1999).

Einen zentralen Stellenwert in den aktuellen ätiopathogenetischen Modellen der Dissoziation nehmen Forschungergebnisse zum Zusammenhang von Stress und Gedächtnis ein (Fiedler 1999). Neben strukturellen morphologischen Veränderungen, insbesondere in den gedächtnisrelevanten Hirnarealen, erscheint es wichtig, insbesondere die Auswirkungen von Neurotransmittern und Neuropeptiden im Rahmen von Stressreaktionen auf die Gedächtnisfunktionen zu berücksichtigen (Kapfhammer 2001). Insbesondere vor dem Hintergrund des funktionalen Geschehens dissoziativer Störungen ist es notwendig, die während des Stresserlebens durch Neurotransmitter und Neuropeptide bedingte Modulation des Gedächtnisses zu berücksichtigen. Auch können sich bereits durch in der frühen Kindheit einsetzende Gewalterfahrungen und den Einfluss pathologischer Bindungserfahrungen über eine Störung der Hirnreifung überdauernde Störungen der Affektregulation entwickeln (De Bellis et al. 1999; Glaser 2000).

Die wachsende wissenschaftliche Literatur (Bremner et al. 1998) weist darauf hin, dass die temporo-limbischen Strukturen und hier vor allem der Amygdala-Hippocampus-Komplex bei der Regulation von Aufmerksamkeit, Gedächtnis, Emotion und autonomer Reaktivität bedeutsam ist. Dieses System integriert Informationen nicht nur von diesen Quellen und spielt eine wichtige Rolle in der Verwendung kognitiver Ressourcen beim Problemlöseverhalten und anderweitiger exekutiver Funktionen. Es erscheint auch denkbar, dass unter erneut auftretenden Stressoren über eine Aktivierung bereits durch frühere chronisch einwirkende Stressoren pathologisch erhöhte Neurotransmitterspiegel dissoziative Erlebens- und Verhaltensmuster ausgelöst werden können. Die Untersuchungen zu psychophysiologischen Markern bei der PTBS hatten wesentlich zum Verständnis der Pathogenese von Belastungsreaktionen beigetragen, analog könnten Studien bei dissoziativen Störungen das Verständnis von stressbezogenen psychiatrischen Erkrankungen weiter erhellen. Die Etablierung externer Validitätskriterien, wie zum Beispiel psychophysiologischer oder neuropsychologischer Marker, könnte helfen, die Validität der Diagnosen zu testen, und zur Redefinition von Diagnosen und nosologischer Klassifikation beitragen.

17.9 Trauma und Dissoziation

Obwohl die ätiologische Bedeutung traumatischer Erfahrungen in der Genese dissoziativer Störungen unstrittig erscheint (Eckhardt-Henn u. Hoffmann 1997; Hoffmann u. Eckhardt-Henn 2001; Putnam 1997), sollte die Einbeziehung anderweitiger wichtiger Mediatoren nicht vernachlässigt werden. Sexuelle Traumatisierungen und emotionale elterliche Vernachlässigungen stellen mehreren Studien zufolge (Brunner et al. 2000b; Chu u. Dill 1990; Sanders u. Giolas 1991) die bedeutsamsten Prädiktoren für die Ausbildung eines pathologischen Ausmaßes an dissoziativen Erlebnissen bei jugendlichen Patienten dar; jedoch wurde die Bedeutung umschriebener oder chronischer sexueller Traumatisierungen überschätzt (Merckelbach u. Muris 2001). Durch jüngere Untersuchungen (Brunner et al. 2000b; Irwin 1999), die das weite Spektrum potenziell traumatogener Faktoren wie zum Beispiel emotionale Vernachlässigung und andere Life-Events mit einschlossen, konnte das Ausmaß an dissoziativem Erleben nicht eindeutig auf den Schweregrad der traumatischen Erfahrungen bezogen werden. Insbesondere schien die emotionale Vernachlässigung in der Kombination mit sexuellen Missbraucherfahrungen einen wichtigen Prädiktor darzustellen. Neuere Studien (u. a. Simeon et al. 2001) bestätigten Untersuchungen der eigenen Arbeitsgruppe (Brunner et al. 2000b; Prohl et al. 2001) dahingehend, dass insbesondere der Risikofaktor der emotionalen Vernachlässigung sowie das Ausmaß des psychischen Beschwerdedruckes aufgrund einer psychischen Erkrankung für die Entwicklung einer dissoziativen Symptomatologie pathogenetisch bedeutsam erscheint. Um die ätiopathogenetischen Mechanismen dissoziativer Störungen weiter aufzuklären, scheint es notwendig, jenseits von Trauma-Variablen andere potenzielle Mediatoren, wie insbesondere neuropsychologische Faktoren und die der Stressreaktivität und Affektregulation und deren neurobiologischen Grundlagen, einzubeziehen (Resch et al. 1998).

17.10 Neurobiologie dissoziativer Störungen

Während Untersuchungen zu direkten Beziehungen zwischen neurobiologischen Faktoren und dissoziativen Phänomenen überraschenderweise kaum durchgeführt wurden (Krystal et al. 1998; Prohl et al. 2001), sind anderweitige Störungen, die selbst eine hohe Assoziation mit dissoziativen Phänomenen beinhalten, umfangreich untersucht worden (s. Forschungen im Bereich der PTBS oder Borderline-Persönlichkeitsstörung). Bei der PTBS konnten beispielsweise neurobiologische Substrate von folgenden Störungen gesichert werden: Hypervigilanz, verschlechtertes deklaratives Gedächtnis, Dysregulation von neurochemischen Modulatoren (vor allem Kortisol und Katecholamine), funktionelle und strukturelle Schädigungen im hippocampalen Bereich. Auch wenn die Exazerbation der Symptomatik in einem deutlichen Zusammenhang mit einer Exposition von Belastungen steht, ist die Pathogenese der einzelnen Symptome bislang, insbesondere im Bereich der dissoziativen Bewusstseinsstörungen, empirisch nur sehr eingeschränkt beschreibbar. Erste Versuche, mithilfe bildgebender Verfahren neurale Substrate der Derpersonalisationsstörung zu sichern, könnten zukunftsweisend sein (Simeon et al. 2000). Nicht selten zeigt sich ein Mischbild von dissoziativen Bewusstseinssymptomen (zum Beispiel Amnesien, Depersonalisationserleben), auch in Kombination mit körpersymptomatischen dissoziativen Phänomenen (zum Beispiel Bewegungsstörungen, Sensibilitätsstörungen). Wenn eine bekannte Umgebung plötzlich als fremd und unbekannt erlebt wird (Derealisation), stellt dies ein Gedächtnisphänomen dar, ebenso wie Entfremdungserlebnisse in Bezug auf die eigene Identität (Depersonalisationsgefühle). Es stellt sich die Frage, ob zum Beispiel somatopsychische Depersonalisationserfahrungen („Mein Körper gehört nicht zu mir") als Vorstufen vollständiger dissoziativer Bewegungsstörungen anzusehen sind und analog autopsychische Depersonalisationen („Ich komme mir fremd vor") Vorstufen von dissoziativen Identitätskonfusionen und -alterationen darstellen könnten. Mit dem vorherrschenden Kontinuumsmodell, das das Ausmaß dissoziativer Erlebens- und Verhaltensmuster von einem physiologischen bis hin zu einem pathologischen Spektrum konzipiert, wäre diese Vorstellung kongruent. Das in der PTBS-Forschung entwickelte Modell der stressbedingten Informationsverarbeitungsstörung könnte auch hier Anwendung finden. Jedoch weisen der plötzliche Beginn und das plötzliche Ende bei einem Großteil der dissoziativen Störungen auf ein fluktuierendes Geschehen hin. Beispielsweise ist bei der dissoziativen Amnesie häufig nur der „Zugang" zur gelernten Information gesperrt. Auch wenn überdauernde deklarative Gedächtnisprobleme bei Patienten mit einer Dissoziationsneigung nach Untersuchungen der eigenen Arbeitsgruppe (Prohl et al. 2001) vorliegen, handelt es sich jedoch vor allem um fluktuierende Gedächtnisprobleme. Aufgrund dieser belastungsabhängigen Fluktation des Informationsabrufes erscheint es notwendig, zu untersuchen, ob Patienten mit dissoziativen Störungen eine andere Stressreagibilität- bzw. Affektregulationsfähigkeit aufweisen oder aber überdauernde inherente Dysregulationen und/oder spezifische Gedächtnisstörungen der dissoziativen Symptomatik zugrunde liegen. Der Umstand, dass nicht alle, die traumatischen Belastungen ausgesetzt waren, eine Stressreaktion mit psychiatrischer Wertigkeit entwickeln, scheint auf individuelle Vulnerabilitätsfaktoren hinzuweisen. Untersuchungen am Tiermodell und bei Personen mit traumatischen Lebensereignissen zeigten, dass Stressreaktionen deutlich beeinflusst schienen von vorausgegangenen biografischen Stresserfahrungen und dass die Stressoren „kontrollierbar oder unkontrollierbar" waren im Sinne des Konzeptes der erlernten Hilflosigkeit von Seligmann (Foa et al. 1992).

17.11 Neurobiologie dissoziativer Bewusstseinsstörungen

Im Bereich der Induktion von dissoziativen Zuständen bei normalen Personen kann die Auslösung dieser Zustände durch den nichtkompetetiven NMDA-Rezeptor-Antagonisten Ketamin provoziert werden. Neben ausgeprägten Depersonalisations- und Derealisationserlebnissen wurden auch kognitive Effekte ausgelöst, im Sinne verschlechterter exekutiver Funktionen (Krystal et al. 1998). Bei Patienten mit einer Temporallappen-Epilepsie sind auch dissoziative Symptome einschließlich ausgeprägter Depersonalisations- und Derealisationssymptomatiken sowie akustischer und visueller Halluzinationen berichtet worden. Die Hypothese, dass veränderte Aktivitäten im Thalamusbereich zu dissoziationsartigen Alterationen des Bewusstseins führen, wird weiter unterstützt durch die Thalamusaktivierung bei Absencen-Epilepsien (Prevett et al. 1995). Eine erhöhte sensorische Stimulation oder ein Arousal kann ebenso zu einer veränderten sensorischen Informationsverarbeitung führen. Extrem hohe Level an Arousal führen dazu, dass eine kohärente Integration der sensorischen Information nicht mehr gelingt und dissoziative Symptome auch bei Personen ohne eine dissoziative Störung im nosologischen Sinne generiert werden (Krystal et al. 1998). Patienten mit einer Depersonalisationsstörung zeigten bei einer jüngst publizierten Untersuchung (Simeon et al. 2000) mithilfe eines bildgebenden Verfahrens (PET) im Vergleich mit gesunden Probanden eine signifikant reduzierte metabolische Aktivität bei den rechtsseitigen Brodmann-Arealen 21 und 22 sowie eine höhere Aktivität parietaler (7B, 39) und okzipitaler (19) Areale. Diese Befunde sprechen für eine funktionale Abnormalität sensorischer Areale des Kortex (visuell, akustisch, somatosensorisch) und weiterer Areale, die für die Wahrnehmung eines integrierten Körperschemas verantwortlich sind. Die Ergebnisse deuten auf eine Bestätigung der phänomenologischen Konzeptualisierung im Rahmen der „subjektiven" Psychopathologie von Depersonalisationserfahrungen hin (Simeon et al. 2000).

17.12 Verlauf, Prognose und Komorbidität

Während der Verlauf der dissoziativen Bewusstseinsstörungen im Kindes- und Jugendalter beinahe unbekannt ist (Putnam 1997), zeigen Verlaufsstudien bei den körpersymptomatischen dissoziativen Störungen in Abhängigkeit der unterschiedlichen einzelnen Störungsbilder uneinheitliche Ergebnisse (Jans u. Warnke 1999). Nach kurz- bis mittelfristigen (1 bis 3 Jahre) Katamneseintervallen zeigten nach einer Auswertung von mehreren Verlaufsstudien (ebd.) 14 bis 54% der Patienten eine bei der Nachuntersuchung bestehende dissoziative Symptomatik oder Syndromatik. 20 bis 30% der Patienten mit anhaltenden dissoziativen Symptomatiken zeigten einen Symptomwechsel innerhalb der Gruppe der dissoziativen Störungen; dissoziative Krampfanfälle schienen gegenüber den dissoziativen Bewegungsstörungen einen schlechteren Verlauf aufzuweisen. Im Bereich der Bewusstseinsstörungen wird der Verlauf nur aus wenigen deskriptiven Fallstudien berichtet, zumeist bei Kindern mit einer Dissoziativen Identitätsstörung (Putnam 1997). Auch fehlen bisher Verlaufsstudien, die Änderungen im Ausmaß dissoziativer Erlebens- und Verhaltensmuster im spontanen Verlauf oder in Abhängigkeit von Therapie-Einflüssen untersucht haben. Während jenseits der bekannten Trauma-Variablen prognostische Faktoren unzureichend für die Genese bzw. Aufrechterhaltung dissoziativer Störungen untersucht sind, stellt jedoch das Ausmaß an dissoziativen Erfahrungen zum Zeitpunkt des Erlebens des Traumas (die so genannte peritraumatische Dissoziation) nach mehreren Studien einen starken Prädiktor für die Entwicklung und Aufrechterhaltung einer PTBS dar (Bremner et al. 1998; Ehlers et al. 1998). Die peritraumatische Symptomatik bildet neben den physiologischen Reaktionen auch die Kernsymptomatik der akuten Belastungsreaktion, wie sie in der ICD-10 und im DSM IV definiert werden (Dilling et al. 1994; Saß et al. 1996). Eine besonders hohe Assoziation mit dissoziativen Symptomen zeigt die Borderline-Persönlichkeitsstörung – sowohl im Erwachsenen- als auch im Jugendalter (u. a. Brunner et al. 2001; Shearer 1994; Zanarini et al. 2000). Das Ausmaß dissoziativen Erlebens schien auch deutlich assoziiert mit dem Auftreten selbstschädigender Verhaltensweisen, insbesondere dem repetitiven selbstverletzenden Verhalten. Quälend erlebte Dissoziationserfahrungen werden nicht selten zum Ausgangspunkt selbstschädigender Handlungen im Sinne des Versuchs einer Emotionsregulierung bei Borderline-Patienten, aber auch bei PTBS-Patienten und Patienten mit einer Somatisierungsneigung (Resch 1998; Sachsse 1996).

Literatur

Armstrong JG, Putnam FW, Carlson EB, Libero DZ, Smith SR (1997). Development and validation of a measure of adolescent dissociation: The Adolescent Dissociative Experiences Scale. J Nerv Ment Dis; 185: 491–5.

American Psychiatric Association (1994). Diagnostic and Statistical Manual of Mental Disorders. DSM-IV. 4th ed. Washington, DC: American Psychiatric Association.

Bernstein EM, Putnam FW (1986). Development, reliability and validity of a dissociation scale. J Nerv Ment Dis; 174: 727–35.

Bremner JD, Vermetten E, Southwick SM, Krystal JH, Charney DS (1998). Trauma, memory, and dissociation: An integrative formulation. In: Bremner JD, Marmar CR (eds). Trauma, Memory, and Dissociation. Washington, DC: American Psychiatric Press; 365–402.

Brunner R, Tiffin-Richards M (1993). Skala dissoziativen Verhaltens bei Kindern (SDV-K). Unveröffentl. deutschsprachige Bearbeitung der Child Dissociative Checklist. Heidelberg: Universität Heidelberg.

Brunner R, Resch F, Parzer P, Koch E (1999). Heidelberger Dissoziations-Inventar (HDI). Frankfurt a. M.: Swets Test Services.

Brunner R, Parzer P, Resch F (2000a). Dissociative symptomatology in borderline personality disorder and schizophrenia: A comparative analysis. New York: II. Early Psychosis Conference (IEAPA).

Brunner R, Parzer P, Schuld V, Resch F (2000b). Dissociative symptomatology and traumatogenic factors in adolescent psychiatric patients. J Nerv Ment Dis; 188: 71–7.

Brunner R, Parzer P, Resch F (2001). Dissoziative Symptome und traumatische Lebensereignisse bei Jugendlichen mit einer Borderline-Störung. Persönlichkeitsstörungen; 5: 4–12.

Charcot JM (1886). Neue Vorlesungen über die Krankheiten des Nervensystems insbesondere über Hysterie. Leipzig: Toeplitz & Deuticke.

Chu JA, Dill DL (1990). Dissociative symptoms in relation to childhood physical and sexual abuse. Am J Psychiatry; 147: 887–92.

De Bellis MD, Baum AS, Birmaher B, Keshavan MS, Eccard CH, Boring AM, Jenkins FJ, Ryan ND (1999). Developmental traumatology part I: biological stress systems. Biol Psychiatry; 45: 1259–70.

Dilling H, Mombour W, Schmidt MH (Hrsg) (1993). Internationale Klassifikation psychischer Störungen: ICD-10, Kapitel V (F); Klinisch-diagnostische Leitlinien der WHO. 2. korr. Aufl. Bern: Huber.

Dilling H, Mombour W, Schmidt MH, Schulte-Markwort E (Hrsg) (1994). Internationale Klassifikation psychischer Störungen: ICD-10, Kapitel V (F); Forschungskriterien. Bern: Huber.

Eckhardt-Henn A, Hoffmann SO (1997). Dissoziative Störungen. In: Egle U, Hoffmann SO, Joraschky P (Hrsg). Sexueller Missbrauch, Misshandlung, Vernachlässigung. Stuttgart, New York: Schattauer; 225–36.

Ehlers A, Mayou RA, Bryant B (1998). Psychological predictors of chronic posttraumatic stress disorder after motor vehicle accidents. J Abnorm Psychol; 107: 508–19.

Fiedler P (1999). Dissoziative Störungen und Konversion. Weinheim: Beltz Psychologie Verlags Union.

Foa EB, Zinbarg R, Rothbaum BO (1992). Uncontrollability and unpredictability in posttraumatic stress disorder: An animal model. Psychol Bull; 112: 218–38.

Freyberger HJ, Spitzer C, Stieglitz RD (1999). Fragebogen zu dissoziativen Symptomen (FDS): Deutsche Adaptation der Dissociative Experiences Scale (DES). Bern: Huber.

Friedl MC, Draijer N (2000). Dissociative disorders in Dutch psychiatric inpatients. Am J Psychiatry; 157: 1012–3.

Gast U, Oswald T, Zündorf F, Hofmann A (2000). Strukturiertes Klinisches Interview für Dissoziative Störungen (SKID-D). Göttingen, Bern: Hogrefe.

Gast U, Rodewald F, Nickel V, Emrich HM (2001). Prevalence of dissociative disorders among psychiatric inpatients in a German university clinic. J Nerv Ment Dis; 189: 249–57.

Glaser D (2000). Child abuse and neglect and the brain: A review. J Child Psychol Psychiatry; 41: 97–116.

Habermas T (1989). Entfremdungserleben und Fähigkeit zur Perspektivenübernahme. Z Kinder Jugendpsychiatrie; 17: 31–6.

Harter S (1986). Cognitive developmental processes in the integration of concepts about emotions and the self. Social Cognition; 4: 119–51.

Hoffmann SO, Eckhardt-Henn A (2001). Angst und Dissoziation – zum Stand der wechselseitigen Beziehung der beiden psychischen Bedingungen. Persönlichkeitsstörungen; 5: 28–39.

Irwin HJ (1999). Pathological and nonpathological dissociation: The relevance of childhood trauma. J Psychol; 133: 157–64.

Janet P (1889). L'automatisme psychologique. Paris: Alcan.

Jans T, Warnke A (1999). Der Verlauf dissoziativer Störungen im Kindes- und Jugendalter – eine Literaturübersicht. Z Kinder Jugendpsychiatrie; 27: 139–50.

Kapfhammer H-P (2000). Dissoziative Störungen. In: Möller H-J, Laux G, Kapfhammer H-P (Hrsg). Psychiatrie und Psychotherapie. Berlin, Heidelberg, New York: Springer; 1273–302.

Kapfhammer H-P (2001). Trauma und Dissoziation – eine neurobiologische Perspektive. Persönlichkeitsstörungen; 5: 4–27.

Koch E, Parzer P, Brunner R, Resch F (2001). Zur Bedeutung von Depersonalisation und Derealisation im Jugendalter. Persönlichkeitsstörungen; 5: 31–8.

Krystal JH, Bremner JD, Southwick SM, Charney DS (1998). The emerging neurobiology of dissociation: Implications for treatment of posttraumatic stress disorder. In: Bremner JD, Marmar CR (eds). Trauma, Memory and Dissociation. Washington, DC: American Psychiatric Press; 321–64.

Lieb R, Mastaler M, Wittchen H-U (1998). Gibt es somatoforme Störungen bei Jugendlichen und jungen Erwachsenen? Erste epidemiologische Befunde der Untersuchung einer bevölkerungsrepräsentativen Stichprobe. Verhaltenstherapie; 8: 81-93.

Maldonado JR, Butler LD, Spiegel D (1998). Treatments for dissociative disorders. In: Nathan PE, Gorman JM (eds). A Guide to Treatments that Work. New York: Oxford University Press; 423-46.

McHugh PR (1995). Resolved: Multiple personality disorder is an individually and socially created artifact. J Am Acad Child Adolesc Psychiatry; 34: 957-63.

Merckelbach H, Muris P (2001). The causal link between self-reported trauma and dissociation: A critical review. Behav Res Ther; 39: 245-54.

Mulder RT, Beautrais AL, Joyce PR, Fergussson DM (1998). Relationship between dissociation, childhood sexual abuse, childhood physical abuse, and mental illness in a general population sample. Am J Psychiatry; 155: 806-11.

Prevett MC, Duncan J, Jones T (1995). Demonstration of thalamic activation during typical absence seizure using H2150 and PET. Neurology; 45: 1396-402.

Prohl J, Resch F, Parzer P, Brunner R (2001). The relationship between dissociative symptomatology and declarative and procedural memory in adolescent psychiatric patients. J Nerv Ment Dis; 189: 602-7.

Putnam FW (1995). Development of dissociative disorders. In: Cicchetti D, Cohen DJ (eds). Developmental Psychopathology. Vol. 2. New York: John Wiley & Sons; 581-608.

Putnam FW (1996). Child development and dissociation. Child Adolesc Psychiatr Clin N Am; 5: 285-301.

Putnam FW (1997). Dissociation in Children and Adolescents. A developmental perspective. New York, London: Guilford.

Putnam FW, Helmers K, Trickett PK (1993). Development, reliability and validity of a child dissociation scale. Child Abuse Negl; 17: 731-41.

Resch F (1998). Hilft Selbstverletzung dem verletzten Selbst? Analytische Kinder- und Jugendlichenpsychotherapie; 24: 71-85.

Resch F (1999). Entwicklungspsychopathologie des Kindes- und Jugendalters. 2. Aufl. Weinheim: Psychologie Verlags Union.

Resch F, Brunner R, Parzer P (1998). Dissoziative Mechanismen und Persönlichkeitsentwicklung. In: Klosterkötter J (Hrsg). Frühdiagnostik und Frühbehandlung psychischer Störungen. Berlin, Heidelberg: Springer; 125-40.

Ron M (2001). Explaining the unexplained: understanding hysteria (editorial). Brain; 124: 1065-6.

Sachsse U (1996). Selbstverletzendes Verhalten. Psychodynamik-Psychotherapie. Das Trauma, die Dissoziation und ihre Behandlung. Göttingen, Zürich: Vandenhoek & Ruprecht.

Sanders B (1992). The imaginary companion experience in multiple personality disorder. Dissociation; 5: 159-62.

Sanders B, Giolas MH (1991). Dissociation and childhood trauma in psychologically disturbed adolescents. Am J Psychiatry; 148: 50-4.

Saß H, Wittchen H-U, Zaudig M (Hrsg) (1996). Diagnostisches und statistisches Manual psychischer Störungen DSM-IV. Deutsche Bearbeitung des Diagnostic and Statistical Manual of Mental Disorders der American Psychiatric Association. Göttingen: Hogrefe.

Shearer SL (1994). Dissociative phenomena in women with borderline personality disorder. Am J Psychiatry; 151: 1324-8.

Simeon D, Guralnik O, Hazlett EA, Spiegel-Cohen J, Hollander E, Buchsbaum MS (2000). Feeling unreal: a PET study of depersonalization disorder. Am J Psychiatry; 157: 1782-8.

Simeon D, Guralnik O, Schmeidler J, Sirof B, Knutelska M (2001). The role of childhood interpersonal trauma in depersonalization disorder. Am J Psychiatry; 158: 1027-33.

Steinberg M (1994). Structured Clinical Interview for DSM-IV Dissociative Disorders (SCID-D-R). Washington, DC: American Psychiatric Press.

Steinberg M (1995). Handbook for the Assessment of Dissociation: A clinical guide. Washington, DC: American Psychiatric Press.

Vuilleumier P, Chicherio C, Assal F, Schwartz S, Slosman D, Landis T (2001). Functional neuroanatomical correlates of hystericla sensorimotor loss. Brain; 124: 1077-90.

Waller NG, Putnam FW, Carlson EB (1996). Types of dissociation and dissociative types: a taxometric analysis of dissociative experiences. Psychological Methods; 1: 300-21.

Wittchen H-U, Lachner G, Wunderlich U, Pfister H (1998). Test-retest reliability of the computerized DSM-IV version of the Munich Composite International Diagnostic Interview (M-CIDI). Soc Psychiatry Psychiatr Epidemiol; 33: 568-78.

World Health Organization (1992). Composite International Diagnostic Interview: Core version 1.1. Geneva: World Health Organization.

Zanarini MC, Ruser T, Frankenburg FR, Hennen J (2000). The dissociative experiences of borderline patients. Compr Psychiatry; 41: 223-7.

C Dissoziative Störungen als spezifische Folge schwerer Traumatisierung

18 Die Trauma-Pathogenese dissoziativer Bewusstseinsstörungen: empirische Befunde

A. Eckhardt-Henn, S. O. Hoffmann

18.1 Dissoziation als Trauma-Folge

Im Zusammenhang mit der neueren Trauma-Forschung gewann das Konzept der Dissoziation wieder an Aktualität. Krankhafte dissoziative Bewusstseinsstörungen, insbesondere die Dissoziative Identitätsstörung, werden heute als eine spezifische Folge schwerer Traumatisierung angesehen. Es gibt mittlerweile viele empirische Untersuchungen, die eine Verbindung zwischen der Entwicklung dissoziativer Störungen und schweren traumatischen Erlebnissen wahrscheinlich machen. Dabei wird der Dissoziation die Bedeutung eines Vermittlers zwischen vorangegangen traumatischen Kindheitserlebnissen und der späteren Entwicklung psychopathologischer Störungen zugemessen. Das bedeutet, dass die Tendenz eines Menschen, auf eine traumatische Belastungssituation mit einer dissoziativen Störung zu reagieren, positiv mit der späteren Entwicklung psychopathologischer Störungen korreliert. Ein direkter kausaler Zusammenhang zwischen Kindesmissbrauch und der Entwicklung dissoziativer Bewusstseinsstörungen ist nicht ohne weiteres anzunehmen; es besteht hingegen wahrscheinlich ein **indirekter** Zusammenhang zwischen vorangegangener Missbrauchssituation und späterer Psychopathologie, der durch die Dissoziationstendenz eines Menschen vermittelt wird (Mulder et al. 1998; Mullen et al. 1993; Ross-Gower et al. 1998). Die Tendenz zu dissoziieren ist wahrscheinlich **multifaktoriell** bestimmt. Frühere Annahmen, dass die Dissoziation prinzipiell ein normalpsychologisches Phänomen ist, das jedem Menschen zur Verfügung steht und in bestimmten Fällen, zum Beispiel durch die Einwirkung traumatischer Erlebnisse, in pathologische Dissoziationsformen übergehen kann, werden heute mit Zurückhaltung bewertet. „Normalpsychologische" dissoziative Phänomene (zum Beispiel beim Fahren auf der Autobahn in Gedanken zu sein, die Abfahrt zu verpassen und sich plötzlich woanders wiederzufinden, ohne zu wissen, wie das passieren konnte; dabei aber fehlerlos zu fahren) müssen von pathologischen Formen der Dissoziation, wie den dissoziativen Bewusstseinsstörungen, klar abgegrenzt werden. Gesunde Menschen mit einer erhöhten („normalpsychologischen") Dissoziationstendenz zeigen in ihrer Vorgeschichte im Vergleich zu gesunden Menschen ohne erhöhte Dissoziationstendenz keine erhöhten Raten von traumatisierenden Erlebnissen (Irwin 1999).

In der Missbrauchsforschung gilt heute als belegt, dass schwere Missbrauchserlebnisse und damit verbundene weitere Kindheitsbelastungen (Childhood Adversities) das Risiko, in der Folge psychopathologische und psychosomatische Erkrankungen zu entwickeln, stark erhöhen (Rutter u. Maughan 1997; Mulder 1998; Mullen et al. 1993). Die Zusammenhänge sind allerdings komplex, und monokausale Verbindungen können nicht angenommen werden. Zu methodischen Problemen der Klassifikation von Missbrauchsformen verweisen wir auf die weiterführende Literatur (zum

Beispiel Rutter u. Maughan 1997; Mullen et al. 1993).

Wir stellen im Folgenden eine Auswahl der uns relevant erscheinenden Studienergebnisse zum Zusammenhang zwischen Traumatisierung und pathologischer Dissoziation dar.

Zusammenhänge zwischen dem Ausmaß der Dissoziation und dem Ausmaß vorangegangener Misshandlungserlebnisse

In den folgenden Studien handelt es sich in der Regel um **retrospektive Studien** an klinischen und nonklinischen Populationen mit und ohne sexuelle Misshandlungen in der Vorgeschichte und an Kriegsveteranen. Es geht dabei um die Frage, ob es einen Zusammenhang zwischen dem Ausmaß vorangegangener Traumatisierungserlebnisse und dem (psychometrisch ermittelten) Ausmaß der Dissoziationsneigung gibt.[1] Meist wird die Dissociative Experience Scale (DES, vgl. Kap. 22) eingesetzt, um das Ausmaß der Dissoziationsneigung psychometrisch zu messen. Einige relevante Studien werden dargestellt.

Chu und Dill (1990) konnten in einer Studie an untersuchten 98 psychiatrischen Patientinnen zeigen, dass die Schwere der vorangegangenen Missbrauchserlebnisse positiv mit der Höhe der Dissoziations-Scores korrelierte. 63% der Patienten berichteten von Erlebnissen sexuellen und/oder körperlichen Missbrauchs in ihrer Vorgeschichte. Von diesen wiesen 83% im Vergleich zu einer Kontrollgruppe signifikant höhere Dissoziations-Scores (im DES) auf. Die Scores waren bei den Patientinnen, die sowohl sexuell als auch nonsexuell körperlich misshandelt worden waren, am höchsten. Die Patientinnen, die einem intrafamiliären Missbrauch ausgesetzt waren, hatten den deutlich höchsten Dissoziations-Score. Die Patientinnen mit hohem Dissoziations-Score hatten signifikant mehr psychiatrische Diagnosen (Komorbidität), mehr vorangegangene Hospitalisationen und somatische Behandlungen (Medikamente und Elektrokrampftherapie [EKT]). Kritisch ist anzumerken, dass weder das Alter, in dem die Missbrauchserlebnisse begonnen hatten, noch weitere pathogene Faktoren der familiären Umgebung berücksichtigt wurden. In einer Folgestudie wurde auf diese Faktoren eingegangen: Kirby et al. (1993) untersuchten 59 Patienten, die sexuellem und/oder nonsexuellem körperlichen Missbrauch in ihrer Kindheit ausgesetzt waren. Bei 83% handelte es sich um schwere Missbrauchserlebnisse (mit Penetration). Je schwerer und chronischer der Missbrauch war und je jünger die Patienten waren, als der Missbrauch begann, desto höher waren die Dissoziations-Scores und die Ausprägung der dissoziativen Symptome im Erwachsenenalter. Kritisch ist hier anzumerken, dass es sich um eine stark selektierte Gruppe handelte: Es waren Patienten, die sich einer speziellen Therapie für Posttraumatische Störungen unterzogen. Zu sehr ähnlichen Ergebnissen kamen Sandberg und Lynn (1992) in einer Untersuchung an 650 Studenten sowie Swett und Halpert (1993). Letztere untersuchten 88 Patientinnen. 81% gaben sexuellen und/oder nonsexuellen körperlichen Missbrauch in der Vorgeschichte an. Diejenigen, die beiden Missbrauchsformen ausgesetzt waren, hatten die höchsten DES-Scores. In weiteren Studien konnten diese Ergebnisse bestätigt werden (vgl. Anderson et al. 1992). Sanders und Giolas (1991) fanden, dass die DES-Scores positiv signifikant mit berichteter sexueller, anderer körperlicher und seelischer Misshandlung, Vernachlässigung und einer negativen Familienatmosphäre korrelierten. Kovariaten fanden keine Berücksichtigung.

---

[1] Die Studien verwenden fast ausnahmslos die Dissociative Experiences Scale (DES) und die Dissociative Disorders Interview Schedule (DDIS) zur psychometrischen Messung dissoziativer Störungen. Näheres zu diesen Instrumenten: s. Kap. 22.

18.2 Prospektive Studien

Van der Kolk et al. (1991) führten eine interessante **prospektive Studie** mit 74 Patienten mit Persönlichkeitsstörungen und bipolaren Störungen durch. Die Patienten wurden über einen Zeitraum von vier Jahren begleitet. Sexueller und anderer körperlicher Missbrauch, Vernachlässigung und Trennungserlebnisse erwiesen sich als signifikante Prädiktoren für selbstverletzendes Verhalten und Suizidversuche. Das selbstverletzende Verhalten war spezifisch mit dissoziativen Symptomen verbunden. Die Schwere der traumatischen Erlebnisse und das Alter, in dem sie stattfanden, wirkten sich wesentlich auf die Art der Selbstverletzungen aus.

Shearer (1994) untersuchte 62 Patientinnen mit der Diagnose „Borderline-Persönlichkeitsstörung", u. a. mit der Dissociative Experiences Scale. Hohe Scores dienten als Prädiktoren für (retrospektiv berichtete) Erlebnisse sexuellen und nonsexuellen körperlichen Missbrauchs in der Kindheit. Die Patienten, die beiden Missbrauchsformen ausgesetzt waren, hatten auch hier signifikant höhere Werte als diejenigen, die nur eine Form des Missbrauchs erlebt hatten. Umgekehrt waren retrospektiv berichtete Erlebnisse von sexuellem und anderweitigem körperlichen Missbrauch signifikante Prädiktoren für hohe DES-Scores in multivariaten Analysen ohne signifikante Interkorrelation.

Auch bei Erwachsenen, die in der Vergangenheit einem traumatischen Erlebnis ausgesetzt waren, konnte ein Zusammenhang zwischen traumatischen Erlebnissen und dissoziativen Störungen nachgewiesen werden. Eine Untersuchung an 50 ehemaligen Soldaten des Kambodscha-Krieges konnte zeigen, dass das Ausmaß traumatischer Erlebnisse signifikant mit dem Ausmaß dissoziativer Störungen korrelierte: 96 % hatten hohe DES-Scores, 80 % litten an depressiven Erkrankungen und 86 % an einer Posttraumatischen Belastungsstörung (Carlson u. Rosser-Hogan 1991).

Von 58 Vietnam-Veteranen litten 53 an einer Posttraumatischen Belastungsstörung und 32 an somatischen Erkrankungen. Die PTBS-Patienten zeigten signifikant höhere Dissoziations-Scores auch nach Kontrolle des Ausmaßes der Kampfexposition (Bremner et al. 1992).

Briere und Runtz (1990) fanden bei einer Untersuchung von 278 Akademikerinnen, dass 15 % vor ihrem 18. Lebensjahr sexuellen Misshandlungen ausgesetzt waren. Diese Frauen zeigten höhere Dissoziations-Scores, aber auch höhere Somatisierungs-, Depressivitäts- und Angst-Scores als die Gruppe mit nichttraumatisierten Probandinnen.

Vanderlinden et al. (1993) untersuchten 98 essgestörte Patienten. Diejenigen, die sexuelle oder andere körperliche Missbrauchserlebnisse in der Vorgeschichte aufwiesen, hatten signifikant höhere Scores im Dissociation Questionnaire. Insbesondere der Amnesie-Score war bei Patienten mit sexuellem Missbrauch in der Vorgeschichte signifikant erhöht. Die Autoren weisen auf das Problem hin, dass sich solche Patienten an die traumatischen Erlebnisse oft nicht erinnern. Die genannten psychometrischen Untersuchungen sind hier besonders relevant, weil erhöhte Amnesie-Scores Hinweise auf entsprechende traumatische Erlebnisse sein können. Die Patienten, die auch klinisch dissoziative Störungen zeigten (12 % der Gesamtgruppe), hatten ausnahmslos sexuellen oder einen anderen körperlichen Missbrauch erlebt.

Diesen Ergebnissen widersprechen die Ergebnisse von zwei Untersuchungen an männlichen und weiblichen Borderline-Patienten (Zweig-Frank et al. 1994a; 1994b). 78 weibliche Borderline-Patienten wurden mit einer Kontrollgruppe von 72 anderen Patientinnen verglichen. Die Borderline-Patientinnen hatten signifikant höhere Dissoziations-Scores (DES) als die Kontrollgruppe. Kein Zusammenhang ergab sich zwischen der Häufigkeit traumatischer Kindheitserlebnisse (sexueller und anderer körperlicher Missbrauch) und der Höhe der Dissoziations-Scores. An einer Gruppe von 61 männlichen Borderline-Patienten und einer

Kontrollgruppe von 60 Patienten ohne Borderline-Störungen konnten diese Ergebnisse repliziert werden. Hier ist allerdings anzumerken, dass die Autoren keinerlei Angaben über die Art und die Schwere der „negativen Kindheitserlebnisse" machen; insbesondere schwere chronische Missbrauchssituationen führen aber zu dissoziativen Störungen (s. o.).

Lipschitz et al. (1996) fanden bei der Untersuchung von 114 Patienten einer psychiatrischen Ambulanz eine signifikante positive Korrelation zwischen dem Ausmaß der dissoziativen Symptomatik und dem Ausmaß multipler und kombinierter Misshandlungen. Wenn der Vater der Täter war, waren die DES-Scores am höchsten (vgl. auch Farley u. Keaney 1997). In einer Untersuchung an einer randomisierten, selektierten Normalpopulation von 1028 Probanden fanden Mulder et al. (1998) bei 6,3% drei oder mehr dissoziative Symptome. Bei diesen Probanden waren die Rate des sexuellen Missbrauchs 2,5-mal so hoch und die Rate des körperlichen Missbrauchs 5-mal so hoch wie bei den klinisch unauffälligen Probanden. Die Schwere der akuten psychiatrischen Erkrankung und der körperlichen Misshandlung korrelierte mit dem Ausmaß der dissoziativen Symptomatik (logistische Regressionsanalyse); dies traf nicht für sexuelle Misshandlungen zu. Die Autoren weisen darauf hin, dass die Studien meist an psychiatrischen Patienten durchgeführt werden. Patienten mit akuten Angsterkrankungen oder depressiven Erkrankungen hätten immer höhere Dissoziations-Scores (DES). Daher könne man keine direkten und spezifischen Effekte sexueller Misshandlung auf die Ausprägung dissoziativer Störungen mit diesen Studien nachweisen, sondern nur eine erhöhte Vulnerabilität für psychiatrische Erkrankungen.

Marshall et al. (2000) untersuchten 34 Patienten mit Panikstörungen und Derealisations- und Depersonalisationssymptomen und verglichen sie mit 40 Patienten mit Panikstörungen ohne solche Symptome: Erstere hatten keine höhere Rate an Missbrauchserlebnissen in der Vorgeschichte.

18.3 Peritraumatische Dissoziation

Mit der Frage, welche Charakteristika eines Missbrauchs die Ausprägung der peritraumatischen Dissoziation und die Ausprägung einer Posttraumatischen Belastungsstörung beeinflussen, untersuchten Johnson et al. (2001) 89 Frauen, die sexuelle Misshandlungen erlebt hatten. Diejenigen, die während des Missbrauchs verstärkt dissoziiert hatten, entwickelten in der Folge mehr psychische Störungen; das betraf auch die Entwicklung dissoziativer Störungen im Erwachsenenalter. Waren mit den Missbrauchserlebnissen eine befürchtete Todesgefahr/Todesangst oder körperliche Verletzungen einhergegangen, so entwickelten sich gravierende Posttraumatische Belastungsstörungen.

Das Ausmaß der peritraumatischen Dissoziation (Dissoziation während der Trauma-Belastung) korrelierte positiv mit der Schwere der Misshandlung (Vergewaltigung) und der Annahme, dass ein anderer verletzt oder getötet würde. Die subjektive Bewertung des Traumas geht mit einer höheren Ausprägung der PTBS einher (vgl. auch Ehlers u. Clark 2000). Je höher die Angst ist, desto ausgeprägter ist die peritraumatische Dissoziation. In einer prospektiven Studie an 223 Junior-Polizisten waren die peritraumatische Dissoziation und das Ausmaß der Trauma-Exposition der zuverlässigste Prädiktor für die Entwicklung einer PTBS nach zwölf Monaten (Hodgins et al. 2001; vgl auch Shalev et al. 1998; Marmar et al. 1994; 1999; Johnson et al. 2001; Holen 1993; Koopman et al. 1994).

Unberücksichtigt blieb allerdings die Frage, ob die Dissoziationstendenz bei den Probanden bereits vor dem traumatischen Ereignis erhöht war, und damit die Frage, ob diese Menschen vielleicht besonders vulnerabel für die Entwicklung Posttraumatischer Störungen sind.

18.4 Dissoziative Identitätsstörung

Die eindrucksvollsten Ergebnisse finden sich bei der früher so genannten „Multiplen Persönlichkeitsstörung" bzw. der Dissoziativen Identitätsstörung (DIS). Seit 1980 wurden mehr als 6000 Fälle dieser Störung bekannt (Putnam 1991). Coons (1986) untersuchte 20 Patienten und fand bei 75% sexuellen Missbrauch in der Vorgeschichte. Von den 100 von Putnam (1991) beschriebenen Patienten hatten 83% schwere sexuelle oder andere körperliche Misshandlungen in der Kindheit erlebt. Boon und Draijer (1993) untersuchten 71 Patienten, von denen 94,4% nonsexuellen körperlichen und/oder sexuellen Misshandlungen in ihrer Kindheit ausgesetzt waren. 80,6% erfüllten die diagnostischen Kriterien der Posttraumatischen Belastungsstörung. Ross et al. (1989) sammelten eine Serie von 236 Fällen, indem sie einen entsprechenden Fragebogen an alle Mitglieder der Canadian Psychiatric Association schickten. Die Patienten hatten in 79,2% schweren sexuellen Missbrauch und in 74,9% schweren anderweitigen körperlichen Missbrauch hinter sich. Die durchschnittliche Behandlungszeit betrug 6,7 Jahre, bevor die Diagnose gestellt wurde. Im Durchschnitt wiesen sie 15,7 voneinander dissoziierte Persönlichkeitszustände auf. Die häufigsten Persönlichkeitszustände waren:
- eine „Kind-Persönlichkeit" (86,0%)
- eine „Persönlichkeit aus einer anderen Altersstufe" (84,5%)
- eine „Beschützer-Persönlichkeit" (84,0%)
- eine „Täter-Persönlichkeit" (75%)

Von den männlichen Patienten waren 53,6% sowohl sexuellen als auch anderen körperlichen Misshandlungen ausgesetzt, von den weiblichen Patientinnen 67,1%. In einer späteren Studie an 102 Patienten (Ross et al. 1990) konnten diese Ergebnisse im Wesentlichen bestätigt werden. Der Prozentsatz der Patienten, die entsprechenden Misshandlungen ausgesetzt waren, lag hier mit 90,2% (sexuelle Misshandlungen) und 82,4% (andere körperliche Misshandlungen) noch höher. In einer Studie von Probanden aus der Allgemeinbevölkerung (also nichtpsychiatrische Patienten), bei denen eine DIS diagnostiziert worden war, konnten diese hohen Prozentsätze von Missbrauchserlebnissen in der Vorgeschichte allerdings nicht nachgewiesen werden.

Kritisch ist anzumerken, dass die Höhe der DES-Scores bei traumatisierten Patienten nicht nur mit dem Ausmaß dissoziativer Störungen zusammenhängt, sondern mit dem Ausmaß allgemeiner psychopathologischer Symptomatik (vgl. Tillman et al. 1994). Des Weiteren wird immer wieder darauf hingewiesen, dass es viele traumatisierte Patienten gibt, die keine dissoziativen Störungen zeigen, was aber häufig in den Studien nicht berücksichtigt werde. Etwa ein Drittel von Menschen, die Misshandlungen ausgesetzt waren, zeigen keine behandlungsbedürftige psychopathologische Symptomatik. Alternative pathogene Faktoren (zum Beispiel Vernachlässigung, Rollenkonfusion, rigide Verhaltenskontrolle, geringe Familienkohäsion und Anpassungsfähigkeit) wurden bei den bisherigen Untersuchungen noch viel zu wenig einbezogen. Nash et al. (1993) fanden, dass sexueller Missbrauch in der Kindheit mit signifikanten Unterschieden im Ausmaß dissoziativer Störungen einherging. Als sie die familiäre Umgebung als Kovariate dazu nahmen, ließ sich diese Signifikanz nicht mehr nachweisen.

Das heißt, dass dissoziative Bewusstseinsstörungen und andere Posttraumatische Störungen weder eine notwendige Folge von Misshandlungserlebnissen sind (Kendall-Tackett et al. 1993) noch automatisch bei einer dissoziativen Bewusstseinsstörung von einer vorangegangenen Traumatisierung ausgegangen werden kann.

Prospektiv untersuchten Darves-Bornoz et al. (1999) 102 Probandinnen, die intrafamiliären und extrafamiliären sexuellen Misshandlungen ausgesetzt waren. Nach sechs Monaten entwickelten diejenigen mit intrafamiliären

Misshandlungserlebnissen in höherem Ausmaß psychische Störungen (dissoziative Störungen, PTBS, Agoraphobie und Selbstwertprobleme). Dauer und Art des Missbrauchs bestimmten das Ausmaß dissoziativer Störungen in einer Vergleichsstudie an 350 Kindern (n = 160: kein Missbrauch, n = 72: bestätigter Missbrauch, n = 38: Hinweise aber nicht bestätigt) (Friedrich et al. 1997). Ähnliche Ergebnisse fanden MacFie et al. (1999; 2001) in prospektiven Studien an Vorschulkindern.

Der aktuelle Erkenntnisstand zum Zusammenhang von dissoziativen Störungen und dem Erlebnis von sexuellem Missbrauch und anderer körperlicher Misshandlung lässt sich aufgrund klinischer und empirischer Studien wie folgt zusammenfassen:

- Die Schwere der vorangegangenen Missbrauchserlebnisse korreliert positiv mit dem Ausmaß der Dissoziationsneigung. Das gilt für retrospektive und für prospektive Studien.
- Die Qualität des Missbrauchs (emotionaler Missbrauch, Deprivation und Vernachlässigung, sexueller oder anderer körperlicher Missbrauch) scheint eine Rolle für die spätere Ausprägung dissoziativer Bewusstseinsstörungen zu spielen. Welcher Form hier der höchste prädiktive Wert zukommt, ist noch unzureichend geklärt und scheint von vielfältigen Faktoren abzuhängen, die in ihrer Komplexität in weiteren differenzierten und prospektiven Studien untersucht werden müssen.

18.5 Resümee des Kenntnisstandes zur Rolle der peritraumatischen Dissoziation

- Die Schwere der traumatischen Angstzustände (Todesangst), das Vorkommen körperlicher Verletzungen und die Befürchtung, dass andere Menschen verletzt oder getötet worden sein könnten, korrelieren positiv mit dem Ausmaß der peritraumatischen Dissoziation.
- Die Ausprägung der peritraumatischen Dissoziation korreliert positiv mit der Häufigkeit der Entwicklung Posttraumatischer Störungen.
- Über den Zusammenhang zwischen prätraumatischer Dissoziationsneigung und der Entwicklung Posttraumatischer Störungen können gegenwärtig nur ungenügende Aussagen getroffen werden. Anzunehmen ist, dass hier eine positive Korrelation besteht.
- Auch bezüglich des Zusammenhangs zwischen der prätraumatischen Persönlichkeitsstruktur, der Entwicklung einer peritraumatischen Dissoziation und der Entwicklung einer Posttraumatischen Störung sind noch viele Fragen offen. Mit Wahrscheinlichkeit ist ein solcher Zusammenhang anzunehmen, auch wenn viele Details offen bleiben.

18.6 Probleme der Forschung

In den bisherigen Studien gibt es zahlreiche konzeptuelle und methodische Probleme. Eine direkte und lineare Beziehung zwischen Trauma und dissoziativer Bewusstseinsstörung lässt sich nach gegenwärtigem Forschungsstand nicht belegen (Tillman et al. 1994; Merckelbach u. Muris 2001). Die Korrelationen zwischen retrospektiv berichteten Missbrauchserlebnissen und der Höhe der DES-Scores sind in verschiedenen Studien sehr unterschiedlich, sie schwanken im Bereich von 0,18 und 4,0. Möglicherweise suchen Menschen, die eine erhöhte Dissoziationsneigung und sexuelle und andere körperliche

Misshandlungen erlebt haben, häufiger eine psychiatrische Behandlung auf als Menschen, die eine erhöhte Dissoziationstendenz, aber keine Missbrauchserlebnisse in der Vorgeschichte haben.

Bei Holocaust-Überlebenden wurden zum Beispiel niedrigere Korrelationen zwischen Misshandlung und Dissoziationsstörungen gefunden. Dies spräche dafür, dass die Familienpathologie in der Kindheit einerseits einen stärkeren Effekt auf die Ausbildung von späteren dissoziativen Störungen hat, dass es andererseits aber von großer Bedeutung ist, ob der Misshandler eine nahe Bezugsperson ist. Weiter ist zu berücksichtigen, dass es sich bei den Verfolgungsopfern zu einem größeren Teil um psychisch gesunde Menschen handelte, die im Erwachsenenalter ohne vorherige Pathologie von einem Trauma betroffen wurden. Diese Situation ist mit der von Kindern und Jugendlichen, die einer chronischen traumatischen Erfahrung ausgesetzt waren, kaum zu vergleichen.

Oft wird kritisiert, dass es sich bei den meisten Studien um retrospektive Studien handelt. Gegenwärtig ist davon auszugehen, dass die Probanden retrospektiv eher weniger traumatische Erfahrungen berichten als tatsächlich stattgefunden haben (Rutter u. Maughan 1997; Fergusson 1998).[2] Wenn überhaupt eine Verzerrung erfolgt, dann wird retrospektiv die Prävalenz in der Regel eher unter- und nicht überschätzt.

Die Definition des Traumas (zum Beispiel einmaliger, eher leichter Übergriff oder sexuelle Misshandlung mit Vergewaltigung etc.) und der Dissoziation ist oft unklar. Viele Faktoren wie Alter, in dem der Missbrauch geschah, Dauer des Missbrauchs, protektive Faktoren, Vorerkrankungen etc., werden oft nicht berücksichtigt. Oft werden auch ausschließlich psychometrische Instrumente eingesetzt; es erfolgen keine klinische Diagnostik durch erfahrene Kliniker und keine strukturierte Diagnostik.

Kovariaten werden häufig vernachlässigt (Mulder et al. 1998). So gibt es mehrere Hinweise dafür, dass die bestehende Familienpathologie mehr Einfluss auf die Entwicklung der Dissoziation hat als die sexuellen oder anderen körperlichen Misshandlungen selbst. In einer Zwillingsstudie (2765 Zwillingspaare) mit sexuell missbrauchten und nicht missbrauchten Zwillingen bestätigte sich aber die generelle Wahrscheinlichkeit, dass diejenigen, die einem Missbrauch ausgesetzt waren, ein höheres Risiko hatten, später an psychischen Störungen zu erkranken. Das Erhebungsinstrument waren hier telefonische „psychiatrische" Interviews (Nelson et al. 2002). Dabei stellt sich die Frage, ob Familien, in denen solche Misshandlungen an Kindern passieren, nicht per se hoch pathologische Familien sind; wie sollen hier sexuelle oder andere körperliche Misshandlungen von seelischer Misshandlung abzugrenzen sein? Vieles spricht dafür, dass in solchen Familien gehäuft auch eine Vernachlässigung und emotionale Misshandlung des Kindes auftritt. Was bedeutet es schließlich, wenn ein Missbrauch stattfindet und gleichzeitig auch versorgende und fürsorgliche Seiten bei den Eltern vorhanden sind? Bedingen solche „Double-Bind-Situationen" vielleicht gerade die Entwicklung dissoziativer Abwehrmodi? Die Fragen, was ein traumatisches Erlebnis für ein Kind oder einen Erwachsenen pathogen macht, in welchem Kontext es geschieht und wie die nachfolgenden Verarbeitungsmöglichkeiten und unterstützenden Beziehungen des Betroffenen beschaffen sind, werden noch zu wenig in die Fragestellungen der vorliegenden Studien einbezogen. Ebenso werden die **psychische Struktur**, der **emotionale** und **kognitive Entwicklungsstand**, auf die solch ein Erlebnis trifft, und andere pathogene Faktoren in der Folge oft nicht genügend berücksichtigt.

In vielen Studien, die mit der DES durchgeführt werden, wurde nicht beachtet, dass der

---

[2] Zu spezifischen Problemen der Missbrauchsforschung verweisen wir auf die weiterführende Literatur (s. zum Beispiel Rutter u. Maughan 1997).

Faktor „Phantasie-Neigung" (phantasy proneness) offenbar mit einem hohen DES-Score korreliert. Was bedeutet das? Merckelbach und Muris (2001) nehmen hypothetisch an, dass Menschen, die an einer erhöhten „Phantasie-Neigung" leiden, höhere Dissoziations-Scores aufweisen und retrospektiv im Sinne eines positiven Bias häufiger Misshandlungserlebnisse angeben. Ähnliche Ergebnisse fanden Pekala et al. (1999). Die oben beschriebenen retrospektiven Unterschätzungen von Missbrauchserlebnissen waren (natürlich) nicht bezüglich dieses Faktors kontrolliert.

Die DES (s. Kap. 22 in diesem Band) wurde in den meisten Studien eingesetzt, ist aber auch vielfach kritisiert worden: Nach einer Studie von Sandberg und Lynn (1992) erfüllte nur ein kleiner Prozentsatz (6%) der Probanden, die im oberen Rang der DES-Scores rangierten, die klinischen Kriterien für eine dissoziative Störung, sodass man annehmen muss, dass nichtklinische Populationen eher falsch-positive Resultate auf der DES erbringen. Es fanden sich auch Korrelationen mit unspezifischen Persönlichkeitsfaktoren wie Schizotypie, Neurotizismus und psychopathologischen Symptomen (zum Beispiel Angst); das weist darauf hin, dass die DES nicht spezifisch Dissoziation misst (Merckelbach u. Muris 2001).

Häufig fehlen in den Untersuchungen adäquate Kontrollgruppen; auch gibt es nur wenige prospektive Studien. Diese sind natürlich auch schwer durchführbar und erfordern einen hohen methodischen Aufwand sowie lange Katamnesezeiträume.

Völlig unzureichend untersucht ist die Gruppe von Menschen, die dissoziative Störungen (damit sind nicht normalpsychologische Probleme gemeint) zeigen, aber keine Hinweise für Misshandlungen in der Vorgeschichte haben.

Vollständig fehlen auch Studien, die psychodynamische, genetische, strukturelle, neurobiologische und kognitive Aspekte berücksichtigen und gleichzeitig stärker von einer psychoanalytischen Trauma-Theorie her konzeptualisiert sind. Individuelle Wahrnehmungsunterschiede, kognitive und psychodynamische Strukturen müssten gerade bei den Fragen „Wer entwickelt dissoziative Bewusstseinsstörungen, und wie hängt das mit vorangegangenen traumatischen Erlebnissen und deren Verarbeitung zusammen?" berücksichtigt werden. Diese nahe liegende Differenzierungsmöglichkeit ist in der Forschung noch kaum angekommen.

Die Missbrauchsforschung und die Forschung zu den dissoziativen Störungen wirft vielfältige Probleme auf. Insbesondere das Problem der „false memories" (s. Kap. 31 in diesem Band) wird gegenwärtig kontrovers diskutiert. Ganaway (1995) fand, dass ca. 50 % der Patienten mit dissoziativen Störungen von satanischen, rituellen Missbrauchserlebnissen berichteten. Nicht selten wurde von scheußlichen, kannibalistischen Verbrechen erzählt. Diese wurden aber bisher ausnahmslos nicht gerichtlich bestätigt. Wenn die Berichte der Patienten so tief gehend beeinflussbar seien, müsse man Ganaway zufolge auch die hohen Angaben der Missbrauchserlebnisse bei Patienten mit DIS anzweifeln.

Bei Patienten, die besonders suggestibel sind – und bei Patienten mit dissoziativen Störungen wurde gerade dies häufig beschrieben –, können solche Phänomene verstärkt auftreten. Andererseits ist es von wesentlicher Bedeutung in der Behandlung schwer traumatisierter Patienten, dass die Therapeutin/der Therapeut dem Patienten/der Patientin glaubt. Wenn er mit der Haltung, dass es sich wohl um Phantasien handele, behandelt, wird sich das vermitteln und kann zu einer Retraumatisierung des Patienten führen; wieder muss sie erleben, dass sie verlassen und ungeschützt ist, dass ihre Realität verneint, abgewiesen wird. Dissoziative Phänomene können sich verstärken und die Therapie kann scheitern. Auch wenn so eine Verkennung der Realität von Trauma-Phantasien möglich wird, erscheint dies aus Sicht der Therapie der größere Schaden. Andere Ergebnisse stehen diesen Befunden auch entgegen.

Schatzow und Herman (1987) untersuchten 53 weibliche Inzestopfer. In 74 % der Fälle wurden die Erinnerungen der Patientinnen durch die Angaben der Täter oder anderer Familienangehöriger (inklusive mitbetroffener Geschwister) bestätigt. Teilweise waren Dokumente (z. B. Tagebücher) aus der Zeit des Missbrauchs vorhanden.

Person und Klar (1994) weisen daraufhin, dass die „Dissoziation einerseits eine Amnesie für traumatische Ereignisse, andererseits aber das Eindringen von Erinnerungen und sich wiederholenden Bildern des Traumas bewirkt". Bestimmte charakteristische Symptome, die bei schwer traumatisierten Menschen mit dissoziativen Störungen beschrieben werden (s. o.), erhärten diese Erinnerungen:
- die Tendenz zur Reviktimisierung
- die Identifizierung mit dem Aggressor
- heftige unerklärliche Angstzustände
- Schlaf- und Konzentrationsstörungen
- phantasmatische Ausgestaltungen des Traumas
- spezifische Übertragungs-Gegenübertragungsreaktionen („dissoziierte Übertragung")
- Flashbacks
- tagtraumartige Halluzinationen und wiederkehrende Albträume, die mit den traumatischen Erlebnissen in Verbindung stehen

Diese deutlichen Symptome sprechen eher für die Realität der berichteten Traumata.

Literatur

Anderson G, Yasenik L, Ross CA (1992). Dissociative experiences and disorders among women who identify themselves as sexual abuse survivors. Child Abuse Neglect; 17: 677-86.

Boon S, Draijer N (1993). Multiple personality disorder in The Netherlands: a clinical investigation of 71 patients. Am J Psychiatry; 150(3): 489-94.

Bremner JD, Southwick S, Brett E, Fontana A, Rosenheck R, Charney DS (1992). Dissociation and posttraumatic stress disorder in Vietnam combat veterans. Am J Psychiatry; 149(3): 328-32.

Briere J, Runtz M (1990). Augmenting Hopkins CL scales to measure dissociative symptoms: data from two nonclinical samples. J Pers Assess; 55(1-2): 376-9.

Carlson EB, Rosser-Hogan R (1991). Trauma experience, posttraumatic stress, dissociation and depression in Cambodian refugees. Am J Psychiatry; 148: 1548-51.

Chu JA, Dill DL (1990). Dissociative symptoms in relation to childhood physical and sexual abuse. Am J Psychiatry; 147(7): 887-92.

Coons PM (1986). Treatment progress in 20 patients with multiple personality disorder. J Nerv Ment Dis; 174(12): 715-21.

Darves-Bornoz JM, Degiovanni A, Gaillard P (1999). Validation of a French version of the Dissociative Experiences Scale in a rape-victim population. Can J Psychiatry; 44(3): 271-75.

Ehlers A, Clark DM (2000). A cognitive model of posttraumatic stress disorder. Behav Res Ther; 38: 319-45.

Farley M, Keaney JC (1997). Physical symptoms, somatization, and dissociation in women survivors of childhood sexual assault. Women and Health; 25: 33-45.

Fergusson DM, Horwood LJ (1998). Exposure to interparental violence in childhood and psychosocial adjustment in young adulthood. Child Abuse Negl; 22: 339-57.

Friedrich WN, Jaworski TM, Huxsahl JE, Bengtson BS (1997). Dissociative and sexual behaviors in children and adolescents with sexual abuse and psychiatric histories. J Interpers Viol; 12: 155-71.

Ganaway GK (1995). Hypnosis, childhood trauma, and dissociative identity disorder: toward an integrative theory. Int J Clin Exp Hypn; 43(2): 127-44.

Hodgins GA, Creamer M, Bell R (2001). Risk factors for posttraumatic reactions in police officers: a longitudinal study. J Nerv Ment Dis; 189: 541-7.

Holen A (1993). Normal and pathological grief – recent views. Tidsskr Nor Laegeforen; 113: 2089-91.

Irwin HJ (1999). Pathological and nonpathological dissociation: the relevance of childhood trauma. J Psychol; 133(2): 157-64.

Johnson DM., Pike JL, Chard KM (2001). Factors predicting PTSD, depression, and dissociative severity in female treatment-seeking childhood sexual abuse survivors. Child Abuse Neglect; 25: 179-98.

Kendall-Tackett KA, Williams LM, Finkelhor D (1993). Impact of sexual abuse on children: a review and sythesis of recent empirical studies. Psychol Bull; 113: 164-80.

Kirby JS, Chu JA, Dill DL (1993). Correlates of dissociative symptomatology in patients with physical and sexual abuse histories. Compr Psychiatry; 34(4): 258–63.

Koopman C, Classen C, Spiegel D (1994). Predictors of posttraumatic stress symptoms among survivors of the Oakland/Berkeley, CA, firestorm. Am J Psychiatry; 151(6): 888–94.

Lipschitz DS, Kaplan ML, Sorkenn J, Chorney P, Asnis GM (1996). Childhood abuse, adult assault, and dissociation. Compr Psychiatry; 37(4): 261–6.

MacFie J, Toth SL, Rogosch FA, Robinson J, Emde RN, Cicchetti D (1999). Effect of maltreatment on preschoolers' narrative representations of responses to relief distress and of role reversal. Dev Psychol; 35: 460–5.

MacFie J, Cicchetti D, Toth SL (2001). The development of dissociation in maltreated preschool-aged children. Developm Psychopathol; 13: 233–54.

Marmar CR, Weiss DS, Schlenger WE, Fairbank JA, Jordan BK, Kulka RA, Hough RL (1994). Peritraumatic dissociation and posttraumatic stress in male Vietnam combat veterans. Am J Psychiatry; 151(6): 902–7.

Marmar CR, Weiss DS, Metzler TJ, Delucchi KL (1999). Longitudinal course and predictors of continuing distress following critical incident exposure in emergency services personnel. J Nerv Ment Dis; 87: 15–22.

Marshall RD, Schneier FR, Lin SH, Simpson HB, Vermes D, Liebowitz M (2000). Childhood trauma and dissociative symptoms in panic disorder. Am J Psychiatry; 157(3): 451–3.

Merckelbach H, Muris P (2001). The causal link between self-reported trauma and dissociation: a critical review. Behav Res Ther; 39: 245–54.

Mulder RT, Beautrais AL, Joyce PR, Fergusson DM (1998). Relationship between dissociation, childhood sexual abuse, childhood physical abuse and mental illness in a general population sample. Am J Psychiatry; 155: 806–11.

Mullen PE, Martin JL, Anderson JC, Romans SE, Herbison GP (1993). Childhood sexual abuse and mental health in adult life. Br J Psychiatry; 163: 721–32.

Nash MR, Hulsey TL, Sexton MC, Harralson TL, Lambert W (1993). Long-term sequelae of childhood sexual abuse: perceived family environment, psychopathology, and dissociation. J Consult Clin Psychol; 61(2): 276–83.

Nelson EC, Heath AC, Madden PAF, Cooper L, Dinwiddie SH, Bucholz KK, Glowinski A, McLaughlin T, Dunne MP, Statham DJ, Martin NG (2002). Association between self-reported childhood sexual abuse and adverse psychosocial outcomes. Arch Gen Psychiatry; 59: 139–45.

Pekala RJ, Kumar VK, Elliott NC, Mullen KJ, Salinger MM, Masten E (1999). Dissociation as a function of child abuse and fantasy proneness in a substance abuse population. Imagination, Cognition and Personality; 19: 105–29.

Person ES, Klar H (1994). Establishing trauma: the difficulty distinguishing between memories and fantasies. J Am Psychiatr Assoc; 42: 1055–81.

Putnam FW (1991). Recent research on multiple personality disorder. Psychiatr Clin N Am; 14(3): 489–502.

Ross CA, Norton R, Wozney K (1989). Multiple Personality Disorder: an analysis of 236 cases. Can J Psychiatry; 34: 413–8.

Ross CA, Miller SD, Reagor P, Bjornson L, Fraser GA, Anderson G (1990). Structured interview data on 102 cases of multiple personality disorder from four centers. Am J Psychiatry; 147(5): 596–601.

Ross-Gower J, Waller G, Tyson M, Elliott P (1998). Reported sexual abuse and subsequent psychopathology among women attending psychology clinics: the mediating role of dissociation. Br J Clin Psychol; 37: 313–26.

Rutter M, Maughan B (1997). Psychosocial adversities in childhood and adult psychopathology. J Personal Disord; 11(1): 4–18.

Rutter M, Maughan B, Meyer J (1997). Heterogeneity of antisocial behavior: causes, continuities and consequences. Nebr Symp Motiv; 44: 45–118.

Sandberg D, Lynn SJ (1992). Dissociative experiences, psychopathology and adjustment, and child and adolescent maltreatment in female college students. J Abnorm Psychol; 101(4): 717–23.

Sanders B, Giolas MH (1991). Dissociation and childhood trauma in psychologically disturbed adolescents. Am J Psychiatry; 148(1): 50–4.

Schatzow E, Herman JL (1989). Breaking secrecy. Adult survivors disclose their families. Psychiatr N Am; 12: 337–49.

Shalev AY, Freedman S, Peri T, Brandes D, Sahar T, Orr SP, Pitman RK (1998). Prospective study of posttraumatic stress disorder and depression following trauma. Am J Psychiatry; 155(5): 630–7.

Shearer SL (1994). Dissociative phenomena in women with borderline personality disorder. Am J Psychiatry; 151(9): 1324–8.

Swett C, Halpert M (1993). Reported history of physical and sexual abuse in relation to dissociation and other symptomatology in women psychiatric inpatients. J Interperson Viol; 8(4): 545–55.

Tillman JG, Nash MR, Lerner PM (1994). Does trauma cause dissociative pathology? In: Lynn SJ, Rhue JW (eds). Dissociation. Clinical and theoretical perspectives. New York: Guilford; 395–414.

van der Kolk BA, Perry JC, Herman JL (1991). Childhood origins of self-destructive behavior. Am J Psychiatry; 148 (12): 1665–71.

Vanderlinden J, Vandereycken W, van Dyck R, Vertommen H (1993). Dissociative experiences and trauma in eating disorders. Int J Eat Disord; 13(2): 187–93.

Zweig-Frank H, Paris J, Guzder J (1994a). Dissociation in female patients with borderline and non-borderline personality disorders. J Personal Disord; 8(3): 203–9.

Zweig-Frank H, Paris J, Guzder J (1994b). Psychological risk factors for dissociation and self-mutilation in female patients with borderline personality disorder. Can J Psychiatry; 39(5): 259–64.

19 Dissoziation als spezifische Abwehrfunktion schwerer traumatischer Erlebnisse – eine psychoanalytische Perspektive

A. Eckhardt-Henn

„Die Katastrophen des vergangenen wie des beginnenden Jahrhunderts, Kriege, Holocaust, rassische und ethnische Verfolgung, sowie die Zunahme sozialer Gewalt und das neu entwickelte Bewusstsein für die Gewalt in Familien, für Misshandlungen und sexuellen Missbrauch von Kindern, machten und machen Traumatisierungen von Menschen und deren Folgen zu einer unabweisbaren Aufgabe für die Theorieentwicklung und Behandlungstechnik der Psychoanalyse. Wir stehen vor der Aufgabe, ein möglichst umfassendes Verständnis der Destruktion und der Folgen von Gewalt und Traumatisierung zu gewinnen, zugleich müssen die therapeutischen Konzepte der Psychoanalyse daraufhin geprüft werden, inwieweit sie für die Behandlung von Traumatisierungen geeignet sind." (Werner Bohleber 2000)

19.1 Einleitung

Dissoziative Bewusstseinsstörungen gelten nach gegenwärtigem Forschungsstand als eine spezifische Folge schwerer chronischer Traumatisierung in der Kindheit und auch im Erwachsenenalter (vgl. Kap. 18 in diesem Band). Schwere chronische Traumatisierung kann bei fehlenden psychischen und sozialen Verarbeitungsmechanismen zu psychischen Strukturveränderungen und komplexen intrapsychischen Konflikt- und Abwehrkonstellationen sowie zu neurobiologischen und kognitiven Störungen führen. Im Folgenden versuche ich einige Modelle zum psychodynamischen Verständnis der Dissoziation (dissoziativen Bewusstseinsstörung) als einer spezifischen Abwehrformation in der Folge schwerer traumatischer Erlebnisse zu entwickeln.[1]

Ein Zusammenhang zwischen dissoziativen Symptomen und vorangegangenen traumatischen Erlebnissen wurde bereits am Ende des 19. Jahrhunderts bzw. am Beginn des 20. Jahrhunderts erkannt. Die Dissoziation wurde als eine psychische Reaktion verstanden, die dazu dient, unerträgliche, überfordernde Erlebnisse, Emotionen, Affektzustände zu bewältigen oder zunächst psychisch zu überstehen. Der französische Psychiater Pierre Janet ging von einem „Defizit-Modell" aus: Er glaubte, dass jeder Mensch konstitutionell mit einem bestimmten Maß an psychischer Energie ausgestattet sei, welches alle mentalen Prozesse und Funktionen zusammenhalte und steuere. Durch traumatische Erlebnisse könne es zu

---

[1] Dabei kann ich nicht auf alle Folgen schwerer Traumatisierung eingehen: Die diesbezügliche Literatur ist in den letzten Jahren flutartig angewachsen. Ich werde mich auf eine Auswahl von Literatur begrenzen, die mir für das psychoanalytische Verständnis des Zusammenhangs zwischen schwerer Traumatisierung und Dissoziation relevant erscheint. In anderen Kapiteln des vorliegenden Buchs wird auf Folgen schwerer Traumatisierung eingegangen (vgl. Kap. 2, 8, 18, 20, 24, 26, 27, 31).

einem übermäßigen Verbrauch dieser psychischen Energie (la misère psychologique) kommen. Dies bewirke eine Störung der normalen Integrationsfähigkeit der Persönlichkeit, der Koordination mentaler Funktionen innerhalb einer einheitlichen psychischen Struktur unter der Kontrolle des Selbst, und könne in der Folge zu dissoziativen Symptomen führen. Sigmund Freud verstand die Dissoziation eher als Abwehr eines intrapsychischen Konfliktes (zur Kontroverse zwischen Janet und Freud: vgl. Kapitel 1 und 8). Freud, der ursprünglich davon ausging, dass hysterische Erkrankungen auf sexuelle Verführungen im Kindesalter zurückzuführen seien, entwickelte Zweifel an seiner „Verführungstheorie", weil er im Verlauf der Behandlung seiner Patienten zu der Erkenntnis kam, dass eine Phantasie als Realität wahrgenommen werden kann und er Zweifel an der historischen Wahrheit seiner eigenen Assoziationen und Rekonstruktionen hatte. Er entdeckte die Übertragung und in diesem Zusammenhang den Ödipuskonflikt und relativierte die „Verführungstheorie", die er aber nie ganz verwarf; er war hingegen bezüglich des sexuellen Missbrauchs immer ambivalent, und es finden sich in seinem Spätwerk Aussagen über den möglichen schweren pathogenen Effekt sexueller Kindesmisshandlungen. Zur Geschichte der Verführungstheorie und ihres weiteren Schicksals verweise ich auf die diesbezügliche psychoanalytische Literatur.[2]

Gegenwärtig wird die Dissoziation in Anlehnung an die Positionen von Janet und Freud wie folgt angesehen:
- als ein intrapsychischer Verarbeitungsmechanismus einer nichtintentionalen Autoregulation von Belastungserfahrungen[3]
- als eine spezifische Abwehrfunktion, die in einem besonderen Zusammenhang mit schweren traumatischen Erlebnissen steht und bei der andere Abwehrmechanismen wie Spaltung, Verleugnung, Affektisolierung, Projektion, Identifikation beteiligt sind

Van der Kolk und Fisler (1995) sehen vier unterschiedliche Phänomene, die der Begriff „Dissoziation" umschreibt und die jeweils miteinander in Beziehung stehen:
- die sensorische und emotionale Fragmentation der Erfahrung/des Erlebens
- „peritraumatische Dissoziation" oder „Spacing out": Derealisation und Depersonalisation/Dissoziation während des traumatischen Ereignisses
- fortgesetzte Depersonalisation/Dissoziation und „Spacing out" während des täglichen Lebens
- mit verschiedenen Ich-Zuständen verbundene traumatische Erinnerungen

Zu unterscheiden sind folgende Störungen:
- peritraumatische dissoziative Reaktionen
- spätere, mit spezifischen traumaassoziierten Auslösern verbundene dissoziative Störungen
- dissoziative Störungen, die auch bei nicht mit dem Trauma assoziierten Belastungs- und Konfliktsituationen im Sinne einer Abwehrreaktion eingesetzt werden („dissoziativer Stil" oder „dissoziativer Charakter")

Die Bereitschaft, auf eine traumatische Belastungssituation mit Dissoziation zu reagieren, wird von verschiedenen Faktoren beeinflusst:
- vom Alter und Entwicklungsstand des betroffenen Menschen
- von konstitutionell-genetischen Faktoren
- von der zugrunde liegenden Persönlichkeitsstruktur und der damit verbundenen vorhandenen Abwehrstruktur
- von der Qualität der Objektbeziehungen
- von psychosozialen Faktoren
- von der Quantität des Traumas (Ausmaß und der Schwere der traumatischen Belastung)

---

[2] Zur Geschichte der Verführungstheorie bei Freud vgl. auch Eissler 1993, Blass u. Simon 1994, Bohleber 2000, Ehlert-Balzer 2000 und Zepf 2001.
[3] Vgl. die Zwei-Komponenten-Theorie nach Janet: „konstitutionelle Prädisposition" und spezifische Antwort auf den mit einem Trauma verbundenen Stress („la misère psychologique").

- von der Qualität des Traumas (Handelt es sich um eine Naturkatastrophe [Erdbeben, Hurrikan o. Ä.] oder um eine körperliche oder sexuelle Misshandlung durch nahe Angehörige oder durch anonyme Personen?)

Dissoziative Zustände können einerseits durch **äußere** Trigger/Auslöser, die mit dem Trauma assoziiert sind, andererseits durch **intrapsychische** Trigger ausgelöst werden: bedrohliche und überflutende Affektzustände, die mit intrapsychischen, mit dem Trauma assoziierten Konflikten und Phantasien verbunden sind. Die Dissoziation führt zunächst effektiv zur Angst-Reduktion, wenn andere Abwehrmechanismen nicht ausreichen. Manche Menschen entwickeln schließlich auch in Situationen, die nicht mit dem Trauma assoziiert sind, dissoziative Symptome. Bei einer bestehenden Ich-Schwäche bzw. Ich-strukturellen Störung – an der Menschen mit schweren wiederholten Traumatisierungen in der Vorgeschichte oft leiden – werden bedrohliche Gefühle und Affekte oft als überflutend, überwältigend, unaushaltbar erlebt. Wenn die Dissoziation bei einem Menschen einen wesentlichen Abwehrmodus darstellt, der auch in nicht mit dem Trauma assoziierten Konflikt- und Belastungssituationen eingesetzt wird, besteht ein „dissoziativer Abwehrstil oder Modus" (analog zu Shapiros Bezeichnung der verschiedenen Abwehrstile, zum „hysterischen Modus" von Mentzos oder dem „dissoziativen Charakter" von Brenner). Steele et al. (s. Kap. 26 in diesem Band) verstehen die Dissoziation als eine **phobische Abwehr**, eine Art Vermeidungsstrategie, die zu entsprechenden Beeinträchtigungen im Alltagsleben führt. Wie alle Symptome ist die Dissoziation ein **Kompromiss**, der eine weitere Bedrohung schafft, die in der Gefahr der zunehmenden Schwächung und Zerstörung des Ich durch Verletzung seiner Integrität besteht.

Freud kam zu der Auffassung, dass sich eine **traumatische Neurose** in der Folge eines „ausgiebigen Durchbruchs des Reizschutzes" entwickeln kann:

„Damit wäre die alte, naive Lehre vom Schock in ihre Rechte eingesetzt, anscheinend im Gegensatz zu einer späteren und psychologisch anspruchsvolleren, welche nicht der mechanischen Gewalteinwirkung, sondern dem Schreck und der Lebensbedrohung die ätiologische Bedeutung zuspricht. (…) Der Schreck behält seine Bedeutung auch für uns. Seine Bedingung ist das Fehlen der Angstbereitschaft, welche die Überbesetzung der den Reiz zunächst aufnehmenden Systeme mit einschließt. Infolge dieser niedrigeren Besetzung sind die Systeme dann nicht gut imstande, die ankommenden Erregungsmengen zu binden, die Folgen der Durchbrechung des Reizschutzes stellen sich umso vieles leichter ein." (Freud 1923, S. 31 f.)

In „Hemmung, Symptom und Angst" (1926) beschrieb er die „absolute Hilflosigkeit des Ichs in der traumatischen Situation". Die Funktion der Angst als Signal und damit Schutzmechanismus ist ausgeschaltet, weil das Ich von Angst überflutet wird, die es nicht bewältigen, nicht „binden" kann. Das Ich regrediert in einer traumatischen Situation auf eine „primitivere passiv-rezeptive Art der Realitätsbewältigung" (vgl. Bohleber 2000, S. 802). Die Dissoziation stellt eine Abwehr gegen massive innere Triebimpulse und Affekte, die in realistischer oder neurotischer Weise als existenziell bedrohlich erlebt werden, dar. In Anlehnung an Freuds zweite Angsttheorie, wo vertreten wird, dass das Ich auf eine innere Gefahr, die durch mobilisierte Triebimpulse entsteht, so reagiert wie auf eine äußere Gefahr, vor der es sich durch die Vermeidung schützen kann (Freud 1926), können neben der Angst auch Schuld- und Schamaffekte als Signalaffekte einen dissoziativen Zustand auslösen (s. auch Kap. 16 in diesem Band). Vorbewusste Gedanken, Phantasien sollen an der Bewusstwerdung gehindert werden, damit das Ich nicht von bedrohlichen Affekten überflutet wird. Auch in Situationen, wo es bereits zum Auftreten bedrohlicher Affekte gekommen ist, kann sich die Dissoziation einstellen, um eine weitere Bedrohung bzw. den völligen Zusammenbruch des Ich zu verhindern. Dissoziation bewirkt vorübergehend eine effektive Angst-Reduktion. Aber dissoziative Zustände – insbesondere Zustände schwerer Depersonalisation – führen ihrerseits wiederum zu Angst, meist in Form einer Angst, verrückt zu werden, aus der Realität herauszurutschen, nie mehr zu einem einheitlichen Selbsterleben zurückkehren zu können. Bei einigen Patienten kommt es in Depersonalisationszuständen und anderen dissoziativen Zuständen (zum Beispiel Trancezuständen) zu Selbstverletzungen, welche ihrerseits vorübergehend den Depersonalisationszustand beenden können (vgl. Kap. 16; Eckhardt u. Hoffmann 1993). Menschen, die schweren Traumatisierungen mit entsprechenden Folgen ausgesetzt waren, neigen einerseits zu einer vermehrten Dissoziationsbereitschaft und andererseits zu einer erhöhten Angstbereitschaft in unterschiedlichsten Situationen. Die Dissoziation, die früher im Zusammenhang mit der traumatischen Situation das psychische Überleben ermöglichte, führt jetzt dazu, dass letztlich die Ich-Struktur und damit auch die Fähigkeit, mit ängstigenden Situationen adäquat umzugehen, immer mehr geschwächt wird. Die psychischen Symptome Angst und Dissoziation bedingen sich gewissermaßen gegenseitig und stehen in einer wechselseitigen Beziehung zueinander, was Hoffmann und Eckhardt-Henn (2001) ausführlicher dargestellt haben (s. Abb. 19-1 und 19-2).

Die Dissoziation stellt daher eine **misslungene** Abwehrformation dar, die zunächst psychisches Überleben ermöglicht, aber im weiteren Verlauf eine Entwicklung und Stärkung der Ich-Funktion verhindert und schwächt. Durch die dissoziativen Bewusstseinsstörungen – zum Beispiel rezidivierende dissoziative Amnesie- oder Fugue-Episoden – kommt es zu einer sich ständig wiederholenden Verletzung des Gefühls von Selbst-Kohärenz, -Kontinuität und -Konstanz; dies führt u. a. zu spezifischen Störungen in zwischenmenschlichen Beziehungen, die wiederum eine weitere Verunsicherung und weitere Konflikte nach sich ziehen.

Eine 34-jährige Patientin, bei der es im Zusammenhang mit einer Trennungssituation zum Ausbruch einer zunehmenden pathologischen dissoziativen Störung mit Episoden von Stupor-Zuständen, Amnesien und kurzen Fugue-Zuständen kam, verlor zunächst ihre Stelle, weil sie als Buchhändlerin einer großen Buchhandlung im Kundenkontakt auffällig und seltsam wurde. Es unterliefen

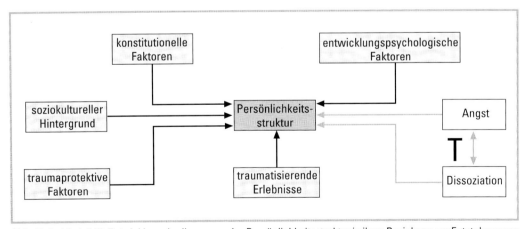

Abb. 19-1: Modell III: Entwicklungsbedingungen der Persönlichkeitsstruktur in ihrer Beziehung zur Entstehung von Angst und Dissoziation (der Blockadepfeil zeigt an, dass die Dissoziation als Angstabwehr fungiert) (nach Hoffmann u. Eckhardt-Henn 2001).

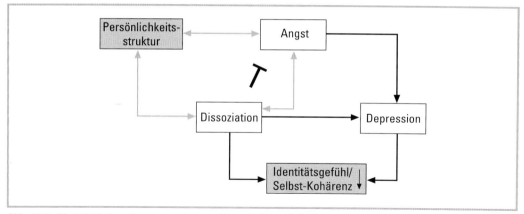

Abb. 19-2: Modell IV: Auswirkungen schwerer Dissoziation auf die Persönlichkeitsstruktur und das Identitätsgefühl (auch hier zeigt der Blockadepfeil an, dass die Dissoziation als Angstabwehr fungiert) (nach Hoffmann u. Eckhardt-Henn 2001).

ihr Fehler, sie konnte sich an Kunden nicht mehr erinnern und schien schließlich nicht mehr tragbar. Wiederholt kam es zu weiteren Problemen: Sie sei plötzlich von Leuten auf bestimmte Gesprächsinhalte und Begegnungen, an die sie sich nicht erinnern konnte, angesprochen worden, sie fand Kleidungsstücke, deren Herkunft sie sich nicht erklären konnte, und ihre Kinder sprachen sie auf Verhaltensweisen an, von denen sie nichts mehr wusste. Sie entwickelte zunehmende Ängste in sozialen Kontakten, aber auch eine diffuse innere Verunsicherung, zog sich immer mehr sozial zurück, glaubte, ihrem Leben nicht mehr gewachsen zu sein, und entwickelte schließlich neben der Angstsymptomatik eine schwere Depression mit Suizidalität. In der folgenden psychoanalytischen Therapie wurde ein Bezug zu einer traumatisierenden biografischen Entwicklung mit sexuellen Misshandlungen durch den Vater, die der Mutter und anderen Familienangehörigen bekannt waren und die diese tolerierten, deutlich.

Die Qualität und die Quantität der traumatischen Erlebnisse sind dabei sehr relevant. Terr (1984) unterscheidet zwischen Typ-I- und Typ-II-Traumata. Ein **Typ-I-Trauma** wäre ein einmaliges Ereignis, das plötzlich und unerwartet auftritt und verheerend ist; es können Vergewaltigungserlebnisse, Naturkatastrophen und Unfälle sein. **Typ-II-Traumata** sind variable, multiple und lang andauernde Traumata, zum Beispiel andauernder physischer oder sexueller Missbrauch oder Kampf. Das initiale Ereignis wird als Typ-I-Trauma erlebt, wenn sich das Trauma aber entfaltet, entwickeln sich die Furcht vor der Wiederkehr des Traumas und das Gefühl der Hilflosigkeit und der Ohnmacht, es zu verhindern. Das Selbstgefühl – vor allem in Bezug zu anderen – verändert sich profund. Häufig entwickeln sich Gefühle von Wertlosigkeit, Schuld, Scham und Resignation – bis hin zur Selbstaufgabe[4].

Der Trauma-Begriff wird oft für sehr unterschiedliche Phänomene und Erlebnisse gebraucht. Diese Thematik würde ein eigenes Buch erforderlich machen. Ich beziehe mich

---

4 Die so genannten „Muselmänner" in Konzentrationslagern waren Menschen, die sich völlig aufgaben und schließlich im Zustand von Marasmus verstarben. Bezüglich der vielfältigen psychischen Folgen, die Holocaust-Überlebende und andere Folteropfer zu erleiden hatten, verweisen wir auf die umfangreiche Literatur, zum Beispiel auf die Arbeiten von Henry Krystal (2000) oder Dory Laub (1993), Varvin (2000), Amati (1993), Fischer und Riedesser (1998) u.v.a.

hier vor allem auf sexuelle und andere körperliche Misshandlungen in der Kindheit und im frühen Erwachsenenalter.

Van der Kolk (2001) fasst die **Folgen schwerer Traumatisierung** überblicksartig zusammen (ergänzt durch die Autorin):
- eine Vielfalt von Problemen bei der Regulation affektiver Zustände, wie Aggressivität, Angst und Sexualität
- eine Affektdysregulation, die die Betroffenen für pathologische Versuche der Selbstregulation wie Selbstverletzungen, Ess-Störungen und Substanzmissbrauch anfällig macht
- starke Erregung, die zu Dissoziation und dem Verlust der Fähigkeit, Gefühle in Worte zu fassen (Alexithymie, Somatisierung), führt
- das Misslingen, ein Gefühl der Sicherheit und Geborgenheit herzustellen, das zu charakterologischen Anpassungen führt
- Probleme in Bezug auf die Selbstwirksamkeit
- Scham und Selbsthass
- Probleme im Umgang mit zwischenmenschlichen Konflikten
- Störungen der Bindungsfähigkeit in Form des Vorherrschens eines desorganisierten Bindungsstils mit entsprechenden Problemen in der Regulation von Nähe und Distanz

19.2 Störungen der Affektregulation

Störungen der Affektregulation haben eine ständige Fehlinterpretation auch harmloser Reize als bedrohlich zur Folge; aktuelle Belastungen werden mit einer emotionalen und affektiven Intensität erlebt, als ob sie mit der traumatisierenden Situation verbunden wären, können dieser aber oft nicht bewusst zugeordnet werden (Konditionierung und Fehlattribution).[5] Die Betroffenen werden innerlich von heftigen, unaushaltbaren Affekten überflutet. Diese Patienten werden oft nicht verstanden, ihre Reaktionen als „hysterisch" oder „dramatisierend" abgewiesen, entwertet oder belächelt („Die ist einfach hysterisch!", „Die ist verrückt, muss in die Psychiatrie!"). Es kommt zu einer weiteren Steigerung der Angst, der Verunsicherung, zu Misstrauen, sozialem Rückzug und heftiger Scham – und Schuldaffekten, die ihrerseits beispielsweise auch Selbstverletzungen oder impulshafte Handlungen nach sich ziehen können.

Eine 38-jährige Patientin, die in einer sadomasochistischen Partnerbeziehung schwersten körperlichen, sexuellen und emotionalen Misshandlungen ausgesetzt war (sie war u. a. über Wochen in einen Keller gesperrt, gefesselt, geschlagen und sexuell missbraucht worden), entwickelte u. a. eine schwere Posttraumatische Belastungsstörung: Sie gehe zum Beispiel in einem Supermarkt einkaufen, und dann komme ein schreiendes Kind plötzlich um die Ecke geschossen. Sie gerate in einen sich blitzartig einstellenden inneren massiven Erregungszustand mit sensitiven Wahrnehmungen, alle Reize steigerten sich ins Unerträgliche, sie könne das nicht kontrollieren und sich nur noch voller Angst auf dem Boden zusammenkauern, wimmern und warten, bis es vorübergehe. Sie wisse, dass andere das erschrecke, was sie dann zusätzlich verwirre und ängstige und ihr unerträglich peinlich sei. Da sie nie wisse, ob so etwas auf sie zukomme, getraue sie sich phasenweise überhaupt nicht mehr, ihre kleine Wohnung, den einzigen Ort, an dem sie sich wirklich sicher fühle, zu verlassen. Manchmal stelle sie das Telefon ab, weil sie sich durch unvorhergesehene Anrufe überfordert und geängstigt

---

[5] Aus kognitionspsychologischer Sicht sind auch Habituationsprozesse für diese „Fehlattribution" und die folgende phobische Vermeidungsreaktion verantwortlich zu machen.

fühle. Sie zwinge sich gelegentlich, mit ihrem Freund in die Stadt zu gehen, was sie aber jedes Mal eine unglaubliche Kraft koste. Sie kenne seit Jahren keinen Zustand von Gelassenheit oder Entspannung mehr. Vorübergehend habe sie versucht, sich mit Alkohol und Tranquilizern zu helfen, was nur neue Probleme mit sich brachte, weshalb sie damit aufgehört habe. Vielfältigste medikamentöse Behandlungsversuche (Antidepressiva und Neuroleptika) waren erfolglos geblieben. Beim ersten Gespräch schreckte die Patientin jedes Mal auf, wenn sie ein Geräusch vom Flur her hörte, ständig schaute sie zur Tür, als ob sie jeden Moment damit rechnen müsste, dass jemand hereinkomme, der ihr Gewalt antun wolle. Mir wurde sehr spürbar, wie geplagt und gequält sich diese Patientin fühlen musste, denn ich selbst reagierte mit einer vegetativen Anspannung.

19.3 Entwicklungs- und selbstpsychologische Perspektiven

Auf frühen Entwicklungsstufen scheinen noch viele psychische Abläufe nebeneinander zu existieren; die Integrationsfähigkeit entwickelt sich erst später. Bei Kindern ist ein erhöhtes dissoziatives Potenzial normal, d. h. physiologisch bedingt (vgl. Kap. 6 in diesem Buch). Kinder zeigen zum Beispiel eine bestimmte Art von Vergesslichkeit, einen rapiden Wechsel ihrer Aufmerksamkeit und ein, je nach situativem Kontext, wechselndes Identitätsbewusstsein, ähnlich den Phänomenen, die man bei Erwachsenen mit dissoziativen Störungen beobachten kann. So könnte man die Dissoziation als einen **regressiven** Vorgang, als einen Rückgriff auf Erlebnisweisen früherer Entwicklungsstufen, der unter bestimmten Bedingungen eintritt, verstehen.

Aus **selbstpsychologischer Sicht** wird angenommen, dass sich die Kohäsion des Selbst typischerweise durch kontinuierliche Selbst-Objekt-Erfahrungen während des Lebens entwickelt. Bei traumatisierten Kindern werden Teile des Selbst abgespalten, bevor diese Kohäsion erreicht ist; diese Selbst-Anteile koexistieren, ohne in das übrige Selbst integriert zu werden, und können sich in schweren Fällen, d. h. unter der chronischen Einwirkung schwerer traumatischer Erlebnisse, schließlich unabhängig bis hin zu eigenen abgespaltenen Persönlichkeitszuständen entwickeln. Schwere und chronisch einwirkende Traumata, wie körperlicher oder sexueller Missbrauch, schwere Vernachlässigung oder wiederholte Verlusterlebnisse können die menschlichen Bewältigungsmöglichkeiten überfordern und insbesondere dann zu bleibenden Schäden führen, wenn die psychosexuelle Entwicklung noch nicht abgeschlossen ist und wenn nicht genügend protektive Faktoren vorhanden sind, die das Kind bei der Bewältigung dieser Traumata unterstützen (vgl. Eckhardt 1996; Eckhardt u. Hoffmann 1993; vgl. Kap. 6 in diesem Band).

19.4 Die Zerstörung der Wirklichkeit: das Trauma in der Objektbeziehung

Sexuelle und andere körperliche Misshandlungen durch einen Elternteil, andere Familienangehörige oder nahe stehende Menschen bedeuten einen zerstörerischen Angriff auf das basale und lebensnotwenige Bedürfnis, einem Menschen zu vertrauen, ihm nahe zu sein, sich von ihm abhängig zu fühlen, sich auf ihn einzulassen, sich an ihn zu binden. Besonders die fatale Verbindung von Schmerz und Zuwendung, von Grenzverletzung, Ausbeutung und Zärtlichkeit schafft eine unerträgliche, verrückt machende Verwirrung und bringt das Kind in ein unaushaltbares inneres Dilemma.

Auch für Erwachsene, die schwerer Traumatisierung in Form körperlicher, psychischer (sadistischer) und sexueller Misshandlung ausgesetzt werden, sind das die zentralen schädigenden Faktoren.

Darin liegt nach meiner klinischen Erfahrung (und der Erfahrung vieler anderer Autoren, die mit solchen Patienten arbeiten oder gearbeitet haben) der Hauptschaden, den solche Erfahrungen für einen Menschen bedeuten können. Von psychoanalytischen Autoren wurden diese Aspekte vielfach und frühzeitig beschrieben (Ferenczi 1933; Balint 1969; Shengold 1989). In seiner klassischen Arbeit „Sprachverwirrung zwischen dem Erwachsenen und dem Kind" beschrieb Ferenczi (1933), dass nicht nur das traumatische Erlebnis, sondern besonders die damit verbundenen widersprüchlichen und verwirrenden Erfahrungen in der Objektbeziehung von Bedeutung für die Entwicklung seelischer Störungen sind.

Die Zuweisung von Schuld an dem sexuellen Übergriff durch den misshandelnden Erwachsenen und das Erleben, dass der geliebte und für das Kind existenziell wichtige Erwachsene dem hilflosen Kind die Hilfe versagt, tragen zu den schweren Schäden bei, die solche Erfahrungen bewirken können. Das Gefühl „primärer Hilflosigkeit" kann ein Leben lang bestehen bleiben und immer wieder reaktiviert werden. Diese Aspekte sind bis heute Gegenstand der Missbrauchsforschung. Es gilt als belegt, dass intrafamiliäre Misshandlungen, also die Misshandlung durch die Menschen, die dem Schutz und der Fürsorge des Kindes dienen, am gravierendsten sind; dazu gehören auch die Duldung des Missbrauchs durch die Mutter oder andere Angehörige, Schweigegebote oder Zurückweisung, indem der Missbrauch als „normal", gerechtfertigt oder aber als ungeschehen erklärt oder dem Kind die Schuld daran zugewiesen oder es zusätzlich bedroht wird („Dann kommst du ins Heim!" „Du bist Schuld, wenn Papa ins Gefängnis kommt!").

Körperliche oder sexuelle Misshandlung durch einen Elternteil oder einen anderen vertrauten und geliebten Menschen bedeutet einen Verrat an der Erwartung des Kindes auf kontinuierliche, verlässliche Verantwortlichkeit. Je nach der spezifischen Dynamik erleben diese Kinder, dass die Menschen, die sie versorgen, die sie lieben, sie gleichzeitig verraten, verletzen und existenziell bedrohen. Es kommt zu einer traumatischen Erfahrung in Form des Bruchs der Selbst-Objekt-Verbindungen zwischen dem Kind und den Eltern; das Trauma unterbricht die Verbindung zwischen dem Selbst und dem empathischen anderen, eine Verbindung, die zuerst durch die Erwartung gegenseitiger Verantwortlichkeit in der Mutter-Kind-Dyade etabliert wurde (Laub u. Auerhahn 1993; Droga 1997). Die Gefahr des Objektverlustes, des Verlustes der Objektliebe hat existenziellen Charakter. Je nach Alter der Kinder und entwicklungspsychologischer Situation kann es zu einer Pathologisierung bestimmter Konflikte kommen. Die psychosexuelle Entwicklungsphase, auf die das Trauma trifft, und das damit verbundene seelische Erleben beeinflussen die weitere intrapsychische Verarbeitung, d. h., dass bestimmte normale, für die jeweilige Entwicklungsphase charakteristische innerpsychische Konflikte perpetuiert werden oder eine pathologische Fixierung/Verarbeitung erfahren können.

Wenn beispielsweise ein kleines Mädchen den Wunsch hat, den Vater als Partner für sich zu gewinnen und die Rache der ödipalen Mutter fürchtet und es in dieser Phase zu einem sexuellen Missbrauch durch den Vater kommt, dann werden diese Wünsche Realität. Daraus resultieren Schuldgefühle und Ängste, die sich mit den durch das Trauma bedingten Ängsten und Affekten mischen und kaum bewältigbar sind. Selbstdestruktive Symptome, wie zum Beispiel selbstverletzende Verhaltensweisen, können resultieren und in einer komplexen Beziehung mit dissoziativen Störungen stehen (vgl. Eckhardt u. Hoffmann 1993). Zepf bemerkt in diesem Zusammenhang:

„Denn im Trauma tritt das ein, was das

Subjekt durch den Einsatz seiner Abwehrmechanismen zu verhindern suchte. Die aufgrund einer äußeren Gefahr vormals antizipierte innere Gefahr, welche bei der Realisierung seiner Triebwünsche drohte, wird im Trauma Wirklichkeit, sodass sich damit auch das bisherige System der Ersatzbildungen, die eben das Auftreten eines derartigen Traumas verhindern sollten, als insuffizient erweist und eben neu strukturiert werden muss." (Zepf 2001, S. 343)

Dabei ist von wesentlicher Bedeutung, ob das Kind eine andere empathische und unterstützende Bezugsperson hat, die seine Bedürfnisse nach Schutz und empathischem Verständnis beantwortet, seinen Schmerz, seine Verletzung erkennt und schätzt und ihm dabei hilft, seine verwirrenden und heftigen Affekte im Sinne eines Containment (Bion) zu modulieren, zu integrieren und damit zu verarbeiten. Die meisten Kinder, die intrafamiliären Misshandlungserfahrungen ausgesetzt sind, erleben, dass ihre Erfahrungen verleugnet oder geduldet werden und dass man ihnen die Schuld daran zuschreibt.

Es werden keine Worte gebraucht und wenn, dann werden sie verwirrend gebraucht: Sie passen nicht zu dem, was das Kind empfindet („Das, was wir machen, ist schön, das tut dir gut. Kleine Mädchen haben das gern. Ich zeig dir mal was ganz Tolles, das du anfassen darfst." „Das ist unser Geheimnis" oder „Du wolltest das doch. Ich tue das nur, weil du das willst!"). Nicht nur die Sprachverwirrung, sondern auch die Gefühlsverwirrung schafft das Gefühl der Verzerrung, der Zerstörung der Wirklichkeit und der Symbolisierungsfähigkeit, was von vielen psychoanalytischen Autoren bereits frühzeitig beschrieben wurde. Grubrich-Simitis (1984) spricht von einem „schwarzen Loch" in der psychischen Struktur, andere Metaphern fasst Bohleber in seiner Übersicht (2000) zusammen: „Fremdkörper und Lücke" (Cohen 1985; Kinston u. Cohen 1986), „Krypta im Ich" (Abraham u. Torok 1976), „leerer Kreis" (Laub 1998).

Eine betroffene Patientin erzählt:

„Das Schlimme war, dass ich dachte, es ist alles nur ein böser Traum gewesen. Am Tag war alles wie sonst auch; sie (die Eltern) waren so, als ob nichts passiert sei – ich habe mich immer gefragt, warum sie (die Mutter) das zulässt, dachte dann, dass sie es auch will, dass ich es für sie tun muss. Aber wenn ich mich dann stolz in meinem Kleidchen zeigte, wurde er auf einmal ganz böse und schrie mich an, dass ich mich nicht so aufführen soll. Ich fühlte mich völlig verwirrt und habe mich unglaublich geschämt. In der Nacht kam er dann wieder. Ich dachte, ich sei verrückt, ich bildete mir das alles nur ein."

Die Artikulation von Nöten, Ängsten, Wut etc. führt in der traumatischen Objektbeziehung zu Zurückweisung, Bestrafung und der Drohung, ausgestoßen und verlassen zu werden. Nicht nur das Trauma, sondern auch die Veränderung der familiären Welt des Kindes und des Bildes der eigenen Geschichte ist wesentlich und wirkt sich auf die Etablierung einer neuen persönlichen Realität aus. Das Kind wird in diesen Familien mit einer Art Double-Bind-Situation konfrontiert. Es darf die Widersprüchlichkeit des Verhaltens der missbrauchenden Elternfiguren nicht ansprechen. Es spürt die Tabuisierung dieser Situation. Die Umgebung verlangt von ihm, dass es sich ganz unterschiedlich verhält. Das Kind ist völlig verwirrt, weil es nicht weiß, was die eigentliche Wirklichkeit ist. Es befindet sich in einem unlösbaren und unerträglichen inneren Dilemma. Es erlebt (wie die oben zitierte Patientin) den Vater einerseits als versorgende, Sicherheit gebende und unterstützende Figur und andererseits als jemanden, der seine Position ausnutzt und es verletzt und ausbeutet.

Insbesondere dieser **psychische Verlust** der missbrauchenden Elternfigur, der enorme Verrat, den es empfindet, die Hilflosigkeit und die Ohnmacht, die traumatische Sexualisierung und Überstimulation überfordern seine Bewältigungsmöglichkeiten und führen zu vielfältigen Störungen. Die Entwicklung unterschiedlicher Persönlichkeitszustände (wie bei der Dissoziativen Identitätsstörung) wird durch diese Situation notwendigerweise gefördert und kann auch als eine genuine Leistung der Psyche angesehen werden, ohne die es zu noch schlimmeren Schädigungen käme. Die erwähnte Patientin entwickelte zum ersten Mal in den Missbrauchssituationen Zustände von Depersonalisation, die es ihr ermöglichten, die notwendige Bindung an den Vater zu erhalten. Sie hatte das Gefühl, dass es gar nicht mit ihr geschah – sie war eigentlich nicht anwesend.

Bowlby (1984) beschrieb, wie missbrauchte Kinder gegenüber den missbrauchenden Eltern durch eine Überwachheit und Überaufmerksamkeit reagieren, wie sie ihre Affekte gewissermaßen „einfrieren" (frozen watchfulness), um ihre Aufmerksamkeit ganz auf die Umgebung, d. h. potenzielle neue Übergriffe richten zu können.

19.5 Dissoziation und Bindungsstörungen

Schore (2000; 2001) spricht in Bezug auf den Zusammenhang von Dissoziation, Trauma und Bindungsstörungen von einem „Beziehungs- oder Bindungstrauma" (attachment-, relational trauma) und unterscheidet zwei Typen von Beziehungstraumatisierungen:
- Misshandlung/Missbrauch (abuse), die/der zu Überstimulation und zu Hyperarousal führt, was auch bereits von Shengold (1989) eindrücklich beschrieben wurde
- Vernachlässigung (neglect), die zu einer Unterstimulation und in der Folge zu Überstimulation und zur Down-Regulation führen kann

Die Dissoziation kann als eine Art Notfallreaktion, die zu einem Rückzug von der Außenwelt, also von äußeren bedrohlichen Reizen, aber auch von der Innenwelt, also inneren bedrohlichen Reizen und überflutenden Affekten führt, verstanden werden (vgl. auch Sachsse 2003). Schore verbindet diese Ansätze mit neueren neurobiologischen Ergebnissen der Trauma-Forschung und zeigt auf, dass sich traumatisierende Bindungserfahrungen, wenn sie in einer bestimmten vulnerablen Lebensphase auftreten, schädigend auf die Organisation der rechten Hirnhemisphäre auswirken. Eine bleibende Vulnerabilität und Dysfunktion in Stress-Situationen ist die Folge und bedingt eine Prädisposition für die spätere Entwicklung Posttraumatischer Störungen. (Dies wird von Kapfhammer in Kapitel 2 dieses Buchs ausführlich dargelegt.)

Schore versteht Bindung als eine Regulation interaktioneller Synchronizität, als einen regulatorischen Prozess der Affekt-Synchronizität, der einen Zustand eines positiven Arousals schafft und damit eine innerpsychische Basis für die Fähigkeit, negative Affektzustände zu modulieren. Damit bietet eine sichere Bindungserfahrung und Bindungsfähigkeit das Fundament für die Widerstandsfähigkeit gegenüber Stresserfahrungen und Belastungssituationen.

Ein **desorganisierter Bindungsstil** wurde von Liotti (1991), Liotti und Pasquini (2000) sowie von Main (1995) als ein frühes Analogon zur Dissoziation und als Prädisposition zum späteren Auftreten dissoziativer Störungen verstanden. Ein desorganisierter Bindungsstil wurde bei bis zu 80 % der Kinder, die sexuellen und anderen körperlichen Misshandlungen sowie Deprivationssituationen ausgesetzt waren, nachgewiesen (Lyons-Ruth et al. 2002; Fonagy 1998a; 1998b). Misshandlungserfahrungen bringen das Kind in einen unerträglichen, unlösbaren Konflikt zwischen Annäherung und Vermeidung (Main u. Hesse 1990). Nach Main (1995) zeigen Kinder mit desorganisiertem Bindungsstil eigentümliche und widersprüchliche Verhaltensweisen in

Anwesenheit der Bezugsperson: Sie entfernen sich beispielsweise bei Angst vor einem Fremden von der Bezugsperson, lehnen ihren Kopf an die Wand, blicken während der Trennung zur Tür und schreien nach der Bezugsperson, um sich dann aber bei der Wiedervereinigung still abzuwenden.

Das Zentrale eines **desorganisierten Bindungsstils** besteht in einem Zusammenbruch der Aufmerksamkeits- und Verhaltensstrategien. Diese Kinder werden durch verängstigende oder selbst verängstigte Bindungsfiguren verunsichert, haben daher keine Handlungen oder Verhaltensstrategien zu Verfügung. Sie sind anders als Kinder mit anderem Bindungsstil nicht in der Lage, Angst und Kummer in Schach zu halten und sich bei Angst an die Bezugsperson zu wenden. Ihr Verhalten hat „Albtraum-Qualität" (Solomon u. George 1991).

Desorganisiertes Bindungsverhalten kann als eine direkte Auswirkung traumatischer Erlebnisse verstanden werden, kann aber auch als ein „Zweite-Generations-Phänomen" bei Kindern von traumatisierten Eltern, die ihrerseits an dissoziativen Störungen litten, auftreten. Ein hoher Prozentsatz (62%) von Patienten mit dissoziativen Störungen, hatten Mütter, die zwei Jahre vor oder nach der Geburt des Patienten selbst ein zentrales Verlusterlebnis durchgemacht hatten (Liotti 1991). In neueren Untersuchungen mit dem Bindungsinterview (Lyons-Ruth et al. 2002; Main 2002) fand man, dass die betroffenen Patienten bestimmte Abbrüche im Kontakt zeigen, zum Beispiel:
- plötzlich den Sprachfluss für mehrere Sekunden unterbrechen
- Gedankenabbrüche zeigen
- unlogische Kombinationen und Verwechslungen von Raum, Zeit und Personen zeigen
- den Blickkontakt vermeiden

Diese Phänomene werden auch in sprachlichen Analysen von klinischen Interviews mit Patienten mit dissoziativen Anfällen von Schöndienst (vgl. Kap. 24 in diesem Buch) beschrieben. Es ist leicht vorstellbar, welcher Verunsicherung in der Objektbeziehung ein Kind ausgesetzt ist, das mit einer solchen Elternfigur, die selbst an einer dissoziativen Störung leidet, konfrontiert ist. Die Interaktion bedeutet eine einerseits eine Quelle von Sicherheit und andererseits von Angst und potenzieller Verunsicherung.

Diese klinischen Beobachtungen werden durch neuere neurobiologische und kognitionspsychologische Ergebnisse untermauert: So wurden Störungen der narrativen Kohärenz bei Kindern, die traumatisierenden Erfahrungen ausgesetzt waren, beschrieben (Pynoos et al. 2001). Spezifische Störungen der Erinnerung können diese Phänomene erklären: Bei kleinen Kindern werden, wenn die Sprachentwicklung aufgrund der noch nicht abgeschlossenen Reifung bestimmter Hirnregionen noch nicht beendet ist, Erinnerungen vorwiegend implizit gespeichert, d. h. traumatische Erlebnisse, die in dieser Zeit stattfinden, können nicht in Form von Sprachbildern verarbeitet werden (vgl. Kap. 2). Neuere neuroradiologische Untersuchungen von Trauma-Patienten ergaben Hinweise darauf, dass es bei der Präsentation von traumatischen Ereignisinhalten im Broca-Areal der linken Hemisphäre (Sprachzentrum) zu einem Abfall des O_2-Verbrauchs kommt, während diese in der Amygdala-Region zunimmt (Rauch et al. 1996). Dies würde die Hypothese weiter untermauern, dass traumatische Erinnerungen vorwiegend implizit gespeichert werden und daher die sprachliche Verarbeitung (explizite Erinnerungen) erschwert ist.

Fonagy (1998a) vergleicht die Charakteristika desorganisiert gebundener Kinder – den schnellen Wechsel widersprüchlicher Verhaltensmuster so wie Suchen nach Nähe und Kampf, Vermeidung und Stress-Signale, Lachen in Trennungssituationen und anschließender Zusammenbruch – mit dem wechselnden und widersprüchlichen Verhalten von Borderline-Patienten.

Auf die Bedeutung von Bindungsstörungen weist auch die Beobachtung von Van der Kolk et al. (1991, S. 186; 2001) hin, dass die Fähigkeit, aus der Anwesenheit anderer Menschen angenehme Gefühle zu beziehen, am Ende ein stärkerer Prädiktor dafür war, ob sich die gesundheitliche Situation der Patienten besserte und sie in der Lage waren, chronische selbstzerstörerische Handlungen aufzugeben, als die Qualität des Traumas selbst.

Pynoos et al. (2001) betonen die Bedeutung der „traumabezogenen Erwartungen". Durch die traumatischen Erfahrungen kommt es zu einer Verzerrung der Erwartungen des Kindes in Bezug auf die Welt, das persönliche Integrationsgefühl, die Sicherheit, Geborgenheit und Verlässlichkeit in zwischenmenschlichen Beziehungen. Pynoos et al. fassen die Störungen der entwicklungsentsprechenden Erwartungen im Zusammenhang mit der Einschätzung von Gefahren und des Umgangs damit wie folgt zusammen (S. 274):

- das Ausbleiben von Alarmreaktionen
- das Versagen des sozialen Umfeldes
- die Zerstörung eines vorhandenen Schutzschildes
- die Unfähigkeit, Übergriffe abzuwehren
- der Verrat an grundlegenden Bindungserwartungen
- die Unfähigkeit, die entstandenen katastrophischen Gefühle, die Gefahr abzuwenden
- der Verlust des Glaubens an eine menschliche Welt
- das Gefühl der Resignation darüber, dass man sich einem unvermeidlichen Gefahrenmoment unterwerfen musste

Die Dissoziation stellt eine Möglichkeit dar, die lebensnotwendige Bindung und Liebe zu den missbrauchenden Eltern zu erhalten (vgl. Spiegel 1986 u. a.). Es gibt zwei oder mehrere Wirklichkeiten und die enormen inneren Affekte, die zu bedrohlichen intrapsychischen Konflikten führen, können mit dem Abwehrmodus der Dissoziation in Schach gehalten werden – vorübergehend. Später kann das Kind bzw. der Erwachsene den dissoziativen Mechanismus einsetzen, um auch anderen ängstigenden, konflikthaften realen Lebenssituationen zu begegnen, zu entkommen. Ein Vorgang, der in einem Lebensabschnitt einen **Bewältigungsversuch traumatischer Belastung** darstellt, führt – repetitiv eingesetzt – in späteren Lebenssituationen zu einer klinischen Symptomatik, d. h. zu einer Verschlechterung der Anpassung (vgl. auch Eckhardt u. Hoffmann 1993). Die Dissoziation kann als eine im Ansatz **sinnvolle Überlebensstrategie**, als eine entgleiste Abwehrfunktion des Ich verstanden werden. Sie ermöglicht einerseits, dass das übrige Selbst weiter funktioniert und nicht durch die unerträglichen Affekte, die mit der Erinnerung an die traumatischen Ereignisse verbunden sind, bedroht ist; andererseits kommt es aber zu einer kontinuierlichen, fortschreitenden Schwächung der Identität. Ein Gefühl für ein kohärentes Selbst, eine kohärente Identität kann sich nicht entwickeln, weil wesentliche autobiografische Faktoren nicht zugänglich sind und weil es durch die dissoziativen Zustände immer wieder zu einem Bruch des Identitätsgefühles kommt.

Davies und Frawley (1994) weisen darauf hin, dass „nicht das traumatische Ereignis allein von Bedeutung ist, sondern die Erfahrung und die Repräsentation des Selbst des Kindes während der Missbrauchserlebnisse und ihr Erleben und die Verinnerlichung der anderen in ihrer Welt, wie sie in den Missbrauchssituationen repräsentiert sind, von ebenso wichtiger Bedeutung sind". Es entwickelt sich ein „dissoziiertes Kind-Selbst", d. h. eine **spezifische Organisation von Selbst- und Objektrepräsentanzen**, die zu den Missbrauchserlebnissen gehört und die affektiven, kognitiven, physiologischen und phantasierten Ausgestaltungen dieser Ereignisse in einem abgespaltenen Ich-Zustand enthält, der für die übrige Persönlichkeit nicht zugänglich ist. Dieses **dissoziierte Selbst** ermöglicht es dem übrigen Selbst, u. a. auch durch die kathartische Abfuhr bestimmter Affekte, relativ unauffällig zu funktionieren. Solche Kinder entwickeln oft frühzeitig dissoziative Störungen, die ihnen das Überleben in dieser widersprüchlichen und bedrohlichen Umgebung ermöglichen. Diese Anpassungsversuche des Kindes dienen dazu, die ursprüngliche, existenziell wichtige Bindung an die Eltern zu erhalten.

> Eine junge Frau, die seit mehreren Jahren an einer schweren Selbstverletzung, an depressiven Zuständen und Depersonalisationssymptomen litt, beschrieb ihren Vater, der sie seit ihrem 6. Lebensjahr zu oralem Geschlechtsverkehr gezwungen hatte, lange Zeit als lieben und fürsorglichen Mann. „Er war doch auch so zärtlich und hat sich dann nur mit mir beschäftigt und gehörte mir dann ganz. Wenn es dann so eklig war und ich das Gefühl hatte zu ersticken und in mir dieses eklige Zeug war, wovon ich nicht wusste, was es in mir macht und von dem ich mich innerlich beschmutzt fühlte und Würge- und Brechreiz bekam, dann kamen diese Zustände, und ich konnte wie ein Vögelchen aus mir heraus fliegen. Mein Kopf war abgetrennt, und das, was da passierte, passierte nicht mir. Ich fand es auch toll, dass er so zärtlich war, und es war doch in Ordnung. Ich war seine Tochter, und Väter tun das mit ihren Töchtern, das ist ganz normal, hat er immer gesagt, und ich habe es auch geglaubt. Und so ist es schließlich auch. Und wenn, dann bin ich dran schuld."

Durch die Verinnerlichung der traumatischen Objektbeziehungen kommt es zu einem innerpsychischen Erleben des Bedrohtseins und der damit verbundenen massiven schmerzhaften Affekte und Emotionen, die nicht „gebunden", nicht „verarbeitet" werden können. Diese Erfahrung ist ebenso traumatisch, und das hat eine wichtige Bedeutung für die spätere Behandlung dieser Patienten, weil es – wenn sich eine Posttraumatische Belastungsstörung ausbildet – immer wieder zu Erlebnissen der inneren Überflutung mit belastenden Emotionen und Affekten kommt, die nicht kontrolliert werden können; der Betroffene fühlt sich diesen Zuständen ungeschützt ausgeliefert, und sie wirken deshalb zusätzlich traumatisierend. Es kann aufgrund der komplexen neurobiologischen, kognitiven und psychodynamischen Störungen nicht zu einer innerpsychischen Verarbeitung kommen, sondern zu einer unbewussten Wiederholung dieser Erfahrungen in den späteren Beziehungen, was auch für die psychotherapeutische Beziehung (Übertragungs-Gegenübertragungsbeziehung) von wichtiger Bedeutung ist.

19.6 Traumatische Introjektion – Trauma in der Objektbeziehung

Das traumatische Erlebnis durchbricht das persönliche Bedeutungsnetz und kann daher nicht in einen persönlichen Bedeutungszusammenhang gestellt werden. Durch die Unfähigkeit, das Trauma zu integrieren, kommt es u. a. zu einer Tendenz, immer wieder in die Vergangenheit zu versinken, aus der Realität herauszurutschen (Van der Kolk 2001). Amati (1977), der mit Folteropfern aus Südamerika gearbeitet hat, weist darauf hin, dass der Gefangene darum kämpft, weiterhin die äußere und innere Realität unterscheiden zu können. Daran entscheide sich, ob man als Person überlebe oder in einen Zustand totaler Verwirrung verfalle.

Ehlert und Lorke (1988) und Ehlert-Balzer (1996) sprechen in ihren Arbeiten über Verfolgungstraumata von der „traumatischen Introjektion", die den traumatisierenden Aspekten des Täters gilt:

„Sie zielt auf die Wiederherstellung der lebensnotwendigen Liebe, stellt also den Versuch dar, den aktuellen Verlust des guten Objektes und den damit verbundenen psychischen Mangelzustand zu kompensieren. Dies geschieht durch die totale Unterwerfung unter den Misshandler und dessen Wünsche (Fenichel 1946). Der zentrale Angriffspunkt dabei ist das Ichideal des Opfers, indem sich das vom Misshandler propagierte Feindbild als Selbstbild festsetzt." (Grubrich-Simitis 1979)

Auf der Ebene der Objektbeziehungsphantasien wird der Täter mit dem Primärobjekt verwechselt, weil die völlige narzisstische Entleerung nur durch die narzisstische Verschmelzung mit der omnipotenten Täterfigur umgangen werden kann. Ehlert-Balzer bezeichnet dies als die traumatische Introjektion, deren Ziel es ist, die Einheit mit dem Primärobjekt wiederherzustellen. Das traumatische Introjekt bleibt aber ein feindlicher Fremdkörper, der von den noch nicht befallenen Teilen der Persönlichkeitsstruktur isoliert werden muss. Der Versuch, das Trauma aus dem Alltag herauszuhalten, gelingt aber nur partiell; immer mehr Teile der Persönlichkeit werden „infiziert" und Abwehrmanöver, wie zum Beispiel dissoziative Prozesse, führen zu einer zunehmenden Schwächung des Ich und der Persönlichkeit. Eine erschütternde Selbstdestruktivität, die sich in sehr unterschiedlicher Weise äußern kann, ist oft vorhanden. Nicht selten kommt es zu einer geheimen Idealisierung des Traumas und einer damit verbundenen pathologischen Quelle des Selbstgefühls, wie es Wurmser (1993), Novick und Novick (1988) und andere Autoren eindrücklich beschrieben haben. Ähnlich wie die von Ehlert-Balzer beschriebene traumatische Introjektion kann der Abwehrmechanismus als „Identifikation mit dem Aggressor" verstanden werden.

Elemente der traumatischen Beziehung werden internalisiert/introjeziert, was von den Betroffenen teilweise hochbeschämend erlebt wird; Phantasien, Impulse, die als fremd wie ein inneres fremdes malignes Objekt empfunden werden, zum Beispiel heftigste autoaggressive Impulse, auch aggressive sadistische Impulse und wiederkehrende, sich aufdrängende Erinnerungen: als ob der Täter weiterhin untrennbar mit ihnen verbunden, von ihnen Macht und Besitz ergriffen habe, sie mit ihm eins geworden seien.

Das Konzept der Dissoziativen Identitätsstörung kann daher als ein spezifisches Abwehrkonzept für schwerste Traumatisierung verstanden werden. Diese Anteile der traumatischen Objektbeziehung werden anderen Persönlichkeitsanteilen zugeschrieben, die als dissoziiert erlebt und damit der zentralen Persönlichkeit nicht mehr zugerechnet werden. Es ist gewissermaßen eine geniale Leistung des Ich, eine Strategie, um die unerträglichen und zerreißenden inneren Konflikte zu überleben. Aber diese introjizierten Teile, die mit der traumatischen Objektbeziehung verbunden sind, sich aus ihr entwickelt haben, bleiben weiter in dissoziierter Form erhalten. Die Integration kann wegen heftiger Affekte, Schuldgefühle und der Angst vor Impulskontrollverlusten nicht erfolgen. In einem solchen dissoziierten Persönlichkeitszustand kann es zu Impulskontrollverlusten und zur kathartischen Abfuhr von heftigen aggressiven und autoaggressiven Impulsen kommen, die dann aber nicht bewusst erlebt werden und damit auch nicht zu heftigen unerträglichen Konflikten führen. Es wirkt fasst „platt", aber es hat die Funktion, diese als fremd erlebten Anteile „eigenen" Persönlichkeitsanteilen zuzuordnen, die jeweils nichts mit der Grundpersönlichkeit zu tun haben.

19.7 Mentalisierungsfähigkeit

Fonagy et al. (2002) entwickeln gut bekannte psychoanalytische Konzepte (Winnicott, Bion) mit ihrem **Konzept der Mentalisierungskapazität** weiter.

Wenn das Kleinkind im Gesicht der Mutter/des primären Objekts (der zentralen Bindungsperson) erlebt, dass sein eigener innerer Zustand, sein Gefühl, seine Stimmung nicht mit dem Zustand im Gesicht der Mutter affektiv korrespondiert, es keine Reaktion auf seinen inneren Zustand erlebt, kann sich ein Keim für einen potenziell verfolgenden anderen entwickeln, der im Selbst eingeschlossen ist, aber als fremd und unassimilierbar erlebt wird. Eine Separationsbestrebung führt immer nur hin zu einer Fusion, weil das Objekt Teil seiner Selbst-Struktur ist. In Entwicklungskrisen, in denen die Separationsbestrebungen immer drängenderen Charakter haben, werden nicht selten selbstzerstörerische und suizidale Verhaltensweisen als einzige Lösungsmöglichkeit für ein inneres unlösbares Dilemma empfunden: die Befreiung des Selbst vom anderen durch die Zerstörung des anderen innerhalb des Selbst. In misshandelnden Beziehungen kann sich das Kind von der Vorstellung des inneren Zustandes des anderen/des Täters im Sinne einer Abwehr abwenden, um sich nicht mit der unerträglichen Tatsache zu konfrontieren, dass der andere – der zugleich sein Versorger ist – es schädigen, ausbeuten, verletzen will. Das kann zu einer Vermeidung des Anerkennens, des Wahrnehmens mentaler Zustände im anderen und im Selbst führen und damit zu einer weiteren Verminderung der Möglichkeit der Identifizierung und des Einlassens auf intime Bindungen mit einem empathischen Objekt.

Patienten mit dissoziativen Bewusstseinsstörungen sind häufig Opfer von Kindesmisshandlungen. Sie versuchen diese traumatischen Erlebnisse zu bewältigen, indem sie sich weigern, den für sie unaushaltbaren psychischen Anteil des anderen (des Täters), der sie misshandeln und schädigen will, zu realisieren. Es kommt zu einer defensiven Unterbrechung ihrer Fähigkeit, Gefühle und Gedanken in sich selbst und im Gegenüber wahrzunehmen. Damit bleiben sie in diffusen inneren Zuständen verhaftet und sind in allen intimen Beziehungen verletzbar; sie benötigen die reale Präsenz eines Gegenübers zur Projektion ihrer inneren Impulse und Phantasien und fühlen sich dann von diesen verfolgt. Das begründet ihre „Bedürftigkeit", die aber zu Konfusion und Chaos führt, wenn es zu näheren Beziehungen kommt, weil diese Menschen nicht mehr zwischen der eigenen mentalen Repräsentanz und der des anderen unterscheiden können. Sie werden terrorisiert durch die Gedanken über die anderen via Projektion in den anderen, besonders durch die Projektion ihrer aggressiven Impulse und Phantasien; diese werden lähmend, und sie inszenieren eine Zurückweisung durch den anderen und weisen selbst andere zurück.

Kinder, die über eine gute, vertrauensvolle Bindung zu einem Menschen verfügen, der ihnen bei der Entwicklung des „Mentalisierungsprozesses" hilft, d. h. hilft, die Ereignisse, die traumatisch waren, zu verarbeiten, zeigen weniger psychische Folgeschäden (Dornes 2000). Bei Kindern, die keine vertrauensvolle Beziehung zu einem anderen Menschen hatten, kann sich in der Folge eine Grundhaltung von Argwohn und Misstrauen entwickeln, die ihrerseits immer mehr die Möglichkeit beeinträchtigt. eine gute, auf Empathie begründete Objektbeziehungserfahrung zu machen und solche Beziehungen aufzubauen. Die scheinbare Entkopplung vom Mentalisierungsmodell beraubt diese Menschen schließlich jeden zwischenmenschlichen intimen Kontaktes.

Dissoziierte Erfahrung ist nach Fonagy et al. (2002) **unmentalisierte Erfahrung**, die an einem anderen, von den übrigen psychischen Funktionen separierten Ort existiert.

Sie dient dazu, unerträgliche Affektzustände, Gefühle, psychischen Schmerz abzuwehren; gerade das sind Zustände, die ein dringendes Bedürfnis nach Bindung an einen empathischen anderen bedingen. Wenn das reflektierte Containment nicht vorhanden ist und das Kind notwendigerweise auf einen metakognitiven Aspekt der Selbstbeschwichtigung zurückgreifen muss, steigert das die psychische Abwehr (wie oben dargestellt) und führt zu einer Störung des Identitätsgefühls und der Mentalisierungskapazität, wie sie für die Dissoziative Identitätsstörung charakteristisch ist.

19.8 Spezifische Übertragungs-Gegenübertragungskonstellationen

Dies führt zu spezifischen Übertragungs-Gegenübertragungskonstellationen in der psychoanalytischen Therapie, die, wenn sie nicht erkannt und entsprechend behandelt werden, ihrerseits traumatisierend wirken können.

Insbesondere dann, wenn sich der Patient emotional auf den Analytiker/Therapeuten einlässt und Wünsche nach Nähe und Abhängigkeit entwickelt, ist das gleichzeitig mit einer enormen Bedrohung vor totaler Abhängigkeit mit Selbstverlust und Ohnmacht, vor intrusiven Grenzüberschreitungen vonseiten des Analytikers, aber auch vonseiten des Patienten verbunden. Der große Wunsch nach therapeutischer Hilfe, nach einer verlässlichen emotionalen Beziehung ist immer mit der als existenziell erlebten Gefahr gekoppelt, dann verloren zu sein und die inneren Affekte nicht mehr kontrollieren zu können. Das kann zu dem Impuls führen, vor der Beziehung zu fliehen, die Beziehung zu zerstören, um nicht selbst zerstört zu werden; gleichzeitig aber damit den inneren Ängsten und Konflikten, dem inneren Horror weiter ausgesetzt zu sein und alleine und verlassen und damit ebenso existenziell bedroht zu sein.

Wenn dies nicht erkannt wird und etwa eine Regression durch zu frühe oder intrusive Übertragungsdeutungen zu schnell gefördert wird, kann das im einfachsten Fall zur Dissoziation und zum Therapie-Abbruch, im schlimmen Fall zu selbstverletzenden Handlungen, Suizidversuchen, allgemein aggressiven, fremdaggressiven und weiteren selbstdestruktiven und destruktiven Verhaltensweisen führen.

Andererseits kann – und dies ist meine Überzeugung aufgrund meiner klinischen Erfahrung, u. a. der langjährigen psychoanalytischen Arbeit mit Menschen, die sich selbst schwer verletzen (vgl. zum Beispiel Davies u. Frawley 1994) – eine langfristige Hilfe insbesondere bezüglich der profunden Probleme im Bereich der Nähe-Distanz-Regulierung im Kontakt mit anderen Menschen, der Unfähigkeit, sich auf nähere zwischenmenschliche Beziehungen einzulassen, nicht erreicht werden, wenn diese komplexen Übertragungsmuster nicht in einer technisch spezifischen Form bearbeitet, durchgearbeitet und schließlich aufgelöst werden.

Das heißt nicht, dass in bestimmten Fällen, wenn zum Beispiel die Symptome einer Posttraumatischen Belastungsstörung vorliegen, nicht andere Behandlungsverfahren integriert werden sollten (vgl. Kap. 26, 27, 29 in diesem Buch).

An **besonderen Übertragungskonstellationen**, die in der Behandlung mit schwer traumatisierten Patienten auftreten können, beschreiben Davies und Frawley (1994):
- einen nicht sehenden, nicht involvierten Elternteil und das nicht gesehene, vernachlässigte Kind
- einen sadistischen Misshandler und das hilflose, ohnmächtige wütende Kind
- einen idealisierten, omnipotenten Retter und das anspruchsliche (entitled) Kind
- einen Verführer und einen Verführten

Diese charakteristischen Übertragungs- und Gegenübertragungspositionen erinnern an die oft beschriebenen dissoziierten Persönlichkeitsanteile von Menschen mit einer Dissoziativen Identitätsstörung. Es gibt auch Hinweise darauf, dass die Dissoziation nicht nur ein Mechanismus ist, um schmerzhafte Affekte abzuwehren, die durch die Erinnerung an traumatische Erlebnisse bedingt sind, sondern auch ein erleichternder Faktor innerhalb eines Abwehrmanöverkomplexes ist; über die Dissoziation kann der Betroffene gleichzeitig solche Phantasien und Impulse verbalisieren und ausagieren, weil er die Verantwortung Persönlichkeitszuständen oder -anteilen zumisst, die nicht zu ihm gehören, die er nicht kontrollieren kann.

Schnell wechselnde Übertragungs- und Gegenübertragungsebenen können den mit solchen Patienten unerfahrenen Analytiker verwirren und erschrecken und zu der fälschlichen Auffassung eines hysterischen Agierens führen. MacCarthy (1992) bemerkt:

„Ich habe von Patienten gehört, die nicht in der Lage waren, analytische Hilfe in Anspruch zu nehmen – aus Angst, der Analytiker könne nicht genügend Neutralität wahren und fähig sein, manipulativen Tendenzen zu widerstehen. (…) Wir sollten, glaube ich, sehr sorgfältig über die Gegenübertragung nachdenken, weil es möglicherweise um den Inzest etwas gibt, das uns zutiefst irritiert und sogar die Macht hat, uns ein bisschen verrückt zu machen." (MacCarthy 1991, S. 81)

Literatur

Abraham N, Torok M (1976). Kryptonymie. Das Verbarium des Wolfsmannes. Frankfurt a. M.: Ullstein 1979.
Amati S (1977). Reflexionen über die Folter. Psyche; 31: 228-45.
Amati S (1990). Die Rückgewinnung des Schamgefühls. Psyche; 44: 724-40.
Anderson CL, Alexander PC (1996). The relationship between attachment and dissociation in adult survivors of incest. Psychiatry; 59: 240-54.
Balint M (1969). Trauma und Objektbeziehung. Psyche; 24: 346-58.
Blass RB, Simon B (1994). The value of the historical perspective to contemporary psychoanalysis: Freud's „seduction hypothesis". Int J Psych-Anal; 75: 677-94.
Bohleber W (2000). Die Entwicklung der Traumatheorie in der Psychoanalyse. Psyche; 9/10: 797-839.
Bowlby J (1984). A Secure Base: Clinical implications of attachment theory. London: Routledge.
Brenner I (1996). The characterological basis of multiple personality. Am J Psychotherapy; 50: 154-66.
Brisch KH (1999). Bindungsstörungen. Stuttgart: Klett-Cotta.
Brisch KH (2003). Bindungsstörungen und Trauma. In: Brisch KH, Hellbrügge T (Hrsg). Bindung und Trauma. Risiken und Schutzfaktoren für die Entwicklung von Kindern. Stuttgart: Klett-Cotta; 105-35.
Cohen J (1985). Trauma and repression. Psychoanal Inq; 5: 163-89.

Davies J, Frawley M (1994). Treating the Adult Survivor of Childhood Sexual Abuse: A psychoanalytic perspective. New York: Basic Books.
Dornes M (2000). Vernachlässigung und Misshandlung aus der Sicht der Bindungstheorie. In: Egle UT, Hoffmann SO, Joraschky P (Hrsg). Sexueller Missbrauch, Misshandlung, Vernachlässigung. Erkennung und Therapie psychischer und psychosomatischer Folgen früher Traumatisierungen. 2. Aufl. Stuttgart, New York: Schattauer; 70-83.
Droga JT (1997). Realities lost and found: trauma, dissociation, and somatic memories in a survivor of childhood sexual abuse. Psychoanal Inq; 17: 173-91.
Eckhardt A (1996). Die Dissoziation – Klinische Phänomenologie, Ätiologie und Psychodynamik. In: Seidler G (Hrsg). Hysterie heute – Metamorphosen eines Paradiesvogels. 2. Aufl. Gießen: Psychosozial-Verlag 2001; 71-101.
Eckhardt-Henn A (2000). Dissoziation. In: Mertens W, Waldvogel B (Hrsg). Handbuch psychoanalytischer Grundbegriffe. Stuttgart: Kohlhammer; 141-5.
Eckhardt A, Hoffmann SO (1993). Depersonalisation und Selbstbeschädigung. Z Psychosom Med; 39: 284-306.
Ehlert M, Lorke B (1988). Zur Psychodynamik der traumatischen Reaktion. Psyche; 6: 502-32.
Ehlert-Balzer M (1996). Das Trauma als Objektbeziehung. Forum Psychoanal; 12: 291-314.
Ehlert-Balzer M (2000). Verführungstheorie. In: Mertens W, Waldvogel B (Hrsg). Handbuch psychoanalytischer Grundbegriffe. Stuttgart: Kohlhammer; 781-85.
Eissler KR (1993). Comments on erroneous interpretations of Freud's seduction theory. J Am Psychoanal Assoc; 41: 571-83.
Felitti VJ (2002). Kindheitsbelastungen und Gesundheit im Erwachsenenalter. Z Psychosom Med Psychoanal; 48: 359-69.
Ferenczi S (1933). Sprachverwirrung zwischen dem Erwachsenen und dem Kind. Die Sprache der Zärtlichkeit und der Leidenschaft. In: Schriften zur Psychoanalyse. Bd. 2. Frankfurt a. M.: Fischer 1972; 303-13.
Fischer G, Riedesser P (1998). Lehrbuch der Psychotraumatologie. München: Reinhardt.
Fonagy P (1998a). An attachment theory approach to treatment of the difficult patient. Bull Menn Clin; 62: 147-69.
Fonagy P (1998b). Metakognition und Bindungsfähigkeit des Kindes. Psyche; 4: 349-68.
Fonagy P, Target M (1995). Dissociation and trauma. Curr Opin Psychiatry; 8: 161-216.

Fonagy P, Gergely G, Jurist EL, Target M (2002). Affect Regulation, Mentalization and the Development of the Self. New York: Other Press.

Freud S (1923). Jenseits des Lustprinzips. GW XIII. Frankfurt a. M.: Fischer; 1–69.

Freud S (1926). Hemmung, Symptom und Angst. GW XIV. Frankfurt a. M.: Fischer; 111–205.

Grubrich-Simitis I (1979). Extremtraumatisierung als kumulatives Trauma. Psychoanalytische Studien über seelische Nachwirkungen der Konzentrationslagerhaft bei Überlebenden und ihren Kindern. Psyche; 33: 991–1023.

Grubrich-Simitis I (1984). Vom Konkretismus zur Metaphorik. Gedanken zur psychoanalytischen Arbeit mit Nachkommen der Holocaust-Generation – anläßlich einer Neuerscheinung. Psyche; 38: 1–28.

Herman JL (1993). Die Narben der Gewalt. Traumatische Erfahrungen verstehen und überwinden. München: Kindler.

Hesse E, Main M (2000). Disorganized infant, child, and adult attachment: collapse in behavioral and attentional strategies. J Am Psychiatr Assoc; 48: 1097–127.

Hoffmann SO, Eckhardt-Henn A (2001). Angst und Dissoziation – zum Stand der wechselseitigen Beziehung der beiden psychischen Bedingungen. Persönlichkeitsstörungen; 5: 28–39.

Janet P (1889). L'automatisme psychologique. Paris: Alcan.

Kinston W, Cohen J (1986). Primal repression: clinical and theoretical perspectives. Int J Psycho-Anal; 67: 337–55.

Krystal H (2000). Psychische Widerständigkeit. Anpassung und Restitution bei Holocaust-Überlebenden. Psyche; 9/10: 840–59.

Laub D (1993). Knowing and not knowing massive psychic trauma: forms of traumatic memory. Int J Psychoanal; 74: 287–302.

Laub D, Auerhahn NC (1991). Zentrale Erfahrung des Überlebenden: Die Versagung von Mitmenschlichkeit. In: Stoffels H (Hrsg). Schicksale der Verfolgten. Psychische und somatische Auswirkungen von Terrorherrschaft. Berlin: Springer; 254–76.

Liotti G (1991). Disorganization of attachment as a model for understanding dissociative psychopathology. In: Solomon J, George C (eds). Attachment Disorganization. New York: Guilford; 291–317.

Liotti G, Pasquini P (2000). Predictive factors for borderline personality disorder: patients' early traumatic experiences and losses suffered by the attachment figure. Acta Psychiatr Scand; 102: 282–9.

Loewenstein RL (1993). Dissociation, development, and the psychobiology of trauma. J Am Acad Psychoanal; 21: 581–603.

Lyons-Ruth K (1999). Attachment disorganization: unresolved loss, relationship violence, and lapses in behavioral and attentional strategies. In: Cassidy J, Shaver PR (eds). Handbook of Attachment: Theory, Research, and Clinical Applications. New York: Guilford; 520–54.

Lyons-Ruth K, Melnick S, Bronfman E (2002). Organisierte Bindungskategorien von Säugling, Kind und Erwachsenem. Modelle feindselig-hilfloser Beziehungen. In: Brisch KH, Grossmann KE, Köhler L (Hrsg). Bindung und seelische Entwicklungswege – Grundlagen, Prävention und klinische Praxis. Stuttgart: Klett-Cotta; 249–76.

MacCarthy B (1992). Countertransference difficulties in the treatment of incest victims. In: Behrens I, Berger F, Plänkers T (Hrsg). Gegenübertragung. Congress 069. Deutsche Psychoanalytische Vereinigung. Arbeitstagung Gegenübertragung. Frankfurt a. M.: Geber & Reusch; 73–82.

MacCarthy G, Taylor A (1999). Avoidant/ambivalent attachment style as a mediator between abusive childhood experiences and adult relationship difficulties. J Child Psychol Psychiatry; 40: 465–77.

Main M (1995). Desorganisation im Bindungsverhalten. In: Spangler G, Zimmermann P (Hrsg). Die Bindungstheorie. Grundlagen, Forschung und Anwendung. Stuttgart: Klett-Cotta; 120–39.

Main M (2002). Organisierte Bindungskategorien von Säugling, Kind und Erwachsenem. Flexible bzw. unflexible Aufmerksamkeit unter bindungsrelevantem Stress. In: Brisch KH, Grossmann KE, Köhler L (Hrsg). Bindung und seelische Entwicklungswege – Grundlagen, Prävention und klinische Praxis. Stuttgart: Klett-Cotta; 127–59.

Main M, Hesse E (1990). Parents' unresolved traumatic experiences are related to disorganized attachment status: Is frightened and/or frightening parental behavior the linking mechanism? In: Greenberg MT, Cicchetti D, Cummings EM (Hrsg). Attachment in the Preschool Years. Chicago: University of Chicago Press; 161–82.

Marmer SS (1991). Multiple Personality Disorder. A psychoanalytic perspective. Psychiatr Clin North Am; 14: 677–93.

Mentzos S (1980). Hysterie. Zur Psychodynamik unbewusster Inszenierungen. München: Kindler.

Messler Davies J (1997). Dissociation, therapeutic enactment, and transference-countertransference processes: a discussion of papers on childhood sexual abuse by S. Grand and J. Sarnat. Gender Psychoanal; 2: 241-59.

Miliora MT (1998). Trauma, dissociation, and somatization: a self-psychological perspective. J Am Acad Psychoanal; 26(2): 273-93.

Molnar BE, Buka SL, Kessler RC (2001). Child sexual abuse and subsequent psychopathology: results from the National Comorbidity Survey. Am J Public Health; 91: 753-60.

Morton J (1997). Cognitive perpectives on recovered memories. In: Sandler J, Fonagy P (eds). Recovered Memories Of Abuse. True or false? London: Karnac Books; 39-63.

Mullen PE, Martin JL, Anderson JC, Romans SE, Herbison GP (1996). The long-term impact of the physical, emotional, and sexual abuse of children: a community study. Child Abuse Negl; 20: 7-21.

Niederland WG (1968). Clinical observations on the „survivor syndrome". Int J Psych-Anal; 49: 313-5.

Novick KK, Novick J (1988). Some comments on masochism and the delusion of omnipotence from a developmental perspective. J Am Psychoanal Assoc; 39: 307-31.

Oliner MM (2000). The unsolved puzzle of trauma. Psychoanal Q; LXIX: 41-61.

Person ES, Klar H (1994). Establishing trauma: the difficulty distinguishing between memories and fantasies. J Am Psychoanal Assoc; 42: 1055-81.

Pynoos RS, Steinberg AM, Goenjian A (2001). Traumatische Belastung in Kindheit und Jugendalter. Neue Entwicklungen und aktuelle Kontroversen. In: Van der Kolk BA, McFarlane AC, Weisaeth L (2001). Traumatic Stress. Grundlagen und Behandlungsansätze. Paderborn: Junfermann; 265-88.

Rauch SL, Van der Kolk BA, Fisler RE, Alpert MM (1996). A symptom provocation study of posttraumatic stress disorder using positron emission tomography and script driven imagery. Arch Gen Psychiatry; 53: 380-7.

Saakvitne KW (1992). Some thought about dissociative identity disorder as a disorder of attachment. Psychoanal Inq; 12: 249-58.

Sachsse U (2003). Distress-Systeme des Menschen. Persönlichkeitsstörungen; 7: 4-15.

Saxe GN, Chawla N, Van der Kolk BA (2002). Self-destructive behavior in patients with dissociative disorders. Suicide Life Threat Behav; 32(2): 313-20.

Schore AN (2000). Attachment and the regulation of the right brain. Attachm Hum Dev; 2: 23-47.

Schore AN (2001). Dysregulation of the right brain: a fundamental mechanism of traumatic attachment and the psychopathogenesis of posttraumatic stress disorder. Austr N Zeal J Psychiatry; 36: 9-30.

Shapiro F (1991) Neurotische Stile. Göttingen: Vandenhoeck & Ruprecht.

Shengold L (1989). Soul Murder. The effects of childhood abuse and deprivation. New York: Fawcett Columbine.

Solomon J, George C (eds) (1991). Attachment Disorganization. New York: Guilford.

Spiegel D (1986). Dissociating damage. Am J Clin Hypn; 29: 123-31.

Terr LC (1984). Time and trauma. Psychoanal Study Child; 39: 633-65.

Van der Kolk BA (2001). Die Vielschichtigkeit der Anpassungsprozesse nach erfolgter Traumatisierung: Selbstregulation, Reizdiskriminierung und Entwicklung der Persönlichkeit. In: Van der Kolk BA, McFarlane AC, Weisaeth L (eds). Traumatic Stress. Grundlagen und Behandlungsansätze. Paderborn: Junfermann; 169-94.

Van der Kolk BA, Fisler R (1995). Dissociation and the fragmentary nature of traumatic memories: overview and exploratory study. J Trauma Stress; 8: 505-25.

Van der Kolk BA, Van der Hart O, Marmar CR (2000). Dissoziation und Informationsverarbeitung beim posttraumatischen Belastungssyndrom. In: Van der Kolk BA, McFarlane AC, Weisaeth L (2001). Traumatic Stress. Grundlagen und Behandlungsansätze. Paderborn: Junfermann; 241-61.

Van der Kolk BA, McFarlane AC, Weisaeth L (2001). Traumatic Stress. Grundlagen und Behandlungsansätze. Paderborn: Junfermann.

Varvin S (2000). Die gegenwärtige Vergangenheit. Extreme Traumatisierung und Psychotherapie. Psyche; 9/10: 895-930.

Whelan M (1995). The loss of the sense of reality in incest and child sexual abuse: a psychoanalytic perspective. Austr N Zeal J Psychiatry; 29: 415-23.

Wilson SL (2001). Attachment disorder: review and current status. J Psychol; 135: 37-51.

Wurmser L (1993). Das Rätsel des Masochismus. Heidelberg, New York: Springer.

Zepf S (2001). Trauma, Reizschutz und traumatische Neurose. Versuch einer Klärung der Konzepte Freuds. Forum Psychoanal; 17: 332-49.

20 Dissoziation und Posttraumatische Belastungsstörung

A. Hofmann

20.1 Einleitung

In der neueren Literatur wird „Dissoziation" in der Regel als ein Prozess verstanden, innerhalb dessen bestimmte Informationen im Nervensystem des Menschen (wie Gefühle, Erinnerungen und physische Wahrnehmungen) von anderen Informationen im gleichen Nervensystem ferngehalten werden, mit denen sie natürlicherweise verbunden wären. Dieses Verständnis von Dissoziation beinhaltet die Vorstellung von einem psychologischen Schutzmechanismus bei belastenden Erlebnissen, der auch genetisch mit bedingte psychobiologische Komponenten hat (Spiegel u. Cardena 1991; ISSD 1997).

Als **klinische dissoziative Phänomene** werden u. a. beschrieben:
- Erinnerungslücken bzw. teilweise Erinnerungslücken bezüglich (schwer) belastender Erlebnisse
- Gefühle der Unwirklichkeit (zum Beispiel während sich ein belastendes Ereignis ereignet)
- ein Gefühl von Fremdheit gegenüber der Umgebung, aber auch dem eigenen Körper
- das Erleben, sich außerhalb des eigenen Körpers zu befinden

Weitere Phänomene sind ein verändertes Gefühl des Zeitablaufs (so werden zum Beispiel Minuten subjektiv wie Stunden erlebt), das Fehlen von Schmerz bei körperlichen Verletzungen, aber auch das Erleben von Verwirrung und Desorientierung und gelegentlich auch eine veränderte Wahrnehmung der eigenen Person.

Die Beschreibung des Zusammenhangs zwischen belastenden traumatischen Erlebnissen und dissoziativen Phänomenen ist wissenschaftsgeschichtlich nicht neu. Schon gegen Ende des 19. Jahrhunderts beobachtete Pierre Janet (1859–1947), einer der Mitarbeiter von Charcot an der berühmten Pariser Klinik „Salpêtrière", den engen Zusammenhang zwischen den intensiven (traumatischen) Erlebnissen seiner Patienten und dem (dissoziativen) „Vergessen" dieser Erlebnisse. Die betroffenen Personen blieben – so seine Beobachtungen – konfrontiert mit der belastenden Erinnerung, waren aber nicht in der Lage, in normaler Weise über das Ereignis zu berichten (Janet 1909).

Dieser Aufbruchphase der wissenschaftlichen Erforschung psychischer Traumatisierungen folgte eine Zeit des langen wissenschaftlichen „Vergessens" psychischer Trauma-Folgen als Phänomene der Psychopathologie. Zeitlich fällt diese Zeit des „Vergessens" wohl nicht zufällig mit den großen Kriegszeiten des 20. Jahrhunderts zusammen (Van der Kolk et al. 1996b; s. auch Kap. 1 in diesem Band), obwohl gerade hier und von nur wenigen Forschern gewürdigt massenhaft dissoziative Phänomen zu beobachten waren, wie etwa im Ersten Weltkrieg der „shell shock", verschiedene Formen von Dämmerzuständen und Fugue-Ereignisse.

Erst nach der Wieder-Etablierung der Diagnose der „traumatischen Neurose", nun unter der Bezeichnung „Posttraumatische Belastungsstörung" (PTBS) im DSM-III, änderte sich dies. So wurden im Verlauf der erneut erwachten wissenschaftlichen Diskussion die Beobachtungen Janets vom engen Zusammenhang psychischer Traumata und dissoziativer Phänomene „wiederentdeckt" und in die Diskussion eingebracht (Van der Kolk u. Van der Hart 1998).

Auch klinische Beobachtungen an der zunehmenden Zahl behandelter Gewaltopfer mit psychischen Trauma-Folgen zeigen, dass in vielen Fällen von – vor allem chronischer – Gewalterfahrungen die Symptomatik der Posttraumatischen Belastungsstörung häufig gemeinsam mit dissoziativen Symptomen bzw. Störungen auftritt. Dissoziative Symptome stellen bei vielen chronisch komplexen Trauma-Folgestörungen wichtige Variablen für die Therapieplanung dar, auch wenn die Patienten selbst erst einmal traditionelle Trauma-Folgen wie depressive Verstimmungen, anhaltende Ängste, sich aufdrängende Erinnerungen und Vorstellungen als eigentliche Beschwerden vortragen (Hofmann 1999; Shapiro 2001).

Aufgrund neuerer Forschungsarbeiten, die das Verständnis sowohl dissoziativer als auch posttraumatischer Symptome und Störungsbilder vertieft haben, zeigt sich zunehmend die enge Verbundenheit beider (Marmar et al. 1994; Nijenhuis et al. 1998). Auch wenn derzeit die Diskussionen bezüglich einer gemeinsamen Ätiologie beider klinischer Störungsbilder noch offen sind, zeigen die Erörterungen bei der Entstehung des DSM-IV, dass zwischen den Gruppen der Posttraumatischen Belastungsstörung und der dissoziativen Störungen auch in den Kommissionen, welche die Klassifikationssysteme aktualisierten, enge Zusammenhänge gesehen wurden (Davidson u. Foa 1993). Ein Überblick über den Stand dieser noch nicht abgeschlossenen wissenschaftlichen Diskussion soll in den folgenden Abschnitten versucht werden.

20.2 Exkurs zur diagnostischen Klassifikation

Ein wichtiger Ausgangspunkt zum Zusammenhang (auf der Phänomenebene) zwischen der Posttraumatischen Belastungsstörung und der Dissoziation ist das im DSM und in der ICD genannte D1-Kriterium der Posttraumatischen Belastungsstörung (F43.1), also die „teilweise oder vollständige Unfähigkeit, einige wichtige Aspekte der Belastung zu erinnern" (American Psychiatric Association [APA] 1994; WHO 1994).

Die posttraumatische Erinnerungsproblematik bzw. die Dissoziative Amnesie zeigt dabei interessanterweise einen engen Zusammenhang mit der Schwere bzw. Intensität der auslösenden belastenden Erinnerung. Die Ergebnisse einer Reihe von Untersuchungen – unter anderem an kambodschanischen Flüchtlingen – verdeutlichen, dass die Schwere der posttraumatischen Symptome hoch mit der Intensität und zeitlichen Dauer („Trauma-Dosis") der traumatischen Erlebnisse korreliert (Herman u. Schatzow 1987; Carlson u. Rosser-Hogan 1991; Van der Kolk 1996; vgl. auch Kap. 18 in diesem Band).

Die enge Verbindung dissoziativer Phänomene mit posttraumatischen Störungen schon auf klassifikatorischer Ebene wird auch im Fall der akuten Belastungsreaktion ersichtlich. Auch hier finden sich bereits in den Diagnosekriterien der ICD (F43.0) dissoziative Symptome: So werden bei der schweren akuten Belastungsreaktion (F43.02) neben Symptomen der generalisierten Angststörung entweder ein Dissoziativer Stupor (F44.2) oder zwei der folgenden Kriterien gefordert:
a) Rückzug von erwarteten sozialen Interaktionen
b) Einengung der Aufmerksamkeit
c) offensichtliche Desorientierung
d) Ärger oder verbale Aggression
e) Verzweiflung oder Hoffnungslosigkeit
f) unangemessene oder sinnlose Überaktivität

g) unkontrollierbare und außergewöhnliche Trauer (zu beurteilen nach den jeweiligen kulturellen Normen)

Beim Dissoziativen Stupor als Kriterium einer schweren Belastungsreaktion wird die Verbindung posttraumatischer Störungsbilder und der Dissoziation sehr deutlich. Auch die Kriterien a, b und c können einen „dissoziativen Gehalt" haben bzw. auf eine dissoziative Symptomatik hinweisen.

Bei den dissoziativen Störungen (F44) selbst wird in den definitorischen Bestimmungen als zweites Hauptkriterium (G2) ein „überzeugender zeitlicher Zusammenhang zwischen den dissoziativen Symptomen und belastenden Ereignissen, Problemen oder Bedürfnissen" gefordert. Es wird also ein zeitlicher (wenn auch nicht ursächlicher) Zusammenhang mit einem belastenden Erlebnis gefordert, bevor die Voraussetzungen für die Diagnose einer dissoziativen Störung gegeben sind. Da die Fassung der diagnostischen Kriterien hier eher konservativ, d. h. auf die Vermeidung falscher diagnostischer Einschlüsse angelegt ist, zeigt sich sowohl für die posttraumatischen als auch die dissoziativen Störungsbilder, dass zwischen beiden enge phänomenologische Zusammenhänge bestehen.

Bereits vor Abfassung des DSM-IV war bekannt, dass schwere dissoziative Störungen in bestimmten Phasen ihres Krankheitsverlaufs Symptome einer schweren posttraumatischen Symptomatik zeigen können. Andere Studien wiesen darauf hin, dass auch bei allgemeinpsychiatrischen Patienten zwischen der Schwere der infantilen Traumatisierung und dem Ausmaß der dissoziativen Symptomatik ein Zusammenhang bestand (Chu u. Dill 1990).

Solche Befunde decken sich mit der klinischen Beobachtung, dass Patienten, die in der Kindheit schweren Traumatisierungen ausgesetzt waren, im Erwachsenenalter eine Vielzahl unterschiedlich schwerer psychischer Symptome aufweisen können, die häufig nicht allein mit der Diagnose einer „einfachen" Posttraumatischen Belastungsstörung zu diagnostizieren sind. Aus solchen Überlegungen heraus wurde bereits in den frühen 90er Jahren die Diagnose „komplexe Posttraumatische Belastungsstörung" in die Diskussion um die Diagnosekategorien des DSM eingebracht (Herman 1993). Mit ihr wären gerade in der Kindheit schwer traumatisierte Patienten besser zu erfassen. Zu den Kriterien dieser neuen Diagnose gehören neben affektiven Symptomen (zum Beispiel die häufige depressive Symptomatik dieser Patienten), der veränderten Selbst- und Fremdwahrnehmung und Somatisierungssymptomen auch verschiedene dissoziative Symptome. Die Diskussion um diese klinisch relevante Patientengruppe wurde auch im deutschsprachigen Raum aufgenommen und wird intensiv weitergeführt.

Mit der zunehmenden Anzahl der wissenschaftlichen Studien wurde das Verständnis der Dissoziation nicht nur als eines möglichen diagnostischen Kriteriums von Trauma-Folgestörungen (Dissoziation als Symptom), sondern zugleich auch als eines Prozesses, der eng mit der Symptomatik und der Entwicklung von chronischen Trauma-Folgestörungen verbunden ist, gestützt. So konnte auch die lange schon aus Berichten bekannte und vor allem in juristischen Zusammenhängen viel diskutierte spontane Wiedererinnerung an (dissoziativ) „vergessene" belastende Erinnerungen (memory recovery) mittlerweile nicht nur retrospektiv, sondern auch prospektiv untersucht und wahrscheinlich gemacht werden. In diesen Studien zeigt sich die Dissoziative Amnesie (wie sie auch im D1-Kriterium der Posttraumatischen Belastungsstörung beschrieben ist) als häufig reversibler Prozess (Williams 1994; Brown et al. 1998). Es ist festzuhalten, dass gerade zu diesen Feststellungen, besonders wenn es um die Bewertung von Aussagen im Rahmen gerichtlicher Verfahren geht, auch ernsthafte Widersprüche und Bedenken vorgetragen worden sind (Loftus u. Rosenwald 1995; Brown et al. 1998).

In einer viel zitierten Arbeit zu dissoziativen Prozessen und Traumata konnten Nijenhuis et al. (1998) zeigen, dass bestimmte Schutzmechanismen bei Tieren, die sich in tödlicher Gefahr befinden, hohe Ähnlichkeit mit den klinischen Symptomen haben, wie sie von Patienten mit dissoziativen Symptomen beschrieben werden. Dissoziation erweist sich in diesen Studien als ein neurobiologisch fundierter Prozess, der in einer Situation einer akuten Lebensbedrohung die Überlebenschance erhöhen kann (Erstarren/Sich-tot-Stellen/Betäubung, vor allem von Schmerz).

Psychologisch gesehen kann man die Vorgänge der Dissoziation bei einem psychisch traumatisierenden Erlebnis auch im Lichte der nachstehenden Perspektive beschreiben: Das Opfer eines psychischen Traumas hat im Wesentlichen zwei unterschiedliche Strategien, mit deren Hilfe es seine Chancen, zu überleben, verbessern kann (Lazarus 1966):

- Das Opfer reagiert mit einem Problemlösungsverhalten, durch das es versucht, die belastende Situation zu verändern. Dabei muss es mit dem Bewusstsein in der Gegenwart bleiben. (Konkret würde es die belastende Information direkt aufnehmen, sie sozusagen „bewusstseinsnah" speichern. Dies könnte in der Folge zum Beispiel zu intrusiver PTBS-Symptomatik führen.)
- Das Opfer reagiert mit einer abrupten Veränderung seiner emotionalen Spannung, die sich als völlige Reduktion darstellen kann („Totstellreflex"). In diesem Fall nimmt es eine Veränderung an sich selbst bzw. in seiner Haltung gegenüber der Situation vor. Dabei kann sich das Opfer auch teilweise oder vollständig mittels einer dissoziativen Bewusstseinsveränderung aus der Situation „entfernen". (Konkret würde das Opfer die Information „bewusstseinsfern" aufnehmen. Es muss sich in der Folge nicht direkt damit auseinandersetzen.)

Von beiden Strategien ist keine „besser" oder „sinnvoller", da in entsprechenden Situationen beide entscheidende (Überlebens-)Vorteile bieten können. Man denke zum Beispiel an einen Polizisten, der in eine unerwartete Schießerei verwickelt wird (Strategie 1), oder an ein Folteropfer, das sich der Unerträglichkeit der Qual dissoziativ entzieht (Strategie 2).

Die Prozesse, die einerseits zur dissoziativen Symptomatik und andererseits zu PTBS-Symptomen führen, können aus dieser Perspektive als nicht bewusste Strategien eines Kontinuums verstanden werden, das primär dem Überleben dient, aber zugleich auch Spätfolgen hinterlassen kann, die zu schweren psychischen Störungen von Krankheitswert führen (Putnam 1989).

Die Dissoziation stellt sich so als ein ökologisch mit determinierter Notfall- und Schutzmechanismus dar, der in der akuten traumatisierenden Situation kurzfristig Entlastung bringen, langfristig jedoch – abgesehen von einer teilweisen Reversibilität – bei vielen der Betroffenen, vor allem den in der Kindheit nachhaltig Traumatisierten, zu schweren klinischen Symptomen und Störungsbildern führen kann.

20.3 Die peritraumatische Dissoziation als Prädiktor einer PTBS

Ein Sonderfall der Dissoziation ist die peritraumatische Dissoziation, zugleich eines der am besten untersuchten dissoziativen Phänomene.

> Mit **peritraumatischer Dissoziation** wird die dissoziative Bewusstseinsveränderung bezeichnet, die noch während des traumatischen Ereignisses stattfindet.

In einer ersten systematischen Studie zu diesem Thema befragten Marmar et al. (1994) 251 Vietnam-Veteranen zu belastenden Kriegserlebnissen und zu Erfahrungen eigenen Dissoziierens im Moment bedrohlicher Situationen während der Kriegsereignisse (peritraumatische Dissoziation). Zusätzlich wurde die DES (Dissociative Experience Scale) eingesetzt sowie die Symptomatik im Sinne einer Posttraumatischen Belastungsstörung abgeklärt. Sowohl die Berichte peritraumatischer Dissoziation während der traumatischen Erlebnisse selbst als auch die aktuelle dissoziative Symptomatik zum Untersuchungszeitpunkt korrelierten bei den Befragten hoch mit den aktuellen Symptomen einer Posttraumatischen Belastungsstörung (Marmar et al. 1994). Zwei weitere retrospektive Studien belegten ebenfalls die enge positive Beziehung zwischen der erfragten peritraumatischen Dissoziation und der aktuellen posttraumatischen Symptomatik. In der ersten wurden 154 Notfallhelfer, die während des Loma-Prieta-Erdbebens in San Francisko 1989 zum Einsatz gekommen waren, untersucht (Weiss et al. 1995), in der zweiten 70 weibliche Vietnam-Veteranen (Tichenor et al. 1996).

In einer prospektiven Studie an 51 akuten Trauma-Opfern des Haddassa-Krankenhauses in Jerusalem fanden Shalev et al. (1996) einen ähnlichen Zusammenhang. Das Ausmaß der peritraumatischen Dissoziation – eine Woche nach dem traumatischen Ereignis von den Betroffenen erfragt – konnte die Risikogruppe der Patienten, deren posttraumatische Symptome noch sechs Monate später anhielten, gut vorhersagen. Dieses Ausmaß der peritraumatischen Dissoziation erwies sich als starker Prädiktor, der 30% der Varianz der posttraumatischen Symptomatik nach sechs Monaten aufklären konnte (ebd.). Ebenso hatte das Ausmaß der initialen Trauma-Symptome hohe prädiktive Sensitivität (gemessen an der IES-Skala) bezüglich der PTBS-Symptome nach sechs Monaten (92,3%). Diese initiale Trauma-Symptomatik wurde dabei als ein weiterer eigenständiger Faktor bezüglich des Risikos einer späteren posttraumatischen Symptomatik identifiziert.

In einer kontrollierten Studie an 701 Polizei-Offizieren erwies sich, ähnlich wie in der Shalev-Studie, die initiale emotionale Reaktion während eines traumatischen Ereignisses als eigenständiger Risikofaktor für die Entwicklung einer posttraumatischen Symptomatik. Dieser Faktor war auch dann noch von hohem prädiktiven Gewicht, wenn die peritraumatische Dissoziation kontrolliert wurde (Brunet et al. 2001).

Peritraumatische Dissoziation, intensive Angstentwicklung, posttraumatische und dissoziative Symptomatik während und kurz nach dem traumatischen Erlebnis sind eng miteinander und mit der Entwicklung chronischer Trauma-Folgestörungen verbunden. Das war ein übergreifendes Ergebnis der dargestellten Untersuchungen.

Als ein wesentlich neurobiologisches Element dieser Prozesse rund um Kampf/Flucht und Überleben wird die **zentrale adrenerge Aktivierung** angesehen. Für die Entwicklung einer späteren posttraumatischen Symptomatik scheint sie ebenfalls eine entscheidende Variable darzustellen. Wichtig ist in diesem Zusammenhang eine Studie von Southwick et al. (1993): Vietnam-Veteranen mit einer Posttraumatischen Belastungsstörung wurde Yohimbin, eine Substanz, die adrenerge Neurone aktiviert (durch die Blockade des α^2-Rezeptors), appliziert. Bei 40% der Stichprobe kam es danach zu einer spontanen flashbackartigen Rückerinnerung an traumatische Erlebnisse, die während des Vietnam-Krieges geschehen waren und welche die untersuchten Veteranen visuell und in der Form von körperbetonten Emotionsmustern wiedererinnerten.

Auf eine wahrscheinlich überstarke Aktivierung adrenerger Systeme bei psychischen Traumatisierungen weist auch eine prospektive Untersuchung hin, die mit 86 akuten Trauma-Opfern in Jerusalem durchgeführt wurde. Diejenigen unter den Trauma-Opfern, bei denen in der ersten Woche nach dem traumatischen Ereignis eine erhöhte Herzfrequenz festgestellt worden war, wiesen bei späteren Nachuntersuchungen eine erhöhte Rate an Posttraumatischen Belastungsstörungen auf.

Dies war selbst dann deutlich, wenn Faktoren wie die peritraumatische Dissoziation und die initiale emotionale Reaktion kontrolliert wurden (Shalev et al. 1998).

Eine initiale emotionale Reaktion beim belastenden Ereignis, eine adrenerge Aktivierung in der ersten Woche nach dem Ereignis (gemessen zum Beispiel an der Herzfrequenz) sowie die peritraumatische Dissoziation während des Ereignisses scheinen eng mit der Entwicklung einer späteren Posttraumatischen Belastungsstörung bzw. einer entsprechenden Symptomatik verbunden zu sein. Eine intensive peritraumatische Dissoziation (= „sekundäre" Dissoziation; s. Kap. 7 in diesem Buch) stellt somit offensichtlich einen wichtigen der Risikofaktoren für die Entwicklung einer späteren Posttraumatischen Belastungsstörung (mit persistierender „primärer" Dissoziation und entsprechender Symptomatik) dar. Dieses Phänomen der anhaltenden dissoziativen Aufspaltung der Erfahrung wurde in voller Gültigkeit bereits von Pierre Janet (1859–1947) beschrieben. Er sah in der mangelnden Integration von traumatischen Erinnerungen, die „abgetrennt vom Bewusstsein weiter existieren", ein zentrales Problem seiner traumatisierten Patienten (Janet 1889).

20.4 Die Störung der zentralen Informationsverarbeitung bei der PTBS

In den letzten Jahren hat die Erforschung psychischer Traumatisierungen eine deutliche Weiterentwicklung und Differenzierung erfahren. Anfängliche Modellvorstellungen, wie zum Beispiel die Entstehung einer Posttraumatischen Belastungsstörung ausschließlich über den Mechanismus der Furchtkonditionierung, konnten so nennenswert weiter differenziert werden. Phänomene wie das intrusive Auftauchen von Fragmenten der sensorischen Wahrnehmung zum Zeitpunkt der traumatischen Erinnerungen (zum Beispiel während nächtlicher Träume), aber auch generalisierte Übererregungssymptome sind mit dem Modell der Furchtkonditionierung allein nicht befriedigend zu erklären (Pitman 1988; Pitman et al. 1993). Neuere Erklärungsmodelle, in denen die Folgen einer psychischen Traumatisierung eher als Problem der zentralen Informationsverarbeitung verstanden werden, liefern hier deutlich bessere Erklärungen. Auch Beobachtungen wie die, dass eine Reihe von psychisch traumatisierten Patienten im weiteren Verlauf eine komplexe Komorbidität entwickelt und dass Trauma-Opfer mit höherer Intelligenz ein geringeres Risiko für die Entwicklung einer Posttraumatischen Störung haben, scheinen eher über das Modell einer einfachen Furchtkonditionierung hinaus in Richtung eines Störungsmodells komplexer zentraler Informationsverarbeitung zu weisen (Buckley et al. 2000).

In die wissenschaftliche Diskussion gebracht wurde das Modell der gestörten Informationsverarbeitung schon Ende der 70er Jahre von Lang (1977). Anschließend wurden von anderen Autoren zunehmend Erkenntnisse über zentralnervöse Informationsverarbeitungsmechanismen beschrieben und die so entstehenden Modellvorstellungen zunehmend differenziert (ebd.; Van der Kolk et al. 1996). In der Folge kam es zur Entwicklung neuer Informationsverarbeitungsmodelle, die der klinischen Realität näher scheinen und auch eine bessere Grundlagen für Behandlungsstrategien psychisch traumatisierter Patienten bilden können (Foa u. Kozak 1986; Shapiro u. Solomon 1995; Van der Kolk et al. 1996). Diese – bei Trauma-Opfern wahrscheinlich traumaspezifisch veränderte – Informationsverarbeitung des Zentralnervensystems wird mittlerweile in der internationalen Forschung zunehmend als „der eigentliche Kern der Posttraumatischen Belastungsstörung" gesehen (Van der Kolk u. Fisler 1995).

Mit dieser Konzeptbildung in Übereinklang steht, dass Opfer traumatisierender Erfahrungen in vielen Fällen belastende Erlebnisse („Informationen") auch ohne therapeutische Hilfe gut spontan verarbeiten (Rothbaum u. Foa 1992). Bei der Mehrzahl der Trauma-Opfer verhält es sich sogar so, dass die akuten Symptome einer Belastungsreaktion in der Folge ohne jede spezifische Intervention abklingen. Psychotherapeutische Behandlungen benötigen lediglich diejenigen, die diese Symptome auch längere Zeit nach dem Ereignis nicht verlieren und so chronische posttraumatische Störungen entwickeln (Seidler et al. 2002). Der Anteil dieser Patienten ist je nach der Art des Traumas verschieden, beträgt aber in der Regel etwa ein Drittel der Betroffenen. Dieses Drittel, die eigentliche „Risikogruppe" von akuten Trauma-Opfern, möglichst frühzeitig zu identifizieren, ist ein besonderes Anliegen aktueller Forschung.

Das beschriebene Modell einer gestörten Informationsverarbeitung der traumatischen Erlebnisse ist derzeit empirisch noch nicht ausreichend validiert – dennoch hat es sich erstaunlich gut durchgesetzt. Einen Grund dafür könnte seine Relevanz für die Behandlungspraxis darstellen. In ersten Untersuchungen nach erfolgreichen Behandlungen psychisch Traumatisierter konnten – in Übereinstimmung mit der Modellbasis – eine Reduktion der Fragmentierung der traumatischen Erinnerung sowie eine Verbesserung der Verarbeitung auch anderer (zum Beispiel beziehungsbezogener) Informationen aufgewiesen werden (Foa et al. 1995; Levin et al. 1999).

20.5 Zusammenfassung

Insgesamt weisen neuere Vorstellungen zu dissoziativen und posttraumatischen Störungsbildern und Phänomenen zunehmend auf eine zumindest teilweise gemeinsame Ätiologie und Pathogenese posttraumatischer und dissoziativer Störungen hin. So kann zum Beispiel die typische intrusive Symptomatik der Posttraumatischen Belastungsstörung auch als „einfache" Form einer dissoziativen Problematik verstanden werden (so genannte „primäre Dissoziation"). Diese konzeptionelle Konvergenz scheint sich vor allem in der Psychotherapie-Praxis zu bestätigen. Die klassifikatorische Diskussion in Vorbereitung des DSM-IV bewegte sich in der gleichen Richtung (Davidson u. Foa 1993). Als ein wesentliches Argument für eine eigenständige diagnostische Kategorie von „Trauma-Folgestörungen" wurde damals u. a. die deutlich ätiologienähere diagnostische Kategoriebildung aufgeführt. Bekanntlich blieben diese guten Argumente bislang noch ohne Erfolg.

Derzeit sind die Diskussionen um die Zusammenhänge verschiedener diagnostischer Kategorien („trauma related disorders") noch nicht abgeschlossen. Ein Schritt zur Klärung dieser für die Behandlung vieler Patienten wesentlichen Frage wären empirische, prospektive Studien, die etwa die zentralen Phänomene der Informationsverarbeitung und ihre Veränderung während einer erfolgreichen psychotherapeutischen Behandlung dokumentierten. Als Forschungsstrategie zeichnet sich auch zunehmend die Einbeziehung bildgebender Verfahren ab, da mittlerweile evident wurde, dass insbesondere chronische Traumata nicht nur funktionale (hier: informatorische) Prozesse schädigen, sondern möglicherweise auch zu bleibenden morphologischen Veränderungen der Hirnstruktur führen können.

Literatur

American Psychiatric Association (1994). Diagnostic and Statistical Manual of Mental Disorders – DSM-IV. Washington, DC: American Psychiatric Association.

Brown D, Schefflin AW (1998). Memory, Trauma Treatment and the Law. New York, London: Norton.

Brunet A, Weiss DS (2001). The Peritraumatic Distress Inventory: a proposed measure of PTSD criterion A2. Am J Psychiatry; 158(9): 1480–5.

Buckley TC, Blanchard EB (2000). Information processing and PTSD: a review of the empirical literature. Clin Psychol Rev; 20(8): 1041–65.

Carlson EA, Rosser-Hogan R (1991). Trauma experiences, posttraumatic stress, dissociation and depression in Cambodian refugees. Am J Psychiatry; 148: 1548-51.

Chu JA, Dill DL (1990). Dissociative Symptoms in relation to childhood physical and sexual abuse. Am J Psychiatry; 147: 887-92.

Davidson JR, Foa EB (eds) (1993). Posttraumatic Stress Disorder – DSM-IV and beyond. Washington, DC: American Psychiatric Press.

Foa EB, Kozak MJ (1986). Emotional processing of fear: exposure to corrective information. Psychol Bull; 99(1): 20-35.

Foa EB, Molnar C et al. (1995). Change in rape narratives during exposure therapy for posttraumatic stress disorder. J Trauma Stress; 8(4): 675-90.

Herman JL (1993). Sequel of prolonged and repeated trauma: evidence for a Complex Posttraumatic Stress Syndrome (DESNOS). In: Davidson JR, Foa EB (eds). Posttraumatic Stress Disorder – DSM-IV and beyond. Washington, DC: American Psychiatric Press: 213-28.

Herman JL, Schatzow E (1987). Recovery and verification of memories of childhood sexual trauma. Psychoanal Psychol; 4: 1-14.

Hofmann A (1999). EMDR in der Therapie psychotraumatischer Belastungssyndrome. Stuttgart: Thieme.

ISSD (1997). Guidelines for treating dissociative identity disorder in adults. App. 2: Glossary (www.ISSD.org).

Janet P (1889). L'Automatisme Psychologique. Paris: Felix Alcan.

Janet P (1909). Les Neuroses. Paris: Flammarion.

Lang PJ (1977). Imagery in therapy: an information processing analysis of fear. Behav Ther; 8(5): 862-89.

Lazarus RS (1966). Psychological Stress and the Coping Process. New York: MacGraw-Hill.

Levin P, Lazrove S et al. (1999). What psychological testing and neuroimaging tell us about the treatment of posttraumatic stress disorder (PTSD) by eye movement desensitization and reprocessing (EMDR). J Anx Disord; 13: 159-72.

Loftus EF, Rosenwald LA (1995). Recovered memories: Unearthing the past in court. J Psychiatry Law; 23: 349-61.

Marmar CR, Weiss DS et al. (1994). Peritraumatic dissociation and posttraumatic stress in male Vietnam theater veterans. Am J Psychiatry; 151(6): 902-7.

Nijenhuis E, Vanderlinden J et al. (1998). Animal defensive reactions as a model for trauma-induced dissociative reactions. J Trauma Stress; 11(2): 243-60.

Pitman RK (1988). Post-traumatic stress disorder, conditioning, and network theory. Psychiatr Ann; 18(3): 182-9.

Pitman RKO, Scott P, Shalev AY, Arieh Y (1993). Once bitten, twice shy: beyond the conditioning model of PTSD [editorial]. Biol Psychiatry; 33(3): 145-6.

Putnam F (1989). Diagnosis and Treatment of Multiple Personality Disorder. New York: Guilford.

Rothbaum BO, Foa EB (1992). Subtypes of posttraumatic stress disorder and duration of symptoms. In: Davidson JR, Foa EB (eds) (1993). Posttraumatic Stress Disorder – DSM-IV and beyond. Washington, DC: American Psychiatric Press: 23-35.

Seidler GH, Hofmann A et al. (2002). Der psychisch traumatisierte Patient in der ärztlichen Praxis. Dtsch. Ärztebl; 99(5): A 295-9.

Shalev AY, Peri T et al. (1996). Predictors of PTSD in injured trauma survivors: a prospective study. Am J Psychiatry; 153(2): 219-25.

Shalev AY, Sahar T et al. (1998). A prospective study of heart rate response following trauma and the subsequent development of posttraumatic stress disorder. Arch Gen Psychiatry; 55(6): 553-9.

Shapiro F (2001). Eye Movement Desensitization and Reprocessing – Basic principles, protocols, and procedures. New York: Guilford.

Shapiro F, Solomon RM (1995). Eye movement desensitization and reprocessing: neurocognitive information processing. In: Everly GS (eds). Innovations in Disaster and Trauma Psychology – applications in emergency services and disaster response. Ellicot City, Maryland: Chevron; 216-37.

Southwick SM, Krystal JH et al. (1993). Abnormal noradrenergic function in posttraumatic stress disorder. Arch Gen Psychiatry; 50: 266-74.

Spiegel D, Cardena E (1991). Disintegrated experience: the dissociative disorders revisited. J Abnorm Psychol; 100(3): 366-78.

Tichenor V, Marmar CR et al. (1996). The relationship of peritraumatic dissociation and posttraumatic stress: findings in female Vietnam theater veterans. J Consult Clin Psychol; 64(5): 1054-9.

Van der Kolk BA (1996). Trauma and memory. In: Van der Kolk BA, McFarlane A, Weisaeth L (eds). Traumatic Stress. The effects of overwhelming experience on mind, body, and society. New York: Guilford; 279-302.

Van der Kolk BA, Fisler RE (1995). Dissociation and the fragmentary nature of traumatic memories – review and experimental confirmation. J Trauma Stress; 8(4): 505-25.

Van der Kolk B, Van der Hart O (1998). Pierre Janet and the breakdown of adaptation in psychological trauma. Am J Psychiatry; 146: 1530-40.

Van der Kolk B, Van der Hart O et al. (1996a). Dissociation and information processing in posttraumatic stress disorder. In: Van der Kolk BA, McFarlane A, Weisaeth L (eds). Traumatic Stress. The effects of overwhelming experience on mind, body, and society. New York: Guilford; 303–27.

Van der Kolk B, Weisaeth L et al. (1996b). History of trauma in psychiatry. In: Van der Kolk BA, McFarlane A, Weisaeth L (eds). Traumatic Stress. The effects of overwhelming experience on mind, body, and society. New York: Guilford; 47–74.

Weiss DS, Marmar CR et al. (1995). Predicting symptomatic distress in emergency services personel. J Consult Clin Psychol; 63: 361–8.

World Health Organization (1994). Internationale Klassifikation psychischer Störungen. ICD-10 – Kapitel F. Forschungskriterien. Bern: Huber.

Williams LM (1994). Recall of childhood trauma: a prospective study of women's memories of child sexual abuse. J Consult Clin Psychol; 62: 1167–76.

D Diagnostik und Differenzialdiagnostik

21 Probleme der aktuellen Klassifikation dissoziativer Störungen

S. O. Hoffmann, A. Eckhardt-Henn

21.1 Einleitung

Auf den ersten Blick sind die Lösungen, die zur Klassifikation dissoziativer Störungsbilder im DSM-IV und in der ICD-10 vorgegeben werden, einfach und überzeugend. Beiden Glossaren bzw. dem Vorgänger DSM-III (1980) ist zusätzlich zu verdanken, dass dissoziative Störungen heute wie andere psychische Störungen als Krankheiten „anerkannt" sind. Vor 1980 wurde vielfach von ärztlicher Seite die Existenz etwa von – damals so genannten – „Multiplen Persönlichkeiten" als Produkt der Roman- und Filmindustrie angesehen, und der Wert einer seriösen Diagnose wurde nachhaltig bestritten. In manchen Fällen von professioneller Uninformiertheit verhält es sich noch heute so. Damit wären auch schon die Verdienste der genannten Glossare erschöpfend aufgezählt; die Probleme, die sie bei näherer Betrachtung für die Klassifikation und Diagnostik dissoziativer Störungen aufwerfen, sind erheblich.

Im **DSM-IV** lautet die einleitende Definition:

> „Wesensmerkmal dissoziativer Störungen ist die Unterbrechung normalerweise verbundener Funktionen des Bewusstseins, des Gedächtnisses, der Identität oder der Wahrnehmung der Umwelt. Die Störung kann plötzlich, in Stufen, vorübergehend oder chronisch verlaufen." (American Psychiatric Association 1994, S. 477; Übs. d. A.)

Folgende Störungsbilder werden zugeordnet:

- die Dissoziative Amnesie (DA): 300.12
- die Dissoziative Fugue (DF): 300.13
- die Dissoziative Identitätsstörung (DIS): 300.14
- die Depersonalisationsstörung (DPD): 300.6
- die nicht näher spezifizierte dissoziative Störung (DDNOS): 300.15

Diese letzte Kategorie, die im DSM durchgängig ist, dient der Erfassung unvollständiger Störungsbilder, welche die Kriterien nicht vollständig erfüllen, sowie anderenorts nicht klassifizierbarer Bilder, wobei vor allem Trancezustände und das Ganser-Syndrom genannt werden. Die uneinheitliche Kodierung der Depersonalisationsstörung ergibt sich aus dem ursprünglichen Anspruch des DSM-III, mit der abweichenden Klassifikation der ICD-9 zumindest hinsichtlich der diagnostischen Kodes kompatibel zu bleiben.

Die Klassifikation der **ICD-10** ähnelt in der Struktur der des DSM-IV; sie ist dem DSM-III in Details nachgebildet, zeichnet sich aber durch erhebliche Unterschiede gegenüber dem genannten Instrument aus. Der Hauptunterschied liegt in der Zusammenfassung der dissoziativen Bewusstseinsstörungen und der Konversionsstörungen in der einheitlichen Kategorie „dissoziative Störungen (Konversionsstörungen)". Das Dissoziationskonzept wird dadurch stark erweitert und beschreibt damit gleichermaßen Störungen der Körperwahrnehmung und -befindlichkeit sowie solche des Bewusstseins. Das ist gegenüber der bis dahin gebräuchlichen Terminologie ungewöhnlich verwirrend und trägt mit Sicherheit nicht zu einer einheitlichen Verwendung des Dissoziationsbegriffs bei.

Die Ausgangsdefinition der ICD-10 ist dann auch die folgende:

„Das allgemeine Kennzeichen der dissoziativen (Störungen) oder Konversionsstörungen ist der teilweise oder völlige Verlust der normalen Integration von Erinnerungen an die Vergangenheit, des Identitätsbewusstseins, der unmittelbaren Empfindungen sowie der Kontrolle von Körperbewegungen. (...) Die hier beschriebenen dissoziativen Störungen werden als psychogen angesehen. Das heißt, es besteht eine nahe zeitliche Verbindung zu traumatisierenden Ereignissen, unlösbaren oder unerträglichen Konflikten oder gestörten Beziehungen." (WHO 1993, S. 173)

Folgende Störungsbilder werden zugeordnet:
- die Dissoziative Amnesie: F44.0
- die Dissoziative Fugue: F44.1
- der Dissoziative Stupor: F44.2
- Trance- und Besessenheitszustände: F44.3
- dissoziative Bewegungsstörungen: F44.4
- dissoziative Krampfanfälle: F44.5
- dissoziative Sensibilitäts- und Empfindungsstörungen: F44.6
- dissoziative Störungen (Konversionsstörungen), gemischt: F44.7
- sonstige dissoziative Störungen: F44.8
  - Ganser-Syndrom: F44.80
  - Multiple Persönlichkeitstörung: F 44.81
  - vorübergehende dissoziative Störungen
  - (Konversionsstörungen) in Kindheit und Jugend: F44.82
  - sonstige näher bezeichnete dissoziative Störungen (Konversionsstörungen): F44.88
- nicht näher bezeichnete dissoziative Störung: F44.9

Im Vergleich beider Klassifikationen lassen sich die Vor- und Nachteile aus unserer Sicht wie folgt aufzeigen:
- Die ICD-10 ist das kliniknähere Instrument, etwa wenn sie das gesichert häufige gemeinsame Vorkommen von dissoziativen Bewusstseinsstörungen und Konversionsstörungen durch das Zusammenfassung in einer Kategorie betont.
- Die ICD-10 sieht – wieder in Übereinstimmung mit der Klinik – die traumabezogene Genese der meisten dissoziativen Störungen nicht als ein hinzukommendes Merkmal wie das DSM, sondern als ein begründendes Kriterium.
- Das DSM-IV ist das wissenschaftlich befriedigendere Instrument, weil es die dissoziativen Bewusstseinsstörungen kategorial von den Konversionsstörungen abgrenzt, auch wenn ihr häufiges gemeinsames Vorkommen im Text nicht bestritten wird.
- Auch durch die logische Einbeziehung der Depersonalisationsstörung in die dissoziativen Störungen (was sollte sie denn sonst sein?) ist das DSM-IV von der Kategorienbildung her stringenter.

21.2 Die Kritik an der aktuellen Operationalisierung der dissoziativen Störungen

Dennoch bleibt vieles in beiden Glossaren nach übereinstimmender Meinung der meisten Forscher auf dem Feld der dissoziativen Störungen wenig zufrieden stellend. Van der Kolk (1996) hat sehr eindrücklich den geringen Kenntnisstand der Arbeitsgruppe charakterisiert, die 1980 die Posttraumatische Belastungsstörung in das DSM-III eingeführt hatte. Was zur Verfügung stand, waren Berichte über Traumatisierte aus dem Zweiten Weltkrieg und dem Vietnamkrieg, Untersuchungen von Überlebenden der KZ-Traumatisierungen und Opfer von Brandkatastrophen. Es existierte praktisch keine Literatur zu den Folgen von infantilen Traumatisierungen. So wurden die Mechanismen und die Phänomene von als Erwachsenen Traumatisierten zur Leitlinie der PTBS-Konzeption. Als 1994 das DSM-IV erschien, blieb es bei dieser Leitlinie.

Zum Sprecher einer weitergehenden Unzufriedenheit mit dem Stand der Operationalisierung der dissoziativen Störungen im DSM-IV ist in den vergangenen Jahre vor allem Paul Dell geworden. In einem kurzen und konzisen Diskussionsbeitrag formuliert er lakonisch:

„Meiner Meinung nach ist das DSM-IV-Porträt der Dissoziativen Identitätsstörung (abgespaltene Persönlichkeitsanteile [‚alters'] plus Amnesie) erheblich unvollständig. Zusätzlich ist es insuffizient ausgeführt, für Kliniker nicht hilfreich, ohne Kenntnis der Forschung zur Dissoziation und den dissoziativen Störungen, nicht reliabel diagnostiziert und jenseits vom aktuellen Stand psychiatrischer Klassifikation." (Dell 2001a, S. 4; Übs. d. A.)

An anderer Stelle hat Dell (2001b) die Argumente noch einmal gesammelt und zusammengefasst. Sein Urteil ist vernichtend. Die DSM-IV-Kriterien der DID seien nicht auf der Höhe der Klassifikationsstandards, basierten nicht auf einer taxometrischen Analyse der Symptome, unterstellten inkorrekterweise, dass die DID ein geschlossenes Konzept verkörpere, zeigten eine nur ärmliche Konstruktvalidität, vernachlässigten wichtige Informationen, entmutigten die taxonomische Forschung, besäßen eine nur mäßige Reliabilität und führten häufig zu Fehldiagnosen, seien nicht „benutzerfreundlich" und unnötig widersprüchlich und hätten schließlich zusammen mit den früheren Versionen des DSM eine artifiziell niedrige Rate von DID-Diagnosen in den zurückliegenden 20 Jahren verursacht. Es ist schon ein ziemliches Sündenregister, das hier zusammengestellt wird. Silberg (2001) beklagt im Editorial zur gleichen Nummer der Zeitschrift („Trauma and Dissociation") vor allem die widersprüchlichen Interessen von Klinikern einerseits, die therapeutisch orientiert seien und an der Invarianz der Diagnosen wenig Interesse hätten, weil sie gerade *Veränderungen* des Verhaltens und Erlebens, d. h. wesentlich die Aufhebung der Diagnose anstrebten, und Forschern andererseits, die Klassifikationen am liebsten statisch beließen, damit sie ausgiebig verifiziert und validiert werden könnten. Dieser Widerspruch der Interessen könne aber kaum im Interesse der Patienten liegen, die dringend der richtigen Diagnostik, die sie in die richtige Behandlung brächte, bedürften (vgl. Kap. 15 in diesem Band; dort führt Gast die Kritik von Dell an der Operationalisierung der DIS weiter aus).

An alternativen Diagnose- und Klassifikationskonzepten fehlt es derzeit nicht. Steele, Van der Hart und Nijenhuis sprechen von **„komplexen dissoziativen Störungen"** (s. Kap. 26) und gehen innerhalb eines generischen Konzepts von der übergeordneten Diagnose einer **„posttraumatischen dissoziativen Störung"** aus. Das liegt auf der Linie der Arbeitsgruppe um Van der Kolk (Van der Kolk et al. 1996), die Somatisierungsstörungen, dissoziative Störungen und die Borderline-Persönlichkeitsstörung als unterschiedliche Verarbeitungsformen einer chronischen infantilen Stressbelastung ansieht. Diese Autoren sprechen von **„komplexen Posttraumatischen Belastungsstörungen"**, ein diagnostisches Konzept, das erstmals von Herman (1993) eingeführt worden war. Hier wird über das definitorische genus proximum der Traumatisierung in der biografischen Entwicklung eine ätiologisch begründete Einheit postuliert, auch wenn die möglichen phänomenologischen Ausgänge auf der Störungsebene unterschiedlich sein können und sind (s. auch die Ausführungen zur Klassifikation in Kap. 20 dieses Buchs).

Verschiedene Arbeitsgruppen haben sich auch für die Annahme einer „primären Dissoziation" (Störungen, bei denen einfache dissoziative Störungen bei einer intakten Alltagsfunktion auftreten), einer „sekundären Dissoziation" (Störungen, bei denen komplexe dissoziative Störungen bei einer intakten Alltagsfunktion auftreten) und einer „tertiären Dissoziation" (Störungen mit komplexen dissoziativen Phänomenen und gleichzeitiger Beeinträchtigung der Alltagsfunktion, z. B. bei der DIS) eingesetzt, was sich zunehmend durchzusetzen scheint. Diese Konzepte werden ausführlich in den Kapiteln 7 und 25 innerhalb dieses Buchs ausgeführt. Schließlich sind aktuelle Versuche einer Neubenennung schwerer dissoziativer Störungen zu erwähnen, so der von Coons (2001, zit. nach Silberg 2001) mit der Einführung der Diagnose „**Pervasive Dissociative Disorders**" oder der weitergehende von Dell (2001b) mit seiner Diagnose „**Major Dissociative Disorders**". Hierbei stützt sich Dell auf einen Revisionsvorschlag, der die tradierte Klassifikation des DSM-IV (Dissoziative Amnesie, Dissoziative Fugue, Dissoziative Identitätsstörung, Depersonalization Disorder und DDNOS) im DSM-V durch folgende Kategorien ersetzt wissen will:

- einfache (simple) dissoziative Störungen mit mindestens drei Untertypen
- generalisierte dissoziative Störungen
- schwere (major) dissoziative Störungen mit zwei Untertypen
- die DDNOS

Dieser Entwurf ist im Detail seiner Operationalisierungen erstaunlich konsequent und verbleibt streng auf einer phänomenalen Ebene. Er ist angesichts der Vielfalt dissoziativer Erscheinungen sicher kliniknäher als die aktuellen und vergleichsweise oberflächlichen Störungsporträts in DSM und ICD. Dennoch meint man bei der Vertiefung in diese Operationalisierungen bereits den Widerstand der etablierten Klassifikationsmethodiker antizipieren zu können: Die erforderliche Sorgfalt geht weit über die aktuelle Schlichtheit eines Kurzinterviews oder gar die von computergestützten Fragebögen hinaus. Mit anderen Worten: Es handelt sich um eine sehr anspruchsvolle Form der Diagnostik, die den Patienten wohl gerechter wird als das Bestehende, deren Gründlichkeit aber nicht im Trend der Zeit liegen dürfte. Schade.

Literatur

American Psychiatric Association (1980). Diagnostic and Statistical Manual of Mental Disorders. 3rd ed. Washington, DC: American Psychiatric Association.

American Psychiatric Association (1994). Diagnostic and Statistical Manual of Mental Disorders. 4th ed. Washington, DC: American Psychiatric Association.

Dell PF (2001a). Why DSM-IV's portrayal of DID is a problem. ISSD News; 19: 4-8.

Dell PF (2001b). Why the diagnostic criteria for Dissociative Identity Disorder should be changed. J Trauma Dissociation; 2: 7-37.

Herman JL (1993). Sequelae of prolonged and repeated trauma: evidence for a Complex Posttraumatic Stress Syndrome (DESNOS). In: Davidson JR, Foa EB (eds). Posttraumatic Stress Disorder – DSM-IV and beyond. Washington, DC: American Psychiatric Press; 213-28.

Silberg JL (2001). A president's perspective: The human face of the diagnostic controversy. J Trauma Dissociation; 2(1): 1-5.

Van der Kolk B (1996). The complexity of adaptation to trauma. Self-regulation, stimulus discrimination, and characterological development. In: Van der Kolk B, McFarlane AC, Weisaeth L (eds). Traumatic Stress: The effects of overwhelming experience on mind, body, and society. New York, London: Guilford Press; 182-213.

Van der Kolk B, Pelcovitz D, Roth S, Mandel FS, McFarlane A, Herman JL (1996). Dissociation, somatization, and affect dysregulation: The complexity of adaptation to trauma. Am J Psychiatry; 153, Suppl: 83-93.

WHO (1993). Internationale Klassifikation psychischer Störungen. 10. Aufl. Bern, Göttingen, Toronto, Seattle: Huber.

22 Psychometrische Diagnostik dissoziativer Symptome und Störungen

C. Spitzer

22.1 Einleitung

Das wieder erwachte Interesse an dem Konstrukt der Dissoziation hat auch zur Entwicklung einer Reihe psychometrischer Instrumente geführt. Diese ermöglichen es, die Art und das Ausmaß dissoziativer Phänomene der quantifizierenden Empirie zugänglich zu machen. Die Verfahren lassen sich in Selbst- und Fremdbeurteilungsskalen sowie in Instrumente zur dimensionalen oder klassifikatorischen Diagnostik unterteilen. Eine Übersicht über die verschiedenen Verfahren vermittelt die Tabelle 22-1 (s. S. 312).

Neben diesen Verfahren, die den Anspruch erheben, das Konstrukt der Dissoziation in seiner ganzen Breite zu erfassen, gibt es Instrumente, die spezifische Aspekte abbilden, insbesondere Depersonalisation und Derealisation. Zu den neueren Entwicklungen zählen die Cambridge Depersonalization Scale (CDS, Sierra u. Berrios 2000) als Selbstbeurteilungsskala sowie die Depersonalization Severity Scale (DSS, Simeon et al. 2001) als Fremdbeurteilungsverfahren. Deutsche Versionen existieren bisher nicht.

22.2 Fremdbeurteilungsverfahren

Alle Fremdbeurteilungsinstrumente wurden in den USA entwickelt. Daher orientieren sie sich an dem Dissoziationskonzept und der Klassifikation des DSM. Als Goldstandard gilt das **Structured Clinical Interview for DSM-IV Dissociative Disorders** (SCID-D, Steinberg 1994; dt. Fassung von Gast et al. 2000), welches ausführlich in Kapitel 23 dieses Bandes dargestellt wird.

Das **Dissociative Disorder Interview Schedule** (DDIS, Ross et al. 1989) ist ebenfalls ein strukturiertes Interview, welches die Kernsymptome und die assoziierten Symptome der dissoziativen Störungen abbildet und eine kategoriale Diagnostik nach DSM ermöglicht. Das DDIS fokussiert auf die komorbiden Störungen bzw. die Differenzialdiagnosen der dissoziativen Störungen wie die Schizophrenie, die depressiven Störungen, die Substanzabhängigkeiten und die Borderline-Persönlichkeitsstörung. Obwohl die Reliabilitäts- und Validitätsangaben für das DDIS befriedigend bis gut sind (Ross et al. 1990), werden mit diesem Verfahren zu viele falsch-positive Diagnosen gestellt (Friedl et al. 2000). Für den deutschen Sprachraum existiert eine adaptierte Version (Overkamp 1999).

Die **Clinical Mental Status Examination for Complex Dissociative Symptoms** (Loewenstein 1991) wurde speziell für den klinischen Einsatz entwickelt. Dieses semistrukturierte Interview erfasst sechs Symptombereiche:

- Identitätskonfusion
- Persönlichkeitswechsel („switches")
- Amnesie
- autohypnotische Phänomene
- körperliche und affektive Symptome
- Merkmale der Posttraumatischen Belastungsstörung

Tab. 22-1: Übersicht über die Instrumente zur psychometrischen Diagnostik dissoziativer Symptome und Störungen (Iss = standardisiertes Interview; Is = strukturiertes Interview; I = semistrukturiertes Interview; CL = Checkliste; S = Selbstbeurteilungsskala; dt. = deutsch; engl. = englisch).

Instrument	Abkürzung	Autor	Sprache	Format
Fremdbeurteilungsverfahren				
Structured Clinical Interview for DSM-IV-Dissociative Disorders	SCID-D	Steinberg 1994	dt., engl.	Is
Strukturiertes Klinisches Interview für Dissoziative Störungen	SKID-D	Gast et al. 2000		
Dissociative Disorder Interview Schedule	DDIS	Ross et al. 1989	dt., engl.	Is
Clinical Mental Status Examination for Complex Dissociative Symptoms	Loewenstein-Interview	Loewenstein 1991	engl.	I
Clinician Administered Dissociative States Scale	CADSS	Bremner et al. 1998	dt., engl.	Iss
Peritraumatic Dissociative Experience Questionnaire	PDEQ	Marmar et al. 1996 Maercker 1998	dt., engl.	Iss/S
AMDP-Modul zu Dissoziation und Konversion	AMDP-DK	Spitzer u. Freyberger 2000	dt.	CL
Selbstbeurteilungsverfahren				
Perceptual Alteration Scale	PAS	Sanders 1986	engl.	S
Questionnaire of Experiences of Dissociation	QED	Riley 1988	dt., engl.	S
Dissociation Questionnaire	DIS-Q	Vanderlinden et al. 1993	dt., engl.	S
Somatoform Dissociation Questionnaire	SDQ-20	Nijenhuis et al. 1996	dt., engl.	S
Multidimensional Inventory of Dissociation Multidimensionales Inventar dissoziativer Symptome	MID MID-d	Dell 2000 Gast 2001	dt., engl.	S
Dissociative Experiences Scale Fragebogen zu Dissoziativen Symptomen	DES FDS	Bernstein et al. 1986 Freyberger et al. 1999	dt., engl.	S

Obwohl das Verfahren hervorragende Beispielfragen für die einzelnen Symptome liefert, erlaubt es keine Schweregradeinteilung. Das Loewenstein-Interview bietet keinen formalen Auswertungsalgorithmus zur kategorialen Diagnostik, sodass die erhobenen Informationen klinisch bewertet werden. Deshalb ist es für wissenschaftliche Fragestellungen wenig geeignet, zumal bisher keine psychometrischen Gütekriterien vorgelegt wurden. Es gibt keine deutsche Übersetzung.

Die **Clinician-Administered Dissociatives States Scale** (CADSS, Bremner et al. 1998) stellt ein standardisiertes Interview zur Abbildung gegenwärtiger dissoziativer Zustände dar. Sie ermöglicht eine dimensionale Querschnittsdiagnostik, jedoch keine katcgoriale Diagnostik oder Längsschnittdiagnostik. Deshalb eignet sich das Verfahren für Verlaufsstudien. Die 27 Items gliedern sich in 19 Fragen an den Probanden und 8 Verhaltensmerkmale, die vom Untersucher nach dem Interview beurteilt werden. Theoriegeleitet werden die Items den drei Subskalen „Amnesie", „Depersonalisation" und „Derealisation" zugeordnet. Die Reliabilität und Konstruktvalidität sind befriedigend bis gut. Eine deutsche Version wurde bisher weder veröffentlicht noch psychometrisch evaluiert.

Der **Peritraumatic Dissociative Experience Questionnaire** (PDEQ, Marmar et al. 1996) bezieht sich auf das Konzept der peritraumatischen oder sekundären Dissoziation als unmittelbare Reaktion auf traumatische Erlebnisse. Der PDEQ liegt in einer Raterversion (RV) und in einer Selbstbeurteilungsversion (SR) vor, die dissoziative Phänomene ausschließlich während und kurz nach der Traumatisierung erfassen. Das Verfahren beinhaltet zehn Items, die die Depersonalisation, die Derealisation, Bewusstseinsveränderungen und Analgesie abbilden. In verschiedenen retro- und prospektiven Studien erwies sich der PDEQ als reliabel und valide, insbesondere zeigte er eine gute prädiktive Validität bezüglich der Ausbildung einer Posttraumatischen Belastungsstörung (Marmar et al. 1997). Eine autorisierte deutsche Übersetzung befindet sich im Evaluationsprozess (Maercker 1998).

Das **AMDP-Modul zu Dissoziation und Konversion** (AMDP-DK, vgl. Spitzer u. Freyberger 2000) stellt eine Checkliste innerhalb des Systems der „Arbeitsgemeinschaft für Methodik und Dokumentation in der Psychiatrie" (AMDP) dar, die eine qualitative und quantitative Erfassung dissoziativer Merkmale entsprechend der ICD-10-Konzeptualisierung ermöglicht. Somit werden auch pseudoneurologische Konversionssymptome abgebildet. Das AMDP-DK wurde entwickelt, um die Nachteile strukturierter Interviews (hoher Zeitaufwand; überwiegend kategoriale und nur begrenzt dimensionale Diagnostik) zu vermeiden. Die Checkliste erlaubt eine relativ zeitökonomische Anwendung, die Ausnutzung aller verfügbaren Informationsquellen und deren Wertung durch einen Experten. Damit ist sie für den klinischen Alltag praktikabler als Interviewverfahren. Die Reliabilität und Validität werden zurzeit untersucht.

22.3 Selbstbeurteilungsinstrumente

Im Folgenden werden die Selbstbeurteilungsverfahren hinsichtlich ihrer inhaltlichen Schwerpunkte vorgestellt. Einen Überblick über die formalen Charakteristika, die Itemanzahl und die Skalierung, sowie die psychometrischen Gütekriterien vermittelt die Tabelle 22-2 (s. S. 314).

Die **Perceptual Alteration Scale** (PAS, Sanders 1986) orientiert sich konzeptuell an der Neodissoziationstheorie (Übersicht bei Hilgard 1994). Diese definiert Dissoziation als Veränderungen in dem komplexen Wechselspiel zwischen Affekt, Kognition und Verhalten. Daraus entstehen Verzerrungen der subjektiven Erfahrungen, welche die PAS misst. Die Befunde zur Reliabilität und Validität sind angesichts kleiner und homogener Stichproben indes kritisch zu bewerten. Eine Faktorenanalyse ergab drei Dimensionen:
- Veränderung von Affekt
- Veränderung von Kontrolle
- Veränderung von Kognition

Detaillierte Analysen bzw. eine Replikation der psychometrischen Gütekriterien an klinischen Populationen stehen noch aus (Steinberg 1996). Eine deutsche Übersetzung existiert nicht.

Der **Questionnaire of Experiences of Dissociation** (QED, Riley 1988) lehnt sich theoretisch an das DSM-Konzept von Dissoziation an. An größeren Stichproben von Studenten konnten faktorenanalytisch fünf Subskalen herausgearbeitet werden (Ray 1996):
- Depersonalisation
- Amnesie
- Phantasie und Tagträumerei

Tab. 22-2: Übersicht über die Charakteristika und die psychometrischen Kennwerte der Selbstbeurteilungsverfahren (Angaben in Klammern beziehen sich auf die Kurzfassung; Validität und deutsche Evaluation: + = mäßig; ++ = gut; +++ = sehr gut).

Instrument	Items	Skalierung	Reliabilität		Validität	deutsche Evaluation
			Cronbachs α	Retest		
PDEQ-SR	10	5-stufige Likert-Skala	0,77–0,80	–	++	in Vorbereitung
PAS	60	4-stufige Likert-Skala	0,70–0,95	–	+	–
QED	26	dichotome Skala	0,77	–	+	+
DIS-Q	69	5-stufige Likert-Skala	0,67–0,96	0,75–0,94	++	–
SDQ	20 (5)	5-stufige Likert-Skala	0,95 (0,80)	–	++	–
MID	259	11-stufig von 0 bis 10	0,73–0,96	–	++	in Vorbereitung
DES	28	11-stufig in 10%-Schritten	0,77–0,95	0,78–0,93	+++	+++
FDS	44 (20)	11-stufig in 10%-Schritten	0,77–0,93	0,44–0,83	++	+++

- dissoziative Körpererfahrungen
- Trance

Obwohl der QED als kurzes Instrument sehr leicht anwendbar ist, hat er wenig Aufmerksamkeit und wissenschaftliche Anwendung gefunden (Ray 1996; Steinberg 1996). Es liegt eine deutsche Version vor, die bisher jedoch ausschließlich an einer studentischen Population evaluiert wurde (Wolfradt u. Kretzschmar 1997).

Der **Dissociation Questionnaire** (DIS-Q, Vanderlinden et al. 1993) ist der einzige in Europa entwickelte Fragebogen zur Erfassung dissoziativer Phänomene. Er stammt aus einer niederländischen Arbeitsgruppe. Die zugrunde liegenden theoretischen Modellvorstellungen beziehen sich auf Janet (1889) und das DSM. Die Itemkonstruktion und -auswahl basieren auf Aussagen von Patienten mit dissoziativen Störungen sowie auf einer Selektion von Items aus der PAS, dem QED und der DES. Eine Faktorenanalyse ergab vier Subskalen:
- Amnesie
- Absorption
- Kontrollverlust
- Identitätsunsicherheit/Fragmentation

Die Autoren selbst legten eine deutsche Übersetzung vor, die aber noch nicht teststatistisch überprüft worden ist.

Der **Somatoform Dissociation Questionnaire** (SDQ-20, Nijenhuis et al. 1996) ist ausdrücklich dem janetschen Konzept der körperlichen Symptome im Kontext dissoziativer Psychopathologie verpflichtet (vgl. auch Kap. 7 in diesem Buch). Diese wurden bisher nur mangelhaft berücksichtigt. Deshalb konstruierte die Arbeitsgruppe um Nijenhuis einen entsprechenden Fragebogen. Der von Janet postulierte Zusammenhang zwischen der somatoformen und der psychischen Dissoziation ließ sich so empirisch bestätigen: Der SDQ-20 korrelierte positiv mit dem DIS-Q (r = 0,75). Es wurde ebenfalls eine Kurzversion mit 5 Items (der SDQ-5) vorgelegt, die als Screening-Verfahren aus dem ursprünglichen Itempool extrahiert wurde (Nijenhuis et al. 1997).

Kritisch ist anzumerken, dass die Formulierung einiger Items zur somatoformen Dissoziation inhaltlich eine große Nähe zu Depersonalisations- bzw. Derealisationsphänomenen aufweist (zum Beispiel: „Manchmal sehen die Dinge in meiner Umgebung anders aus als normalerweise, etwa so, als würde ich sie durch einen Tunnel sehen, oder so, als sähe ich nur einen Teil davon."). Es besteht auch eine inhaltliche Überschneidung mit Konversionssymptomen, die sich jedoch ausschließlich auf die Bereiche der Willkürmotorik, der Sensibilität und der Sensorik erstrecken. Trotz dieser zu kritisierenden Aspekte bleibt es das Verdienst der Arbeitsgruppe um Nijenhuis, dass sie die Bedeutung der körperlichen Symptome im Kontext der Dissoziation in Erinnerung gerufen hat.

Das **Multidimensional Inventory of Dissociation** (MID, Dell 2000) integriert diagnostische Elemente der spezifischen Interviewverfahren in ein ausführliches Selbstbeurteilungsinstrument mit 259 Items. Daher ermöglicht es eine ähnlich umfassende Diagnostik und Differenzialdiagnostik dissoziativer Störungen wie die Interviews. Das MID umfasst elf Skalen:
- Gedächtnisprobleme
- Depersonalisation
- Derealisation
- Flashbacks
- somatoforme Dissoziation
- Trance
- Identitätsunsicherheit
- Stimmenhören
- passives Beeinflussungserleben
- Identitätsänderung
- durch die Aktivitäten von Alternativpersönlichkeiten bedingte Amnesien

Zudem gibt es verschiedene Kontrollskalen, um mögliche Ergebnisverzerrungen abzuschätzen. Die ersten Befunde zu den psychometrischen Gütekriterien sind sehr gut. Eine deutsche Version (Gast 2001) wird derzeit evaluiert.

Die Dissociative Experience Scale und der Fragebogen zu Dissoziativen Symptomen

Die **Dissociative Experience Scale** (DES, Bernstein u. Putnam 1986) stellt hinsichtlich psychometrischer Gütekriterien, klinischer und wissenschaftlicher Anwendbarkeit sowie internationaler Verbreitung den Goldstandard unter den Selbstbeurteilungsinstrumenten dar.

Die Itemauswahl und -konstruktion orientieren sich zum einen an Interviews von Patienten mit dissoziativen Störungen nach dem DSM, zum anderen an Expertenvorschlägen. Die 28 Items umfassende Originalskala erfragt die Häufigkeit dissoziativer Phänomene in den Bereichen Gedächtnis, Bewusstsein und Identität gemäß der DSM-Konzeption. Items, die eine Dissoziation im Affekt- oder Impulsbereich abbilden, wurden explizit nicht aufgenommen, um eine Überschneidung mit Gefühls- oder Impulsschwankungen bei affektiven Störungen und Persönlichkeitsstörungen zu vermeiden.

Die DES wird mit einer Instruktion eingeleitet, in der darum gebeten wird, keine Episoden zu berücksichtigen, in denen der Proband unter Alkohol-, Drogen- oder Medikamenteneinfluss stand. Die Formulierung der Items wird so einfach wie möglich gehalten, wobei die entsprechenden Phänomene als allgemein mögliche Erfahrungen dargestellt werden (zum Beispiel: „Einige Menschen erleben gelegentlich, dass ..."). Die Antwortskala reicht von 0% (nie) bis 100% (immer) und ist in 10%-Schritte unterteilt. Die formale Auswertung setzt voraus, dass nicht mehr als 2 Items unbeantwortet bleiben. Sie ist sowohl manuell mittels eines Auswertungsbogens als auch semi-computerisiert möglich. Die Itemwerte werden zu einem Summenwert addiert und anschließend durch die Anzahl der beantworteten Items geteilt; der so berechnete Mittelwert kann als allgemeines Dissoziationsmaß gewertet werden. Bei der Auswertung der Subskalen wird analog verfahren.

Die Reliabilität und Validität der DES wurden vielfach und mit guten Ergebnissen untersucht (Übersicht bei Carlson u. Putnam 1993; van IJzendoorn u. Schuengel 1996; vgl. auch Tab. 22-2). Die Befunde zur faktoriellen Struktur sind weniger einheitlich: Einerseits ergaben sich Hinweise auf einen allgemeinen Dissoziationsfaktor, andererseits auf drei mögliche Subskalen, die als „Amnesie", „Absorption" und „Derealisation/Depersonalisation" bezeichnet wurden (Carlson u. Putnam 1993; van IJzendoorn u. Schuengel 1996).

Die Kontinuumshypothese des Dissoziationsmodells, die davon ausgeht, dass dissoziative Phänomene von alltäglichen Formen wie zum Beispiel Tagträumen bis zu schweren, klinisch auffälligen Symptomen wie etwa Identitätswechsel oder Amnesien reichen, wurde indes von neueren Arbeiten infrage gestellt. Diese konnten zeigen, dass es innerhalb verschiedener diagnostischer Populationen Subgruppen von Patienten mit extrem hohen Dissoziationswerten gibt (Putnam et al. 1996). Es wurde gefolgert, dass weitgehend unabhängig von der klassifikatorischen Diagnose distinkte Dissoziationsmuster vorkommen, wobei insbesondere der „hochdissoziative Typus" unter diagnostischen und therapeutischen Gesichtspunkten interessant erscheint (ebd.). Diesem Ansatz folgend, konnte empirisch gezeigt werden, dass sich nichtpathologische von pathologischer Dissoziation differenzieren lässt (Waller et al. 1996). Zu den nichtpathologischen Formen, die in der Tat einer kontinuierlichen Verteilung folgen, zählen zum Beispiel Alltagsamnesien und Items, die dem Faktor „Absorption" zuzuordnen sind. Hingegen ist die pathologische Dissoziation diskontinuierlich verteilt und umfasst überwiegend Symptome schwerer Depersonalisation bzw. Derealisation. Diese pathologische Dissoziation wird mittels einer Subskala aus 8 Items abgebildet (DES-Taxon).

Für die deutsche Version, den Fragebogen zu Dissoziativen Symptomen (FDS, Freyberger et al. 1999), wurden weitere 16 Items hinzugefügt, um auch dissoziative Symptome gemäß der ICD-10 abzubilden, also insbesondere pseudoneurologische Konversionsphänomene wie Bewegungsstörungen, „pseudoepileptische" Anfälle und Störungen der Sensibilität und Sensorik.

Der FDS wurde umfassend teststatistisch überprüft und zeigte dabei ähnlich gute Kennwerte wie die DES. Die ursprünglich vorgeschlagene Faktorenlösung konnte allerdings nicht vollständig bestätigt werden.

Die DES und der FDS sind für die Anwendung bei Erwachsenen konzipiert; daher wurde mittlerweile eine Version für Kinder und Jugendliche vorgelegt, die **Adolescent Dissociative Experience Scale** (A-DES, Armstrong et al. 1997). Die Reliabilitätsparameter waren ebenso befriedigend bis gut wie die konstrukt- und kriterienbezogene Validität. Eine deutsche Fassung, die Skala Dissoziativen Erlebens (SDE-J, Brunner et al. 1999), zeigte ähnliche psychometrische Gütekriterien.

22.4 Methodische Probleme bei der Erfassung der dissoziativen Psychopathologie

Die folgenden Ausführungen beschäftigen sich nicht mit den grundsätzlichen Problemen der Psychodiagnostik (Stieglitz et al. 2001), sondern mit den Schwierigkeiten bei der Abbildung von Dissoziation. Dabei liegt der Schwerpunkt auf den Selbstbeurteilungsverfahren.

Die zentrale Schwierigkeit besteht in dem Mangel einer einheitlichen Konzeptualisierung der Dissoziation. Sie wirft die Frage auf, welche Phänomene als dissoziativ klassifiziert werden. So subsumiert zum Beispiel die europäische Psychopathologie-Tradition Depersonalisation und Derealisation unter den Störungen des Ich-Erlebens. Ob Kontrollverlust ein dissoziatives Phänomen darstellt oder nicht vielmehr einen Aspekt von Impulsivität widerspiegelt, ist ebenfalls ungeklärt. Auch die phänomenologische Ähnlichkeit dissoziativen und psychotischen Erlebens (Spitzer et al. 1997; Scharfetter 1999), die Überschneidungen zwischen den Konzepten der dissoziativen Identitätsunsicherheit und der aus einer psychoanalytischen Tradition stammenden Identitätsdiffusion (Erikson 1966; Kernberg 2000) sowie die divergente Klassifikation der dissoziativen Störungen in der ICD und dem DSM wirken sich auf die Itemauswahl und Testkonstruktion aus (vgl. Kap. 21). Diese Überlegungen machen verständlich, warum zwar alle Instrumente explizit den Anspruch erheben, dissoziative Phänomene abzubilden, aber letztlich doch phänomenologisch heterogene Dimensionen erfassen. So wird zum Beispiel der Aspekt körperlicher dissoziativer Symptome nur von dem SDQ und dem FDS aufgegriffen.

Eine weitere konzeptuelle Unklarheit besteht hinsichtlich der Frage, ob Dissoziation einen Zustand (State) oder ein Persönlichkeitsmerkmal (Trait) beschreibt. Zwar zielen die Konstruktionsabsichten der Verfahren auf die Erfassung eines Traits, aber ein empirischer Beleg dafür steht aus (Foa u. Hearst-Ikeda 1996). Auch die immer wieder vermuteten Zusammenhänge mit anderen als Persönlichkeitseigenschaft konzipierten Konstrukten, wie Hypnotisierbarkeit oder Alexithymie, lassen sich empirisch nur begrenzt nachweisen (Putnam u. Carlson 1998; Grabe et al. 2000). Vielmehr deuten relativ hohe Korrelationen mit verschiedenen psychopathologischen Syndromen darauf hin, dass eher ein State erfasst wird (van IJzendoorn u. Schuengel 1996; Spitzer et al. 1998). Hingegen belegen die Test-Retest-Reliabilitäten, dass alle Skalen ein zeitlich relativ stabiles Merkmal messen. Damit sind sie wenig änderungssensitiv und nur eingeschränkt zur Prozessdiagnostik geeignet.

Alle Instrumente sind anfällig für absichtliche Täuschungen. Dies gilt besonders für die Selbstbeurteilungsverfahren, weil die Itemformulierungen unidimensional sind: Das heißt, hohe Werte reflektieren eine hohe Symptomausprägung (Gilbertson et al. 1992). Dies ist bei forensischen Probanden oder bei juristischen Begutachtungen zu berücksichtigen (Spitzer et al. 2003). Bei klinischen Populationen werden häufig Dissimulationstendenzen beobachtet, weil es während des Bearbeitungsprozesses zu Reaktualisierungen traumatischer Vorerfahrungen kommt (Carlson u. Armstrong 1994).

Problematisch ist auch, dass bestimmte organische Erkrankungen, wie etwa Temporallappen-Epilepsien, mit dissoziativen Symptomen assoziiert sind (Devinsky et al. 1989; Cardena u. Spiegel 1996). Weil primär die entsprechenden Phänomene wahrgenommen werden, ohne sie unmittelbar zu attribuieren, ist es auf der deskriptiven Ebene häufig nicht möglich, zwischen organisch bedingten und psychogen bedingten dissoziativen Zuständen zu differenzieren. Dieses Problem findet sich auch bei Patienten mit Suchterkrankungen, weil diese signifikant höhere Dissoziationswerte aufweisen als andere Diagnosegruppen (Good 1989; Dunn et al. 1993). Ob dies im Rahmen von akuten Intoxikations- oder Entzugserscheinungen zu werten ist oder ob möglicherweise eine hohe Komorbidität zwischen dissoziativen Störungen und Abhängigkeitsstörungen besteht, ist nicht geklärt (Cardena u. Spiegel 1996).

Obwohl alle vorgestellten Selbstbeurteilungsverfahren ausschließlich eine dimensionale Abbildung dissoziativer Phänomene erlauben, hat es Versuche gegeben, diese auch für die klassifikatorische Diagnostik zu nutzen (Carlson et al. 1993; Vanderlinden et al. 1993). Trotz der zum Teil beeindruckenden Befunde zur Sensitivität und Spezifität ist jedoch ausdrücklich davor zu warnen, eine dissoziative Störung ausschließlich mittels eines Fragebogens zu diagnostizieren. Hinzu kommt, dass die ermittelten Schwellenwerte kulturabhängig und somit nicht ohne weiteres auf die mitteleuropäischen Länder übertragbar sind, zumal hier generell niedrigere Dissoziationswerte als im anglo-amerikanischen Raum gefunden werden (Vanderlinden et al. 1996; Spitzer et al. 1998; Friedl et al. 2000).

22.5 Fazit und Ausblick

Die meisten der vorgestellten Instrumente erfüllen die Mindestanforderungen an teststatistische Gütekriterien, wobei das SKID-D, das DDIS, die DES bzw. der FDS, der DIS-Q und der SDQ am ausführlichsten untersucht worden sind und die größte Verbreitung gefunden haben. Neben diesem Aspekt ist bei der Auswahl eines geeigneten Instruments auf die jeweiligen inhaltlichen Schwerpunkte zu achten. Zudem müssen die Vorteile der Selbstbeurteilungsverfahren, wie zum Beispiel ihre Ökonomie, gegen verschiedene Nachteile, wie zum Beispiel ihre Verfälschungsanfälligkeit, abgewogen werden. Hinzu kommt, dass mit keinem Fragebogen die kategoriale Diagnose einer dissoziativen Störung gestellt werden kann. Somit eignen sich alle Selbstbeurteilungsverfahren lediglich als Screening-Möglichkeiten. Auch für die Einzelfalldiagnostik sind diese Verfahren aufgrund der oben dargestellten methodischen Probleme nur bedingt hilfreich. Dennoch stellen sie eine wertvolle Orientierungshilfe dar, zumal über die dimensionale Abbildung dissoziativer Psychopathologie oft ein Austausch mit den Patienten über ihr Erleben möglich wird.

Weiterentwicklungen werden sich insbesondere mit der Frage der Änderungssensitivität auseinandersetzen müssen. Gerade für die empirische Psychotherapie-Forschung wäre die Entwicklung von Verfahren zur Prozessdiagnostik wünschenswert und könnte helfen, Wirksamkeitsnachweise bestimmter Behandlungsmethoden für Störungsbilder mit dissoziativer Symptomatik zu liefern bzw. zu präzisieren. Erste Bemühungen, den FDS zur Verlaufsmessung nutzbar zu machen, liegen bereits vor (Spitzer et al. 1999).

Abschließend bleibt festzuhalten, dass jedes Selbstbeurteilungsinstrument bestenfalls so gut ist wie die Theorie, auf die es sich bezieht. Dementsprechend spiegeln die vielfältigen Verfahren die Heterogenität der theoretischen Konzepte. Umgekehrt beeinflussen natürlich auch die empirisch gewonnenen Erkenntnisse unsere Modelle von Dissoziation. Für die Zukunft ist diesen zu wünschen, dass sie durch das konstruktive Wechselspiel zwischen empirisch fundierter Forschung und konzeptuell-inhaltlichen Weiterentwicklungen an Prägnanz und damit Relevanz gewinnen werden. Die psychometrische Diagnostik kann dazu gewiss einen wichtigen Beitrag liefern.

Literatur

Armstrong JG, Putnam FW, Carlson EB, Libero DZ, Smith SR (1997). Development and validation of a measure of adolescent dissociation. The Adolescent Dissociative Experiences Scale. J Nerv Ment Dis; 185: 491–7.

Bernstein EM, Putnam FW (1986). Development, reliability, and validity of a dissociation scale. J Nerv Ment Dis; 174: 727–35.

Bremner JD, Krystal JH, Putnam FW, Southwick SM, Marmar C, Charney DS, Mazure CM (1998). Measurement of dissociative states with the Clinician-Administered Dissociative States Scale (CADSS). J Trauma Stress; 11: 125–36.

Brunner RM, Resch F, Parzer P, Koch E (1999). Heidelberger Dissoziations-Inventar. Frankfurt a. M.: Swets Test Services.

Cardena E, Spiegel D (1996). Diagnostic issues, criteria, and comorbidity of dissociative disorders. In: Michelson LK, Ray WJ (eds). Handbook of Dissociation. New York: Plenum Press; 227–50.

Carlson EB, Putnam FW (1993). An update on the Dissociative Experiences Scale. Dissociation; 6: 16–27.

Carlson EB, Armstrong J (1994). The diagnosis and assessment of dissociative disorders. In: Rhue JW (ed). Dissociation. Theoretical, clinical, and research perspectives. New York: Guilford; 159–74.

Carlson EB, Putnam FW, Ross CA, Torem M, Coons P, Dill D, Loewenstein RJ, Braun BG (1993). Validity of the Dissociative Experiences Scale in screening for multiple personality disorder. A multicenter study. Am J Psychiatry; 150: 1030–6.

Dell PF (2000). The multidimensional Inventory of Dissociation. Unveröff. Manuskript. Trauma Recovery Center Norfolk.

Devinsky O, Putnam FW, Grafman J, Bromfield E, Theodore WH (1989). Dissociative states and epilepsy. Neurology; 39: 835–40.

Dunn GE, Paolo AM, Ryan JJ, VanFleet J (1993). Dissociative symptoms in a substance abuse population. Am J Psychiatry; 150: 1043–7.

Erikson EH (1966). Identität und Lebenszyklus. Frankfurt a. M.: Suhrkamp.

Foa EB, Hearst-Ikeda D (1996). Emotional dissociation in response to trauma. In: Michelson LK, Ray WJ (eds). Handbook of Dissociation. New York: Plenum Press; 207–24.

Freyberger HJ, Spitzer C, Stieglitz RD (1999). Fragebogen zu Dissoziativen Symptomen (FDS). Bern: Huber.

Friedl MC, Draijer N, de Jonge P (2000). Prevalence of dissociative disorders in psychiatric inpatients: the impact of study characterisitics. Acta Psychiatr Scand; 102: 423–8.

Gast U (2001). Multidimensionales Inventar dissoziativer Symptome (MID-d). Unveröff. Manuskript. Medizinische Hochschule Hannover.

Gast U, Oswald T, Zündorf F, Hofmann A (2000). Strukturiertes Klinisches Interview für DSM-IV Dissoziative Störungen (SKID-D). Göttingen: Hogrefe.

Gilbertson A, Torem M, Cohen R (1992). Susceptibility of common self-report measures of dissociation to malingering. Dissociation; 5: 216–20.

Good MI (1989). Substance-induced dissociative disorders and psychiatric nosology. J Clin Psychopharmacol; 9: 88–92.

Grabe HJ, Rainermann S, Spitzer C, Gänsicke M, Freyberger HJ (2000). The relationship between dimensions of alexithymia and dissociation. Psychother Psychosom; 69: 128–31.

Hilgard ER (1994). Neodissociation theory. In: Lynn SJ, Rhue JW (eds). Dissociation: Clinical and theoretical perspectives. New York: Guilford; 32–51.

Janet P (1889). L'Automatisme Psychologique. Paris: Nouvelle Édition.

Kernberg OF (2000). Borderline-Persönlichkeitsorganisation und Klassifikation der Persönlichkeitsstörungen. In: Kernberg OF, Dulz B, Sachsse U (Hrsg). Handbuch der Borderline-Störungen. Stuttgart, New York: Schattauer; 45–56.

Loewenstein RJ (1991). An office mental status examination for complex chronic dissociative symptoms and multiple personality disorder. Psychiatr Clin North Am; 14: 567–604.

Maercker A (1998). Die deutsche Version des Peritraumatic Dissociation Experience Questionnaire (PDEQ). Unveröff. Manuskript. Technische Universität Dresden.

Marmar CR, Weiss DS, Metzler TJ, Delucchi K (1996). Characteristics of emergency services personnel related to peritraumatic dissociation during critical incident exposure. Am J Psychiatry; 153: 94–102.

Marmar CR, Weiss DS, Metzler TJ (1997). The Peritraumatic Dissociative Experience Questionnaire. In: Wilson JP, Keane TM (eds). Assessing Psychological Trauma and PTSD. New York: Guilford; 412–28.

Nijenhuis ERS, Spinhoven P, Van Dyck R, Van der Hart O, Vanderlinden J (1996). The development and psychometric characteristics of the Somatoform Dissociation Questionnaire (SDQ-20). J Nerv Ment Dis; 184: 688–94.

Nijenhuis ERS, Spinhoven P, Van Dyck R, Van der Hart O, Vanderlinden J (1997). The development of the somatoform dissociation questionnaire (SDQ-5) in the screening for dissociative disorders. Acta Psychiatr Scand; 96: 311–8.

Overkamp B (1999). Diagnostische Untersuchungen zur Dissoziativen Idenitätsstörung (DIS) in klinischen Populationen in Deutschland. Dissertation. München.

Putnam FW, Carlson EB (1998). Hypnosis, dissociation, and trauma: myths, metaphors, and mechanisms. In: Bremner JD, Marmar CR (eds). Trauma, Memory, and Dissociation. Washington, DC: American Psychiatric Press; 27–55.

Putnam FW, Carlson EB, Ross CA, Anderson GA, Clark P, Torem M, Bowman ES, Coons P, Chu JA, Dill DL, Loewenstein RJ, Braun BG (1996). Patterns of dissociation in clinical and nonclinical samples. J Nerv Ment Dis; 184: 673–9.

Ray WJ (1996). Dissociation in normal populations. In: Michelson LK, Ray WJ (eds). Handbook of Dissociation. New York: Plenum Press; 51–66.

Riley KC (1988). Measurement of dissociation. J Nerv Ment Dis; 176; 449–50.

Ross CA, Heber S, Norton GR, Anderson D, Anderson G, Barchet P (1989). The Dissociative Disorder Interview Schedule. A structured interview. New York: Wiley.

Ross CA, Miller SD, Reagor P, Bjornson L, Fraser GA, Anderson G (1990). Structured interview data on 102 cases of multiple personality disorder from four centers. Am J Psychiatry; 147: 596–601.

Sanders S (1986). The perceptual alteration scale. A scale measuring dissociation. Am J Clin Hypn; 29: 95–102.

Scharfetter C (1999). Dissoziation, Split, Fragmentation. Göttingen: Hogrefe.

Sierra M, Berrios GE (2000). The Cambridge Depersonalization Scale: a new instrument for the measurement of depersonalization. Psychiatry Res; 93: 153-64.

Simeon D, Guralnik O, Schmeidler J (2001). Development of a depersonalization severity scale. J Trauma Stress; 14: 341-9.

Spitzer C, Freyberger HJ (2000). Das AMDP-Modul zu Dissoziation und Konversion. Unveröff. Mansukript. Ernst-Moritz-Arndt-Universität Greifswald.

Spitzer C, Haug HJ, Freyberger HJ (1997). Dissociative symptoms in schizophrenic patients with positive and negative symptoms. Psychopathology; 30: 67-75.

Spitzer C, Freyberger HJ, Stieglitz RD, Carlson EB, Kuhn G, Magdeburg N, Kessler C (1998). Adaptation and psychometric properties of the German version of the Dissociative Experience Scale. J Trauma Stress; 11: 799-809.

Spitzer C, Michels F, Siebel U, Gänsicke M, Freyberger HJ (1999). Veränderungsmessung dissoziativer Psychopathologie: Die Kurzform des Fragebogens zu Dissoziativen Symptomen (FDS-20). Fortschr Neurol Psychiatrie; 67, Suppl I: 36.

Spitzer C, Liß H, Dudeck M, Orlob S, Gillner M, Hamm A, Freyberger HJ (2003). Dissociative experiences and disorders in forensic inpatients. Int J Law Psychiatry; 26: 281-8.

Steinberg M (1994). Structured Clinical Interview for DSM-IV Dissociative Disorders (SCID-D). Washington, DC: American Psychiatric Press.

Steinberg M (1996). The psychological assessment of dissociation. In: Michelson LK, Ray WJ (eds). Handbook of Dissociation. New York: Plenum Press; 251-67.

Stieglitz RD, Baumann U, Freyberger HJ (Hrsg) (2001). Psychodiagnostik in Klinischer Psychologie, Psychiatrie und Psychotherapie. Stuttgart: Thieme.

Van IJzendoorn MH, Schuengel C (1996). The measurement of dissociation in normal and clinical populations. Meta-analytic validation of the Dissociative Experiences Scale (DES). Clin Psychol Rev; 16: 365-82.

Vanderlinden J, Van der Hart O, Varga K (1996). European studies of dissociation. In: Michelson LK, Ray WJ (eds). Handbook of Dissociation. New York: Plenum Press; 25-49.

Vanderlinden J, Van Dyck R, Vandereycken W, Vertommen H, Verkes RJ (1993). The Dissociation Questionnaire (DIS-Q). Development and characteristics of a new self-report questionnaire. Clin Psychol Psychother; 1: 21-7.

Waller NG, Putnam FW, Carlson EB (1996). Types of dissociation and dissociative types. A taxometric analyses of dissociative experiences. Psychol Methods; 1: 300-21.

Wolfradt U, Kretzschmar K (1997). Untersuchungen mit deutschsprachigen Versionen zweier Skalen zur Erfassung dissoziativer Erfahrungen. Diagnostica; 43: 370-6.

23 Das Strukturierte Klinische Interview für Dissoziative Störungen (SKID-D)

U. Gast, F. Rodewald

23.1 Einleitung

Das Strukturierte Klinische Interview für Dissoziative Störungen (SKID-D; Originalversion: Structured Clinical Interview for DSM-IV-Dissociative Disorders-Revised [SCID-D-R], Steinberg 1994a) ermöglicht die Zuordnung aller im DSM-IV aufgeführten dissoziativen Störungen anhand operationalisierter Diagnosekriterien und gilt international als Standard-Instrument. Es wurde von Steinberg entwickelt und hat sich in umfangreichen Studien – auch in anderen Übersetzungen – als valides und reliables Diagnose-Instrument erwiesen (Steinberg 2000; Steinberg et al. 1989–1992; 1991; 2003). Die deutsche Bearbeitung (Gast et al. 2000a) wird zurzeit in einer von der Deutschen Forschungsgemeinschaft geförderten Studie getestet. Im Folgenden werden die Besonderheiten der Diagnosestellung kurz skizziert und dann das Interview mit seinem Aufbau und Auswertungsmodalitäten beschrieben. Indikations- und Einsatzbereich des Instruments werden dargestellt und schließlich die Durchführung des Interviews anhand eines Fallbeispiels veranschaulicht.

23.2 Besonderheiten bei der Diagnosestellung

Neben der im Kapitel 15 dargestellten professionellen Skepsis sind es auch dem Krankheitsbild innewohnende Phänomene, die dazu führen, dass die Störung oft übersehen wird. Die meisten Patientinnen mit komplexen dissoziativen Störungen (DIS oder NNBDS) suchen nicht wegen der dissoziativen Kernsymptomatik (Amnesien, Depersonalisation, Derealisation, Identitätsunsicherheit und -wechsel) therapeutische Hilfe, sondern wegen Sekundär- und Folgeproblemen, wie z. B. Depressionen, Angst- oder Ess-Störungen, Suchterkrankungen oder Beziehungsproblemen. Viele Patientinnen verbergen ihre dissoziativen Symptome im anfänglichen therapeutischen Kontakt aus Scham oder aus der Angst heraus, aufgrund ihrer Symptomatik für „verrückt" gehalten zu werden. Auch haben viele Patientinnen aufgrund ihrer extrem traumatischen Vorgeschichte zunächst erhebliche Schwierigkeiten, sich der Therapeutin mit ihren Problemen anzuvertrauen (Steinberg 1995; Gleaves 1996; Gast et al. 2001). – Da es sich bei dieser Klientel in 90 % der Fälle um Frauen handelt, wurde die weibliche Form gewählt. – Darüber hinaus sind sich viele DIS-Patientinnen ihrer dissoziativen Symptome zunächst gar nicht im vollen Umfang bewusst (Steinberg 1995). Unter Umständen lässt sich daher die Diagnose erst im Verlauf einer Therapie stellen.

Häufig kann die Diagnose jedoch präzise gestellt werden, wenn die Besonderheiten der Symptompräsentation ausreichend berücksichtigt werden. Ausschlaggebend für die Diagnostik ist der klinische Gesamteindruck, wozu das SKID-D als operationalisiertes Messinstrument entscheidende Informationen beiträgt und die Diagnosestellung erheblich erleichtert. Bei dem diagnostischen Vorgehen sind nach Steinberg (1994b; s. auch Gast et al.

2000b) folgende vier Kriterien, die bei der Entwicklung des Interviews mit eingeflossen sind, zu beachten:
- Voraussetzung für eine genaue Diagnosestellung ist der Aufbau einer vertrauensvollen Beziehung. Diese sollte schon während der Diagnostikphase durch eine behutsame Fragestellung gefördert werden.
- Dissoziative Symptome müssen aktiv erfragt werden, da viele Patientinnen nicht spontan davon berichten.
- Dissoziative Symptome können vielfältige Ausdrucksformen und Ausprägungsgrade annehmen. Dem muss durch flexible Fragetechniken Rechnung getragen werden.
- Retraumatisierungen müssen vermieden werden.

subjektiven sozialen und beruflichen Beeinträchtigungen durch die Symptomatik. Bei Bedarf können auch nicht vorgegebene Fragen in das Interview integriert werden, sodass die Untersucherin optimal auf die spezielle Symptomatik und die Besonderheiten des jeweiligen Einzelfalles eingehen kann.

Durch diese Art der Erhebung erhält die Untersucherin ein differenziertes Bild von der Qualität und dem Schweregrad der dissoziativen Symptome. Darüber hinaus bieten die Symptombeschreibungen der Patientinnen in der Gesamtabfolge des Interviews die Möglichkeit zur weiteren internen Validierung, indem Konsistenz und Schlüssigkeit der Angaben überprüft werden.

23.3 Aufbau des SKID-D

Das Interview beginnt mit Fragen zu persönlichen Basisdaten sowie zur klinischen Vorgeschichte. In den folgenden fünf Hauptkapiteln werden die dissoziativen Hauptsymptome (Amnesie, Depersonalisation, Derealisation, Identitätsunsicherheit und -wechsel) quantifizierend erfasst. Zusätzliche Ergänzungskapitel liefern vertiefende Informationen über Identitätsunsicherheit und -wechsel. Fragen zu traumatischen Erfahrungen werden nicht gestellt, doch zeigt die klinische Erfahrung, dass Patientinnen im Zusammenhang mit der Symptombeschreibung häufig spontan über Traumatisierungen berichten.

Jedes der fünf Hauptkapitel beginnt mit allgemein gehaltenen Screening-Fragen. Werden diese positiv beantwortet, folgt eine Reihe spezifischerer Fragen zur systematischen Abklärung der Symptomatik. Hierzu werden die Patientinnen in offenen Fragen aufgefordert, Beispiele und Beschreibungen ihrer Beschwerden zu geben. Es folgen Fragen zu Beginn und lebenszeitlichem Verlauf, Dauer und Häufigkeit der Episoden sowie dem Grad der

23.4 Die Auswertung des Interviews

In die Auswertung des Interviews gehen neben den verbalen Antworten der Patientinnen auch nonverbale Äußerungen (z. B. lange Pausen, starke emotionale Beteiligung, sichtlicher Widerstand) und während des Interviews direkt beobachtbare Anzeichen von Dissoziationen ein. Solche sind z. B. im Interview auftretende Amnesien für vorherige Interviewfragen, Trancezustände oder auffällige Wechsel in Verhalten und Erleben der Patientin während der Untersuchung. Diese im unmittelbaren Kontakt beobachteten dissoziativen Symptome sind besonders wichtig und „harte" klinische diagnostische Kriterien.

Nach Abschluss des Interviews erfolgt für jedes der fünf Hauptsymptome eine Einschätzung der Schweregrade (1 = liegt nicht vor, 2 = leicht, 3 = mäßig, 4 = schwer), die durch manualisierte Arbeitsblätter erleichtert wird. Anhand des sich daraus ergebenden Symptomprofils erfolgen eine diagnostische Gesamt-Einschätzung und die Zuweisung zu den verschiedenen im DSM-IV kategorisierten dissoziativen Störungen (Steinberg 1994b; 1995; Gast et al. 2000b). Die fachgerechte Durchführung und Auswertung des Interviews setzen ausreichend Übung und klinische Erfahrung voraus.

23.5 Wann ist das SKID-D indiziert?

Aufgrund der oft verdeckten Symptomatik bei Patientinnen mit dissoziativen Störungen ist es wichtig, auf subtile diagnostische Hinweise zu achten. Bei folgenden **unspezifischen diagnostischen Hinweisen** sollte eine dissoziative Störung in Betracht gezogen werden (Kluft 1996; Ross 1997):
- traumatische Erfahrungen in der Kindheit
- Misslingen vorhergehender Behandlungen
- drei oder mehr Vordiagnosen, insbesondere als „atypisch" bezeichnete Störungen (Depression, Persönlichkeitsstörungen, Angststörungen, Schizophrenie, Anpassungsstörungen, Substanzmissbrauch, Somatisierungs- oder Ess-Störungen)
- selbstverletzendes Verhalten
- gleichzeitiges Auftreten von psychiatrischen und psychosomatischen Symptomen
- starke Schwankungen in Symptomatik und Funktionsniveau
- Amnesien für die Kindheit zwischen dem 6. und 12. Lebensjahr

Zur typischen Kernsymptomatik komplexer dissoziativer Störungen (Boon u. Draijer 1993; Gleaves 1996) gehören folgende Anzeichen, die somit als **spezifische diagnostische Hinweise** angesehen werden:
- Amnesien im Alltag
- wiederholte chronische Depersonalisation und Derealisation
- Stimmenhören im Kopf
- Anzeichen für Identitätswechsel
  - nicht erinnerbares Verhalten
  - Finden von Sachen, an deren Erwerb man sich nicht erinnert
  - fortlaufende verbale oder schriftliche innere Dialoge
  - die Patientin spricht von sich selbst in der dritten Person („sie" oder „wir")
- Flashbacks

Beim Vorliegen dieser Hinweise ist eine weitere diagnostische Abklärung mit dem SKID-D indiziert. Obwohl es sich hierbei um eine schonende und behutsame Form der Diagnosestellung handelt, darf die aufdeckende Wirkung des Interviews nicht unterschätzt werden. Gegebenenfalls muss daher die Patientin in einer Krisensituation zunächst stabilisiert werden, bevor eine SKID-D-Diagnostik durchgeführt werden kann.

23.6 Einsatzbereiche des SKID-D

Das SKID-D hat eine breite Palette von Einsatzbereichen. Es kann bei Erwachsenen und bei Jugendlichen (ab dem 16. Lebensjahr) sowohl im ambulanten als auch im stationären klinischen Setting, bei gutachterlichen Fragestellungen sowie im Bereich der Forschung eingesetzt werden.

Typische **Fragestellungen im klinischen Bereich** sind die diagnostische und differenzialdiagnostische Abklärung von dissoziativen Symptomen. Dies kann zu Beginn einer psychiatrischen oder psychotherapeutischen Behandlung sinnvoll sein, wenn entsprechende Verdachtsmomente vorliegen. Häufig tauchen erst im fortgeschrittenen Verlauf einer Therapie entsprechende Hinweise auf, wenn die Patientin mit zunehmendem Vertrauen zur Therapeutin beginnt, über Gedächtnisprobleme, innere Stimmen, Entfremdungserleben etc. zu berichten, oder wenn die Therapeutin dissoziative Phänomene, wie z. B. Trancezustände, Amnesien oder stark ausgeprägte Wechsel, im Verhalten der Patientin unmittelbar beobachtet. Mitunter ist es zu Beginn einer Behandlung noch nicht möglich, das Ausmaß der dissoziativen Symptomatik genau zu bestimmen, da die Aussagefähigkeit der Patientin durch starke Amnesien oder „Amnesien für die Amnesie" eingeschränkt sein kann. In solchen Fällen sollte die ursprüngliche Verdachtsdiagnose zu einem späteren Zeitpunkt mit einem Wiederholungsinterview überprüft werden.

Neben den rein diagnostischen Informationen, die mit dem SKID-D gewonnen werden, bieten die spontanen Beschreibungen der Patientinnen sowie der umfassende Überblick über Art, Umfang und Verlauf der Symptomatik häufig erste Einblicke in die individuellen Hintergründe der Störungsgenese und in die Ausgestaltung des Persönlichkeitssystems. Diese Informationen können als wichtige Grundlage für die Behandlungsplanung genutzt werden.

Im Rahmen des Antragsverfahrens auf Feststellung der Leistungspflicht für Psychotherapie (Faber u. Haarstrick 1994) kann das SKID-D den Bericht zum Antrag sinnvoll ergänzen, indem es die in der Anamnese erhobenen dissoziativen Symptome bestätigt und wichtige Einblicke in das Persönlichkeitssystem ermöglicht. Häufig kann erst dadurch das psychodynamische Geschehen der Symptomatik – z. B. bei dissoziativem Stimmenhören – deutlich gemacht werden. Zudem können Wiederholungsinterviews in regelmäßigen Abständen zur Erfolgskontrolle bei einer fortlaufenden Psychotherapie eingesetzt werden.

Bei der **Erstellung von Gutachten** im Zusammenhang mit **Berentung bei Berufsunfähigkeit** sowie bei Ansprüchen **nach dem Opferentschädigungsgesetz** dient das SKID-D als wertvolles Hilfsmittel. Es liefert neben einer validen Diagnose alle relevanten Informationen über die Art der Symptome, den Beginn und zeitlichen Verlauf sowie über den Grad der Beeinträchtigung in wichtigen Lebensbereichen, der durch die Symptomatik verursacht wird. Bei **forensischen Gutachten** kann die Frage der Simulation zu klären sein. Auch hierbei liefert das SKID-D durch die erhobenen Schilderungen des individuellen dissoziativen Erlebens wichtige Informationen, anhand derer Glaubwürdigkeit, Konsistenz und Schlüssigkeit der Angaben überprüft werden können. Mit entsprechender Erfahrung können durch die vielfältigen Fragen nach Symptombeschreibungen und die komplexen Verknüpfungen der Symptomatik untereinander vorgetäuschte Fälle von validen dissoziativen Störungen unterschieden werden (Steinberg et al. 2003).

23.7 Durchführung und Anwendung des SKID-D

Bei der Durchführung der Diagnostik sollte ausreichend Zeit für die Vorbereitung und die Nachbesprechung eingeplant werden. Es empfiehlt sich, insgesamt drei Termine vorzusehen. Der erste Kontakt dient der allgemeinen klinischen Anamneseerhebung und der Information über die weitere Diagnostik. Beim zweiten Termin wird das eigentliche Interview durchgeführt. Im abschließenden Nachgespräch erhält die Patientin Rückmeldung über die erhobenen Befunde und eine Beratung über das weitere therapeutische Vorgehen.

Im Folgenden soll die Arbeit mit dem SKID-D anhand eines Fallbeispiels veranschaulicht werden. Es handelt sich hierbei um die Diagnosestellung bei einer Patientin im Verlauf einer stationären Psychotherapie.

Fallbeispiel

Frau B. (31 Jahre) wird aufgrund von schweren Angstzuständen, Depressionen und Suizidgedanken zur Krisenintervention stationär psychiatrisch eingewiesen und anschließend auf die Psychotherapie-Station verlegt. Die Patientin schildert sich als „schon immer psychisch labil". Sie ist als Altenpflegerin tätig und war schon seit längerer Zeit den Anforderungen der Arbeit nur noch mit Mühe gewachsen. Nachdem es bei einem Betriebsfest durch einen Kollegen zu sexuellen Anzüglichkeiten gegen sie gekommen war, entwickelte sie massive Angstzustände, sodass sie das Haus kaum verlassen und ihrer Arbeit nicht mehr nachgehen konnte. Ihr vermehrter Alkoholkonsum brachte die verzweifelte Lebensgefährtin dazu, sich an den Hausarzt zu wenden, der die stationäre Einweisung veranlasste.

Auf der Psychotherapie-Station wirkte die Patientin im Kontakt häufig unkonzentriert und fahrig. Zudem fielen immer wieder extreme Sprünge in ihrem Verhalten und im Funktionsniveau auf. Ein wichtiger diagnostischer Hinweis ergab sich aus einem gemeinsamen Paargespräch mit der Lebensgefährtin, die über folgendes auffälliges Verhalten der Patientin berichtete: Gelegentlich würde sie ihre Partnerin in völlig verängstigtem Zustand hinter dem Bücherregal vorfinden. Diese habe dann auch Angst vor ihr und sei kaum zu beruhigen. Die Patientin bagatellisiert zunächst dieses Verhalten und gesteht schließlich ein, dass sie sich daran gar nicht erinnern könne.

Die geschilderten dissoziativen Symptome sowie Angaben aus der Vorgeschichte der Patientin über wiederholte und schwerwiegende sexuelle Traumatisierungen in der Kindheit veranlassten die Therapeuten zu einer ausführlicheren Dissoziations-Diagnostik. Im Diagnose-Screening mit dem FDS (vgl. Kap. 22 in diesem Buch) wurde ein leicht erhöhter Wert von 21 gefunden. Im SKID-D zeigten sich folgende signifikante **Ergebnisse**:

Frau B. berichtet, schon von Kindheit an unter schweren **Amnesien** im Alltagserleben gelitten zu haben. Oft könne sie sich an ihre alltäglichen Aktivitäten nicht erinnern. Sie wisse dann z. B. nicht mehr, ob sie einer Patientin bereits ihre Medikamente verabreicht habe oder nicht. In ihrer Erinnerung würden ihr längere Zeiträume bis hin zu Jahren völlig fehlen. Darüber hinaus könne sie sich häufig nicht mehr an wichtige persönliche Informationen erinnern, wie dies auch unmittelbar in der Interviewsituation beobachtet werden konnte: Die anfängliche Frage nach ihrer Anschrift und ihrem Geburtsdatum bringt Frau B. sichtlich in Verlegenheit, und sie kann sie erst nach einem verstohlenen Blick auf ihren Personalausweis beantworten. **Fugue-Zustände** hätten wiederholt zu schweren Verwirrungen geführt. So habe sie z. B. mitten in einer Auseinandersetzung mit ihrer Vorgesetzten fluchtartig das Büro verlassen und sich Stunden später am Frankfurter Hauptbahnhof wiedergefunden, ohne zu wissen, wie sie dorthin gekommen war.

Nach **Depersonalisationen** befragt, berichtete Frau B. von dem Gefühl, nahezu ständig neben sich zu stehen oder sich gelegentlich selbst von oben zu beobachten. Dabei fühle sie sich ihrem Körper völlig entfremdet und könne zeitweise keinen Schmerz empfinden. Als Kind sei den Ärzten bereits ihre Schmerzunempfindlichkeit aufgefallen, als sie sich den Arm gebrochen habe. Manchmal habe sie das Gefühl, dass ihre Arme und Beine kleiner würden und sich ihrer Kontrolle entzögen. Sie fühle sich dann handlungsunfähig und wie gelähmt.

Frau B. beschreibt zahlreiche Beispiele für schwere **Derealisationen**. Sie habe nahezu täglich das Gefühl, dass die Umgebung und Menschen um sie herum größer bzw. kleiner würden. Sie habe sich häufig in ihrem eigenen Stadtteil oder auf dem Weg zur Arbeit verlaufen, da sie die Umgebung nicht erkannt habe. Es komme immer wieder vor, dass sie ihre Lebensgefährtin nicht erkenne, mit der sie seit über zehn Jahren zusammenlebe. Sie lebe mit einem chronischen Gefühl der Irritation und der Anforderung, sich ständig neu orientieren zu müssen. Im Umgang mit anderen Menschen gebe es oft Probleme und Verwirrungen, sodass sie soziale Kontakte nach Möglichkeit meide.

Die **Identitätsunsicherheit** beschrieb Frau B. als quälende innere Kämpfe, wer sie eigentlich sei. So sei sie sich ihrer sexuellen Identität häufig nicht sicher und wisse z. B. im Restaurant nicht, ob sie die Damen- oder die Herren-Toilette aufsuchen soll. Außerdem habe sie so unterschiedliche Wünsche und Bestrebungen in sich, dass sie immer wieder in Zustände einer lähmenden Handlungsunfähigkeit verfalle, verbunden mit massiver Angst und starken Kopfschmerzen.

Als Anzeichen von **Identitätswechseln** nennt Frau B. eine Fülle von Beispielen. So sei ihr von ihrer Partnerin mehrfach vorgeworfen worden, sich Freunden gegenüber unmöglich und unangemessen aggressiv benommen zu haben. Sie selbst könne sich daran jedoch nicht erinnern. Auch in Konfliktsituationen am Arbeitsplatz wird ihr völlig unangemessenes Verhalten zurückgemeldet. Wiederholt sei sie aus dem Raum gerannt und später verängstigt in einer Ecke hockend mit kindlichem Verhalten gefunden worden. Außerdem beobachte sie extreme Schwankungen in ihren Fähigkeiten, Kenntnissen und Bedürfnissen. An manchen Tagen sei sie in der Lage, anspruchsvolle Fachvorträge zu halten, an anderen wisse sie selbst grundlegende Handgriffe in der Pflegearbeit nicht mehr. Häufig fände sie Dinge (vor allem Kuscheltiere, Spielzeug oder Kleidungsstücke) in ihrem Besitz, ohne sich erinnern zu können, sie gekauft zu haben.

Während dieser Beschreibung gerät Frau B. für einige Sekunden in einen Trancezustand, aus dem sie mit deutlichen Veränderungen in Gestik und Mimik erwacht. Sie fragt in kindlicher Art nach dem Namen der Untersucherin und bezeichnet sich selbst als „Monika". Dieses vom sonstigen Befund deutlich abgesetzte Verhalten dauert zwei Minuten an. Nach einer diskreten Kopfbewegung scheint die Patientin wieder „die alte" zu sein und überspielt die vorhergehende Szene mit der Bemerkung, dass sie etwas unkonzentriert sei.

Nach sichtlicher Überwindung berichtet die Patientin auf Nachfragen über ca. 20 „fremde Personen" in ihr. Sie könne diese ständig in ihrem Kopf miteinander diskutieren hören. Eine Person sei „die Haushälterin", andere würden zur Arbeit gehen. Außerdem wären da auch eine Reihe von Kindern, die z. T. sehr verängstigt seien. Zum Glück gebe es aber auch noch den „Beschützer". Er sei z. B. bei dem Betriebsfest „herausgekommen" und habe die Übergriffe des Kollegen beenden können.

Beurteilung und Empfehlung

Bei Frau B. liegen alle dissoziativen Hauptsymptome in schwerer Ausprägung vor. Die Patientin berichtete im Verlauf des Interviews konsistent über komplexe Verknüpfungen zwischen den verschiedenen dissoziativen Symptomen. Sie beschreibt ein umfassendes inneres Persönlichkeitssystem, wobei die einzelnen Anteile als nicht zur eigenen Person dazugehörig und nicht unter der eigenen Kontrolle wahrgenommen werden. Zudem konnte während des Interviews eine Reihe von dissoziativen Phänomenen in Form von Amnesien sowie von einem Persönlichkeitswechsel beobachtet werden. Die Diagnose einer DIS konnte somit eindeutig gestellt werden. Der Patientin wurde eine ambulante Langzeittherapie bei einer entsprechend ausgebildeten Therapeutin empfohlen.

Gewichtung des Persönlichkeitswechsels

Zur Veranschaulichung wurde bei dem Fallbeispiel ein typischer Persönlichkeitswechsel (switch) beschrieben. Es sei aber ausdrücklich darauf hingewiesen, dass das Auftreten eines Wechsels für die Diagnosestellung im Interview nicht erforderlich ist. Beim diagnostischen Erstkontakt wird dieses Kern-Phänomen eher selten beobachtet, da die Patientinnen zunächst noch sehr stark um Kontrolle bemüht sind und einen Wechsel nicht zulassen. Die anderen im Fallbeispiel beschriebenen Symptome reichen in ihrer schweren Ausprägung aus, um die Diagnose einer DIS mit dem SKID-D sicher zu stellen.

Literatur

Boon N, Draijer S (1993). Multiple Personality Disorder in the Netherlands. Amsterdam: Zwets & Zeitlinger.

Faber FR, Haarstrick R (1994). Kommentar Psychotherapie-Richtlinien. 3. Aufl. Stuttgart: Jungjohann.

Gast U, Osswald T, Zündorf F (2000a). Das Strukturierte Klinische Interview für DSM-IV Dissoziative Störungen (SKID-D). Deutsche Fassung. Göttingen: Hogrefe.

Gast U, Zündorf F, Hofmann A (2000b). Manual zum Strukturierten Klinischen Interview für DSM-IV Dissoziative Störungen (SKID-D). Göttingen: Hogrefe.

Gast U, Rodewald F, Kersting A, Emrich HM (2001). Diagnostik und Behandlung Dissoziativer (Identitäts-) Störungen: Ein Überblick. Psychotherapeut; 46: 289–300.

Gleaves DH (1996). The sociocognitive model of dissociative identity disorder: a reexamination of the evidence. Psychol Bull; 120: 42–59.

Kluft RP (1996). Introduction to the diagnosis and treatment of dissociative identity disorder. Unveröff. Manuskript zum Workshop am 07.11.1996 anlässlich der ISSD-Fall-Konferenz, San Francisco, USA.

Ross CA (1997). Multiple Personality Disorder. Diagnosis, clinical features, and treatment. 2nd ed. New York: Wiley & Son.

Steinberg M (1994a). The Structured Clinical Interview for DSM-IV-Dissociative Disorders-Revised (SCID-D-R). Washington, DC: American Psychiatric Press.

Steinberg M (1994b). The Interviewer's Guide to the Structured Clinical Interview for DSM-IV-Dissociative Disorders-Revised. Washington, DC: American Psychiatric Press.

Steinberg M (1995). Handbook for the Assessment of Dissociation. A clinical guide. Washington, DC: American Psychiatric Press.

Steinberg M (2000). Advances in the clinical assessment of dissociation: the SCID-D-R. Bull Menn Clin; 64: 146–63.

Steinberg M, Cicchetti DV, Buchanan J, Hall PE, Rounsaville BJ (1989–1992). NIMH field trials of the Structured Clinical Interview for DSM-IV Dissociative Disorders-Revised (SCID-D). New Haven: Yale University School of Medicine.

Steinberg M, Rounsaville BJ, Cicchetti DV (1991). Detection of dissociative disorders in psychiatric patients by a screening instrument and a structured diagnostic interview. Am J Psychiatry; 148: 1050–4.

Steinberg M, Hall P, Lareau C, Cicchetti DV (2003). The SCID-D-R: Guidelines for clinical and forensic evaluations. The Southern California Interdisciplinary Law Journal; 10: 225–42.

24 Zur differenzialdiagnostischen und -therapeutischen Bedeutung diskursiver Stile bei dissoziativen versus epileptischen Patienten – ein klinisch-linguistischer Ansatz

M. Schöndienst

24.1 Einleitung

So klar dissoziative Störungen in das Kompetenzfeld der Psychiatrie und Psychotherapie zu fallen scheinen und Epilepsien in das einer sich derzeit ganz überwiegend neurologisch verstehenden Epileptologie, so sehr erfordern doch die vielfältigen Wechselbeziehungen zwischen beiden Erkrankungsgruppen eine beide professionellen Perspektiven zusammenführende Sicht, um den sich stellenden diagnostischen und therapeutischen Aufgaben gerecht zu werden. Die Interdependenzen zwischen dissoziativen und epileptischen Störungen stellen sich auf unterschiedlichen Ebenen dar:

- Auf der symptomatologischen Ebene ist es oft nicht leicht, epileptische von dissoziativen Anfällen zu unterscheiden. Hier besteht also ein Problem phänomenologischer Ähnlichkeiten mit entsprechenden Risiken der Verwechslung und der Konsequenz oft jahrelanger fataler therapeutischer Irrläufe.
- In nosologischer Hinsicht wird mitunter argumentiert, die für dissoziative Störungen konstitutiven temporären Alterationen des Identitätserlebens bzw. Verselbstständigungen motorischer, sensibler und mnestischer Funktionen seien auch für viele Epilepsien kennzeichnend, sodass diese, folgt man den ICD-10-Kriterien, als dissoziative Störungen klassifizierbar seien. Psychopathologisch wird diese Auffassung mitunter durch Studien unterstützt, denen zufolge für dissoziative Patienten charakteristische Befunde, wie insbesondere Depersonalisations- und Derealisationserlebnisse, sich auch bei Patienten mit bestimmten Epilepsien gehäuft nachweisen ließen (Devinsky et al. 1991).
- Die in der Genese dissoziativer Verarbeitungen so häufig bestimmenden Traumatisierungen und traumatischen Affekte (im Sinne des Erlebens schrankenlosen Ausgeliefertseins) sind auch bei Epilepsie-Kranken, obgleich oft ausgeblendet, von erheblicher Bedeutung, und zwar in mindestens zweifacher Weise: Erstens berichten Epilepsie-Kranke überzufällig häufig, körperlicher und oft auch sexualisierter Gewalt ausgesetzt gewesen zu sein; zweitens sollte aber vor allem nicht, wie es meistens geschieht, ignoriert werden, dass epileptische Anfälle als solche in nicht wenigen Fällen „traumatisierende Erfahrungen", die mit unmittelbaren Todesängsten einhergehen können, darstellen.
- Bei manchen Patienten kann mit den Mitteln der genauen klinischen und apparativen (zum Beispiel Video-EEG-Analyse) Diagnostik gezeigt werden, dass sie sowohl

epileptische als auch dissoziative Anfälle haben, also eine Koinzidenz aufweisen, die früher mit dem außerordentlich unglücklichen Terminus der Hystero-Epilepsie (Rabe 1970) bezeichnet wurde. Neben anderen Verunklarungen führt dieser Terminus auch dazu, dass die wohldefinierte klinische Entität so genannter **epileptogen-dissoziativer Anfälle** kaum vorgesehen und daher allzu oft übersehen wird.

24.2 Risiken des Verwechselns und Möglichkeiten der Unterscheidung epileptischer und dissoziativer Anfälle

Ein wichtiger Grund dafür, dass epileptische und dissoziative Anfälle so leicht und so häufig verwechselt werden, dürfte darin liegen, dass dissoziative Anfälle, den Beobachter in ein von Haas (1987) gut beschriebenes „Apperzeptionsdilemma" versetzen, welches die ordnende Wahrnehmung der einzelnen Symptome und erst recht ihrer Verlaufsgestalt vereitelt.

Dabei ist zu beachten, dass nicht nur manche dissoziativen, sondern auch manche epileptischen Anfälle, insbesondere die so genannten frontalen Anfälle, den Kliniker in besonderer Weise verwirren können und dann als dissoziativ fehldiagnostiziert werden. Hierzu können insbesondere die für diese Anfälle oft sehr charakteristischen, oft als exaltiert fehlinterpretierten Bewegungsstürme verleiten. Es handelt sich bei diesen komplexen Bewegungsabläufen weder um tonische, klonische oder tonisch-klonische Entäußerungen noch um Nestel-, Schluck- oder ähnliche Automatismen, sondern um oft den ganzen Körper erfassende, rudernde, ausfahrende, zum Teil rotatorische Bewegungen oder auch Tret-Bewegungen, die fakultativ in Grand Mal münden können, häufig jedoch nach einer typischerweise sehr kurzen Dauer (meist weniger als 30 Sekunden) sistieren. Anders als nach temporalen psychomotorischen Anfällen kehrt das Bewusstsein nach frontalen Anfällen in der Regel prompt wieder, wenn es nicht sogar während des Bewegungssturms erhalten blieb, sodass solche Patienten damit überraschen können, dass sie den Anfall selbst beschreiben oder vormachen können. Dies wird von nicht wenigen Ärzten dann irrtümlich als Zeichen des Gemachten (im Sinne der Simulation) bzw. Pseudoepileptischen eines solchen Anfalls gewertet.

Heftigkeit der motorischen Entäußerungen, Kürze, oft erhaltenes und jedenfalls nach Anfallsende rasch wiedererlangtes Bewusstsein, Auftreten in Clustern, die oft aus dem Schlaf heraus beginnen und bis in den Tag hinein reichen, sowie eigentümliche, oft ausgesprochen ängstigende Aura-Erlebnisse erlauben in nicht wenigen als dissoziativ geltenden Fällen ohne jegliche apparative Diagnostik bereits die fundierte Diagnose des Vorliegens einer fokalen Epilepsie mit frontalen, hypermotorischen Anfällen (Williamson 1985) und die Einleitung einer antiepileptischen Pharmakotherapie.

Dass die **Differenzialdiagnose** epileptischer bzw. dissoziativer Anfälle häufig misslingt, dürfte etwas mit dem Bedeutungszuwachs zu tun haben, den visuell beobachtbare und apparativ erfasste klinische Phänomene gegenüber kommunikativ zu ermittelnden im klinischen und wissenschaftlichen Betrieb gewinnen. Natürlich sollte ärztliches Zuhören immer darauf gerichtet sein, neben objektiven Krankheits-Symptomen gewissermaßen auch die Innensicht einer Erkrankung zu erfassen. Dies erfordert bei epileptischen Anfällen aber eine nicht ganz einfach zu erwerbende besondere Wahrnehmungseinstellung, die die für den Patienten selbst meist verwirrenden, schwer beschreibbaren und kaum zuzuordnenden Erlebnisse und Geschehnisse, wie sie im Strom der Mitteilungen – wie auch innerhalb der Anfälle selbst – oft ebenso unvermittelt auftauchen und auch wieder verschwinden, als diagnostisch wegweisend zu identifizieren vermag.

Linguistische Gesprächsanalyse als differenzialdiagnostisches Verfahren

Seit 1999 untersuchen wir im Rahmen eines DFG-unterstützten, interdisziplinären, klinisch-konversationsanalytischen Projektes (Frau Prof. Dr. phil. E. Gülich, Fakultät für Linguistik und Literaturwissenschaften, Universität Bielefeld, Prof. Dr. med. P. Wolf, Epilepsiezentrum Bethel, und der Autor) die differenzialdiagnostischen Möglichkeiten, die sich aus den in Anamnesegesprächen mit Anfallspatienten beobachtbaren Eigentümlichkeiten ihres sprachlichen Verhaltens ergeben.

Der von uns angewandte und weiterentwickelte Ansatz der so genannten „Konversationsanalyse ethno-methodologischer Orientierung" geht davon aus, Sprechende, beispielsweise Patienten, als Experten der von ihnen mitgeteilten Sachverhalte anzusehen. Während Patient-Arzt-Kommunikationen in der Regel daraufhin orientiert sind, was Ärzte in der Vielzahl der Patienten-Mitteilungen **relevant finden**, verschiebt sich der konversationsanalytische Aufmerksamkeitsfokus auf das, was Patienten durch unwillkürliche Auswahl von alltagsweltlichen Diskursmitteln (deshalb „Ethno-Methoden") **relevant setzen**. Auf solche Diskursmittel kann man stoßen, wenn man Gespräche nicht nur führt oder ihnen zuhört, sondern diese transkribiert und sodann als Transkripte liest und analysiert. Als Methode der Verschriftlichung hat sich die so genannte **Synchwriter-Partitur-Schreibweise** bewährt, als derzeit geeignetster Kompromiss zwischen Lesbarkeit, vertretbarem Transkriptionsaufwand, wünschenswerter, auch prosodischer Detailgenauigkeit und der Erfassung möglichst vieler mikro-interaktiver Aspekte (Sprecher-Wechsel und -Überlappungen, Pausen etc.). Die wichtigsten Transkriptionsregeln sind im Anhang dargestellt (s. S. 341). (Aus Platzgründen können nur zwei der in diesem Aufsatz vorgestellten Fallbeispiele in Transkriptionsschreibweise wiedergegeben werden.)

Zur Veranschaulichung von aus solchen Transkripten deutlich werdenden Diskursmitteln bzw. konversationellen Mitteln seien einige aufgezählt, die sich uns im Rahmen von mittlerweile über 50 Transkriptanalysen von Gesprächen mit Patienten unterschiedlicher Anfallserkrankungen als differenzialdiagnostisch bedeutsam erwiesen haben:

- variationsreiche Reformulierungen (d. h. die repetitive, in mehreren, unterschiedlich gestalteten Formulierungsschüben erfolgende sprachliche Arbeit an bestimmten Details der subjektiven Semiologie)
- (von Patienten selbst initiierte) Narrationen einzelner Anfallsereignisse
- Bevorzugung von Negationen (zur Kennzeichnung der Anfallssymptomatik)
- (durch so genannte textphorische Mittel) Kohäsion herstellende bzw. (durch häufige Satzabbrüche, Ballungen von „Vagheitsindikatoren", inkonsistente Metaphern-Systeme) fragmentierende Erzähler-Aktivitäten
- auffällige Wechsel grammatischer Formen (zum Beispiel von Personalpronomina, Tempora oder Aktiv- und Passiv-Konstruktionen)

Damit solche diskursiven Eigentümlichkeiten hervortreten können, bedarf es einer gewissen Modifikation des ärztlichen Selbstverständnisses: Der Gesprächsertrag wird weniger von der aktiven Exploration erwartet als von der Ermöglichung, Beobachtung und Analyse des durch Selbstzurücknahme des Untersuchers zutage tretenden Diskursverhaltens des Patienten. Der Interviewer wird so – um die alte freudsche Metapher zu ergänzen – zu einem Receiver (Empfänger), der gerade durch eigene Rezeptivität diagnostisch entscheidende Mitteilungsereignisse erst ermöglicht. Diese müssen allerdings mehr als nur „empfangen" werden; sie erfordern eine auf die Methoden der Relevantsetzungen der Patienten gerichtete Aufmerksamkeit. Konversationsanalytische Arbeit spielt sich in der Regel in kleinen – übrigens auch medizindidaktisch sehr fruchtbaren – Gruppen ab, in denen man gemeinsam die Audioaufzeichnung eines Gesprächs unter gleichzeitiger Lektüre des Transkriptes rezipiert, sich sodann auf beobachtete konversationelle Muster aufmerksam macht und schließlich zusammenstellt, „rekonstruiert", mittels welcher diskursiver Verfahren der Patient welche Bedeutungssetzungen vorgenommen hat. Unsere Weiterentwicklung dieser Methode besteht zum einen darin, sie auf eine größere Anzahl von Gesprächen mit Patienten mit ähnlichen Diagnosen anzuwenden und auf diese Weise syndromtypische Muster auffinden zu können; eine weitere Spezifikation diskursanalytischen Vorgehens besteht zum anderen darin, durch von Gespräch zu Gespräch relativ gleich bleibende Gesprächseröffnungen und bestimmte Narrations-Anregungen für Vergleichbarkeit der Gespräche zu sorgen. Um bestimmte sprachliche Eigenheiten erfassen zu können bzw. überhaupt hervortreten zu lassen, ist es hilfreich, dass sich der Interwiever nach einer offenen Redeaufforderung wie zum Beispiel „Vielleicht beginnen wir mit den Erwartungen, die Sie selbst hier heute mitgebracht haben?" für einige Minuten des Gesprächs auf so genannte Rezeptionssignale (zum Beispiel „mh") beschränkt; allenfalls bei längeren Stockungen des Mitteilungsflusses des Patienten sollte er das zuvor Gesagte wiederholen oder zusammenfassen, um den Patienten zum Weitersprechen anzuregen.

Innerhalb eines solchen, weitgehend der Gestaltung des Patienten überlassenen, „initialen Gesprächsraums" zeigt sich, wie wir anhand der vergleichenden Analyse von mittlerweile über 50 transkribierten derartigen Gesprächen (mit Patienten mit dissoziativen Anfällen oder mit fokalen Epilepsien, zum Teil auch anderen Anfallserkrankungen, teilweise auch Angsterkrankungen) entdeckten, dass sich dissoziative Patienten auffällig und hinsichtlich einzelner sprachlicher Merkmale sogar statistisch hochsignifikant von epileptischen Patienten unterscheiden.

So machen sie im Gegensatz zu Epilepsie-Patienten das von ihnen selbst – vor, während oder nach ihren Anfällen – Erlebte meist nur stichwortartig zum Thema. Versuche des Gesprächspartners, den Fokus auf die **subjektive Anfallssemiologie** zu richten, bleiben häufig unergiebig. Entsprechend fehlen auch regelhaft die für Patienten mit epileptischen Auren charakteristischen, variationsreichen Formulierungen zur Kennzeichnung ihrer oft rätselhaften Aura-Erfahrungen. Bittet man Patienten mit dissoziativen Anfällen um narrative Schilderungen einzelner Anfallsereignisse, so gelingt eine solche Fokussierung entweder gar nicht oder die gegebene Schilderung bleibt blass und hinterlässt beim Zuhörer Eindrücke teils verwirrender, teils unvollständiger Information. Ferner ist nachweisbar, dass die anfallsbezogenen Äußerungen von Patienten mit dissoziativen Anfällen ungleich mehr Negationen enthalten als die von Epilepsie-Patienten und auch wesentlich mehr und längere Pausen (über vier Sekunden). Schließlich fanden wir es bemerkenswert, dass dissoziative Patienten fast nie berichten, was sie zur Anfallsunterbrechung zu unternehmen versuchen, während Epilepsie-Patienten sehr häufig spontan irgendeine Maßnahme ansprechen, die sich bei ihnen zur Unterbrechung eines nahenden Anfalls gelegentlich bewährt hat (s. auch Schöndienst 2002).

Geübtheit in einer auf solche Phänomene gerichteten, durch Lektüre geeigneter Gesprächs-Transkripte zu schulenden Aufmerksamkeit und eine entsprechende Gesprächsführung helfen sehr häufig, bereits im ersten Gespräch zu klären, ob eine dissoziative Störung oder eine Epilepsie vorliegt. Die oft erhebliche Einsparung an Mitteln der apparativen Diagnostik (zum Beispiel Video-EEG etc.)

entschädigt mehr als genug für den zeitlichen Mehraufwand, den ein solches Gespräch erfordert.

> Die 50-jährige Handwerksfrau wollte sich, nachdem bei ihr vor sechs Jahren in einer epileptologisch durchaus ausgewiesenen Universitätsklinik dissoziative Anfälle festgestellt worden seien und sie seither auch eine eingehende, von ihr durchaus als nützlich validierte, hinsichtlich der Anfälle jedoch folgenlose Psychotherapie durchlaufen habe, bei uns nach weiteren Psychotherapie-Möglichkeiten erkundigen. Sie berichtete dann, erstmals 1995 einen anfallsartigen Zustand erlebt zu haben, „im Keller, vor der Waschmaschine, ich war plötzlich in einer anderen Welt, stand in einer Tür, an einem Tisch saßen Leute, von denen ich den Eindruck hatte, ich kenne diese Leute. Sie sind tot, haben aber irgendwie ihre Körperlichkeit wieder angenommen, trugen altmodische Kleidung, ganz dunkel, eine Frau war auch dabei, die trug auch ein dunkles Kleid, und ich, ich hatte das Empfinden, die möchten nicht, dass du hier in dieser Tür stehst", wobei die Patientin etwas später ergänzte, es sei ihr bei dieser, wie auch bei einigen der nachfolgenden, ähnlichen Störungen möglich gewesen, sie „abzuwürgen, indem ich aufsprang und irgendwie weglief".

Wir konnten zur Überraschung der Patientin schon innerhalb dieses ersten Gesprächs die langjährige Vordiagnose dissoziativer Zustände korrigieren. Der Bericht der Patientin wirkt zunächst fast wie eine Traumerzählung, wobei sich die Patientin aber sicher ist, dass es sich nicht um einen Traum handelte, sondern um einen anderen Zustand, in dem sie sich unter seltsame, einmal tot gewesene, aber „irgendwie ihre Körperlichkeit wieder angenommen" habende Menschen versetzt fühlt. So bizarr und rätselhaft das Erlebnis selbst ist, so kohärent wirkt doch die Erzählung. Die Patientin bzw. ihr Bericht erscheint an keiner Stelle von Fragmentierung bedroht. Dieser Kontrast von Bizarrerie des Erlebten und Kohärenz und Klarheit des Berichts, die Genauigkeit einzelner, zum Teil reformulierter Details sowie die verwendete adversative Formulierung („sind tot, haben aber irgendwie ihre Körperlichkeit wieder angenommen") führte, aus sprachlich formalen wie aus inhaltlichen Gesichtspunkten auf die Diagnose dysmnestischer (bzw. so genannter „experientieller") epileptischer Auren mit nachfolgenden Fugues. Diese diagnostisch viel zu oft verkannten Formen temporaler Anfälle sind charakterisiert durch meist szenisch visuelle (Pseudo-)Halluzinationen, die oft mit Derealisationen, einer komplexen, zwischen Faszination und Angst oszillierenden affektiven Komponente sowie nicht selten auch einer dysmnestischen Komponente („Ich kenne diese Leute") einhergehen (vgl. Wolf et al. 2000).

Die daraufhin erfolgte Einstellung auf Carbamazepin führte außer zu einer mittlerweile 1,5-jährigen Anfallsfreiheit erfreulicherweise auch dazu, dass seither die zuvor häufigen mehrmonatigen depressiven Episoden ausgeblieben sind.

> Die 17-jährige Oberschülerin, seit vier Jahren psychotherapeutisch vorbehandelt unter der Annahme dissoziativer Anfälle, erzählte auf unsere – mittlerweile obligate – Aufforderung hin, den für sie eindrücklichsten Anfall zu schildern, Folgendes[1]:
> P: <EA> der EINdrucksvollste war . jetz ähm in den fErien" .. da war ich: ‚ich hab das datum auch hier (? datt/den) hab ich hier (? unten/irgendwo) stehn, .. ähm <schluckt> dA war ich mit meinem freund an=ner Ostsee' .. u:nd ähm <schluckt> ‚wir ham da eben ‚Urlaub gemacht <EA> ‚wir hatten auch äh <EA> ‚VOrher ‚wir hatten n/ n=sEhr heftigen strEIt, <kurzes Auflachen=AA> . und äh <AA> ‚ich weiß nich ob es dAran lach . aber es war eben m (?gut/ Wut) ‚AUf-

---

[1] Zu den Transkriptionskonventionen s. Anhang (S. 341).

regung . Und ‚wir waren zusammen in <leiser> B-STADT' hieß das glaub ich der ort +
A: hm
P: und wir .. Äh wir waren im PEnnymarkt waren ‚EINkaufen . Und . wir standen an=er KAsse' . un=auf einmal merk ich'=äh ich krich keine luft mehr' und ich hAb mich wohl wahrscheinlich zu sehr aufs: . ‚AU:satmen nur konzentriert, ich hab irgendwann das gefühl gehabt' dass ich äh <EA> ersticken muß ‚ich bin dann sofort nach drAUßen gerannt' . hab da n äh n mAnn angesprochen' der stand da mit seiner frau, <EA> .. ich hab auch gar nich darüber nachgedacht irgendwie' ‚ich hab den einfach ANgelabert' <EA> <lachend> und + ähm . ‚hab ihm dann halt erklÄrt' dass ich grade n=anfall hab' und der hat sich dann auch sofOrt um mich gekümmert, hat (?...)
A: ihr frEUnd war aber auch in der nähe'
P: der hat grad bezAhlt ‚der war noch drin, .. Ich bin dann sofort nach drAUßen' . ähm: ... ‚und hab mich dann mit dem mAnn eben unterHAlten' hab immer wieder auf=n bOden gespuckt' weil ich immer datt gefühl hatte' ich hätte zu viel spUcke im mu:nd und ich krich keine luft, <EA> ähm: . ‚und Er hat mich dann ‚berUhicht' hat mit mir gesprOchen, . aber da hab ich Echt gedacht ‚jetz is=et zu ende, . wirklich,

Auch hier konnte die sichere Diagnose einer temporalen Epilepsie aufgrund der eigenanamnestischen Angaben gestellt werden, gekennzeichnet durch ein kohärentes Narrativ, reformulierte (Atemnot-)Empfindungen, empfundene Hypersalivation sowie – als ein selbst vielen Neurologen unbekanntes, jedoch sehr charakeristisches Symptom mancher temporaler Epilepsien – das Empfinden eines unmittelbar drohenden Todes. Von ferne könnte diese Schilderung auch an das Vorliegen einer Panik-Erkrankung denken lassen. Größere konversationsanalytische Studien an Transkripten von Panik-Patienten liegen noch nicht vor. Wir selbst fanden jedoch in einzelnen Fallanalysen, dass Panik-Patienten, anders als die eben zitierte Patientin, ihre Symptome eher stichwortartig und kaum zeitlich sequenziert, sondern im Sinne eines bedrängenden Nebeneinanders nennen. Die zitierte Patientin dagegen leistet innerhalb einer kohärenten Erzählung eine präzise zeitliche Sequenzierung ihrer für bestimmte Schläfenlappen-Anfälle charakteristischen Einzelsymptome und arbeitet deren Charakter zum Teil noch mittels variationsreicher Reformulierungen heraus, sodass wir unter der Diagnose einer fokalen Epilepsie des Temporallappens mittels einer Carbamazepin-Monotherapie rasch vollständige Beschwerdefreiheit herbeiführen konnten.

Bei den so genannten idiopathischen generalisierten Epilepsien, insbesondere solchen mit (Aufwach-)Grand-Mal, Absencen oder mit Myoklonien werden die Alterationen des Bewusstseins oft anders dargestellt als bei fokalen Epilepsien:

So beschrieb ein 20-jähriger Patient mit einer idiopathischen generalisierten Epilepsie mit Impulsiv-Petit-Mal und Aufwach-Grand-Mal seine frühmorgendlich einsetzenden Ausnahmezustände, die in Grand Mal zu münden pflegten, folgendermaßen: „Ja, wie war das, also die Vorwarnzeichen waren, wie 'ne Art … Delirium … oder … Schlafwandlerei, 'ne schlafwandlerische Haltung …, man war nicht wirklich wach. Man war nicht wirklich wach eigentlich vor der Sache, es war wie ein kurzes Traumwandeln, schon ein Realisieren der Umwelt, und persönlich war es immer das Gefühl, was einem durch den Kopf ging: Entzieh dich bloß jetzt diesen ganzen äußeren Einflüssen, die dir sowieso nicht passen, mal so ganz platt in einen Satz gebracht, also das sind die Dinge, die einen dann versuchen, runterzubringen, so nach dem Motto: Bleib ruhig, du weißt, du bist hier irgendwie nicht völlig wach, und das dauert jetzt 'ne Weile, 'n Weilchen, setzt dich irgendwo hin, und dann sagt man sich selbst so, das muss dich nicht hier außer Rand und Band bringen, was hier um dich 'rum passiert, das muss dich auch nicht stören, dass deine Eltern dich wieder anstarren, das ist alles egal, und dann meistens kann man's verhindern dadurch, das sind so ein paar Minuten einfach nur, und jede weitere Beschäftigung mit was anderem führt zum Durcheinander."

Eine 52-jährige Patientin mit seltenen Aufwach-Grand-Mal ab dem 19. Lebensjahr und merkwürdigen, sich zum Teil über Stunden erstreckenden, im Sinne diskontinuierlicher Absence-Status aufzufassender Einleitungsphasen, beschrieb, sie „merke dann, dass ich nicht richtig wach werde morgens, aber irgendwie merke ich nicht, dass ich davor (vor einem Grand Mal) stehe, ich rede auch anders, kriege nicht alle Sätze so richtig raus, und wenn meine Familie sagt, ich solle mich doch hinlegen, sträube ich mich dagegen, und mich stört dann unwahrscheinlich, dass ich das Gefühl habe, ich werde stark beobachtet, und will mir einfach nicht eingestehen, dass ich kurz davor stehe."

Von beiden Patienten wird eine komplexe Änderung ihres Erlebens beschrieben, die in beiden Fällen einhergeht mit einer akuten ängstlichen Verstimmung in Bezug auf anwesende Dritte. Diese enthält beim ersten Patienten ein auffallend projektives Element („das muss dich auch nicht stören, dass deine Eltern dich wieder anstarren"), während es bei der zweiten Patientin zu einer sensitiven Veränderung kommt („dass ich das Gefühl habe, ich werde stark beobachtet"). Eine Tendenz zu einem aufgelockerten, oft besonders projektiv verzerrten Realitätsbezug wurde übrigens bereits in älteren Arbeiten (zusammengefasst bei Janz 1969) als generell kennzeichnend für viele Patienten mit idiopathischen generalisierten Epilepsien beschrieben.

Merkwürdigerweise werden bei Patienten mit idiopathischen Epilepsien weit seltener dissoziative Störungen vermutet bzw. diagnostiziert als bei Patienten mit fokalen Epilepsien. Dies mag zum einen einfach damit zu tun haben, dass idiopathische Epilepsien – jedenfalls solange sie unbehandelt sind – fast stets mit wegweisenden generalisierten spikes and waves einhergehen, während die für fokale Epilepsien charakteristischen Herdhinweise im EEG weniger konstant nachzuweisen sind. Möglicherweise spielt hier aber auch hinein, dass jene paläokortikalen limbischen Strukturen (vor allem Amygdala und Hippocampus), denen eine besondere Beteiligung bei der Entstehung und Perpetuierung dissoziativer Verarbeitungen zugeschrieben wird, auch bei vielen fokalen Epilepsien den Fokus pathologischer Erregung bilden, während diese Hirnstrukturen bei idiopathischen generalisierten Epilepsien in viel geringerem Maße tangiert sind.

Die Beschreibung der subjektiven Anfallssemiologie, für deren Erfassung der Patient über ein gewisses Maß an innerer Wahrnehmung verfügen muss, ist bei Kranken mit dissoziativen Störungen oft sehr dürftig und sprachlich arm; dies bedeutet nicht, dass die anfallsbezogenen Mitteilungen insgesamt knapp ausfallen, sie sind im Gegenteil mitunter sehr ausführlich, betreffen aber überwiegend äußere und situative Aspekte, während kaum Formulierungsarbeit auf die differenzierende Schilderung inneren Erlebens verwendet wird.

Zur Veranschaulichung sei ein Anfalls-Narrativ des ersten Anfalls einer durchaus nicht minderbegabten Patientin mit dissoziativen Anfällen nach langjährigen Erfahrungen sexueller und auch anderer Gewalt in der Kindheit wiedergegeben[2]:

Arzt: ...wAnn fing das denn An,
   Patientin: dass ich das bekOmm, habe'
   A: mmh'
   P: . . . <EA> hM, . ähm: . . . also: . <AA> . ich hAtte früher mal: ä aso dr/ . dreinAch,zich glaub=ich dass das anders war (I) als die: äh:m . . ich hab immer gedacht das is einfach nur so wie: wenn man bewUsst,los wird . äh:

---

[2] Zu den Transkriptionskonventionen s. Anhang (S. 341).

sch/ sch/ schwIndel, so wie: vom: krEIslauf,. ne' ‚so: . aber: ä dann:: . mh: . wei=ich hAtt=,das . früher sons nich nur beim sch/ einmal beim spOrt .schon in der schUle, . aso sIeb‚zehn . mit sIeb‚zehn . . das war so dreinachzich, . . war das un:d äh: . . . der hAUpt'/ . für mich ‚äh: das wEIß ich so w:o ich inne . mh . inne lEhre, war . (?mal) . un:d da konnt ich mich ebend halt AU(ch) ›nich erinnern . an nichts . so sie sachte ich wäre inne schEIbe' gef'/ . also ‚richtun:g, ä schAUfenster' . öh: gefalln' ‚und ich=hab ähm . das auch im . äh: (? geschriebm') › un:d=äh: . <lauter> jA und dAnn hab=ich einfach das: <Tonfall: ‚wegwerfend'> ACH ‚hab=ich gedacht krEIslauf, + . so ne' . und dann' bin=ich hab=ich / das irgendwie nich äh . ‚Ernst genomm ne' ‚so . (? un=dann) hats hInterher halt zU‚genomm . die: . is: immer mEhr ‚gewordn

Hier schließen sich einer seltsam unstrukturierten Mitteilung von Vorankündigungen bruchstückhafte Andeutungen eines zeitlichen und eines szenischen Rahmens an sowie die dann kaum verständliche Einführung einer dritten Person („sie sagte, ich wäre in 'ne Scheibe gef"); der Bericht dieser Patientin übergeht grundlegende Regeln des Erzählens (Rahmensetzung, Personen-Einführung, Detaillierungen, Gestaltschließung) und lässt den Zuhörer so gewissermaßen an einer durch Unvollständigkeit der Wahrnehmung, Rätselhaftigkeit des Erlebten und Undeutlichbleiben der Rolle Dritter gekennzeichneten Erinnerung partizipieren und überträgt dem Zuhörer Aufgaben, die eigentlich von der Erzählerin zu erledigen wären.

24.3 Besonderheiten des Beschreibens psychopathologischer Veränderungen durch Epilepsie- bzw. Dissoziations-Patienten

Amnesien, Fugues, willensunabhängige Störungen bzw. Verselbstständigungen der Motorik bis hin zu Anfällen oder auch Selbstbeschädigungs-Handlungen, Alterationen des Selbsterlebens (Depersonalisation) und des Realitätsgefühls (Derealisation) sind für dissoziative Störungen charakteristisch. Da solche Phänomene aber auch als Symptome epileptischer Anfälle vorkommen können, ergibt sich die Frage nach möglichen nosologischen Beziehungen zwischen beiden Krankheitsgruppen.

In Untersuchungen, in denen an Gruppen von Epilepsie- und Dissoziations-Patienten mittels entsprechender Fragebögen (Dissociation Experience Scale [DES], Devinsky et al. 1989) das Vorkommen dissoziativer Erlebnisse erhoben wurde, fanden sich solche bei Epilepsie-Patienten weit häufiger als in der Normalbevölkerung, allerdings signifikant seltener als bei Patienten mit der Diagnose einer Dissoziativen Identitätsstörung (ehemals: „Multiple Persönlichkeit").

Mittels solcher Testinstrumente vorgenommene Vergleiche von Einzelsymptomen bzw. Summen-Scores sagen indessen noch wenig über deren hirnfunktionelle oder psychodynamische Genese aus. Eine gustatorische Sensation beispielsweise kann einer auf den basalen Schläfen- oder Stirnlappen verweisenden epileptischen Aura entsprechen, ebenso aber auch Reminiszenz von in Form oraler Penetrationen erlittener sexueller Gewalt sein und als Flashback sozusagen einen Kompromiss bilden zwischen immer wieder andrängendem Erinnern und dem Wunsch des Verbergens des unerträglichen Ursprungs des Erinnerten, wie bei der folgenden Patientin:

> „Also, ich hatte Kopfschmerzen, sehr starke, und das wurde auch ganz stark, und so'n komischen Geschmack im Mund, und dann kann ich mich nur erinnern, dass ich in meinem Bett lag, und das hörte sich alles ganz weit weg an." – Nach Monaten der Therapie gewann dieses isolierte bzw. dissoziierte sensorische Symptom Anschluss an wiederkehrende Erinnerungen entsprechender sexueller Zumutungen.

Die gustatorische Pseudohalluzination kann aber auch einfach auf eine epileptische Irritation paläozerebraler Strukturen zurückgehen.

> So beschrieb eine Patientin mit einer rechtstemporalen Epilepsie, „dass die (Anfälle) zum Beispiel auch manchmal anfangen mit 'nem entsetzlichen Geschmack im Mund, und das, da hab ich das Gefühl, als hätt ich Metall, em so'n metallernen Geschmack, und ich weiß, zum Beispiel gewisse Vorgefühle lösen das Gefühl aus, zum Beispiel hab ich jetzt Bonbons, und jedes Mal, wenn ich einen solchen lutsche, kriege ich innerhalb kurzer Zeit ein Vorgefühl, also muss da 'nen Stoff drin sein, wo ich mir sage, gegen den ich das Gefühl habe, dass ich allergisch bin."

Während die erste, dissoziative Patientin den „komischen Geschmack" nur flüchtig nennt und auf ein anderes (Derealisations-)Symptom übergeht, das Symptom also kurz zeigt und sogleich wieder verschwinden lässt, im Sinne des klassischen hysterischen Modus, verwendet die zweite Patientin etliche Reformulierungen auf die Herausarbeitung der spezifischen Qualität ihrer – epileptischen – Dysgeusie.

Bei *epileptischen* Fugues können Patienten, selbst wenn sie das dranghafte Umherlaufen als solches nicht zu erinnern vermögen, doch häufig Vorgefühle beschreiben, und zwar im Sinne durchaus Ich-dystoner, gleichwohl nicht abzuwehrender Erfahrungen bizarrer Wahrnehmungen, die sich mit unabweisbaren Handlungsimpulsen mischen.

> So zog es eine unserer Patientinnen im Rahmen ihrer Aurae continuae regelhaft zum Betheler Friedhof, und sie konnte danach berichten, sie habe davor „immer so Totes gesehen" und sich daher „bei den Toten ausheulen müssen".

> Eine andere Patientin berichtete, „es geht immer los, dass ich was höre, was gar nicht da ist, richtig psychotisch ist das, und ich sehe, bitte verstehen Sie das nicht falsch, den Tod, ja richtig, wie wenn ich Tod vor den Augen sehe, also ganz dreckig fühle ich mich dann, richtig widerlich und musste dann zur Dusche rennen, so als wolle ich, also, ja, so dreckig kann man doch nicht sterben".

Gegenüber solchen Schilderungen, für welche die Patienten mit epileptischen Fugues erhebliche Formulierungsarbeit aufwenden, waren die Schilderungen der Motivationen von Fugue-Zuständen seitens unserer dissoziativen Patienten stets knapp, soweit sie nicht überhaupt über ihr Befinden vor und während ihrer Wanderschaften gänzliches Schweigen breiteten:

> So wusste ein über viele Jahre unnötigerweise antiepileptisch behandelter Geisteswissenschaftler, den es viele Nächte stundenlang in die seinem Wohnhaus nahe gelegenen Weinberge getrieben hatte, zu seinen Dissoziativen Fugues nur zu sagen: „Ich spür' eben, ich will weg, und das ist das Einzige, was ich davor merke."

Auch für Depersonalisationen und Derealisationen erweist sich das sprachliche Gepräge beim Vergleich transkribierter Äußerungen als verschieden, wenn man Epilepsie- und Dissoziations-Patienten einander gegenüberstellt:

> Eine Patientin mit einer rechtstemporalen Epilepsie: „Es taucht manchmal auf, da ist so'n seltsames Gefühl dann im Kopf, als ob

ich …, ja … ich seh' schon noch alles, aber ich bin doch nicht mehr da, hab' ich das Gefühl, ja? Irgendwie hab' ich das Gefühl, ich bin woanders …, weil in meinem Kopf ist so ein Gefühl, als ob ich … woanders …, au weh, oh, das geht so schlecht zu beschreiben …, als ob ich 'n Stück weggerückt wär, ja, als ob ich mich dann … ich erleb' mich einfach ganz anders."

Während diese Patientin verschiedene Anläufe unternimmt, diese ihr zustoßenden, durchaus ängstigenden Erlebnisse in immer wieder neuen Formulierungsschüben vorstellbarer werden zu lassen, reiht die folgende, dissoziative Patientin etliche, sie offenbar bedrängende Einzelsymptome aneinander, ohne ihnen weitere kommunikative bzw. sprachliche Bearbeitung zukommen zu lassen:

„Hatte ein Paargespräch, war alles ziemlich anstrengend, so körperlich und geistig, weiß auch nicht, kann's nicht sagen, ich hatte Kopfschmerzen, sehr starke, und, ja, dann war's irgendwie schon … von daher kann ich mich nicht erinnern, eben nur Kopfschmerzen, und dann weiß ich nicht mehr und dann ist mir übel und müde, aber dieser Geist, wenn er nachher wieder anfängt zu arbeiten …"

24.4 Aspekte hirnfunktioneller Substrate epileptischer bzw. dissoziativer Störungen

Es ergibt sich der keineswegs triviale Sachverhalt, dass Epilepsie- und Dissoziations-Patienten einerseits zwar ähnliche psychopathologische Symptome aufweisen können, diese andererseits aber sprachlich in sehr unterschiedlicher Weise bearbeiten. Diesem Umstand entspricht eine Analogie auf hirnfunktioneller Ebene insofern, als bei beiden Erkrankungsgruppen, wenngleich aus völlig verschiedener Ätiologie, doch die gleichen neuronalen Strukturen in besonderer Weise involviert sind, insbesondere die Amygdala, als eine besonders an der emotionalen Verarbeitung und Bewertung von Erlebtem beteiligte Struktur, sowie der Hippocampus, als eine für die Konzeptualisierung, Visualisierung und deklarative Repräsentation wesentlich verantwortliche Hirnregion (Kapfhammer 2001; s. auch Kap. 2 in diesem Buch).

Beide Strukturen werden bei traumatischen und bei epileptischen Störungen bevorzugt angegriffen, bei den epileptischen aufgrund einer besonderen Disposition zu iktogenen Depolarisationen, bei traumatischen Störungen zum einen dadurch, dass die im Trauma eintretende Affektüberschwemmung zu entdifferenzierendem Prozessieren der Amygdala führt, zum anderen aber auch dadurch, dass die erhebliche Dichte von Glukokortikoid-Rezeptoren im Hippocampus diesen für in Situationen maximalen Stresses in großen Mengen freigesetzte Kortikosteroide besonders vulnerabel macht.

Nachdem sich mittlerweile die Einsicht verbreitet hat, dass bei weit mehr als der Hälfte der dissoziativen Patienten traumatisierende Erfahrungen in der Lebensgeschichte vorliegen, sodass dissoziative Anfälle nicht selten mit einer Posttraumatischen Belastungsstörung einhergehen (vgl. Kap. 20 in diesem Band), wurde innerhalb der letzten Jahre untersucht, inwieweit ähnliche Traumatisierungen auch bei Patienten mit epileptischen Anfällen eine Rolle spielen. In der hierzu umfänglichsten Studie verglichen Rosenberg et al. (2000) die Häufigkeit von Traumata und Posttraumatischen Belastungsstörungen bei Epilepsie-Patienten und bei Patienten mit „psychogenen, nichtepileptischen Anfällen". Dabei überraschte nicht, dass Patienten mit psychogenen, nichtepileptischen Anfällen gehäuft von schwerwiegenden traumatisierenden Erfahrungen berichteten. Ein unerwartetes Ergebnis dieser Studie war indessen, dass auch Epilepsie-Kranke signifikant häufiger von traumatisierenden biografischen Erfahrungen berichteten und auch häufiger Merkmale einer Posttraumatischen Belastungsstörung aufwiesen als Gesunde.

Dass Epilepsie-Patienten gehäuft über Erfahrungen traumatisierender, oft auch sexualisierter Gewalt berichten, ist ein zunächst schwer verständlicher Befund. In der genannten Studie wurde nicht untersucht, ob die Traumatisierungen nach bereits eingetretenen Epilepsien erfolgt waren oder ihnen vorausgingen. In Fällen, in denen Epilepsien Traumatisierungen folgen, liegt es nahe, eine dissoziative Funktion solcher epileptischen Anfälle anzunehmen.

Die Häufigkeit Posttraumatischer Belastungsstörungen bei Epilepsien könnte eine weitere, in der Literatur bisher wenig bedachte Ursache haben: Epileptische Anfälle stellen, soweit sie nicht – was allerdings selten der Fall ist – jeglicher Selbstwahrnehmung entzogen sind, als solche in ihrer spezifischen Qualität jäh abreißender Selbstverfügbarkeit schwer beschreibbare, im engeren Sinne überwältigend zu nennende Ereignisse dar. Dies gilt insbesondere für solche Anfälle, in deren Auren (Todes-)Ängste oder bei denen Erstickungsgefühle (oft als subjektives Korrelat der Einbeziehung des Zwerchfells in die tonische Verkrampfung) oder auch andere erschreckende Verselbstständigungen der Motorik (oder auch Sensorik) vorkommen. In solchen Anfallserfahrungen Traumatisierungen zu erkennen, macht nicht wenige charakterliche Auffälligkeiten mancher Epilepsie-Patienten, die allzu schnell und oft leichtfertig mit dem Mysterium „Wesensänderung" eine Scheinerklärung erfahren, als Folgen iktaler Traumatisierungen plausibler fassbar. So sollten etwa die im DSM-IV genannten Merkmale einer PTBS, wie beispielsweise der Rückgang allgemeinen Interesses, die Einengung der Affektivität und die übermäßige Reagibilität gegenüber Schreckreizen, eher den Folgen der durch die epileptischen Anfälle selbst eingetretenen Traumatisierungen zugeordnet werden als einer vermeintlichen Wesensänderung.

Begreift man epileptische Anfälle als potenziell unmittelbare Auslöser von im engeren Sinne traumatischen Erfahrungen, gewinnt auch deren anamnestische Erhebung über ihre medizinisch-diagnostische Funktion hinaus geradezu therapeutische Bedeutung: Die sukzessive, zunächst eigen-, dann möglichst immer aber auch fremdanamnestische Exploration der subjektiven und der durch Dritte beobachtbaren Anfallssemiologie, die sorgfältige Beachtung der dabei vom Patienten meist nur ängstlich gestreiften Affekte sowie schließlich die Zusammenfügung des Explorierten zu einer auch die affektive Dimension der Anfälle einbeziehenden Rekonstruktion schließen Erlebnislücken. Oft erweist sich eine solche Bemühung um sorgfältige, anfallsbezogene Kommunikation dann übrigens als geeignet, eine vorbestehende so genannte „Non-Compliance" zum Verschwinden zu bringen. Diese „Non-Compliance" der Patienten ist wahrscheinlich eher auf ihr Empfinden, in der Spezifität ihres Krankheitserlebens noch nicht hinreichend wahrgenommen worden zu sein, zurückzuführen als auf ihre vermeintliche Unzuverlässigkeit.

24.5 Konstellationsmuster epileptischer Störungen mit dissoziativen Störungen

Bei einem Patienten einfach ein Vorliegen sowohl epileptischer als auch dissoziativer Anfälle zu konstatieren bedeutet in der Regel eine unzulässige Vereinfachung der in jedem Einzelfall erst zu leistenden Klärung, welcher besondere Untertyp von Komorbidität oder Koinzidenz jeweils vorliegt. So gibt es Patienten, deren Anfälle (insbesondere bei nonkonvulsiven generalisierten Absence-Status kommt dies vor) sowohl von der Anfallssemiologie her als auch vom (Spike-wave-)EEG zweifelsfrei epileptischer Natur sind, deren Anfallsauslösung aber so unübersehbar situativen Abwehrbedürfnissen dient, dass in diesen Fällen die (epileptischen) Anfälle psychodynamisch eine dissoziative Funktion erfüllen. Hier darf man sich zum einen von den Hinweisen, dass situative Konfliktaktualisierungen Anfälle auslösen, nicht zur Fehleinschätzung verleiten lassen, die Anfälle seien deshalb nicht epileptisch; andererseits sollte aber die zutreffende Einordnung solcher Anfälle als epileptisch den Behandler nicht daran hindern, das, was diese Patienten in ihren epileptischen Anfällen abwehren, psychotherapeutisch so zu bearbeiten zu versuchen, dass es keiner pathologischen epileptischen Abwehr mehr bedarf.

Eine weitere kleine Untergruppe bilden Patienten, bei denen sich im Rahmen besonderer Affektstürme, vorwiegend aggressiver und/oder ängstlicher Art, Erregungen aufbauen, die, mitunter vermittelt durch eine hinzukommende Hyperventilation, dann in gegebenenfalls meist große epileptische Anfälle münden. Man könnte in diesen Fällen von psychogen-epileptischen Anfällen sprechen oder, den alten freudschen Terminus aufgreifend, von einer im engeren Sinn „affektiven Epilepsie".

Eine gewissermaßen umgekehrte Kausalität findet sich bei Patienten, in deren Anfallsabläufen sich an eine erste epileptische Phase unmittelbar eine zweite dissoziative Phase anschließt, sodass diese Anfälle sinnvollerweise epileptogen-dissoziativ genannt werden (Kapur et al. 1995; Schöndienst 1994). Früher sprach man in solchen, nicht so seltenen Fällen von „Ausgestaltungen". Dieser Ausdruck programmierte geradezu das Missverständnis, solche Ereignisse gingen auf eine willkürliche, ausgestaltende Intention des Patienten zurück. Stattdessen handelt es sich jedoch um – meist fokale – epileptische Anfälle, deren extrem quälender Charakter für die Betroffenen unmittelbar einen solchen „Dissoziationsdruck" erzeugt, dass ein abnormes, anfallsartiges Verhalten einsetzt und/oder der Patient areaktiv wird, obwohl das EEG Wachaktivität und in dieser zweiten Phase des Anfalls kein Anfallsmuster mehr zeigt. Alle von uns mittlerweile untersuchten Patienten (n = 11) mit epileptogen-dissoziativen Anfällen hatten in ihrem Leben außerordentliche Gewalt erfahren, und alle hatten Auren, in denen Angst eine besondere Rolle spielte. Als eine Faustregel kann gelten, dass, wenn unklar ist, ob die Patienten epileptische oder dissoziative Anfälle haben, in 10 bis 30% dieser Fälle epileptogen-dissoziative Anfälle vorliegen.

Vielleicht haben die beschriebenen Differenzierungsversuche deutlich machen können, dass der früher so gebräuchliche Terminus der „Hystero-Epilepsie" sehr unterschiedliche Weisen, in denen sich Epileptisches und Dissoziatives konstellieren können, in entdifferenzierender Weise gleichsam verklumpt. Von einer weiteren Verwendung dieses Terminus ist daher zugunsten einer genauen, insbesondere an der subjektiven Semiologie und Biografie in jedem Einzelfall orientierten Differenzierung abzuraten.

24.6 Abschließende therapeutische Überlegungen

Die in der vorliegenden Arbeit versuchten Unterscheidungen zwischen dissoziativen und epileptischen (man könnte fast sagen: „pseudodissoziativen") Störungen enthalten auch Implikationen für die Gestaltung der psychotherapeutischen Behandlungsbeziehung.

Das ihre anfallsbezogenen Affekte und Wahrnehmungen differenzierende Gespräch mit Patienten mit schwer aushaltbaren, komplexen epileptischen Auren befreit sie nicht selten aus ihrer Eingeschlossenheit in die Vorstellung schlechterdings nicht kommunizierbarer krankheitsbedingter Erlebnisse.

Bei Patienten mit solchen „pseudodissoziativen Epilepsien" ist die erste wichtige Aufgabe häufig, zunächst die Symptome in ihrer oftmals ausgesprochen beunruhigenden Qualität anzusprechen, zuzuordnen und in ihren sequenziellen Zusammenhängen zu rekonstruieren. Dabei gilt es auch, die nicht seltenen Ängste solcher Patienten („Manchmal denke ich schon, jetzt wirst du verrückt!") zu beachten, deren Verbalisierung zu unterstützen und sie so zu besprechen, dass der Patient, die – von seiner Erkrankung her kaum begründeten – Ängste vor psychischer bzw. psychotischer Desintegration wieder in sich zu begrenzen vermag.

Bei Patienten mit dissoziativen Anfällen erweist sich häufig die Kenntnis des rasch in Gang kommenden „dissoziativen Sprachspiels" als hilfreich, um seiner, wenn es unerkannt bleibt, so leicht destruktiven Dynamik entgegenwirken zu können. Die Mitteilungsstile vieler dissoziativer Patienten können fast als eine Abbildung ihrer Selbst-Struktur in ihrer Sprache verstanden werden. Dies gilt insbesondere für ihre auffällige Tendenz zu Fragmentierungen, für ihre mangelnde Kohärenz (sowohl einzelner Sätze als auch ganzer Narrationen) wie auch für eine Neigung zu andeutungshafter, unvollständiger Information, die dem Gesprächspartner – kaum merklich – jeweils den Part der Extrapolation und Vervollständigung zuweist. Häufige Pausen, unklare Verweisungen, viele Negationen, geballte Vagheitsindikatoren u. a. können beim Gesprächspartner leicht Verwirrung (bis hin zu körperlichem Schwindel) hervorrufen. Genaues Beobachten solcher sprachlichen Mikrophänomene macht jene komplexen Befindlichkeitsänderungen wesentlich verständlicher, die sich im Umgang mit dissoziativen Patienten leicht einstellen. Als These sei formuliert, dass das, was Kleinianer „projektive Identifikationen" nennen, also die unbewusste Übermittlung schwer erträglicher Selbst-Zustände in den Behandler, in hohem Maße auf solche kaum zu bemerkenden, aber umso wirksameren sprachlichen Mikrophänomäne und -interaktionen zurückgeht. Die mit den schwer zu dechiffrierenden Mitteln der Sprache vom Patienten unbewusst hergestellten Interaktionsmuster wahrzunehmen ist die Voraussetzung ihrer Bearbeitung durch interaktive Deutungen, die, indem sie jeweils unmittelbar an die Mitteilungsformen der Patienten anschließen, in hohem Maße dem Postulat genügen, wonach psychotherapeutische Interventionen möglichst aus dem vom Patienten selbst bereitgestellten Material gebildet werden sollen: So kann zum Beispiel ein Patient, der auffällig oft lange Pausen im Gespräch entstehen lässt, darauf aufmerksam gemacht werden, dass er damit immer auch die Gesprächsinitiative an sein Gegenüber abtritt, was leicht dahin führen könne, dass andere ihm gegenüber eine dominante Rolle gewännen und er selbst so in einer passiven, ja vielleicht sogar ausgelieferten Position verbleibe. Ebenso kann, im Falle systematisch unvollständig bleibender Information, aufgezeigt werden, dass diese den Zuhörer dazu nötigt, dass er sich aus wenigen Mosaiksteinchen ein Gesamtbild zusammensetzt, das dann aber vielleicht nicht mehr der Realität des Patienten entspricht. Inkohärente Narrative können den Zuhörer enorm verwirren, insbesondere wenn formal durchaus Kohäsion gewahrt bleibt. Solches zu bemerken bildet die Voraussetzung, um zu erkennen, woher die eigene Verwirrung rührt, diese Verwirrung ansprechen zu können und den Patienten auf die Möglichkeit aufmerksam zu machen, dass er dadurch, wie er bestimmte Geschehnisse erzählt, auch vermittelt, dass er bezüglich bestimmter Erlebnisse noch zu gar keiner zusammenhängenden inneren Vorstellung gelangt ist.

Ebenso kann die bei dissoziativen Patienten charakteristischerweise dürftig bleibende sprachliche Bearbeitung der subjektiven Anfallssemiologie als ein Hinweis aufgegriffen werden, dass es dem Patienten anlässlich seiner Anfälle, vielleicht aber auch generell, offenbar sehr schwer fällt, innerlich Empfundenes in sich überhaupt zu erfassen und erst recht, sich darüber auszutauschen bzw. es anderen deutlich werden zu lassen.

Der hier vorgestellte Ansatz reicht aus unserer Sicht von einer Nutzung der psychotherapeutischen Wahrnehmungseinstellung für das neurologisch-diagnostische Gespräch über die sprachanalytische Aufmerksamkeit für diskursive Mikrophänomene und deren indikative Bedeutung für Ich-strukturelle und psychodynamische Merkmale eines Patienten bis hin zu der Möglichkeit, daraus spezifische therapeutische Interventionen herzuleiten, die Äußerungen des Patienten als sprachliche Akte behandeln.

Anhang: Transkriptionskonventionen

Generell werden bei den Transkriptionen die Orthographieregeln respektiert, jedoch mit folgenden Ausnahmen: Es gibt nur Kleinschreibung, da Großbuchstaben zur Intensitätsmarkierung eingesetzt werden; Interpunktionszeichen haben nie ihre in schriftsprachlichen Texten übliche Bedeutung, sondern sind diakritische Symbole; artikulatorische Besonderheiten können durch Abweichungen von der üblichen Orthographie wiedergegeben werden.

[bin ich jetzt* [ja:*	gleichzeitiges Sprechen: der Beginn ist durch eckige Klammern in übereinander stehenden Zeilen gekennzeichnet, das Ende gegebenenfalls durch * markiert
/	hörbarer Abbruch ohne Pause
.	kurzes Absetzen innerhalb einer Äußerung oder zwischen zwei Äußerungen
..	kurze Pause
...	mittlere Pause
(x sec)	Pause von x Sekunden Dauer
&ß	auffällig schneller Anschluss
=	auffällige Bindung, Zusammenziehen
<EA>	Einatmen
<AA>	Ausatmen
nich' 'doch	steigende Intonationskurve; hoher Einsatz
nicht, ‚er	fallende Intonationskurve; tiefer Einsatz
HALLO FRAge jA	dynamische Hervorhebung eines Wortes, einer Silbe, eines Lautes
ja: ach so::	Dehnung einer Silbe, eines Lautes
(?ersmal)	unsichere Transkription
(?.....)	unverständliche Passage
‹lachend› +	Kommentar; geht dem entsprechenden Segment voraus und gilt bis +

Literatur

Devinsky O, Putnam FW, Grafman J, Broomfield E, Theodore WH (1989). Dissociative states and epilepsy. Neurology; 39: 835–49.

Devinsky O, Feldmann E, Broomfield E, Emoto S, Raubertas R (1991). Structured Interview for Partial Seizures: clinical phenomenology and diagnosis. J Epilepsy; 4: 107–16.

Haas JP (1987). Bemerkungen zum sogenannten „Hysterie-Gefühl". Nervenarzt; 59: 92–8.

Janz D (1969). Die Epilepsien – Spezielle Pathologie und Therapie. Stuttgart: Thieme.

Kapfhammer HP, Dobmeier P, Ehrentraut S, Rothenhäusler HB (2001). Trauma und Dissoziation – Eine neurobiologische Perspektive. Psychotherapie; 6: 114–12.

Kapur J, Pillai A, Henri THR (1995). Psychogenic elaboration of simple partial seizures. Epilepsia; 26: 1126-30.

Rabe F (1970). Die Kombination hysterischer und epileptischer Anfälle. Das Problem der Hystero-Epilepsie in neuer Sicht. Berlin, Heidelberg, New York: Springer.

Rosenberg H, Rosenberg S, Williamson P, Wolford G (2000). A comparative study of trauma and Posttraumatic Stress Disorder – prevalence in epilepsy patients and psychogenic nonepileptic seizure patients. Epilepsia; 41: 447-53.

Schöndienst M (1994). Epileptogenic-dissociative attacks. In: Wolf P (ed). Epilepsies and Epileptic Syndroms. London: John Libbey.

Schöndienst M (2002). Von einer sprachtheoretischen Idee zu einer klinisch-linguistischen Methode. Psychother Soz; 4: 253-69.

Williamson PD, Spencer DD, Spencer SS, Novelly RA, Mattson RH (1985). Complex partial seizures of frontal lobe origin. Ann Neurol; 18: 497-504.

Wolf P, Schöndienst M, Gülich E (2000). Experiential auras. In: Lüders H, Nochatar S (eds). Epileptic Seizures – Pathophysiology and clinical semiology. New York, Edinburgh, London, Philadelphia: Churchill Livingstone; 336-49.

25 Dissoziative Identitätsstörung – eigene nosologische Entität oder Variante der Borderline-Störung?

B. Dulz, U. Sachsse

25.1 Einleitung

Diagnosen dienen mehreren Herren. Sie klassifizieren ein Phänomen als Krankheit. Was diagnostizierbar ist und bestimmten Kriterien genügt, kann den Rang eines Krankheitssymptoms beanspruchen. Es kann als Leistung einer Krankenversicherung behandelt werden. Alles andere dient der „Wellness" oder ermöglicht „human growth". Für diagnostizierbare Krankheiten, Störungen oder Symptome gibt es Gelder, damit sie in ihrer Entstehung und Behandelbarkeit erforscht werden können. Diagnosen generieren Fachgesellschaften „für …", Tagungen und Kongresse, Posten und Karrieren. So verwundert es nicht, dass um DSM- und ICD-Diagnosen gerungen wird, dass Diagnosen bekämpft werden und neue gefunden oder erfunden werden. Dies gilt auch und gerade für die Diagnosen dissoziativer Zustände bis hin zur „Multiplen Persönlichkeit", bei der die Frage diskutiert wird, ob es sie überhaupt „gibt" oder ob sie ein iatrogenes Behandlungsartefakt fundamentalistisch-ideologischer Therapeutinnen und Therapeuten ist, die das Patriarchat über diese Diagnose aushebeln wollen.

Alle Erwägungen, ob ein bestimmter Patient nun eine Borderline-Persönlichkeitsstörung, eine Dissoziative Identitätsstörung (früher: „Multiple Persönlichkeitsstörung"), eine Posttraumatische Belastungsstörung, eine Narzisstische Persönlichkeitsstörung, eine Antisoziale Persönlichkeitsstörung *hat* oder gar *ist*, beinhalten wissenschaftstheoretisch die Gefahr des Reismus: die Gefahr also, eine Theorie oder ein Konzept wie eine Sache (lat.: res) zu behandeln. Denn natürlich *ist* der Patient eine solche Störung nicht so, wie ein bestimmtes Trinkgefäß eine Tasse ist. Und natürlich *hat* er eine solche Störung, Symptomatik oder Diagnose nicht so, wie er die Symptome oder die Diagnose einer Hepatitis B hat. Wenn etwa Piper (1994) meint, man bewege sich hinsichtlich der Multiplen Persönlichkeitsstörung im Bereich der Spekulation, denn Multiplizität lasse sich weder objektiv beweisen noch widerlegen, dann übersieht er, dass auch die Existenz von paranoiden Erlebnisweisen, Halluzinationen, Amnesien, Ängsten, Depersonalisation, Derealisation, Depression, psychogener Blindheit usw. – also von Symptomen, deren potenzielles Auftreten doch niemand in Zweifel ziehen würde – (noch) nicht objektiv nachzuweisen ist. Psychiatrische und psychoanalytische Diagnostik ist bisher fast immer die Interpretation und Konzeptualisierung subjektiver Verbal- und Handlungsmitteilungen. Die Diagnose einer „Depression" ist in nichts objektiver, valider, richtiger, stimmiger als diejenige einer „Multiplen Persönlichkeit". Wir können in der Psychotherapie und Psychiatrie für Gruppen von Menschen nur Wahrnehmungskonventionen entwickeln, nach denen eine Expertengruppe verstörte, gestörte oder störende Menschen leidlich einheitlich gruppieren kann. Die Psychiatriegeschichte ist auch die Geschichte permanenter Klassifizierungsversuche und -entwürfe (Fiedler 1995). ICD (Dilling et al. 1991) und DSM (American Psychiatric Association 1994; 1996) sind die aktuellsten und folgenreichsten. Sie bemühen sich (vergeblich) um eine rein phänomenologische, theorie- und ideologiefreie, also vorurteilslose Wahrnehmung der „reinen" Phänomene. Dieser Versuch einer „Reifizierung" psychischer und psychopathologischer Phänomene kann als gescheitert gelten, weil es ideologiefreie Wahrnehmung ohne Vor-Urteile nicht gibt. Sowohl hinter der Aussage, die Welt sei eine Scheibe, als auch hinter derjenigen, sie sei eine Kugel, steckt eine Wahrnehmungsideologie. Dies gilt auch für die Frage, ob die Dissoziative Identitätsstörung eine eigenständige Entität ist oder eine Variante der Borderline-Persönlichkeitsstörung.

25.2 Dissoziative Reaktionen als Teil der Borderline-Persönlichkeitsstörung

Dissoziative Phänomene gehören bei Borderline-Störungen zu den einerseits häufigen, andererseits oft als „Theater" diskreditierten und entsprechend selten diagnostizierten Symptomen. Sie reichen von (Tag-)Traumzuständen, Trancen, Dämmerzuständen, Ohnmachten, Fugues und Unwirklichkeitserlebnissen „bis hin zur Depersonalisation und Derealisation" (Hoffmann u. Hochapfel 1995, S. 189).

„Dabei ist diesen Phänomenen eine große Bandbreite zu eigen, die von spielerischen, fast subklinischen Phänomenen einerseits bis hin zu schwersten Bewusstseinsänderungen andererseits reicht." (ebd.)

Bei dissoziativen Reaktionen handelt es sich also um Bewusstseinseinengungen bis hin zu gravierenden Bewusstseinsstörungen vom Charakter der „Multiplen Persönlichkeit", bei der ganze Identitäts-Entitäten in einem Körper abgegrenzt voneinander existieren können. Eine schwere dissoziative Phase ist hinterher zumeist nicht erinnerlich. Eine Dissoziative Amnesie kann sich auf kurze Momente – so genannte „Alltagsamnesien" –, aber auch auf lange Zeiträume – etwa eine ganze Urlaubsreise – erstrecken. Sehr häufig schaffen sich Patienten durch teilweise exzessiv betriebene Tagträumerei – das vermutlich häufigste dissoziative Symptom überhaupt – eine gewisse Zeit subjektiven Wohlbefindens, in der sie sich zum Beispiel als eine mächtige Person oder in einer „heilen Familie" lebend phantasieren. Häufig werden solche dissoziativen Reaktionen – oft unbewusst, manchmal aber auch bewusst – benutzt, um ängstigenden Situationen zu entgehen: Es wird ein Trancezustand hervorgerufen, durch den die belastende Außenwelterfahrung aus dem momentanen und bewussten Erleben eliminiert wird. So entsteht eine reizvolle Innenerfahrung bei gleichzeitiger sensorischer Deprivation der Außenrealität, aber auch der belastenden Innenwelt. Dissoziation kann in diesem Kontext als Autohypnose verstanden werden.

Als extreme Variante dissoziativer Störungen gilt die „Multiple Persönlichkeitsstörung" (heute: Dissoziative Identitätsstörung) (Huber 1995; Putnam 1989; Ross 1989): Bei Vorliegen einer solch ausgeprägten dissoziativen Störung wurden angeblich je nach Persönlichkeit – oder besser: Persönlichkeitszustand (zu diesen Begriffen: s. weiter unten) – sogar unterschiedliche Hauttemperaturen, Herzfrequenzen, Hautwiderstände, Muskelanspannungen, Atmungsmuster und EEG-Muster festgestellt, wenn ein Wechsel, ein so genannter „Switch" der Persönlichkeitszustände erfolgte. Brown (1994, S. 107ff.) legt jedoch dar, dass in EEG, EMG, evozierten Potenzialen etc. keine spezifischen Hinweise auf einen „Switch" gefunden wurden – insbesondere, weil methodologische Limitationen jede Schlussfolgerung verböten. Die einzige kontrollierte Studie habe nicht belegen können, dass das autonome Nervensystem abhängig vom „Switch" reagiere.

Die große Mehrzahl der Veröffentlichungen über die Multiple Persönlichkeit bewegt sich auf deskriptivem Niveau. Zu finden sind nahezu alle denkbaren Symptome – wie bei der Borderline-Persönlichkeitsstörung. Übersichtsartig listen Putnam et al. (1986) die 20 am häufigsten neben der „Multiplen Persönlichkeit" bestehenden Symptome auf; diese – zum Beispiel Depression, rasche Stimmungswechsel, Suizidalität, Schlaflosigkeit, Amnesie und sexuelle Dysfunktionen – sind sämtlich auch bei Borderline-Störungen bekannt. Franklin (1990) sieht die Diagnose einer „Multiplen Persönlichkeit" als untergeordnet an, vielmehr sei das gesamte Symptom-Spektrum des Patienten zu berücksichtigen; jedoch sollten ein rascher Stimmungswechsel weniger an eine bipolare Störung und Symptome im Sinne von Kurt Schneider bei Fehlen anderer Symptome einer Schizophrenie weniger an eine Psychose denken lassen denn an eine „Multiple Persönlichkeit".

Auch andere Symptome bei Multiplen Persönlichkeitsstörungen, zum Beispiel die einer Zwangsneurose (Ross u. Anderson 1988), einer Schizophrenie (Nakdimen 1990), einer Konversionsstörung (Ross et al. 1989), einer Ess-Störung (Putnam et al. 1986) sowie von Impulsdurchbrüchen (Fichtner et al. 1990), lassen sich gleichermaßen als Hinweise auf eine Borderline-Störung interpretieren.

Die Position, dass die „Multiplen Persönlichkeitszustände" den Borderline-Störungen zuzurechnen sind, wird geteilt von beispielsweise Benner und Joscelyne (1984), Buck (1983), Clary et al. (1984), Coons et al. (1988), Horevitz und Braun (1984) sowie Rohde-Dachser (1979). Kirsten (1990) betont, dass beide Störungen die gleiche Ätiologie und Symptomatik sowie den gleichen Verlauf haben. Dass gerade psychodynamisch orientierte Autoren der Verbindung von „Multipler Persönlichkeit" und Borderline-Störungen nicht zustimmen, wird von Bruce-Jones und Coid (1992) bedauert. Lauer et al. (1993) folgerten aus ihrem Vergleich einer Vielzahl von Daten – einschließlich Ergebnissen des Dissociative Disorders Interview Schedule (DDIS) – über Borderline-Patienten und Personen mit diagnostizierter Dissoziativer Identitätsstörung, dass eine Trennung dieser beiden Störungsbilder aufgrund soziodemographischer und klinischer Daten nicht möglich sei: Die Dissoziative Identitätsstörung sei mithin ein Epiphänomen der Borderline-Persönlichkeitsstörung. Brenner (1994) geht denn auch von einem Kontinuum der dissoziativen Störungen aus: Diese seien insgesamt eine primitive, adaptive Antwort des Ich auf Überstimulation und Schmerz bei externalen Traumata, wobei sich die Dissoziative Identitätsstörung auf einem niedrigen Niveau der Charakterstruktur befinde: Dieses Störungsbild sei mithin Teil eines Spektrums der Borderline-Persönlichkeitsstörung.

Dass der Zusammenhang zwischen Borderline-Störungen und Dissoziation nicht kulturell bedingt ist, belegt eine Untersuchung von Berger et al. (1994), die für japanische Patienten eine signifikantes „Überlappen" von Borderline-Persönlichkeitsstörung und Dissoziation nachwiesen, wenngleich sich der Grad der Dissoziation dort als vergleichsweise geringer ausgeprägt erwies: Während in der Dissociative Experiences Scale (DES) von Putnam et al. (1986) für die nordamerikanische Kohorte ein mittlerer Score von 41,4 errechnet wurde, betrug dieser für die japanische Borderline-Gruppe 24,4.

25.3 Die Dissoziative Identitätsstörung als eigenständige Entität

Andere Autoren – beispielsweise Chu und Dill (1991), Greaves (1980) und Prasad (1985) – unterscheiden die Dissoziative Identitätsstörung von der Borderline-Störung: Bei der Dissoziative Identitätsstörung handele es sich einerseits um eine tiefer gehende Fragmentierung der Persönlichkeit, insbesondere des Selbst, während die unterschiedlichen Einzelpersönlichkeiten andererseits ein höheres Niveau der Ich-Organisation aufweisen könnten als dasjenige bei der Borderline-Persönlichkeitsstörung.

Marmer und Fink (1994) führen mehrere prinzipielle Unterschiede zwischen Borderline-Patienten und Patienten mit einer Dissoziativen Identitätsstörung auf:
- Spaltung zur Trennung guter Objekte von bösen (Struktur „low-tech") versus Spaltung des Selbst in getrennte psychische Gruppen (Struktur „high-tech")
- geringe versus hohe Kapazität zur Symbolisierung
- Spaltung und Dissoziation als Entwicklungshemmung in der Zeit vor der Integration der Teilobjekte in ganze Objekte versus Spaltung und Dissoziation als Folge eines überwältigenden Traumas
- schlechte Prognose versus gute Prognose

Armstrong (1994, S. 353) betont, die Dissoziative Identitätsstörung sei auf mehreren Ebenen zu verstehen:
- Der Patient ist eine singuläre Person mit mehreren Möglichkeiten des Selbst, aber einer einzigen „Lebensexistenz" („objective level").
- Der Patient ist eine Gruppe getrennter Identitäten, die in der phänomenologischen Realität existieren, in ihr handeln und in die Therapie verschiedene und tragische, zwingende Lebensthemen einbringen („alter level").
- Der Patient besitzt eine gespaltene interaktive Organisation des Selbst, wobei die Teile fortwährend miteinander kommunizieren, verschmelzen, sich abspalten und sich stören („system level").

Auch Horevitz und Loewenstein (1994) haben drei Gruppen von Patienten mit einer multiplen Persönlichkeit herausgearbeitet:
- auf hohem Level funktionierende Patienten mit vor allem interpersonellen, sozialen und finanziellen Ressourcen, die Affekte beherrschen können, eine geringe Komorbidität zu anderen Persönlichkeitsstörungen aufweisen und geringe therapeutische Probleme bereiten
- komplizierte Fälle mit Koexistenz anderer Symptome wie Ess-Störungen und Drogenabusus, welche phänomenologisch auch die Kriterien einer Borderline-Persönlichkeitsstörung erfüllen und deren Therapie-Erfolg schlecht ist – dies seien die Hälfte bis zwei Drittel der Patienten mit einer Dissoziativen Identitätsstörung
- sozial verstrickte Patienten mit schlechter Prognose, insbesondere hinsichtlich der Integration der unterschiedlichen Persönlichkeitsanteile; diese Patienten weisen einen dissoziativen Lebensstil auf, zeigen selbstzerstörerisches und/oder antisoziales Verhalten, sind besonders „widerspenstig" gegenüber einer Behandlung und tendieren dazu, in missbrauchende Beziehungen verstrickt zu bleiben; die Therapie ist auf symptomatische Stabilisierung und Krisenmanagement begrenzt

Der Einsatz dissoziativer Mechanismen zur Bewältigung traumatischer Erfahrungen ist seit Janet bekannt. Kluft (1995, S. 343) hat eine „Vier-Faktoren-Theorie" zur Entstehung der Dissoziativen Identitätsstörung aufgestellt: Kinder mit einer genetischen Disposition zum Einsatz dissoziativer Mechanismen können dann, wenn sie so jung und/oder so intensiv traumatisierenden Erfahrungen ausgesetzt sind, dass ihre nichtdissoziativen Abwehr- und Coping-Mechanismen versagen, innerlich voneinander abgegrenzte Persönlichkeitszustände entwickeln, die sie als eigenständige Persönlichkeiten erleben. Diese eigenständig erlebten Persönlichkeiten werden als „Alters" (Alter Egos) bezeichnet. Sie beruhen auf einer Fähigkeit zur Selbsthypnose. „Alters" sind auch experimentell suggestiv erschaffbar (Hilgard 1994; Spanos u. Burgess 1994). Dieser adaptive Vorgang kann sich stabilisieren und generalisieren, wenn es nach der traumatisierenden Erfahrung keine adäquate Bewältigung gibt.

Van der Hart (1997) vertritt aufgrund langjähriger klinischer Erfahrung die folgende Theorie. Wird ein Kind extremer Traumatisierung ausgesetzt, kann es in der traumatisierenden Situation drei „Alters" bilden: das traumatisierte Kind, einen Beobachter und ein täteridentifiziertes „Alter". Diese autosuggestiv aktiv voneinander getrennten „Alters" beginnen im Inneren ein Eigenleben zu führen.

Träumen kann als Modell für ein Erleben verwendet werden, in dem alle Menschen zwischen alternierenden Persönlichkeitszuständen in Form alternierender Persönlichkeiten wechseln („switch", Barrett 1994). Insofern wären Patienten mit einer Dissoziativen Identitätsstörung auch tagsüber gelegentlich in Traumphasen oder erlebten traumähnlichen Sequenzen. Wie für die Träume besteht für Phasen, in denen „Alters" das Erleben bestimmt haben, zumeist, aber eben nicht immer, eine Amnesie. „Switchen" zwischen alternierenden Persönlichkeitszuständen kann generalisieren und zur Bewältigung auch alltäglicher Belastungen wie üblicher Frustrationen oder Misslichkeiten habituell, ja bewusst eingesetzt werden: „Im Rahmen einer Therapie kommt irgendwann der Zeitpunkt, da wird Dissoziieren einfach zu einer schlechten Angewohnheit" (Reddemann 1996, persönl. Mitteilung).

Pathognomonisch für „Multiplizität" sind ausgedehnte Phasen von Alltagsamnesien. Aufgrund dieser Amnesien, in denen „Alters" das Leben bestimmen, kann es dazu kommen, dass jemand plötzlich unbekannte Kleidung im Schrank findet, von fremden Menschen als alter Bekannter angesprochen wird oder sich an unbekannten Orten wiederfindet, ohne sich an den Weg dorthin zu erinnern.

25.4 DSM und ICD

Zeitgleich mit dem DSM-III (American Psychiatric Association 1980) wurden beide Diagnosen, „Borderline-Persönlichkeitsstörung" und „Multiple Persönlichkeitsstörung/Dissoziative Identitätsstörung", Bestandteil der international verbreiteten Klassifikationssysteme.

Im DSM-III-R (American Psychiatric Association 1987, S. 330) ist bei der Multiplen Persönlichkeitsstörung ausdrücklich vermerkt: „Im folgenden Text werden Persönlichkeit und Persönlichkeitszustände unter dem Begriff Persönlichkeit zusammengefasst." Im DSM-IV ist nicht mehr von „Persönlichkeiten", sondern von „Persönlichkeitszuständen" die Rede („personality states"). In der deutschsprachigen Literatur ist, wie oben ausgeführt, schon seit Freud (Freud 1923, S. 259) von der „Multiplen Persönlichkeit" zu lesen, wenngleich gerade in den letzten Jahrzehnten – anders als in den USA – nur vereinzelt. Der Begriff „Multiple Persönlichkeit" bedeutet bei genauerem Besehen, dass mehrere komplette Persönlichkeiten in einem Körper existieren und sich gegenseitig abwechseln können. Zu einer Persönlichkeit gehören jedoch auch jeweils ein eigener Körper, individuelle Erfahrungen und eine spezifische Lebensgeschichte. Hiervon kann jedoch bei der „Multiplen Persönlichkeit" nur subjektiv, nicht aber objektiv die Rede sein. Zwar handelt es sich um subjektiv teilweise sehr konträre „Persönlichkeiten", die einander im Rahmen der Multiplizität „ablösen". Dennoch haben alle diese „Persönlichkeiten" objektiv zwangsläufig die gleichen Erfahrungen bzw. Traumata (wenngleich nicht bewusst) erlebt und erlitten. Damit fehlen wesentliche Aspekte für eine Persönlichkeit im eigentlichen Sinne. Der Terminus „Multiple Persönlichkeit" ist als Metapher subjektiv zutreffend, objektiv unzutreffend (vgl. auch Dulz u. Lanzoni 1996). „Persönlichkeitszustände" ist objektiv richtiger und auch therapeutisch die sinnvollere Leitmetapher.

Gegenwärtig gibt es Bestrebungen, die über das DSM-IV verstreuten Symptom-Cluster im DSM-V zusammenzuführen: etwa als dissoziative Störungen, die Gedächtnis und Identität,

Empfindung und Perzeption oder den freien Willen beeinträchtigen (Kihlstrom 1994, S. 385), oder als „Disorders of Extreme Stress" (Van der Kolk et al. 1996).

25.5 Dissoziation und/oder Spaltung

Fiedler und Mundt (1996) unterscheiden bei der Dissoziation drei Ätiologie-Perspektiven:
- Dissoziation als Abwehr inakzeptabler Erfahrungsbereiche bzw. als eigenständige Abwehrform, die an die Spaltung erinnert
- Dissoziation im Sinne einer Veränderung der Identität (dieser Ansatz entspricht grob einem Diathese-Stress-Modell)
- Dissoziation als autoregulative Verarbeitungsstörung traumatischer Erfahrungen

Kohut (1973) differenziert zwischen horizontaler und vertikaler Spaltung der Psyche: Die horizontale Spaltung hält ideale von wertlosen, die vertikale nur gut-befriedigende von allein schlecht-frustrierenden Erfahrungsqualitäten und Teilobjekt-Imagines getrennt. Kernberg verwendet die Begriffe „Spaltung" und „Dissoziation" parallel; er schreibt aber auch (1997), dass die bei missbrauchten oder misshandelten Patienten häufig vorhandenen dissoziativen Symptome die Dominanz jener Spaltungsmechanismen reflektierten, die ihrerseits darauf ausgerichtet seien, Inseln der Idealisierungen des traumatisierenden und dennoch unverzichtbaren Objekts zu schützen – insbesondere Hass müsse abgespalten werden. Auch Hirsch (1997) geht davon aus, dass Spaltungsphänomene des Selbst – einschließlich der Dissoziativen Identitätsstörung – mit der Ausbildung einer Borderline-Störung verbunden seien.

Saunders und Arnold (1993) unterscheiden zwischen Spaltung und Dissoziation: Wenngleich Spaltung und Dissoziation Hand in Hand gingen, sei Dissoziation eher geeignet, das Individuum vor intolerablen Gefühlen zu schützen. Spaltung sei eine kognitive Adaption an aktuelle Erfahrungen; Dissoziation gehöre hingegen zum Reich biologischer Mechanismen, welche durch überwältigende traumabezogene Affekte und Ereignisse getriggert würden.

Eagle (1988, S. 121) ergänzt, bei der Spaltung wechselten verschiedene Selbst-Strukturen einander ab, von denen keine eine entscheidende, stabile Determinante der Identität sei – es existiere nur in geringem Umfang eine dominierende, kohärente Selbst-Struktur, von der Erkenntnisse und Affekte abgespalten würden. Hier deutet sich ebenfalls eine Parallelität zwischen Spaltung und Dissoziation an, denn es „operieren halb-autonome Persönlichkeitskomponenten oder Strukturen abwechselnd oder parallel, die von keinem Koordinator integriert wurden".

25.6 Zur Therapie

Die theoretische Orientierung von Therapeuten ist alles andere als eine rein akademische oder forschungstechnische Problematik. Die theoretischen Vorurteile bahnen vielmehr die Wahrnehmung, die Selektion von Phänomenen, ordnen aktiv die Interaktionsangebote der Patienten und beeinflussen ganz erheblich die Therapiestrategie und den Therapieverlauf. Auf der Basis gerade auch konträrer theoretischer Annahmen entstehen manchmal sehr konträre und manchmal gar nicht konträre Therapietheorien und -praktiken.

Borderline-Patienten mit multiplen Persönlichkeitszuständen werden im Rahmen der Theorie von Dulz (2000) den Borderline-Störungen auf hysteroidem Symptom-Niveau zugerechnet, weil dissoziative Symptome klassischerweise zu den hysterischen Symptomen gezählt werden. Demzufolge gelten dann die Prinzipien der Borderline-Therapie (s. hierzu: Dulz u. Sachsse 2000).

Trotzdem kann aufgrund klinischer Beobachtungen von zwei Varianten mit deskriptiv unterschiedlichem Schwerpunkt ausgegangen werden.

Typus der multiplen Persönlichkeitszustände mit deutlichem Ausagieren der Dissoziativität (interaktionsreiche Form)

Hierbei handelt es sich um einen Typus mit deutlich hysterischen Zügen. Diagnostisch ist er einerseits leichter zu erkennen, andererseits aber schwierig gegen „Pseudo-Multiple" (bei denen freilich in der Regel auch dissoziative Symptome bestehen) abzugrenzen. Die Patienten tragen das „Multiple" mit gewissem Stolz vor sich her; demzufolge sprechen sie oft von „wir" („Wir sind im Moment verunsichert"; „Das wussten einige von uns nicht"; „Die meisten wollen und die anderen können nicht"). Von Ärzten und Psychotherapeuten werden diese Patienten – wie einst die „Hysterikerinnen" – oft als reine „Agierer", als Schauspieler mit eigentlich nur dem Hang, im Mittelpunkt zu stehen, verkannt und entwertet, ohne dass das Leid dieser Patienten wahrgenommen wird. Agieren ist jedoch stets Ausdruck einer subjektiv nicht anders zu beherrschenden Problemlage (Agieren = Handeln aus unbewussten Motiven heraus, also ganz im Gegensatz zum „Show machen") und kann weder einfach verboten noch sonstwie unterbunden, etwa durch Ignorieren „wegtrainiert" werden. Schließlich käme auch niemand auf die Idee, Angst (als deren Ausdruck Agieren zu sehen ist) oder eine Depression oder gar ein Wahnsystem zu verbieten oder zu ignorieren. Patienten dieses Typus sind primär autoaggressiv; fremdaggressive Phantasien und Impulse treten selten und stets – im Vergleich zum zweiten Typus mit deutlicheren fremdaggressiven Aspekten – in geringerer Ausprägung auf. Die Patienten wirken zwar oft aggressiv, aber bei genauerem Besehen handelt es sich weniger um eine Fremdaggression im eigentlichen Sinne, sondern um hysteriformes Fordern vermeintlichen Rechts bzw. um den Versuch, jedes Gefühl der Auslieferung zu vermeiden. In der Gegenübertragung wahrgenommene aggressive Affekte sind nicht selten Ergebnis jener Hilflosigkeit, die entsteht, wenn die üblichen basalen Kommunikationsformen, die selbst bei Kindern im Vorschulalter zur kommunikativen Minimalausstattung gehören, nicht greifen („Wir verstehen, dass wir das nicht dürfen; aber wie sollen wir das den Kleinen bloß erklären?"; „Das haben Sie zwar gesagt, aber einige von uns haben damals geschlafen und konnten von dem Verbot nichts wissen") und wenn die Patienten – jedenfalls oberflächlich betrachtet – weit weniger gestört als Psychotiker (denen ein Nicht-Können problemlos zugestanden würde) und teilweise sogar nahezu ungestört erscheinen.

Typus der multiplen Persönlichkeitszustände mit Geheimhalten der Dissoziativität (interaktionsarme Form)

Diese Patienten wirken deutlich narzisstischer als jene des ersten Typus. Nur im Rahmen einer tragfähigen therapeutischen Beziehung ist die Schwere der dissoziativen Symptomatik erkennbar, die auch dann nur zögerlich und mit einem Gefühl der Scham preisgegeben wird. Die Patienten sprechen grundsätzlich in der 1. Person Singular, also vom „Ich". Die multiplen Persönlichkeitszustände stellen auch bei diesem Typus einen internal ausgerichteten Schutzschild dar. Die Patienten zeigen aber eher als die des anderen Typus eine fremdaggressive Tönung im Umgang mit dem therapeutischen Team und weisen neben autoaggressiven auch fremdaggressive Phantasien auf; fremdaggressive Angriffe seitens dieser

Patienten sind kaum zu erleben, allerdings gelegentliche Selbstverletzungen im Sinne einer Aggressionsumkehr – so wie in einem Fall ein allein von der Patientin selbst als „totales Ausrasten" erlebtes Verhalten, das allerdings aus nicht mehr als aus dem Verrücken eines Stuhls bestand.

Die Patienten der zwei Gruppen verhalten sich auch bezüglich der Beantwortung der Fragen von Persönlichkeitstests in bemerkenswerter Weise unterschiedlich: Die eine Gruppe (erster Typus) macht „pro Persönlichkeit" (bzw. Persönlichkeitszustand) je ein Kreuz, und der Fragebogen ist nicht auswertbar; die andere Gruppe (zweiter Typus) demonstriert nach außen hin Integration und macht pro Item nur ein Kreuz. Erste eigene Ergebnisse (mittels des Fragebogens zu Dissoziativen Symptomen [FDS], Freyberger et al. 1999) deuten darauf hin, dass dissoziative Symptome bei (schweren) Borderline-Störungen häufiger sind als zunächst angenommen: Rund 50% der Borderline-Patienten im Klinikum Nord/Hamburg haben im FDS Werte von über 30%, in Einzelfällen von sogar über 60%.

Eine Abgrenzung schwerer dissoziativer Symptome ohne Multiplizität von jenen mit einer multiplen Identitätsstörung (etwa mittels des FDS durch Schaffung von Abgrenzungen wie „Alles über 40% ist multipel") ist schwierig und zudem ohne klinische Relevanz. Auch hier sind die Übergänge fließend; dementsprechend heißt es im DSM-IV statt „Multiple Persönlichkeitsstörung" nun ja übergreifend auch „Dissoziative Identitätsstörung" (300.14).

Schwere dissoziative Symptome dienen der Reduktion der unerträglichen frei flottierenden Angst, die der Patient erstmalig während der in der Kindheit stattgefundenen (Real-) Traumata erlebt hat und welche die gleiche Qualität wie die traumainduzierte Angst während der Kindheit aufweist: Diese Angst hat die Qualität einer unerklärlichen Vernichtungsangst (Dulz 1999). Bereits in der Kindheit hat der Patient durch dissoziative Mechanismen eine kreative Angst-Reduzierung entwickeln können. Während der Traumata – so geben es fast alle Patienten an – haben sie sich einst von ihrem (missbrauchten und misshandelten) Körper „gelöst" und auf diese Weise die traumatischen Ereignisse gewissermaßen von außen betrachten können. Ehlert (1991) berichtet zusätzlich von meist sehr regressiven Phantasien, die das Geschehen um das Opfer herum unwirklich erscheinen ließen. Es fand also sozusagen eine Dissoziation des Körpers von der Psyche statt. Ehlert (ebd., S. 64) sieht diese Phänomene als Versuche des Ich, „seine eigene Existenz für die Dauer der traumatischen Situation sozusagen auszusetzen". Hirsch (1996) geht von einer Introjektion der Gewalt aus, wobei das Introjekt eine Art Beweis sei, dass das völlige Verlassenwerden des Kindes/Opfers nicht eingetreten ist; das Introjekt sei Ergebnis der Spaltung, ein Teil des Selbst und doch als Fremdes dissoziiert. Hier wird also von einer anderen Form der Dissoziation ausgegangen.

Dulz und Lanzoni (1996) geben an, dass viele Patienten unabhängig voneinander Kindheitserinnerungen berichtet hätten, nach denen sie in den konkreten Missbrauchs-/Misshandlungssituationen in eine Trance, in eine Art Ausnahmezustand geraten seien und sich teilweise später bei Wiederholungssituationen unter Umständen auch willentlich in einen solchen begeben – besser: geflüchtet – hätten:

„In diesen Zuständen hätten sie gewissermaßen ihren Körper verlassen und die Verletzung der körperlichen Integrität wie von außen betrachtet. Hierdurch seien diese Situationen erträglicher geworden, teilweise hätten die Opfer gar keinen körperlichen oder seelischen Schmerz empfunden, da die Aggression des Täters nicht ihnen, sondern nur noch der Hülle habe gelten können." (Dulz u. Lanzoni 1996, S. 20)

Auf diese Weise wird ein Erleben der traumatischen Situation also unbewusst verunmöglicht. Die Autoren folgern:

„Diese Ereignisse lassen sich als dissoziative Zustände und somit als ‚Vorläufer' der multiplen Persönlichkeitszustände deuten. Die extremen Erfahrungen in den traumatisierenden frühkindlichen/kindlichen Situationen lassen schließlich eine andere Abwehr von Angst nicht mehr zu, der ‚bewährte' Mechanismus der Dissoziation wird beibehalten. Er tritt dann insbesondere in Situationen auf, in denen bei bestehender Ich-Schwäche ein überflutendes, mit der früher erlebten (und erfahrungsgemäß über dissoziative Reaktionen reduzierbaren) Angst vergleichbares Gefühl zu erwarten wäre. Aktuelle Situationen und Affekte werden unbewußt mit den einstigen Affekten in Verbindung gebracht. Diese Generalisierung betrifft schließlich jede Situation im Zusammenhang mit Objektbeziehungen, besonders auch Identifizierungen und Introjektionen, und folglich nahezu jede Situation des täglichen Lebens. Die klinische Erfahrung zeigt, dass oftmals in Abhängigkeit des Erlebens einer therapeutischen Sequenz die eine oder andere Persönlichkeitsstruktur mit hoher Zuverlässigkeit auftaucht, so dass der Therapeut schließlich einen Wechsel von der einen Persönlichkeitsstruktur zu einer anderen gezielt induzieren könnte." (ebd.)

Dieser damals bewährte Mechanismus der Angst-Reduzierung wird auch im späteren Leben beibehalten und stellt somit einen regressiven Prozess dar: Verschiedene, scheinbar unvereinbare Affekte und Erfahrungen werden voneinander abgespalten und in verschiedenen Persönlichkeitszuständen „untergebracht". Angst entsteht insbesondere im Zusammenhang mit engeren Beziehungen. In Beziehungen gehalten werden zu können wurde bislang nicht erfahren. Es gibt Patienten, denen die Fragmentation in bedrohlich erscheinenden Situationen „passierte", aber auch Patienten, welche einen dissoziativen Zustand willentlich erzeugen konnten, um einer subjektiv allzu beängstigenden Lage zu entgehen.

25.7 Schlussbemerkung

Altmeister wie Kraepelin und Bleuler, aber auch Freud (s. hierzu Dulz u. Sachsse 2000; Ellenberger 1970) haben Patienten mit schwersten dissoziativen Symptomen gekannt, erkannt und in Kategorien wie „gespalten", „vielfältig", „dissoziativ", „fragmentiert", „multipel" beschrieben. Es ist rational schwer nachvollziehbar, dass gerade in diesem Aspekt die Arbeit der Altvorderen negiert wird – während sie sonst gerne als Quelle und Wurzel, manchmal fast als Beweis für die Richtigkeit eigenen Denkens herhalten müssen. Vielleicht waren es tatsächlich die gesellschaftliche Brisanz und anfängliche Politisierung der Auseinandersetzung, die dem wissenschaftlichen Denken und Forschen mehr geschadet als genutzt hat. Vielleicht ist es auch die gelegentliche Selbstinszenierung mancher Patientinnen, die diese Gruppierung in Verruf gebracht hat. Über Spekulationen kommen wir hier nicht hinaus. Und wissenschaftlich wird vielleicht erst die Hirnforschung die Diskussion voranbringen oder gar abschließen können.

Bleiben wir bis dahin einfach dabei: Die Diskussion ist nicht abgeschlossen, und sie ist therapeutisch alles andere als trivial.

Literatur

American Psychiatric Association (1980). Diagnostic and Statistical Manual of Mental Disorders (DSM-III). 3rd ed. Washington, DC: American Psychiatric Association.

American Psychiatric Association (1987). Diagnostic and Statistical Manual of Mental Disorders (DSM-III-R). 3rd ed., revised. Washington, DC: American Psychiatric Press.

American Psychiatric Association (1994). Diagnostisches und Statistisches Manual Psychischer Störungen DSM-IV. Dt. Bearb. u. Einführung: Saß H, Wittchen HU, Zaudig M. Göttingen, Bern, Toronto, Seattle: Hogrefe 1996.

Armstrong JG (1994). Reflections on multiple personality disorder as a developmentally complex adaption. Psychoanal Study Child; 49: 349–64.

Barrett DL (1994). Dreaming as a normal model for multiple personality disorder. In: Lynn SJ, Rhue JW (eds). Dissociation. Clinical and theoretical perspectives. New York: Guilford; 123–35.

Benner DG, Joscelyne B (1984). Multiple personality as a borderline disorder. J Nerv Ment Dis; 172: 98–104.

Berger D, Saito S, Ono Y, Tezuka I, Sharihase J, Kuboki T, Suematsu H (1994). Dissociation and child abuse histories in an eating disorder cohort in Japan. Acta Psychiatr Scand; 90: 274–80.

Brenner I (1994). The dissociative character: a reconsideration of „multiple personality". J Am Psychoanal Assoc; 42: 819–46.

Brown P (1994). Toward a psychobiological model of dissociation and post-traumatic stress disorder. In: Lynn SJ, Rhue JW (eds). Dissociation. Clinical and theoretical perspectives. New York: Guilford; 94–122.

Bruce-Jones W, Coid J (1992). Identity diffusion presenting as multiple personality disorder in a female psychopath. Br J Psychiatry; 160: 541–4.

Buck OD (1983). Multiple personality as a borderline state. J Nerv Ment Dis; 171: 62–5.

Chu JA, Dill DL (1991). Dissociation, borderline personality disorder, and childhood trauma. Am J Psychiatry; 148: 812.

Clary WF, Burstin KJ, Carpenter JS (1984). Multiple personality and borderline personality disorder. Psychiatr Clin North Am; 7: 89–99.

Coons PM, Bowman ES, Milstein V (1988). Multiple personality disorder: a clinical investigation of 50 cases. J Nerv Ment Dis; 176: 519–28.

Dilling H, Mombour W, Schmidt MH (Hrsg) (1991). Internationale Klassifikation psychischer Störungen. ICD-10. Kapitel V (F). Bern, Göttingen, Toronto: Huber.

Dulz B (1999). Wut oder Angst – welcher Affekt ist bei Borderline-Störungen der zentrale? Persönlichkeitsstörungen; 3: 30–5.

Dulz B (2000). Der Formenkreis der Borderline-Störungen: Versuch einer deskriptiven Systematik. In: Kernberg OF, Dulz B, Sachsse U (Hrsg). Handbuch der Borderline-Störungen. Stuttgart, New York: Schattauer; 57–74.

Dulz B, Lanzoni N (1996). Die multiple Persönlichkeit als dissoziative Reaktion bei Borderlinestörungen. Psychotherapeut; 41: 17–24.

Dulz B, Sachsse U (2000). Dissoziative Phänomene: vom Tagtraum über die Multiple Persönlichkeitsstörung zur Dissoziativen Identitätsstörung. In: Kernberg OF, Dulz B, Sachsse U (Hrsg). Handbuch der Borderline-Störungen. Stuttgart, New York: Schattauer; 237–57.

Eagle MN (1988). Neuere Entwicklungen in der Psychoanalyse. Eine kritische Würdigung. München, Wien: Internationale Psychoanalyse.

Eckhardt A (1996). Die Dissoziation. Klinische Phänomenologie, Ätiologie und Psychosomatik. In: Seidler G (Hrsg). Hysterie heute. Stuttgart: Enke; 37–55.

Eckhardt A, Hoffmann SO (1997). Dissoziative Störungen. In: Egle UT, Hoffmann SO, Joraschky P (Hrsg). Sexueller Mißbrauch, Mißhandlung, Vernachlässigung. Stuttgart, New York: Schattauer; 255–36.

Ehlert M (1991). Verführungstheorie, infantile Sexualität und „Inzest". Jahrb Psychoanal; 27: 42–70.

Ellenberger HF (1970). Die Entdeckung des Unbewußten. Zürich: Diogenes.

Fichtner CG, Kuhlmann DT, Gruenfeld MJ, Hughes JR (1990). Decreased episodic violence and increased control of dissociation in a carbamazepine-treated case of multiple personality. Biol Psychiatry; 27: 1045–52.

Fiedler P (1995). Persönlichkeitsstörungen. Weinheim: Psychologie Verlags Union.

Fiedler P, Mundt C (1997). Dissoziative Störungen, vorgetäuschte Störungen und Störungen der Impulskontrolle. In: Hahlweg K, Ehlers A (Hrsg). Psychische Störungen und ihre Behandlungen. Göttingen, Bern, Toronto, Seattle: Hogrefe; 355–436.

Franklin J (1990). The diagnosis of multiple personality disorder based on subtle dissociative signs. J Nerv Ment Dis; 178: 4–14.

Freud S (1923). Das Ich und das Es. GW XIII. London: Imago; 255–89.

Freyberger HJ, Spitzer C, Stieglitz RD (1999). Der Fragebogen zu Dissoziativen Symptomen (FDS). Bern: Huber.

Greaves GB (1980). Multiple personality. 165 years after Mary Reynolds. J Nerv Ment Dis; 168: 577–96.

Gunderson JG (1985). Diagnostisches Interview für das Boderlinesyndrom. (Dt. Bearbeitung: H. Pütterich). Weinheim: Beltz.

Herman JL (1994). Die Narben der Gewalt. München: Kindler.

Hilgard ER (1994). Neodissociation theory. In: Lynn SJ, Rhue JW (eds). Dissociation. Clinical and theoretical perspectives. New York: Guilford; 32–51.

Hirsch M (1996). Wege vom realen Trauma zur Autoaggression. Forum Psychoanal; 12: 31–44.

Hirsch M (1997). Vernachlässigung, Mißhandlung, Mißbrauch im Rahmen einer psychoanalytischen Traumatologie. In: Egle UT, Hoffmann SO, Joraschky P (Hrsg). Sexueller Mißbrauch, Mißhandlung, Vernachlässigung. Stuttgart, New York: Schattauer; 103-16.

Hoffmann SO, Hochapfel G (1995). Neurosenlehre, Psychotherapeutische und Psychosomatische Medizin. 5. Aufl. Stuttgart, New York: Schattauer.

Horevitz RP, Braun BG (1984). Are multiple personalities borderline? An analysis of 33 cases. Psychiatr Clin North Am; 7: 69-87.

Horevitz R, Loewenstein JW (1994). The rational treatment of multiple personality disorder. In: Lynn SJ, Rhue JW (eds). Dissociation. Clinical and theoretical perspectives. New York, London: Guilford; 289-316.

Huber M (1995). Multiple Persönlichkeiten. Überlebende extremer Gewalt. Ein Handbuch. Frankfurt a. M.: Fischer.

International Society for the Study of Dissociation ISSD – Deutsche Sektion – (1997). ISSD-Richtlinien für die Behandlung der Dissoziativen Identitätsstörung (Multiplen Persönlichkeitsstörung) bei Erwachsenen. Neufassung 1997 (www.dissoc.de/issd/issd 30.htm).

Kernberg OF (1997). Aggression, Trauma und Haß in der Behandlung von Borderline-Patienten. Persönlichkeitsstörungen; 1: 15-23.

Kernberg OF, Dulz B, Sachsse U (Hrsg) (2000). Handbuch der Borderline-Störungen. Stuttgart, New York: Schattauer.

Kihlstrom JF (1994). One hundred years of hysteria. In: Lynn SJ, Rhue JW (eds). Dissociation. Clinical and Theoretical Perspectives. New York: Guilford; 365-94.

Kirsten M (1990). Multiple personality disorder and borderline personality disorder. Am J Psychiatry; 147: 1386-7.

Kohut H (1973). Narzißmus. 2. Aufl. Frankfurt a. M.: Suhrkamp.

Kluft RP (1995). Psychodynamic psychotherapy of multiple personality disorder. In: Barber JP, Crits-Christoph P (eds). Dynamic Therapies for Psychiatric Disorders (Axis I). New York: Basic Books: 332-85.

Lauer J, Black DW, Keen P (1993). Multiple personality disorder and borderline personality disorder – distinct entities or variations on a common theme? Ann Clin Psychiatry; 5: 129-34.

Marmer SS, Fink D (1994). Rethinking the comparison of borderline personality disorder and multiple personality disorder. Psychiatr Clin North Am; 17: 743-71.

Nakdimen KA (1990). Differential diagnosis of multiple personality disorder. Am J Psychiatry; 147: 1259-60.

Piper A (1994). Multiple personality disorder. Br J Psychiatry; 164: 600-12.

Prasad A (1985). Multiple personality syndrome. Br J Hosp Med; 34: 301-3.

Putnam FW (1989). Diagnosis and Treatment of Multiple Personality Disorder. New York: Guilford.

Putnam FW, Guroff JJ, Silberman EK, Barban L, Post RM (1986). The clinical phenomenology of multiple personality disorder: review of 100 recent cases. J Clin Psychiatry; 47: 285-93.

Reddemann L (2001). Imagination als heilsame Kraft. München: Pfeiffer bei Klett-Cotta.

Rohde-Dachser C (1979). Das Borderline-Syndrom. Bern, Göttingen, Toronto, Seattle: Huber.

Ross CA (1989). Multiple Personality Disorder: Diagnosis, Clinical Features, and Treatment. New York: John Wiley & Sons.

Ross CA, Anderson G (1988). Phenomenological overlap of multiple personality disorder and obsessive-compulsive disorder. J Nerv Ment Dis; 176: 295-9.

Ross CA, Heber S, Norton GR, Anderson G (1989). Somatic symptoms in multiple personality disorder. Psychosomatics; 20: 154-60.

Saunders EA, Arnold F (1993). A critique of conceptual and treatment approaches to borderline psychopathology. Psychiatry; 56: 188-203.

Spanos NP, Burgess C (1994). Hypnosis and multiple personality disorder: a sociocognitive perspective. In: Lynn SJ, Rhue JW (eds). Dissociation. Clinical and theoretical perspectives. New York: Guilford; 136-55.

Van der Hart O (1997). Dissoziative Identitätsstörungen. Fortbildungsseminar der Milton Ericson Gesellschaft MEG, München.

Van der Hart O, Steele K, Boon S, Brown P (1995). Die Behandlung traumatischer Erinnerungen: Synthese, Bewußtwerdung und Integration. Hypnose und Kognition; 12: 34-67.

Van der Kolk B, Pelcovitz D, Roth S, Mandel FS, McFarlane A, Herman JL (1996). Dissociation, somatization, and affect dysregulation: the complexity of adaption to trauma. Am J Psychiatry; 153, Suppl: 83-93.

E Therapeutische Ansätze

26 Phasenorientierte Behandlung komplexer dissoziativer Störungen: die Bewältigung traumabezogener Phobien[1]

K. Steele, O. Van der Hart, E. R. S. Nijenhuis

26.1 Vorbemerkung

Die hauptsächlichen Behandlungsansätze für die komplexe Posttraumatische Belastungsstörung (PTBS) und dissoziative Störungen sind phasenorientiert, und Behandlungen dieses Typs stellen auch den aktuellen Therapiestandard dar (Brown et al. 1998; Courtois 1999; Herman 1992; Horevitz u. Loewenstein 1994; Huber 1995; McCann u. Pearlman 1990; Van der Hart 1995). Dennoch bleibt die theoretische Basis dieses Vorgehens unklar – zum Teil hängt dies mit den vielen konzeptuellen Verwirrungen zusammen, die sich aus einem generischen Modell der Dissoziation ergeben (Kihlstrom 1992; Marshall et al. 1999; Nemiah 1991; Nijenhuis u. Van der Hart 1999). Nachstehend gehen wir so vor, dass wir zuerst eine Theorie der strukturellen Dissoziation vorstellen (Nijenhuis u. Van der Hart 1999; Nijenhuis et al. 2003; Van der Hart et al. 1998), die das Rahmenkonzept für Organisation und Verständnis phasenorientierter Behandlungen traumabezogener Störungen darstellt. Dies wird dann in der Folge entwickelt. Bei der Theorie handelt es sich um eine integrative Meta-Theorie, die kognitive, behaviorale (Lerntheorie), psychodynamische, objektbezogene, bindungstheoretische, ethologische (zum Beispiel Nijenhuis 1999) Theorie-Aspekte, wie auch die affektiven Neurowissenschaften (zum Beispiel Panksepp 1998) und die Trauma-Theorie einbeziehet. Diese übergeordnete Theorie ist damit gut für die integrative Planung und Durchführung einer Vielzahl bekannter Behandlungstechniken aus nahezu jeder theoretischen Perspektive geeignet. Schließlich wird auch die strukturelle Theorie der Dissoziation durch die sich langsam entwickelnde deskriptive und experimentelle Forschung nachhaltig bestärkt und bestätigt (zum Beispiel Nijenhuis 1999; Nijenhuis et al. 2003; Putnam 1997).

Im Kontext der Diskussion einer Vielfalt komplexer traumabezogener Störungen schla-

---

[1] Anm. d. Übs. (S. O. Hoffmann): Die Übersetzung dieses anspruchsvollen Beitrags der amerikanischen Kollegin und der beiden niederländischen Kollegen erforderte einige Modifikationen, um die Lesbarkeit und Verständlichkeit im Deutschen zu erhalten. So gilt für die Übersetzung des englischen Wortes „mental", dass ich es (obwohl alle deutschen Spitzensportler mittlerweile „mentale Probleme" haben) durchgängig mit „psychisch" übersetzt habe, auch wenn in der deutschen Sprache der lateinischstämmige Terminus zunehmend den griechischstämmigen zu ersetzen beginnt. Die „dissociative personalities" der Autoren habe ich auf ihren Wunsch durchgehend mit „dissoziierte Persönlichkeitsanteile" übersetzt. Da die Autoren eine konkrete Theorie der traumabezogenen Phobien haben, sprechen sie ausschließlich von „phobias", wo sie phobische Ängste oder phobische Befürchtungen meinen. Ich bin in der Mehrzahl ihrem Begriff gefolgt, habe aber die beiden anderen Begriffe ebenfalls eingesetzt; auch, um zu variieren. Die Termini „defence" oder „defensive" sind durchgängig mit „Abwehr" oder dem entsprechenden Adjektiv übersetzt. Ideengeschichtlich wurde das freudsche Abwehrkonzept als „defence" ins Englische eingeführt, und man sollte es nun nicht, wie es regelhaft geschieht, als „Verteidigung" reimportieren. Bei freieren Übersetzungen von Begriffen ist der originale Terminus in Klammern nachgestellt.

gen wir die Einführung der generischen Kategorie „posttraumatische dissoziative Störungen" vor, unter die viele der DSM-IV- und ICD-10-Diagnosen (APA 1994 bzw. WHO 1992) fielen. Die gegenwärtig akzeptierten diagnostischen Kategorien im DSM-IV der Posttraumatischen Belastungsstörung (PTBS), der „nicht näher bestimmten dissoziativen Störung" (DDNOS) und der Dissoziativen Identitätsstörung (DIS) sollen im Mittelpunkt der Aufmerksamkeit dieses Kapitels stehen.

Das phasenorientierte Modell der Trauma-Behandlung basiert auf der Pionierleistung von Pierre Janets Werk (1898; s. auch Van der Hart et al. 1989), in dem die nachstehenden Behandlungsphasen unterschieden werden:
- Stabilisierung und Symptomreduktion
- Behandlung der traumatischen Erinnerungen
- Integration der Persönlichkeit und Rehabilitation

Das Modell ist in Form einer Spirale ausgeführt, in welcher diese verschiedenen Behandlungsphasen in Abstimmung auf die Bedürfnisse des Patienten alterniert werden können. Die Ziele für jede Behandlungsphase können, in Übereinstimmung mit Janets Ansichten, als psychische Handlungen dargestellt werden, deren Ziel es ist, spezifische traumabezogene Phobien zu überwinden, die die Dissoziation aufrechterhalten und die Integration verhindern (Janet 1904; 1919/25). Die zentrale Befürchtung besteht in einer Vermeidung der vollen Anerkennung des Traumas und seiner Auswirkungen auf das eigene Leben. Die als unerträglich erlebten Realisierungen des eigenen Selbst, der eigenen Geschichte und der eigenen Bedeutung erfordern immer mehr Vermeidung in der Vorstellung und im Verhalten bis hin zur strukturellen Dissoziation der Persönlichkeit. In der Folge resultieren immer mehr umgebende Phobien aus dieser zugrunde liegenden Befürchtung. Die Überwindung dieses Komplexes von Phobien ist entscheidend für eine erfolgreiche Behandlung.

Janet (1909a) hielt fest, dass alle Phobien die Befürchtung vor bestimmten Handlungen gemein haben. Traumabezogene Phobien werden deshalb in einer spezifischen Reihenfolge behandelt, bei der der Patient eine sich schrittweise entwickelnde Kapazität erfährt, sich – gleicherweise in der Vorstellung wie im Verhalten – in gezielte und qualifizierte Handlungen einzulassen. So kann zunehmend mehr vergangenes und gegenwärtiges Erlebnismaterial, das problematisch ist, ausgehalten und integriert werden, und es kommt zu einer Verbesserung der täglichen Lebensverrichtungen. Die Therapie enthält demnach folgende Inhalte:

- **Überwindung der Ängste** vor einem Kontakt mit dem Therapeuten (das ist die Angst des Patienten, zum Therapeuten eine Beziehung mit einem gewissen Ausmaß an Vertrauen und Bindung aufzunehmen), vor psychischen Inhalten (das ist die Furcht und Scham des Patienten, intime Gedanken, Gefühle, Empfindungen, Wünsche, Phantasien und Bedürfnisse betreffend) und vor dissoziativen Persönlichkeitsanteilen. Alle diese phobischen Ängste beziehen sich auf die **Phase 1**.
- **Überwindung der verschiedenen Befürchtungen vor Bindung**, einschließlich einer unsicheren Bindung an den Täter, Furcht vor Ablösung und Furcht vor positiver Bindung (das ist die Angst, auf andere zu vertrauen) und schließlich der Furcht vor dissoziativen traumatischen Erinnerungen (Janet 1904). Diese Schritte erfolgen in **Phase 2** der Therapie.
- In der **Phase 3** der Therapie schließlich müssen die **Ängste vor dem normalen Leben**, vor einem gesunden Risikoverhalten, vor einer Veränderung überhaupt und vor der Intimität überwunden werden. Die Auflösung dieser Phobien ist eine Conditio sine qua non für die Milderung der strukturellen Dissoziation und deshalb der eigentliche Fokus im zugehörigen Therapie-Abschnitt. Natürlich stellt die Dissoziation bei weitem nicht das einzige Hindernis zur Heilung traumatisierter Patienten dar, aber

bevor nicht die strukturelle Dissoziation angemessen angegangen wird, werden auch Lösungen verwandter Probleme (wie die Achse-II-Störungen) nicht völlig effektiv sein. So stellt das Management dieser Phobien eine Voraussetzung für die Behandlung auch anderer Aufgaben dar, wie sie in einem Großteil der Trauma-Literatur ausgeführt wurden (zum Beispiel Chu 1998; Courtois 1999; Davies u. Frawley 1994; Herman 1992; Huber 1995; Kluft u. Fine 1993; McCann u. Pearlman 1990).

26.2 Die Theorie der strukturellen Dissoziation

Zwischen dem Ausmaß der Traumatisierung und der Komplexität der traumaverursachten Dissoziation besteht eine konkrete Beziehung. Um diesen Zusammenhang auszuführen, beziehen wir uns auf ein wenig bekanntes, dafür umso wichtigeres Werk von Charles Samuel Myers (1940) mit dem Titel „Shell Shock in France 1914–1918". Myers beschreibt eine grundlegende Form struktureller Dissoziation, die bei akut traumatisierten Frontkämpfern des Ersten Weltkriegs beobachtet wurde. Diese Traumatisierung wurde als **shell shock** bezeichnet und ging so in die Fachliteratur ein. Diese spezifische Dissoziation beinhaltet den Wechsel zwischen einer so genannten **emotional personality** (emotionale Persönlichkeit, EP), die an das Trauma und die assoziierten Erlebnisse fixiert bleibt, und einer so genannten **apparently normal personality** (anscheinend normale Persönlichkeit, ANP), die in einer extremen phobischen Vermeidung des Traumas mit Abgelöstheit, Erstarrung und teilweiser oder kompletter Amnesie für das Trauma verharrt. Die Fragmentierung der vortraumatischen Persönlichkeit in eine einzelne ANP und eine einzelne EP stellt eine **primäre strukturelle Dissoziation** dar; diese Form struktureller Dissoziation charakterisiert die einfachen posttraumatischen Störungen einschließlich der PTBS (s. Abb. 26-1).

Die traumastrukturelle Dissoziation erfolgt nicht zufällig, sondern entwickelt sich entlang von evolutionär vorbereiteten psychobiologischen Überlebenssystemen oder von so genannten „emotional operating systems" (Panksepp 1998), also – kurz gesagt – emotionalen Systemen. Ein Teil der emotionalen Systeme ist ihrer Natur nach defensiv und gilt dem Überleben des Individuums unter massiver Bedrohung, ein anderer Teil bezieht sich auf das tägliche Leben und hat mehr mit dem Überleben der Art zu tun. Emotionale Systeme schließen defensive Subsysteme ein, die Bedrohungen abwehren sowie Alltagssysteme im Sinne von Bindung an Fürsorgepersonen, Geselligkeit, Erkundung, Spiel, Energieregulierung (Schlafen, Wachen, Nahrungsaufnahme usw.), Fortpflanzung und Pflegefunktionen für andere.

Der **emotionale Persönlichkeitsanteil** repräsentiert das defensive System bei festge-

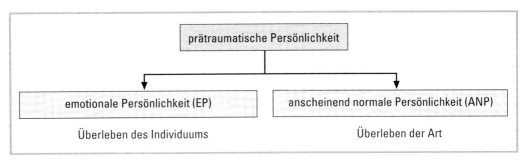

Abb. 26-1: Primäre strukturelle Dissoziation.

legten Handlungen angesichts tatsächlicher oder wahrgenommener überwältigender Bedrohung der körperlichen Integrität. Angeborene defensive Subsysteme schließen Hypervigilanz, Flucht, Erstarrung, Anästhesie/Analgesie, Kampf und völlige Unterwerfung ein. Bestimmte der Erholung dienende Subsysteme wie Wundfürsorge, Ruhe und Absonderung von der Gruppe stehen der Abwehr nahe und können sinnvoll unter die Überschrift des „defensiven emotionalen Systems" eingeordnet werden. Die EP hat eine unwillentliche, starre und extreme Einengung der Weite des Bewusstseins, vor allem eine eingeengte Aufmerksamkeit. Diese ist auf die wahrgenommene, (wieder) erlebte Bedrohung zentriert, und die Reaktion erfolgt so, als handele es sich um ein aktuelles Ereignis. Somit kann die EP jegliches defensive Reaktionsmuster oder eine Kombination von solchen aufweisen (Nijenhuis 1999), genau wie sie eine rudimentäre (zum Beispiel bei der akuten und einfachen PTBS) oder mehr eine elaborierte und autonome Selbstrepräsentanz (zum Beispiel bei der komplexen PTBS, DDNOS und DIS) entwickeln kann. Der **anscheinend normale Persönlichkeitsanteil** (ANP) hat die Funktion, tägliche Aufgaben, die notwendig für das Leben und das Überleben der Art sind, zu leisten. Dabei handelt es sich vor allem um Bindung, Energiemanagement, Aufzucht von Kindern, Geselligkeit, Spiel und Erkundung. Im Prinzip ist die Vermeidung der traumatischen Erinnerungen – wie sie die EP beherrschen – adaptiv sinnvoll in dem Ausmaß, wie ihre Integration nicht möglich ist und der Zugang zu der Erinnerung die Ausübung der Alltagsfunktionen der ANP stören würde.

Wird das Trauma zunehmend überwältigend und/oder seine Dauer verlängert, dann ist eine weitere Fragmentierung der EP möglich, während die ANP als einzelne intakt bleibt. Diese **sekundäre strukturelle Dissoziation** kann auf der fehlgeschlagenen Integration von separaten Subsystemen liegen, die im Sinne einer animalischen Abwehr oder Erholung funktionieren. Wir unterstellen, dass Fälle einer sekundären strukturellen Dissoziation bei den komplexen posttraumatischen dissoziativen Störungen vorliegen (s. Abb. 26-2).

Schließlich kann auch eine Fragmentierung der ANP selbst erfolgen. Diese **tertiäre strukturelle Dissoziation** tritt dann auf, wenn unausweichliche Aspekte des Alltagslebens eine assoziative Verbindung mit dem zurückliegenden Trauma gewonnen haben. Das ist etwa der Fall, wenn durch Generalisierungslernen (im Alltagsleben) konditionierte Reize entstanden sind, die ihrerseits traumatische Erinnerungen

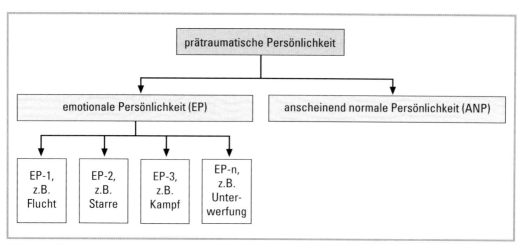

Abb. 26-2: Sekundäre strukturelle Dissoziation.

reaktivieren können. Andererseits kann die Funktionsbewältigung der ANP extrem schlecht sein, sodass bereits das normale Leben selbst überwältigend ist und neue ANP geschaffen werden. Darüber hinaus kann auch die Dissoziation bei der ANP zu einer Reaktion auf Alltagsstressoren und somit Teil des Lebensstils werden. Tertiäre strukturelle Dissoziation schließt die Fragmentierung der ANP zusätzlich zur EP ein und liegt ausschließlich bei Patienten mit einer Dissoziativen Identitätsstörung (DIS) vor (s. hierzu Abb. 26-3).

Jenseits dieser Überlegungen gibt es auch einen sehr frühen Entwicklungspfad zu sekundärer und tertiärer struktureller Dissoziation, der dann eine natürliche Entwicklung in Richtung Integration emotionaler Systeme behindert (Putnam 1997; Siegel 1999). Die Entwicklung des Selbstgefühls beim Kinde ist in hohem Maße situationsabhängig („state dependent", Wolf 1990). Damit kleine Kinder die Fertigkeiten (skills) erwerben, Befindlichkeitszustände auszuhalten, zu modulieren und zu integrieren, bedürfen sie einer positiven und sicheren Interaktion mit ihren Pflegepersonen (Putnam 1997). So können bei Vernachlässigung und Traumatisierung rudimentäre und unterschiedliche Zustände des traumatisierten Kindes, die von unterschiedlichen emotionalen Systemen abhängen, strukturell dissoziiert bleiben. Diese rudimentären Zustände gewinnen dann möglicherweise unterschiedliche Grade von Autonomie und Elaboration, indem sie zu ANP und EP werden (s. Abb. 26-3).

Obwohl wir eine Theorie der strukturellen Dissoziation beschrieben haben, in der unterschiedlich funktionierende „Persönlichkeiten" auftauchen, sind wir uns natürlich des metaphorischen Charakters solcher räumlicher Beschreibungen bewusst (Hart 1929), wie dies auch für jede Beschreibung der Art, wie unsere Psyche funktioniert, gilt. Man muss sich aber auch bewusst machen, dass dissoziierte psychische Inhalte, seien sie auch rudimentär, nicht in einem Vakuum existieren, sondern immer Teil einer Persönlichkeit sind (Mitchell 1922). Oder wie McDougall es ausdrückt:

„Aus unserer Sicht kann die dissoziierte Aktivität nicht als eine Idee oder eine Gruppe oder eine Folge von Ideen beschrieben wer-

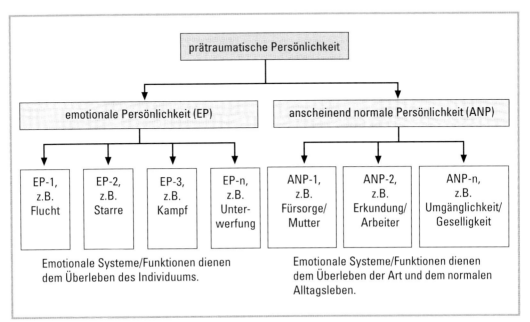

Abb. 26-3: Tertiäre strukturelle Dissoziation.

den, sondern viel eher als ein selbstbewusstes, vorsätzliches Denken einer Persönlichkeit." (McDougall 1926, S. 543)

Aus diesem Grund bevorzugen wir den Terminus „Persönlichkeit", auch wenn dieser Begriff eine Geschichte von Missverständnissen und „Reifizierungen" (H. Dingler) impliziert. Auch wenn es klare und spezifische Behandlungsgegebenheiten für dissoziative Persönlichkeitsanteile, die relativ unabhängig voneinander operieren, gibt, so richtet sich dennoch die Behandlung immer an die ganze Person des Kranken. Diese Tatsache muss als ein Kernpunkt der Gesamtbehandlung im Gedächtnis gehalten werden (Kluft 1999).

26.3 Ursprünge der strukturellen Dissoziation

Die psychische Gesundheit zeichnet sich durch eine hohe Kapazität, psychische Ereignisse zu integrieren, aus (Jackson 1931/32; Janet 1889; Meares 1999; Nijenhuis et al. 2003). Diese Kapazität kann beschrieben werden in Begriffen von **psychischen Kräften** und **psychischen Spannungen** (Janet 1919/25; Schwartz 1951; Ellenberger 1970; Van der Hart u. Friedman 1989).

Der Begriff „psychische Spannung" wird nicht im Sinne von „Stress" benutzt, sondern im Sinne einer adaptiven Energieverteilung und Energienutzung, etwa so, wie die balancierte Spannung einer Brücke es ihr erlaubt, das Gewicht von Fahrzeugen zu tragen. Höhere Niveaus von psychischer Spannung erlauben dem Individuum, psychische Kräfte einzusetzen; damit ist das verfügbare Ausmaß psychischer Energie für reflektives Denken und Handeln gemeint, das zu zunehmend adaptiver Aktivität führt. Niedrigere Niveaus führen zu reflexhaften Handlungen, begleitet von einem hohen Grad an Spannung, Impulsivität und Vermeidung sowie einem Mangel an kognitivem Problemlösen mit – in der Folge – wenig adaptiven Handlungen.

Ein vorrangiges Ziel jeder therapeutischen Intervention ist es, dem Patienten zuerst zu helfen, sein Niveau psychischer Spannung zu erhöhen, um den energetischen Aufwand für die psychischen und emotionalen Aufgaben sowie für Verhaltensaufgaben, die in der Therapie geleistet werden müssen, zu sichern. Dabei handelt es sich zum Beispiel um das Lösen von Problemen im Zusammenhang eines Arbeitsplatzkonfliktes, das Leisten von Trauer oder die Fähigkeit, sich mit Menschen zu unterhalten, auch wenn man sozialphobisch ist.

Das Versagen des adaptiven Handelns im Trauma

Die Integration überwältigender Ereignisse erfordert hohe Niveaus von psychischer Kraft und psychischer Spannung (Ellenberger 1970; Janet 1919/25; 1935; Schwartz 1951). Wesentliche integrative Handlungen beinhalten zwei Teilaspekte:
- **Die Synthese:** Damit ist die sinnvolle Einbindung (association) von grundlegenden Erfahrungskomponenten in ein komplexes und kohärentes Ganzes gemeint.
- **Die Realisierung:** Damit sind der Prozess der Entwicklung einer bewussten Wachheit und eines Gefühls für die Bedeutung persönlicher Erlebnisse und Tatsachen sowie die bewusste Einschätzung ihrer Implikationen für die eigene Existenz gemeint. Die Realisierung besteht wiederum aus zwei Prozessen: der **Personalisierung** (personification) und der **Vergegenwärtigung** (presentification). Personalisierung beschreibt den psychischen Vorgang, durch den man persönliche Erlebnisse zu seinen eigenen macht. Vergegenwärtigung meint den psychischen Akt, sich bewusst zu sein, dass man in der Gegenwart steht, und darüber hinaus den Vorgang, diese psychische

Präsenz mit dem Bewusstsein der eigenen persönlichen Vergangenheit und Zukunft zu verbinden. Der erfolgreiche Abschluss jedes dieser integrativen Prozesse ist wesentlich für die Auflösung der strukturellen Dissoziation, und ein Versagen in diesem Prozess bedingt die Fortführung der Dissoziation.

Janet (1935; 1945) betonte, dass die **Unfähigkeit zur psychischen Realisierung des Traumas** und seiner Konsequenzen ein verzweifeltes Bedürfnis der traumatisierten Person beinhaltet, sich nicht dem Wieder-Einlassen mit dem nicht realisierten traumatischen Inhalt zu stellen, weil er bei seinem Wieder-Erleben nicht zu einem vollständigen Abschluss gebracht werden kann. Heftige Emotionen (Janet 1909b), zum Beispiel intensive Angst, Hilflosigkeit, Horror, Wut, Scham usw., entstehen dann, wenn das Individuum auf das Trauma nicht in angepasster Weise reagieren kann. Diese Emotionen und die ihnen folgenden impulsiven Handlungen können als ineffektiver Ersatz für adaptive psychische Handlungen, die auch die Integration mit einbeziehen, angesehen werden (ebd.).

Sowohl die „anscheinend normale Persönlichkeit" (ANP) als auch die „emotionale Persönlichkeit" (EP) verfügen nicht über eine volle Realisierung des Traumas. Bei der ANP fehlt die Personalisierung des Traumas und seiner Folgen. So können bei der ANP verschiedene Grade von Amnesie auftreten, die sich auf die traumatischen Ereignisse beziehen. Sie werden von der ANP entweder verleugnet oder erlebt. Ist eine emotionale und somatische Anästhesie entstanden, so kann die ANP vielleicht noch das Trauma als solches anerkennen, hat aber zugleich das Gefühl, „dass das gar nicht *mir* passiert ist". Wie die EP vermeidet die ANP typischerweise auf vielfältigen behavioralen oder psychischen Wegen konditionierte Reize, die unintegrierte traumatische Erinnerungen reaktivieren könnten. Die EP erlebt nicht, dass das Trauma je endete, ihr fehlt die Möglichkeit zur Vergegenwärtigung, die Fähigkeit, vollständig in der Gegenwart zu leben. Durch ihre jeweiligen emotionalen Systeme bestimmt, neigen sowohl ANP als auch EP zu selektiver Aufmerksamkeit für eine begrenzte Anzahl von Reizen, zum Beispiel jene, die wichtig sind für ein Fürsorgeverhalten oder defensive Interessen. Dieses Verhalten reduziert darüber hinaus die Fähigkeit zur vollen Realisierung und Integration des Traumas und die Fähigkeit, voll und ganz in der Gegenwart zu leben (s. o.).

Ein klinisches Beispiel:

> In einer Sitzung erzählt eine Patientin ihrem Therapeuten, dass sie den Eindruck habe, plötzlich geheilt zu sein. Auf Nachfrage gibt sie an, dass ihr erwachsener Sohn Schwierigkeiten gehabt und sie sich sehr darauf konzentriert habe, ihm zu helfen. Alle ihre Probleme seien dabei völlig verschwunden. Der Therapeut deutet, dass die Schwierigkeiten in hohem Maße ihr emotionales Fürsorge-System (ANP) aktiviert hätten. Während sie als ANP (das ist hier als Mutter) funktionierte, war ihr Bewusstsein massiv auf jene Reize eingeschränkt, die das System aktiviert hatten. In ihrem Fürsorgeverhalten (Bemutterung, ANP) konnte sie nicht realisieren oder auch nur anerkennen, dass es noch andere Persönlichkeiten innerhalb ihrer Psyche gab. Die Patientin nahm diese Deutung an und sagte: „Ja, das passt. In meinem Kopf ist da nur eine einzige Sache, der Rest existiert einfach nicht. Tatsächlich kann ich nicht einmal an die Möglichkeit denken, dass ich andere Interessen haben und diesen sogar entsprechen könnte..." (gemeint sind die Interessen von anderen Persönlichkeitsanteilen in ihr).

Ob einfach oder komplex – die Handlungen können sich bezüglich ihrer psychischen Qualität, in der sie ausgeführt werden, erheblich unterscheiden (Ellenberger 1970; Janet 1903; 1909a; 1909b). Handlungen auf einem höheren Qualitätsniveau sind das Ergebnis von hohen und ausbalancierten psychischen Spannungen und Kräften, sie werden mit Vorsatz begonnen, adaptiv und mit persönlichem Engagement durchgeführt und sorgfältig beendet. Solche Abläufe werden von einem hohen Ausmaß an Vergegenwärtigung (In-der-Gegenwart-Sein) und Personalisierung („Ich bin es, der dies gegenwärtig fühlt oder denkt") begleitet. In einer guten Psychotherapie geht es darum, entsprechende Vorgänge in einem dissoziativen Patienten zu fördern. Handlungen auf einem niedrigen Qualitätsniveau sind das Ergebnis geringer psychischer Spannungen und haben einen mehr automatisierten Charakter; ihnen fehlt die Qualität des persönlichen Engagements und Gefühls, und sie sind weniger adaptiv im Sinne der Veränderungen von Lebensumständen. Solche Handlungen werden oft begonnen, aber nicht beendet, oder sie werden zum Ersatz für wirklich adaptive Handlungen, vor allem in der Form von Tagträumen, Phantasien und abstraktem Denken („Ich betreibe in meinem Kopf die ganze Zeit verschiedenste Dinge, aber nicht in der Wirklichkeit", sagte eine Patientin mit einer DIS). Je höher das Qualitätsniveau der Handlung, desto integrativer ist sie. Deshalb ermöglicht eine hohe psychische Spannung die Integration dissoziierter emotionaler Systeme.

Traumatische Erinnerungen versus autobiografisch narratives Gedächtnis

Ein wichtiger Begriff im Zusammenhang mit der strukturellen Dissoziation und psychischen Handlungen ist der des traumatischen versus des autobiografisch narrativen Gedächtnisses. Janet (1928) hielt fest, dass das normale Gedächtnis zwei Handlungsanteile beinhaltet:
- die Handlungen während des Ereignisses selbst
- ein Bericht des Ereignisses, der hinterher die vergangenen Handlungen symbolisiert

Dieser doppelte Vorgang sollte normalerweise innerhalb einer Persönlichkeit als ein integrativer Prozess stattfinden. Der emotionale Persönlichkeitsanteil (EP) hingegen ist an den ersten Teil der Handlung fixiert, und sie erlebt eine primär sensomotorische, hochaffektiv aufgeladene Erfahrung der Traumas wieder (Janet 1919/25; Nijenhuis u. Van der Hart 1999; Van der Kolk u. Fisler 1995; Van der Kolk u. Van der Hart 1991). Die ANP vermeidet demgegenüber einen Bericht des Traumas oder entwickelt einen Bericht ohne volle persönliche Aneignung (Personalisierung). Innerhalb der Therapie müssen traumatische Erinnerungen nun in Narrative umgewandelt werden, indem schrittweise das Trauma realisiert und als ein vergangenes Ereignis in die persönliche „Autobiografie" integriert wird. Auf diese Weise bildet sich die strukturelle Dissoziation zurück (Janet 1928; Van der Hart et al. 1993).

Es ist wahrscheinlich, dass Individuen eine natürliche Neigung in Richtung der Integration haben (Ogawa et al. 1997; Siegel 1999). So stellt sich die Frage, warum traumatisierte Individuen in einer verminderten integrativen Kapazität oder verminderter psychischer Spannung stecken bleiben – dabei unfähig, Vergangenheit und Gegenwart zu unterscheiden, und begleitet von einer anhaltenden Vertiefung der strukturellen Dissoziation. Die Antwort liegt in Prozessen des klassischen Konditionierens, die voraussagbare Phobien verursachen. Dies soll nachstehend kurz diskutiert werden.

26.4 Die Aufrechterhaltung der strukturellen Dissoziation der Persönlichkeit

Die unterschiedlichen phobischen Befürchtungen mit Beziehung zur strukturellen Dissoziation sind die Folge von Konditionierungen im Umfeld des Traumas. Sie gilt es, im Verlauf einer phasenorientierten Psychotherapie zu behandeln. Klassische traumabezogene Konditionierungen beinhalten die Assoziation mit Ereignissen, die in besonderer Weise das überwältigende Erlebnis signalisierten oder begleiteten (Nijenhuis et al. 2003). Dies führt dann dazu, dass im Anschluss die vorher neutralen Reize eine Repräsentanz dieses Erlebnisses reaktivieren und dazu beitragen, das originale oder ein nahe verwandtes traumatisches Reaktionsmuster auszulösen. Wenn zum Beispiel ein Missbrauch durch Fürsorgepersonen vorliegt, wird die spezifische Stimmung der Person während des Missbrauchs wahrscheinlich zu einem konditionierten Reiz werden, wie es dann auch für die Reize gilt, die offensichtlich gerade diese Stimmung hervorzurufen scheinen.

Phobien vor traumatischen Erinnerungen, psychischen Inhalten und dissoziativen Persönlichkeiten

Die strukturelle Dissoziation funktioniert üblicherweise nicht perfekt, daher sind die traumatischen Erinnerungen der EP durch Auslöser reaktivierbar. Als Auslöser wirken potente externale (zum Beispiel bestimmte Gerüche, Klänge oder Aussichten) oder internale (zum Beispiel Gefühle oder Körperempfindungen) konditionierte Reize. Der emotionale Persönlichkeitsanteil (EP) kann dann in den anscheinend normalen Persönlichkeitsanteil (ANP) eindringen, und es entstehen die klassischen, sich aufdrängenden Symptome der PTBS. Wenn dann die psychische Stärke und Spannung der ANP nicht zur Integration der eindringenden traumatischen Gedächtnisinhalte ausreicht, reagiert die ANP auf die Intrusionen mit den typischen psychischen Vermeidungsreaktionen. Es kommt zu extremen und unwillentlichen Einengungen des Bewusstseinsspektrums und zu einer (Re-)Dissoziation der EP. Das ist die **Phobie vor traumatischen Erinnerungen**, die in Phase 2 behandelt wird.

Die **Phobie vor den psychischen Inhalten** (mental contents), die in Phase 1 behandelt wird, kann sich entlang zweier Wege entwickeln. In einer normalen frühen Entwicklung werden psychische Inhalte wie Gefühle, Körperempfindungen, Bedürfnisse, Phantasien usw. stufenweise reguliert, ausgehalten und durch ein adäquates Elternverhalten verstanden. Dieses Elternverhalten schließt Beruhigung, Regulierung, Unterstützung und Erziehung bezüglich der eigenen inneren Erfahrung des Kindes ein. Wenn eine emotionale Vernachlässigung besteht, verbleiben die psychischen Inhalte teilweise oder komplett unintegriert und können zu gefürchteten und verwirrenden Aspekten des Selbst werden. Auf dem zweiten Weg, in der Folge eines Traumas, lernt die ANP innere (psychische Inhalte) und äußere Reize, die die EP, welche das Trauma trägt, andeuten oder sich auf sie beziehen, zu fürchten und vehement zu vermeiden. In spezifischer Weise entwickelt sich eine Phobie dissoziierter Persönlichkeitsanteile, die vornehmlich in der Phase 1 behandelt wird. Kurz gefasst: Die ANP werden phobisch gegenüber traumatischen Erinnerungen und psychischen Inhalten einschließlich der dissoziativen Persönlichkeitsanteile (EP). Es sind gerade diese konditionierten Reaktionen der ANP, die mit den normalen integrativen Tendenzen der menschlichen Psyche interferieren und auf diese Weise die strukturelle Dissoziation der Persönlichkeit erhalten.

Zusätzlich zum klassischen Konditionieren kann auch ein evaluatives Konditionieren (Baeyens et al. 1993) auftreten. Damit ist eine Form assoziativen Lernens gemeint, in der die bewertende Tönung der Reize (zum Beispiel die Handlungen, der Mangel an Handlungen, die Gefühle und die Bedürfnisse des Überlebenden) durch die Bewertung des originalen Reizes (zum Beispiel Trauma, Worte des Täters) affiziert werden. So kann sich die ANP für die EP schämen und diesen emotionalen Persönlichkeitsteil hinterher verachten – zu einer solchen Entwicklung kommt es dann, wenn der Einbruch der EP von einem Bewusstsein eines erniedrigenden Missbrauchs und einer seinerzeit bestehenden Hilflosigkeit begleitet wird. Auf diese Weise lernt die ANP, Qualitäten wie Abhängigkeit und ähnliche Zustände zu „hassen" (Steele et al. 2002).

Kommt es zu einer sekundären und tertiären Dissoziation, wird es möglich, dass die EP und ANP sich gegenseitig fürchten, verachten und vermeiden lernen, wobei man sich diese Prozesse auf vergleichbare Weise entstanden vorstellen kann. Zum Beispiel lernt die eine EP, die durch frostige Erstarrung und Analgesie definiert ist, eine andere EP, die die Aggression vertritt, zu fürchten und zu meiden, dies insbesondere, wenn diese sich auf das Selbst richtet. Und diese „aggressive" EP wiederum kann die frostig-erstarrten oder die submissiven EP fürchten, und zwar wegen ihrer „Schwachheit", die sie „schuldig an der Entstehung des Traumas" macht. Solche Konflikte stellen genauso wie der wesenhafte Widerspruch zwischen dem Alltagsakzent der ANP und dem Trauma-Akzent der EP starke oppositionelle Kräfte gegen die Integration dar. Die Chronifizierungstendenz der strukturellen Dissoziation geht wesentlich auf diese zugrunde liegenden Phobien im Sinne der Effekte klassischen Konditionierens zurück.

Phobie vor Bindung

Von Menschen verursachte Traumata haben das Potenzial zu einer schweren Schädigung des emotionalen Bindungssystems (system of attachment, Bowlby). Wenn ein Mensch wiederholt von **bekannten** und **vertrauten** anderen verletzt worden ist, wird Bindung als gefährlich erlebt, und es kann sich eine Phobie unterschiedlichen Ausmaßes vor Bindung und Intimität entwickeln. Vermittelt über das Generalisierungslernen ist es auch möglich, dass das Opfer eine weiter gefächerte Angst vor Bindung oder Ablösung in Beziehungen entwickelt. Deswegen muss die **Phobie vor dem Kontakt mit dem Therapeuten** mit der ANP in Phase 1 besonders angegangen werden. Diese Phobie hängt direkt mit der **Phobie vor Bindung** zusammen, deren vielfältigste Formen durch alle Therapiephasen hindurch behandelt werden.

Viele, wenn nicht die meisten Patienten mit sekundärer und tertiärer Dissoziation erfuhren nicht nur Missbrauch, sondern auch erhebliche Vernachlässigung und Verlassenheitserlebnisse von frühem Alter an (Draijer u. Boon 1993; Nijenhuis et al. 1998; Ogawa et al. 1997; Ross et al. 1989). Beginnen Trauma und Vernachlässigung früh im Leben, dann entsteht ein bestimmter Bindungsstil, der als „desorganisiert/desorientiert" bezeichnet wird (zum Beispiel Liotti 1995; 1999; Main u. Morgan 1996). Wir vertreten aber die Gegenthese, dass dieser Bindungstyp tatsächlich hoch organisiert ist, dies in dem Sinne, dass er zwischen den defensiven Systemen (EP) und den Bindungssystemen (EP und ANP) alterniert oder sie auch gleichzeitig aktiviert (Nijenhuis et al. 2003). So erscheint der Kontakt mit dem Therapeuten für einige dissoziative Persönlichkeitsanteile (dissociative personalities) Angst machend, während andere sich danach sehnen. Diese Schwierigkeiten müssen in Phase 1 angegangen werden, obwohl sie nur schrittweise zu lösen sind.

Missbrauch und Vernachlässigung durch eine primäre Pflegeperson führen zu unmittelbarer Aktivierung von Annäherungs- und defensiven Systemen, die sich auf die Pflegeperson/den Täter richten. Was verbleibt, ist eine intensive Bindung an den und Furcht vor dem Täter. In diesem Sinne bestehen auch **Phobien vor Bindung**, die mit der offensichtlich desorganisierten Bindung an den Täter zusammenhängen. Sie werden vorzugsweise in Phase 2 behandelt. Solche Phobien verhindern, bis sie aufgelöst werden, die Entwicklung eines sicheren Bindungsmusters mit anderen, und gleichzeitig verhindern sie auch die innere Realisierung des Traumas. Wie ein

Patient es ausdrückte: „Ich liebe meinen Vater, und er verletzt mich. Ich habe vorher niemals diese beiden Vorstellungen in einem Satz zusammenbringen können. Es war völlig unaushaltbar, weil meine Liebe zu ihm Voraussetzung für mein Überleben war."

Phobien vor Aspekten des Alltagslebens, gesundem Risikoverhalten, Veränderungen und Intimität

Weil über die Reizgeneralisierung die Anzahl der konditionierten Reize ständig anwächst, werden mehr und mehr Bereiche des Lebens vermieden. So kommt es schließlich zu einer Phobie gegenüber dem normalen Alltagsleben. Und da das normale Leben zumindest basal auch eine gesunde Übernahme von Risiken und Situationen des Wechsels bzw. Veränderungen beinhaltet, werden diese Erfahrungen des Alltagslebens konsequent vermieden. Schließlich werden auch reifere Bindungsniveaus, vor allem die Intimität, angesichts der Flut von phobischen Vorstellungen, die an die Bindung und innere Zustände durch Stimuluskonditionierung assoziiert sind, vermieden. Diese Gruppe der **Phobien vor Situationen des Alltagslebens**, der gesunden Risikobereitschaft (allgemein: der Veränderungen und der Intimität) werden alle vorzugsweise in der Phase 3 der Behandlung angegangen.

Die Behandlungsgegenstände in der Phase 1 beziehen sich auf die Überwindung der Phobien vor dem Kontakt mit dem Therapeuten, der Phobie vor psychischen Inhalten und dissoziativen Persönlichkeitsanteilen. Die Behandlung selbst fängt mit der ANP oder den ANP an und bei jenen EP, die eindringen und mit der Therapie dieser Phobien interferieren. Es ist eine Voraussetzung für die Behandlung der traumatischen Erinnerungen in Phase 2, dass zuvor diejenigen Phobien der ANP und EP substanziell reduziert werden, die sich drohend gegen die Sicherheit des therapeutischen Fortschritts richten. Sind die traumatischen Erinnerungen einmal integriert, dann treten die Lösung der Ängste vor Intimität (und wenn möglich auch der sexuellen Intimität) und die Übernahme von Risiken in den Vordergrund von Phase 3. Die Tabelle 26-1 gibt einen Überblick über die Behandlung der verschiedenen oben diskutierten Phobien während der drei Phasen.

26.5 Aktuelle diagnostische Kategorien

Bei der Diagnostik traumabezogener Störungen besteht eine erhebliche Verwirrung und Überschneidung, da dem Verständnis und der Kategorisierung dieser Störungen komplexe Probleme entgegenstehen. Wie einleitend festgehalten, schlagen wir versuchsweise eine generische Kategorie von „posttraumatischen dissoziativen Störungen" vor, die auf der Hierarchie der Niveaus struktureller Dissoziationen basiert (s. Tab. 26-2). Innerhalb dieser Kategorie schlagen wir weitere spezifische Diagnosen vor, die sich auf die Komplexität strukturell dissoziativer Vorgänge beziehen:

Einfache posttraumatische dissoziative Störungen sollen danach traumabezogene Störungen einschließen, denen eine nur primäre strukturelle Dissoziation zugrunde liegt (eine einzelne ANP oder eine einzelne EP). Darunter fielen folgende Störungen:
- akute Stress-Störung (acute stress disorder, ASD)
- Posttraumatische Belastungsstörung (PTBS)
- Dissoziative Amnesie
- somatoforme dissoziative Störungen (zum Beispiel Konversionsstörungen im Sinne des DSM-IV oder – korrekter bezeichnet – als dissoziative Störungen der Bewegung und Sinnesempfindung im Sinne der ICD-10; s. auch Nijenhuis 1999)

Tab. 26-1: Phasenorientierte Trauma-Behandlung: Überwindung traumabezogener Phobien.

Phase 1: Symptomreduzierung und Stabilisierung
• Überwindung der Phobie vor dem Kontakt mit dem Therapeuten
• Überwindung der Phobie vor den psychischen Inhalten
• Überwindung der Phobie vor den dissoziierten Persönlichkeitsanteilen (ANP und EP)
Phase 2: die Behandlung der traumatischen Erinnerungen
• Überwindung der phobischen Ängste mit Bezug auf die unsichere Bindung an den (die) Täter
• Überwindung der Phobie vor Bindung in den EP
• Überwindung der Phobie vor den traumatischen Erinnerungen
Phase 3: Integration und Rehabilitation
• Überwindung der Phobie vor dem normalen Leben
• Überwindung der Phobie vor gesunder Risikoübernahme und dem Wechsel
• Überwindung der Phobie vor Intimität

Jede der genannten Störungen kann aber auch ein komplexeres Niveau der Dissoziation erreichen, das jeweils von der individuellen Vulnerabilität, dem Ausmaß und der Dauer des Traumas sowie dem Aufwand der dem Trauma folgenden Unterstützung und weiterer Faktoren abhängig ist. Diese Störungen möchten wir als **komplexe posttraumatische dissoziative Störungen** bezeichnen, und sie basieren auf einer sekundären strukturellen Dissoziation (eine einzelne ANP oder zwei oder mehr EP) oder auf einer tertiären strukturellen Dissoziation (zwei oder mehr ANP oder zwei oder mehr EP). Zusätzlich zu komplexen Formen der oben genannten Störungen, die sich auf die primäre strukturelle Dissoziation beziehen, fallen andere gegenwärtig akzeptierte Diagnosen unter die sekundär strukturelle Dissoziation, darunter folgende:

- die traumabezogene Borderline-Persönlichkeitsstörung (trauma-related Borderline Personality Disorder, BPD)
- die „nicht näher bestimmte dissoziative Störung" (DDNOS)
- die vorgeschlagene neue Kategorie „komplexe PTBS"
- Störungen von extremem Stress (Disorders of Extreme Stress, DES)

Natürlich haben diese speziellen Diagnosen in der klinischen Praxis eine nennenswerte phänomenologische Überschneidung, und sie können sogar bis zu einem gewissen Ausmaß redundant sein. Einige wesentliche Züge der Borderline-Persönlichkeitsstörung, der DDNOS und der DES sind auch bei der Dissoziativen Identitätsstörung (DIS) zu beobachten, die in die diagnostische Kategorie tertiärer struktureller Dissoziationen fällt. Der wesentliche Unterschied liegt darin, dass bei der dissoziativen Entwicklungsstörung die ANP zusätzlich zu der EP fragmentiert ist.

Tab. 26-2: Diagnostische Kategorien bei der strukturellen Dissoziation.

einfache posttraumatische dissoziative Störungen

- primäre strukturelle Dissoziation (einfache ANP/einfache EP)
- akute Stress-Störung
- einfache Posttraumatische Stress-Störung
- einfache somatoforme dissoziative Störung (Konversionsstörung nach APA 1994 und dissoziative Störung der Bewegung oder Sinnesempfindung nach WHO 1992)
- Dissoziative Amnesia

komplexe posttraumatische dissoziative Störungen

- sekundäre strukturelle Dissoziation (einfache ANP/2 oder mehr EP)
- komplexe Posttraumatische Störung
- Störungen durch extremen Stress
- traumabezogene Borderline-Persönlichkeitsstörung
- komplexe somatoforme dissoziative Störungen (Konversionsstörung nach APA 1994 und dissoziative Störung der Bewegung oder Sinnesempfindung nach WHO 1992)
- Dissoziative Amnesie
- nicht näher bestimmte dissoziative Störung (DDNOS)
- tertiäre strukturelle Dissoziation (zwei oder mehr ANP/2 oder mehr EP)
- Dissoziative Identitätsstörung

26.6 Prognose und Behandlungsverlauf

Unter den traumabezogenen Störungen gibt es einige klare prognostische Indikatoren, die sich direkt auf die Diagnose beziehen. Allgemein gelten die komplexen posttraumatischen dissoziativen Störungen als notorisch schwierig zu behandeln, und zwar sowohl auf dem sekundären als auch auf dem tertiären Strukturniveau. In der Literatur werden jedoch bei der Behandlung komplexer dissoziativer Störungen drei Untergruppen unterschieden (Horevitz u. Loewenstein 1994; Kluft 1997; 1999). Natürlich sind solche Kategorien nicht festgelegt, und die Patienten können sich je nach dem Fortschritt in der Therapie von der einen in die andere bewegen. Die **erste Untergruppe** besteht aus so genannten hoch funktionierenden Patienten mit einer sekundären oder tertiären Dissoziation. Patienten dieses Typs haben eine sehr funktionale ANP oder einen Satz von ANP mit erheblicher psychischer Spannung, innerer Kooperationsfähigkeit, Empathie und zahlreichen sozialen, edukativen und professionellen Aktivposten. Es besteht wenig autodestruktives Verhalten, und jede komorbide Störung (zum Beispiel Depression) reagiert gut auf die Behandlung. Da die allgemeine psychische Spannung bei diesen Patienten höher ist, erfolgt die Integration schneller und normalerweise in einer vorwärts gerichteten Weise.

Die **zweite Untergruppe** besteht aus komplizierteren Fällen mit weniger funktionalen ANP und/oder mehr Eindringen von EP in die Vorgänge des täglichen Lebens. Die psychische Spannung ist gewöhnlich niedriger als bei der hoch funktionalen Gruppe. Achse-II-Störungen, vor allem Borderline-Störungen und Vermeidende Persönlichkeitsstörungen, kommen regelmäßig vor; weitere ernsthafte Komorbiditäten wie affektive Störungen, Ess-Störungen und Substanzmissbrauch treten hinzu. Diese Patienten haben Schwierigkeit, eine Vielzahl von emotionalen Systemen zu regulieren, vor allem das Energiemanagement, die sexuellen Aktivitäten und die Fürsorgewahrnehmung. Die Behandlung im Allgemeinen ist schwieriger und länger und wird oft von Krisen und psychiatrischen Klinikaufnahmen begleitet. Die phobischen Reaktionen, die sich auf traumabezogene Reize beziehen, sind sehr viel hartnäckiger verankert und leisten gegenüber dem Wechsel mehr Widerstand.

Nochmals unzugänglicher gegenüber der Behandlung ist die **dritte Untergruppe**, die zeitweise zu anhaltenden negativen therapeutischen Reaktionen neigt. In dieser Gruppe ist die allgemeine psychische Spannung auf dem niedrigsten Niveau, es bestehen heftige Emotionen und Handlungsabläufe von chronisch niedriger Qualität. Bei diesen Patienten bestehen entweder unbehandelbare Abhängigkeiten oder es besteht eine fast völlig fehlende Bindung an den Therapeuten (s. auch Steele et al. 2001). Die ANP und die EP neigen zu unkontrollierten Wechseln untereinander, was dann zu raschen und leichten Regressionen führt. Darüber hinaus neigen ANP und EP zu sadomasochistischem Verhalten sowohl untereinander als auch in den äußeren Beziehungen. Bei diesen Patienten liegt in der Regel ein habituierter „dissoziativer Lebensstil" vor. Schließlich besteht ein schweres chronisches und kaum behandelbares autodestruktives Verhalten (als Ersatz für adaptive Handlungen höherer Qualität), und noch häufiger liegen Züge von psychotischen Störungen, nicht behandelbaren affektiven Störungen und schweren Persönlichkeitsstörungen vor. Bei dieser Untergruppe besteht die ungünstigste Prognose. Als eine Grundregel soll bei diesen Patienten die Behandlung auf Interventionen der Phase 1 begrenzt werden (Boon 1997; Van der Hart u. Boon 1997).

26.7 Die phasenorientierte Behandlung der strukturellen Dissoziation

Der heuristische Wert der Theorie struktureller Dissoziation ist sowohl ein diagnostischer – wie oben ausgeführt – als auch ein therapeutischer. Auf der therapeutischen Ebene leitet die Theorie den Kliniker bei der Planung und den Interventionen der Behandlung. In allen Fällen muss die erste therapeutische Zielvorstellung der Anhebung des Funktionsniveaus der ANP und der entscheidenden EP gelten, wenn sie eindringen und/oder mit dem Therapieprozess oder den Sicherheitsbedingungen interferieren. In Fällen primärer struktureller Dissoziation und vor allem im Zusammenhang von Kurztherapien kann dies ziemlich direkt geschehen (Van der Hart et al. 1998). In den Fällen sekundärer und tertiärer struktureller Dissoziationen ist es typischerweise sehr viel anstrengender und langwieriger, therapeutisch das Funktionsniveau der ANP und bestimmter dominanter EP anzuheben, bevor man überhaupt an die Behandlung traumatischer Erinnerungen (EP) denken kann. Weitere komplexe Bedingungen erhöhen oft die Schwierigkeiten der Behandlung: Sie basieren alle auf niedrigen Niveaus psychischer Spannung, wie etwa ein allgemeiner Mangel von Sicherheit, Impuls- und Affektdysregulation, Defizit an kritischem Denken, autodestruktives Verhalten, chaotischer Lebensstil und Beziehungsschwierigkeiten.

Es ist festzuhalten, dass die Behandlung insgesamt als Spirale konzipiert ist; das impliziert, dass Behandlungsabschnitte der Phase 2 periodisch mit solchen der Phase 1 alternieren. In einem späteren Verlauf der Behandlung können Abschnitte der Phase 2 und sogar erneut solche der Phase 1 wiederum mit Abschnitten der Phase 3 abwechseln. In jeder Phase der Behandlung wird sowohl mit Beziehungs- als auch mit Problemlöse-Ansätzen gearbeitet. Der spiralförmige Verlauf in der Behandlung wird besonders dann deutlich, wenn höhere Niveaus integrativer Kapazität erreicht sind, die dann die Integration von zuvor intolerablen dissoziierten Inhalten gestatten.

26.8 Behandlungsprinzipien während der phasenorientierten Therapie

Die allgemeinsten Ziele der Behandlung sind das Anheben der psychischen Spannung und das Herstellen einer optimalen Balance zwischen psychischen Kräften und psychischer Spannung. Diese Ziele werden über einen Satz von Richtlinien angestrebt:

Das psychophysiologische Erregungsniveau muss überwacht und kontrolliert werden, dies mit der Zielvorstellung, dass die Erregung in einem Toleranzrahmen für den Patienten bleibt. Dieser Rahmen wird durch das obere und untere Erregungsniveau begrenzt, welches noch zu Handlungen ausreichender Qualität befähigt, einschließlich der Integration von belastenden Erlebnissen. Eine Übererregung tritt dann auf, wenn das Niveau psychischer Spannung die Integration einer stresshaften Reizsituation nicht erlaubt. Übererregung manifestiert sich als Panik (heftige Emotionen und reflektorische Handlungen), eintretende strukturelle Dissoziation und übermäßig eingeengte Aufmerksamkeit. Demgegenüber beinhaltet die Untererregung ein sehr niedriges Bewusstseinsniveau, das die adäquate Wahrnehmung und die Verarbeitung von Reizen entscheidend behindert. Sie basiert auf physischer oder psychischer Erschöpfung und tritt auch als psychische Vermeidungsstrategie auf. Solche niedrigen Erregungsniveaus manifestieren sich u. a. als Tagträume, Trancezustände, Konzentrationsverlust und in der Unfähigkeit, Handlungen abzuschließen.

Die Kapazität zur Modulation von Emotionen muss verbessert werden. Wenn die Fürsorgepersonen anhaltend darin versagen, traumatische Erlebnisse des Kindes wahrzunehmen und es, wenn es ernsthaft belastet ist, zu beruhigen, lernt das Kind nicht, wie es mit starken Aktivierungen von Emotionen (zum Beispiel Panik, Furcht, Wut, Trauer) umgehen kann. Im Versagen resultiert dann eine Unfähigkeit, die verschiedenen emotionalen Systeme zu modulieren und zu integrieren. Das Kind ist dann unfähig, sich im Kummer selbst zu trösten, kann Alleinsein nicht aushalten, Beziehungskonflikte nicht bewältigen und Impulse nicht kontrollieren usw. Dadurch werden dissoziative Tendenzen gefördert, und eine chronische Erregbarkeit des Gefühls innerhalb oder zwischen den ANP und den EP tritt hinzu. Zumindest am Beginn der Behandlung muss der Therapeut deshalb die Modulation der emotionalen Reaktion des Patienten sichern. Des Weiteren hilft der Therapeut dem Patienten dabei, seine diesbezüglichen Kapazitäten zu entwickeln und zu stärken, indem er Vorbildfunktionen übernimmt, Anweisungen gibt, Wiederholungen anleitet und Hausaufgaben überträgt.

Die Fähigkeit, im Alltagsleben normal zu funktionieren, muss allgemein verbessert werden. Mit anderen Worten ist eine koordinierte und flexible Funktionsweise verschiedener emotionaler Systeme anzustreben, zum Beispiel das Energiemanagement, Geselligkeit, Erkundung, Arbeit sowie Fürsorgeübernahme.

Assoziationen zwischen unbedingten und bedingten Reizen, die überhaupt

nicht oder nur teilweise zur Gegenwart passen, müssen umstrukturiert werden. So muss der Patient lernen, dass es nur einige wenige und nicht alle Menschen sind, die die körperliche Integrität bedrohen, oder dass Emotionen, die für ein traumatisiertes Kind unaushaltbar waren, für einen Erwachsenen, der das Trauma überlebt hat, zu einem Zeitpunkt, an dem real kein Trauma stattfindet, sehr wohl ausgehalten werden können. Dieses Kontextlernen erfolgt über eine schrittweise und kontrollierte Re-Exposition gegenüber bedingten Reizen mit Beziehung zum Trauma – dies unter Einschluss des Therapeuten selbst, der therapeutischen Beziehung und bestimmter dissoziativer Persönlichkeitsanteile, wobei die (nichttraumatische) Gegenwart als Garantie im Hintergrund steht. Um dabei effektiv zu sein, darf die durch die Exposition hervorgerufene Erregung nicht den Toleranzrahmen des Patienten überschreiten, und sowohl psychische als auch behaviorale Handlungen, die mit der Exposition interferieren, müssen vermieden werden. Unter letztere fallen das Auftreten struktureller Dissoziationen, unangemessene Einengungen des Bewusstseinshorizonts und eine Erniedrigung des Niveaus des Bewusstseins überhaupt.

Psychoedukation und das Training von Fertigkeiten (skills) werden dort eingesetzt, wo Kenntnisse und Fähigkeiten fehlen, oder wenn Sichtweisen des Patienten im Widerspruch zur Realität stehen und Handlungsweisen ineffektiv oder für den Patienten oder andere schädigend sind.

Übertragungs- und Gegenübertragungsreaktionen müssen sorgfältig bearbeitet werden. Störende Übertragungs- und Gegenübertragungsphänomene (Chu 1998; Dalenberg 2000; Davies u. Frawley 1994; Kluft 1994b; Pearlman u. Saakvitne 1995) sind wesentlich ein Ergebnis von niedrigen Niveaus integrativer Fähigkeiten, vor allem einem Mangel an Personalisierung und Vergegenwärtigung. Die eigenen ungelösten Gefühle und Erlebnisse des Therapeuten aus seiner Vergangenheit und Gegenwart können potenziell mit der Therapie interferieren. Eine wesentliche Chance des Therapeuten liegt in seiner Fähigkeit, eine feste und zuverlässige Bindung und in gleicher Weise feste und zuverlässige Therapiegrenzen aufrechtzuerhalten, beides mit einem Minimum an Schwankung. Grenzüberschreitung oder Distanzierung in der Gegenübertragung können negative Auswirkungen auf diese Fähigkeit haben. Beide Arten von Gegenübertragung wirken gleichermaßen schädlich, wenn sich der Therapeut über sie zu Handlungen verleiten lässt. Ein Ansteigen der psychischen Spannung im Therapeuten gestattet ein erweitertes Feld persönlichen Bewusstseins und seiner integrativen Fähigkeiten, die notwendig sind, Erfahrungen in der Gegenübertragung zu personalisieren. Auf diese Weise in das persönliche Bewusstsein des Therapeuten eingegangen, können solche Erfahrungen therapeutisch genutzt werden – zumindest wird so bewusst verhindert, dass sie die Therapie stören. Im Sinne des oben Ausgeführten muss der Therapeut eine gute persönliche Balance von psychischen Kräften und Spannungen in sich bewahren, um seine Fähigkeit zur vollen Präsenz und zur Überprüfung seiner Interventionen zu erhalten. Dies ist die Voraussetzung dafür, dass sich eine „Gestalt" der gesamten Struktur der dissoziativen Persönlichkeiten und ihrer Konflikte ergibt. Diese Gestalt ermöglicht es, die Interventionen – auch unter Einschluss der therapeutischen Beziehung – planvoll zu balancieren. In diesem Sinne ist Übertragung das Ergebnis von ungelösten historischen interpersonalen Konflikten, und sie erfordert erhebliche Ausmaße psychischer Spannung zu ihrer Auflösung.

26.9 Behandlungsphase 1: Stabilisierung und Symptomreduktion

Depressionen, Ängste und PTBS, einschließlich unangemessener Reaktivierungen von EP und von traumatischen Erinnerungen, stellen eine insgesamt schwächende Symptomatik für den Menschen dar. Die Verbesserung der Alltagsfunktionen der ANP beinhaltet die Reduktion oder das Eliminieren solcher Symptome. Dies gilt auch für Selbstschädigung, Substanzmissbrauch und Suizidalität. Operational ausgedrückt, widmet sich die Phase 1 der Behandlung dem Anheben der psychischen Spannung der ANP und dominanter EP – mit dem Ziel, Beginn, Durchführung und Abschluss von Aufgaben des täglichen Lebens zu erreichen. Solche Aktivitäten reichen von der Fähigkeit, den eigenen Tagesablauf zu strukturieren, einfache Haushaltsarbeiten durchzuführen oder sich in Beruf und Kindererziehung zu engagieren, über die Fähigkeit, Beziehungen aufrechtzuerhalten, soziale Kontakte zu pflegen und sich zu erholen, bis hin zur Fähigkeit, mit psychischen Inhalten sinnvoll umzugehen. Diese Schritte sollten gleichzeitig mit einem Anwachsen der Fähigkeit zu mehr Aufmerksamkeit sowohl gegenüber der sozialen und physischen Außenwelt als auch gegenüber dem inneren psychischen Milieu einhergehen, einschließlich der Anerkennung der Existenz von emotionalen Persönlichkeitsanteilen (EP) und konflikthaften Interessen zwischen solchen Persönlichkeitsanteilen. Man kann einen Patienten beispielsweise ermutigen, ein Tagebuch zu führen, in dem die Auslöser (trigger) festgehalten werden, über die Empfindungen gegenüber den EP offen berichtet wird und innere Konflikte, die bewusst wahrgenommen werden können, festgehalten werden. Die Behandlung in der Phase 1 gilt auch der Verbesserung von äußeren (zum Beispiel umweltbezogenen oder beziehungsrelevanten) und inneren (zum Beispiel Affekte, Eindringen von EP) bedingten Reizen (trigger). Dieser Behandlungsabschnitt gibt auch einen therapeutischen Rahmen für das Management der Reaktivierung der emotionalen Systeme bzw. der EP, die aus solchen Reizen resultieren, und auch der Modulation der Reaktion auf diese Reize vor. In dieser Phase wird also die ANP unterstützt, in ihrem normalen Funktionieren fortzuschreiten, dies in einem Rahmen mit wachsender Anerkennung der EP sowie mit einer Kooperation zwischen den dissoziativen Persönlichkeitsanteilen. Wichtig ist es dabei, immer innerhalb eines optimalen Spektrums von Erregungstoleranz zu arbeiten. Sind diese und verwandte Ziele erreicht, so kann zur Phase 2 der Behandlung fortgeschritten werden.

Es wurde schon festgehalten, dass zwar nicht alle, aber die meisten Patienten mit einer sekundären oder tertiären Dissoziation in ihrer frühen Entwicklung missbraucht oder vernachlässigt wurden. Als eine Konsequenz fehlt ihnen eher die notwendige psychische Spannung, innere und äußere Erlebnisse unabhängig von anderen Menschen zu modulieren, und sie weisen daher gestörte Bindungsmuster auf. Daraus ergibt sich die Notwendigkeit, dass generell jede Behandlungsphase den **Problemlösungs- und Fertigkeitserwerbs-Ansatz** im Rahmen des breiteren Kontextes eines Beziehungsansatzes durchführt (Brown et al. 1998).

Erste Priorität in der Phase 1 haben die Reduktion, wenn nicht sogar die Elimination von autodestruktiven Gedanken und Verhaltensweisen und ihr Ersatz durch Handlungen auf höherem Qualitätsniveau. Praktisch bedeutet dies, dass die frühe Behandlung auf Vorgänge wie **Selbstverletzung** und andere Formen der **Selbstschädigung** fokussiert:
- Suizidalität
- Substanzmissbrauch
- schwere Ess-Störungen
- aktuelle Missbrauchssituationen

Handlungsabläufe höherer Qualität hängen von der Verbesserung des Bewusstseins der ANP für die Tatsache ab, dass diese autodestruktiven Gedanken und Handlungen oft von bestimmten dissoziativen Persönlichkeitsanteilen, normalerweise aggressive und verfolgende EP – und dies aus konkreten Ursachen – bestimmt werden. Handlungen höherer Qualität implizieren daher – mit dem notwendigen Einfühlungsvermögen für diese – den Kontakt zu dissoziativen Persönlichkeitsanteilen und eine verbesserte Kooperation zwischen diesen. Das Zuendeführen von Handlungen, die das Niveau psychischen Funktionierens anheben, ist oft komplex und zeitaufwändig. Es ist jedoch von äußerster Wichtigkeit, dass der Therapeut und der Patient sich auf diese Abläufe konzentrieren, bis sie angemessen gelöst sind. Kommt es dazu, dass die körperliche Sicherheit des Patienten und auch die seines Lebens zeitweise stark bedroht sind, so ist eine vorübergehende Aufnahme in einer psychiatrischen Klinik unvermeidbar. Die Abschätzung der Notwendigkeit einer Pharmakotherapie (und gegebenenfalls deren Einleitung; Anm. d. Übs.) durch einen mit dissoziativen Störungen vertrauten Psychiater kann eine notwendige Behandlungsoption mit dem Ziel darstellen, zu einer schnelleren Stabilisierung von Affekten und Kognitionen zu kommen. Die Stabilisierung führt dann ihrerseits zu einer größeren Kapazität für höhere Niveaus psychischer Spannung und Integration.

Die Kompetenz, autodestruktive Tendenzen zu reduzieren oder zum Verschwinden zu bringen, beinhaltet auch die Fähigkeit, Emotionen und physiologische Erregung zu erhalten und zu modulieren. Genauer betrachtet, bestehen diese Fertigkeiten im Erleben von Emotionen (zum Beispiel Wut, Furcht, Scham, Gefühle des Alleinseins) und physiologischer Erregung (Herzklopfen, Schwitzen usw.) bei gleichzeitiger Unterdrückung des Impulses zu reflexiver Handlung. Zu den zu erwerbenden Fertigkeiten gehören auch die Modulation innerer Zustände, zum Beispiel durch Selbstberuhigung, durch das Aufsuchen von Hilfe bei vertrauensvollen Freunden (Linehan 1993; McCann u. Pearlman 1990) und durch das Sicheinlassen auf eine sichere therapeutische Beziehung. Das Modulieren von Gefühlen und das Management von Auslösern können den Patienten mit einer Vielfalt therapeutischer Techniken vermittelt werden (zum Beispiel Chu 1998; Linehan 1993; Rothschild 2000; Van der Hart u. Friedman 1992). Als eine besonders nützliche Technik hat sich der Einsatz einer **visuellen Analogskala** herausgestellt: Dabei wird der Patient aufgefordert, seinen Erregungszustand auf einer Skala von 0 bis 10 festzulegen, wobei 0 überhaupt keine und 10 eine überwältigende Erregung darstellt (eine ähnliche Technik ist die Subjective Units of Distress Scale [SUDS], die beim EMDR benutzt wird). Der Patient – üblicherweise die ANP und später dann die EP – soll zuerst die Erregungssymptome erkennen und diese dann den Graduierungen auf der Erregungsskala zuordnen. Das wird innerhalb der Sitzung geübt und von Atemübungen begleitet – mit dem Ziel, Über- oder Untererregung zu reduzieren, kognitive Irrtümer zu korrigieren und psychische Inhalte zu akzeptieren. Patient und Therapeut sollten dabei von Fall zu Fall in der Lage sein, ein optimales Spektrum der Erregungstoleranz zu identifizieren und zu erhalten, innerhalb dessen mehr Konzentration und therapeutische Arbeit ausgehalten werden können. Der Erwerb solcher kombinierter Fertigkeiten lässt die psychische Spannung ansteigen, womit dem Patienten eine wachsende Kompetenz für das tägliche Leben zur Verfügung gestellt wird. Das wiederum erlaubt der ANP schrittweise, sich inneren aversiven Reizen ohne Re-Dissoziation, Bewusstseinseinengung oder Absinken im Niveau des Bewusstseins zu stellen.

Die phobischen Ängste, um die es inhaltlich in der Phase 1 der Behandlung geht, sind vorzugsweise Phobien, die zum Bereich der ANP gehören und folgende Ängste implizieren:
- Ängste vor dem Kontakt mit dem Therapeuten
- Ängste vor psychischen Inhalten
- Ängste vor dissoziativen Persönlichkeitsanteilen (ANP und EP)

Die Überwindung der Phobie vor dem Kontakt mit dem Therapeuten

Es ist die ANP des Patienten, die zum Therapeuten Kontakt mit der Bitte um Hilfe und Unterstützung wegen der belastenden Symptome aufnimmt. Dabei können einige EP den Therapeuten als eine potenzielle Fürsorgeperson (caretaker) bzw. als Ersatz für eine solche ansehen, während gleichzeitig defensive EP den Therapeuten fürchten und zu vermeiden suchen, weil für diese Persönlichkeiten Nähe zu einer Fürsorgeperson ein konditioniertes Signal für Vernachlässigung und Missbrauch darstellt. Ein wachsender Sinn für eine sichere Bindung an den Therapeuten als das Ergebnis einer voraussagbaren, kontrollierten und wohlmeinenden therapeutischen Interaktion hilft der ANP bzw. den ANP, das Bewusstseinsfeld zu erweitern und das Bewusstseinsniveau anzuheben. Auf diese Weise lernt die ANP auf innere Zustände zu achten und Reaktionsmuster gegenüber inneren und äußeren Reizen zu regulieren, wobei natürlich auch emotionale Systeme und die ihnen zugehörigen dissoziativen Persönlichkeitsanteile betroffen sind. In jedem Fall muss das Wachsen der Bindung in der ANP gut gebahnt werden. Eine verfrühte Bewegung in Richtung innerer Reize, die gegenüber der ANP aversiv sind (wie zum Beispiel EP, die eine Bedürftigkeit gegenüber dem Therapeuten empfinden, ihm gegenüber angstvolle oder wütende Gefühle haben oder mit ihm traumatische Erinnerungen verbinden), kann eine weitergehende Vermeidung des Therapeuten auslösen, um das Gewahrwerden (Realisierung) psychischer Inhalte zu vermeiden.

Initiale therapeutische Interventionen werden, wie oben festgehalten, direkt an die ANP gerichtet. Im Rahmen eines Fertigkeiten aufbauenden Ansatzes sind die ersten Interventionen psychoedukativer Art. So muss der Patient über die Therapie, den Therapieprozess, die Parameter der therapeutischen Grenzen, die Therapieziele, seine Symptome und Störungen, die Notwendigkeit seiner informierten Zustimmung, die Zusammenarbeit und das Zusammenwirken zwischen Therapeut und Patient usw. gründlich informiert sein. In anderen Worten darf der therapeutische Prozess nicht mysteriös oder dem Patienten gegenüber unerklärt bleiben, damit er oder sie zum aktiven Teilnehmer an der konkret angebotenen Zusammenarbeit mit dem Therapeuten werden kann. Derartige Informationen stellen auch innerhalb der Beziehung insoweit einen Wert dar, wie der Patient den Therapeuten als eine Person mit hilfreichen Informationen erlebt, und nicht als eine sich zurückhaltende Autoritätsfigur.

Die Bewältigung des Erregungsniveaus des Patienten ist auch essenziell für die Verbesserung des Funktionierens im Alltagsleben und die Etablierung von Vertrauen in den Therapeuten. Der Therapeut hilft dem Patienten, sein Erregungsniveau und die Aktivierung von bestimmten emotionalen Systemen (EP) während einer therapeutischen Sitzung im Hier- und-Jetzt wahrzunehmen. In einem zweiten Schritt hilft er dem Patienten, sein Erregungsniveau mit den oben beschriebenen Techniken im Ausmaß des jeweils Benötigten abzusenken oder anzuheben. Aus den körperlichen Reaktionen und dem averbalen Verhalten des Patienten, die der Therapeut beobachtet oder nach denen er fragt, klärt sich für ihn, ob der Patient übermäßig erregt ist, und er kann dann den therapeutischen Prozess oder das Gespräch unterbrechen und den Patienten wieder zur Regulierung seines Erregungsniveaus auffordern (Rothschild 2000). Für die Verbesserung des Sicherheitsgefühls des Patienten sind auch Interventionen sinnvoll, die die Zusammenarbeit ansprechen. Beispielsweise kann der Therapeut das Bewusstsein des Patienten verbessern, indem er fragt: „Haben Sie irgendeine Vorstellung davon, was in dieser Situation Ihr persönliches Sicherheitsgefühl noch ein bisschen mehr verbessern würde?"

Starke Einengung der Bewusstseinsbreite, Herabsetzung des Bewusstseinsniveaus und

Depersonalisierung sind typische Wege des Patienten, um einen Kontakt mit dem Therapeuten zu vermeiden und auf diese Weise psychisch nicht präsent zu sein. Deshalb gilt eine ständige Anstrengung des Therapeuten, die aber zu heilsamen Ergebnissen führt, der Hilfestellung für den Patienten, aufmerksam und im Hier-und-Jetzt zu bleiben (Van der Hart u. Steele 1997). Der „Mangel an Präsenz" zeigt sich bei manchen Patienten auf eine höchst individuelle und nicht ableitbare Weise, bei anderen ist er ziemlich offensichtlich, zum Beispiel in der Form des „Abschaltens" und des Nichtansprechens auf Interventionen. Indem man dem Patienten hilft, die Gegenwart auszuhalten, gewinnt er mehr Möglichkeiten der Realitätsprüfung gegenüber dem Therapeuten und auch Zeit zum Abschluss sicherer innerer Arbeitsschritte. Eine beteiligte Präsenz des Patienten in der Sitzung wird natürlich auch dadurch gefördert, dass der Therapeut selbst voll präsent ist. Dies geschieht durch Aufrechterhaltung des Blickkontakts (was gar nicht so angstmachend ist), durch Kommentare, die sich auf das beziehen, was der Patient gegenwärtig empfindet (dies auch unter Einsatz einer Skala von 0 bis 5 oder 10), oder durch Aufforderungen an den Patienten, folgende sensorische Möglichkeiten zur Wahrnehmung seiner Umgebung einzusetzen:

- akustische: „Achten Sie auf den Klang meiner Stimme und auf die Geräusche außerhalb des Arbeitszimmers"
- visuelle: „Sehen Sie sich hier im Arbeitszimmer einmal um und teilen Sie mir mit, was Ihnen vertraut ist. Können Sie mich auch anschauen?"
- kinästhetische: „Können Sie den Stuhl unter sich spüren, wie er Sie trägt?"; „Können Sie die Weichheit des Stoffs Ihrer Jacke wahrnehmen?"

Die Mitteilung der Diagnose hat auch einen Beziehungsaspekt, weil sich diese Intervention auf die Phobie vor dem Kontakt mit dem Therapeuten bezieht. Im Bereich ihrer Normalfunktionen (als ANP) vermeiden die Patienten extrem, ihre inneren Zustände (einschließlich dissoziativer Persönlichkeitsanteile und deren Emotionen) wahrzunehmen, weil sie sie als verwirrend und angstmachend erleben. Oft haben die Patienten die Angst, „verrückt zu werden". Eine klare und einfühlende Mitteilung der Diagnose in einer sorgfältig vorbereiteten Form stellt oft das erste Mal im Leben eines Patienten dar, in dem er sich völlig verstanden und von einem anderen akzeptiert fühlt. Er erlebt sich plötzlich unterstützt, sich dem anzunähern, was für ihn vorher überwältigend schien. Der Patient sollte auch ermutigt werden, Fragen zu stellen, und er sollte aufrichtige Antworten vom Therapeuten erhalten. Das Lesen von geeigneter Fachliteratur ist hilfreich für einige Patienten. Wie auch immer dies im Einzelnen erfolgt, am wichtigsten ist für die Patienten, ihre persönliche Bedingung so zu verstehen, dass ein kollaboratives Vorgehen etabliert werden kann.

Konsistenz- und Voraussagbarkeit des Therapeuten sind entscheidend für die Reduzierung der Phobie vor dem Kontakt mit ihm und auch zur Verbesserung des Niveaus psychischer Spannung im Patienten. Auch wenn eine ständige Verfügbarkeit des Therapeuten für den Patienten weder möglich noch hilfreich ist, kann eine voraussagbare Verfügbarkeit nur nachhaltig empfohlen werden (s. Gunderson 1996). Der Patient muss klare Kenntnisse über das Ausmaß und die Begrenzung der Kontakte außerhalb der therapeutischen Sitzungen haben, wie zum Beispiel die Möglichkeit, im Falle einer Krise beim Therapeuten anzurufen, und es sollte auch bei Abwesenheit des Therapeuten seine Versorgung in einer kritischen Situation gesichert sein.

Überwindung der Phobie vor den psychischen Inhalten

Verbale und nonverbale empathische Einstimmung auf die Gefühle und die Belastungen des Patienten sind essenziell für den Aufbau einer

Beziehung. Sie verschaffen dem Patienten ein geeignetes Modell für innere Empathie und fördern die Motivation, gefürchtete und vermiedene psychische Inhalte zu erleben. Dabei hilft der Therapeut dem Patienten, psychische Inhalte zuzulassen, wiederzubeleben und auszudrücken. Dies kann verbal, zum Beispiel über Metaphern oder das Erzählen von Geschichten, oder nonverbal, zum Beispiel über ritualhafte Handlungen oder die Mittel angewandter Kunst (wie in der Gestaltungstherapie [Anm. d. Übs.]), erfolgen. Der Patient lernt erlebnishaft, dass die psychischen Inhalte in seinem oder ihrem Inneren (Gefühle, Wünsche, Bedürfnisse, Phantasien, dissoziative Persönlichkeitsanteile) von einem anderen und – genauso wichtig – von ihm selbst akzeptiert werden können.

Die Psychoedukation bezüglich der psychischen Inhalte und ihres Realitätsgrades muss ständig wiederholt werden. Manche Patienten verfügen zum Beispiel nicht über die Unterscheidung von Empfinden und Verhalten. Wenn sie sich wütend *fühlen*, dann befürchten sie, dass sie mit unkontrollierbarer Wut *handeln* könnten, wodurch sich wiederum die Aversion gegenüber Gefühlen, Wünschen und Phantasien verstärkt. Der Therapeut muss bekräftigen, dass psychische Handlungen solchen auf der Verhaltensebene vorausgehen, dass sie aber nicht *notwendigerweise* solche nach sich ziehen. Dies kann an Beispielen aus dem Leben des Patienten exemplifiziert werden. Der Patient kann dadurch zunehmend ein reflektierendes Denken an die Stelle von impulsiver Handlung setzen.

Einengung des Bewusstseinshorizonts, insbesondere die Einengung des personalen Feldes des Bewusstseins (Janet 1907), ist eine Komponente niedriger psychischer Spannung, die ihrerseits die Phobie vor den psychischen Inhalten und in der Konsequenz vor den dissoziativen Persönlichkeitsanteilen aufrechterhält. Das personale Feld des Bewusstseins richtet sich speziell auf das, was innerhalb der konkreten personalen Erfahrung liegt. Eine solche Einengung der Aufmerksamkeit kann bewusst oder vorbewusst sein, in jedem Falle schließt sie das Bewusstsein anderer wesentlicher Erfahrungen aus, sogar wenn diese selbst gar nicht dissoziiert sind. Ein klinisches Beispiel:

> Eine Patientin ist sehr wohl in der Lage, innerhalb einer komplexen Arbeitssituation gut zu kommunizieren, was auf ein weites Bewusstseinsspektrum hinweist. Gleichzeitig ist sie unfähig, zwei einander widersprechende personale Erfahrungen in sich zusammenzubringen, in diesem Falle auf der einen Seite ihr Bedürfnis, sich ihrem Chef zu unterwerfen, und andererseits ihr Bedürfnis, ihm gegenüber in einer konkreten Frage entschieden eine andere Meinung zu vertreten.

Hier helfen Übungen weiter, die die gleichzeitige Zulassung beider Erfahrungen im Bewusstsein fördern und ein sich erweiterndes Feld persönlichen Bewusstseins stützen. Dies kann zum Beispiel dadurch geschehen, dass in einer Sitzung einander widersprechende Gefühle und Bedürfnisse (bzw. Zwänge) auf dem gleichen Blatt Papier niedergeschrieben werden und diese dann von den Standpunkten der verschiedenen ANP und EP aus diskutiert werden.

Überwindung der Phobie vor den dissoziierten Persönlichkeitsanteilen

Die Phobie vor den dissoziativen Persönlichkeitsanteilen konstituiert eine besondere Untergruppe psychischer Inhalte, weil dissoziative Persönlichkeitsanteile oft aversive oder ambivalente psychische Inhalte mit Bezug auf das Trauma enthalten. Sinnvollerweise beginnt die Arbeit erst einmal mit den ANP, indem man versucht, ihre wechselseitige Vermeidung zu reduzieren. Die Persönlichkeiten (Persönlichkeitsanteile) werden zuerst miteinander bekannt gemacht. Im nächsten Schritt werden sie dabei unterstützt, Empathie füreinander zu entwickeln und bei der Durchführung von Handlungen, aus denen alle Persönlichkeiten Nutzen ziehen, zusammenzuarbeiten. Darunter fallen Alltagsaufgaben in gleicher Weise wie psychische Abläufe, die erforderlich sind, um psychische Inhalte zu modulieren und tolerieren. Zu diesem Zeitpunkt der Therapie sollte die Zusammenarbeit sich eindeutig auf Alltagsaktivitäten und nicht auf dramatische Inhalte richten. Die direkte Folge besteht in einer Verbesserung des täglichen Funktionierens im Alltag und eines erhöhten Spannungsniveaus für die sich anschließende Auseinandersetzung mit den EP. In dieser Therapiephase findet auch Psychoedukation zur Aufklärung über die Abwehrfunktionen der EP und die Funktionen der ANP statt, genauso wie gelegentliche Interventionen erfolgen, die das Ziel haben, die sichere Einbindung der EP zu stützen. Dazu gehört die Schaffung eines sicheren Raums oder die Einbeziehung eines Persönlichkeitsanteils, der in der Lage ist, die EP zu besänftigen und zu beruhigen, was wiederum der ANP zu einem Sicherheitsgefühl gegenüber diesen Persönlichkeitsanteilen bzw. Persönlichkeiten verhilft.

Bei dieser Arbeit muss der Therapeut sich ständig über die extreme Vermeidungstendenz der ANP gegenüber den EP im Klaren sein, weil sich bei einer vorzeitigen, direkten Einlassung mit den EP und ihren traumatischen Erinnerungen die Tendenz der ANP zu vermeiden statt zu integrieren regelhaft verstärkt. Es ist daher von erheblicher Bedeutung, sich zu versichern, dass die ANP sich auf eine aktive und empathische Weise mit den EP einlassen.

Ein besonders wichtiger Therapieschritt besteht darin, dass die dissoziativen Persönlichkeitsanteile wechselseitig füreinander eingeführt werden. Dies läuft auf eine Reduktion der Dissoziation zwischen den Persönlichkeitsanteilen, was ihre tatsächliche Existenz und ihre psychischen Inhalte in der Phase 1 angeht, hinaus. Dieser Schritt findet **ohne ein Eingehen auf die traumatischen Erinnerungen** statt. So können sich mit der Zeit Kooperation und Empathie verbessern. Die Therapietechnik in diesem Abschnitt schließt eine Reihe weiterer Schritte ein. Dazu gehören:

- das Management von Erregungszuständen während der Sitzungen
- so genannte ideomotorische Fingersignale (verabredete Fingerzeichen, mit denen der Patient dem Therapeuten zum Beispiel eine Überforderung signalisiert [Anm. d. Übs.]; Hammond u. Cheek 1988; Putnam 1989)
- Ermutigung aller Persönlichkeiten während der Therapie und im Alltagsleben, „aufzuhorchen und zu beobachten"
- die Benutzung von imaginären Treffpunkten (meeting rooms)
- die Übung von kollaborativem Problemlösen zwischen den einzelnen Persönlichkeiten
- die Praxis gemeinsamer Durchführung von Aufgaben des täglichen Lebens

Es kann sich auch die Notwendigkeit ergeben, schwierigere Situationen zu üben und gemeinsam (für die Persönlichkeiten) an ihnen teilzunehmen, wie etwa die Abwehr angesichts einer wahrgenommenen oder realen Bedrohung, zum Beispiel wenn man einem früheren Täter wiederbegegnet. Solche Maßnahmen bauen schrittweise dissoziative Barrieren in einem sicheren Rahmen ab und heben die psychische Spannung an.

Wie bereits ausgeführt, müssen zwei bestimmte und miteinander verbundene Typen der EP in Phase 1 eine besondere Aufmerksamkeit erhalten, nämlich aggressive und verfolgende. Beide EP sind ihrem Wesen nach abwehrorientiert, und sie sind an ein protektives kämpferisches Subsystem („fight") der Abwehr fixiert. Ihr Ziel ist es, die schwierigen Gefühle von Wut und Ärger, die mit Gefühlen von Verletztsein, Schrecken und Scham verbunden sind, zu bewältigen (Van der Hart et al. 1998). Diese speziellen EP müssen in der Therapie früh angesprochen werden, um eine angemessene Stabilisierung zu erreichen und die Arbeit in der Phase 2 vorzubereiten. Zu Beginn werden sie oft nur indirekt über die ANP, bei der ja die exekutive Kontrolle liegt, angesprochen, dies, indem der Therapeut einfach ihre Präsenz und ihre Handlungen anerkennt. Wenn sich der Patient sicherer fühlt, können diese EP auch vom Therapeuten direkter angesprochen werden, und die ANP werden ermutigt, sich mit ihnen einzulassen (Van der Hart et al. 1998).

Innerhalb ihres spezifischen emotionalen Systems verfügen diese EP über einen nur sehr eingeengten Bewusstseinshorizont gegenüber allem, was mit Bedrohung zu tun hat, und sie zeigen aggressive Reaktionen gegenüber diesen konditionierten Reizen. Die Beziehung zum Therapeuten provoziert diese EP, weil sie auf die Vermeidung von Bindung, Abhängigkeit und emotionalen Bedürfnissen konditioniert sind (Steele et al. 2001). Normalerweise reagieren aggressive EP auf aktuelle äußere Bedrohung in reflektorischer Weise. Verfolgende EP hingegen sind oft mehr innengesteuert und reagieren nicht nur auf äußere, sondern auch auf innere Bedrohungsreize (zum Beispiel das Weinen einer EP, die an das Trauma fixiert ist).

Dieses strukturell dissoziierte Abwehrsystem ist ein Versuch des Patienten, sich durch attribuierende und interpretative Prozesse an Beziehungen anzupassen (Bretherton u. Munholland 1999). Derartige EP sind Teil des kämpferischen Subsystems („fight") der emotionalen Abwehr, sie verfügen aber über sekundäre Modifizierungen, darunter Überzeugungen, die den Zielen psychischer Abwehr dienen, einschließlich der Überzeugung, dass man selbst stark, unverletzlich und in der Lage ist, überwältigende Handlungen von Wut und Rache in die Tat umzusetzen. Ist eine der EP der Täter, dann kann sie nicht gleichzeitig das Opfer sein. Aggressive EP erleben sich oft – zumindest gilt dies für die Gegenwart – in ihrer Identität als starke Persönlichkeiten, die schützen und kämpfen können. Verfolgende EP tendieren dazu, sich als der ehemalige Täter in der ehemals traumatischen Handlung zu erleben und darzustellen.

So gestalteten EP stehen nicht nur mächtige defensive Überzeugungen zur Verfügung, sondern sie können auch Darstellungen des Traumas aus der Sicht des Täters reinszenieren. Allerdings stehen diesen EP – genauso wenig wie dem originalen Täter – keine regulatorischen Möglichkeiten zur Verfügung, mit ihrem Ärger und ihrer Wut, mit dem Schmerz, der Scham, den Bedürfnissen und der Angst, die ihrer Feindseligkeit in vielem zugrunde liegen, umzugehen. Diese Persönlichkeitsanteile müssen deshalb alternative Wege lernen, ihre intensiven Gefühle zu bewältigen.

In der frühen Behandlung sind üblicherweise beide Persönlichkeitstypen ziemlich aktiv und schaffen für den Patienten eine Instabilität in der Behandlung. Die aggressiven Anteile können gegenüber dem Therapeuten aktiv auftreten und sich direkt in verbalen Äußerungen bezüglich seiner Unzulänglichkeiten und der Unmöglichkeit, ihm zu vertrauen, äußern. Die verfolgerischen Anteile brauchen nicht geäußert zu werden, nehmen dann aber oft die Form von bedrohenden, feindlichen und erniedrigenden inneren Stimmen an, die den Patienten nicht selten dazu verleiten, über das Trauma „nicht zu sprechen" oder – ganz im Gegensatz – das Trauma konkret wiederzuerleben, sodass er überwältigt wird und dann die Therapie zu meiden sucht. Aggressive und verfolgende EP können auch die ANP stärker befallen, was dann zu autodestruktiven Handlungen wie Abführen oder „Schneiden" führt, und das Bewusstsein dominieren. Sie können sich auch direkt gegen den Therapeuten oder eine andere Person im Leben des Patienten richten, während gleichzeitig die ANP für ein solches Verhalten amnestisch ist oder, wenn sie sich dessen bewusst ist, keine Kontrolle darüber hat.

Viel therapeutische Arbeit ist auch zur Erweiterung des eingeengten Bewusstseinshorizonts der aggressiven und verfolgenden EP über deren Abwehrstrategien hinaus erforderlich. Es gehört zu den Aufgaben des Therapeuten, den anderen Persönlichkeitsanteilen die auch schützende Funktion der aggressiven

Persönlichkeiten zu erklären, um so eine Zusammenarbeit und eine Empathie füreinander zu fördern. Es geht um die Richtung eines direkten, respektierenden und empathischen Kontaktes mit dem emotionalen Persönlichkeitsanteil (EP) – verbunden mit wirkungsvoller Grenzsetzung gegenüber aggressivem Verhalten, Aufschub von destruktivem Verhalten und dem Aufbau von Fertigkeiten. Üblicherweise besteht eine heftige Vermeidung der verfolgenden EP durch die anderen Persönlichkeiten, weil sie so destruktiv sind und konditionierte Signale mit direkter Beziehung zum Trauma darstellen. Durch erfolgreiche „Verhandlungen" zwischen dem Therapeuten und den aggressiven und verfolgenden EP kann der Patient ermutigt und gefestigt werden, was beispielsweise zur Reduzierung von Selbstschädigung und bedrohenden inneren Stimmen führt. Für solche Persönlichkeitsanteile, die leicht reagieren und leicht ausgelöst werden, können etwa innere Sicherheitsräume ausgehandelt werden. Teilweise lassen sich diese Persönlichkeiten auch in Übereinkünfte einbeziehen, welche die Therapie in einer für die Gesamtperson angemessenen Weise bahnen.

Die Wut ist ein heftiger Affekt, der aggressive und verfolgende Persönlichkeiten auf den Plan ruft, und zwar mit der Konsequenz von Handlungen auf niedrigem Qualitätsniveau wie Rache, körperliches Schlagen und verbaler Missbrauch. Dieser Missbrauch ist oft gegen die eigene Person gerichtet. Hier muss der Patient lernen, schrittweise die die das Trauma hervorgerufenen Extreme von Ärger und Wut auszuhalten und solche Emotionen ebenfalls schrittweise in Narrative und reflektierte Handlungen höherer Ordnung umzusetzen. Das kann zum Beispiel geschehen, indem der Ärger schriftlich niedergelegt wird oder mit anderen Persönlichkeitsanteilen in einer modulierten Weise geteilt wird. Diese Schritte erfolgen, wenn es dem Patienten möglich wird, auch für den zornigen Affekt Empathie zu empfinden, ohne sich innerlich distanzieren zu müssen.

Die Scham ist eine heftige Emotion, die sich auf fixierte Phantasien des Individuums bezieht. Der Inhalt solcher Phantasien ist sowohl die Vorstellung, selbst zum Missbrauch „eingeladen" zu haben oder überhaupt eine Wahlmöglichkeit besessen zu haben, diesen zu beenden, als auch das Gefühl, durch die Traumatisierung dauerhaft geschädigt zu sein. Aggressive und verfolgende Persönlichkeiten evozieren und verstärken solche Gefühle oft in anderen EP – mit dem Ziel, sie zu kontrollieren und ruhig zu halten. Arbeitet der Therapeut empathisch und schrittweise mit den Emotionen und den dissoziativen Persönlichkeitsanteilen, so wird deutlich, dass die abwehrenden EP oft ihrerseits die Scham vermeiden, indem sie diese in anderen Persönlichkeitsanteilen hervorrufen. Die weiteren Schritte bestehen deshalb darin, das psychische Spannungsniveau dieser Persönlichkeiten anzuheben, indem sie die Gegenwart bewusst wahrnehmen. Durch die Schaffung einer Arbeitsbeziehung zum Therapeuten hilft man ihnen, sich sicherer zu fühlen, ihre kognitiven Irrtümer zu korrigieren, indem sie die Ursachen ihrer Scham und ihres inneren Hasses verstehen, und schließlich den inneren Selbsthass von anderen Persönlichkeitsanteilen zu reduzieren, was in der Folge zu einer langsamen Integration von Scham und Wut führt. Indem der Therapeut diese anscheinend feindlichen Persönlichkeitsanteile eindeutig einer „protektiven Funktion" zuordnet, kann man ihnen in der Gegenwart Wege vermitteln, das Selbst auf eine eher konstruktive Weise zu schützen.

Ist die psychische Stärke und Spannung so weit angehoben, dass die ANP und die entscheidenden EP in der Aktualität mehr oder weniger sinnvoll funktionieren, eine Bindung an den Therapeuten aufrechterhalten, psychische Inhalte tolerieren und regulieren sowie ein gewisses Ausmaß von Empathie und Kooperationsfähigkeit entwickelt haben, dann kann mit der 2. Phase der Behandlung begonnen werden. Eine Kontraindikation zum Überwechseln in Phase 2 liegt dann vor, wenn die genannten Bedingungen nicht vorliegen oder sich der Missbrauch auch aktuell fortsetzt. Kontraindikationen stellen auch akute äußere Lebenskrisen dar oder Zeiten, in denen besondere Energie und Aufmerksamkeit für die Lösung von Alltagssituationen erforderlich sind. Gleiches gilt für ein sehr hohes Alter, eine schwere körperliche oder terminale Krankheit, Psychosen, pathologische Regressionen, unkontrolliertes Umschalten (Switching) zwischen ANP und EP sowie massive charakterliche Probleme, die den therapeutischen Prozess basal infrage stellen (Boon 1997; Kluft 1997; Steele u. Colrain 1990; Van der Hart u. Boon 1997). Bei Patienten auf einem hohen Funktionsniveau können die oben genannten Ziele relativ rasch erreicht werden, bei Patienten mit einem schlechteren Funktionsniveau sind sie sehr viel zeitaufwändiger (üblicherweise nimmt die Therapie hier Jahre in Anspruch). Obwohl auch viele dieser Ziele möglicherweise bei der Gruppe von Patienten mit der am wenigsten günstigsten Prognose erreicht werden können, führt die Arbeit nach dem Modell von Phase 2 in der Regel zu einer massiven Destabilisierung solcher Patienten. In der Mehrzahl dieser extrem schwierigen Fälle kann eine Stabilisierung nicht erreicht werden, und die Therapieschritte im Sinne der Phase 1 bleiben das eigentliche Ziel der Behandlung. In allen Fällen sollten die Patienten eine informierte Wahl haben, was das Überwechseln in Phase 2 der Behandlung angeht.

26.10 Phase 2: die Behandlung der traumatischen Erinnerungen

Das entscheidende Ziel der therapeutischen Arbeit in der Phase 2 sind Synthese und Integration der traumatischen Erinnerungen in die verschiedenen Persönlichkeitsanteile, sodass die strukturelle Dissoziation letztlich entfallen kann. Die wesentlichen Anteile der traumatischen Erfahrungen müssen synthetisch zusammengeführt, auf eine symbolische Sprachebene verlagert und von den ANP und EP geteilt werden. Danach muss die verbale Bearbeitung in Richtung einer gründlichen und andauernden Personalisierung und Vergegenwärtigung innerhalb jedes und zwischen allen Persönlichkeitsanteilen weiter entwickelt werden.

Überwindung der phobischen Ängste mit Bezug auf die unsichere Bindung an den Täter

Die chronische Aktivierung des Wechsels der emotionalen Systeme von Bindung und Abwehr gegenüber derselben Fürsorgeperson stellt die eigentliche Basis unsicherer Bindungsmuster dar. Dieser Typ unsicherer Bindung ist in manchen Persönlichkeitsanteilen intensiv, während andere Anteil keine Bindung an den Täter, der oft auch Pflegeperson ist, zu haben scheinen. Unsichere Bindung beinhaltet eine massive Verbundenheit und Loyalität, einschließlich der Überzeugung, dass die Bindung an den Täter eine Sache von Leben und Tod ist. Verhalten im Zusammenhang unsicherer Bindung zeigt regelhaft eine niedrige psychische Spannung, zum Beispiel reflektorische, emotionale und impulsive Verhaltensweisen, sowie einen Mangel an kognitiver Verarbeitung. In diesen Bereich gehören auch Anklammerung, Regression und Unterwerfung im Kontakt mit dem Täter – bei gleichzeitiger Unfähigkeit, die mit dem Täter verbundenen Gefahren zu realisieren. Viele ANP sind in dieser Weise an den Täter unsicher gebunden. Mit Ausnahme der EP, die an den Täter (die Täter) über das so genannte panische emotionale System, das das Trennungsweinen auslöst (Panksepp 1998), gebunden sind, richten sich die EP sonst *nicht* auf Bindung, sondern vielmehr auf Abwehr und Erholung. Deshalb gelten die therapeutischen Einlassungen am Beginn der Therapie vorrangig dem Abbau der Fixierung an das Abwehrsystem und nicht der Begründung einer Bindung an den Therapeuten. Beispielsweise sollte eine unterwürfige EP Kommunikation und Kooperation mit einer kämpferischen EP aufnehmen, die ihrerseits schützen kann. Wie jedoch schon bei Phase 1 festgehalten, muss sehr viel Arbeit in die aggressiven Persönlichkeitsanteile investiert werden, bevor sie in Verbindung mit Empathie und Kooperation in der Gegenwart Schutzfunktionen übernehmen können.

Die kämpferische EP zum Beispiel muss ihrerseits die EP, die noch an die missbräuchliche Pflegeperson gebunden ist, wahrnehmen und lernen, diese zu unterstützen. Mit anderen Worten: Der eingeengte Bewusstseinshorizont der verschiedenen EP für die aktuelle Gegenwart und für sich selbst untereinander muss reduziert werden. Dieser Prozess setzt die psychische Spannung herauf, was in der Folge besser reflektierte und angepasste Handlungen ermöglicht. Für dieses Ziel sind sowohl kognitive als auch behaviorale Wiederholungen (rehearsal) von neuen und von den EP gemeinsam ausgeführten Abwehrhandlungen gegenüber zutreffend wahrgenommener und realer Bedrohung unerlässlich.

So entwickelt sich bei den zuvor starr fixierten defensiven Persönlichkeitsanteilen schrittweise eine Flexibilität. Ist einmal ein beweglicheres und weniger dissoziatives Abwehrsystem entwickelt und sind diese Persönlichkeiten besser auf die Gegenwart orientiert, dann besteht auch weniger die Notwendigkeit für defensive Handlungen. Auch wenn die Traumatisierung in der Gegenwart fortlaufend anhält, können auf diesem Wege effektivere Möglichkeiten der Abwehr gewonnen werden. An dieser Stelle der Therapie kann die Bindung an den Therapeuten erfolgreich in kleinen Schritten aufgebaut werden. Entscheidend dabei ist, dass die EP und ANP schrittweise sicher aneinander gebunden sind. Anderenfalls besteht die Gefahr, dass zugleich mit der Intensität des Arbeitsbündnisses Phantasien über eine Rettung durch den Therapeuten anwachsen.

In dieser Phase ist es von Wichtigkeit, **Ersatzüberzeugungen** (substitute beliefs, Janet 1945) verschiedener ANP und EP, die sich auf den Täter, das Trauma und das tägliche Leben beziehen, zu erkennen und zu behandeln. Diese Phantasien sind psychische Handlungen niedrigerer Qualität, und sie ersetzen konstruktive Handlungen in der Gegenwart. Oft idealisieren diese Phantasien die Pflegeperson/den Täter, werten das Selbst ab (einschließlich Selbstvorwürfen und Beschämung für das, was passiert ist) und erhalten so ein Gefühl von innerer Verantwortlichkeit (internal locus of control). Dadurch wird zwar eine extreme Hilflosigkeit vermieden, aber für die Gegenwart des Patienten bedeutet dies letztlich einen chaotischen Zustand mit nur begrenzten Funktionsmöglichkeiten.

Auch wenn die Ersatzüberzeugung selbst weniger Bedeutung hat als das, für dessen Nichtrealisierung sie steht (Janet 1945), ist sie dennoch zu behandeln. Dazu müssen in der Therapie zuerst die Ersatzüberzeugungen identifiziert werden (zum Beispiel: „Mein Onkel war ein wunderbarer Mensch, ich war es, der ihn verführt hat"; „Ich muss gar nicht arbeiten, weil ich noch so klein bin"; „Ich habe gar kein Kind: Ich bin ein Individuum ohne Bindung"). Danach müssen die ANP und EP, die für eine solche Korrektur erforderlich sind, schrittweise in das Bewusstsein der umschriebenen Persönlichkeit eingeführt werden. Jener ANP zum Beispiel, die für sich Freiheit und das Recht zum Spiel beanspruchte und dabei verleugnete, Mutter zu sein, musste Schritt für Schritt geholfen werden, Empathie für andere Kinder zu erleben – und am Ende dann auch für „ihr" Kind. Dies führte schließlich zur Synthese der traumatischen Erinnerungen an ihre eigene Mutter, von der sie physisch missbraucht worden war, als sie selbst noch ein Kind war. Diese Patientin war schließlich in der Lage, ihr eigenes Kind anzunehmen, und dies in dem Maße, wie es ihr gelang, ihre persönliche Geschichte zu integrieren. Manchmal bedarf es gar nicht der emotionalen Systeme, sondern der Kenntnis konkreter Fakten über den Missbrauch selbst, um die Ersatzüberzeugungen auszuschalten. Als die oben angeführte Patientin zum Beispiel realisierte, dass sie als ein sehr kleines Kind mit ihrem Onkel allein im Haus ohne irgendwelche Hilfe von irgendeiner Seite war und dass er physische Gewalt eingesetzt hatte, um sie sexuell zu missbrauchen, konnte sie endlich die Idee loslassen, dass sie es gewesen sei, die ihn sexuell verführt hätte.

Überwindung der phobischen Ängste vor den traumatischen Erinnerungen

Bei diesem Therapieziel handelt es sich um die Überwindung einer der hartnäckigsten Phobien, was hohe und dauerhafte psychische Spannung vonseiten der ANP und EP verlangt. Die sorgfältige Vorbereitung solcher Arbeit und die Regulierung von Zuständen der Über- und Untererregung sind für den Erfolg entscheidend. Kontraindikationen gegen den Eintritt in diese Therapiephase (wie oben beschrieben) müssen strikt beachtet werden. Je geringer die psychische Spannung und Kraft des Individuums ist, desto langsamer muss dieser Behandlungsschritt vorgenommen werden und desto häufiger sind Rückschritte zu Interventionen der Phase 1 erforderlich.

Die Behandlung der traumatischen Erinnerung erfolgt in mehreren Stadien (Van der Hart et al. 1993):
- **Die Vorbereitung:** Hier erfolgt eine sorgfältige Therapieplanung.
- **Die Synthese:** Dabei geht es um die Beendigung der Dissoziation bezüglich der Einzelanteile der traumatischen Erinnerungen und um den Beginn eines narrativen Berichtens, das günstigstenfalls alle Persönlichkeiten einschließt. Für die Bahnung dieses Vorgehens wird in manchen Fällen anfangs nur ein Teil der Persönlichkeiten einbezogen werden können. Die Synthese von bestimmten Erinnerungen oder Anteilen von Erinnerungen sind geplante Ereignisse, die in einer Sitzung oder in einer Serie von Sitzungen erfolgen.
- **Die Realisierung:** Diese Phase schließt ansteigende Niveaus der Personalisierung und Vergegenwärtigung sowie die **Integration** ein. Dieses letzte Stadium ist eher prozessorientiert und zieht sich über eine gewisse Zeit hin.

Von entscheidender Wichtigkeit ist der Einschluss der ANP in diese Arbeit, auch wenn gelegentlich die Synthese und verschiedene Niveaus der Realisierung zuerst zwischen den EP ablaufen. Das ist zum Beispiel der Fall, wenn bestimmte Subsysteme der Abwehr integriert werden können, bevor es zu einer Arbeit mit der ANP zur Realisierung des Traumas kommt.

Vorbereitung

Am Anfang steht die Sicherung der Prävention von überwältigenden Zuständen und nachfolgendem autodestruktivem Verhalten. Werden die Kontraindikationen beachtet und ist die Vorbereitung gründlich, so sind solche Reaktionen unwahrscheinlich. Zu bestimmten Zeiten in der Therapie ist es sinnvoll, eine andere Person einzubeziehen, die den Patienten nach einer geplanten und durchgeführten Synthesesitzung nach Hause fährt und ihn bei den Nachwirkungen der Synthese unterstützt. Auch kann eine Freistellung von der beruflichen Arbeit oder anderen Verpflichtungen in solchen Zuständen notwendig sein. Der Patient muss ein klares Verständnis der Ziele, des Erlebens und des Sicheinlassens mit den traumatischen Erinnerungen besitzen. Die generelle psychische Spannung des Patienten für diesen Arbeitsschritt sollte ausreichend sein und muss gegen das Toleranzniveau des Patienten zu jedem gegebenen Zeitpunkt „titriert" werden. Um diesen Teil des Therapieprozesses zu unterstützen, kann auch Hypnose eingesetzt werden; dies sollte aber nur geschehen, wenn der Therapeut darin ausgebildet und der Patient mit ihrer formalen Anwendung vertraut ist.

Eine weitere Voraussetzung besteht darin, dass kognitive Irrtümer und Verzerrungen, einschließlich der Ersatzüberzeugungen, identifiziert und korrigiert sind, wobei einige allerdings erst nach einer Synthese wirklich der Veränderung zugänglich werden. Zusätzlich zu den bewussten kognitiven Irrtümern ist das Trauma auch noch in kontextspezifische Überzeugungen und Erfahrungen eingebettet, von denen viele in EP dissoziiert sind. Janet bezeichnete diese Phänomene als fixierte Vorstellungen („idées fixes", 1894; 1898). Es handelt sich dabei um Gedanken oder psychische Bilder, die unverhältnismäßige Proportionen annehmen, eine hohe emotionale Belastung darstellen und gegenüber der ANP dissoziiert sind. Solche Vorstellungen manifestieren sich in Flashbacks oder intrusiven Gedanken (Wiedererlebnissen). So hatte eine Patientin die intrusive feste Überzeugung innerhalb einer bestimmten EP, dass sie am sexuellen Missbrauch durch ihren Vater im Alter von 4 Jahren mitschuldig war – begleitet von zugehörigen Bildern, Gefühlen und Empfindungen dieses Missbrauchs.

Synthese

Bei Patienten mit komplexen dissoziativen Störungen besteht oft eine teilweise oder komplett verzögerte Erinnerung an das Trauma, oder das Trauma wird in seinen Grundzügen zwar erinnert, ist aber mit extremer phobischer Vermeidung aller erinnernden Reize und einem Mangel an Realisierung der persönlichen Bedeutung für den Patienten behaftet. Hierbei hält die ANP durch die Vermeidung und wegen der Angst vor Überwältigung die Nichtrealisierung aufrecht – und sie tut dies ungeachtet des Bestehens intensiver traumatischer Wiederbelebungen, bei denen es sich um eindringende dissoziative Symptome von der EP in die ANP handelt.

Das Wesen der Synthese liegt darin, dass der Therapeut die betroffenen Persönlichkeiten in eine Abfolge von kurzen intensiven Erlebnissen hineinführt, innerhalb derer dissoziative Anteile der traumatischen Erinnerung hervorgerufen und geteilt werden. Die Synthese ist eine gemeinsame Bemühung von Patient und Therapeut um eine **kontrollierte Reaktivierung**. Dabei muss nicht jedes Detail des Traumas zutage treten. Es geht vielmehr darum, die so genannten **pathogenen Kerne** (pathogenic kernels, Van der Hart u. Op den Velde 1995) mit dem Patienten zu teilen, d. h. die am meisten bedrohlichen Aspekte der traumatischen Erfahrung, und das sind gerade jene, welche der Patient am liebsten um jeden Preis vermeiden würde. Die einbezogenen EP teilen ihre jeweiligen Aspekte des Traumas untereinander, so, wie sie sie mit den anderen Persönlichkeiten teilen – dabei oft aber keineswegs immer und sofort die ANP einbeziehend. Dies geschieht je nach dem Niveau der zur Verfügung stehenden psychischen Spannung. Zuvor muss besprochen worden sein, und es muss zwischen Therapeut und Patient eine Übereinkunft darüber bestehen, welche Lebensbereiche (zum Beispiel berufliche Arbeit, Elternschaft) und zugehörige Persönlichkeitsanteile von der konkret anstehenden Synthese-Erfahrung ausgeschlossen werden sollten.

Damit die Synthese-Arbeit erfolgreich verläuft, ist es erforderlich, dass das Erregungsniveau nicht zu hoch wird und dass sowohl Patient als auch Therapeut ausreichende Kontrolle über die Situation behalten: Panik und eine Re-Dissoziation der traumatischen Erinnerung sind zu vermeiden. Diesbezüglich muss der Therapeut dem Patienten klarmachen, dass das Trauma nicht in der gleichen Weise wieder erfahren werden muss wie das ursprüngliche überwältigende Ereignis, d. h. **das Trauma muss nicht und sollte nicht wiederbelebt werden**. An Stelle dessen sollte die Erregung modifiziert und beispielsweise auf einer Gradskala von 1 bis 5 bei 3 gehalten werden. Die dissoziativen Persönlichkeitsanteile werden darüber hinaus instruiert, dass sie „nur erfahren müssen, was wichtig zu wissen, zu verstehen und zu heilen ist". Anhaltende und beständige Bemühungen von Therapeut und Patient, den Patienten in der Gegenwart und in der Beziehung mit dem Therapeuten zu halten, sind für den Erfolg der Synthese wesentlich. Es hat sich als nützlich herausgestellt, frühere psychoedukative Inhalte bezüglich der Modulation der Erregung, der Ermutigung des Patienten, des Aufrechterhaltens des Kontakts zum Therapeuten und des bewussten Wahrnehmens der sicheren Umgebung in der Gegenwart während der Synthese-Arbeit zu wiederholen. Kurze Ruhepausen innerhalb einer Synthese-Sitzung sind ebenfalls sinnvoll. Während dieser Pausen soll sich der Patient entspannen, durchatmen und zum Therapeuten Kontakt halten.

Aus der Perspektive der Lerntheorie sind die Voraussetzungen der Synthese-Arbeit eine Kombination von graduierter **Exposition** und einer Verhinderung pathologischer Vermeidungantworten (Symptomverhinderung; Anm. d. Übs.), einschließlich fortgesetzter struktureller Dissoziation (Nijenhuis 1994). Auch wenn einige Autoren im Arbeitsfeld der dissoziativen Störungen Begriffe wie „kontrollierte Abreaktion" oder „abreaktive Arbeit" verwenden, um diesen Prozess zu beschreiben (zum Beispiel Fine 1993; Kluft 1994a), darf die Synthese nicht als ein Vorgang zum Ausdrücken heftiger Emotionen missverstanden werden, wie es der Begriff der Abreaktion beinhaltet (eine kritische Analyse hierzu findet sich bei Van der Hart u. Brown 1992).

Van der Hart et al. (1993) beschreiben eine umfassende und verkürzte Variante der Synthese. Dieses Vorgehen schließt einen beobachtenden (nichtemotionalen) Persönlichkeitsanteil ein, die während der Vorbereitungsphase den Therapeuten über das Trauma informiert, einschließlich des Kontextes, der dem Trauma voraus- und nachging. Beschreibungen von wichtigen sensomotorischen Aspekten wie Furcht und Schmerz werden eingeschlossen. Dieser, obgleich nichtpersonalisierte narrative Bericht wird in eine Anzahl von Segmenten unterteilt, von denen jedes eine Nummer erhält (zum Beispiel von 1 bis 10). Wenn alle betroffenen Persönlichkeiten für die Synthese präsent sind und alle die, die nicht anwesend sein sollen, sich auf ihre eigenen imaginären Sicherheitsorte (wie in Phase 1 geschaffen) zurückgezogen haben, beginnt der Therapeut zu zählen, und mit jeder Nummer bezieht er sich auf einen folgenden Teil des Traumas, dabei die betroffenen Persönlichkeiten ermutigend, sich untereinander über ihre jeweils partiellen Erfahrungen auszutauschen. Zwischen jedem Segment dieser Vorgehensweise kann der Therapeut eine Pause vorschlagen, in welcher der Patient seine Atmung reguliert, sich auf die Gegenwart bezieht und einen guten Beziehungskontakt zum Therapeuten herstellt. Ist das Ende dieser intensiven Runde erreicht, kann der Therapeut nachfragen, zu welchem Prozentsatz die vollständigen traumatischen Gedächtnisinhalte mitgeteilt wurden und welche Aspekte davon noch unvermittelt sind.

In der Literatur wurde auch ein sehr viel stärker Schritt für Schritt vorgehender Ansatz beschrieben, die so genannte **fraktionierte Synthese**, in der die Synthese-Arbeit auf eine Anzahl kleinerer Schritte verteilt wird und mehrere oder sogar viele Sitzungen umfassen kann (Fine 1993; Kluft 1994a; Van der Hart et al. 1993). Von dieser fraktionierten Synthese gibt es zahlreiche Varianten. So kann sich die Synthese zum Beispiel nur auf eine einzelne sensorische Dimension wie Furcht, Schmerz oder Ärger beziehen oder auf die Erfahrung und die Teilung der Erfahrung ausschließlich einer einzelnen EP oder nur auf ein bestimmtes Zeitsegment des Traumas usw. Der Therapeut kann die Synthese auch in knappere numerische Abschnitte gliedern, zum Beispiel 5 anstelle von 10 Ziffern – jede wiederum von der anderen durch den Vorschlag für eine Pause, entspanntes Atmen und Kontakt zum Therapeuten unterbrochen.

Allgemein gilt, dass das in einer Synthese-

Sitzung nicht vermittelte (geteilte) Material in der nächsten Sitzung weiter behandelt werden sollte (oder zumindest kurz danach). Es sind auch Vorkehrungsmaßnahmen zu treffen, damit diese verbleibenden Aspekte der traumatischen Erinnerung in der Zwischenzeit den Patienten nicht überwältigen.

Oft ist es jedoch ausgesprochen nützlich, zwischen die Synthese-Sitzungen kognitive Sitzungen einzuschalten, weil die Personalisierung und volle Realisierung des dissoziierten Materials Zeit und Unterstützung erfordern. Hierbei können hypnotische Techniken, wie zum Beispiel die „Verfrachtung" der noch nicht bearbeiteten „Überbleibsel" an einen imaginären sicheren Ort, sehr sinnvoll sein. Der Patient sollte für die kollaborative und bis dahin geleistete harte Arbeit ermutigt werden, und Angebote für seine gute Befindlichkeit und innere Versöhnung sind entscheidend.

Realisierung

Die Synthese allein ist für die Integration unzureichend. Wie schon festgehalten, muss die traumatische Erinnerung personalisiert werden, und der Patient muss, wenn er seinen Bericht abgibt, die **Gegenwart** erleben, damit aus dem traumatischen Gedächtnis ein voll narratives autobiografisches Gedächtnis werden kann. Hierzu wiederum ein klinisches Beispiel:

> Eine Patientin, die an einer sekundären strukturellen Dissoziation litt (DDNOS), verbrachte sieben Jahre in einer vorausgehenden Therapie mit Synthese-Arbeit, wo sie ein Bewusstsein für das Trauma erwarb. Jedoch fand in der ANP keinerlei Personalisierung statt, ihre psychische Spannung blieb extrem niedrig, und wann immer sie versuchte, vom Trauma zu sprechen, erlebte sie eine Re-Dissoziation. Die Patientin war nicht in der Lage, diese zurück liegenden traumatischen Erfahrungen als ihre eigenen zu erfahren, obwohl sie sie unmittelbar nach den Sitzungen plastisch erlebte und diese auch durch ihre Familie bestätigt worden waren. Früh in der Therapie bei einem der Autoren sagte sie: „Ich habe diese Geschichten tausendmal erzählt, sie gehen in meinem Kopf herum und herum, die Gefühle sind überwältigend, aber ich kann einfach nicht glauben, dass dies wirklich mir passiert ist." Ihr fehlte also die Personalisierung, und die EP blieben unintegriert.

Diese Patientin war schließlich in der Lage, eine volle Integration zu erreichen, nachdem sie mit stufenweisen Realisierungen unterstützt worden war. Die dafür erforderlichen Hilfestellungen waren folgende:

- eine formale hypnotische Kontrolle der Übererregung
- der Erwerb von Fertigkeiten zur Beendigung der extremen Einengung des Bewusstseinshorizonts der ANP und der betroffenen EP
- der Einsatz der therapeutischen Beziehung, um Sicherheit und Unterstützung zu garantieren
- das schriftliche Niederlegen von Aufträgen, um der Patientin zu helfen, Erinnerungen entsprechend ihrem Toleranzniveau zu erkennen und zu bahnen
- der direktere Zugang zu vorher dissoziierten EP unter hypnotischer Modulation der dabei entstehenden heftigen Emotionen

Die ANP wurde schrittweise in die Lage versetzt, weniger zu vermeiden und die EP mehr zu akzeptieren, und war schließlich fähig, einen narrativen Bericht über das Trauma ohne weitere Dissoziation und Vermeidung abzugeben.

Der Schritt zur Therapiephase 3 kann dann vorgenommen werden, wenn die Arbeit in der Phase 2 so erfolgreich war, dass der Patient generell eine höhere psychische Spannung erreicht hat und die Phobie vor den traumatischen Erinnerungen nicht mehr länger im Vordergrund steht. Wenn sich der Patient der Erkundung von Inhalten der Phase 3 zuwendet, kommt es regelhaft zu ziemlich spontanen Bewegungen rückwärts zur Phase 2 und wieder vorwärts in die Phase 3.

26.11 Phase 3: Persönlichkeitsintegration und Rehabilitation

Merkwürdigerweise fehlt in der Literatur oft eine ausführliche Darstellung des therapeutischen Vorgehens in Phase 3 (s. jedoch Kluft 1993), so als ob Phase 1 und 2 die einzig wichtigen wären. Das hat mit dem unter Patienten und einigen Therapeuten weiter bestehenden Mythos zu tun, dass die Erinnerung des Traumas für die Heilung ausreicht. Tatsächlich enthält die Phase 3 aber noch schwierige therapeutische Arbeit (Van der Hart et al. 1993), denn schmerzliche Trauerarbeit muss geleistet werden, um die Vertiefung der Realisierung zu ermöglichen. Schmerzlich sind auch die Aufgabe von streng vertretenen Ersatzüberzeugungen und der Kampf, sich mit der Welt einzulassen – dies jetzt mit neuen Coping-Fertigkeiten, die hohe Grade von geleisteter psychischer Anstrengung erfordern, zum Beispiel erhöhte Niveaus der Personalisierung und Vergegenwärtigung sowie einen erweiterten Bewusstseinshorizont. Der Patient, der nicht erfolgreich die Phase 3 abschließt, hat oft weiterhin Schwierigkeiten im Alltagsleben, auch wenn er eine erhebliche Erleichterung hinsichtlich seiner traumatischen Intrusionen erfahren hat.

Gelegentlich erfordert die Phase 3 eine verstärkte Aufarbeitung der massiven Vernachlässigung, die der Patient in seiner Entwicklung erlitten hat, weil erst jetzt – unter verstärkten Anstrengungen, normal zu leben – die offensichtlichen Entwicklungsdefizite oder Fixierungen deutlich werden, soweit sie nicht schon in Phase 1 bearbeitet wurden. Schwer dissoziierte Patienten haben eine anhaltende Tendenz, unter Stress zu dissoziieren, sie leben mit eingeengten Bewusstseinshorizonten und manchmal auch mit niedrigen Niveaus des Bewusstseins. Ständige Rückfallvorsorge, einschließlich eines Schutzes gegenüber Stress und Aktivitäten der Selbstfürsorge (Abschreckung der Dissoziation) sowie ein sich aufweitendes Feld des Bewusstseins sind ständige und wesentliche Aufgaben in Phase 3. Entscheidend sind regelmäßige Übungen, die Gegenwart präsent zu halten, einschließlich sinnvoller Meditation oder Beschäftigung mit konkreten Aufgaben. Der Patient sollte sich klar über die Notwendigkeit sein, seine Selbstfürsorge zu verbessern und täglich daran zu arbeiten.

Allgemein machen die dissoziativen Persönlichkeitsanteile eine schrittweise Bewegung in Richtung einer Fusion untereinander, sie verändern ihren Charakter, werden auf diese Weise weniger umrissen und autonom, dies in dem Maße, wie Realisierung, Empathie, Teilung mit anderen und mehr Kooperation im täglichen Leben anwachsen. Für diesen schrittweisen Fusionsprozess sind mehrere Wege beschrieben worden:
- formale geplante Fusionsrituale – mit oder ohne Hypnose
- spontane Fusionen, die unmittelbar der Synthese folgen
- spontane Fusionen, die außerhalb der Therapie geschehen
- schrittweise Vermischungen von Persönlichkeiten, die in natürlicher Weise mit der Zeit fusionieren (zum Beispiel Kluft 1993)

Die therapeutische Arbeit muss fortfahren, diese integrativen Schritte zu stützen, die manchmal durch Krisen oder das Auftauchen von neuen traumatischen Erinnerungen unterbrochen werden. Tatsächlich treten fast regelhaft in der Phase 3 neue dissoziierte traumatische Inhalte auf, weil die psychische Spannung ansteigt und der Patient eher in der Lage ist, zuvor dissoziierte Erfahrungen zuzulassen. Dies ist ein normaler und zu erwartender Behandlungsprozess, und während solcher

Abläufe ist es sinnvoll, zeitweise wieder zur Arbeit von Phase 1 und Phase 2 zurückzukehren. Generell ist es hilfreich, den Patienten an der Integrationsaufgabe festzuhalten und dabei anhaltend nachzufragen, was eigentlich die Persönlichkeitsanteile weiter voneinander dissoziiert hält. An der Lösung dieser Probleme ist dann weiterzuarbeiten. Therapeut und Patient sind gut beraten, wenn sie eine volle Integration der Persönlichkeit nicht zu rasch erwarten. Als allgemeine Regel gilt, dass die scheinbare „endgültige Fusion" zwischen den dissoziativen Persönlichkeitsanteilen nicht die endgültige ist. Kluft (1993) kommt aufgrund des Überblicks über seine große Behandlungs-Population zu dem Ergebnis, dass man nicht vor 27 Monaten dissoziationsfreier Zeit wirklich unterstellen kann, dass die Integration tatsächlich auch von Dauer ist. Daraus ergibt sich die Notwendigkeit gründlicher Nachuntersuchungen.

Die Bewältigung der Phobien, um die es in Phase 3 geht, beinhaltet in der Konsequenz ein normales Leben, relativ frei von traumatischen Intrusionen und Dissoziation.

Überwindung der Phobie vor dem normalen Leben

Vor der Arbeit von Phase 2 hielt das Alltagsleben oft eine große Anzahl von Auslösern oder konditionierten Reizen bereit, die überwältigende Wiedererlebnisse auslösten und zur Folge hatten, dass das Leben allgemein oft hartnäckig vermieden und nachdrücklich eingeengt wurde. Das Alltagsleben erfordert auch, sich an eine große Vielfalt von komplexen und manchmal schwierigen Erfahrungen anzupassen, sie zu integrieren und zwischen ihnen zu differenzieren. Das kann für jemand, dessen persönliches Leben um Einengung und Vermeidung organisiert ist, sehr entmutigend sein.

Das Alltagsleben muss erst einmal hinsichtlich seines Ausmaßes an aktueller Normalität (natürlich gibt es eine große Bandbreite dessen, was als normal angesehen wird) eingeschätzt werden; dazu gehören auch die Wünsche, die der Patient umsetzen möchte. Es ist unvermeidlich zu beurteilen, ob der Patient ein einigermaßen balanciertes Leben hinsichtlich von Arbeit, Freizeit, Muße und Beziehungen hat und ob diese Erfahrungen bedeutungshaltig und personalisiert sind. Oft ist das gar nicht der Fall, weil eine Ausgeglichenheit im Alltagsleben eine hohe psychische Spannung und eine integrative Flexibilität zwischen den evolutionär geprägten Systemen voraussetzt. Auch wenn viel integrative Arbeit zwischen den ANP und den EP in Phase 3 erfolgt ist, verbleibt dennoch die abschließende Arbeit, diese emotionalen Systeme und ihre flexible Interdependenz zu aktivieren und zu verfeinern. Ein klinisches Beispiel:

> Eine ANP war eine vorzügliche Mutter und gut in der Lage, mehrere Kind-EP erfolgreich zu integrieren. Weder die ANP noch EP hatten jedoch viel Erfahrung mit exploratorischen Systemen und Spielsystemen für sich allein (obwohl die ANP durchaus in der Lage war, ihr Kind bei Spiel und Erkundung im Rahmen ihrer Fürsorgefunktionen zu unterstützen). Damit fehlte etwas im Leben der Patientin an der Stelle, an der es um Erholung, Humor und Spielfreudigkeit in den Beziehungen ging. Diese Systeme wurden dann mit Psychoedukation progressiv aktiviert, die Übungen zunehmend verlängert und die Aufgaben komplexer (Van der Kolk u. Van der Hart 1989; Van der Hart et al. 1989). Es folgten Aufgaben der geplanten Beobachtung anderer Menschen, die langsame Entwicklung einiger Freundschaften mit Menschen, die in solchen Fähigkeiten kompetenter waren und noch später sogar die zusätzliche Lösung fixierter Vorstellungen und traumatischer Erinnerungen.

Dieser Fall verdeutlicht die Probleme, die sich aus der Einengung des Bewusstseinshorizontes ergeben und während des gesamten Therapieverlaufs beobachtet werden können. Die

ANP, soweit sie Fürsorgeperson und Mutter war, konnte ihr Kind unterstützen und ermutigen, die Spielfreude und die exploratorischen Systeme zu aktivieren. Für sich selbst war sie jedoch dazu nicht in der Lage. Wir möchten das so beschreiben, dass bei ihr eine Einengung des **persönlichen Bewusstseinshorizontes** vorlag. Deshalb war sie unfähig, Fertigkeiten, die sie für andere einsetzen konnte, für sich selbst wahrzunehmen und zu nutzen. Solche Einschränkungen im Felde des persönlichen Bewusstseins behindern oft das Alltagsleben und verursachen weiteres Vermeidungsverhalten. Daher ist die Erweiterung des persönlichen Bewusstseinshorizontes hinweg über alle evolutionär entstandenen Systeme (wie schon ausgeführt: Bindung, Spiel, Erkundung usw.) ein wesentliches Ziel in der Phase 3, das viel zur Aufhebung der Alltagsphobien beiträgt. Das heißt, es geht um konsequente Ausweitung der Personalisierung, sodass schließlich alle Systeme im persönlichen Bewusstseinshorizont zur Verfügung stehen. Wenn alle ANP und EP für eine gemeinsame Arbeit an gemeinsamen Zielen in der Gegenwart disponibel sind, dann werden innere Zustände weniger konflikthaft, und die Aufmerksamkeit kann sich in einer flexibleren und adaptiveren Weise auf die Gegenwart richten. Eine Exposition gegenüber Situationen, in denen neue Anpassungsleistungen und Lernen zu erwarten sind, ist wesentlich, um die Phobie vor dem Alltagsleben aufzulösen, aber solche Erfahrungen stimulieren wiederum eine andere verwandte Phobie, nämlich die vor der gesunden Übernahme von Risiken und dem Wechsel überhaupt.

Das Eintauchen in das normale Leben beinhaltet mit jedem neuen Gewinn und positiven Erlebnis oft das Erlebnis von Freude und Aufregung. Gleichzeitig aber entwickelt sich eine sehr grundlegende Betroffenheit, dass man so lange auf ein einfaches normales Leben verzichten musste. Die Patienten können verwirrt oder auch beschämt über die Dualität der entstehenden Gefühle im Heilungsprozess werden, und man muss ihnen dabei helfen, diese zu akzeptieren. Es tritt nun eine starke Realisierung dessen auf, was verloren wurde oder was fehlt, und dies nicht nur für die traumatischen Erlebnisse während der Kindheit, sondern auch für die früheren Abschnitte des Erwachsenenleben. Das Ergebnis ist ein Realisieren des „kumulativen Elends" einer chronisch-dissoziativen Störung. So stellt die Trauer einen wesentlichen Prozess während der Phase 3 dar. Die Trauer sollte von einem ausgeprägten Bewusstsein der Jetztzeit (Vergegenwärtigung), der Fähigkeit, sich selbst zu beruhigen, sich mit neuen Zugewinnen im Leben zu trösten, und von Beziehungen mit anderen begleitet sein. Sonst besteht die Gefahr, dass der Patient in der Verzweiflung versinkt und sich mit einem unerträglichen Verlusterlebnis zunehmend isoliert fühlt. Der Therapeut kann für die Trauerarbeit des Patienten eine entscheidende Rolle spielen, indem er empathisch **Zeugenschaft** vom Leiden des Patienten (und der sich anschließenden Heilung) gibt. So kommt es letztlich zu einer Wiederherstellung der empathischen Beziehung mit dem Selbst, den anderen und der Welt, die während des anhaltenden Traumas verloren war (Laub u. Auerhahn 1989; Van der Hart u. Nijenhuis 1999).

Überwindung der Phobie vor gesunder Risikoübernahme und dem Wechsel

Risikoübernahme und Wechsel sind notwendig für eine ständige Anpassung an aktuelle Umstände. Viele dissoziative Patienten verbalisieren eine generelle Angst vor dem Wechsel – mit der Folge eines monotonen und restringierten Lebensstils, zeitweise geradezu chaotisch, da das Chaos für viele Patienten am ehesten vertraut ist. Janet (1903) hielt fest, dass eine der ersten Schwierigkeiten, die beim Absinken der psychischen Spannung auftrete, eine Phobie vor einer Anpassung an neue Situationen sei. Auf einem höheren Niveau kann sich dies in einer massiven Vermeidung und Furcht vor jedem inneren oder äußeren Wechsel konkretisieren.

Die Behandlung besteht hier in der Korrektur von Ersatzüberzeugungen und rigiden Vorstellungen, die den Wechsel betreffen, etwa der, dass dieser gefährlich oder unerträglich sei oder Hilflosigkeit und Inkompetenz nach sich ziehe. Die Auflösung der traumatischen Erinnerung ist dafür wesentlich, weil der Beginn des Wechsels oft das Abwehrsystem (EP) aktiviert, welches dann in die ANP eindringt oder sie behindert. Ein klinisches Beispiel:

> Für eine Patientin bestand eine sehr deutliche und konkrete Verbindung zwischen ihrer Angst vor jeglicher Veränderung und dem Beginn des Missbrauchs: „Als mein Vater die sexuelle Beziehung zu mir aufnahm, änderte sich *alles*. Wechsel bedeutete für mich das Schlimmste, was mir passieren konnte. Sexualität verletzt, so auch der Wechsel."

Hier wird die Veränderung als solche als eine massive Bedrohung wahrgenommen. Praxis, schrittweise Übungen, ein anwachsendes Bewusstsein und die Personalisierung von sicheren Veränderungen, die innerhalb der Therapie abgelaufen sind, sowie eine fortgesetzte Unterstützung für eine anhaltende psychische Anstrengung gegenüber Wechseln oder Risiken sind in dieser Therapiephase wichtige Interventionen.

Überwindung der phobischen Befürchtung vor Intimität

Die Bewältigung der phobischen Befürchtung vor Intimität stellt in einer erfolgreichen Therapie vielleicht so etwas wie ein Gipfelkreuz dar. Voraussetzung hierfür sind die Integration aller emotionalen Systeme innerhalb des Horizontes persönlicher Bewusstheit und das höchste Niveau ausgehaltener Personalisierung und Vergegenwärtigung. Damit reife Intimität stattfinden kann, müssen die Phobien vor den inneren Zuständen, vor Bindung, vor den traumatischen Erinnerungen an das von Menschen zugefügte Leid, vor Risikoübernahme und Wechsel und vor dem normalen Leben überwunden sein. Intimität kann auf verschiedene Weise stattfinden: emotional, physisch (nichtsexuell) und sexuell. Phobische Befürchtungen können sich auf einige oder alle Formen richten.

Zu einem großen Ausmaß wird man die Phobie vor der Intimität im Rahmen der therapeutischen Beziehung ansprechen, welche die Erfahrung einer sicheren Bindung vermitteln kann. Die Überwindung der Phobie vor Intimität setzt allerdings die Anerkennung voraus, dass die eigene Fähigkeit zur Intimität nicht auf die Beziehung zu einer einzelnen Person, in diesem Falle dem Therapeuten, limitiert ist. Damit diese Realisierung voll integriert werden kann, muss Intimität auch in weniger gut kontrollierten Situationen, d. h. konkret in der „wirklichen" Welt mit anderen Menschen, erfahren werden. Man muss dem Patienten helfen, sich dem in einer schrittweisen Vorgehensweise zu nähern. Er muss vor allem die Furcht vor emotionaler Intimität verlieren, bevor physische oder sexuelle Intimität stattfinden kann, weil die beiden letzten die emotionale Intimität als Voraussetzung erfordern. In der Regel besteht ein extremer Widerstand gegenüber dem Erlebnis von möglichem Verlust (des sozialen Objekts; Anm. d. Übs.), was aber ein unvermeidliches Risiko im Zusammenhang mit Intimität überhaupt ist. Ansteigende Niveaus von Vergegenwärtigung können den Patienten davor schützen, entweder in einer phantasierten katastrophischen Zukunft, voll von unerträglichen Verlusten, oder in einer Vergangenheit zu leben, in der Beziehungsverluste oder Verletzung überwogen. Zusätzlich muss der Patient **in der Gegenwart** den Schritt leisten, die sehr gewöhnlichen Gefährdungen und Schwierigkeiten, die innerhalb normaler intimer Beziehungen auftreten, auszuhalten. Das setzt angemessene Fertigkeiten zur Konfliktlösung, Empathie, Fähigkeiten zur Beruhigung, reflektiven mehr als reflektorischen Handlungen sowie die Fähigkeit, zwischen Abstufungen der Schwierigkeiten in Beziehungen zu unterscheiden, voraus, sodass keine Über- oder Unterreaktionen erfolgen. Intimität setzt gute Grenzen und Begrenzungen voraus, und zwar sowohl innerlich als auch äußerlich – in den Beziehungen. Patienten müssen ganz allgemein die Bedeutung persönlicher Grenzen erlernen, wann und wie sie einzusetzen sind und wie man effektiv mit den Grenzen der anderen umgeht, ohne sich zurückgewiesen zu fühlen – denn „gute Zäune machen gute Nachbarn". Wirksame Grenzen reduzieren die Angst vor Intimität, vermitteln einen Sinn für die personale Kontrolle und gleichen die Machtbalance in den Beziehungen aus.

26.12 Zusammenfassung

Unsere Darstellung vermittelt eine strukturelle Theorie der Dissoziation in der Persönlichkeit, die das ganze Spektrum der traumabezogenen Störungen einbezieht. Ursprung und Haltung der strukturellen Dissoziation entstammen traumabezogenen phobischen Ängsten (phobias), die wir bei der Darstellung der phasenorientierten Behandlung, die auf dem Feld der Trauma-Theorie gut eingeführt ist, dargestellt haben. Wir stellten allgemeine Behandlungs-Leitlinien vor, um die psychische Spannung zu erhöhen, aus der sich konsekutiv eine wachsende Synthese, Realisierung, Personalisierung und Vergegenwärtigung ergeben: Dies sind die Meilensteine der Integrationsarbeit. Dieser Therapieprozess besteht in der Überwindung der verschiedensten traumabezogenen Phobien und bei den schwersten dissoziativen Störungen einer Integration dessen, was strukturell dissoziiert ist. Die strukturelle Theorie der Dissoziation ist eine integrative Hintergrundtheorie, welche zahlreiche Interventionen, die sich aus unterschiedlichen theoretischen Konzepten wie psychodynamischen, objektbezogenen, kognitiv-behavioralen u. a. ergeben, einzusetzen erlaubt, solange die Grundprinzipien der vorgestellten Theorie und Therapie dabei gewahrt werden.

Literatur

American Psychiatric Association (1994). Diagnostic and Statistical Manual of Mental Disorders. 4th ed. Washington, DC: American Psychiatric Association.

Ainsworth M, Blehar M, Waters E, Wall S (1978). Patterns of Attachment. Hillsdale, NJ: Lawrence Erlbaum.

Baeyens F, Hermans D, Eelen P (1993). The role of CS-UCS contingency in human evaluative conditioning. Behav Res Ther; 31: 731–7.

Boon S (1997). The treatment of traumatic memories in DID: Indications and contra-indications. Dissociation; 10: 65–80.

Bretherton I, Munholland KA (1999). Internal working models in attachment relationships: A construct revisited. In: Cassidy J, Shaver PR (eds). Handbook of Attachment: Theory, research, and clinical applications. New York: Guilford; 89–111.

Brown D, Scheflin AW, Hammond DC (1998). Memory, Trauma Treatment, and the Law. New York: Norton.

Chu JA (1998). Rebuilding Shattered Lives: The responsible treatment of complex posttraumatic stress and dissociative disorders. New York: Guilford.

Courtois C (1999). Recollections of Sexual Abuse: Treatment principles and guidelines. New York: W.W. Norton & Co.

Dalenberg CJ (2000). Countertransference and the Treatment of Trauma. Washington, DC: American Psychological Association.

Davies JM, Frawley MG (1994). The Psychoanalytic Treatment of Adult Survivors of Childhood Sexual Abuse. New York: Basic Books.

Draijer N, Boon S (1993). Trauma, dissociation, and dissociative disorders. In: Boon S, Draijer N (eds). Multiple Personality in the Netherlands: A study on reliability and validity of the diagnosis. Lisse: Swets & Zeitlinger; 177–93.

Ellenberger HF (1970). The Discovery of the Unconscious: The history and evolution of dynamic psychiatry. New York: Basic Books.

Gunderson J (1996). The borderline patient's intolerance of aloneness: Insecure attachments and therapist availability. Am J Psychiatry; 153: 752–8.

Fine CG (1993). A tactical integrationalist perspective on the treatment of multiple personality disorder. In: Kluft RP, Fine CG (eds). Clinical Perspectives on Multiple Personality Disorder. Washington, DC: American Psychiatric Press; 135-53.

Hammond DC, Cheek DB (1988). Ideomotor signaling: A method for rapid unconscious exploration. In: Hammond DC (ed). Hypnotic Induction and Suggestion: An introductory manual. Des Plaines, ILL: American Society of Clinical Hypnosis; 90-7.

Hart B (1929). Psychopathology: Its development and its place in medicine. 2nd ed. Cambridge: Cambridge University Press.

Herman JL (1992). Trauma and Recovery. New York: Basic Books.

Horevitz R, Loewenstein RJ (1994). The rational treatment of multiple personality disorder. In: Lynn SJ, Rhue JW (eds). Dissociation: Clinical and theoretical perspectives. New York: Guilford; 289-316.

Huber M (1995). Multiple Persönlichkeiten: Überleben de extremer Gewalt. Frankfurt a. M.: Fischer.

Jackson JH (1931/32). Selected Writings of John Hughlings Jackson (Vol. 1 & 2). London: Milford.

Janet P (1889). L'Automatisme psychologique. Paris: Félix Alcan.

Janet P (1894). Histoire d'une idée fixe. Revue Philosophique; 37: 121-63.

Janet P (1898). Névroses et idées fixes. Paris: Félix Alcan.

Janet P (1903). Les obsessions et la psychasthénie (Vol. 1). Paris: Félix Alcan.

Janet P (1904). L'Amnésie et la dissociation des souvenirs par l'émotion. Journal de Psychologie; 1: 417-53.

Janet P (1907). The Major Symptoms of Hysteria. London, New York: Macmillan.

Janet P (1909a). Les névroses. Paris: E. Flammarion.

Janet P (1909b). Problèmes psychologiques de l'émotion. Revue Neurologique; 17: 1551-687.

Janet P (1919/25). Psychological Healing. New York: Macmillan.

Janet P (1928). L'Évolution de la mémoire et de la notion du temps. Paris: A Chahine.

Janet P (1935). Réalisation et interprétation. Annales Médico-Psychologiques; 93: 329-66.

Janet P (1945). La croyance délirante. Schweiz Z Psychol; 4: 173-87.

Kihlstrom JF (1992). Dissociation and conversion disorders. In: Stein DJ, Young JE (eds). Cognitive Science and Clinical Disorders. San Diego: Academic Press; 247-70.

Kihlstrom JF (1994). One hundred years of hysteria. In: Lynn SJ, Rhue JW (eds). Dissociation: Clinical and theoretical perspectives. New York: Guilford; 365-95.

Kluft RP (1993). Clinical approaches to the integration of personalities. In: Kluft RP, Fine CG (eds) (1993). Clinical Perspectives on the Treatment of Multiple Personality Disorder. Washington, DC: American Psychiatric Press; 101-33.

Kluft RP (1994a). Applications of hypnotic interventions. HYPNOS; 21: 205-23.

Kluft RP (1994b). Countertransference in the treatment of multiple personality disorder. In: Wilson JP, Lindy JD (eds). Countertransference in the Treatment of PTSD. New York: Guilford; 122-50.

Kluft RP (1997). On the treatment of traumatic memories: Always? Never? Sometimes? Now? Later? Dissociation; 10: 80-90.

Kluft RP (1999). An overview of the psychotherapy of dissociative identity disorder. Am J Psychother; 53: 289-319.

Kluft RP, Fine CG (eds) (1993). Clinical Perspectives on the Treatment of Multiple Personality Disorder. Washington, DC: American Psychiatric Press.

Laub D, Auerhahn NC (1989). Failed empathy - a central theme in the survivor's Holocaust experiences. Psychoanal Psychol; 6: 377-400.

Linehan MM (1993). Cognitive-behavioral Treatment of Borderline Personality Disorder. New York: Guilford.

Liotti G (1995). Disorganized/disoriented attachment in the psychotherapy of the dissociative disorders. In: Goldberg S, Muir R, Kerr J (eds). Attachment Theory: Social, developmental and clinical perspectives. Hillsdale, NJ: The Analytic Press; 343-63.

Liotti G (1999). Disorganization of attachment as a model for understanding dissociative psychopathology. In: Solomon J, George C (eds). Attachment Disorganization. New York: Guilford; 297-317.

Loewenstein RJ (ed) (1991). Multiple Personality Disorder. Psychiatric Clinics of North America, 14. Philadelphia: W. B. Saunders Co.

Main M (1996). Overview of the field of attachment. J Consult Clin Psychol; 64: 237-43.

Main M, Solomon J (1986). Discovery of a new, insecure-disorganized/disoriented attachment pattern. In: Brazelton TB, Yogman MW (eds). Affective Development in Infancy. Norwood, NJ: Ablex; 95-124.

Main M, Morgan H (1996). Disorganization and disorientation in infant strange situation behavior: Phenotypic resemblance to dissociative states? In: Michelson LK, Ray WEJ (eds). Handbook of Dissociation: Theoretical, empirical and clinical perspectives. New York: Plenum Press; 107-38.

Marshall RD, Spitzer R, Liebowitz MR (1999). Review and critique of the new DSM-IV diagnosis of acute stress disorder. Am J Psychiatry; 156: 1677-85.

McCann IL, Pearlman LA (1990). Psychological Trauma and the Adult Survivor: Theory, therapy, and transformation. New York: Brunner/Mazel.

McDougall W (1926). An Outline of Abnormal Psychology. London: Methuen.

Meares R (1999). The contribution of Hughlings Jackson to an understanding of dissociation. Am J Psychiatry; 156: 1850-5.

Michelson LK, Ray WEJ (eds). Handbook of Dissociation. New York: Plenum Press.

Mitchell TW (1922). Medical Psychology and Psychical Research. London: Methuen.

Myers CS (1940). Shell Shock in France 1914-18. Cambridge: Cambridge University Press.

Nemiah JC (1991). Dissociation, conversion, and somatization. In: Tasman A, Goldfinger SM (eds). American Psychiatric Press Review of Psychiatry; 10: 248-60.

Nijenhuis ERS (1994). Dissociatieve stoornissen en psychotrauma. Houten: Bohn Stafleu Van Loghum.

Nijenhuis ERS (1999). Somatoform Dissociation: Phenomena, measurement, and theoretical issues. Assen: Van Gorcum.

Nijenhuis ERS, Van der Hart O (1999). Forgetting and re-experiencing trauma: From anesthesia to pain. In: Goodwin J, Attias R (eds). Splintered Reflections: Images of the body in trauma. New York: Basic Books; 39-65.

Nijenhuis ERS, Spinhoven P, Van Dyck R, Van der Hart O (1996). The development and psychometric characteristics of the Somatoform Dissociation Questionnaire (SDQ-20). J Nerv Ment Dis; 184: 688-94.

Nijenhuis ERS, Spinhoven P, Vanderlinden J (1998). Animal defense reactions as a model for dissociative reactions. J Trauma Stress; 11: 243-60.

Nijenhuis ERS, Van der Hart O, Steele K (2003). Strukturelle Dissoziation der Persönlichkeitsstruktur, traumatischer Ursprung, phobische Residuen. In: Reddemann L, Hofmann A, Gast U (Hrsg). Lindauer Psychotherapie-Module: Dissoziative Störungen. Stuttgart: Thieme.

Ogawa JR, Sroufe LA, Weinfield NS, Carlson EA, Egeland B (1997). Development and the fragmented self: longitudinal study of dissociative symptomatology in a nonclinical sample. Developm Psychopathol; 9: 855-79.

Panksepp J (1998). Affective Neuroscience: The foundations of human and animal emotions. New York, Oxford: Oxford University Press.

Pearlman LA, Saakvitne KW (1995). Trauma and the Therapist: Countertransference and vicarious traumatization in psychotherapy with incest survivors. New York: W.W. Norton & Co.

Putnam FW (1989). Diagnosis and Treatment of Multiple Personality Disorder. New York: Guilford.

Putnam FW (1997). Dissociation in Children and Adolescents: A developmental perspective. New York: Guilford.

Putnam FW, Guroff JJ, Silberman EK, Barban L, Post RM (1986). The clinical phenomenology of multiple personality disorder. J Clin Psychiatry; 47: 285-93.

Ross CA (1989). Multiple Personality Disorder: Diagnosis, clinical features and treatment. New York: John Wiley.

Ross CA, Norton GR, Wozney K (1989). Multiple personality disorder: An analysis of 236 cases. Can J Psychiatry; 34: 413-8.

Rothschild B (2000). The Body Remembers: The psychophysiology of trauma and trauma treatment. New York: W.W. Norton & Co.

Schwartz L (1951). Die Neurosen und die dynamische Psychologie von Pierre Janet. Basel: Benno Schwabe & Co.

Siegel D (1999). The Developing Mind: Toward a neurobiology of interpersonal experience. New York: Guilford.

Steele K, Colrain J (1990). Abreactive work with sexual abuse survivors: Concepts and techniques. In: Hunter MA (ed). The Sexually Abused Male. Vol. 2. Lexington, MA: Lexington Press; 1-55.

Steele K, Van der Hart O, Nijenhuis ERS (2001). Dependency in the treatment of complex posttraumatic stress disorder and dissociative disorders. J Trauma Dissoc; 2(4): 79-116.

Van der Hart O (ed) (1995). Trauma, dissociatie en hypnose. 3rd ed. Lisse: Swets & Zeitlinger.

Van der Hart O, Friedman B (1989). A reader's guide to Pierre Janet on dissociation: A neglected intellectual heritage. Dissociation; 2: 3-16.

Van der Hart O, Brown P (1992). Abreaction re-evaluated. Dissociation; 5: 127-38.

Van der Hart O, Op den Velde W (1995). Traumatische herinneringen. In: Van der Hart O (ed). Trauma, dissociatie en hypnose. Lisse: Swets & Zeitlinger; 79-102.

Van der Hart O, Boon S (1997). Treatment strategies for complex dissociative disorders: Two Dutch case examples. Dissociation; 10: 157-65.

Van der Hart O, Steele K (1997). Time distortions in dissociative identity disorder: Janetian concepts and treatment. Dissociation; 10: 91-103.

Van der Hart O, Nijenhuis ERS (1999). Bearing witness to uncorroborated trauma: The clinician's development of reflective belief. Professional Psychology: Research and Practice; 30: 37-44.

Van der Hart O, Brown P, Van der Kolk BA (1989). Pierre Janet's treatment of posttraumatic stress. J Trauma Stress; 2: 379-96.

Van der Hart O, Steele K, Boon S, Brown P (1993). The treatment of traumatic memories: Synthesis, realization, and integration. Dissociation; 6: 162-80.

Van der Hart O, Van der Kolk BA, Boon S (1998). Treatment of dissociative disorders. In: Bremner JD, Marmar CR (eds). Trauma, Memory, and Dissociation. Washington, DC: American Psychiatric Press; 253-83.

Van der Hart O, Van Dijke A, Van Son M, Steele K (2000). Somatoform dissociation in traumatized World War I combat soldiers: A neglected clinical heritage. J Trauma Dissoc; 1(4): 33-66.

Van der Kolk BA, Van der Hart O (1989). Pierre Janet and the breakdown of adaptation in psychological trauma. Am J Psychiatry; 146: 1530-40.

Van der Kolk BA, Van der Hart O (1991). The intrusive past: The flexibility of memory and the engraving of trauma. Am Imago; 48: 425-45.

Van der Kolk BA, Fisler R (1995). Dissociation and the fragmentary nature of traumatic memories: Overview and exploratory study. J Trauma Stress; 8: 505-25.

Wheeler MA, Stuss DT, Tulving E (1997). Toward a theory of episodic memory: The frontal lobes and autonoetic consciousness. Psychol Bull; 121: 331-54.

Wolf DP (1990). Being of several minds: Voices and versions of the self in early childhood. In: Cicchetti D, Beeghly M (eds). The Self in Transition: Infancy to childhood. Chicago, ILL: The Chicago University Press; 183-212.

Wolff PH (1987). The Development of Behavioral States and the Expression of Emotions in Early Childhood. Chicago: University of Chicago Press.

World Health Organization (1992). ICD-10. Geneva: World Health Organization.

27 Der psychodynamische Ansatz zur Behandlung komplexer dissoziativer Störungen

U. Gast

27.1 Einleitung

Unter dem Begriff der komplexen dissoziativen Störungen werden diejenigen dissoziativen Störungen zusammengefasst, die sich durch das Vorhandensein mehr oder weniger stark abgespaltener Selbst-Zustände auszeichnen. Man unterscheidet hierbei die Dissoziative Identitätsstörung mit dem Vorliegen voll abgespaltener Selbst-Zustände sowie die ihr ähnliche Subform, die „nicht näher bezeichnete dissoziative Störung" (NNBDS, Typ I), bei der sich teilweise abgespaltene Selbst-Zustände finden lassen (s. Kap. 15 in diesem Band). Die Ergebnisse der Dissoziationsforschung der letzten 20 Jahre zeigen, dass komplexe dissoziative Störungen auf dem Boden lang anhaltender Traumatisierungen in Form von schwerer Vernachlässigung sowie emotionalen, körperlichen und sexuellen Misshandlungen entstehen.

Auf der Grundlage des posttraumatischen Modells wurden Therapie-Ansätze entwickelt, mit denen man nunmehr auch solche Patienten behandeln kann, die auf die bisherigen therapeutischen Ansätze nicht oder nur unzureichend ansprachen. Hierzu mussten neue Therapiekonzepte entwickelt und vorhandene therapeutische Techniken erweitert werden. Dies geschah vor allem auf drei verschiedenen Wegen: Zum einen wurden bestehende Techniken miteinander kombiniert. Insbesondere wurden kognitiv-behaviorale und imaginative Techniken in psychodynamische Konzepte integriert. Zum anderen profitierte die Therapie der komplexen dissoziativen Störungen von der Weiterentwicklung der Psychotrauma-Techniken (fraktionierte Abreaktion, Imagination und EMDR). Drittens fanden durch Richard P. Kluft (2000) eine Weiterentwicklung, Adaptation und Modifikation vorhandener psychodynamischer Techniken statt, die sich in besonderer Weise bei der Bearbeitung dissoziierter Selbst-Zustände als nützlich erwiesen haben. Die hieraus entwickelten Therapiekonzepte zur Behandlung hochdissoziativer Patienten fanden in den Behandlungsrichtlinien der International Society for the Study of Dissociation (ISSD 1997; dt. Bearbeitung von Huber 1997) ihren Niederschlag.

Im Folgenden sollen diese Richtlinien vorgestellt werden, um einen Gesamtablauf der phasenorientierten Behandlung (Stabilisierungphase – Trauma-Bearbeitung – postintegrative Phase) im Überblick darzustellen. Anschließend wird ein kurzer Rückblick zur Entstehung der Richtlinien gegeben. Schließlich wird dargestellt, welchen Beitrag der dynamische Ansatz zur Behandlung dissoziativer Störungen leisten kann. Der Schwerpunkt wird hierbei auf die Stabilisierungsphase gelegt, da die von Kluft (2000) beschriebenen Modifikationen vorrangig in dieser Phase zum Einsatz kommen.

27.2 Die Behandlungsrichtlinien der ISSD im Überblick

In den ISSD-Richtlinien (International Society for the Study of Dissociation 1997) wird eine hochfrequente ambulante Einzeltherapie, die spezifisch auf die Bedürfnisse und Probleme der Patienten abgestimmt ist, als Methode der Wahl empfohlen. Als besonders effektiv bewährt sich ein kombiniertes Vorgehen. Als Grundlage wird der psychodynamische Ansatz am häufigsten angewandt, der durch kognitiv-behaviorale, hypnotherapeutische und traumaorientierte Techniken ergänzt wird. Als Therapiedauer werden 4 bis 8 Jahre angegeben, als Therapieziel die Förderung eines zunehmenden Gefühls innerer Verbundenheit zwischen den alternierenden Persönlichkeitszuständen (Kohärenzsteigerung des Selbst). Im Schutze der therapeutischen Beziehung soll dem Patienten die Gelegenheit gegeben werden, ein einheitliches und „alltagstaugliches" Selbst zu entwickeln. – Da es sich bei dieser Klientel in 90% der Fälle um Frauen handelt, wird durchgängig die weibliche Form gewählt. – Als optimales Therapieziel wird die vollständige Integration aller Persönlichkeitszustände in eine Gesamtpersönlichkeit angestrebt. Ist dieses Ziel nicht erreichbar, gilt als Minimalziel eine weitgehende Kooperation aller Persönlichkeitszustände, sodass keine Amnesien im Tagesbewusstsein mehr vorkommen und die Patienten bewusst kontrollieren können, welche „Persönlichkeiten" zu welchem Zeitpunkt die aktive Kontrolle übernehmen. Innerlich sollte kein Persönlichkeitsanteil mehr abgespalten, abgelehnt oder stigmatisiert werden (Huber 1997).

In Anlehnung an Herman (1992) wird zudem ein bei Posttraumatischen Störungen bewährtes, phasenorientiertes Vorgehen empfohlen (s. auch Kluft 1991; 1993; Putnam 1989;

Ross 1997). Schematisch werden drei Phasen unterschieden:
- Stabilisierung durch den Aufbau der therapeutischen Beziehung und Förderung der inneren Kommunikation
- Trauma-Bearbeitung und Integration
- postintegrative Psychotherapie

Kernziele in der **ersten Phase** der Therapie sind der **Aufbau einer tragfähigen und vertrauensvollen therapeutischen Beziehung**, die Abklärung und Stabilisierung der aktuellen Lebenssituation der Patienten und die Arbeit an den persönlichen Ressourcen. Es erfolgt dann die Erkundung des individuellen Persönlichkeitssystems (so genanntes „Mapping", Kluft 1991). Hierbei wird mit der Patientin erarbeitet, welche Persönlichkeitszustände bzw. Selbst-Zustände vorhanden sind, welche speziellen Fähigkeiten bzw. Konflikte diese haben und welche Funktion sie im Gesamtsystem erfüllen. Häufig wird hierbei auch die Entstehungsgeschichte der verschiedenen „Persönlichkeiten" offenbar, sodass eine erste Annäherung an mögliche belastende oder traumatische Erfahrungen stattfindet, die in dieser Phase der Therapie jedoch noch nicht vertieft wird. In einem nächsten Schritt wird die Patientin ermutigt, die Kommunikation zwischen den verschiedenen „Persönlichkeiten" zu fördern. Hierbei wird eine bessere Wahrnehmung und Kommunikation der „Persönlichkeiten" untereinander angestrebt, die bisher mehr oder weniger amnestisch füreinander waren oder sich gegenseitig abgelehnt haben. Im Schutzraum der Therapie wird die Patientin also behutsam damit konfrontiert, den Bewältigungsmechanismus des „Wegmachens" durch Dissoziation (s. Kluft 1996b) Stück für Stück aufzugeben und durch andere Bewältigungsstrategien zu ersetzen. Dabei ist es sinnvoll, der Patientin zu vermitteln, dass die dissoziative Bewältigung in der traumatischen Situation als Notfallmaßnahme sinnvoll war, sich dann aber zunehmend verselbstständigte und für die aktuelle Lebenssituation dysfunktional geworden ist, weil dadurch verschiedene Persönlichkeitszustände voneinander getrennt und häufig gegeneinander agieren. Das Angebot in dieser Therapiephase besteht darin, die Patientin darin zu unterstützen, dass die verschiedenen „Persönlichkeiten" eine Kooperation miteinander erproben.

Die **Stabilisierungsphase** kann ein bis mehrere Jahre beanspruchen. Die Ziele dieser Phase sind erreicht, sobald die Patientin eine ausreichende Selbstkontrolle hinsichtlich ihrer Symptomatik und ihrer traumatischen Erinnerungen erlernt hat und zudem eine ausreichend gute Kommunikation zwischen den Persönlichkeitszuständen besteht. Dies ist an einer weitgehend koordinierten Aktivität der verschiedenen „Persönlichkeiten" zu erkennen. Es sollten zum Beispiel keine gravierenden Krisen mehr durch Suizidversuche, schwere Selbstverletzungen, massive Impuls- und Symptomdurchbrüche oder chaotisches Agieren auftreten. Eine gewisse Ich-Stärke im Sinne einer Affekt- und Impulskontrolle ist also Voraussetzung für die emotional belastende Trauma-Bearbeitung.

Ist dies erfüllt, kann in der **zweiten Therapiephase** zu einer gezielten **Bearbeitung der Trauma-Erfahrungen** übergegangen werden. Van der Hart et al. (1995) sprechen in diesem Zusammenhang von einer „Trauma-Synthese". Diese beinhaltet die Rekonstruktion der traumatischen Erfahrungen sowie eine kontrollierte Exposition in einem hoch strukturierten Setting, das ein kontrollierbares Wiedererinnern und subjektiv erneutes Durchleben des Traumas in kleinen, bewältigbaren Schritten ermöglicht. Im Rahmen der Trauma-Bearbeitungsphase kommen selbstverständlich weiterhin die Techniken der ersten Phase zum Einsatz. Auch kann es immer wieder notwendig und sinnvoll sein, vorübergehend nur stabilisierend mit der Patientin zu arbeiten, weil äußere Belastungsfaktoren dies erforderlich machen oder die Bearbeitung traumatischer Erfahrungen zu einer länger anhaltenden Destabilisierung der Patientin führt.

Schonende, d. h. für die Betroffenen emotional aushaltbare Techniken der Trauma-Exposition wie die von Kluft (1988; 1990; 1996a) empfohlene Technik der „fraktionierten Abreaktion" wurden inzwischen von verschiedenen Autoren weiterentwickelt und mit Zusatztechniken aus dem Bereich der Hypnotherapie und des EMDR (Eye Movement Desensitization and Reprocessing, s. Kap. 29 in diesem Band) kombiniert (Fine 1991; 1993; Gast 2000; Reddemann u. Sachsse 1996; 1997; 2000). Mithilfe dieser inzwischen recht ausgefeilten Techniken kann das Risiko einer unkontrollierten emotionalen Überflutung mit traumatischen Affekten und einer daraus folgenden schwerwiegenden Dekompensation relativ gering gehalten werden, sodass inzwischen auch die Bearbeitung von sehr komplexen und schweren Traumatisierungen möglich geworden ist.

Die Patientin wird durch eine erfolgreiche Trauma-Synthese in die Lage versetzt, das Trauma und die damit verbundenen Gefühle, Schmerzen, Gedanken etc. einer symbolischen und sprachlichen Bearbeitung zugänglich zu machen und damit als realen Teil der persönlichen Lebensgeschichte anzuerkennen, es allmählich angemessen zu verarbeiten und in die Gesamtpersönlichkeit zu integrieren. Dadurch verlieren die traumatischen Erinnerungen ihre Tendenz zu spontanen und unkontrollierbaren Flashbacks. Zusätzlich verlieren die dissoziativen Barrieren zwischen den verschiedenen Selbst-Zuständen im Zuge einer erfolgreichen Trauma-Bearbeitung nach und nach ihre Bedeutung. Primär haben diese Barrieren ja vor allem die intrapsychische Funktion, die traumatischen Erinnerungen in einem bestimmten Selbst-Zustand abgekapselt aufzuheben, häufig in Form eines traumatisierten „Kindes", damit nicht das gesamte Individuum von traumatischen Affekten überflutet wird. Die Dissoziation in verschiedene Selbst-Zustände als Abwehrmechanismus gegenüber traumatischen Erinnerungen verliert so allmählich seine Bedeutung, und eine Integration der verschiedenen Selbst-Zustände wird möglich (Huber 1995; Kluft 1984; 1991; 1996b).

Dieser Prozess der Integration bedeutet, dass die einzelnen Anteile allmählich einander annähern und ihre Erfahrungen und Eigenheiten schließlich so intensiv miteinander teilen, dass sie zu „einem Wissen und einer ‚Person'" (Huber 1995, S. 332) verschmelzen. Der Integrationsprozess verläuft graduell von weitgehender Amnesie über immer stärker werdendes Ko-Bewusstsein und Kooperation der noch unterscheidbaren Persönlichkeitszustände bis zu einer vollständigen Integration der „Persönlichkeiten" zu einem stabilen, einheitlichen Selbstempfinden. Dies wird jedoch meist erst nach einem langen Prozess der Annäherung der verschiedenen „Persönlichkeiten" und der gleichzeitigen Erarbeitung nichtdissoziativer Bewältigungsmechanismen erreicht (ebd.).

In der **postintegrativen Therapiephase** schließlich ist die **Trauerarbeit** um die zerstörte Kindheit und die erlebten Verletzungen ein wichtiges Thema. Die Patientin muss sich außerdem in ihrem innerpsychischen Erleben und Reagieren sowie im sozialen Verhalten an ein nach und nach verändertes Selbst- und Lebensgefühl gewöhnen. Häufig bleiben bestimmte Probleme der einzelnen Persönlichkeitszustände (zum Beispiel Ess-Störungen oder Schlafstörungen, eine Borderline-Persönlichkeitsstruktur etc.) auch nach der Integration noch bestehen und müssen psychotherapeutisch behandelt werden.

Zur wissenschaftlichen Evidenz der Richtlinien

Das hier skizzierte Behandlungskonzept stützt sich auf fundierte Expertenmeinungen sowie mehrere indirekte Effektivitätsmessungen über den Vergleich der durch DIS-Patientinnen und -Patienten vor und nach der Diagnose verursachten Behandlungskosten und verschiedene Berichte über erfolgreiche Behandlungen nach den Richtlinien der ISSD (1997; s. auch Loewenstein 1994; Putnam u. Loewenstein 1993; Ross u. Dua 1993). Zudem liegen mit den Veröffentlichungen von Ellason et al. (1996) bzw. Ellason und Ross (1997) Ergebnisse einer ersten Effektivitätsmessung mit standardisierten Messinstrumenten vor. Die genannten Studien unterstützen die Effektivität des spezifischen Behandlungsansatzes nach den ISSD-Richtlinien sowohl hinsichtlich einer angestrebten Symptom-Reduktion als auch in Bezug auf die Behandlungskosten. Dass trotz der erforderlichen intensiven Psychotherapie eine erhebliche Reduktion der Behandlungskosten möglich ist, liegt in der Tatsache begründet, dass unangemessen behandelte oder unbehandelte DIS-Patientinnen und -Patienten in noch viel höherem Maße medizinische Behandlungen in Anspruch nehmen müssen, häufig in Form von langen psychiatrischen Hospitalisierungen.

Nach den Vorgaben der Arbeitsgemeinschaft Wissenschaftlicher Medizinischer Fachgesellschaften (AWMF), welche die Entwicklung von Behandlungs-Leitlinien koordiniert, erfüllt der oben skizzierte Forschungsstand für Behandlungsempfehlungen die Kriterien einer Qualitätsbeurteilung von eher niedriger Stufe der Evidenz (Level III: Meinungen von respektierten Experten gemäß klinischer Erfahrung, beschreibender Studien oder Berichte von Expertengremien, s. Rudolf u. Eich 1999). Dieser Level entspricht allerdings dem Forschungsstand der meisten störungsspezifischen Behandlungsansätze in der therapeutischen Versorgung (Gast et al. 2001; 2002).

Rückblick auf die Entwicklung der Richtlinien

In der Pionierphase der modernen DIS-Behandlung in den frühen 80er Jahren fand zunächst eine deutliche Fokussierung auf die Bearbeitung der traumatischen Erfahrungen statt. Im weiteren Entwicklungsverlauf trug man stärker der komplexen Problematik der Betroffenen Rechnung, die neben posttraumatischen und dissoziativen Symptomen auch große Defizite in ihrer Beziehungsfähigkeit und ihren Ich-Funktionen aufwiesen. Es fand daher eine Entwicklung zum oben beschriebenen phasenorientierten Behandlungsansatz statt, der in der Anfangsphase der Therapie Ich-stärkend und stabilisierend ausgerichtet ist. Trauma-Konfrontation und Abreaktion bleiben wichtige Bestandteile der Behandlung, werden aber erst dann durchgeführt, wenn die Patientinnen über ein ausreichendes Maß an Stabilität verfügen, um der Wiedererinnerung und dem Wiedererleben traumatischer Erfahrungen gewachsen zu sein. Die phasenorientierte Behandlung wurde in der Mitte der 90er Jahre zum Behandlungsstandard und fand schließlich in den oben vorgestellten Behandlungsrichtlinien der International Society for the Study of Dissociation (1997) ihren Niederschlag.

Im weiteren Verlauf erfuhr die Behandlung dissoziativer Patienten durch die Aktivitäten der „False Memory Syndrom Foundation" (FMSF) eine erhebliche Erschütterung. Diese Bewegung wurde von Eltern von Trauma-Patienten ins Leben gerufen, die von ihren Kindern des Missbrauchs bezichtigt worden waren. Die Anhänger der FMSF-Interessengruppe behaupteten, dass eine wesentliche Anzahl von Therapeuten suggestive und ungesicherte Behandlungstechniken einsetzten, mit der Folge, dass hierfür empfängliche Patienten falsche Erinnerungen an kindlichen Missbrauch entwickelten. Befürworter der FMSF bestritten ferner die Evidenz anhaltender Amnesien für traumatische Erfahrungen ebenso wie die Validität der Diagnose der Dissoziativen Identitätsstörung (vgl. Chu u. Bowman 2000; Gleaves et al. 2001; s. Kap. 15 in diesem Band). In der Folge entstand eine aggressive und polarisierte Debatte über den Wahrheitsgehalt traumatischer Erinnerungen, auf die bereits im Zusammenhang mit empirischen Untersuchungen zum Zusammenhang zwischen Kindheitstraumatisierungen und Dissoziation (vgl. Kap. 15 in diesem Band) eingegangen wurde. Die inhaltlich notwendige Debatte über die Erinnerungsforschung wirkte sich durch ihre unsachlich geführte Form in Nordamerika sehr negativ auf die Forschung und die Versorgung der betroffenen Patienten aus (Chu u. Bowman 2000).

Aus dieser allgemeinen wissenschaftlichen und therapeutischen Verunsicherung heraus nahmen verschiedene Fachorganisationen in Positionspapieren Stellung zu den Phänomenen der „falschen" und „wiedererlangten" Erinnerungen („false memory" und „recovered memory") und fassten darin die Erkenntnisse der Trauma- und Gedächtnisforschung zusammen (American Medical Association 1995; American Psychological Association 1995; British Psychological Society 1995; Canadian Psychiatric Association: Blackshaw et al. 1996; European Therapy Studies Institute: Winbolt 1996; International Society for Traumatic Stress Studies, o. J.; für einen Überblick: s. auch Schneider u. Sack 2000). Danach kann es sich bei Trauma-Angaben sowohl um valide als auch um konfabulierte oder Pseudo-Erinnerungen (falsche Erinnerungen) handeln, die in verschiedenen Kombinationen auftreten können. Diese Erkenntnisse implizieren eine therapeutische Empfehlung zum Umgang mit traumatischem Material, die von Brenneis (1994) in die treffende Formel gebracht wurde, „skeptisch zu glauben und empathisch zu zweifeln".

Im Zuge der skizzierten Entwicklung hat sich zudem der Behandlungsfokus zunehmend darauf konzentriert, mit den Patienten eine glaubwürdige und stimmige Wahrnehmung ihrer eigenen Geschichte zu erarbeiten, anstatt schwerpunktmäßig Traumata aufzuspüren. Von diesem sehr spannungsgeladenen Weg auf der Suche nach einer angemessenen Therapie kann die Psychotherapie in Europa lernen und profitieren, zumal sowohl die Behandlungsrichtlinien der ISSD als auch die oben beschriebenen Positionspapiere eine gute Orientierungshilfe bieten.

27.3 Der Rahmen für psychodynamische Psychotherapie – und seine Grenzen

Die meisten Autoren sowie die Richtlinien der ISSD (1997) befürworten eine ambulante, individuelle Psychotherapie mit zwei Stunden pro Woche. Eine geringere Stundenfrequenz erfordert in der Regel eine hohe Therapiemotivation und ausreichende Ich-Stärke der Patienten und viel Erfahrung aufseiten des Therapeuten. Darüber hinaus sollte die Verfügbarkeit des Therapeuten außerhalb der Therapiestunden (zum Beispiel durch Vereinbarungen von Telefonkontakten) sorgfältig besprochen werden. In Krisensituationen kann eine stationäre Behandlung erforderlich sein. Zudem wird über gute Erfahrungen mit Intervall-Therapien berichtet, bei denen die Patientinnen nach kurzer, intensiver stationärer Therapie (mit jeweiligem phasenspezifischen Fokus auf Stabilisierung oder Trauma-Bearbeitung) die therapeutische Arbeit im ambulanten Setting fortsetzen (nach ISSD 1997).

Die ambulanten Behandlungen komplexer dissoziativer Störungen sprengen häufig den Rahmen der nach den Psychotherapie-Richtlinien für die kassenärztliche Versorgung verfügbaren Behandlungsstunden (Faber u. Haarstrick 1994), da zur erfolgreichen Behandlung nach den ISSD-Richtlinien in der Regel eine modifizierte psychodynamische Langzeittherapie in der Größenordnung analytischer Stundenkontingente (300 Stunden) erforderlich ist. Viele DIS-Patientinnen und -Patienten sind jedoch bei Therapeutinnen und Therapeuten in Behandlung, die nicht über eine analytische Ausbildung verfügen, sodass hierdurch das beantragbare Stundenkontingent in der Regel auf 100 Stunden begrenzt ist. Wie bei der analytischen Psychotherapie ist aber bei den hochdissoziativen Patientinnen eine strukturelle Veränderung im Sinne einer Integration der dissoziierten Persönlichkeitszustände notwendiges und angestrebtes Therapieziel, da ohne eine solche umfassende Veränderung ein nachhaltiger Heilungsprozess in der Regel nicht möglich ist. In Abgrenzung zur analytischen Psychotherapie werden bei der Behandlung komplexer dissoziativer Störungen regressive Prozesse jedoch ausdrücklich begrenzt. Zudem übernimmt die Therapeutin eine größere Aktivität und Direktivität, als dies im analytischen Setting üblich ist. Die Haltung der Therapeutin entspricht eher der Vorgehensweise, die zum Beispiel bei der Behandlung von Persönlichkeitsstörungen oder Borderline-Strukturen hilfreich ist und die von Clarkin et al. (2001) als „modifiziert analytisch"[1] bezeichnet wird. Zudem ist es hilfreich, kognitive, edukative, imaginative und traumaspezifische Interventionsformen mit in die Therapieplanung einzubeziehen. Die bisherigen Psychotherapie-Richtlinien sehen eine solche Kombination psychodynamischer Techniken mit analytischer Zielsetzung im Sinne von struktureller Veränderung und entsprechend umfangreichen Stundenkontingenten sowie die Integration anderer therapeutischer Techniken bisher nicht vor und bedürfen in dieser Hinsicht dringend einer störungsspezifischen Weiterentwicklung. Vorausgesetzt, die berichterstattenden Therapeutinnen oder Therapeuten verfügen über eine entsprechende Qualifikation (im Sinne einer psychodynamischen und/oder analytischen und zusätzlich traumaspezifischen Ausbildung), sollte sich nach Meinung der Autorin die Bemessung des Stundenkontingentes am Störungsbild orientieren.

---

[1] Wegen der definitorischen Unschärfe der Begriffe ist eine Grenzziehung zwischen „modifizierter psychodynamischer Technik" und „modifizierter psychoanalytischer Technik" inhaltlich sehr schwierig. Die Autorin bevorzugt daher den bei den ISSD-Richtlinien gebräuchlichen Terminus der „modifizierten psychodynamischen Techniken", um damit die Notwendigkeit eines pragmatischen und kombinierten Behandlungsansatzes zu betonen.

27.4 Der psychodynamische Ansatz – und seine Erweiterung

Eine modifizierte psychodynamische Psychotherapie gilt als Therapie der Wahl bei komplexen dissoziativen Störungen. Die damit verbundene Fokussierung auf die therapeutische Beziehung wird am ehesten der Tatsache gerecht, dass diesen posttraumatischen Störungsbildern auch und vor allem **schwere Beziehungstraumatisierungen** zugrunde liegen. Der psychodynamische Ansatz, dessen Grundannahmen Hoffmann und Schüßler (1999) sowie Wöller und Kruse (2001) zusammenfassen, bietet gute Voraussetzungen zur Behandlung der Trauma-Folgen. Wie oben beschrieben, wird als generelles Ziel die Integration der verschiedenen voneinander dissoziierten Persönlichkeitszustände angestrebt. Aus psychodynamischer Perspektive bedeutet dies die Entwicklung eines integrierten psychischen Funktionierens durch Überwindung von Konflikten, aber auch von Entwicklungsdefiziten, die aus den wiederholten Traumatisierungen entstanden sind. Die Lösung dieser Konflikte und eine emotionale Nachreifung reduzieren die Notwendigkeit, die dissoziative Abwehr aufrechtzuerhalten oder auszuagieren. Die psychodynamische Behandlung zielt entsprechend darauf ab, abgespaltene Erinnerungen und Persönlichkeitszustände wahrzunehmen, die damit verbundenen Affekte auszuhalten und die Integration zu einem einheitlichen Selbstempfinden zu ermöglichen (Barach u. Comstock 1996).

Konzepte der Verdrängung und des Unbewussten, auf denen die psychodynamischen Techniken beruhen, reichen jedoch nicht aus, um dissoziative Strukturen bei komplexen dissoziativen Störungen zu erklären (s. Kluft 2000; 2003).[2]

Bei der **Verdrängung** handelt es sich um einen Prozess, bei dem bereits psychisch überarbeitetes, symbolisiertes und sprachlich enkodiertes Material dem Vergessen und damit dem Unbewussten anheimfällt, dabei aber eine relativ einheitliche Selbst-Struktur zur Verfügung steht. Zum Wesen der **Dissoziation** gehört jedoch, dass eine sekundäre Bearbeitung psychischer Inhalte gar nicht stattgefunden hat (s. Davies u. Frawley 1994).

Zudem liegt bei den komplexen dissoziativen Störungen – vermutlich aufgrund charakteristischer traumatogener neurobiologischer Fehlentwicklungen (s. Kap. 2 in diesem Band) – ein in verschiedene Selbst-Zustände fragmentiertes Selbst vor. Deshalb wird die Dissoziation der verschiedenen Selbst-Zustände im subjektiven Erleben der Betroffenen nicht mit der symbolischen Qualität eines „Als-ob" oder im Sinne des Satzes „Es fühlt sich an wie eine andere Person" erlebt. Sie hat vielmehr eine völlig unmittelbare Qualität eines „Es ist" eine andere „Person". Diesem Empfinden muss beim therapeutischen Vorgehen Rechnung getragen werden.

So können zum Beispiel zu Beginn der Therapie ein unbewusster Konflikt sowie eine psychodynamische Hypothese und ein Behandlungsziel mit der Patientin zusammen formuliert werden (zentraler Beziehungskonflikt nach Luborsky 1995). Dieser Konflikt hat jedoch nur für den gerade aktiven Anteil Gültigkeit, also zum Beispiel für die schwer depressive „Alltags-Persönlichkeit". In der Regel hat nämlich jeder Persönlichkeitsanteil einen anderen zentralen Beziehungskonflikt, für den dieses zunächst (z. B. mit der „Alltags-Persönlichkeit") formulierte Ausgangsziel gar nicht zutreffend ist (Kluft 1993). Ein anderer, zu Beginn der Therapie nicht offensichtlich werdender Beziehungskonflikt wird zum Beispiel in einem feindseligen und kontrollierenden Selbst-Zustand verkörpert. Bei dieser Manifestation handelt es sich allerdings nicht um

---

[2] Es kann an dieser Stelle nur angemerkt werden, dass eine Theoriebildung zu dieser Problematik bislang noch unzureichend ist, worauf Kluft (2003) treffend hingewiesen hat.

unbewusste und verdrängte, sondern um dissoziierte und „personifizierte" Abwehr- und Widerstandsphänomene, die alle gleichzeitig wirksam sind.

Die Therapeutin muss sich also bewusst sein, dass sie es mit zahlreichen **simultan ablaufenden Strängen mentaler Prozesse** (Kluft 2003; Spiegel 1991) zu tun hat, die in ihrer Komplexität eher den Prozessen in einer dynamischen Gruppentherapie entsprechen. Es handelt sich dabei natürlich nicht um eine Gruppe verschiedener Personen, sondern vielmehr um die Dynamik verschiedener Aspekte einer einzigen Person, die extrem widersprüchliche, unvereinbare Lebenserfahrungen gemacht hat und sich subjektiv wie eine Gruppe von verschiedenen Personen erlebt oder verhält, die zum Teil nichts voneinander wissen. Um sich in das Erleben und Funktionieren der verschiedenen Selbst-Zustände hineinzudenken, ist die Technik des Psychodramas hilfreich: Wie auf der Bühne eines Psychodramas, auf der durch einen geschickten therapeutischen Schachzug alle Aspekte einer Person durch verschiedene Mitglieder der Psychodrama-Gruppe „personifiziert" werden, um einen Konflikt deutlich zu machen, symbolisiert jeder Selbst-Zustand seine eigene spezifische Lebenserfahrung. Ebenso wie bei der Gruppen- oder Psychodrama-Arbeit ist die Arbeit mit nur einem Selbst-Zustand wenig hilfreich, um die Dynamik aufzulösen. Nur wenn die Therapeutin die gesamte Dynamik im Auge hat und diese auch im Ganzen anspricht, ist eine Veränderung zu erwarten. Es bleibt dabei ein therapeutischer Balanceakt, das subjektive Empfinden von „getrennten Personen" empathisch zu begleiten, aber gleichzeitig die äußere Realität eines einheitlichen Individuums mit einer einheitlichen Verantwortung immer wieder zum Thema zu machen.

Aufgrund der beschriebenen Phänomene ergibt sich eine andere Strategie im Umgang mit dem Widerstand oder mit anderen Formen der Abwehr gegen den therapeutischen Prozess. Nach Kluft (2000; 2003) ist stets zu prüfen, ob man es „in der Tat mit **Widerstand** (im Sinne von Abwehr des Übergangs konflikthaften Materials in das Bewusstsein) zu tun hat oder mit **Widerstreben** oder **Abneigung**, Material mitzuteilen, das in Wirklichkeit in der einen oder anderen Konfiguration des Gedächtnisses (configuration of mind) bewusst zugänglich ist" (Kluft 2003, Hervorhebung d. A.). Die **Deutung** im Sinne der psychoanalytischen Theorie bleibt auch weiterhin eine hilfreiche Intervention. Sie kann sich aber bei der Überwindung und Auflösung dissoziativer Barrieren als wirkungslos erweisen. Wenn sich zum Beispiel Persönlichkeitszustände, die für klinische Probleme (zum Beispiel Pseudohalluzinationen) oder Krisen verantwortlich sind, nicht selbst spontan in die Therapie einbringen, sind sie mit bisherigen psychodynamischen Techniken therapeutisch kaum beeinflussbar, sprechen aber auf spezifische Techniken in Form direkter Ansprache dagegen sehr gut an. Wenn zum Beispiel eine DIS-Patientin eine sehr verletzende Erfahrung mit ihrer Mutter aus ihrer Kindheit andeutet und dann in Schweigen verharrt, wäre es nach herkömmlichen Techniken eine angemessene Intervention, die Patientin zur Exploration ihres Widerstandes zu ermutigen oder – wenn schon möglich – einen Loyalitätskonflikt und Schuldgefühle zu deuten: „Es fällt Ihnen sehr schwer, über das Ereignis mit Ihrer Mutter zu berichten. Vielleicht wollen Sie hier nicht Belastendes über Ihre Mutter erzählen, weil sie befürchten, sich dann Ihr gegenüber schuldig fühlen zu müssen." Die Therapeutin ist bei der Überwindung des Widerstandes behilflich, und die Patientin kann die Abwehr aufgeben, dass konflikthaftes Material in das Bewusstsein übergeht. Der Loyalitätskonflikt zwischen Therapeutin und Mutter mit begleitenden Schuldgefühlen kann bewusst erlebt werden, was im Idealfall zu einer Entlastung und neuen Einfällen der Patientin führen würde. Bei einer DIS-Patientin könnte sich das Problem folgendermaßen äußern: Sie würde ebenfalls Schuldgefühle bestätigen, ebenso einen nahezu unerträglichen Druck, hätte jedoch in dem einen Selbst-Zustand überhaupt keinen Zugang zu dem Loyalitätskonflikt. Sie würde sich vermutlich nur der Therapeutin verpflichtet fühlen. Daneben könnte sich aber ein anderer Selbst-Zustand in Form einer verbietenden inneren Stimme bemerkbar machen. Die oben genannte Deutung bliebe zur „Bewusstmachung" dieses „Widerstandes" bzw. Widerstrebens gegen die weitere Aufdeckung des belastenden Materials wirkungslos. In diesem Falle sollte die Technik gewechselt werden und das „personifizierte Widerstreben" direkt angesprochen werden. Dies kann zum Beispiel in folgender Form geschehen: „Ich würde gerne wissen, was die Stimme sagt. Wenn die Stimme dagegen ist, dass ich mehr über dieses Ereignis erfahre, würde ich das gerne verstehen und ihre Gründe wissen. Auch wüsste ich gerne, wem die Stimme gehört und ob sie direkt mit mir sprechen kann."

Kluft (2003) betont, dass erst der Zugang zu diesen autonom agierenden Persönlichkeitsanteilen es ermöglicht, wichtige Informationen zu erhalten, ohne die die Pathologie der DIS nicht aufgelöst werden kann. Wenn man sich auf die bisherigen, allgemein gültigen Werkzeuge der Psychoanalyse oder psychodynamischen Psychotherapie beschränkt (Analyse der Übertragungs- und Gegenübertragungskonstellation, Freie Assoziation, Arbeit an der Abwehr, Deutung), werden der Zugang und die Bearbeitung der dissoziativen Phänomene problematisch, ebenso die Linderung der Symptome. Es besteht die Gefahr, dass nur der therapiemotivierte Selbst-Zustand in der Therapie in Erscheinung tritt, während gleichzeitig der Widerstand gegen die Therapie und gegen die Aufdeckung konflikthaften Materials außerhalb der Therapiestunden ausagiert wird. Anzeichen hierfür sind Stagnationen, Selbstverletzungen und Suizidversuche. Diese können sich im subjektiven Erleben der Patientin als die Ergebnisse von „Einschüchterungsversuchen" oder „Bestrafungsaktionen" anderer, z. B. täteridentifizierter oder misstrauischer Selbst-Zustände gegen die „Alltagsperson" herausstellen, weil diese in der Therapie zu viel belastendes Material preisgegeben hat. Die Interaktion der verschiedenen Selbst-Zustände untereinander und ihr Auftreten in den Therapiestunden haben hierbei häufig einen verblüffend konkretistischen Charakter.

Aus den oben beschriebenen Überlegungen ergibt sich, dass die bekannten, allgemein gültigen psychodynamischen Techniken (s. zum Beispiel Hoffmann u. Schüßler 1999 sowie Wöller u. Kruse 2001) nicht ausreichen, um die ungewöhnliche psychische Konstellation der Betroffenen in Form dissoziierter Selbst-Zustände therapeutisch zu beeinflussen. Es bedarf vielmehr zusätzlicher Modifikation in Form von störungsspezifischen psychodynamischen Techniken, wie sie weiter unten genauer dargestellt werden.

27.5 Phasenorientiertes Vorgehen

Wie bereits oben dargestellt, hat sich bei der Behandlung komplexer dissoziativer Störungen die Vorgehensweise in den drei Phasen der Stabilisierung, Trauma-Bearbeitung und der postintegrativen Phase bewährt. Wegen der zugrunde liegenden, lang anhaltenden Traumatisierungen ist bei den komplexen dissoziativen Störungen eine besonders lange Stabilisierungsphase erforderlich, die sich häufig über ein bis mehrere Jahre hinziehen kann. Dieses Vorgehen trägt der klinischen Tatsache Rechnung, dass hochdissoziative Patienten unter chronischer Instabilität leiden, wie dies auch für andere komplexe posttraumatische Störungsbilder evident ist, zum Beispiel für Borderline-Persönlichkeitsstörungen. Folgende Gründe halten die „stabile Instabilität" aufrecht:

- Wechselnde Selbstbilder erschweren eine kohärente Zukunftsplanung sowie eine konstante Beziehungsgestaltung.
- Fehlende Erfahrungen und innere Modelle für Konfliktlösungen erschweren die sozialen Beziehungen.

- Fehlende Affektwahrnehmung und -modulation erschweren eine innere Leitlinie zur Lebensgestaltung.

Bei den komplexen dissoziativen Störungen kommen folgende spezifische Faktoren hinzu, die für die Verletzlichkeit und Instabilität der Patienten verantwortlich sind (Kluft 1996a; Putnam 1989):
- Es fehlt ein stabiles, kontinuierliches, selbstbeobachtendes und reflektierendes Ich.
- Notwendige Informationen über zurückliegende Erfahrungen sind aufgrund komplexer Amnesien häufig nicht verfügbar.
- Pseudoillusionäre Verkennungen über die Getrenntheit der verschiedenen Persönlichkeitszustände begünstigen Lösungsversuche, die auf Kosten eines anderen Persönlichkeitszustandes gehen.
- Der Wechsel nach einer bestimmten Aktivität oder Handlung macht es schwierig, aus Erfahrungen zu lernen und entsprechende Konsequenzen zu ziehen.
- Ein unbeständiges, unangemessenes und unter Umständen forderndes Verhalten führt dazu, dass soziale Unterstützung entzogen wird.
- Innere Kämpfe und Wechsel führen zu Brüchen in der Ich-Wahrnehmung und pseudo-psychotischen Symptomen.
- Eine narzisstische Besetzung der dissoziativen Fähigkeiten und der verschiedenen Persönlichkeitszustände kann zu der Befürchtung der „Persönlichkeiten" führen, dass die Therapie sie auslöschen oder „töten" könnten. Dies wiederum kann die Persönlichkeitszustände dazu bewegen, die Behandlung zu boykottieren.
- Eine schwere masochistische Selbstbestrafungsneigung verhindert die (Selbst-)Heilung.
- Eine Neigung zu Retraumatisierungen durch Erstarrung und Lähmung in Gefahrsituationen verhindert das Erlernen angemessener Bewältigungsmechanismen.
- Intrusive Flashback-Phänomene beeinträchtigen die Selbstwahrnehmung und erschweren die Unterscheidung zwischen Phantasie und realem Ereignis. Eine hohe Hypnotisierbarkeit und spontane Trancezustände als inadäquater Bewältigungsmechanismus verstärken diesen Effekt.
- Es fehlt die familiäre Unterstützung aus der Herkunftsfamilie (häufig intrafamiliärer Missbrauch).

All diese geschilderten Faktoren tragen zu einer mehr oder weniger starken chronischen Instabilität bei. Es kommt jedoch auch relativ häufig vor, dass ein vergleichsweise stabiler, hochfunktioneller Alltagsanteil dafür Sorge trägt, dass die Patientin über einen langen Zeitraum klinisch unauffällig bleibt, dann aber bei relativ geringem Anlass mit einer Vielzahl schwerer Symptome dekompensiert, wie dies in dem unten geschilderten Patientenbeispiel der Fall war.

Grundsätzliche Behandlungsziele der Stabilisierungsphase sind:
- das Erlernen von mehr **Selbstkontrolle** hinsichtlich der dissoziativen Symptome, einschließlich der besseren Steuerung der autonom agierenden Persönlichkeitszustände
- die Etablierung einer von allen „Persönlichkeiten" akzeptierten gemeinsamen **Selbstverantwortung**
- die Erarbeitung einer besseren **Selbstfürsorge**

Vorraussetzungen zur Erarbeitung dieser Ziele sind ein verlässlicher therapeutischer Rahmen und eine sichere therapeutische Beziehung.

Zur Veranschaulichung der angewandten psychodynamischen Techniken sollen hier einige Aspekte aus den ersten drei Jahren bei der Behandlung einer DIS-Patientin dargestellt werden. Um hierbei an dem Leser vertrauten Vorgehen anzuknüpfen, werden zunächst bekannte, allgemein gültige psychodynamische Techniken (s. Tab. 27-1) dargestellt, bevor die modifizierten, störungsspezifischen Techniken (s. Tab. 27-2) beschrieben werden. Da letztere im Kontext der Stabilisierungsphase am intensivsten zum Einsatz kommen, in der die Weichenstellung zur Einbeziehung der verschiedenen Selbst-Zustände erfolgt, wird diese erste Behandlungsphase hier vorrangig beschrieben. In der zweiten Phase geht es vor allem um die Einbeziehung traumaorientierter Techniken (Gast 2000; s. auch Kap. 29 in diesem Band). Auch in der dritten, postintegrativen Phase treten die für die dissoziative Symptomatik modifizierten psychodynamischen Techniken in den Hintergrund, zumal diese wegen des nunmehr entwickelten einheitlichen Selbstempfindens weitgehend überflüssig geworden sind.

Eine vollständige Integration aller Persönlichkeitszustände in eine Gesamtpersönlichkeit kann in der Regel nur erreicht werden, wenn nach der Stabilisierung auch die anderen beiden Phasen der Trauma-Therapie und der postintegrativen Phase mit Einüben und fester Etablierung nichtdissoziiativer Bewältigungsmuster durchlaufen wurde. Mit der hier dargestellten Stabilisierungsphase wird der Prozess der Integration vorbereitet und das erste Zwischenziel einer weitgehenden Kooperation aller Persönlichkeitszustände untereinander erarbeitet.

27.6 Allgemein gültige psychodynamische Techniken

Im Folgenden wird der Einsatz modifizierter, allgemein gültiger psychodynamischer Techniken (s. Tab. 27-1) bei der Behandlung einer DIS-Patientin exemplarisch an einigen Kerninhalten der Stabilisierungsphase dargestellt. Es handelt sich um eine 46-jährige Patientin, welche die Autorin im Rahmen einer (formal mit 300 Stunden als modifiziert analytisch beantragten) Therapie mit zwei Stunden pro Woche im Sitzen behandelt.

Frau B. stellt sich im Anschluss an verschiedene psychosomatische und psychotherapeutische ambulante und stationäre Behandlungen mit folgenden Worten vor: „Ich möchte endlich wissen, was mit mir ist. Ich möchte wieder normal leben können, ohne diese Panik. Ich halte es nicht mehr lange aus und denke oft, dass es besser ist, wenn ich für immer meine Ruhe hätte." Die Patientin schildert dann sie sehr beunruhigende Gedächtnisstörungen in Form von Aussetzern oder Lücken, die mehrmals täglich auftreten und Minuten bis Stunden, gelegentlich auch Tage andauern können. Im Nachhinein würde ihr dann auffallen, dass sie „Zeit verloren" habe, und sich zum Beispiel an den Hergang ihrer eigenen Geburtstagsfeier nicht mehr erinnern könne. Die Tatsache, kein durchgehendes Bewusstsein und keine Kontrolle über sich zu haben, führt zu erheblicher Verunsicherung in sozialen Kontakten, sodass die Patientin in den letzten fünf Jahren sehr zurückgezogen lebte und das Haus nur für die notwendigsten Kontakte verließ. Als weiteres Symptom beunruhigt die Patientin das Hören von inneren, herabsetzenden Stimmen. Vor anderen Menschen, auch vor ihrem Lebenspartner und ihren erwachsenen Kindern, bemüht sie sich, ihre Symptome zu verbergen, da sie Angst hat, „nicht für voll genommen" zu werden oder als „verrückt" zu gelten.

Anlass für die stationären Behandlungen waren eine schwere Angstsymptomatik und psychosomatische pseudoneurologische Beschwerden im Anschluss an einen Unfall. Im Laufe der stationären Behandlungen wurde eine Reihe weiterer schwerer, seit dem 14. Lebensjahr bestehender Symptome in Form eines Waschzwangs (zum Teil mehrmaliges Duschen täglich mit autoaggressiven Tendenzen) sowie einer Bulimie deutlich. Zudem bestehen gelegentliche Selbstverletzungen in Form von Schneiden mit Rasierklingen, um Spannung zu reduzieren. Außerdem klagt die Patientin über Schlafstörungen mit Albträumen und Panikattacken.

Tab. 27-1: Die psychodynamische Behandlung dissoziativer Störungen I: allgemein gültige psychodynamische Techniken (mod. nach Kluft 1996a).

Zielsetzungen zur Behandlung	angewandte Techniken
• Aufbau einer internalisierten sicheren Bindungsbasis	• Bereitstellung eines zuverlässigen und sicheren Rahmens
• Etablierung selbstverständlicher Grundannahmen von Sicherheit, Sinnhaftigkeit und Wertschätzung	• empathische therapeutische Grundhaltung • Lernen am Model: verantwortlicher Umgang mit dem Patienten
• Förderung der Affektdifferenzierung und -toleranz	• Benennung von Affekten
• Arbeit an den auslösenden Situationen für dissoziative Symptome	• Ermutigung zur Selbstexploration
• Entwicklung kohärenter Selbstrepräsentanzen	• gleich bleibende Zugewandtheit
• Entwicklung von Selbstverantwortung, Selbstwirksamkeit und Selbstkontrolle	• Formulierung von Therapiezielen und Möglichkeiten, wie man diese erreichen kann
• Vermittlung von Zutrauen in die eigenen Fähigkeiten	• Realitätskontrolle, Stärken von Zutrauen in die eigene Wahrnehmung
• die Fähigkeit, zwischen Tatsachen und Phantasie zu differenzieren	• Ansprechen und Deuten verzerrter Gegenübertragungen • Ansprechen kognitiver Fehlüberzeugungen
• die Fähigkeit, Intimität und Nähe zu tolerieren, und die Möglichkeit, Beziehungen einzugehen, in denen Abhängigkeit und Stärke nicht mit Masochismus und Sadismus verknüpft sind	• angemessene Grenzsetzung • Minimierung vermeidbarerer überwältigender emotionaler Erfahrungen

Über die Lebensgeschichte von Frau B. ist zu erfahren, dass sie in wenig geordneten, problematischen sozialen Verhältnissen mit sechs weiteren Geschwistern aufwuchs. Die Mutter wird als sehr widersprüchlich dargestellt, teils als intelligent und bewundernswert, dann aber auch als unberechenbar, grenzüberschreitend, kontrollierend und sehr selbstbezogen. Sie habe die Patientin regelmäßig geschlagen und so stark zu Hausarbeiten eingespannt, dass sie häufig keine Zeit für Schularbeiten hatte. Zu Weihnachten und zu ihrem Geburtstag habe sie auf Geschenke verzichten müssen, da sie als „vernünftige Tochter" am verständigsten für die finanziellen Probleme der Mutter gewesen sei. Sowohl durch den leiblichen Vater als auch durch einen Nachbarn kam es zu jahrelangen sexuellen und anderen körperlichen Misshandlungen der Patientin.

Durch eine frühzeitige Heirat mit 19 Jahren löste sich Frau B. aus den problematischen Familienverhältnissen. Mit ihrem als zuverlässig und geduldig beschriebenen Ehemann baute sie sich eine eigene stabile private und berufliche Perspektive auf. Sie holte einen Schulabschluss nach, ließ sich zur Bürokauffrau ausbilden und war über 20 Jahre lang berufstätig. Die Patientin hat zwei Söhne, die inzwischen erwachsen sind und zu denen ein gutes und harmonisches Verhältnis besteht.

Die Auslösesituation zur Dekompensation der Patientin war nach außen hin eher eine Bagatelle, die darauffolgende Symptomatik jedoch massiv: Die Patientin entwickelte nach einem leichten Verkehrsunfall eine schwere pseudoneurologische Symptomatik mit Kopfschmerzen, Schwindel und Lähmungserscheinungen. Bei der ausführlichen neurologischen Untersuchung wurden erstmals Amnesien diagnostiziert. Ferner entwickelte die Patientin bei den körperlichen Untersuchungen massive Angstzustände, die schließlich zu Anschlussbehandlungen in drei verschiedenen psychosomatischen Kliniken führten. Beim letzten Aufenthalt wurde erstmals die Verdachtsdiagnose einer schweren dissoziativen Störung gestellt.

Der relativ geringe Auslöser der schweren Symptomatik ließ darauf schließen, dass die Ressourcen der Patientin hinsichtlich der Bewältigung ihrer massiven dissoziativen Symptome erschöpft waren. Zusätzlich zu der nach außen sichtbar gewordenen geleisteten Arbeit in Form von Berufsausbildung, Kindererziehung, Bau eines eigenen Hauses etc. war es vor allem die Geheimhaltung ihrer massiven Symptomatik, sogar dem Ehemann gegenüber, die den Kräftehaushalt der Patientin schließlich aufgezehrt hatte.

Nachdem ich Frau B. im Erstgespräch untersucht hatte, gab ich ihr zunächst zur Abklärung des Ausmaßes an Dissoziation den Fragebogen für dissoziative Symptome (FDS). Als Gesamtscore fand sich bei der Patientin ein grenzwertig pathologischer Befund von 20 %. Danach führte ich mit ihr das Strukturierte Klinische Interview für Dissoziative Störungen (SKID-D, s. Kap. 23 in diesem Band) durch. Hierbei wurden von Frau B. massive Amnesien sowie Depersonalisations- und Derealisationssymptome in schwerer Ausprägung beschrieben. Zudem schilderte die Patientin eine Fülle an Symptomen, die auf das Vorliegen von abgespaltenen Persönlichkeitszuständen hinwiesen. So fände sie sich öfters zu Hause in Panik oder tranceartiger Verfassung zusammengekauert in ihrem Zimmer wieder, ohne dass sie rekonstruieren könne, was passiert sei. Zudem entdecke sie Zeichnungen oder Tagebucheintragungen von sich, die ihr völlig fremd vorkämen und an deren Anfertigung sie sich nicht mehr erinnern könne. Auch fände sie bei ansonsten sparsamer Haushaltsführung sehr modische Schuhe in ihrem Kleiderschrank, an deren Erwerb sie sich nicht erinnern könne und die ihr zudem vom Stil her gar nicht gefielen. Gelegentlich werde sie von Bekannten angesprochen, die ihr Rückmeldung über Erlebnisse geben, an die sie sich nicht erinnern könne. So sei sie z. B. von einer Nachbarin angesprochen worden, dass es doch nett gewesen sei, dass sie sich vor ein paar Tagen mit ihren Hunden im Park getroffen hätten. Die Patientin wusste von dieser Begegnung jedoch nichts mehr.

Über die ihr fehlende Zeit war Frau B. nahezu vollkommen amnestisch, sodass sie über mögliche andere Persönlichkeitszustände und deren Aktivitäten keinerlei Auskunft geben konnte. Wohl aber konnte sie über Rückmeldungen ihres Ehemanns berichten, dass sie sich wiederholt wie eine völlig andere verhalten habe und auch andere Namen für sich benutzt habe. Auch während ihres letzten Klinikaufenthaltes wurde ihr rückgemeldet, dass sie sich dort mehrfach als eine sehr energisch auftretende „Gertrud" vorgestellt habe.

Anhand der SKID-D-Untersuchung, bei der die Patientin in allen fünf Bereichen (Amnesie, Depersonalisation, Derealisation sowie Identitätsunsicherheit und Identitätswechsel) eine schwere Symptomatik aufwies, wurde die Diagnose einer Dissoziativen Identitätsstörung gestellt.

Das Errichten von Sicherheit

Aufgrund der oben beschriebenen Faktoren, die zur Instabilität der Patientinnen beitragen, ist es besonders wichtig, eine sichere therapeutische Beziehung aufzubauen. Diese muss vonseiten des Therapeuten aktiv gestaltet werden. Eine sehr zurückgenommene und abwartende Haltung, wie sie bei psychoanalytischen Behandlungen sinnvoll sein kann, ist bei diesen Patientinnen nicht angebracht. Eine solche Haltung begünstigt schwere pathologische negative Übertragungsreaktionen, die vermieden werden sollten. Anders als in der analytischen Situation, in der es darum geht, Übertragungsphänomene durch sparsame Interventionen zu verdeutlichen, geht es bei schwer traumatisierten Patienten und Patientinnen eher darum, die Übertragungsgefühle zu begrenzen. Dies ist notwendig, da diese in der Regel mit einer schwer beherrschbaren Intensität und Wucht auftreten. Zudem werden häufig schnell wechselnde Übertragungsmuster ausgelöst, die für alle Beteiligten verwirrend und irritierend sind. Für den Therapeuten ist es immer wieder wichtig, von den induzierten Gegenübertragungsgefühlen einen angemessenen Abstand zu bekommen, was angesichts der Intensität bei der Arbeit mit Schwertraumatisierten nicht immer einfach ist. Hierbei kann das Wissen helfen, dass in der therapeutischen Beziehung unerträgliche (früh-)kindliche Erfahrungen transportiert und vermittelt werden.

Patientinnen und Patienten mit schweren dissoziativen Störungen haben von frühester Kindheit an schwerste Beziehungstraumatisierungen erlebt und daher große Schwierigkeiten, sich auf eine vertrauensvolle Beziehung einzulassen. Zudem sind sie häufig in einer Familie groß geworden, in der extreme Gewalt und Willkürerfahrungen an der Tagesordnung waren und in der sie keine Möglichkeit hatten, ein Gefühl von Selbstbestimmtheit oder Selbstkompetenz zu entwickeln. Sowohl im seelischen als auch im körperlichen Bereich wurden ihre Bedürfnisse missachtet oder verletzt. Um bei der Patientin Willkürerfahrungen zu vermeiden, muss daher besondere Sorgfalt auf einen festen Rahmen (Stundenzahl und Stundenfrequenz, feste Zeiten, feste Orte, Therapieziel und Techniken) gelegt werden, der mit den Patientinnen klar besprochen werden muss. Da viele Patientinnen ständige Grenzverletzungen und Regelübertretungen erlebt haben, werden sie häufig genau testen, ob diese vereinbarten Regeln auch eingehalten werden.

Bei vielen Patientinnen hat es sich bewährt, zu erwartende negative Übertragungen frühzeitig anzusprechen. So kann man zum Beispiel erklären, dass starke negative Vorerfahrungen die Patientin sehr vorsichtig gemacht haben und dass es für sie wichtig ist, zunächst zu überprüfen, ob die Therapeutin wirklich glaubwürdig ist. Häufig ist die misstrauische Grundhaltung sehr schambesetzt, und es kann entlastend sein, diese als Vorsicht zu erklären, die aus der Geschichte der Patientin nicht nur verständlich ist, sondern sogar real notwendig war. Auch sollte sich die Therapeutin bewusst sein, dass Veränderungen des Rahmens für die Patientinnen häufig eine starke Beunruhigung darstellen (Stundenverlegungen, Unterbrechung durch Urlaub, Reisen etc.). Sie sollten auf ein Minimum begrenzt werden, und in dem Zusammenhang auftretende negative Übertragungen sollten sofort angesprochen werden: Häufig erlebt die Patientin die Unterbrechungen als Bestrafung oder als Antwort darauf, sich nicht genug angestrengt zu haben. Auch können sie von der Patientin als beginnende Anzeichen dafür interpretiert werden, dass die Therapeutin die Beziehung beenden will etc.

Nach Abschluss der Diagnostik vereinbare ich mit Frau B. eine modifizierte analytische Behandlung mit zwei Stunden pro Woche, die im Sitzen durchgeführt wird. Zu Beginn der Behandlung lebt Frau B. in der ständigen Angst, dass ich die Therapie plötzlich unterbreche, wenn sie nicht genügend mitarbeiten würde, oder dass das ganze Ausmaß ihrer „Schlechtigkeit" deutlich werde. Die pathologische Überzeugung der eigenen „Schlechtigkeit" wird durch die erheblichen amnestischen Lücken noch verstärkt, die die Phantasie schüren, während dieser Lücken vielleicht etwas ganz Schlimmes oder Böses getan zu haben. Auf der anderen Seite thematisiert Frau B. auch immer wieder den

Wunsch nach Nähe und Verbundenheit. Hierbei nimmt sie als großes inneres Defizit wahr, dass sie kein „inneres Bild" der Therapeutin in sich behalten kann und die in der Therapiestunde erworbene Sicherheit regelmäßig durch misstrauische Stimmen zu Hause zunichte gemacht würden.

Das sich vorsichtig entwickelnde Vertrauensverhältnis wird durch eine ungeplante längere Unterbrechung von mehreren Wochen durch Krankheit meinerseits auf eine schwere Probe gestellt. Die Patientin wird von der pathologischen Überzeugung gequält, sie habe Schuld an der Erkrankung und werde deshalb mit Therapie-Unterbrechung bestraft. Auch der genau vorhergesagte Zeitpunkt der Wiederaufnahme der Therapie weckt Misstrauen in der Patientin, dieser Termin könne nur eine Falle oder eine Beschwichtigung sein. Erst als Frau B. mich wieder sieht, kann sie sich von der Phantasie distanzieren, dass die ganze Unterbrechung vielleicht nur Lüge oder Manipulation gewesen sei. Sie kann schließlich darüber sprechen, wie schwer die Unterbrechung für sie auszuhalten war und wie sie von Angst, Schuldgefühlen und dem Gefühl der eigenen „Schlechtigkeit" ständig überschwemmt zu werden drohte. Auch Suizidgedanken spielten eine große Rolle.

Das Errichten von Selbstverantwortung und Selbstwirksamkeit

Aufgrund der zurückliegenden Willkürerfahrungen konnten viele Patientinnen kein Gefühl für eigene Gestaltungsmöglichkeiten oder Selbstwirksamkeit entwickeln. Dies macht sich in der Therapie häufig durch ein ratloses und passives Verhalten mit hohen Erwartungen an die Therapeutin bemerkbar. Daher ist es wichtig, die Patientin zu einer aktiven Mitarbeit zu gewinnen. Hierzu ist es notwendig, die Therapieziele (mehr Selbstkontrolle über Verhalten, Gefühle, Erinnerungen und Gedanken sowie eine einheitlichere Selbstwahrnehmung zu erreichen) sowie den Weg und die Arbeitsmittel, die dazu führen, zu erklären. So ist es sinnvoll, die Patientin mit der Regel der Freien Assoziation bekannt zu machen (in modifizierter Form) und sie immer wieder zur Selbstbeobachtung und Selbstexploration zu ermutigen.

Gleichzeitig ist es aber auch wichtig, dass die Patientin lernt, sich nicht selbst zu überfordern. Als wichtige Regel gilt hier, dass Stabilisierung und Funktionsfähigkeit Vorrang haben vor weiterer und forcierter Exploration (Kluft 2003). So ist es zum Beispiel nicht sinnvoll, dass die Patientin von immer umfangreicherem traumatischem Material berichtet, ohne zu bemerken, dass sie selbst längst den Kontakt zu ihrem eigenen Körper und zu ihren Gefühlen verloren hat. Wichtiger wäre es in diesem Fall, mit der Patientin die Selbstbeobachtung und Affektwahrnehmung zu üben. Dies kann zum Beispiel dadurch geschehen, dass vereinbart wird, vor jeder weiteren Mitteilung eine Rückmeldung zu geben, ob und inwiefern die Patientin noch im Kontakt mit sich selbst ist. Dieses Vorgehen beugt masochistischer Selbstbestrafung vor, ebenso der negativen Erwartung an die Therapeutin, dass diese „alles aus der Patientin herausholen" will.

Auf diese Art und Weise wird ein langsameres, aber sehr viel stabileres und krisenärmeres Vorgehen erreicht. In dieser Phase sind alle Techniken hilfreich, die der Patientin zu mehr Selbstkontrolle, Selbstwirksamkeit und Selbstexploration verhelfen. Für viele Patientinnen ist das Führen eines Tagebuchs empfehlenswert, da oft erhebliche, in ihrem Ausmaß weit über Verdrängungsprozesse hinausgehende Amnesien auftreten und viele Therapiestunden dadurch verloren zu gehen drohen. Eine ständige Ermutigung zur Selbstexploration und Erarbeitung von Lösungssuchen (z. B. zur Linderung der Symptome) arbeiten einer regressiven Tendenz entgegen und verhindern, dass die Therapeutin für das Wohlergehen der Patientin verantwortlich gemacht wird.

Gerade zu Beginn der Therapie neigte Frau B. dazu, sich in der Therapiestunde ihren Einfällen zu überlassen, ohne noch im Kontakt mit ihrem Körper und ihren Gefühlen zu sein, und dann plötzlich in einen panikartigen Erstarrungszustand zu fallen, der bis zu mehreren Minuten anhalten konnte. Es wird deutlich, dass sie sich im Bemühen, in den Therapiestunden gut mitzuarbeiten, gerade bei der Aufarbeitung ihrer Biografie, häufig überforderte, sodass sie von unkontrollierter Angst und tranceartigen Zuständen gleichsam überflutet wurde. Traumatisches Material wurde teilweise automatenhaft abgespult oder in einem völlig veränderten Bewusstseinszustand wiedererlebt und ausagiert. Zur besseren Distanzierung der Intrusionen und Flashbacks wurde mit der Patientin erarbeitet, bei jedem weiteren Satz zu prüfen, ob sie sich noch im Kontakt mit ihrem Körper und ihren Gefühlen befände.

Das häufig fehlende Gefühl von Hoffnung und Zutrauen in die eigenen Fähigkeiten lässt sich am besten stärken, indem von der Patientin erreichte Ziele konkret benannt werden. Häufig haben Patientinnen das Gefühl, dass sie das eine oder andere niemals erreichen werden, obwohl sie vergleichbare Dinge durchaus bewältigen konnten. So kann es zum Beispiel der Patientin helfen, die von ihrer eigenen Dummheit und Unfähigkeit überzeugt ist, da sie von den Eltern zur Sonderschule geschickt wurde, sie daran zu erinnern, dass sie später erfolgreich eine Lehre und den Abschluss als Handelskauffrau absolvieren konnte. Auf diese Weise kann die Patientin an sich eine bisher nicht wahrgenommene Eigenständigkeit und Zielstrebigkeit beobachten und kennen lernen, die ihr auch Zuversicht im Therapieprozess gibt. Auch kann man sie an gemeinsame, in der Therapie überwundene Klippen und Hindernisse erinnern. So kann die Therapeutin eine Patientin mit schweren Angstzuständen und Selbstzweifeln daran erinnern, dass sie sich anfänglich aufgrund ihrer schweren Angstsymptome nicht vorstellen konnte, ohne Begleitung regelmäßig zur Therapie zu kommen, diesen Weg aber bereits nach wenigen Therapiestunden ausnahmslos zuverlässig bewältigte. Auch die Bearbeitung von Träumen kann der Patientin ein sehr tief gehendes Gefühl eigener Kreativität und sinnhafter Ausdrucksfähigkeit geben:

Frau B. betrachtete zum Beispiel ihre Träume zunächst nur als „dummes Zeug" und „Unsinn" und berichtete nur sehr zögerlich darüber. Es stellte sich aber heraus, dass sie eine große Phantasiefähigkeit und Ausdrucksstärke in ihren Träumen besaß. Sie kann ihre Träume schließlich im Laufe des Therapieprozesses als wichtige korrigierende Botschaften aus dem Unbewussten ansehen und sehr konstruktiv für ihr eigenes Fortkommen nutzen.

Der Umgang mit abgespaltenen Affekten

Da die Patientinnen in der Regel keine Bezugspersonen hatten, die ihnen bei der Regulierung und Modulation ihrer Affekte zur Verfügung standen, haben sie häufig den Umgang mit Affekten nicht gelernt. In traumatischen Situationen wurden Affekte als überwältigend und quälend erlebt, sodass Gefühle jeglicher Art häufig aus dem normalen Leben ausgeklammert und abgekapselt wurden. Da auch geringe Gefühlswahrnehmungen traumatische Affekte triggern können, sind viele Patientinnen gefühlsphobisch (s. auch Kap. 15 in diesem Buch). Damit stehen ihnen Gefühle zur Regulation ihrer Bedürfnisse häufig gar nicht mehr zur Verfügung. Viele Patientinnen erleben sich daher als gefühlskalt, was insbesondere gegenüber nahen Beziehungspersonen (Partner, eigene Kinder oder Enkelkinder) als sehr belastend erlebt werden kann. So können Gefühle häufig nur als „Entweder-oder" wahrgenommen werden, d. h. entweder als gar nicht vorhanden oder als überwältigend und quälend. Patientinnen haben oft gelernt, jegliche Gefühle aus der Alltagsbeziehung herauszuhalten.

In der therapeutischen Situation ist es wichtig, an diesem Defizit zu arbeiten, indem die Therapeutin ihre eigenen, in der therapeutischen Situation entstandenen Gefühle reflektiert benennt und somit der Patientin zur Verfügung stellt. Auch kann es wichtig sein, auf „Umschlagpunkte" zu achten, in denen Gefühle „weg dissoziiert" werden. Die Patientin kann zur Selbstbeobachtung angehalten werden, um an sich selbst diese gefühlsmäßigen Veränderungen festzustellen.

Nach wie vor sind auch bei fortgeschrittener Therapie von inzwischen zwei Jahren Urlaubsunterbrechungen ein großes Problem für Frau B. Als ich eine solche ankündige, nimmt die Patientin dies zunächst scheinbar gelassen hin. Im weiteren Verlauf der Stunde fühlt sie sich jedoch leer und wie abgestorben. Nach einiger Ermutigung exploriert Frau B. den Beginn dieses Gefühls und stellt fest, dass sie eigentlich in ausgeglichener Stimmung gekommen sei. Sie habe mir sogar von dem Gelingen eines gemalten Bildes erzählen wollen. Erst bei der Ankündigung des Urlaubs sei sie zunächst wie von einem heißen Blitz durchfahren worden und habe sich danach wie abgestorben gefühlt. Nach längerem Zögern schildert sie, dass sie plötzlich ihre Mutter vor sich sähe, die sich zu ihr umdrehe, um ihr völlig willkürlich, wie aus heiterem Himmel, eine Ohrfeige zu verpassen. An diesem Einfall kann die Patientin erkennen, dass sie bei der zunächst freudigen Gestimmtheit über einen Erfolg, den sie mir wie ein Geschenk mitbringen wollte, durch die dann erfolgte Ankündigung meines Urlaubs so etwas Ähnliches erlebte: eine willkürliche und ungerechte Bestrafung. Gleichzeitig darf sie die damit verbundenen Gefühle von heißer Wut nicht empfinden und reagiert mit „Abschalten". Es ist hierbei nicht nur das Gefühl der Wut an sich, das der Patientin Angst macht, sondern auch die überwältigende Wucht und Intensität. Dies macht es der Patientin umso schwerer, solche Gefühle auch der Therapeutin gegenüber zuzulassen.

27.7 Störungsspezifische Techniken

Allgemeine psychodynamische Techniken sind wichtige und hilfreiche Werkzeuge in der Behandlung komplexer dissoziativer Störungen, reichen jedoch, wie bereits oben beschrieben, bei bestimmten Fragestellungen nicht aus. Im Folgenden werden daher einige modifizierte Techniken dargestellt, die spezifisch bei der Behandlung hochdissoziativer Patienten entwickelt wurden (s. Tab. 27-2). Sie zielen darauf ab, die amnestischen Barrieren zu durchbrechen und das Getrenntheitsgefühl der Alternativ-Persönlichkeiten zu reduzieren, um eine zunehmende Kooperation und Koordination der verschiedenen Persönlichkeitsanteile zu erreichen.

Die Diagnosemitteilung und das Kartieren der „inneren Landkarte"

Häufig ist zu Beginn der Therapie das Persönlichkeitssystem der Patienten noch nicht bekannt. Manchmal gibt es zunächst nur indirekte Anhaltspunkte für das Vorhandensein von anderen Persönlichkeitszuständen, doch können die Patienten aufgrund hoher amnestischer Barrieren zunächst keine Auskunft über ihr vollständiges System geben. Zudem besteht häufig eine große Abwehr, insbesondere bei „täteridentifizierten Persönlichkeiten" oder bei „Beschützerpersönlichkeiten", sich in der Therapie erkennen zu geben. Bei

Tab. 27-2: Die psychodynamische Behandlung dissoziativer Störungen II: störungsspezifische Techniken.

Zielsetzungen der Behandlung	angewandte Techniken
• Reduzieren von Getrenntheit der Persönlichkeitszustände	• modifizierte Grundregel • aktive Kontaktaufnahme zu anderen Persönlichkeitszuständen • Kartieren des Persönlichkeitssystems
• Reduzieren von Konflikten zwischen Persönlichkeitszuständen	• Deutungen innerhalb des gesamten Persönlichkeitssystems
• Erreichen von Übereinstimmung in der Wahrnehmung der Persönlichkeitszustände	• gleichwertige und gleich bleibende Behandlung der verschiedenen Persönlichkeitszustände • Träume als Via Regia zum Unbewussten und „anderswo Bewusstem"

teilweise abgespaltenen Persönlichkeitszuständen, wie es bei der NNBDS der Fall ist, sind die amnestischen Barrieren zwar nicht so hoch, doch kann auch hier ein erheblicher Widerstand bestehen, sich mit aggressiven „Persönlichkeitszuständen" und Aspekten in die Therapie einzubringen. Hier helfen eine konsequente Widerstandsarbeit und die zunehmende Erfahrung der Patientin, dass einerseits autonome Bestrebungen respektiert und gefördert werden, andererseits aber einer destruktiven Aggressivität Grenzen gesetzt werden.

Wenn die Therapeutin ausreichende Hinweise für abgespaltene Persönlichkeitsanteile hat und die Diagnose einer Dissoziativen Identitätsstörung (oder NNBDS) vorliegt, muss dies der Patientin behutsam mitgeteilt werden. Die meisten Patientinnen reagieren hochambivalent auf die Diagnose. Viele fühlen sich durchschaut und haben Angst vor Manipulationen und Bloßstellung oder davor, als „verrückt" angesehen zu werden. Informationen über die Genese der Erkrankung, also dass Dissoziation als wichtiger Bewältigungsmechanismus für extrem belastende Lebensereignisse verstanden wird, sind zur Akzeptanz der Diagnose hilfreich. Oft ist der Widerstand gegen die Diagnose jedoch sehr hoch, sodass sie als Arbeitshypothese immer wieder diskutiert werden muss. Bei manchen Patientinnen kann es viele Monate dauern, bis die Diagnose als Erklärungsmöglichkeit für sonst unverständlich bleibende Amnesien oder Alter-Aktivitäten anerkannt wird.

Das Reduzieren von Getrenntheit zwischen den Alter-Persönlichkeiten

Affektbenennung und Affektdifferenzierung bieten eine gute Grundlage, um das unterschiedliche Erleben der Alter-Persönlichkeiten zu relativieren. Die im letzten Absatz des Fallbeispiels beschriebene, zunächst nur für ganz kurze Zeit wahrgenommene Emotion der „Alltags-Persönlichkeit" (in diesem Fall blitzartige Wut) kann eine erste Brücke zum Verständnis zu den emotionstragenden Alter-Persönlichkeiten sein. Die Empathie der Therapeutin für alle Persönlichkeitsanteile hilft dabei, diese Brücke auszubauen. Die Therapeutin unterstützt die Zusammenarbeit gegenseitiger Empathie und Identifikation dadurch, dass sie allen Alter-Persönlichkeiten mit gleich bleibender und gleichwertiger Haltung entgegentritt. Die globale Botschaft an die Patientin muss darin bestehen, dass alle Alter zusammengehören, dass einer alleine nicht gewinnen kann und dass die effektivste Strategie darin besteht, dass alle durch die Zusammenarbeit gewinnen. Eine gleichförmige, freundliche und annehmende Haltung allen Persönlichkeitsanteilen gegenüber hat eine große Hebelwirkung auf die dissoziative Abwehr des Patienten (Kluft 2003). Die dissoziativen Barrieren können mit Fortschreiten der Therapie gesenkt werden, Information kann zunehmend besser ausgetauscht werden. Auch der Wechsel von einem Selbst-Zustand in den anderen erfolgt weniger abrupt und kann zunehmend besser kontrolliert werden. Die Erreichung einer stärkeren Durchlässigkeit der dissoziativen Barrieren und der besseren Kontrollmöglichkeit des Übergangs von einem Selbst-Zustand in den anderen sind wichtige Schritte auf dem Wege zur Integration.

Die Kontaktaufnahme zu Alter-Persönlichkeiten

Im Laufe der Vertrauensbildung wächst einerseits das Bedürfnis, konflikthaftes Material über die belastende Kindheitssituation mitzuteilen, andererseits aber auch der Widerstand dagegen, der sich nicht nur im Über-Ich des berichteten Anteils wiederfindet, sondern auch in personifizierten, häufig irrationalen, korrupten und sadistischen Über-Ich-Strukturen in Form von Täter-Introjekten. Mit diesen Anteilen muss zu Beginn der Therapie aktiv in Kontakt getreten werden (Kluft 1993; 2003).

> Als Frau B. begann, kritische Dinge über ihre Mutter zu berichten, fühlte sie sich häufig sofort schuldig, nahm Dinge zurück oder erzählte positive Dinge von ihrer Mutter. Oder sie pflichtete bei, dass das strafende oder gemeine Verhalten der Mutter auf ihre eigene Dummheit oder Unzulänglichkeit zurückzuführen sei. Häufig äußerte Frau B. nach solchen Eröffnungen starke Unruhezustände und Selbstverletzungsimpulse. Als Frau B. in einer Stunde über ein sehr übergriffiges Verhalten der Mutter bei der Körperpflege berichtet und dann in ängstlichem und angespanntem Schweigen verharrt, frage ich, ob es hierzu noch mehr Meinungen gebe. Daraufhin erscheint ein anderer Anteil, der sich Gertrud nennt und Frau B. als Karin verhöhnt: „Ich wusste gar nicht, dass sie so sensibel ist. Früher war sie zäh wie ein Esel und so empfindlich wie ein Mehlsack." Gertrud droht mir unverhohlen mit der Faust und schlägt auf den Tisch ein: „Mischen Sie sich gefälligst nicht in unsere Familienangelegenheiten ein! Sie bringen die ganze Ordnung durcheinander. Wenn Karin mehr erzählt, werden wir sie bestrafen. Das funktioniert hier nur, wenn sie die Klappe hält. Sonst setzt es was."

Diese Konstellation macht deutlich, dass es im Interesse der Sicherheit oft sinnvoll ist, bestimmte Persönlichkeitsanteile darin zu bremsen, Material aufzudecken, das von anderen Anteilen als verboten angesehen wird. Die Anteile sollten erst dann mehr über dieses spezielle Thema berichten, wenn irgendeine Form von Einverständnis mit denjenigen Anteilen erreicht worden ist, die möglicherweise auf die Eröffnung negativ reagieren könnten. Die Arbeit mit den Anteilen, die mit Vergeltung drohen, wenn etwas Verbotenes offenbart wird, muss also Vorrang haben und kann sich über Monate erstrecken. Wichtig ist hierbei, eine Absprache über Gewaltverzicht zu erreichen. Nach Kluft (1993; 2003) sind diese personifizierten Über-Ich-Impulse manchmal so stark, dass sie mit psychodynamischen Methoden nicht bearbeitet werden können. So können zum Beispiel täteridentifizierte Anteile zwar *versuchen*, auf Rachereaktionen zu verzichten, aber manchmal nicht sicher *versprechen*, dass sie dies auch einhalten können. In solchen Fällen empfiehlt Kluft, diese Anteile mit ihrem Einverständnis für eine gewisse Zeit in einen hypnotischen Schlaf zu versetzen.

Die modifizierte Grundregel

Sobald in der Therapie deutlich wird, dass es abgespaltene Identitätszustände gibt, empfiehlt Kluft (2003), die Grundregel zu erweitern. Die zuletzt beschriebene Behandlungsvignette zeigt, dass diese bei der psychoanalytischen oder psychodynamischen Therapie sinnvolle therapeutische Grundregel (zum Beispiel mit folgender Formulierung: „Es hat sich für die Therapie als günstig erwiesen, dass Sie alles aussprechen, was ihnen durch den Kopf geht") bei der Behandlung schwerer dissoziativer Störungen nicht ausreicht. Um der inneren Wirklichkeit der Patienten besser gerecht zu werden und um alle Anteile mit der Assoziationsregel zu erreichen, ist es sinnvoll, die Regel so zu modifizieren, dass sich auch alle Anteile angesprochen und eingeladen fühlen, sich zu äußern. Die modifizierte Assoziationsregel könnte folgendermaßen lauten (mod. nach Kluft 2003):

> „Es sind Beiträge von allen Anteilen willkommen. Ich möchte auch gerne von denen die Meinung hören, die hinter den Kulissen aktiv sind. Wenn es nicht möglich ist, dass Sie direkt mit mir sprechen, können Sie mir vielleicht indirekt ihre Ansicht mitteilen, zum Beispiel über den Anteil, der gerade vorne ist. Und wer auch immer draußen sei, möge bitte weitergeben, was er innen hört. Diejenigen, die es nicht schaffen, sich in der Stunde zu melden, können es vielleicht im Tagebuch niederschreiben und Frau B. bitten, es mir zur nächsten Stunde mitzubringen."

Ebenso empfiehlt Kluft (ebd.), den Patienten über die von ihm verwendete Kommunikationsform mit dem gesamten System frühzeitig zu informieren. Dies könnte folgendermaßen geschehen:

> „Es ist in unseren letzten Gesprächen deutlich geworden, dass es da noch andere in Ihnen gibt. Ich möchte auch diese anderen gerne ansprechen und alle Anteile einladen, an der Behandlung teilzunehmen. Deshalb werde ich häufiger über Sie als Karin (oder einen anderen Anteil, der in dem Moment die Kontrolle hat) hinwegsprechen, um auch die anderen zu erreichen. Deshalb werde ich gelegentlich solche Formulierungen benutzen wie: ‚Ich bitte Sie alle mal herzuhören' oder ‚Sie alle', damit mir auch als Therapeut bewusst ist, dass ich es mit einem Gesamtsystem von ‚Persönlichkeiten' zu tun habe."

Die Grundregel der Freien Assoziation umfasst also die Vereinbarung mit dem Patienten, dass er nicht nur Gedanken der „Alltags-Persönlichkeit", sondern auch die Stimmungen und Gedanken der anderen Persönlichkeitszustände mitteilt, ebenso pseudohalluzinatorische Stimmen, sich aufdrängende Gefühle, Körpersensationen, Flashbacks oder Ähnliches. Die vorgeschlagenen Modifikationen der Grundregel wirken übrigens von den Formulierungen her für die Therapeutinnen und Therapeuten, die gerade erst damit beginnen, sich mit der Arbeit mit hochdissoziativen Patientinnen und Patienten vertraut zu machen, häufig sehr viel befremdlicher als für die Betroffenen.

Arbeit mit dem System der Persönlichkeitszustände

Durch die erweiterte Assoziationsregel bekommt die Therapeutin Stück für Stück mehr Einblick in das innere System des Patienten. Durch gezielte Ermutigung zur Kooperation von verschiedenen Persönlichkeitszuständen kann gelegentlich eine rasche Stabilisierung erreicht werden.

Im Fall von Frau B. konnte zum Beispiel Gertrud zu einer – wenn auch zunächst nur begrenzten – Kooperation gewonnen werden. Es konnte mit ihr ausgehandelt werden, dass sie zunächst auf Rache- und Bestrafungsaktionen an Karin verzichtet und sie sich die Therapie (und natürlich vor allem die Therapeutin) etwas genauer anschaut. Im Gegenzug erwartete sie, dass zunächst kein weiteres traumatisches Material von Karin „verraten" würde. Nach dieser Absprache verbesserte sich die depressive und angstneurotische Symptomatik erheblich, sodass Frau B. wieder alleine aus dem Haus gehen konnte, was ihr seit Jahren kaum mehr gelungen war.

Bei der Wahl, welche Persönlichkeitszustände zunächst beachtet, gestärkt oder exploriert werden sollten, empfiehlt Kluft (2003) die Regel, dass Sicherheit und Funktionsfähigkeit den Vorrang haben sollten vor Exploration und Erhellung der jeweiligen historischen Perspektive. Schutz und Sicherheit haben also Vorrang vor der Bearbeitung von schwierigem Material. Dies vermeidet den häufigsten Anfängerfehler, nämlich aus Faszination an den alternierenden Persönlichkeitszuständen zu forciert an der Aufdeckung zu arbeiten, sodass schwere Krisen und massive Symptomverschlechterung stationäre Aufenthalte und ständiges Krisenmanagement notwendig machen. Die oben beschriebene Vereinbarung mit Karin und Gertrud wurde zu einem späteren Zeitpunkt, als mehr Zutrauen zur Therapeutin gefasst werden konnte, neu ausgehandelt. Gertrud war schließlich bereit, mehr Aufdeckung des kindlichen Missbrauchs zuzulassen, zumal sie sich eingestehen musste, dass die inneren „traumatisierten Kinder" Hilfe bräuchten.

Von der multiplen Realität zur einheitlichen Wahrnehmung

Patientinnen mit gespaltenen Identitätszuständen haben je nach aktiviertem Zustand eine sehr unterschiedliche Wahrnehmung von der Realität. Wenn eine Patientin über ihre Erinnerungen an ein traumatisches Ereignis berichtet, muss man sich bei Vorliegen einer Dissoziativen Identitätsstörung in besonderem Maße vor Augen halten, dass sie nicht der historischen Wahrheit entsprechen müssen. Dies hängt damit zusammen, dass jeder Persönlichkeitszustand nur über einen begrenzten und spezifischen Erinnerungsausschnitt verfügt und diese Erinnerung zudem dadurch verzerrt sein kann, weil die Realität in belastenden Situationen häufig in Trance wahrgenommen wird. Wenn über belastendes oder traumatisches Material berichtet wird, ist es zunächst sinnvoll, sich vor allem auf die **emotionale Botschaft** einzustellen, dass der Patientin „etwas Schlimmes passiert ist" und dass man ihre Not verstanden hat. Man sollte sich aber nicht in die Situation bringen lassen, alles als Wahrheit zu bestätigen, was die Patientin sagt, da neben realen Erinnerungen auch Pseudo-Erinnerungen vorkommen. Dies gilt in gewisser Weise für alle traumatischen Erinnerungen, ist aber bei den komplexen dissoziativen Störungen in besonderer Weise zu beachten (Kluft 1998).

Die „Wahrheit aus verschiedenen Blickwinkeln" gilt nicht nur für traumatisches Material, wie Loewenstein (1991) in einem sehr eindrucksvollen Beispiel von einer Patientin zeigt, die sich über die Nebenwirkungen des Antidepressivums Imipramin beschwerte: Während die „Alltags-Persönlichkeit" triumphierend von einer erfolgreichen Symptombesserung berichtete, tauchte plötzlich ein weiterer Persönlichkeitszustand auf, der zynisch nachfragt, warum man diese Medikamente überhaupt brauche. Ein dritter Persönlichkeitszustand beschwerte sich bitterlich über die Nebenwirkungen in Form von Tremor, trockenem Mund und Ähnlichem. Eine vierte „Persönlichkeit" verriet schließlich, dass die Medikamente gar nicht eingenommen, sondern von einer fünften „gebunkert" wurden, um einen Suizidversuch vorzubereiten. So stellt sich am Ende heraus, dass das verordnete Medikament nicht ein einziges Mal eingenommen wurde.

Ähnlich widersprüchliche Angaben kann man auch hinsichtlich früher traumatischer Situationen erhalten. So kann ein Persönlichkeitszustand angeben, vom Nachbarn vergewaltigt worden zu sein. Ein zweiter kann berichten, dass er vom Vater vergewaltigt wurde. Ein dritter wiederum kann behaupten, dass der Vater ein ganz wunderbarer Mensch ist. Es ist wichtig, dass die Therapeutin diese widersprüchlichen „Realitäten" anspricht, aber nicht in Form eines Verhörs, sondern in einer vorsichtigen und einladenden Art: So kann man nach Erklärungen oder Beiträgen zu dem Problem fragen oder dazu anregen, in einen gegenseitigen Austausch oder Befragungsprozess einzutreten, anstatt die eine oder andere Version zu bevorzugen und daraus voreilige Schlüsse zu ziehen (Kluft 2003).

> Bei der Behandlung von Frau B. war die „Alltags-Persönlichkeit" Karin zu Beginn der Therapie und auch noch fast die gesamten ersten zwei Jahre weitgehend amnestisch für die anderen Persönlichkeitszustände. Im Laufe der Therapie stellte sich heraus, dass sie von den anderen „Personen" als Verräterin geächtet wurde. Auf meine Frage hin, was man ihr vorwerfe, beschuldigt Gertrud sie, an der Vergewaltigung „der Kleinen" mit beteiligt gewesen zu sein. Auf Nachfrage stellt sich heraus, dass Karin nicht nur die Aufgabe hatte, für Haushalt und Kinder zu sorgen und Ämtergänge zu erledigen, sondern dass sie auch regelmäßig von ihrer Mutter zum Untermieter im Hinterhaus geschickt wurde, um von ihm das Mietgeld abzuholen. Dabei kam es regelmäßig zu schweren sexuellen Übergriffen. Verschiedene Persönlichkeitszustände machen jetzt Karin den Vorwurf, dass sie „die Kleinen" regelmäßig zum Täter gebracht hätte. Die weitere Exploration ergibt, dass Karin jedoch für die Traumatisierungen völlig amnestisch war. Sie gibt an, dass sie die von der Mutter aufgetragenen Aufgaben wie Einkaufen und Ämtergänge eigentlich nur absolvieren konnte, indem sie sich „völlig auf stur stellte", ihre Angst abspaltete und wie ein Roboter funktionierte. Sie quält sich allerdings die ganze Zeit mit einem diffusen Schuldgefühl, etwas ganz Schreckliches gemacht zu haben. Schließlich taucht bei dieser Kommunikation als dritte „Person" eine elegant und selbstbewusst wirkende junge Frau auf, die sich Corry nennt. Sie äußert sich kritisch über die Mutter der Patientin und bezeichnet diese als herzlos und unverantwortlich, weil sie ihre kleine Tochter in die Wohnung eines Mannes schickte, der für seine Rohheit und Gewalttätigkeit im ganzen Haus bekannt gewesen sei. Durch einen Austausch der Kommunikation untereinander kann Karin schließlich aus ihrer Sündenbockfunktion und Isolation herausgelöst und die Verantwortung für die Geschehnisse innerlich der Mutter und dem Nachbarn zugewiesen werden. Die innere, dritte Realität sah hingegen zunächst so aus, dass Karin die Schuldige ist, die dafür mit Verachtung bestraft werden musste.

Nicht nur bei zurückliegenden Ereignissen, sondern auch bei aktuellen Geschehnissen muss die Besonderheit der Realität aus dem Blickwinkel der verschiedenen Selbst-Zustände in Betracht gezogen werden. So ist bei Angaben über aktuelle traumatische Geschehnisse ein empathischer Skeptizismus angebracht. Wenn die Patientin in der Therapie verzweifelt über eine Vergewaltigung berichtet, die sie einige Tage zuvor erlebt hat, kann sich dies nach Prüfung aller Informationen folgendermaßen darstellen:
- Es kann eine reale Vergewaltigung im Sinne eines juristischen Strafbestandes vorliegen.
- Es kann eine vom System agierte Situation sein, bei der zum Beispiel ein promiskuitiver Persönlichkeitszustand eine nächtliche Männerbekanntschaft nach Hause einlädt und während des sexuellen Kontaktes „verschwindet". Es kann sich dann die „Alltags-Persönlichkeit" mit einem ihr völlig fremden Mann wiederfinden und die Situation als „Vergewaltigung" fehlinterpretieren.

- Es besteht auch die Möglichkeit, dass ein interner Aggressor für die Traumatisierungen verantwortlich ist. So kann es phantasierte Vergewaltigungen von einem täteridentifizierten Persönlichkeitszustand an den inneren „Kindern" geben, oder ein interner Aggressor kann Flashbacks in einem anderen Anteil triggern. In beiden Fällen können sie wie reale Vergewaltigungen erlebt werden.

Hier kann die Wahrheitsfindung nur gelingen, wenn sich alle Alter-Persönlichkeiten daran beteiligen. Kluft (1998) empfiehlt eine Beurteilung der Erinnerung durch geduldige Neutralität, empathischen Skeptizismus und die Vermeidung von Suggestivfragen.

Arbeit mit Träumen

Träume von Patienten mit komplexen dissoziativen Störungen sind oft traumatischer Art oder haben den Charakter von Albträumen. Verwirrende Träume sind oft die Vorboten vom Auftauchen traumatischen Materials. Träume können aber auch in metaphorischer Form die Multiplizität der Persönlichkeitszustände darstellen oder Kontakt zu bisher amnestischen Anteilen erleichtern (Barrett 1996).

Die folgenden Träume von Frau B. entstanden in einer Situation, als die „Alltags-Persönlichkeit" Karin im zweiten Behandlungsjahr weiterhin erheblichen Widerstand gegen die Diagnose der Dissoziativen Identitätsstörung äußerte. Sie weigerte sich, die offensichtlichen Anzeichen von Aktivitäten anderer Selbst-Zustände wahrzunehmen, obwohl diese bereits regelmäßig in den Therapiestunden erschienen waren. Die folgenden Träume markierten einen wichtigen Krisen- und Umschlagpunkt in der Therapie:

> Die Patientin träumt: „Ich liege in meinem Bett und sehe an der oberen Zimmerecke ein Spinnennetz, das mich anekelt und das ich sofort vernichten will. Ich hole eine Insektenspraydose und besprühe das Spinnennetz damit. Dadurch entsteht dort oben ein Gewimmel und ein großer Aufruhr. Ich schaue mit einem Teleskop in das Netz hinein und sehe, dass es gar keine Spinnen sind, sondern lauter kleine ‚Ichs' von mir, die voller Angst und Panik hin und her rennen. Sie drohen durch die Maschen zu fallen und haben keinen Halt und keine Hilfe. Ich bin erschrocken, dass ich so gemein zu ihnen war und sie weghaben wollte.
>
> Dann träume ich, dass ich zu einer Operation ins Krankenhaus soll, zögere das aber hinaus, weil ich mich schäme. Ich schäme mich, weil mein Mund voller weißer Schleim ist. Der geht nicht weg und fühlt sich ekelhaft an. Ich zeige ihn meiner Schwester, und die wendet sich entsetzt ab."

Der Patientin fällt dazu spontan ein, dass sie sich früher oft vor dem Einschlafen in die Zimmerecke hinein phantasiert hat. Dies sei ein gutes, sicheres und zutiefst befriedigendes Gefühl gewesen. Sie ist immer noch erschrocken darüber, dass sie das Spinnennetz weghaben wollte. Sie habe das Gefühl, es seien die vielen kleinen Ichs, die da jeden Abend in die Ecke geschlüpft seien. Dann fällt der Patientin ein, dass die Operation im Traum vielleicht die Situation hier sei. Hier wolle sie ja den Mund auch nicht aufmachen und nichts von den anderen erzählen. Am liebsten wolle sie die anderen weghaben, wie ekeliges Ungeziefer. Das sei wohl ziemlich gemein von ihr. Ich bemerke daraufhin, dass es wohl auch mit Scham zu tun haben könnte, wie im Traum, und sie vielleicht befürchten könnte, dass ich mich von ihr abwende. Da fällt der Patientin entsetzt ein, dass der Schleim wie Sperma geschmeckt hat. Ihr wird übel, und sie berichtet flüsternd, dass der Vater sich oft nachts zu ihr ins Zimmer geschlichen habe, um mit ihr Sex zu machen. Sie habe mehrmals versucht, ihrer Schwester davon zu erzählen, doch die habe sich nur überfordert abgewandt. Ich sage: „Es war schlimm, was der Vater mit ihnen gemacht hat, und die einzige Flucht, die sie hatten, war ihr Netz in der Zimmerecke. Es ist gut, dass die kleinen Ichs dorthin fliehen konnten, und es ist wohl jetzt auch an der Zeit, dass sie endlich Hilfe und Zuwendung bekommen."

Somit setzt sich Karin als „Alltagsperson" erstmals mit dem sexuellen Missbrauch auseinander und stellt durch das Traumbild einen Zusammenhang zwischen ihrer Traumatisierung und der Identitätsdissoziation her.

27.8 Grenzen der psychodynamischen Techniken

Obwohl die psychodynamischen Techniken ein wichtiges Rüstzeug bei der Behandlung hochdissoziativer Patienten sind, kann es immer wieder Situationen geben, in denen sie nicht ausreichen und in denen es sinnvoll sein kann, andere Techniken zu integrieren. Dies gilt für alle traumaorientierten Zusatztechniken wie Imagination (Reddemann 2001) und EMDR (Gast 2000). Auch hypnotherapeutische Techniken können in manchen Situationen hilfreich sein, sollten jedoch nur sparsam eingesetzt werden, da sie eine passive Erwartungshaltung der Patienten fördern können und dem eigentlichen Therapieziel, nämlich der Verbesserung der Selbstkontrolle und Selbststeuerung, entgegenlaufen.[3] Eine Indikation für den Einsatz von Hypnotherapie sieht Kluft (2003) bei schweren intrusiven Symptomen, bei nicht ausreichender Impulskontrolle aggressiver Alter-Persönlichkeiten und in besonderen Notsituationen, in denen noch kein ausreichender therapeutischer Kontakt zu agierenden Alter-Personen besteht. Im Folgenden sollen einige Beispiele für solche Notsituationen gegeben werden.

27.9 Notfallsituationen

Notfallsituationen können auftreten, wenn sich Patienten regelmäßig in reviktimisierende Situationen begeben, die vielleicht durch einen vertrauensseligen oder promiskuitiven Persönlichkeitszustand herbeigeführt werden. Auch körperlich bedrohliche Zustände können manchmal durch Interaktionen der alternativen Persönlichkeitszustände entstehen. In einer von mir supervidierten Therapie musste eine Patientin wegen mehrfacher Magen-Darm-Krämpfe stationär eingewiesen und schließlich wegen eines Ileus operiert werden. Hierbei stellte sich heraus, dass der Darm der Patientin voller Papier war. Da die „Alltags-Persönlichkeit" zu diesem Befund überhaupt keine Angaben machen konnte, war es in diesem Fall dringend notwendig, die erforderlichen Informationen von den anderen Persönlichkeitszuständen zu erfragen. Die Lösung des Rätsels ergab, dass ein kindlicher Persönlichkeitszustand versuchte, der Therapeutin traumatisches Material (über schwerste sadistische sexuelle Folterungen durch den Onkel) mitzuteilen, ein anderer Persönlichkeitszustand, der sich noch in der Gewalt seines früheren Peinigers wähnte, diese Notizen fand und voller Panik vernichtete, indem er sie aufaß. Da es zunächst nicht gelang, mit direkter Ansprache weiterzukommen (zum Beispiel mit der Frage: „Wer weiß etwas darüber, wie das Papier in den Bauch kommt?"), konnte ein induzierter Trancezustand helfen, die notwendige Information zu erhalten. Eine Beschreibung für dieses Vorgehen findet sich bei Ross (1997, S. 305–311).

Im Fall von Frau B. wurde eine solche Not-Intervention zu Beginn der Behandlung eingesetzt, nachdem Frau B. unmittelbar nach

---

[3] Gemeint sind hier Techniken der klassischen Hypnose. Hiervon abzugrenzen ist die Hypnotherapie nach Erickson, die eine stärkere aktive Beteiligung der Patienten vorsieht.

einer Therapiestunde ihr neues Auto zu Schrott gefahren hatte, wobei sie selbst aber nicht zu Schaden gekommen war. In der Stunde zuvor hatte die Patientin über massive Schuldgefühle gesprochen, weil sie sich auf Drängen und Initiative ihres Mannes ein funkelnagelneues Auto geleistet hatte.

Nach dem Unfall spreche ich die Situation in der nächsten Stunde an. Frau B. berichtet, dass sie meine Glückwünsche zum neuen Auto nach der Stunde eher beunruhigt und aufgewühlt hätten, sie sich dann aber kaum noch an etwas erinnern könne. Auch die eigentliche Unfallsituation ist ihr nicht mehr erinnerlich. Daher ist eine weitere Bearbeitung mit dem Persönlichkeitszustand Karin nicht mehr möglich. Ich bitte daher aktiv denjenigen, der etwas zu dem Unfall sagen kann, hervorzukommen, weil ich sonst die Therapie gefährdet sähe. Ich mache deutlich, dass mir die Arbeit zu riskant ist, wenn ich mich nicht darauf verlassen kann, dass die Patientin nach der Therapiestunde sicher und gesund nach Hause kommt. In diesem beginnenden Stadium der Therapie war Frau B. noch nicht in der Lage, kontrolliert von einem Persönlichkeitszustand in den anderen zu wechseln. Ich schlug Frau B. daher vor, ihr dabei durch eine Trance-Induktion zu helfen und in diesem Zustand zu versuchen, mit dem Teil von ihr Kontakt aufzunehmen, der Erinnerungen an den Unfall trägt. Frau B. war damit einverstanden.

Nach leichter Trance-Induktion ging ein deutlicher Wechsel mit Frau B. vor, und es wurde ein wütender, angespannter Persönlichkeitszustand aktiv, der zunächst seinen Namen nicht preisgeben wollte und sich erst im späteren Verlauf der Therapie als Gertrud vorstellte. Es stellte sich heraus, dass es eine große Eifersucht- und Neidproblematik im inneren System gab, die ich durch meine Glückwünsche zum Autokauf noch verstärkt hatte. So erfuhr ich, dass „die Kleinen" sich durch die Anschaffung übergangen fühlten und sehr enttäuscht und traurig gewesen seien, weil sie viel lieber ein Spielzeugauto gehabt hätten. Gertrud habe daraufhin die Kinder zu trösten versucht und sie Auto fahren lassen. Auch Gertrud selbst missbilligte die Neuanschaffung mit den Worten: „Was braucht die (Karin) so ein schickes Auto!" Als personifiziertes, sadistisches Über-Ich nahm sie auf diese Art und Weise das Auto wieder weg und verband zudem damit die Hoffnung, dass Karin ohne Auto die Therapie endlich aufgeben würde.

Die Eigengefährdung, die der Unfall darstellte, wurde von Gertrud geleugnet, da sie sich zu Beginn der Therapie völlig getrennt von Karin erlebte und deren mögliches zu Tode kommen durch einen Unfall sogar begrüßt hätte. Meine beharrliche Botschaft, dass sie sich mit Karin und den anderen einen Körper teile, machte sie jedoch zunehmend nachdenklich, auch darüber, dass eine Therapie vielleicht doch sinnvoll sein könnte. Es konnte schließlich die Vereinbarung ausgehandelt werden, dass Gertrud die Anschaffung eines Gebrauchtwagens respektieren und zudem mit darauf achten würde, dass „die Kleinen" nicht ans Steuer dürfen. Nach dieser Absprache fiel Frau B. in eine kurze spontane Trance und wachte als Karin wieder auf, die sich an den Dialog nicht mehr erinnern konnte und sich irritiert darüber zeigte, dass die Stunde schon zu Ende ist.

Bis auf die hier beschriebene Situation wurde bei der Behandlung keine Hypnose eingesetzt. Zwar war es für die Patientin gerade zu Anfang der Therapie sehr schwierig, kontrolliert Persönlichkeitswechsel zuzulassen, doch erinnerte sie auch der oben geschilderte Traum mit dem Spinnennetz in der Zimmerecke daran, wie sie früher „aus sich heraus getreten" war, um einem anderen Selbst-Zustand Platz zu machen. Sie entsann sich, dass sie sich zuvor in einer inneren Gegenbewegung „ganz in sich selber zurückzog". Nachdem sie wieder Zugang zu diesen zurückliegenden Fähigkeiten gefunden hatte und nun kontrolliert dissoziieren konnte, fiel es ihr zunehmend leichter, andere Persönlichkeitsanteile in der Therapiestunde nach vorne kommen zu lassen. In den nächsten Therapieschritten gelang es ihr schließlich, „wie von der Zimmerdecke den anderen zuzuschauen" und als Karin zunehmend Einblick in das gesamte System und damit in ihre eigene Geschichte zu erhalten. Im weiteren Verlauf konnte so die nächste Phase der Therapie mit einer Auseinandersetzung mit den traumatischen Kindheitserlebnissen in Angriff genommen werden.

27.10 Zusammenfassung und Ausblick

Psychodynamische bzw. psychoanalytische Techniken spielen bei der Behandlung komplexer dissoziativer Störungen eine große Rolle. Um diese Techniken auch für hochdissoziative Patienten einsetzen zu können, bedarf es insbesondere in der ersten Phase der Therapie spezifischer Modifikationen, um die sich Richard P. Kluft in besonderer Weise verdient gemacht hat. Die von ihm weiterentwickelten Techniken ermöglichen es dem psychodynamisch und psychoanalytisch ausgebildeten Therapeuten, sich mit grundsätzlich vertrautem Rüstzeug auch auf einem neuen und unübersichtlichen Terrain zurechtzufinden. Die Wahrnehmung und Einbeziehung der verschiedenen abgespaltenen Identitätszustände setzt allerdings eine etwas veränderte therapeutische Haltung voraus, die zunächst ungewohnt und möglicherweise irritierend ist. Dennoch ist es sinnvoll, sich darauf einzulassen, zumal die Prognose bei vielen Patientinnen und Patienten mit komplexen dissoziativen Störungen relativ günstig ist. Bei vielen Betroffenen kann eine weitgehende Integration erreicht werden oder zumindest die Funktionsfähigkeit erheblich verbessert werden. In Anbetracht der bisherigen Prognose eines chronischen Verlaufs mit häufigen Hospitalisierungen erscheint dies trotz langwieriger Therapien ein lohnendes Ziel.

Literatur

American Medical Association, Council on Scientific Affairs (1995). Report on memories of childhood abuse. Int J Clin Exp Hypn; 43: 114-7.

American Psychiatric Association, Board of Trustees (1995). Statement on memories of sexual abuse. Int J Clin Exp Hypn; 42: 261-4.

Barach PM, Comstock CM (1996). Psychodynamic psychotherapy of dissociative identity disorder. In: Michalson LK, Ray WJ (eds). Handbook of Dissociation. Theoretical, empirical and clinical perspectives. New York, London: Plenum Press; 413-29.

Barrett D (1996). Dreams in multiple personality disorder. In: Barrett D (ed). Trauma and Dreams. Cambridge: Harvard University Press; 68-81.

Blackshaw S, Charandarana P, Garneau Y, Merskey H, Moscarello R (1996). Adult recovered memories of childhood sexual abuse. Can J Psychiatry; 41: 305-6.

Brenneis CB (1994). Belief and suggestion in the recovery of memories of childhood sexual abuse. J Am Psychoanal Ass; 42: 1027-53.

British Psychological Society (1995). Report by the working group on recovered memories. Leicester: The British Psychological Society.

Chu JA, Bowman ES (2000). Trauma and dissociation: 20 years of study and lessons learned along the way. J Trauma Diss; 1: 5-20.

Clarkin JF, Yeomans FE, Kernberg OF (Hrsg) (2001). Psychotherapie der Borderline-Persönlichkeit. Manual zur psychodynamischen Therapie. Stuttgart, New York: Schattauer.

Davies JM, Frawley MG (1994). Treating the Adult Survivor of Childhood Abuse. A psychoanalytic perspective. New York: Basic Books.

Ellason JW, Ross CA, Fuchs DL (1996). Lifetime axis I and II comorbidity and childhood trauma history in dissociative identity disorder. Psychiatry; 59: 255-66.

Ellason JW, Ross CA (1997). Two-year follow-up of inpatients with dissociative identity disorder. Am J Psychiatry; 154: 832-9.

Faber FR, Haarstrick R (1994). Kommentar Psychotherapie-Richtlinien. 3. Aufl. Neckarsulm, Stuttgart: Jungjohann Verlagsgesellschaft.

Fine CG (1991). Treatment stabilization and crisis pre-

vention: pacing the therapy of the multiple personality disorder patient. Psychiatr Clin North Am; 14: 661-75.
Fine CG (1993). A tactical integrationalist perspective on the treatment of multiple personality disorder. In: Kluft RP, Fine CG (eds). Clinical Perspectives on Multiple Personality Disorder. Washington, DC: American Psychiatric Press; 135-53.
Gast U (2000). Diagnostik und Behandlung Dissoziativer Störungen. In: Lamprecht F (Hrsg). Einführung in die Traumatherapie - was kann EMDR leisten. Stuttgart: Klett-Cotta; 164-211.
Gast U, Rodewald F, Kersting A, Emrich HM (2001). Diagnostik und Therapie Dissoziativer (Identitäts-) Störungen. Psychotherapeut; 46: 289-300.
Gast U, Rodewald F, Kersting A, Emrich HM (2002). Stellungnahme zum Leserbrief von W. Wölk zu Gast et al. Psychotherapeut; 47: 129-31.
Gleaves DH, May CM, Cardena C (2001). An examination of the diagnostic validity of dissociative identity disorder. Clin Psychol Rev; 21: 577-608.
Hoffmann SO, Schüßler G (1999). Wie einheitlich ist die psychodynamisch/psychoanalytisch orientierte Psychotherapie? Psychotherapeut; 44: 367-73.
Herman JL (1992). Trauma and Recovery. New York: Basic Books (Dt. Ausgabe: Die Narben der Gewalt. Traumatische Erfahrungen verstehen und überwinden. München: Kindler 1993).
Huber M (1995). Multiple Persönlichkeiten - Überlebende extremer Gewalt. Ein Handbuch. Frankfurt a. M.: Fischer.
Huber M (1997). ISSD-Richtlinien für die Behandlung der Dissoziativen Identitätsstörung (Multiple Persönlichkeitsstörung) bei Erwachsenen - Neufassung 1997 (http://www.dissoc.de/issd/issd-r0.html).
International Society for the Study of Dissociation (ISSD) (1997). Guidelines for treating dissociative identity disorder (multiple personality disorder) in adults (http://www.issd.org/isdguide.html).
International Society for Traumatic Stress Studies (ISTSS) (o. J.). Childhood trauma remembered (Positionspapier ohne Jahresangabe, E-Mail: istss@istss.org).
Kluft RP (1984). Treatment of multiple personality disorder. Psychiatr Clin North Am; 7: 9-29.
Kluft RP (1988). On treating the older patient with multiple personality disorder: „race against time" or „make haste slowly"? Am J Clin Hypn; 30: 257-66.
Kluft RP (1990). The fractionated abreaction technique. In: Hammond CD (ed). Handbook of Hypnotic Suggestions and Metaphors. New York: Norton; 527-8.
Kluft RP (1991). Multiple personality disorder. In: Tasman A, Goldfinger SM (eds). American Psychiatric Press Review of Psychiatry; Vol. 10. Washington, DC: American Psychiatric Press; 161-88.
Kluft RP (1993). The initial stages of psychotherapy in the treatment of multiple personality disorder patients. Dissociation; 6: 145-61.
Kluft RP (1996a). Introduction to the diagnosis and treatment of dissociative identity disorder. Unveröff. Manuskript zum Workshop am 7.11.1996 anlässlich der ISSD-Fall-Konferenz, San Francisco.
Kluft RP (1996b). Dissociative identity disorder. In: Michelson LK, Ray WJ (eds). Handbook of Dissociation: Theoretical, empirical, and clinical perspectives. New York: Plenum Press; 344-66.
Kluft RP (1998). Reflecting of the traumatic memories of dissociative identity disorder patients. In: Lynn SJ, McConkey KM (eds). Truth in Memory. New York, London: Guilford; 304-22.
Kluft RP (2000). The psychoanalytic psychotherapy of dissociative identity disorder in the context of trauma therapy. Psychoanal Inq; 20: 259-86.
Kluft RP (2003). Die Behandlung der Dissoziativen Identitätsstörung aus psychodynamischer Sicht. In: Reddemann L, Hofmann A, Gast U (Hrsg). Lindauer Psychotherapie-Module: Dissoziative Störungen. Stuttgart: Thieme.
Loewenstein RJ (1991). Rational psychopharmacology in the treatment of multiple personality disorder. Psychiatr Clin North Am; 14: 721-40.
Loewenstein RJ (1994). Diagnosis, epidemiology, clinical course, treatment and costeffectiveness of treatment for dissociative disorders and MPD: Report submitted to the Clinton-Administration Task Force on Health Care Financing Reform. Dissociation; 7: 10-25.
Luborsky L (1995). Einführung in die analytische Psychotherapie. Göttingen: Vandenhoeck & Ruprecht.
Putnam FW (1989). Diagnosis and Treatment of Multiple Personality Disorder. New York: Guilford.
Putnam FW, Loewenstein RJ (1993). Treatment of multiple personality disorder. Am J Psychiatry; 150: 1048-52.
Reddemann L (2001). Imagination als heilsame Kraft. Zur Behandlung von Traumafolgen mit ressourcenorientiertem Verfahren. Stuttgart: Pfeiffer bei Klett-Cotta.
Reddemann L, Sachsse U (1996). Imaginative Psychotherapieverfahren zur Behandlung in der Kindheit traumatisierter Patientinnen und Patienten. Psychotherapeut; 41: 169-74.
Reddemann L, Sachsse U (1997). Stabilisierung. Persönlichkeitsstörungen; 3: 113-47.

Reddemann L, Sachsse U (2000). Traumazentrierte imaginative Therapie. In: Egle UT, Hoffmann SO, Joraschky P (Hrsg). Sexueller Missbrauch, Misshandlung, Vernachlässigung. Erkennung und Therapie psychischer und psychosomatischer Folgen früher Traumatisierungen. 2. Aufl. Stuttgart, New York: Schattauer; 375–89.

Ross CA (1997). Multiple Personality Disorder. Diagnosis, clinical features, and treatment. 2nd ed. New York: Wiley & Sons.

Ross CA, Dua V (1993). Psychiatric health care costs of multiple personality disorder. Am J Psychother; 47: 103–12.

Rudolf G, Eich W (1999). Die Entwicklung wissenschaftlich begründeter Leitlinien. Psychotherapeut; 44: 124–6.

Schneider J, Sack M (2000). Die Debatte um das „False Memory Syndrom". Psychotherapie; 5: 154–67.

Spiegel D (1991). Hypnosis, dissociation, and trauma: Hidden and covert observers. In: Singer JL (ed). Repression and Dissociation. Chicago: University of Chicago Press; 121–42.

Van der Hart O, Steele K, Boon S, Brown P (1995). Die Behandlung traumatischer Erinnerungen: Synthese, Bewußtwerdung und Integration. Hypnose und Kognition; 12: 34–67.

Winbolt B (1996). False memory syndrome – an issue clouded by emotions. Med Sci Law; 36: 100–9.

Wöller W, Kruse J (2001). Tiefenpsychologisch fundierte Psychotherapie. Basisbuch und Praxisleitfaden. Stuttgart, New York: Schattauer.

28 Konzepte und Möglichkeiten der kognitiven Verhaltenstherapie bei Dissoziation und dissoziativen Störungen

U. Schweiger, V. Sipos, K. G. Kahl, F. Hohagen

28.1 Dissoziative Störungen und kognitive Verhaltenstherapie

Dissoziative Störungen des Bewusstseins und dissoziative Symptome begegnen dem klinisch oder ambulant tätigen Psychotherapeuten und Psychiater am häufigsten in Verbindung mit affektiven Störungen, Angststörungen, somatoformen Störungen, Ess-Störungen und Persönlichkeitsstörungen. Dagegen sind Störungen, bei denen Dissoziation als Leitsymptom oder isoliertes Symptom außerhalb eines Kontextes von Komorbidität auftritt, nur selten der Grund, einen Arzt oder Psychologen aufzusuchen oder in eine psychiatrische Klinik eingewiesen zu werden. Kontrollierte Studien zur psychotherapeutischen oder psychopharmakologischen Behandlung dieser Störungen in isolierter Form fehlen. Möglicherweise erhalten deshalb dissoziative Störungen innerhalb der Psychiatrie und Psychotherapie nicht die ihnen zustehende Aufmerksamkeit (Coons 1998). Kognitiv-verhaltenstherapeutisch orientierte Therapeuten haben sich dissoziativen Störungen erst vergleichsweise spät zugewandt. Während in der Behandlung von Angst, Depression und Ess-Störungen elaborierte, praktisch erprobte und evaluierte kognitiv-verhaltenstherapeutische Konzepte vorliegen, befindet sich die Entwicklung entsprechender Konzepte bei den dissoziativen Störungen und Symptomen noch in den Anfängen. Es können jedoch pathogenetische Konzepte und erste Manuale vorgestellt werden (Wagner u. Linehan 2001; Kennerly 1996; Fiedler 2001; McCutchen 2000). Der Grad der Evaluation dieser Konzepte ist allerdings noch unbefriedigend.

28.2 Theoretische Ansatzpunkte der kognitiven Verhaltenstherapie bei dissoziativen Störungen

Entpathologisierung von Dissoziation

Der Ansatzpunkt der kognitiven Verhaltenstherapie ist es, dissoziatives Verhalten grundsätzlich als ein Alltagsverhalten zu betrachten, das meist eine sinnvolle Funktion in der Lenkung von Aufmerksamkeit hat und dazu dient, komplexe Handlungsabläufe vor Störungen zu schützen. Von einer dissoziativen Störung oder von Dissoziation als Symptom einer psychischen Störung kann nicht aufgrund des dissoziativen Verhaltens selbst gesprochen werden. Entscheidend für die Klassifikation als Störung sind subjektives Leid und Beeinträchtigungen der psychosozialen Funktions- und Steuerungsfähigkeit, die durch dysfunktionale Anwendung von Dissoziation entstehen. Dies ist analog zum Angstverhalten, das eine schützende Funktion in Gefahrensituationen hat, in dysfunktionaler Anwendung aber zu Behinderung und erheblichem subjektiven Leid führt. Die entpathologisierende Haltung gegenüber Dissoziation ist auch bei schweren dissoziativen Störungen von Bedeutung, da aus der Sicht der kognitiven Verhaltenstherapie auch bei diesen Störungen der Veränderungsprozess zunächst bei dissoziativen Alltagsphänomenen ansetzt.

Dissoziation ist ein durch Überzeugungen, Regeln und Pläne geleitetes Verhalten

Dissoziatives Verhalten und Erleben wird häufig als nicht steuerbares, schicksalhaftes und von außen kommendes Ereignis erlebt. Tatsächlich handelt es sich um ein hochgradig automatisiertes Verhalten, bei dem die handlungsleitenden Selbstinstruktionen, die befolgten Regeln und Pläne sowie zugrunde liegende Überzeugungen nicht unmittelbar wahrgenommen werden. Im Verlauf der kognitiven Verhaltenstherapie werden durch Selbstbeobachtung und Rekonstruktion von relevanten Erlebnissen die wesentlichen handlungsleitenden Kognitionen erarbeitet. Veränderungen zugrunde liegender Pläne, Regeln und Selbstinstruktionen haben dann auch eine Veränderung des dissoziativen Verhaltens zur Folge.

Dissoziation ist ein Verhalten, das durch Lernprozesse modifiziert wird

In Belastungssituationen hat Dissoziation eine Schutz- und Vermeidungsfunktion. Dissoziation erlaubt, traumatische Erfahrungen in der Intensität zu begrenzen und vom Alltag abzugrenzen. Opfer und Zeugen von Unfällen, Naturkatastrophen, Gewalt in der Familie, Kriegsereignissen, Gewaltverbrechen und anderen kriminellen Handlungen schildern regelmäßig ein Depersonalisations- und Derealisationserleben während des Ereignisses und direkt im Anschluss an dieses. Häufig sind Erlebnisse von Fremdheit, Unwirklichkeit, zeitlicher Verlangsamung und emotionaler Taubheit. Dissoziation schützt in diesen Fällen vor subjektiv überwältigenden Emotionen und erlaubt eine geordnete Handlungsweise in schwierigen Situationen. In einem verhaltensanalytischen Modell wird davon ausgegangen, dass dissoziatives Verhalten durch Reduktion aversiven Erlebens negativ verstärkt wird. Wiederholte Belastungssituationen führen zu einem ausgeprägteren Auftreten von dissoziativen Verhaltensweisen. Dissoziation kann generalisieren und erheblich mit Alltagsfunktionen interferieren. Patientinnen und Patienten mit schweren dissoziativen Störungen zeigen nicht nur schwere dissoziative Symptome wie Amnesien oder Fugue, sondern auch vermehrt leichte dissoziative Symptome, wie Erinnerungslücken für zurückgelegte Wege, Nicht-Hören von Teilen von Gesprächen, Hören von inneren Stimmen, Fremdheits- und Unwirklichkeitsgefühle, kurzzeitige Nicht-Wahrnehmung von Körperteilen.

Frau S. wurde von einem Nachbarn zu einem Unfall gerufen, da er wusste, dass sie eine Ausbildung als Krankenschwester hinter sich hatte. Sie sah ein Kind mit einer schweren Thoraxverletzung und schweren Kopfverletzungen auf der Straße liegen. Sie leistete sofort erste Hilfe. Als der Notarzt etwa zehn Minuten später eintraf, fielen ihr die Schuhe des Kindes auf, und sie erkannte, dass es sich um ihren Sohn handelte. Sie half weiter bei der Versorgung des Kindes mit. Schmerz, Angst und Trauer stellten sich erst ein, nachdem der Notarztwagen abgefahren war. In den folgenden Jahren war die Familie von mehreren weiteren schweren Unglücksfällen betroffen: Der Ehemann war in einen schweren Verkehrsunfall verwickelt, bei dem mehrere Menschen getötet wurden. Eine Cousine starb bei einem Badeunfall. Frau S. berichtete in Bezug auf diesen Zeitraum über eine erhebliche Zunahme verschiedener dissoziativer Symptome, die immer niederschwelliger ausgelöst wurden.

Dissoziation kann ein aufrechterhaltender Mechanismus bei psychischen Störungen werden

Entscheidende Funktionen dissoziativer Phänomene in Belastungssituationen sind die kurzfristige Bewältigung von subjektiv überwältigenden oder potenziell traumatischen Situationen und die Aufrechterhaltung der Handlungskontrolle. Da traumatische Situationen eine Überlastung der individuellen Möglichkeiten zur Informationsverarbeitung darstellen, ist dies eine kurzfristig sinnvolle Komponente der Stressbewältigung. Emotional bedeutsame Information ist aber gegen Vergessen gut geschützt. Nicht verarbeitete Informationen drängen sich immer wieder auf, bis ein ausreichender Verarbeitungsgrad erreicht ist. Dieses Wiedererinnern ermöglicht es der Person, nach Wegen zu suchen, sich besser zu schützen und ähnliche Situationen in Zukunft günstiger zu bewältigen. Wenn die Bearbeitung von Erinnerung vermieden wird, entsteht ein Circulus vitiosus zwischen sich aufdrängenden Erinnerungen und Vermeidungsverhalten. Die Erinnerungen werden dabei als zunehmend unkontrollierbar und störend erlebt. Gleichzeitig bleibt den Erinnerungen eine „Hier-und-Jetzt-Qualität" erhalten. Traumatische Erlebnisse können dann in Form von Flashbacks szenisch mit allen sensorischen Qualitäten wiedererlebt werden. In der Erwartung, Flashbacks zu verhindern, werden auslösende Stimuli gemieden. Treten dennoch Erinnerungen auf, sind dissoziative Strategien wesentliche Möglichkeiten, zumindest die Intensität des Wiedererlebens abzuschwächen. Langfristig verschlechtert Dissoziation die Bewältigung von traumatischen Erfahrungen und belastenden Situationen sowie den Umgang mit intensiven Emotionen. Ein weiteres für psychische Störungen relevantes Thema ist, dass Dissoziation die Anfälligkeit für Suggestion erhöht (Schacter 1999; McNally et al. 2000). Bei ausgeprägter Dissoziation können die Quellen von Informationen und Bildern nicht mehr korrekt benannt und Geschichten, die gelesen, gehört oder in einem Film gesehen wurden, von selbst Erlebtem nicht mehr sicher unterschieden werden. Auf diese Weise wird Dissoziation zum aufrechterhaltenden Mechanismus bei posttraumatischen Störungen und weiteren psychischen Störungen, interpersonellen Problemen und therapeutischen Komplikationen (zum Beispiel unbeabsichtigte Suggestion von Erinnerungen, „false memories").

28.3 Erkennung dissoziativer Phänomene in der Therapie

Dissoziative Symptome werden von vielen betroffenen Patientinnen und Patienten weder spontan berichtet noch sind sie für den ungeschulten Beobachter immer augenfällig. Verbale Hinweise sind Angaben wie „neben sich stehen", „nicht mehr wissen", „kein Gefühl mehr haben", „sich als nicht zugehörig erleben", „den Kontakt zu sich verlieren", „Tunnelblick, wie durch Watte sehen oder wie unter einer Glasglocke leben". Wichtig ist es, bei der Beobachtung der Sprache und der Psychomotorik der Patientinnen und Patienten an dissoziative Phänomene zu denken. Folgende Verhaltensweisen können dissoziative Zustände markieren, sind aber unspezifisch:
- kurzzeitige Abwesenheiten
- Perseverationen

- Veränderungen der Modulation der Stimme
- nervöses Tippen mit dem Finger oder Wackeln mit dem Fuß
- starre Blickrichtung
- wenig modulierter Affekt
- plötzliche Stimmungsänderungen

Es ist auch sinnvoll, die Patienten nicht nur in der Anamnese, sondern gegebenenfalls auch während oder nach der Bearbeitung belastender Themen oder während und nach Expositionsübungen bezüglich des Auftretens von Dissoziation zu befragen. Besonders hoch sollte die Aufmerksamkeit bei „Problempatienten" sein. Bei ausbleibender Wirksamkeit von Psychotherapie, beispielsweise bei Unwirksamkeit von Expositionsverfahren, sollte immer an die Möglichkeit einer dissoziativen Symptomatik gedacht werden. Patientinnen und Patienten, die in Selbstbeobachtungstechniken (zum Beispiel Tagebuchtechniken) geschult sind, können häufig differenziert Auskunft über Verlauf, Intensität und Auslöser dissoziativer Zustände geben.

28.4 Therapeutisches Vorgehen der kognitiven Verhaltenstherapie bei dissoziativen Symptomen und Störungen

Ansatzpunkte

Die kognitive Verhaltenstherapie kann bei dissoziativen Störungen und Symptomen an zwei Punkten ansetzen. Zum einen können dissoziative Verhaltensweisen durch Einübung durch besser adaptierte Verhaltensweisen ersetzt werden. Besser adaptiertes Verhalten verringert auch die Wahrscheinlichkeit von Situationen, in denen bisher Dissoziation auftrat. Hierbei handelt es sich um eine indirekt erzielte Veränderung. Zum anderen kann durch Selbstbeobachtung, Selbstinstruktionen und andere Techniken eine bessere Kontrolle über dissoziatives Verhalten erzielt werden. Hierbei wird ein gestuftes Vorgehen gewählt, d. h. es wird bei den leichten Symptomen begonnen und der Mechanismus genutzt, dass eine bessere Kontrolle über leichte dissoziative Symptome, langfristig auch die Kontrolle über schwerere dissoziative Symptome verbessert.

Schaffen einer sicheren Umgebung

Dissoziative Symptome können bereits das Aufnehmen einer Therapie und die Entwicklung einer therapeutischen Arbeitsbeziehung erheblich erschweren. Patientinnen und Patienten mit dissoziativen Symptomen haben zu Beginn der Therapie häufiger einen ängstlich-vermeidenden oder zurückhaltenden Stil der Kontaktgestaltung und seltener einen dramatischen, impulsiven, extrovertierten Stil. Aus diesem Grund ist es in der Psychotherapie-Situation hilfreich, einfühlsam die Sorgen der Patientin mit einer dissoziativen Störung zu antizipieren und die Umgebung oder die Gesprächssituation nach ihren Wünschen zu verändern. So kann es beispielsweise hilfreich sein, dem Patienten eine Sitzmöglichkeit in der Nähe einer Tür zu gestatten oder eine helle Ausleuchtung des Raums zu gewährleisten. Um dem Bedürfnis der Patienten nach Situationskontrolle entgegenzukommen, können genaue Absprachen und Verträge und eine genaue Erklärung des therapeutischen Vorgehens notwendig sein. Die Regel, belastende Erinnerungen nicht am Ende einer Sitzung anzusprechen, wirkt für viele Patienten entlastend. Ist eine dissoziative Symptomatik in der Therapie zu erwarten, dann sind Vereinbarungen zum Umgang mit dieser Situation im Vorfeld notwendig. Diese Absprachen sollen individuelle und präzise Regeln für die Unterstützung bei der Beendigung der Dissoziation beinhalten. Ist es sinnvoll, den Patienten laut bei seinem Vornamen oder Nachnamen zu rufen? Ist Körperkontakt wie Berührung am Arm in dieser Situation hilfreich? Hierüber sollten genaue Absprachen getroffen werden.

Dissoziation hat bei manchen Patientinnen und Patienten die Funktion, belastende Umgebungsbedingungen, zum Beispiel das Zusammenleben mit einem gewalttätigen Partner, erträglich zu machen. Abwesenheit von aktueller oder drohender körperlicher Gewalt wie Schläge oder sexuelle Übergriffe oder seelischer Gewalt wie Erpressung, Nötigung, Beleidigung oder andere Formen massiver Abwertung im Wohnbereich und am Arbeitsplatz ist eine entscheidende Voraussetzung, um dissoziative Verhaltensweisen wesentlich zu reduzieren und alternative Verhaltensweisen zu entwickeln. Sozialtherapeutische Maßnahmen im Vorfeld einer spezifischen Therapie, beispielsweise sozialpädagogische Unterstützung bei der Suche nach einer eigenen Wohnung oder einer geeigneten Wohngemeinschaft, können hier außerordentlich hilfreich sein. Aufmerksamkeit verdienen hier nicht nur die Situationen extremer Gewalt. Entscheidende Therapiehemmnisse können auch von Lebenssituationen ausgehen, in denen das Verlassen einer Situation mit Misshandlungen oder Demütigungen durch wirtschaftliche oder berufliche Schwierigkeiten erschwert wird. **Entscheidende therapeutische Mittel** sind:

- Informationsvermittlung über die Zusammenhänge zwischen Lebensbedingungen und psychischen Störungen
- die Anwendung von Problemlösetechniken, die Abwägungs- und Entscheidungsprozesse unterstützen

Es muss deutlich gemacht werden, dass Therapie nicht zur Verbesserung der Fähigkeit des Ertragens veränderbarer ungünstiger Lebenssituationen missbraucht werden darf. Wesentlich sind folgende Faktoren:

- Respekt und Empathie gegenüber den häufig schwierigen Entscheidungsdilemmata der Patientinnen und Patienten
- Geduld vonseiten des Therapeuten
- die Bereitschaft, Bedenkzeit zu akzeptieren
- die Bereitschaft, zunächst praktische Problemlösungen zu unterstützen, anstatt sich vorschnell in Therapieversuche zu stürzen

Stationäre Behandlungen können kurzfristig eine sichere Umgebung schaffen und damit für Patientinnen und Patienten in belastenden Lebenssituationen sehr hilfreich sein. Stationäre Therapie kann aber auch ein falsches Gefühl von Sicherheit erzeugen, sodass Therapie-Erfolge beim Transfer in die häusliche Lebenssituation wieder verloren gehen.

Informationsvermittlung

Dissoziative Symptome führen häufig zu einer außerordentlichen Beunruhigung. Sie werden als „sicheres Zeichen, wirklich verrückt zu sein", interpretiert. In einem psychoedukativen Konzept werden deshalb die Normalität und primäre Sinnhaftigkeit dissoziativer Verhaltensweisen herausgearbeitet und betont. Ziel ist es, die Entwicklung des Patienten zum „Experten in eigener Sache" zu fördern. Der Patient kann dabei ein vertieftes Verständnis für die Art dissoziativer Verhaltensweisen entwickeln. Eine Verhaltens- und Bedingungsanalyse ist die Basis für die gemeinsame Planung und Umsetzung zielorientierter therapeutischer Schritte. Hilfreich ist ein persönliches und plausibles Bedingungsmodell dissoziativer Verhaltensweisen, aus dem sich auch Handlungsanweisungen für deren Bewältigung ableiten lassen. Sinnvoll ist eine umfassende Information über Selbsthilfestrategien sowie psychotherapeutische und psychopharmakologische Behandlungsmöglichkeiten. Die Übernahme von Eigenverantwortung und Eigeninitiative fördert den Therapie-Erfolg. Wenn es durch Informationsvermittlung gelingt, Missverständnisse und ungünstige Annahmen über Dissoziation oder diagnostische Fehleinschätzungen zu relativieren, dann ist bereits ein erheblicher therapeutischer Schritt geleistet.

Frau Sch. studiert im ersten Semester Sozialpädagogik. Die Situation in ihrer Ursprungsfamilie ist von der Alkoholabhängigkeit mehrerer Familienmitglieder und von körperlicher Gewalt und sexuellen Übergriffen geprägt. Aufgrund einer engen Bindung an Großmutter und Mutter kann sie sich nicht von der Familie ablösen. Bei ihr selbst bestehen seit dem 14. Lebensjahr ausgeprägte Stimmungsschwankungen, Selbstverletzungen und ausgedehnte dissoziative Zustände. Diese Dissoziationen sind überwiegend sehr angenehm. Sie nennt diesen Zustand „Elfenland". Teilweise durchlebte sie aber auch albtraumartige Szenen und hörte von außen kommende Stimmen, die sie bedrohten. Die Patientin kann diese Erlebnisse jeweils retrospektiv als Sinnestäuschungen identifizieren. Sie erlebte das Geschehen aber als zufällig, übermächtig, nicht beeinflussbar und entwickelte die Vorstellung, verrückt zu sein. Obwohl keine weiteren Hinweise hierfür bestanden, insbesondere kein Wahn, keine desorganisierte Sprechweise und kein flacher Affekt, wurde von mehreren Ärzten die Diagnose „Schizophrenie" gestellt, und es wurden mehrfach Behandlungsversuche mit antipsychotischen Substanzen unternommen.

Bezüglich des dissoziativen Verhaltens wurde im Rahmen der Therapie in Anlehnung an Kanfer et al. (1996) das in der Tabelle 28-1 zu sehende Bedingungsmodell erstellt. Anhand dieses Bedingungsmodells wurde der Patientin deutlich, dass Dissoziation an bestimmte Bedingungen geknüpft ist und in ihrer Lebenssituation überwiegend eine sinnvolle, schützende Funktion einnimmt. Sie konnte sich zunehmend von der Befürchtung distanzieren, verrückt zu werden. Sie entwickelte auch ein Verständnis für die Nebenwirkungen von Dissoziation, die sich bei ihr insbesondere aus der Schwierigkeit ergaben, die Quellen von Informationen richtig zu identifizieren. Hieraus ergaben sich eine gesteigerte Handlungsorientierung und erste konkrete Ansatzpunkte für Veränderungen.

Tab. 28-1: Bedingungsmodell für dissoziatives Verhalten (mod. nach Kanfer et al. 1996).

Stimuli, auslösende Situationen	Organismusvariablen, Regeln, Pläne	Reaktionen und Verhalten	Konsequenzen
Alkoholgeruch, Gespräch mit Mutter, Besuche zu Hause	ausgeprägte Phantasieneigung, Müdigkeit, Anspannung kognitive Variablen: „Ich darf meine Mutter nicht im Stich lassen"; „Es passiert immer wieder, ich kann mich nicht schützen, und keiner kann mir helfen."	kognitive Ebene: „Ich kann das nicht mehr aushalten" emotionale Ebene: Angst Verhaltensebene: Dissoziation (Rückzug aus Kontakt, auf einen Punkt starren, sich auf Tagträume konzentrieren)	kurzfristig: bei angenehmen Tagträumen: Angst-Reduktion (C–gestrichen), Entspannung (C+) bei unangenehmen Tagträumen: Angstzunahme, in einer weiteren Verhaltenskette Angst-Reduktion durch Selbstverletzung (C–gestrichen) langfristig: interpersonelle Schwierigkeiten, ausbleibende Problembewältigung (C–)

Stimuluskontrolle

Ein Ziel der Verhaltens- und Bedingungsanalyse ist es, äußere Faktoren zu identifizieren, die das Auftreten von Dissoziation begünstigen. Dies können mit individuellen Erinnerungen belegte Orte oder Personen, soziale und angststimulierende Situationen wie an hoch gelegenen Plätzen oder in der U-Bahn sein. Gerade am Beginn einer Therapie und bei ausgeprägter Komorbidität bedeutet Stimuluskontrolle das gezielte Vermeiden auslösender Situationen. Auf diese Weise entsteht der notwendige Freiraum, um den Erwerb der erforderlichen Strategien zur Bewältigung von Angst, Scham und innerer Spannung zu ermöglichen. Patienten sollten nicht dazu ermutigt werden, Situationen aufzusuchen, die sie nicht bewältigen können. Die Unterscheidung in funktionale und dysfunktionale Formen von Vermeidung erfolgt erst später, wenn eine Konfrontation mit ausgewählten Stimuli therapeutisch sinnvoll und notwendig ist.

Dialektisch-Behaviorale Verhaltenstherapie (DBT)

DBT ist ein verhaltenstherapeutisches Verfahren zur Behandlung der Borderline-Persönlichkeitsstörung, dessen Entwicklung von Marsha Linehan begonnen wurde. Die Methode beruht auf einer Funktionsanalyse charakteristischer Verhaltensweisen von Frauen mit Borderline-Persönlichkeitsstörungen. Das Adjektiv „dialektisch" wurde gewählt, um deutlich zu machen, dass im Therapieprozess widerstreitende Kontingenzen von Verhalten im Sinne eines Syntheseprozesses überwunden werden müssen. Die DBT zeichnet sich durch eine Hierarchisierung der Therapieziele und den Einsatz eines breiten Spektrums von Methoden wie Selbstmanagement, Emotionsmanagement, Achtsamkeitstraining, Stressmanagement und soziales Kompetenztraining aus. Dissoziation ist ein wichtiges Zielsymptom der Dialektisch-Behavioralen Verhaltenstherapie. Eine wichtige Gruppe von antidissoziativen Strategien (mindfulness skills) wurde von Marsha Linehan aus dem Zen-Buddhismus in die kognitive Verhaltenstherapie „importiert" und für die Behandlung von Patientinnen mit einer Borderline-Persönlichkeitsstörung nutzbar gemacht. Sie geht davon aus, dass eine wichtige Ursache für impulsives und stimmungsabhängiges Verhalten in einer unachtsamen Teilnahme am Leben begründet ist. Die vorgeschlagenen Übungen beziehen sich auf drei „Was-Fertigkeiten" (Wahrnehmen, Beschreiben, Teilnehmen) und drei „Wie-Fertigkeiten" (nichtbewertend, konzentriert, wirkungsvoll) (Linehan 1993).

Im Allgemeinen sind Wahrnehmen und Beschreiben der eigenen Handlungsweise dann erforderlich, wenn ein neues Verhalten erlernt wird (zum Beispiel Erlernen eines Musikinstruments, einer sportlichen Fertigkeit wie Fahrradfahren oder einer komplexen psychomotorischen Fertigkeit wie Autofahren). Wenn die Geschicklichkeit sich verbessert, nehmen das Beobachten und das Beschreiben ab. Eine Rückkehr zum Beobachten und Beschreiben ist dann sinnvoll, wenn sich ein Fehler in die Handlungsweise eingeschlichen hat oder aber wenn das gegenwärtige Erleben und Handeln durch Erinnerungen überlagert wird. **Wahrnehmen**, die erste zentrale Was-Fertigkeit, bedeutet Informationen (Ereignisse, Emotionen, Verhaltensweisen) mit vollem Bewusstsein aufzunehmen, ohne den Vorgang aktiv zu beenden oder zu verlängern. Die Fähigkeit, ein Ereignis als ein Ereignis wahrzunehmen, bedeutet immer auch eine emotionale Distanzierung. Wichtig ist es, zu unterscheiden, dass Beobachtung und Erinnerung von Ereignissen nicht mit den Ereignissen selbst identisch sind. Wahrnehmungen sind innere Prozesse, die mit äußeren Ereignissen korrespondieren, aber nicht mit ihnen identisch sind. Die Beobachtung eines anderen Menschen beim Teetrinken ist nicht identisch mit dem Teetrinken. Wenn Wahrnehmungen mit Ereignissen verwechselt werden, können sie nicht mehr ergänzt, relativiert oder korrigiert werden. Der Fokus auf der Wahrnehmung des Augenblicks vereint in sich östliche Meditationskonzepte und moderne Konzepte von Exposition als Verfahren zur Löschung von automatischen Vermeidungs- und Angstreaktionen. Genaues **Beschreiben** der eigenen Verhaltensweisen, Erlebnisse und Emotionen ist die zweite antidissoziative Was-Fertigkeit. Viele Patienten vermischen ihre emotionalen Reaktionen mit den auslösenden Ereignissen selbst. Beschreiben erfordert, die Ereignisse von den Emotionen und Gedanken zu trennen. Die dritte antidissoziative Was-Fertigkeit ist die der **achtsamen Teilnahme**. Ein Mensch, der ganz an der Situation teilnimmt, geht völlig in der Aktivität des gegenwärtigen Moments auf, ohne sich abzugrenzen oder anzuhaften[1]. Ein gutes Beispiel ist ein Läufer, der seine Schritte flexibel den Veränderungen des Bodens anpasst. Er zeigt hohe Achtsamkeit und Aufmerksamkeit und wird gleichzeitig zum Bestandteil des Geschehnisses.

Die Wie-Fertigkeiten beschreiben die Art der Wahrnehmung, Beschreibung und Teilnahme. Die erste Wie-Fertigkeit ist **nicht bewertender Standpunkt**. Viele Patientinnen mit Angst, Depression oder Borderline-Persönlichkeitsstörungen neigen zu raschen dichotomen Bewertungen, was die achtsame Teilnahme an Ereignissen erheblich stört oder verhindert. Im Gegensatz zur klassischen kognitiven Therapie geht es an dieser Stelle nicht um die Entwicklung günstigerer oder ausgewogenerer Bewertungen, sondern um das radikale Unterlassen von Bewertungen überhaupt. Ein nicht bewertender Standpunkt zeichnet sich durch Beobachtung von Ereignissen, ihrer Konsequenzen und deren Wahrscheinlichkeiten aus. Aus einem nicht bewertenden Standpunkt heraus kann aufgelistet und beschrieben werden, welche Handlungsweisen zu welchen Konsequenzen führen. Die Auswahl von alternativen Handlungsweisen entsteht dabei primär aus der Erwartung von bestimmten Konsequenzen. Handlungsweisen und ihre Ergebnisse werden aber nicht als gut oder schlecht etikettiert. Dies steht im Kontrast zur klassischen kognitiven Verhaltenstherapie, bei der eine Bewertung und Einteilung von Handlungsweisen in „funktional" und „dysfunktional" und der Ergebnisse in „erwünscht" und „unerwünscht" unmittelbar an die Beschreibung anschließt. Der Unterschied erscheint zunächst subtil, ist aber von großer Bedeutung. Die zweite Wie-Fertigkeit betont die **konzentrierte Handlungsweise**. Die Achtsamkeit wird dabei ganz auf die gegenwärtige Handlung gelegt und nicht auf mehrere Aktivitäten aufgeteilt oder auf eine gegenwärtige Aktivität und Gedanken über frühere Ereignisse verteilt. Die dritte Wie-Fertigkeit bezieht sich auf das **wirkungsvolle Handeln**. Effektivität ist ein wichtiger Aspekt von achtsamem Handeln. Effektives Handeln ist nur möglich, wenn Ziele vorhanden sind und benannt werden. Effektiv sein bedeutet, so zu handeln, dass das Ergebnis meinem Ziel entspricht. Wenn es mein Ziel ist, den Nagel in die Wand zu bekommen, ist es effektiv, beim Hämmern den Nagel zu treffen und nicht den Daumen.

Die Was- und Wie-Fertigkeiten können bei allen Alltagsaktivitäten und sozialen Interaktionen geübt werden (zum Beispiel beim Sitzen in einem Cafe, bei einer sportlichen Aktivität, bei einer handwerklichen Tätigkeit, beim Teekochen, beim Wäschewaschen, bei Gesprächen). Es erfolgt hier eine Synthese von meditativen und lebenspraktischen Übungselementen.

Soziales Kompetenztraining

Wenn Dissoziation zur Bewältigung von Situationen sozialer Angst eingesetzt oder zur Bewältigung der Folgen ungünstiger sozialer Interaktionen gebraucht wird, dann ist soziales Kompetenztraining ein unverzichtbares Be-

---

[1] Das Verb „anhaften" ist ein Begriff aus dem Buddhismus. Es beschreibt die selektive Wahrnehmung und das Festhalten von Wahrnehmungen.

handlungselement. Die Behandlung stützt sich dabei auf gut elaborierte und erprobte Manuale (Ullrich u. de Muynck 1998; Hinsch u. Pfingsten 1998). Bei der Umsetzung dieser Programme mit Patienten, die ein hohes Ausmaß von Dissoziation zeigen, ist allerdings eine Reihe von Besonderheiten zu beachten: Die in den Manualen vorgeschlagenen Übungen sind beispielsweise für Patientinnen mit Borderline-Persönlichkeitsstörungen schwieriger als für Patientinnen mit Selbstunsicherer Persönlichkeitsstörung. Die Patientinnen benötigen in der Übungssituation mehr Unterstützung, ein langsameres Vorgehen, häufigere Wiederholung und eine flexible Anpassung des Schwierigkeitsgrades. Dies wird beispielsweise durch eine Vorbereitung des Rollenspiels mit Festlegung des zu sprechenden Textes auf einer Tafel und durch abschnittsweise Einübung des Rollenspiels gewährleistet. Es ist wichtig sicherzustellen, dass die Übungen nicht im dissoziierten Zustand durchgeführt werden. Dabei verwendete Methoden sind:

- die Beachtung psychomotorischer Zeichen von Dissoziation bei den Patientinnen
- das regelmäßige Einholen einer Rückmeldung über das gegenwärtige Ausmaß von Dissoziation
- das Durchlaufen von mehreren Wiederholungen des Rollenspiels
- gegebenenfalls die Unterbrechung des dissoziativen Zustandes durch gezielte Ansprache oder andere mit der Patientin vorher vereinbarte Signale (zum Beispiel Berührung)

Besondere Beachtung sollte auch den häufig vorhandenen störenden Gedanken gewidmet werden. Typische während des Rollenspiels auftretende dissoziationseinleitende Gedanken sind: „Die Situation ist nicht wirklich, das ist nur ein Spiel, in Wirklichkeit würdest du das nie tun, du hast nämlich kein Recht dazu, du würdest dich blamieren." Es wird versucht, diese Gedanken vor dem Beginn des Rollenspiels zu antizipieren (Welche störenden Gedanken könnten auftreten?), alternative Selbstinstruktionen im Hinblick auf ihre Tauglichkeit zu überprüfen und schriftlich festzuhalten.

Problemlösetraining

Dissoziation hat häufig die Funktion, Konflikte und Probleme in Partnerschaft, Familie, Ausbildung oder Beruf durch Vermeidung oder Minderung der Wahrnehmung unangenehmer Folgen scheinbar zu lösen. Verbesserung der Problemlösefähigkeit vermindert deshalb die Notwendigkeit von Dissoziation. Ein systematisches Problemlösetraining umfasst (D'Zurilla u. Goldfried 1971):

- genaue Problem- und Zieldefinition
- Mittelanalyse
- Erprobung von Lösungsmöglichkeiten
- Erfolgskontrolle

Zur Durchführung eines Problemlösetrainings eignet sich insbesondere ein gruppentherapeutisches Setting.

Emotionsmanagement

Intensive Emotionen werden im Rahmen psychischer Störungen häufig als „unerträglich", „gefährlich" oder „nicht auszuhalten" bewertet und dann durch Dissoziation vermieden. Insbesondere Patienten mit Borderline-Persönlichkeitsstörungen, mit Angststörungen, Depression oder Abhängigkeitserkrankungen erleben häufig intensive Emotionen und neigen dazu, sie dichotom in Kategorien (zum Beispiel „gutes" und „schlechtes" Gefühl) einzuteilen oder Emotionen als krank machend und lästig abzuwerten. Hier ist ein psychoedukatives Vorgehen hilfreich. Mit den Patientinnen wird zuerst eingeübt, Emotionen in typischen Lebenssituationen korrekt zu benennen. Als hilfreich haben sich dabei Listen von Emotionen erwiesen, aus denen die passenden ausgewählt werden können. Mögliche Auslöser und die Rolle von Bewertungsprozessen für verschiedene Emotionen werden durchgegangen. Psychophysiologische Aspekte von Emotionen werden aufgelistet, und der Einfluss von Faktoren wie Schlaf, Ernährung, Sexualität, körperlicher Aktivität, körperlichen Erkrankungen und Substanzgebrauch auf die emotionalen Abläufe wird erläutert. Die den jeweiligen Emotionen zugeordneten Handlungstendenzen werden systematisch erarbeitet (zum Beispiel Scham – Meidung von Sozialkontakten; Furcht – Flucht). Die Funktion von Emotionen in der Unterscheidung von wichtigen und unwichtigen, aversiven oder angenehmen Ereignissen und der Erleichterung von schnellem und effektivem Handeln wird vermittelt. Die vital notwendige Schutzfunktion gerade „negativer Emotionen" wie Angst, Scham oder Ekel wird im Detail durchgegangen.

Im Anschluss an diesen psychoedukativen Teil werden Fertigkeiten vermittelt und eingeübt, um Häufigkeit und Intensität von Emotionen zu verändern und die Verwundbarkeit gegenüber Emotionen zu vermindern. Ansatzpunkt ist eine Veränderung der Reizexposition mit einer Vermeidung aversiver Ereignisse und dem gezielten Aufsuchen von angenehmen Situationen sowie dem Aufbau angenehmer Erlebnisse, der Veränderung der Lebensführung, beispielsweise durch:
- ausreichenden Schlaf
- gute Ernährung
- Sport
- Behandlung von Erkrankungen
- Meidung von Substanzgebrauch
- Auffinden und Einübung günstigerer Bewertungen
- die Nutzung von Habituation (Exposition, Prinzip des entgegengesetzten Handelns mit gezieltem Ausführen vorher vermiedener Handlungsweisen)

Ein ausführliches Manual zur Durchführung eines systematischen Trainings von Emotionsmanagement in der Gruppe findet sich bei Linehan (1993).

Einübung günstiger Verfahren der Spannungsreduktion: Stressbewältigung

Dissoziation stellt ein kurzfristig funktionales Verfahren der Reduktion der Intensität belastender Emotionen und innerer Spannung dar. Bei vielen Patienten ist es eine der wenigen verfügbaren Möglichkeiten der Spannungsbewältigung. Um dissoziative Verhaltensweisen überflüssig zu machen und zurückzudrängen, ist es deshalb unabdingbar erforderlich, zuvor alternative Verhaltensweisen anzubieten und einzuüben. Die alternativen Verhaltensweisen sollen weder selbstschädigend sein noch die integrative Funktion des Bewusstseins beeinträchtigen. Innerhalb der Verhaltenstherapie wird dieser Ansatz von der Dialektisch-Behavioralen Verhaltenstherapie (DBT) besonders betont (Linehan 1993). In dem Manual wird ein großes Repertoire von kurzfristig wirksamen, nicht selbstschädigenden und nicht dissoziativen Verhaltensweisen beschrieben, die helfen, nicht abwendbare Krisensituationen zu überstehen. Da Patienten mit psychischen Störungen vermehrt mit aversiven Lebensereignissen konfrontiert werden, ist es sinnvoll, mit ihnen einen „Notfallkoffer" mit erprobten und individuell wirksamen Strategien zu entwickeln (Wagner-Link 1995). Vorgeschlagen werden Verhaltensweisen zur Ablenkung, Selbsttröstung, Unterbrechung der aversiven Situation und Verbesserung des Augenblicks. Unter **Ablenkung** fällt Folgendes:
- Aktivitäten (Hobbys, Sport, Besuche, Spiele, Gartenarbeit, Hausarbeiten)
- Unterstützung anderer
- Vergleiche mit der Situation anderer
- Induktion entgegengesetzter Emotionen (durch Bücher, Filme, Musik)

Unter **Selbsttröstung** fallen Übungen zur Sinneswahrnehmung:
- Sehen (Gemälde, Filme, Natur)
- Hören (Konzerte, ein Musikinstrument spielen, Natur)

- Riechen (Parfüm, Reizstoffe)
- Schmecken, Fühlen (Schaumbad, Eiswürfel, Sauna, Massage)

Zur **Verbesserung des Augenblicks** gehören der Einsatz von Phantasie, Sinngebung, Gebet, Annahme sozialer Unterstützung, Urlaub.

Kognitive Interventionen

Grundlage der Interventionen der kognitiven Therapie ist die Annahme, dass innerhalb der letztlich nur theoretisch auflösbaren Beziehung zwischen Denken, Emotion und Verhalten die Ebene des Denkens ein gut zugänglicher Ansatzpunkt für therapeutische Interventionen und Veränderungsprozesse ist. Der kognitive Ansatz postuliert keine Überlegenheit oder höhere Bedeutung von Gedanken gegenüber Gefühlen oder Verhalten.

Kognitive Therapien gehören zu den am besten erforschten und in ihrer Effektivität am besten belegten Ansätzen der letzten Dekaden. Das Spektrum der kognitiven Therapietechniken ist in einer Vielzahl von Büchern und Manualen dokumentiert (Beck 2001; McMullin 2000; Grawe 1998). Bereits bei Achtsamkeit, sozialem Kompetenztraining, Emotionsmanagement und Stressbewältigung spielen kognitive Grundkonzepte in allgemeiner Form eine wesentliche Rolle. Bei den spezifischen kognitiven Interventionen geht es dann um eine Bearbeitung der für die Dissoziation relevanten Gedanken, Regeln und Pläne in individueller Form. Nach dem Erstellen eines Inventars individuell bedeutsamer Kognitionen durch Verhaltens- und Kognitionsanalysen erfolgt eine gezielte Bearbeitung dieser Kognitionen. Angewandte Therapietechniken sind dabei:
- sokratischer Dialog
- Disputation
- logische Analyse
- Gedankenexperimente
- Exposition
- Verhaltensexperimente
- Resynthetisierung von vergangenen Ereignissen, Erinnerungen oder früheren Wertesystemen

Veränderungsstrategien nutzen verschiedene Formen von Selbstinstruktionstechniken, Verfahren des geleiteten Selbstdialogs, Akzeptanzstrategien und Selbstverpflichtungsstrategien (Hayes et al. 1999).

Exposition

Exposition ist das zentrale Verfahren der Verhaltenstherapie zur Löschung dysfunktionaler Angstreaktionen bei Panikstörung mit Agoraphobie, sozialen Phobien, spezifischen Phobien, Zwangsstörungen und Posttraumatischen Belastungsstörungen (PTBS). Exposition hat sich als Behandlungsverfahren mit hoher Effektivität erwiesen, um den Kreislauf zwischen Vermeidungsverhalten (u. a. Dissoziation) und Angst zu unterbrechen. Die Expositionsbehandlung ist an bestimmte Voraussetzungen von Patientenseite geknüpft. Sinnvolle vorangehende Schritte sind das Erarbeiten eines Non-Suizid-Entschlusses, einer ausreichenden Verhaltenskontrolle und ausreichender Fähigkeiten zur Spannungsregulation. Komorbide Angststörungen und PTBS bei Patienten mit Borderline-Persönlichkeitsstörungen werden deshalb erst auf fortgeschrittenen Stufen der Therapie mit Exposition behandelt. Der genaue Mechanismus der Wirksamkeit von Exposition wird noch diskutiert: Sowohl der Effekt von psychophysiologischer Habituation als auch die Veränderung von Sicherheitsverhalten und von Bewertungsprozessen unter dem Einfluss korrektiver Erfahrungen sind von potenzieller Bedeutung. Die kognitive Vorbereitung der Expositionsbehandlung umfasst eine genaue Beschreibung und Analyse der relevanten Situationen und Ereignisse, der Bewertungsprozesse und der Reaktionen. Sie beinhaltet eine detaillierte Information des Patienten über die Bedeutung und Mechanismen von Angstreaktionen und die verschiedenen Möglichkeiten der Bewältigung. Die Expositionsbehandlung bei agoraphoben und sozialen Ängsten erfolgt durch Aufsuchen entsprechender Situationen in therapeutischer Begleitung. Bei Posttraumatischen Belastungsstörungen wird meist mit detaillierten Narrativen der traumatischen Situation gearbeitet, welche die emotionale und die kognitive Ebene sowie Verhaltensebene des Ereignisses umfassen (Ehlers u. Clark 2000). Neigung zu Dissoziation ist ein negativer Prädiktor für den Therapie-Erfolg bei der kognitiven Verhaltenstherapie von Angststörungen (Michelson et al. 1998). Das Auftreten von Dissoziation während der Expositionsbehandlung stellt ein Vermeidungsverhalten dar. Es ist eine wichtige therapeutische Herausforderung, durch eine geeignete Vorbereitung und Planung vor der Exposition und durch Interventionen während der Exposition zu verhindern, dass Dissoziation den Therapie-Erfolg beeinträchtigt. Eine erfolgreiche Behandlung der Angstreaktion senkt die Notwendigkeit des Einsatzes dissoziativer Mechanismen bei den Betroffenen erheblich.

28.5 Studien zu Effekten verhaltenstherapeutischer Therapieverfahren auf dissoziative Symptome

Bei 16 Frauen mit Posttraumatischer Belastungsstörung nach sexuellem Missbrauch in der Kindheit führte eine ambulante Affekt-Management-Therapie, die sich auf das Manual zur Dialektisch-Behavioralen Verhaltenstherapie von Marsha Linehan stützte und als Gruppentherapie angeboten wurde, zu einem Rückgang des Punktwertes in der Dissociative Experience Scale (DES) von 20 auf 12 Punkte (Zlotnick et al. 1997). Bei den 7 Frauen, welche die Therapie abbrachen, bestanden initial höhere DES-Werte als bei den Frauen, welche die Behandlung vollständig absolvierten. Bei 17 Frauen in der Vergleichsgruppe blieb der Punktwert des DES im Therapiezeitraum konstant. Bei 24 Frauen mit einer Borderline-Persönlichkeitsstörung führte eine 14-wöchige stationäre Behandlung mit Dialektisch-Behavioraler Verhaltenstherapie zu einer Reduktion des Punktwertes im DES von 25 auf 15 (Bohus et al. 2000). Eine Pilotstudie über den Einsatz der kognitiv-analytischen Therapie zeigte bei 3 von 5 Patientinnen mit Borderline-Persönlichkeitsstörungen einen klinisch relevanten Rückgang von Dissoziation (Wildgoose et al. 2001).

28.6 Zusammenfassung

Das therapeutische Vorgehen der kognitiven Verhaltenstherapie bei Dissoziation und dissoziativen Störungen wird von grundlegenden Annahmen und Regeln geleitet: Dabei wird Dissoziation als Alltagsverhalten betrachtet, dessen Funktion es ist, Handlungsabläufe vor Störungen zu schützen und die Exposition gegenüber Stimuli und die Intensität von Emotionen zu regulieren. Eine pathologische Rolle von Dissoziation ergibt sich vor allem aus Interferenzen mit anderen psychischen Funktionen und Bewältigungsprozessen bei psychischen Störungen. Die therapeutischen Interventionen der kognitiven Verhaltenstherapie sind darauf gerichtet, dysfunktionalem oder exzessivem dissoziativen Verhalten zugrunde liegende Regeln, Pläne und Bewertungen zu modifizieren und dissoziatives Verhalten durch den Erwerb von alternativen Bewältigungsstrategien entbehrlich zu machen.

Literatur

Beck JS (2001). Cognitive Therapy. Basics and beyond. New York: Guilford.

Bohus M, Haaf B, Stiglmayr C, Pohl U, Böhme R, Linehan MM (2000). Evaluation of inpatient dialectical-behavioral therapy for borderline personality disorder – a prospective study. Behav Res Ther; 38: 875–87.

Coons PM (1998). The dissociative disorders. Rarely considered and underdiagnosed. Psychiatr Clin North Am; 21: 637–48.

D'Zurilla TJ, Goldfried MR (1971). Problem solving and behavior modification. J Abnorm Psychology; 78: 107–26.

Ehlers A, Clark DM (2000). A cognitive model of posttraumatic stress disorder. Behav Res Ther; 38: 319–45.

Fiedler P (2001). Dissoziative Störungen und Konversion. Weinheim: Beltz Psychologie Verlags Union.

Grawe K (1998). Psychologische Therapie. Göttingen: Hogrefe.

Hayes SC, Strosahl KD, Wilson KG (1999). Acceptance and Commitment Therapy. An experiential approach to behavior change. New York: Guilford.

Hinsch R, Pfingsten U (1998). Gruppentraining sozialer Kompetenzen (GSK). Weinheim: Beltz Psychologie Verlags Union.

Kanfer FH, Reinecker H, Schmelzer D (1996). Selbstmanagementtherapie. Berlin: Springer.

Kennerly H (1996). Cognitive therapy of dissociative symptoms associated with trauma. Br J Clin Psychol; 35: 325–40.

Linehan MM (1993). Cognitive-Behavioral Treatment of Borderline Personality Disorder. New York: Guilford.

McCutchen AJ (2000). Dissociative disorders. In: White JR, Freeman AS (eds). Cognitive-Behavioral Group Therapy for Specific Problems and Populations. Washington, DC: American Psychological Association; 175–210.

McMullin RE (2000). The New Handbook of Cognitive Therapy Techniques. New York: Norton.

McNally RJ, Clancy SA, Schacter DL, Pitman RK (2000). Personality profiles, dissociation, and absorption in women reporting repressed, recovered, or continuous memories of childhood sexual abuse. J Consult Clin Psychol; 68: 1033–7.

Michelson L, June K, Vives A, Testa S, Marchione N (1998). The role of trauma and dissociation in cognitive-behavioral psychotherapy outcome and maintenance for panic disorder with agoraphobia. Behav Res Ther; 36: 1011–50.

Schacter DL (1999). The seven sins of memory. Insights from psychology and cognitive neuroscience. Am Psychol; 54: 182–203.

Ullrich R, de Muynck R (1998). Assertiveness-Training-Programm: Anleitung für den Therapeuten. München: Pfeiffer.

Wagner-Link A (1995). Verhaltenstraining zur Streßbewältigung. München: Pfeiffer.

Wagner AW, Linehan MM (2001). Dissociative behavior. In: Follette VM, Ruzek JI, Abueg FR (eds). Cognitive-Behavioral Therapies for Trauma. New York: Guilford; 191–225.

Wildgoose A, Clarke S, Waller G (2001). Treating personality fragmentation and dissociation in borderline personality disorder: a pilot study of the impact of cognitive analytic therapy. Br J Med Psychol; 74: 47–55.

Zlotnick C, Shea TM, Rosen K, Simpson E, Mulrenin K, Begin A, Pearlstein T (1997). An affect-management group for women with posttraumatic stress disorder and histories of childhood sexual abuse. J Trauma Stress; 10: 425–36.

29 EMDR – ein Verfahren zur Behandlung dissoziativer Störungen in der Folge schwerer Traumatisierungen

M. Sack, F. Lamprecht

29.1 Einleitung

Das EMDR-Behandlungsverfahren (EMDR = Eye Movement Desensitization and Reprocessing) wurde von der amerikanischen Psychologin Francine Shapiro entwickelt und seit 1989 als manualisiertes Therapieverfahren zur Behandlung von Patienten mit Posttraumatischen Belastungsstörungen (PTBS) und anderen traumabezogenen Symptomen eingesetzt (Shapiro 1998; Hofmann 1999). In der EMDR-Behandlung wird die Exposition mit der traumatischen Erinnerung mit bilateraler Stimulation in der Form von Augenbewegungen, Berührungsreizen oder auditiven Reizen kombiniert. Zusätzlich erfolgt eine gezielte Bearbeitung so genannter negativer dysfunktionaler Kognitionen. Während die aus der Verhaltenstherapie entwickelte Expositionsbehandlung der PTBS seit vielen Jahren bewährt und in ihrer Wirksamkeit empirisch gesichert ist (Foa 2000), stellt die Kombination von imaginativer Trauma-Exposition mit bilateraler Stimulierung ein innovatives Therapie-Element dar. Der Nutzen von Augenbewegungen zur Verarbeitung traumatischer Erinnerungen wurde von Shapiro ursprünglich zufällig entdeckt und hypothetisch mit einer Beschleunigung der Informationsverarbeitung erklärt. In der letzten Zeit wurden differenzierte, auf tierexperimentellen und neurophysiologischen Untersuchungen aufbauende Modellvorstellungen zu den Wirkmechanismen des EMDR entwickelt. Das in der aktuellen Diskussion favorisierte Modell vergleicht die durch EMDR induzierten psychophysiologischen Veränderungen mit den Vorgängen der Verarbeitung von Erinnerungen im Traumschlaf (Bergmann 1996; Stickgold 2002).

Die Wirksamkeit der EMDR-Behandlung bei Patienten mit Posttraumatischen Belastungsstörungen kann inzwischen als empirisch gut belegt gelten. In den aktuellen Leitlinien der International Society for Traumatic Stress Studies (ISTSS) wird das EMDR-Verfahren als gesichert wirksam in der Behandlung von Patienten mit PTBS bewertet (Foa et al. 2000). Eine umfangreiche Meta-Analyse zu allen empirisch untersuchten Behandlungsverfahren der PTBS zeigte, dass EMDR gleich effektiv wirksam ist wie verhaltenstherapeutische Verfahren, bei einer insgesamt deutlich niedrigeren Therapiedauer und geringeren Abbrecherquote (Van Etten u. Taylor 1998). International liegen zurzeit ca. 20 kontrollierte Studien zur EMDR-Behandlung von Patienten mit Posttraumatischer Belastungsstörung mit einer Nachbeobachtungszeit von bis zu 60 Monaten vor, wobei methodisch gut durchgeführte Studien die besten Behandlungsergebnisse erzielten (Sack et al. 2001).

Schon bald nach ihrer Einführung in den 90er Jahren zeigte sich, dass die EMDR-Behandlung sehr effektiv für die Bearbeitung von traumatischen Erinnerungen bei Patienten mit dissoziativen Störungen genutzt werden kann. Gleichzeitig wurde vor den Gefahren der Überforderung und Destabilisierung durch eine zu früh eingeleitete und zu wenig den individuellen Bedürfnissen der Patienten mit dissoziativen Störungen angepasste Trauma-Therapie gewarnt (Paulsen 1995). Da deutlich wurde, dass bei dieser Patientengruppe Modifikationen des Therapiemanuals notwendig sind, wurde eine Arbeitsgruppe des EMDR-Institutes einberufen, welche Richtlinien zur Behandlung von Patienten mit dissoziativen Störungen erarbeitete (Fine et al. 1995). Inzwischen sind die spezifischen Erfordernisse in der Behandlung dissoziativer Patienten und die entsprechenden Abwandlungen des Standard-Behandlungsprotokolls fester Bestandteil der EMDR-Ausbildungskurse. Aus den häufigen Berichten und Anfragen zur Behandlung von Patienten mit dissoziativen Störungen in speziellen Internet-Diskussionslisten lässt sich schließen, dass die EMDR-Behandlungstechnik von vielen Therapeuten bei Patienten mit dissoziativen Störungsbildern erfolgreich eingesetzt wird. Leider wurden bislang, abgesehen von Einzelfallberichten (Paulsen 1995; Lazrove u. Fine 1996), keine systematischen Untersuchungen zur Wirksamkeit der EMDR-Behandlung bei Patienten mit dissoziativen Störungsbildern publiziert.

29.2 Allgemeine Therapieprinzipien des EMDR

Die EMDR-Behandlung wird als therapeutischer Baustein im Rahmen eines Gesamtbehandlungsplans zur Trauma-Bearbeitung und Trauma-Integration eingesetzt und ist nicht – wie manchmal in der Presse dargestellt – als isoliert einzusetzendes „Allheilmittel" anzusehen (Hofmann 1999; Lamprecht 2000). Die Grundvorgehensweise besteht darin, dass der Patient in einer therapeutischen Beziehung eine Konfrontation mit dem Trauma erlebt, die zu einer Trauma-Integration führt, indem kognitive, emotionale und körperliche Reaktionen auf das Trauma wiederbelebt, wahrgenommen und verarbeitet werden. Anders formuliert, wird die durch das Trauma induzierte Dissoziation wieder aufgehoben. Die in der traumatischen Situation unterbrochene Verbindung zwischen Wahrnehmungen, Gedanken, Emotionen und Körperreaktionen wird wiederhergestellt. Danach erfolgt eine Bearbeitung von dysfunktionalen Kognitionen, wie zum Beispiel von Schuldgefühlen, die auf unrealistischen Einschätzungen der traumatischen Situation beruhen. Im Folgenden werden die von Shapiro (1998) beschriebenen acht Schritte der EMDR-Behandlung verkürzt dargestellt:

- **Anamnese und Behandlungsplanung:** Die erste Behandlungsphase dient dem Aufbau einer vertrauensvollen therapeutischen Beziehung und der Einschätzung, ob der Patient körperlich und seelisch ausreichend stabil ist, um mit während der Behandlung auftretenden intensiven Emotionen umgehen zu können. Ein Behandlungsplan (zum Beispiel wöchentliche EMDR-Sitzungen) wird erstellt und besprochen.
- **Vorbereitung:** Es werden auf das Wissen des Patienten abgestimmte Informationen über die Wirkungsweise und die Techniken des EMDR gegeben.
- **Einschätzung:** Der Patient wird gebeten, sich auf die traumatische Erinnerung zu konzentrieren und ein Bild auszuwählen, das repräsentativ für die ganze Erinnerung ist (vorzugsweise der am meisten traumatisierende Punkt des Ereignisses). Der Patient wird gefragt, welche (aus heutiger Sicht) negative Selbstbewertung er bezogen auf das Ereignis hat (negative Kognition, zum Beispiel: „Ich bin hilflos, ich hätte mich wehren sollen" etc.). Danach wird gefragt, wie der Betreffende in Bezug auf das traumatische Ereignis gerne positiv über sich selbst denken möchte. Schließlich wird der Patient gebeten, sich auf das traumatische Bild und auf die negative Kognition zu konzentrieren und die dadurch ausgelösten Gefühle und Körperempfindungen zu benennen. Die Stärke der subjektiven Belastung (SUD-Werte = Subjective units of discom-

fort) durch das Vorstellen des traumatischen Ereignisses wird auf einer Skala von 0 bis 10 vom Patienten eingeschätzt.
- **Desensibilisierung:** Die traumatische Erinnerung wird so lange mithilfe von Augenbewegungsserien (Set von jeweils ca. 20 bis 40 Augenbewegungen) bearbeitet, bis die subjektive Belastung (SUD-Wert) deutlich abgesunken ist. Anzustreben sind SUD-Werte von 0 oder 1. Nach jeder Serie von Augenbewegungen wird der Patient gefragt, „was jetzt aufgetaucht ist". Wenn Veränderungen der bildhaften Vorstellungen, Gedanken, Gefühle oder Körperempfindungen berichtet werden, gibt der Therapeut die Instruktion, die Aufmerksamkeit auf das neu aufgetauchte Material zu richten, und induziert die nächste Augenbewegungsserie. – Grundsätzlich kann im Laufe der Augenbewegungsserien entweder ein kontinuierliches Distanzieren und Verändern von Gefühlen, bildhaften Erinnerungen und Einstellungen erfolgen oder aber es tauchen assoziative Erinnerungen auf, zum Beispiel weitere Details der Traumatisierung. Dies führt oft zu einem Anstieg der Erregung, in manchen Fällen auch zu einer dramatischen Abreaktion. Auch Assoziationen zu anderen Ereignissen oder Erinnerungen können auftauchen. Alle emotional bedeutsamen Erinnerungen, die in einem Gedächtnis-Netzwerk assoziativ verbunden sind, werden so lange mit Augenbewegungen bearbeitet, bis die Erregung abgeklungen ist.
- **Verankerung eines positiven Gedankens:** Nach Abschluss der Desensibilisierung wird anhand einer Skala von 1 bis 7 erfragt, wie der Wahrheitsgehalt der in der Einschätzungsphase vorformulierten positiven Kognition jetzt bewertet wird (VOC-Skala = Validation of Cognition Scale). Der Patient wird gebeten, an die in der Desensibilisierung durchgearbeitete traumatische Erinnerung zusammen mit der positiven Kognition zu denken. Dann werden so lange Serien von Augenbewegungen durchgeführt, bis der höchste Wert der VOC-Skala von 7 erreicht ist oder kein weiterer Anstieg mehr erreicht werden kann.
- **Überprüfung der Körperempfindungen:** Es folgt eine Überprüfung auf vorhandene Anspannungen oder Missempfindungen im Körper. Wenn solche Empfindungen berichtet werden, soll der Patient seine Aufmerksamkeit darauf richten, worauf eine neue Augenbewegungsserie induziert wird. In manchen Fällen können dadurch weitere dysfunktionale Informationen aufgedeckt und verarbeitet werden. Positive Körperempfindungen werden durch Augenbewegungsserien verstärkt.
- **Abschluss:** Der Patient wird dabei unterstützt (zum Beispiel durch Entspannungsübungen, positive Imaginationen), wieder in einen Zustand des seelischen Gleichgewichts zurückzufinden. Es wird erklärt, dass sich die Trauma-Verarbeitung auch nach Abschluss der Behandlungssitzung fortsetzen kann und dass es am besten ist, möglicherweise auftretende Gedanken, Erinnerungen und Träume aufzuschreiben, um sich zu distanzieren. Das aufgetauchte Material kann in der nächsten Sitzung weiterbearbeitet werden.
- **Überprüfung:** In der folgenden Sitzung wird der Erfolg der Trauma-Behandlung überprüft. Ein neues traumatisches Ereignis sollte in der Regel nur dann bearbeitet werden, wenn das zuvor bearbeitete Ereignis als relativ neutral eingeschätzt wird, d. h. SUD-Werte von 0 oder 1 vorliegen.

Die EMDR-Behandlung ist eine eigenständige Methode, die verhaltenstherapeutische Elemente der Trauma-Bearbeitung (Exposition, kognitive Umstrukturierung) mit psychoanalytischen Behandlungselementen (freies Assoziieren) verknüpft. EMDR lässt sich als spezielle Trauma-Bearbeitungstechnik sowohl mit verhaltenstherapeutischen als auch mit psychodynamischen Therapie-Ansätzen kombiniert einsetzen.

29.3 Besonderheiten bei der EMDR-Behandlung von Patienten mit dissoziativen Störungen

Ziele der EMDR-Behandlung von Patienten mit dissoziativen Störungen sind zum einen die Entlastung des Gesamtsystems durch „Detoxifizierung" der traumatischen Erinnerungen und zum anderen das Verfügbarmachen von zuvor dissoziierten Erinnerungsanteilen (Prinzip Assoziation), wodurch die Selbstkontrolle und die interne Kommunikation verbessert werden können.

Bei Patienten mit dissoziativen Störungen liegen in aller Regel schwere Kindheitstraumatisierungen vor. Die dissoziative Symptomatik kann in diesem Zusammenhang als eine durch traumatische Erfahrungen erworbene Coping-Strategie zum Schutz vor Reizüberforderung verstanden werden. Die Fähigkeit zur Dissoziation lässt sich für die Trauma-Therapie nutzen, wenn die Behandlung dem Prinzip der fraktionierten Trauma-Arbeit (Kluft 1989; Fine 1991) folgt. Da eine Trauma-Bearbeitung bei frühkindlichen Traumatisierungen in den seltensten Fällen in einer Sitzung vollständig abgeschlossen werden kann, müssen Teilaspekte des Traumas nach und nach bearbeitet werden. Das Tempo richtet sich dabei nach der Komplexität des Traumas und nach den individuellen Bewältigungsmöglichkeiten des Patienten. Am Ende der fraktionierten Trauma-Arbeit steht die Integration der sukzessive bearbeiteten traumatischen Erinnerungen in ein Gesamtbild des Geschehens und in die persönliche Lebensgeschichte des Betroffenen.

Die genaue Vorgehensweise ist abhängig vom Schweregrad der dissoziativen Störung. In jedem Fall aber muss das Standard-Behandlungsprotokoll an die individuellen Bedürfnisse und an die individuelle Verarbeitungs- und Belastungsfähigkeit angepasst werden (zum Beispiel Dauer und Anzahl der Stimulationsperioden pro Sitzung). Da eine erfolgreiche Bearbeitung der belastenden Erinnerungen nur innerhalb des relativ schmalen Bereichs eines optimalen Erregungsniveaus zwischen den Extrempolen Übererregung und Dissoziation gelingt, ist eine individuelle Abstimmung der Therapie-Intensität für die Wirksamkeit der Trauma-Exposition von hoher Bedeutung.

Wichtigste Abweichungen vom EMDR-Standardprotokoll bei der Behandlung von Patienten mit dissoziativen Störungen sind:
- Man sollte nicht mit dem schlimmsten Trauma beginnen.
- Distanzierungstechniken (zum Beispiel Beobachterperspektive) werden gezielt eingesetzt.
- Eine besonders sorgfältige Nachbearbeitung der Trauma-Therapiesitzungen (Integration der neu gewonnenen Information) ist notwendig.
- Es handelt sich häufig um Trauma-Arbeit mit kindlichen Persönlichkeitsanteilen.
- Die Trauma-Bearbeitung kann mit Innenpersonen (so genannte „Alters") durchgeführt werden.

Abweichend vom Standardprotokoll wird die EMDR-Behandlung bei Patienten mit schweren dissoziativen Störungen in der Regel nicht mit der schlimmsten traumatischen Erinnerung begonnen (s. o.). Es ist sinnvoll, zunächst mit einem weniger belastenden Trauma zu beginnen, um die Patienten an die EMDR-Behandlung zu gewöhnen und auch um als Therapeut Informationen über die Belastbarkeit und über die individuellen Reaktionsweisen des Patienten zu sammeln. Die Steuerbarkeit der Trauma-Exposition lässt sich durch die Einbeziehung von Distanzierungstechniken verbessern, beispielsweise kann explizit vereinbart werden, dass das Trauma aus einer Beobachterperspektive heraus geschildert und bearbeitet wird (Reddemann 2001).

Es hat sich bewährt, in der auf die Trauma-Bearbeitung folgenden Sitzung nochmals die bearbeiteten Themen anzusprechen, um sich zu vergewissern, dass die Erinnerungen nicht wieder dissoziiert wurden. Nicht selten werden ganze Teile sehr belastender Trauma-Therapiesitzungen direkt im Anschluss dissoziativ „vergessen". Meistens ist dies ein Hinweis auf eine Überforderung des Patienten und seiner Verarbeitungsmöglichkeiten. Im Regelfall sind im Anschluss an eine EMDR-Sitzung mehrere Gesprächstermine notwendig, um das in der Trauma-Bearbeitung Erlebte zu verarbeiten, die neu gewonnenen Informationen zu verknüpfen und zu integrieren. Das Ziel der Trauma-Arbeit ist, dem Patienten die eigene Geschichte zugänglich zu machen und ihm bei der Integration der dissoziierten Erinnerungsanteile behilflich zu sein. Als Therapeut bekommt man dabei manchmal das Gefühl, dass starke dissoziative Kräfte vorhanden sind, die einer Verknüpfung und Integration von Erinnerungen entgegenstehen, wie bei zwei Magneten, die mit der gleich gepolten Seite aneinandergehalten werden.

Die Vereinbarung, während einer Trauma-Therapiesitzung nicht zwischen verschiedenen Trauma-Erinnerungen zu springen, d. h. bei einem Thema zu bleiben und den assoziativen Verknüpfungen (so genanntes „affect-bridging") zu ähnlichen Trauma-Erlebnissen nicht zu folgen, hat sich für uns als sehr hilfreich erwiesen. Affektbrücken sind dann für den Therapieprozess förderlich, wenn neues traumatisches Material erschlossen wird, nachdem die ursprünglich zu bearbeitende belastende Erinnerung ausreichend bearbeitet wurde. Wenn Affektbrücken den Patienten jedoch dazu bringen, seine Aufmerksamkeit wiederholt und schnell zwischen verschiedenen Erinnerungen springen zu lassen, stellt die Fülle der Assoziationen eine Überforderung dar. In diesem Fall sollte der Therapeut gemeinsam mit dem Patienten entscheiden, ob es therapeutisch förderlich ist, dem neu assoziierten Erinnerungsmaterial zu folgen, oder ob der Verarbeitungsprozess droht, außer Kontrolle zu geraten. Dann sollte auf das ursprüngliche Trauma refokussiert werden. Dissoziative Patienten neigen aufgrund ihrer Symptomatik dazu, den thematischen Faden der Therapiesitzung zu verlieren. Die Trauma-Bearbeitung kann dadurch auch ins Stocken kommen. Der Therapeut muss insgesamt mehr intervenieren und aktive Hilfestellung leisten, besonders wenn kognitive Verzerrungen und dysfunktionale Kognitionen, wie zum Beispiel Schuldgefühle, eine Rolle spielen.

Bei der Arbeit mit Patienten mit frühkindlichen Traumatisierungen macht man als Behandler regelmäßig die Erfahrung, dass Erinnerungsinhalte wie in einer Kinderperspektive, entsprechend dem Lebensalter zum Zeitpunkt der Traumatisierung, wiedererlebt werden. So können zum Beispiel Hände von Erwachsenen riesengroß erscheinen, der eigene Körper kann wie der Körper eines Kindes empfunden und sogar visuell erlebt werden. Diese therapeutisch induzierte Altersregression erklärt sich aus der Art und Weise, wie traumatische Erinnerungen in unserem Gedächtnis gespeichert sind. Auch wenn keine Dissoziative Identitätsstörung (DIS) vorliegt, scheint es oft so, als würde der Therapeut mit einem traumatisierten Kind arbeiten. Nicht selten sind diese kindlichen Innenanteile, im Sinne von „ego-states" (Watkins u. Watkins 1996), wenig in die Gesamtpersönlichkeit integriert. Wichtig sind dann eine ausführliche Nachbesprechung der Trauma-Therapiesitzungen und die Aufklärung sowie Information des Patienten über die besonderen Eigenschaften traumatischer und dissoziierter Erinnerungen.

Bei Patienten mit Dissoziativer Identitätsstörung oder ausgeprägter Identitätsunsicherheit ist es sinnvoll, die Trauma-Bearbeitung explizit unter Einbeziehung von Persönlichkeitsanteilen („Alters") durchzuführen (Lazrove u. Fine 1996; Twombly 2000). Eine wichtige Rolle in der Vorbereitung der Trauma-Therapie nimmt die Erarbeitung einer zuverlässigen Kommunikationsstrategie ein, um Informationen aus dem gesamten Innensystem zu bekommen. Dabei kann es hilfreich sein, gemeinsam mit dem Patienten eine „Landkarte" des Innensystems zu erstellen.

Von entscheidender Bedeutung ist es jedoch, dass die Patienten selbst die Fähigkeit entwickeln, mit ihren Persönlichkeitsanteilen zu kommunizieren. Dies kann durch imaginative Techniken, wie zum Beispiel die „Round-table-Technik" (Fraser 1991) oder durch schriftliches Fragen und Antworten, erleichtert werden. Insgesamt sollten Therapeuten darauf achten, dass stets das Gesamtsystem angesprochen wird. Interaktionsmuster, die die Aufspaltung der Persönlichkeit fördern oder als unabänderliche Tatsache erscheinen lassen, sind kontraproduktiv. Andererseits sollte vonseiten des Therapeuten kein allzu hoher Druck auf Integration der Persönlichkeitsanteile ausgeübt werden, da dies beim Patienten Angst und in der Folge Widerstand gegen die Behandlung auslösen kann. Eine weitere Gefahr besteht darin, dass der Therapeut zu viel Verantwortung übernimmt, aufgrund der charakteristischen Übertragungskonstellation in der Arbeit mit Patienten, die kindliche Persönlichkeitsanteile präsentieren.

Vor Beginn der EMDR-Sitzung bei Patienten mit Dissoziativer Identitätsstörung muss geklärt werden, welche Innenpersonen direkt von dem traumatischen Geschehen betroffen waren und mit welchen Innenpersonen gearbeitet werden kann. Wenn bei Patienten mit Dissoziativer Identitätsstörung die Trauma-Arbeit mit Persönlichkeitsanteilen durchgeführt werden muss, kann es hilfreich sein, wenn ältere Innenpersonen stellvertretend für jüngere Innenpersonen über das Trauma berichten, um so einen gewissen distanzierenden Schutz auszuüben. Wichtig ist es, möglichst von allen Innenanteilen die Zustimmung zur Trauma-Bearbeitung zu erhalten. Besondere Berücksichtigung verdienen (verdeckt) opponierende täteridentifizierte Innenanteile, die explizit in die Vorbereitung einbezogen werden sollten.

Dissoziative Persönlichkeitsanteile sind häufig in traumatischen Situationen durch Abspaltung von Bewusstseinsinhalten entstanden und tragen bestimmte traumatische Erinnerungsanteile. Es ist sehr eindrucksvoll, im Rahmen einer Trauma-Bearbeitung als Therapeut einen Eindruck davon zu erhalten, wie ein Persönlichkeitsanteil in einer unerträglichen traumatischen Situation abgespalten wurde und dann Teile der traumatischen Information getrennt von der Gesamtpersönlichkeit bewahrt werden. Die Trauma-Bearbeitung kann zu einer erheblichen Entlastung von Innenanteilen und dadurch zur Entlastung des Gesamtsystems führen. Eine erfolgreiche Erarbeitung der (traumatischen) Geschichte der Innenanteile ist für Patienten ein wichtiger Schritt, ihre eigene Biografie zu überblicken und sich selbst besser zu verstehen.

29.4 Fallbeispiel

Ein Fallbeispiel soll die Besonderheiten der EMDR-Behandlung von Patienten mit schweren dissoziativen Störungen illustrieren.

Frau W., eine 36-jährige Buchhändlerin und Mutter von zwei Kindern, kam auf Empfehlung eines niedergelassenen Psychotherapeuten zur Bearbeitung belastender Erinnerungen an schwerste Kindheitstraumatisierungen in unsere Abteilung. Wir stellten die Diagnose einer Dissoziativen Identitätsstörung mit Amnesien, Fugue, Dissoziativem Stupor sowie einer Vielzahl von somatoformen Körperbeschwerden. Die Patientin hatte bereits relativ gute Möglichkeiten entwickelt, mit ihren Persönlichkeitsanteilen in Kontakt zu treten, und eine skizzenhafte „innere Landkarte" mit Namen und Eigenschaften ihrer Innenanteile erarbeitet. Wir entschieden uns dafür, die Trauma-Bearbeitung im Schutz einer stationären Behandlung durchzuführen, da es in der Vergangenheit wiederholt zu ernsthaften suizidalen Krisen gekommen war. Im Laufe der stationären Behandlung traten Suizidimpulse besonders dann auf, wenn Frau W. über belastende Erlebnisse im Zusammenhang mit von ihren Eltern organisierter Kinderprostitution sprach. Dies war ihr damals von den Täterkreisen unter Todesandrohung verboten worden. Nachdem zwei – im Vergleich zu den schlimmsten Traumatisierungen – weniger belastende traumatische Erinnerungen erfolgreich mit der EMDR-Technik bearbeitet werden konnten, äußerte Frau W. die Bitte, ein Erlebnis aus dem 5. Lebensjahr zu bearbeiten, welches sie besonders quälte.

Wir baten Frau W. durch Selbstexploration (schriftliches „Nach-innen-Fragen") in Erfahrung zu bringen, welche Innenanteile direkt von der traumatischen Erinnerung betroffen waren. Sie konnte sehr klar benennen, dass vier Innenanteile direkt mit der zu bearbeitenden Erinnerung in Zusammenhang standen und dass diese mit Namen identifizierbaren Anteile die Erinnerung an jeweils unterschiedliche Aspekte der traumatischen Situation aufbewahrten. Besonders wichtig war uns, dass Frau W. sorgfältig eruierte, welche Persönlichkeitsanteile gegen die Trauma-Bearbeitung opponierten oder Vorbehalte hatten. Wenn es möglich war, bemühte sie sich, einen „inneren Konsens" hinsichtlich der geplanten Arbeit an der traumatischen Erinnerung herzustellen. In mehreren vorbereitenden Gesprächen konnte geklärt werden, dass es für Frau W. notwendig sein würde, zunächst ihre Gefühle der Mutter gegenüber auszuklammern. Im Moment hätte es offensichtlich eine Überforderung dargestellt, den ganzen Umfang und das Ausmaß der Enttäuschung zu bearbeiten, welche daraus resultierte, wiederholt durch die eigene Mutter den Tätern ausgeliefert worden zu sein.

Für die EMDR-Sitzung wurde abgesprochen, dass Frau W. selbst für die innere Anwesenheit der Persönlichkeitsanteile, die Informationen über das traumatische Ereignis tragen, sorgen würde. Diese Vorgehensweise ermöglichte Frau W., die größtmögliche Kontrolle über das Geschehen zu behalten und sich durch das therapeutische Vorgehen nicht zu sehr manipuliert zu fühlen. Gleichzeitig kam diese Strategie unserem Konzept entgegen, nach Möglichkeit die Gesamtpersönlichkeit von Frau W. anzusprechen, um die Fragmentierung von Persönlichkeitsanteilen nicht durch therapeutische Interventionen zu stabilisieren.

Die Einleitung der EMDR-Behandlung erfolgte nach dem Standardprotokoll. Schon nach wenigen Sets von Augenbewegungen berichtete Frau W., dass sie geradezu in die traumatische Erinnerung hineingezogen werde. Unter sichtlich großem psychischen Leid schilderte sie eine Folge von detaillierten Erinnerungsbildern und gefühlshaften Zuständen, die wie aus einer Kinderperspektive erlebt wirkten: zum Beispiel übergroße Hände der Erwachsenen, den eigenen kindlichen Körper, extreme Hilflosigkeit und das Gefühl, völlig ausgeliefert zu sein. Einige weitere Sets von Augenbewegungen führten Frau W. an einen Punkt der Erinnerung, an dem Angst und Belastung offenbar unerträglich groß geworden waren. Sie schilderte, dass sie bezüglich der traumatischen Situation auf einmal gar keine Gefühle mehr zur Verfügung habe und nichts mehr spüre, sie habe auch Schwierigkeiten, weiter mitzuverfolgen, was ab diesem Zeitpunkt konkret geschehen sei. Sie habe jedoch deutlich wahrgenommen, dass zwei Persönlichkeitsanteile weggelaufen seien, als müssten sie sich in Sicherheit bringen. Frau W. wusste bereits, dass diese beiden Anteile unter der traumatischen Erinnerung litten und an der Trauma-Therapie beteiligt sein würden. Der eine, ein Mädchen, sitze in der Ecke und registriere mit wachen Augen alles, was geschehe, ohne gefühlsmäßig beteiligt zu sein. Ein weiteres kleines Mädchen rufe verzweifelt nach seiner Mutter und weine. Um eine Entscheidung zu finden, mit welchem Persönlichkeitsanteil gearbeitet werden sollte, fragten wir Frau W., welches der beiden Mädchen im Moment dringender Hilfe benötige. Sie konnte klar schildern, dass es das weinende Mädchen sei. Sie wisse aber, dass dieses Kind nicht nur unter der gerade bearbeiteten Erinnerung leide, sondern ganz vielen ähnlichen Situationen ausgesetzt gewesen sei. Wir überlegten gemeinsam, welche Unterstützung für das verletzte und um Hilfe rufende „innere Kind" gut sein könnte. Frau W. erinnerte sich, dass es ein Lieblingsspielzeug, einen Teddybär gab, der oft trösten konnte. Sie gab daher in ihrer Vorstellung dem weinenden kleinen Mädchen den Teddybär in den Arm. Dieses tröstende innere Bild wurde durch kurze Sets von Augenbewegungen im Sinne einer Ressourceninstallation verstärkt, bis eine deutliche Entlastung spürbar war. Danach wendeten wir uns wieder der traumatischen Situation und den Erinnerungen zu, welche das beobachtende Mädchen registriert hatte. Das Geschehen konnte zunächst nur in der Außenansicht rekonstruiert werden. Frau W. nahm Kontakt zu diesem beobachtenden Innenanteil auf, während Augenbewegungen durchgeführt wurden. Nach und nach gelang es ihr, zu beschreiben, was „dem Kind" in der traumatischen Situation durch die Männer angetan worden war. Auf Nachfrage, wie es dem beobachtenden Mädchen im Moment gehe, berichtete sie, dass es sich ganz „hart" gemacht hatte und ohne Hoffnung war. Frau W. wurde deutlich, dass das beobachtende Kind eine sehr wichtige Aufgabe übernommen hatte – durch Registrierung des Geschehens wenigstens ein Minimum an Kontrolle aufrechtzuerhalten – und dass es gut wäre, ihm dafür zu danken.

Da bereits eine gute Stunde verstrichen war und Frau W. sehr erschöpft wirkte, verabredeten wir, in einer nächsten Sitzung weiterzuarbeiten. In den weiteren Sitzungen wurden stärkste Schuldgefühle thematisiert, die ein weiterer Persönlichkeitsanteil – ein etwas älteres Kind, gebeugt und ganz grau vor Schuld – aufbewahrte. Unterstützt durch Augenbewegungen, konnte im Detail herausgearbeitet werden, dass die Schuldgefühle in dem Moment einsetzten, als Frau W. genötigt war, sich im Sinne einer Überlebensstrategie in einen der Täter „hineinzu-

fühlen" und genau das zu tun, was dieser beabsichtigte, um dadurch weiteren Qualen möglichst zu entgehen. Sie schilderte, dass sie in diesem Moment die Situation gleichsam mit den Augen des Täters sah und dass sie sich auf einmal genauso pervers und gewalttätig erlebte wie dieser. Es war für die weitere Bearbeitung der Schuldgefühle und der damit in Zusammenhang stehenden dysfunktionalen Kognitionen außerordentlich hilfreich, die Entstehung des Täter-Introjekts im Detail rekonstruiert zu haben.

Insgesamt wurden drei EMDR-Sitzungen für die Bearbeitung der geschilderten belastenden Erinnerung benötigt. Weitere 5 bis 6 Gesprächstermine waren im Anschluss für das Aufarbeiten des neu gewonnenen Materials erforderlich. Frau W. berichtete, dass sie erstmals über das traumatische Ereignis gesprochen habe. Viele Details seien ihr währenddessen überhaupt erst bewusst geworden. Sie habe als Folge der Trauma-Bearbeitung bemerkt, dass die beteiligten Innenanteile einander näher fühlen. Es sei so, als seien sie aus einer quälenden Isolation befreit worden, da es für sie erstmals die Möglichkeit gab, mit ihrem Leid und ihrer Geschichte gehört und wahrgenommen zu werden.

29.5 Risiken und Gefahren

Vor einem unvorsichtigen Einsatz von Trauma-Bearbeitungstechniken bei Patienten mit dissoziativen Störungen ist sehr eindrücklich zu warnen. So wirksam die EMDR-Behandlung bei diesen Patienten ist, so sehr liegt in einer zu schnellen Mobilisierung traumatischen Materials die ernst zu nehmende Gefahr einer Überforderung und Destabilisierung. Nach übereinstimmenden klinischen Beobachtungen können mit der EMDR-Behandlungstechnik dissoziative Schutzbarrieren gleichsam unterlaufen werden. Patienten beschreiben dies häufig mit den Worten: „Ich konnte mich gar nicht gegen das Aufkommen der Erinnerungen wehren". Zuvor ausgeblendetes, dissoziiertes Erinnerungsmaterial kann während der Trauma-Therapiesitzung sehr schnell und in einem schwer zu steuernden Ausmaß ins Bewusstsein gelangen. Abhängig von den individuellen Bewältigungsmöglichkeiten und oft ohne erkennbare Vorzeichen erst nach Abschluss der Therapiesitzung kann es zu protrahierten Erinnerungs-Flashbacks und zu einer Verstärkung der dissoziativen Symptomatik kommen. Daher müssen Trauma-Therapiesitzungen bei Patienten mit dissoziativen Störungen gut vorbereitet werden. Insbesondere sollte schon vorab besprochen werden, welche Hilfsmöglichkeiten bei auftretenden Krisen vorhanden sind und was dann der Patient konkret für sich tun kann, um sich wieder zu stabilisieren (zum Beispiel Imaginationsübungen, Notfall-Liste, kurzfristige „Not-Termine" beim Therapeuten). Gegebenenfalls muss die Trauma-Bearbeitung im schützenden Rahmen einer stationären Behandlung durchgeführt werden.

Eine EMDR-Behandlung bei Patienten mit dissoziativen Störungen sollte nicht durchgeführt werden, wenn
- der Therapeut unzureichende Erfahrungen im Umgang mit traumatischen Abreaktionen und dissoziativen Symptomen hat;
- der Patient in seinem Lebensumfeld akuten Belastungen ausgesetzt ist, die sein Verarbeitungsvermögen überfordern;
- der Patient nicht über ausreichende persönliche Ressourcen verfügt, um die Konfrontation mit dem traumatischen Material zu bewältigen;
- ein täteridentifizierter Persönlichkeitsanteil stark gegen die Trauma-Bearbeitung opponiert.

Eine zu rasch eingeleitete Trauma-Bearbeitung kann gerade bei Patienten mit dissoziativen Störungen ein nicht zu unterschätzendes Risiko der Destabilisierung darstellen. Es ist daher in jedem Einzelfall sorgfältig zu klären, ob die notwendigen Voraussetzungen zur Anwendung der EMDR-Technik gegeben sind. Die wichtigste patientenseitige Kontraindikation gegen eine EMDR-Behandlung besteht dann, wenn ein Patient nicht über die notwendigen persönlichen Ressourcen verfügt, um mit dem durch die Trauma-Arbeit mobilisierten traumatischen Erinnerungsmaterial umgehen zu können. Wenn ein täteridentifizierter, destruktiver Innenanteil stark gegen die Trauma-Bearbeitung opponiert, sollte so lange keine Trauma-Bearbeitung durchgeführt werden, bis ausreichend gut verstanden ist, warum der innere Widerstand so groß ist. In der Regel haben täteridentifizierte Persönlichkeitsanteile eine wichtige Schutzfunktion, zum Beispiel davor, sich durch eine unvorsichtige Mitteilung von Details der Traumatisierung in Gefahr zu bringen. Auf keinen Fall sollte eine Trauma-Bearbeitung erfolgen, wenn aktuell anhaltende Traumatisierungen vorliegen, zum Beispiel durch einen gewalttätigen Ehemann. Dann sind der persönliche Schutz der Patientin und das Wiedererlangen eines Gefühls von Sicherheit vorrangige Ziele der Behandlung. Eine weitere Voraussetzung ist ein Mindestmaß an äußerer Sicherheit und Stabilität, was zum Beispiel die Möglichkeiten zur Trauma-Bearbeitung bei Asylbewerbern mit unklarem Aufenthaltsstatus stark einschränkt.

Grundsätzlich empfiehlt sich bei jedem traumatisierten Patienten, der mit EMDR behandelt werden soll, vorab eine Screening-Untersuchung auf das Vorliegen einer dissoziativen Störungen durchzuführen (zum Beispiel mit dem Fragebogen zu dissoziativen Symptomen [FDS], Freyberger et al. 1999). Bei positivem Screening-Befund sollte eine weitere Diagnostik durchgeführt werden, zum Beispiel mit dem Strukturierten Klinischen Interview für Dissoziative Störungen (SKID-D, Gast et al. 2000). Es wird empfohlen, das EMDR-Standardprotokoll erst dann anzuwenden, wenn im Screening kein Anhalt für eine dissoziative Störung festgestellt wurde. Wenn eine dissoziative Störung vorliegt, muss das Behandlungsprotokoll den spezifischen Bedürfnissen dissoziativer Patienten angepasst werden. Eine Trauma-Therapie mit EMDR sollte nur dann durchgeführt werden, wenn der Therapeut in der Behandlung von Patienten mit dissoziativen Störungen ausreichend vertraut ist und in der EMDR-Methode Erfahrung hat.

29.6 Fazit

Die EMDR-Behandlungsmethode ist nach unserer Erfahrung eine sehr wirksame Technik zur Behandlung von traumatischen Erinnerungen bei Patienten mit dissoziativen Störungen. Ziel der Trauma-Bearbeitung bei dissoziativen Patienten ist neben der Reduktion der Belastung durch posttraumatische Symptome das Verfügbarmachen der zuvor abgespaltenen Erinnerungen im Sinne einer Integration dissoziierter Erlebnisinhalte. Da dissoziative Erinnerungsbarrieren durch eine EMDR-Behandlung unter Umständen sehr rasch überwunden werden, sollte diese nur von ausreichend erfahrenen Therapeuten und mit Sorgfalt im Kontext einer umfassenden Trauma-Therapie eingesetzt werden.

Literatur

Bergmann U (1996). Further thoughts on the neurophysiology of EMDR. EMDRIA Newsletter; 6.
Fine CG (1991). Treatment stabilization and crisis prevention. Pacing the therapy of the multiple personality disorder patient. Psychiatr Clin North Am; 14(3): 661–75.
Fine CG, Paulsen S, Rouanzoin C, Luber M, Puk G, Young W (1995). EMDR Dissociative Disorders Task Force recommended guidelines: a general guide to EMDR's use in the dissociative disorders. In: Shapiro F (ed). Eye Movement Desensitization and Reprocessing. Basic principles, protocols, and procedures. New York: Guilford: 365–9.
Foa EB (2000). Psychosocial treatment of posttraumatic stress disorder. J Clin Psychiatry; 61, Suppl 5: 43–8.
Foa EB, Keane TM, Friedman MJ (2000). Effective Treatments for PTSD. New York: Guilford.
Fraser GA (1991). The dissociative table technique: a strategy for working with ego states in dissociative disorders and ego state therapy. Dissociation; 4: 205–13.
Freyberger HJ, Spitzer C, Stieglitz R-D (1999). Fragebogen zu dissoziativen Symptomen (FDS). Bern: Huber.
Gast U, Zündorf F, Hofmann A (2000). Strukturiertes Klinisches Interview für DSM-IV-Dissoziative Störungen (SKID-D). Göttingen: Hogrefe.
Hofmann A (1999). EMDR in der Therapie psychotraumatischer Belastungssymptome. Stuttgart: Thieme.
Kluft RP (1989). Playing for time: temporizing techniques in the treatment of multiple personality disorder. Am J Clin Hypn; 32(2): 90–8.
Lamprecht F (2000). Praxis der Traumatherapie. Stuttgart: Pfeiffer bei Klett-Cotta.
Lazrove S, Fine CG (1996). The use of EMDR in Patients with dissociative identity disorder. Dissociation; 9: 289–99.
Paulsen S (1995). Eye movement desensitization and reprocessing: its cautious use in the dissociative disorders. Dissociation; 8(1): 32–44.
Reddemann L (2001). Imagination als heilsame Kraft – Zur Behandlung von Traumafolgen mit ressourcenorientierten Verfahren. Stuttgart: Pfeiffer bei Klett-Cotta.
Sack M, Lempa W, Lamprecht F (2001). Metaanalyse der Studien zur EMDR-Behandlung von Patienten mit posttraumatischen Belastungsstörungen – der Einfluss der Studienqualität auf die Effektstärken. Psychother Psychosom Med Psychol; 51(9/10): 350–5.
Shapiro F (1995). Eye Movement Desensitization and Reprocessing. Basic principles, protocols, and procedures. New York: Guilford.
Shapiro F (1998). EMDR – Grundlagen und Praxis. Handbuch zur Behandlung traumatisierter Menschen. Paderborn: Junfermann.
Steinberg M (1994). Structured Interview for DSM-IV Dissociative Disorders. Washington, DC: American Psychiatric Press.
Stickgold R (2002). EMDR: a putative neurobiological mechanism of action. J Clin Psychol; 58(1): 61–75.
Twombly JH (2000). Incorporating EMDR and EMDR adaptations into the treatment of clients with dissociative identity disorder. J Trauma Dissoc; 1: 61–81.

Van Etten M, Taylor S (1998). Comparative efficacy of treatments for posttraumatic stress disorder: a meta analysis. Clin Psychol Psychother; 5: 126–45.

Watkins JG, Watkins HH (1996). Overt-covert dissociation and hypnotic ego state therapy. In: Michelson LK, Ray WJ (eds). Handbook of Dissociation: Theoretical, empirical and clinical perspectives. New York: Plenum Press: 431–48.

30 Die psychopharmakologische Therapie dissoziativer Bewusstseinsstörungen

A. Eckhardt-Henn

30.1 Einleitung

Die primäre Therapie dissoziativer Bewusstseinsstörungen ist die psychotherapeutische Behandlung. Eine pharmakologische Therapie kann aber in einzelnen Fällen im Sinne einer **Kombinationstherapie** sinnvoll sein. Bislang fehlen hierzu systematische Therapiestudien. Es existieren Einzelfallberichte, die sich oft mit der Behandlung von Patienten mit Borderline-Störungen und/oder Posttraumatischen Belastungsstörungen, die ja meist in engem Zusammenhang mit komplexen dissoziativen Bewusstseinsstörungen stehen, überschneiden. Systematische kontrollierte pharmakologische Studien an größeren Patientenkollektiven fehlen weitgehend.

Die Ziele einer Kombinationstherapie mit Psychopharmaka sind im Folgenden beschrieben.

- Versuch einer raschen Reduktion der meist stark beeinträchtigenden Symptome, zum Beispiel:
  - Angst- bzw. Panikzustände
  - Depression
  - Schlafstörungen
  - Konzentrationsstörungen
  - Selbstverletzungen im Zusammenhang mit Depersonalisationszuständen und stressinduzierter Analgesie
- Verbesserung des Ansprechens auf die Psychotherapie
- Therapie häufiger komorbider akuter psychischer Störungen, zum Beispiel:
  - depressive Störungen
  - bipolare Störungen
  - Panikstörungen
  - Zwangsstörungen

30.2 Opiat-Antagonisten (Naltrexon)

Insbesondere bei Patienten mit Borderline-Störungen und dissoziativen Bewusstseinsstörungen, die mit selbstverletzenden Verhaltensweisen in Zusammenhang stehen, gibt es mittlerweile einige Berichte einer erfolgreichen Behandlung mit Opiat-Antagonisten. Es handelt sich hier vorwiegend um schwere Depersonalisations- und Derealisationszustände, die meist mit einer stressinduzierten Analgesie einhergehen und dann häufig zu Selbstverletzungen führen; die Patienten können diese Zustände oft durch die Selbstverletzungen vorübergehend beenden.

Bohus et al. (1999) behandelten 13 Patienten mit Borderline-Störungen und dissoziativen Störungen (vorwiegend Depersonalisations- und Derealisationszustände), Flashbacks und selbstverletzenden Verhaltensweisen mit Naltrexon. 8 Patienten erhielten gleichzeitig Antidepressiva. Die Dosierung betrug 25 mg bis maximal 100 mg/die und wurde über drei Wochen gegeben. Die Schmerzwahrnehmung wird u. a. durch das serotoninerge System und das Endorphinsystem beeinflusst. Bohus et al. fanden bei ihren Patienten eine deutliche Reduktion der dissoziativen Symptome, der Analgesie und der tonischen Immobilität, nicht aber des subjektiv empfundenen Spannungszustandes. Patienten, die stärkere Symptome hatten, reagierten auf geringere Dosen des Naltrexon. Einschränkend bemerken die Autoren, dass der Effekt der stationären Aufnahme bereits eine Besserung bewirke, und 8 Patienten erhielten gleichzeitig Antidepressiva. Patienten ohne Drogenanamnese reagieren auf die Einnahme von Naltrexon nicht mit Änderungen des Verhaltens, der Wahrnehmung, der Stimmung oder der kognitiven Fähigkeiten. Da es nicht zu einer vollständigen Remission der dissoziativen Symptome kommt, muss ein opioidunabhängiger Mechanismus beteiligt sein (Bohus et al. 1999; Bolm u. Piegler 2001). Die Therapie mit Naltrexon sollte einschleichend dosiert werden und ausschleichend wieder abgesetzt werden. Es kann bei abruptem Absetzen zu Rebound-Phänomenen kommen. Bolm und Piegler (2001) weisen darauf hin, dass die Therapie mit Naltrexon nur als **Kombinationstherapie mit einer Psychotherapie** in genauer Abstimmung mit einem Gesamtbehandlungskonzept durchgeführt werden sollte. Es müssen also genügend andere Stabilisierungsmöglichkeiten vorhanden sein, um den Wegfall der Dissoziation als effektiven Selbstschutz- bzw. Abwehrmodus zu verkraften.

Bolm und Piegler (2001) betonen, dass der Effekt auf die Selbstverletzung nur bei Patienten erreicht wird, die die Selbstverletzung vorwiegend im Zusammenhang mit Depersonalisationszuständen einsetzen und sie damit beenden können; nicht aber, wenn die Selbstverletzung andere Funktionen hat, zum Beispiel als Selbstbestrafung oder als Spannungsabfuhr dient.

An **Nebenwirkungen** wurden initial in Einzelfällen Übelkeit, Schwindel, Erbrechen, Tinnitus, erhöhte Tagesmüdigkeit, Hitzewallungen und vermehrtes Schwitzen beobachtet. Vereinzelt kam es zu einer sensorischen Reizüberflutung, d. h. die vorwiegend als positiv erlebte Veränderung der Wahrnehmung der Emotionen kann in Einzelfällen auch negativ erlebt werden. Das erscheint logisch, wenn man sich klarmacht, dass die dissoziativen Mechanismen ja eine Abwehrfunktion gegenüber bedrohlich erlebten Emotionen und Affekten darstellen und diese Patienten Störungen der Affektregulation aufweisen (vgl. Herpertz et al. 1998).

Sandman et al. (2000) zeigten in einer prospektiven Studie über 14 Monate, dass die besten klinischen Effekte durch einen akuten und intermittierenden Einsatz von Naltrexon erreicht werden. Bei chronischem und kontinuierlichem Einsatz kann es auch wieder zu einer Zunahme des selbstverletzenden Verhaltens kommen, was mit Unterschieden in der Up-und-Down-Regulation von Opiat-Rezeptoren in verschiedenen Hirnregionen zu tun hat und hier nicht näher ausgeführt werden soll. Bei chronischer Exposition mit hohen Opiatdosen tritt eine Toleranz gegenüber den inhibitorischen Effekten auf; bei niedrigen Dosen kommt es zu einer Übersensitivität bezüglich der exzitatorischen Wirkungen der Opiate und der Opiat-Antagonisten. Patienten mit selbstverletzenden Verhaltensweisen und hohen Opiatspiegeln reagieren hochresponsiv auf den akuten Einsatz von Naltrexon.

30.3 Atypische Neuroleptika

Es gibt vereinzelte Fallberichte (Hough 2001) über den erfolgreichen Einsatz von Olanzapin und Clozapin (Benedetti et al. 1998) bei Patienten mit Borderline-Störungen und selbstverletzendem Verhalten. Die Dosierung betrug 5 mg/die; teilweise erfolgte eine Kombination mit einem Antidepressivum vom Typ der Serotonin-Wiederaufnahmehemmer (SSRI, zum Beispiel Fluoxetin).

Niedrig-potente Neuroleptika können eingesetzt werden, um Angstzustände, Schlafstörungen und Spannungszustände zu behandeln. Allerdings werden oft höhere Dosen benötigt (Loewenstein 1991).

30.4 Antidepressiva

Trizyklische Antidepressiva

Trizyklische Antidepressive haben offenbar kaum einen Effekt auf die dissoziativen Symptome (Loewenstein 1991).

Serotonin-Wiederaufnahmehemmer

Es gibt vereinzelte Berichte erfolgreicher Behandlungen mit Fluvoxamin oder Fluoxetin; teilweise mit einer höheren Dosis von 40 mg/die (Van der Kolk et al. 1994; Marshall u. Pierce 2000). Nach einer neueren Übersicht (Yehuda 2002) gelten Serotonin-Wiederaufnahmehemmer, besonders Sertralin und Paroxetin, über mindestens acht Wochen als Mittel der Wahl bei PTBS. Bei Nichtansprechen sollte eine Behandlung mit Nefazodon oder Venlafaxin versucht werden. Aber es gibt noch keine doppelblinde, plazebokontrollierte Studien. Vereinzelt wurden auch Erfolge mit Mirtazepin (Dosis von 40 mg/die) beschrieben (Marshall u. Pierce 2000).

MAO-Hemmer

Hier gibt es widersprüchliche Befunde. Vereinzelte positive Effekte, aber auch negative Effekte wurden beschrieben (Loewenstein 1991).

Carbamazepin und Valproat („Anti-Kindling-Agentien")

Unter dem so genannten „Kindling" wird ein neurobiologisches Phänomen verstanden, das nach traumatischem Stress auftreten kann: Es besteht in einer Sensibilisierung bestimmter Hirnareale und steht wahrscheinlich mit dem erhöhten Auftreten von Flashback-Erlebnissen, Albträumen und dem Hyperarousal im Zusammenhang (vgl. Kap. 2). Vereinzelt wurde eine Reduktion dieser Symptome unter der Gabe von Carbamazepin (Lipper et al. 1986) und Valproat (Fesler 1991) beobachtet.

Clonidin und Lithium

In vereinzelten Studien wurde Clonidin, ein α_2-adrenerger Agonist, in einer Dosierung von 0,2 bis 0,4 mg/die eingesetzt (Übersicht: vgl. Marshall u. Pierce 2000). In Einzelfällen wurde von positiven Effekten mit Lithium berichtet (ebd.), aber auch hier fehlen bislang entsprechende Studien.

Benzodiazepine

Benzodiazepine, insbesondere Clonazepam, Alprazolam, Lorazepam und Diazepam werden bei Patienten mit DIS erfolgreich eingesetzt, um Angst- und Panikzustände sowie Schlafstörungen zu behandelten. Die langfristige Behandlung mit diesen Medikamenten bergen die bekannten Risiken (Gewöhnung, Toleranzentwicklung, Missbrauch) in sich. Sie sollten daher nur in Notfällen und kontrolliert, d. h. zeitlich begrenzt, eingesetzt werden.

Es gibt Hinweise für einen möglichen Einsatz von NMDA-Antagonisten, wie zum Beispiel Ketamin. Ketamin kann auch bei gesunden Probanden ein dissoziatives Erleben auslösen (Kapfhammer 2000a). Überdies gibt es eine Reihe von Pharmaka, die indirekt oder direkt dissoziative Zustände induzieren können (s. Tab. 30-1).

Komorbide psychische Störungen werden nach den herkömmlichen Standards behandelt. Hierzu wird auf die einschlägige Literatur verweisen (zum Beispiel Benkert u. Hippius 2000; Möller 2000). Einen Überblick über psy-

Tab. 30-1: Pharmaka mit indirekter/direkter Induktion von dissoziativen Zuständen (* = Dissoziation gefördert durch eine gelenkte Erinnerung; ** = nicht gezielt bei PTBS-Patienten untersucht; m-CPP = Metachlorophenyl-Piperazin; NMDA = N-Methyl-D-Aspartat) (nach Krystal et al. 1998; vgl. auch Kapfhammer 2000b).

Substanz	gesunde Probanden	PTBS-Patienten
Yohimbin	–	+
m-CPP	–	+
Laktat	–	+
Sedativa/Hypnotika	–	+*
Benzodiazepin-Antagonisten	–	–
NMDA-Antagonisten (z. B. Ketamin)	+	+**
Cannabinoide	+	?
serotoninerge Halluzinogene (z. B. LSD)	+	?

Tab. 30-2: Psychopharmakologische Interventionsmöglichkeiten bei Posttraumatischen Belastungssymptomen (PTBS) im Kontext dissoziativer Störungen (mod. nach Friedman 1997; vgl. auch Kapfhammer 2000a).

Pharmakon-Klasse	wahrscheinlich PTBS-Wirkungen	möglicherweise PTBS-Wirkungen	möglicherweise assoziierte Symptome
SSRI	Vermeidungs-Cluster (Gefühlsbetäubung)	Intrusions-/Übererreg-barkeits-Cluster	Wut, Impulsivität, Suizidalität, Depression, Aggression, Panik/Angst, Zwangsgedanken, Substanzmissbrauch
andrenolytische Substanzen (z. B. Propranolol, Clonidin)	Intrusions-/Übererreg-barkeits-Cluster	Vermeidungs-Cluster (Dissoziation)	Wut, Aggression, Panik/Angst
MAO-Hemmer	Intrusions-Cluster	Übererregbarkeits-Cluster (Schlafstörungen)	Depression, Panik/Angst
trizyklische Antidepressiva	Intrusions-Cluster	Übererregbarkeits-Cluster (Schlafstörungen)	Depression, Panik/Angst
Benzodiazepine	–	Intrusions-/Übererreg-barkeitscluster	Panik/Angst
Antikonvulsiva	Übererregbarkeits-Cluster	Intrusions-/Vermeidungs-Cluster	Impulsivität, Aggression
Opiat-Antagonisten (z. B. Naloxon)	Intrusions-Cluster (Gefühlsbetäubung)	–	Substanzmissbrauch (kann Intrusions-/Übererregbarkeits-Cluster verschlimmern)
Neuroleptika	–	Übererregbarkeits-Cluster (Hypervigilanz)	psychotische Symptome

chopharmakologische Interventionsmöglichkeiten bei Posttraumatischen Belastungssymptomen (PTBS) im Kontext dissoziativer Störungen gibt die Tabelle 30-2.

Literatur

Abbas S, Chandra PS, Srivastava M (1995). The use of fluoxetine and buspirone for treatment refractory depersonlization disorder (letter). J Clin Psychiatry; 56: 484.

Benedetti F, Sforzini L, Colombo C et al. (1998). Low-dose clozapine in a acute and continuation treatment of severe borderline personality disorder. J Clin Psychiatry; 59: 103-7.

Benkert O, Hippius H (2000). Kompendium der Psychiatrischen Pharmakotherapie. 3. Aufl. Berlin, Heidelberg: Springer.

Berg BJ (1996). A risk-benefit assessment of naltrexone in the treatment of alcohol dependence. Drug Saf; 15: 274-82.

Bills LJ, Kreisler K (1993). Treatment of flashbacks with naltrexone (letter). Am J Psychiatry; 150: 1430.

Bolm T, Piegler T (2001). Der Einsatz von Naltrexon bei dissoziativen Störungen. Überlegungen zu einem Gesamtkonzept von Borderlinebehandlungen. Psychiatr Prax; 28: 214-8.

Bohus MJ, Landwehrmeyer B, Stiglmayr CE, Limberger MF, Böhme R, Schmahl CG (1999). Naltrexone in the treatment of dissociative symptoms in patients with Borderline Personality Disorder: an open-label trial. J Clin Psychiatry; 60: 598-603.

Davidson RT, Van der Kolk BA (2000). Die psychopharmakologische Behandlung der posttraumatischen Belastungsstörung. In: Van der Kolk, BA, McFarlane AC, Weisaeth L (Hrsg). Traumatic Stress. Grundlagen und Behandlungsansätze. Paderborn: Junfermann; 359-70.

Fesler FA (1991). Valproat in combat-related post-traumatic stress disorder. J Clin Psychiatry; 52: 361-4.

Friedman MJ (1997). Drug treatment for PTSD. Answers and questions. In: Yehuda R, McFarlane AC (eds). Psychobiology of Posttraumatic Stress Disorders. New York: New York Academy of Sciences; 359-71.

Hawton K, Townsend E, Arensman E, Gunnell D, Hazell P, House A, van Heeringen K (2001). Psychosocial and pharmacological treatments for deliberate self-harm. The Cochrane Library, Issue 4.

Guidelines for Treatment (2001). The International Society for the Study of Dissociation (www.issd.org/indexpage/isdguide.htm [18.09.01]).

Hollander E, Liebowitz MR, DeCaria CM et al. (1990). Treatment of depersonalization with serotonin reuptake blockers. J Clin Psychopharmacol; 10: 200-3.

Hough DW (2001). Low-dose olanzapine for self-mutilation behavior in patients with Borderline Personality Disorder. J Clin Psychiatry; 4: 226-97.

Kapfhammer HP (2000a). Behandlung von dissoziativen Störungen. In: Möller H-J (Hrsg). Therapie psychiatrischer Erkrankungen. 2. Aufl. Stuttgart: Thieme; 811-21.

Kapfhammer HP (2000b). Dissoziative Störungen. In: Möller H-J, Laux G, Kapfhammer HP (Hrsg). Psychiatrie und Psychotherapie. Berlin, Heidelberg: Springer; 1273-302.

Khouzam HR, Donelly NJ (1997). Remission of self-mutilation in a patient with borderline disorder during risperidone therapy. J Nerv Ment Dis; 185: 348-9.

Krystal JH, Bremner JD, Southwick SM, Charney DS (1998). The emerging neurobiology of dissociation: Implications for treatment of post-traumatic stress disorder. In: Bremner JD, Marmar CR (eds). Trauma, Memory and Dissociation. Washington, DC, London: American Psychiatric Press; 321-64.

Lipper S, Davidson JRT, Grady TA, Eidinger JD, Hammett EB, Mahorney SL, Cavenar JO (1986). Preliminary study of carbamazepine in post-traumatic stress disorder. Psychosomatics; 27: 849-54.

Markowitz JS (1996). Pharmacotherapy of dissociative identity disorder. Ann Pharmacother; 30: 1498-9.

Marshall RD, Pierce D (2000). Implications of recent findings in Posttraumatic Stress Disorder and the role of pharmacotherapy. Harvard Rev Psychiatry; 7: 247-56.

McGee M (1997). Cessation of self-mutilation in a patient with borderline personality disorder treated with naltrexone. J Clin Psychiatry; 58: 32-3.

Möller HJ (Hrsg). Therapie psychiatrischer Erkrankungen. 2. Aufl. Stuttgart: Thieme.

Pitman RK, Van der Kolk BA, Orr SP et al. (1990). Naloxone-reversible analgesic response to combat-realted stimuli in post traumatic stress diorder. Arch Gen Psychiatry; 47: 541-4.

Roth AS, Ostroff RB, Hoffmann RE (1996). Naltrexone as a treatment for repetitive self-injurious behaviour: an open-label trial. J Clin Psychiatry; 57: 233-7.

Russ MJ, Roth SD, Lerman A et al. (1992). Pain perception in self-injurious patients with borderline personality disorder. Biol Psychiatry; 32: 501-11.

Shalev AY, Bonne O, Eth S (1996). Treatment of Posttraumatic Stress Disorder: a review. Psychosom Med; 58: 165-82.

Sonne S, Rubey R, Brady K et al. (1996). Naltrexone treatment of self-injurious thoughts and behaviours. J Nerv Ment Dis; 184: 192-5.

Stein MB, Uhde TW (1989). Depersonalization disorder: Effects of caffeine and response to pharmacotherapy. Biol Psychiatry; 26: 315-20.

Szigethy EM, Schulz SC (1997). Risperidone in comorbid borderline personality disorder and dysthymia. J Clin Psychopharmacol; 17: 326-7.

Torem MS (1996). Psychopharmacology. In: Michelson LK, Ray WJ (eds). Handbook of Dissociation. Theoretical, empirical, and clinical perspectives. New York: Plenum Press; 545-66.

Van der Kolk BA, Greenberg MS, Orr SP et al. (1989). Endogenous opioids, stress induced analgesia, and post-traumatic stress disorder. Psychopharmacol Bull; 25: 417-25.

Van der Kolk BA, Dreyfuss D, Michaels M, Shera D, Berkowitz R, Fisler R et al. (1994). Fluoxetine in post-traumatic stress disorder. J Clin Psychiatry; 55: 517-22.

Winchel RM, Stanley M (1991). Self-injurious behaviour: a review of the behaviour and biology of self-mutilation. Am J Psychiatry; 148: 306-17.

Wolf ME, Mosnaim AD, Puente J et al. (1991). Plasma methionine encephalin in PTSD. Biol Psychiatry; 29: 305-7.

Yehuda R (2002). Post-traumatic Stress Disorder. Review article. New Engl J Med; 346: 108-14.

31 Aktuelle Kontroversen: die False-Memory-Debatte

A. Eckhardt-Henn, S. O. Hoffmann

31.1 Einleitung

Anfang der 90er Jahre häuften sich zunächst in den USA Berichte von Erwachsenen, die sich – nach vielen Jahren des „Nichterinnerns" – plötzlich (häufig unter dem Einfluss einer psychotherapeutischen Behandlung) an sexuelle Misshandlungen durch Familienangehörige (oder andere Personen) in ihrer Kindheit wiedererinnerten (recovered memories) und die betroffenen Personen bzw. ihre Familien wegen dieser Misshandlungen anklagten. Es kam zu Gerichtsverfahren mit teilweise dramatischen Verläufen (zum Beispiel Auseinanderbrechen von Familien etc.).

In der Folge kam es zu Gegenklagen der Angeklagten gegen die Patienten und auch gegen deren Therapeuten. 1992 wurde von dem betroffenen Ehepaar Freyd in den USA in Verbindung mit der Universität von Pennsylvania (Philadelphia) und der Johns Hopkins Medical Institution (Baltimore) eine Vereinigung oder Interessengemeinschaft – die „False Memory Syndrome Foundation" (FMSF) – gegründet. Auch in England gibt es mittlerweile eine entsprechende Gesellschaft: die „British False Memory Society" (BFMS). Es handelt sich dabei um von ihren meist erwachsenen Kindern des Missbrauchs angeklagte Familien und eine Gruppe von unterstützenden Wissenschaftlern und Juristen. Zu den Wissenschaftlern gehören u. a. die Gedächtnisforscherin Elisabeth Loftus, die durch ihre Forschungen im Zusammenhang mit Augenzeugenberichten (juristische Verfahren) bekannt wurde. Von der FMSF wird das immense Leid, das Menschen, die fälschlicherweise des Missbrauchs an ihren Kindern angeklagt werden, durch den Verlust der Kinder, das Auseinanderbrechen der Familien sowie die durch die Anschuldigungen und die Gerichtsverfahren bedingte Stigmatisierung zu tragen haben, als Anlass ihrer Gründung und ihrer Ziele hervorgehoben.

Als Ziele gibt die „False Memory Syndrome Foundation" auf ihrer Homepage an (www.fmsfonline.org/about.html):
- die Suche nach den Ursachen für die Verbreitung des FMS (False Memory Syndrome)
- die Arbeit an Möglichkeiten, das Syndrom zu verhindern
- den Betroffenen zu helfen und ihre Familien zur Aussöhnung/Schlichtung zu bringen

Die Thematik des sexuellen Missbrauchs hat immer schon in der Gesellschaft sehr emotional gefärbte und polarisierte Reaktionen und Tabubildungen hervorgerufen, die der Weiterentwicklung wissenschaftlicher und klinischer Erkenntnisse wenig dienlich waren und sind. Sie sind aber auch Ausdruck der spezifischen Problematik und Abwehrstruktur, die durch solche, teilweise schwer zu verbalisierenden Erlebnisse verursacht werden. Leicht kommt es zu gegenseitigen Schuldzuweisungen, gegenseitigen Entwertungen, Idealisierungen und Extrempositionen.

Die Position der FMSF stellt das eine Ende einer insbesondere in den USA sehr polarisierten Debatte dar, die zu teilweise sehr unwissenschaftlichen, stark emotional gefärbten Auseinandersetzungen führte; Schacter (2001b) spricht von einem „erbitterten Streit unter Fachleuten" (S. 405). Von den Vertretern der FMSF wird das Wiederauftauchen von Erinnerungen als „grundsätzlich unmöglich" dargestellt, wobei unzählige stark emotional betonte Fallbeschreibungen angeführt und Forschungsergebnisse oft einseitig rezipiert werden. Verantwortlich für das „FMS" werden vor allem Therapeuten gemacht, die diese Erinnerungen durch den Missbrauch suggestiver Techniken in ihre Patienten implantierten, um daraus Profit zu ziehen. Die FMSF-Mitglieder untermauern ihre Position in jüngerer Zeit auch durch Berichte von so genannten „Retractors", Menschen, die zunächst wieder aufgetauchte Erinnerungen proklamierten und entsprechende Verfahren gegen die „Täter" anstrebten und diese Verfahren später zurückzogen und ihre Erinnerungen als falsch betrachteten. Außerdem seien in den letzten Jahren nach einer Mitteilung der FMSF deutlich weniger Anklagen eingegangen als in der ersten Hälfte der 90er Jahre. Die Annahme, dass es organisierte Täternetze gebe, die ihre Opfer bedrohten und selbst aus den sexuellen Misshandlungen, satanischen Kulten und Porno-Ringen die entsprechenden finanziellen Profit ziehen, wird als übertrieben und paranoid abgetan.

In diesem Zusammenhang kommt es immer wieder zur Verunglimpfung und zynischen Entwertung von Menschen, die Traumatisierungen ausgesetzt waren, etwa wenn in einer Arbeit einer renommierten Fachzeitschrift von der „Sehnsucht, Traumaopfer zu sein" gesprochen wird und die Tatsache, dass es auch falsche Erinnerungen an Traumata gibt, so dargestellt wird, als handele es sich hier um ein breites Phänomen (vgl. Stoffels u. Ernst 2002). Nach gegenwärtigem Kenntnisstand sind falsche Erinnerungen, wie oben dargestellt, aber eher seltene Phänomene: Leider wird die Literatur in solchen Arbeiten – und das gilt für beide Seiten solcher polarisierten Extrempositionen – meist sehr einseitig und unvollständig rezipiert.

Am anderen Ende dieser polarisierten Debatte stehen Menschen, die aufgrund lange vergessener und schließlich wiederaufgetauchter Erinnerungen angeben, von ihren Eltern sexuell missbraucht worden zu sein und die sich als „Überlebende" bezeichnen. Sie gehen davon aus, dass wieder auftauchende Erinnerungen an Misshandlungserlebnisse diese beweisen. Die so genannte „Überlebenden-Bewegung" sieht sich wiederum als Opfer der „False Memory Syndrome Foundation". Sie gehen davon aus, dass große Täternetze die USA oder die Bundesrepublik überziehen und sogar Regierungsmitglieder etc. darin verwoben sind.

Immer wieder wird davon berichtet, dass Menschen, die sexuellen Misshandlungen ausgesetzt waren und deren Therapeuten Angriffen und Bedrohungen durch Täter und entsprechende Organisationen ausgesetzt sind, nicht genügend geschützt und Täterringe nicht entsprechend verfolgt werden. Gegenwärtig geht man davon aus, dass es auch in der Bundesrepublik satanische Missbrauchskulte gibt. Im Zusammenhang mit der False-Memory-Debatte wurde aber auch deutlich, dass ein „ungeheurer Anstieg von satanischen Missbrauchskulten in den USA", der vor allem von Patienten mit einer Dissoziativen Identitätsstörung (DIS) berichtet wurde, weitgehend nicht bestätigt werden konnte. Andererseits gibt es in den USA und auch in den europäischen Ländern Hinweise dafür, dass es solche Praktiken gibt, aber wahrscheinlich nicht in der Häufigkeit, wie es teilweise beschrieben wurde. Wenn die von Patienten mit DIS beschriebenen Erinnerungen an rituelle satanische Misshandlungen alle wahr wären, würde das bedeuten, dass es eine große Anzahl von konspirativen und unentdeckten kriminellen Vereinigungen in den USA geben müsste, die für den Tod von Tausenden von Menschen verantwortlich wären. Sogar das FBI war in diese Ermittlungen einbezogen. Aber es gab bislang keine Evidenz dafür (vgl. Elzinga et al. 1998). Von Spanos (1994) wurde in diesem Zusammenhang die Frage aufgeworfen, ob es sich hier um eine Art „soziale Hysterie" handeln könne, ähnlich der von Zeit zu Zeit aufkommenden Hexenängste oder dem Glauben an Besessenheit in den USA und Europa.

Andererseits gibt es in Europa auch in

jüngster Zeit zahlreiche Hinweise dafür, dass es organisierte Täterringe gibt; damit möchte man sich nicht auseinandersetzen, weil es eine höchst bedrohliche und beängstigende Vorstellung ist, dass so etwas in unserer Gesellschaft existiert.

In der andauernden wissenschaftlichen Debatte zeichnet sich auch weiterhin eine polarisierte (und polarisierende) Diskussion ab, wenngleich es mittlerweile glücklicherweise auch Versuche gibt, in konstruktivere interdisziplinäre Diskussionen einzutreten und von dieser Polarisierung wegzukommen. Das zeigt sich in sehr beeindruckender Weise an dem von Joseph Sandler und Peter Fonagy herausgegebenen Sammelband der Beiträge einer interdisziplinären klinischen Konferenz (1998), die 1994 an der Universität London zum Thema: „Recovered Memories Of Abuse. True or False?" veranstaltet wurde.

Die False-Memory-Debatte lässt sich aus **drei wesentlichen Perspektiven** führen: aus Sicht der **Trauma-Theorie**, der **Erinnerungsforschung** und der **klinischen Psychotherapie** und hier wiederum aus Sicht der kognitiv-behavioralen und der psychoanalytischen Psychotherapie. Des Weiteren spielen juristische, soziologische und gesellschaftspolitische Perspektiven eine wesentliche Rolle. In dem vorliegenden Beitrag beschränken wir uns auf die Aspekte der Trauma-Theorie und der klinischen Psychotherapie. Wir fassen einschlägige Ergebnisse der Erinnerungsforschung kurz zusammen und verweisen diesbezüglich auf die weiterführende Literatur (zum Beispiel Schacter 2001a; 2001b; LeDoux 2001; Williams u. Banyard 1999; Yehuda u. McFarlane 1997; Koukkou et al. 1998) sowie auf die Beiträge von Kapfhammer und Fiedler in diesem Band (s. Kap. 2 und Kap. 4). Juristische, soziologische und gesellschaftspolitische Aspekte können wir an dieser Stelle nicht diskutieren.

Bezüglich der **Verbreitung des FMS** liegen entsprechend der polarisierten Meinungen extreme Unterschiede vor, die zwischen der Auffassung einer weiten, epidemieartigen Verbreitung des so genannten FMS (Loftus u. Ketcham 1994; Ofshe u. Watters 1994; Yapko 1994) und der schlichten Nichtexistenz (Pedzek 1994) schwanken.

Nach einer Fragebogenuntersuchung (Freyd u. Roth 1993) ergaben sich folgende **demographische Daten** für die aufgrund wieder aufgetauchter Erinnerungen des Missbrauchs Angeklagten: 92% waren über 50 Jahre alt, vorwiegend Angehörige der Ober- oder Mittelschicht, und 40% waren Akademiker. Die betroffenen Ankläger waren zwischen 31 und 40 Jahre alt; ein Drittel gab an, dass die Erinnerungen über 20 bis 30 Jahre unterdrückt gewesen seien, bei einem weiteren Drittel sogar über 30 bis 40 Jahre. Die Hälfte der Ankläger berichtete, dass der Missbrauch vor dem 4. Lebensjahr stattgefunden habe, und ein weiteres Viertel gab dies für die Zeit vor dem 2. Lebensjahr an (vgl. auch Weiskrantz 1997).

Die Hauptdiskussionspunkte der False-Memory-Debatte ergibt sich auf der einen Seite aus folgendem Standpunkt:
- Die Erkenntnis, dass Menschen die schweren traumatischen Erlebnissen (zum Beispiel Folter, KZ-Haft, schwere körperliche Misshandlung) ausgesetzt waren, eher nicht vergessen können, als dass sie vergessen (vgl. Schacter 2001a: Persistenz). Daher sei ein Wiederauftauchen von Erinnerungen eher unwahrscheinlich.

Die Argumentation der anderen Seite lässt wie folgt zusammenfassen.
- Durch schwere Traumatisierungen können psychische Abwehrfunktionen (Verdrängung und Dissoziation) ausgebildet werden, die ein vorübergehendes „Verschwinden" der Erinnerungen bedingen können; auch Prozesse des normalen Vergessens können zu einem vorübergehenden Verlust von Erinnerungen führen.

31.2 Normales Vergessen und Persistenz von Erinnerungen

Normales Vergessen

Ergebnisse der Erinnerungsforschung, die hier nicht ausführlich rezipiert werden können, machen deutlich, dass es viele Faktoren gibt, die unser Erinnerungssystem beeinflussen (vgl. Schacter 2001a), und dass keinesfalls davon ausgegangen werden kann, dass die Erinnerungen eines Erwachsenen exakt stattgefundene Ereignisse wiedergeben. Andererseits kann davon ausgegangen werden, dass traumatische Erlebnisse und insbesondere wiederholte traumatische Erlebnisse eher erinnert als nicht erinnert werden. Die **Erinnerung** ist wie die Wahrnehmung **konstruktivistisch**, d. h. sie ist ein dynamischer Vorgang, der durch Selektionseffekte (inhärenter Bias), zwischenmenschliche Beziehungen, Erwartungshaltungen, neue Erfahrungen und Erlebnisse, emotionale Zustände und soziale Faktoren ständig beeinflusst und überarbeitet wird.

Schacter (2001a) führt aus kognitionspsychologischer Sicht unter dem Titel „Seven Sins of Memory" vor allem folgende wesentliche Prozesse auf, die unsere Erinnerung beeinflussen und verändern können:

- Vergänglichkeit (sin of transience)
- geistige Abwesenheit (sin of absent-mindedness)
- Blockierung (sin of blocking)
- Fehlattributionen (sin of misattribution)
- Suggestibilität (sin of suggestibility)
- Verzerrung der Erinnerung/Bias (sin of bias)
- Persistenz (sin of persistence)

Für unsere Thematik – die der Dissoziation und die der False-Memory-Debatte – erscheinen insbesondere die Faktoren Vergänglichkeit, Fehlattribution, Suggestibilität, Bias und Persistenz von besonderer Relevanz. Diese Prozesse, zum Beispiel der Prozess der „Vergänglichkeit der Vergangenheit" (sin of transcience), müssen vor allem bei der Frage, ob es sich um eine psychogene Amnesie, die als Abwehrprozess traumatischer Erlebnisse und deren psychischen Folgen verstanden werden kann, oder um Prozesse des normalen Vergessens handelt, berücksichtigt werden. Andere „physiologische" Störungen der Erinnerung wie Misattribution, Einfluss von psychischer Abwesenheit (absent-mindedness) und Aufmerksamkeitsfokussierung während eines Ereignisses führen dazu, dass bestimmte Ereignisse oder Einzelheiten gar nicht gespeichert werden können.

Persistenz von Erinnerungen

Gegenwärtig wird vorwiegend davon ausgegangen, dass emotional hoch bedeutsame Erlebnisse (sowohl negativ als auch positiv wahrgenommene) nicht oder weniger vergessen werden und häufig Einzelheiten davon erinnert werden können als emotional weniger bedeutsame Erlebnisse. Dabei wird der zentrale Fokus eines emotional stark erregenden Ereignisses auf Kosten peripherer Details sehr genau erinnert (Schacter 2001a). Meist handelt es sich dabei um sehr lebendige, oft auch mit visuellen Bildern verbundene Erinnerungen. Negative und bedrohliche, vor allem lebensbedrohliche Erlebnisse werden oft unfreiwillig erinnert, die Erinnerungen haben intrusiven Charakter. Bestimmte Auslösereize, die mit den Erlebnissen assoziiert sind, können unmittelbar zu solchen Intrusionen (zu impliziten und expliziten Erinnerungen) führen. Dies kann für die betreffenden Personen höchst quälend sein und vielfältige psychopathologische Störungen verursachen („Die Erinnerung im Alkohol ertränken" ist nur ein bekanntes Beispiel).

Es wird davon ausgegangen, dass Erlebnisse, die eine hohe emotionale Bedeutung hatten und haben, über einen gewissen Zeitraum –

Van der Kolk gibt Fälle von bis zu 15 Jahren an – keiner Veränderung unterliegen. Diese Erinnerungen seien fixiert und von nachfolgenden Erfahrungen abgekoppelt, sodass es zu keiner weiteren konstruktiven Verarbeitung kommen könne (Van der Kolk 1996; 2000; Kirsch 2001). Aber so genannte „Flashbacks", die bei Menschen mit Posttraumatischen Belastungsstörungen auftreten und sehr quälend sein können, sind oft **Mischungen** aus Visionen von realen und von befürchteten oder vorgestellten Ereignissen und nicht die exakten fotografisch getreuen Replikate von traumatischen Erlebnissen (Schacter 1999), dabei spielen so genannte „Worst-Fear-Visionen" eine Rolle. Das sind schlimmste Ängste, die im Zusammenhang mit solchen Erinnerungen auftreten können (vgl. Kap. 4 in diesem Band). Dies wurde insbesondere an Kriegsveteranen gezeigt, bezieht sich aber auch auf explizite Erinnerungen.

Persistierende Erinnerungen kommen auch bei bestimmten zugrunde liegenden psychischen Erkrankungen vor: zum Beispiel bei depressiven oder reaktiven psychischen Störungen oder im Zusammenhang mit pathologischen Trauerreaktionen und pathologischen Verarbeitungen anderer belastender Ereignisse. Meist können diese Erinnerungen nicht abgestellt werden, machen sich gewissermaßen selbstständig, führen zu Schlafstörungen und depressiven Zuständen. Normalerweise nehmen der seelische Schmerz und andere negative Affekte nach einem belastenden Erlebnis im Verlauf der Zeit ab (nicht umsonst spricht man vom „Trauerjahr"). Aber unter bestimmten Belastungen kann es zu einer Persistenz von Erinnerungen kommen. Das hängt nicht nur von den Erlebnissen selbst ab, sondern auch davon, was in der Zeit danach geschieht, ob zum Beispiel später erneute traumatische Erlebnisse stattfinden, die alte, ähnliche unverarbeitete Erlebnisse reaktivieren können. Aus psychodynamischer Sicht spielen bei pathologischen Trauerreaktionen ambivalente Gefühle und unverarbeitete Schuldkonflikte eine zentrale Rolle (vgl. Kap. 19 in diesem Band). Ständige Grübeleien, was man hätte tun können, um den Tod eines Angehörigen zu verhindern, was man noch mit ihm hätte klären müssen, für ihn hätte tun müssen, können zusätzlich intrusiven Charakter annehmen und sich zu manifesten psychischen Erkrankungen ausweiten.

Eine **Aufmerksamkeitsfokussierung** tritt besonders bei lebensbedrohlichen Ereignissen auf, die mit einem hohen Angst- bzw. Panikniveau einhergehen. Erwähnt werden muss auch der Begriff der so genannten „übergeneralisierten" autobiografischen Erinnerung (Williams 1992). Depressive Patienten erinnern sich zum Beispiel vorwiegend an emotional negativ erlebte Ereignisse und haben weniger Erinnerungen an andere Details. Auch eine retrospektiv verzerrte Erinnerung (Bias) kann eine Rolle spielen.

Wenn ein Mensch auf belastende Ereignisse mit akuten dissoziativen Mechanismen (peritraumatische Dissoziation) reagiert, können sich in der Folge eher intrusive Erinnerungen und Posttraumatische Belastungsstörungen entwickeln (vgl. Schacter 2001a sowie Kap. 18 in diesem Band). Hormonelle und neurobiochemische Effekte sind dabei von wesentlicher Bedeutung (vgl. Kap. 2).

31.3 Implizites und explizites Gedächtnis

Ein sicher noch sehr vereinfachtes Modell ist das des expliziten und des impliziten Erinnerungssystems, das in den Kapiteln 2 und 4 näher ausgeführt wird. Gegenwärtig wird davon ausgegangen, dass sich implizite Erinnerungen auf frühere Lebensabschnitte beziehen können als explizite Erinnerungen und auch nach mehrjährigem Vergessen im Zusammenhang mit spezifischen, mit dem Trauma assoziierten Auslösereizen wieder auftauchen können (s. o.). Insbesondere Erinnerungen an schwere traumatische Erlebnisse, die mit heftigen Affekten, Ängsten, Schmerzen, Bedrohungsgefühlen, Panik einhergehen, werden möglicherweise vorwiegend in Form impliziter Erinnerungen gespeichert. Solche impliziten Erinnerungen treten in Form sensomotorischer Phänomene (Gerüche, körperliche Sensationen, visuelle Sensationen, kinästhetische Sensationen und Geschmackssensationen) auf und werden für bestimmte Symptome Posttraumatischer Belastungsstörungen verantwortlich gemacht. Gegenwärtig geht man davon aus, dass **implizite Erinnerungen** gegenüber „Löschungsprozessen" **resistenter** sind als **autobiografische (explizite) Erinnerungen**. Wahrscheinlich treten durch schwere Traumatisierungen spezifische Funktionsstörungen des Gedächtnisses auf, die auch mehrjährige Amnesien verursachen können; es handelt sich um Störungen der Übertragung (oder Weiterverarbeitung, engl.: „Processing") von impliziten in explizite Erinnerungen. Hypothetisch wird vermutet, dass es aufgrund der massiven Reizüberflutung während eines Traumas zu einer Störung der Enkodierung und Speicherung kommen kann, die – und das ist noch immer ein sehr vereinfachtes und schematisches Modell – eine weitere Verarbeitung im expliziten Gedächtnissystem verhindert, sodass bei einigen Betroffenen ausschließlich implizite Erinnerungsspuren an das traumatische Erlebnis vorhanden sind. Die Betroffenen können keine „Narrative" (Funktion des expliziten Gedächtnissystems) entwickeln und daher über solche Erinnerungen zunächst schwer erzählen. Sensorische Erinnerungsfragmente an das traumatische Erleben können kognitiv und kontextuell nicht eingeordnet werden. Typisch sind **Muster aus Amnesie und Hypermnesie**. Diese Zustände werden teilweise als ein Wiedererleben empfunden, als nicht kontrollierbar, und haben daher traumatische Qualität. Das Gefühl der „Selbstwirksamkeit", der Selbstkontrolle, der inneren Sicherheit geht verloren.

So genannte wiederentdeckte Erinnerungen (recovered memories) sind allerdings meist autobiografische, also explizite Erinnerungen. Wie wir sahen, handelt es sich hier allerdings nur um stark vereinfachte Modellvorstellungen; letztlich weiß man bis zum gegenwärtigen Zeitpunkt nicht genau, wie eine implizite Erinnerung in eine explizite Erinnerung transformiert wird.

Auf dieser Modellvorstellung basieren die so genannten „neueren" Trauma-Therapien, die vorwiegend mit suggestiven Techniken (EMDR, imaginative Trauma-Therapie) arbeiten und deren Vertreter behaupten, dass sie an diesen Erinnerungsstörungen etwas verändern und dass dies notwendig sei, um die entsprechenden klinischen Symptome (zum Beispiel PTBS) zu heilen. Es bleibt bislang aber vollkommen offen, wie dies letztlich funktioniert, d. h. auch die Frage, wie sich implizite Erinnerungsspuren durch therapeutische Interventionen in explizite verwandeln lassen. Die klinischen Ergebnisse zeigen widersprüchliche Befunde (vgl. auch Kap. 29). Es gibt bezüglich der Therapie auch kontroverse Meinungen. Noch existieren kaum prospektive Studien mit entsprechender methodischer Qualität, die zeigen, dass diese Verfahren auch langfristig zu einer Heilung führen. Es gibt auch Beispiele von schädigenden Effekten, wenn solche Verfahren beispielsweise von klinisch unerfahrenen Therapeuten angewendet werden und die Patienten, dann von Erinnerungen und damit verbundenen Affekten etc. gleichsam überflutet, in ihrer Abwehr zu früh destabilisiert werden und in der Folge oft schwer beherrschbare psychopathologische Symptome entwickeln, wie zum Beispiel impulshafte Selbstverletzungen, Suizidversuche oder schwere dissoziative Bewusstseinsstörungen.

31.4 Infantile Amnesie und Dissoziative Amnesie

Infantile Amnesie

Eine infantile, d. h. letztlich „physiologische" Amnesie wird teilweise auf die Zeit vor dem Alter von 3,5 (vgl. Weiskrantz 1997) und von manchen Autoren früher, und zwar auf die Zeit vor dem 2. Lebensjahr datiert. Nach Schacter sind Erinnerungen an den Zeitraum vor dem 2. Lebensjahr nicht möglich. Es wird angenommen, dass aus dieser Zeit keine episodischen, d. h. expliziten Erinnerungen und schon gar keine Erinnerungen an detaillierte Einzelheiten vorhanden sein können, weil die Hirnregionen, die für das explizite Erinnerungssystem verantwortlich sein sollen (Hippocampus-Region) noch nicht genügend ausgereift seien. Außerdem sei das Sprachvermögen noch nicht entsprechend entwickelt. Die Reifung der Amygdala-Region, die für die Funktion des impliziten Erinnerungssystems relevant ist, sei früher abgeschlossen als die der Hippocampus-Region. Das könnte erklären, dass implizite Erinnerungen (Körpersensationen, Gerüche, taktile Sensationen etc.) aus früheren Lebensabschnitten (vor dem 2. Lebensjahr), die einer höheren „Löschungsresistenz" unterliegen als explizite Erinnerungen, vorhanden sein können, während explizite Erinnerungen aus dieser Zeit nicht zugänglich sind.

Es gibt einzelne Extrempositionen, die behaupten, dass Erinnerungen weit früher als bis zum 2. Lebensjahr zurückreichen, d. h., dass man auch an die frühe Säuglingszeit Erinnerungen haben könne und dass diese durch entsprechende Techniken (Recovery-Techniken) wieder hervorgeholt werden könnten. Vereinzelte Hinweise zeigen, dass auch jüngere Kinder (jünger als 28 Monate) sich verbal an traumatische Erlebnisse erinnern können (Sugar 1992; Nelson 1989). Nach Untersuchungen von Terr (1988) können Kinder, die jünger sind als 28 bis 36 Monate traumatische Erlebnisse schlecht verbalisieren. Aber prozedurale Erinnerungen bleiben aus dieser Zeit erhalten. Details von ungewohnten Ereignissen werden genauer erinnert, als wenn sich diese Ereignisse wiederholen (ebd.).

Aus entwicklungspsychologischer Sicht setzt die Entwicklung einer autobiografischen Gedächtnisorganisation ein kognitives Selbstkonzept, ein „autos" voraus (vgl. Köhler 1998; Dornes 1997; Stern 1992). Nach Granzow (1994) gibt es vor der Entwicklung von Selbstschemata zwar ereignisbezogene, aber keine autobiografischen Erinnerungen.

Dissoziative Amnesie

Die Dissoziative Amnesie wird heute als eine psychisch bedingte Erinnerungsstörung verstanden, die in der Folge schwerer traumatischer Erlebnisse auftreten kann und sowohl kurze als auch längere Episoden einbeziehen kann (vgl. auch Kap. 9 in diesem Buch). Nach Schacter sind schwere mehrjährige Dissoziative Amnesien infolge überwältigender psychischer Traumata sehr selten; etwas häufiger kommen begrenzte Dissoziative Amnesien nach psychischen Belastungssituationen vor. Konzepte der Verdrängung und der Dissoziation liefern nach Schacters Meinung keine befriedigende Erklärung für eine Dissoziative Amnesie und sind zudem empirisch schwer zu überprüfen. Allerdings zieht Schacter diese psychodynamischen Konzepte – offenbar ambivalent – immer wieder zu Erklärungen von Erinnerungsstörungen heran. Schacter weist daraufhin, dass **inhibitorische Prozesse** entscheidend an den Gedächtnisfunktionen beteiligt seien und oft eine wichtige adaptive Funktion hätten. Neueren PET-Studien zufolge (Markowitsch et al. 1997; Markowitsch 1999) gibt es Hinweise auf eine erhöhte Aktivität bestimmter Hirnregionen beim Abruf expliziter episodischer Erinnerungen und gleichzeitiger Hemmung anderer Hirnregionen. Gegenwärtig sei noch unklar, in welchem Zusammenhang solche inhibitorischen Prozesse zur Dissoziativen Amnesie stehen (Schacter 2001b). Bei Patienten mit Posttraumatischen Belastungsstörungen wurden bei neuroradiologischen Untersuchungen (funktionelle Bildgebung, zum Beispiel PET) Veränderungen in der Hippocampus-Region gefunden. Diese Untersuchungen sind allerdings mit Vorsicht zu bewerten. Es gibt meist keine Vorbefunde von den betroffenen Patienten, sodass nicht auszuschließen ist, das solche Läsionen bereits vorher vorhanden waren. Es handelt sich bei den Studien um sehr kleine Patientengruppen, und es fehlen in der Regel exakt gematchte Kontrollgruppen, ebenso wie Untersuchungen an Normpopulationen. Diese Befunde sollten daher nicht überbewertet werden. Nach Schacter (2001a) wurden in Einzelfällen bei Patienten mit Dissoziativen Amnesien in der Vorgeschichte Hirnläsionen oder Verletzungen nachgewiesen.

Vertreter der FMSF-Bewegung betonen, dass Erinnerungen nicht über mehrere Lebensdekaden völlig verloren gehen können, um dann plötzlich in Form von detaillierten Erinnerungen und visuellen Erinnerungsphänomenen wieder aufzutauchen. Auch die Dissoziative Amnesie sei dadurch charakterisiert, dass die Wiedererinnerung sehr viel schneller nach der amnestischen Episode wieder auftauche.

Dagegen argumentieren Vertreter der wieder auftauchenden Erinnerungen, dass Erinnerungen an schwere Traumata auch über Dekaden verloren gehen können und später durch bestimmte psychische Belastungssituationen und Auslösereize (zustandsabhängiges Lernen, Priming-Effekte), zum Beispiel in psychotherapeutischen Behandlungen, sehr wohl wieder auftauchen können.

Es gibt gegenwärtig noch immer sehr widersprüchliche Befunde bezüglich des „Vergessens" und „Wiedererinnerns" traumatischer Erlebnisse. Bei den meisten Untersuchungen handelt es sich um retrospektive Untersuchungen, mit den bekannten methodischen Problemen; prospektive Studien an Menschen mit schweren traumatischen Erfahrungen, insbesondere wenn es um sexuelle Misshandlungen geht, sind aus vielerlei Gründen schwierig durchführbar. Die Angaben bezüglich möglicher Phasen des Nichterinnerns schwanken in klinischen Studien zwischen 19 und 77 % bei Missbrauchsopfern und in nichtklinischen Studien zwischen 16 und 38 %. In einer anderen retrospektiven Studie an traumatisierten Patienten gaben 42 % an, dass sie Perioden hatten, während derer sie sich nicht an die traumatischen Erlebnisse erinnern konnten (verschiedene Traumata). 20 % der Patienten, die sexuelle Misshandlungen erlebt hatten, gaben amnestische Perioden an (Elliott u. Briere 1995). Es fanden sich nach einem Überblick von Schneider und Sack (2000) nur zwei prospektive Studien. Die meisten Studien basieren alleine auf dem Einsatz von Fragebögen, klinische (inklusive strukturierter Diagnostik) Untersuchungen durch erfahrene Kliniker und Rater fehlen weitgehend. In zwei prospektiven Studien (Della Femina et al. 1990; Williams 1994) wurde deutlich, dass sich nicht alle Betroffenen an Missbrauchserlebnisse, die mehr als zehn Jahre früher stattgefunden hatten, genau erinnern konnten; aber alle konnten sich an allgemeine Aspekte der Misshandlung erinnern. Immer wieder wird diskutiert, dass es sich nicht um eine eigentliche Amnesie handelt, sondern um ein „Nicht-darüber-sprechen-Wollen".

Aus psychoanalytischer Sicht müssen neben unbewussten Abwehrprozessen auch die traumatischen Aspekte der Objektbeziehung bei der Frage der Amnesie-Entwicklung berücksichtigt werden (vgl. auch Kap. 19 in diesem Buch). Es ist vielfach belegt und beschrieben worden, dass Kinder häufig von den Tätern unter Druck gesetzt und bedroht werden:

Eine Patientin erinnert sich, wie der Vater, der sie über viele Jahre sexuell missbraucht hatte, ihr immer wieder unter der Androhung, dass sie dann dafür verantwortlich ist, wenn die Mama krank wird und dass sie dann ins Heim kommt, verboten hatte, darüber zu sprechen. Sie glaubte lange Zeit daran und dachte, sie selbst sei verrückt.

Das Kind fürchtet vor allem den Verlust der Eltern oder anderer wichtiger Bezugspersonen (vgl. Kap. 19), von denen es sich existenziell abhängig fühlt. Die Abspaltung oder Dissoziation sichert in dieser Situation das Überleben.

Die **Entwicklung eines Amnesie-Syndroms** ist auch vom Alter abhängig, in dem das Trauma stattgefunden hat; das Ausmaß des Traumas, die Qualität des Traumas und sein Kontext, all dies ist von wesentlicher Bedeutung für die spätere Entwicklung posttraumatischer Störungsbilder:
- Wie war die Situation innerhalb der Familie?
- War das Kind emotionaler Deprivation ausgesetzt?
- Wie waren die Beziehungen in der Familie?
- Gab es andere und hilfreiche Bezugspersonen, die dem Kind bei der Verarbeitung des Traumas geholfen haben, oder haben diese bei der Traumatisierung mitgewirkt, vielleicht auch durch Tolerieren der Misshandlung und Bedrohung des Kindes?

Wenn beispielsweise ein Schweigegebot verhängt oder der Missbrauch tabuisiert wurde, wirkt sich das – neben den wesentlichen psychodynamischen Mechanismen – auch auf das Gedächtnis aus: Wenn über Ereignisse nicht gesprochen wird und sie nicht abgerufen werden, werden sie schneller vergessen (vgl. Schacter 2001a). Der Prozess der Vergänglichkeit (transience) der Vergangenheit schreitet schneller voran.

Mittlerweile gibt es viele empirische Forschungsergebnisse, die zeigen, dass ein Trauma bezüglich seiner möglichen Folgen nie isoliert beurteilt werden kann und dass andere Faktoren (die Beziehungsstrukturen innerhalb der Familie, eine Atmosphäre von emotionaler Deprivation, andere Formen von Missbrauch und Misshandlung etc.) ebenso relevant sind. Schließlich lässt sich nicht automatisch von einer bestimmten Symptomkonstellation auf ein zugrunde liegendes Trauma schließen. Es gibt zweifelsohne bestimmte psychische und psychosomatische Störungen, bei denen eine Häufung von Missbrauchserlebnissen in der Vorgeschichte nachgewiesen werden konnten – hierzu gehören insbesondere auch die dissoziativen Bewusstseinsstörungen und hier vor allem die Dissoziative Identitätsstörung. Aber es gibt auch Menschen, die dissoziative Bewusstseinsstörungen entwickeln, ohne dass sexuelle oder andere körperliche Misshandlungen in der Vorgeschichte nachgewiesen werden können. Die häufig angenommene Monokausalität („Dissoziation gleich Trauma") ist falsch und wird der Komplexität der menschlichen Psyche im Kontext ihrer zwischenmenschlichen und sozialen Beziehungen niemals gerecht – eine banale Erkenntnis, die aber häufig dennoch nicht berücksichtigt wird.

31.5 Suggestibilität

Von den Mitgliedern der FMSF wird propagiert, das wieder auftretende Erinnerungen ausschließlich Ergebnisse von Suggestionen seien. Die folgenden Befunde werden dabei immer wieder zitiert.

Das klassische Beispiel von Piagets Kindheitserinnerung an seine versuchte Entführung

Piaget (1962) beschreibt, dass er sich an eine Szene aus seinem zweiten Lebensjahr erinnern konnte und an diese Erinnerung bis zu seinem 15. Lebensjahr fest glaubte: Er könne klar die Szene vor sich sehen, wie er im Kinderwagen saß, den sein Kindermädchen die Champs Elysées entlang schob und ein Mann versucht habe, ihn zu entführen. Er sei von dem Gurt des Kinderwagens festgehalten worden, und sein Kindermädchen habe sich mutig zwischen ihn und den Entführer gestellt. Sie habe mehrere Kratzer, die er noch vage in ihrem Gesicht vor sich sehe, davon getragen. Als er ungefähr 15 Jahre alt war, hätten seine Eltern einen Brief von dem ehemaligen Kindermädchen erhalten: Sie wollte ihre früheren Fehler zugeben und insbesondere die Uhr, die sie als Belohnung erhalten habe, zurückgeben. Sie hatte die ganze Story erfunden. Er müsse daher als Kind die Erzählung dieser Geschichte gehört haben, die seine Eltern glaubten, und als eine visuelle Erinnerung in die Vergangenheit projiziert hatten (zit. nach Morton 1997, S. 45).

Das „Lost-in-a-Shopping-Mall-Experiment"

Loftus und Coan (1994) beschreiben, wie sie einem 42-jährigen Mann suggerieren konnten, dass er als kleiner Junge in einem Einkaufszentrum verloren gegangen sei. Er entwickelte schließlich lebhafte, detaillierte visuelle Erinnerungen an dieses Erlebnis, welches real niemals stattgefunden hatte. Loftus und andere Autoren (Hyman et al. 1995) replizierten dieses Ergebnis in weiteren experimentellen Untersuchungen.

In einer umfangreichen Meta-Analyse kommen Lindsay und Read (1994) zu dem Ergebnis, dass es einerseits wenig Gründe gebe, zu befürchten, dass Patienten durch einige suggestive Fragen ihrer Therapeuten lebhafte illusorische Erinnerungen an einen Kindesmissbrauch entwickeln könnten, dass aber andererseits davon ausgegangen werden müsse, dass bestimmte machtvolle, von Autoritätspersonen angewendete suggestive Techniken illusorische Erinnerungen hervorrufen könnten. Dabei können Wiederholungen der Suggestionen, die Zeitspanne, die zwischen dem Ereignis und dem Versuch der Wiedererinnerung liegt, sowie das subjektive Ausmaß der Plausibilität der Erinnerung die Beeinflussbarkeit des Gedächtnisses steigern. Bestimmte Gedächtnis-Monitoring-Techniken (zum Beispiel Ja- oder Nein-Urteile) erhöhen das Auftreten von Gedächtniskonfusionen (vgl. auch Kirsch 2001). Die Aufforderung, Erlebnisse, die nicht erlebt wurden, zu imaginieren, erhöht die Wahrscheinlichkeit, dass später „falsche" Erinnerungen auftreten und dass diese nur imaginierten Erlebnisse als reale Erlebnisse erinnert werden (vgl. auch Schacter 2001a).

Nach Untersuchungen von Hyman et al. (1995) sowie Hyman und Pentland (1996), bei denen Personen ungewöhnliche Ereignisse in der Kindheit suggeriert wurden, behaupteten 25 % nach dem dritten suggestiven Interview, dass sie diese Ereignisse tatsächlich erlebt hatten und sich auch an vorher vergessene Ereignisse wieder erinnern konnten (vgl. auch Kirsch 2001). Diese Ergebnisse werden von Porter et al. (1999) in einer Studie an College-Studenten repliziert: Bei einem Drittel der Population war es gelungen, schwere traumatisierende Erlebnisse wie einen Angriff durch ein Tier, einen schweren Unfall oder eine von einem anderen Kind zugefügte schwere Verletzung zu suggerieren.

Als Hauptgegenargument, dass diese Befunde die Existenz eines False Memory Syndroms (FMS) dennoch nicht beweisen können, wird die Unvergleichbarkeit dieser Situationen mit schweren traumatischen Erlebnissen wie sexuellen Misshandlungen angeführt.

Schacter kommentiert (2001a, S. 129):

„Die schädlichen Effekte der Suggestibilität werfen ein Schlaglicht auf die Idee, dass das Erinnern der Vergangenheit nicht einfach eine Sache der Aktivierung oder des Erweckens einer schlafenden Spur oder eines Bildes der Seele ist, sondern stattdessen eine weit komplexere Interaktion zwischen der aktuellen Umgebung, was jemand zu erinnern erwartet, und dem, was von der Vergangenheit im Gedächtnis behalten wird, einschließt. Suggestive Techniken bringen die Balance zwischen diesen beteiligten Faktoren zum Kippen, sodass aktuelle Einflüsse eine viele größere Rolle dabei spielen, zu bestimmen, was erinnert wird, als das, was tatsächlich in der Vergangenheit passiert ist." (Übs. d. A.)

Die FMSF wirft den Therapeuten, und zwar insbesondere psychoanalytisch arbeitenden Therapeuten, vor, dass sie in missbräuchlicher Weise **suggestive Techniken** (Hypnose, imaginative Verfahren, Memory-Recovery-Therapie) anwendeten, damit solche Erinnerungen in ihre Patienten „implantierten" und ihre „Machtposition" dabei auszunutzen. Der Einfluss der Suggestibilität als Persönlichkeitsfaktor auf die Ausbildung eines False Memory Syndroms wird hervorgehoben. Dabei wird die psychoanalytische Therapie mit anderen psychotherapeutischen Ansätzen, zum Beispiel der so genannten Recovered Memory Therapy (RMT) häufig in einen Topf geworfen. Beispielsweise wird unterstellt, dass Psychoanalytiker Trauminhalte als konkrete Beweise dafür heranzögen, dass bestimmte Ereignisse stattgefunden hätten. Insbesondere die aktuelle Bedeutung der Übertragungs- und Gegenübertragungsanalyse wird in der Regel nicht bzw. falsch verstanden, Zitate aus dem Zusammenhang gegriffen und von dem theoretischen Hintergrund losgelöst.

Zumindest muss berücksichtigt werden, dass es möglich ist, durch suggestive Verfahren auch Erinnerungen hervorzurufen, die artifiziell bedingt sind.

Hier wären entsprechende empirische Studien dringend nötig. Insgesamt, d. h. auch für andere Therapiemethoden, sind diese Ergebnisse höchst relevant. So betont Schacter, dass es viele Therapeuten gebe, die daran glauben, dass Hypnose und imaginative Verfahren verborgene wahre Erinnerungen an Misshandlungen hervorbringen und dass diese Therapeuten stark gefährdet seien, durch Suggestion falsche Erinnerungen in ihren Patienten zu induzieren. Er weist darauf hin, dass es einerseits gut vorstellbar sei, dass jemand, der in der Kindheit einer sexuellen Misshandlung ausgesetzt war, diese vergessen und später wieder erinnern könne. Andererseits wiesen Menschen, die schweren Traumatisierungen ausgesetzt waren, häufig eine erhöhte Suggestibilität auf, was sie wiederum für das Auftreten falscher Erinnerungen vulnerabler mache. Allerdings sei damit nicht erklärt, warum Betroffene, die zunächst eine Amnesie entwickelt haben, später häufiger falsche Erinnerungen entwickelten als diejenigen, die niemals in Bezug auf das traumatische Erlebnis amnestisch waren.

Therapeuten, die zum Auftreten von falschen Erinnerungen befragt wurden, sind in der Regel davon überzeugt, dass die wieder auftretenden Erinnerungen korrekt sind. Nach Umfragen sind die meisten Therapeuten über die Möglichkeit des Auftretens falscher Erinnerungen informiert, aber nur eine Minderheit geht davon aus, dass diese ihre eigenen Patienten betreffen könnte.

Nach einer postalischen Befragung von 600 Psychiatern in Massachusetts (USA) gaben 36% an, dass sie den Erinnerungen ihrer Patienten glauben. Weitere 36% gaben an, dass begleitende Affekte die Wahrheit von Erinnerungen unterstützen, 36% glaubten an die Bedeutung der „Abreaktion" für die Behandlung, 15% glaubten, dass die Erinnerung eine exakte historische Wahrheit darstellt, und 18% hielten satanischen Missbrauch als Ursache von PTBS und Dissoziation für relevant (Feigon u. deRivera 1998). Ähnlich hoch ist die Prozentzahl derjenigen Familien, die sich an die FSMF wenden, weil ihre Kinder sie des satanischen Missbrauchs angeklagt haben.

Die Vertreter des Recovered-Memories-Konzeptes argumentieren dagegen, dass diese Argumentation im Interesse der Täter stehe; diese unterstellten die Suggestion von „falschen" Erinnerungen aus eigennützigen Motiven. Immer wieder gibt es Berichte von Fällen, in denen Täter ihren Opfern solche „falschen" Erinnerungen unterstellen und versuchen, ihre Opfer zu bedrohen, zu verwirren und einzuschüchtern.

31.6 Historische versus narrative Wahrheit: psychoanalytische Perspektiven

Bereits frühere analytische Autoren, wie zum Beispiel Ernest Kris (vgl. Sandler u. Sandler 1997), haben darauf hingewiesen, dass ein einzelnes traumatisches Erlebnis nicht als scharf abgegrenztes Erlebnis erhalten bleibt, sondern durch die Nachwirkungen, durch Schuldgefühle, Ängste, bedrohliche Phantasien und Impulse und die damit verbundenen intrapsychischen Abwehrformationen überlagert wird. Bei Rekonstruktionen handelt es sich um Metaphern, und nicht um fotografisch genaue Erinnerungen an einzelne Erlebnisse.

Hierzu kommentiert Mertens (1998, S. 105):
„Die in den letzten Jahren diskutierte Frage der Möglichkeit einer historischen gegenüber einer lediglich narrativen Wahrheit lässt sich nunmehr dahingehend beantworten, dass es in Bezug auf das prozedurale Gedächtnis durchaus eine historische Wahrheit in der Rekonstruktion geben kann, während es für das deklarative Gedächtnis, das immer wieder von neuen Erfahrungen semantisch überformt wird, plausibler ist, von der Möglichkeit einer narrativen Wahrheitsfindung auszugehen."

Sandler und Sandler (1997) bemerken, dass die so genannte „Verdrängungsbarriere" und die damit verbundene infantile Amnesie nicht Folgen der Verdrängung, sondern Folgen der progressiven kognitiven Entwicklung des Kindes sind. Dabei muss die Verdrängungsbarriere als eine Art Übergangsraum (area of transition) zwischen qualitativ unterschiedlichen Ebenen kognitiver Organisationen angesehen werden. Im „present unconscious" ist die Verdrängung ein Abwehrmechanismus, der wie die anderen Abwehrmechanismen das Bewusstsein vor überwältigenden, bedrohlichen und peinlichen Affekten schützen soll und immer wieder von Neuem angewendet werden muss, wenn der bedrohliche Inhalt auftaucht. Doch nicht jedes Vergessen kann auf den Mechanismus der Verdrängung zurückgeführt werden; beispielsweise gibt es normale Prozesse des Vergessens, die keine besondere emotionale Bedeutung für das Individuum haben, und andere Erinnerungsstörungen oder Veränderungen der Erinnerung, zum Beispiel durch hirnorganische Alterungsprozesse.

Sandler und Sandler weisen auf gegenwärtige aktuelle Prinzipien der psychoanalytischen Arbeit hin: Der Prozess der Konstruktion in der psychoanalytischen Therapie bezieht sich beispielsweise auf die Erschaffung bedeutungsvoller Einsichten in die gegenwärtige innerpsychische Welt des Analysanden, d. h. es geht dabei um die Formulierung signifikanter und relevanter Aspekte für die gegenwärtige psychische Struktur und Funktion der Psyche. Der Analytiker kann dem Patienten aufgrund unterschiedlicher auftauchender Phantasien mit ähnlicher Thematik oder unterschiedlicher zwischenmenschlicher Konflikte und Übertragungskonflikte deutlich machen, dass es um eine bedrohliche internalisierte Figur geht, die oft externalisiert wird, also eine internalisierte Objektbeziehung, die eine Verbindung zu bestimmten Erfahrungen in der Vergangenheit hat. Aber diese Konstruktion stellt keine exakte Rekonstruktion realer früherer Erlebnisse dar, sondern bezieht sich vielmehr auf viele und wiederholte Erfahrungen, die im Verlaufe der Entwicklung gemacht wurden.

Kognitionspsychologen argumentieren häufig, dass man psychoanalytische Abwehrkonzepte wie das der Verdrängung und das der (psychoanalytisch verstandenen) Dissoziation nicht empirisch belegen und daher nicht nachweisen könne. Teilweise wird Freuds angeblich „widersprüchliche" Definition der Verdrängung kritisiert. Insgesamt wird aber deutlich, dass viele Autoren die psychoanalytische Theorie nur sehr oberflächlich rezipieren (meist wird ausschließlich Freud rezipiert, als ob es keinerlei Weiterentwicklung und keinerlei neuere Ansätze etc. in der psychoanalytischen Theorie und in der klinischen Psychoanalyse gäbe), meist nicht ganz verstanden haben und sich offenbar auch nicht um ein diesbezügliches Verständnis bemühen. Zeitgenössische Analytiker gehen nicht mehr davon aus, dass Erinnerungen exakte Ereignisse aus der Kindheit wiedergeben oder dass manifeste Trauminhalte gar auf stattgefundene Erlebnisse direkt zurückschließen ließen. Dies ist eine sehr naive und simplifizierte Sicht und macht deutlich, dass psychoanalytische Konzepte im Rahmen der False-Memory-Debatte nicht oder aber falsch verstanden werden. Mertens (1998) bemerkt:

„Wenngleich der Stand der Sprach- und Gedächtnisentwicklung des Kindes berücksichtigt werden muss und die Art des Gedächtnisses heutzutage genauer differenziert werden kann (...) und wir auch Genaueres über die Eltern-Kind-Interaktion wissen, die für den Zeitpunkt des Erwerbs und die Konsolidierung dieser Gedächtnisformen bedeutsam ist, so weisen doch die neueren gedächtnispsychologischen Befunde eine erstaunliche Konvergenz mit den ursprünglichen psychoanalytischen Annahmen auf."

Die Hypothesen über ein implizites (prozedurales) Gedächtnis passen sehr gut zu den Ergebnissen gegenwärtiger psychoanalytischer Entwicklungspsychologie und psychoanalytischer Säuglingsforschung.

Aufgrund der gegenwärtigen klinischen und empirischen Forschung lässt sich Folgendes bezüglich der Frage so genannter „wieder aufgetauchter" Erinnerungen an sexuelle oder andere körperliche Misshandlungen abschließend sagen:

- Erinnerungen an sexuelle oder andere Misshandlungen in der Kindheit können vorübergehend durch Prozesse des „normalen" Vergessens und durch psychodynamische Abwehrprozesse (Dissoziative Amnesie, Verdrängung) dem Bewusstsein nicht zugänglich sein und dann – meist aufgrund spezifischer Triggersituationen/Auslösereize – wieder auftauchen.
- Ebenso können „falsche" Erinnerungen durch suggestive Maßnahmen in einem Menschen hervorgerufen werden. Dafür sprechen u. a. Berichte von Betroffenen, die später ihre Erinnerungen als „falsch" zurückgezogen haben.
- Es bleibt dennoch fraglich, ob Erinnerungen an schwere traumatische Erlebnisse suggeriert werden können. Erlebnisse schwerer sexueller oder anderer körperlicher Misshandlungen lassen sich nicht in einem Laborexperiment nachvollziehen. Es gibt berechtigte Zweifel daran, dass die Ergebnisse der Erinnerungsforschung beweisen, dass wieder auftauchende Erinnerungen prinzipiell falsch sind.
- Explizite und autobiografische Erinnerungen unterliegen konstruktiven Prozessen und können nicht als historische Wahrheiten angesehen werden.
- Implizite Erinnerungen sind weniger „löschungsgefährdet" und gehen auch auf frühere Lebensphasen zurück. Aber aufgrund impliziter Erinnerungen lässt sich nicht automatisch auf ein stattgefundenes Trauma schließen.
- Erinnerungen an emotional hoch erregende traumatische Erlebnisse sind in der Regel genaue Erinnerungen, wobei zentrale bedrohliche Ereignisse exakter erinnert werden als periphere Details und Details von einzelnen Ereignissen genauer erinnert werden als von wiederholten Ereignissen.
- Patienten, die schwere posttraumatische psychische Störungen erlitten haben und an Ich-strukturellen Störungen leiden, sind empfindlicher für Suggestionen als andere.
- Patienten, die sich in psychotherapeutische Behandlung begeben, sind aufgrund der vorübergehenden Abhängigkeitsbeziehung und der Übertragungsprozesse empfänglicher für Suggestion durch ihre Therapeuten. Suggestive Techniken sollten daher mit Zurückhaltung angewendet werden.
- Die Behandlung schwer traumatisierter Patienten mit dissoziativen Bewusstseinsstörungen sollte klinisch und vor allem psychiatrisch erfahrenen Therapeuten vorbehalten werden. Die Kenntnis von und der

Umgang mit Übertragungs- und Gegenübertragungsmechanismen sollte unbedingt vorhanden sein und durch kontinuierliche Inter- und Supervision begleitet werden.
- Ob das durch suggestive Techniken induzierte Wiedererinnern und die kathartische Abfuhr im Rahmen solcher „Trauma-Sitzungen" adäquate Behandlungsformen für traumatisierte Patienten darstellen, ist gegenwärtig nicht gesichert.
- Die Auseinandersetzung um die False-Memory-Debatte verdeckt in keiner Weise die Tatsache, dass Kindesmissbrauch sowohl in Amerika als auch in Europa ein leider verbreitetes und sehr komplexes Problem darstellt. Die Forschung bezüglich der Folgen und der klinischen Behandlung von posttraumatischen Erkrankungen ist noch immer unzureichend und muss unbedingt fortgesetzt werden. Unbestritten ist, dass sexuelle und körperliche Misshandlungen für Kinder und Erwachsene schwere psychische Folgen haben können. Aber der Kontext dieser Traumatisierung muss berücksichtigt werden; die Forschung bezüglich schützender und prophylaktischer Faktoren und Maßnahmen muss dringend fortgesetzt werden.

31.7 Abschließende Bemerkung

Die spezifische Problematik der Traumatisierung – insbesondere bei sexuellen Misshandlungen – beinhaltet Mechanismen von Spaltung, Dissoziation, Projektion und führt dann auch in der Umgebung zu entsprechenden dynamischen Prozessen. Das lässt sich an der Art, wie emotional aufgeladen, unsachlich und teilweise aggressiv und entwertend die False-Memory-Debatte zwischen den unterschiedlichen Kontrahenten geführt wird, sehr deutlich sehen. Meist werden kontroverse Ansichten schnell moralisch verurteilt, und wissenschaftliche Ergebnisse werden unsachlich zur Stärkung der jeweils eigenen Position verwendet. So wird zum Beispiel nur einseitig rezipiert, und allzu leicht werden „beweisende" Schlüsse gezogen. Dies passt leider nur allzu gut zu der Thematik, um die es dabei geht: um Missbrauch und um Täter und Opfer. Wir können nur hoffen, dass wir in Europa daraus gelernt haben und dies reflektieren, um zu einer reiferen und sachlicheren Auseinandersetzung zu kommen. Leider gibt es schon erste ähnliche Auseinandersetzungen bei uns.

Literatur

Bremner JD, Vermetten E, Southwick SM, Krystal JH, Charney DS (1998). Trauma, memory, and dissociation: an integrative formulation. In: Bremner JD, Marmar CR (1998). Trauma, Memory, and Dissociation. Washington, DC, London: American Psychiatric Press; 365-402.

Brenner I (1996). On trauma, perversion and „multiple personality". J Am Psychoanal Assoc; 44: 785-814.

Brenner I (1999). Deconstructing DID. Am J Psychother; 53: 344-60.

Della Femina D, Yeager CA, Lewis DO (1990). Child abuse: adolescent records vs. adult recall. Child Abuse Negl; 14: 227-31.

Dornes M (1997). Die frühe Kindheit. Entwicklungspsychologie der ersten Lebensjahre. Frankfurt a. M.: Fischer.

Dulz B, Lanzoni N (1996). Die multiple Persönlichkeit als dissoziative Reaktion bei Borderlinestörungen. Psychotherapeut; 41: 17-24.

Elzinga BM, Van Dyck R, Spinhoven P (1998). Three controversies about dissociative identity disorder. Clin Psychol Psychother; 5: 13-23.

Feigon EA, de Rivera J (1998). „Recovered-memory" therapy: profession at a turning point. Compr Psychiatry; 39: 338-44.

Felitti VJ (2002). Kindheitsbelastungen und Gesundheit im Erwachsenenalter. Z Psychosom Med Psychoanal; 48: 359-69.

Fonagy P, Target M (1998). Perspectives on the recovered memories debate. In: Sandler J, Fonagy P (eds). Recovered Memories Of Abuse. True or False? London: Karnac Books; 183-216.

Frankel AS, Span SA (2000). Psychiatrists attitudes to-

ward dissociative disorder diagnoses. Am J Psychiatry; 157: 1179-82.
Freyd P, Roth Z (1993). Demographics and family life. Data presented at Scientific Meeting of False Memory Society, Valley Forge, April 16-18.
Ganaway GK (1994). Transference and countertransference shaping influences on dissociative syndromes. In: Lynn SJ, Rhue JW (eds). Dissociation. Clinical and theoretical perspectives. New York: Guilford; 317-37.
Gast U, Rodewald F, Kersting A, Emrich HM (2001). Diagnostik und Therapie Dissoziativer (Identitäts-) Störungen. Psychotherapeut; 46: 289-300.
Gast U, Rodewald F, Kersting A, Emrich HM (2002). Erwiderung auf den Leserbrief von Wolfgang Wölk. Psychotherapeut; 47: 129-31.
Gleaves DH, May MC (2001). An examination of the diagnostic validity of dissociative identity disorder. Clin Psychol Rev; 21: 577-608.
Granzow S (1994). Das autobiographische Gedächtnis. Kognitionspsychologische und psychoanalytische Perspektiven. München: Quintessenz.
Horevitz R (1994). Dissociation and multiple personality: Conflicts and controversies. In: Lynn SJ, Rhue JW (eds). Dissociation. Clinical and theoretical perspectives. New York: Guilford; 434-61.
Hyman LE, Pentland J (1996). The role of mental imagery in the creation of false childhood memories. J Memory Language; 35: 101-17.
Hyman LE, Husband TH, Billings FJ (1995). False memories of childhood experiences. Appl Cogn Psychol; 9: 181-97.
Jiminèz JP (1988). Die Wiederholung des Traumas in der Übertragung. Katharsis oder Durcharbeiten. Forum Psychoanal; 4: 186-203.
Kirsch A (2001). Trauma und Wirklichkeit. Wiederauftauchende Erinnerungen aus psychotherapeutischer Sicht. Stuttgart: Kohlhammer.
Kluft RP (1992). Discussion: a specialist's perspective on multiple personality disorder. Psychoanal Inq; 12: 139-71.
Köhler L (1998). Einführung in die Entstehung des Gedächtnisses. In: Koukkou M, Leuzinger-Bohleber M, Mertens W (Hrsg). Erinnerung von Wirklichkeiten. Psychoanalyse und Neurowissenschaften im Dialog. Bd. 1: Bestandsaufnahme. Stuttgart: Verlag Internationale Psychoanalyse; 131-222.
Koukkou M, Leuzinger-Bohleber M, Mertens W (Hrsg) (1998). Erinnerung von Wirklichkeiten. Psychoanalyse und Neurowissenschaften im Dialog. Bd. 1: Bestandsaufnahme. Stuttgart: Verlag Internationale Psychoanalyse; 131-222.

Labott SM, Wallach HR (2002). Malingering dissociative identity disorder: objective and projective assessment. Psychol Rep; 90: 525-38.
Lalonde JK, Hudson JI, Gigante RA, Pope HG (2001). Canadian and American Psychiatrists' attitudes toward dissociative disorders diagnoses. Can J Psychiatry; 46: 407-12.
LeDoux J (2001). Das Netz der Gefühle. Wie Emotionen entstehen. München: dtv.
Lindsay DS, Read JD (1994). Psychotherapy and memories of childhood sexual abuse: a cognitive perspective. Appl Cogn Psychol; 8: 281-338.
Loftus EF (1993). The reality of repressed memories. Am Psychol; 48: 518-37.
Loftus EF, Coan JA (1994). The construction of childhood memories. In: Peters D (ed). The Child Witness in Context: Cognitive, social and legal perspectives. New York: Kluwer.
Loftus EF, Ktecham K (1994). The Myth of Repressed Memory. New York: St. Martin's Griffin.
Loftus EF, Garry M, Feldman J (1994). Forgetting sexual trauma: what does it mean when 38% forget? J Consult Clin Psychol; 62: 1177-81.
Markowitsch HJ (1999). Functional neuroimaging correlates of functional amnesia. Memory; 5/6: 561-83.
Markowitsch HJ, Fink GR, Thöne AIM, Kessler J, Heiss WD (1997). Persistent psychogenic amnesia with a PET-proven organic basis. Cogn Neuropsychiatry; 2: 135-58.
Merckelbach H, Devilly GJ, Rassin E (2002). Alters in dissociative identity disorder. Metaphors or genuine entities? Clin Psychol Rev; 22: 481-97.
Merskey H (1992). Psychiatric aspects of the neurology of trauma. Neurol Clin; 10: 895-905.
Mertens W (1998). Aspekte der psychoanalytischen Gedächtnistheorie. Von den Anfängen bis zur Gegenwart - mit einem Ausblick auf einige Konzepte der Kognitionspsychologen. In: Koukkou M, Leuzinger-Bohleber M, Mertens W (Hrsg). Erinnerung von Wirklichkeiten. Psychoanalyse und Neurowissenschaften im Dialog. Bd. 1: Bestandsaufnahme. Stuttgart: Verlag Internationale Psychoanalyse; 48-130.
Molnar BE, Buka SL, Kessler RC (2001). Child sexual abuse and subsequent psychopathology: results from the National Comorbidity Survey. Am J Publ Health; 91: 753-60.
Morton J (1997). Cognitive perpestives on recovered memories. In: Sandler J, Fonagy P (eds). Recovered Memories Of Abuse. True or False? London: Karnac Books; 39-63.
Mullen PE, Martin JL, Anderson JC, Romans SE, Herbison

GP (1996). The long-term impact of the physical, emotional, and sexual abuse of children: a community study. Child Abuse Negl; 20: 7-21.

Nelson K (1989). Narratives from the Crib. Cambridge: Harvard University Press.

Ofshe RJ, Watters W (1997). Die missbrauchte Erinnerung. München: dtv.

Pedzek K (1994). The illusion of illusory memory. J Appl Cogn Psychol; 8: 389-98.

Piaget J (1962). Play, Dreams and Imitation in Childhood. New York: Norton.

Pope HG, Hudson JI (1995). Can memories of childhood sexual abuse be repressed? Psychol Med; 25: 121-6.

Pope HG, Oliva PS, Hudson JI, Bodkin JA, Gruber AJ (1999). Attitudes toward DSM-IV diagnoses among board-certified American psychiatrists. Am J Psychiatry; 156: 321-3.

Pope HG, Oliva PS, Hudson JI, Bodkin JA, Gruber AJ (2000). Dr. Pope and colleagues reply (Frankel AS, Span SA: Psychiatrist's attitudes toward dissociative disorder diagnoses). Am J Psychiatry; 157: 1179-82.

Porter S, Ynille JC, Lehmann DR (1999). The nature of real, implanted, and fabricated memories for emotional childhood events: implications for the recovered memory debate. Law Hum Behav; 23: 517-37.

Sandler J, Fonagy P (eds) (1997). Recovered Memories Of Abuse. True or False? London: Karnac Books.

Sandler J, Sandler AM (1997). A psychoanalytic theory of repression and the unconscious. In: Sandler J, Fonagy P (eds). Recovered Memories Of Abuse. True or False? London: Karnac Books; 163-81.

Schacter DL (1999). Searching for Memory: The brain, the mind, and the past. New York: Basic Books.

Schacter DL (2001a). The Seven Sins of Memory. How the mind forgets and remembers. Boston, New York: Houghton Mifflin Company.

Schacter DL (2001b). Wir sind Erinnerung. Gedächtnis und Persönlichkeit. Reinbek: Rowohlt.

Sinason V (1997). Remembering in therapy. In: Sandler J, Fonagy P (eds). Recovered Memories Of Abuse. True or False? London: Karnac Books; 81-99.

Spanos NP (1994). Multiple identity enactments and multiple personality disorder: a sociocognitive perspective. Psychol Bull; 116: 143-65.

Stafford J, Lynn SJ (2002). Cultural scripts, memories of childhood abuse, and multiple identities: a study of role-play enactments. Int J Clin Exp Hypnosis; 50: 67-85.

Stern D (1985). Die Lebenserfahrung des Säuglings. Stuttgart: Klett-Cotta.

Stoffels H, Ernst C (2002). Erinnerung und Pseudoerinnerung. Über die Sehnsucht, Traumaopfer zu sein. Nervenarzt; 73: 445-51.

Sugar M (1992). Toddlers' traumatic memories. Inf Ment Health J; 13: 245-51.

Terr LC (1988). What happens to early memories of trauma? A study of twenty children under age five at the time of documented traumatic events. J Am Acad Child Adolesc Psychiatry; 27: 96-104.

Terr LC (1994). Unchained Memories: True stories of traumatic memories, lost and found. New York: Basic Books.

Tillman JG, Nash MR, Lerner PM (1994). Does trauma cause dissociative pathology? In: Lynn SJ, Rhue JW (eds). Dissociation. Clinical and theoretical perspectives. New York: Guilford; 395-414.

Tulving E (1985). How many memory systems are there? Am Psychologist; 60: 385-98.

Van der Kolk BA (2000). Die Vielschichtigkeit der Anpassungsprozesse nach erfolgter Traumatisierung: Selbstregulation, Reizdiskriminierung und Entwicklung der Persönlichkeit. In: Van der Kolk BA, McFarlane AC, Weisaeth L (Hrsg). Traumatic Stress. Grundlagen und Behandlungsansätze. Paderborn: Junfermann; 169-94.

Van der Kolk BA, McFarlane AC, Weisaeth L (eds) (1996). Traumatic Stress. New York: Guilford.

Van der Kolk BA, McFarlane AC, Weisaeth L (Hrsg) (2000). Traumatic Stress. Grundlagen und Behandlungsansätze. Paderborn: Junfermann.

Waugaman RM (2000). Multiple personality disorder and one analyst's paradigm shift. Psychoanal Inq; 20: 202-25.

Weiskrantz L (1997). Memories of abuse, or abuse of memories? In: Sandler J, Fonagy P (eds). Recovered Memories Of Abuse. True or False? London: Karnac Books; 3-21.

Williams L (1992). Adult memories of childhood abuse – preliminary findings from a longitudinal study. J Am Professional Society Abuse Child; 5: 19-21.

Williams LM, Banyard VL (eds) (1999). Trauma and Memory. London: Sage.

Wölk W (2002). Diagnostik und Therapie Dissoziativer (Identitäts-)Störungen. Anmerkungen zum Beitrag von Ursula Gast et al. Psychotherapeut; 46: 289-300.

Yapko MD (1994). Suggestions of Abuse. New York: Simon & Schuster.

Yehuda R, McFarlane AC (1997). Psychobiology of posttraumatic stress disorder. Annals of the New York Academy of Sciences, Volume 821.

Sachverzeichnis

A

Ablenkung 84, 432
Abreaktion 385, 397, 438
Abreaktionsanfall 176
Absencen-Epilepsie 259, 339
Absorption 251 f.
Abulie 99
Abwehr 3, 52, 115, 119 f., 237
- Abbau 382
- animalische 105 ff., 360
- phobische 278
Abwehr-Erstarrung 98
Abwehrmechanismus
- reifer 237
- unreifer 242
Abwehrstil 278
Abwehrsystem
- Aktivierung 390
- strukturell dissoziiertes 379
Abwesenheit 425, 456
Achse-I-Störung 85, 89, 216
Achse-II-Störung 216
ACTH-Response 28
A-DES (Adolescent Dissociative Experience Scale) 251, 316
Affect-bridging 440
Affekt, abgespaltener 410 f.
Affektarmut 231
Affektdifferenzierung 406
Affektdysregulation 123
Affektive Störung 87
Affektivität 22
Affektiv-kognitives Schema 47, 49
Affektkontrolle 397
Affektmanagement-Therapie 434
Affektregulation 77 f., 80, 82, 85 f., 281 f.
Affekt-Synchronizität 285
Affektwahrnehmung 404, 409 f.
Aggression 349 f., 379

Agieren 349
Agnosie, physiognomische 189
Aktivierung, adrenerge 25, 299 f.
Albtraum 21, 60, 417
Alkohol 235
Alltagsamnesie 344, 347
Alltagsfunktion 373, 378
Alltagsleben 371, 388 f.
Alltags-Persönlichkeit 213 f., 217
Alter-Persönlichkeit s. Persönlichkeitsanteil
AMDP-DK 313
Amnesie 10, 96
- anterograde 135, 137
- Dissoziation, somatoforme 106 f.
- Dissoziative 22, 56 f., 133 ff.
- – im Alltagserleben 325
- – Altersabhängigkeit 461
- – Ätiopathogenese 139 f.
- – Behandlung 140 ff.
- – Diagnostik 138 f.
- – Differenzialdiagnose 138
- – Epidemiologie 136 f., 139
- – Komorbidität 141
- – Objektbeziehung 460 f.
- – Prognose 139
- – Prozess, inhibitorischer 459 f.
- – Risikofaktor 137
- – Screening-Fragebogen 251
- globale 138 f.
- – transiente 138 f., 146
- hypnotische 56 f.
- infantile 459
- lokalisierte 138
- und Reiseaktivität 144 f.
- retrograde 135, 137, 145
- selektive 138
- systematische 138
- Teilamnesie 138

Amnesie-Score 267
Amok 156, 164
AMPA-Rezeptor 14, 17 f.
Amygdala 11 ff., 15
- Hyperaktivierung 20
- Opiat-Rezeptor 26
- Trauma-Erinnerung 21 f.
Amygdala-Hippocampus-Komplex 257
Amygdala-Thalamus-System 50
Analgesie 26, 97 ff., 106
Analogskala, visuelle 374
Anästhesie 95 f., 99, 106, 363
- kinästhetische 99
- taktile 97
Anfall
- dissoziativer 175 ff., 329
- – Antikonvulsiva 178, 185
- – Ätiopathogenese 184
- – Behandlung 184 f., 340 f.
- – Bewusstseinsstörung 180
- – Definition 179
- – Differenzialdiagnose 179 ff.
- – Epidemiologie 182 f.
- – Epilepsie-Koexistenz 178, 183
- – Klassifikation 178 f.
- – Komorbidität 176, 182
- – Narrativ 334 f., 340 f.
- – Patientenschilderung 331
- – Prognose 183 f.
- epileptischer 178, 332 f., 339
- – Differenzialdiagnose 328 ff.
- epileptogen-dissoziativer 329, 339
- frontaler 329
- hysterischer 97, 99
- pseudoepileptischer 116, 329
- – Ganser-Syndrom 188
- psychogener 118 f.

Anfallssemiologie 331, 334, 338
Angriff 50
Angst (s. auch Phobie) 23, 350
- Überwindung 358
Angstdepersonalisation 230
Angst-Reduktion 278 f., 350 f.
Angststörung 87, 217, 433
Anhedonie 231
Anpassung 389
Antidepressiva 449 f.
Antikonvulsiva 450
Arbeitsgedächtnis 84
Ärger 123
Arousal 12, 51, 77
Artefakthandlung 240
Assoziation, freie 53, 68 f., 409, 414
Assoziationskortex, polymodaler 11
Assoziationsregel, modifizierte 414
Assoziative Netzwerktheorie 70
Aufmerksamkeit
- aktive 10
- erhöhte 233, 235 f.
- selektive 26, 56, 363
Aufmerksamkeitsfokussierung 60, 456 f.
Aufmerksamkeitssteuerung 84, 86
Augenbewegung 436, 438
Aura 175
Ausreißen 144
Autoaggression 349
Autodestruktivität 123
Automatismus 114

B

Barbiturate 154, 158
Beckenschmerz, chronischer (CPP) 107
Bedrohung 105 ff., 298, 359 f.
Beeinflussungserlebnis 251
Befürchtung, subjektive 55
Behandlung
- Abbruch 291
- ambulante, hochfrequente 396, 400
- Dauer 396
- Effektivität 398

- Grundregel, modifizierte 414
- Informationsvermittlung 427 f.
- Mangel an Präsenz 376
- phasenorientierte 357 ff., 396, 399
- - Kontraindikation 380 f., 383
- - Prinzip 371 f.
- - Stabilisierungsphase 397, 403 ff.
- psychodynamische 395 ff., 400
- - Grenzen 418
- - modifizierte 401 ff.
- - Technik 405 ff., 411 ff.
- psychopharmakologische 447 ff.
- stationäre 374, 400, 427
- Umgebung, sichere 426 f.
- Unterbrechung 408 f.
- Verlaufsmessung 318
Behandlungskosten 398
Behandlungsphase
- 1 368, 372 ff.
- 2 368, 381 ff.
- - Vorbereitung 383 f.
- 3 368, 387 ff.
- postintegrative 396, 398, 405
- Überwechseln 380 f., 386 f.
Behandlungsrahmen 400, 408
Behandlungsrichtlinie 396, 398 f.
Behandlungsziel 396, 404, 406, 409
Belastungsreaktion, akute 296
- - Symptom 77, 125
Belastungsstörung, Posttraumatische s. Posttraumatische Belastungsstörung
Belohnung 87
Benzodiazepine 158, 449 f.
Berentung 324
Beschreiben 429 f.
Besessenheitstrance 162, 164
Besessenheitszustand 161 ff.
- Ätiopathogenese 169
- Behandlung 172
- Differenzialdiagnose 165 f.
- dissoziativer 163

- Epidemiologie 168 f.
- Epilepsie 170 f.
- Erklärung
- - neurophysiologische 170 f.
- - psychodynamische 171
- - religiöse 172
- Induktion 170
- Intoxikation 171
- Psychose 171
- soziogenetisches Modell 170
- Vulnerabilitätsmodell 169, 172
- westlicher 167
Betäubung 22, 26, 106
Bewältigungsstrategie 396
Bewegung, Inhibition 40, 42
Bewegungslosigkeit 153, 158
Bewegungsstörung, dissoziative 258, 308
Bewegungssturm 329
Bewertung 430
Bewusstheit 47, 164
Bewusstsein
- Einengung 97 f., 377, 388 f.
- Integrationsfähigkeit 119, 196
- Spaltung 4, 114
Bewusstseinsstörung, dissoziative 7, 99, 126 f.
- - Anfall, dissoziativer 175, 180 f.
- - Ätiopathogenese 256 f., 265 ff.
- - Behandlung 447 ff.
- - Differenzialdiagnose 116, 179 f.
- - im Kindes- und Jugendalter 249 ff.
- - Komorbidität 260
- - Neurobiologie 259 f.
- - Phänomenologie 254 ff.
- - Prognose 260
- - Somatisierungssymptom 108 f., 124
Bewusstseintrübung, fluktuierende 188
Bewusstseinszustand, qualitativ veränderter 161 f.
Beziehung
- interpersonelle 86 ff.

Sachverzeichnis

– therapeutische 396
Beziehungskonflikt 401
Beziehungstrauma 285, 401, 408
Beziehungsverlust 390
Bezugsperson 85
Bilderwelt, bizarre 26
Bindung 285
– sichere 406
– an den Täter 381 ff.
– unsichere 381
Bindungsangst 358
Bindungserfahrung 86, 89
Bindungserwartung 287
Bindungsfähigkeit 80
Bindungsstil, desorganisierter 80 f., 257, 281, 285 f., 366
Bindungsstörung 285 ff.
Bindungssystem, emotionales 366
Bindungstrauma 285
Blickdeviation, koordinierte 154
Blickrichtung, starre 426
Borderline-Persönlichkeitsstörung 5, 207
– Ätiopathogenese 85
– Bewegungslosigkeit 158
– Dissoziations-Score 267
– Hinweis 345
– Identitätsstörung, Dissoziative 344 f.
– Komorbidität 78
– Persönlichkeitszustand 216
– Symptom, dissoziatives 260, 344 f., 350
– traumabezogene 368
– Überschneidung 125
– Verhaltensstörung 84
– Verhaltenstherapie 429 f.
Briquet-Syndrom 108, 124
Broca-Areal 23
Brodmann-Areal 236, 259
Bulimie 405

C

CA-3-Region 11, 18
Carbamazepin 449
Charakterveränderung 99
Child Dissociative Checklist (CDC) 251, 253
Cingulum 10 ff.

Clinical Mental Status Examination for Complex Dissociative Symptoms 311 f.
Clinician-Administered Dissociatives States Scale (CADSS) 312
Clonidin 449
Composite Diagnostic Interview (CIDI) 253
Containment 284

D

Dämmerzustand 116, 156, 162, 166
Dämonie 22
DDIS (Dissociative Disorder Interview Shedule) 311 f., 318
DDNOS (Dissociative Disorder Not Otherwise Specified) 100 ff., 164 f., 196
– Dissoziation, sekundäre 368
– DSM-IV 203, 205, 307
Dekodierung 53
Demenz 146
Demoralisierung 52
Depersonalisation 22, 25, 75, 94, 116, 226 ff.
– als Abwehrfunktion 238 ff., 242 f.
– Affektisolierung 229
– anankastische 232
– Angst 229 ff.
– Ätiopathogenese 234 ff., 238 ff.
– Auslöser 239 f.
– autopsychische 251, 259
– Depression, reaktive 231
– Differenzialdiagnose 230 ff.
– Epidemiologie 229
– exogen-toxisch induzierte 235 ff.
– Ich-Funktion 239
– Ich-Schwäche 243
– Jugendalter 255
– Komorbidität 230 ff.
– Komplikation 230
– medikamentös induzierte 244
– Objektverlust 241
– PET-Befund 236, 259

– physiologische 229
– psychogen bedingte 238
– Realitätsverlust 243
– Schmerzempfinden 236
– selbst induzierte 232
– somatopsychische 251, 258
– Temporallappen-Phänomen 236 f.
– Therapie 244, 447
– Trauma 238, 242
– als Triebkontrolle 238 f.
– Verlauf 229 f.
– Wahrnehmungsstörung 236 f.
Depersonalisationsneurose 227
Depersonalisationssymptom 227 f., 244
Depression 28, 87, 217
– Depersonalisation 231
Depressive Episode 141
Deprivation, sensorische 227, 229
Derealisation 22, 75, 226 ff., 251
– klinisches bild 227 f., 325
DES (Dissociative Experience Scale) 100 f., 104, 315 f., 318
– Kindesalter 251
– Kritik 272
– Traumatisierung 266
Desensibilisierung 438
DES-Score, hoher 266 ff.
Detachment 125, 227, 232 f.
Deutung 402
Diagnose 343
Diagnosemitteilung 411 f.
Diagnostik 305 ff.
– psychometrische 311 ff.
Diathese-Stress-Modell 250
Differenzialdiagnostik 305 ff.
Diskonnektions-Syndrom 236
Disorders of Extreme Stress 77
DIS-Q (Dissociation Questionnaire) 314, 318
Dissoziation 3 ff., 359 ff.
– als Abwehr 237, 276 ff., 348, 397
– Angst-Reduktion 278 f., 350
– Ätiopathogenese 127, 257, 265 f., 348
– Aufrechterhaltung 364 ff., 425

- Ausagieren 349
- Ausmaß, psychometrisch ermitteltes 266
- als Autohypnose 344
- als automatisiertes Verhalten 424
- Bedingungsmodell 9, 428
- Definition 116
- Diathese-Stress-Modell 348
- Differenzialdiagnose 401
- DSM-IV 119
- Entpathologisierung 423 f.
- Faktor, prädisponierender 277 f.
- Funktion 350, 424 f., 430 f.
- Gedächtnis, implizites 51 f.
- Gedächtnisstörung 18, 32 f.
- Gedächtnistheorie 120 f.
- Geheimhalten 349 ff.
- Ich-strukturelle Störung 119 f.
- Identitätsveränderung 348
- Induktion, medikamentöse 449 f.
- Janets Theorie 97 f., 127, 250, 276
- Kindesalter 79 ff.
- Klinik 60
- kognitionspsychologische Perspektive 46 ff.
- Kontinuumshypothese 316
- und Konversion 117 ff.
- Konzept, psychodynamisches 127
- konzeptuelle Überschneidung 115 ff.
- Modell
- - hierarchisches 126
- - integratives 120
- - verhaltensanalytisches 424
- Modellvorstellung, konvergierende 125 ff.
- Modifikation 424 f.
- Monokausalität 461
- Neurobiologie 37 ff.
- Neurotransmitter-Dysfunktion 23
- Patientenbeschreibung 335 ff.
- peritraumatische 49 f., 125, 260, 298 ff.
- - Angst-Korrelation 268
- - Ausmaß 270, 299
- - Fragebogen 313
- - Missbrauch-Korrelation 268
- physiologische 265, 282
- und Posttraumatische Belastungsstörung 295 ff.
- Prädiktor 79 f., 108, 298 ff.
- primäre 301, 309, 359
- als Prozess 125 f.
- psychoforme 94 f., 99 f.
- Psychopathologie 316 ff.
- sekundäre 360, 368
- somatoforme 94 ff.
- - Assoziation mit psychoformer Dissoziation 100
- - Fragebogen 99 f.
- - Kulturabhängigkeit 101
- - Missbrauch 105
- - bei nichtpsychiatrischer Population 107 f.
- - Screening-Variable 103 f.
- - Suggestion 102 f.
- - Symptom 99
- - Trauma 104 f.
- strukturelle 359 ff.
- - Behandlung 370 f.
- - Chronifizierung 366
- Substrat, hirnfunktionelles 337 f.
- als Symptom 125, 297
- tertiäre 309, 360 f., 368
- ohne Trauma 127
- traumabedingte 18, 127, 265 f.
- - Reaktion, konditionierte 48
- - Wiedererleben, intrusives 49
- Traumatisierung 205 f.
- Traumbildung 61 ff., 68
- Trigger 278
- Überlebensstrategie 287, 298
- Umgebungsbedingung, belastende 427
- als Verarbeitungsstörung 348

Dissoziation/Missbrauch-Korrelation 266
Dissoziationsforschung 198 ff.
Dissoziationskonzept 114, 201
Dissoziations-Score, hoher 182, 266
Dissoziative Störung 75 f.
- artifiziell induzierte 192
- Behandlungsangebot 57 f.
- Behandlungsverlauf 369
- der Bewegung und der Sinnesempfindung 109
- Borderline-Persönlichkeitsstörung 344 f.
- Definition 4
- Diagnosekriterium 116 f., 297
- Diagnostik 250 f., 253 f., 311 ff., 321 f.
- Differenzialdiagnose 328 ff.
- einfache 367 f.
- Fluktuation 89
- Klassifikation 307 ff.
- komplexe 203 ff., 368
- - Behandlung 395 ff., 401
- - Instabilitätsfaktor 404
- - Kernsymptomatik 323
- Neurobiologie 258 f.
- Operationalisierung 308 ff.
- Pathogenese 123
- posttraumatische 309, 367 f.
- Prävalenz 104
- Prognose 369 f.
- Screening-Variable 103 f.
- Studie, prospektive 267 f.
- Symptom 74, 94, 108
- Symptomreduktion 372 f.
- Traumatisierung 208 f.
- Überschneidung 123
- Verhaltenstherapie 423 ff.
Dissoziativer Stil 277 f.
Dissoziatives
- Erleben 27
- Symptom 295, 322 ff.
- - Erkennung 425 f.
- - negatives 97 ff.
- - positives 97 ff.
- Syndrom, organisches 146
Dissoziierungs-Reassoziierungs-Vorgang 68 ff., 71 f.
Dopamin 26

Sachverzeichnis

Double-Bind-Situation 284
Droge, psychoaktive 171
Drogenabusus 346
DSM-IV 4, 116 f.
- Amnesie 134
- Identitätsstörung, Dissoziative 202 f., 347
- Konversionskonzept 119
- Vorteil 308
Durchblutung, zerebrale 40 f., 213
Dysfunktion
- dopaminerge 26
- glutamaterge 26 f.
- noradrenerge 23
- serotoninerge 25 f.
- sexuelle 95
Dysregulation, neuroendokrine 22

E

Ekstase 162
Eltern-Kind-Interaktion 80, 257
Elternverhalten 365
EMDR (Eye Movement Desensitization and Reprocessing) 141, 397, 436 ff.
- Kontraindikation 444
- Risiken und Gefahren 443 ff.
- Screening-Untersuchung 444
Emotion 432
- Modulation 371, 374
- - fehlende 404
- - hypnotische 386
- Schutzfunktion 432
- widersprechende 377
Emotionales System 359 f.
Emotionalität 116, 122
Emotionsgedächtnis 86 ff.
Emotionsmanagement 429, 431 f., 434
Emotionsregulation s. Affektregulation
Empathie 377 f., 380, 406, 412
Empfindungsverlust 99
Enkodierung 53
Entfremdung 74, 226, 231
Entgleisung, toxisch-metabolische 146

Entwicklungspsychologie 75 ff., 282
Entwicklungsstand 271
Entwicklungstraumatologie 81 f.
Epilepsie 146, 333 f.
- affektive 339
- Anfall
- - dissoziativer 183 f.
- - pseudoepileptischer 178
- Besessenheitszustand 170 f.
- Depersonalisation 259
- Diagnose 177
- Differenzialdiagnose 328 ff.
- Patientenbeschreibung 335 ff.
- Posttraumatische Belastungsstörung 338
- Substrat, hirnfunktionelles 337 f.
- Symptom, dissoziatives 182
- temporale 333
- Traumatisierung 338
Erfahrung
- nichtintegrierte 114
- Wiederholung 54 f.
Erinnern
- Interviewformen 53
- vorbewusstes 66
Erinnerung 18, 49
- Aktivierung, rechtshemisphärische 140
- Auslöser 365
- autobiografische 53 f., 457
- Behandlung 368, 381 ff.
- episodische 46, 140
- explizite 50 f., 286, 458 f.
- falsche s. false memory
- fehlende 50 f., 56
- implizite 87, 286, 457 ff.
- Integration 300, 381
- Kinderperspektive 440
- narrative 50 f., 57
- Persistenz 456 f.
- Personalisierung 386
- Phobie 365
- prozessuale 89
- Reaktion, sensorimotorische 95
- Reaktivierung 360, 387
- Realisierung 383, 386

- Synthese 383 ff.
- Verarbeitung 425
- verzerrte 55, 456 f.
- Wahrheitsgehalt 55
- wieder aufgetauchte 399, 458, 465
- - Auslöser 460
- - Suggestibilität 461 ff.
Erinnerungsforschung 455 f., 465
Erinnerungslücke
- autobiografische 133, 135
- dissoziative 134, 136
Erleben
- dissoziatives 76, 252
- intrusives 49
- psychotisches 22
Erlebnis, todesnahes 233
Erregung, physiologische 374
Erregungsniveau, psychophysiologisches 371, 375
Erregungstoleranz 374
Erregungszustand, Analogskala, visuelle 374
Ersatzüberzeugung 382, 387, 390
Erschöpfung 227, 371
Erstarrung 22, 26, 106
Ess-Störung 85, 232, 346
Exorzismus 169 f., 172
Exposition 385, 430, 433 f.
- Unwirksamkeit 426
Extinktion 83
Extremstress 20 ff., 29 ff., 368

F

False memory 399, 453 ff., 463
- demographische Daten 455
- Quellenamnesie 54, 56, 58
- Suggestibilität 461 ff.
- Syndrome Foundation (FMSF) 399, 453
Familienpathologie 271
FDS 318
Fehlattribution 281, 456
Fehlüberzeugung, kognitive 406
Fertigkeit, antidissoziative 429 f.
Fertigkeitserwerb 372 ff.

Fingersignal, ideomotorisches 378
Flashbacks 18, 22 f., 49
- Charakter 457
- Folge 404
- protrahierte 444
- Wahrheitsgehalt 55
Flexibilität 84
Flucht 50, 360 f.
Folteropfer 137, 288
Fragebogen für dissoziative Symptome (FDS) 138, 316
Fragmentierung 63 ff.
Freezing 158
Fremdbeurteilungsverfahren 311 ff.
Frontalhirn 12 f.
Fugue
- Dissoziative 50, 144 ff.
- - Ätiopathogenese 147 f.
- - auslösende Situation 151
- - Behandlungsansatz 151
- - Differenzialdiagnostik 146
- - Epidemiologie 147
- - Patientenbeschreibung 336
- - Prognose 147
- epileptische 336
Funktion, exekutive 81, 83 ff.
Furcht-Gedächtnissystem, emotionales 49
Furchtreaktion, konditionierte 50
Fürsorgeverhalten 363

G

Gamma-Aminobuttersäure 14
Gamma-Rhythmus 11
Ganser-Syndrom 188 ff.
- Behandlung 192 f.
- Differenzialdiagnose 190 f.
Gedächtnis 9, 22, 364
- autobiografisches 10, 13, 46, 459
- - Aufbau 53 f.
- - narratives 364, 386, 458
- - Zugangsweg 54
- deklaratives s. Gedächtnis, explizites
- emotionales 13
- episodisches 10, 121, 140

- explizites 10 ff., 14, 18, 46 ff., 464
- Forschungskonzept 47 f.
- implizites 10 f., 14, 46 ff., 457 f., 464 f.
- - Aktivierung 51, 121
- - Reaktion, konditionierte 48 f.
- - Wirkung 49
- - Modulation, stressbedingte 257
- - neurochemische Grundlage 14 ff.
- - prozedurales s. Gedächtnis, implizites
- - Repräsentation, neuroanatomische 10 ff.
- - semantisches 10, 140
Gedächtniskonfusion 462
Gedächtniskonsolidierung 11, 14 f., 18, 83
- Kortisol 28 f.
Gedächtnis-Monitoring-Technik 462
Gedächtnisstörung 32 f., 83, 405
Gedächtnissystem
- emotionales 23
- kognitives 23
Gedankenabbruch 286
Gefängnisaufenthalt 189
Gegenübertragung 288, 291 f., 372, 406
Gehirnentwicklung 81, 89
Generalisierung 54
Geschichtsstammergänzung, narrative 80
Gesprächsanalyse, linguistische 330 ff.
Gewaltverzicht 413
Glaubensgemeinschaft 168
Glukokortikoid-Rezeptor 15, 28, 30 f.
Glukose-Utilisation 40 f.
Glutamat 14, 17, 26 f.
Gutachten 324
Gyrus cinguli, anteriorer 40, 42 f.

H

Haft 191 f.
Halluzination 25

Haltung, misstrauische 408
Handeln
- intentionales 84 f.
- wirkungsvolles 430
Handlung 363 f.
- autodestruktive 379
- impulsive 377
Handlungsweise
- alternative 430
- konzentrierte 430
Hass 380
Hemmung, motorische 98
Hilflosigkeit
- erlernte 259
- primäre 283
Hippocampus 11 f., 19
- Atrophie 31
- Funktionszusammenbruch 22
- Schädigung, zytotoxische 29 f.
Hippocampus-Temporallappen-System 50
Hirndurchblutung 40 f., 213
Hirnerkrankung 146
Hirnreifung 86, 257
Hirnstruktur, Veränderung 301
Hoffnungslosigkeit 78
Holocaust-Überlebende 271, 280
HPA-Achse 9
- Dysregulation, traumabezogene 27 ff.
- Sensitivierung 28
Hyperaktivität 84
Hyperirritabilität 25
Hypermnesie 69
Hypermotorik, paroxysmale 116
Hypersensitivität 25
Hyperventilation 229, 234, 339
Hypervigilanz 81, 236, 258
Hypnose 37 ff., 397
- Amnesie 56
- false memory 463
- Fugue, Dissoziative 151
- Indikation 418
- Neurobiologie 41 f.
Hypnose-Recall-Test 177
Hypnotisierbarkeit 102 f.

Sachverzeichnis

Hypothalamus-Hypophysen-Nebennierenrinden-System s. HPA-Achse
Hysterie 95 ff.
- Diagnose 123 f.
- konzeptuelle Überschneidung 115 ff.
- psychische Stigmata 96
- psychische Zufälle 96 f.
- Symptomatik 116, 123 f.
Hysterischer Modus 117
Hystero-Epilepsie 329, 339

I

ICD-10 7
- Amnesie 134
- Vorteil 308
Ich-Dystonie 228, 232
Ich-Funktion 239
Ich-Schwäche 237
Ich-Spaltung 116
Ich-Störung
- hysterische 116, 165
- strukturelle 119 f.
Idee, fixe 97
Identifikation mit dem Aggressor 289
Identifizierung 242 f.
Identität
- Verlust 145
- Wechsel 145, 148 f.
- - Anzeichen 323, 326
Identitätsalteration 251, 254, 256
Identitätsbewusstsein, Desintegration 52
Identitätsentwicklung 80, 254 f.
Identitätsfragmentierung 94
Identitätsgefühl, Veränderung 22
Identitätskonfusion 251, 254, 256
Identitätsstörung, Dissoziative 74, 100 ff., 195 ff.
- - Abwehrkonzept 289
- - Angstsymptom 217
- - Ätiologie 205 ff.
- - Befund, empirischer 269 f.
- - Bewegungslosigkeit 158
- - Definition 202
- - Depression 217
- - Differenzialdiagnose 166, 216 ff.
- - Dissoziation, somatoforme 100 f.
- - DSM-IV-Kriterien 202 f., 347
- - EEG-Veränderung 181
- - als Entität 343 ff.
- - Fugue-Zustand 146
- - Genese, iatrogene 197
- - geschichtlicher Rückblick 198 ff.
- - Komorbidität 125, 216 ff.
- - Misshandlung 269 f.
- - Persönlichkeit, Fragmentierung 361
- - Persönlichkeitsstörung 123
- - Prävalenz 209 f.
- - Prognose 346
- - Pseudohalluzination 218
- - Realität, multiple 415 f.
- - Stimmungsschwankung 217
- - Teilpersönlichkeit 98
- - Therapie 348 ff.
- - Traumatisierung 105, 205 ff., 214
- - Überschneidung 125
- - Vier-Faktoren-Theorie 346
Identitätsunsicherheit 326
Identitätsverwirrung 94
Imagination 463
Impulskontrolle 397
- gestörte 25, 156
Information, emotional belastende 140
Informationsprozessierung 25
Informationsverarbeitung 14, 37
- Beschleunigung 436
- inadäquate 25
- Neuroimaging-Studie 22 f.
- sensible/sensorische 9 f., 12
- Störung 33, 51, 98, 300 f.
- - bei Extremstress 20 ff.
- visuelle 33
Instabilität 84, 403 f.
Integration 76, 364, 386 ff., 396 ff.
Interferenzerfahrung 251
Intervention 400, 402
- kognitive 433
Interview
- standardisiertes 312
- strukturiertes 312
Intimität 367, 390 f.
Intoxikation 165, 171
Introjektion 288 f., 350 f.
Intrusion 49, 87, 365, 450
- Auslöser 456
Involviertheit, imaginative 251
Inzest 207 f., 273
ISSD-Richtlinie 396

J

Jugendliche 79 ff., 249 ff.
- Dissoziation, pathologische 255 f.
- Screening-Fragebogen 251 f.

K

Katecholamine 27, 83
Ketamin 27, 259, 449
Kind 78 ff.
- Bewusstseinsstörung, dissoziative 249 ff.
- Fragebogen 252 f.
- Dissoziation, physiologische 282
- Erwartung, traumabezogene 287
- misshandeltes 80, 82
Kindheitsamnesie 47
Kindheitsbelastung 265
Kindheitstrauma 206 f.
Kindling 29 f., 449
Klassifikationssystem 4, 7, 343, 347
Kognition 433
- dysfunktionale 436 f., 443
- positive 438
Kognitionspsychologie 46 ff., 60
Koma 154
Kompetenztraining, soziales 429 ff.
Konditionierung 13 f., 16 f., 32, 364 ff.
Konfliktlösung 403
Konnektionismus 70 f.

Kontakt, Abbruch 286
Kontiguitätsassoziation 63, 71
Kontinuum-Hypothese 120
Kontrollverlust 74, 96
Konversationsanalyse 330
Konversionsstörung 7, 118 ff.
– Definition 308
– Differenzialdiagnose 38 f.
– Genese 42
– Klassifikation 39, 109
– Modell
– – hierarchisches 126
– – integratives 120
– Modellvorstellung, konvergierende 125 ff.
– Neurobiologie 37 ff.
– Pathophysiologie 39 ff.
– Prognose 39
Konversionssymptom 95
Konzentration, fokussierte 10
Konzeptentwicklung 84
Körperbefindlichkeit 307
Körperempfindung 438
Körperschema, integriertes 237
Körperschemastörung 234
Körperwahrnehmung 228, 307
Kortex
– orbitofrontaler 40, 42 f.
– präfrontaler 83 f., 140
– – dorsolateraler 41
– – medialer 235
– visueller 23
Kortikotropin-Releasing-Faktor (CRF) 14, 28
Kortisol 14 f., 27, 51
– Gedächtniskonsolidierung 28 f.

L
Lähmung 38, 40 f.
Laktat 26 f.
Langzeitgedächtnis 11
Langzeitpotenzierung (LTP) 15, 18 f.
Lateral spread 71
Lateralisierungsphänomen 22 f.
Lebensstil, dissoziativer 370
Lernen 9
– assoziatives 10, 13, 16, 365
– nichtassoziatives 10, 16
– zustandsabhängiges 53

Limbisches System 29
Lithium 449
Locus coeruleus 23
Lokomotion 144 f.
Losgelöstsein 232 f.

M
Major Dissociative Disorders 310
MAO-Hemmer 449 f.
Mapping 396
Memory recovery 297
Memory-Recovery-Therapie 463
Mentalisierungsfähigkeit 289 f.
Merkfähigkeit 51
Migräne 146
Mineralkortikoid-Rezeptor 15
Missbrauch
– emotionaler 208
– intrafamiliärer 266, 269 f.
– sexueller 81, 104 f., 211
– – Amnesie 136 f.
– – Amnesie-Score 267
– – Anfall, pseudoepileptischer 184
– – Identitätsstörung, Dissoziative 196, 207 f., 269
– – Stupor 158
– – Symptom, dissoziatives 268
– – Wiedererinnern 453
– verbaler 380
Missbrauchserlebnis, satanisches 272
Missbrauchsforschung 265, 272
Missbrauchskult, satanischer 454
Misshandlung 80, 82, 85
– Bindungsstil, desorganisierter 285 f.
– CDC-Score 253
– Dissoziation, somatoforme 105
– Gefühlsverwirrung 284
– Objektbeziehung 282 ff.
– Schuldzuweisung 283 f.
– schwere 266 ff.
Misstrauen 52
Mnestisches System 18
Modulation 123
Motor-imagery-Prozess 40

Multidimensional Inventory of Dissociation (MID) 315
Mutismus 153

N
Naltrexon 447 f.
Narkolyse 151
Narrative 46, 58
Near-death-experience 233
Neodissoziationstheorie 313
Neokortex 12
Neurobiologie 9, 37 ff., 41 f., 90, 258 ff.
Neuroimaging 22 f., 29
Neuroleptika 448, 450
Neuropsychologie 46 ff.
Neurose, traumatische 278
Neurotransmitter 14, 257
Neurotransmitter-Dysfunktion 9, 23, 25 ff.
NMDA-Antagonisten 27
NMDA-Rezeptor 14, 17 f.
NNBDS s. DDNOS
Non-Compliance 338
Noradrenalin 14 f., 23
Notfallsituation 418 ff.

O
Objektbeziehung 282 ff.
– traumatische 288 f.
Objektrepräsentanz 287
Objektverlust 283
Ohnmachtsanfall 176
Opiat-Antagonisten 447 f.
Opioide, endogene 26

P
Panik 405
Panikstörung 217
– Depersonalisationssymptom 230 f.
– Konversationsanalyse 333
Patienten-Therapeuten-Beziehung 52, 358, 376
Patienten-Therapeuten-Bindung 382
Pavor nocturnus 21, 60
Perceptual Alteration Scale (PAS 313 f.
Peritraumatic Dissociative Experience Questionnaire (PDEQ) 313

Sachverzeichnis

Perseveration 425
Personalisierung 362 ff.
Persönlichkeit
- alternierende 168
- anscheinend normale (ANP) 98, 106, 359 ff.
- - Alltagsfunktion 373
- - funktionale 369
- - Reaktion, konditionierte 365
- - Therapeuten-Kontakt 375
- - Vermeidungstendenz 363, 378
- dissoziative 97 f.
- emotionale (EP) 98, 106, 359 ff., 365 f.
- - Abwehrhandlung 382
- - aggressive 378 ff.
- - Aktivierung 375, 379, 390
- - Beruhigen 378
- - Dissoziation 365
- - verfolgende 378 ff.
- - Wechselbeziehung 370
- Fragmentierung 345
- multiple (s. auch Identitätsstörung, Dissoziative)
- - Besessenheit 164, 170
- - Definition 347
- - Geschichtliches 198 f.
- vulnerable 75
Persönlichkeitsanteil 203, 357, 362
- aggressiver 412
- Alltags-Persönlichkeit 213 f., 217
- Beschützer-Persönlichkeit 269
- Besetzung, narzisstische 404
- Definition 210 f.
- Diagnosekriterium 204
- Dynamik 402
- Entstehung 211, 346 f.
- Erleben, subjektives 196, 213
- Exploration 415
- Form
- - interaktionsarme 349 ff.
- - interaktionsreiche 349
- Integration 3, 387 ff., 396 ff., 405, 412 f.
- Interaktion 418
- Kind-Persönlichkeit 214, 269, 347
- Kommunikation 396, 440 f.
- Kontaktaufnahme 413
- kontrollierender 401
- Kooperation 373 f., 378, 396, 411, 414 f.
- Mapping 396, 440 f.
- Namensgebung 215
- neurobiologisches Korrelat 212 f.
- Phänomenologie 210 ff.
- Qualität 401
- Realität, multiple 415 f.
- Selbstverletzung 214
- täteridentifizierter 269, 403, 411, 441
- - Gewaltverzicht 413
- - Widerstand 444
- Täter-Introjekte 214
- Therapie-Zustimmung 441
- Traum 60, 71
- Verfolger, interner 214 f.
Persönlichkeitsentwicklung 74 ff., 88
- Störung, überdauernde 77
Persönlichkeitsstörung 89
- ängstlich-vermeidende 216
- histrionische 119, 122, 163
- selbstentwertende 216
Persönlichkeitsstruktur 279
- narzisstische 241
- prätraumatische 270
Persönlichkeitsveränderung, traumabezogene 77 ff.
Persönlichkeitswechsel 211, 215, 311, 326 f., 404
- Befund 344
- Identitätsstörung 347
Persönlichkeitszustand s. Persönlichkeitsanteil
Pervasive Dissociative Disorders 310
Phantasietätigkeit 254, 272
Phobie 106
- vor Bindung 366
- - an den Täter 381 ff.
- vor dissoziierten Persönlichkeitsanteilen 377 ff.
- vor Intimität 390 f.
- vor dem Leben 358, 367, 388 f.
- vor psychischen Inhalten 365, 376 f.
- vor Risikoübernahme 389 f.
- vor dem Therapeuten 366, 375 f.
- traumabezogene 357 ff.
- vor traumatischen Erinnerungen 365, 383 ff.
- vor Wechsel 389 f.
Plastizität 86
Posttraumatische Belastungsstörung 4 f., 125 f., 295 ff
- Affektdysregulation 281 f.
- Aktivierung, adrenerge 299 f.
- Aktivität, rechtshemisphärale 22
- Behandlung 301, 436 ff., 449 f.
- und Dissoziation 295 ff.
- Dissoziation, peritraumatische 298 ff.
- Dissoziations-Score 267
- Epilepsie 338
- Exposition 433 f.
- Glukokortikoid-Rezeptor 28
- Hippocampus-Atrophie 29 ff.
- Informationsverarbeitung 300 f.
- Kindesalter 78 f.
- Komorbidität 207
- komplexe 297, 309
- Neurobiologie 258
- Pathogenese 89, 123
- PDEQ 313
- Prädiktor 125, 298 ff., 313
- Symptom 77, 125
- Teilpersönlichkeit 98
- Überschneidung 123
Priming 10, 47, 53
- Provokation 53
Problemlösen 84
Problemlösungserwerb 373, 431
Prolaktin 177 f.
Proteinkinase A 16
Pseudohalluzination 188, 199, 402
- gustatorische 336

- Identitätsstörung, Dissoziative 218
Psychische
- Kraft 362, 371
- Spannung 362, 364, 369 ff., 387
- - des Therapeuten 372
- Strukturiertheit 126
- Zufälle 96 f., 99
Psychoanalyse 238 ff., 276, 403
Psychodrama 402
Psychoedukation 372, 375, 377
- Abwehrfunktion 378
- Bedingungsmodell 427 f.
- Emotion 431 f.
- Erregungsmodulation 385
Psychopharmaka 447 ff.
Psychose
- Besessenheitszustand 171
- dissoziative 97
- mediumistische 165
- psychogene 165 f.
- reaktive 97, 165 f.
Psychotherapie (s. auch Behandlung)
- Antragsverfahren 324
- narrative 58
Psychotrope Substanz 146
Pyramidenzellen 11, 18

Q
Quellenamnesie 13, 50 f., 54 f.
- Bedingung 56
- Erinnerungsverzerrung 55
Questionnaire of Experiences of Dissociation (QED) 313

R
Radikale 63, 69
Rapid cyclers 217
Raumwahrnehmung 228
Reaktion 119
- peritraumatische 50
- posttraumatische 23
- traumakonditionierte 52
Realisierung 363, 383, 386 f.
Realitätsprüfung 239
Realitätssinn 239
Realitätsverlust 243
Reassoziierung 64 f., 68 f.
Reassoziierungsfaktor
- endogener 66, 70

- exogener 67 ff.
Rehabilitation 387
Reifung 9
Reiseaktivität 144, 146
Reiz
- bedingter 371, 373
- konditionierter 367
- unbedingter 371
Reizdiskriminierung 77
Reizgeneralisierung 367
Religiosität 22
REM-Phase 69
Retrieval-Störung 15

S
Schädel-Hirn-Trauma 191
Schaffersche Kollaterale 18 f.
Scham 238 f., 278, 281, 363, 380
Schlafstörung 25, 217
Schlafverhalten 21
Schmerz 95, 97 f.
Schmerzunempfindlichkeit 236, 325
Schuldaffekt 238 f., 278, 281, 402
SDQ (Somatoform Dissociation Questionnaire) 99 f., 104, 108, 314
Selbst
- dissoziiertes 287
- Fragmentierung 78, 345
- negatives 122
Selbst-Affektivität 76 f.
Selbst-Aktivität 76
Selbstbeobachtung 426
Selbstbestrafung 404, 409
Selbstbeurteilungsverfahren 253, 312 ff.
- Dissimulationstendenz 317
- Täuschung 317
- Vorteil 318
Selbstbewertung 437
Selbst-Bewusstsein 211
Selbstbild, wechselndes 403
Selbst-Entwicklung 76, 80
Selbstexploration 406, 409, 442
Selbstfürsorge 387, 404
Selbsthypnose 57
Selbst-Kohärenz 76
Selbst-Konstanz 240 f.
Selbst-Kontinuität 76 f.

Selbstkontrolle 404, 406
Selbst-Konzept 81, 89
Selbst-Negation 227
Selbstpsychologie 282
Selbstregulation 75 ff., 84
Selbstrepräsentanz 242 f., 287, 406
Selbstschädigung 76, 260
- Behandlung 373 f., 380
- Formen 373
Selbststeuerung 74
Selbst-Struktur 240 ff., 348
Selbsttröstung 432
Selbstverantwortung 404, 406, 409 f.
Selbstverletzung 75
- Depersonalisation 230, 240
- Pharmakotherapie 447 f.
- Prädiktor 267
Selbstvorwurf 382
Selbstwahrnehmung 74, 77, 404
Selbstwirksamkeit 409 f.
Selbst-Zustand s. auch Persönlichkeitsanteil
Sensibilisierung 15 f.
Sensitivierung 32
- behaviorale 86
Sensitivierungs-Prozess 29 f.
Sequenzialisierung 64
Serotonin 14, 25 f.
Serotonin-Wiederaufnahmehemmer 26, 244, 449
Sexualität 22
Sexualverhalten, unkontrolliertes 123
Sharp waves 11
Shell shock 359
Sicherheit 375, 406 ff.
Simulation 39
Sinneswahrnehmung 228, 432 f.
Sinnsuche, therapeutische 55
Skala Dissoziativen Erlebens (SDE) 316
Skeptizismus, empathischer 416 f.
SKID-D (Strukturiertes Klinisches Interview für Dissoziative Störungen) 145, 254, 311 f., 318, 407
- Aufbau 322

Sachverzeichnis

- Auswertung 322 f.
- Durchführung 324 ff.
- Einsatzbereich 323 f.
Skills 46
Somatisierungskonzept 121 f.
Somatisierungsstörung 75, 77 f., 95, 108
- Definition 122
- Modell, hierarchisches 126
- Modellvorstellung, konvergierende 125 ff.
- Pathogenese 123
- Persönlichkeitsstörung 124
- Trauma-Ätiologie 128
- Überschneidung 123
Somatoform Dissociation Questionnaire (SDQ) 99 f., 104, 108, 314
Somatoforme Störung 38 f., 95, 124
Somnambulismus 21, 97, 99
Sopor 153
Spaltung 348
Spannungsreduktion 432 f.
Sperrung 64 f.
Spielgefährte, imaginärer 254 f.
Starre 360 f.
State 211, 317
Status pseudoepilepticus 176, 183
Statusambiguität 170
Stigma, psychisches 96 f., 99
Stil, neurotischer 122
Stimme, innere 405
Stimmenhören 218
Stimmungswechsel 345, 426
Stimulation, bilaterale 436
Stimuluskontrolle 429
Stress
- und Affektregulation 85 f.
- extremer 20 ff., 29 ff., 368
- und Gedächtnisfunktion 83
- Gedächtnismodulation 257
- Informationsverarbeitung 20 ff.
- neurobiologische Aspekte 83 ff.
- Psychopathologie 88
- related disorders
- Serotoninkonzentration 25
Stressantwort 15, 259
- Neurobiologie 90

Stressbewältigung 23, 432 f.
Stresshormonreaktion 14
Stress-Störung, akute 367
Stress-System 83
Stroop-Test 43
Stupor 148, 150
- Definition 153
- Dissoziativer 50, 125, 153 ff.
- - Ätiopathogenese 158 f.
- - Auslöser 154, 158
- - Behandlung 158 f.
- - Belastungsreaktion 297
- - Differenzialdiagnose 157
- - Epidemiologie 157 f.
- - Komorbidität 155 f.
- - Spontanremission 158 f.
- katatoner 157
Substanzmissbrauch 85
Suchterkrankung 317
Suchtmittelmissbrauch 75
SUD-Wert 437 f.
Suggestibilität 102 f., 456
- false memory 461 ff.
- Hypnotic Clinical Scale 151
Suggestion 38
Suizidverhalten 78, 123
Suizidversuch 267, 403
Switch s. Persönlichkeitswechsel
Switching behaviors 256
Symptomverhinderung 385
Synchwriter-Partitur-Schreibweise 330
Synthese 384 ff.

T

Tagtraum 254 f., 344
Täter 381
- Idealisierung 382
Täter-Introjekt 413
Täterring, organisierter 454 f.
Teilnahme, achtsame 430
Temporallappen 22, 140
Temporallappen-Epilepsie 146, 336 f.
- Besessenheitszustand 170 f.
- Differenzialdiagnose 178
Terror, sprachloser 23
Thalamus 10, 20 f., 259
Therapeut 372, 375 f.
- Haltung 400, 412 f., 427
- Konsistenz 376

- Qualifikation 400
- Verfügbarkeit 376, 400
Therapie s. Behandlung
Theta-Rhythmus 11
TMS (transkranielle Magnetstimulation) 43
Tod 233 f.
Totstellreflex 50, 116, 158 f., 298
Trait 317
Trait-State-Modell 87, 89
Trance 161 ff.
- Ätiopathogenese 169
- Epidemiologie 168 f.
Trance-Induktion 419
Trance-Störung, dissoziative 164
Transkriptionskonvention 332 f., 335, 341
Trauer 389
Trauerarbeit 387, 389, 398
Trauerreaktion, pathologische 457
Traum 60 ff., 410
- Dissoziierungs-Reassoziierungs-Vorgang 71
- Stimulus-Bildelement 62 ff.
Trauma 5 f., 280
- addiction 26
- Amnesie 136 f.
- Anpassung 123
- Bewältigung 51, 425
- Dissoziation 265 f.
- Erinnerung 18, 24, 273
- - fehlende 50 f.
- Folgen 281
- Handeln, adaptives 362 f.
- HPA-Achse, Dysregulation 27 ff.
- Identitätsstörung, Dissoziative 196, 205 ff.
- Kindesalter 81 f., 137
- Objektbeziehung 282 ff.
- Personalisierung 363
- Persönlichkeitsänderung 77
- Reaktivierung, kontrollierte 384
- Realisierung 363
- related disorders 127 f.
- sexuelles 258 f.
- transgenerationales 209
Trauma-Arbeit 397

- fraktionierte 439
- narrative 58
Trauma-Ätiologie 127 f.
Trauma-Dosis 296
Trauma-Erfahrung
- Neuroimaging 22 f.
- Prozessierung 32 f.
- Verbalisierung 33
Trauma-Erinnerungsnetz, neuronales 20
Trauma-Exposition 397, 436, 439
Trauma-Folgestörung 297, 299
Trauma-Gedächtnissystem, emotionales 49
Trauma-Phantasie 272
Traumarbeit 417 f.
Traumarbeitsmechanismus 64
Trauma-Symptomatik, initiale 299
Trauma-Synthese 397
Traumatic Experiences Checklist (TEC) 104 f.
Traumkognition 63
Traumstimulation, subliminale 62, 69
Traumwunsch 67
Trennungsweinen 381

U

Überaufmerksamkeit 285
Übererregbarkeit 83
Übererregung 371, 386
Überforderung 440, 443
Überleben 359 f.
Übertragung 408
Übertragungs-Gegenübertragungsreaktion 288, 291 f., 372
Übertragungswunsch, regressiver 215
Überwachheit 285
Unbewusstes 47, 114
Untererregung 371

Unterwerfung 360 f.
Unwirklichkeitsgefühl 235

V

Valproat 449
Verdrängung 3, 114 f., 118, 237
- Definition 401
- Funktion 464
Verfolgung 288
Verführungstheorie 277
Vergänglichkeit 456, 461
Vergegenwärtigung 362 ff., 389
Vergessen 53 ff.
- intendiertes 55 ff.
- motiviertes 122
- narratives 54 f.
- normales 456
- selbst suggeriertes 57
Vergewaltigung 206
- phantasierte 416 f.
Verhalten 377
- autodestruktives 78, 370, 405
- impulsives 84
- schnell wechselndes 76
- soziales 80
Verhaltenssteuerung 84
Verhaltenstherapie
- dialektisch-behaviorale (DBT) 429 f.
- Effektivität 434
- kognitive 423 ff.
- - Vorgehen 426 ff.
Vermeidung 371, 390
- dysfunktionale 429
- funktionale 429
Vernachlässigung 85, 105, 107
- Aufarbeitung 387
- Bindungsstörung 385
- Erleben, dissoziatives 258 f.
- Identitätsstörung, Dissoziative 208
- Phobie 365
- Signal, konditioniertes 375
Verschiebung 63 f.

Verzweiflung 78
Vietnam-Veteran 299
Vigilanz, erhöhte 81, 236, 258
Vigilanzminderung 153
VOC-Skala 438
Vorbeiantworten 188 f., 192
Vorstellung, fixierte 384
Vulnerabilität 87, 169, 172

W

Wahn 97, 99, 166
Wahrheit
- historische 464
- narrative 464 f.
Wahrnehmung 429 f.
- Aufforderung 376
- Symptom, dissoziatives 21
- zentrieren 25
Waschzwang 405
Was-Fertigkeit 429
Widerstand 402 f.
Wiedererinnern 139
Wiedererinnerungsmodalität 26
Wie-Fertigkeit 429 f.
Willensbildung 84
Wissen
- faktisches 13
- semantisches 12, 46
Worst-Fear-Vision 55, 457
Wut 363, 380
- unmodulierte 78
Wutanfall 176

Y

Yohimbin 25 f., 299

Z

Zeitgefühl 76
Zerfallsvorgang 61 f.
Zielorientierung 84
Zwang 231 f.
Zweite-Generations-Phänomen 286

FACHBÜCHER ZUM THEMA

Hoffmann/Hochapfel
Neurotische Störungen und Psychosomatische Medizin
Mit einer Einführung in Psychodiagnostik und Psychotherapie · CompactLehrbuch

hrsg. v. A. Eckhardt-Henn, G. Heuft, G. Hochapfel, S. O. Hoffmann

In nun bereits 7. Auflage führt der Hoffmann/Hochapfel in das Fachgebiet der Neurotischen Störungen und der Psychosomatischen Medizin ein. Kritische Theoriebezogenheit, gleichzeitig Theorieoffenheit, das immer durchscheinende ärztliche Engagement der Autoren, die konkreten Anweisungen für den Umgang mit den Patienten – dies sind nur einige Punkte, die das Lehrbuch charakterisieren und auszeichnen und seit 25 Jahren zu seinem Erfolg beitragen. Zunächst werden die allgemeinen Grundlagen der Entstehung neurotischer und psychosomatischer Störungen vermittelt, anschließend stellen die Autoren die unterschiedlichen Störungsbilder in einer originären, durch ihre jahrzehntelange klinische Erfahrung geprägten Weise vor. Der Bezug auf das deutsche Versorgungssystem sowie auf ICD-10 und DSM-IV ist dabei durchgehend.

Vollständig aktualisiert, straff gegliedert, übersichtlich und anschaulich durch Schemata, Merkkästen und Graphiken – das bewährte Standard-Lehrbuch für Studium, Weiterbildung und Examensvorbereitung!

7., vollst. überarbeitete und erweiterte Auflage 2004.
512 Seiten, 33 Abbildungen, 9 Tabellen, kart.
€ 24,95/CHF 39,90 · ISBN 3-7945-2325-3

Leitlinien Psychosomatische Medizin und Psychotherapie · Reihenherausgeber: G. Rudolf, W. Eich
Leitlinien-Entwicklung der Fachvertreter für Psychosomatische Medizin und Psychotherapie in Abstimmung mit den AWMF-Fachgesellschaften DGPM, DGPT, DKPM, AAGP, DeGPT

Flatten/Gast/Hofmann/Liebermann/Reddemann/Siol/Wöller/Petzold
Posttraumatische Belastungsstörung
Leitlinie und Quellentext

Die **Posttraumatische Belastungsstörung** steht seit ihrer Ersteinführung im DSM-III im Mittelpunkt des Interesses. Ihre Bedeutung wird durch umfangreiches Datenmaterial zur Epidemiologie, zur Ätiopathogenese sowie zu den diagnostischen und therapeutischen Strategien belegt.

Die **zweite Auflage** des Leitlinienbuches sichtet mit einem erweiterten Autorenteam die vorliegenden wissenschaftlichen Erkenntnisse. Alle Kapitel wurden entsprechend dem neuesten Forschungsstand aktualisiert und teilweise grundlegend überarbeitet.

Das Buch ist von seiner Struktur her zweigeteilt: Im **Quellentext** fassen die Autoren den aktuellen Wissensstand zum Störungsbild ausführlich und übersichtlich zusammen. Die aktualisierte **AWMF-Leitlinie** zur Posttraumatischen Belastungsstörung übersetzt dieses Wissen in konkrete Handlungsempfehlungen.

2. Auflage 2004. 224 Seiten, 3 Abbildungen, 18 Tabellen, kart.
€ 39,95/CHF 63,90 · ISBN 3-7945-2303-2
(Sonderpreis für Abonnenten der Zeitschrift PTT: € 32,95/CHF 52,70)

Ulrich Sachsse
Traumazentrierte Psychotherapie
Theorie, Klinik und Praxis

Vorwort von Luise Reddemann

Dieses Buch stellt die Behandlung von Traumatisierungen in den Mittelpunkt. Dabei werden Strategien sowohl zur Behandlung von Bindungs- und Beziehungstraumata als auch zur Behandlung traumatisierender Einzelereignisse vermittelt. Texte mit wissenschaftlicher Orientierung (z.B. Stressphysiologie, Ergebnisforschung) bilden das Fundament, auf dem sich das Gebäude „Traumazentrierte Psychotherapie" aufbaut. Alle Elemente, Interventions- und Behandlungsstrategien werden ausführlich begründet und im Einzelnen mit klinischen Beispielen veranschaulicht. Ulrich Sachsse verfügt über eine inzwischen 25-jährige Erfahrung in der Behandlung komplex traumatisierter Patientinnen und Patienten. Er wird flankiert von einem ausgesuchten Team von Coautoren, die dazu beitragen, dass das Fachgebiet vollständig und umfassend behandelt wird. *Das* Buch zur Traumatherapie – von der molekularen Reaktion bis zur konkreten psychotherapeutischen Intervention.

2004. 464 Seiten, 15 Abbildungen, 25 Tabellen, geb.
€ 49,95/CHF 79,90 · ISBN 3-7945-1971-X

Mathias Hirsch
Psychoanalytische Traumatologie – das Trauma in der Familie
Psychoanalytische Theorie und Therapie schwerer Persönlichkeitsstörungen

Zeitgenössische psychoanalytische Therapie schwer traumatisierter Patienten erfordert ein flexibles Vorgehen zwischen Halten und Grenzen-Setzen, Verstehen und Konfrontieren bis hin zum spielerischen psychodramatischen Mitagieren. Mathias Hirsch hat seine Konzepte für den prototypischen Extremfall von familiärer Traumatisierung aus seiner jahrelangen Erfahrungen mit der psychoanalytischen Therapie derart betroffener Patienten erarbeitet. Er stellt hier sowohl die theoretischen und historischen Grundlagen als auch die psychoanalytische Therapie ausführlichst dar. Das Ergebnis ist ein hochaktuelles Buch über moderne Psychoanalyse bzw. psychodynamische Psychotherapie.

2004. 304 Seiten, 6 Abbildungen, geb.
€ 39,95/CHF 63,90 · ISBN 3-7945-2317-2